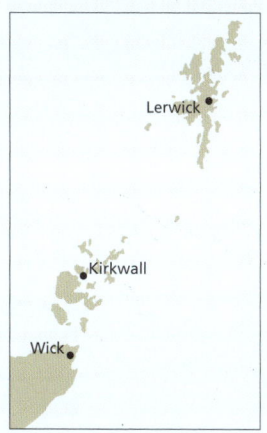

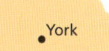

Lancashire und Lake District
Seiten 358–383

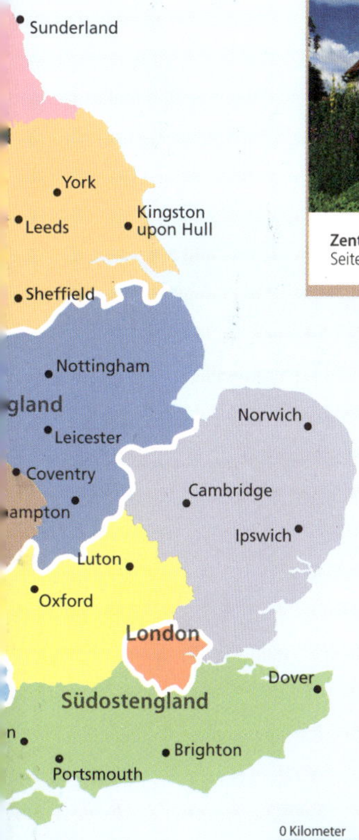

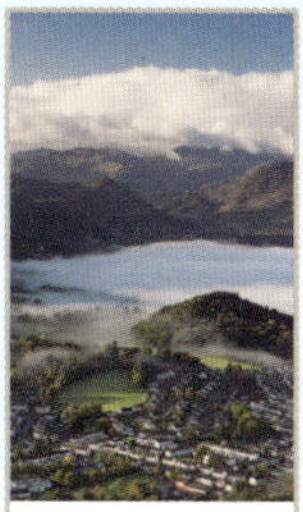

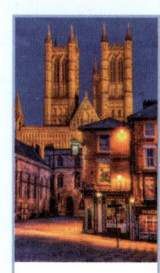
Northumbria
Seiten 418–433

Yorkshire und Humber-Region
Seiten 384–417

East Midlands
Seiten 334–347

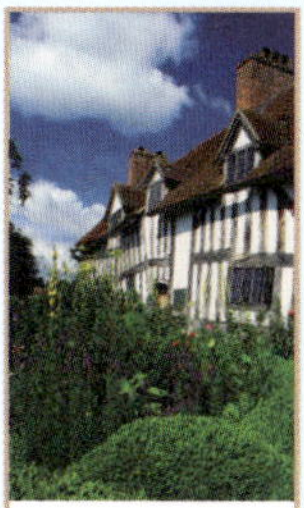

Zentralengland
Seiten 310–333

London
Seiten 74–159

East Anglia
Seiten 194–219

Downs und Kanalküste
Seiten 168–193

Themse-Tal
Seiten 220–241

VIS-À-VIS

GROSS-BRITANNIEN

VIS-À-VIS

GROSS-BRITANNIEN

Hauptautor **Michael Leapman**

DK

London • New York • München
Melbourne • Delhi

www.dorlingkindersley.de

Texte Michael Leapman, Josie Barnard, Christopher Catling, Juliet Clough, Lindsay Hunt, Polly Phillimore, Martin Symington, Roger Thomas

Fotografien Joe Cornish, Paul Harris, Rob Reichenfeld, Kim Sayer

Illustrationen Gary Cross, Richard Draper, Jared Gilby (Kevin Jones Asscos.), Paul Guest, Roger Hutchins, Chris Orr & Asscos., Maltings Partnership, Ann Winterbotham, John Woodcock

Kartografie Jane Hanson, Phil Rose, Jennifer Skelley (Lovell Johns Ltd.), Gary Bowes (Era-Maptec Ltd.)

Redaktion und Gestaltung
Dorling Kindersley London: Stephen Bere, Marian Broderick, Carey Combe, Sara Harper, Elaine Harries, Kim Inglis, Ella Milroy, Andrew Szudek, Nia Williams, Susan Blackburn, Elly King, Colin Loughrey, Andy Wilkinson, Georgina Matthews, Sally Ann Hibbard, Douglas Amrine, Gaye Allen, Daiv Profit

© 1995, 2018
Dorling Kindersley Ltd., London
Titel der englischen Originalausgabe:
Eyewitness Travel Guide *Great Britain*
Zuerst erschienen 1995 in Großbritannien
bei Dorling Kindersley Ltd.
A Penguin Random House Company

Für die deutsche Ausgabe:
© 1996, 2018 Dorling Kindersley Verlag GmbH, München
Ein Unternehmen der Penguin Random House Group

Aktualisierte Neuauflage 2018/2019

Alle Rechte vorbehalten. Reproduktionen, Speicherung in Datenverarbeitungsanlagen, Wiedergabe auf elektronischen, fotomechanischen oder ähnlichen Wegen, Funk und Vortrag – auch auszugsweise – nur mit schriftlicher Genehmigung des Copyright-Inhabers.

Programmleitung Dr. Jörg Theilacker, DK Verlag
Projektleitung Stefanie Franz, DK Verlag
Projektassistenz Antonia Wiesmeier, DK Verlag
Übersetzung Dr. Eva Dempewolf, Theresia Übelhör, Alwine Heidi Schuler und Erna Tom
Redaktion Brigitte Maier, Dr. Gabriele Rupp, Robert Kutschera, München
Schlussredaktion Philip Anton, Köln
Umschlaggestaltung Ute Berretz, München
Satz und Produktion DK Verlag, München
Druck RR Donnelley Asia Printing Solutions Ltd., China

ISBN 978-3-7342-0176-9
15 16 17 18   20 19 18 17

Großbritannien stellt sich vor

Benutzerhinweise **6**

Großbritannien entdecken **10**

Großbritannien auf der Karte **18**

Ein Porträt Großbritanniens **24**

Die Geschichte Großbritanniens **42**

Das Jahr in Großbritannien **66**

London

London stellt sich vor **76**

West End und Westminster **80**

South Kensington und Hyde Park **98**

Regent's Park und Bloomsbury **106**

City und Southwark **112**

Abstecher **126**

Stadtplan **131**

Südostengland

Südostengland stellt sich vor **162**

Downs und Kanalküste **168**

East Anglia **194**

Themse-Tal **220**

Westengland

Westengland stellt sich vor **244**

Wessex **250**

Devon und Cornwall **276**

Küste bei Durdle Door *(siehe S. 247)*

Dieser Reiseführer wird regelmäßig aktualisiert. Angaben wie Telefonnummern, Öffnungszeiten, Adressen, Preise und Fahrpläne können sich jedoch ändern. Der Verlag kann für fehlerhafte oder veraltete Angaben nicht haftbar gemacht werden. Für Hinweise, Verbesserungsvorschläge und Korrekturen ist der Verlag dankbar. Bitte richten Sie Ihr Schreiben an:

Dorling Kindersley Verlag GmbH
Redaktion Reiseführer
Arnulfstraße 124 • 80636 München
travel@dk-germany.de

◀ Manifold Valley bei Ilam, Peak District National Park *(siehe S. 342f)*, Derbyshire
◀◀ Umschlag: Kreidefelsen von Dover *(siehe S. 187)*

Inhalt

Mittelengland

Mittelengland
stellt sich vor **302**

Zentralengland **310**

East Midlands **334**

Wales

Wales stellt sich vor **436**

Nordwales **444**

Süd- und
Mittelwales **460**

Zu Gast in Großbritannien

Hotels **556**

Restaurants **574**

Shopping **610**

Unterhaltung **612**

Themenferien
und Aktivurlaub **614**

Blea Tarn bei Little Langdale, Lake District *(siehe S. 368)*

Nordengland

Nordengland
stellt sich vor **350**

Lancashire und
Lake District **358**

Yorkshire und
Humber-Region **384**

Northumbria **418**

Schottland

Schottland
stellt sich vor **482**

Tiefland **494**

Highlands
und Inseln **528**

Grundinformationen

Praktische Hinweise **620**

Reiseinformationen **632**

Textregister **644**

Danksagung
und Bildnachweis **670**

Culzean Castle, Schottland *(siehe S. 526f)*

Benutzerhinweise

Dieser Reiseführer will Ihren Besuch in Großbritannien zum unvergesslichen Erlebnis machen, das durch keinerlei praktische Probleme getrübt wird. Der Abschnitt *Großbritannien stellt sich vor* beschreibt das Land im historischen Kontext. In sechs großen Kapiteln (mit 14 Regionen) plus *London* werden Sehenswürdigkeiten anhand von Texten, Fotos und Illustrationen detailreich vorgestellt. Empfehlenswerte Hotels, Restaurants und Pubs finden Sie im Kapitel *Zu Gast in Großbritannien*. Die *Grundinformationen* bieten Tipps und Hinweise für Ihren Aufenthalt und die Anreise.

Die Stadtteile Londons

London ist in vier Kapitel sowie in das Kapitel *Abstecher* (Orte außerhalb des Zentrums) unterteilt. Jedes Kapitel listet die beschriebenen Sehenswürdigkeiten auf. Diese sind mit Nummern versehen, die mit denen auf der *Stadtteil-* und *Detailkarte* identisch sind. Die anschließenden detaillierten Beschreibungen beziehen sich auf diese Nummerierung.

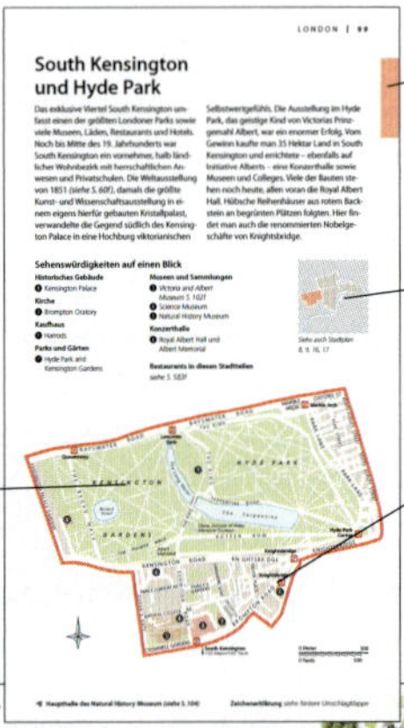

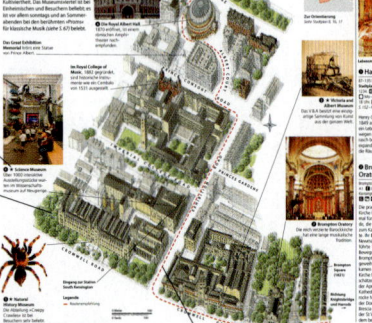

Alle Seiten zu London haben eine orange Farbcodierung.

Die Orientierungskarte zeigt die Lage des Stadtteils, in dem Sie sich befinden.

1 Stadtteilkarte
Die im jeweiligen Kapitel besprochenen Sehenswürdigkeiten sind auf der Karte nummeriert und auch im *Stadtplan London* (siehe 131–151) zu finden.

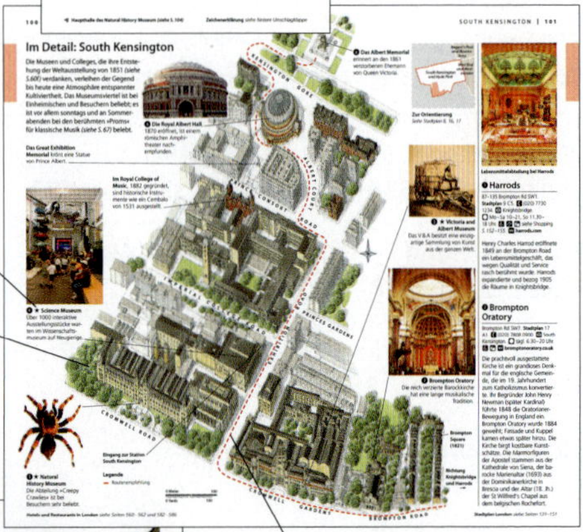

Weiße Zahlen im schwarzen Kreis zeigen die Lage der Sehenswürdigkeiten auf der *Stadtteilkarte* an.

Sterne markieren Sehenswürdigkeiten, die Sie nicht versäumen sollten.

2 Detailkarte
Auf dieser Karte ist der wichtigste Teil des Viertels aus der Vogelperspektive zu sehen. Eine rot gestrichelte Routenempfehlung führt Sie zu den Attraktionen.

Die Routenempfehlung leitet Sie durch die interessantesten Straßen eines Stadtteils.

3 Detaillierte Informationen
Alle wichtigen Sehenswürdigkeiten Londons werden einzeln beschrieben. Sie sind fortlaufend nummeriert. Die Reihenfolge entspricht der Nummerierung auf den *Stadtteil-* und *Detailkarten*. Die Zeichenerklärung der verwendeten Symbole finden Sie auf der hinteren Umschlagklappe.

BENUTZERHINWEISE | 7

1 Einführung
Hier werden Landschaft, Geschichte und Charakter jeder Region beschrieben. Die Einführung gibt einen Abriss zur Entwicklung des Gebiets bis in die Gegenwart.

Die Regionen Großbritanniens
Großbritannien ist in diesem Buch in 14 Regionen unterteilt, denen jeweils ein Kapitel gewidmet ist. Die interessantesten Sehenswürdigkeiten sind auf der *Regionalkarte* eingetragen.

Stadtplan London *siehe Seiten 131–151.*
Karte *Extrakarte zum Herausnehmen.*

Jede Region Großbritanniens kann anhand der Farbcodierung auf den Umschlaginnenseiten leicht gefunden werden.

2 Regionalkarte
Die *Regionalkarte* zeigt attraktive Ziele in der jeweiligen Region. Alle Sehenswürdigkeiten sind nummeriert. Der Verlauf von Straßen und Eisenbahnstrecken erleichtert Ihre Reiseplanung.

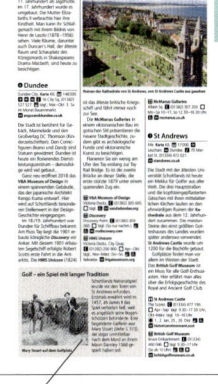

3 Detaillierte Informationen
Alle wichtigen Städte und Orte werden einzeln vorgestellt. Die Reihenfolge der Sehenswürdigkeiten entspricht der Nummerierung auf der *Regionalkarte*. Bei jedem Ort wird auf die wichtigsten Attraktionen hingewiesen.

Textkästen versorgen Sie mit Hintergrundinformationen.

Die Infobox enthält alles, was Sie für Ihren Besuch einer Sehenswürdigkeit wissen müssen.

4 Hauptsehenswürdigkeiten
Highlights der Region werden auf zwei oder mehr Seiten präsentiert. Historische Bauten sind als Schnittzeichnungen dargestellt. Farbige Grundrisse erleichtern das Auffinden von Kunstwerken in Museen.

Gemälde *Hastings* (1810) von Joseph Mallord William Turner (1775–1851) ▶

GROSSBRITANNIEN STELLT SICH VOR

Großbritannien entdecken	10–17
Großbritannien auf der Karte	18–23
Ein Porträt Großbritanniens	24–41
Die Geschichte Großbritanniens	42–65
Das Jahr in Großbritannien	66–73

Großbritannien entdecken

Die Touren auf den folgenden sechs Seiten führen Sie zu einer Vielzahl von Großbritanniens zahllosen Sehenswürdigkeiten, wobei lange Strecken möglichst vermieden werden. An einen zweitägigen Ausflug nach London schließt sich nahtlos eine einwöchige Reise durch Südostengland an, gefolgt wiederum von einer siebentägigen Tour durch Westengland. Einwöchige Touren führen durch Nordengland, Schottland und Wales. Die Fahrt durch Schottland und Nordengland kann zu einer zweiwöchigen Reise ausgedehnt sowie auch jede andere Tour mit weiteren Zielen kombiniert werden. Wählen und ändern Sie die Routen nach Belieben, und lassen Sie sich einfach inspirieren.

Idyllische Szenerie
Ponys streifen ungebunden durch den Dartmoor National Park bei Haytor.

Eine Woche in Wales und dem Westen

- Wandern Sie auf den **Pen y Fan**, oder stöbern Sie in **Hay-on-Wye** nach Büchern.
- Entdecken Sie die wechselvolle Geschichte der industriellen Revolution in der **Ironbridge Gorge**.
- Erkunden Sie **Conwys** mittelalterliche Mauern.
- Bewundern Sie italienische Architektur in **Portmeirion**.
- Erleben Sie **Pembrokeshires** Klippen und Buchten.

Eine Woche in Südwestengland

- Staunen Sie über die Monolithen von **Stonehenge**.
- Lauschen Sie den Legenden in **Glastonbury**.
- Gehen Sie auf Cornwalls Klippen zu König Artus' Geburtsort **Tintagel**.
- Fahren Sie in die beeindruckende **Cheddar Gorge**.
- Entdecken Sie **Bath**, und wandeln Sie auf Jane Austens Spuren in den **South Cotswolds**.

Legende
- Südostengland
- Südwestengland
- Nordengland
- Wales und der Westen
- Schottland

Eine Woche in Schottland

- Ermitteln Sie über Sherlock Holmes, Jekyll und Hyde und andere Literaturlegenden in **Edinburgh**.
- Besichtigen Sie das königliche **Royal Deeside**.
- Überqueren Sie die **Cairngorm Mountains**.
- Suchen Sie das Ungeheuer von Loch Ness auf einer Fahrt von **Inverness** durch das Great Glen.
- Besuchen Sie die Kunstgalerien von **Glasgow**.

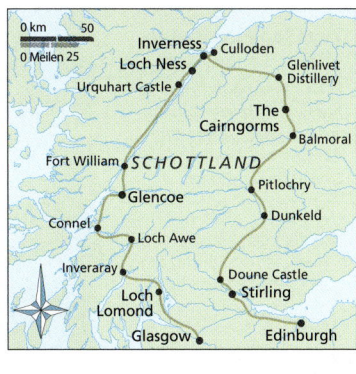

Reisen mit Stil
Ein Einspänner fährt gemütlich auf dem Long Walk von Windsor Castle.

Eine Woche in Nordengland

- Entdecken Sie die Avantgarde der zeitgenössischen Kunst im **Tate Liverpool**.
- Wandern Sie durch den wunderbaren **Lake District**.
- Sehen Sie, wie Archäologen am **Hadrian's Wall** (2. Jh. n. Chr.) römische Geschichte ausgraben.
- Fahren Sie mit der Oldtimertram zur Bergarbeitersiedlung bei **Beamish**.
- Essen Sie Großbritanniens beste *fish and chips* im Hafen von **Whitby**.
- Gehen Sie zu den Wikingern in **York**, durch Straßen, die seit dem Mittelalter fast unverändert sind.

Eine Woche in Südostengland

- Genießen Sie die Seeluft in **Brighton**.
- Bestaunen Sie König Artus' runde Tafel im historischen **Winchester**.
- Erleben Sie die idyllische Flusslandschaft auf einer Themsefahrt nach **Henley**.
- Erkunden Sie **Windsor Castle** und mit der Kutsche den Windsor Great Park.
- Besuchen Sie Englands älteste Universität in **Oxford**.
- Sehen Sie ein Drama im Royal Shakespeare Theatre in **Stratford-upon-Avon**.

Zwei Tage in London

Es ist kaum möglich, alle Sehenswürdigkeiten Londons zu besichtigen. Diese Tour führt zu den Highlights aus Geschichte und Kunst.

- **Ankunft** Londons wichtigster internationaler Flughafen, Heathrow, liegt 22 Kilometer vom Stadtzentrum entfernt. Mit dem Heathrow Express erreicht man in 15 Minuten Paddington Station und damit Londons U-Bahnnetz (ab Mai 2018 verkehrt Crossrail zwischen Paddington und Heathrow Terminal 4).
- **Weiterfahrt** Von London gelangt man über das Eisenbahnnetz ins Umland. Die meist billigeren (und langsameren) Überlandbusse fahren oft an der Victoria Coach Station ab.

Das London Eye bietet eine fantastische Aussicht über die Stadt

Erster Tag
Vormittags Vom Geburtsort Londons, einem Rest der römischen Mauer bei der U-Bahnstation Tower Hill, spazieren Sie in fünf Minuten zum **Tower of London** (siehe S. 122f). Nach der zweistündigen faszinierenden Führung von einem Beefeater besichtigen Sie die Tudor-Waffenkammern im White Tower oder die Kronjuwelen. Nach einem Snack im Armoury Café gehen Sie zehn Minuten westlich bis zum **Monument** (siehe S. 121). Sir Christopher Wrens Säule aus dem 17. Jahrhundert erinnert an den Großen Brand von London. Den Aufstieg über 311 Stufen belohnt der Blick über die City of London, zur St Paul's Cathedral, zum Gherkin und Shard. Überqueren Sie die London Bridge mit dem Blick auf die **Tower Bridge** (siehe S. 120), versäumen Sie nicht die **Southwark Cathedral** (siehe S. 124), und genießen Sie die Speisen auf dem **Borough Market** (siehe S. 124, Mo – Sa) oder herzhafte Pub-Kost im **George Inn** (siehe S. 124). Der Postgasthof stammt von 1676.

Nachmittags Später besichtigen Sie in Bankside (kostenlos) die monumentalen modernen Kunstinstallationen in der Turbine Hall der **Tate Modern** (siehe S. 125) oder nebenan die spektakuläre Rekonstruktion von **Shakespeare's Globe** (siehe S. 124) oder am besten beides. Über die Millennium Bridge erreichen Sie die berühmte **St Paul's Cathedral** (siehe S. 118f). Danach lockt ein Abendessen im nahen One New Change. In dem Komplex besitzen die Starköche Jamie Oliver und Gordon Ramsay Restaurants. Sehen Sie sich ein Stück im Globe an, oder unternehmen Sie eine Bootsfahrt ab dem Bankside Pier (Apr – Okt).

Zweiter Tag
Vormittags Der Weg führt Sie heute zur **Westminster Abbey** (siehe S. 96f), wo berühmte Häupter gekrönt und Kate und William getraut wurden. Oder

Ein Straßenkünstler auf der lebhaften Piazza, Covent Garden

Sie genießen jenseits der Westminster Bridge vom **London Eye** (siehe S. 84f) den Panoramablick. Die erste Fahrt um 10 Uhr ist in der Regel noch nicht überlaufen. Danach spazieren Sie vom Parliament Square in den St James's Park und am Seeufer zum Horse Guards Parade, wo die berittene königliche Garde täglich um 11 Uhr (So 10 Uhr) den Wachwechsel zelebriert. Vom Trafalgar Square geht es weiter ins West End, wo ein Stand am Leicester Square Theaterkarten zum halben Preis verkauft.

Nachmittags Nach leckerem *dim sum* in Chinatown stehen die Meisterwerke der **National Gallery** (siehe S. 86f) auf dem Programm. Nebenan lockt die **National Portrait Gallery** (siehe S. 85) auch mit elegantem englischem Tee im Restaurant im dritten Stock. Ganz in der Nähe steht die Nelson's Column. Wer noch mehr sehen will, spaziert zehn Minuten nach Osten nach **Covent Garden** (siehe S. 82f) zum Abendessen oder auf einen Drink mit Blick auf die Straßenkünstler.

> **Tipp zur Verlängerung**
> Nutzen Sie einen dritten Tag für einen Spaziergang in **Kensington Gardens** (S. 105), und besichtigen Sie dort kostenlos die weltberühmten Museen **Natural History Museum** (S. 104), **Science Museum** (S. 104) und **Victoria and Albert Museum** (S. 102f).

LONDON UND SÜDOSTENGLAND | 13

Eine Woche in Südostengland

- **Flughäfen** Heathrow ist der Hauptairport im Südosten und 90 Minuten von Brighton entfernt. Der nähere Flughafen Gatwick ist 45 Minuten entfernt. Der nächste große Airport bei Cambridge ist Stansted.
- **Verkehrsmittel** Für die ganze Tour ist ein Auto notwendig, die Städte sind per Eisenbahn erreichbar.

Erster Tag: Brighton

Brighton (siehe S. 178f) ist Großbritanniens erstes Seebad und besitzt auch heute Glamour. Erkunden Sie den **Royal Pavilion** (siehe S. 182f) mit den Zwiebelkuppeln, dem viktorianischen Pier oder die Läden in den Lanes. Weiter geht es an der Küste ostwärts nach Seaford und zu den Kreideklippen **Seven Sisters** (siehe S. 184).

Zweiter Tag: Winchester

Der Weg führt westwärts nach Winchester durch Südenglands bukolische Landschaft. **Steyning** (siehe S. 184) gefällt mit gemustertem Kirchturm und schiefen Tudor-Häusern, **Petworth House** (siehe S. 176) mit Kunstschätzen von der griechischen Antike bis Gainsborough und das hübsche Horse Guards Inn im nahen Tillington zum Mittagessen. In der alten Sachsenhauptstadt **Winchester** (siehe S. 174f) sehen Sie in der Great Hall König Artus' (angebliche) runde Tafel, die normannische Kathedrale und Jane Austens Grab.

Dritter Tag: Themsetour

In Workaday Reading beginnt der Tag an einem ruhigen Abschnitt der **Themse** (siehe S. 238f). Eine Bootsfahrt führt nach Henley, wo sich das River & Rowing Museum der Henley Regatta widmet. Mit dem Auto fahren Sie nach Marlow und essen in einem der exzellenten Restaurants zu Mittag. Sehenswert sind auch Cookhams Museum mit Kunst von Stanley Spencer und die National Trust Gardens in **Cliveden** (siehe S. 239). Beschließen Sie den Tag in **Windsor** (siehe S. 239).

Vierter Tag: Windsor und Eton

Windsor Castle (siehe S. 240f) ist das Lieblings-»Wochenendhaus« der Queen – und das älteste durchgängig benutzte königliche Schloss der Welt. Besichtigen Sie den Round Tower und die State Apartments, fahren Sie mit der Kutsche im Windsor Great Park. Am gegenüberliegenden Flussufer steht **Eton College** (siehe S. 239) Besuchern im Sommer offen. Auf Englands exklusivste Schule gingen auch die Prinzen William und Harry.

Fünfter Tag: Oxford und Blenheim

Oxford (siehe S. 226–231) erfordert einen ganzen Tag. Hier steht Englands älteste Universität. Im **Christ Church College** (siehe S. 230) entstanden Filmszenen für Harry Potter. Besichtigen Sie die **Bodleian Library** (siehe S. 231), erklimmen Sie die **St Mary the Virgin Church** (siehe S. 229), oder mieten Sie einen Kahn an der

Kahn auf dem River Cam vor der King's College Chapel, Cambridge

Magdalen Bridge. Zwanzig Fahrtminuten weiter nördlich wurde im **Blenheim Palace** (siehe S. 232f) Winston Churchill geboren.

Sechster Tag: The Cotswolds und Stratford

Vormittags lernen Sie englische Dörfer auf der **Midlands Garden Tour** (siehe S. 324f) in den North Cotswolds kennen. Besonders idyllisch sind Stanton, Snowshill und Chipping Campden; hier findet man auch gute Pubs zum Mittagessen. In **Stratford-upon-Avon** (siehe S. 328–331) warten das Museum in Shakespeares Geburtshaus und eine Aufführung im Royal Shakespeare Theatre – reservieren Sie vorab!

Siebter Tag: Cambridge

Die Tour endet in **Cambridge** (siehe S. 214–219). Dort blickt man auf einer Fahrt mit einem Stechkahn (mit Bootsführer) entlang **The Backs** (siehe S. 214) in die Gärten der Colleges, auch des **King's College** (siehe S. 218f) mit der 500 Jahre alten Kapelle. Ein weiterer Höhepunkt ist das **Fitzwilliam Museum** (siehe S. 218) mit Mumien und alten Meistern.

Tipp zur Verlängerung

Fahren Sie von Cambridge ostwärts nach East Anglia und gen Norden über **Ely** (S. 198f) zu **Norfolks Küste** (S. 200f) oder südwärts via **Constable Country** (S. 208) zu Suffolks Küste bei **Southwold** (S. 206).

Promenade und Palace Pier in Brighton

Eine Woche in Südwestengland

- **Flughäfen** Viele Besucher kommen in Heathrow an. In der Region liegen die Provinzflughäfen Bristol und Exeter.
- **Verkehrsmittel** Für diese Tour ist ein Auto zwingend erforderlich.

Erster Tag: Stonehenge und Salisbury
Reisen Sie in **Stonehenge** (siehe S. 266f) 5000 Jahre in der Zeit zurück. Um den Steinkreis betreten zu dürfen, sollten Sie eine Karte für den ganzen Vormittag vorbestellen. Verbringen Sie den Nachmittag im nahen **Salisbury** (siehe S. 268f), wo Sie bei einer Turmtour durch Englands höchste Kathedrale die wunderbare Aussicht von der Plattform genießen können.

Zweiter Tag: Wessex
Im Südwesten führt die Tour durch Wessex, das Thomas Hardy in seinen Romanen verewigte. Rund um **Dorchester** (siehe S. 273), Schauplatz von *Der Bürgermeister von Casterbridge*, liegen sanfte Hügel und hübsche Dörfer. Auf jeden Fall sehen sollte man den **Cerne Abbas** (siehe S. 273) und **Hardy's Cottage** (siehe S. 273) in Higher Bockhampton. Besuchen Sie im Westen **Abbotsburys** (siehe S. 272) Park und die mittelalterliche Swannery. Dann folgen Sie der Küste bis nach **Lyme Regis** (siehe S. 274), essen Eiscreme am Kai und suchen Fossilien am Strand.

Dritter Tag: Dartmoor und Tintagel
Die lange Fahrt nach Devon lohnt besonders mit einem Abstecher zum Mittagessen im hügeligen **Dartmoor** (siehe S. 298f) mit seinen Wäldern, Wasserfällen und Granit-*tors*. Vom Rock Inn in Haytor Vale geht es zu den **Haytor Rocks** (siehe S. 298). Nachmittags erkunden Sie die kornische Küste in **Boscastle** (siehe S. 289) und wandern sechs Kilometer auf dem Southwest Coast Path zu den Ruinen von **Tintagel Castle** (siehe S. 289), dem Geburtsort von König Artus.

Vierter Tag: Exmoor-Küste
Exmoor (siehe S. 254f) ist Dartmoors sanfte Schwester. Hier reichen sanfte Hügel mit Heidekraut an die Küste und finden sich hübsche Dörfer. Genießen Sie eine Rast in den Gassen von **Clovelly** (siehe S. 290) oder in **Appledore** (siehe S. 291). Paddeln Sie in der Bucht bei **Combe Martin** (siehe S. 292), fahren Sie auf die Klippen mit der Wasserballastbahn in **Lynmouth** (siehe S. 292), und erstürmen Sie **Dunster Castle** (siehe S. 254).

Fünfter Tag: Glastonbury und Wells
Glastonbury (siehe S. 257) ist heute v. a. für sein Festival bekannt, war aber schon im Mittelalter ein Besuchermagnet. Damals unterhielten Mönche die Pilger mit Legenden von König Artus und dem Heiligen Gral. Vom Glastonbury Tor reicht der Blick über die Somerset Levels. Nachmittags geht es in das geschäftige **Wells** (siehe S. 256f) mit seiner Kathedrale. Wenn die Zeit reicht, lohnt die Fahrt zur silbrigen **Cheddar Gorge** (siehe S. 258) in den Mendip Hills.

Sechster Tag: Bath
Bath (siehe S. 262–265) wurde von Römern gegründet – die restaurierten **Bäder** (siehe S. 264f) bieten einen Einblick in das römische Britannien im 1. Jahrhundert n. Chr. Heute schwimmt man im **Thermae Bath Spa** (siehe S. 265) – Voranmeldungen sind für Behandlungen nötig. Das Stadtbild mit dem Royal Crescent und palladianischen Häusern hat sich seit Jane Austens Zeit vor über 200 Jahren kaum verändert.

Siebter Tag: South Cotswolds
Auf Jane Austens Spuren fahren Sie ostwärts nach **Lacock** und **Corsham** (siehe S. 259). Die Dörfer bilden oft die Kulisse von Austen-Verfilmungen. Sowohl in der »Rising Sun« in Lacock und in Corshams Methuen Arms kann man gut essen. Nachmittags fahren Sie durch die Wiltshire Downs nach **Avebury** (siehe S. 267). Das Dorf ist berühmt für seinen Steinkreis und seine vielen prähistorischen Relikte.

> **Tipp zur Verlängerung**
> Westlich von Dartmoor erreichen Sie in Cornwall das **Eden Project** (S. 286f) und die Künstlerkolonie **St Ives** (S. 281). Oder Sie krönen Ihre Tour mit einem Tag im kosmopolitischen **Bristol** (S. 260f).

Stonehenge ist Großbritanniens berühmtestes und eindrucksvollstes prähistorisches Monument

WOCHENTOUREN: SÜDWEST- UND NORDENGLAND | 15

Malerische Szenerie am Rydal Water im Lake District

Eine Woche in Nordengland

- **Flughäfen** Die Tour startet und endet am Manchester Airport, doch kann man auch von Newcastle oder Leeds-Bradford abfliegen und so flexibler sein.
- **Verkehrsmittel** Für diese Tour ist ein Auto nötig.

Erster Tag: Liverpool
Für **Manchester** (siehe S. 376–379) und **Liverpool** (siehe S. 380–383) sollte man einen Tag einplanen. Wer weniger Zeit hat, den zieht es eher nach Liverpool. Dort bieten die Lagerhäuser des **Albert Dock** (siehe S. 381) zeitgenössische Kunst im Tate Liverpool, Historisches im Merseyside Maritime Museum und Musik im kitschigen, aber witzigen Beatles Story. Pop-Pilger lassen sich auf der Bühne des Cavern Club fotografieren, in dem noch heute Bands auftreten.

Zweiter Tag: Lake District
Englands schönster Nationalpark verdient einen Besuch. Beginnen Sie mit einer Dampfbootfahrt auf dem größten See, **Windermere** (siehe S. 371), oder füttern Sie dort einfach die Schwäne. Vom touristischen Bowness am Seeufer bringt Sie die Autofähre zum Bilderbuchdorf Hawkshead. Unterwegs grüßen Sie die Kaninchen im Bauerngarten von **Hill Top** (siehe S. 371). Beatrix Potters ehemaliges Haus steht heute unter Denkmalschutz und ist für Besucher geöffnet.

Dritter Tag: Langdale und Grasmere
Richtung Norden erreichen Sie **Ambleside** (siehe S. 370), das Tor zu den rauen Bergen der Region. Versorgen Sie sich mit Proviant in Lucy's Deli in der Church Street, danach geht es weiter ins **Langdale** (siehe S. 369). Eine leichte Wanderung führt vom malerischen **Elterwater** (siehe S. 369) südwärts zum gleichnamigen See sowie zum nahen **Grasmere** (siehe S. 370), wo der Dichter William Wordsworth lebte.

Vierter Tag: Hadrian's Wall
Über die Pennines fahren Sie zum **Hadrian's Wall** (siehe S. 426f). Auf der Strecke liegt Alston, die höchste Marktstadt des Landes (304 m). Der am besten erhaltene Abschnitt des römischen Hadrian's Wall aus dem 2. Jahrhundert n. Chr. erstreckt sich in dem einsamen Gebiet zwischen Housesteads Fort und Vindolanda. Im Sommer kann man dort Archäologen beim Graben zusehen.

Fünfter Tag: Durham
Newcastle (siehe S. 428f) erlebt eine Renaissance, insbesondere das lebhafte Uferviertel Quayside. Dort steht in Gateshead das **Baltic Centre for Contemporary Art** (siehe S. 428). Auf der **North-Pennines-Tour** (siehe S. 431) erreichen Sie via Stanhope die alte Universitätsstadt **Durham** (siehe S. 432f) samt Normannenburg und Kathedrale am River Wear. Sehenwert ist die Bergarbeiterstadt (1913) im **Beamish Open Air Museum** (siehe S. 428f).

Sechster Tag: Whitby und Moors
Whitby (siehe S. 400) gefällt mit rot gedeckten Fischerhütten am geschäftigen Hafen. Spazieren Sie am Strand, in das Captain Cook Museum und die 199 Stufen hinauf zur Whitby Abbey. Nach *fish and chips* im Magpie Café geht es über die **North York Moors** (siehe S. 399) nach Grosmont und zu einer Fahrt mit dem Dampfzug.

Siebter Tag: York
Die Gassen in **Yorks** (siehe S. 408–413) Viertel Shambles sind seit dem Mittelalter fast unverändert. Spazieren Sie auf der Stadtmauer, erleben Sie Wikingergeschichte im **Jorvik Viking Centre** (siehe S. 410) und christliche Geschichte im **York Minster** (siehe S. 412f), der größten gotischen Kathedrale im nördlichen Europa.

> **Tipp zur Verlängerung**
> Verlängern Sie die Tour um eine Woche in **Schottland** (siehe S. 17) oder um ein, zwei Tage im nördlich gelegenen Northumberland. Dort lockt u. a. **Alnwick Castle** (siehe S. 424).

Whitby Harbour und St Mary's Church, Yorkshire

Eine Woche in Wales und dem Westen

- **Flughäfen** Ausgangspunkt ist Wales' größter Flughafen, Cardiff Airport, oder Bristol, Birmingham, Manchester.
- **Verkehrsmittel** Für diese Tour ist ein Auto nötig.

Erster Tag: Cardiff
Vor hundert Jahren war **Cardiff** *(siehe S. 474–477)* der größte Kohlehafen der Welt. Heute bietet es viele Sehenswürdigkeiten wie das neogotische **Castle** *(siehe S. 476f)*, das **National Museum** *(siehe S. 475)* oder das **Principality Stadium** *(siehe S. 474)*, Spielstätte der walisischen Rugby-Nationalmannschaft. Krönender Abschluss des Tages ist ein Konzert, eine Tanz- oder Comedyvorführung im **Wales Millennium Centre** *(siehe S. 474)*.

Zweiter Tag: Brecon Beacons
Im **Brecon Beacons National Park** *(siehe S. 472f)* prägt der höchste Berg im Süden Großbritanniens, **Pen y Fan** *(siehe S. 473)*, die Fahrt nach Norden auf der A470. Die Marktstadt Brecon ist einen längeren Halt wert, das nahe Pub Felin Fach Griffin lädt zum Mittagessen im Freien ein. Nachmittags lockt das Grenzstädtchen **Hay-on-Wye** *(siehe S. 465)* in den Black Mountains mit seinen rund 30 Buchhandlungen.

Dritter Tag: Ludlow und Ironbridge
Weiter geht die Fahrt in die Welsh Marches. Wer Zeit hat, fährt einen Umweg durch das berühmte »Tudor-Dreieck« westlich von **Leominster** *(siehe S. 317)*. In den hübschen Dörfern Weobley, Pembridge und Eardisland stehen Fachwerkhäuser. Mittags essen Sie im hoch gelegenen **Ludlow** *(siehe S. 316f)*, das für seine normannische Bilderbuchburg und seine guten Restaurants bekannt ist. Empfehlenswert ist das Green Café neben dem rauschenden River Teme. Die nahe **Ironbridge Gorge** *(siehe S. 318f)* ist heute ein Museum der Industriegeschichte.

Vierter Tag: Snowdonia
In Nordwales dreht sich alles um die Schieferlandschaft Snowdonias. Auf der Fahrt in die Berge lädt die Kanalstadt **Llangollen** *(siehe S. 454)* zur Bootsfahrt auf dem spektakulären, 38 Meter hohen Pontcysyllte Aqueduct ein, den Thomas Telford *(siehe S. 451)* 1805 erbaute. Im Nationalpark ist **Betws-y-Coed** *(siehe S. 454)* ideal zwischen hohen Bergen gelegen. Beeindruckend ist z. B. die Wanderung durch die bewaldete Schlucht zu den Swallow Falls. Wer Zeit hat, fährt weiter nordwärts nach **Conwy** *(siehe S. 450f)*, wo eine Burg (13. Jh.) und eine Stadtmauer vor Überfällen vom Meer schützten.

Fünfter Tag: Portmeirion
Portmeirion *(siehe S. 458f)* liegt auf einer Halbinsel oberhalb der Tremadog Bay und ist ein aberwitziges Dorf im italienischen Stil. In dem Ort lässt sich gut ein Vormittag verbringen. Etwas weiter südlich thront **Harlech Castle** *(siehe S. 458)* auf einem Fels über dem Meer – genauso sehens-

Häuser und Boote säumen das Ufer im Seebad Tenby

wert ist jedoch die moderne, malerische **Ffestiniog Railway** *(siehe S. 456f)*.

Sechster Tag: Cardigan-Küste
Nur wenige Strecken in Großbritannien sind so malerisch wie die Straßen, die in der Cardigan Bay Richtung Süden führen. Unterwegs locken Barmouth mit seinen Stränden, **Machynlleth** *(siehe S. 466)* mit walisischer Revolutionsgeschichte und die Studentenstadt **Aberystwyth** *(siehe S. 466f)*. Die Küstentour endet in **Aberaeron** *(siehe S. 467)*, dessen Hafen georgianische Stadthäuser säumen.

Siebter Tag: Pembrokeshire
Der äußerste Südwesten von Wales lockt mit rauen Klippen, weißen Stränden und Küstendörfern. Wer sich für Geschichte interessiert, besichtigt in **St Davids** *(siehe S. 468f)* die Kathedrale (12. Jh.) und den Bischofspalast. Am schönsten ist die Küste westlich von **Tenby** *(siehe S. 470)*, ein angemessener Abschluss für diese Tour.

> **Tipp zur Verlängerung**
> Das hübsche, bewaldete Wye Valley bei **Tintern** *(siehe S. 479)* wird im Herbst zum Wunderland. Im Norden beeindruckt **Chester** *(siehe S. 314f)* mit römischen Befestigungen.

Cardiff Bay mit dem Pierhead Building

WOCHENTOUREN: WALES UND SCHOTTLAND | 17

Eine Woche in Schottland

- **Flughäfen** Start am Edinburgh Airport oder am Glasgow Airport. Beide Alternativen sind möglich.
- **Verkehrsmittel** Für diese Tour ist ein Auto nötig.

Erster Tag: Edinburgh

In der Kunststadt **Edinburgh** *(siehe S. 508–515)* bietet jedes Jahr im August das **Edinburgh Festival** *(siehe S. 513)* Theater und Musik von Weltrang. Die mittelalterliche Old Town drängt sich um den Hügel des **Edinburgh Castle** *(siehe S. 510f)*, unterhalb der Burg brilliert die **Scottish National Gallery** *(siehe S. 508)* mit ihrer Kunstsammlung. Spazieren Sie auf der berühmten **Royal Mile** *(siehe S. 512–515)* zum **Palace of Holyroodhouse** *(siehe S. 514)*, unternehmen Sie eine nächtliche Tour zu Sherlock Holmes, Jekyll und Hyde, und steigen Sie auf den erloschenen Vulkan Arthur's Seat.

Zweiter Tag: Stirling

Der Renaissance-Bau **Stirling Castle** *(siehe S. 500f)* steht romantisch auf einer steilen Klippe und bietet mehr Prunk und Geschichte, als man an einem Vormittag entdecken kann. Danach spazieren Sie hinab nach Stirling und erkunden innerhalb der Stadtmauer (16. Jh.) die Gassen, Dudelsackläden und Bars der Old Town. Weiter nördlich war **Doune Castle** *(siehe S. 502)*, eine intakte Burg der Stuarts, Kulisse für Monty Pythons *Die Ritter der Kokosnuss*.

Dritter Tag: Royal Deeside

Eine herrliche Fahrt führt durch die majestätischen Grampians. Zwischen Wäldern laden **Dunkeld** *(siehe S. 545)* und **Pitlochry** *(siehe S. 545)* zur Rast ein. Dunkeld wird in Shakespeares *Macbeth* erwähnt, von Pitlochry aus kann man unter Kiefern am Loch Faskally spazieren – jedoch nicht zu lang, schließlich wollen Sie noch Balmoral erreichen. Die Sommerresidenz der Windsors ist zweifellos der Höhepunkt der **Royal Deeside Tour** *(siehe S. 544f)*.

Vierter Tag: Die Cairngorms

Auf der Strecke über die **Cairngorms** *(siehe S. 548f)* nach Speyside bietet die A939 eine tolle Aussicht. In Speyside können Sie Whisky verkosten und Schottlands Exportschlager z. B. in der Glenlivet Distillery (Führungen März–Okt) probieren. Das **Inverness Museum and Art Gallery** *(siehe S. 540)* gibt einen guten Überblick über die Geschichte der Highlands und zeigt u. a. eine Locke von Bonnie Prince Charlie *(siehe S. 535)*. Dessen Griff nach der Macht scheiterte, als er die Schlacht 1746 im nahen Moor von **Culloden** *(siehe S. 541)* verlor.

Fünfter Tag: Great Glen

Das Great Glen schneidet durch Schottlands spektakulärste Bergwelt und lässt sich wohl am besten morgens auf einer Bootsfahrt von Inverness entdecken. Danach halten Sie Ausschau nach Nessie, dem legendären Ungeheuer von Loch Ness. Die Strecke führt zum **Loch Ness Centre and Exhibition** *(siehe S. 540)* und zu den romantischen Ruinen von **Urquhart Castle** *(siehe S. 540)*. In Fort William genießen Sie den Blick auf Ben Nevis, in **Glencoe** *(siehe S. 547)* locken unterschiedlichste Wanderungen und das Clachaig Inn.

Sechster Tag: Loch Lomond

Die Küstenstraße führt zum Loch Linnhe und nach Connel, von dort geht es landeinwärts zum **Loch Awe** *(siehe S. 551)* und zur Burgruine Kilchum Castle. Weiter südlich wohnt im Schloss von **Inveraray** *(siehe S. 552)* noch immer der Campbell-Clan. Weiter geht es gen Osten zum **Loch Lomond** *(siehe S. 498)*. Den schönsten Blick auf Großbritanniens größten Süßwassersee hat man vom Gipfel des Ben Lomond.

Siebter Tag: Glasgow

Schottlands größte Stadt, **Glasgow** *(siehe S. 520–525)*, erblühte als viktorianische Industriestadt. Dreh- und Angelpunkt ist das West End mit seinen Bars und Restaurants. Dort ist der Kelvingrove Park Sitz der Kunstmuseen **Hunterian** *(siehe S. 523)* und **Kelvingrove** *(siehe S. 524f)*. Das **Tenement House** *(siehe S. 522)* ist ein Arbeiterhaus aus dem edwardianischen Glasgow, Charles Rennie Mackintoshs **Willow Tea Room** *(siehe S. 522)* bezaubert mit seinem Interieur von 1904.

Tipp zur Verlängerung

Wildere Landschaften und die salzhaltige Luft der Inseln erleben Sie auf der **Tour zu den Inselfähren** *(S. 550f)* ab Fort William mit Abstechern zur **Isle of Skye** *(S. 534f)* und zu den **Western Isles** *(S. 533)*.

Das imposante Edinburgh Castle

Großbritannien auf der Karte

Großbritannien ist etwa 229 000 Quadratkilometer groß und liegt im Nordwesten Europas. Das Land ist vom Atlantik, von der Nordsee und vom Ärmelkanal umgeben. Landschaftlich und klimatisch ist Großbritannien äußerst abwechslungsreich. Die Vielfalt bedingt unterschiedliche Siedlungsmuster: Die Küstenregionen Westenglands und die unwirtlichen Gebirge von Schottland und Wales sind weniger dicht bevölkert als die relativ flachen und fruchtbaren Midlands und der Südosten, in dem der größte Teil der rund 65 Millionen Einwohner des Landes lebt. Dieser hohen Bevölkerungsdichte verdankt der Süden auch seine wirtschaftliche Entwicklung.

Legende
- Autobahn
- Hauptstraße
- Fährverbindung
- Eurotunnel
- Staatsgrenze

Weitere Zeichenerklärungen siehe hintere Umschlagklappe

GROSSBRITANNIEN AUF DER KARTE | 19

Shetland und Orkney Islands

Unst
Yell
Mainland
Foula
Lerwick
Shetland Islands
Westray
Fair Isle
Sanday
Mainland
Stromness
Stronsay
Kirkwall
Hoy
Orkney Islands
Scrabster
Wick
Aberdeen

Europa

NORWEGEN
SCHWEDEN
Nordsee
DÄNEMARK
LETTLAND
LITAUEN
NORD-IRLAND
REPUBLIK IRLAND
GROSS-BRITANNIEN
NIEDER-LANDE
POLEN
London
DEUTSCH-LAND
BELGIEN
LUX.
TSCHECH. REPUBLIK
SLOWAKEI
Atlantischer Ozean
FRANK-REICH
SCHWEIZ
ÖSTERREICH
UNGARN
SLOWENIEN
KROATIEN
RUMÄ-NIEN
BiH
SERBIEN
MONTEN
KOS
SPANIEN
Korsika
MAZ
ALBANIEN
GRIECHEN-LAND
PORTUGAL
Sardinien
Sizilien
MAROKKO
ALGERIEN
TUNESIEN

Newcastle upon Tyne
Sunderland
York
Leeds
Kingston upon Hull
Huddersfield
Manchester
Sheffield
Grimsby
Stoke-on-Trent
Derby
Nottingham
ENGLAND
Birmingham
Norwich
Peterborough
Northampton
Cambridge
Warwick
Stratford-upon-Avon
Ipswich
Harlow
Harwich
Gloucester
Oxford
Windsor
LONDON
Ramsgate
Salisbury
Canterbury
Dover
Brighton
Folkestone
Southampton
Portsmouth
Newhaven
Isle of Wight

Nordsee
Esbjerg

Groningen
NIEDERLANDE
AMSTERDAM
Zwolle
Den Haag
Utrecht
Arnhem
Rotterdam
Eindhoven
Zeebrugge
Oostende
Antwerpen
BRUXELLES BRÜSSEL
Aachen
Dunkirk
Liège
Calais
BELGIEN
Boulogne
Lille

Strait of Dover

Abbeville
Dieppe
Amiens
LUXEMBURG
LUXEMBOURG
Cherbourg
Le Havre
FRANKREICH
St-Malo
Caen
Rouen
Reims
Metz

Britische Regionen: London, Südostengland, Westengland und Wales

Großbritannien verfügt über ein dichtes Netz an vielen Städten. Hauptverkehrsknotenpunkt ist London mit den internationalen Bahnhöfen und dem größten Flughafen in Europa. London, der am meisten besuchte Teil, ist in diesem Buch eigens beschrieben. Südengland, Westengland, Wales und Mittelengland unterteilt. London hat ein eigenes Kapitel. Die Straßen- und Eisenbahnverbindungen in den Norden, nach Schottland siehe Kapitel 4. Auch zwischen allen Großstädten sind gut ausgebaut.

Farblegende

- London
- **Südostengland**
  - Downs und Kanalküste
  - East Anglia
  - Themse-Tal
- **Westengland**
  - Wessex
  - Devon und Cornwall
- **Wales**
  - Nordwales
  - Süd- und Mittelwales
- **Mittelengland**
  - Zentralengland
  - East Midlands

Kartenlegende

- Autobahn
- Hauptstraße
- Eisenbahn
- Fährverbindung
- Eurotunnel

Weitere Zeichenerklärungen siehe hintere Umschlagklappe

LONDON, SÜD-, MITTELENGLAND UND WALES | 21

GROSSBRITANNIEN AUF DER KARTE

Britische Regionen: Norden und Schottland

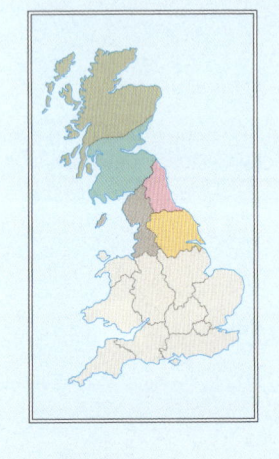

Dieser Teil Großbritanniens wird in zwei Sektionen dieses Buches behandelt. Obwohl er spärlicher besiedelt ist als der Süden, existieren auch hier sehr gute Verkehrsverbindungen. Die Anbindung der Inseln ist durch Fähren gesichert.

Farblegende

Nordengland
- Lancashire und Lake District
- Yorkshire und Humber-Region
- Northumbria

Schottland
- Tiefland
- Highlands und Inseln

Entfernungstabelle

London										
111	Birmingham									
179										
150	102	Cardiff								
241	164									
74	185	228	Dover							
119	298	367								
372	290	373	442	Edinburgh						
599	467	600	711							
389	292	374	466	45	Glasgow					
626	470	602	750	72						
529	448	530	600	158	167	Inverness				
851	721	853	966	254	269					
184	81	173	257	213	214	371	Manchester			
296	130	278	414	343	344	597				
274	204	301	343	107	145	265	131	Newcastle		
441	328	484	552	172	233	426	211			
112	161	235	167	360	383	517	185	260	Norwich	
180	259	378	269	579	616	832	298	418		
212	206	152	287	427	426	545	250	427	324	Plymouth
341	332	261	462	784	785	1038	451	655	521	

10 = Entfernung in Meilen
10 = Entfernung in Kilometern

Weitere Zeichenerklärungen *siehe hintere Umschlagklappe*

Ein Porträt Großbritanniens

Großbritannien gilt als sehr traditionsbewusst, bietet dem Besucher aber weit mehr als nur herrschaftliche Anwesen und hübsche Dörfer. Abwechslungsreiche Landschaften, Literatur, Kunst, Architektur und das einzigartige kulturelle Erbe prägen ein Land, das Traditionen in das moderne Leben integriert. Die Hauptstadt London ist ein Zentrum des internationalen Handels und gilt als eine der weltweit aufregendsten Metropolen.

Großbritannien wurde durch seine Insellage wesentlich geprägt. Seit dem Jahr 1066, als der siegreiche Normanne Wilhelm der Eroberer sich zum König von England krönen ließ, wurde das Inselreich nicht mehr erobert, und die Briten haben ganz eigene, charakteristische Traditionen entwickelt. Der Einfluss der Römer, die 43 n. Chr. die Insel besetzten und hier 350 Jahre lang blieben, ging unter den nachfolgenden nordeuropäischen Siedlern verloren. Im 16. Jahrhundert verdrängte ein weniger dogmatischer Glaube den katholischen. So lockerte sich die Bindung an den Kontinent noch mehr.

Selbst als Mitglied der Europäischen Union sonnte sich Großbritannien im Nonkonformismus – und sei es nur beim Linksverkehr. Die Eröffnung des Eurotunnels im Jahr 1993 war denn auch vor allem als ein Zeichen des guten Willens seitens der Euro-skeptischen Briten zu sehen. Wesentliche Änderungen in ihrem selbstbewussten Nationalverhalten konnten auch danach nicht wirklich festgestellt werden. Dieser spezielle Wesenszug offenbarte sich vor allem bei dem Referendum von 2016, als eine knappe Mehrheit der britischen Wähler für den Austritt aus der Europäischen Union stimmte.

Das britische Erbe lebt in Schlössern, Burgen, Kathedralen und den berühmten herrschaftlichen Landsitzen sowie in uralten Gebräuchen fort – von königlichen Zeremonien bis hin zum Auftritt von Moriskentänzern auf einer Dorfwiese.

Gemessen an seiner relativ geringen Größe, weist Großbritannien eine überraschende Vielfalt an Regionen auf, deren Einwohner sich wesentliche Eigenarten erhalten haben. So werden Schottland und Wales zwar von London aus verwaltet,

Sommerliche Flussidylle am Avon, Bath

◀ Cricketspiel auf dem *green* der Charterhouse School, Godalming, Surrey

Widecombe-in-the-Moor, ein idyllisch gelegenes Dorf in Devon

besitzen jedoch ihre eigene Gesetzgebung. Hier sind besondere Sitten und Traditionen zu Hause – in Schottland sogar ein anderes Rechts- und Schulsystem. Walisisch und Gälisch überlebten als eigene Sprachen, unterstützt durch spezielle Radio- und Fernsehsender. Auch das Englische selbst tritt in vielen Dialekten und Akzenten auf, die stets mit einer eigenen Kultur und Küche verbunden sind.

Die Landschaft ist ausgesprochen vielfältig, vom zerklüfteten Bergland von Wales und Schottland über die weiten Ebenen der Midlands und Ostenglands bis zu den sanften Hügeln im Süden und Westen. Die langen Strände von East Anglia kontrastieren mit den malerischen Felsbuchten entlang der Westküste. Obwohl sich Städte und Orte in den letzten zwei Jahrhunderten immens ausgedehnt haben, werden heute noch fast drei Viertel der Fläche Großbritanniens landwirtschaftlich genutzt. Die wichtigsten Feldfrüchte sind Weizen, Gerste, Zuckerrüben und Kartoffeln. Am auffälligsten sind im Frühsommer jedoch die leuchtend gelben Raps- und die strahlend blauen Flachsfelder.

Schottisches Wappen, Edinburgh Castle

Dazwischen liegen vereinzelte Gehöfte und Bauerndörfer mit malerischen Cottages und liebevoll gepflegten Gärten – Gartenbau ist von jeher die große Leidenschaft der Briten. Im typischen Dorf gruppieren sich die Häuser um eine Kirche und ein kleines, einladendes Pub. In einem gemütlichen Inn vergisst man den Alltagsstress, trinkt in aller Ruhe ein Pint Ale und entspannt sich nach britischer Tradition vor dem offenen Kamin. Besucher werden herzlich, wenn auch mit gewisser Zurückhaltung willkommen geheißen, denn obwohl die strikte Förmlichkeit der Vergangenheit angehört, sind die Briten doch von Natur aus etwas reserviert.

Die Entdeckung riesiger Kohlevorkommen und der Handel im British Empire schufen im 19. und 20. Jahrhundert Wohlstand. Tausende zogen vom Land in die Nähe der Kohlegruben und Fabriken.

Parkanlage von Petworth House, Sussex

Um 1850 war Großbritannien die bedeutendste Industrienation der Welt. Danach ging es mit den meisten alten Wirtschaftszentren bergab – nur etwa zehn Prozent der Arbeiter sind heute in der verarbeitenden Industrie tätig, 79 Prozent dagegen im Dienstleistungsgewerbe.

Gesellschaft und Politik
Britische Städte sind Schmelztiegel für Menschen aus vielen Ländern. Von jeher strömen Arbeit suchende Iren ins Land. Seit den 1950er Jahren kommen Hunderttausende aus den einstigen Kolonien in Afrika, Asien und der Karibik. Seit Jahren erfolgt eine verstärkte Zuwanderung aus Osteuropa. Etwa acht Prozent der rund 65 Millionen Einwohner gehören ethnischen Minderheiten an – gut die Hälfte davon ist hier geboren.

Diese multikulturelle Gesellschaft bietet ein buntes Spektrum an Musik, Kunst, Küche und Religion. Doch begegnet man auch Vorurteilen: Obwohl die Rassendiskriminierung verboten ist, sind Briten ausländischer Abstammung bei der Wohnungs- und Arbeitssuche oft benachteiligt. Viele Besucher irritiert die noch

Gedränge in Chinatown in Soho, London

immer recht strenge britische Klassengesellschaft. Zahlreiche große Vermögen gingen verloren, doch leben nach wie vor einige Angehörige des Landadels auf ihren herrschaftlichen Anwesen. Das Erziehungssystem macht die Klassenunterschiede offensichtlich. Während über 90 Prozent der Kinder öffentliche Schulen besuchen, gehen die Kinder wohlhabender Familien auf Privatschulen, deren Absolventen in den Führungsetagen von Politik und Wirtschaft überwiegen.

Die Stellung der Monarchie unterstreicht das Dilemma eines Landes, das in einer Zeit, in der überlieferte Privilegien kritisch betrachtet werden, nicht auf das mächtigste Symbol nationaler Einheit verzichten möchte. Obwohl sie keine politischen Befugnisse besitzen, sind die Queen – bis heute Oberhaupt der anglikanischen Kirche – und ihre Familie wachsender Kritik ausgesetzt.

Die Demokratie ist in Großbritannien fest verankert: Schon im 13. Jahrhundert existierte in London eine Art Parlament. Mit Ausnahme des Bürgerkriegs im 17. Jahrhundert ging die Macht zunehmend von der Krone auf vom Volk gewählte Repräsentanten über. Zwischen 1832 und 1884 sicherten Reformgesetze allen männlichen Bürgern das Wahlrecht (Frauen erhielten es erst 1928). Margaret Thatcher, Großbritanniens erste Premier-

Geistlicher im Hof der Kathedrale von Winchester

ministerin, war von 1979 an zwölf Jahre im Amt. Die Labour Party wie auch die Konservativen förderten öffentliche und private Industriebetriebe, aber auch das staatliche Gesundheits- und Bildungswesen.

Irland stellt seit dem 17. Jahrhundert ein politisches Problem dar. Es war 800 Jahre lang Teil des Vereinigten Königreichs (United Kingdom, UK). Seit der Spaltung 1921 ist Nordirland Schauplatz blutiger Auseinandersetzungen zwischen Katholiken und Protestanten. Das Karfreitagsabkommen, das 1998 geschlossen wurde, war ein bedeutender Schritt zur Überwindung dieses Konflikts, dauerhafter Frieden schien plötzlich möglich. Die bisherigen Regierungskoalitionen versuchten seither, die letzten Stolpersteine in den Bereichen Polizei und Justiz aus dem Weg zu räumen.

Nachmittagstee im Thornbury Castle Hotel, Avon

Kultur und Kunst

Das britische Theater blickt auf eine lange Tradition zurück, die William Shakespeare im 16. Jahrhundert begründete. Seine Stücke werden seither fast ununterbrochen gespielt. Moderne britische Dramatiker wie Tom Stoppard, Alan Ayckbourn und David Hare stützen sich auf dieses Erbe. Auch britische Schauspieler, darunter Helen Mirren, Anthony Hopkins, Judi Dench oder Ian McKellen, sind weltweit gefragt.

Zwar ist London unumstrittenes kulturelles Zentrum des Landes, doch bietet man auch andernorts sehenswertes Theater. Das Edinburgh Festival (Theater und Musik) zählt zu den Höhepunkten des britischen Kulturkalenders. Musikfestivals sind im Sommer überall im Land zu finden. In Hay-on-Wye und Cheltenham werden Literaturfestivals veranstaltet. Seit Geoffrey Chaucer im 14. Jahrhundert seine *Canterbury-Erzählungen* schuf, erfreut sich Dichtkunst großer Beliebtheit: Selbst in der Londoner U-Bahn sind zwischen den Werbeplakaten Gedichte zu lesen.

Was die bildenden Künste angeht, kann Großbritannien vor allem in der Karikatur, der Porträt-, Landschafts- und Aquarellmalerei auf große Namen verweisen. Als bedeutende Maler sind David Hockney und Lucian Freud zu nennen. Henry Moore und Barbara Hepworth sind als Bildhauer international anerkannt. Steve McQueen und Damian Hirst gehören zu den international bekanntesten Künstlern der jüngeren Generation. Architekten wie etwa Inigo Jones, John Nash, Christopher Wren und Robert Adam prägten das Gesicht ganzer Städte. Richard Rogers und Norman Foster sind Fahnenträger der Postmoderne. Bekannt ist Großbritannien seit vielen Jahren auch für seine Modemacher, allen voran Vivienne Westwood, Alexander McQueen (1969–2010) und John Galliano.

Briten sind eifrige Zeitungsleser. Allein in London werden neun nationale Tageszeitungen wie *The Independent* und *The Guardian* verlegt. Der Standard der seriösen Blätter ist hoch. Die *Times* hat inter-

Das House of Lords (Oberhaus) im Parlament

KULTUR, SPORT UND KÜCHE | 29

Obst und Gemüse auf dem Borough Market, London

nationales Renommee. Die höchsten Auflagen (80 Prozent) erreichen jedoch Boulevardblätter wie *The Sun* oder *Daily Mirror* mit Skandalberichten und Klatsch aus der Welt der Reichen und Schönen.

Der Filmindustrie gelingen immer wieder internationale Kassenschlager wie *Die Queen*, *Slumdog Millionaire* und *The King's Speech*. Bekannte Regisseure sind Danny Boyle und Mike Leigh. Kinoerfolge wie die *Harry-Potter*-Filme werden jedoch oft von US-amerikanischen Produzenten kofinanziert. Das britische Fernsehen erntet viel Lob für seine Nachrichten und sein Kulturprogramm. Vor allem die in öffentlicher Hand befindliche BBC (British Broadcasting Corporation) genießt mit fünf Radiosendern und zehn digitalen Fernsehkanälen sowie weiteren 17 digitalen Radiosendern weltweites Ansehen.

Sport

Die Briten sind begeisterte Sportfans. Fußball, Rugby, Cricket und Golf sind am beliebtesten. Ein verbreitetes Klischee Großbritanniens ist das Cricketspiel auf einem Dorfrasen. Als bevorzugter Zeitvertreib gilt das Angeln. Auch das Wandern ist recht beliebt. Fußball ist in Großbritannien, dem Mutterland dieses Sports, die mit Abstand populärste Mannschaftssportart, auch wenn die großen internationalen Erfolge seit einigen Jahren weitgehend ausbleiben. Vor allem die englische Nationalmannschaft – die vier britischen Teilstaaten haben eine eigene Nationalmannschaft – kann seit Langem nicht mehr an die glorreichen Zeiten anschließen und kam seit 1966 bei Weltmeisterschaften bestenfalls ins Halbfinale.

Küche

Die britische Küche musste lange ungeheuer viel Tadel einstecken: Sie stand in dem wenig schmeichelhaften Ruf, hochwertige Zutaten oft recht eintönig und ideenlos zuzubereiten. Seit einigen Jahren schon ist dieses Bild so nicht mehr haltbar: Die englische Küche – bereichert um internationale Einflüsse – erfreut sich heute einer Wiederbelebung und Neufindung auf hohem Niveau. Herausragende Küchenchefs wie Heston Blumenthal, Angela Hartnett und Jamie Oliver haben sich weit über Großbritanniens Grenze hinaus einen erstklassigen Ruf erarbeitet.

Hafen von Whitby und St Mary's Church, Yorkshire

Parks und Gärten

Garten- und Landschaftsarchitektur entwickelten sich in Großbritannien bereits in der Römerzeit, dies setzte sich später in den mittelalterlichen Klostergärten fort. Der elisabethanische Blumengarten wurde zur Zeit von James I komplizierter und formaler. Das 18. Jahrhundert hatte eine Vorliebe für »natürliche« Landschaften mit Wäldern und Seen, die mit Statuen bestückt wurden. Im 19. Jahrhundert erreichte der Streit zwischen Anhängern englischer und französischer Gärten seinen Höhepunkt. Heute sind in Großbritannien alle Stilrichtungen vertreten.

Monumentalsäule

Grotten und Wasserfälle sorgen für romantischen Zauber

»Capability« Brown (1715–1783) war der einflussreichste britische Landschaftsarchitekt, der als Erster den »natürlichen« englischen Park propagierte.

Schlehe (Schwarzdorn)

Klassizistische Tempel im Stil der alten Griechen waren oft exakte Nachbauten und im 18. Jahrhundert bei den Architekten besonders beliebt.

Ahorn

Die Wege verlaufen nie gerade. Der Spaziergänger soll möglichst oft einen überraschenden Ausblick erleben können.

Streng geometrische Anlagen wurden im 17. Jahrhundert beim Adel modern. Den Renaissance-Garten von Hampton Court legte man 1995 wieder so an, wie er unter William III geplant war.

Idealisierte Landschaften

Die Klassik inspirierte Anfang des 18. Jahrhunderts zu großen Parks wie Stourhead und Stowe. Natürlich wirkende, aber genau geplante Baumgruppen bestimmen das Bild.

Formale Gestaltung

Ein Blumengarten ist ein Kunstprodukt – eher ein Versuch, die Natur zu bezähmen, als das Bemühen, sie nachzuahmen. Die Muster der Beete unterliegen dem Zeitgeschmack. Oft lösten neue Pflanzenzüchtungen eine neue Mode aus. Statuen vervollkommnen diese streng formalen Gärten.

Mittelalterliche Gärten besaßen oft einen Sitzbereich und eine Laube. Queen Eleanor's Garden in Winchester wurde schön rekonstruiert.

Gärten der Tudor-Zeit weisen geometrische Flächen und Muster auf. Ein Beispiel ist der Tudor House Garden, Southampton.

PARKS UND GÄRTEN | 31

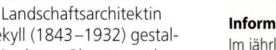

Blumenpflanzungen am Rand von Sommergärten sind eine wahre Pracht. Die Landschaftsarchitektin Gertrude Jekyll (1843–1932) gestaltete Beete, in denen Blumen nach Farben angepflanzt sind.

Infobox

Information
Im jährlich erscheinenden *The Yellow Book* (National Garden Scheme; ngs.org.uk) ist aufgelistet, welche Gärten wann für die Öffentlichkeit zugänglich sind.

Libanonzeder — Eibe — Rhododendron

Brücken dienen oft eher dekorativen als praktischen Zwecken.

Renaissance-Gärten aus dem 16. Jahrhundert besitzen verschlungene Muster aus Buchs- oder Lavendelhecken, zwischen denen Blumen gepflanzt sind.

Geschichte des Stiefmütterchens

Alle Kulturpflanzen wurden über Jahre hinweg aus wilden Pflanzen gezüchtet – oft nach dem Geschmack der Gärtner. Die Geschichte des Stiefmütterchens ist hierfür typisch.

Das wilde Stiefmütterchen *(Viola tricolor)* ist eine einheimische Pflanze und gehört zu den Veilchengewächsen. Die Blüten sind gelb, weiß oder violett.

Das Vogesen-Stiefmütterchen *(Viola lutea)* blüht viele Monate lang. Die ersten kultivierten Pflanzen stammten aus Kreuzungen mit der wilden Art.

Gartenstiefmütterchen wurden ab 1840 gezielt gezüchtet. Sie sind rund und haben kleine symmetrische Flecke in der Mitte.

Weiterentwicklungen nach 1860 brachten größere Blüten hervor. Die dunklen Flecke der »Fancy Pansy« wurden immer größer.

Moderne Hybriden aus der Familie der Violaceae, Kreuzungen von Stiefmütterchen und Veilchen, haben grellbunte Farben.

Im 17. Jahrhundert entwickelte sich ein kunstvoller Gartenbau. Man kombinierte Wasserspiele (wie die von Blenheim) mit exotischen Pflanzen.

Viktorianische Gärten mit Blumenrabatten, etwa Alton Towers, waren die Gegenreaktion auf die großflächigen Landschaftsparks von C. Brown.

In Parks von heute, etwa dem von Hidcote Manor in Gloucestershire, werden gern historische und moderne Stilrichtungen kombiniert.

Herrschaftliche Landsitze

Der hochherrschaftliche Landsitz erreichte seinen Höhepunkt im 18. und 19. Jahrhundert, als der eingesessene Landadel und die neuen Industriemagnaten über geradezu unerschöpfliche Geldmittel verfügten und ein Heer von Bediensteten beschäftigten. Die ältesten, noch befestigten Herrenhäuser entstanden im 14. Jahrhundert. Im 16. Jahrhundert baute man im Zuge der sich ausbreitenden Renaissance Gebäude, die ganz dem Vergnügen und den schönen Künsten geweiht waren *(siehe S. 306f)*. Im georgianischen Zeitalter zog man klassische Elemente mit reicher Innenausstattung vor, im viktorianischen die üppige Spätgotik. Aus finanziellen Gründen sind viele Herrschaftshäuser für die Öffentlichkeit zugänglich.

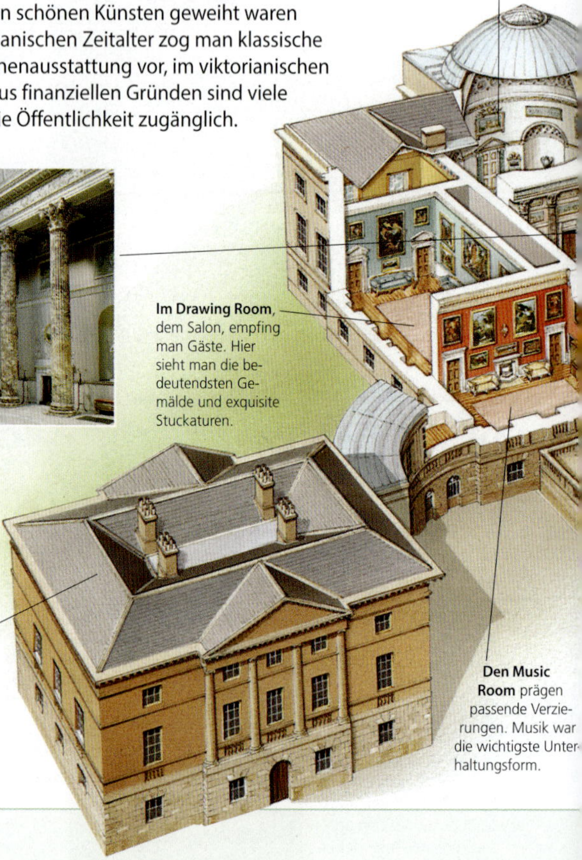

Im Salon, einer überkuppelten Rotunde nach dem Vorbild des römischen Pantheons, präsentierte die Familie Curzon im 18. Jahrhundert ihre antike Skulpturensammlung.

In der Marble Hall amüsierte man sich bei Bällen unter korinthischen Säulen aus rosafarbenem Alabaster.

Im Drawing Room, dem Salon, empfing man Gäste. Hier sieht man die bedeutendsten Gemälde und exquisite Stuckaturen.

Der Family Wing ist ein eigenständiger »Pavillon« mit privaten Wohnräumen. Das Personal wohnte über der Küche. Mitglieder der Familie Curzon leben noch heute hier.

Den Music Room prägen passende Verzierungen. Musik war die wichtigste Unterhaltungsform.

1650		1700			1750
Colen Campbell (1676–1729) entwarf Burlington House *(siehe S. 85)*	**William Kent** (1685–1748) errichtete Holkham Hall *(siehe S. 201)*	**John Carr** (1723–1807) entwarf das palladianische Harewood House *(siehe S. 414)*	**Robert Adam** (1728–1792), der oft mit seinem Bruder James zusammenarbeitete, ist für seine dekorativen Details berühmt	**Henry Holland** (1745–1806) entwarf den klassizistischen Südteil der Woburn Abbey *(siehe S. 234)*
	Sir John Vanbrugh *(siehe S. 403)* baute mithilfe von **Nicholas Hawksmoor** (1661–1736) Blenheim Palace *(siehe S. 232f)*	*Castle Howard (1702) von John Vanbrugh*	*Kamin von Adam mit klassizistischen Motiven in Kedleston Hall*	

HERRSCHAFTLICHE LANDSITZE | 33

National Trust

Logo des National Trust

Ende des 19. Jahrhunderts drohten Fabriken, Bergwerke, Straßen und Häuser einen Großteil der historischen Landschaft Großbritanniens und wertvolle Baudenkmäler zu verschlingen. Um das nationale Erbe des Landes zu bewahren, wurde 1895 der National Trust gegründet. Die private Einrichtung erwarb 1896 als Erstes das mittelalterliche Clergy House in Alfriston, Sussex *(siehe S. 185)*. Heute verwaltet der National Trust zahllose historische Gebäude und Parks sowie viele unberührte Küstenstriche und Landschaften *(siehe S. 622)*. Über zwei Millionen Mitglieder unterstützen im ganzen Land die Arbeit des National Trust.

Ein Gang verbindet Küche und Haupthaus.

Nur die Kirche (13. Jh.) blieb vom Dorf Kedleston übrig, das 1760 dem Herrenhaus und Park weichen musste.

Kedleston Hall

Dieses Herrenhaus in Derbyshire *(siehe S. 340)* ist ein früher Entwurf des einflussreichen georgianischen Architekten Robert Adam für die Familie Curzon. Er schuf es um 1760 im Stil des damals kaum bekannten englischen Klassizismus.

Dienstboten

Life Below Stairs von Charles Hunt (um 1890)

Ein Landsitz dieser Größe konnte nur mit viel Personal geführt werden. Ihm stand der Butler vor, der auch die Verantwortung für die Mahlzeiten trug. Eine Wirtschafterin beaufsichtigte die Dienstmädchen. In der Küche wurden frische Produkte vom Anwesen verarbeitet. Zofen und Kammerdiener kümmerten sich um das persönliche Wohl der Herrschaften.

1800

Norman Shaw (1831–1912) war ein Vertreter der viktorianischen Gotik wie in Cragside *(unten)*, aber auch Pionier des Arts and Crafts Movement

Dining Room, Cragside, Northumberland

1850

Philip Webb (1831–1915), ein führender Architekt des einflussreichen Arts and Crafts Movement, bevorzugte die schlichteren Formen des altenglischen Stils anstelle der üppigen viktorianischen Gotik

Sir Edwin Lutyens (1869–1944) entwarf das kunstvolle Castle Drogo in Devon *(siehe S. 299)*, einen der letzten großen Landsitze

Standen, West Sussex (1891–94) von Philip Webb

Aristokratie und Wappen

Der britische Adel entwickelte sich über die Jahrhunderte aus lehnspflichtigen Edelleuten, denen die normannischen Könige als Gegenleistung für militärische Unterstützung Land und Privilegien übertrugen. Auch spätere Herrscher verliehen ihren Anhängern Titel und gründeten so neue Dynastien. Die Titel »Earl« und »Duke« datieren aus dem 11. bzw. 14. Jahrhundert. Schon früh legte sich der Adel Embleme zu – nicht zuletzt, um die Ritter zu unterscheiden, deren Schilde das entsprechende Symbol trugen. Daher stammen der englische *(coat of arms)* wie auch der deutsche Name (Wappen = Waffe).

Im College of Arms in London werden vorhandene Wappen aufbewahrt und neue entworfen

Königliches Wappen

Das bekannteste britische Wappen ist das der Herrscherfamilie. Es ziert die königliche Standarte, offizielle Dokumente und die Läden der Hoflieferanten. Seit dem 12. Jahrhundert nahmen diverse Regenten Änderungen vor. Der viergeteilte Schild in der Mitte zeigt die Wappen von England (zweimal), Schottland und Irland. Schildhalter sind die traditionellen Wappenzeichen Löwe und Einhorn. Helm und Krone halten das Wappen zusammen.

Edward III (1327–1377) gründete den Hosenbandorden. Die Devise »Honi soit qui mal y pense« (»Ein Schelm, wer Böses dabei denkt«) umgibt auch das Schild des königlichen Wappens.

Der Löwe ist das häufigste Tier in der Heraldik.

Der rote Löwe ist das Symbol Schottlands.

Das Einhorn gilt in der Heraldik allgemein als schottisches Königsemblem.

Henry II (1154–89) brachte in sein Wappen drei Löwen ein. Sein Sohn Richard I machte daraus das »Gules three lions passant guardant or« des heutigen Wappens.

Den Königshelm mit schützendem Goldvisier führte Elizabeth I (1558–1603) in das Wappen ein.

»Dieu et mon droit« (»Gott und mein Recht«) lautet seit Henry V (1413–22) die königliche Devise.

Henry VII (1485–1509) vereinte weiße und rote Rose von York und Lancaster zur Tudor-Rose.

ARISTOKRATIE UND WAPPEN | 35

Admiral Lord Nelson

Wer in den Adelsstand erhoben wird, kann sein Wappen selbst kreieren. Der Seeheld Nelson (1758–1805) wurde 1798 Baron Nelson of the Nile und 1801 Viscount. Sein Wappen bezieht sich auf sein Leben und seine Laufbahn, einige Symbole kamen erst nach seinem Tod dazu.

Ein Seemann steht neben dem Schild.

Die Devise besagt: »Lass denjenigen den Lorbeer tragen, der ihn verdient.«

Eine tropische Landschaft zeigt die Schlacht am Nil (1798).

San Joseph war ein spanischer Kriegsherr, den Nelson gefangen nahm.

Britische Ahnen

Geburts-, Heirats- und Sterbeurkunden (ab 1837) aus England und Wales verwahrt das **General Register Office** (0300 123 1837, www.gro.gov.uk). In Schottland wendet man sich an das **National Records of Scotland** (0131 334 0380, www.nrscotland.gov.uk). Hilfe bei der Auffindung britischer Ahnen bietet die **Society of Genealogists**, 14 Charterhouse Buildings, London (020-7251 8799).

Erbtitel gehen meist auf den ältesten Sohn oder den nächsten männlichen Verwandten über, manche auch an Frauen, sofern es keinen männlichen Nachfahren gibt.

Der Duke of Edinburgh (geb. 1921), Ehemann der Queen, ist einer von mehreren Herzögen in der königlichen Familie.

Der Marquess of Salisbury (1830–1903) war zwischen 1885 und 1902 dreimal Premierminister.

Earl Mountbatten of Burma (1900–1979) wurde für diplomatische und militärische Verdienste geadelt.

Viscount Montgomery (1887–1976) bekam den Adelstitel für militärische Verdienste im Zweiten Weltkrieg.

Lord Byron (1788–1824), der romantische Dichter, war der sechste Baron Byron: Der erste hatte seinen Titel 1625 von Charles I. erhalten.

Peers

Es gibt fast 1200 Peers (Angehörige des britischen Hochadels). Einige Titel sind erblich, andere erlöschen mit dem Tod des Trägers. 1999 begann man, die Erblichkeit der Adelstitel abzuschaffen. Alle Peers, also auch die Lords' Spiritual (Erzbischöfe und 24 weitere Bischöfe) und die Law Lords (hohe Juristen), haben das Recht auf Sitz und Stimme im Oberhaus und werden mit Lord angesprochen. Seit 1958 ehrt die Queen Personen, die sich besonders um den Staat verdient gemacht haben, mit der Peerswürde auf Lebenszeit, die 1999 die erblichen Adelstitel ablöste.

Legende der Peers

- 25 Herzöge
- 35 Marquis
- 175 Grafen/Gräfinnen
- 98 Viscounts
- >800 Barone/Baronessen

Ehrenliste der Queen

Zweimal jährlich ehrt die Queen hundert Männer und Frauen, die sich um den Staat verdient gemacht haben. Einige werden zur Dame bzw. zum Knight, andere wiederum erhalten den OM (Order of Merit – Verdienstorden), die meisten bekommen Würden wie OBE, CBE oder MBE (Officers, Commanders bzw. Members of the most excellent Order of the British Empire).

Mutter Teresa erhielt 1983 für ihre Arbeit in Indien den OM.

Chris Hoy, Olympiasieger im Bahnradfahren, wurde 2009 zum Knight ernannt.

Elton John wurde 1998 als Knight Bachelor zum Ritter geschlagen.

Ländliche Architektur

Das Leben auf dem Land gilt als sehr ruhig und beschaulich – so erträumen es sich Großstadtmenschen. Das System des britischen Dorfs ist rund 1500 Jahre alt. Es stammt aus der Zeit, als die Sachsen Wälder abholzten und Siedlungen gründeten, in deren Mitte oft eine Wiese oder ein Teich lag. Die meisten englischen Dörfer existierten bereits zur Zeit des *Domesday Book* (1086; siehe S. 52). Sie entstanden meist um Kirchen oder Landsitze. Zum Bau der Cottages benutzte man Materialien aus der Region. Heute umfasst ein typisches Dorf Gebäude vom Mittelalter bis zur Gegenwart. Meist ist die Kirche der älteste Bau, gefolgt von Zehntscheune, Herrenhaus und Cottages.

Abbotsville in Dorset, ein um die Kirche errichtetes Dorf

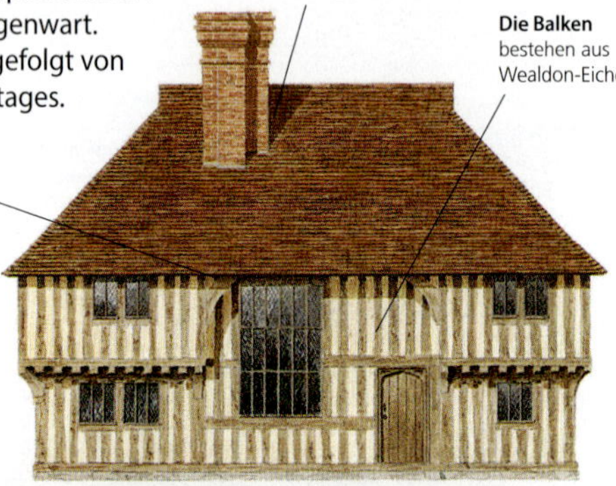

Ein steiles Dach schützt das ganze Haus.

Die Balken bestehen aus Wealdon-Eiche.

Die Dachtraufe wird von geschwungenen Streben gehalten.

Wealden Hall House in Sussex ist ein mittelalterlicher Fachwerkbau, wie man ihn in Südostengland häufig findet. Er besitzt eine hohe Diele, die von zwei Etagen flankiert wird. Das Obergeschoss ragt über das Erdgeschoss hervor.

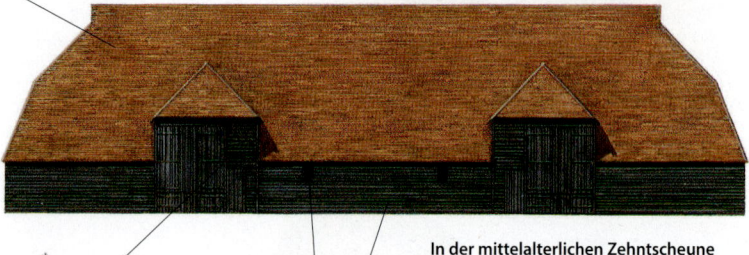

Ein Ziegeldach hält das Getreide trocken.

Das Tor ist groß genug für Ochsenkarren.

Löcher lassen Luft und Vögel ein.

Wände und Türen sind mit Schindeln verkleidet.

In der mittelalterlichen Zehntscheune lagerten die Vorräte des Klerus – jeder Bauer musste ein Zehntel *(tithe)* seiner Jahresernte abgeben. Das riesige Dach wird häufig von gewölbten Balken gestützt.

Gemeindekirche

Die Kirche ist das Herz des Dorfs und Mittelpunkt des dörflichen Lebens. Der hohe Turm grüßt schon von Weitem. Die Kirche verrät auch einiges über die Dorfgeschichte: Eine große Kirche in einem kleinen Dorf deutet auf einstigen Reichtum hin. Die typische Dorfkirche enthält Elemente verschiedener Stilrichtungen, z. B. mittelalterliche Grabtafeln, Wandgemälde, Misericordien *(siehe S. 345)*, Schnitzwerk und Steinmetzarbeiten aus der Tudor- und Stuart-Zeit. Oft kann man Informationsbroschüren kaufen.

Schlanker georgianischer Kirchturm

Westansicht

Zinnengekrönte Türme aus dem 15. Jahrhundert stehen an der Westseite.

Strebepfeiler stützen die Mauern.

Glocken rufen zum Kirchgang.

Normannische Bogen sind gerundet.

LÄNDLICHE ARCHITEKTUR | 37

Steincottages wie dieses Langhaus in den Penninen sind aus einheimischem Granit, der den kalten Wintern standhält. Die Tiere waren in der Scheune *(rechts)* untergebracht. Die Familie wohnte auf der anderen Seite *(ganz rechts)*.

Kamine gibt es in verschiedenen Formen.

Das Dach besteht aus Schieferplatten aus dem Lake District.

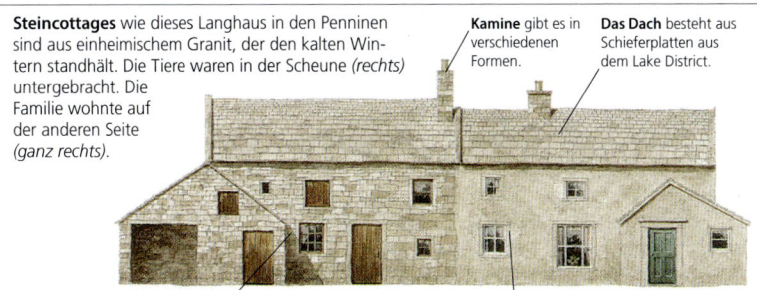

Fenster waren in kalten Gegenden meist klein.

Das Dach ist mit Ziegeln gedeckt.

Die Steinart hängt von der Region ab. In Cumbria verwendete man blaugrauen Pennine-Stein.

Schindelhäuser baute man im 18. und 19. Jahrhundert vorwiegend im Südosten Englands. Die Holzschindeln dienten als Verkleidung gegen Kälte und Nässe.

Erkerfenster bringen zusätzlich Licht und Raum.

Das Reetdach besteht aus Stroh oder Schilf.

Bei reetgedeckten Cob-Cottages ist das hölzerne Rahmenwerk mit *cob* verputzt, einer Mischung aus Lehm, Kalkstein, Mist, Schilf, Stroh, Kiesel, Sand und Steinen.

Die Wände sind einen Meter dick.

Baumaterialien

Die Materialien hingen von lokalen Vorkommen ab. In Schottland oder Cornwall waren Steincottages aus Granit, in den Cotswolds aus Kalkstein. Holzbalken waren oft aus Eiche. Im Süden und Osten wurde viel Feuerstein und Kiesel verwendet, in Wales Schiefer. Seit der Tudor-Zeit ist Backstein beliebt.

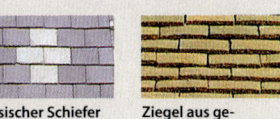

Walisischer Schiefer für das Dach

Ziegel aus gebranntem Lehm

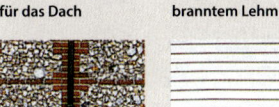

Feuerstein und Kiesel – häufig in Norfolk

Holzschindeln zum Wetterschutz

Backstein, seit der Tudor-Zeit verbreitet

Harter Granit aus dem südlichen Wales

Südansicht

Das Langhaus ist häufig der älteste Teil des Gebäudes, die Anbauten kamen später hinzu.

Türme sind meist jüngeren Datums, da sie oft einstürzten.

Seile dienten zum Glockenläuten.

Der Taufstein hat die Jahrhunderte meist unbeschadet überstanden.

Spitz zulaufende Bogen sind ein Kennzeichen des 13. Jahrhunderts.

Viele Kanzeln stammen aus der Regierungszeit von James I.

Ein Lettner trennt Langhaus und Altarraum.

Im Altarraum befinden sich Chor und Altar.

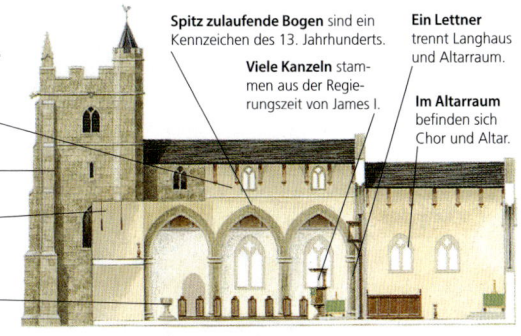

Flora und Fauna

Die ungewöhnliche geologische und klimatische Vielfalt Großbritanniens bringt die unterschiedlichsten Landschaften hervor – baumloses, windgepeitschtes Moor ebenso wie fruchtbares Weideland. Jedes Terrain besitzt eine eigene Flora und Fauna und ganz individuellen Charme. Der Bau immer neuer Wander- und Radwege, die weite Landstriche erschließen, macht einen Landausflug geradezu zum Muss.

Einheimische Tier- und Pflanzenwelt

In Großbritannien gibt es keine großen oder gefährlichen Raubtiere, doch bevölkert eine Vielzahl kleiner Säugetiere, Nager und Insekten das Land. In den Bächen und Seen leben viele Fischarten. Vogelfreunde können hier Sing-, Greif- und Seevögel beobachten.

Vieh grast auf den saftigen Weiden.

Baumbestand bietet der Tierwelt Schutz.

Höher gelegene Regionen werden nicht bewirtschaftet.

Büsche und Bäume gedeihen zwischen den Felsen.

Die höchsten Gipfel sind oft bis zum Frühjahr schneebedeckt.

Flüsse werden von Bächen zum Strom auf ihrem Weg zum Meer.

Bewaldetes Tiefland

Kreidelandschaften wie hier bei Ditchling Beacon in den Downs *(siehe S. 185)* besitzen magere Böden, die sich zur Schafzucht eignen. Auf den niederen Hängen gedeiht auch Getreide. Man sieht seltene Wildpflanzen und Schmetterlinge sowie Buchen und Eiben.

Hügelland

Weite Teile des Hochlands sind unberührt, da sie sich weder für Getreideanbau noch Waldwirtschaft eignen. Das Heideland ist Lebensraum für Rothirsche und Raubvögel. In den höchsten Regionen der hier abgebildeten Cairngorms *(siehe S. 548f)* in Schottland gibt es noch seltene Greifvögel wie den Steinadler.

Die Kratzdistel lockt im Sommer mit ihren rosa Korbspitzen viele Schmetterlinge an.

Besenheide, ein niederes Heidekraut mit rosa Blüten, setzt im Torfmoor und Hochland farbige Akzente.

Heckenrosen zählen zu den beliebtesten britischen Wildpflanzen. Ihre Blüten sieht man häufig in Hecken.

Der Bärenklau trägt auf dicken Stängeln eine Vielzahl weißer Blüten.

Der Wiesenstorchschnabel ist eine wilde Geranienart mit violetten Blüten.

Die Blutwurz mit ihren kleinen gelbweißen Blüten bevorzugt saure Böden. Sie gedeiht in feuchten, moorigen Gegenden.

FLORA UND FAUNA | 39

Schwalben trifft man den ganzen Sommer über an.

Turmfalken fressen am liebsten kleine Säugetiere wie Mäuse.

Kaninchen lassen sich manchmal am Feld- oder Waldrand beobachten.

Rotkehlchen sind beliebte Gartengäste. Man erkennt sie am roten Brustgefieder.

Füchse, kaum größer als unsere Hauskatzen, leben versteckt in den Wäldern.

Getreide reift auf kleinen Feldern.

In Hecken finden kleinere Tiere Unterschlupf.

Kleine Mischwälder lockern das Landschaftsbild auf.

Schafe weiden auch auf Salzmarschen.

Ein Kanal entzieht dem Feld Wasser.

Schilfrohr rahmt Wasserflächen ein.

Traditionelle Felder

Patchwork-Felder wie hier in den Cotswolds *(siehe S. 308f)* spiegeln die seit vielen Generationen betriebene Kleinbewirtschaftung wider. Produziert werden Silofutter, Heu und Getreide. Zudem werden Milchkühe und Schafe gehalten. Die Hecken markieren jahrhundertealte Grenzen.

Marschland

Tief gelegene, mit Entwässerungsgräben durchzogene Feuchtgebiete prägen Romney Marsh *(siehe S. 186f)* sowie einen Großteil von East Anglia. Einige Gegenden haben fruchtbare, torfhaltige Böden (für Getreideanbau) oder Salzwiesen (für Schafzucht). Es gibt zudem weite naturbelassene Landstriche.

Die Margerite, eine Verwandte des gewöhnlichen Gänseblümchens, blüht von Frühling bis Spätsommer.

Orchideen wie dieses Knabenkraut gehören zu den am stärksten geschützten Arten von Wildpflanzen.

Schlüsselblumen gehören zur Familie der Primeln. Im Frühjahr findet man sie an sonnigen Stellen.

Strand-Grasnelken blühen im Spätsommer. Sie gedeihen auf salzhaltigen Böden.

Mohn setzt feuerrote Tupfer im Korn.

Der Hahnenfuß ist eine der häufigsten Wildpflanzen, die auf Sommerwiesen wachsen.

Wanderwege

Wanderfreunde finden in Großbritannien Wege aller Schwierigkeitsgrade. Ein weitreichendes Netz von Wanderwegen erschließt Regionen von spektakulärer Schönheit. Manche Strecken sind für einen Tag bemessen, andere erfordern mehrere Übernachtungen. Kürzere Routen sind gut ausgeschildert. Vor Ort gibt es Literatur und Wanderkarten für spezielle Wanderwege. Anfänger tun sich entlang den Flusstälern leichter und überlassen die anstrengenden hügligen Wege besser den gut Trainierten.

Der West Highland Way, ein anstrengender, 153 Kilometer (95 Meilen) langer Wanderweg von Milngavie nahe Glasgow bis nördlich von Fort William, führt durch schönes, bergiges Terrain *(siehe S. 498)*.

Der Pennine Way, Großbritanniens erster Fernwanderweg, führt auf 431 Kilometern (268 Meilen) von Edale in Derbyshire nach Kirk Yetholm an der schottischen Grenze und eignet sich nur für erfahrene Wanderer. Es geht kilometerweit durch einsame Moor- und Heidelandschaften.

Der Offa's Dyke Footpath folgt der Grenze zwischen Wales und England. Der 270 Kilometer (168 Meilen) lange Weg führt durch das schöne Wye-Tal.

Der Pembrokeshire Coastal Path verläuft 299 Kilometer (186 Meilen) – teils auf Klippen – von Amroth an der Carmathen Bay zur Westspitze von Wales.

Wanderkarten

Gut sind die amtlichen, vom Ordnance Survey (0845 605 0505) herausgegebenen Wanderkarten. Besonders nützlich beim Wandern sind die *Explorer*-Karten (Maßstab 1 : 25 000) und die *Landranger*-Karten (Maßstab 1 : 50 000). Karten der Serie *Outdoor Leisure and Explorer* decken ein größeres Wandergebiet ab.

Der Southwest Coastal Path bietet auf 1014 Kilometern (630 Meilen) Länge abwechslungsreiche Landschaften. Er führt von Minehead an der Nordküste von Somerset über Devon und Cornwall nach Poole in Dorset.

WANDERWEGE | 41

Wegweiser

Die Fernwanderwege sind markiert, einige mit einer Eichel (in Schottland mit einer Distel). Farbpfeile bezeichnen oft kürzere Routen. Örtliche *footpaths* zeigen in der Regel gelbe, *bridleways*, auch für Pferde und Fahrräder zugelassen, blaue Kennzeichnung. Denken Sie bei der Wahl Ihres Schuhwerks daran, dass Pferdehufe den Boden sehr aufwühlen können. Die Markierungen befinden sich an Pfosten, Bäumen oder Zaunübertritten.

Routeninfos

Vorbereitung: Das Wetter kann sehr rasch umschlagen, seien Sie für alles gerüstet. Nehmen Sie Kompass und eine gute Wanderkarte mit. Ganz wichtig sind Getränke und ein Imbiss, falls auf der Strecke kein Pub liegt.
Unterwegs: Bleiben Sie auf den markierten Pfaden und schließen Sie alle Gatter hinter sich. Füttern Sie keine Tiere, pflücken Sie keine Blumen, und nehmen Sie Ihren Abfall wieder mit.
Unterkunft: Hostelling International *(siehe S. 625)* unterhält Herbergen für Wanderer. An den meisten Routen liegen auch günstige Bed-and-Breakfast-Unterkünfte *(siehe S. 557)*.
Weitere Infos: Die Ramblers' Association – Tel. (020) 7339 8500, www.ramblers.org.uk – ist eine Organisation für Wanderer mit einem Unterkunftsverzeichnis.

Der Coast to Coast Walk führt 306 Kilometer (190 Meilen) durch Lake District, Yorkshire Dales und North York Moors – vorbei an wunderschönen Landschaften. Wegen der vorherrschenden Windrichtung sollte man alle Wege im Landesinneren von Westen nach Osten gehen.

Der Dales Way führt von Ilkley in West Yorkshire nach Bowness-on-Windermere im Lake District 130 Kilometer (81 Meilen) weit durch eine hübsche Tallandschaft.

Der Ridgeway, eine relativ anspruchslose, 137 Kilometer (85 Meilen) lange Strecke, folgt einem früheren Viehtreiberweg. Start ist bei Avebury *(siehe S. 267)*, Ziel Ivinghoe Beacon.

Peddars Way und Norfolk Coast Path führen als 151 Kilometer (94 Meilen) langer, nicht sehr anstrengender Weg von Thetford nach Norden zur Küste, dann ostwärts nach Cromer.

Der Icknield Way, Großbritanniens älteste prähistorische Straße, ist 168 Kilometer (105 Meilen) lang und verbindet Ridgeway und Peddars Way.

Der Thames Path folgt dem Flusslauf von London aus 341 Kilometer (213 Meilen) bis zum Ursprung der Themse bei Kemble in Gloucestershire.

Der South Downs Way von Eastbourne *(siehe S. 184)* an der Südküste bis Winchester *(siehe S. 174f)* ist 162 Kilometer (101 Meilen) lang.

Der Isle of Wight Coastal Path umrundet die Insel und ist mit 105 Kilometern (65 Meilen) leichter Strecke gut begehbar.

Der North Downs Way folgt einer alten Straße 227 Kilometer (141 Meilen) weit durch sanftes Hügelland von Farnham in Surrey nach Dover oder Folkestone in Kent.

DIEV ET MON DROIT

H R VIII

Die Geschichte Großbritanniens

Schon im 7. nachchristlichen Jahrhundert, als die angelsächsischen Stämme keltische und römische Einflüsse absorbierten und schließlich die Vormachtstellung im damaligen Britannien erlangten, entwickelte sich der britische Charakter. Wiederholt mussten die Angelsachsen Angriffe der Wikinger abwehren. Im Jahr 1066 wurden sie von den Normannen unter Wilhelm dem Eroberer in der Schlacht von Hastings besiegt. Wilhelm ließ sich im selben Jahr zum König der Engländer krönen.

Aufgrund der Insellage des Landes wuchsen die beiden Kulturen der Angelsachsen und Normannen im Lauf der Jahrhunderte zur englischen Nation zusammen. Wiederholt versuchten die englischen Könige auf den Kontinent vorzudringen, doch ohne Erfolg. Schließlich annektierten sie Schottland und Wales. Die Tudor-Monarchen festigten diesen Herrschaftsbereich und legten die Basis für die künftige wirtschaftliche Blüte des Landes.

Henry VIII erkannte die enorme Bedeutung der Seeherrschaft. Während der Regentschaft seiner Tochter Elizabeth I befuhren englische Schiffe die Weltmeere, wobei sie häufig mit den Spaniern in Konflikt gerieten. Doch nach dem vernichtenden Sieg über die spanische Armada im Jahr 1588 stand Englands Aufstieg nichts mehr im Weg. Zur Zeit der Stuarts kam es zu inneren Unruhen, die 1641 im Bürgerkrieg gipfelten. Im Jahr 1707 wurde die Insel vereinigt. Mit dem Act of Union entstanden die ersten Strukturen einer demokratischen Regierungsform.

Die Kombination aus innerem Frieden und maritimer Stärke erlaubte es Großbritannien nun, seinen Machtbereich immer weiter auszudehnen. Im Jahr 1815 war das Land die führende Handelsnation der Welt. Ende des 19. Jahrhunderts erstreckte sich ein riesiges Imperium über den gesamten Globus. Erst der Aufstieg der USA brach nach zwei Weltkriegen die Vormachtstellung Großbritanniens. In den 1970er Jahren waren fast alle englischen Kolonien zu unabhängigen Mitgliedern des Commonwealth geworden.

Zeitgenössische Karte zur Niederlage der spanischen Armada (1588)

◀ Henry VIII, Gründer der Royal Navy, hier mit seinem Sohn Edward und seiner Ehefrau Jane Seymour *(siehe S. 54)*

Könige und Königinnen

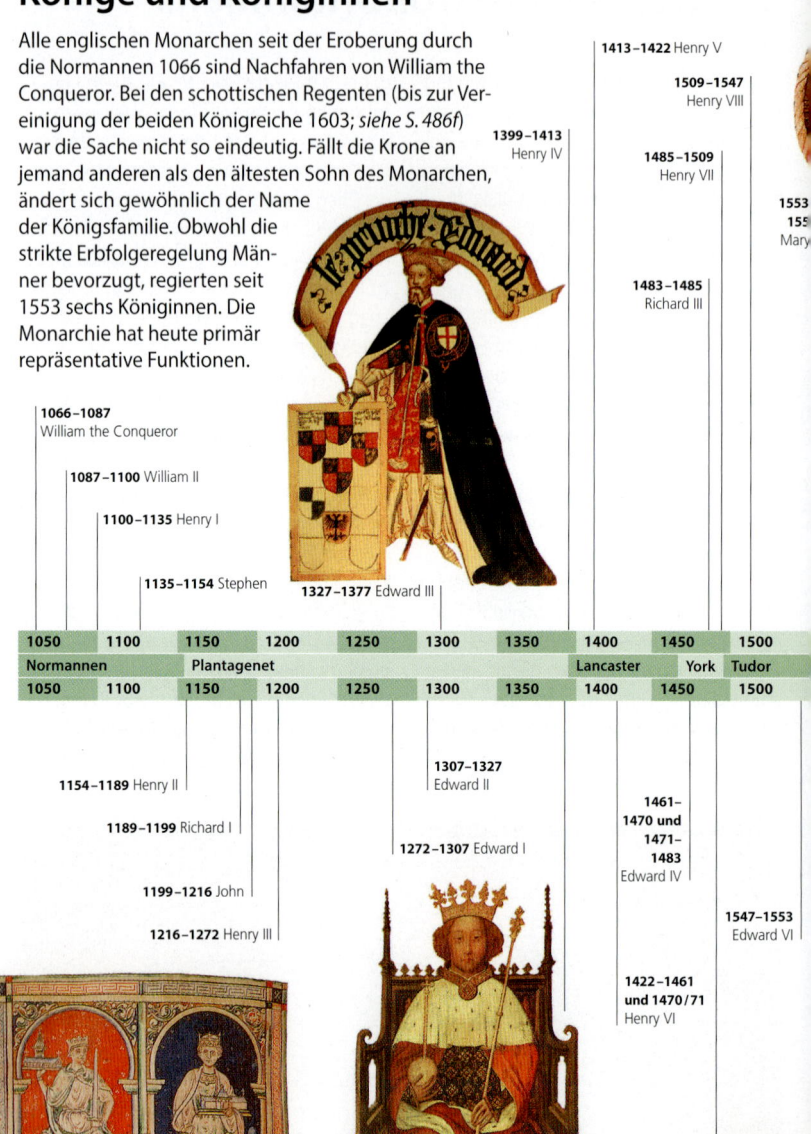

Alle englischen Monarchen seit der Eroberung durch die Normannen 1066 sind Nachfahren von William the Conqueror. Bei den schottischen Regenten (bis zur Vereinigung der beiden Königreiche 1603; *siehe S. 486f*) war die Sache nicht so eindeutig. Fällt die Krone an jemand anderen als den ältesten Sohn des Monarchen, ändert sich gewöhnlich der Name der Königsfamilie. Obwohl die strikte Erbfolgeregelung Männer bevorzugt, regierten seit 1553 sechs Königinnen. Die Monarchie hat heute primär repräsentative Funktionen.

1066–1087 William the Conqueror
1087–1100 William II
1100–1135 Henry I
1135–1154 Stephen
1327–1377 Edward III

1399–1413 Henry IV
1413–1422 Henry V
1509–1547 Henry VIII
1485–1509 Henry VII
1483–1485 Richard III
1553–1558 Mary

1050	1100	1150	1200	1250	1300	1350	1400	1450	1500
Normannen		Plantagenet					Lancaster	York	Tudor

1154–1189 Henry II
1189–1199 Richard I
1199–1216 John
1216–1272 Henry III
1307–1327 Edward II
1272–1307 Edward I
1461–1470 und 1471–1483 Edward IV
1547–1553 Edward VI
1422–1461 und 1470/71 Henry VI
1377–1399 Richard II

Die Chronik von Matthew Paris aus dem 13. Jahrhundert zeigt die Könige Richard I, Henry II, John I und Henry III

1483 Edward V

KÖNIGE UND KÖNIGINNEN | 45

1901–1910 Edward VII

1936 Edward VIII

1689–1702 William III und Mary II

1685–1688 James II

1702–1714 Anne

1660–1685 Charles II

1714–1727 George I

1603–1625 James I

1837–1901 Victoria

1727–1760 George II

Seit 1952 Elizabeth II

1600	1650	1700	1750	1800	1850	1900	1950	2000	2050
Stuart		Hanover			Sachsen-Coburg	Windsor			
1600	1650	1700	1750	1800	1850	1900	1950	2000	2050

1830–1837 William IV

1936–1952 George VI (auf der Georgsmedaille)

1649–1660 Commonwealth, unter Oliver Cromwell

1820–1830 George IV

1910–1936 George V

1625–1649 Charles I

1558–1603 Elizabeth I

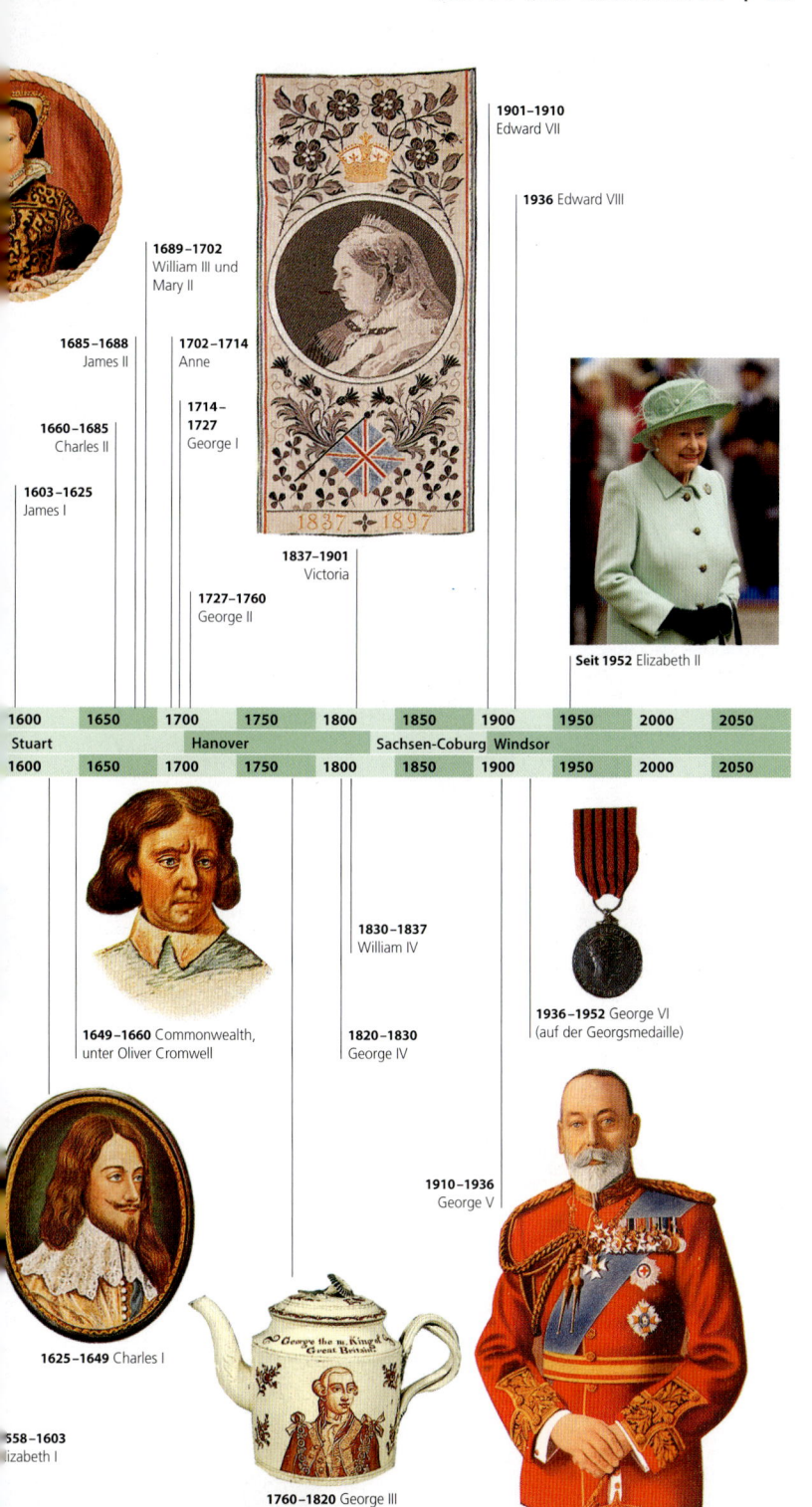

1760–1820 George III

Prähistorisches Britannien

Während der letzten Eiszeit, die vor etwa 10 000 Jahren endete, war der südliche Teil der Insel noch mit dem europäischen Festland verbunden. Die ersten Menschen lebten in Kalksteinhöhlen, schlossen sich im Lauf der Steinzeit zu Siedlungsgemeinschaften zusammen und entwickelten ackerbauliche Fertigkeiten. Die rätselhaften Steinkreise datieren aus der Zeit um 3000 v. Chr. Feuersteinminen und alte Straßen zeugen von frühem Handel. Aus der Stein- und Bronzezeit sind zahlreiche Hügelgräber erhalten.

Steinaxt
In Stonehenge fand man neolithische Werkzeuge, etwa diese Steinaxt.

Manche Menhire wie dieser in Ballymeanoch wurden mit Ritzzeichnungen versehen.

Geschichtsforschung
Artefakte und steinerne Zeugen aus Jungsteinzeit, Bronze- und Eisenzeit informieren uns darüber, wie man in Britannien lebte, bevor die Römer die Insel eroberten.

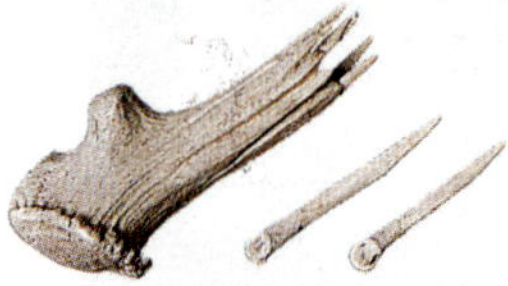

Steinzeitliches Werkzeug
Geweihe und Knochen (diese stammen aus Avebury, *siehe S. 267*) wurden bei der Verarbeitung von Leder benutzt.

Glockenbecher
Die Glockenbecher-Kultur, die zu Beginn der Bronzezeit vom Kontinent auf die Insel kam, ist nach der Form der Trinkgefäße benannt, die als Grabbeigaben dienten.

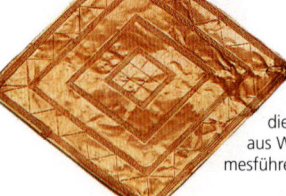

Goldener Brustschild
Dieser verzierte Brustschild, die Arbeit eines Goldschmieds aus Wessex, dürfte einem Stammesführer gehört haben.

Pentre Ifan, eine mächtige neolithische Grabkammer in Südwales, lag einst unter einem Erdhügel.

Mold-Schulterschmuck
In der Bronzezeit wurde in Wales und Cornwall Gold gefördert. Der Schulterschmuck stammt aus einem Grab in Mold, Clwyd.

Die goldene Tasse aus einem Hügelgrab in Cornwall zeugt vom Reichtum bronzezeitlicher Stämme.

8000–5000 Nach dem Ende der Eiszeit steigt der Meeresspiegel und flutet die Landbrücke zwischen England und dem Kontinent

Neolithische Äxte aus Feuerstein

| 8000 v. Chr. | 5500 v. Chr. | 5000 v. Chr. | 4500 v. Chr. | 4000 v. Chr. | 3500 v. Chr. |

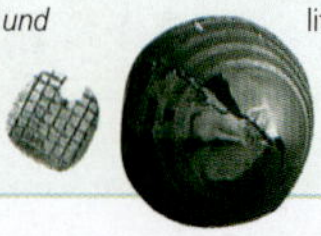

Goldener Anhänger und Knopf (1700 v. Chr.) aus bronzezeitlichen Grabstätten

Ab 3500 Im Neolithikum entstehen Hügelgräber und Steinkreise

PRÄHISTORISCHES BRITANNIEN | 47

Skara Brae ist ein neolithisches Dorf aus der Zeit um 2500 v. Chr. *(siehe S. 532).*

Maiden Castle
Die eindrucksvolle eisenzeitliche Hügelfestung in Dorset weist konzentrische Wälle und Gräben auf, die der Hügelform folgen *(siehe S. 273).*

Prähistorie

Wiltshire bietet mit Stonehenge *(siehe S. 266f)* und Avebury *(siehe S. 267)* die eindrucksvollsten Monumente aus neolithischer Zeit. In der Nähe befindet sich das Uffington White Horse *(siehe S. 225)*. Eine große Sammlung prähistorischer Artefakte besitzt das British Museum *(siehe S. 110f)* in London.

Brochs, aus der Eisenzeit datierende runde Türme mit mächtigen Steinmauern, sieht man nur in Schottland.

Eisenzeitliche Axt
Um etwa 700 v. Chr. brachten die Kelten die Technik der Eisenbearbeitung auf die Insel.

Über 180 Steine gehören zum neolithischen Monument von Avebury *(siehe S. 267).*

Der Steinkreis von Castlerigg ist eines der ältesten Megalithmonumente des Landes *(siehe S. 365).*

Uffington White Horse
Um nicht im Gras unterzugehen, muss dieses 3000 Jahre alte Ross regelmäßig geschoren werden *(siehe S. 225).*

Die Kalkfigurine, vermutlich eine Fruchtbarkeitsgöttin, stammt aus Grimes Graves *(siehe S. 198f).*

Der keltische Bronzehelm (50 v. Chr.) wurde in London aus der Themse gefischt.

Snettisham Torc
Dieser in Norfolk gefundene Halsring für keltische Männer wurde um 50 v. Chr. aus Gold und Silber geschmiedet.

Stonehenge datiert aus der Zeit um 3000 v. Chr. *(siehe S. 266f).*

3000 v. Chr.	2500 v. Chr.	2000 v. Chr.	1500 v. Chr.	1000 v. Chr.	500 v. Chr.
2500 Tempel aus Holz oder Stein werden errichtet	**1650–1200** Wessex ist Knotenpunkt wichtiger Handelsrouten zwischen dem Kontinent und den Minen von Cornwall, Wales und Irland			**1000** Erste Bauernhöfe entstehen	**550–350** Die Kelten kommen vom europäischen Festland	**500** Beginn der Eisenzeit: Hügelfestungen werden gebaut
	2100–1650 Bronzezeit in Großbritannien: Einwanderung der Glockenbecher-Leute, die Bronzegeräte fertigen und Tempel bauen		*Bronzezepter eines Häuptlings (1700 v. Chr.)* **1200** Erste Siedlungsgemeinschaften entstehen			**150** Gallische Stämme rücken in Britannien ein

Britannien zur Römerzeit

Rund 350 Jahre lang war Britannien römische Kolonie. Nach Niederschlagung aufständischer Stämme wie der Icener (Königin Boadicea) herrschten die Römer als Fremdherrscher, ohne sich zu assimilieren. Ihr Erbe umfasst neben Festungsbauten auch öffentliche Gebäude und ganze Städte. Bis heute prägen die von ihnen angelegten langen, geraden Straßen die Landschaft.

Turnierhelm
Der in Lancashire entdeckte Helm wurde bei Reiterturnieren verwendet. Pferderennen und andere Sportarten fanden in Amphitheatern statt.

Römisches Bad

Silberkrug
Der Krug aus dem 3. Jahrhundert, das älteste bekannte Silberobjekt mit christlichem Motiv, fand sich bei Peterborough.

Eingangshalle

Fishbourne Roman Palace
entstand an einem natürlichen Hafen, an dem Schiffe anlegen konnten.

Hadrian's Wall
Der um 120 zum Schutz gegen die Schotten angelegte Hadrianswall sicherte die nördliche Grenze des Römischen Imperiums mit 17 Kastellen und 18500 Soldaten.

Mithras
Den Kopf des Gottes fand man in London in einem Mithrastempel. Der Mithraskult forderte von seinen Anhängern Gehorsam und Disziplin.

---

54 v. Chr. Julius Cäsar landet in Britannien, zieht sich aber wieder zurück

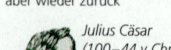

Julius Cäsar (100–44 v. Chr.)

43 Claudius erobert Britannien, das nun Teil des Römischen Reichs wird

61 Boadicea führt einen Aufstand gegen die Römer und brennt ganze Städte nieder, wird jedoch geschlagen *(siehe S. 199)*

78–84 Agricola stößt nach Schottland vor

70 Die Römer erobern Wales und den Norden

Boadicea (1. Jh.), Königin der Icener

120 Kaiser Hadrian errichtet an der Grenze zu Schottland einen Schutzwall

140–143 Die Römer besetzen Südschottland und errichten entlang der neuen Grenze den Antoninuswall

55 v. Chr. — 0 — 50 n. Chr.

BRITANNIEN ZUR RÖMERZEIT | 49

Flavische Mosaiken
Römische Fußböden aus dem 1. Jahrhundert waren meist schwarz-weiß gemustert. In Fishbourne sind viel Mosaiken erhalten.

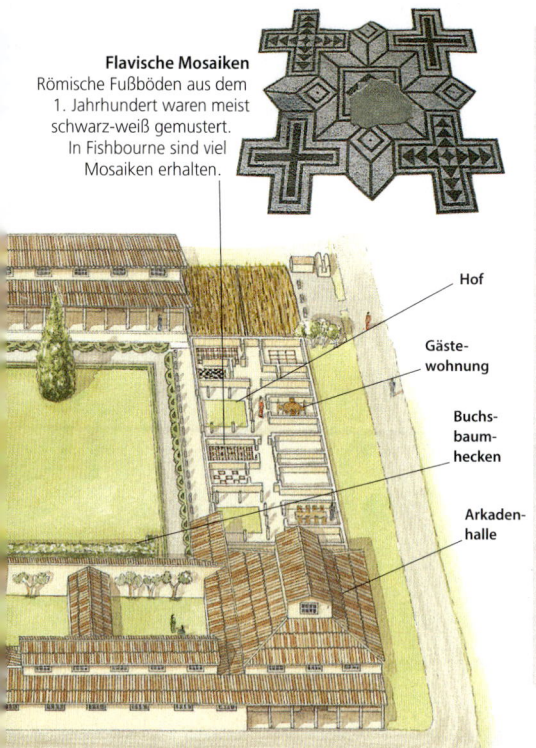

Römerzeit

Viele britische Städte wurden von den Römern gegründet und besitzen römische Bauten, z. B. Bath *(siehe S. 262–265)*, Chester *(siehe S. 314f)*, Colchester *(siehe S. 209)*, Lincoln *(siehe S. 344f)*, London *(siehe S. 74–159)*, St Albans *(siehe S. 236f)* und York *(siehe S. 408–413)*. Zahlreiche römische Villen befinden sich in Südengland, wo das Klima mild und der europäische Kontinent nah waren.

- Hof
- Gästewohnung
- Buchsbaumhecken
- Arkadenhalle

Die römischen Thermen in Bath *(siehe S. 264f)*, Aquae Sulis genannt, entstanden zwischen dem 1. und 4. Jahrhundert rund um eine heiße Quelle.

Fishbourne Roman Palace
Der im 1. Jahrhundert für den Vasallenkönig Togidubnus errichtete Palast (hier eine Rekonstruktion) besaß u. a. Fußbodenheizung sowie fließend Warm- und Kaltwasser (siehe S. 175).

Chi-Rho-Symbol
Das frühchristliche Symbol ist Teil eines Freskos (3. Jh.) in der römischen Villa Lullingstone in Kent.

Battersea Shield
Der bei Battersea in der Themse gefundene Schild mit keltischen Symbolen dürfte aus der Zeit der römischen Eroberung stammen. Vermutlich verlor ihn ein Krieger beim Überqueren des Flusses, oder er wurde einer der vielen Flussgottheiten geopfert. Heute ist er im British Museum *(siehe S. 110f)* zu sehen.

---

206 Stämme aus Nordschottland greifen den Hadrianswall an

254 Der hl. Alban, der erste christliche Märtyrer Britanniens, wird geköpft

Bildsymbolstein von Aberlemno (Schottland)

410 Rückzug der Römer aus Britannien

209 Septimius Severus rückt mit Verstärkung aus Rom an

306 Römische Truppen in York rufen Konstantin zum Kaiser aus

350–369 Grenzkämpfe zwischen Pikten und Scoten

440–450 Eindringen von Angeln, Sachsen und Jüten

Angelsächsische Königreiche

Um die Mitte des 5. Jahrhunderts begannen Angeln und Sachsen aus Deutschland, die Ostküste Britanniens zu erobern. Innerhalb eines Jahrhunderts war das Land in sächsische Königreiche wie Wessex, Mercia und Northumbria unterteilt. Angriffe der Wikinger im 8. und 9. Jahrhundert konnten abgewehrt werden. 1066 brachte William the Conqueror aus der Normandie dem Sachsenkönig Harold eine schwere Niederlage bei und machte sich nach und nach das ganze Land untertan.

Wikingeraxt
Wichtigste Waffen der Wikinger waren Speer, Axt und Schwert. Sie waren geschickte Metallschmiede, die Verzierungen liebten. Diese Axt stammt aus einem Museum in Kopenhagen.

Wikinger auf Kriegsfahrt
Die Skandinavier waren den Briten im Bootsbau weit überlegen. Ihre schnellen Schiffe mit den Furcht einflößenden Galionsfiguren segelten die Themse hinauf oder an der Küste entlang und versetzten die Engländer in Schrecken.

Angelsächsischer Kalender
Die kurz vor der Invasion der Normannen entstandene Chronik zeigt das Leben im angelsächsischen Britannien. Zunächst lebten die Menschen in ländlichen Gemeinschaften. Im 7. Jahrhundert entstanden erste Städte. Der Handel florierte. Die Sachsenkönige wurden vom Adel unterstützt, den Großteil der Bevölkerung bildeten freie Bauern.

Hl. Augustinus († 604)

um 470–495 Sachsen und Angeln siedeln in Essex, Sussex und East Anglia

um 556 Die Sachsen errichten sieben Königreiche in Britannien

635 Der hl. Aidan gründet auf Lindisfarne ein Kloster

730–821 Vorherrschaft von Mercia; König Offa baut an der Grenze zu Wales einen Damm

| 450 | 500 | 550 | 600 | 650 | 700 |

450 Die ersten Sachsen lassen sich in Kent nieder

563 Der hl. Columban landet auf Iona

597 Der hl. Augustinus bekehrt die Engländer zum Christentum

617–685 Vorherrschaft des Königreichs Northumbria

Münze aus Mercia mit dem Namen von König Offa

ANGELSÄCHSISCHE KÖNIGREICHE | 51

Pflügen mit dem Ochsengespann

Alfred Jewel
Die Inschrift »Alfred ließ mich herstellen« am Goldschmuck (9. Jh.) im Ashmolean Museum *(siehe S. 228)* soll sich auf den Sachsenkönig Alfred beziehen.

Angelsächsische Zeit

Die eindrucksvollste Sammlung angelsächsischer Artefakte stammt aus einem Grab, das man 1938 in Sutton Hoo in Suffolk fand (heute im British Museum, *siehe S. 110f*). In Bradwell in Essex und Bosham in Sussex *(siehe S. 175)* befinden sich einige sehenswerte sächsische Kirchen. In York wurde die Wikingerstadt Jorvik *(siehe S. 410)* ausgegraben. Hier sind interessante Artefakte und rekonstruierte Häuser zu besichtigen.

Bänkelsänger bei einem Fest

Die sächsische Kirche
St Laurence *(siehe S. 259)* entstand im 8. Jahrhundert.

Edward the Confessor
Edward der »Bekenner« wurde 1042 König. Nach seinem Tod 1066 erhob William the Conqueror Anspruch auf den englischen Thron.

Falkenjagd

Harolds Tod
Die Darstellung (14. Jh.) zeigt William the Conqueror nach dem Tod König Harolds, dem ein Pfeil das Auge durchbohrte. Die Schlacht bei Hastings *(siehe S. 185)* beendete die letzte Invasion Britanniens.

Artussage
Der britannische Heerführer Arthur kämpfte gegen die Sachsen (frühes 6. Jh.). Die Sage über die Tafelrunde kam 1139 auf *(siehe S. 289)*.

Normannische Eroberer

- **802–839** Nach dem Tod Cenwulfs (821) erlangt Wessex die Herrschaft über weite Teile Englands
- **867** Northumbria fällt an die Wikinger
- **878** König Alfred schlägt die Wikinger, gestattet ihnen aber, in Ostengland zu siedeln
- **1016** Dänenkönig Knut besteigt als Canute den englischen Thron

| 800 | 850 | 900 | 950 | 1000 | 1050 | 1100 |

- **843** Kenneth McAlpin wird König von Schottland
- **um 793** Wikinger erobern Lindisfarne; etwa ein Jahr später erste Wikingerüberfälle auf Schottland
- **926** Die Sachsen erobern Ostengland von den Dänen zurück
- **1042** Der Angelsachse Edward the Confessor († 1066) wird König
- **1066** Der Normanne William erhebt Anspruch auf den Thron, besiegt Harold bei Hastings und wird in Westminster gekrönt

Mittelalter

Die Ruinen normannischer Burgen sind Zeugen der Militärgewalt, ohne die die Invasoren ihre eroberten Gebiete nicht hätten halten können. Wales und Schottland leisteten jahrhundertelang Widerstand. Die Normannen führten ein Feudalsystem ein, das die einheimischen Angelsachsen zu Leibeigenen degradierte. Bis zum 13. Jahrhundert sprach die herrschende Schicht Französisch. Die Macht, die die Kirche im Mittelalter genoss, zeigt sich an den majestätischen Kathedralen, die die britischen Städte schmücken.

Magna Charta
Um sich und den Klerus vor willkürlicher Besteuerung zu schützen, zwangen die Barone John I 1215 zur Unterzeichnung eines Dokuments *(siehe S. 239)* – Grundlage der späteren unabhängigen Legislative.

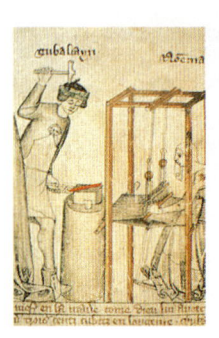

Handwerkskunst
Eine Illustration aus dem 14. Jahrhundert zeigt einen Weber und einen Kupferschmied – zwei Berufe, die zu Wohlstand führen konnten.

Becket wird im Himmel aufgenommen.

Königliche Schergen ermorden Becket in der Kathedrale von Canterbury.

Die Ermordung Thomas Beckets
Der Machtkampf zwischen Kirche und König erreichte mit dem Mord an Thomas Becket, dem Erzbischof von Canterbury, seinen Höhepunkt. Nach Beckets Heiligsprechung 1173 wurde Canterbury ein bedeutender Wallfahrtsort.

Sakralkunst
Mittelalterliche Kunstwerke behandeln meist religiöse Themen: hier ein Bleiglasfenster der Kathedrale von Canterbury *(siehe S. 190f)*.

Der schwarze Tod
Im 14. Jahrhundert fielen in Britannien und auf dem Kontinent Millionen von Menschen der Pest zum Opfer. Auf dieser Darstellung in einem Traktat (15. Jh.) fordert der Tod seinen Zoll.

1071 Hereward the Wake, Anführer des angelsächsischen Widerstands, wird bei Ely geschlagen

1154 Henry II, der erste Plantagenet-König, lässt Burgen abreißen und fordert von den Baronen Geld anstatt militärischer Unterstützung

1170 Thomas Becket, Erzbischof von Canterbury, wird nach einem Streit mit Henry II von vier Rittern ermordet

| 1100 | 1150 | 1200 | 1250 |

1086 Das *Domesday Book*, das erste Reichsgrundbuch Englands, ist Grundlage für Lehen und Steuer

Domesday Book

1215 Die Barone zwingen John I zur Unterzeichnung der Magna Charta

1256 Erstes Parlament mit gewöhnlichen Bürgern

MITTELALTER | **53**

Schlacht von Agincourt
1415 setzte Henry V mit Truppen nach Frankreich über, um dort den Thron zu erobern. Die Chronik zeigt seinen Sieg über das französische Heer.

Dieser Sarg (1190), heute in Privatbesitz, soll Beckets sterbliche Überreste enthalten haben.

Becket nimmt nach seiner Heiligsprechung seinen Platz im Himmel ein.

Mittelalter

Die Universitätsstädte Oxford *(siehe S. 226–231)* und Cambridge *(siehe S. 214–219)* weisen zahlreiche gotische Bauten auf. Mittelalterliche Kirchen erheben sich in vielen alten Orten, darunter Lincoln *(siehe S. 344f)* und York *(siehe S. 408–413)*. Beide Städte weisen noch Teile ihres ursprünglichen Straßenverlaufs auf. Die wohl interessantesten Festungen gibt es in Wales *(siehe S. 442f)*, wo Edward I mächtige Grenzburgen errichten ließ.

Das All Souls College in Oxford *(siehe S. 230)*, an dem nur Graduierte studieren dürfen, vereint diverse Stilrichtungen.

Richard III
Richard (hier ein Gemälde aus dem 16. Jh.) bestieg den Thron während der Rosenkriege – blutigen Machtkämpfen zwischen den Häusern York (weiße Rose) und Lancaster (rote Rose).

Zwei Geistliche beobachten entsetzt den Mord an Becket.

John Wycliffe (1329–1384)
Das Bild von Madox Brown (1821–1893) zeigt Wycliffe mit der Bibel, die er ins Englische übertrug, um den Text allgemein zugänglich zu machen.

Leben in der Burg
Jeder Teil der Burg war einem Baron zugeteilt, dessen Soldaten ihrer Verteidigung dienten. Diese Illustration (14. Jh.) zeigt die Wappen der jeweils zuständigen Barone.

1282/83 Edward I erobert Wales

1314 Sieg der Schotten über die Engländer bei Bannockburn *(siehe S. 486)*

1348 Die Pest halbiert die Bevölkerung Europas

1387 Chaucer beginnt mit der Arbeit an den *Canterbury-Erzählungen (siehe S. 191)*

1485 Schlacht von Bosworth beendet die Rosenkriege

Geoffrey Chaucer (um 1345–1400)

1300 — **1350** — **1400** — **1450**

1296 Edward I versucht, Schottland zu besetzen

Edward I (1239–1307)

1381 Bauernaufstand infolge zu hoher Besteuerung

1415 Englischer Sieg bei Agincourt

1453 Ende des Hundertjährigen Kriegs gegen Frankreich

Tudor-Renaissance

Nach jahrelangem Bürgerkrieg brachten die Tudor-Monarchen Frieden. Ein neues Selbstbewusstsein spiegelte sich im Bruch mit der römisch-katholischen Kirche (bedingt durch die Scheidung Henrys VIII von Katharina von Aragón) und in der Säkularisation der Klöster wider. Henrys Tochter Mary I wollte den Katholizismus wieder einführen, doch unter ihrer Halbschwester Elizabeth I etablierte sich die protestantische Kirche endgültig. Der Kampf um die Vormachtstellung auf See und in der Neuen Welt brachte Konflikte mit anderen europäischen Nationen. Die Renaissance erreichte England. William Shakespeare schrieb seine Dramen.

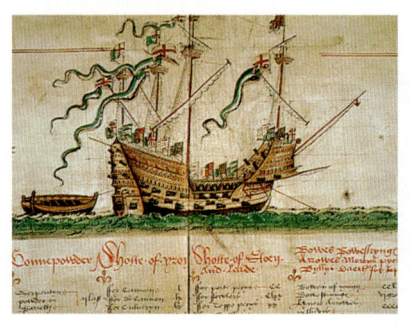

Die Vorhänge hinter der Queen sind zurückgezogen und enthüllen Schlachtszenen gegen die spanische Armada 1588.

Seemacht
Henry VIII legte den Grundstein für die mächtige englische Marine. 1545 sank sein Flaggschiff *Mary Rose (siehe S. 173)* vor seinen Augen im Hafen von Portsmouth.

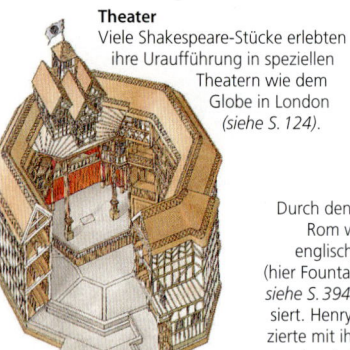

Theater
Viele Shakespeare-Stücke erlebten ihre Uraufführung in speziellen Theatern wie dem Globe in London *(siehe S. 124)*.

Der Globus symbolisiert die weitreichende Herrschaft der Königin.

Klöster
Durch den Bruch mit Rom wurden die englischen Klöster (hier Fountains Abbey, *siehe S. 394f*) säkularisiert. Henry VIII finanzierte mit ihren Schätzen seine Außenpolitik.

1497 Der Humanist John Colet verurteilt die Korruption des Klerus; Erasmus von Rotterdam und Thomas More unterstützen ihn

1533/34 Henry VIII lässt sich von Katharina von Aragón scheiden, wird vom Papst exkommuniziert und gründet die anglikanische Kirche

1542–67 Mary Stuart regiert in Schottland

1490 — 1510 — 1530

1497 Erste Reise von John Cabot *(siehe S. 260)* nach Nordamerika

1513 Sieg der Engländer über die Schotten bei Flodden *(siehe S. 486)*

Henry VIII (1491–1547)

1535 Act of Union mit Wales

1536–40 Säkularisation der Klöster

1549 Einführung des *Allgemeinen Gebetbuchs*

TUDOR-RENAISSANCE | 55

Mary Stuart
Die Urenkelin Henrys VII erhob 1559 Anspruch auf den englischen Thron. 1567 ließ Elizabeth I sie für 20 Jahre einsperren und 1587 wegen Hochverrats hinrichten.

Tudor-Zeit
Hampton Court *(siehe S. 177)* gilt als das Paradestück der Tudor-Architektur. Teile des Hauses von Elizabeth I in Hatfield *(siehe S. 235)* sind noch zu sehen. Leeds Castle *(siehe S. 192)*, Knole *(siehe S. 192f)* und Hever Castle *(siehe S. 193)* stehen in Verbindung mit den Tudors. Die Herrensitze Burghley House *(siehe S. 346f)* und Hardwick Hall *(siehe S. 306)* haben ihren Charakter über die Jahrhunderte bewahrt.

Juwelen als Zeichen des Triumphs

Die astronomische Uhr wurde 1540 für Henry VIII in Hampton Court *(siehe S. 177)* installiert. Sie besitzt schöne Sternzeichen.

Sieg über die spanische Armada
Spanien war Englands erbittertster Rivale im Kampf um die Seeherrschaft. 1588 sandte Philipp II. 100 Kriegsschiffe gegen England. Die englische Flotte – unter Lord Howard, Francis Drake, John Hawkins und Martin Frobisher – segelte von Plymouth aus los und vernichtete die spanische Armada. Anlässlich dieses triumphalen Siegs saß Elizabeth I dem Maler George Gower (gest. 1596) für dieses Bildnis Modell.

Protestantische Märtyrer
Die Katholikin Mary I regierte 1553–58. Protestanten, die sich widersetzten, wurden verbrannt – wie diese Kirchenmänner 1555 in Canterbury.

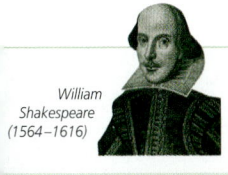

William Shakespeare (1564–1616)

1570 Erste Reise Francis Drakes zu den Westindischen Inseln

1584 Sir Walter Raleigh versucht, Virginia zu kolonisieren; Drake war zuvor gescheitert

1591 Erstes Shakespeare-Drama aufgeführt

1600 Gründung der East India Company; erstmals britische Einflussnahme in Indien

1550 | **1570** | **1590**

1553 Edward VI stirbt; die Krone fällt an Mary I

1559 Mary Stuart beansprucht den englischen Thron

1558 Elizabeth I wird Königin

1587 Mary Stuart wird auf Befehl Elizabeths I hingerichtet

1588 Sieg über die spanische Armada

Sir Walter Raleigh (1552–1618)

1603 Vereinigung der Königreiche; James VI von Schottland wird James I von England

Regierungszeit der Stuarts

Nach dem Tod Elizabeths I fiel der Thron an James I, dessen Auffassung, der König herrsche mit göttlichem Recht, zu starken Auseinandersetzungen mit dem Parlament führte. Unter seinem Sohn Charles I eskalierte der Konflikt in einem Bürgerkrieg, Charles I wurde hingerichtet. 1660 bestieg Charles II den Thron. Sein Nachfolger James II neigte dem Katholizismus zu und wurde abgesetzt. William und Mary festigten die anglikanische Kirche.

Wissenschaften
Isaac Newton (1642–1727) entwickelte das Teleskop und sorgte so für ein besseres Verständnis des Universums. Er formulierte 1686 auch das Gravitationsgesetz.

Charles I schwieg bei seinem Prozess.

Oliver Cromwell
Der strenge Protestant führte im Bürgerkrieg die siegreiche Parlamentsarmee an. Von 1653 bis 1658 war er Lordprotektor des Commonwealth.

Der kopflose Leib kniet vor dem Block.

Auf dem Weg zum Schafott hielt sich der König mit zwei Hemden warm, damit die Schaulustigen nicht dachten, er zittere vor Angst.

Theater
Nach der Restauration der Monarchie im Jahr 1660 erlebte das Theater eine Blütezeit. Die meisten Stücke wurden auf mobilen Freilichtbühnen aufgeführt.

Hinrichtung Charles' I
Cromwell war der Überzeugung, erst wenn der König tot sei, könne es dauerhaft Frieden geben. Da Charles I das Gericht nicht anerkannte, verzichtete er auf eine Verteidigung. Der einzige englische König, der je hingerichtet wurde, blickte seinem Tod am 30. Januar 1649 gefasst ins Auge. Es folgte eine Commonwealth genannte Republik.

1605 Der Versuch, das Parlament in die Luft zu jagen, scheitert

1614 Das Parlament verweigert James I finanzielle Unterstützung

1620 Die Pilgerväter segeln auf der *Mayflower* nach »Neuengland«

1642 Ausbruch des Bürgerkriegs (»Puritanische Revolution«)

1653–58 Cromwell regiert als Lordprotektor

1600 — **1625** — **1650**

1611 Neue Bibelübersetzung (»King James Version«)

James I (1566–1625)

1638 Die Schotten opponieren gegen den Katholizismus von Charles I

1649 Hinrichtung Charles' I vor dem Banqueting House; Ausrufung des Commonwealth

1660 Restauration der Monarchie unter Charles II

REGIERUNGSZEIT DER STUARTS | 57

Restauration der Monarchie
Dieser Seidengobelin zeigt, wie Charles II dem Los seines Vaters entging, indem er sich in einer hohlen Eiche verbarg.

Stuart-Zeit
Die besten Arbeiten der beiden Architekten Inigo Jones und Christopher Wren stehen in London, so die St Paul's Cathedral *(siehe S. 118f)*. Im Südosten liegen zwei Herrenhäuser aus der Zeit James' I, Audley End *(siehe S. 212f)* und Hatfield House *(siehe S. 235)*. Auch der Palace of Holyroodhouse *(siehe S. 514)* in Edinburgh ist grandios.

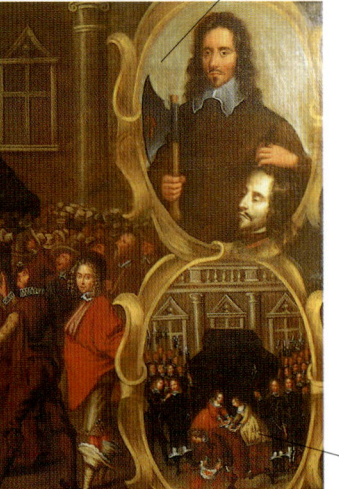

Der Henker hält das abgetrennte Haupt von Charles I.

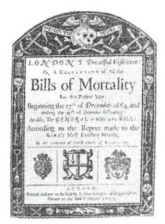

Die Pest
Plakate zeigten die wöchentlichen Todeszahlen, als die Pest 1665 London heimsuchte. Fast 100 000 Londoner starben.

Hatfield House *(siehe S. 235)* ist ein prächtiges Anwesen.

Schaulustige tauchten zur Erinnerung Taschentücher in das Blut des Königs.

Anatomie
Das Sezieren von Leichnamen ermöglichte Chirurgen Einblicke in die Funktion des Körpers – ein wesentlicher Schritt für die Medizin.

Pilgerväter
1620 segelte eine Gruppe von Puritanern nach Amerika, wo sie Kontakte zu den Indianern aufbauten. Hier stattet ihnen der Häuptling der Pokanoket einen Besuch ab.

1665/66 Pestepidemie

Der große Brand von London

1666 London geht in Flammen auf (»Great Fire«)

1688 »Glorreiche Revolution«: Das Parlament setzt den katholischen James II ab

1707 Act of Union mit Schottland

1675   **1700**

1690 Battle of the Boyne: Williams englisch-niederländische Armee schlägt die irisch-französischen Truppen James' II

1692 Massaker von Glencoe: Die Truppen Williams III ermorden Anhänger der katholischen Stuarts

William III (1689–1702)

Georgianische Zeit

Großbritannien erholte sich im 18. Jahrhundert vom Trauma des Bürgerkriegs und brachte es zu wirtschaftlicher und industrieller Blüte. London wurde Finanzzentrum. Die neue Schicht der Kaufleute erlangte rasch Reichtum. Die Vorherrschaft auf See führte zu einem Weltimperium. Dampfmaschinen, Kanäle und Eisenbahnen waren Vorboten der industriellen Revolution. Der Wohlstand spiegelte sich in vornehmen Bauten und eleganter Kleidung wider, doch wuchs auch das Elend der Unterschicht.

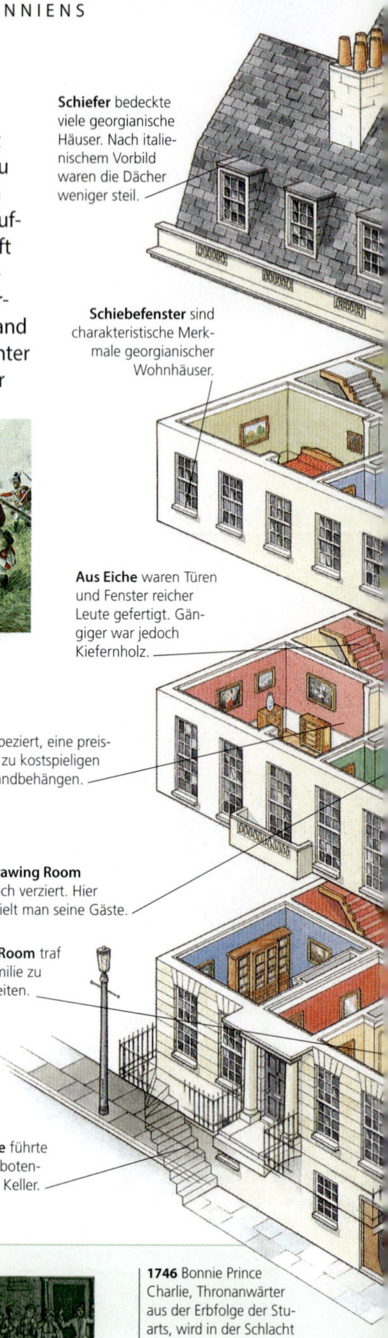

Schlacht von Bunker Hill
1775 erhoben sich die amerikanischen Kolonien gegen die britische Krone. Im Jahr 1783 musste Großbritannien die USA anerkennen.

Watts Dampfmaschine
James Watt (1736–1819) entwickelte seine 1769 patentierte Maschine zum Fortbewegungsmittel.

Lord Horatio Nelson
Nelson (siehe S. 35) starb im siegreichen Kampf gegen die Franzosen bei Trafalgar.

Schiefer bedeckte viele georgianische Häuser. Nach italienischem Vorbild waren die Dächer weniger steil.

Schiebefenster sind charakteristische Merkmale georgianischer Wohnhäuser.

Aus Eiche waren Türen und Fenster reicher Leute gefertigt. Gängiger war jedoch Kiefernholz.

Der Salon war tapeziert, eine preiswerte Alternative zu kostspieligen Gobelins oder Wandbehängen.

Der Drawing Room war reich verziert. Hier unterhielt man seine Gäste.

Im Dining Room traf sich die Familie zu den Mahlzeiten.

Eine Treppe führte zum Dienstboteneingang im Keller.

1714 Der Kurfürst von Hannover folgt als George I auf Queen Anne und beendet die Stuart-Dynastie

George I (1660–1727)

1720 Die »South Sea Bubble« platzt: Viele Spekulanten machen Bankrott

1721 Robert Walpole (1676–1745) wird erster Premierminister

Satire zur »South Sea Bubble«, 1720

1746 Bonnie Prince Charlie, Thronanwärter aus der Erbfolge der Stuarts, wird in der Schlacht von Culloden geschlagen

1757 Erster Kanal Großbritanniens fertiggestellt

1700 — 1715 — 1730 — 1745 — 1760

GEORGIANISCHE ZEIT | 59

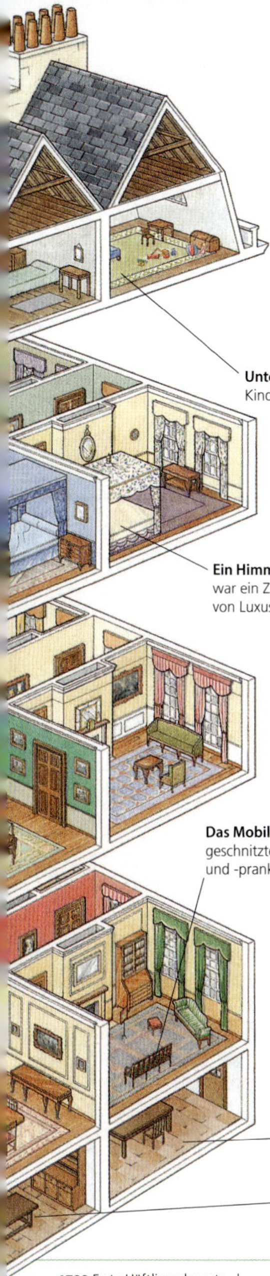

Lastkahn (1827)
Auf den Kanälen ließen sich Industriegüter billig transportieren, im 19. Jahrhundert übernahm die Eisenbahn zunehmend das Geschäft.

Unterm Dach schliefen Kinder und Dienstboten.

Ein Himmelbett war ein Zeichen von Luxus.

Chippendale-Stuhl (1760)
Thomas Chippendale (1718–1779) entwarf elegante Möbel, die heute noch beliebt sind.

Das Mobiliar zierten geschnitzte Tierköpfe und -pranken.

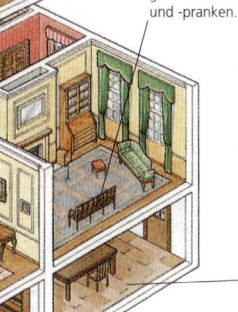

Georgianisches Stadthaus
Wohlhabende Familien leisteten sich hohe Häuser. Die bekanntesten Architekten der Epoche waren Robert Adam (siehe S. 32) *und John Nash.*

Die Dienstboten lebten und arbeiteten tagsüber im Untergeschoss.

Küche

Georgianische Zeit
Bath *(siehe S. 262–265)* und Edinburgh *(siehe S. 508–515)* sind die am besten erhaltenen georgianischen Orte. Das Royal Crescent in Bath *(siehe S. 262)* und der Royal Pavilion in Brighton *(siehe S. 182f)* wurden nach Plänen von John Nash angelegt.

Den Charlotte Square *(siehe S. 508)* in Edinburgh prägt georgianische Architektur.

Gin Lane
Londons Slums schockierten William Hogarth (1697–1764), der mit seinen Bildern soziale Reformen initiieren wollte.

1788 Erste Häftlingsdeportationen nach Australien

1776 Amerikanische Unabhängigkeitserklärung

1811–17 Unruhen wegen wachsender Arbeitslosigkeit

1805 Unter Lord Nelson besiegen die Briten in der Schlacht von Trafalgar Napoléon

1815 Wellington schlägt Napoléon bei Waterloo

Karikatur des Duke of Wellington (1769–1852)

1775 — **1790** — **1805** — **1820**

Silberterrine, 1774

1783 Richard Arkwright (1732–1792) konstruiert die erste Baumwollspinnmaschine

1807 Abschaffung des Sklavenhandels

1811 George III verliert den Verstand; sein Sohn wird Prinzregent

1825 Eröffnung der Eisenbahnstrecke Stockton–Darlington

1829 Katholizismus in Großbritannien gesetzlich gestattet

Viktorianische Ära

Victoria war erst 18 Jahre alt, als sie 1837 den Thron bestieg. Großbritannien stand am Übergang vom Agrarstaat zur mächtigsten Industrienation der Erde. Das wachsende Imperium öffnete ständig neue Absatzmärkte für die produzierten Güter. Doch die Zustände in den expandierenden Städten waren teilweise unerträglich, was zur Gründung einer bedeutenden Arbeiterpartei führte. Gegen Ende der langen Regierungszeit Victorias (1901) begannen sich die Verhältnisse zu bessern. Immer mehr Menschen durften wählen. Die allgemeine Schulpflicht wurde eingeführt.

Florence Nightingale (1820–1910)
Die »Lady with the Lamp« pflegte im Krimkrieg verwundete Soldaten und führte viele Verbesserungen im Lazarettwesen ein.

Glaswände und -decke

Vorfabrizierte Träger

Slum in Newcastle (1880)
Für die Arbeiter wurden in den Industriestädten einfache Reihenhäuser errichtet. Die grauenhaften Lebensbedingungen führten zu sozialer Unzufriedenheit.

Exponate waren Kutschen, Maschinen, Textilien, Schmuck, Glas, Pflanzen, Tafelsilber und Skulpturen.

Gewerkschaftsfahne
Die neuen Gewerkschaften sollten die Industriearbeiter gegen Ausbeutung schützen.

Ophelia
Präraffaeliten wie John Everett Millais (1829–1896) drückten mit romantischen Szenen ihre Ablehnung der Industrialisierung aus.

1832 Great Reform Bill: Alle männlichen Grundbesitzer erhalten das Wahlrecht

Prunkvase für die Weltausstellung

1841 Die Eisenbahnlinie London–Brighton erschließt das Seebad

1851 Weltausstellung

1867 Second Reform Act: Alle männlichen Haushaltsvorstände in Städten dürfen wählen

1830 — **1840** — **1850** — **1860**

1834 Landarbeiter (Tolpuddle Martyrs) werden wegen der Gründung einer *friedly society* nach Australien deportiert

1833 Die Kinderarbeit wird auf 48 Wochenstunden beschränkt

1854–56 Krimkrieg: Großbritannien besiegt Russland

1863 Eröffnung der Londoner U-Bahn

VIKTORIANISCHE ÄRA | 61

Viktorianische Ära

Die Industriestädte in den Midlands und im Norden des Landes entstanden um ausgedehnte Fabriken und Verwaltungsgebäude. Imposante viktorianische Baudenkmäler sind das Museum of Science and Industry in Manchester *(siehe S. 378)*, das Victoria and Albert Museum *(siehe S. 102f)* in London und die St Pancras Railway Station *(siehe S. 109)*.

Triumph von Dampf und Elektrizität
Die Abbildung (1897) aus den *Illustrated London News* verdeutlicht den Optimismus der frühen Industrialisierung.

Ulmen wuchsen in der Halle. Spatzen flogen umher. Ihre Zahl sollten Sperber in Grenzen halten.

St Pancras Railway Station, London, ist für seine viktorianische Architektur bekannt.

Weltausstellung 1851
Die Ausstellung, das geistige Kind von Victorias Prinzgemahl Albert, verherrlichte die britische Vormachtstellung in Industrie und Technik. Von Mai bis Oktober kamen sechs Millionen Besucher in Joseph Paxtons Kristallpalast im Hyde Park. Etwa 14 000 Aussteller zeigten 100 000 Exponate aus aller Welt. 1852 wurde der Kristallpalast in den Süden Londons versetzt. Dort brannte er 1936 ab.

Radfahr-Fieber
Das 1865 erfundene Fahrrad erfreute sich vor allem bei jungen Leuten immenser Beliebtheit, hier ein Foto aus dem Jahr 1898.

1872 Ballot Act: Einführung geheimer Wahlen

1874 Benjamin Disraeli wird Premierminister

1870 Allgemeine Schulpflicht für Kinder bis elf Jahre

1877 Queen Victoria wird Kaiserin von Indien

1884 Einführung des Telefons

Frühes Telefon

1892 Erstes Mitglied der Labour Party ins Parlament gewählt

1893 Gladstones Vorlage für ein autonomes Irland abgelehnt

1901 Tod von Queen Victoria

1899–1902 Burenkrieg: Sieg über niederländische Siedler in Südafrika

Gladstone-Karikatur in Vanity Fair, 1869

1870 — 1880 — 1890 — 1900

Großbritannien von 1900 bis 1950

Mit dem Tod von Queen Victoria 1901 verschwanden zugleich viele Beschränkungen. Es begann eine Zeit der Freiheit, der der Erste Weltkrieg ein abruptes Ende setzte. Die nachfolgenden Schwierigkeiten, die in der Weltwirtschaftskrise der 1930er Jahre gipfelten, trieben Millionen Briten ins Elend. 1939 brach der Zweite Weltkrieg aus. Nach dem Kriegsende 1945 startete man ehrgeizige Programme zur Reform von Schul- und Gesundheitswesen.

Welwyn Garden City basierte auf den utopischen Idealen des Reformers Ebenezer Howard (1850–1928).

Drahtlos
Guglielmo Marconi erfand das Radio, das Nachrichten und Unterhaltung erstmals direkt ins Haus lieferte.

Suffragetten
Im Kampf um das Wahlrecht gingen Frauen auf die Straße. Viele wanderten ins Gefängnis. Erst 1918 durften Frauen ab 30 wählen.

Die »Roaring Twenties«
Die junge Generation warf die rigiden Moralvorstellungen ihrer Eltern über Bord und entdeckte Jazz, Cocktails und den Charleston.

Neue Städte
Am Stadtrand von London versprachen neue Städte ihren Bewohnern viel Grün und frische Luft. Welwyn Garden City wurde 1919 als autarke Gemeinde gegründet, aufgrund guter Eisenbahnverbindungen nach London aber rasch zu einem Vorort der Metropole.

Der Erste Weltkrieg
In einem kräftezehrenden Stellungskrieg, der 17 Millionen Menschen das Leben kostete, lagen sich britische und deutsche Soldaten in stacheldrahtbewehrten Gräben gegenüber – nur Meter voneinander entfernt.

1903 Gründung der Frauenrechtsbewegung (Suffragetten)

1911 Parlamentsmitglieder erhalten ein Gehalt, sodass auch Arbeitnehmer gewählt werden können

1914–18 Erster Weltkrieg

1924 Erste Labour-Regierung

1900 — **1905** — **1910** — **1915** — **1920**

Henry Asquith (1852–1928), Premierminister

1908 Asquiths liberale Regierung führt die Altersrente ein

1918 Frauen über 30 Jahre erhalten das Wahlrecht

1922 Erste landesweite Radiostation

GROSSBRITANNIEN VON 1900 BIS 1950

Gartenstädte boten Bäume, Teiche und viel Freiraum.

Marsch um Arbeit
Tausende von Männern gingen auf die Straße, weil sie in den 1920er Jahren ihre Arbeit verloren. Der Börsenkrach von 1929 und die Weltwirtschaftskrise ließen die Arbeitslosigkeit nach oben schnellen.

Der Zweite Weltkrieg
Die nächtlichen Bombenangriffe der Deutschen auf Transportwege und Militär- und Industriestandorte wie Sheffield richteten gewaltigen Schaden an.

Motorisierung
In den 1950er Jahren leisteten sich immer mehr Familien ein Automobil. Hier eine Werbung für den damals populären Hillman Minx.

Billige Mieten und die Hoffnung auf eine saubere Umgebung lockten viele Menschen in die neuen Siedlungen.

Moderner Haushalt
Arbeitssparende Erfindungen wie der 1908 von William Hoover entwickelte Staubsauger fanden reißenden Absatz, da sich immer weniger Familien Personal leisten konnten und immer mehr Frauen arbeiten gingen.

1926 Generalstreik

Edward VIII (1894–1972) und Wallis Simpson (1896–1986)

1936 Edward VIII dankt ab

1944 Education Act: Schulpflicht bis 15 Jahre, Stipendien für Universitätsstudenten

1947 Indien und Pakistan werden unabhängig

1948 Reform des Gesundheitswesen

1925 — 1930 — 1935 — 1940 — 1945

1929 Börsencrash

1928 Allgemeines Wahlrecht für Männer und Frauen ab 21 Jahren

1936 Erstes Fernsehprogramm wird ausgestrahlt

1939–45 Winston Churchill regiert während des Zweiten Weltkriegs

Lebensmittelmarken

1945 Labour-Mehrheitsregierung: Verstaatlichung von Bahn, Straßenbau, ziviler Luftfahrt, Gas, Elektrizität, Stahl und der Bank of England

Großbritannien heute

Nach den Entbehrungen der Nachkriegszeit kamen die »Swinging Sixties« – mit jungen Frauen im Minirock und den ersten Pop-Gruppen. Das Zeitalter des British Empire näherte sich seinem Ende, da seit den 1970er Jahren die meisten Kolonien unabhängig waren. Zahlreiche Einwanderer aus den einstigen Kolonien bereicherten die Kultur in Großbritannien. Wachsender Wohlstand erlaubte es Millionen von Menschen zu verreisen. 1973 wurde Großbritannien Mitglied der EG. Der 1994 eröffnete Eurotunnel festigt die Verbindung zum Kontinent. 2012 war London Schauplatz der Olympischen Sommerspiele. In dem Referendum von 2016 stimmte eine knappe Mehrheit für einen Austritt aus der EU.

1982 Britische Truppen führen Krieg um die Falklandinseln

1970er Jahre Mit eigenwilliger Kleidung, Frisur und Aufmachung schockieren die Punks die Bevölkerung

1951 Winston Churchill kehrt durch den Wahlsieg der Konservativen ins Amt des Premierministers zurück

1960er Jahre Der Minirock macht die britische Mode zum Gesprächsthema; aus Kalifornien kommt die Flower-Power-Bewegung

1965 Abschaffung der Todesstrafe

1981 »Märchenhochzeit« von Charles, Prince of Wales, und Lady Diana Spencer in der St Paul's Cathedral

---

1953 Krönung von Elizabeth II; die Zeremonie wird im Fernsehen gezeigt

1963 Die Beatles aus Liverpool verkörpern den Zeitgeist; ihre Songs stürmen die Charts und brechen alle Rekorde

1975 In der Nordsee beginnt die Erdölförderung

1984 Trotz langer Streiks werden viele Zechen geschlossen; die Macht der Gewerkschaften ist gebrochen

1951 Das Festival of Britain hebt die Nachkriegsstimmung

1959 Die erste Autobahn (M1) verbindet London und die Midlands

1957 Ankunft der ersten Immigranten aus der Karibik

1973 Nach jahrelangem Zögern tritt Großbritannien der EG bei

1979 Die »Eiserne Lady« Margaret Thatcher wird die erste Premierministerin Großbritanniens. Die konservative Politikerin privatisiert zahlreiche staatliche Industriebetriebe

GROSSBRITANNIEN HEUTE | 65

1991 Im Rahmen der Docklands-Sanierung entsteht im neuen Finanzzentrum Londons der One Canada Square *(siehe S. 129)* – seinerzeit Großbritanniens höchstes Bauwerk

2005 Der Prince of Wales heiratet Camilla Parker Bowles in der Guildhall in Windsor

2005 Selbstmordattentäter zünden vier Bomben im Londoner Transportsystem

2011 Prince William und Catherine Middleton heiraten in der Westminster Abbey

2012 Großbritannien ist Gastgeber der Olympischen Sommerspiele 2012

2004 Eines der unverwechselbarsten Gebäude Londons, »The Gherkin«, wird eröffnet

2010 Nach den Unterhauswahlen wird der Konservative David Cameron neuer Premierminister

2013 Geburt von Catherines und Williams Sohn George

1992 Zum vierten Mal in Folge gewinnen die Konservativen die Wahl

1997 Die Labour Party beendet die 18-jährige Regierungszeit der Konservativen

2017 Bei vorgezogenen Neuwahlen verlieren die Konservativen die absolute Mehrheit im Unterhaus

1990 — 2000 — 2010 — 2020

1990 — 2000 — 2010 — 2020

1990 Konservative Parlamentsmitglieder zwingen Margaret Thatcher zum Rücktritt; ihr Nachfolger ist John Major

2016 Die Briten stimmen für den Austritt aus der EU (»Brexit«)

2015 Bei den Unterhauswahlen erreichen die Konservativen die absolute Mehrheit; die Scottish National Party gewinnt 56 Sitze

2005 Zum dritten Mal in Folge erringt die Labour Party unter Tony Blair die Mehrheit

2014 Bei einer Abstimmung stimmen 55 Prozent der wahlberechtigten Schotten gegen eine Abspaltung ihres Landes von Großbritannien

2003 Großbritannien tritt neben den USA in den Irakkrieg ein

1999 Bildung eigener Parlamente in Schottland und Wales

2012 Diamantenes (60.) Thronjubiläum der Queen

1994 Eröffnung des Eurotunnels: direkte Zugverbindung zwischen Großbritannien und dem Kontinent

Das Jahr in Großbritannien

Für einen Besuch des Landes hat jede Jahreszeit ihren eigenen Reiz. Die meisten Sehenswürdigkeiten sind das ganze Jahr über geöffnet. Weniger bedeutende auf dem Land oder in kleineren Städten haben im Winter oft kürzere Öffnungszeiten oder schließen ganz. Auf das Wetter ist nie Verlass: Der Februar kann sonnig sein, der Juli kühle Regengüsse bringen. Extreme Temperaturen sind jedoch selten. Das Frühjahr bezaubert mit Osterglocken und Hyazinthen. Im Sommer prägen Rosen, im Herbst bunte Laubbäume die Landschaft. Im Winter ist mehr Land durch die kahlen Äste zu sehen. Veranstaltungen und Zeremonien, die oft auf jahrhundertealten Traditionen beruhen, spiegeln die Jahreszeiten wider. Besucher kommen zu den bedeutendsten Events teilweise von weit her, nicht selten auch aus dem Ausland. In Metropolen wie Edinburgh und natürlich London mit großem Kulturangebot werden dann durchaus die Hotelzimmer knapp.

Glockenblumen im Angrove Woodland in Wiltshire

Frühling

Wenn die Tage länger und wärmer werden, erwacht die Landschaft zu neuem Leben. Zu Ostern öffnen viele Herrenhäuser erstmals wieder Gästen ihre Pforten, in der Woche vor Pfingsten (Whitsun) bildet die Chelsea Flower Show den Auftakt des gärtnerischen Jahres und inspiriert zugleich die Gärtner für das kommende Sommerdesign der Gärten. Auch außerhalb der Hauptstadt werden nun viele hochkarätig besetzte Musik- und Kunstfestivals abgehalten.

März
Ideal Home Show *(2. Woche)*, Olympia, London. Neue Produkte und Ideen für Haus und Wohnung.
Crufts Dog Show *(2. Woche)*, National Exhibition Centre, Birmingham. Hundeausstellung.
St Patrick's Day *(17. März)*. In größeren Städten finden Feierlichkeiten zu Ehren des irischen Nationalheiligen statt.
Oxford and Cambridge Boat Race *(Ende März/Anf. Apr)*, Ruderrennen auf der Themse.

April
Maundy Thursday *(Gründonnerstag)*. Die Queen verteilt Geld an Rentner.
St George's Day *(23. Apr)*. Tag des Schutzheiligen, der mancherorts mit Umzügen und Festen gefeiert wird.
La Linea Latin Music Festival *(letzten 2 Wochen)*, London. Große Stars der Latin-Musikszene treten auf.
Antiques for Everyone *(letzte Woche)*, National Exhibition Centre, Birmingham. Kunst- und Antiquitätenmesse.

Wassergarten auf der Chelsea Flower Show *(Mai)*

Mai
Furry Dance Festival *(8. Mai)*, Helston, Cornwall. Frühlingsfest (siehe S. 284).
Well Dressings *(Himmelfahrt)*, Tissington, Derbyshire.
Chelsea Flower Show, Royal Hospital, London. Blumenausstellung.
Brighton Festival *(3 Wochen)*. Festival darstellender Künste.
Glyndebourne Festival *(Mitte Mai – Ende Aug)*, Nähe Lewes, East Sussex. Internationales Opernfestival.
Atholl Gathering and Highland Games *(letztes Wochenende)*, Blair Atholl, Schottland.
Bath International Music Festival *(Ende Mai)*. Zahlreiche Veranstaltungen und Events mit klassischer und Folkmusik

Königliche Leibgardisten bei der Gründonnerstagszeremonie

sowie internationalen Künstlern, Gruppen und Ensembles.
Hay Festival *(Ende Mai/Anfang Juni)*, Hay-on-Wye, Wales. Ein zehntägiges familienfreundliches Literatur- und Musikfestival mit vielen Stars der Szene.

Sommer

Im Sommer verlagert sich das Leben nach draußen: Cafés, Pubs und Restaurants stellen Tische ins Freie. Die Queen lädt privilegierte Gäste zu Gartenpartys in den Buckingham Palace ein, während sich das Volk auf *village fêtes* – einer Mischung aus traditionellen Spielen und einheimischen Marktständen – amüsiert. Strände und Freibäder sind überlaufen. Angestellte verzehren ihren Lunch in der nächsten Grünanlage. Die Rose, Englands Nationalpflanze, steht in Millionen Gärten in voller Blüte. Kulturbeflissene finden bei vielfältigen Open-Air-Veranstaltungen wie den Londoner Proms, dem International Eisteddfod in Wales, dem Festival in Edinburgh und den Opernfestspielen in Glyndebourne etwas Passendes. Hunderttausende Fans strömen zu Rockfestivals.

Das Musikfestival von Glastonbury zieht viele Besucher an *(Juni)*

Liegestuhl in Brighton

Juni

Royal Academy of Arts Summer Exhibition *(Juni–Aug)*, London. Künstler zeigen bei der Jahresausstellung ihre neuen Arbeiten.
Trooping the Colour *(2. Sa im Monat)*, Whitehall, London. Alljährliche Militärparade zu Ehren des Geburtstages der Queen.
Isle of Wight Music Festival *(Mitte Juni)*. International bekannte Pop- und Rockstars treten bei diesem Festival auf.
Aldeburgh Music Festival *(2. u. 3. Woche)*, Suffolk. Konzerte, Kunst und Oper.
Royal Highland Show *(3. Woche)*, Nähe Edinburgh. Schottische Landwirtschaftsausstellung.
Glastonbury Festival *(Ende Juni)*, Somerset. Festival für Musik und darstellende Kunst.
Leeds Castle Classical Concert *(Ende Juni/Anfang Juli)*, Leeds Castle, Kent. Konzerte unter freiem Himmel.
Glasgow Jazz Festival *(Ende Juni/Anfang Juli)*. Konzerte großer Jazzmusiker und -bands.
Henley Royal Regatta *(Anf. Juli)*, Henley-on-Thames. Ruderregatta.
The Championships, Wimbledon *(Ende Juni–Anf. Juli)*, London. Das berühmteste Tennisturnier der Welt.

Juli

International Eisteddfod *(1. Woche)*, Llangollen, Nordwales. Musik- und Tanzwettbewerb *(siehe S. 454)*.
Hampton Court Flower Show *(Anfang Juli)*, Hampton Court, Surrey. Größte Blumenausstellung der Welt.
Cambridge Folk Festival *(letztes Wochenende)*. Auftritte international renommierter Künstler.
Royal Welsh Show *(letztes Wochenende)*, Builth Wells, Wales. Landwirtschaftsmesse.
Sidmouth Folk Week *(Ende Juli–Anfang Aug)*, Sidmouth, Devon. Festival für Musik, Tanz und Handwerk *(siehe S. 293)*.

August

Royal National Eisteddfod *(Anfang Aug)*, verschiedene Orte. Walisische Kunstwettbewerbe *(siehe S. 439)*.
Henry Wood Promenade Concerts *(Mitte Juli–Mitte Sep)*, Royal Albert Hall, London. Berühmte Konzertserie namens »Proms«.
Edinburgh International Festival *(Mitte Aug–Mitte Sep)*. Größtes Theater-, Tanz- und Musikfestival der Welt *(siehe S. 513)*.
Edinburgh Festival Fringe. Rahmenprogramm zum Festival *(siehe oben)* mit zahlreichen Shows.
Brecon Jazz *(Mitte Aug)*, Brecon, Wales. Jazzfestival mit internationalen Acts.
International Beatleweek *(letztes Wochenende)*, Liverpool. Musik und Events in Bezug auf die legendären »Fab Four« *(siehe S. 381)*.
Notting Hill Carnival *(letztes Wochenende)*, London. Karibisches Straßenfest mit Umzügen, Ständen und Musik.

Leuchtend buntes Kostüm beim Notting Hill Carnival *(Aug)*

Nach der Ernte im Herbst: Körbe mit verschiedenen Apfelsorten

Herbst

Nach den Vergnügungen des Sommers bringen politische Zeremonien (u. a. Parlamentseröffnung durch die Queen) und der Beginn des akademischen Jahres den Ernst des Lebens zurück. Das Getreide steht goldgelb auf den Feldern, schwer hängen Äpfel an den Bäumen, und das Laub beginnt sich prachtvoll zu verfärben. Überall im Land rufen Kirchenglocken zum Erntedankgottesdienst. Am 5. November erinnert ein großes Feuerwerk an Guy Fawkes und seine Mitverschwörer, die 1605 das Parlament in die Luft sprengen wollten. Die Läden bereiten sich auf das Weihnachtsgeschäft vor – die einträglichste Zeit im Jahr.

Kugelstoßer in Braemar

Feuerwerk über Edinburgh an Hogmanay (31. Dez/1. Jan)

September

Blackpool Illuminations (Sep–Ende Okt), verschiedene Orte. Fünf Meilen langes Spektakel am Strand von Blackpool.
Braemar Gathering (1. Sa), Braemar, Schottland. Das prestigeträchtigste unter den verschiedenen Highland Games. Kiltbekleidete Schotten messen sich – oft in Gegenwart der königlichen Familie – im Pfahlwerfen, Kugelstoßen, Tanz und Dudelsackspielen.
International Sheepdog Trials (Juli–Sep), alljährlich wechselnde Orte in ganz Großbritannien. Schäferhunde im Test.
Great Autumn Flower Show (Mitte Sep), Harrogate, Yorkshire. Ausstellung farbenprächtiger Blumen von Züchtern und Gesellschaften.
St Ives Festival (2. und 3. Woche), Cornwall. Beliebtes Festival mit Livemusik, Theatervorstellungen, Lesungen und Ausstellungen in Galerien, Pubs und auf der Straße.

Oktober

Harvest Festivals (ganzer Monat). Erntedankfeste in ganz Großbritannien.
Horse of the Year Show (6.– 10. Okt), National Exhibition Centre, Birmingham.
Nottingham Goose Fair (1. Woche). Einst Gänsemarkt, heute Volksfest.
Canterbury Festival (2. und 3. Woche). Musik, Theater und Kunst.
Brighton Early Music Festival (Ende Okt), Sussex. Chorfestival mit Veranstaltungen in Sussex und Hove.
State Opening of Parliament (Okt oder Nov). Die Queen fährt vom Buckingham Palace nach Westminster, um die Periode der Parlamentssitzungen zu eröffnen.
London Film Festival (Ende Okt–Anfang Nov), an verschiedenen Orten. Neue Filme und viele Stars.

Staatskarosse auf dem Weg zur Parlamentseröffnung (Okt/Nov)

November

Lord Mayor's Show (2. Sa), London. Ein ganzer Tag mit Prunk, Paraden und einem spektakulären Feuerwerk.
London to Brighton Veteran Car Run (1. So). Um 7 Uhr starten Oldtimer am Hyde Park, London.
Guy Fawkes Night (5. Nov). Feuerwerk und Freudenfeuer im ganzen Land.
Remembrance Day (2. So). Gottesdienste am Cenotaph, Whitehall, London, und andernorts zum Gedenken an die Kriegstoten.
London Jazz Festival (Mitte Nov). Zehntägiges internationales Jazzfestival mit Konzerten an verschiedenen Orten der Stadt.
Regent Street Christmas Lights (Mitte Nov), London. Festbeleuchtung.

HERBST UND WINTER | 69

Winterlandschaft in den schottischen Highlands in der Nähe von Glencoe

Winter
Bunte Lichterketten und geschmückte Christbäume säumen die vorweihnachtlichen Straßen, in denen sich Kauflustige drängen. Überall finden Weihnachtsgottesdienste statt. Größere Theater zeigen Pantomime für Kinder, deren Ursprünge in den viktorianischen *music halls* liegen, sowie Märchenaufführungen. Viele Büros schließen zwischen Weihnachten und Neujahr. Am 26. Dezember beginnt der Schlussverkauf, zu dem erneut die Massen in die Kaufhäuser strömen.

Festlich erleuchteter Christbaum am Trafalgar Square

Dezember
Christmas Tree *(1. Do)*, Trafalgar Square, London. Der Bürgermeister von Oslo zündet die Lichter am von Norwegen gestifteten Christbaum an, dann erklingen Weihnachtslieder.
Weihnachtskonzerte *(ganzer Monat)* im ganzen Land.
Grand Christmas Parade *(Anfang Dez)*, London. Festwagenumzug zur Feier des hl. Nikolaus.
The Burning of the Clocks *(21. Dez)*, Brighton, Sussex. Mit Paraden und Feuerwerk feiert man die Wintersonnenwende.
Midnight Mass *(24. Dez)*. Mitternachtsmette in den Kirchen im ganzen Land.

Stechpalmenzweig

Januar
Hogmanay und **New Year** *(31. Dez u. 1. Jan)*. Schottische Feiern mit *black bun* (Früchtebrot) und reichlich Whisky.
Burns Night *(25. Jan)*. Geburtstag des Dichters Robert Burns mit Lesungen.

Februar
Chinese New Year *(Ende Jan oder Anfang Feb)*. Chinesisches Neujahrsfest mit bunten Umzügen in Londons Chinatown.

Feiertage
New Year's Day Neujahr *(1. Jan*; in Schottland ist der 2. Jan auch Feiertag).
Easter Ostern *(März oder Apr)*; Ostern beginnt in England am **Good Friday** (Karfreitag) und endet am **Easter Monday**; in Schottland gibt es keinen Ostermontag.
May Day Maifeiertag *(meist 1. Mo im Mai)*.
Late Spring Bank Holiday Frühlingsfeiertag *(letzter Mo im Mai)*.
August Bank Holiday Sommerfeiertag *(letzter Mo im Aug, in Schottland 1. Mo im Aug)*.
Christmas und **Boxing Day** Weihnachten *(25. u. 26. Dez)*.

Parade am Maifeiertag in Midhurst, Sussex

Sport

Viele international bedeutende Wettkampf-Sportarten, darunter Fußball, Cricket und Tennis, wurden in Großbritannien erfunden. Ursprünglich ein Zeitvertreib der Reichen, locken sie heute riesige Zuschauermassen an. Einige Events, etwa die Pferderennen von Ascot und das Tennisturnier in Wimbledon, verdanken ihren Ruhm nicht nur den sportlichen Leistungen, sondern gelten auch als gesellschaftliche Ereignisse. Andere Veranstaltungen wie die Highland Games sind allseits beliebt.

Royal Ascot ist das fü tägige Highlight des Pf derennsports. Den edl Vollblütern stehen aufgeputzten Besuch inklusive der Queen, Vornehmheit kaum na

Das Oxford and Cambridge Boat Race, erstmals 1845 ausgetragen, ist ein nationales Ereignis: Die Achter rudern auf der Themse zwischen Putney und Mortslake um die Wette.

Das FA-Cup-Finale ist der Höhepunkt der Fußballsaison.

Derby Day, Pferderennen, Epsom

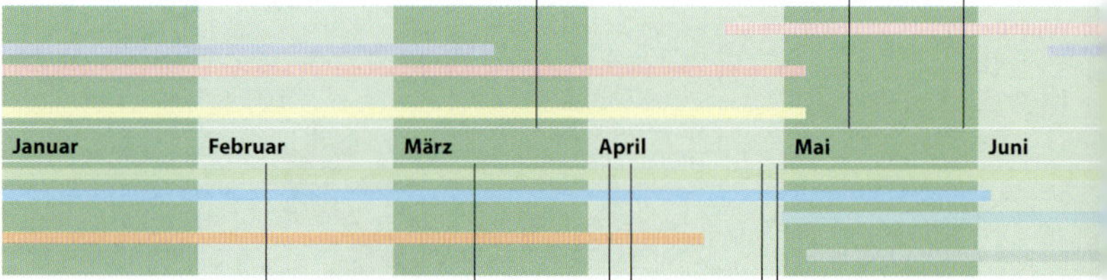

| Januar | Februar | März | April | Mai | Juni |

Cheltenham Gold Cup Steeplechase *(siehe S. 332)*

Grand National Steeplechase, Aintree, Liverpool *(siehe S. 616)*

Endspiel der Rugby League, Wembley

Embassy World Snooker Championships, Sheffield

Das Wimbledon Lawn Tennis Tournament ist das prestigeträchtigste Tennisturnier der Welt.

Die Henley Royal Regatta *(siehe S. 238)* ist ein internationaler Ruderwettkampf auf der Themse – seit 1839 auch ein glamouröser Treffpunkt.

Bei der Six Nations Rugby Union treffen jährlich England, Frankreich, Irland, Italien *(links)*, Schottland und Wales *(rechts)* aufeinander. Die Wettkämpfe finden in der Wintersaison statt und enden im März.

Zum London Marathon kommen Tausende von Langstreckenläufern – Profis, aber auch witzig Kostümierte.

SPORT | **71**

eim **British Grand Prix** in lverstone trifft sich die Elite er Formel-1-Piloten.

Eintrittskarten

Die Karten für viele Veranstaltungen verkaufen offiziell nur die jeweiligen Clubs, manchmal auch Vorverkaufsstellen, jedoch zu horrenden Preisen. Bei Großveranstaltungen sollte man um die Schwarzhändler unbedingt einen großen Bogen machen.

Karten für den Grand Prix

Die britische Golfmeisterschaft findet auf verschiedenen Golfplätzen statt. Hier sieht man Luke Donald beim Abschlag.

Das Finale des Twenty20 Cup findet im September statt, der Saison-Höhepunkt dieser neuesten Spielform im Cricket.

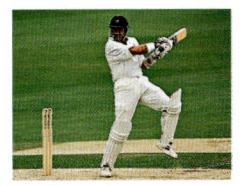

Oxford versus Cambridge Rugby Union, Twickenham

Cowes Week ist eine Regatta mit verschiedenen Bootsklassen.

Bei der Horse of the Year Show zeigen Springreiter aus aller Welt, was ihre Pferde können *(siehe S. 68).*

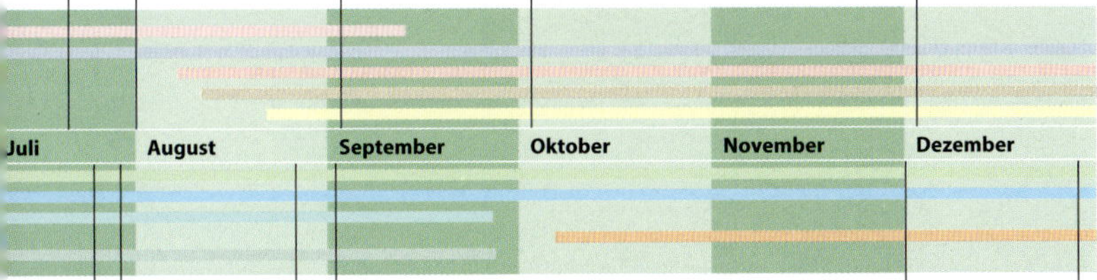

Juli	August	September	Oktober	November	Dezember

Braemar Gathering *(siehe S. 68)*

Europäisches Springturnier, Hickstead

Die britischen Eiskunstlaufmeisterschaften sind eine Augenweide an Eleganz auf dem Eis (verschiedene Austragungsorte).

Winmau World Masters Darts Championships

Gold Cup Humber, Motorbootrennen, Hull

Das Cartier International Polo im Guards Club, Windsor, ist eines der größten Turniere dieser Sportart, die sich (fast) nur Blaublütige leisten können.

Legende
- Cricket
- Flussangeln
- Fußball
- Jagen und Schießen
- Rugby (Union und League)
- Jagdrennen
- Galopprennen
- Leichtathletik
- Laufen (Straße und Gelände)
- Polo

Klima

Großbritannien hat ein gemäßigtes Klima. Da keine Region weit vom Meer entfernt liegt, sind die Temperaturen relativ mild. Selbst im hohen Norden wird es in Winternächten selten kälter als minus 15 °C. Im Sommer klettert das Thermometer auch im Südwesten kaum über 30 °C im Schatten. Entgegen ihrem Ruf sind die Inseln nicht sehr regenreich – die jährliche Niederschlagsmenge liegt durchschnittlich unter 1000 Millimetern; heftige Regenschauer sind selten. Die Atlantikküste ist wegen des Golfstroms etwas wärmer, wenn auch feuchter als der Osten.

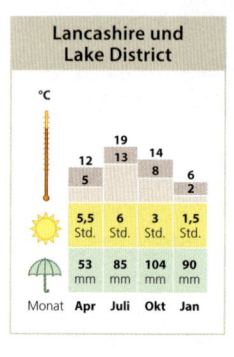

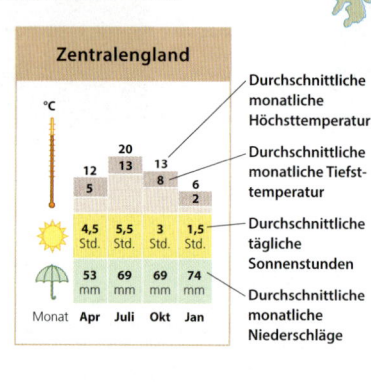

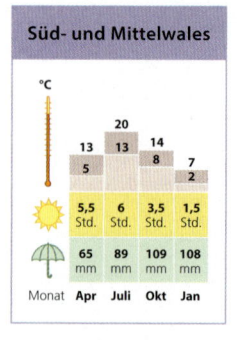

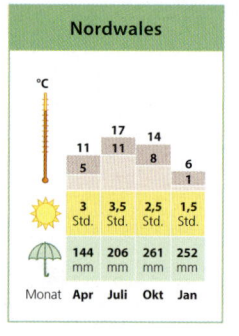

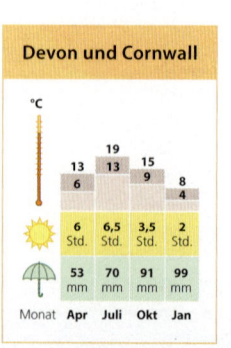

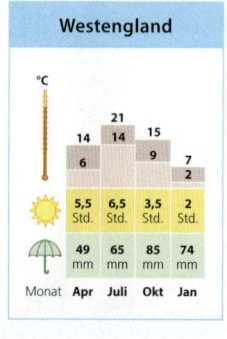

Lancashire und Lake District

Monat	Apr	Juli	Okt	Jan
Höchsttemperatur (°C)	12	19	14	6
Tiefsttemperatur (°C)	5	13	8	2
Sonnenstunden	5,5 Std.	6 Std.	3 Std.	1,5 Std.
Niederschlag	53 mm	85 mm	104 mm	90 mm

Zentralengland

Monat	Apr	Juli	Okt	Jan
Höchsttemperatur (°C)	12	20	13	6
Tiefsttemperatur (°C)	5	13	8	2
Sonnenstunden	4,5 Std.	5,5 Std.	3 Std.	1,5 Std.
Niederschlag	53 mm	69 mm	69 mm	74 mm

- Durchschnittliche monatliche Höchsttemperatur
- Durchschnittliche monatliche Tiefsttemperatur
- Durchschnittliche tägliche Sonnenstunden
- Durchschnittliche monatliche Niederschläge

Süd- und Mittelwales

Monat	Apr	Juli	Okt	Jan
Höchsttemperatur (°C)	13	20	14	7
Tiefsttemperatur (°C)	5	13	8	2
Sonnenstunden	5,5 Std.	6 Std.	3,5 Std.	1,5 Std.
Niederschlag	65 mm	89 mm	109 mm	108 mm

Nordwales

Monat	Apr	Juli	Okt	Jan
Höchsttemperatur (°C)	11	17	14	6
Tiefsttemperatur (°C)	5	11	8	1
Sonnenstunden	3 Std.	3,5 Std.	2,5 Std.	1,5 Std.
Niederschlag	144 mm	206 mm	261 mm	252 mm

Devon und Cornwall

Monat	Apr	Juli	Okt	Jan
Höchsttemperatur (°C)	13	19	15	8
Tiefsttemperatur (°C)	6	13	9	4
Sonnenstunden	6 Std.	6,5 Std.	3,5 Std.	2 Std.
Niederschlag	53 mm	70 mm	91 mm	99 mm

Westengland

Monat	Apr	Juli	Okt	Jan
Höchsttemperatur (°C)	14	21	15	7
Tiefsttemperatur (°C)	6	14	9	2
Sonnenstunden	5,5 Std.	6,5 Std.	3,5 Std.	2 Std.
Niederschlag	49 mm	65 mm	85 mm	74 mm

Themse-Tal

Monat	Apr	Juli	Okt	Jan
Höchsttemperatur (°C)	14	22	15	7
Tiefsttemperatur (°C)	5	13	7	1
Sonnenstunden	5,5 Std.	6 Std.	3 Std.	1,5 Std.
Niederschlag	41 mm	55 mm	64 mm	61 mm

KLIMA | 73

Schottland: Highlands und Inseln

Monat	Apr	Juli	Okt	Jan
°C (max)	11	17	13	7
°C (min)	3	10	7	1
☀	4,5 Std.	3,5 Std.	2 Std.	1 Std.
☂	111 mm	137 mm	215 mm	200 mm

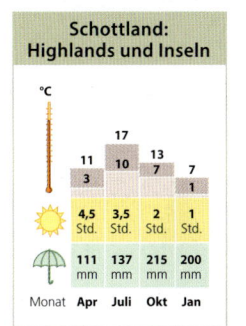

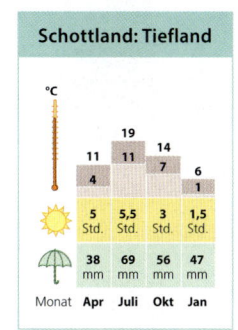

Schottland: Tiefland

Monat	Apr	Juli	Okt	Jan
°C (max)	11	19	14	6
°C (min)	4	11	7	1
☀	5 Std.	5,5 Std.	3 Std.	1,5 Std.
☂	38 mm	69 mm	56 mm	47 mm

Northumbria

Monat	Apr	Juli	Okt	Jan
°C (max)	11	18	13	6
°C (min)	5	13	8	2
☀	5 Std.	5,5 Std.	3 Std.	1,5 Std.
☂	38 mm	64 mm	61 mm	62 mm

Yorkshire

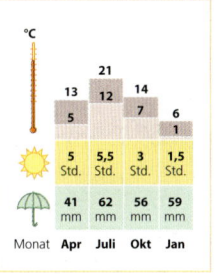

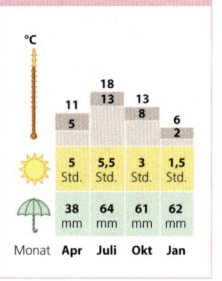

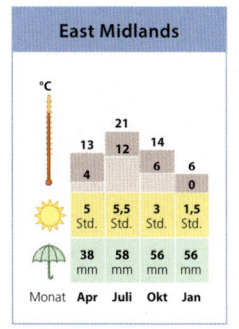

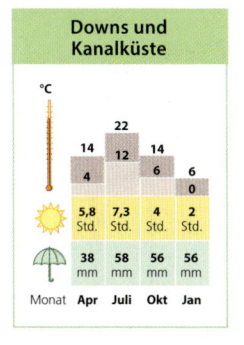

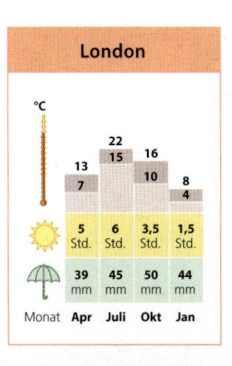

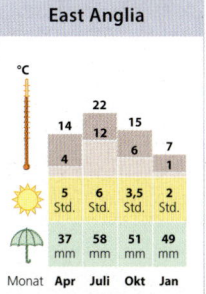

Monat	Apr	Juli	Okt	Jan
°C (max)	13	21	14	6
°C (min)	5	12	7	1
☀	5 Std.	5,5 Std.	3 Std.	1,5 Std.
☂	41 mm	62 mm	56 mm	59 mm

East Midlands

Monat	Apr	Juli	Okt	Jan
°C (max)	13	21	14	6
°C (min)	4	12	6	0
☀	5 Std.	5,5 Std.	3 Std.	1,5 Std.
☂	38 mm	58 mm	56 mm	56 mm

Downs und Kanalküste

Monat	Apr	Juli	Okt	Jan
°C (max)	14	22	14	6
°C (min)	4	12	6	0
☀	5,8 Std.	7,3 Std.	4 Std.	2 Std.
☂	38 mm	58 mm	56 mm	56 mm

London

Monat	Apr	Juli	Okt	Jan
°C (max)	13	22	16	8
°C (min)	7	15	10	4
☀	5 Std.	6 Std.	3,5 Std.	1,5 Std.
☂	39 mm	45 mm	50 mm	44 mm

East Anglia

Monat	Apr	Juli	Okt	Jan
°C (max)	14	22	15	7
°C (min)	4	12	6	1
☀	5 Std.	6 Std.	3,5 Std.	2 Std.
☂	37 mm	58 mm	51 mm	49 mm

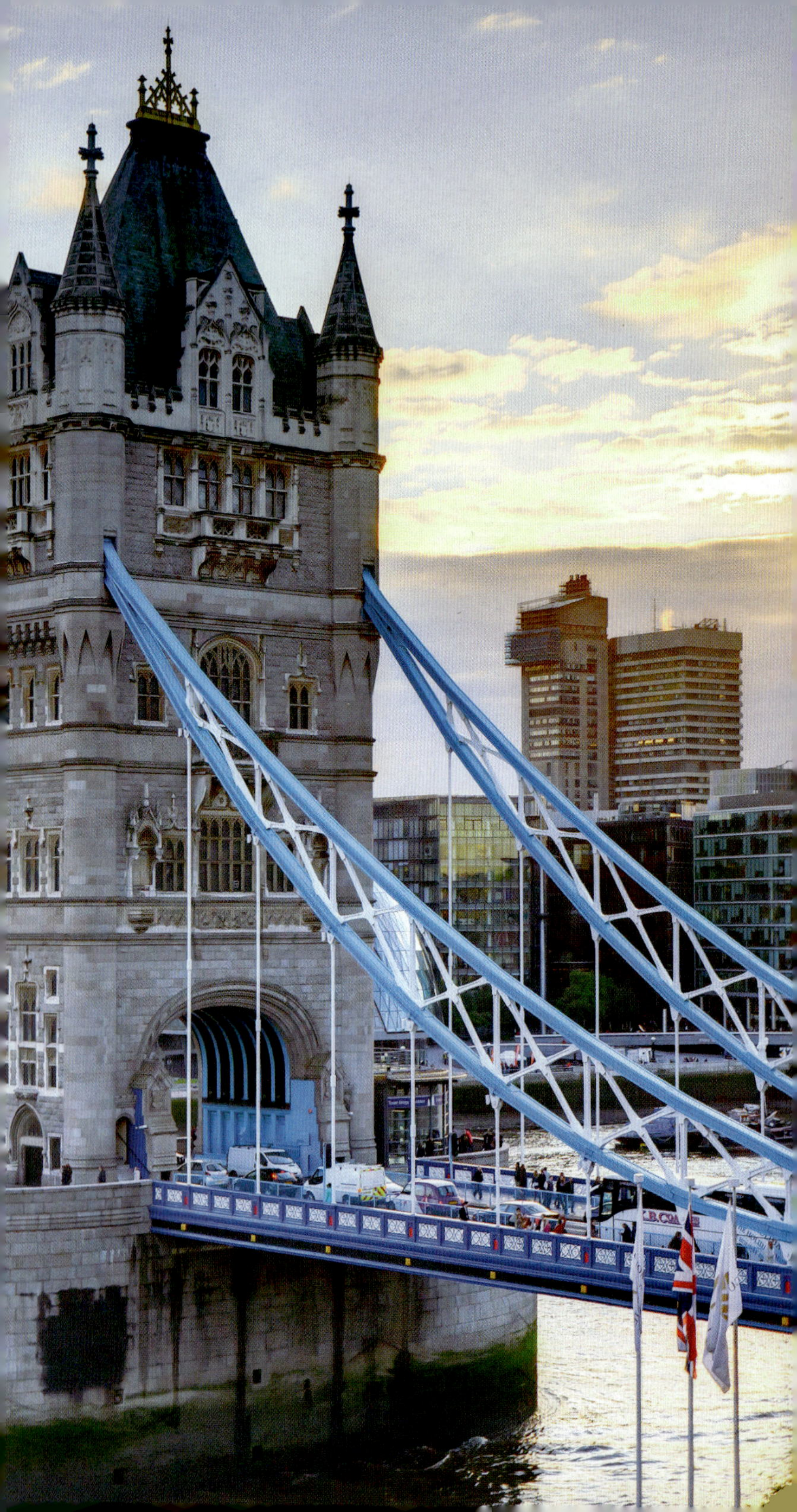

LONDON

London stellt sich vor	**76 – 79**
West End und Westminster	**80 – 97**
South Kensington und Hyde Park	**98 – 105**
Regent's Park und Bloomsbury	**106 – 111**
City und Southwark	**112 – 125**
Abstecher	**126 – 130**
Stadtplan	**131 – 151**
Shopping	**152 – 155**
Unterhaltung	**156 – 159**

London im Überblick

Mit mehr als acht Millionen Einwohnern und einer Fläche von 1600 Quadratkilometern ist London die größte Stadt Europas. Sie wurde im 1. Jahrhundert n. Chr. von den Römern gegründet und entwickelte sich rasch zu einer bedeutenden Hafenstadt, Verwaltungs- und Handelsmetropole. Seit 1000 Jahren ist London der Hauptsitz der britischen Monarchie sowie Regierungssitz und das Finanzzentrum des Landes. Die Stadt besitzt Baudenkmäler und Kunstschätze aus allen Epochen, eine Vielzahl faszinierender Museen und Kirchen, unzählige Läden und Vergnügungsstätten. Aus den schier endlosen Attraktionen die wichtigsten auszuwählen fällt schwer. Die Karte nennt die bedeutendsten der auf den folgenden Seiten beschriebenen Sehenswürdigkeiten.

Zur Orientierung

Buckingham Palace *(siehe S. 90f)* ist der offizielle Wohn- und Regierungssitz des Monarchen. Die Wachablösung findet im Vorhof des Palasts statt.

Regent's P und Blooms *Seiten 106–*

West End Westmin *Seiten 80*

South Kensington und Hyde Park *Seiten 98–105*

Im Hyde Park *(siehe S. 105)*, der größten innerstädtischen Grünanlage Londons, locken Restaurants, eine Kunstgalerie, Speakers' Corner und der Princess Diana Memorial Fountain. Highlight des Parks ist der Serpentine Lake.

Großraum London

Watford, Enfield, Barnet, Harrow, Wembley, Hampstead, Hackney, London City Airport, Romford, Ealing, Acton, LONDON, Heathrow Airport, Richmond, Greenwich, Thames, Dulwich, Dartford, Kingston upon Thames, Wimbledon, Beckenham, Bromley, Sutton, Croydon, Epsom

Das Victoria and Albert Museum *(siehe S. 102f)* stellt Gebrauchskunst aus. Die Marmorstatue (um 1560) ist von Giambologna.

◀ Blick auf die Themse mit der **Tower Bridge** *(siehe S. 120)* und **The Shard** *(siehe S. 121)* im Hintergrund

LONDON IM ÜBERBLICK | 77

Das British Museum *(siehe S. 110f)* präsentiert Exponate aus allen Erdteilen und Epochen, darunter diese Portland-Vase (1. Jh. v. Chr.).

Die National Gallery *(siehe S. 86f)* zeigt weltberühmte Arbeiten wie *Venus und Mars* (um 1485) von Sandro Botticelli.

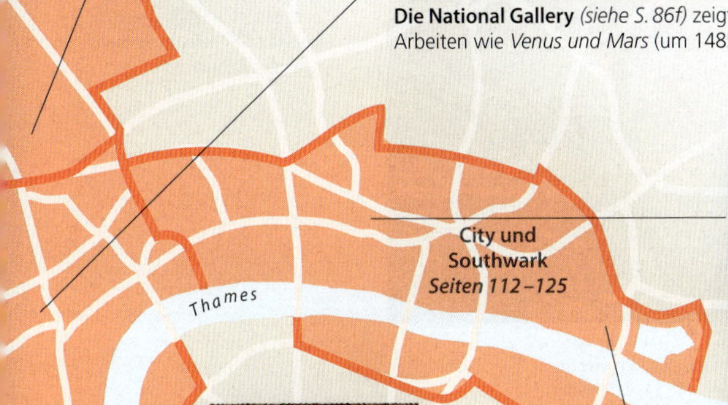

City und Southwark
Seiten 112–125

Thames

St Paul's Cathedral *(siehe S. 118f)* bietet auf den Galerien ihrer mächtigen Kuppel eine prachtvolle Aussicht über London.

In Westminster Abbey *(siehe S. 92f)*, einem grandiosen mittelalterlichen Bauwerk, erinnern Gräber und Denkmäler an bedeutende Personen.

Die Tate Britain *(siehe S. 95)* in Millbank zeigt ein Spektrum britischer Kunst von elisabethanischen Porträts (hier *Die Cholmondeley-Ladys*) bis zu zeitgenössischen Installationen und Filmen.

Der Tower of London *(siehe S. 122f)* verdankt seine Berühmtheit vor allem dem Kerker, in dem viele Köpfe rollten. Heute birgt er die Kronjuwelen – hier die Imperial State Crown.

Londoner Parks

London besitzt eine der grünsten Innenstädte der Welt, voller Bäume und weiter Rasenflächen, die teilweise schon seit dem Mittelalter öffentlich zugänglich sind. Von den eleganten Terrassen des Regent's Park zu den Royal Botanic Gardens in Kew hat jeder Park seinen eigenen Charme und Charakter. Einige waren einst königliches Jagdrevier oder Gemeindeland, andere entstanden aus den Privatparks herrschaftlicher Anwesen. Die Londoner lieben diese grünen Oasen und kommen zum Joggen, Musikhören oder Entspannen.

Holland Park *(siehe S. 126f)* lädt im betriebsamen Westen Londons mit ruhigen Wäldern, einem Open-Air-Theater und einem Café zum Besuch ein.

Kew Gardens *(siehe S. 130)* gehören zu den eindrucksvollsten botanischen Gärten der ganzen Welt. Neben der umfassenden Pflanzensammlung gibt es Gewächshäuser, eine Pagode und einen Baumwipfelpfad.

0 Kilometer 1
0 Meilen 0,5

Historische Friedhöfe

Gegen Ende der 1830er Jahre entstanden rund um die Stadt private Friedhöfe, die die unhygienischen Massengrabstätten der Innenstadt entlasten sollten. Heute ziehen diese Friedhöfe, vor allem Highgate *(siehe S. 128)*, Kensal Green und Abney Park, wegen ihrer zahlreichen viktorianischen Denkmäler und Mausoleen die Besucher an.

Grabmal von Robert William Siever, Kensal Green

Richmond Park *(siehe S. 130)* ist der größte königliche Park Londons und nationales Naturreservat. Hier zieht auch heute noch Rotwild durchs Unterholz.

LONDONER PARKS

Hampstead Heath *(siehe S. 128)* ist eine weitläufige Grünfläche mit vielfältiger Landschaft.

Regent's Park
Der Park, umgeben von John Nashs Regency-Bauten, zählt zu den gepflegtesten Londons. Dazu gehören auch ein großer See, ein Freilichttheater und der Londoner Zoo *(siehe S. 108)*.

St James's Park
Der Park im Herzen des West End ist ein beliebter Ruheplatz für Büroangestellte und ein Paradies für Wasservögel.

Im Battersea Park am Ufer der Themse gibt es einen künstlichen See mit Booten.

Green Park mit seinen Schatten spendenden Bäumen ist eine grüne Oase mitten in London.

Greenwich Park *(siehe S. 129)* dominiert das National Maritime Museum. Das alte Observatorium auf dem Hügel bietet einen schönen Ausblick.

Hyde Park und Kensington Gardens
Im Hyde Park lockt ein See zur Entspannung, in den benachbarten Kensington Gardens steht das Albert Memorial *(siehe S. 105)*.

Londoner Plätze

Vom 17. bis zum Ende des 19. Jahrhunderts wurden viele Häuser in exklusiveren Gegenden Londons, wie Bloomsbury, rund um Plätze oder Gärten gebaut. Viele dieser Plätze gibt es auch heute noch, und sie sind für die Öffentlichkeit zugänglich. Sie werden gepflegt und gehegt und bieten Besuchern kleine grüne Oasen zum Innehalten und Entspannen mitten in der Stadt.

Blühende Bäume am Russell Square in Bloomsbury

OMINE: SALVAM: FAC: REGINAM: NOSTRAM: VICTORIAM: OMNAM:

West End und Westminster

Zwischen Hyde Park und Covent Garden liegt West End, das gesellschaftliche und kulturelle Herz der Stadt und der Londoner Wohnsitz der königlichen Familie. Bis in die Nacht herrscht in dem »Theaterviertel« reges Treiben. Hier kommen Kunstliebhaber, an Geschichte Interessierte und Caféfreunde auf ihre Kosten.

Westminster bildet seit 1000 Jahren das Zentrum politischer und religiöser Macht. Im 11. Jahrhundert gründete König Canute den Westminster Palace. Edward the Confessor ließ Westminster Abbey errichten, in der seit 1066 die Krönungen stattfinden. In dem historischen Viertel siedelten sich später auch die Ministerien der jungen Demokratie an.

Sehenswürdigkeiten auf einen Blick

Historische Straßen und Gebäude
1. Covent Garden Piazza und Central Market
3. Royal Opera House
9. Piccadilly Circus
11. Ritz Hotel
13. The Mall
14. *Buckingham Palace S. 90f*
16. Royal Mews
17. Churchill War Rooms
18. Downing Street
19. Banqueting House
20. *Houses of Parliament S. 94*

Kirchen
12. Queen's Chapel
21. *Westminster Abbey S. 96f*

Museen und Sammlungen
2. London Transport Museum
4. Somerset House
7. *National Gallery S. 86f*
8. National Portrait Gallery
10. Royal Academy of Arts
15. The Queen's Gallery
22. Tate Britain

Attraktionen
5. London Eye
6. London Dungeon

Restaurants in diesen Stadtteilen
siehe S. 582f

Siehe auch Stadtplan 10, 11, 18, 19

◀ Elizabeth Tower (Big Ben), Houses of Parliament *(siehe S. 94)*   Zeichenerklärung *siehe hintere Umschlagklappe*

Im Detail: Covent Garden

Noch 1973 bestand Covent Garden aus verfallenden Straßenzügen und Lagerhäusern, belebt nur von den Obst- und Gemüsehändlern, die hier frühmorgens ihre Waren abholten. Heute beherbergen die viktorianischen Markthallen und die umliegenden eleganten Gebäude edle Boutiquen, Restaurants, Bars und Cafés, die ein junges Publikum anziehen. Hier herrscht rund um die Uhr reges Treiben.

Seven Dials ist die Kopie eines Denkmals, das bereits im 17. Jahrhundert die Kreuzung markierte.

Covent Garden

In Neal Street und Neal's Yard beherbergen die ehemaligen Lagerhäuser nun Läden, Restaurants und Kunstgalerien.

Im St Martin's Theatre *(siehe S. 157)* läuft *Die Mausefalle*, das am längsten gespielte Stück der Welt.

Stanfords Reisebuchladen

The Lamb and Flag von 1623 ist eines der ältesten Pubs von London.

Die New Row säumen kleine Läden und Cafés.

St Paul's Church wurde von Inigo Jones *(siehe S. 57)* 1633 erbaut – im Stil des italienischen Renaissance-Architekten Palladio. Auch die ursprüngliche Covent Garden Piazza basierte auf seinem Entwurf.

Hotels und Restaurants in London siehe Seiten 560–562 und 582–586

COVENT GARDEN | 83

❸ Royal Opera House
Einige der berühmtesten Opernsänger und Balletttänzer gastierten im Royal Opera House.

Zur Orientierung
Siehe Stadtplan 11

Legende
— Routenempfehlung

0 Meter 100
0 Yards 100

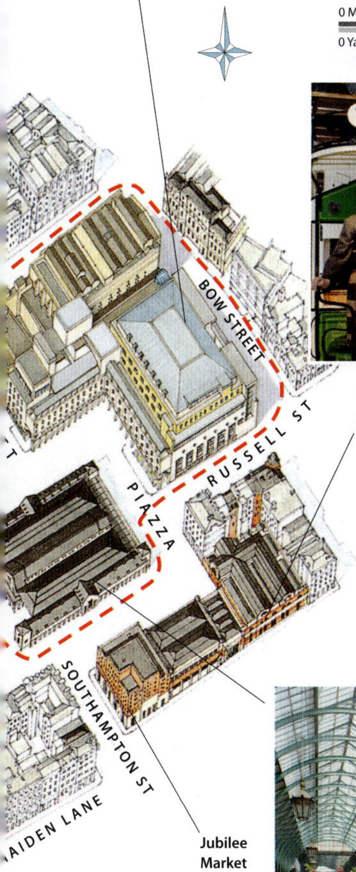

❷ London Transport Museum
Die faszinierende Sammlung veranschaulicht die Geschichte der Londoner Verkehrsmittel. Zudem sind Werbegrafiken aus dem 20. Jahrhundert zu sehen.

Jubilee Market

❶ ★ Covent Garden Piazza und Central Market
Piazza und Market bieten zahlreiche Cafés und Läden.

❶ Covent Garden Piazza und Central Market

Covent Garden WC2. **Stadtplan** 11 C2. Ⓔ Covent Garden. ♿ Kopfsteinpflaster. **Straßenkünstler auf der Piazza** tägl. 10–Sonnenuntergang. 🌐 **coventgarden.london**

Im 17. Jahrhundert wollte der Architekt Inigo Jones *(siehe S. 57)* diesen Platz in einen eleganten Wohnbezirk verwandeln nach dem Vorbild der Piazza von Livorno, die er bei einer Italienreise bewundert hatte. Eine Zeit lang war er auch eine der vornehmsten Adressen Londons, wurde aber bald vom südwestlich gelegenen St James's Square *(siehe S. 89)* in den Schatten gestellt. Heute sind die Gebäude an und rund um die Piazza fast alle im viktorianischen Stil.

Die Markthalle wurde von Charles Fowler 1833 für Früchte- und Gemüsehändler gestaltet, wobei das Dach aus Glas und Eisen an die später gebauten riesigen Bahnhofshallen wie St Pancras *(siehe S. 109)* und Waterloo erinnert.

Schon bald platzte der Markt aus allen Nähten. 1973 verlagerte man ihn deshalb in den Süden Londons und steckte in den folgenden 20 Jahren große Summen in die Restaurierung von Covent Garden. Heute befinden sich in der Markthalle viele kleine Läden, die Designerkleidung, Kunst, Bücher, Kunsthandwerk, Dekoratives und Antiquitäten verkaufen und umgeben sind von Marktständen, die sich bis zur benachbarten Jubilee Hall ziehen, die 1903 gebaut wurde.

Die von Säulen umgebenen Bedford Chambers an der Nordseite lassen erahnen, welchen Plan Inigo Jones verfolgte, obwohl sie noch nicht einmal original sind. Hier fühlten sich schon immer Straßenkünstler wohl; 1662 beschrieb Samuel Pepys die Vorstellung eines Kasperletheaters vor der St Paul's Church. Mit den vielen Läden, Cafés, Restaurants und Ständen macht das Covent Garden zu einem der lebendigsten Stadtteile Londons.

Stadtplan London *siehe Seiten 131–151*

Poster von Michael Reilly (1929), London Transport Museum

❷ London Transport Museum

Covent Garden Piazza WC2. **Stadtplan** 11 C2. 📞 (020) 7379 6344. 🚇 Covent Garden. 🕐 Sa–Do 10–18, Fr 11–18 Uhr. 🎫♿📷 nach tel. Vereinbarung. 🍴🛍
🌐 ltmuseum.co.uk

Die Sammlung von Bussen, Straßen- und U-Bahn-Wagen umfasst Verkehrsmittel aller Zeiten. Das Museum ist im malerischen viktorianischen Flower Market von 1872 zu finden. Seine Exponate begeistern auch Kinder. Man kann auf den Fahrersitz eines Busses oder U-Bahn-Triebwagens klettern, Signale stellen oder einem Schauspieler zusehen, der vorführt, wie im 19. Jahrhundert die Schächte für die Underground gegraben wurden.

Die Londoner Zug- und Busgesellschaften fördern die Kunst, das Museum zeigt eine Sammlung von Werbegrafiken (19./20. Jh.). Kopien der besten Poster von Künstlern wie Graham Sutherland und Paul Nash verkauft der Museumsladen. Das Museumsdepot in Acton präsentiert Originale.

❸ Royal Opera House

Covent Garden WC2. **Stadtplan** 11 C2. 📞 (020) 7304 4000. 🚇 Covent Garden. 🕐 für Vorstellungen und Führungen (informieren Sie sich vorab telefonisch). ♿🎫📷🍴
🌐 roh.org.uk

Das erste Theater an dieser Stelle wurde im Jahr 1732 erbaut und zeigte Aufführungen und Konzerte. Doch Feuer zerstörten das Gebäude 1808 und 1856. Den heutigen Bau entwarf E. M. Barry 1858. John Flaxmans Säulenfries, der Tragödie und Komödie darstellt, ist von dem früheren Gebäude von 1809 erhalten geblieben. Das Opernhaus beheimatet die Ensembles der Royal Opera und des Royal Ballet. Im Jahr 2000 wurde das Gebäude nach drei Jahren Renovierung mit einem zweiten Auditorium und neuen Proberäumen wiedereröffnet. Es gibt Führungen hinter die Kulissen, und einmal im Monat kann man das Royal Ballet proben sehen.

❹ Somerset House

Strand WC2. **Stadtplan** 11 D2. 📞 (020) 7845 4600. 🚇 Temple. 🕐 tägl. 10–18 Uhr (Details siehe Website). ⬤ 1. Jan, 24.–26. Dez. **Eislaufbahn** 🕐 zwei Monate im Winter. 🎫 **Courtauld Gallery** 📞 (020) 7848 2777. ♿🎫📷🍴 **Tom's Kitchen** 📞 (020) 7845 4646.
🌐 courtauld.ac.uk

Das Gebäude wurde 1770 von William Chambers entworfen und beherbergt Londons renommierteste Sammlung impressionistischer Kunst in der Courtauld Gallery und Räume für Wechselausstellungen in den Embankment Galleries. Im Hof wurde eine attraktive Piazza angelegt, die sich im Winter einige Wochen lang in eine Eislaufbahn verwandelt. In Richtung Themse gibt es im Sommer ein schönes Café. Das Restaurant Tom's Kitchen ist renommiert.

Die Sammlungen der berühmten Courtauld Gallery enthalten u. a. die Werke einiger großer Impressionisten und Postimpressionisten wie Manet, Renoir und Cézanne. 2008 wurden am Fluss die Embankment Galleries eröffnet. Der 750 Quadratmeter große Ausstellungsraum auf den beiden unteren Etagen zeigt in einem wechselnden Programm eine breite Auswahl zeitgenössischer Kunst (Fotografie, Design, Mode und Architektur).

❺ London Eye

Jubilee Gardens, South Bank, SE1. **Stadtplan** 12 D4. 📞 0870 990 8883 (Info); 0871 781 3000 (Buchung; im Voraus buchen). 🚇 Waterloo, Westminster. 🚌 11, 24, 211. 🕐 Apr–Sep: tägl. 10–20.30 Uhr (bis 21.30 Uhr an bestimmten Tagen); Okt–März: tägl. 11–18 Uhr. ⬤ Mitte Jan (wegen Überholung), 25. Dez. 🎫 Abholung der Tickets in der County Hall beim Riesenrad – mindestens 30 Minuten vor Fahrtbeginn. 🍴📷♿ 🌐 londoneye.com

Das London Eye, ein 135 Meter hohes Riesenrad, wurde anlässlich der Jahrtausendwende an der South Bank errichtet. 30 Minuten dauert eine

---

Soho und Chinatown

Löwentänzer beim chinesischen Neujahrsfest (Feb)

Soho ist als Viertel bekannt, in dem man seit seiner Entstehung Ende des 17. Jahrhunderts den Freuden des Gaumens, des Fleisches und des Intellekts huldigt. Der Niedergang der einst noblen Wohngegend begann, als die High Society nach Mayfair umzog und europäische Einwanderer in die schmalen Straßen drängten. Schreiner und Schneider eröffneten Werkstätten, zu denen sich Ende des 19. Jahrhunderts Pubs, Clubs und Bordelle gesellten. In den 1960er Jahren gründeten Chinesen in der Gegend um Gerrard und Lisle Street Chinatown mit Restaurants und Lebensmittelläden. Sohos Ruf lockte bereits im 18. Jahrhundert viele Künstler an. Hier lebten de Quincy, Dylan Thomas sowie der Maler Francis Bacon. Trotz der Striptease-Lokale und Peepshows erlebt Soho eine Renaissance. Es gibt immer mehr Bars und Edelrestaurants.

Hotels und Restaurants in London *siehe Seiten 560–562 und 582–586*

Umdrehung. Viele Besucher buchen gleich zwei »Flights«, denn man hat von oben einen atemberaubenden Blick über London, an klaren Tagen bis zu 42 Kilometer weit. Kein Wunder, dass sich das »Eye« zu einem wahren Besuchermagneten entwickelt hat. Fahrten starten jede volle und halbe Stunde.

Das Riesenrad London Eye beherrscht das Südufer der Themse

❻ London Dungeon

Riverside Building, County Hall, Westminster Bridge Rd SE1. **Stadtplan** 11 C5. ☏ 0871 423 2240. Ⓔ Waterloo, Westminster. ⏰ Mo–Fr 10–17 Uhr (Do ab 11 Uhr), Sa, So 10–18 Uhr; in den Sommerferien länger geöffnet. ⊘ 25. Dez. 🌐 thedungeons.com

In dieser vor allem bei Kindern beliebten Londoner Attraktion werden – mithilfe von Schauspielern und Special Effects – die zum Teil höchst blutrünstigen Ereignisse der britischen Geschichte im Rahmen einer rund 110-minütigen Tour illustriert.

Zu den schaurigsten Vorführungen gehören auch Szenen aus der Zeit der Pest, nachgestellte »Behandlungen« in Folterkammern und Jack the Ripper sowie die eine oder andere schauerliche Folterung oder Exekution – eine ausgesprochen britische Form der Unterhaltung.

❼ National Gallery

Siehe S. 86f.

❽ National Portrait Gallery

2 St Martin's Place WC2. **Stadtplan** 11 B3. ☏ (020) 7306 0055. Ⓔ Charing Cross, Leicester Square ⏰ Sa–Mi 10–18, Do, Fr 10–21 Uhr. ⊘ 24.–26. Dez. 🌐 npg.org.uk

Das Museum erzählt anhand von Porträts, Fotos und Skulpturen bedeutender Persönlichkeiten die Geschichte Großbritanniens, darunter die königliche Familie, Politiker und Künstler. Vom Restaurant im obersten Stockwerk hat man einen fantastischen Blick.

❾ Piccadilly Circus

W1. **Stadtplan** 11 A3. Ⓔ Piccadilly Circus.

Grelle Neonreklame dominiert den verkehrsreichen Platz, um den sich Läden und Restaurants gruppieren. Anfang des 19. Jahrhunderts war die Kreuzung ein ruhiger Ort mit eleganten Stuckfassaden – bis 1910 die ersten elektrischen Werbeschilder installiert wurden. Schon seit vielen Jahren trifft man sich zu Füßen der Statue des Shaftesbury Memorial Fountain (1892), die oft fälschlicherweise für Eros gehalten wird.

❿ Royal Academy of Arts

Burlington House, Piccadilly W1. **Stadtplan** 10 F3. ☏ (020) 7300 8000. Ⓔ Piccadilly Circus, Green Park. ⏰ Sa–Do 10–18, Fr 10–22 Uhr. ⊘ Karfreitag, 24.–26. Dez. kostenlos, normalerweise Di–So 12–13 Uhr. 🌐 royalacademy.org.uk

Die 1768 gegründete Royal Academy verdankt ihre Bekanntheit vor allem den Sommerausstellungen, die seit über 200 Jahren jährlich rund 1200 neue Arbeiten etablierter, aber auch unbekannter Maler, Bildhauer und Architekten präsentieren. 2018 feiert die Royal Academy den 250. Geburtstag dieses Events.

Ansonsten werden in der Royal Academy Wechselausstellungen aus der ganzen Welt gezeigt, und oft ist der Hof vor Burlington House, einem der wenigen noch erhaltenen Herrschaftshäuser aus dem 18. Jahrhundert, mit Wartenden gefüllt. In einer Dauerausstellung wird je ein Werk aller Akademiemitglieder gezeigt, die Highlights in den Madejski Rooms.

⓫ Ritz Hotel

Piccadilly W1. **Stadtplan** 10 F3. ☏ (020) 7493 8181. Ⓔ Green Park. *siehe Hotels S. 560*. 🌐 theritzlondon.com

Der Schweizer Hotelier César Ritz hatte sich längst zur Ruhe gesetzt, als 1906 dieses nach ihm benannte Hotel seine Pforten öffnete. Die kolonnadengeschmückte Fassade des schlossartigen Gebäudes sollte ein Stück Paris nach London bringen.

Das Hotel hat sich das edwardianische Flair opulenter Grandeur erhalten und ist heute beliebter Treffpunkt für stilvollen afternoon tea (Reservierung erforderlich). Eleganz erwartet den Gast bei diversen Veranstaltungen im Palm Court, gepflegter Nervenkitzel im stilvollen Casino.

Schöner Platz vor der Royal Academy of Arts

Stadtplan London *siehe Seiten 131–151*

❼ National Gallery

Mit über 2300 meist ständig ausgestellten Gemälden ist die National Gallery das führende Kunstmuseum Londons. 1824 erklärte sich das Unterhaus damit einverstanden, 38 Gemälde zu erwerben. Zur Sammlung gehören Werke europäischer Kunst vom späten Mittelalter bis Anfang des 20. Jahrhunderts von Künstlern wie Botticelli, Leonardo da Vinci, Tizian, Rembrandt, Velázquez, Monet und van Gogh. 1991 wurde der klassizistische Hauptbau (1834–38) um den Sainsbury Wing erweitert, in dem Werke der frühen Renaissance bewundert werden können.

Samson und Delilah (um 1609–1610)
Das beeindruckende Gemälde stammt von Peter Paul Rubens (1577–1640).

Eingang zum Education Centre

Treppe zum Untergeschoss

Die Verkündigung
Die herrliche Arbeit (vor 1460) von Fra Filippo Lippi ist Teil der Sammlung von Werken der italienischen Renaissance.

Learning Gallery

Verbindung zum Hauptgebäude

Treppe zum Untergeschoss

Arnolfini-Hochzeit
Jan van Eyck (1385–1441), ein Pionier der Ölmalerei, beweist in diesem Porträt scharfe Beobachtungsgabe und meisterhafte Technik.

Eingang zum Sainsbury Wing

Legende
- Malerei 13.–15. Jahrhundert
- Malerei 16. Jahrhundert
- Malerei 17. Jahrhundert
- Malerei 17.–Anf. 20. Jahrhundert
- Sonderausstellungen
- Keine Ausstellung

★ Hl. Anna selbdritt (um 1499–1500)
Leonardo da Vinci fertigte die geniale Kreidezeichnung der Heiligen mit Maria, Jesus und Johannes dem Täufer.

Hotels und Restaurants in London *siehe Seiten 560–562 und 582–586*

NATIONAL GALLERY | 87

★ **Venus vor dem Spiegel (1647–51)**
Sie ist der einzige Akt Diego Velázquez'.

Zu den unteren Galerien

Haupthalle

Infobox

Information
Trafalgar Sq WC2. **Stadtplan** 11 B3. (020) 7747 2885.
tägl. 10–18 Uhr (Fr bis 21 Uhr). 1. Jan, 24.–26. Dez.
Eingänge zu Sainsbury Wing und Getty.
w nationalgallery.org.uk

Anfahrt
Charing Cross, Leicester Sq, Piccadilly Circus. 3, 6, 9, 11, 12, 13, 15, 23, 24, 29, 53, 87, 88, 91, 139, 159, 176, 453.
Charing Cross.

Getty-Eingang

Eingang Trafalgar Square

★ **Der Heuwagen (1821)**
Constable und Turner *(siehe S. 95)* repräsentieren die britische Landschaftsmalerei des 19. Jahrhunderts. In diesem Bild fing John Constable das Spiel von Licht und Schatten ein.

Die klassizistische Fassade besteht aus Portland-Stein.

Die Botschafter (1533)
Im Vordergrund des Porträts von Hans Holbein ist ein deformierter Schädel zu sehen – Symbol der Vergänglichkeit.

Kurzführer
Die meisten Werke befinden sich auf einem Stockwerk. Die Gemälde hängen in chronologischer Reihenfolge – die ältesten Werke (1250–1500) im Sainsbury Wing. Alle Epochen sind im unteren Geschoss des Haupttrakts vertreten. Im ersten Stock des Sainsbury Wing gibt es ein Restaurant.

Im Theater (1876/77)
Pierre-Auguste Renoir (1841–1919) ist einer der wichtigsten Vertreter des Impressionismus. Mit diesem Bild greift er ein beliebtes Sujet seiner Zeit auf.

Stadtplan London *siehe Seiten 131–151*

Im Detail: Piccadilly und St James's

Schon kurze Zeit nach Fertigstellung des St James's Palace (1532) entwickelte sich die umliegende Gegend zum gesellschaftlichen Zentrum Londons. Heute ist Piccadilly ein lebhaftes Viertel mit Einkaufszentren, Lokalen und Kinos. St James's ist dagegen bis heute die Domäne der Reichen und Mächtigen geblieben.

Die St James's Church wurde 1684 von Christopher Wren entworfen.

❿ ★ Royal Academy of Arts
Das Madonnenrelief (1505) von Michelangelo ist eines der ständigen Ausstellungsstücke des Museums.

Die Burlington Arcade, eine Einkaufspassage, zeigt Eleganz und Stil.

Fortnum & Mason *(siehe S. 152)* wurde 1707 gegründet.

⓫ The Ritz wurde nach dem Hotelier César Ritz benannt.

Zur Mall und zum Buckingham Palace *(siehe S. 90f)*

Das Spencer House, das prachtvoll restauriert wurde, enthält Möbel und Gemälde aus dem 18. Jahrhundert. Das palladianische Palais wurde 1766 für den 1. Earl Spencer errichtet, einen Vorfahren der verstorbenen Princess of Wales.

Der St James's Palace entstand an der Stelle eines Hospitals für Leprakranke.

Hotels und Restaurants in London *siehe Seiten 560–562 und 582–586*

PICCADILLY UND ST JAMES'S | **89**

❾ ★ Piccadilly Circus
Menschenmengen und Neonreklame prägen das Zentrum des West End.

Zur Orientierung
Stadtplan 10, 11

Legende
— Routenempfehlung

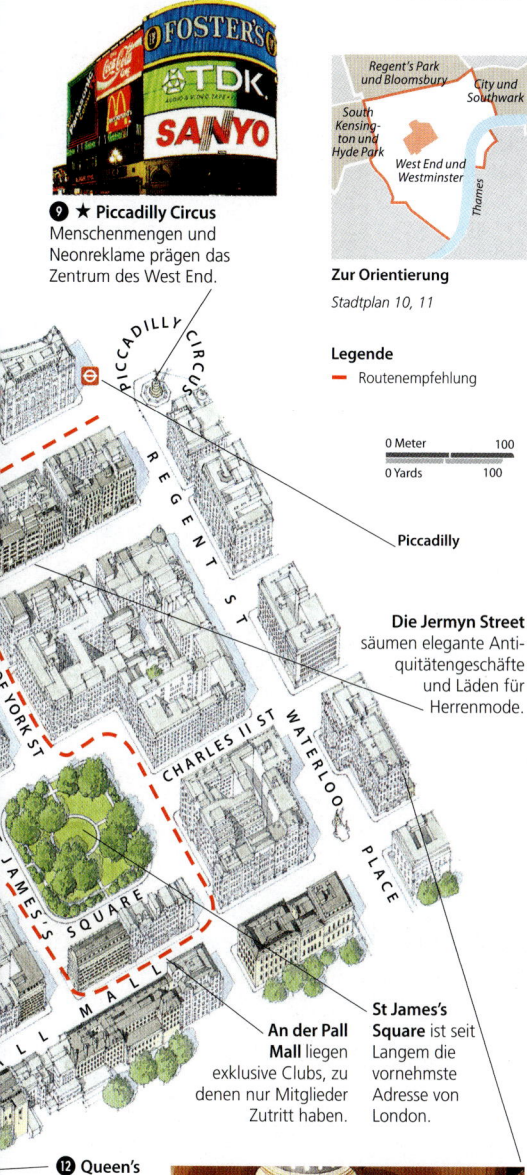

0 Meter 100
0 Yards 100

Piccadilly

Die Jermyn Street säumen elegante Antiquitätengeschäfte und Läden für Herrenmode.

St James's Square ist seit Langem die vornehmste Adresse von London.

An der Pall Mall liegen exklusive Clubs, zu denen nur Mitglieder Zutritt haben.

⓬ Queen's Chapel
Sie war die erste klassizistische Kirche Englands.

In der Royal Opera Arcade, nach Entwürfen John Nashs 1818 fertiggestellt, kauft man vom Feinsten.

⓬ Queen's Chapel

Marlborough Rd SW1. **Stadtplan** 11 A4. ☎ (020) 7930 4832. Ⓔ Green Park. ◯ So zu Gottesdiensten 8.30, 11.15 Uhr (außer Aug, Sep). ♿

Die reich ausgestattete Kapelle entwarf Inigo Jones für die spanische Infantin, die vorgesehene Gemahlin für Charles I. Die Arbeiten begannen 1623, wurden aber unterbrochen, als die Heirat platzte. 1627 wurde die Kapelle für Charles' spätere Gattin Henrietta Maria fertiggestellt. Queen's Chapel war der erste englische klassizistische Sakralbau. Die Deckentäfelung basiert auf der palladianischen Rekonstruktion eines römischen Tempels.

Das Innere der Queen's Chapel

⓭ The Mall

SW1. **Stadtplan** 11 A4. Ⓔ Charing Cross, Green Park.

Diese imposante Prachtstraße und Auffahrt zum Buckingham Palace legte der Architekt Aston Webb (1849–1930) an, als er im Jahr 1911 die Palastfassade und das Victoria Monument neu gestaltete. Die breite, von Bäumen gesäumte Avenue verläuft am St James's Park entlang – wie schon der zur Regierungszeit Charles' II angelegte Weg, der rasch zu Londons Flaniermeile avancierte. Bei besonderen Anlässen zieht die königliche Prozession die Mall entlang. Bei Staatsbesuchen werden an den die Mall flankierenden Fahnenstangen die Flaggen der entsprechenden Staaten gehisst.

Sonntags ist die Mall für den Autoverkehr gesperrt.

Stadtplan London *siehe Seiten 131–151*

⓴ Buckingham Palace

Der offizielle Londoner Wohnsitz britischer Monarchen ist eine überaus beliebte Sehenswürdigkeit. Der Architekt John Nash begann 1826 im Auftrag Georges IV, das Buckingham House aus dem 18. Jahrhundert in einen Palast zu verwandeln, wurde aber 1831 entlassen, weil er das Budget überzogen hatte. Als erste Monarchin zog Queen Victoria kurz nach ihrer Krönung 1837 in den neuen Palast. Die Privatgemächer der königlichen Familie sind nicht zu besichtigen.

Music Room
In dem Raum mit einem wunderschönen Parkettboden von John Nash werden hohe Gäste begrüßt und Kinder von königlichem Geblüt getauft.

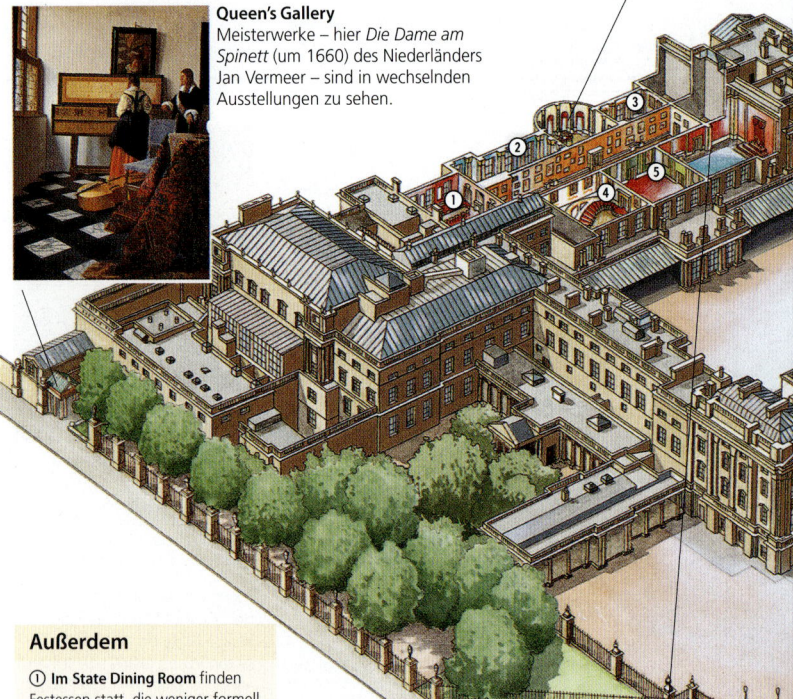

Queen's Gallery
Meisterwerke – hier *Die Dame am Spinett* (um 1660) des Niederländers Jan Vermeer – sind in wechselnden Ausstellungen zu sehen.

Außerdem

① **Im State Dining Room** finden Festessen statt, die weniger formell sind als Staatsbankette.

② **Der Blue Drawing Room** ist mit nachgeahmten Onyxsäulen dekoriert.

③ **Im White Drawing Room** trifft sich die königliche Familie vor dem Beginn eines Staatsbanketts oder Balls.

④ **Grand Staircase**

⑤ **Der Green Drawing Room** ist der erste der großen, prunkvollen State Rooms, den Gäste betreten.

⑥ **Die königliche Standarte** weht, wenn die Queen im Buckingham Palace weilt.

Thronsaal
Unter der reich geschmückten, vergoldeten Decke erleuchten sieben Kronleuchter den Saal, in dem die Queen viele offizielle Zeremonien abhält.

Hotels und Restaurants in London *siehe Seiten 560–562 und 582–586*

BUCKINGHAM PALACE | 91

Blick auf die Mall
Bei festlichen Anlässen winkt die königliche Familie vom Balkon der Menge zu.

Infobox

Information
SW1. **Stadtplan** 10 F5.
(020) 7766 7300.
Staatsgemächer Ende Juli–Aug: tägl. 9.30–19.30 Uhr; Sep: tägl. 9.30–18.30 Uhr (letzter Einlass 2:15 Std. vor Schließung). Tickets (für bestimmte Zeiten) im Ambassadors Court (auch online oder tel.) erhältlich. tel. anmelden.
royalcollection.org.uk
Changing of the Guard tägl. 11.30 Uhr (Aug–Mai: an unterschiedl. Tagen; siehe Website).
householddivision.org.uk

Anfahrt
St James's Park, Victoria.
11, 16, 24, 25, 28, 36, 38, 52, 73, 135, C1. Victoria.

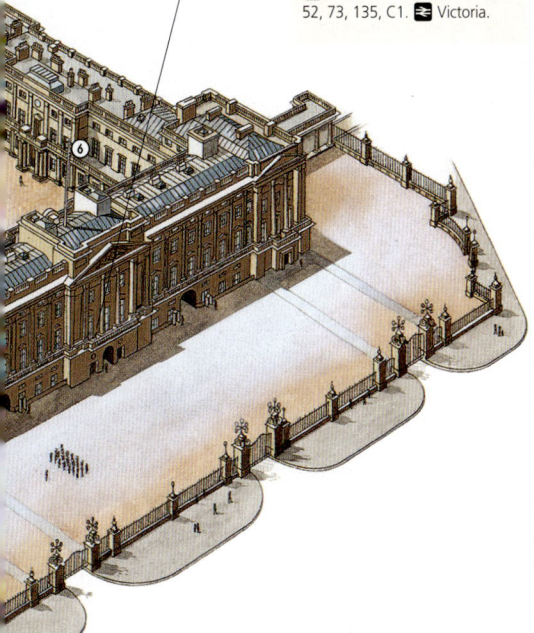

⓯ The Queen's Gallery

Buckingham Palace Rd SW1. **Stadtplan** 10 F5. (020) 7766 7300. St James's Park, Victoria. tägl. 10–17.30 Uhr (Aug, Sep: ab 9.30 Uhr; letzter Einlass 16.15 Uhr). 25., 26. Dez (weitere Tage siehe Website).
royalcollection.org.uk

Die Queen besitzt eine der wertvollsten Kunstsammlungen der Welt, darunter befinden sich etwa Werke von Rembrandt und da Vinci. Der regelmäßige Wechsel der Werke ermöglicht es, dass man das ganze Jahr über zahlreiche Meisterwerke, Gemälde, Grafiken und kunsthandwerkliche Exponate sehen kann.

Detail der goldenen Staatskarosse (1762), Royal Mews

⓰ Royal Mews

Buckingham Palace Rd SW1. **Stadtplan** 10 E5. (020) 7766 7302. Victoria. Feb, März, Nov, Dez: Mo–Sa 10–16 Uhr; Apr–Okt: tägl. 10–17 Uhr (Änderungen möglich). tägl. 9.30–17 Uhr. variabel; siehe Website.
royalcollection.org.uk

Pferdeliebhaber und Freunde des königlichen Pomps sollten die 1825 von John Nash entworfenen Stallungen und das Marstallmuseum besuchen. Hier stehen die Pferde und Kutschen, die bei offiziellen Anlässen bestaunt werden, etwa die Glaskutsche für Staatsgäste und königliche Hochzeiten. Ein besonderes Prunkstück ist die 1762 für George III gefertigte goldene Staatskarosse. Elizabeth II benutzte sie bei den Jubiläumsfeierlichkeiten 2002.

Changing of the Guard

Feuerrote Jacken und hohe Pelzmützen *(bearskin)* – so stehen die Wachen vor dem Eingang zum Buckingham Palace in ihren Häuschen auf Posten. Vor den Toren sehen viele der musikalisch untermalten Wachablösung zu: Von den Wellington Barracks geht es zum Palast. Bei der 45-minütigen Parade übergibt die alte Wache die Palastschlüssel an die neue.

Stadtplan London *siehe Seiten 131–151*

Im Detail: Whitehall und Westminster

Entlang den breiten Prachtstraßen von Whitehall und Westminster haben sich Regierung und anglikanische Kirche in monumentalen Bauten eingerichtet. Unter der Woche drängen sich Staatsbeamte auf den Straßen, die hier arbeiten; an Wochenenden beherrschen jedoch eindeutig Besucher das Bild und geben der Gegend ein völlig anderes Aussehen.

⓲ Downing Street
Robert Walpole zog 1732 als erster Premierminister hier ein.

⓱ Churchill War Rooms
In Winston Churchills Hauptquartier während des Zweiten Weltkriegs wurden viele strategische Entscheidungen gefällt.

In der St Margaret's Church heiraten viele Größen aus Politik und Gesellschaft.

㉑ ★ Westminster Abbey
Die Abtei ist die bedeutendste Kirche Londons und die größte Großbritanniens.

Die Central Hall (1911) ist ein herrliches Beispiel der Jugendstil-Architektur.

Das Standbild Richards I von 1860 zeigt den König, der 1199 in einer Schlacht fiel.

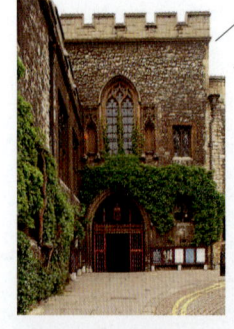

Dean's Yard, ein ruhiger, grüner Hof, ist von malerischen Gebäuden diverser Stilrichtungen umgeben. Einige nutzt die Westminster School.

Die Bürger von Calais sind ein Abguss von Rodins Originalplastik (1886; Paris).

Hotels und Restaurants in London *siehe Seiten 560–562 und 582–586*

WEST END UND WESTMINSTER | **93**

Zum Trafalgar Square

⓳ Banqueting House Inigo Jones entwarf den eleganten Bau 1622.

Regent's Park und Bloomsbury · City und Southwark · West End und Westminster · South Kensington und Hyde Park · Thames

Zur Orientierung
Siehe Stadtplan 11

Horse Guards heißt der Paradeplatz, den ein berittener Leibgardist bewacht.

Der Cenotaph (1920) ist ein Denkmal von Sir Edwin Lutyens.

Vom Westminster Pier legen viele Ausflugsboote ab.

Westminster

Legende
— Routenempfehlung

0 Meter 100
0 Yards 100

⓴ ★ Houses of Parliament
Der Glockenturm krönt das Regierungsgebäude. Seit 1858 hängt hier die 14 Tonnen schwere Glocke Big Ben. Ihr tiefes Läuten ist täglich im Radio auf BBC zu hören.

⓱ Churchill War Rooms

Clive Steps, King Charles St SW1. **Stadtplan** 11 B5. **(** (020) 7930 6961. **⊖** Westminster. **☐** tägl. 9.30–18 Uhr (letzter Einlass 17 Uhr). **●** 24.–26. Dez. 🎫 ♿ 🏛 📷 🛍
w iwm.org.uk

In den labyrinthartigen Kellern nördlich des Parliament Square befand sich im Zweiten Weltkrieg das britische Hauptquartier – zunächst unter Leitung von Neville Chamberlain, ab 1940 von Winston Churchill. Als deutsche Flugzeuge London bombardierten, fielen hier strategisch wichtige Entscheidungen.

Die Räume, inklusive der Quartiere für Minister und hohe Militärs sowie der Cabinet Room, sind so belassen, wie sie bei Kriegsende waren. Zu sehen sind Churchills Schreibtisch, Kommunikationsmittel und Karten. Das neue Churchill Museum widmet sich Leben und Karriere des Politikers.

Farbcodierte Telefone in den Churchill War Rooms

⓲ Downing Street

SW1. **Stadtplan** 11 B4. **⊖** Westminster. **●** für die Öffentlichkeit nicht zugänglich.

Number 10 Downing Street ist seit dem Jahr 1732 die offizielle Adresse des britischen Premierministers. Zum Haus gehören ein Cabinet Room, in dem politische Entscheidungen fallen, ein eindrucksvoller State Dining Room für offizielle Empfänge, die Privatwohnung des Premierministers sowie ein geschützter Garten.

Im Nachbarhaus (Nr. 11) residiert der Finanzminister. Seit 1989 versperren aus Sicherheitsgründen eiserne Tore den Zugang von Whitehall zur Downing Street.

Stadtplan London siehe Seiten 131–151

⓵⓽ Banqueting House

Whitehall SW1. **Stadtplan 11 B4.**
📞 (020) 3166 6154. 🚇 Charing Cross. 🕐 tägl. 10–13 Uhr (manchmal länger). ⛔ Feiertage u. bei Empfängen (tel. erfragen). 📷 ♿ teilweise. 🌐 hrp.org.uk

Das im Jahr 1622 von Inigo Jones *(siehe S. 57)* fertiggestellte Haus war der erste palladianische Bau Londons. 1629 beauftragte Charles I Rubens, die Decke mit Szenen aus der Regentschaft seines Vaters James I zu gestalten. Sie symbolisieren das Gottesgnadentum des Herrschers, das die Parlamentarier anzweifelten. 1649 ließen diese Charles I vor dem Gebäude hinrichten.

Deckengemälde (1629–34) von Rubens im Banqueting House

⓶⓪ Houses of Parliament

SW1. **Stadtplan 11 C5.** 🚇 Westminster. 📞 (020) 7219 4114 (Führung; Sa ganzjährig; werktags während Parlamentspausen); (020) 7219 4272 (Debatten). **Visitors' Galleries** 🕐 siehe Website. ⛔ während Parlamentssitzungen. ♿ 📷 🌐 parliament.uk/visiting

Schon im 11. Jahrhundert stand hier ein Palast, doch aus jener Zeit ist nur Westminster Hall relativ unverändert erhalten. Der heutige neogotische Bau entstand 1834 nach Plänen von Charles Barry, nachdem ein Brand den alten Palast zerstört hatte. Der Palace of Westminster ist seit dem 16. Jahrhundert Sitz des britischen Ober- und Unterhauses. Das Unterhaus (House of Commons) umfasst die gewählten Parlamentsmitglieder (MPs). Die Partei mit den meisten MPs bildet die Regierung und stellt den Premierminister. Im House of Lords (Oberhaus) sitzen Peers *(siehe S. 34f)*, Law Lords, Bischöfe und Erzbischöfe.

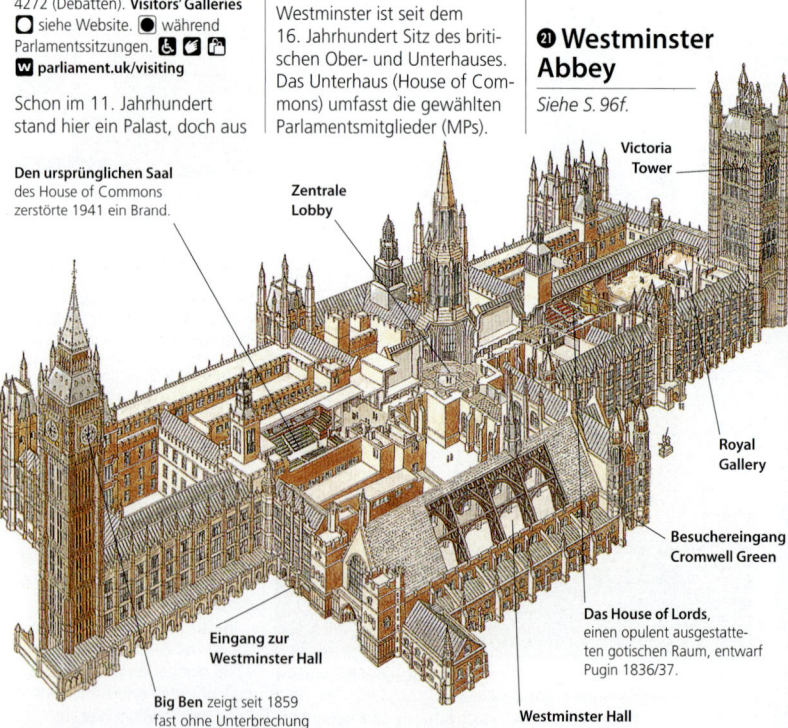

⓶⓵ Westminster Abbey

Siehe S. 96f.

Den ursprünglichen Saal des House of Commons zerstörte 1941 ein Brand.

Zentrale Lobby

Victoria Tower

Royal Gallery

Besuchereingang Cromwell Green

Das House of Lords, einen opulent ausgestatteten gotischen Raum, entwarf Pugin 1836/37.

Eingang zur Westminster Hall

Big Ben zeigt seit 1859 fast ohne Unterbrechung die genaue Zeit an.

Westminster Hall

Hotels und Restaurants in London *siehe Seiten 560–562 und 582–586*

❷ Tate Britain

Millbank SW1. **Stadtplan** 19 B2.
📞 (020) 7887 8888. Ⓔ Pimlico.
🚌 87, 88, C10. 🚆 Victoria, Vauxhall. ⛴ zur Tate Modern alle 40 Min. 🕐 tägl. 10–18 Uhr (an manchen Freitagen bis 22 Uhr).
⬤ 24.–26. Dez. 🎨 für Sonderausstellungen. ♿ Atterbury St. 🅿 📷
🛒 🍴 🎁 🌐 tate.org.uk

Früher hieß die Nationalgalerie für britische Kunst Tate Gallery, heute Tate Britain. Sie präsentiert Werke vom 16. bis zum 21. Jahrhundert. Alle Exponate stammen aus der riesigen Tate Collection; internationale moderne Kunstwerke aus dieser Sammlung werden in der Tate Modern *(siehe S. 125)* ausgestellt. Eine Bootsverbindung bringt Besucher von einem Haus zum anderen. Die Exponate sind chronologisch geordnet. Auf diese Weise lässt sich sehr gut nachvollziehen, in welchem historischen Kontext ein Kunstwerk entstand. Faszinierend sind auch die Verknüpfungen, die sich durch die Hängungen ergeben: So findet man z. B. eine Landschaft von Gainsborough neben einer von Hogarths Satiren; Alma-Tademas nackte Badende in *A Favourite Custom* (1909) hängen direkt neben Walter Sickerts *La Hollandaise* (1906). Einige Galerien widmen sich berühmten britischen Künstlern: William Blake, Henry Moore, John Constable und J. M. W. Turner. In der Clore Gallery ist der Turner-Nachlass *(siehe unten)* zu sehen. Die Abteilung »1500–1800« illustriert den Wechsel in der britischen Historie, von den Tudors und Stuarts bis zur Zeit Thomas Gainsboroughs.

Zwischen 1800 und 1900 veränderte sich britische Kunst erneut gravierend. In der Abteilung mit Werken aus dieser Zeit werden die neuen Themen präsentiert, die damals aufkamen. Zu sehen sind Bilder der »viktorianischen narrativen« Maler wie William Powell Frith und der Präraffaeliten John Everett Millais und Dante Gabriel Rossetti.

Die Periode 1900–1960 umfasst Werke von Jacob Epstein, Wyndham Lewis und den Modernisten Henry Moore, Barbara Hepworth, Ben Nicholson, Francis Bacon und Lucian Freud.

Herausragend ist die Sammlung britischer Kunst nach 1960. Die Werke wechseln turnusmäßig. Seit den 1960er Jahren wuchs der Etat des Museums für die Anschaffung neuer Werke stetig, und die Künstler arbeiteten immer schneller, da die öffentliche Nachfrage nach Kunst wuchs. Entsprechend umfangreich ist die Sammlung aus dieser Zeit: von der Pop-Art David Hockneys, Richard Hamiltons und Peter Blakes über Bilder von Gilbert und George sowie Werke von Richard Long bis hin zu Gemälden von Howard Hodgkin und R. B. Kitaj aus den 1980er Jahren.

The First Marriage (A Marriage of Styles I) (1962) von David Hockney

Recumbent Figure (1938) von Henry Moore

Turner-Nachlass

Der Landschaftsmaler J. M. W. Turner (1775–1851) vermachte seine wunderbaren Werke dem britischen Staat mit der Auflage, dass sie in einem Museum zusammen ausgestellt werden. Erst die 1987 eröffnete Clore Gallery bot Platz für die meisten der mehr als 300 Ölgemälde Turners. Seine 20 000 Aquarelle und Zeichnungen werden in regelmäßig wechselnden Ausstellungen gezeigt.

Shipping of the Mouth of the Thames (um 1806/1807)

㉑ Westminster Abbey

Seit dem 11. Jahrhundert werden in Westminster Abbey die britischen Monarchen beigesetzt, doch fanden hier auch viele Krönungen und königliche Hochzeiten statt. Mit ihrem außergewöhnlichen Reichtum an Stilrichtungen (von der strengen französischen Gotik des Mittelschiffs bis zur verblüffenden Komplexität des Tudor-Stils in der Lady Chapel) zählt die Abtei zweifellos zu den schönsten Bauten Londons. Halb Nationalkirche, halb Nationalmuseum, sind Lang- und Querhaus mit prachtvollen Grab- und Denkmälern bestückt, die an britische Politiker und Poeten erinnern.

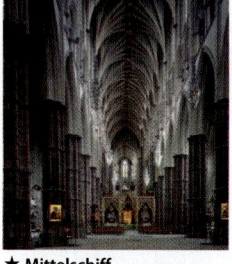

Nordeingang
Die pseudomittelalterlichen Verzierungen sind viktorianisch.

★ Mittelschiff
Mit 31 Metern ist das Mittelschiff das höchste Großbritanniens. Das Verhältnis von Höhe zu Breite beträgt 3:1.

Krönungsthron
Auf diesem Thron (1301) werden seit 1308 die Monarchen gekrönt.

Außerdem

① **Statesmen's Aisle**

② **Strebebogen** verteilen das gigantische Gewicht des Dachs.

③ **Im Sanktuarium**, das Henry III erbauen ließ, wurden bislang 38 Herrscher gekrönt.

④ **Eingang zu den Queen's Diamond Jubilee Galleries**

⑤ **In der Pyx Chamber** wurde im Mittelalter der Münzvorrat geprüft.

Krönung

Seit William the Conqueror (1066) ist Westminster Abbey Schauplatz der Krönungszeremonie, die sich im Lauf der letzten 1000 Jahre kaum verändert hat. Die Krönung von Elizabeth II wurde 1953 als erste vom Fernsehen übertragen.

WESTMINSTER ABBEY | **97**

★ Lady Chapel
Die Kapelle wurde von 1503 bis 1519 gebaut, ist eines der schönsten spätgotischen Werke in Europa und gilt als herausragendes Beispiel des Perpendicular Style.

Poets' Corner
Die »Dichterecke« huldigt Literaten wie Shakespeare, Chaucer und T. S. Eliot.

Infobox

Information
Broad Sanctuary SW1.
Stadtplan 11 B5.
(020) 7222 5152.
Abtei mit Royal Chapels, Poets' Corner, Chor, Statesmen's Aisle und Mittelschiff Mo–Fr 9.30–16.30 (Mi bis 19 Uhr), Sa 9.30–14.30 Uhr.
Kapitelsaal, Pyx Chamber und Museum, College Garden unterschiedl.; informieren Sie sich tel. oder auf der Website. **Abendandacht** Mo–Fr 17, Sa, So 15 Uhr (Mi Abendgebet).
westminster-abbey.org

Anfahrt
Westminster.
3, 11, 12, 24, 29, 53, 70, 77, 87, 88, 109, 159, 170.
Victoria.
Westminster Pier.

★ Kapitelsaal
Den prächtigen achteckigen Raum mit dem Fliesenboden (13. Jh.) erhellen sechs Bleiglasfenster mit Szenen aus der Geschichte der Abtei.

Kreuzgang
Der im 13./14. Jahrhundert gebaute Kreuzgang verbindet die Abteikirche mit den anderen Gebäuden.

Historischer Grundriss der Abtei

Die erste Abteikirche entstand im 10. Jahrhundert. Die heutige Bausubstanz ist größtenteils jünger, da Henry III den Bau ab 1245 im Stil der französischen Gotik erweitern ließ. Ihrem Status als Krönungskirche verdankt die Abtei, dass sie Henrys VIII Angriffe gegen britische Klöster überstand.

Legende
- Erbaut 1055–1272
- Angefügt 1376–1420
- Erbaut 1500–1512
- 1745 fertiggestellt
- Restauriert nach 1850

Stadtplan London siehe Seiten 131–151

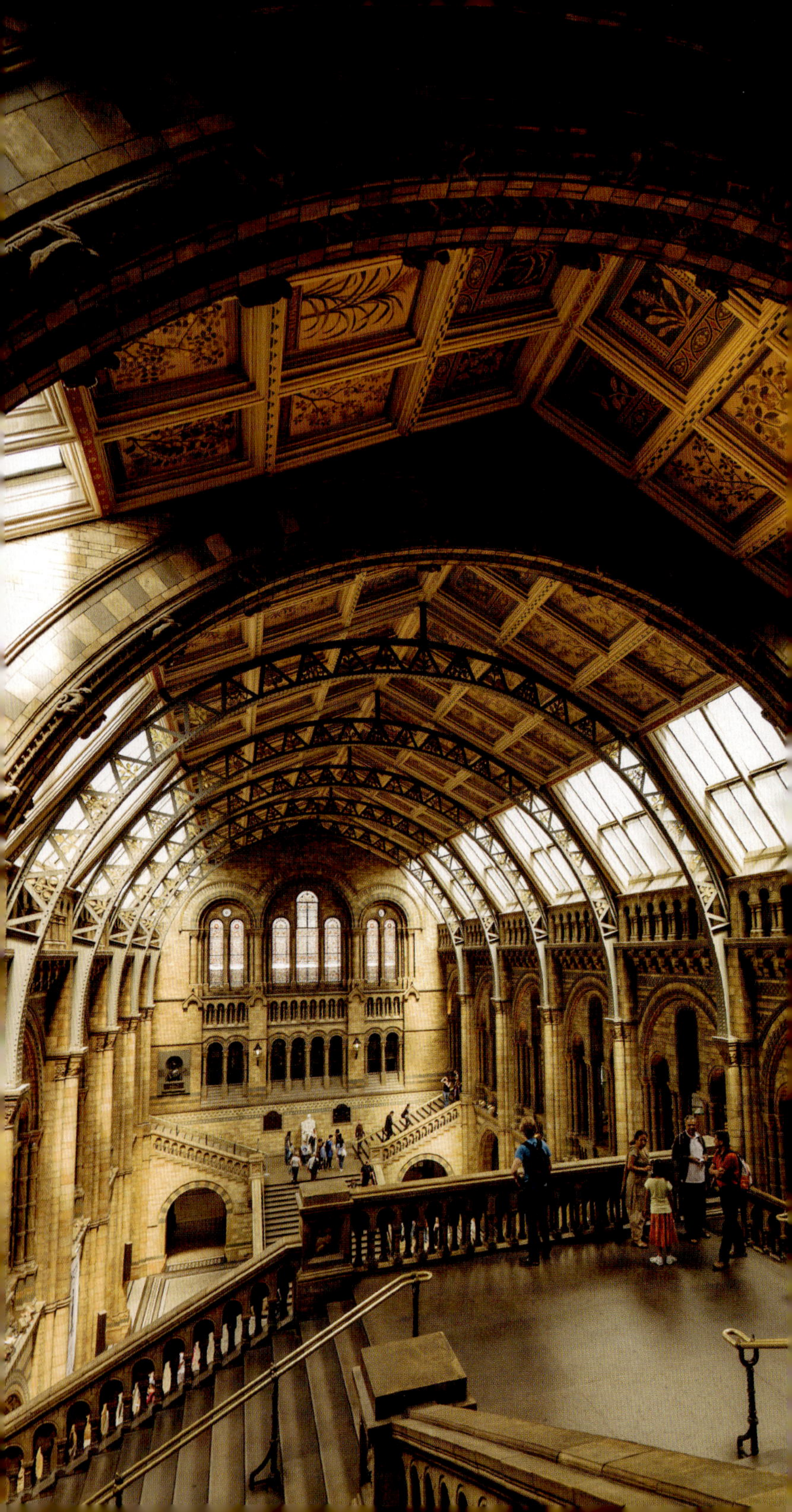

South Kensington und Hyde Park

Das exklusive Viertel South Kensington umfasst einen der größten Londoner Parks sowie viele Museen, Läden, Restaurants und Hotels. Noch bis Mitte des 19. Jahrhunderts war South Kensington ein vornehmer, halb ländlicher Wohnbezirk mit herrschaftlichen Anwesen und Privatschulen. Die Weltausstellung von 1851 *(siehe S. 60f)*, damals die größte Kunst- und Wissenschaftsausstellung in einem eigens hierfür gebauten Kristallpalast, verwandelte die Gegend südlich des Kensington Palace in eine Hochburg viktorianischen Selbstwertgefühls. Die Ausstellung im Hyde Park, das geistige Kind von Victorias Prinzgemahl Albert, war ein enormer Erfolg. Vom Gewinn kaufte man 35 Hektar Land in South Kensington und errichtete – ebenfalls auf Initiative Alberts – eine Konzerthalle sowie Museen und Colleges. Viele der Bauten stehen noch heute, allen voran die Royal Albert Hall. Hübsche Reihenhäuser aus rotem Backstein an begrünten Plätzen folgten. Hier findet man auch die renommierten Nobelgeschäfte von Knightsbridge.

Sehenswürdigkeiten auf einen Blick

Historisches Gebäude
- ❽ Kensington Palace

Kirche
- ❷ Brompton Oratory

Kaufhaus
- ❶ Harrods

Parks und Gärten
- ❼ Hyde Park and Kensington Gardens

Museen und Sammlungen
- ❸ Victoria and Albert Museum S. 102f
- ❹ Science Museum
- ❺ Natural History Museum

Konzerthalle
- ❻ Royal Albert Hall und Albert Memorial

Restaurants in diesen Stadtteilen
siehe S. 583f

Siehe auch Stadtplan 8, 9, 16, 17

◀ Haupthalle des Natural History Museum *(siehe S. 104)*   Zeichenerklärung *siehe hintere Umschlagklappe*

Im Detail: South Kensington

Die Museen und Colleges, die ihre Entstehung der Weltausstellung von 1851 *(siehe S.60f)* verdanken, verleihen der Gegend bis heute eine Atmosphäre entspannter Kultiviertheit. Das Museumsviertel ist bei Einheimischen und Besuchern beliebt; es ist vor allem sonntags und an Sommerabenden bei den berühmten »Proms« für klassische Musik *(siehe S.67)* belebt.

❻ Die Royal Albert Hall, 1870 eröffnet, ist einem römischen Amphitheater nachempfunden.

Das Great Exhibition Memorial krönt eine Statue von Prince Albert.

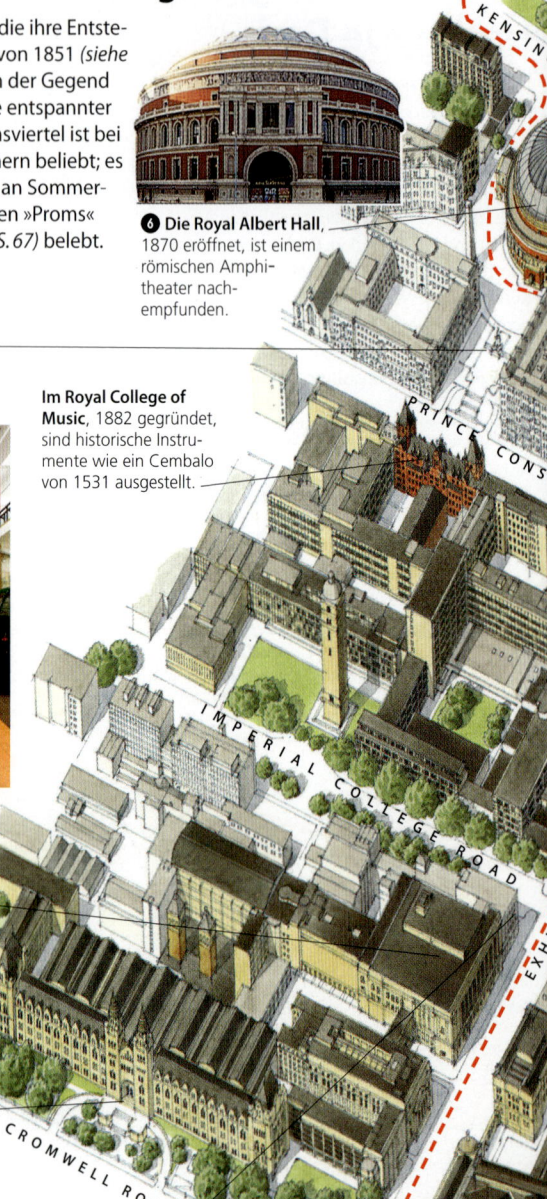

Im Royal College of Music, 1882 gegründet, sind historische Instrumente wie ein Cembalo von 1531 ausgestellt.

❹ ★ Science Museum Über 1000 interaktive Ausstellungsstücke warten im Wissenschaftsmuseum auf Neugierige.

Eingang zur Station South Kensington

❺ ★ Natural History Museum Die Abteilung »Creepy Crawlies« ist bei Besuchern sehr beliebt.

Legende
— Routenempfehlung

0 Meter 100
0 Yards 100

Hotels und Restaurants in London *siehe Seiten 560–562 und 582–586*

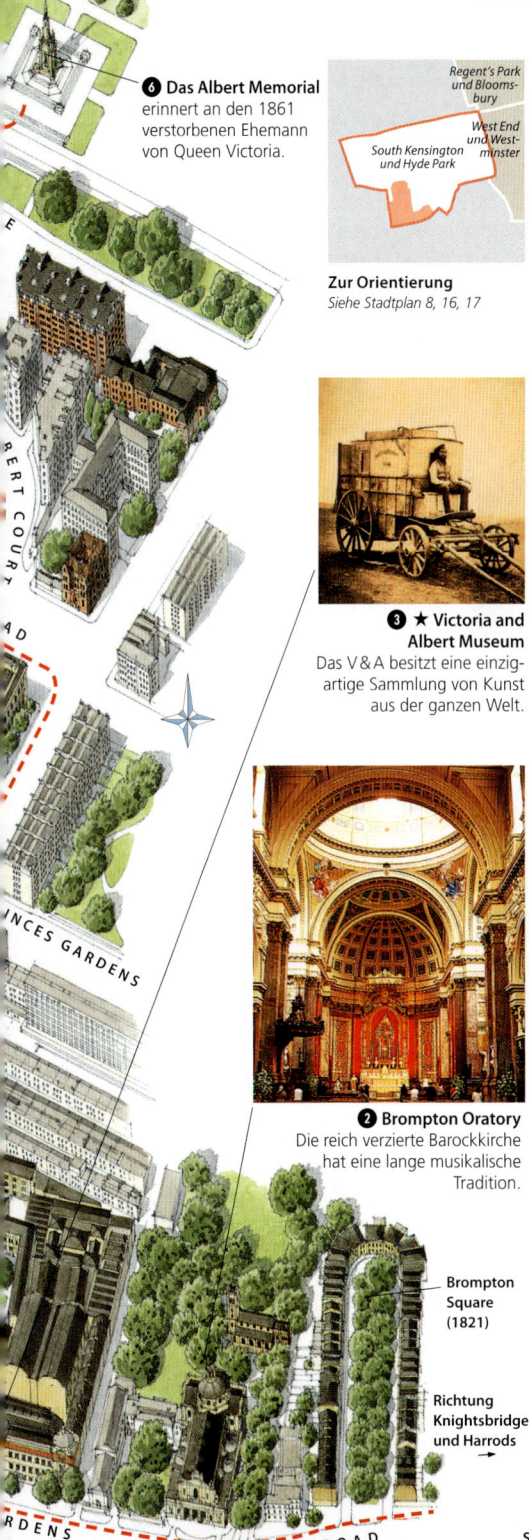

SOUTH KENSINGTON | 101

❻ Das Albert Memorial erinnert an den 1861 verstorbenen Ehemann von Queen Victoria.

Zur Orientierung
Siehe Stadtplan 8, 16, 17

❸ ★ Victoria and Albert Museum
Das V&A besitzt eine einzigartige Sammlung von Kunst aus der ganzen Welt.

Lebensmittelabteilung bei Harrods

❶ Harrods

87–135 Brompton Rd SW1.
Stadtplan 9 C5. (020) 7730 1234. Knightsbridge.
Mo–Sa 10–21, So 11.30– 18 Uhr. siehe Shopping S. 152–155. harrods.com

Henry Charles Harrod eröffnete 1849 an der Brompton Road ein Lebensmittelgeschäft, das wegen Qualität und Service rasch berühmt wurde. Harrods expandierte und bezog 1905 die Räume in Knightsbridge.

❷ Brompton Oratory

Brompton Rd SW7. **Stadtplan** 17 A1. (020) 7808 0900. South Kensington. tägl. 6.30–20 Uhr.
bromptonoratory.co.uk

❷ Brompton Oratory
Die reich verzierte Barockkirche hat eine lange musikalische Tradition.

Die prachtvoll ausgestattete Kirche ist ein grandioses Denkmal für die englische Gemeinde, die im 19. Jahrhundert zum Katholizismus konvertierte. Ihr Begründer John Henry Newman (später Kardinal) führte 1848 die Oratorianer-Bewegung in England ein. Brompton Oratory wurde 1884 geweiht; Fassade und Kuppel kamen etwas später hinzu. Die Kirche birgt kostbare Kunstschätze. Die Marmorfiguren der Apostel stammen aus der Kathedrale von Siena, der barocke Marienaltar (1693) aus der Dominikanerkirche in Brescia und der Altar (18. Jh.) der St Wilfred's Chapel aus dem belgischen Rochefort.

Brompton Square (1821)

Richtung Knightsbridge und Harrods →

Stadtplan London siehe Seiten 131–151

Victoria and Albert Museum

Das Victoria and Albert Museum (V&A) beherbergt eine der umfangreichsten Sammlungen an Kunst und Design, das Spektrum reicht von frühchristlichen Ritualobjekten und mystischer Kunst Südostasiens bis zu modernen Designermöbeln. 1852 wurde es als Museum of Manufactures gegründet, 1899 benannte es Queen Victoria zur Erinnerung an Prince Albert um. In den 145 Ausstellungsräumen zu Themenbereichen wie Mode, Fotografie, Keramikwaren und Möbel sind Exponate aus 5000 Jahren zu sehen. Allein die europäischen Räume ziehen sich über drei Stockwerke.

Ceramic Galleries
Das Museum hat die umfangreichste Keramiksammlung der Welt. Zu sehen ist auch dieser italienische bemalte Tonteller aus dem 16. Jahrhundert.

★ British Galleries
1601 erwähnte Shakespeare in seiner Komödie *Was Ihr wollt* dieses Bett, *The Great Bed of Ware*. Daher steht es im Mittelpunkt des Interesses vieler Museumsbesucher.

★ Fashion Gallery
Hier sind wunderbare Einzelstücke europäischen Modedesigns sowie Stoffe und Accessoires aus der Zeit von 1750 bis heute zu sehen, darunter diese Schuhe von Lilley & Skinner aus den 1920er Jahren.

Eingang Exhibition Road

Kurzführer

Die Ausstellungsräume des V&A erstrecken sich über elf Kilometer auf sechs Ebenen. Auf der Hauptebene (1) liegen die Abteilungen zu China, Japan und Südasien sowie die Fashion Gallery und der Western Cast Court. Die British Galleries befinden sich auf den Ebenen 2 und 4. Ebene 3 beherbergt die 20th Century Galleries mit Silber- und Eisenobjekten, Schmuck, Gemälden, Fotografien und Design (20./21. Jh.). Die Glassammlungen sind auf Ebene 4, neben der Architektur. Keramiken und Möbel befinden sich auf Ebene 6. Die European Galleries (300–1800) belegen die Ebenen 0, 1 und 2. Im Erdgeschoss befindet sich das Café mit Entwürfen von William Morris. In der Sainsbury Gallery direkt darunter finden Wechselausstellungen statt.

Legende
- Ebene 0
- Ebene 1
- Ebene 2
- Ebene 3
- Ebene 4
- Ebene 6
- Henry Cole Wing
- Kein Ausstellungsbereich

Hotels und Restaurants in London *siehe Seiten 560–562 und 582–586*

VICTORIA AND ALBERT MUSEUM | 103

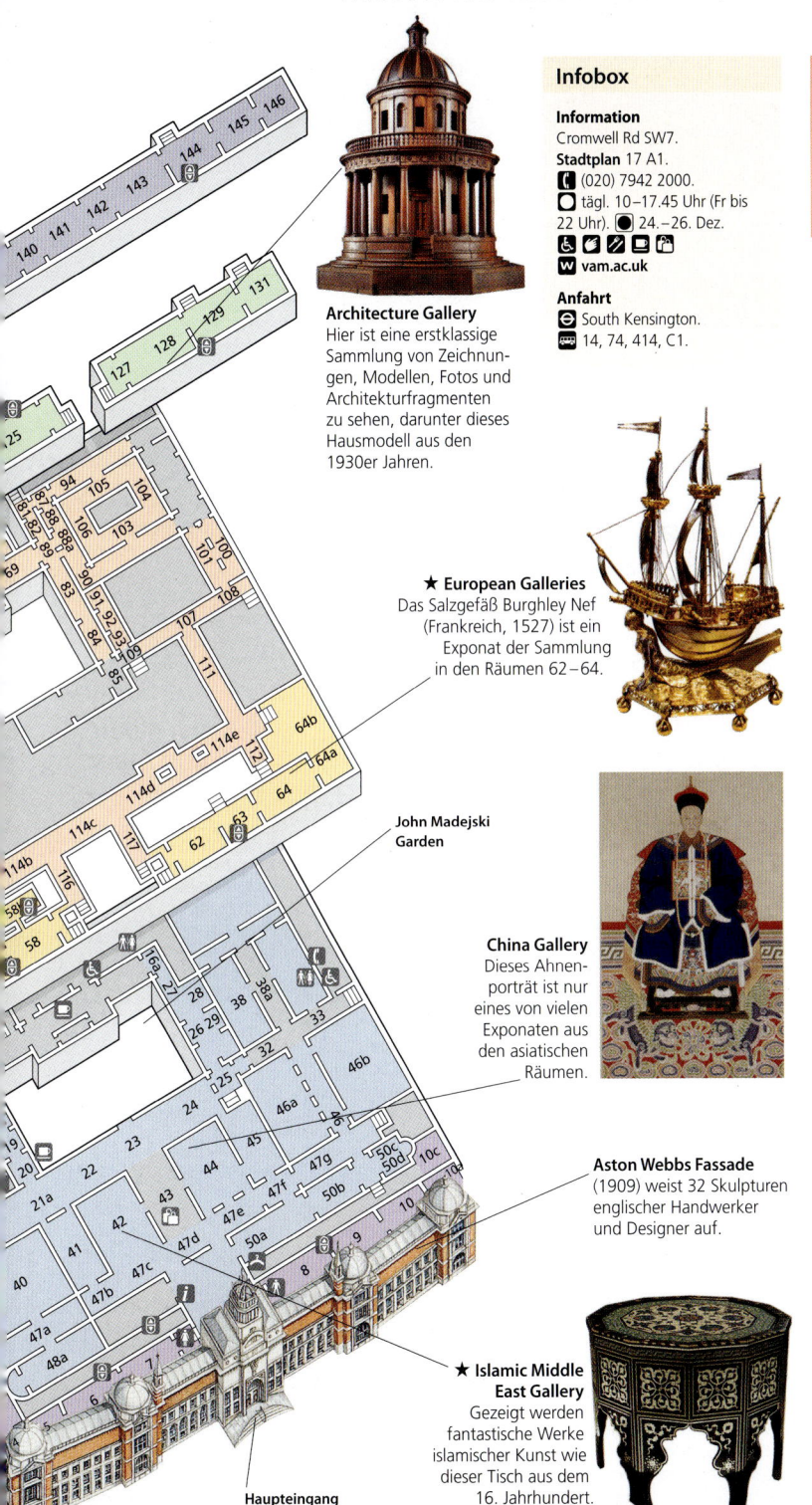

Architecture Gallery
Hier ist eine erstklassige Sammlung von Zeichnungen, Modellen, Fotos und Architekturfragmenten zu sehen, darunter dieses Hausmodell aus den 1930er Jahren.

Infobox

Information
Cromwell Rd SW7.
Stadtplan 17 A1.
(020) 7942 2000.
tägl. 10–17.45 Uhr (Fr bis 22 Uhr). 24.–26. Dez.

vam.ac.uk

Anfahrt
South Kensington.
14, 74, 414, C1.

★ **European Galleries**
Das Salzgefäß Burghley Nef (Frankreich, 1527) ist ein Exponat der Sammlung in den Räumen 62–64.

John Madejski Garden

China Gallery
Dieses Ahnenporträt ist nur eines von vielen Exponaten aus den asiatischen Räumen.

Aston Webbs Fassade
(1909) weist 32 Skulpturen englischer Handwerker und Designer auf.

★ **Islamic Middle East Gallery**
Gezeigt werden fantastische Werke islamischer Kunst wie dieser Tisch aus dem 16. Jahrhundert.

Haupteingang

Stadtplan London *siehe Seiten 131–151*

Blick in eine Ausstellungshalle des eindrucksvollen Science Museum

❹ Science Museum

Exhibition Rd SW7. **Stadtplan** 17 F1.
📞 0870 870 4868. 🚇 South Kensington. 🕐 tägl. 10–18 Uhr (letzter Einlass 17.15 Uhr). ⬤ 24.–26. Dez. 🎟 für IMAX, Sonderausstellungen u. Simulatoren. ♿ 🎁 📷 🍴
🌐 sciencemuseum.org.uk

Die jahrhundertelange Entwicklung von Forschung und Technik, aber auch das Neueste aus der virtuellen Welt sind Themen des Wissenschaftsmuseums. Die Exponate reichen von medizinischen Instrumenten aus dem alten Rom über die ersten mechanischen Computer und die Raumfahrt bis zur Kernfusion und den Erfindungen der Unterhaltungsindustrie. Information und Spaß werden hier kombiniert. Zahlreiche Schaustücke animieren zum Anfassen und Nachvollziehen der Entwicklungsphasen, und viele sind speziell auf Kinder ausgerichtet. Das Museum erstreckt sich über sieben Etagen, im Westflügel liegt der moderne Wellcome Wing.

Im Untergeschoss findet man die Abteilungen, in denen Kinder Exponate anfassen können. Das Erdgeschoss widmet sich allen Formen der Energie, vor allem der Dampfkraft. Hier ist eine Harle-Syke-Mill-Maschine von 1903 in Betrieb. Auch die Kapsel von Apollo 10 ist zu besichtigen, die im Mai 1969 Astronauten zum Mond beförderte. Im ersten Stock werden unsere Vorstellungen von Materialien auf den Kopf gestellt: Man sieht u. a. eine Brücke aus Glas und ein Hochzeitskleid aus Stahl. Die Flight Gallery im dritten Stock präsentiert alles von ersten Fluggeräten über Kampfflugzeuge bis zu modernsten Jets.

Im Wellcome Wing wird Hightech interaktiv präsentiert. Hier gibt es die faszinierende Wissenschaftsausstellung »Who Am I?«. Besonders beeindruckend sind die IMAX-3-D-Kinos und die SimEx-Simulatorfahrt.

❺ Natural History Museum

Cromwell Rd SW7. **Stadtplan** 17 A1.
📞 (020) 7942 5000. 🚇 South Kensington. 🕐 tägl. 10–17.50 Uhr (letzter Fr im Monat bis 22.30 Uhr). ⬤ 24.–26. Dez. 🎁 📷 ♿ 🍴 📷
🌐 nhm.ac.uk

Hinter der verzierten Steinfassade des kathedralenartigen Baus verbirgt sich ein Eisen-Stahl-Gerüst. Diese Technik war 1881, als das Museum öffnete, revolutionär. Die Objekte beschäftigen sich mit Themen wie Ökologie, Entstehung der Erde und dem Ursprung des Menschen, die durch neueste Technologie, interaktive Exponate und traditionelle Präsentationen vermittelt werden.

In der zentralen Hintze Hall werden die Sammlungen des Museums vorgestellt und die Beziehung der Menschheit zum Planeten untersucht. Highlight ist das riesige Skelett eines Blauwals.

Das Museum gliedert sich in vier Abteilungen: blaue, grüne, rote und orangefarbene Zone. Die blaue Zone widmet sich der Ökologie. Sie beginnt mit einem Regenwald mit herumschwirrenden Insekten. Die Dinosaurier-Abteilungen gehören zu den beliebtesten. Hier gibt es animierte Dinosaurier-Modelle. Die Schatzkammer in der grünen Zone enthält eine Sammlung der wertvollsten Edelsteine, Kristalle, Metalle und Meteoriten der Welt. Das Darwin-Zentrum ist der größte gekrümmte Baukörper in Europa. Der achtstöckige Kokon beherbergt die Sammlung von Insekten und Pflanzen.

❻ Royal Albert Hall und Albert Memorial

Kensington Gore SW7. **Stadtplan** 8 F5. 📞 (020) 7589 8212 (Tickets). 🚇 South Kensington. 🕐 tägl. bei Vorstellungen. **Vorverkauf** tägl. 9–21 Uhr. ⬤ 24.–26. Dez. 🎟 tägl. ab 9.30 Uhr. ♿ 🎁 📷 📷
🌐 royalalberthall.com
Albert Memorial Kensington Gdns W2. 📞 0300 061 2000. 🕐 tägl. 6–Sonnenuntergang. 🎟
🌐 royalparks.org.uk

Die 1871 vollendete Konzerthalle ist einem Amphitheater nachempfunden und wurde nach Prince Albert benannt.

Joseph Durhams Statue von Prince Albert (1858) vor der Royal Albert Hall

Hotels und Restaurants in London *siehe Seiten 560–562 und 582–586*

SOUTH KENSINGTON UND HYDE PARK

Die Statue der jungen Queen Victoria vor dem Kensington Palace, ein Werk ihrer Tochter Princess Louise

In dem Rundbau (8000 Plätze) finden oft Konzerte statt – bekannt sind die »Proms« *(siehe S.67)* –, aber auch andere Veranstaltungen.

Etwas nördlich steht in Kensington Gardens das Albert Memorial. Das Denkmal von George Gilbert Scott wurde 1876 vollendet und besteht aus einem von vier Säulen getragenen Baldachin, unter dem die Statue Alberts von John Foley sitzt. Das Marmorrelief des Sockels zeigt 169 lebensgroße Figuren bekannter Künstler. Acht allegorische Skulpturen an den Ecken und dem Sockel des Denkmals stehen für Industrie und das Empire.

❼ Hyde Park und Kensington Gardens

W2. **Stadtplan** 9 B3. 0300 061 2000. **Hyde Park** Hyde Park Corner, Knightsbridge, Lancaster Gate, Marble Arch. tägl. Sonnenaufgang–24 Uhr. **Kensington Gardens.** 0300 061 2000. Queensway, Lancaster Gate. tägl. Sonnenauf- bis -untergang. *siehe auch Parks S. 78f.*
Diana, Princess of Wales Memorial Playground tägl. 10 Uhr–Sonnenuntergang.
royalparks.org.uk

Das alte Landgut Hyde gehörte zur Abtei von Westminster. Henry VIII vereinnahmte es anlässlich der Auflösung der Klöster 1536 *(siehe S. 355)*. James I öffnete den Park Anfang des 17. Jahrhunderts für das Volk. Er wurde rasch zu einer der beliebtesten Grünflächen Londons, aber auch zum Treffpunkt von Duellanten und Wegelagerern. William III ließ deshalb entlang der Rotten Row 300 Laternen anbringen und schuf so die erste beleuchtete Straße in England.

Der Serpentineteich entstand 1730, als Queen Caroline den Westbourne River stauen ließ. 1814 wurde auf ihm die Schlacht von Trafalgar nachgestellt. Heute lädt der Stausee zum Bootfahren und Schwimmen ein. Auf der Rotten Row tummeln sich Reiter. Außerdem ist der Park Schauplatz politischer Demonstrationen, denn am berühmten Speakers' Corner hat seit 1872 jedermann das Recht, seine Meinung kundzutun. Besonders lebhaft geht es sonntags zu, wenn so mancher Exzentriker seine Pläne zur Rettung der Menschheit verkündet.

Detail des Coalbrookdale-Tors, Kensington Gardens

An den Hyde Park grenzen die Kensington Gardens. Im Diana, Princess of Wales Memorial Playground lieben Kinder vor allem die Bronzestatue des Peter Pan (George Frampton, 1912) und den Round Pond, auf dem Modellboote kreuzen. Einen Besuch verdient auch die Orangerie (1704), in der heute ein Café ist.

❽ Kensington Palace

Kensington Gdns W8. **Stadtplan** 8 D4. (020) 3166 6000. High St Kensington, Queensway. Nov–Feb: tägl. 10–16 Uhr; März–Okt: tägl. 10–18 Uhr (letzter Einlass 1 Std. vor Schließung). 1. Jan, 24.–26. Dez. **hrp.org.uk**

Kensington Palace war von 1702 bis 1760 Hauptwohnsitz der englischen Könige und Schauplatz vieler Ereignisse: 1714 starb Queen Anne hier an einem Schlaganfall (sie hatte sich übergessen). Im Juni 1837 erfuhr Princess Victoria of Kent um fünf Uhr morgens, dass ihr Onkel, William IV, gestorben und sie Königin sei – der Anfang ihrer fast 64-jährigen Regentschaft. Nach dem Tod von Prinzessin Diana 1997 versammelten sich am Palasttor Tausende von Trauernden. Sie verwandelten die Umgebung in ein Blumenmeer.

Die königliche Familie bewohnt noch etwa die Hälfte des Palasts. Die anderen Teile sind öffentlich zugänglich. Highlights sind die prächtigen Staatsgemächer (18. Jh.) mit Decken- und Wandgemälden von William Kent *(siehe S. 32)* und der King's Staircase. In einem anderen Raum geht es um das Leben von Queen Victoria.

Stadtplan London siehe Seiten 131–151

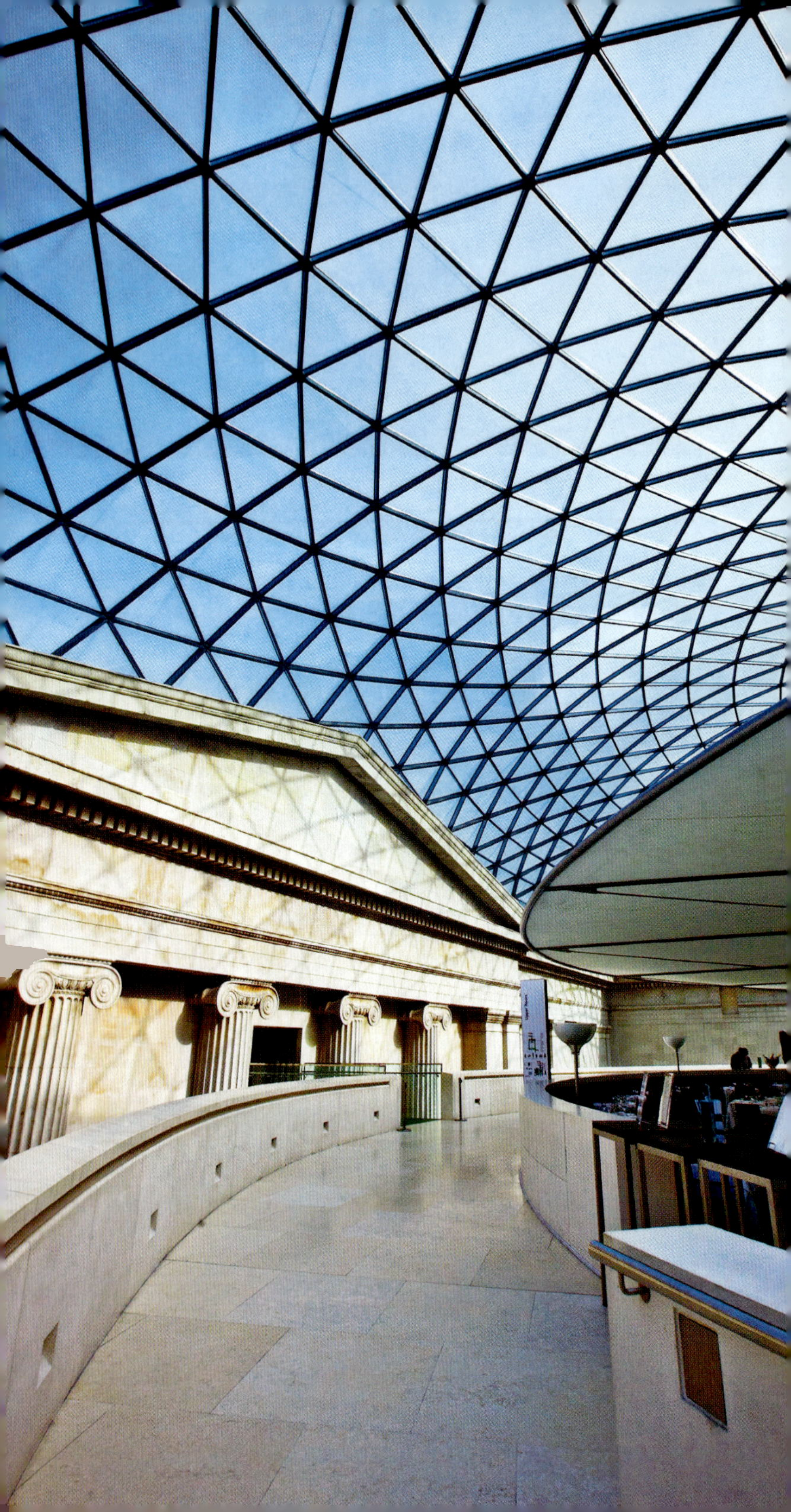

Regent's Park und Bloomsbury

Cremefarbene Häuser mit Stuck von John Nash säumen in georgianischer Pracht den Regent's Park, in dem auch der ZSL London Zoo liegt, ein Open-Air-Theater, ein kleiner See, ein Rosengarten, Cafés und Londons größte Moschee. Nordöstlich befindet sich Camden Town *(siehe S. 128)* mit beliebten Märkten, Läden und Cafés. Das ruhige Bloomsbury mit seinen Grünflächen und georgianischen Häusern war bis Mitte des 19. Jahrhunderts eine angesagte Wohngegend. Doch als hier große Krankenhäuser und Bahnhöfe errichtet wurden, zogen Wohlhabendere nach Mayfair, Knightsbridge oder Kensington. Da seit 1753 das British Museum und seit 1828 die University of London hier residieren, gilt Bloomsbury als Domäne der Künstler und Intellektuellen. Neben der Bloomsbury Group *(siehe S. 167)* wohnten hier auch George Bernard Shaw, Charles Dickens und Karl Marx. Das Viertel ist bis heute ein Zentrum des Buchhandels. An der Nordgrenze von Bloomsbury, auf der anderen Seite der viel befahrenen Euston Road, stehen das rote Backsteingebäude der British Library, einer der größten öffentlichen Bibliotheken des Landes, und der eindrucksvolle Bahnhofsbau St Pancras International, vielleicht das schönste Beispiel für viktorianische Gotik. Daran grenzt das interessante Viertel King's Cross.

Sehenswürdigkeiten auf einen Blick

Historische Straßen und Gebäude
- ❻ Bloomsbury
- ❼ British Library
- ❽ St Pancras International

Museen und Sammlungen
- ❶ Madame Tussauds
- ❷ Sherlock Holmes Museum
- ❹ Wallace Collection
- ❺ *British Museum S. 110f*

Park
- ❸ Regent's Park

Restaurants in diesen Stadtteilen
siehe S. 584

Siehe auch Stadtplan 1, 2, 3, 10, 11

◀ Kuppeldach des Great Court, British Museum *(siehe S. 110f)*   Zeichenerklärung *siehe hintere Umschlagklappe*

❶ Madame Tussauds

Marylebone Rd NW1. **Stadtplan** 2 D5. 📞 0871 894 3000. 🚇 Baker St. 🕒 tägl. unterschiedl. Zeiten, siehe Website. ⬤ 25. Dez. 📷 ♿ vorher anrufen. 🛒
🌐 madametussauds.com

Madame Tussaud fertigte zu Beginn ihrer Karriere Totenmasken berühmter Opfer der Französischen Revolution an. 1835 eröffnete sie in der Baker Street nicht weit vom heutigen Standort eine Ausstellung ihrer Arbeiten. Politiker, Filmstars und Sportler werden auch heute noch nach althergebrachten Verfahren in Wachs nachgebildet. Die Ausstellung ist in etwa zwölf Bereiche unterteilt, dort findet man u. a. Berühmtheiten, Filmstars, Royals, Popgrößen und Figuren aus dem »Star Wars«-Universum.

Der Kurzfilm »Marvel Super Heroes 4D Experience« mit Wasser-, Wind- und Vibrationseffekten lässt einen eintauchen in die Welt der Superhelden. Bei »Spirit of London« reisen Besucher in Taxis durch die Geschichte der Stadt und erleben so wichtige Ereignisse wie das große Feuer 1666 bis zum Swinging London der 1960er Jahre.

Darüber hinaus werden in Wechselausstellungen wichtige Medienmoguln unserer Zeit gezeigt. Für Gruppen gibt es auch Bildungsführungen.

Wachsfigur von Queen Elizabeth II (2012) in Madame Tussauds

Conan Doyles weltberühmter Detektiv Sherlock Holmes

❷ Sherlock Holmes Museum

221b Baker St NW1. **Stadtplan** 1 C4. 📞 (020) 7224 3688. 🚇 Baker St. 🕒 tägl. 9.30–18 Uhr. ⬤ 25. Dez. 📷 🛒 🌐 sherlock-holmes.co.uk

Arthur Conan Doyles Romanfigur soll in der Baker Street 221b gelebt haben – eine fiktive Adresse. Das Museum befindet sich zwischen Nr. 237 und 239, hat aber die Adresse 221b. Das einzige viktorianische Wohnhaus in dieser Straße enthält eine Nachbildung von Holmes' Wohnraum mit Memorabilien. Krimibegeisterte können hier Sherlock-Holmes-Mützen und Meerschaumpfeifen kaufen.

❸ Regent's Park

NW1. **Stadtplan** 1 C2. 📞 0300 061 2300. 🚇 Regent's Park, Baker St, Great Portland St. 🕒 tägl. 5–Sonnenuntergang. ♿ 🛒 **Open Air Theatre** *siehe Unterhaltung S. 157.*
🌐 royalparks.org.uk
ZSL London Zoo Stadtplan 2 D2. 🕒 tägl. 10–18 Uhr (Sep–März: bis 17.30 Uhr; letzter Einlass 1 Std. vor Schließung). 📷 ♿ 🛒 📷
🌐 zsl.org

Der Park wurde 1812 nach Entwürfen von John Nash angelegt, dem eine Gartenstadt mit 56 Villen im klassizistischen Stil und einem Lustschloss für den Prinzregenten (George IV) vorschwebte. De facto wurden im Park nur acht Villen gebaut (drei sind am Inner Circle erhalten).

Der romantische See bietet zahlreichen Wasservögeln Lebensraum und ist besonders zauberhaft, wenn der Wind Musikklänge vom Pavillon auf der anderen Seite herüberträgt. Im **Open Air Theatre** werden im Sommer Theaterstücke aufgeführt.

Der Park bietet auch genügend Platz für Amateursportligen und Wettkämpfe wie Fußball und Cricket und ist darüber hinaus Heimstatt des **ZSL London Zoo**. Auf dem Gelände des 1828 gegründeten Tierparks leben mehr als 600 Tierarten – Sumatra-Tiger, Faultiere, Gorillas und Pinguine sind nur einige davon.

❹ Wallace Collection

Hertford House, Manchester Sq W1. **Stadtplan** 10 D1. 📞 (020) 7563 9500. 🚇 Bond St, Baker St. 🕒 tägl. 10–17 Uhr. ⬤ 1. Jan, Karfreitag, 24.–26. Dez. ♿ tel. anmelden. 📷 📷 📷
🌐 wallacecollection.org

Eine der schönsten privaten Kunstsammlungen der Welt ist der Sammelleidenschaft von vier Generationen der Familie Seymour-Conway, Marquesses of Hertford, zu verdanken. Die Sammlung wurde 1897 dem Staat übereignet mit der Auflage, sie ständig öffentlich zu zeigen und nicht zu verändern. In Hertford House ist das Flair des 19. Jahrhunderts bewahrt, dennoch ist in die Gebäude das 21. Jahrhundert eingezogen – mit hohem Glasdach über dem Innenhof und einem eleganten Restaurant.

Italienischer Majolika-Teller (16. Jh.), Wallace Collection

Hotels und Restaurants in London *siehe Seiten 560–562 und 582–586*

REGENT'S PARK UND BLOOMSBURY | 109

Der dritte Marquess of Hertford (1777–1842) vergrößerte mit dem Vermögen seiner italienischen Gemahlin die Sammlung von Familienbildnissen durch Werke von Tizian, Canaletto und niederländischen Meistern wie van Dyck. Ihre Berühmtheit verdankt die Sammlung den französischen Gemälden und Skulpturen aus dem 18. Jahrhundert, die der vierte Marquess (1800–1870) und sein Sohn, Sir Richard Wallace, in Frankreich erstanden. Im Gegensatz zu den meisten Sammlern seiner Zeit hatte der Marquess eine Vorliebe für die romantisch-verträumten Bilder, mit denen Louis XV seinen Hof dekorierte. So kamen Watteaus *Les Champs-Élysées* (um 1720/1721), Fragonards *Schaukel* (um 1767/1768) sowie Bouchers *Sonnenaufgang und Sonnenuntergang* (1753) zur Sammlung. Highlights sind Rembrandts *Titus* (um 1657), Tizians *Perseus und Andromeda* (1554–56) und Frans Hals' *Lachender Kavalier* (1624). Darüber hinaus gibt es Renaissance-Rüstungen, Sèvres-Porzellan und italienische Majoliken zu sehen.

❺ British Museum

Siehe S. 110f.

❻ Bloomsbury

5 Bloomsbury WC1. **Stadtplan** 3 B4. Russell Sq, Holborn, Tottenham Court Rd. **Charles Dickens Museum** 48 Doughty St WC1. (020) 7405 2127. Di–So 10–17 Uhr. **W** dickensmuseum.com

Als traditionelles Literaten- und Künstlerviertel steht Bloomsbury ganz im Zeichen der Literatur. Das British Museum und die Universität verleihen der Gegend ein intellektuelles Flair. Am **Russell Square** arbeitete der Dichter T. S. Eliot (1888–1965) rund 40 Jahre lang für einen Verlag. **Queen Square** mit einer Statue von Queen Charlotte, Gattin von George III, und **Bloomsbury Square** wurden 1661 angelegt. Eine Tafel erinnert an die Mitglieder der Bloomsbury Group *(siehe S. 167)*, die zu Beginn des 20. Jahrhunderts hier lebten. **Bedford Square** gehört zu den besterhaltenen Straßenzügen aus dem 18. Jahrhundert. Charles Dickens *(siehe S. 192)* lebte einige Jahre in der Doughty Street Nr. 48, wo er *Oliver Twist* und *Nicholas Nickleby* schrieb. Im **Charles Dickens Museum** sind einige Räume so rekonstruiert, wie sie zu seinen Lebzeiten aussahen. Außerdem sind Gegenstände aus anderen Wohnungen und Erstausgaben zu sehen.

Queen Charlotte (1744–1818)

❼ British Library

96 Euston Rd NW1. **Stadtplan** 3 B3. 01937 546 060. King's Cross St Pancras. **Gebäude und Entrance Hall Gallery** Mo–Sa 9.30–20 Uhr (Fr bis 18, Sa bis 17 Uhr), So 11–17 Uhr. **Treasures Gallery** Mo, Fr 9.30–18, Di–Do 9.30–20, Sa 9.30–17, So 11–17 Uhr. **PACCAR Gallery** tägl. 9.30–18 Uhr (Di bis 20, Sa bis 17, So bis 11 Uhr). Reguläre Veranstaltungen. für Sonderausstellungen. zweimal tägl., vorab buchen. **W** bl.uk

Das Gebäude aus dem späten 20. Jahrhundert birgt die nationale Sammlung von Büchern, Handschriften und Karten sowie das British Library Sound Archive. Der unter Sir Colin St John Wilson errichtete Backsteinbau wurde 1997 nach fast 20-jähriger Bauzeit eröffnet. Die British Library besitzt von fast jedem Buch, das in Großbritannien gedruckt wurde, ein Exemplar. Mit einem Leserausweis kann man Einsicht in die über 25 Millionen Bände umfassende Bibliothek nehmen. Die Ausstellung in der Eingangshalle und in den PACCAR Galleries ist für alle zugänglich: Zu den kostbarsten Exponaten zählen u. a. die *Lindisfarne Gospels*, eine Gutenberg-Bibel und Shakespeares »First Folio«.

❽ St Pancras International

Euston Rd NW1. **Stadtplan** 3 B3. (020) 7843 7688. King's Cross St Pancras. *Siehe Reiseinformationen S. 632f.* **W** stpancras.com

St Pancras ist der Bahnhof für den Eurostar, der England mit dem Kontinent verbindet. Die neogotische Fassade des spektakulärsten der drei Bahnhöfe an der Euston Road gehörte eigentlich zum einstigen luxuriösen Midland Grand Hotel von 1874. Ab 1935 diente das Gebäude als Bürohaus. 1960 rettete eine von dem Schriftsteller John Betjeman initiierte Kampagne den Bau vor dem Abriss. 1980 wurde das Gebäude aufgeben und stand rund 20 Jahre leer. Anschließend wurde es renoviert und beherbergt heute wieder ein Hotel.

Die rote gotische Backsteinfassade von St Pancras International

Stadtplan London siehe Seiten 131–151

❺ British Museum

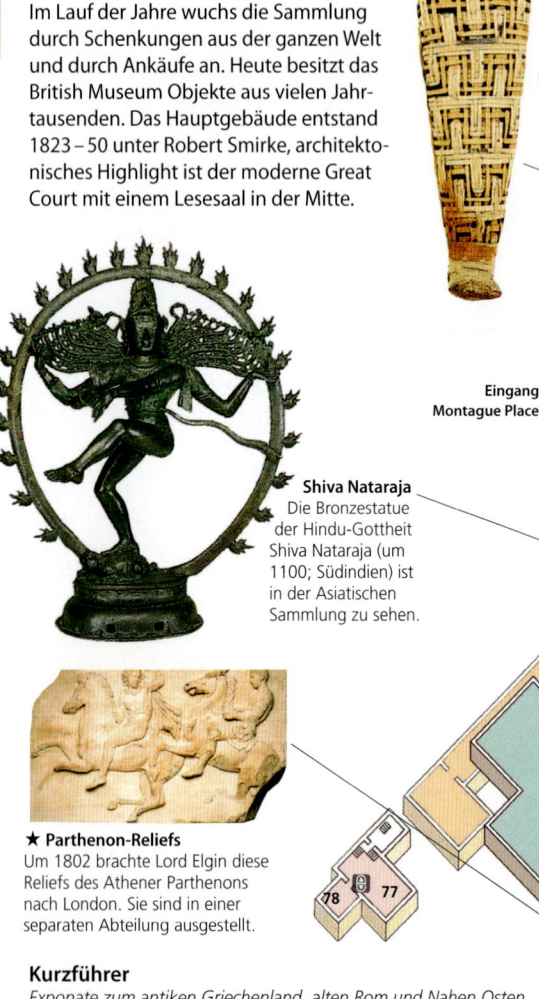

Das älteste Museum der Welt entstand 1753, um die Sammlungen des Arztes Hans Sloane (1660–1753) aufzunehmen. Im Lauf der Jahre wuchs die Sammlung durch Schenkungen aus der ganzen Welt und durch Ankäufe an. Heute besitzt das British Museum Objekte aus vielen Jahrtausenden. Das Hauptgebäude entstand 1823–50 unter Robert Smirke, architektonisches Highlight ist der moderne Great Court mit einem Lesesaal in der Mitte.

★ Ägyptische Mumien
Im alten Ägypten wurden auch Tiere wie diese Katze (30 v. Chr.) mumifiziert.

Obergeschoss

Eingang Montague Place

Shiva Nataraja
Die Bronzestatue der Hindu-Gottheit Shiva Nataraja (um 1100; Südindien) ist in der Asiatischen Sammlung zu sehen.

★ Parthenon-Reliefs
Um 1802 brachte Lord Elgin diese Reliefs des Athener Parthenons nach London. Sie sind in einer separaten Abteilung ausgestellt.

Erdgeschoss

Kurzführer

Exponate zum antiken Griechenland, alten Rom und Nahen Osten sind auf allen drei Stockwerken zu sehen, vor allem auf der Westseite des Museums. Die Afrikanische Sammlung ist im Untergeschoss. Exponate aus Asien gibt es auf der Hauptebene und in den Obergeschossen der Nordseite. Die »Americas« befinden sich im nordöstlichen Flügel im Erdgeschoss. Die Ägyptische Sammlung erstreckt sich westlich des Great Court und im Obergeschoss.

Legende
- Asiatische Sammlung
- Zeit der Aufklärung
- Münzen und Medaillen
- Griechen und Römer
- Ägyptische Sammlung
- Naher Osten
- Europäische Sammlung
- Wechselausstellungen
- Kein Ausstellungsbereich
- Afrika, Ozeanien und »Americas«

Hotels und Restaurants in London *siehe Seiten 560–562 und 582–586*

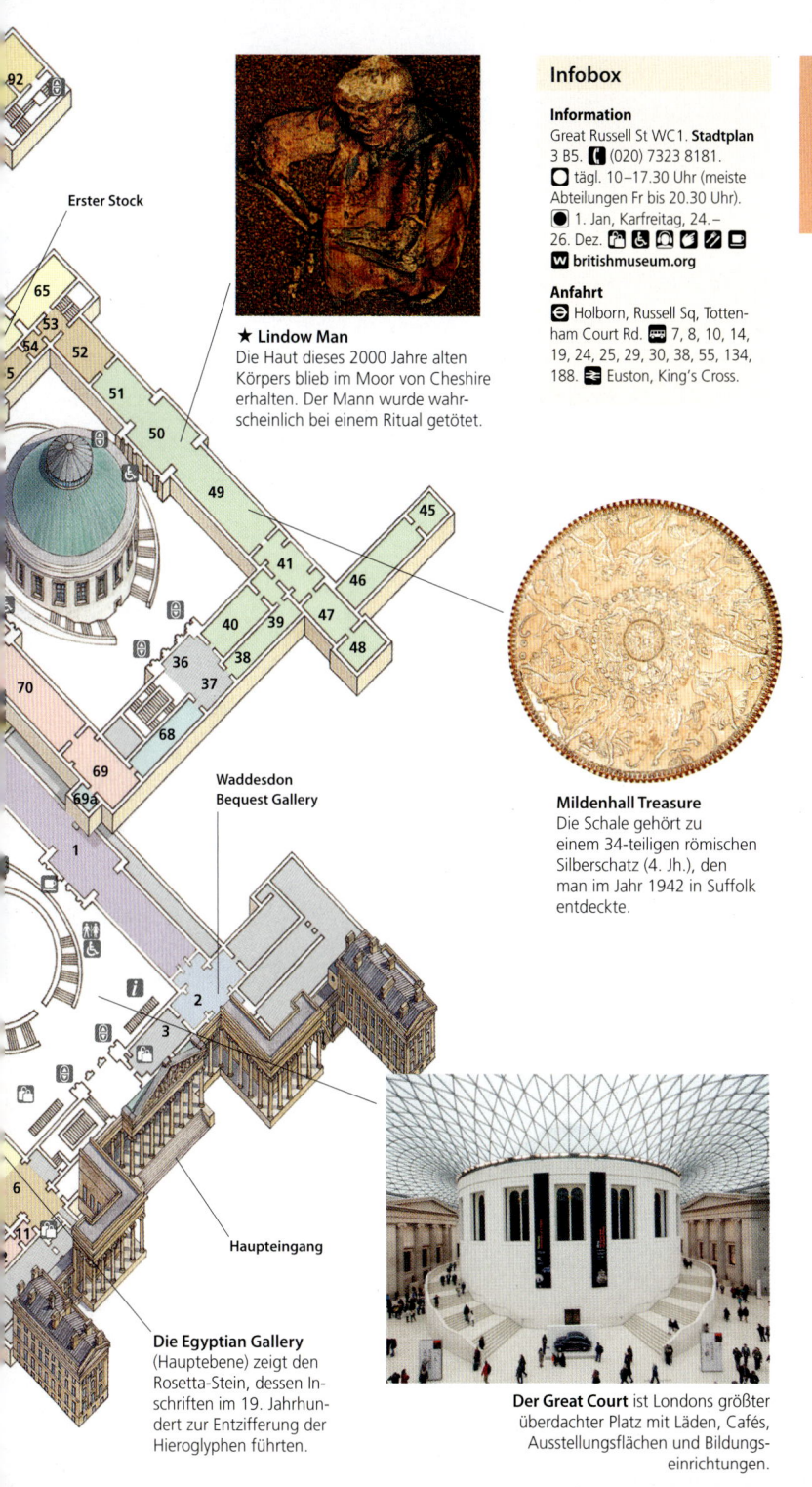

BRITISH MUSEUM | 111

Infobox

Information
Great Russell St WC1. **Stadtplan**
3 B5. (020) 7323 8181.
tägl. 10–17.30 Uhr (meiste
Abteilungen Fr bis 20.30 Uhr).
1. Jan, Karfreitag, 24.–
26. Dez.
britishmuseum.org

Anfahrt
Holborn, Russell Sq, Tottenham Court Rd. 7, 8, 10, 14, 19, 24, 25, 29, 30, 38, 55, 134, 188. Euston, King's Cross.

Erster Stock

★ **Lindow Man**
Die Haut dieses 2000 Jahre alten Körpers blieb im Moor von Cheshire erhalten. Der Mann wurde wahrscheinlich bei einem Ritual getötet.

Waddesdon Bequest Gallery

Mildenhall Treasure
Die Schale gehört zu einem 34-teiligen römischen Silberschatz (4. Jh.), den man im Jahr 1942 in Suffolk entdeckte.

Haupteingang

Die Egyptian Gallery
(Hauptebene) zeigt den Rosetta-Stein, dessen Inschriften im 19. Jahrhundert zur Entzifferung der Hieroglyphen führten.

Der Great Court ist Londons größter überdachter Platz mit Läden, Cafés, Ausstellungsflächen und Bildungseinrichtungen.

Stadtplan London siehe Seiten 131–151

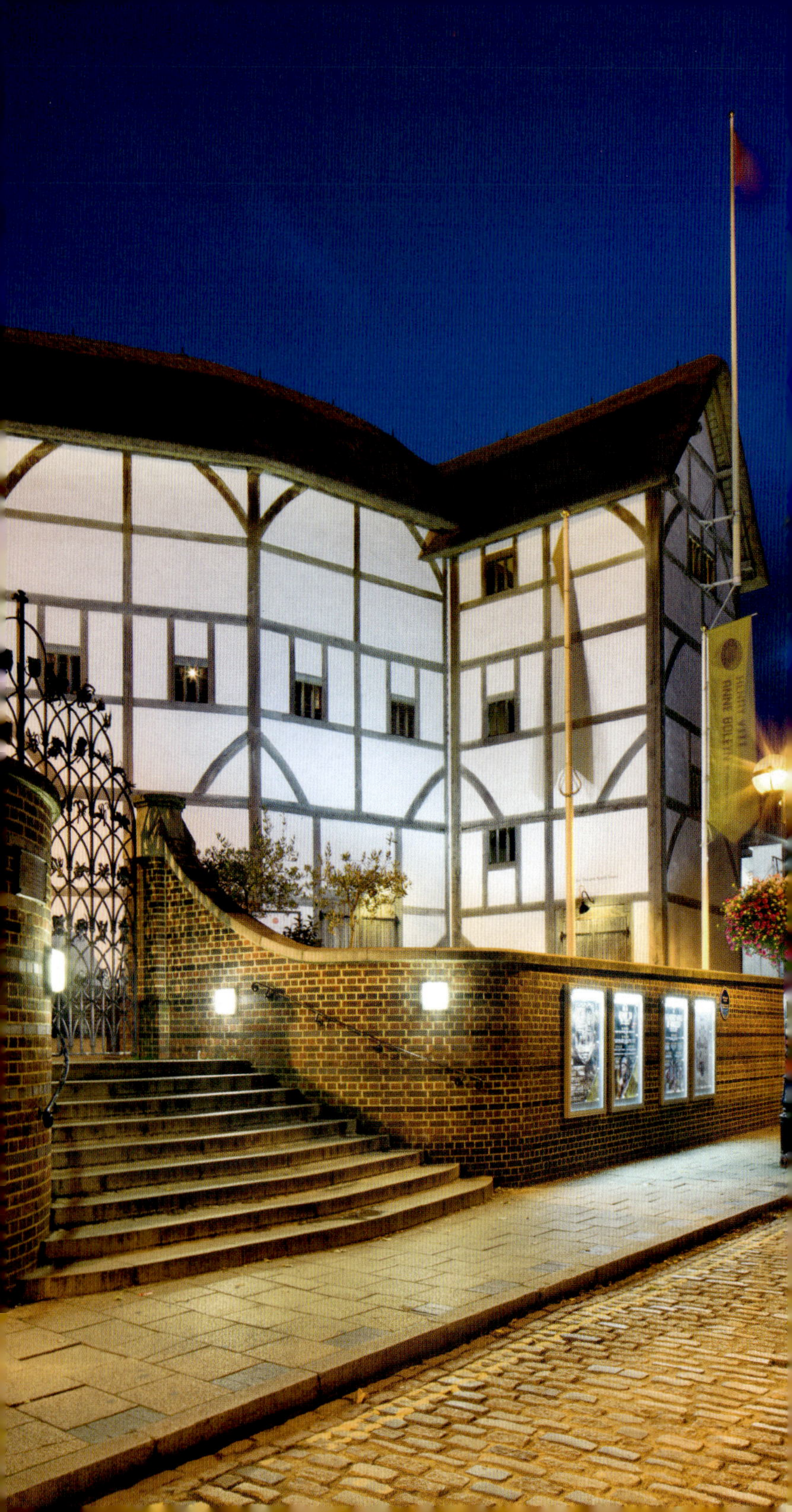

City und Southwark

Die von Bürogebäuden beherrschte City ist der älteste Teil Londons. Auf dem Areal, auf dem der große Brand 1666 vier Fünftel der Bebauung vernichtet hatte, schuf Sir Christopher Wren *(siehe S. 119)* neue Gebäude. Viele seiner Kirchen überlebten den Zweiten Weltkrieg. Von jeher bestimmt der Handel den Rhythmus der City, die tagsüber und auch nachts voll hektischer Betriebsamkeit ist.

Southwark am Südufer der Themse war im Mittelalter Treffpunkt der Prostituierten, Glücksspieler und Kriminellen. Auch nach 1550, als die Gegend der Rechtsprechung der City unterstellt wurde, hatten die Bordelle und Tavernen regen Zulauf. Es gab verschiedene Bärenhatz-Arenen, die auch als Bühne dienten, bis nach und nach die ersten Theater entstanden. 1598 eröffnete das Globe, in dem viele Stücke von Shakespeare uraufgeführt wurden. Die ältesten Gebäude von Southwark stehen am Themse-Ufer, einer mit viel Aufwand sanierten Gegend mit neuer Uferpromenade.

Sehenswürdigkeiten auf einen Blick

Historische Sehenswürdigkeiten und Gebäude
- ❸ Temple
- ❼ Lloyd's Building
- ❽ Sky Garden
- ❾ Monument
- ❿ *Tower of London S. 122f*
- ⓫ Tower Bridge
- ⓬ City Hall
- ⓭ HMS *Belfast*
- ⓯ The Old Operating Theatre
- ⓳ Shakespeare's Globe

Pub
- ⓰ George Inn

Museen und Sammlungen
- ❹ Sir John Soane's Museum
- ❻ Museum of London
- ⓮ The Shard
- ⓴ Tate Modern

Markt
- ⓱ Borough Market

Kirchen und Kathedralen
- ❶ St Stephen Walbrook
- ❷ *St Paul's Cathedral S. 118f*
- ❺ St Bartholomew-the-Great
- ⓲ Southwark Cathedral

Restaurants in diesen Stadtteilen
siehe S. 585

Siehe auch Stadtplan 12, 13, 14

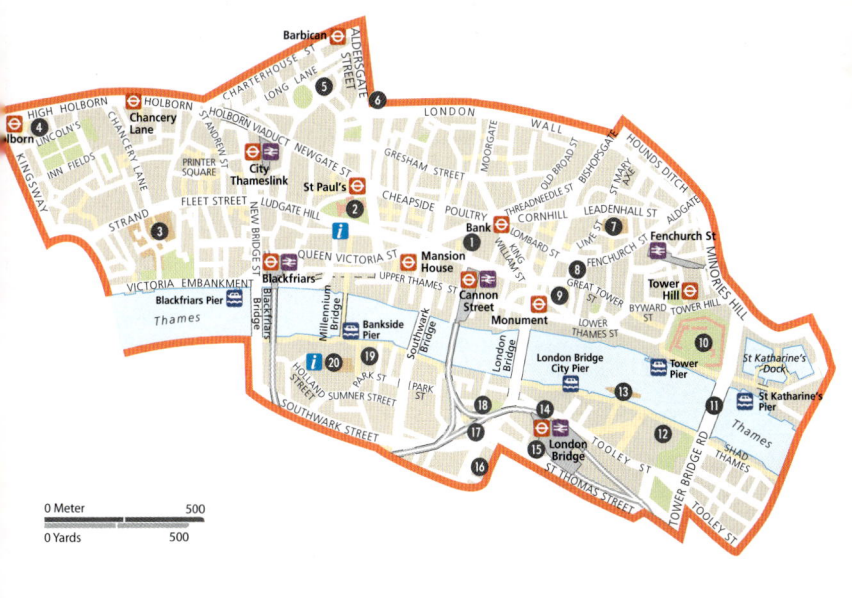

◀ Shakespeare's Globe in der Abenddämmerung *(siehe S. 124)*   **Zeichenerklärung** *siehe hintere Umschlagklappe*

Im Detail: City

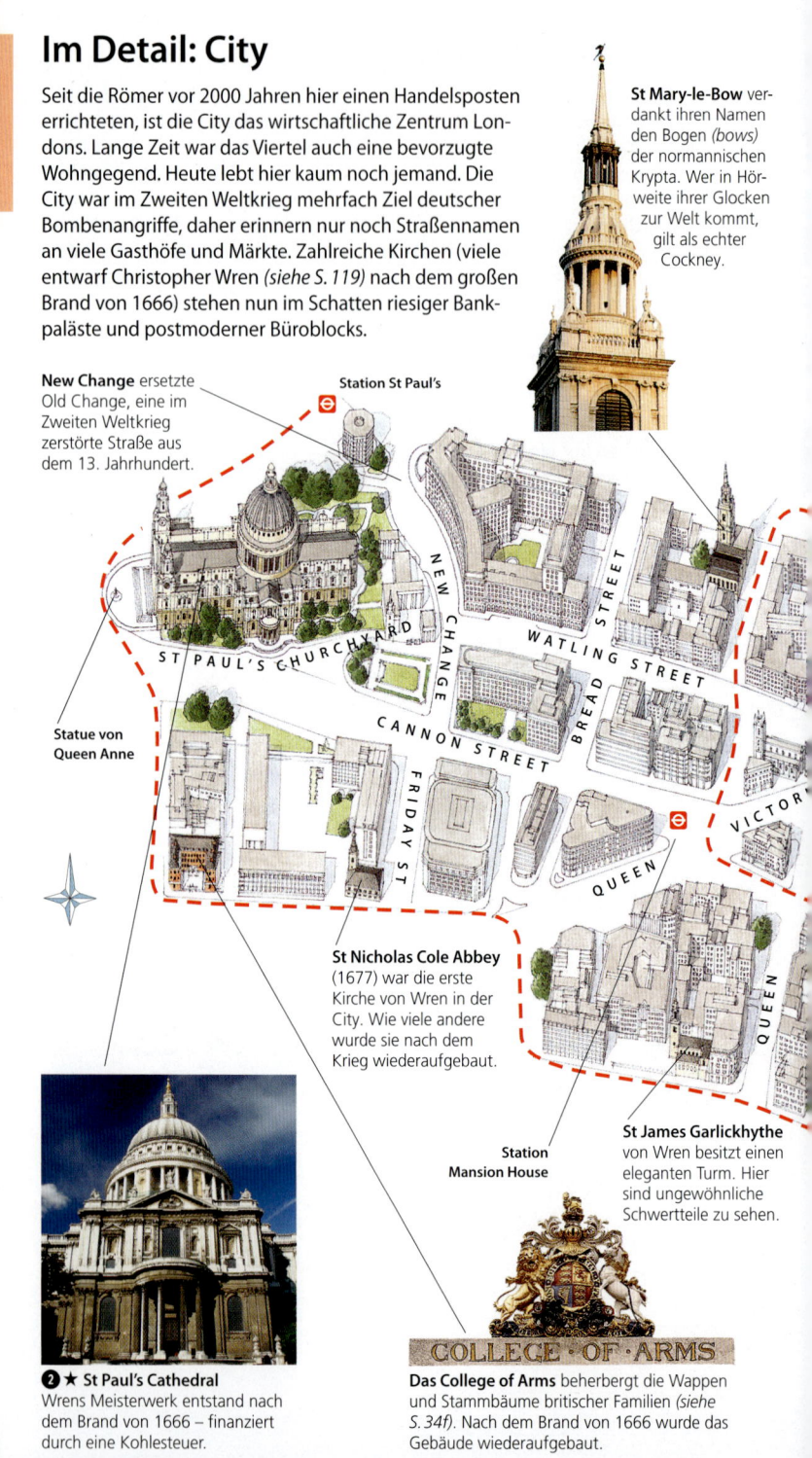

Seit die Römer vor 2000 Jahren hier einen Handelsposten errichteten, ist die City das wirtschaftliche Zentrum Londons. Lange Zeit war das Viertel auch eine bevorzugte Wohngegend. Heute lebt hier kaum noch jemand. Die City war im Zweiten Weltkrieg mehrfach Ziel deutscher Bombenangriffe, daher erinnern nur noch Straßennamen an viele Gasthöfe und Märkte. Zahlreiche Kirchen (viele entwarf Christopher Wren *(siehe S. 119)* nach dem großen Brand von 1666) stehen nun im Schatten riesiger Bankpaläste und postmoderner Büroblocks.

St Mary-le-Bow verdankt ihren Namen den Bogen *(bows)* der normannischen Krypta. Wer in Hörweite ihrer Glocken zur Welt kommt, gilt als echter Cockney.

New Change ersetzte Old Change, eine im Zweiten Weltkrieg zerstörte Straße aus dem 13. Jahrhundert.

Station St Paul's

Statue von Queen Anne

St Nicholas Cole Abbey (1677) war die erste Kirche von Wren in der City. Wie viele andere wurde sie nach dem Krieg wiederaufgebaut.

Station Mansion House

St James Garlickhythe von Wren besitzt einen eleganten Turm. Hier sind ungewöhnliche Schwertteile zu sehen.

❷ ★ **St Paul's Cathedral**
Wrens Meisterwerk entstand nach dem Brand von 1666 – finanziert durch eine Kohlesteuer.

Das College of Arms beherbergt die Wappen und Stammbäume britischer Familien *(siehe S. 34f)*. Nach dem Brand von 1666 wurde das Gebäude wiederaufgebaut.

Hotels und Restaurants in London *siehe Seiten 560–562 und 582–586*

CITY | 115

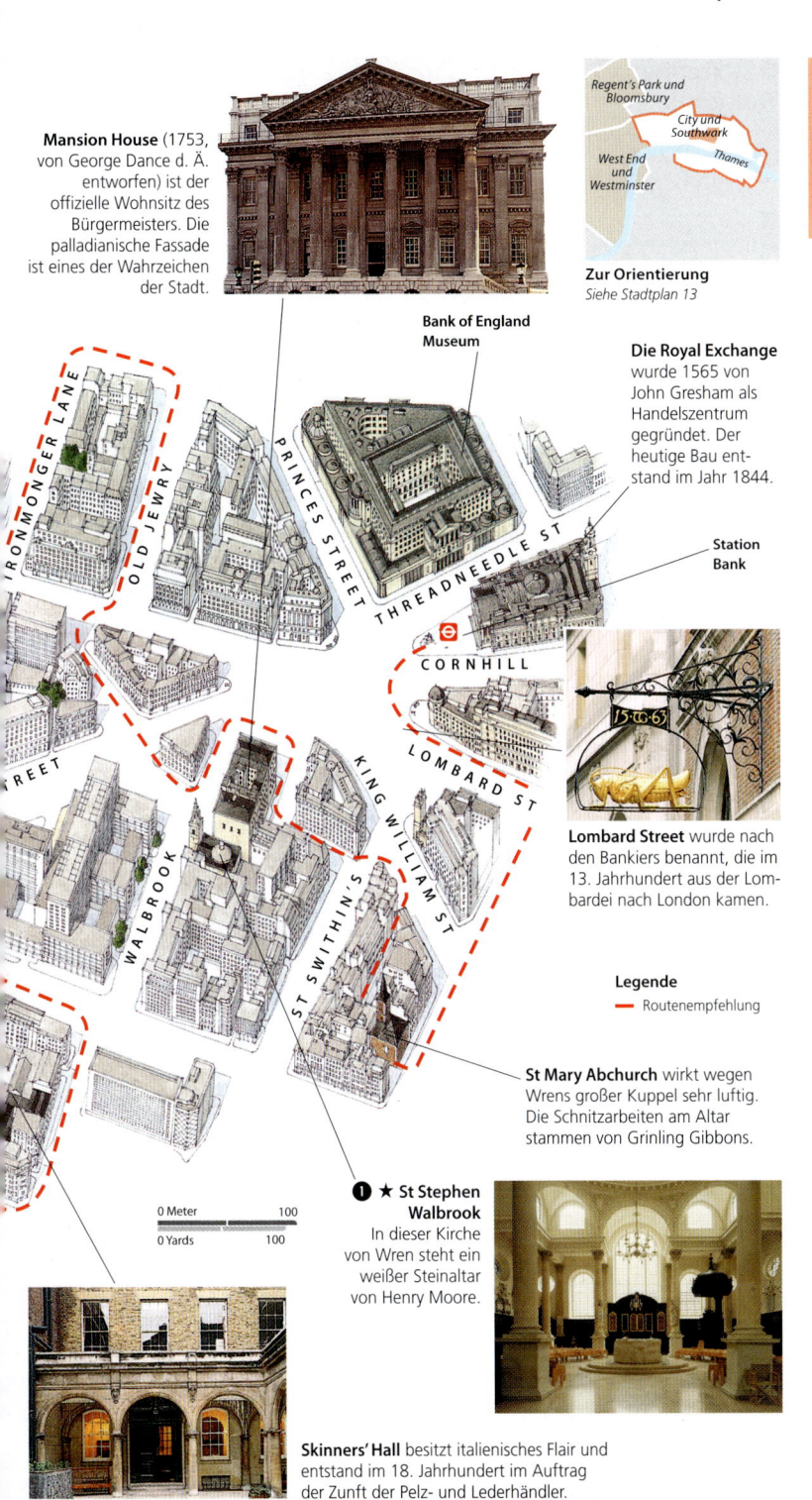

Mansion House (1753, von George Dance d. Ä. entworfen) ist der offizielle Wohnsitz des Bürgermeisters. Die palladianische Fassade ist eines der Wahrzeichen der Stadt.

Bank of England Museum

Zur Orientierung
Siehe Stadtplan 13

Die Royal Exchange wurde 1565 von John Gresham als Handelszentrum gegründet. Der heutige Bau entstand im Jahr 1844.

Station Bank

Lombard Street wurde nach den Bankiers benannt, die im 13. Jahrhundert aus der Lombardei nach London kamen.

Legende
— Routenempfehlung

St Mary Abchurch wirkt wegen Wrens großer Kuppel sehr luftig. Die Schnitzarbeiten am Altar stammen von Grinling Gibbons.

❶ ★ **St Stephen Walbrook**
In dieser Kirche von Wren steht ein weißer Steinaltar von Henry Moore.

Skinners' Hall besitzt italienisches Flair und entstand im 18. Jahrhundert im Auftrag der Zunft der Pelz- und Lederhändler.

Stadtplan London *siehe Seiten 131–151*

❶ St Stephen Walbrook

39 Walbrook EC4. **Stadtplan** 13 B2.
📞 (020) 7626 9000. 🚇 Bank, Cannon St. 🕐 Mo–Fr 10–16 Uhr (Mi 11–15 Uhr). ⛔ Feiertage.
✝ Do 12.45 Uhr.
🌐 ststephenwalbrook.net

Die Hauptpfarrkirche entwarf der Architekt Sir Christopher Wren nach 1670. Sie gilt als sein schönster Sakralbau in der City. Den lichtdurchfluteten Innenraum krönt eine riesige Kuppel. Sie scheint über den acht Säulen und Bogen, die sie tragen, zu schweben. Das üppige Schnitzwerk an Taufbecken und Kanzel kontrastiert mit der Schlichtheit des Steinaltars, den Henry Moore schuf. Das *Martyrium des heiligen Stephan*, das die Bordwand schmückt, ist ein Werk des Malers Benjamin West. Man sollte die Kirche während eines kostenlosen Orgelkonzerts (Fr 12.30–13.30 Uhr) besuchen.

❷ St Paul's

Siehe S. 118f.

Altar der Temple Church

❸ Temple

Inner Temple, King's Bench Walk EC4.
📞 (020) 7797 8250. **Stadtplan** 12 E2. 🚇 Temple. 🕐 Mo–Fr 6–20 Uhr, Sa, So ganztägig (nur Außenanlage). ♿ Middle Temple Hall, Middle Temple Lane EC4. 📞 (020) 7427 4820. 🕐 Mittagessen (mit Reservierung). ♿ 🌐 middletemplehall.org.uk
Temple Church 📞 (020) 7353 3470.
🕐 Mo–Fr 11–13, 14–16 Uhr; So zur Messe. 📷 nach Vereinbarung.

Inner Temple und Middle Temple, zwei der vier Londoner Inns of Court, haben ihr eigenes Flair. Hier werden Juristen ausgebildet. Der Name Temple leitet sich vom 1118 gegründeten Templerorden ab, der Pilger auf ihrer Reise ins Heilige Land beschützte. 1312 wurde der Ritterorden aufgelöst. Den Boden der runden Templerkirche schmücken Ritterfiguren. Das Interieur der Middle Temple Hall ist elisabethanisch.

❺ St Bartholomew-the-Great

West Smithfield EC1. **Stadtplan** 4 F5. 📞 (020) 7600 0440. 🚇 Barbican, St Paul's. 🕐 Mo–Fr 8.30–17 Uhr (Winter: 16 Uhr), Sa 10.30–16, So 8.30–20 Uhr. ⛔ 1. Jan, 25., 26. Dez. 📷 ♿ 📷 nach Vereinbarung. 🅿 📷 🌐 greatstbarts.com

Smithfield war im Lauf der Jahrhunderte immer wieder Schauplatz blutiger Ereignisse. 1381 wurde hier der Bauernführer Wat Tyler hingerichtet. Während der Regierungszeit Marys I (1553–58) starben unzählige protestantische Märtyrer den Feuertod. Hinter dem

❹ Sir John Soane's Museum

13 Lincoln's Inn Fields WC2. **Stadtplan** 12 D1. 📞 (020) 7405 2107.
🚇 Holborn. 🕐 Di–Sa 10–17, 1. Di im Monat auch 18–21 Uhr. ⛔ Feiertage, 24. Dez. ♿ tel. anmelden. 📷 siehe Website. 🌐 soane.org

Dieses Haus ist eines der exzentrischsten Museen Londons. John Soane vermachte es 1837 dem Staat mit der Auflage, dass nichts verändert werden dürfe. Soane, der Sohn eines Maurers, hatte sich durch seinen gemäßigt klassizistischen Stil zu einem führenden georgianischen Architekten Großbritanniens entwickelt. Nachdem er einen reichen Onkel seiner Frau beerbt hatte, kaufte er das Haus Lincoln's Inn Fields Nr. 12 und ließ es umbauen. 1813 bezogen er und seine Frau das Haus Nr. 13, 1824 auch Nr. 14, wo Soane eine Gemäldegalerie und die pseudogotische Mönchsklause einrichtete. Heute sieht das Museum gemäß Soanes Auflage fast genauso aus, wie er es hinterließ – ein vielfältiges Sammelsurium schöner, lehrreicher und zuweilen höchst eigenartiger Gegenstände. Es gibt Bronzen, Gipsabgüsse, Vasen, antike Fragmente, Gemälde und Bizarres wie einen Riesenpilz aus Sumatra oder einen Xanthippenzaum (der meckernde Ehefrauen zum Schweigen bringen soll). Bemerkenswert sind der Sarkophag von Seti I, Soanes Entwürfe (etwa für die Bank of England) sowie der Bilderzyklus *The Rake's Progress* (1734) von William Hogarth, den Soanes Frau damals für 520 Pfund erwarb.

Das Gebäude selbst steckt voller architektonischer Überraschungen. Im Erdgeschoss sorgen Spiegel für illusionistische Effekte. Ein Atrium mit Glaskuppel lässt Licht bis ins Untergeschoss strömen.

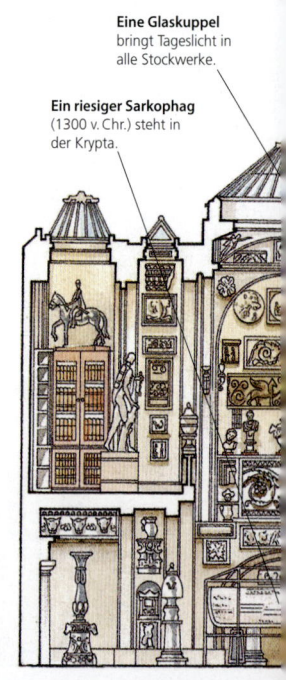

Eine Glaskuppel bringt Tageslicht in alle Stockwerke.

Ein riesiger Sarkophag (1300 v. Chr.) steht in der Krypta.

Hotels und Restaurants in London siehe Seiten 560–562 und 582–586

Fleischmarkt (dem einzigen Großmarkt der City) steht eine der ältesten Kirchen. Sie war einst Teil eines Klosters, dessen Gründer, der Mönch Rahere, hier bestattet liegt. Ehe ihn der hl. Bartholomäus im Traum vor einem geflügelten Monster rettete, war Rahere Hofnarr bei Henry I. Der von einem Tudor-Torhaus überbaute Bogen (13. Jh.) bildete einst den Eingang zur Kirche, deren Hauptschiff bei der Säkularisation der Klöster *(siehe S. 355)* abgerissen wurde. Der Maler William Hogarth wurde hier 1697 getauft. Die Kirche ist in den Filmen *Vier Hochzeiten und ein Todesfall* und *Shakespeare in Love* zu sehen.

Das Torhaus von St Bartholomews über dem Originalbogen (13. Jh.)

1600 in London gefertigter Steinguttelller, Museum of London

❻ Museum of London

150 London Wall EC2. **Stadtplan** 13 A1. (020) 7001 9844. Barbican, St Paul's. tägl. 10–18 Uhr. 24.–26. Dez.
museumoflondon.org.uk

Das sehenswerte Museum vermittelt einen Überblick über 450 000 Jahre Leben in London – von prähistorischer Zeit bis heute. Es gibt Funde aus der Steinzeit, darunter die Überreste von Shepperton Woman, die zwischen 5100 und 5640 Jahre alt sind, alte Haushaltsgegenstände und rekonstruierte Straßenzüge. Eine Abteilung widmet sich anhand eines anschaulichen Modells dem großen Brand von 1666. Die römische Abteilung präsentiert u. a. ein eindrucksvolles Fresko (2. Jh. n. Chr.) aus einem Badehaus in Southwark.

In der Sackler Hall im Herzen des Museums stehen Computer, an welchen Besucher mehr Informationen über jedes einzelne Exponat des Museums sowie über die Gegenstände, die in Wechselausstellungen gezeigt werden, erfahren können.

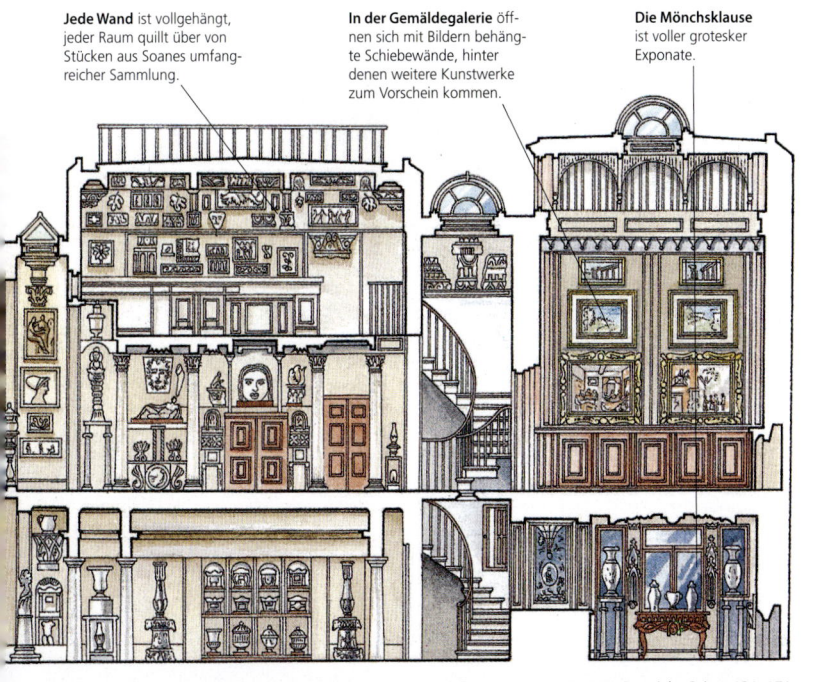

Jede Wand ist vollgehängt, jeder Raum quillt über von Stücken aus Soanes umfangreicher Sammlung.

In der Gemäldegalerie öffnen sich mit Bildern behängte Schiebewände, hinter denen weitere Kunstwerke zum Vorschein kommen.

Die Mönchsklause ist voller grotesker Exponate.

Stadtplan London *siehe Seiten 131–151*

❷ St Paul's Cathedral

Nach dem großen Brand von London 1666 lag die mittelalterliche Kathedrale in Trümmern. Der Auftrag zum Wiederaufbau ging an Wren, doch stieß sein Entwurf (ein Bau über dem Grundriss eines griechischen Kreuzes) auf heftigen Widerspruch. Der Klerus bestand auf einem konventionellen lateinischen Kreuz (langes Hauptschiff, kürzere Querschiffe), weil der Altar so mehr Aufmerksamkeit bekam. Trotz vieler Kompromisse gelang Wren eine grandiose Barockkathedrale, die nach 35-jähriger Bauzeit 1710 geweiht wurde und seither Kulisse prunkvoller Staatszeremonien ist.

★ Westfassade und Türme
Bei den 1707 angefügten Türmen ließ sich Wren vom italienischen Barockarchitekten Francesco Borromini inspirieren. Nach den Vorstellungen von Wren sollten beide Uhren haben.

Außerdem

① **Die westliche Vorhalle** besteht aus paarweise angeordneten korinthischen Säulen. Das Relief im Tympanon zeigt die Bekehrung des hl. Paulus.

② **Die Balustrade** wurde 1718 gegen den Willen Wrens angebracht.

③ **Die Laterne** wiegt stolze 850 Tonnen.

④ **Die Golden Gallery** bietet einen herrlichen Blick über London.

⑤ **Das Auge** ist eine Öffnung, durch die Sie den Boden der Kathedrale sehen können.

⑥ **Stone Gallery**

⑦ **Der Baldachin des Hochaltars** wurde in den 1950er Jahren nach Wrens Plänen angefertigt.

⑧ **Eingang zur Krypta**, die viele Denkmäler birgt.

⑨ **Zum südlichen Vorbau** soll Wren durch den Portikus der Kirche Santa Maria della Pace in Rom inspiriert worden sein.

⑩ **Westliche Vorhalle**

Hauptschiff
Eine imposante Abfolge mächtiger Bogen öffnet sich zu der eindrucksvollen, lichten Vierung unter der Hauptkuppel der Kirche.

Hauptportal, Eingang von Ludgate Hill

Hotels und Restaurants in London *siehe Seiten 560–562 und 582–586*

ST PAUL'S CATHEDRAL | **119**

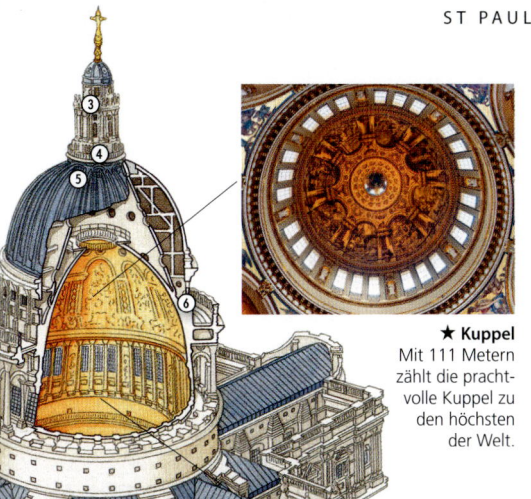

Infobox

Information

Ludgate Hill EC4. **Stadtplan** 13 A2. (020) 7246 8348. Mo–Sa 8.30–16.30 Uhr (letzter Zutritt 16 Uhr). So keine Besichtigung, Infos zur Schließung aller Teile der Kathedrale siehe Website. mit Audio-Guide. So 11 Uhr. stpauls.co.uk

Anfahrt

St Paul's, Mansion House. 4, 11, 15, 17, 23, 25, 76, 172. City Thameslink.

★ **Kuppel**
Mit 111 Metern zählt die prachtvolle Kuppel zu den höchsten der Welt.

★ **Whispering Gallery**
Dank der Akustik der Kuppel sind selbst leise geflüsterte Wörter auf der anderen Seite deutlich zu verstehen.

Chor
Der Hugenotte Jean Tijou schuf einen Großteil der herrlichen Schmiedeeisen-Arbeiten, darunter auch diese Chorschranken.

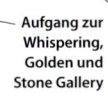

Aufgang zur Whispering, Golden und Stone Gallery

Christopher Wren (1632–1723)

Der als Wissenschaftler ausgebildete Christopher Wren (1632–1723) begann mit 31 Jahren seine Karriere als Baumeister und wurde rasch zu einem der führenden Architekten Londons. Nach dem großen Brand von 1666 entwarf er 52 neue Kirchen. Obwohl er nie Italien bereiste, war seine Arbeit stark von der Architektur der römischen Antike, des italienischen Barock und der Renaissance beeinflusst.

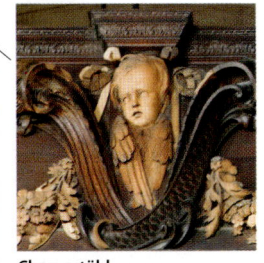

Chorgestühl
Chorgestühl und Orgelverkleidung aus dem 17. Jahrhundert fertigte Grinling Gibbons aus Rotterdam. Er und seine Mitarbeiter arbeiteten zwei Jahre an den Putten, Früchten und Girlanden.

Stadtplan London *siehe Seiten 131–151*

Richard Rogers' Lloyd's Building

❼ Lloyd's Building

1 Lime St EC3. **Stadtplan** 13 C2.
📞 (020) 7327 1000. 🚇 Monument, Bank, Aldgate.

Lloyd's wurde bereits im 17. Jahrhundert gegründet und entwickelte sich schnell zum weltgrößten Versicherungsunternehmen, das vom Öltanker bis zu den Beinen von Betty Grable alles versicherte. Der moderne Hauptsitz der Firma wurde 1986 erbaut und stammt von Richard Rogers, der auch für das Centre Pompidou in Paris verantwortlich war. Mit den außen verlaufenden Versorgungsleitungen und Aufzügen ist der Bau vor allem nachts sehenswert.

❽ Sky Garden

20 Fenchurch St EC3. **Stadtplan** 13 C2. 📞 (020) 7337 2344. 🚇 Bank, Monument. 🕐 Mo–Fr 10–18, Sa, So 11–21 Uhr (letzter Einlass 1 Std. vor Schließung; vorher Ticket buchen). **Bars und Restaurants** 🕐 7–24 Uhr. 🌐 skygarden.london

Der Wolkenkratzer von Rafael Viñoly in 20 Fenchurch Street wird wegen seiner ungewöhnlichen Form auch »Walkie-Talkie« genannt. Sein Bau wurde kontrovers diskutiert, einerseits wegen der Form, andererseits wegen der Lage. Nichtsdestotrotz ist er einer der wenigen Londoner Wolkenkratzer, die öffentlichen Zugang gewähren: Online kann man ein Ticket für das große Aussichtsdeck Sky Garden auf der Spitze buchen. Karten sollte man drei Wochen im Voraus bestellen, zu beliebten Zeiten sind sie schnell ausverkauft. Oben gibt es auch die Bar Sky Pod und einige teure Restaurants. Der Sky Garden ist perfekt, um sich die anderen Wolkenkratzer anzusehen: im Süden The Shard und im Norden Tower 42, »Gherkin« und »Cheesegrater« (Leadenhall Building). Am Bishopsgate steht der Heron Tower, aktuell das höchste Gebäude der Stadt.

⓫ Tower Bridge

SE1. **Stadtplan** 14 D3. 📞 (020) 7403 3761. 🚇 Tower Hill. **Tower Bridge Exhibition** 🕐 tägl. 10–18 Uhr (Okt–März: tägl. 9.30–17.30 Uhr). ⚫ 24.–26. Dez. 📞 (020) 7407 9191 (Tickets). 🌐 towerbridge.org.uk

Die faszinierende Glanzleistung viktorianischer Ingenieurskunst wurde nach Plänen von Horace Jones 1894 fertiggestellt und bald Wahrzeichen der Stadt. In den beiden gotischen Brückentürmen ist der Mechanismus untergebracht, der die Zugbrücken öffnet, um Schiffe durchzulassen. Die Türme bestehen aus einem steinverkleideten Stahlgerüst und sind über zwei Fußgängerbrücken verbunden, die von 1909 bis 1982 geschlossen waren, weil sie zu viele Prostituierte und Selbstmörder anzogen. Ein Museum dokumentiert die Baugeschichte und zeigt die Dampfmaschine, die bis zur Elektrifizierung 1976 den Mechanismus antrieb. Von den Fußgängerbrücken hat man einen schönen Blick.

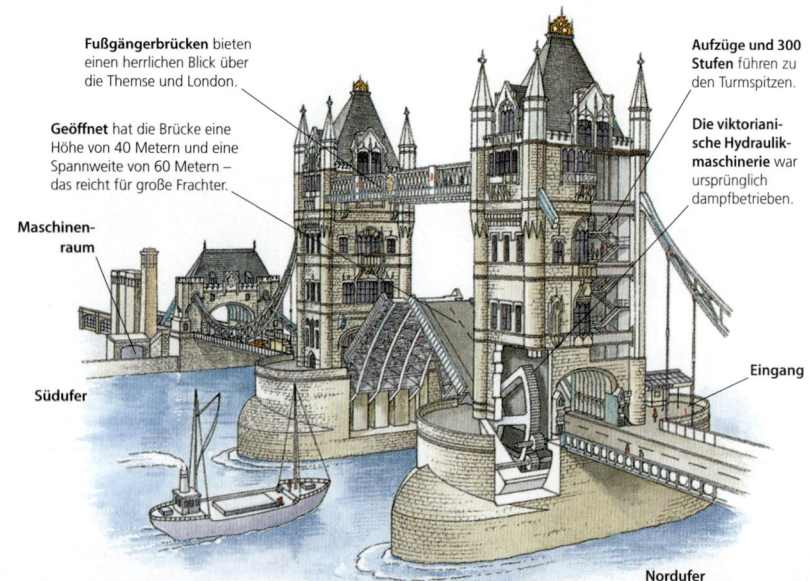

Fußgängerbrücken bieten einen herrlichen Blick über die Themse und London.

Geöffnet hat die Brücke eine Höhe von 40 Metern und eine Spannweite von 60 Metern – das reicht für große Frachter.

Maschinenraum

Südufer

Aufzüge und 300 Stufen führen zu den Turmspitzen.

Die viktorianische Hydraulikmaschinerie war ursprünglich dampfbetrieben.

Eingang

Nordufer

Hotels und Restaurants in London *siehe Seiten 560–562 und 582–586*

⓿ Monument

Monument St EC3. **Stadtplan** 13 C2. 📞 (020) 7626 2717. 🚇 Monument. 🕐 Apr–Sep: tägl. 9.30–18 Uhr; Okt–März: 9.30–17.30 Uhr (letzter Einlass 17 Uhr). ⛔ 1. Jan, 24.–26. Dez. 📷 🌐 themonument.info

Der Wolkenkratzer The Shard dominiert die Londoner Skyline

Die von Christopher Wren entworfene dorische Säule erinnert an das Feuer, das 1666 die Innenstadt mit den Stadtmauern verwüstete. Im Jahr seiner Fertigstellung 1677 war das Monument die höchste einzeln stehende Steinsäule der Welt. Mit der bronzenen Flamme misst sie 62 Meter – die genaue Entfernung zur westlich gelegenen Pudding Lane, wo das Feuer ausgebrochen sein soll. Reliefs am Sockel zeigen Charles II, der die Stadt nach der Katastrophe wiederaufbauen ließ.

311 Stufen führen in engen Windungen zur winzigen Aussichtsplattform. 1842 wurde sie mit Eisenstäben vergittert, um Selbstmorde zu verhindern. Der Aufstieg lohnt sich, der Ausblick ist spektakulär.

❿ Tower of London

Siehe S. 122f.

⓬ City Hall

The Queen's Walk SE1. **Stadtplan** 14 D4. 📞 (020) 7983 4000. 🚇 London Bridge. 🕐 Mo–Do 8.30–18, Fr 8.30–17.30 Uhr. ♿ 📷 🌐 london.gov.uk/city-hall

In dem von Norman Foster entworfenen Glaskuppelgebäude in der Nähe der Tower Bridge befindet sich der Hauptsitz des London's Mayor and the Greater London Authority. Jeder kann das Gebäude besuchen, in die Assembly Chamber schauen oder der Mayor's Question Time beiwohnen, wenn Mitglieder des Stadtrats den Bürgermeister zu den unterschiedlichsten Themen befragen (Termine siehe Website). Im Tiefparterre finden Wechselausstellungen statt. Vor der City Hall finden im Amphitheater Scoop im Sommer kostenlose Veranstaltungen statt.

⓭ HMS Belfast

The Queen's Walk, SE1. **Stadtplan** 13 C3. 📞 (020) 7940 6300. 🚇 London Bridge, Tower Hill. 🕐 März–Okt: 10–18 Uhr (Nov–Feb: bis 17 Uhr; letzter Einlass 1 Std. vor Schließung). ⛔ 24.–26. Dez. 📷 ♿ teilweise. 🏛 📷 🏛 🌐 iwm.org.uk/visits/hms-belfast

Der 11 500 Tonnen schwere Kreuzer HMS *Belfast* lief 1938 vom Stapel und kam im Zweiten Weltkrieg bei dem Gefecht am Nordkap zum Einsatz, bei dem das deutsche Schiff *Scharnhorst* zerstört wurde. Auch bei der Landung in der Normandie war die HMS *Belfast* beteiligt. Danach diente sie im Koreakrieg und bis 1965 der Royal Navy.

Seit 1971 dient der Kreuzer als schwimmendes Museum, das teilweise so ausgestattet wurde wie im Kriegsjahr 1943. Viele Exponate geben Zeugnis über die Lebensbedingungen auf einem Kriegsschiff, andere dokumentieren die Geschichte der Royal Navy.

Für Kinder werden an Bord gelegentlich spannende »Educational Activity Weekends« veranstaltet.

Heute ein vertrauter Anblick: die HMS *Belfast* auf der Themse

⓮ The Shard

London Bridge St, SE1. **Stadtplan** 13 C4. 📞 0844 499 7111 (Tickets). 🚇 London Bridge. 🕐 Apr–Okt: tägl. 10–22 Uhr; Nov–März: So–Mi 10–19, Do–Sa 10–22 Uhr (letzter Einlass 1 Std. vor Schließung). ⛔ 25. Dez. 📷 🏛 ♿ 🌐 theviewfromtheshard.com

Der vom Stararchitekten Renzo Piano gestaltete Wolkenkratzer The Shard dominiert die Londoner Skyline. Mit 310 Metern ist die schlanke Pyramide eines der höchsten Bauwerk Westeuropas. Die Fassade des 95 Stockwerke hohen Gebäudes ist komplett verglast. Hier befinden sich Büros, Restaurants, ein Luxushotel, exklusive Apartments und die mit 244 Metern höchstgelegene Aussichtsplattform des Landes (The View).

⓯ The Old Operating Theatre

9a St Thomas St SE1. **Stadtplan** 13 B4. 📞 (020) 7188 2679. 🚇 London Bridge. 🕐 tägl. 10.30–17 Uhr. ⛔ 16. Dez.–6. Jan. 📷 🏛 ♿ teilweise. 🌐 thegarret.org.uk

Der größte Teil des alten St-Thomas-Krankenhauses (im 12. Jh. gegründet) musste 1862 der neuen Eisenbahn weichen. Nur der Operationssaal für Frauen (1822) blieb stehen und überlebte bis in die 1950er Jahre, da er abseits der Hauptgebäude lag. Der Saal wurde originalgetreu restauriert und verdeutlicht, wie im 19. Jahrhundert operiert wurde – ohne Narkose: Die Patienten erhielten eine Augenbinde, wurden geknebelt und am OP-Tisch festgeschnallt.

Stadtplan London siehe Seiten 131–151

❿ Tower of London

Bald nach seiner Krönung 1066 ließ William the Conqueror hier eine Festung errichten, um den Zugang nach London zu sichern. 1097 wurde der mächtige, aus Stein erbaute White Tower fertiggestellt. Weitere Bauten kamen im Lauf der Jahrhunderte hinzu. Der Tower diente als königlicher Wohnsitz, als Waffen- und Schatzkammer sowie als Gefängnis. Feinde der Krone wurden hier gefoltert und hingerichtet, darunter die beiden »Prinzen im Tower«, die Söhne und Erben Edwards IV. Heute ist der Tower wegen der Kronjuwelen und anderer Schaustücke berühmt, etwa jene vom Bauernaufstand 1381, dem einzigen Mal, dass die Mauern des Tower durchbrochen wurden. Die beliebtesten Bewohner sind gut behütete Raben. Der Sage nach würde das Königreich untergehen, wenn sie den Tower verließen.

★ **Jewel House**
Zu den Kronjuwelen gehört auch ein Zepter (1660), dessen Kreuz einen der größten Diamanten der Welt enthält.

Beauchamp Tower
Im 1281 von Edward I erbauten Turm wurden hochstehende Persönlichkeiten gefangen gehalten, die oft ihre eigenen Diener hatten.

Haupteingang vom Tower Hill

Queen's House
Der Tudor-Bau ist der offizielle Wohnsitz des Direktors des Tower.

Außerdem

① **Zwei Ringmauern** (13. Jh.) schützen den Tower.

② **Auf dem Tower Green** erlitten nur bevorzugte Gefangene den Tod (alle übrigen wurden öffentlich auf dem Tower Hill hingerichtet). Auf der Grünfläche starben zehn Menschen, darunter Anne Boleyn und Catherine Howard, zwei der sechs Frauen von Henry VIII.

Kronjuwelen

Sie sind die Highlights: Den Reichsinsignien – Kronen, Zeptern, Reichsäpfeln und Schwertern –, die nur bei Krönungen oder bedeutenden Anlässen getragen werden, ist ein eigener Raum gewidmet. Die meisten ließ Charles II 1661 als Ersatz für die anfertigen, die das Parlament nach der Hinrichtung Charles' I *(siehe S. 56f)* eingeschmolzen hatte. Zu den neueren Stücken, die die Geistlichen der Westminster Abbey bis zur Restauration der Monarchie versteckten, zählt der Saphirring von Edward the Confessor, heute Teil der Imperial State Crown *(siehe S. 77)*.

Der Reichsapfel (1661), eine mit Juwelen besetzte hohle Goldkugel

Hotels und Restaurants in London *siehe Seiten 560–562 und 582–586*

TOWER OF LONDON | 123

»Beefeaters«
Die Uniformen der 37 hier auch lebenden Wächter des Tower gehen auf die Tudor-Zeit zurück.

★ **White Tower**
Bei seiner Fertigstellung 1097 war der 27 Meter hohe Turm das höchste Gebäude Londons.

Infobox

Information
Tower Hill EC3. **Stadtplan** 14 D3.
0844 482 7777 für Buchung.
März–Okt: tägl. 9–17.30 Uhr (So, Mo ab 10 Uhr; letzter Einlass 17 Uhr); Nov–Feb: tägl. 9–16.30 Uhr (So, Mo ab 10 Uhr; letzter Einlass 16 Uhr). 1. Jan, 24.–26. Dez. teilweise.
Ceremony of the Keys tägl. 9.30 Uhr (Buchung über Website). hrp.org.uk

Anfahrt
Tower Hill; Tower Gateway (DLR). RV1, 15, X15, 25, 42, 78, 100, D1, D9, D11.
Fenchurch Street.

★ **Chapel of St John**
Die romanische Kapelle ist in ihrer Schlichtheit ein besonders schönes Beispiel normannischer Baukunst.

Traitors' Gate
Durch das »Verrätertor« gelangten die in Westminster Hall Verurteilten in den Tower.

Bloody Tower
Eine Ausstellung befasst sich mit dem mysteriösen Verschwinden der beiden Söhne Edwards IV. Ihr Onkel Richard of Gloucester (der spätere Richard III) ließ sie nach Edwards Tod 1483 in den Tower werfen. Sie wurden nie mehr gesehen. Richard wurde im selben Jahr zum König gekrönt. 1642 fand man in der Nähe zwei Kinderskelette.

Stadtplan London *siehe Seiten 131–151*

LONDON

Das George Inn, einst Postkutschenstation, jetzt Teil des National Trust

⓰ George Inn

77 Borough High St SE1. **Stadtplan** 13 B4. (020) 7407 2056. London Bridge, Borough. tägl. 11–23 Uhr. 25., 26. Dez.
w nationaltrust.org.uk/george-inn

Im 17. Jahrhundert war hier eine Postkutschenstation angesiedelt, Dickens erwähnte sie in seinem Roman *Little Dorrit*. Das George Inn wurde nach dem Brand in Southwark (1676) wiederaufgebaut, den Baustil, der sich seit dem Mittelalter bewährt hatte, behielt man glücklicherweise bei. Einst lagen drei Flügel um den Innenhof, in dem im 17. Jahrhundert Theateraufführungen stattfanden. 1889 riss man Nord- und Ostflügel ab.

Londons einzige erhaltene Postkutschenstation ist bis heute ein Pub. Die Atmosphäre im Inneren ist ideal an kühlen, feuchten Tagen. Im Sommer sitzt man draußen. Manchmal wird auch Theater gespielt. Empfehlenswert ist der Magenbitter des Hauses.

⓱ Borough Market

8 Southwark St SE1. **Stadtplan** 13 B4. (020) 7407 1002. London Bridge. Mo–Do 10–17, Fr 10–18, Sa 8–17 Uhr.
w boroughmarket.org.uk

Borough Market war früher ein reiner Obst- und Gemüsemarkt. Er wird seit dem Mittelalter abgehalten. Hierher – zwischen die Gleise – zog er 1756 nach dem Eisenbahnbau. Auf dem gut besuchten Lebensmittelmarkt bekommt man heute fast alle Delikatessen aus aller Welt und natürlich auch noch Obst und Gemüse in Bio-Qualität.

Shakespeare-Fenster (1954), Southwark Cathedral

⓲ Southwark Cathedral

Montague Close SE1. **Stadtplan** 13 B3. (020) 7367 6700. London Bridge. tägl. 8–18 Uhr (Sa, So ab 8.30 Uhr).
w cathedral.southwark.anglican.org

Teile der Kirche stammen aus dem 12. Jahrhundert. Zur Kathedrale wurde sie erst 1905 erklärt. Man sieht viele Details aus dem Mittelalter. Bemerkenswert sind der gotische Chor und das Grab des Dichters John Gower (1325–1408), eines Zeitgenossen Chaucers. Es gibt ein Shakespeare-Denkmal (1912) und ein Shakespeare-Fenster (1954, *oben*).

⓳ Shakespeare's Globe

21 New Globe Walk SE1. **Stadtplan** 13 A3. (020) 7902 1400. **Tickets** (020) 7401 9919. Southwark, London Bridge. **Ausstellung** tägl. 9–17 Uhr. 24., 25. Dez. alle 30 Min. tägl. 9.30–12.30 Uhr (So bis 11.30, Mo bis 17 Uhr). **Aufführungen** Ende Apr–Mitte Okt. teilweise.
w shakespearesglobe.com

Das runde Gebäude wurde 1997 eröffnet und ist der originalgetreue Nachbau eines elisabethanischen Theaters. Shakespeare's Globe kam durch die Initiative des Schauspielers und Regisseurs Sam Wanamaker zustande. Es liegt nahe der Stelle, wo das originale Globe Theatre stand, in dem die meisten Shakespeare-Stücke uraufgeführt wurden.

Der damalige Bau bestand zum Teil aus anderen Materialien (er war der erste, auf dem nach dem großen Brand von 1666 wieder ein Reetdach errichtet werden durfte), doch der Eindruck bleibt der gleiche. Da die Bühne nicht überdacht ist, finden nur im Sommer Aufführungen statt. Ein zweites Theater, das Sam Wanamaker Playhouse, ist der Nachbau eines jakobeischen Theaters, das von Kerzen erleuchtet ist, in dem das ganze Jahr über Vorstellungen stattfinden.

Die ganzjährig geöffnete Shakespeare's Globe Exhibition unter dem Theater erzählt eindrucksvoll vom Werk des großen William Shakespeare.

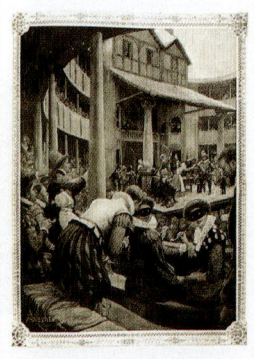

Shakespeares *Henry IV*, Aufführung um 1600 im Globe Theatre

Hotels und Restaurants in London *siehe Seiten 560–562 und 582–586*

❷ Tate Modern

Holland St, SE1. **Stadtplan** 13 A3. ☎ (020) 7887 8888. ⊖ Blackfriar's, Southwark. 🚤 zur Tate Britain alle 40 Min. 🕐 So–Do 10–18, Fr, Sa 10–22 Uhr. ⬤ 24.–26. Dez. 🎫 für Sonderausstellungen. ♿📷🚫🛍️☕
🌐 tate.org.uk/visit/tate-modern

Am Südufer der Themse liegt die Tate Modern, eines der weltgrößten Museen für zeitgenössische Kunst, im umgebauten Bankside-Kraftwerk. Die Ausstellungen beruhen auf den umfangreichen Beständen der Tate Collection, die auch in anderen Filialen präsentiert wird: Tate St Ives *(siehe S. 281)*, Tate Liverpool *(siehe S. 381)* und Tate Britain *(siehe S. 95)*. Die Ausstellungen wechseln regelmäßig. Häufig werden einzelne Werke an andere Museen ausgeliehen oder gerade restauriert. Die hier vorgestellten Kunstwerke können ebenfalls davon betroffen sein.

Ein Boot verbindet die Tate Britain mit der Tate Modern.

Der elfstöckige Anbau Switch House mit einer fantastischen Aussichtsplattform wurde im Jahr 2016 eröffnet und vergrößerte die Ausstellungsfläche der Tate Modern um 60 Prozent. Damit einherging eine komplette Umhängung der Werke im Originalgebäude, nun Boiler House genannt, mit der gigantischen Turbine Hall in der Mitte. Die ersten Kunstwerke, die diesen Bereich ausfüllten, waren bei Eröffnung 2000 die riesige Spinnenskulptur *Maman* (1999) von Louise Bourgeois sowie ihre drei Stahltürme *I Do, I Undo, and I Redo*. Im Untergeschoss, in dem früher die Öltanks des Kraftwerks lagen, werden Filme und Live-Kunst gezeigt.

Die permanenten Ausstellungen befindet sich auf den Ebenen 2, 3 und 4 in beiden Gebäuden und sind wie zuvor auch eher nach Themen denn nach Chronologie oder Schule geordnet, was eine interessante Mischung von Kunstformen zur Folge hat.

Am besten beginnt man einen Besuch auf Ebene 2 des Boiler House, die speziell für Erstbesucher angelegt wurde. Hier erhält man einen guten Einblick in die ganze Sammlung mit wichtigen Gemälden von Henri Matisse und Wassily Kandinsky sowie Werken von weniger bekannten modernen Meistern und zeitgenössischen Künstlern wie Olafur Eliasson und Gerhard Richter.

Von hier aus kann man dann entweder moderne Kunst von 1900 bis heute in den thematisch geordneten Ausstellungen im Boiler House entdecken oder der Neuentwicklung von Kunst seit den 1960er

Fisch (1926) von Constantin Brâncuşi

Riesige Turbinenhalle der Tate Modern

Jahren im Switch House folgen. Hier wird dargestellt, wie sich in den vergangenen 50 Jahren die Rollen des Künstlers, des Publikums und der Werke selbst verändert haben.

Die Sammlung verfügt über herausragende Werke aus den Schlüsselperioden der Kunst des 20. Jahrhunderts: »Kubismus«, »Surrealismus«, »abstrakter Expressionismus«, »Konstruktivismus« und »Minimalismus«. Darunter befinden sich Gemälde wie *Die Schnecke* (1953) von Henri Matisse und *Quattro Stagioni* von Cy Twombly, Skulpturen wie *Fisch* von Constantin Brâncuşi sowie weitere wichtige Werke von bekannten Künstlern wie Pablo Picasso und Mark Rothko.

Ergänzt werden die Dauerausstellungen von Wechselausstellungen, darunter drei große jedes Jahr, und Live-Events.

Bankside Power Station

Der Architekt Sir Giles Gilbert Scott entwarf das Battersea-Kraftwerk, Waterloo Bridge, Londons berühmte rote Telefonzellen und im Jahr 1947 das Kraftwerk an der Bankside. Für das Gebäude waren 4,2 Millionen Ziegelsteine nötig. In der Turbinenhalle standen Generatoren für den Strom. Es gibt noch drei riesige Öltanks südlich des Gebäudes, die nun als drei beeindruckende Ausstellungsbereiche im neuen Switch House dienen. Die Schweizer Architekten Jacques Herzog und Pierre de Meuron übernahmen 1995 den Umbau des Kraftwerks zum Museum. Sie veränderten so wenig wie möglich, fügten schmale Glasfelder ein und entwarfen den markanten zweistöckigen Glasaufbau, der sich über die Länge des Gebäudes zieht: Er lässt Licht ein und bietet Blicke auf London.

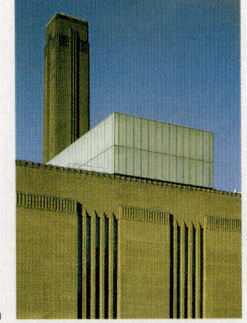

Fassade, Glasaufbau und Kamin der Tate Modern

Stadtplan London *siehe Seiten 131–151*

Abstecher

Londons Stadtgebiet beschränkte sich einst auf die City, doch die Stadt ist beständig gewachsen und hat sich unzählige, einst ländliche Bezirke einverleibt. Obwohl diese inzwischen nahtlos ineinander übergehen, konnten sich einige Regionen ihren dörflichen Charme und einen eigenen Charakter bewahren. Hampstead und Highgate im Norden der Stadt halten zur Hauptstadt ebenso Distanz wie das »Künstlerdorf« Chelsea im Westen und das von Schriftstellern bevorzugte Islington, ebenfalls nördlich des Stadtzentrums. Greenwich, Chiswick und Richmond erinnern an die Zeit, als die Themse wichtigster Verkehrs- und Handelsweg war. Östlich der City, auf dem Gebiet der einstigen Werftanlagen, entstanden in den letzten Jahren neue Wohn- und Geschäftsbereiche.

Sehenswürdigkeiten auf einen Blick

❶ Chelsea
❷ Holland Park
❸ Notting Hill und Portobello Road
❹ Hampstead
❺ Hampstead Heath
❻ Highgate
❼ Camden und Islington
❽ East End und Docklands
❾ Greenwich
❿ Chiswick
⓫ Richmond und Kew

Legende
- London Zentrum
- Großraum London
- Parks
- Autobahn
- Hauptstraße
- Nebenstraße

❶ Chelsea

SW3. Sloane Square.
Stadtplan 18 D2.

Seit Thomas More, Lordkanzler unter Henry VIII *(siehe S. 54)*, Chelsea als Domizil wählte, gilt das Viertel als chic. Das Flusspanorama zog Maler an. Mit der Ankunft des Historikers Thomas Carlyle und des Essayisten Leigh Hunt fasste ab 1830 auch die literarische Elite Fuß. Viele Häuser am **Cheyne Walk** tragen blaue Plaketten, die an Bewohner wie J. M. W. Turner *(siehe S. 95)*, George Eliot, Henry James und T. S. Eliot erinnern.

Heute halten Galerien und Antiquitätengeschäfte zwischen den Modeboutiquen an der **King's Road** die künstlerische Tradition wach.

Die Straße beginnt am **Sloane Square**, benannt nach Hans Sloane, der 1712 das Herrenhaus Chelsea kaufte und den 1673 angelegten **Chelsea Physic Garden** erweiterte. Im **Royal Hospital**, 1692 von Wren für alte Soldaten an der Royal Hospital Road erbaut, leben noch heute 400 Pensionäre.

Statue von Thomas More (1478–1535) am Cheyne Walk

❷ Holland Park

W8, W14. Holland Park.
Stadtplan 7 B5.

Der Park in der gleichnamigen wohlhabenden Gegend ist gemütlicher als die großen Grünanlagen wie Hyde Park *(siehe S. 105)*. Er gehörte zum **Holland House**, in dem sich im 19. Jahrhundert Größen aus Politik und Wirtschaft trafen. An der Südseite des Parks liegt das **Design Museum** im modernen Commonwealth Institute Building und zeigt zeitgenössisches Design von Architektur und Mode bis zu Gebrauchsgrafiken und Haushaltswaren.

Um den Park stehen viktorianische Häuser. Das vormals Linley Sambourne House genannte **18 Stafford Terrace** (um 1870) hat sich kaum verändert, seit Sambourne es nach spätviktorianischer Manier aus-

Hotels und Restaurants in London siehe Seiten 560–562 und 582–586

stattete. Er zeichnete für das Satiremagazin *Punch*. Arbeiten von ihm und seinen Kollegen zieren die Wände.

Leighton House, 1866 für den Maler Lord Leighton errichtet, gilt als Denkmal des viktorianischen Ästhetizismus. Highlight ist die Arab Hall, die Leighton 1879 für seine Sammlung islamischer Fliesen (13.–17. Jh.) bauen ließ. Beachtenswert: die Gemälde von Leighton und etlichen seiner Zeitgenossen.

Design Museum
224–238 Kensington High St W8. (020) 7940 8790. High St Ken, Earls Ct, Holland Pk. tägl. 10–18 Uhr (letzter Einlass 17 Uhr). 25., 26. Dez. designmuseum.org

18 Stafford Terrace
W8. Mo–Fr: (020) 7602 3316; Sa, So: (020) 7938 1295. High St Ken. Mi, Sa, So (nur Führungen 11–12.15 Uhr; offener Zugang 14–17.30 Uhr). rbkc.gov.uk

Leighton House
12 Holland Park Rd W14. (020) 7602 3316. High St Ken. Mi–Mo 10–17.30 Uhr (an manchen Tagen bis 20.30 Uhr). Feiertage. Mi, So. rbkc.gov.uk

❸ Notting Hill und Portobello Road

W11. Notting Hill Gate.
Stadtplan 7 B2.

Notting Hill, seit den 1950er und 1960er Jahren Sammelpunkt der karibischen Gemeinde, ist heute ein lebendiger, kosmopolitischer Teil Londons und Heimat des zweitgrößten Straßenkarnevals der Welt *(siehe S. 67)*: Seit 1965 quellen die Straßen am letzten Augustwochenende über von karibisch-bunten Festzügen. Auf dem nahen Portobello Road Market *(siehe S. 153)* sorgen Hunderte Marktstände das ganze Jahr über für Trubel und Geschäftigkeit.

❹ Hampstead

NW3, N6. Hampstead.
Hampstead Heath.

Hampstead, das auf einem Höhenzug nördlich des Stadtkerns liegt, wirkt mit seinen gepflegten Villen und Häusern noch immer wie ein georgianisches Dorf und gilt als eines der begehrtesten Wohnviertel.

Schon früh zog es Künstler und Schriftsteller hierher.

An einer ruhigen Straße steht das **Keats House** (1816), das Leben und Werk des Dichters John Keats (1795–1821) illustriert. Keats lebte hier zwei Jahre, bevor er mit 25 Jahren an der Schwindsucht starb. Sein wohl bekanntestes Gedicht *Ode to a Nightingale* entstand unter einem Pflaumenbaum im Garten. Originalmanuskripte und Bücher erinnern an den Schriftsteller und an seine Verlobte Fanny Brawne, die mit ihren Eltern im Nachbarhaus wohnte. Das Haus wurde im Jahr 2009 umfassend renoviert

Georgianisches Haus, Hampstead

und zeigt Gemälde, Drucke und andere Kunstgegenstände sowie den Verlobungsring von Fanny Brawne.

Das 1986 eröffnete **Freud Museum** ist dem Leben des Begründers der Psychoanalyse gewidmet. Mit 82 Jahren floh Sigmund Freud (1856–1939) vor den Nationalsozialisten aus Wien und verbrachte sein letztes Lebensjahr in diesen Räumen. Seine Tochter Anna, Pionierin auf dem Gebiet der Kinderpsychologie, bewohnte das Haus bis zu ihrem Tod im Jahr 1982. Man sieht Freuds Sprechzimmer, das unverändert geblieben ist, sowie privates Filmmaterial aus den 1930er Jahren, als Freud noch in Wien lebte.

Keats House
Keats Grove NW3. (020) 7332 3868. Hampstead, Belsize Pk. März–Okt: Mi–So 11–17 Uhr; Nov–Feb: Fr–So 11–17 Uhr. Weihnachten. teilweise. cityoflondon.gov.uk

Freud Museum
20 Maresfield Gdns NW3. (020) 7435 2002. Finchley Rd. Mi–So 12–17 Uhr (Aug, Sep auch Mo). 1. Jan, 25., 26. Dez. teilweise. freud.org.uk

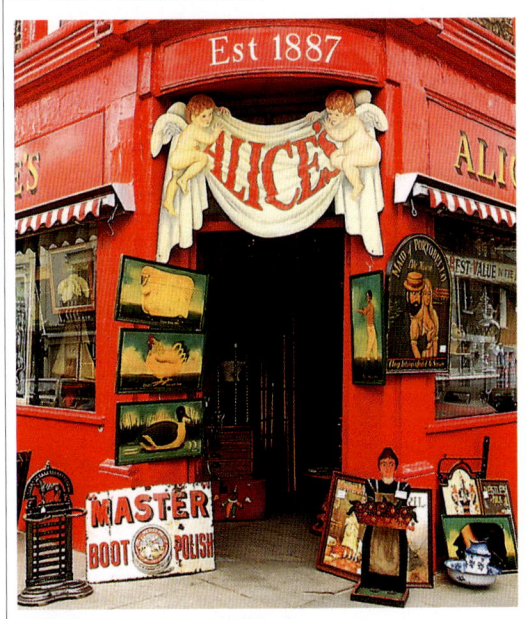

Antiquitätenladen in der Portobello Road

Blick über Hampstead Heath in Richtung Osten auf Highgate

❺ Hampstead Heath

N6. ⊖ Hampstead, Highgate. ⊜ Hampstead Heath.

Zwischen Hampstead und Highgate bietet dieser weitläufige Park frische Luft und Ruhe abseits der Großstadt. Es gibt Wiesen, Seen und Teiche zum Baden und Angeln. Vom **Parliament Hill** im Osten reicht der Blick weit über die Metropole. Am Rand von Hampstead Heath steht in einer schönen Anlage das prächtige **Kenwood House**. Das Haus selbst wurde 1764 von Robert Adam *(siehe S. 32)* umgebaut und ist weitgehend in diesem Zustand erhalten. Herausragend sind die Bibliothek und die Gemäldesammlung, die viele Alte Meister umfasst – neben Arbeiten von van Dyck, Vermeer, Turner und Romney besticht Rembrandts *Selbstbildnis* von 1663. Das Brew House Café hat eine schöne Terrasse, die von sattgrünen Pflanzen und Blumen umgeben ist.

Kenwood House
Hampstead Lane NW3. (020) 8348 1286. tägl. 10–17 Uhr. english-heritage.org.uk

❻ Highgate

N6. ⊖ Highgate, Archway.

Highgate wurde im Mittelalter besiedelt und im 16. Jahrhundert wegen der frischen Luft beliebter Landsitz des Londoner Adels. Die georgianischen Straßen mit herrschaftlichen Häusern strahlen Exklusivität aus. Der **Highgate Cemetery** *(siehe S. 78)* hat viele verwunschene Ecken. Führungen (im Sommer täglich, im Winter nur am Wochenende) machen mit den Denkmälern vertraut und mit Intrigen, Wundertaten und Sagen, die sich um die Geschichte des 1839 angelegten Friedhofs ranken.

Im Ostteil liegen u. a. die viktorianische Romanautorin George Eliot (1819–1880) und Karl Marx (1818–1883) begraben.

Highgate Cemetery
Swains Lane N6. (020) 8340 1834. ⊖ Archway, Highgate. Eastern Cemetery: tägl. 10–17 Uhr (Sa, So ab 11 Uhr); Western Cemetery nur im Rahmen von Führungen (siehe Website). bei Beerdigungen, 25., 26. Dez. highgatecemetery.org

❼ Camden und Islington

NW1, N1. **Camden** ⊖ Camden Town, Chalk Farm. **Islington** ⊖ Angel, Highbury und Islington.

Camden verdankt seine Berühmtheit einer Unzahl von Lokalen und Läden und dem stark frequentierten **Markt** *(siehe S. 153)*. Tausende strömen jedes Wochenende hierher, um zu stöbern oder die Atmosphäre rund um den Kanal zu genießen.

Das benachbarte Islington war einst ein vornehmer Badeort, doch nachdem die High Society im 18. Jahrhundert fortzog, setzte rasch der Niedergang ein. Im 20. Jahrhundert kamen Schriftsteller wie Evelyn Waugh, George Orwell und Joe Orton. Heute erlebt Islington so etwas wie eine Renaissance: Immer mehr Häuser werden renoviert.

❽ East End und Docklands

E1, E2, E14. **East End** ⊖ Aldgate East, Liverpool St, Bethnal Green, Stratford (für Queen Elizabeth Park). **Docklands** ⊖ Canary Wharf.

Im Mittelalter verbannte man minder angesehene Handwerker – Bierbrauer, Bleicher und Essigmacher – aus der City ins East End. Zu ihnen gesellten sich Immigrantengruppen – im 17. Jahrhundert französische Hugenotten –, die Spitalfields zu einem Zentrum der Seidenweberei machten. Die Textilfabrikation blieb dominant – ab den 1880er Jahren richteten sich hier jüdische Schneider ein, seit den 1950er Jahren sitzen bengalische Arbeiterinnen an den Nähmaschinen.

Am besten erkunden Sie das East End, indem Sie sonntags

über die Straßenmärkte *(siehe S. 153)* schlendern und einen Bagel oder ein indisches Gericht probieren. An Architektur Interessierte sollten die **Docklands** besuchen, ein Sanierungsprojekt für die Hafenanlagen. Weitere Attraktionen sind das **V & A Museum of Childhood** sowie das **Dennis Severs' House**, das zu einer Reise durch das 17. bis 19. Jahrhundert einlädt. Das **Museum of London Docklands** dokumentiert die Geschichte rund um den Hafen.

Das East End war 2012 Austragungsort der Olympischen Spiele. Im **Queen Elizabeth Park** in Stratford liegen die Schwimmhalle, das Velodrome und der ArcelorMittal Orbit, ein 115 Meter hoher Aussichtsturm.

V & A Museum of Childhood
Cambridge Heath Rd E2. (020) 8983 5200. tägl. 10–17.45 Uhr. 1. Jan, 25., 26. Dez. museumofchildhood.org.uk

Dennis Severs' House
18 Folgate St E1. (020) 7247 4013. Mo 12–14, Mo, Mi, Fr 17–19, So 12–16 Uhr. dennissevershouse.co.uk

Museum of London Docklands
No. 1 Warehouse, West India Quay E14. (020) 7001 9844. Barbican, St Paul's. tägl. 10–18 Uhr. 24.–26. Dez. museumoflondon.org.uk/docklands

Queen Elizabeth Park
E20 2ST. 080 0072 2110. tägl. queenelizabetholympicpark.co.uk

Das Old Royal Naval College mit dem Queen's House, Greenwich

⚑ Greenwich

SE10. Greenwich, Maze Hill. Cutty Sark (DLR).

Seit 1884 gilt die im **Royal Observatory Greenwich** (heute ein Museum) festgelegte »Greenwich Mean Time« als Basis weltweiter Zeitmessung. Hier gibt es klassizistische Häuser, Antiquitätenläden und Märkte *(siehe S. 153)*.

Das **Queen's House** entwarf Inigo Jones für die Gemahlin von James I. 1637 wurde es für Henrietta Maria, die Gattin von Charles I, vollendet. Zu den Highlights gehört die spiralförmige »Tulpentreppe«.

Das benachbarte **National Maritime Museum** zeigt Modelle elisabethanischer Galeeren sowie moderner Fracht-, Passagier- und Kriegsschiffe.

Das **Old Royal Naval College** erbaute Christopher Wren *(siehe S. 119)* in zwei Hälften. Die einstige königliche Residenz wurde 1692 in ein Hospital umgewandelt. 1873 zog das Royal Naval College ein. Öffentlich zugänglich sind die Ro-

One Canada Square, Canary Wharf

koko-Kapelle und die Painted Hall mit Trompe-l'Œil.

Die majestätische **Cutty Sark** wurde im Jahr 1869 erbaut und fuhr bis 1938 zur See.

Umgebung: The O₂ Arena (vormals Millennium Dome) in North Greenwich ist eine der größten Konzerthallen Londons mit Bars, Restaurants, einem Kino und der kleineren Halle IndigO2. Mit entsprechender Ausrüstung kann man außen bis auf das Dach der Arena klettern und die fantastische Aussicht genießen.

Nahebei verbindet die Emirates Air Line Cable Car die Arena mit dem Royal Victoria Dock; die Fahrt dauert fünf Minuten bei herrlichem Blick.

Royal Observatory Greenwich
Greenwich Park SE10. (020) 8858 4422. tägl. 10–17 Uhr. 24.–26. Dez. rmg.co.uk

Queen's House and National Maritime Museum
Romney Rd SE10. (020) 8858 4422. tägl. 10–17 Uhr. 24.–26. Dez. rmg.co.uk

Old Royal Naval College
King William Walk, SE10. (020) 8269 4799. tägl. 10–17 Uhr. Feiertage.

Cutty Sark
King William Walk, SE10. (020) 8858 4422. tägl. 10–17 Uhr (letzter Einlass 16.15 Uhr). 25., 26. Dez. rmg.co.uk

The O₂ Arena
North Greenwich SE10. (020) 8463 2000 oder 0844 856 0202 (Tickets). North Greenwich. tägl. ab 9 Uhr. **Up at the O₂** (klettern). (020) 8463 2680. theo2.co.uk

❿ Chiswick

W4. 🚇 Chiswick.

Chiswick ist ein hübscher Vorort Londons, in dem man mit etwas Glück zwischen den Pubs und Cottages Reiher sehen kann. Die meisten Besucher kommen jedoch, um den palladianischen Landsitz **Chiswick House** zu besichtigen. Der 3. Earl of Burlington entwarf es im 18. Jahrhundert als Ergänzung zu seinem größeren Anwesen, um seine Kunstschätze angemessenen zu präsentieren.

Reiher

🏛 **Chiswick House**
Burlington Lane W4. 📞 (020) 8995 0508. ⏰ März: Sa, So 10–16 Uhr; Apr–Okt: So–Mi, Feiertage 10–18 Uhr. **Park** ⏰ tägl. 🏠 Haus. ♿ tel. anmelden. 📷 📕
🌐 chgt.org.uk

⓫ Richmond und Kew

SW15. 🚇 🚆 Richmond.

Richmond bekam seinen Namen von einem Palast, den Henry VII 1500 errichten ließ und dessen Ruinen zu besichtigen sind. Im nahe gelegenen **Richmond Park** *(siehe S. 78)* ging Charles I auf die Jagd. Im Sommer fahren Boote vom Westminster Millennium Pier die Themse hinab zu diesem beliebten Ausflugsort. Der Adel blieb dem Ort auch dann treu, nachdem der Hof gegangen war. Einige Landsitze sind noch erhalten. Die palladianische Villa **Marble Hill House** ließ George II 1729 für seine Mätresse errichten. Der Bau ist originalgetreu restauriert.

Das stattliche **Ham House** (1610) am anderen Themse-Ufer erlebte seine Blütezeit, als es die Lauderdales als Hauptwohnsitz wählten. Die Countess Elizabeth of Dysart erbte das Anwesen von ihrem Vater, dem »Prügelknaben« von Charles I, der jedes Mal Schläge einstecken musste, wenn sich der künftige König schlecht benahm. Als Entschädigung dafür erhielt er die Peerswürde und das Ham House.

Das **Syon House** etwas weiter nördlich war über 400 Jahre lang Wohnsitz der Dukes und Earls of Northumberland. Zu den Attraktionen zählen ein Schmetterlingshaus und ein Gewächshaus aus dem Jahr 1830. Die prächtige klassizistische Innenausstattung stellte Robert Adam *(siehe S. 32)* in den 1760er Jahren zusammen.

Kew Gardens, weiter südlich am Themse-Ufer, ist die weltweit umfassendste botanische Gartenanlage. Hier gibt es so gut wie alle Pflanzenarten, die in Großbritannien gedeihen, sowie unzählige tropische Arten in Gewächshäusern.

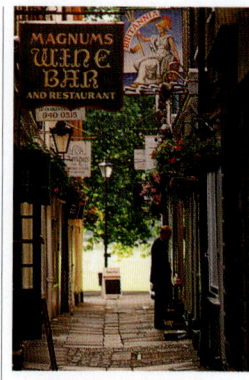

Die kleine, historische Brewers Lane in Richmond

🏛 **Marble Hill House**
Richmond Rd, Twickenham. 📞 (020) 8892 5115. ⏰ nur für Führungen, Sa 10.30, 12, So 14.15, 15.30 Uhr. 📷 ♿ teilweise. 📕 📧 📕
🌐 englishheritage.org.uk

🏛 **Ham House**
Ham St, Richmond. 📞 (020) 8940 1950. ⏰ Jan–März: nur Führungen, tägl. stündl. 12–15 Uhr (Sa, So bis 16 Uhr); Apr–Dez: tägl. 12–16 Uhr. **Park** ⏰ tägl. 📷 ♿ 📧
NT 🌐 nationaltrust.org.uk/ham-house

🏛 **Syon House**
London Rd, Brentford. 📞 (020) 8560 0882. **Haus** ⏰ Mitte März–Okt: Mi, Do, So, Feiertage 11–17 Uhr (letzter Einlass 16 Uhr). **Park** ⏰ tägl. (Winter: Sa, So). 📷 📕 ♿ nur Park. 📧 📕 🌐 syonpark.co.uk

🌿 **Kew Gardens**
Royal Botanic Gdns, Kew Green, Richmond. 📞 (020) 8332 5655. ⏰ tägl. ab 10 Uhr (Schließzeiten s. Website). ⛔ 1. Jan., 24., 25. Dez.
📷 📕 📕 📕 📧 📕 🌐 kew.org

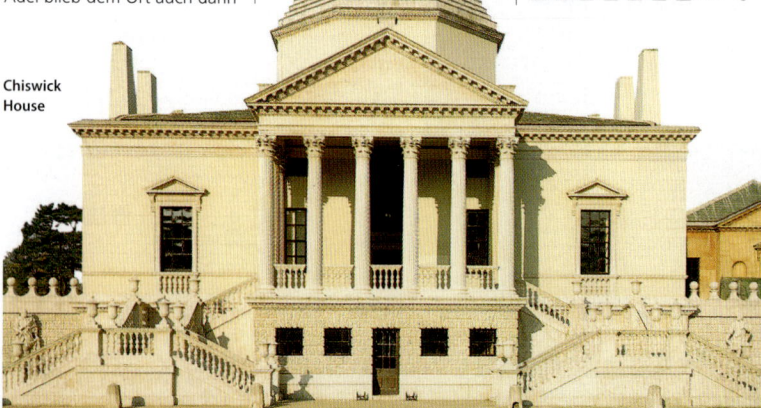

Chiswick House

STADTPLAN | **131**

Stadtplan

Die Kartenverweise für Sehenswürdigkeiten, Hotels, Restaurants, Läden und Unterhaltungsstätten im Zentrum Londons beziehen sich auf das unten abgebildete Areal. Im *Stadtplan* sind Hauptattraktionen ebenso vermerkt wie praktische Infos (Underground-Stationen, Bahnhöfe und Bushaltestellen). Die Übersichtskarte unten zeigt den Teil Londons, den der folgende *Stadtplan* abdeckt. Die vier Hauptgebiete im Stadtzentrum (rot) sind auf den hinteren Umschlaginnenseiten abgebildet.

Die Londoner Skyline mit Themse und der Waterloo Bridge im Vordergrund

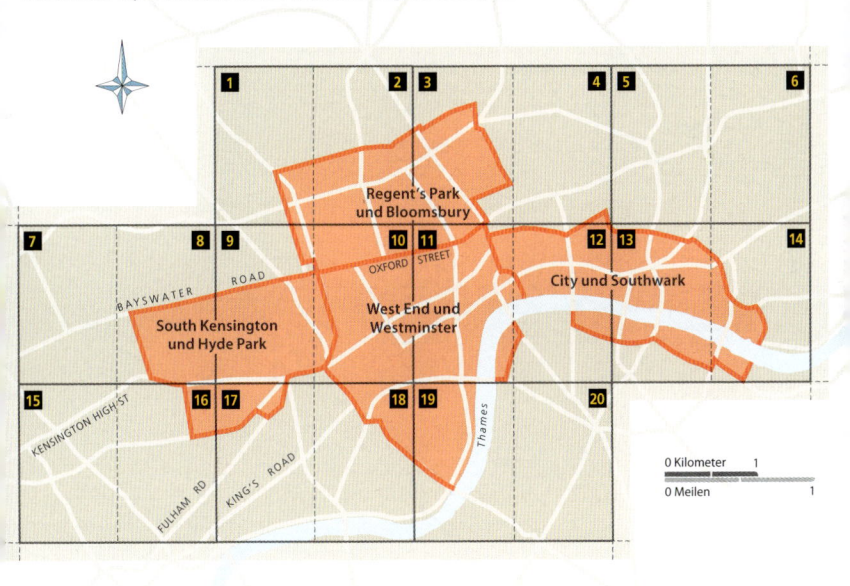

Regent's Park und Bloomsbury

OXFORD STREET

BAYSWATER ROAD

South Kensington und Hyde Park

West End und Westminster

City und Southwark

KENSINGTON HIGH ST

FULHAM RD

KING'S ROAD

Thames

0 Kilometer 1
0 Meilen 1

Legende

- Hauptsehenswürdigkeit
- Andere Sehenswürdigkeit
- Gebäude
- Underground-Station
- Bahnhof
- Bus
- Bootsanlegestelle
- Information
- Krankenhaus mit Notaufnahme
- Polizei
- Kirche
- Synagoge
- Eisenbahn
- Autobahn
- Fußgängerzone
- «56 Hausnummer (Hauptstraße)

Maßstab der Karte

0 Meter 200
0 Yards 200

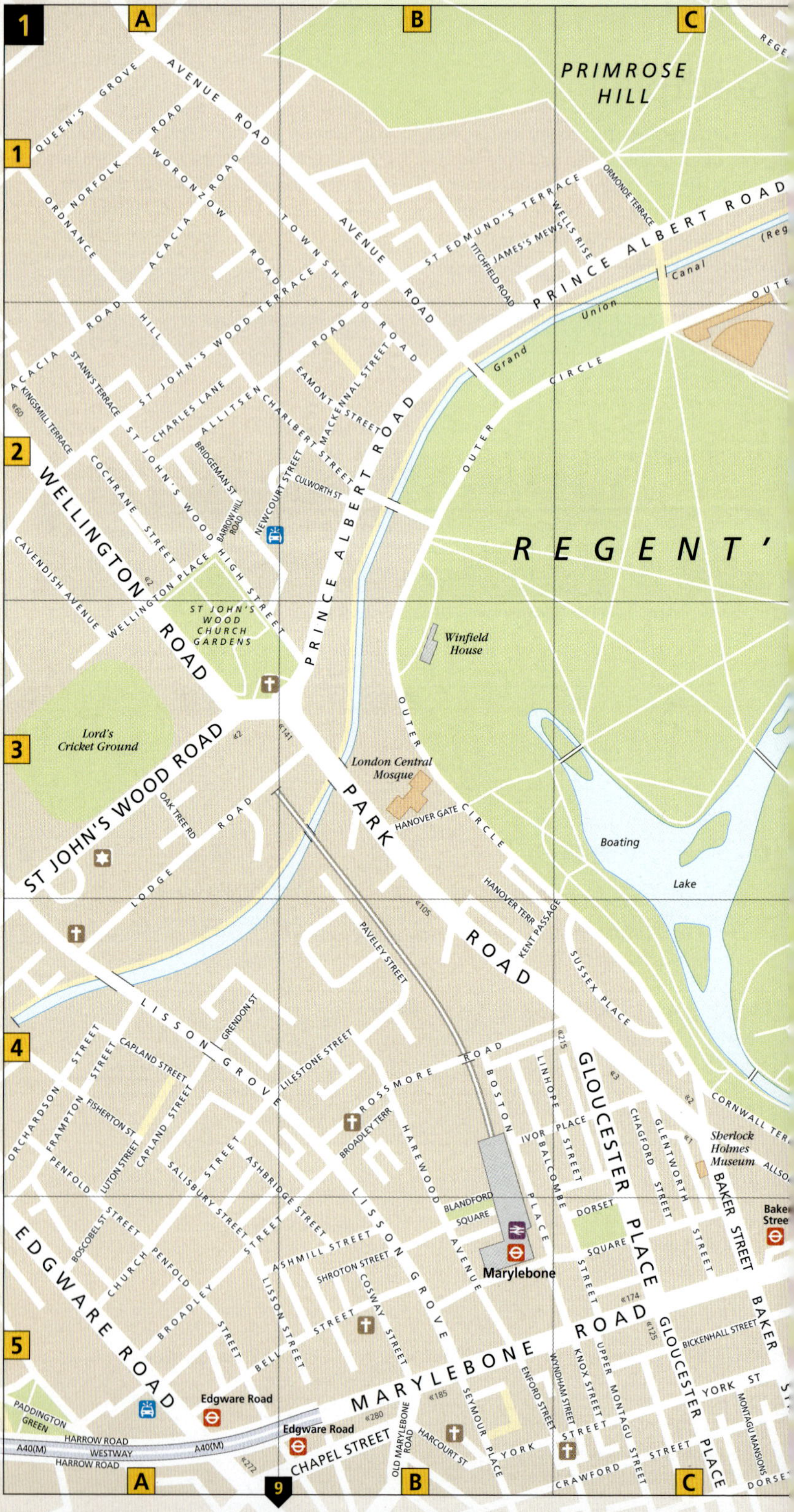

1
A
B
C
PRIMROSE HILL
REGENT'
Lord's Cricket Ground
London Central Mosque
Winfield House
ST JOHN'S WOOD CHURCH GARDENS
Boating Lake
Sherlock Holmes Museum
Marylebone
Edgware Road
Baker Street
AVENUE ROAD
PRINCE ALBERT ROAD
WELLINGTON ROAD
ST JOHN'S WOOD ROAD
PARK ROAD
LISSON GROVE
EDGWARE ROAD
MARYLEBONE ROAD
GLOUCESTER PLACE
BAKER STREET
OUTER CIRCLE
Grand Union Canal
HARROW ROAD
WESTWAY
A40(M)
PADDINGTON GREEN
CHAPEL STREET
9

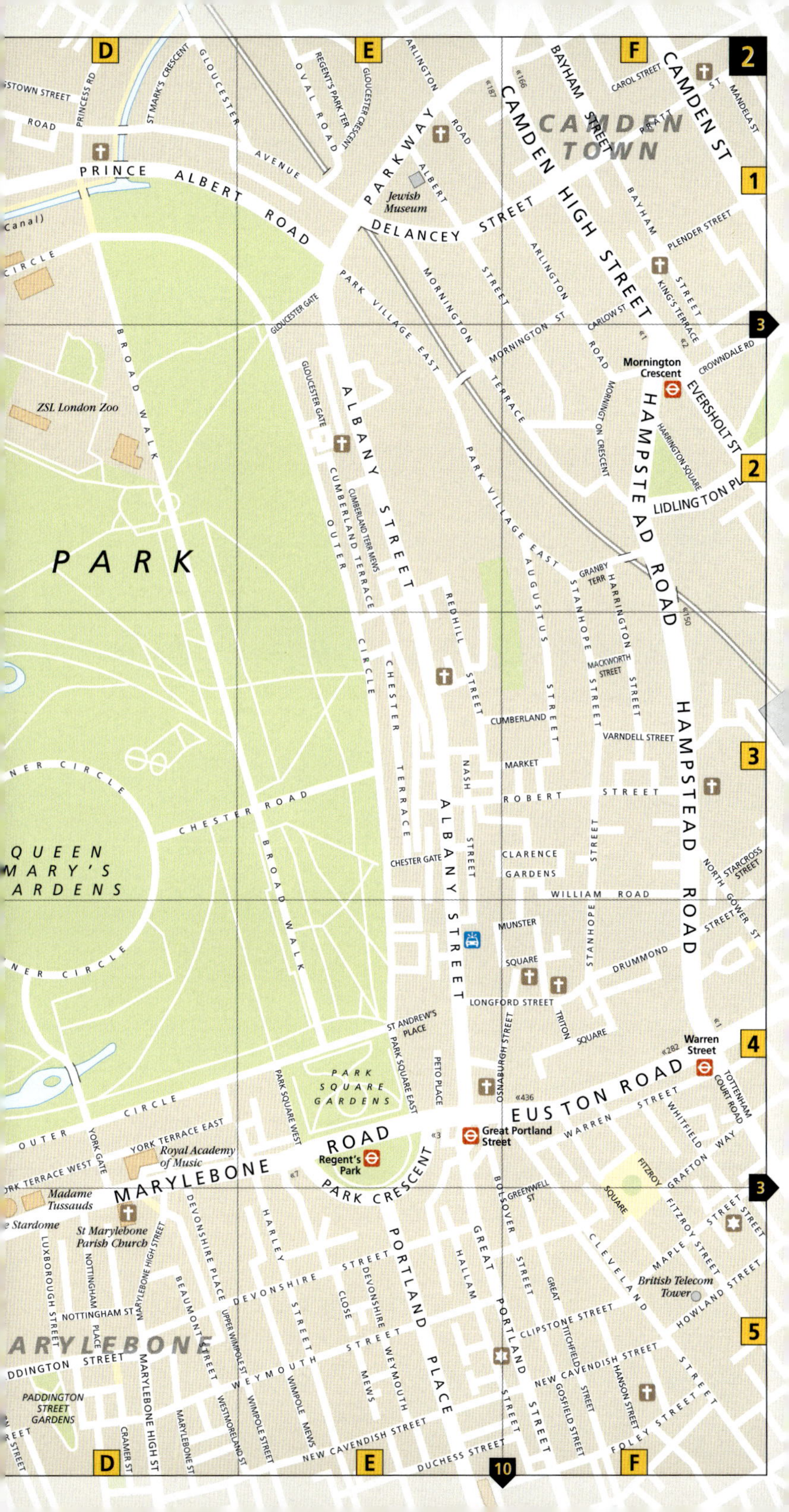

D
E
F
2
1
2
3
4
5
3
3
10
CAMDEN TOWN
Jewish Museum
ZSL London Zoo
PARK
QUEEN MARY'S GARDENS
PARK SQUARE GARDENS
Royal Academy of Music
Madame Tussauds
St Marylebone Parish Church
British Telecom Tower
Mornington Crescent
Warren Street
Great Portland Street
Regent's Park
PRINCE ALBERT ROAD
PARKWAY
DELANCEY STREET
CAMDEN HIGH STREET
CAMDEN ST
BAYHAM STREET
ALBANY STREET
HAMPSTEAD ROAD
EUSTON ROAD
MARYLEBONE ROAD
PARK CRESCENT
PORTLAND PLACE
GREAT PORTLAND STREET
BROAD WALK
CHESTER ROAD
OUTER CIRCLE
INNER CIRCLE
GLOUCESTER AVENUE
GLOUCESTER GATE
OVAL ROAD
REGENT'S PARK TER
GLOUCESTER CRESCENT
ARLINGTON ROAD
ALBERT STREET
MORNINGTON TERRACE
MORNINGTON ST
MORNINGTON CRESCENT
PARK VILLAGE EAST
CUMBERLAND TERRACE
CUMBERLAND TERR MEWS
CHESTER TERRACE
REDHILL STREET
AUGUSTUS STREET
STANHOPE STREET
HARRINGTON STREET
HARRINGTON SQUARE
EVERSHOLT ST
CROWNDALE RD
CARLOW ST
KING'S TERRACE
PLENDER STREET
PRATT ST
CAROL STREET
MANDELA ST
LIDLINGTON PL
GRANBY TERR
MACKWORTH STREET
VARNDELL STREET
CUMBERLAND MARKET
NASH STREET
ROBERT STREET
CLARENCE GARDENS
CHESTER GATE
WILLIAM ROAD
MUNSTER SQUARE
DRUMMOND STREET
LONGFORD STREET
TRITON SQUARE
OSNABURGH STREET
ST ANDREW'S PLACE
PARK SQUARE EAST
PARK SQUARE WEST
PETO PLACE
NORTH GOWER ST
STARCROSS STREET
TOTTENHAM COURT ROAD
WARREN STREET
WHITFIELD STREET
GRAFTON WAY
FITZROY SQUARE
FITZROY STREET
CLEVELAND STREET
MAPLE STREET
HOWLAND STREET
CLIPSTONE STREET
NEW CAVENDISH STREET
HANSON STREET
FOLEY STREET
GOSFIELD STREET
GREAT TITCHFIELD STREET
BOLSOVER STREET
GREENWELL ST
GREAT PORTLAND STREET
HALLAM STREET
DUCHESS STREET
WEYMOUTH STREET
DEVONSHIRE STREET
DEVONSHIRE CLOSE
DEVONSHIRE PLACE
WEYMOUTH MEWS
HARLEY STREET
WIMPOLE STREET
WIMPOLE MEWS
UPPER WIMPOLE ST
WESTMORELAND ST
BEAUMONT STREET
MARYLEBONE HIGH STREET
MARYLEBONE HIGH ST
MARYLEBONE ST
NOTTINGHAM PLACE
NOTTINGHAM ST
LUXBOROUGH STREET
PADDINGTON STREET
PADDINGTON STREET GARDENS
CRAMER ST
YORK GATE
YORK TERRACE EAST
YORK TERRACE WEST
MARYLEBONE
PRINCESS RD
ST MARK'S CRESCENT
GLOUCESTER
ROAD
Canal)

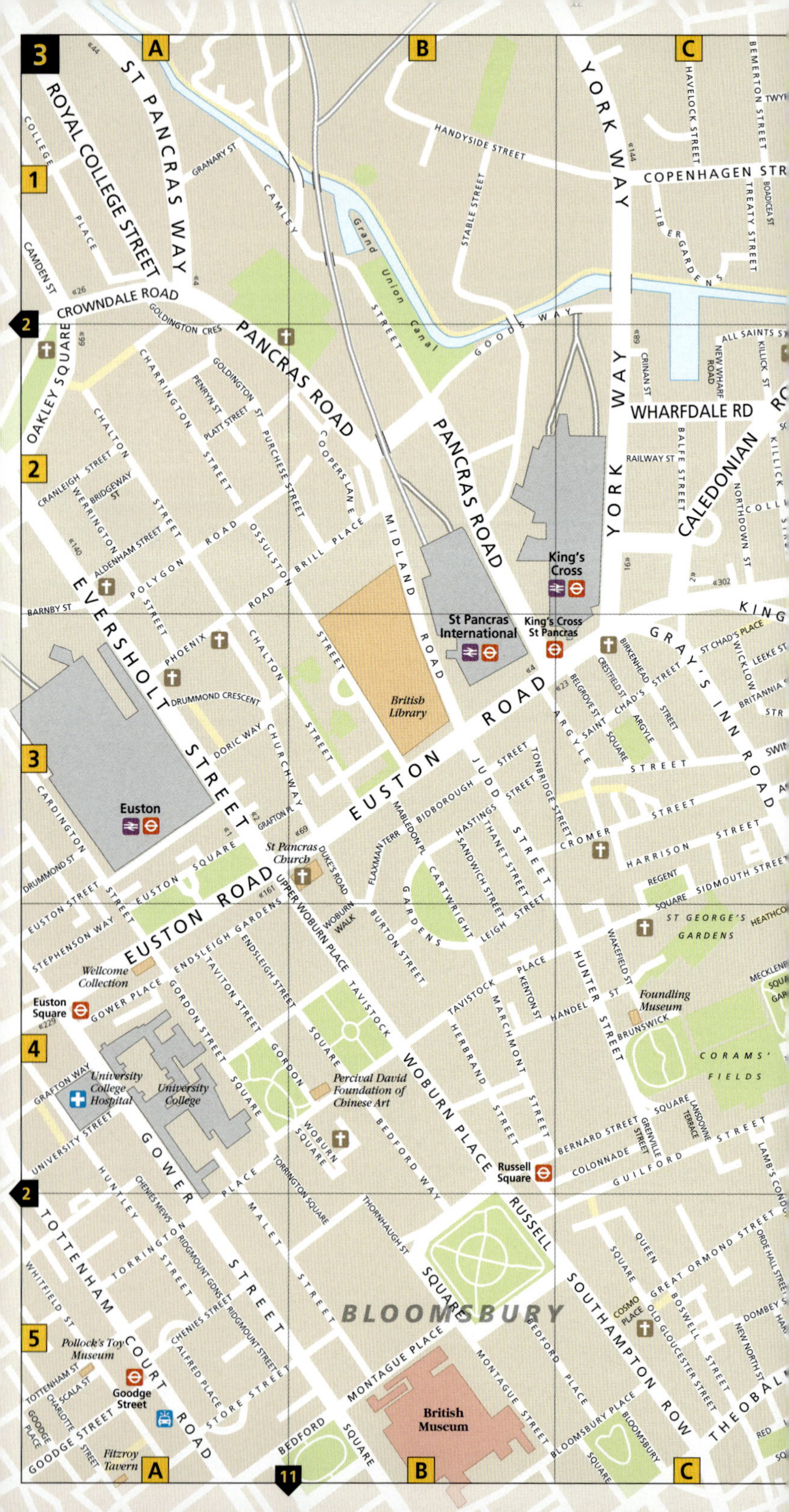
3
A
B
C
1
2
3
4
5
2
11
ROYAL COLLEGE STREET
ST PANCRAS WAY
COLLEGE
PLACE
CAMDEN ST
GRANARY ST
CAMLEY
Grand Union Canal
HANDYSIDE STREET
STABLE STREET
YORK WAY
HAVELOCK STREET
BEMERTON STREET
COPENHAGEN STR
TIBER GARDENS
TREATY STREET
BOADICEA ST
CROWNDALE ROAD
GOLDINGTON CRES
PANCRAS ROAD
OAKLEY SQUARE
CHARRINGTON
GOLDINGTON
PENRYN ST
PLATT STREET
PURCHESE STREET
COOPERS LANE
MIDLAND ROAD
GOODS WAY
ALL SAINTS ST
KILLICK ST
NEW WHARF ROAD
CRINAN ST
WHARFDALE RD
RAILWAY ST
BALFE STREET
CALEDONIAN
NORTHDOWN ST
CHALTON
CRANLEIGH STREET
BRIDGEWAY ST
WERRINGTON
ALDENHAM STREET
STREET
ROAD
OSSULSTON
BRILL PLACE
POLYGON
King's Cross
St Pancras International
King's Cross St Pancras
KING
GRAY'S INN ROAD
ST CHAD'S PLACE
WICKLOW
LEEKE ST
BRITANNIA
BARNBY ST
EVERSHOLT STREET
PHOENIX
DRUMMOND CRESCENT
CHALTON
British Library
BIRKENHEAD
CRESTFIELD ST
BELGROVE ST
ARGYLE
SAINT CHAD'S
ARGYLE SQUARE
ARGYLE STREET
DORIC WAY
CHURCHWAY
EUSTON ROAD
JUDD STREET
TONBRIDGE STREET
Euston
CARDINGTON
GRAFTON PL
MABLEDON PL
BIDBOROUGH
HASTINGS
SANDWICH STREET
THANET STREET
CROMER
HARRISON
REGENT SQUARE
SIDMOUTH STREET
St Pancras Church
DUKE'S ROAD
FLAXMAN TERR
CARTWRIGHT GARDENS
LEIGH STREET
ST GEORGE'S GARDENS
HEATHCOTE
DRUMMOND ST
EUSTON SQUARE
EUSTON STREET
STEPHENSON WAY
UPPER WOBURN PLACE
WOBURN WALK
BURTON STREET
ENDSLEIGH GARDENS
ENDSLEIGH STREET
TAVITON STREET
Wellcome Collection
Euston Square
GOWER PLACE
GORDON STREET
TAVISTOCK SQUARE
TAVISTOCK PLACE
KENTON ST
MARCHMONT STREET
HUNTER STREET
WAKEFIELD ST
HANDEL ST
BRUNSWICK SQUARE
Foundling Museum
MECKLENBURGH SQUARE
CORAMS' FIELDS
GRAFTON WAY
University College Hospital
University College
GORDON SQUARE
Percival David Foundation of Chinese Art
WOBURN PLACE
HERBRAND STREET
UNIVERSITY STREET
WOBURN SQUARE
BEDFORD WAY
BERNARD STREET
GRENVILLE STREET
LANSDOWNE TERRACE
COLONNADE
GUILFORD STREET
Russell Square
LAMB'S CONDUIT
HUNTLEY STREET
GOWER STREET
TORRINGTON SQUARE
MALET STREET
TOTTENHAM COURT ROAD
CHENIES MEWS
TORRINGTON PLACE
RIDGMOUNT GDNS
THORNHAUGH ST
RUSSELL SQUARE
QUEEN SQUARE
GREAT ORMOND STREET
ORDE HALL STREET
WHITFIELD ST
CHENIES STREET
RIDGMOUNT STREET
BLOOMSBURY
SOUTHAMPTON ROW
COSMO PLACE
OLD GLOUCESTER STREET
BOSWELL STREET
DOMBEY
NEW NORTH ST
THEOBALDS
Pollock's Toy Museum
TOTTENHAM ST
SCALA ST
CHARLOTTE STREET
Goodge Street
ALFRED PLACE
STORE STREET
MONTAGUE PLACE
BEDFORD SQUARE
British Museum
MONTAGUE STREET
BEDFORD PLACE
BLOOMSBURY PLACE
BLOOMSBURY SQUARE
GOODGE PLACE
GOODGE STREET
Fitzroy Tavern
RED

D
E
F
4
1
2
3
4
5
5
5
12
ISLINGTON
FINSBURY
CALEDONIAN ROAD
MATILDA STREET
HEMINGFORD ROAD
PRICE'S YARD
COPENHAGEN STREET
212»
MURIEL ST
CHARLOTTE TERR
CARNEGIE STREET
HALFMOON CRESCENT
BARNSBURY ROAD
CLOUDESLEY ROAD
STONEFIELD ST
CLOUDESLEY SQUARE
CLOUDESLEY STREET
CLOUDESLEY PLACE
BATCHELOR STREET
LIVERPOOL ROAD
THEBERTON STREET
GIBSON SQUARE
BARFORD STREET
ST MARY'S PATH
GASKIN STREET
ESSEX ROAD
PACKINGTON STREET
UPPER STREET
ISLINGTON GREEN GARDENS
71»
ST PETER'S STREET
CRUDEN STREET
RALEIGH STREET
CAMDEN PASSAGE
CAMDEN WALK
CHARLTON PL
GRANTBRIDGE ST
35»
PARKFIELD STREET
MAYGOOD ST
DEWEY STREET
TOLPUDDLE STREET
NFORD ROAD
RODNEY STREET
ISLINGTON HIGH ST
DUNCAN STREET
COLEBROOKE ROW
TERRACE
GERRARD ROAD
NOEL ROAD
DANBURY STREET
BURGH STREET
VINCENT TERRACE
CHAPEL MARKET
GRANT ST
RISINGHILL STREET
GODSON ST
BARON STREET
WHITE LION STREET
PENTON STREET
41»
84»
ISLINGTON HIGH ST
2»
Angel
DUNCAN TERRACE
ELIA STREET
SUDELEY ST
CITY GDN ROW
STREET
CUMMING STREET
DONEGAL STREET
CYNTHIA ST
PENTONVILLE ROAD
«133
CLAREMONT SQUARE
CLAREMONT CLOSE
ST JOHN STREET
«389
CITY ROAD
NELSON PL
GOSWELL ROAD
«328
WAKLEY STREET
OWEN ST
MYDDELTON SQUARE
CHADWELL STREET
PENTON RISE
WESTON RISE
HOLFORD STREET
VERNON RISE
PERCY CIRCUS
GT PERCY STREET
LLOYD STREET
AMWELL STREET
INGLEBERT STREET
RIVER STREET
MYDDELTON PASSAGE
FRIEND STREET
PAGET ST
HERMIT ST
RAWSTORNE STREET
HALL STREET
MORELAND STREET
PRIDEAUX PL
KING'S CROSS ROAD
WHARTON STREET
LLOYD BAKER STREET
GRANVILLE SQUARE
LLOYD SQUARE
CUBITT STREET
HARDWICK ST
ROSEBERY AVENUE
LLOYD'S ROW
WYNYATT STREET
SPENCER STREET
NORTHAMPTON SQUARE
ASHBY ST
SEBASTIAN ST
WYCLIF ST
TOMPION ST
MEREDITH STREET
WILMINGTON SQUARE
YARDLEY STREET
MARGERY STREET
ATTNEAVE STREET
MYDDELTON STREET
SKINNER STREET
PERCIVAL STREET
MALTA STREET
CYRUS STREET
ST ANDREW'S GARDENS
PAKENHAM STREET
CALTHORPE STREET
WREN STREET
GRAY'S INN ROAD
PHOENIX PLACE
EXMOUTH MARKET
SPA FIELDS
NORTHAMPTON ROAD
CORPORATION ROW
WOODBRIDGE STREET
COMPTON STREET
BOWLING GREEN LANE
SANS WALK
DALLINGTON STREET
NORTHBURGH STREET
FARRINGDON ROAD
GOUGH STREET
BROWNLOW MEWS
COLEY ST
MOUNT PLEASANT
CRAWFORD PASSAGE
CLERKENWELL CLOSE
AYLESBURY STREET
GREAT SUTTON STREET
BERRY STREET
Charles Dickens Museum
WARNER STREET
EYRE STREET HILL
RAY ST
FARRINGDON LA
CLERKENWELL GREEN
ST JOHN'S SQUARE
ROGER STREET
ELM ST
LAYSTALL STREET
BACK HILL
HERBAL HILL
CLERKENWELL ROAD
JOHN'S MEWS
JOHN'S STREET
NORTHINGTON STREET
TURNMILL STREET
BRITTON STREET
ST JOHN'S LANE
ALBION PL
EAGLE COURT
JAMES STREET
HATTON GARDEN
HATTON PLACE
SAFFRON HILL
PORTPOOL LANE
LEATHER LANE
ST CROSS STREET
KIRBY STREET
BENJAMIN ST
Farringdon
COWCROSS ST
CHARTERHOUSE SQUARE
GRAY'S INN GARDENS
RAYMOND BUILDINGS
JOCKEY'S FIELDS
BEDFORD ROW
PRINCETON STREET
Gray's Inn
BALDWINS GARDENS
GREVILLE STREET
CHARTERHOUSE STREET
LONG LANE
CLOTH FAIR
BROOKE STREET
FULWOOD PL
Chancery Lane
St Etheldreda's
Smithfield Market
St Bartholomew-the-Great

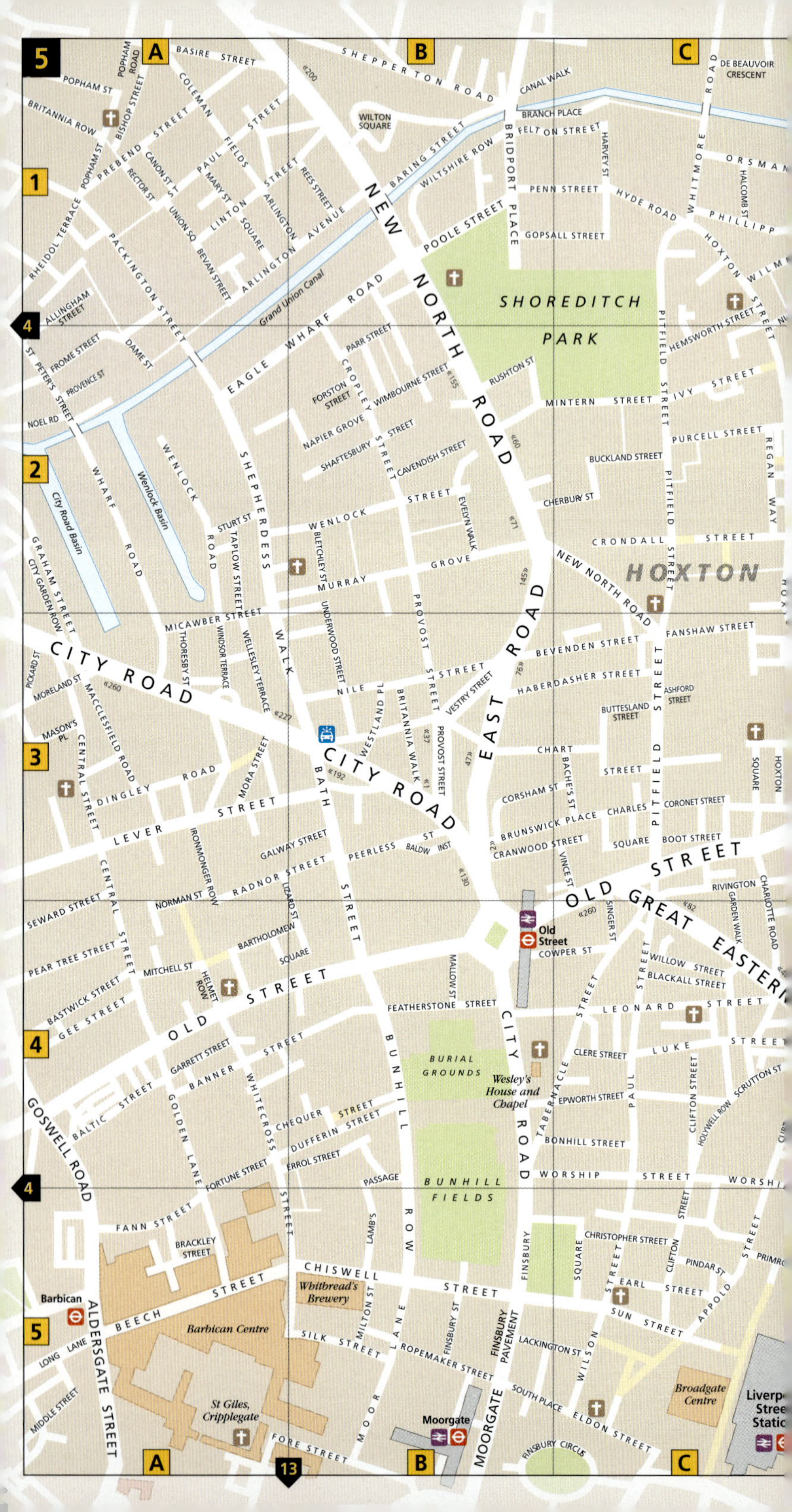
5
A
B
C
1
2
3
4
5
4
13
SHOREDITCH PARK
HOXTON
NEW NORTH ROAD
EAST ROAD
CITY ROAD
OLD STREET
GREAT EASTERN
GOSWELL ROAD
ALDERSGATE STREET
Grand Union Canal
City Road Basin
Wenlock Basin
BURIAL GROUNDS
Wesley's House and Chapel
BUNHILL FIELDS
Whitbread's Brewery
Barbican Centre
St Giles, Cripplegate
Barbican
Old Street
Moorgate
Broadgate Centre
Liverpool Street Station
BASIRE STREET
SHEPPERTON ROAD
CANAL WALK
DE BEAUVOIR CRESCENT
POPHAM ROAD
POPHAM ST
BRITANNIA ROW
BISHOP STREET
COLEMAN FIELDS
PREBEND STREET
CANON ST
RECTOR ST
UNION SQ
PAUL STREET
MARY ST
LINTON STREET
ARLINGTON SQUARE
ARLINGTON AVENUE
REES STREET
BEVAN STREET
WILTON SQUARE
BARING STREET
WILTSHIRE ROW
BRIDPORT PLACE
BRANCH PLACE
FELTON STREET
HARVEY ST
WHITMORE ROAD
ORSMAN
HALCOMB ST
PHILLIPP
PENN STREET
HYDE ROAD
POOLE STREET
GOPSALL STREET
HOXTON STREET
WILMER
RHEIDOL TERRACE
PACKINGTON STREET
ALLINGHAM STREET
FROME STREET
DAME ST
ST PETER'S STREET
PROVENCE ST
NOEL RD
EAGLE WHARF ROAD
PARR STREET
CROPLEY STREET
FORSTON STREET
WIMBOURNE STREET
NAPIER GROVE
SHAFTESBURY STREET
CAVENDISH STREET
RUSHTON ST
MINTERN STREET
PITFIELD STREET
HEMSWORTH STREET
IVY STREET
PURCELL STREET
REGAN WAY
BUCKLAND STREET
CHERBURY ST
CRONDALL STREET
WHARF ROAD
WENLOCK ROAD
SHEPHERDESS WALK
STURT ST
TAPLOW STREET
WENLOCK STREET
EVELYN WALK
BLETCHLEY ST
GROVE
MURRAY
GRAHAM STREET
CITY GARDEN ROW
MICAWBER STREET
THORESBY ST
WINDSOR TERRACE
WELLESLEY TERRACE
UNDERWOOD STREET
PROVOST STREET
FANSHAW STREET
BEVENDEN STREET
HABERDASHER STREET
ASHFORD STREET
BUTTESLAND STREET
PICKARD ST
MORELAND ST
MACCLESFIELD ROAD
MASON'S PL
NILE STREET
WESTLAND PL
BRITANNIA WALK
VESTRY STREET
CHART STREET
BACHE'S ST
CORSHAM ST
CHARLES SQUARE
CORONET STREET
BRUNSWICK PLACE
CRANWOOD STREET
BOOT STREET
CENTRAL STREET
DINGLEY ROAD
MORA STREET
LEVER STREET
IRONMONGER ROW
GALWAY STREET
PEERLESS ST
BALDWIN ST
RADNOR STREET
NORMAN ST
LIZARD ST
BATH STREET
VINCE ST
RIVINGTON
GARDEN WALK
CHARLOTTE ROAD
SEWARD STREET
PEAR TREE STREET
BARTHOLOMEW SQUARE
MITCHELL ST
HELMET ROW
COWPER ST
SINGER ST
WILLOW STREET
BLACKALL STREET
BASTWICK STREET
GEE STREET
MALLOW ST
FEATHERSTONE STREET
LEONARD STREET
GARRETT STREET
BANNER STREET
WHITECROSS STREET
CLERE STREET
LUKE STREET
SCRUTTON ST
BALTIC STREET
GOLDEN LANE
CHEQUER STREET
DUFFERIN STREET
TABERNACLE STREET
EPWORTH STREET
PAUL STREET
CLIFTON STREET
HOLYWELL ROW
BONHILL STREET
ERROL STREET
FORTUNE STREET
PASSAGE
BUNHILL ROW
WORSHIP STREET
FANN STREET
BRACKLEY STREET
LAMB'S
CHRISTOPHER STREET
PINDAR ST
PRIMROSE
CHISWELL STREET
FINSBURY SQUARE
EARL STREET
APPOLD STREET
BEECH STREET
LONG LANE
MIDDLE STREET
SILK STREET
MILTON ST
FINSBURY ST
FINSBURY PAVEMENT
ROPEMAKER STREET
LACKINGTON ST
WILSON STREET
SUN STREET
MOOR LANE
SOUTH PLACE
ELDON STREET
MOORGATE
FINSBURY CIRCUS
FORE STREET

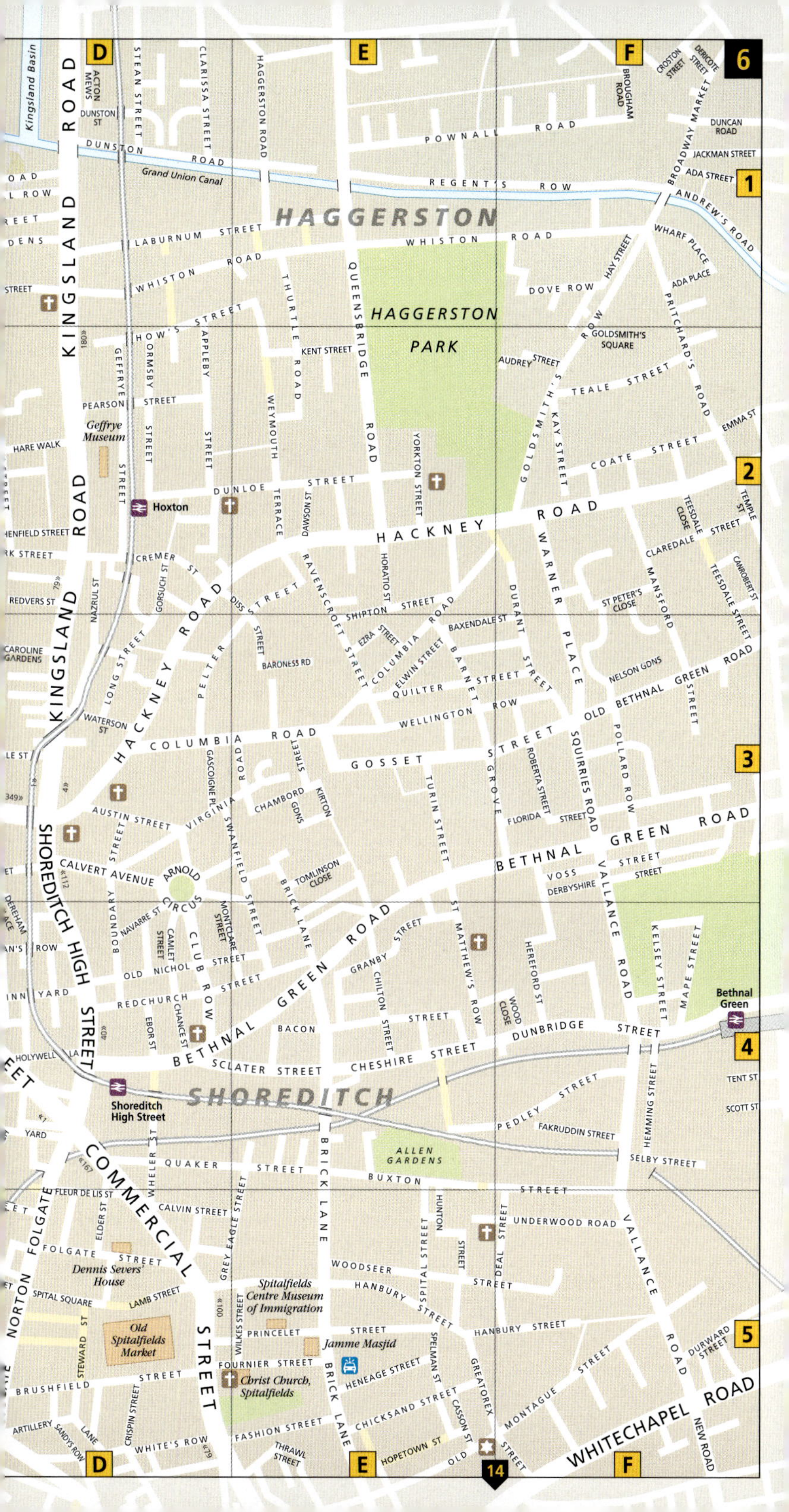

D
E
F
6
1
2
3
4
5
14
HAGGERSTON
HAGGERSTON PARK
SHOREDITCH
Kingsland Basin
Grand Union Canal
KINGSLAND ROAD
SHOREDITCH HIGH STREET
COMMERCIAL STREET
HACKNEY ROAD
BETHNAL GREEN ROAD
OLD BETHNAL GREEN ROAD
WHITECHAPEL ROAD
REGENT'S ROW
DUNSTON ROAD
POWNALL ROAD
WHISTON ROAD
LABURNUM STREET
HOW'S STREET
PEARSON STREET
DUNLOE STREET
QUEENSBRIDGE ROAD
HAGGERSTON ROAD
CLARISSA STREET
STEAN STREET
ACTON MEWS
DUNSTON ST
THURTLE ROAD
KENT STREET
WEYMOUTH TERRACE
APPLEBY STREET
ORMSBY STREET
GEFFRYE STREET
HARE WALK
Geffrye Museum
Hoxton
YORKTON STREET
GOLDSMITH'S ROW
GOLDSMITH'S SQUARE
AUDREY STREET
TEALE STREET
KAY STREET
COATE STREET
EMMA ST
PRITCHARD'S ROAD
HAY STREET
DOVE ROW
WHARF PLACE
ADA PLACE
ANDREW'S ROAD
BROADWAY MARKET
BROUGHAM ROAD
CROSTON STREET
DERICOTE STREET
DUNCAN ROAD
JACKMAN STREET
ADA STREET
TEMPLE ST
TEESDALE CLOSE
TEESDALE STREET
CLAREDALE STREET
CAMROBERT ST
MANSFORD STREET
ST PETER'S CLOSE
NELSON GDNS
WARNER PLACE
DURANT STREET
HORATIO ST
DAWSON ST
RAVENSCROFT STREET
SHIPTON STREET
EZRA STREET
COLUMBIA ROAD
ELWIN STREET
BAXENDALE ST
BARNET GROVE
QUILTER STREET
WELLINGTON ROW
GOSSET STREET
ROBERTA STREET
SQUIRRIES STREET
POLLARD ROW
FLORIDA STREET
VOSS STREET
DERBYSHIRE STREET
VALLANCE ROAD
KELSEY STREET
MAPE STREET
Bethnal Green
CREMER STREET
GORSUCH ST
NAZRUL ST
DISS STREET
BARONESS RD
PELTER STREET
LONG STREET
WATERSON ST
HENFIELD STREET
REDVERS ST
CAROLINE GARDENS
GASCOIGNE PL
VIRGINIA ROAD
SWANFIELD STREET
CHAMBORD STREET
KIRTON GDNS
TURIN STREET
AUSTIN STREET
CALVERT AVENUE
ARNOLD CIRCUS
TOMLINSON CLOSE
BRICK LANE
BOUNDARY STREET
NAVARRE ST
CAMLET STREET
MONTCLARE STREET
CLUB ROW
OLD NICHOL STREET
REDCHURCH STREET
CHANCE ST
EBOR ST
GRANBY STREET
CHILTON STREET
ST MATTHEW'S ROW
HEREFORD ST
WOOD CLOSE
BACON STREET
SCLATER STREET
CHESHIRE STREET
DUNBRIDGE STREET
HOLYWELL LANE
Shoreditch High Street
PEDLEY STREET
FAKRUDDIN STREET
HEMMING STREET
TENT ST
SCOTT ST
SELBY STREET
ALLEN GARDENS
QUAKER STREET
BUXTON STREET
WHEELER ST
FLEUR DE LIS ST
ELDER ST
CALVIN STREET
FOLGATE STREET
NORTON FOLGATE
GREY EAGLE STREET
HUNTON STREET
UNDERWOOD ROAD
DEAL STREET
WOODSEER STREET
HANBURY STREET
SPITAL STREET
Dennis Severs' House
SPITAL SQUARE
LAMB STREET
Spitalfields Centre Museum of Immigration
WILKES STREET
PRINCELET STREET
Jamme Masjid
Old Spitalfields Market
STEWARD ST
FOURNIER STREET
Christ Church, Spitalfields
HENEAGE STREET
SPELMAN ST
GREATOREX STREET
DURWARD STREET
BRUSHFIELD STREET
CRISPIN STREET
ARTILLERY LANE
SANDYS ROW
WHITE'S ROW
FASHION STREET
THRAWL STREET
CHICKSAND STREET
CASSON ST
HOPETOWN ST
OLD MONTAGUE STREET
NEW ROAD

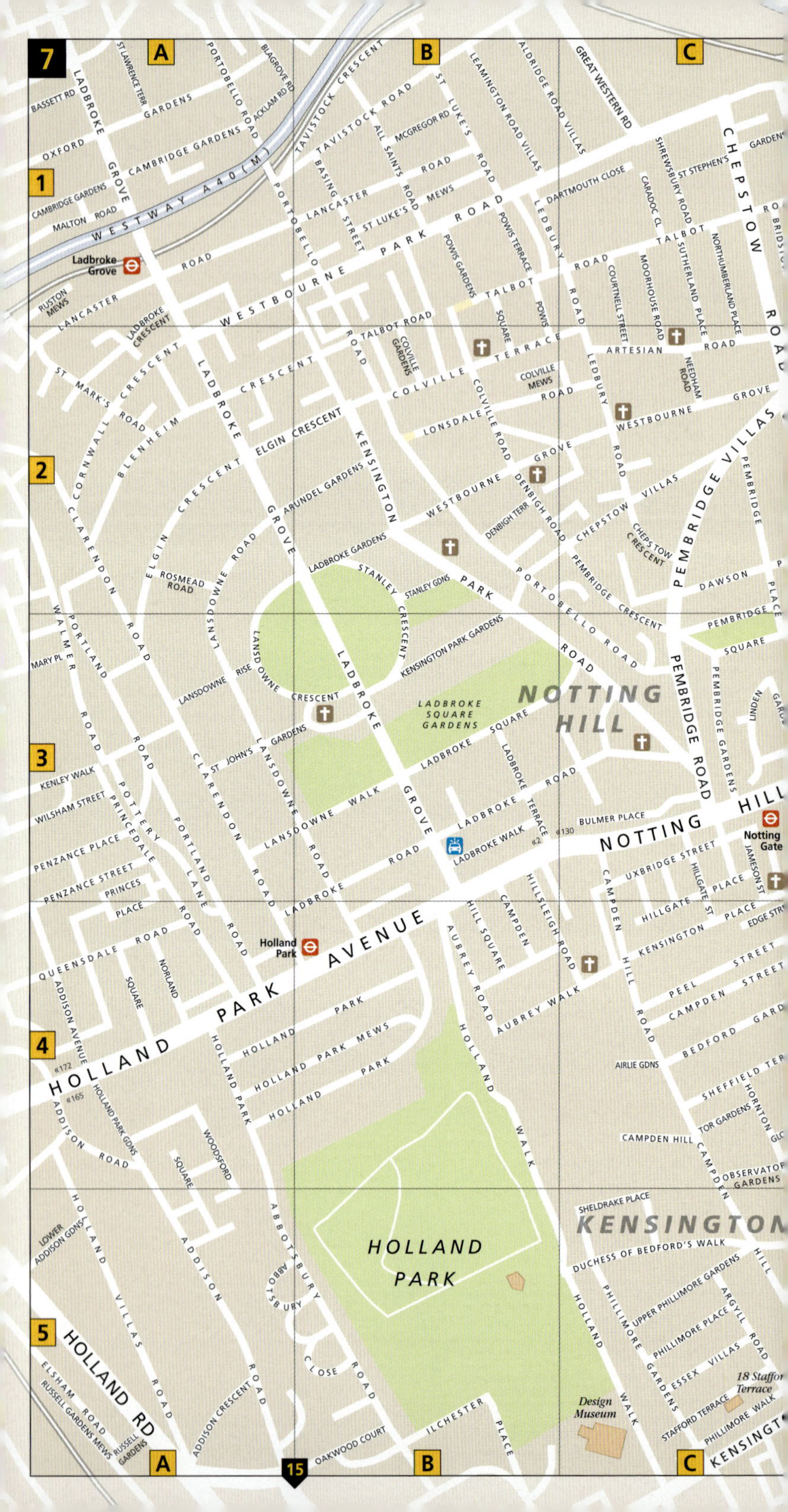
7
A
B
C
1
2
3
4
5
15
NOTTING HILL
KENSINGTON
HOLLAND PARK
LADBROKE SQUARE GARDENS
Ladbroke Grove
Holland Park
Notting Gate
Design Museum
18 Stafford Terrace
WESTWAY A40(M)
LADBROKE GROVE
WESTBOURNE PARK ROAD
PORTOBELLO ROAD
HOLLAND PARK AVENUE
NOTTING HILL
PEMBRIDGE ROAD
PEMBRIDGE VILLAS
CHEPSTOW ROAD
KENSINGTON PARK ROAD
ELGIN CRESCENT
LANSDOWNE ROAD
CLARENDON ROAD
HOLLAND RD
HOLLAND WALK
CAMPDEN HILL ROAD
ADDISON ROAD
ABBOTSBURY ROAD
ILCHESTER PLACE
OAKWOOD COURT
TALBOT ROAD
COLVILLE TERRACE
LONSDALE ROAD
WESTBOURNE GROVE
LEDBURY ROAD
ST LUKE'S ROAD
TAVISTOCK CRESCENT
GREAT WESTERN RD
ALDRIDGE ROAD VILLAS
LEAMINGTON ROAD VILLAS
BLENHEIM CRESCENT
CORNWALL CRESCENT
ST MARK'S ROAD
ARUNDEL GARDENS
STANLEY CRESCENT
KENSINGTON PARK GARDENS
ST JOHN'S GARDENS
POTTERY LANE
PORTLAND ROAD
WALMER ROAD
QUEENSDALE ROAD
ADDISON AVENUE
HOLLAND PARK MEWS
HOLLAND VILLAS ROAD
PHILLIMORE GARDENS
DUCHESS OF BEDFORD'S WALK
CAMPDEN HILL
SHELDRAKE PLACE
STAFFORD TERRACE
PHILLIMORE WALK
PEEL STREET
AIRLIE GDNS
BEDFORD GARDENS
SHEFFIELD TER
HORNTON STREET
TOR GARDENS
OBSERVATORY GARDENS

Map: Bayswater / Kensington Gardens

Grid references (top): D — WESTWAY A40(M) — E — F — 8

Streets and features (north section)

- BOURNE PARK VILLAS
- LORD HILLS BRIDGE
- 🚇 Royal Oak
- WESTBOURNE
- NORTH WHARF RD
- 🚇 Paddington
- LONDON STREET
- WESTBOURNE PARK ROAD
- DURHAM TERRACE
- WESTBOURNE GDNS
- GLOUCESTER TERRACE
- GLOUCESTER TERRACE
- BRIDGE
- EASTBOURNE TERRACE
- ALEXANDER STREET
- SUNDERLAND TER
- PORCHESTER ROAD
- PORCHESTER SQ
- ORSETT TERRACE
- TERRACE
- GLOUCESTER TERRACE
- CLEVELAND TERRACE
- EASTBOURNE MEWS
- WINSLAND ST
- NEWTON ROAD
- QUEENSWAY
- BISHOP'S
- HALLFIELD ESTATE
- GLOUCESTER MEWS
- WESTBOURNE MEWS
- CHILWORTH MEWS
- Paddington ≷
- PRAED ST
- WESTBOURNE GROVE
- GROVE
- BAYSWATER
- GLOUCESTER MEWS WEST
- CLEVELAND GARDENS
- GLOUCESTER MEWS
- CHILWORTH STREET
- SPRING STREET
- MONMOUTH
- GARWAY ROAD
- REDAN PL
- KENSINGTON GDNS SQUARE
- PORCHESTER GARDENS
- LEINSTER SQUARE
- CLEVELAND SQUARE
- QUEEN'S GARDENS
- DEVONSHIRE TERRACE
- CRAVEN TERRACE
- CONDUIT MEWS
- INSTER SQUARE
- PRINCE'S SQUARE
- SALEM RD
- QUEENSBOROUGH TERRACE
- PORCHESTER GARDENS
- LEINSTER GARDENS
- CRAVEN HILL
- BROOK MEWS NORTH
- CRAVEN TERRACE
- WESTBOURNE CRESCENT
- LANCASTER TERRACE
- MOSCOW
- ILCHESTER GDNS
- PRINCE'S
- 🚇 Bayswater
- INVERNESS MEWS
- QUEENSWAY
- INVERNESS PLACE
- CRAVEN HILL GARDENS
- CRAVEN HILL
- LANCASTER GATE
- LANCASTER GATE
- 🚇 Lancaster Gate
- CHAPEL SIDE
- PALACE COURT
- ST PETERSBURGH PLACE
- BARK PLACE
- CAROLINE PL
- ORME LANE
- ORME COURT
- INVERNESS TERRACE
- LEINSTER TERRACE
- LANCASTER GATE
- OSSINGTON STREET
- 🚇 Queensway
- BAYSWATER
- ROAD

Kensington Gardens (south section)

- The Fountains
- LANCASTER WALK
- Diana, Princess of Wales Memorial Playground
- Peter Pan Statue

KENSINGTON GARDENS

- THE BROAD WALK
- LANCASTER WALK
- Kensington Palace
- Round Pond
- PALACE AVENUE
- VICARAGE GATE
- YORK HOUSE PLACE
- DUKE'S LANE
- KENSINGTON PALACE GARDENS
- PALACE GARDENS TERRACE
- PALACE GARDENS MEWS
- THE FLOWER WALK
- Albert Memorial
- HOLLAND STREET
- OLD COURT PLACE
- CHURCH STREET
- GREEN STREET
- Kensington Roof Gardens
- YOUNG STREET
- KENSINGTON COURT
- CAMBRIDGE PLACE
- DE VERE GARDENS
- VICTORIA ROAD
- PALACE GATE
- HYDE PARK GATE
- QUEENS GATE
- JAY MEWS
- ALBERT COURT
- Royal College of Art
- Royal Albert Hall
- 🚇 High Street Kensington
- DERRY ST
- KENSINGTON SQUARE
- KENSINGTON COURT PLACE
- DOURO PL
- CANNING PLACE
- KENSINGTON GATE
- KENSINGTON GATE MEWS
- QUEENS GATE
- BREMNER RD
- Royal College of Music
- Museum of Instruments
- WRIGHT'S LANE
- ST ALBANS GROVE
- PRINCE CONSORT ROAD
- CALLENDAR ROAD

Grid references (bottom): D — E — 16 — F

9
A
B
C
1
2
3
4
5
8
17
Paddington Basin
St Mary's Hospital
SOUTH WHARF ROAD
PRAED ST
SUSSEX GARDENS
EDGWARE ROAD
OLD MARYLEBONE ROAD
HYDE PARK
The Long Water
The Serpentine
SERPENTINE ROAD
BUCK HILL WALK
THE RING
ROTTEN ROW
SOUTH CARRIAGE DRIVE
BAYSWATER ROAD
MARBLE ARCH
Marble Arch
CUMBERLAND GATE
PARK LANE
Speakers' Corner
Lancaster Gate
KENSINGTON ROAD
KNIGHTSBRIDGE
Knightsbridge
BROMPTON ROAD
SLOANE STREET
Harrods
Serpentine Gallery
Diana, Princess of Wales Memorial Fountain
ENNISMORE GARDENS
PRINCE'S GATE
PRINCE'S GARDENS
EXHIBITION ROAD
MONTROSE COURT
SEYMOUR STREET
GLOUCESTER PLACE
MONTAGU SQUARE
BRYANSTON SQUARE
GEORGE STREET
UPPER BERKELEY STREET
CONNAUGHT STREET
HYDE PARK SQUARE
HYDE PARK GARDENS
STANHOPE TERRACE
WESTBOURNE STREET

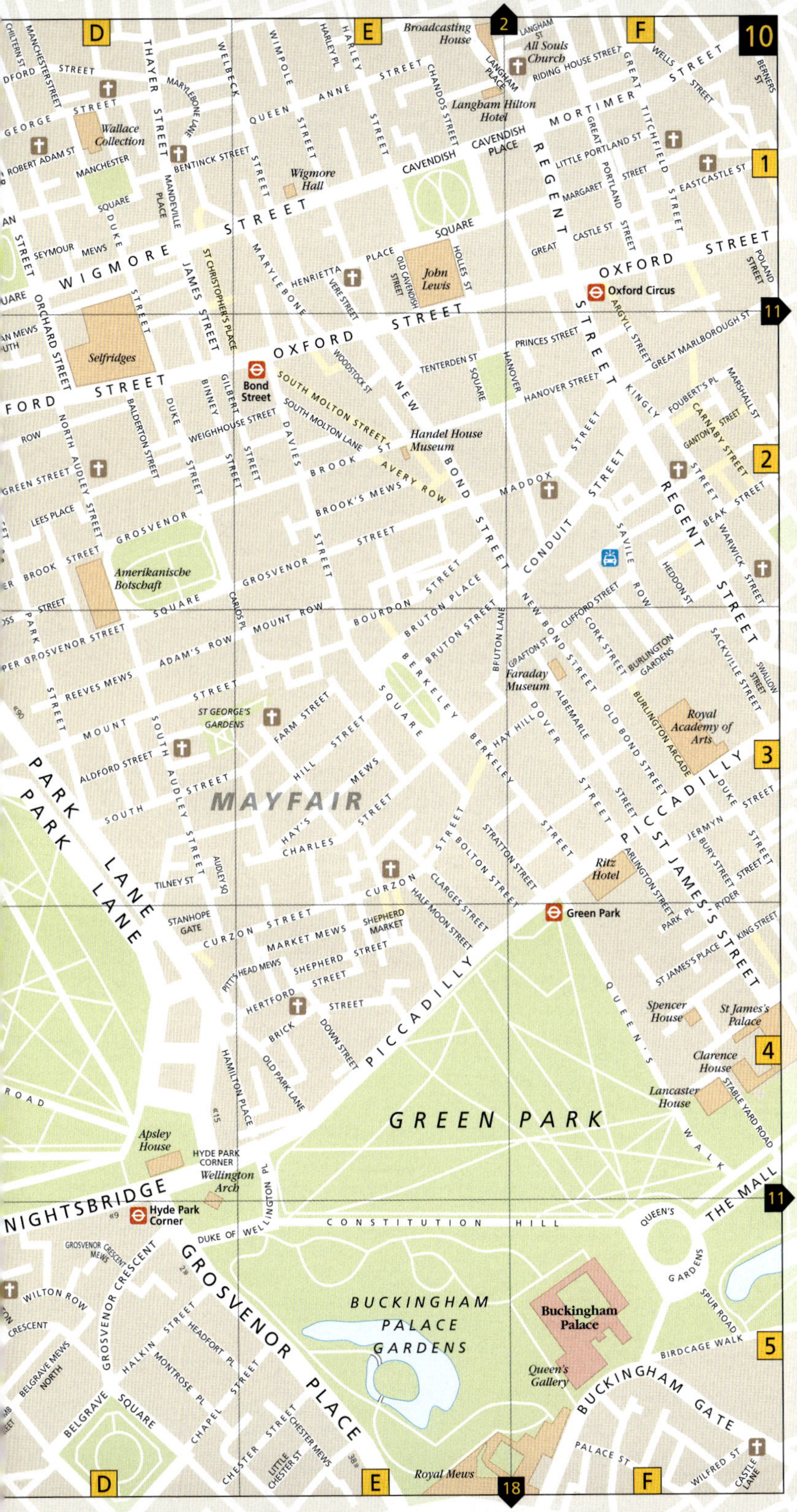

10
D
E
F
1
2
3
4
5
11
18
Broadcasting House
All Souls Church
Langham Hilton Hotel
Wallace Collection
Wigmore Hall
John Lewis
Oxford Circus
Selfridges
Bond Street
Handel House Museum
Amerikanische Botschaft
Faraday Museum
Royal Academy of Arts
MAYFAIR
Ritz Hotel
Green Park
Spencer House
St James's Palace
Clarence House
Lancaster House
GREEN PARK
Apsley House
Wellington Arch
Hyde Park Corner
BUCKINGHAM PALACE GARDENS
Buckingham Palace
Queen's Gallery
Royal Mews
WIGMORE STREET
OXFORD STREET
REGENT STREET
CAVENDISH SQUARE
MORTIMER STREET
NEW BOND STREET
CONDUIT STREET
MADDOX STREET
BROOK STREET
GROSVENOR SQUARE
GROSVENOR STREET
BERKELEY SQUARE
BRUTON STREET
BRUTON PLACE
HANOVER SQUARE
HANOVER STREET
PRINCES STREET
GREAT MARLBOROUGH STREET
CARNABY STREET
SAVILE ROW
OLD BOND STREET
ALBEMARLE STREET
DOVER STREET
PICCADILLY
ST JAMES'S STREET
JERMYN STREET
DUKE STREET
PARK LANE
CURZON STREET
SOUTH AUDLEY STREET
NORTH AUDLEY STREET
MOUNT STREET
SOUTH MOLTON STREET
DAVIES STREET
HALF MOON STREET
CLARGES STREET
BOLTON STREET
STRATTON STREET
QUEEN'S WALK
CONSTITUTION HILL
THE MALL
BIRDCAGE WALK
BUCKINGHAM GATE
GROSVENOR PLACE
KNIGHTSBRIDGE
BELGRAVE SQUARE
GROSVENOR CRESCENT
WILTON ROW
HALKIN STREET
CHAPEL STREET
CHESTER STREET
DUKE OF WELLINGTON PL
HAMILTON PLACE
OLD PARK LANE
DOWN STREET
BRICK STREET
HERTFORD STREET
SHEPHERD MARKET
STANHOPE GATE
TILNEY ST
SOUTH STREET
HILL STREET
FARM STREET
CHARLES STREET
HAY'S MEWS
ST GEORGE'S GARDENS
MANCHESTER SQUARE
BAKER STREET
THAYER STREET
MARYLEBONE LANE
WELBECK STREET
WIMPOLE STREET
HARLEY STREET
QUEEN ANNE STREET
CHANDOS STREET
LANGHAM PLACE
RIDING HOUSE STREET
GREAT PORTLAND STREET
GREAT TITCHFIELD STREET
MARGARET STREET
LITTLE PORTLAND ST
EASTCASTLE ST
GREAT CASTLE ST
POLAND STREET
ARGYLL STREET
KINGLY STREET
HOLLES ST
HENRIETTA PLACE
VERE STREET
OLD CAVENDISH STREET
WOODSTOCK ST
TENTERDEN ST
GILBERT STREET
BINNEY STREET
WEIGHHOUSE STREET
BALDERTON STREET
ORCHARD STREET
SEYMOUR MEWS
BENTINCK STREET
ROBERT ADAM ST
GEORGE STREET
ADAM'S ROW
MOUNT ROW
BOURDON STREET
CARLOS PL
REEVES MEWS
UPPER GROSVENOR STREET
ALDFORD STREET
HAY HILL
BERKELEY STREET
GRAFTON ST
CLIFFORD STREET
CORK STREET
BURLINGTON GARDENS
BURLINGTON ARCADE
SACKVILLE STREET
HEDDON ST
ARLINGTON STREET
PARK PL
BURY STREET
RYDER
KING STREET
ST JAMES'S PLACE
STABLE YARD ROAD
QUEEN'S GARDENS
SPUR ROAD
PALACE ST
WILFRED ST
CASTLE LANE

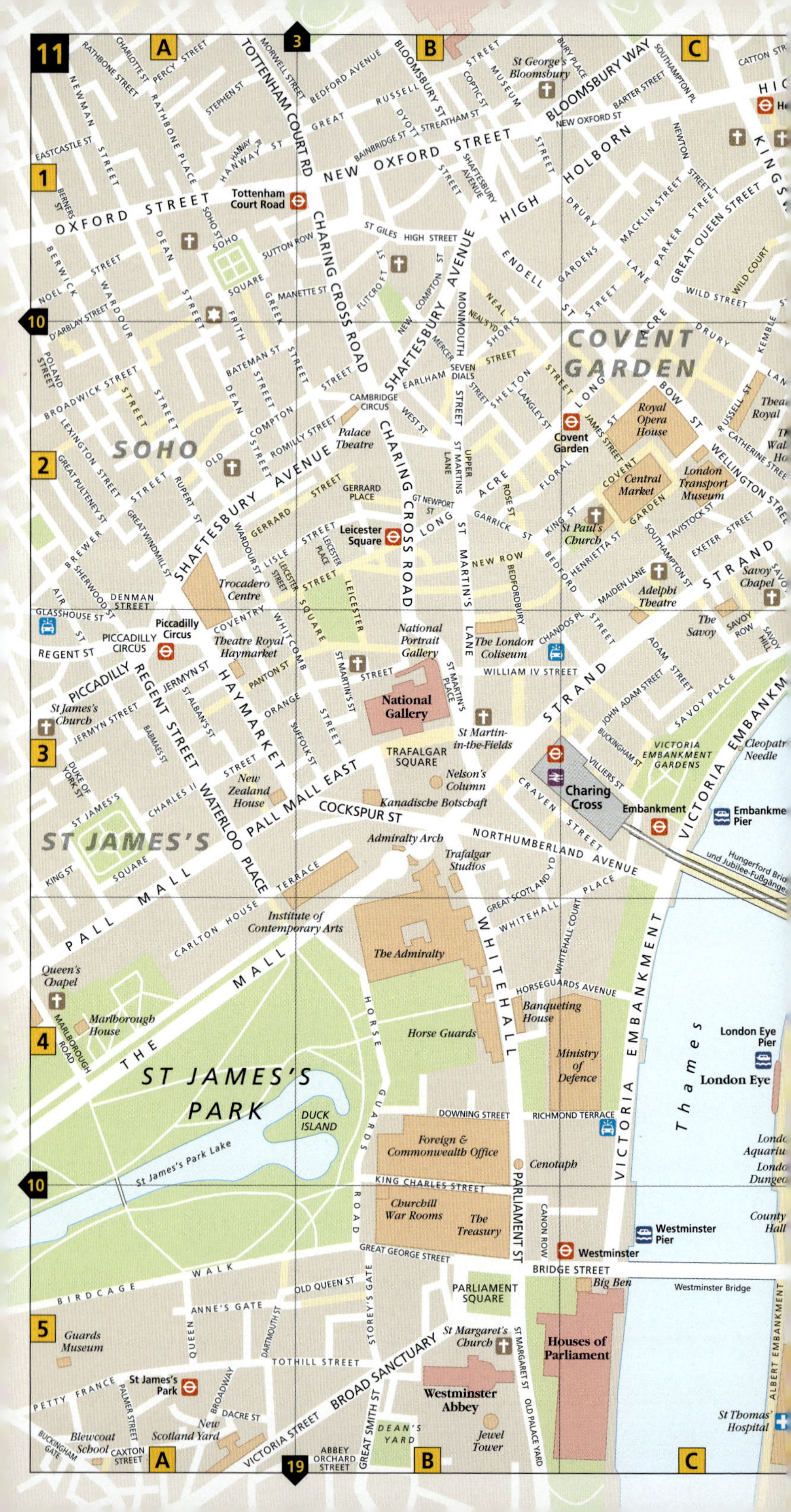

11
A
B
C
3
19
1
2
3
4
5
10
10
SOHO
COVENT GARDEN
ST JAMES'S
ST JAMES'S PARK
Thames
OXFORD STREET
NEW OXFORD STREET
TOTTENHAM COURT RD
CHARING CROSS ROAD
SHAFTESBURY AVENUE
HIGH HOLBORN
BLOOMSBURY WAY
KINGSWAY
GREAT QUEEN STREET
DRURY LANE
LONG ACRE
STRAND
REGENT STREET
PICCADILLY
HAYMARKET
PALL MALL
PALL MALL EAST
COCKSPUR ST
THE MALL
WHITEHALL
PARLIAMENT ST
VICTORIA EMBANKMENT
NORTHUMBERLAND AVENUE
BIRDCAGE WALK
VICTORIA STREET
BROAD SANCTUARY
HORSE GUARDS ROAD
GREAT GEORGE STREET
BRIDGE STREET
KING CHARLES STREET
DOWNING STREET
RICHMOND TERRACE
HORSEGUARDS AVENUE
WATERLOO PLACE
ST MARTIN'S LANE
WILLIAM IV STREET
Tottenham Court Road
Leicester Square
Covent Garden
Piccadilly Circus
Charing Cross
Embankment
Westminster
St James's Park
St George's Bloomsbury
Palace Theatre
Royal Opera House
Central Market
London Transport Museum
Theatre Royal
St Paul's Church
Adelphi Theatre
Savoy Chapel
The Savoy
Trocadero Centre
Theatre Royal Haymarket
National Portrait Gallery
The London Coliseum
National Gallery
St Martin-in-the-Fields
TRAFALGAR SQUARE
Nelson's Column
Kanadische Botschaft
New Zealand House
Admiralty Arch
Trafalgar Studios
Institute of Contemporary Arts
The Admiralty
St James's Church
Queen's Chapel
Marlborough House
Horse Guards
Banqueting House
Ministry of Defence
VICTORIA EMBANKMENT GARDENS
Cleopatra's Needle
Embankment Pier
Hungerford Bridge und Jubilee-Fußgänger...
London Eye Pier
London Eye
DUCK ISLAND
St James's Park Lake
Foreign & Commonwealth Office
Cenotaph
Churchill War Rooms
The Treasury
Westminster Pier
Big Ben
Westminster Bridge
PARLIAMENT SQUARE
Houses of Parliament
St Margaret's Church
Westminster Abbey
Jewel Tower
DEAN'S YARD
Guards Museum
New Scotland Yard
Blewcoat School
St Thomas' Hospital
County Hall
ALBERT EMBANKMENT

12
D
E
F
4
13
20
1
2
3
4
5
HOLBORN
SOUTH BANK
Thames
Chancery Lane
Staple Inn
St Andrew
St Bartholomew's Hospital
Sir John Soane's Museum
Lincoln's Inn
LINCOLN'S INN FIELDS
City Thameslink
Central Criminal Court
Dr Johnson's House
Law Society
Royal Courts of Justice
Temple Bar Memorial
St Bride's
Apothecaries Hall
St Clements Danes
Temple
Australia House
St Mary-le-Strand
Courtauld Gallery
Somerset House
INNER TEMPLE GARDENS
Blackfriars
Blackfriars Pier
Blackfriars Bridge
Waterloo Bridge
Bankside Gallery
Tate Modern
BFI Southbank
National Theatre
Hayward Gallery
Royal Festival Hall
BERNIE SPAIN GARDENS
GABRIEL'S WHARF
St John's
Waterloo East
Waterloo
Southwark
Young Vic
Old Vic
Lambeth North
St George's Cathedral
NELSON SQUARE
JUBILEE GARDENS
HOLBORN CIRCUS
HOLBORN VIADUCT
NEWGATE ST
FARRINGDON STREET
FLEET STREET
LUDGATE CIRCUS
LUDGATE HILL
NEW BRIDGE ST
QUEEN VICTORIA ST
VICTORIA EMBANKMENT
STRAND
ALDWYCH
CHANCERY LANE
SHOE LANE
FETTER LANE
THE QUEEN'S WALK
UPPER GROUND
STAMFORD STREET
SOUTHWARK STREET
BLACKFRIARS ROAD
WATERLOO ROAD
THE CUT
UNION ST
YORK ROAD
WESTMINSTER BRIDGE ROAD
BOROUGH ROAD
ST GEORGE'S CIRCUS
LAMBETH PALACE ROAD
BAYLIS STREET
LOWER MARSH
WEBBER STREET

13
A
B
C
5
12
1
2
3
4
5
Museum of London
LONDON WALL
FINSBURY CIRCUS
BLOMFIELD ST
Liverpool Street
LIVERPOOL STREET
LITTLE BRITAIN
KING EDWARD ST
ALDERSGATE ST
St Botolph
NOBLE STREET
OAT LANE
WOOD STREET
ADDLE ST
LOVE LANE
ALDERMANBURY
BASINGHALL AVE
BASINGHALL STREET
Guildhall
COLEMAN STREET
MOORGATE
COPTHALL AVENUE
TELEGRAPH STREET
NEW BROAD ST
BISHOPSGATE CHURCHYARD
WORMWOOD ST
GREAT WINCHESTER ST
THROGMORTON AVENUE
OLD BROAD STREET
BISHOPSGATE
ANGEL ST
GRESHAM STREET
NEWGATE ST
ST MARTIN'S LE GRAND
FOSTER LANE
GUTTER LANE
MILK STREET
IRONMONGER LANE
OLD JEWRY
KING STREET
PRINCE'S STREET
LOTHBURY
ANGEL COURT
BARTHOLOMEW LA
THROGMORTON ST
Bank of England
Old Stock Exchange
CITY
St Helen's Bishopsgate
GT ST HELEN'S
SHAFTS COURT
St Paul's
ST PAUL'S CHURCHYARD
CHEAPSIDE
NEW CHANGE
St Paul's
POULTRY
THREADNEEDLE ST
Royal Exchange
LEADENHALL
Bank
CORNHILL
St Mary-le-Bow
BREAD STREET
BOW LANE
WATLING STREET
QUEEN STREET
Mansion House
CANNON STREET
WALBROOK
St Stephen Walbrook
KING WILLIAM STREET
LOMBARD STREET
GRACECHURCH STREET
Leadenhall Market
LIME STREET
FENCHURCH
Mansion House
QUEEN VICTORIA
CANNON STREET
ST SWITHIN'S LANE
ABCHURCH LANE
NICHOLAS LANE
CLEMENT'S LANE
PHILPOT LANE
ROOD LANE
Sky Garden
St Margaret Pattens
MINCING LANE
CASTLE BAYNARD STREET
HIGH TIMBER STREET
UPPER THAMES STREET
GARLICK HILL
COLLEGE STREET
Cannon Street
Monument
EASTCHEAP
GREAT TOWER ST
BROKEN WHARF
GARDNERS LANE
QUEENHITHE
BULL WHARF LANE
VINTNER'S PLACE
QUEEN STREET PLACE
BELL WHARF LANE
COUSIN LANE
ALLHALLOWS LANE
SUFFOLK LANE
LAURENCE POUNTNEY LANE
ARTHUR ST
Monument
MONUMENT ST
LOVAT LANE
St Mary-at-Hill
ST MARY AT HILL
ANGEL PASSAGE
SWAN LANE
LOWER THAMES STREET
Millennium Bridge
Bankside Pier
Fishmongers' Hall
St Magnus the Martyr
Billingsgate
Southwark Bridge
Cannon St Rail Bridge
London Bridge
Thames
Shakespeare's Globe
NEW GLOBE WALK
BEAR GARDENS
ROSE ALLEY
Tate Modern
Vinopolis
CLINK ST
BANK END
Rose Theatre
PARK STREET
Clink Prison Museum
STONEY STREET
CATHEDRAL STREET
Southwark Cathedral
THE QUEEN'S WALK
London Bridge City Pier
TOOLEY ST
DUKE ST HILL
Hay's Galleria
HAY'S LANE
COUNTER STREET
ENGLISH GROUNDS
MORGAN'S LANE
SUMNER STREET
EMERSON ST
GREAT GUILDFORD STREET
SOUTHWARK BRIDGE ROAD
BEDALE ST
LONDON BRIDGE ST
Borough Market
HIGH STREET
THRALE STREET
SOUTHWARK STREET
Hop Exchange
KING'S HEAD YARD
The Old Operating Theatre
London Bridge
TOOLEY STREET
The Shard
EWER ST
REDCROSS WAY
BOROUGH HIGH STREET
ST THOMAS STREET
HOLYROOD ST
Guy's Hospital
GREAT MAZE POND
UNION STREET
UNION STREET
PEPPER ST
SOUTHWARK
KENTISH BUILDINGS
NEWCOMEN STREET
COPPERFIELD STREET
AYRES ST
MERMAID COURT
CRUCIFIX LANE
SNOWSFIELDS
WESTON STREET
KIRBY GROVE
HARDWIDGE ST
LITTLE DORRIT CT
MINT ST
WELLER ST
MARSHALSEA RD
DISNEY PLACE
GUY STREET
Fashion & Textile Museum
LANT STREET
Borough
LONG LANE
PORLOCK STREET
CROSBY ROW
KIPLING STREET
MULVANEY WAY
TYERS GATE
BERMONDSEY STREET
GREAT SUFFOLK STREET
WEBBER ST
TOULMIN ST
BOROUGH HIGH STREET
SOUTHWARK BRIDGE RD
TABARD STREET
LEATHERMARKET STREET
GREAT DOVER STREET
PILGRIMAGE STREET
HANKE PLACE
MOROCCO STREET
LAMB WALK
SCOVELL CRESCENT
STONES END ST
COLE STREET
STAPLE STREET
MANCIPLE STREET
LONG LANE
BOROUGH ROAD
SWAN STREET
TRINITY STREET
GLOBE ST
TRINITY CHURCH SQUARE
TABARD STREET
Bermondsey Antiques Market
NEWINGTON CAUSEWAY
HARPER ROAD
PARDONER STREET
WILD'S RENTS
DECIMA ST

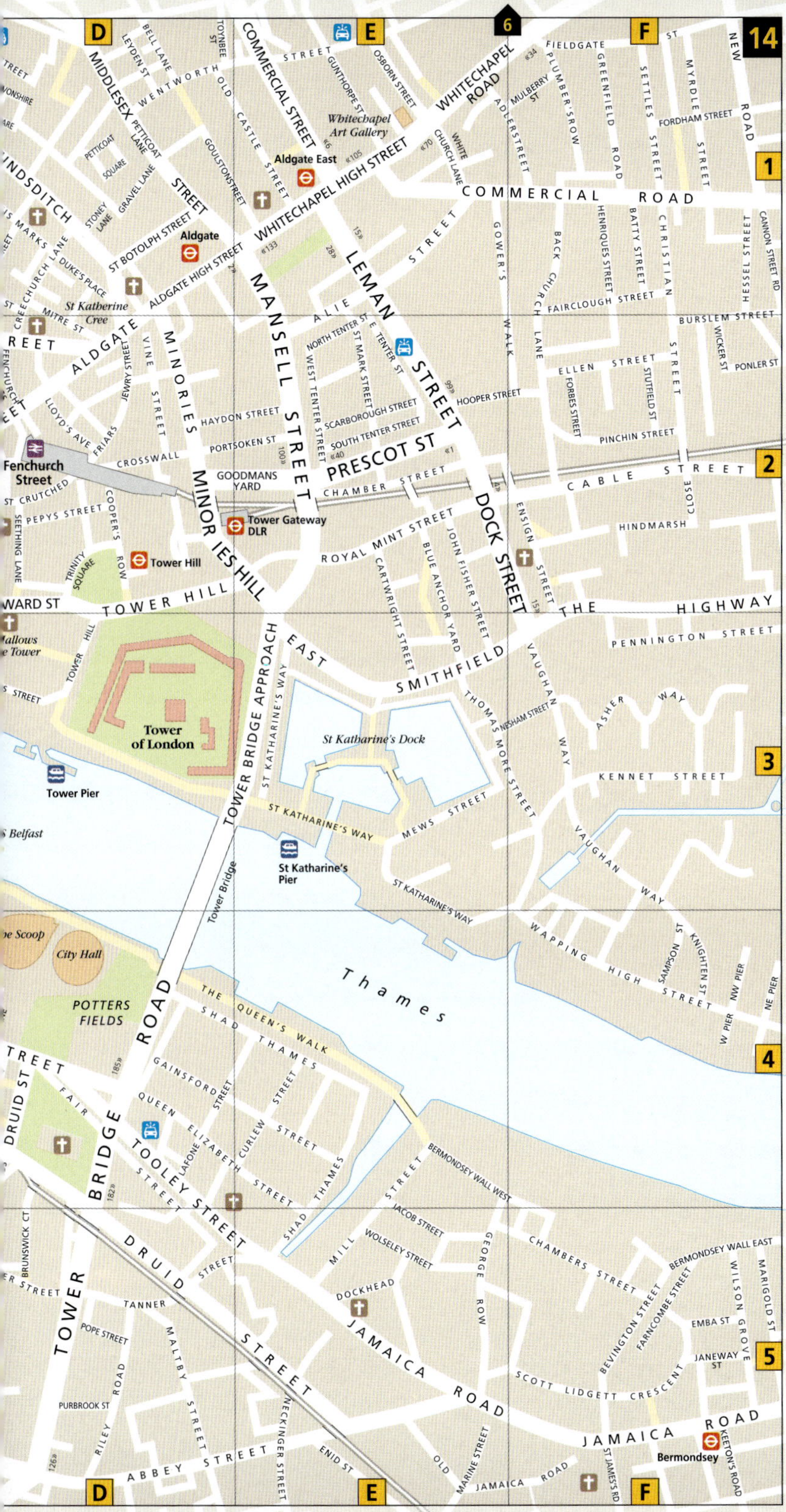

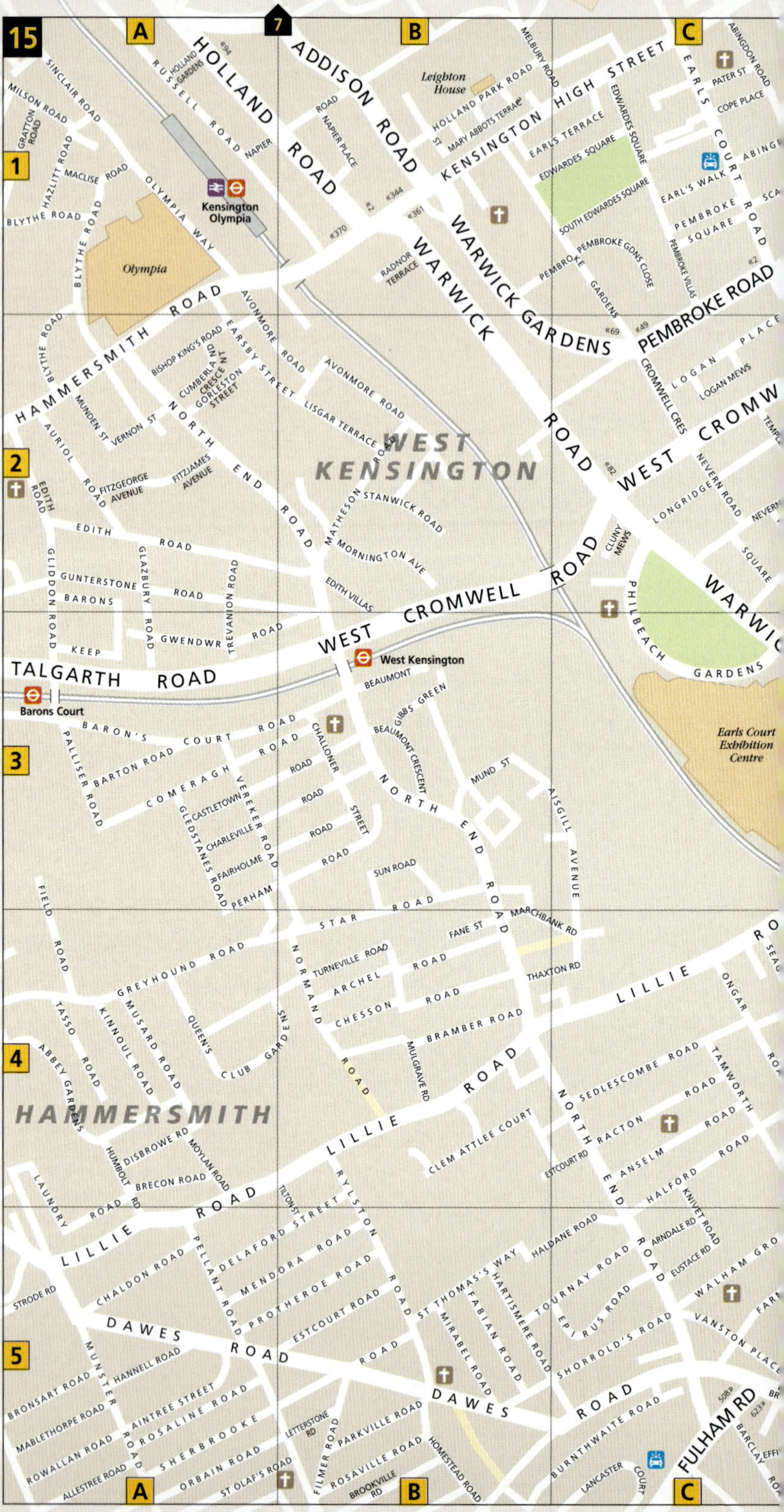
15
A
B
C
7
1
2
3
4
5
Kensington Olympia
Olympia
Leighton House
WEST KENSINGTON
HAMMERSMITH
West Kensington
Barons Court
Earls Court Exhibition Centre
HOLLAND ROAD
ADDISON ROAD
KENSINGTON HIGH STREET
HOLLAND PARK ROAD
MELBURY ROAD
MARY ABBOTS TERRACE
EARLS TERRACE
EDWARDES SQUARE
SOUTH EDWARDES SQUARE
EARLS COURT ROAD
ABINGDON ROAD
PATER ST
COPE PLACE
EARL'S WALK
PEMBROKE SQUARE
PEMBROKE VILLAS
PEMBROKE ROAD
PEMBROKE GARDENS
PEMBROKE GDNS CLOSE
WARWICK GARDENS
WARWICK ROAD
RADNOR TERRACE
NAPIER ROAD
NAPIER PLACE
RUSSELL ROAD
HOLLAND GARDENS
SINCLAIR ROAD
MILSON ROAD
GRATTON ROAD
HAZLITT ROAD
MACLISE ROAD
BLYTHE ROAD
OLYMPIA WAY
HAMMERSMITH ROAD
AVONMORE ROAD
EARSBY STREET
BISHOP KING'S ROAD
CUMBERLAND CRESCENT
GORLESTON STREET
LISGAR TERRACE
NORTH END ROAD
MUNDEN ST
VERNON ST
AURIOL ROAD
FITZGEORGE AVENUE
FITZJAMES AVENUE
EDITH ROAD
STANWICK ROAD
MATHESON ROAD
MORNINGTON AVE
EDITH VILLAS
GLIDDON ROAD
GUNTERSTONE ROAD
GLAZBURY ROAD
BARONS KEEP
TREVANION ROAD
GWENDWR ROAD
WEST CROMWELL ROAD
TALGARTH ROAD
LOGAN PLACE
LOGAN MEWS
CROMWELL CRES
NEVERN ROAD
NEVERN SQUARE
LONGRIDGE
CLUNY MEWS
PHILBEACH GARDENS
BEAUMONT CRESCENT
GIBBS GREEN
BARON'S COURT ROAD
PALLISER ROAD
BARTON ROAD
COMERAGH ROAD
CASTLETOWN ROAD
GLEDSTANES ROAD
VEREKER ROAD
CHARLEVILLE ROAD
FAIRHOLME ROAD
PERHAM ROAD
CHALLONER STREET
MUND ST
AISGILL AVENUE
SUN ROAD
STAR ROAD
MARCHBANK RD
FANE ST
THAXTON RD
FIELD ROAD
GREYHOUND ROAD
TURNEVILLE ROAD
ARCHEL ROAD
CHESSON ROAD
NORMAND ROAD
BRAMBER ROAD
LILLIE ROAD
ONGAR ROAD
TASSO ROAD
KINNOUL ROAD
MUSARD ROAD
QUEEN'S CLUB GARDENS
MULGRAVE RD
ABBEY GARDENS
SEDLESCOMBE ROAD
TAMWORTH ROAD
RACTON ROAD
ANSELM ROAD
HALFORD ROAD
CLEM ATTLEE COURT
ESTCOURT RD
DISBROWE RD
MOYLAN ROAD
HUMBOLT RD
BRECON ROAD
LAUNDRY ROAD
TILTON ST
RYLSTON ROAD
DELAFORD STREET
MENDORA ROAD
PROTHEROE ROAD
ESTCOURT ROAD
PELLANT ROAD
CHALDON ROAD
STRODE RD
DAWES ROAD
ST THOMAS'S WAY
HARTISMERE ROAD
FABIAN ROAD
MIRABEL ROAD
HALDANE ROAD
TOURNAY ROAD
EPIRUS ROAD
KNIVET ROAD
ARNDALE RD
EUSTACE RD
WALHAM GROVE
VANSTON PLACE
SHORROLD'S ROAD
MUNSTER ROAD
HANNELL ROAD
BRONSART ROAD
MABLETHORPE ROAD
AINTREE STREET
ROSALINE ROAD
ROWALLAN ROAD
SHERBROOKE ROAD
ALLESTREE ROAD
ORBAIN ROAD
ST OLAF'S ROAD
LETTERSTONE RD
FILMER ROAD
PARKVILLE ROAD
ROSAVILLE ROAD
BROOKVILLE RD
HOMESTEAD ROAD
BURNTHWAITE ROAD
LANCASTER COURT
FULHAM RD
BARCLAY ROAD

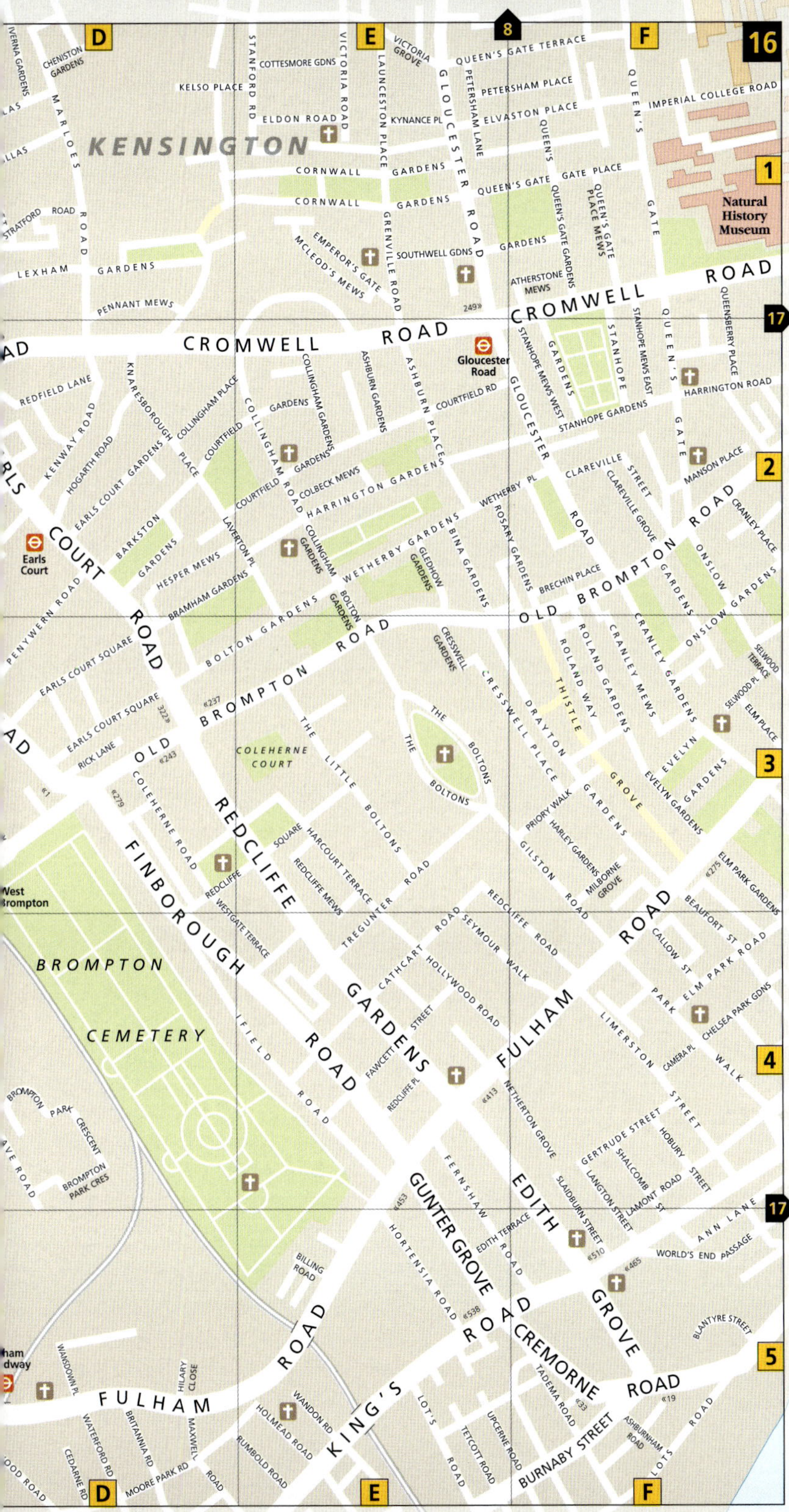
16
D
E
F
8
17
1
2
3
4
5
KENSINGTON
Natural History Museum
CHENISTON GARDENS
KELSO PLACE
STANFORD RD
COTTESMORE GDNS
VICTORIA ROAD
ELDON ROAD
LAUNCESTON PLACE
VICTORIA GROVE
KYNANCE PL
GLOUCESTER ROAD
PETERSHAM LANE
QUEEN'S GATE TERRACE
PETERSHAM PLACE
ELVASTON PLACE
IMPERIAL COLLEGE ROAD
QUEEN'S GATE
CORNWALL GARDENS
QUEEN'S GATE PLACE
QUEEN'S GATE PLACE MEWS
QUEEN'S GATE GARDENS
MARLOES ROAD
STRATFORD ROAD
LEXHAM GARDENS
PENNANT MEWS
EMPEROR'S GATE
MCLEOD'S MEWS
GRENVILLE ROAD
SOUTHWELL GDNS
GARDENS
ATHERSTONE MEWS
CROMWELL ROAD
Gloucester Road
REDFIELD LANE
KNARESBOROUGH PLACE
COLLINGHAM PLACE
COLLINGHAM GARDENS
COLLINGHAM ROAD
ASHBURN GARDENS
ASHBURN PLACE
COURTFIELD RD
COURTFIELD GARDENS
STANHOPE MEWS WEST
STANHOPE GARDENS
STANHOPE MEWS EAST
QUEENSBERRY PLACE
HARRINGTON ROAD
MANSON PLACE
KENWAY ROAD
HOGARTH ROAD
EARLS COURT GARDENS
COLBECK MEWS
HARRINGTON GARDENS
WETHERBY PL
CLAREVILLE STREET
CLAREVILLE GROVE
CRANLEY PLACE
ONSLOW GARDENS
EARLS COURT ROAD
Earls Court
BARKSTON GARDENS
LAVERTON PL
HESPER MEWS
BRAMHAM GARDENS
WETHERBY GARDENS
GLEDHOW GARDENS
BINA GARDENS
ROSARY GARDENS
BRECHIN PLACE
OLD BROMPTON ROAD
PENYWERN ROAD
BOLTON GARDENS
BOLTON GARDENS
CRESSWELL GARDENS
CRESSWELL PLACE
ROLAND WAY
ROLAND GARDENS
CRANLEY MEWS
CRANLEY GARDENS
SELWOOD TERRACE
SELWOOD PL
ELM PLACE
EARLS COURT SQUARE
RICK LANE
COLEHERNE COURT
THE LITTLE BOLTONS
THE BOLTONS
DRAYTON GARDENS
THISTLE GROVE
EVELYN GARDENS
COLEHERNE ROAD
REDCLIFFE SQUARE
HARCOURT TERRACE
REDCLIFFE MEWS
PRIORY WALK
HARLEY GARDENS
GILSTON ROAD
MILBORNE GROVE
ELM PARK GARDENS
FINBOROUGH ROAD
REDCLIFFE
WESTGATE TERRACE
West Brompton
TREGUNTER ROAD
SEYMOUR WALK
REDCLIFFE ROAD
BEAUFORT ST
CALLOW ST
ELM PARK ROAD
PARK WALK
BROMPTON CEMETERY
CATHCART ROAD
HOLLYWOOD ROAD
FULHAM ROAD
LIMERSTON STREET
CHELSEA PARK GDNS
CAMERA PL
REDCLIFFE GARDENS
IFIELD ROAD
STREET
FAWCETT
REDCLIFFE PL
NETHERTON GROVE
GERTRUDE STREET
HOBURY STREET
SHALCOMB
LAMONT ROAD
LANGTON STREET
SLAIDBURN STREET
BROMPTON PARK CRESCENT
BROMPTON PARK CRES
GUNTER GROVE
FERNSHAW ROAD
EDITH GROVE
EDITH TERRACE
HORTENSIA ROAD
ANN LANE
WORLD'S END PASSAGE
BILLING ROAD
BLANTYRE STREET
CREMORNE ROAD
KING'S ROAD
TADEMA ROAD
WANSDOWN PL
HILARY CLOSE
FULHAM ROAD
WANDON RD
HOLMEAD ROAD
LOT'S ROAD
TETCOTT ROAD
UPCERNE ROAD
BURNABY STREET
ASHBURNHAM ROAD
WATERFORD RD
BRITANNIA RD
MAXWELL ROAD
RUMBOLD ROAD
CEDARNE RD
MOORE PARK RD
249»
«237
322»
«243
«279
«275
«413
«453
«538
«510
«465
«33
«19

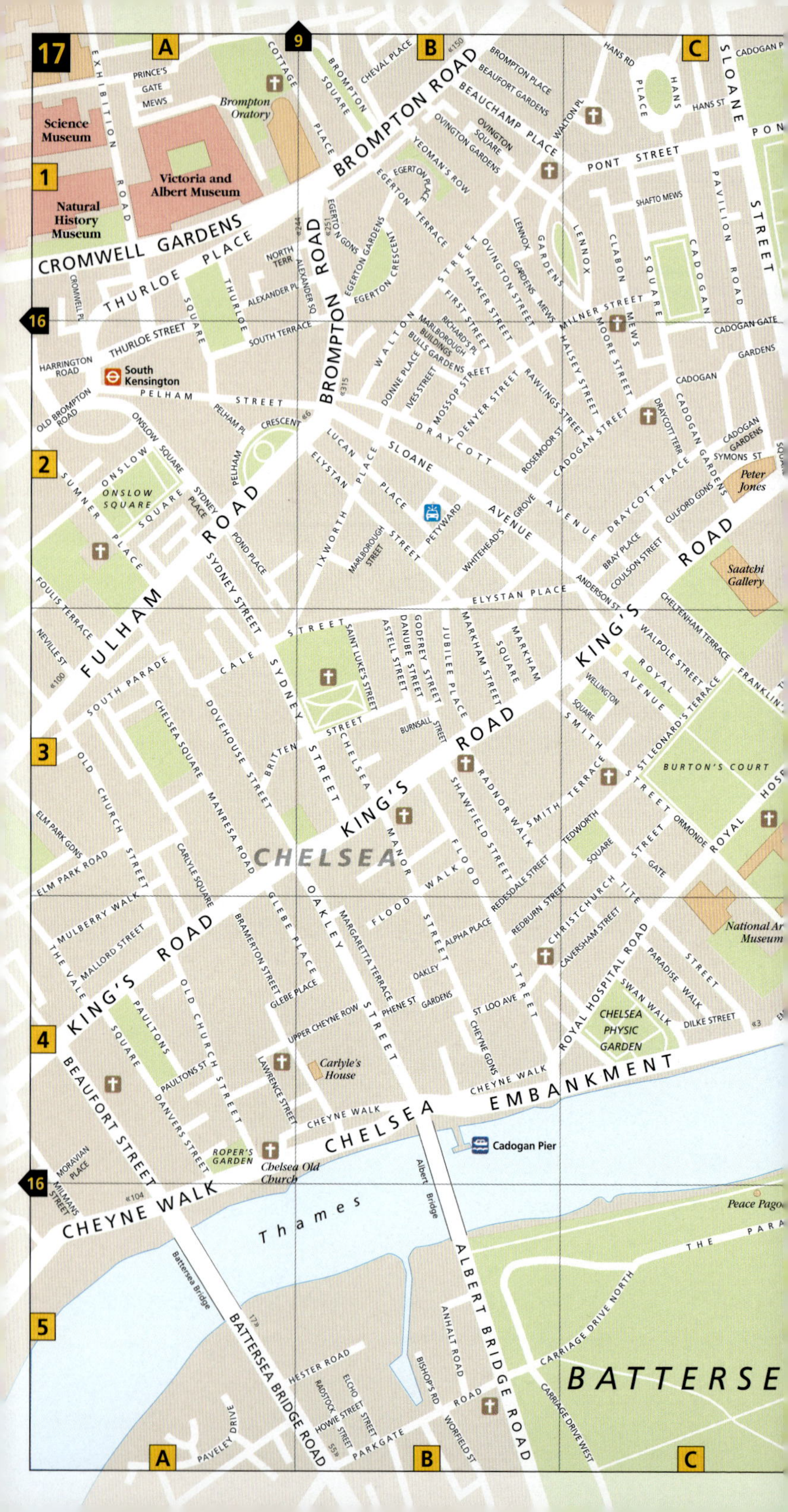
17
A
B
C
9
16
1
2
3
4
5
Science Museum
Natural History Museum
Victoria and Albert Museum
Brompton Oratory
EXHIBITION ROAD
PRINCE'S GATE MEWS
COTTAGE PLACE
BROMPTON SQUARE
CHEVAL PLACE
BROMPTON ROAD
BROMPTON PLACE
BEAUFORT GARDENS
BEAUCHAMP PLACE
OVINGTON SQUARE
OVINGTON GARDENS
YEOMAN'S ROW
EGERTON PLACE
EGERTON TERRACE
EGERTON GDNS
EGERTON GARDENS
EGERTON CRESCENT
HANS RD
HANS PLACE
HANS ST
SLOANE STREET
CADOGAN P
PONT STREET
WALTON PL
SHAFTO MEWS
PAVILION ROAD
CADOGAN SQUARE
LENNOX GARDENS
LENNOX GARDENS MEWS
CLABON MEWS
CROMWELL GARDENS
CROMWELL PL
THURLOE PLACE
THURLOE SQUARE
THURLOE STREET
NORTH TERR
ALEXANDER PL
ALEXANDER SQ
SOUTH TERRACE
WALTON STREET
OVINGTON STREET
HASKER STREET
FIRST STREET
RICHARD'S PL
MARLBOROUGH BUILDINGS
BULLS GARDENS
MILNER STREET
MOORE STREET
HALSEY STREET
CADOGAN GATE
CADOGAN GARDENS
HARRINGTON ROAD
South Kensington
PELHAM STREET
OLD BROMPTON ROAD
PELHAM PL
PELHAM CRESCENT
ONSLOW SQUARE
DONNE PLACE
IVES STREET
MOSSOP STREET
DENYER STREET
RAWLINGS STREET
ROSEMOOR ST
CADOGAN STREET
DRAYCOTT TERR
DRAYCOTT AVENUE
DRAYCOTT PLACE
SYMONS ST
Peter Jones
LUCAN PLACE
ELYSTAN PLACE
ELYSTAN STREET
SLOANE AVENUE
SUMNER PLACE
SYDNEY PLACE
FULHAM ROAD
POND PLACE
IXWORTH PLACE
MARLBOROUGH STREET
PETYWARD
WHITEHEAD'S GROVE
CULFORD GDNS
BRAY PLACE
COULSON STREET
ANDERSON ST
Saatchi Gallery
FOULIS TERRACE
NEVILLE ST
SYDNEY STREET
CALE STREET
SAINT LUKE'S STREET
ASTELL STREET
DANUBE STREET
GODFREY STREET
JUBILEE PLACE
MARKHAM STREET
MARKHAM SQUARE
KING'S ROAD
CHELTENHAM TERRACE
WALPOLE STREET
ROYAL AVENUE
WELLINGTON SQUARE
SMITH STREET
FRANKLIN'S
SOUTH PARADE
CHELSEA SQUARE
DOVEHOUSE STREET
BRITTEN STREET
CHELSEA MANOR STREET
BURNSALL STREET
RADNOR WALK
SHAWFIELD STREET
SMITH TERRACE
ST LEONARD'S TERRACE
BURTON'S COURT
OLD CHURCH STREET
ELM PARK GDNS
ELM PARK ROAD
MANRESA ROAD
CARLYLE SQUARE
CHELSEA
FLOOD WALK
FLOOD STREET
TEDWORTH SQUARE
REDESDALE STREET
ORMONDE GATE
ROYAL HOSPITAL ROAD
MULBERRY WALK
MALLORD STREET
THE VALE
GLEBE PLACE
OAKLEY STREET
BRAMERTON STREET
MARGARETTA TERRACE
ALPHA PLACE
REDBURN STREET
CHRISTCHURCH TERRACE
CAVERSHAM STREET
TITE STREET
PARADISE WALK
National Army Museum
PAULTONS SQUARE
OAKLEY GARDENS
PHENE ST
UPPER CHEYNE ROW
ST LOO AVE
CHEYNE GDNS
SWAN WALK
DILKE STREET
CHELSEA PHYSIC GARDEN
BEAUFORT STREET
PAULTONS ST
DANVERS STREET
LAWRENCE STREET
Carlyle's House
CHEYNE WALK
CHELSEA EMBANKMENT
Cadogan Pier
ROPER'S GARDEN
Chelsea Old Church
MORAVIAN PLACE
MILMANS STREET
Albert Bridge
Thames
Peace Pago
THE PARA
Battersea Bridge
BATTERSEA BRIDGE ROAD
ALBERT BRIDGE ROAD
CARRIAGE DRIVE NORTH
CARRIAGE DRIVE WEST
BATTERSE
ANHALT ROAD
HESTER ROAD
RADSTOCK STREET
ELCHO STREET
HOWIE STREET
BISHOP'S RD
WORFIELD ST
PARKGATE ROAD
PAVELEY DRIVE

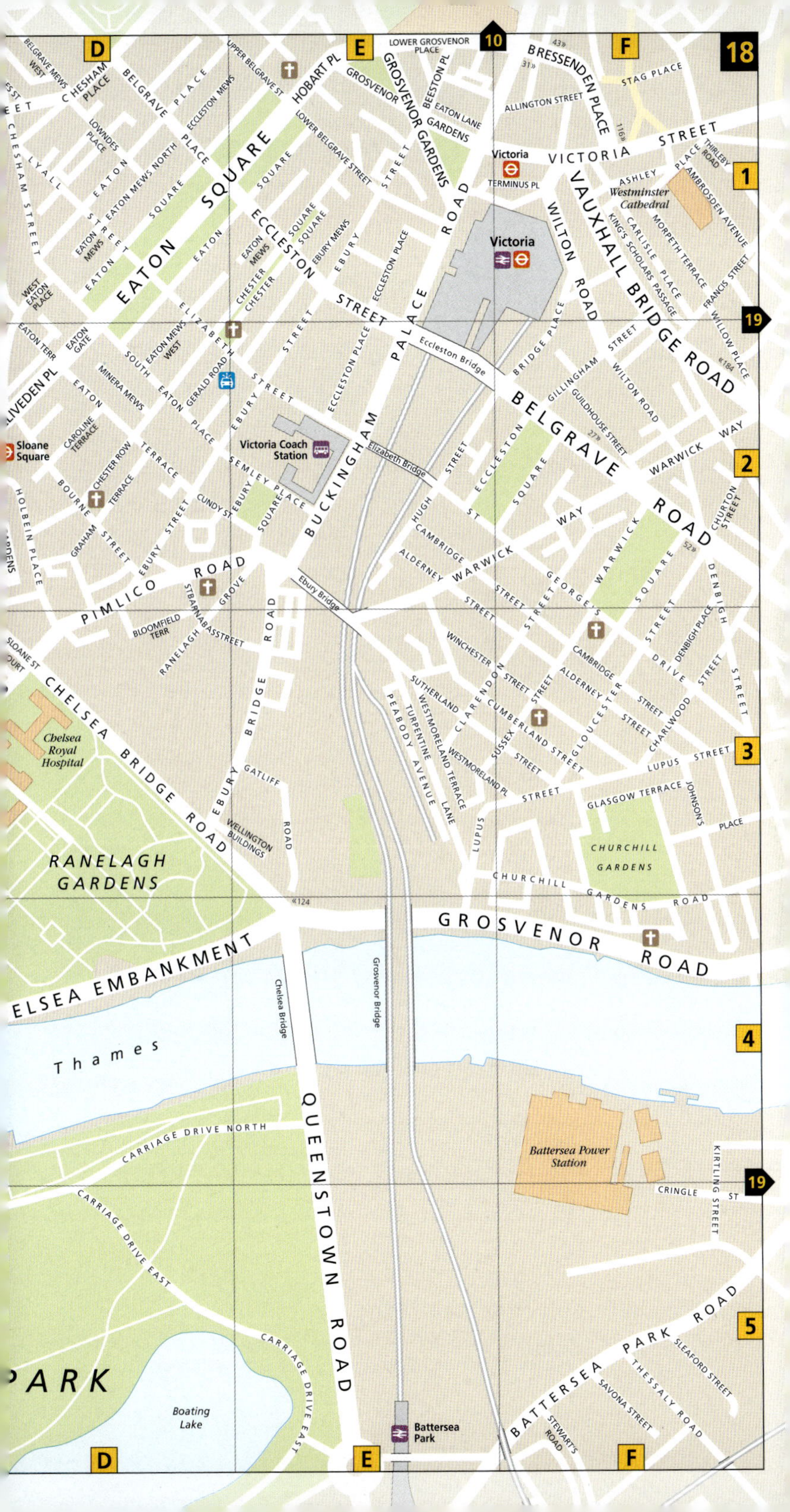
D
E
F
10
1
2
3
4
5
19
19
LOWER GROSVENOR PLACE
BRESSENDEN PLACE
STAG PLACE
ALLINGTON STREET
BELGRAVE MEWS WEST
CHESHAM PLACE
BELGRAVE PLACE
UPPER BELGRAVE ST
HOBART PL
GROSVENOR PL
GROSVENOR GARDENS
BEESTON PL
EATON LANE
GARDENS
ECCLESTON MEWS
LOWNDES PLACE
CHESHAM STREET
LYALL
EATON SQUARE
EATON MEWS NORTH
LOWER BELGRAVE STREET
STREET
Victoria
TERMINUS PL
VICTORIA STREET
ASHLEY PLACE
THIRLEBY ROAD
Westminster Cathedral
AMBROSDEN AVENUE
MORPETH TERRACE
KING'S SCHOLARS PASSAGE
CARLISLE PLACE
FRANCIS STREET
WILLOW PLACE
VAUXHALL BRIDGE ROAD
WILTON ROAD
ECCLESTON STREET
EBURY MEWS
EBURY
ECCLESTON PLACE
PALACE
ROAD
EATON MEWS
CHESTER SQUARE
CHESTER MEWS
WEST EATON PLACE
EATON TERR
EATON GATE
ELIZABETH STREET
EATON MEWS WEST
GERALD ROAD
SOUTH EATON PLACE
Eccleston Bridge
BRIDGE PLACE
GILLINGHAM
GUILDHOUSE STREET
BELGRAVE ROAD
WARWICK WAY
CHURTON STREET
ELIVEDEN PL
MINERA MEWS
CAROLINE TERRACE
Sloane Square
Victoria Coach Station
Elizabeth Bridge
BUCKINGHAM PALACE ROAD
ECCLESTON SQUARE
SEMLEY PLACE
EBURY SQUARE
CUNDY ST
CHESTER ROW
BOURNE STREET
TERRACE
HOLBEIN PLACE
GRAHAM TERRACE
EBURY STREET
HUGH STREET
CAMBRIDGE STREET
ALDERNEY STREET
WARWICK SQUARE
ST GEORGE'S DRIVE
DENBIGH STREET
DENBIGH PLACE
PIMLICO ROAD
ST BARNABAS STREET
BLOOMFIELD TERR
RANELAGH GROVE
EBURY BRIDGE ROAD
Ebury Bridge
WINCHESTER STREET
CLARENDON STREET
CAMBRIDGE STREET
ALDERNEY STREET
GLOUCESTER STREET
CHARLWOOD STREET
SLOANE ST
COURT
CHELSEA BRIDGE ROAD
Chelsea Royal Hospital
SUTHERLAND STREET
WESTMORELAND TERRACE
TURPENTINE LANE
PEABODY AVENUE
CUMBERLAND STREET
SUSSEX STREET
WESTMORELAND PL
LUPUS STREET
GLASGOW TERRACE
JOHNSON'S PLACE
GATLIFF ROAD
WELLINGTON BUILDINGS
CHURCHILL GARDENS
CHURCHILL GARDENS ROAD
RANELAGH GARDENS
GROSVENOR ROAD
CHELSEA EMBANKMENT
Chelsea Bridge
Grosvenor Bridge
Thames
QUEENSTOWN ROAD
Battersea Power Station
CARRIAGE DRIVE NORTH
CARRIAGE DRIVE EAST
KIRTLING STREET
CRINGLE ST
PARK
Boating Lake
BATTERSEA PARK ROAD
SLEAFORD STREET
THESSALY ROAD
SAVONA STREET
STEWART'S ROAD
Battersea Park

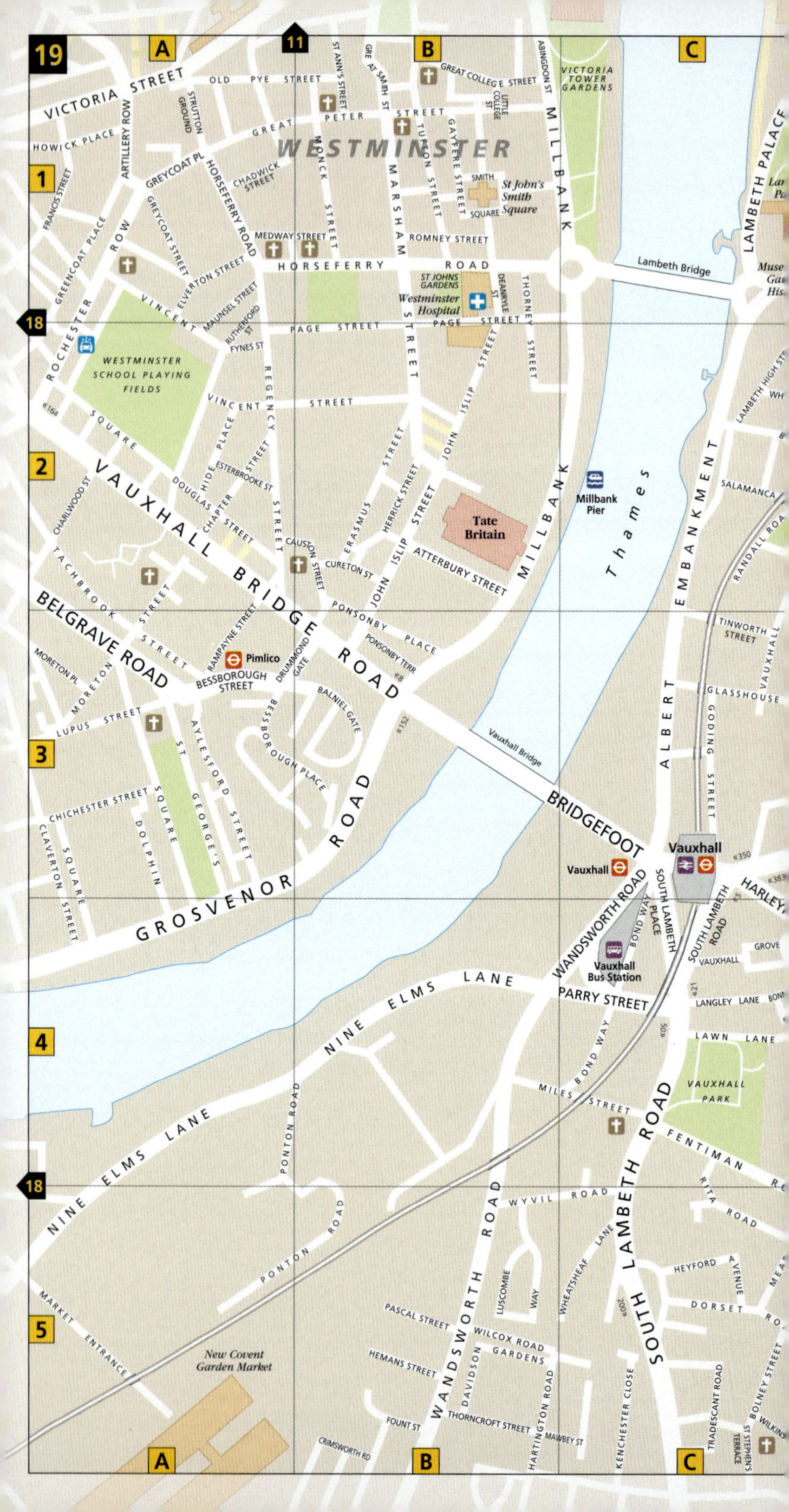
A
B
C
1
2
3
4
5
11
18
18
WESTMINSTER
VICTORIA STREET
OLD PYE STREET
ST ANN'S STREET
GREAT SMITH ST
GREAT COLLEGE STREET
LITTLE COLLEGE ST
ABINGDON ST
VICTORIA TOWER GARDENS
HOWICK PLACE
ARTILLERY ROW
STRUTTON GROUND
GREAT PETER STREET
GREYCOAT PL
CHADWICK STREET
HORSEFERRY ROAD
MONCK STREET
MARSHAM STREET
TUFTON STREET
GAYFERE STREET
SMITH SQUARE
St John's Smith Square
MILLBANK
LAMBETH PALACE
FRANCIS STREET
GREENCOAT PLACE
ROCHESTER ROW
GREYCOAT STREET
MEDWAY STREET
ROMNEY STREET
Lambeth Bridge
ELVERTON STREET
ST JOHNS GARDENS
Westminster Hospital
DEANRYLE ST
THORNEY STREET
VINCENT SQUARE
MAUNSEL STREET
RUTHERFORD ST
FYNES ST
PAGE STREET
WESTMINSTER SCHOOL PLAYING FIELDS
REGENCY STREET
VINCENT STREET
JOHN ISLIP STREET
LAMBETH HIGH ST
HIDE PLACE
ESTERBROOKE ST
DOUGLAS STREET
CHAPTER STREET
ERASMUS STREET
HERRICK STREET
Millbank Pier
Thames
ALBERT EMBANKMENT
SALAMANCA
VAUXHALL BRIDGE ROAD
CHARLWOOD ST
Tate Britain
CAUSTON STREET
CURETON ST
ATTERBURY STREET
RANDALL ROAD
TACHBROOK STREET
BELGRAVE ROAD
RAMPAYNE STREET
PONSONBY PLACE
PONSONBY TERR
TINWORTH STREET
MORETON PL
MORETON STREET
Pimlico
BESSBOROUGH STREET
DRUMMOND GATE
GLASSHOUSE
BALNIEL GATE
LUPUS STREET
AYLESFORD STREET
BESSBOROUGH PLACE
Vauxhall Bridge
GODING STREET
ST GEORGE'S SQUARE
CHICHESTER STREET
DOLPHIN SQUARE
CLAVERTON STREET
GROSVENOR ROAD
BRIDGEFOOT
Vauxhall
Vauxhall
HARLEYFORD
WANDSWORTH ROAD
BOND WAY
SOUTH LAMBETH PLACE
SOUTH LAMBETH ROAD
GROVE
VAUXHALL
Vauxhall Bus Station
NINE ELMS LANE
PARRY STREET
LANGLEY LANE
LAWN LANE
VAUXHALL PARK
PONTON ROAD
MILES STREET
FENTIMAN ROAD
WYVIL ROAD
RITA ROAD
LUSCOMBE WAY
WHEATSHEAF LANE
HEYFORD AVENUE
DORSET ROAD
MARKET ENTRANCE
PASCAL STREET
WILCOX ROAD
DAVIDSON GARDENS
HEMANS STREET
New Covent Garden Market
FOUNT ST
THORNCROFT STREET
HARTINGTON ROAD
MAWBEY ST
KENCHESTER CLOSE
TRADESCANT ROAD
BOLNEY STREET
WILKINSON
ST STEPHEN'S TERRACE
CRIMSWORTH RD
«164
«8
«152
«350
«383
«21
«5
«200
«50

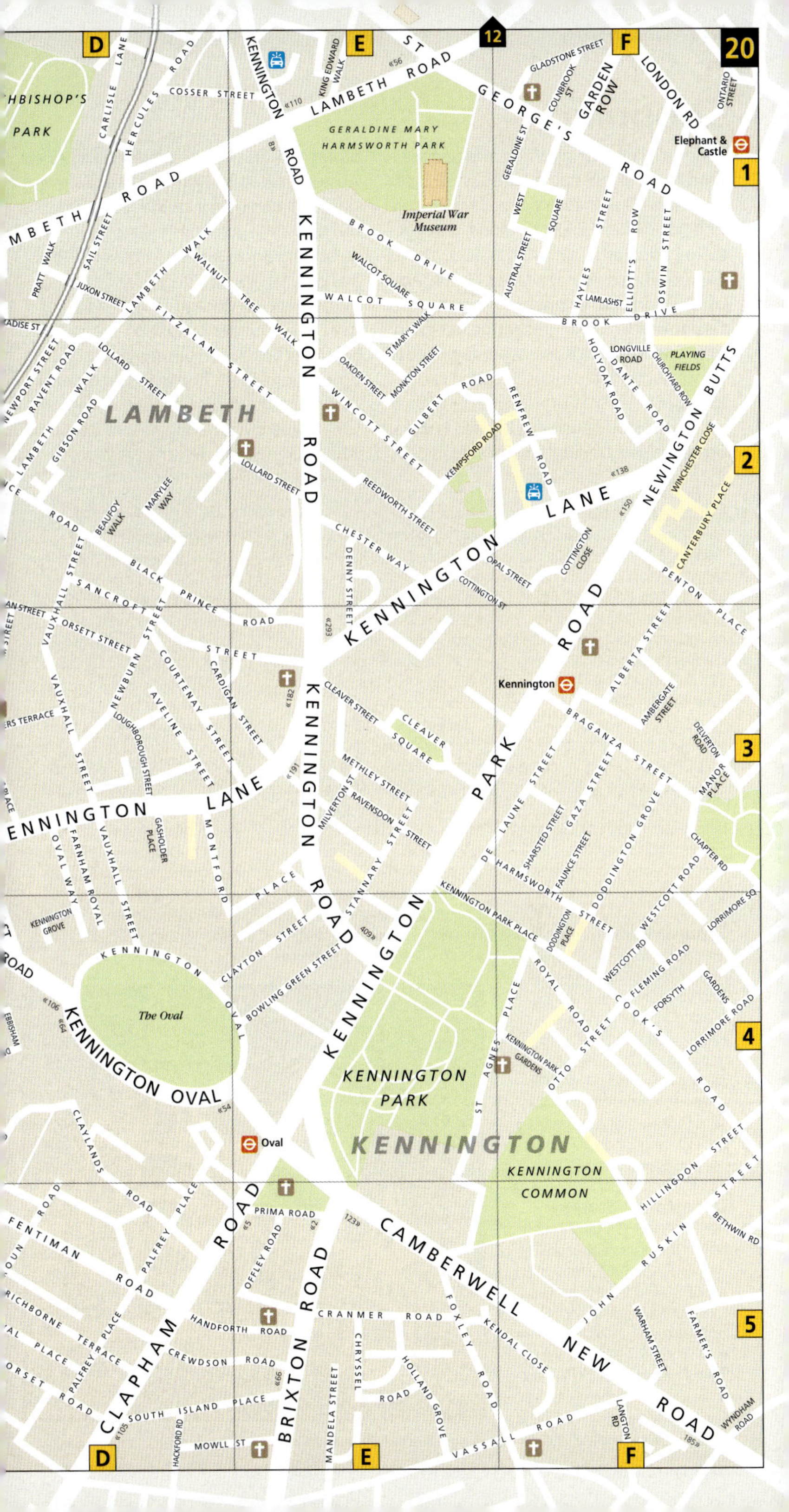
D
E
F
12
1
2
3
4
5
LAMBETH
KENNINGTON
Geraldine Mary Harmsworth Park
Imperial War Museum
Elephant & Castle
Kennington
Oval
The Oval
KENNINGTON PARK
KENNINGTON COMMON
LAMBETH ROAD
KENNINGTON ROAD
KENNINGTON LANE
KENNINGTON PARK ROAD
NEWINGTON BUTTS
ST GEORGE'S ROAD
LONDON RD
KENNINGTON OVAL
CLAPHAM ROAD
BRIXTON ROAD
CAMBERWELL NEW ROAD
BROOK DRIVE
WALCOT SQUARE
BLACK PRINCE ROAD
VAUXHALL STREET
PLAYING FIELDS

Shopping

London ist eine der größten und faszinierendsten Einkaufsstädte Europas mit weltberühmten Kaufhäusern, Straßenmärkten und unzähligen Läden für Mode, Kunstgewerbe oder Antiquitäten. Was auch immer Sie suchen, hier werden Sie es finden. Am oberen Ende der Luxusskala rangieren die Designerläden in Knightsbridge mit ihren umwerfenden Schaufensterauslagen oder die nicht minder luxuriösen Läden in der Regent Street. Die Oxford Street wartet mit vielen Modeläden auf, die den letzten Schrei zeigen. Der Besuch des Flagship-Stores von Topshop ist auf jeden Fall einen Abstecher wert. In Notting Hill und Covent Garden findet man individuellere Angebote. Die Märkte von Covent Garden, Berwick Street und Brick Lane sind ebenfalls überaus populär. Suchen Sie sich auf dem Camden Market ein Vintage-Teil aus oder auf dem Markt auf der Portobello Road nach Schnickschnack. Am bekanntesten ist London für sein unerschöpfliches Angebot an Modeboutiquen, die für jeden etwas auf Lager haben: von traditionellem Tweed bis zum letzten Schrei der *street fashion*.

Öffnungszeiten

Im Zentrum von London haben die Läden meist montags bis samstags von 10 bis 17.30 oder 18 Uhr geöffnet. Viele Kaufhäuser haben ihre Öffnungszeiten erweitert. »Late night«-Shopping bis 21 oder 22 Uhr gibt es donnerstags rund um die Oxford Street und im restlichen West End, am Mittwoch in Knightsbridge und Chelsea. Läden in touristischen Gegenden (z. B. Covent Garden) haben bis 19 Uhr oder länger auf – auch am Sonntag. Einige Straßenmärkte und Läden sind ebenfalls am Sonntag geöffnet.

Schlussverkauf

Die saisonalen Schlussverkäufe finden von Januar bis Februar und von Juni bis Juli statt. Dann purzeln die Preise, die Lager werden weitgehend geräumt. Die Kaufhäuser bieten die größten Preisnachlässe an – beim Schlussverkauf von Harrods gibt es schon vor der Öffnung lange Schlangen vor den Türen.

Department Stores

Der im Jahr 1834 gegründete Department Store **Harrods** ist wohl am berühmtesten – mit heute 300 Abteilungen und rund 5000 Angestellten. Die berühmte *food hall* im edwardianischen Stil besticht mit ihren Auslagen an Fisch, Käse und Gemüse. Zudem gibt es natürlich Mode, Porzellan und Glas, Haushaltswaren und Elektronik. Londoner kaufen auch gern im nahen **Harvey Nichols** ein, wo es edle Dinge gibt. Vor allem die Modeabteilung ist hier interessant – mit dem Tenor auf britischer, europäischer und amerikanischer Designermode. Die *food hall* von 1992 gehört zu den schönsten in London.

Selfridges in der Oxford Street bietet die größte Auswahl an Labels, eine hervorragende Dessous-Abteilung und einen Topshop für junge Mode. In der Lebensmittelabteilung gibt es Delikatessen aus aller Welt.

Bei **John Lewis** findet man eine gute Auswahl an Stoffen, Porzellan, Glas und Haushaltswaren. Gleiches gilt für **Peter Jones**, das Partnergeschäft am Sloane Square.

Liberty, nahe der Carnaby Street gelegen, genießt seit 1875 einen hervorragenden Ruf für schöne Seidenstoffe und orientalische Waren. Besuchen Sie unbedingt das »scarf department«.

Die Delikatessenabteilung von **Fortnum & Mason** ist ein absolutes Muss für Gourmets. Hier gibt es alles – von exzellenten Fortnum-Keksen und Tee über geräucherte Wurstwaren bis zu traumhaften Geschenkkörben. Die Köstlichkeiten sind so attraktiv, dass die oberen Stockwerke, in denen man Mode und Luxuswaren findet, oft nahezu leer sind.

Harrods bei Nacht, erleuchtet von 11 500 Glühbirnen

Mehrwertsteuersätze in GB 20 Prozent (Standard); 5 Prozent (reduzierter Satz)

SHOPPING | 153

Märkte

Was immer Sie in der britischen Metropole suchen – Sie werden es auf einem der vielen hiesigen Märkte finden. Viele bieten eine Mischung aus britischer Tradition und bunter Multikulti-Atmosphäre. Hier macht Einkaufen Spaß. Auf einigen haben die Anbieter ihr Verkaufstalent quasi zur Kunst erhoben, vor allem wenn sie vor Schließung ihre Waren zu immer günstigeren Preisen anbieten. Vorsicht: Achten Sie auf Ihre (Brief-)Tasche – und dann hinein in den Trubel.

Der ausladende Borough Market, der viele Delikatessen bietet

Die besten Märkte im West End sind **Grays Antiques** und **Jubilee and Apple**, beide in Covent Garden. **Piccadilly Crafts** ist etwas touristisch, gleichwohl auch bei Einheimischen sehr beliebt. In Soho gibt es in der **Berwick Street** die Überbleibsel des traditionellen Straßenmarkts mit Früchte- und Gemüseständen sowie Haushaltswaren inmitten neuerer Essensstände.

Im East End liegt die berühmte **Petticoat Lane**. Wer neueste *street fashion* sucht, sollte einen Abstecher zu **Old Spitalfields** machen. **Brick Lane** gehört zu den angesagtesten Veranstaltungen. Hier gibt es alles – von Seafood bis zu Hometrainern. In der nahen **Columbia Road** (So geöffnet) findet man die beste Auswahl an Blumen und Grünpflanzen.

Die **East Street** südlich des Flusses besitzt auch einen Blumenmarkt. Doch überwiegend wird Kleidung verkauft. **Bermondsey Market** ist der Treff für Antiquitätenliebhaber. Sammler sind in aller Frühe unterwegs, um Gemälde und alten Schmuck zu ergattern. **Borough Market** *(siehe S. 124)* beliefert mit seinen Delikatessen und den Bauernprodukten viele Restaurants. Im **Brixton Market** gibt es afrokaribische Lebensmittel. Man erwirbt sie zum Sound von Reggae.

Camden Lock Market liegt im Norden von London. In der vibrierenden Atmosphäre werden Secondhand-Klamotten, hübsches Kunsthandwerk und vieles mehr verkauft. Die **Camden Passage** im nahen Islington ist eine Kopfsteinpflasterstraße mit charmanten Cafés und Antiquitätenläden.

Notting Hills **Portobello Road** ist eine riesige Ansammlung von einzelnen Märkten, wo man viel Zeit verbringen kann.

Auf einen Blick

Department Stores

Fortnum & Mason
181 Piccadilly W1.
Stadtplan 11 A3.
📞 (020) 7734 8040.

Harrods
87–135 Brompton Rd SW1. **Stadtplan** 9 C5.
📞 (020) 7730 1234.

Harvey Nichols
109–125 Knightsbridge SW1. **Stadtplan** 9 C5.
📞 (020) 7235 5000.

John Lewis
278–306 Oxford St W1. **Stadtplan** 10 E1.
📞 (020) 7629 7711.

Liberty
210–20 Regent St W1. **Stadtplan** 10 F2.
📞 (020) 7734 1234.

Peter Jones
Sloane Sq SW1.
Stadtplan 17 C2.
📞 (020) 7730 3434.

Märkte

Selfridges
400 Oxford St W1.
Stadtplan 10 D2.
📞 0800 123 400.

Bermondsey Market
Long Lane u. Bermondsey St SE1. **Stadtplan** 13 C5. ⏰ Fr 6–14 Uhr.

Berwick Street
Berwick St W1.
Stadtplan 11 A2.
⏰ Mo–Sa 8–18 Uhr.

Borough Market
8 Southwark St SE1.
Stadtplan 13 B4.
⏰ Mo–Do 10–17, Fr 10–18, Sa 8–17 Uhr.

Brick Lane
Brick Lane E1. **Stadtplan** 6 E5. ⏰ So 9–17 Uhr.

Brixton Market
Electric Ave SW9.
🚇 Brixton. ⏰ Mo–Sa 8.30–18 Uhr (Mi 15 Uhr).

Camden Lock Market
Chalk Farm Rd NW1.
🚇 Camden Town, Chalk Farm. ⏰ tägl. 10–18 Uhr.

Camden Passage
Camden Passage N1.
⏰ Mi, Sa 9–18, Fr 10–18, So 11–18 Uhr.

Columbia Road
Columbia Rd E2.
⏰ So 8–15 Uhr.

East Street
East St SE17. ⏰ Di–So 8–17 Uhr (Sa bis 18.30, So bis 14 Uhr).

Grays Antiques
58 Davies St, Mayfair.
⏰ Mo–Fr 10–18, Sa 11–17 Uhr.

Greenwich
College Approach SE10.
🚇 Greenwich.
⏰ tägl. 10–17.30 Uhr.

Jubilee and Apple
Covent Gdn Piazza WC2. **Stadtplan** 11 C2. ⏰ Mo 5–17 Uhr (Antiquitäten, Vintage), Di–Fr 10.30–19 Uhr (allgemein), Sa, So 10–18 Uhr (Kunst, -handwerk).

Old Spitalfields
Commercial St E1. **Stadtplan** 6 D5. ⏰ So–Fr 10–17, Sa 11–17 Uhr (So–Mi allgemein; Do Antiquitäten, Vintage; Fr Fashion, Kunst).

Petticoat Lane
Middlesex St E1. **Stadtplan** 14 D1. ⏰ Mo–Fr 9–16 Uhr (Do bis 14 Uhr).

Piccadilly Crafts
St James's Church, Piccadilly W1. **Stadtplan** 11 A3. ⏰ Mo, Di 11–17 Uhr (Lebensmittel); Mi–Sa 10–18 Uhr (Kunst).

Portobello Road
Portobello Rd W10. **Stadtplan** 7 C3. 1 Notting Hill Gate. ⏰ tägl. (Hauptmarkt Sa 9–19 Uhr).

Stadtplan London siehe Seiten 131–151

Fashion

Britische Stoffe und Mode sind weltweit für ihr hohe Qualität bekannt. **Henry Poole & Co**, **H Huntsman & Sons** und **Gieves & Hawkes** gehören zu den renommierten Herrenausstattern in der Savile Row.

Mittlerweile gibt es eine Generation trendbewusster Schneider, die mit modernen Schnitten und Stoffen arbeiten, darunter **Richard James** und **Ozwald Boateng**. Einige Garanten des britischen Stils haben sich als Modelabel neu erfunden. Bestes Beispiel hierfür ist **Burberry**, obwohl es hier immer noch die beliebten Trenchcoats gibt und spezielle Accessoires. **Crombie**, eine bekannte britische Marke, bietet klassische Kleidung und Accessoires für Herren.

Die Designer **Margaret Howell** und **Nicole Farhi** kreieren eher trendige Varianten des Country-Stils – für Männer und Frauen.

Londoner Modemacher sind für ihren eklektizistischen, unverwechselbaren Stil bekannt. Die *Grandes Dames* der Mode, **Zandra Rhodes** und **Vivienne Westwood**, bestimmen seit den 1970er Jahren die Szene. Andere britische Designer mit internationalem Ruf haben ihre Flagship-Stores auch in der Hauptstadt, darunter **Stella McCartney** und **Alexander McQueen**. Doch Designerware ist nicht allein das Privileg der Reichen. Wenn Sie an britischer Mode interessiert sind, aber die hohen Preise nicht zahlen wollen, sollten Sie **Debenhams** aufsuchen, das viele preiswerte Labels hat. Billigere Varianten der neuesten Mode tauchen in den Läden auf, sobald die Modenschauen vorbei sind. **Topshop** und **Oasis** bieten Up-to-date-Ensembles junger Damenmode.

Junge Berufstätige bevorzugen die Kollektion von **French Connection**. Edlere Ketten wie **Jigsaw** und **Whistles** sind teurer, bieten allerdings schöne Stoffe und Schnitte. Modebewusste Männer sind bei **Paul Smith** und **Ted Baker** an der richtigen Adresse.

Das um 1900 erbaute eklektizistische Gebäude von Harrods (siehe S. 152)

Schuhe

Einige der berühmtesten Namen für Schuhe stammen aus Großbritannien. Falls Sie ein paar Tausend Pfund übrig haben, können Sie bei **John Lobb**, dem Schuhmacher der Royals, ein Paar handgefertigter Exemplare erwerben. Traditionelle Straßen- und Oxford-Schuhe sind das Hauptgeschäft von **Church's Shoes**. **Oliver Sweeney** gibt Klassikern einen modischen Touch.

The British Boot Company in Camden hat die größte Auswahl an Doc Martens, die gern von Rock 'n' Rollern und Grunge-Fans getragen werden. **Jimmy Choo** und **Manolo Blahnik** sind zwei Namen für Schuhträume modebewusster Frauen. Weniger teure Schuhe, gleichwohl von guter Qualität, findet man bei **Hobbs**, **Dune** oder **Clarks**. Bei **Jones Bootmaker** und **Office** gibt es die jungen verrückten Varianten.

Geschenke und Souvenirs

Der Markt der Covent Garden Piazza verkauft britische Keramik, Strickwaren und anderes Handwerk. Bei **Neal's Yard Remedies** gibt es Wellnessbehandlungen. Zahllose Geschenkideen unter einem Dach findet man bei Liberty *(siehe S. 152)*.

Das Victoria and Albert *(siehe S. 102f)*, das Natural History und das Science Museum *(siehe S. 104)* verkaufen ebenfalls einzigartige Stücke. Für Geschenke und Spielwaren ist **Hamley's** eine gute Adresse.

Bücher und Zeitschriften

Die Londoner Buchläden decken ein sehr breites Spektrum ab. Charing Cross Road ist die Adresse für antiquarische, Secondhand- und auch neue Bücher. Hier liegt **Foyles**, das für sein riesiges Sortiment bekannt ist. Hier findet man auch die Filialen großer Ketten wie **Waterstones** in Nachbarschaft zu renommierten Fachbuchhandlungen.

Hatchards in Piccadilly ist die älteste Buchhandlung – und immer noch eine der besten.

Vintage Magazines in Soho bietet – wie der Name sagt – Publikationen ab dem Jahr 1900 – ein wahres Paradies für Sammler.

Kunst und Antiquitäten

In Londoner Kunst- und Antiquitätenläden kann jeder Interessierte etwas finden – auch durchaus Preiswertes.

Die Cork Street bildet das Zentrum der zeitgenössischen britischen Kunst. Am bekanntesten sind **Waddington Custot Galleries**, **Redfern Art Gallery** und **Flowers**.

Roger's Antiques Galleries und Grays Antiques *(siehe S. 153)* bieten alten Schmuck und *objets d'art*.

Filialen der **White Cube Gallery** findet man in der ganzen Stadt.

Die **Photographers' Gallery** mit der größten britischen Sammlung von Originalen ist für Fotofans ein Muss. In der **Hamiltons Gallery** sind interessante Ausstellungen zu sehen.

Auf einen Blick

Fashion

Alexander McQueen
4–5 Old Bond St W1.
Stadtplan 10 F3.
(020) 7355 0088.

Burberry
21–23 New Bond St W1.
Stadtplan 10 F2.
(020) 7980 8425.
Mehrere Filialen.

Crombie
48 Conduit St W1.
Stadtplan 10 F2.
(020) 7434 2886.

Debenhams
334–348 Oxford St W1.
Stadtplan 10 E2.
08445 616 161.
Mehrere Filialen.

French Connection
10 Argyll St W1.
Stadtplan 10 F2.
(020) 7287 2046.
Mehrere Filialen.

Gieves & Hawkes
1 Savile Row W1.
Stadtplan 10 F3.
(020) 7432 6403.

H Huntsman & Sons
11 Savile Row W1.
Stadtplan 10 F3.
(020) 7734 7441.

Henry Poole & Co
15 Savile Row W1.
Stadtplan 10 F3.
(020) 7734 5985.

Jigsaw
6 Duke of York Sq,
King's Rd SW3.
Stadtplan 17 C2.
(020) 7730 4404.
Mehrere Filialen.

Margaret Howell
34 Wigmore St W1.
Stadtplan 10 E1.
(020) 7009 9009.

Nicole Farhi
25 Conduit St W1.
Stadtplan 10 F2.
(020) 7499 8368.
Mehrere Filialen.

Oasis
12–14 Argyll St W1.
Stadtplan 10 F2.
(020) 7434 1799.
Mehrere Filialen.

Ozwald Boateng
30 Savile Row W1.
Stadtplan 10 F3.
(020) 7437 2030.

Paul Smith
Westbourne House
122 Kensington Park Rd
W11.
Stadtplan 7 B2.
(020) 7727 3553.
Mehrere Filialen.

Richard James
29 Savile Row W1.
Stadtplan 10 F2.
(020) 7434 0605.

Stella McCartney
30 Bruton St W1.
Stadtplan 10 E3.
(020) 7518 3100.

Ted Baker
9–10 Floral St WC2.
Stadtplan 11 C2.
(020) 7836 7808.
Mehrere Filialen.

Topshop
Oxford Circus W1.
Stadtplan 10 F1.
08448 487 487.
Mehrere Filialen.

Vivienne Westwood
44 Conduit St W1.
Stadtplan 10 F2.
(020) 7439 1109.

Whistles
12–14 St Christopher's
Pl W1. Stadtplan 10 D1.
(020) 7487 4484.
Mehrere Filialen.

Schuhe

**The British
Boot Company**
5 Kentish Town Rd NW1.
Stadtplan 2 F1.
(020) 7485 8505.

Church's Shoes
201 Regent St W1.
Stadtplan 10 F2.
(020) 7734 2438.
Mehrere Filialen.

Clarks
203 Regent St W1.
Stadtplan 10 F2.
0844 499 9021.
Eine von mehreren
Filialen.

Dune
28 Argyll St W1.
Stadtplan 10 F2.
(020) 7287 9010.
Mehrere Filialen.

Hobbs
112–115 Long Acre
WC2. Stadtplan 11 C2.
(020) 7836 0625.
Mehrere Filialen.

Jimmy Choo
27 New Bond St W1.
Stadtplan 10 F2.
(020) 7493 5858.

John Lobb
88 Jermyn St SW1.
Stadtplan 10 F3.
(020) 7930 8089.

Jones Bootmaker
84 Old Broad St EC2.
Stadtplan 13 C1.
(020) 7256 7309.
Mehrere Filialen.

Manolo Blahnik
49–51 Old Church St,
King's Road SW3.
Stadtplan 17 A4.
(020) 7352 8622.

Office
57 Neal St WC2.
Stadtplan 11 B1.
(020) 7379 1896.
Mehrere Filialen.

Oliver Sweeney
5 Conduit St W1.
Stadtplan 10 F2.
(020) 7491 9126.
Mehrere Filialen.

Geschenke
und Souvenirs

Hamley's
188–196 Regent St W1.
Stadtplan 10 F2.
0871 7041977.

Neal's Yard Remedies
15 Neal's Yard WC2.
Stadtplan 11 b1.
(020) 7379 7222.

Bücher und
Zeitschriften

Foyles
107 Charing Cross Rd
WC2. Stadtplan 11 B1.
(020) 7437 5660.
Mehrere Filialen.

Hatchards
187 Piccadilly W1.
Stadtplan 10 F3.
(020) 7439 9921.

Vintage Magazines
39–43 Brewer St W1.
Stadtplan 11 A2.
(020) 7439 8525.

Waterstones
203–205 Piccadilly W1.
Stadtplan 11 A3.
(020) 7851 2400.
Mehrere Filialen.

Kunst und
Antiquitäten

Flowers
21 Cork St W1.
Stadtplan 10 F3.
(020) 7439 7766.

Hamiltons Gallery
13 Carlos Place W1.
Stadtplan 10 E3.
(020) 7499 9493.

**Photographers'
Gallery**
16–18 Ramillies St
W1.
Stadtplan 10 F2.
(020) 7087 9300.

**Redfern
Art Gallery**
20 Cork St W1.
Stadtplan 10 F3.
(020) 7734 1732.

**Roger's Antiques
Galleries**
65 Portobello Road
W11.
Stadtplan 7 A1.
07887 527 523.

**Waddington
Custot Galleries**
11 Cork St W1.
Stadtplan 10 F3.
(020) 7851 2200.

**White Cube
Gallery**
144–152 Bermondsey
Street SE1 und
25–26 Mason's Yard
SW1.
Stadtplan 13 C5 und
10 F3.
(020) 7930 5373.

Stadtplan London siehe Seiten 131–151

Unterhaltung

London ist eine der großartigsten Unterhaltungsstädte der Welt. Mit der Vielzahl an Theatern, Kinos, Konzertveranstaltungsorten, Sportstadien und zwei der besten Kunst- und Performancezentren in Europa, Southbank und Barbican, gibt es eine riesige Auswahl, die alle Vorlieben bedient. Seit dem 16. Jahrhundert, als erstmals Shakespeare-Stücke aufgeführt wurden, steht die Theaterszene in London international gesehen an erster Stelle. Mit dem Royal Opera House hat London eine der berühmtesten Bühnen für Oper und Ballett und mit anderen Veranstaltungsorten wie etwa dem Sadler's Wells für modernen Tanz. Fans von Live-Musik haben bei der großen Auswahl die Qual der Wahl – von Jazz-Clubs und Pubs über umgewandelte Kinos bis zu riesigen Arenen wie Wembley und The O_2, wo Megastars des Pop und Rock auftreten. Es gibt über ein Dutzend Stadien, in denen man Fußballspiele verfolgen kann, und eine Vielzahl an anderen Sportstätten für Rugby, Cricket, Leichtathletik und Tennis. Das wöchentlich (dienstags) erscheinende Magazin *Time Out* listet die wichtigsten Veranstaltungen auf. Auch *The Evening Standard* und *The Guardian* (samstags) bieten Kulturkritiken und nützliche Informationen. Es gibt etliche Ticketagenturen, Ticketmaster und tkts gehören zu den bekanntesten.

Plakat des Palace Theatre (1898)

West-End-Theater und Nationaltheater

Die glitzernde Glamourwelt des Londoner Theaterviertels lockt mit international bekannten Namen und unzähligen Unterhaltungsmöglichkeiten. Die West-End-Bühnen *(siehe Kasten S. 158)* müssen sich selbst finanzieren (bzw. leben von Spenden großzügiger Theaterliebhaber und Mäzene) und bringen deshalb meist kommerziell lukrative Produktionen: Musicals, Klassiker, Lustspiele und Stücke namhafter Dramatiker.

Das staatlich subventionierte **National Theatre** liegt im Southbank Centre *(siehe S. 158)* und hat drei Bühnen – das große Olivier (Amphitheater), das Lyttelton (mit Vorbühne) und das kleine, flexible Dorfman (Studiotheater).

Die legendäre **Royal Shakespeare Company** (RSC) präsentiert neben den Werken von William Shakespeare auch klassische griechische Tragödien, Komödien aus der Restaurationszeit und moderne Stücke. Ihr Hauptsitz ist Stratford-upon-Avon *(siehe S. 328–331)*. Große Produktionen werden aber auch in Londoner West-End-Theatern und im Barbican aufgeführt. Informationen erhält man bei der RSC-Ticket-Hotline.

Der Schauspieler Kevin Spacey machte das Programm als Direktor (2003–2015) von **The Old Vic** attraktiver – die Aufführungen sind nun häufig ausverkauft.

Theaterkarten kosten in London zwischen 20 und 100 Pfund und sind an der Theaterkasse erhältlich oder telefonisch zu reservieren. Der »tkts«-Schalter am Leicester Square (Mo–Sa 10–19 Uhr, So 12–15 Uhr) verkauft am Tag der Aufführung ermäßigte Eintrittskarten (sonntags nur für Matineen). Akzeptiert werden Bargeld und Kreditkarten.

Off-Theater

Off-West-End-Theater sind Werkstatt-Bühnen mit festem Management, die oft auch etablierten Regisseuren und so manchem berühmten (Film-)Schauspielern die einmalige Möglichkeit bieten, sich in einem intimeren Rahmen auf neues Terrain zu wagen. Echte Off-Theater dagegen präsentieren meist Gastspiele, spielen aber auch Stücke experimenteller Autoren.

Alle Off-Theater aufzulisten würde den Rahmen dieses Buchs sprengen. Informieren Sie sich bitte in der Tages- oder Wochenpresse. Das Spektrum reicht von winzigen Bühnen in den Nebenräumen eines traditionellen Pubs (etwa das Gate) bis zu großen Theatern wie dem Donmar Warehouse, in dem namhafte Regisseure inszenieren und bekannte Schauspieler auftreten.

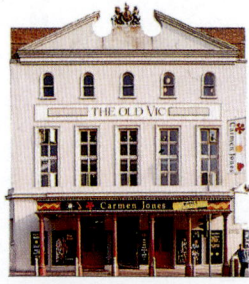

The Old Vic, erster Sitz des National Theatre 1963

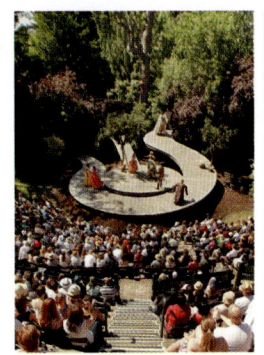

Volle Zuschauerränge bei einer Aufführung im Regent's Park

Freilichttheater

Open-Air-Aufführungen von Shakespeare-Komödien, etwa dem *Sommernachtstraum*, zählen zum Stimmungsvollsten, was London in den Sommermonaten zu bieten hat. Die meisten dieser Aufführungen finden im Regent's Park (Tel. 0870 060 1811, openairtheatre.com) und im Holland Park (Tel. 020 3846 6222, www.operahollandpark.com) statt. Vergessen Sie nicht, eine Decke und/oder eine Jacke mitzunehmen. Freilichtaufführungen gibt es auch im Shakespeare's Globe *(siehe S. 124)*, in dem man zudem die Atmosphäre eines elisabethanischen Theaters erleben kann.

Kinos

Im West End gibt es viele große Filmpaläste (Odeon, Vue, Cineworld), die die neuesten Hollywood-Blockbuster zeigen. Das Odeon Marble Arch wirbt mit der größten Leinwand Europas. Das Odeon Leicester Square besitzt mit knapp 2000 Sitzen den größten Zuschauerraum der Stadt.

Londoner sind begeisterte Kinogänger. Selbst die Lichtspielhäuser bekannter Ketten nehmen anspruchsvolle und ausländische Produktionen ins Programm. Curzon und Picturehouse sind exzellente unabhängige Ketten mit einer treuen Fangemeinde.

Die größte Kinodichte findet sich um und um den Leicester Square, obwohl es natürlich in fast jedem Viertel Kinos gibt. Das preiswerteste Haus im West End ist das Prince Charles (nicht weit vom Leicester Square entfernt). In anderen Kinos der Gegend zahlt man zehn bis 15 Pfund für eine Kinokarte, mehr für eine 3-D-Aufführung.

Das BFI's National Film Theatre (NFT) im Southbank Centre wird vom British Film Institute subventioniert und kann sich alte und neue Filme leisten. Beim Waterloo-Bahnhof befindet sich ein IMAX-Kino mit einer der größten Leinwände der Welt.

Im Sommer finden auch Freiluftaufführungen in Parks, auf Häuserdächern und in anderen interessanten Locations wie dem Somerset House statt.

BFI IMAX-Kino, Waterloo Station

Auf einen Blick

Theater

Adelphi
Strand. **SP** 11 C3.
(020) 3725 7060.

Aldwych
Aldwych. **SP** 11 C2.
0845 200 7981.

Apollo
Shaftesbury Ave. **SP** 11 B2. 0844 482 9671.

Cambridge
Earlham St. **SP** 11 B2.
0844 412 4652.

Criterion
Piccadilly Circus. **SP** 11 A3. (020) 7839 8811.

Dominion
Tottenham Court Rd.
SP 11 B1.
0844 847 1775.

Duchess
Catherine St. **SP** 11 C2.
0844 871 9672.

Duke of York's
St Martin's Lane. **SP** 11 B2. 0844 871 7627.

Fortune
Russell St. **SP** 11 C2.
0844 871 7626.

Garrick
Charing Cross Rd. **SP** 11 B2. 0844 482 9673.

Gielgud
Shaftesbury Ave. **SP** 11 B2. 0844 482 5130.

Harold Pinter
Panton St. **SP** 11 A3.
0844 871 7627.

Her Majesty's
Haymarket. **SP** 11 A3.
0844 412 4653.

Lyceum
Wellington St. **SP** 11 C2.
0844 871 7628.

Lyric
Shaftesbury Ave. **SP** 11 B2. 0844 482 9674.

National Theatre
South Bank. **SP** 12 D3.
(020) 7452 3000.

New London
Drury Lane. **SP** 11 C1.
0844 412 4654.

Noël Coward
St Martin's Lane. **SP** 11 B2. 0844 482 5141.

Novello
Aldwych. **SP** 12 D2.
0844 482 5171.

The Old Vic
Waterloo Rd SE1. **SP** 12 E4. 0844 871 7628.

Palace
Cambridge Circus W1.
0330 333 4813.

Phoenix
Charing Cross Rd. **SP** 11 B2. 0844 871 7629.

Piccadilly
Denman St. **SP** 11 A2.
0844 412 6666.

Prince Edward
Old Compton St. **SP** 11 A2. 0844 482 5151.

Prince of Wales
Coventry St. **SP** 11 A3.
0844 482 5115.

Queen's
Shaftesbury Ave. **SP** 11 B2. 0844 482 5160.

Shaftesbury
Shaftesbury Ave.
SP 11 B2.
(020) 7379 5399.

St Martin's
West St. **SP** 11 B2.
0844 499 1515.

Theatre Royal: Drury Lane
Catherine St. **SP** 11 C2.
0844 412 4660.

Theatre Royal: Haymarket
Haymarket. **SP** 11 A3.
(020) 7930 8800.

Vaudeville
Strand. **SP** 11 C3.
0844 482 9675.

Wyndham's
Charing Cross Rd. **SP** 11 B2. 0844 482 5120.

SP = Stadtplan London *siehe Seiten 131–151*

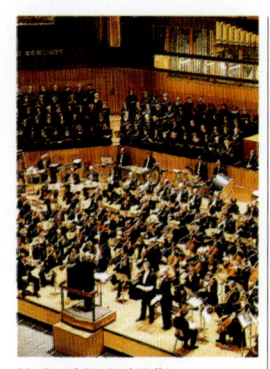

Die Royal Festival Hall im Southbank Centre

Klassische Musik, Oper und Tanz

Mit nicht weniger als fünf Symphonieorchestern, international anerkannten Kammerensembles wie der Academy of St Martin-in-the-Fields und dem English Chamber Orchestra sowie einer Reihe bekannter zeitgenössischer Interpreten gehört London zu den großen Zentren klassischer Musik. Keine Woche vergeht ohne Konzerte mit weltberühmten Namen. Höhepunkt des musikalischen Jahres sind die sommerlichen Proms in der **Royal Albert Hall** *(siehe S. 67, 104f.)*. Die **Wigmore Hall** bietet mit ausgezeichneter Akustik Freunden der Kammermusik ein ebenso stilvolles Ambiente wie die Barockkirche **St John's, Smith Square**. In der Kirche **St Martin-in-the-Fields** finden Konzerte statt, manchmal abends bei Kerzenlicht.

Seit TV-Übertragungen und Open-Air-Auftritte großer Stars den Popularitätsgrad der Oper immens gesteigert haben, ist das **Royal Opera House** *(siehe S. 84)* oft schon Wochen im Voraus ausverkauft, behält aber immer einige preiswerte Karten bis zum Aufführungsabend. Das Opernhaus besticht durch Grandeur und entsprechend opulente Inszenierungen. Die English National Opera im **London Coliseum** zieht mit Experimentellem die jüngere Generation an (fast alle Opern werden auf Englisch gesungen). Die Karten kosten fünf bis 200 Pfund und müssen aufgrund der großen Nachfrage unbedingt frühzeitig vorbestellt werden.

In denselben Häusern treten die zwei führenden britischen Balletttruppen auf (Royal Ballet im Royal Opera House und English National Ballet im London Coliseum). Daneben existieren unzählige kleinere, moderne Tanzkompanien. **The Place** ist Bühne für ambitionierten, zum Teil spektakulären Modern Dance. Regelmäßige Tanzdarbietungen gibt es darüber hinaus im **Sadler's Wells**, im **ICA**, im **Peacock Theatre** und im **Chisenhale Dance Space**.

In der **Barbican Concert Hall** und dem **Southbank Centre** (mit Royal Festival Hall, Queen Elizabeth Hall und Purcell Room) finden Aufführungen verschiedenster Art statt – von Operngastspielen und klassischen Konzerten bis zu kostenlosen Foyerkonzerten.

Im Sommer gibt es viele Open-Air-Aufführungen. Weitere Höhepunkte sind das Greenwich and Docklands International Festival (Juni/Juli), ein innovatives Festival der darstellenden Künste, und das Tanzfestival Dance Umbrella (Okt). Nähere Informationen finden Sie in *Time Out* und in der Tagespresse.

Rock, Pop, Jazz und Clubs

Das Konzertangebot in London ist in seiner Vielfalt und in seinem Umfang international einzigartig – von Rock und Pop über Jazz, Reggae und Soul bis Folk. Zu den größten Veranstaltungsorten gehören **The O2 Arena** *(siehe S. 129)* und die **Royal Albert Hall**, zu den kleineren **Brixton Academy** und **The Forum**.

Es gibt viele Jazz-Clubs in London. Eine der besten »alten« Adressen ist das berühmte **Ronnie Scott's**, auch **100 Club**, **Jazz Café** und **Vortex Jazz Club** haben einen sehr guten Ruf. **Hippodrome** am Leicester Square bietet Jazzkonzerte und Cabaret.

In London gibt es im Sommer viele Musikfestivals, häufig finden sie in Parks statt. Zwei der größten sind Lovebox im Victoria Park und Wireless in Finsbury Park; beide ziehen im Juli viele Besucher an und warten mit großen Namen auf.

Die Londoner Clubszene zählt zu den innovativsten in Europa. Beherrscht wird sie von den berühmten DJs, die in diversen Clubs tätig sind (siehe *Time Out* und Tageszeitungen). Die Discos **Ruby Blue** und **Café de Paris** im West End sind teuer und sehr auf Touristen ausgerichtet. Abwechslung bieten **Ministry of Sound** (New Yorker Stil) und die trendigen Clubs **333** und **Cargo**. Angesagt sind u. a. **Heaven** (Licht- und Laser-Shows), **Fabric** oder das **Koko** in Camden, ein Spielort für Live-Musik und abwechslungsreiche Clubnächte. Von der Schwulenszene werden gern das Heaven und die Royal Vauxhall Tavern frequentiert.

Die meisten Clubs haben von 22 bis 3 Uhr geöffnet, an Wochenenden auch bis 6 Uhr.

Kartenvorverkaufsstelle am Leicester Square

UNTERHALTUNG | 159

Sport

In London erwartet Sie eine Vielzahl meist günstiger Sportanlagen: Schwimmbäder, Squashplätze, Fitness- und Sport-Center mit Aerobic- und Bodybuilding-Kursen. In den meisten Parks kann man Tennis spielen. Dazu kommen Wassersportarten, Eislaufen und Golf. Oder Sie vergnügen sich als Zuschauer bei Fußball oder Rugby in verschiedenen Sportclubs, Cricket im **Lord's** oder im **Oval** und Tennis im **All England Lawn Tennis Club** von Wimbledon. Tickets zu großen Spielen sind nicht immer leicht zu bekommen *(siehe S. 70)*. Traditionsreiche britische Sportarten sind Polo (**Guards**), Crocket (**Hurlingham**, nur für Mitglieder) und mittelalterliches Tennis (**Queen's Club**). Weitere Infos zu Sport und Aktivurlaub finden Sie auf den Seiten 614–617.

Auf einen Blick

Klassische Musik, Oper und Tanz

Barbican Concert Hall
Silk St EC2.
Stadtplan 5 A5.
((020) 7638 8891.
W barbican.org.uk

Chisenhale Dance Space
64–84 Chisenhale Rd E3.
((020) 8981 6617.
W chisenhaledance space.co.uk

ICA
The Mall SW1.
Stadtplan 11 A4.
((020) 7930 3647.
W ica.org.uk

London Coliseum
St Martin's Lane WC2.
Stadtplan 11 B3.
((020) 7845 9300.
W eno.org

Peacock Theatre
Portugal St WC2.
Stadtplan 12 D1.
((020) 7863 8222.
W peacocktheatre.com

The Place
17 Duke's Rd WC1.
Stadtplan 3 B3.
((020) 7121 1100.
W theplace.org.uk

Royal Albert Hall
Kensington Gore SW7.
Stadtplan 8 F5.
((020) 7589 8212.
W royalalberthall.com

Royal Opera House
Floral St WC2.
Stadtplan 11 C2.
((020) 7304 4000.
W roh.org.uk

Sadler's Wells
Rosebery Ave EC1.
((020) 7863 8198.
W sadlerswells.com

St John's Smith Square
Smith Sq SW1.
Stadtplan 19 B1.
((020) 7222 1061.
W sjss.org.uk

St Martin-in-the-Fields
Trafalgar Sq.
Stadtplan 11 B3.
((020) 7766 1100.
W stmartin-in-the-fields.org

Southbank Centre
SE1. Stadtplan 12 D3.
((020) 7960 4200.
W southbankcentre.co.uk

Wigmore Hall
Wigmore St W1.
Stadtplan 10 D1.
((020) 7935 2141.
W wigmore-hall.org.uk

Rock, Pop, Jazz und Clubs

100 Club
100 Oxford St W1.
Stadtplan 10 F1.
((020) 7636 0933.
W the100club.co.uk

333
333 Old St EC1.
((020) 7739 1800.
W 333oldstreet.com

Brixton Academy
211 Stockwell Rd SW9.
(0844 477 2000.
W o2academybrixton.co.uk

Café de Paris
3 Coventry St W1.
Stadtplan 4 D5.
((020) 7734 7700.
W cafedeparis.com

Cargo
83 Rivington St EC2.
((020) 7739 3440.
W cargo-london.com

Fabric
77a Charterhouse St EC1.
((020) 7336 8898.
W fabriclondon.com

The Forum
9–17 Highgate Rd NW5.
((020) 7428 4080.
W academymusic group.com

Heaven
Under the Arches, Villiers St WC2.
Stadtplan 11 C3.
((020) 7930 2020.
W heavennightclub london.com

Hippodrome
Cranbourn St WC2.
Stadtplan 11 B2.
((020) 7769 8888.
W hippodromecasino.com

Jazz Café
3–5 Parkway NW1.
((020) 7485 6834.
W thejazzcafelondon.com

Koko
1a Camden High St NW1.
((020) 7358 3222.
W koko.uk.com

Ministry of Sound
103 Gaunt St SE1.
⊖ Elephant & Castle.
((020) 7740 8600.
W ministryofsound.com

Ronnie Scott's
47 Frith St W1.
Stadtplan 11 A2.
((020) 7439 0747.
W ronniescotts.co.uk

Royal Vauxhall Tavern
372 Kennington Lane SE11.
((020) 7820 1222.
W vauxhalltavern.com

Ruby Blue
Leicester Sq WC2.
Stadtplan 11 B3.
((020) 7287 8050.
W rubybluebar.co.uk

The O2 Arena
Peninsula Square SE10.
⊖ North Greenwich.
((020) 8463 2000.
W theo2.co.uk

Vortex Jazz Club
11 Gillett Sq N16.
((020) 7254 4097.
W vortexjazz.co.uk

Sport

All England Lawn Tennis Club
Church Rd, Wimbledon SW19.
((020) 8944 1066.

Guards Polo Club
Windsor Great Park.
(01784 434212.

Hurlingham Club
Ranelagh Gdns SW6.
Stadtplan 18 D3.
((020) 7610 7400.

Lord's Cricket Ground
St John's Wood NW8.
⊖ St John's Wood.
((020) 7432 1000.

Oval Cricket Ground
Kennington SE11.
((020) 7820 5700.

Queen's Club
Palliser Rd W14.
((020) 7386 3400.

Stadtplan London *siehe Seiten 131–151*

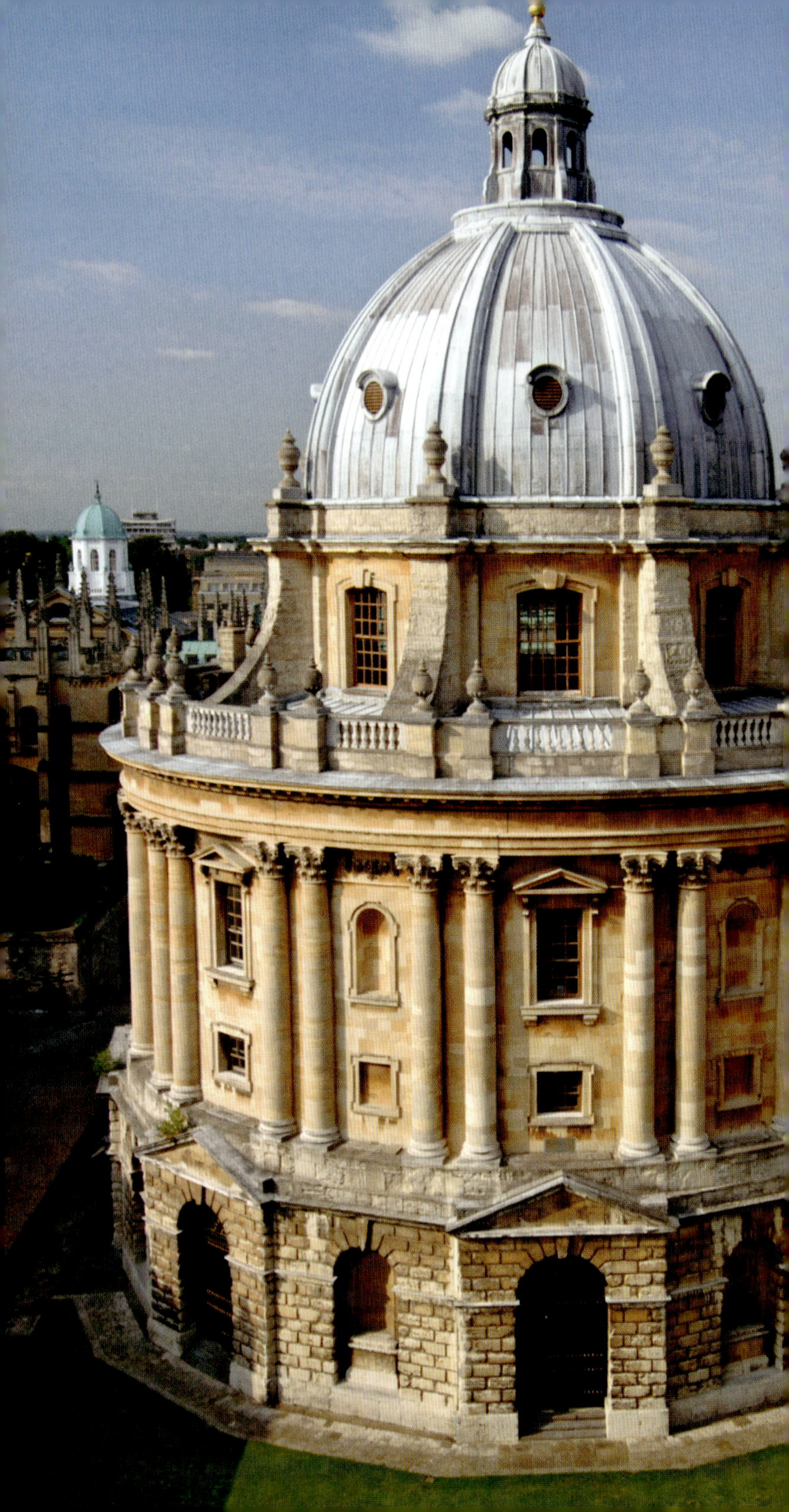

SÜDOST-ENGLAND

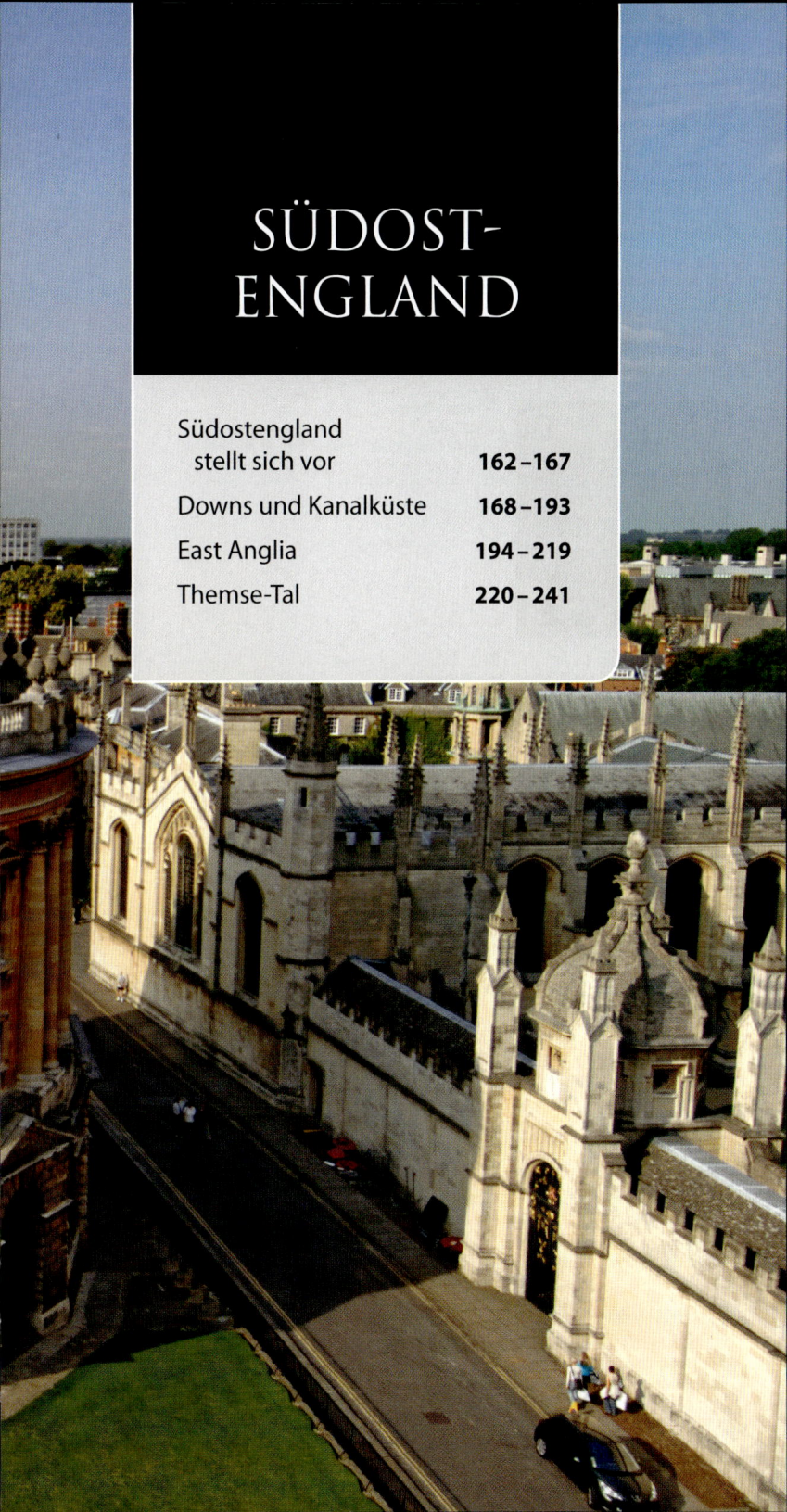

Südostengland stellt sich vor	162–167
Downs und Kanalküste	168–193
East Anglia	194–219
Themse-Tal	220–241

Südostengland im Überblick

Die Gegend rund um London, in der einst sächsische Invasoren über kleine Königreiche herrschten, gehört heute zwar zum Einzugsgebiet der Hauptstadt, doch hat sich jede Region ihren eigenen Charakter erhalten. Hier finden Besucher die ältesten Universitäten Englands, Paläste, Burgen, *stately homes* und Kathedralen, von denen viele eine bedeutende Rolle in der Geschichte der Nation spielten. Auch die Landschaft hat ihren Reiz: Sanft fallen die grünen Hügel zu den fruchtbaren Ebenen von East Anglia ab.

Zur Orientierung

Blenheim Palace *(siehe S. 232f)* ist ein Meisterwerk des Barock. Mermaid Fountain (1892) steht in der spektakulären Gartenanlage.

Die Gebäude der Oxford University *(siehe S. 226–231)* könnten ein Lehrbuch für englische Architektur vom Mittelalter bis zur Gegenwart illustrieren. Christ Church College (1525) ist das größte der Universität.

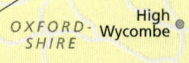

Windsor Castle *(siehe S. 240f)* ist die älteste königliche Residenz Großbritanniens. Der Round Tower (11. Jh.) stammt aus der Zeit, als die Festung den Zugang nach London von Westen her sicherte.

Winchester Cathedral *(siehe S. 174f)* entstand 1097 auf den Ruinen einer alten Kirche. Das Nordwestportal zeigt die typische Architektur des Mittelalters. Die Stadt ist schon seit dem 7. Jahrhundert ein bedeutendes Zentrum des Christentums.

Themse-Tal *Seiten 220–241*

Downs und Kanalküste *Seiten 168–19*

◀ Die Rotunde von Radcliffe Camera, Oxford *(siehe S. 231)*

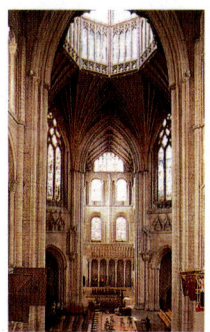

SÜDOSTENGLAND IM ÜBERBLICK | 163

Das südliche Querschiff der Ely Cathedral *(S. 198f)* enthält kunstvolle Steinmetzarbeiten. Wohl einzigartig ist das berühmte Oktogon, das im 14. Jahrhundert entstand, nachdem der normannische Vierungsturm eingestürzt war. Der neue Turm erhebt sich über die Niederungen der Fens.

Der Reiz der Cambridge University *(siehe S. 214–219)* wird von den ruhigen College-Gärten und den Backs noch erhöht. Die Kapelle des King's College gilt als Juwel spätmittelalterlicher englischer Baukunst.

Canterbury Cathedral *(siehe S. 190f)* ist die geistige Heimat der anglikanischen Kirche. Vor allem die prächtigen mittelalterlichen Bleiglasfenster genießen Weltruhm. Beachtung verdienen auch die gut erhaltenen Fresken (12. Jh.).

Der Royal Pavilion in Brighton *(siehe S. 182f)* wurde für den Prinzregenten errichtet und zählt zu den aufwendigsten Bauten des Landes. Der Entwurf für den pseudoorientalischen Märchenpalast stammt von John Nash.

»Garden of England«

Schon die Römer erkannten das Potenzial der Landschaft – fruchtbare Böden, mildes Klima und regelmäßiger Regen – und legten in Kent erste Obstplantagen an. Auch der Weinbau hat sich längst etabliert. In vielen Weingütern rund um Lamberhurst sind Besucher willkommen. Besonders schön ist es, wenn die Obstbäume in voller Blüte stehen oder wenn sich die Äste unter den reifen Früchten biegen. Dieser Anblick dürfte auch William Cobbett (1762–1835) bewogen haben, die Gegend als »die fruchtbarste und in ihrer Bescheidenheit schönste der ganzen Welt« zu bezeichnen. Die Fruit Research Station von Brogdale, in der Nähe von Faversham, organisiert Rundgänge und Weinproben.

Hopfen

Bei der Hopfenernte waren alle dabei

Hopfenhäuser *(oast houses)* mit ihren charakteristischen Schornsteinkappen sieht man in Kent häufig. Viele sind heute zu Wohnhäusern umgebaut. Ursprünglich dienten sie zum

Obst der Saison

Die Monatsskala zeigt Blüte- und Erntezeiten der wichtigsten Obstsorten. Die ersten Blüten kommen bereits, wenn noch Schnee auf den Feldern liegt. Nach der Blüte bilden sich die Früchte, die im Sommer reifen und im Herbst geerntet werden.

Pfirsichbäume findet man an geschützten Südhängen, da sie viel Wärme brauchen.

Auf Obstplantagen stehen vor allem Pflaumen-, Birn- und Apfelbäume. Äpfel (oben während der Blüte) sind das meistexportierte Obst der Region.

Himbeeren schmecken am besten frisch vom Strauch. Auf vielen Plantagen können Sie die saftig süßen Früchte selbst pflücken.

| März | April | Mai | Juni | Juli |

Erdbeeren sind das Lieblingsobst der Engländer. Neuzüchtungen kann man den ganzen Sommer über ernten.

Sauerkirschen zählen zu den Frühblühern.

Birnen treiben cremeweiße Blüten, die meist zwei bis drei Wochen vor der Apfelblüte erscheinen.

Die Blüten der Kirschpflaume sind besonders attraktiv. Die Bäume werden meist eher der Blüten als der Früchte wegen kultiviert.

Stachelbeeren sind nicht immer süß genug, um roh gegessen zu werden. Für Pies und andere Desserts eignen sie sich aber hervorragend.

»GARDEN OF ENGLAND« | 165

Trocknen von Hopfen. Heute wird Hopfen hauptsächlich importiert, doch stammt der größte Teil der britischen Erträge (über vier Millionen Tonnen jährlich) aus Kent und East Midlands. Einige *oast houses* haben ihre Funktion behalten. Wer im Sommer durch das Anbaugebiet fährt, wird viele Felder mit den typischen Drahtgerüsten sehen, an denen sich die Stauden emporranken. Bis Mitte des 20. Jahrhunderts kamen jeden Herbst Tausende von Familien aus dem Londoner East End zum Hopfenpflücken hierher. Sie übernachteten in den Scheunen. Heute erfolgt die Ernte maschinell.

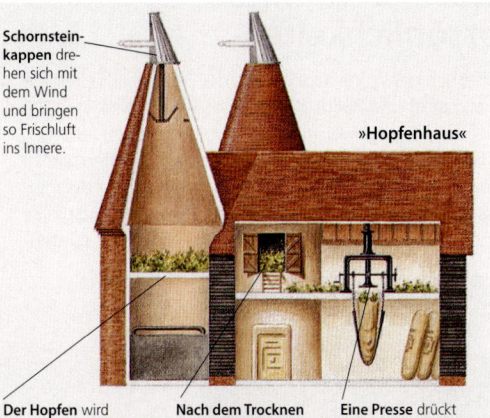

Schornsteinkappen drehen sich mit dem Wind und bringen so Frischluft ins Innere.

»Hopfenhaus«

Der Hopfen wird über einem Ventilator getrocknet.

Nach dem Trocknen wird der Hopfen gekühlt und gelagert.

Eine Presse drückt den Hopfen in Säcke – für die Brauerei.

Kirschen gehören zu den süßesten Früchten. Beliebt sind die Sorten Stella *(oben)* und Duke.

Pflaumen werden fast immer zu Marmelade verarbeitet oder gedörrt. Die Victoria Plum *(links)*, die klassische Dessertpflaume, mundet auch roh hervorragend, da sie süß genug ist.

Renekloden, grüne Pflaumen, verkocht man zu Marmelade.

Bramley Seedling, eine der besten Kochapfelsorten, ist zum Reinbeißen zu sauer.

Birnen wie die Williams *(links)* schmecken ganz reif am besten. Länger haltbar ist die Sorte Conference.

| August | September | Oktober | November |

Johannisbeeren gehören zu den vitaminreichsten Früchten.

Pfirsiche kamen im 19. Jahrhundert aus China nach England.

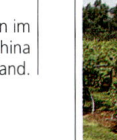

Tafeläpfel wie der Cox Orange Pippin *(rechts)* werden gern gegessen. Im Anbau anspruchsloser ist die Neuzüchtung Discovery.

Kentish Cob, eine hier heimische Haselnussart, erlebt derzeit eine Renaissance. Im Gegensatz zu anderen Nüssen isst man sie frisch vom Strauch.

Weinbau ist in Kent (und auch in Sussex und Hampshire) heute keine Seltenheit mehr. Es wird vorwiegend Weißwein produziert.

Häuser berühmter Persönlichkeiten

Ein Besuch der Wohnsitze berühmter Persönlichkeiten aus Kunst, Kultur und Politik ist die beste Art, Einblick in ihr Privatleben zu gewinnen. In Südostengland stehen viele historische Häuser, die heute noch genauso aussehen wie zu Lebzeiten ihrer illustren Bewohner und auch interessante Ausstellungsstücke enthalten. Einige Anwesen sind große Herrenhäuser, andere dagegen sehr bescheidene Bauten.

Florence Nightingale (1820–1910), die »Lady with the Lamp«, war während des Krimkriegs als Krankenschwester tätig *(siehe S. 60)*. Sie wohnte in Claydon House, Winslow, bei ihrer Schwester.

Nancy Astor (1879–1964) war die erste Frau, die 1919 einen Sitz im Parlament erlangte. Bis zu ihrem Tod lebte sie in Cliveden House bei Maidenhead, wo sie viele Gäste empfing.

Der Duke of Wellington (1769–1852) erhielt 1817 Stratfield Saye, Basingstoke, als Geschenk vom Staat – zum Dank für den Sieg über Napoléon bei Waterloo *(siehe S. 59)*.

Jane Austen (1775–1817) schrieb drei ihrer berühmten Romane in diesem Haus in Chawton, wo sie – bis kurz vor ihrem Tod – acht Jahre lang lebte *(siehe S. 176)*.

Lord Mountbatten (1900–1979), britischer Großadmiral und Staatsmann deutscher Abstammung, war der letzte Vizekönig von Indien. Er wohnte in Broadlands bei Southampton mit seiner Frau und ließ das Haus weitgehend umbauen.

Queen Victoria (1819–1901) und ihr Ehemann Prince Albert ließen sich Osborne House *(siehe S. 172)* auf der Isle of Wight 1855 als Sommerresidenz errichten, weil sie sich nicht mit dem Royal Pavilion in Brighton anfreunden konnten.

Themse-Tal *Seiten 220–241*

Downs un Kanalküst *Seiten 168–1*

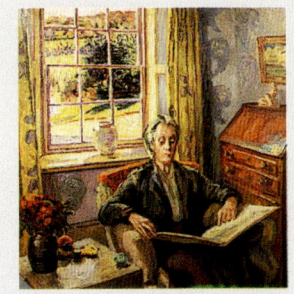

Bloomsbury Group

Ab 1904 kam in einem Haus in Bloomsbury, London, ein Zirkel avantgardistischer Schriftsteller und Künstler zusammen, die bald als Bohemiens in Verruf gerieten. Als Duncan Grant und Vanessa Bell 1916 nach Charleston, Sussex *(siehe S. 184)*, zogen, traf sich die Gruppe auch oft dort. Virginia Woolf, E. M. Forster, Vita Sackville-West und J. M. Keynes, die mit der Gruppe verbunden waren, zählten ebenfalls zu den häufigen Gästen. Die Bloomsbury Group wurde auch für ihre Omega Workshops bekannt, in denen innovative Keramiken, Möbel und Textilien entstanden.

Vanessa Bell in Charleston, Duncan Grant (1885–1978)

Thomas Gainsborough (1727–1788), einer der größten britischen Maler, wurde in diesem Haus in Lavenham *(siehe S. 210)* geboren. Besonders berühmt sind seine Porträts. Dieses zeigt *Mr und Mrs Andrews*.

Charles Darwin (1809–1882), Begründer der Evolutionstheorie, verfasste in Down House, Downe, sein berühmtes Buch *Über die Entstehung der Arten*.

Charles Dickens (1812–1870), der beliebte viktorianische Schriftsteller, weilte oft in Kent. Bleak House, in dem er die Ferien verbrachte, wurde später nach seinem Roman benannt.

Winston Churchill (1874–1965), Premierminister während des Zweiten Weltkriegs, wohnte 40 Jahre lang bis zu seinem Tod in Chartwell *(siehe S. 193)* bei Westerham. Zur Entspannung gestaltete er Teile des Hauses um.

Vanessa Bell (1879–1961), Künstlerin und Mitglied der Bloomsbury Group, wohnte in Charleston, Lewes, bis zu ihrem Tod 1961. Das mit Wandmalereien, Gemälden und bemalten Möbeln gefüllte Farmhaus (18. Jh.) illustriert ihre Dekorideen *(siehe S. 184)*.

Rudyard Kipling (1865–1936) wurde in Indien geboren, lebte aber 34 Jahre lang bis zu seinem Tod in »Bateman's«, Burwash. Zu seinen berühmtesten Werken zählen *Kim*, die *Dschungelbücher* und *Geschichten für Kinder*.

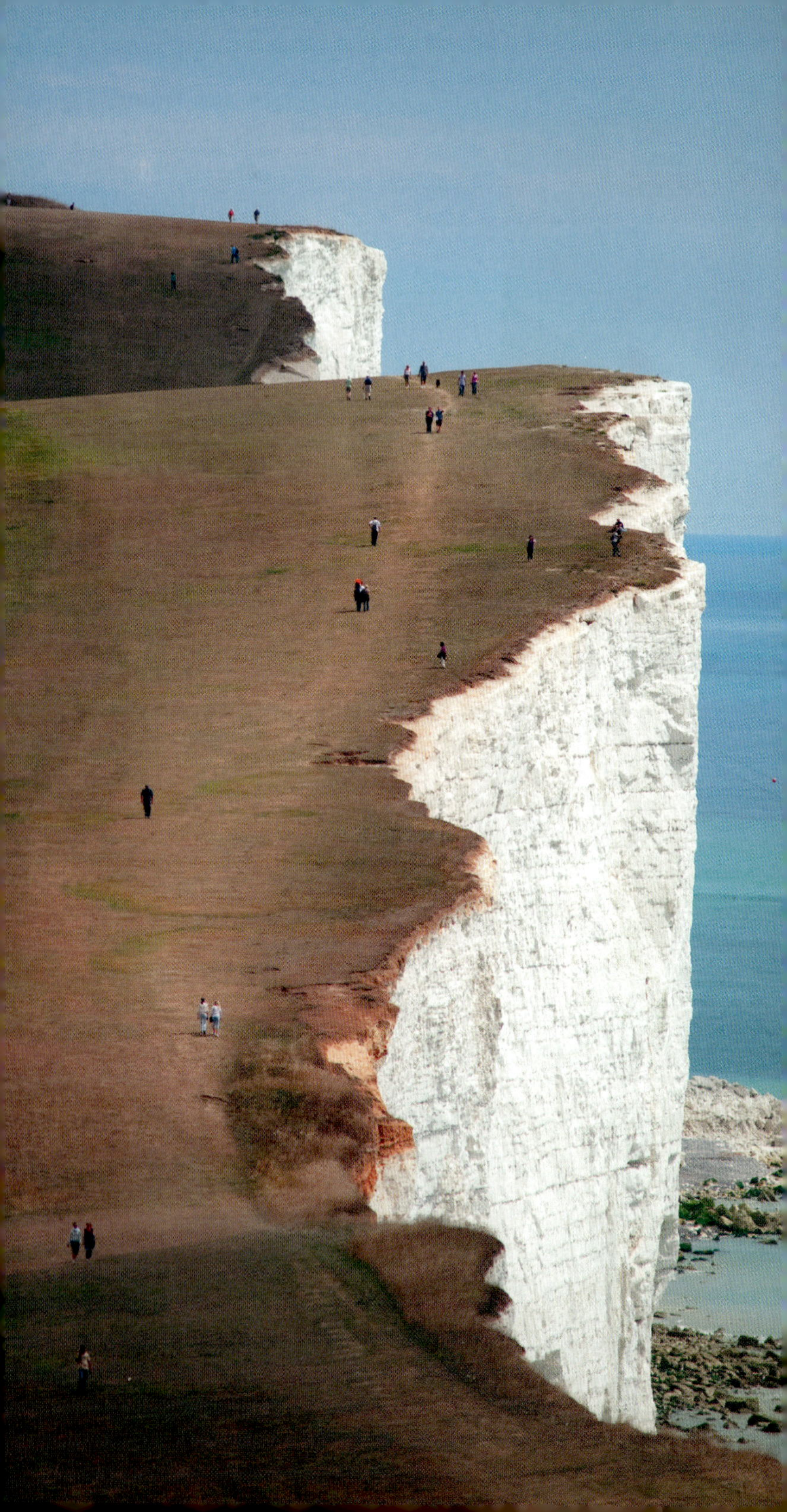

Downs und Kanalküste

Hampshire • Surrey • East Sussex • West Sussex • Kent

Für die vom Kontinent kommenden Siedler, Eroberer und Missionare war Südostengland die erste Anlaufstelle. Die Sandstrände und Naturhäfen, die fruchtbaren Böden und die Nähe zur Hauptstadt haben diese Region zur idealen Basis für Siedler und Besucher gemacht.

Die Römer bauten im 1. Jahrhundert entlang der Kanalküste Befestigungsanlagen, die später etwa zu Dover und Portchester Castle ausgebaut wurden, und gründeten im Inland Städte mit Villen. Fishbourne Palace bei Chichester ist hierfür ein gutes Beispiel. Landeinwärts entsprechen das von einem Burggraben umgebene Bodiam Castle in East Sussex und Leeds Castle in Kent dem Ideal einer romantischen Burg. Im 6. Jahrhundert kam der hl. Augustinus nach Kent, um die Angelsachsen zum Christentum zu bekehren, und machte Canterbury zum Zentrum der Kirche. Weitere Kathedralen wie Winchester, Chichester und Rochester haben alle ihren individuellen Reiz.

Nachdem London seinen Status als Hauptstadt gefestigt hatte, wurden die Grafschaften zwischen der Stadt und der Küste zu beliebten Regionen für Monarchen und den Adel, wovon auch heute noch viele schöne Herrenhäuser zeugen. Hampton Court war der Lieblingspalast von Henry VIII, Knole in Kent wartet mit 365 Räumen auf, in Petworth und vielen anderen Herrensitzen legte »Capability« Brown Parks und Gärten an. Im Royal Pavilion in Brighton, der 1822 für George IV gebaut wurde, erreicht der Prunk einen Höhepunkt.

Seebäder, Strände und weiße Klippen charakterisieren die Küste, an der auch die Hafenstädte Southampton und Portsmouth liegen. Die Kalksteinkämme der North und South Downs erstrecken sich quer durch Sussex bis zum New Forest in Hampshire. Darunter liegt der Weald of Kent, aufgrund der vielen Obstgärten auch als »Garten Englands« bekannt, mit dem weltbekannten Sissinghurst und dem kleinen Juwel Ightham Mote.

Der elegante Privy Garden von Hampton Court, Surrey

◀ Ausflügler auf dem Kreidefelsen von Beachy Head, East Sussex *(siehe S. 184)*

Überblick: Downs und Kanalküste

Die südöstliche Ecke des Landes ist auch eine der dichtbesiedeltsten, bietet auf dem Land, vor allem in den South Downs, aber auch ruhige Bereiche. Hier und im New Forest gibt es wunderbare Wandermöglichkeiten. Die Region bietet darüber hinaus historische Städte, Burgen und Herrenhäuser. Brighton, Canterbury und Winchester sind gute Ausgangspunkte, um die Region zu erkunden, ebenfalls kleinere Städte wie Chichester oder Rye. Seebäder vom kosmopolitischen Brighton bis zum vornehmen Eastbourne und lebendigen Margate bieten eine große Auswahl. Und natürlich gibt es auch beeindruckende Landschaften bei Beachy Head, Dungeness und in der Romney Marsh.

Bunte Strandhütten aus Holz in Brighton, Sussex

Die berühmten »Nadeln« mit Trinity Lighthouse auf der Isle of Wight

Weitere Zeichenerklärungen *siehe hintere Umschlagklappe*

DOWNS UND KANALKÜSTE | **171**

Sehenswürdigkeiten auf einen Blick

1. Isle of Wight
2. Beaulieu
3. New Forest
4. Southampton
5. Portsmouth
6. *Winchester S. 174f*
7. Chichester
8. Arundel Castle
9. Petworth House
10. Guildford
11. *Hampton Court S. 177*
12. *Brighton S. 178–183*
13. Steyning
14. Lewes
15. Eastbourne
16. The Downs
17. Hastings
18. Bodiam Castle
19. *Rye S. 188f*
20. Romney Marsh
21. Dover
22. Margate
23. *Canterbury S. 190f*
24. Leeds Castle
25. Rochester
26. Knole
27. Hever Castle
28. Royal Tunbridge Wells

In den Downs und an der Kanalküste unterwegs

Ein dichtes Straßennetz durchzieht diese Region, Schnellstraßen verbinden die größeren Städte mit London. Die Küstenstraße A259 bietet einen schönen Panoramablick über den Ärmelkanal. Auch Bus- und Zugverbindungen sind gut ausgebaut (zwischen den Städten verkehren Züge). Busunternehmen veranstalten regelmäßig Touren zu den wichtigsten Sehenswürdigkeiten.

Legende

- Autobahn
- Schnellstraße
- Hauptstraße
- Nebenstraße
- Panoramastraße
- Eisenbahn (Hauptstrecke)
- Eisenbahn (Nebenstrecke)
- △ Gipfel

Leeds Castle in Kent liegt innerhalb eines breiten Burggrabens

Hotels und Restaurants in den Downs und an der Kanalküste *siehe Seiten 562f und 586f*

Das viktorianische Osborne House, Isle of Wight

❶ Isle of Wight

Karte L19. 140 000. von Lymington, Southampton, Portsmouth. The Guildhall, High St, Newport, (01983) 521 555. visitisleofwight.co.uk

Allein die Besichtigung von **Osborne House**, der Sommerresidenz von Queen Victoria und Prince Albert *(siehe S. 166)*, lohnt die Überfahrt. Da das Haus weitgehend original erhalten ist, veranschaulicht es gut den königlichen Lebensstil. Das **Swiss Cottage**, heute ein Museum, war als Spielhaus für den Thronfolger und seine Geschwister konzipiert. Nebenan kann man die »Bademaschine« besichtigen, die es der Königin erlaubte, im Meer zu baden, ohne die Etikette zu verletzen *(siehe S. 401)*.

Die zweite Hauptsehenswürdigkeit ist **Carisbrooke Castle** (11. Jh.). Man kann auf der Außenmauer herumlaufen, und vom normannischen Bergfried aus hat man eine schöne Aussicht. Charles I *(siehe S. 56)* wurde hier 1647 gefangen gehalten.

Wegen ihrer Strände, Küstenwege und Yachthäfen – während der Cowes Week *(siehe S. 71)* treffen sich hier die Segler – zieht die Insel viele Sommerfrischler an. Landschaftliches Highlight sind **The Needles**, drei Kalksteinnadeln, die am Westende der Insel aus dem Wasser ragen.

Osborne House
East Cowes. (01983) 200 022. tägl. 10–17 Uhr (im Winter bis 16 Uhr; Nov–März: siehe Website). teilweise. (Apr–Okt: auch im Swiss Cottage).

Carisbrooke Castle
Newport. (01983) 522 107. tägl. 10–17 Uhr (im Winter bis 16 Uhr; Nov–März: siehe Website). 1. Jan, 24.–26. Dez. teilweise. im Sommer.

❷ Beaulieu

Brockenhurst, Hampshire. **Karte** L18. (01590) 612 345. Brockenhurst, dann Taxi. tägl. 10–17 Uhr (im Sommer bis 18 Uhr). 25. Dez. beaulieu.co.uk

Seit 1538 ist Palace House Wohnsitz der Familie von Lord Montagu. Heute ist hier die schönste Oldtimer-Sammlung des Landes zu sehen: Über 250 Exemplare stehen im **National Motor Museum**, dazu Boote aus James-Bond-Filmen. In der verfallenen **Abtei**, die John I *(siehe S. 52)* 1204 für Zisterziensermönche gründete, informiert eine kleine Ausstellung über das Leben im Kloster. Das Refektorium ist heute Gemeindekirche.

Umgebung: In **Buckler's Hard** dokumentiert ein Museum die Geschichte des Schiffsbaus im 18. Jahrhundert. Hier arbeiteten 4000 Menschen. Der Niedergang setzte ein, als man Schiffe aus Stahl fertigte.

Buckler's Hard
Beaulieu. (01590) 616 203. tägl. 25. Dez. teilweise. bucklershard.co.uk

❸ New Forest

Hampshire. **Karte** L18. Brockenhurst. Lymington, dann Bus. St Barbe Museum, New St, Lymington, (01590) 676 969. tägl. Mo–Sa 10–16 Uhr. 1. Jan, 24.–26. Dez. thenewforest.co.uk

Die Ebene aus Mischwald und Heide ist das größte zusammenhängende naturbelassene Gebiet im Süden Großbritanniens und zudem einer der wenigen Eichen-Urwälder Englands. In dem Jagdrevier der Normannenkönige wurde William II hier 1100 bei einem Jagdunfall tödlich verwundet.

Heute strömen viele Erholungsuchende in die Gegend, in der die seltenen New-Forest-Ponys frei leben.

❹ Southampton

Hampshire. **Karte** L18. 239 000. discoversouthampton.co.uk

In der Hafenstadt stach 1620 die *Mayflower* in See. Auch die *Titanic* begann 1912 hier ihre erste und letzte Fahrt.

Ein Rolls-Royce Silver Ghost (1909) im National Motor Museum, Beaulieu

Hotels und Restaurants in den Downs und an der Kanalküste *siehe Seiten 562f und 586f*

DOWNS UND KANALKÜSTE | 173

Die 1912 gesunkene Titanic

Das **SeaCity Museum** erinnert an Menschen, die sich in den vergangenen 2000 Jahren von Southampton aus in die weite Welt aufmachten.

Ein markierter Weg führt rund um die Überreste der Stadtmauern auch zur High Street. Das **Bargate** am Nordende der High Street gilt als das schönste erhaltene Stadttor ganz Englands. Die Türme stammen aus dem 13., die Steinmetzarbeiten aus dem 17. Jahrhundert.

SeaCity Museum
Havelock Rd. (023) 8083 3007. tägl. 10–17 Uhr.
seacitymuseum.co.uk

❺ Portsmouth

Hampshire. **Karte** L19. 210 000.
The Hard Interchange, (023) 9282 6722. Do–Sa.
visitportsmouth.co.uk

In die einst belebte, inzwischen ruhige Hafenstadt kommen vorwiegend Besucher, die sich für die Seefahrt interessieren. Die meisten strömen zum **Portsmouth Historic Dockyard**, den ehemaligen Werftanlagen. Attraktion ist die *Mary Rose*, das Flaggschiff von Henry VIII (siehe S. 54), das 1545 auf der Jungfernfahrt im Kampf gegen die Franzosen kenterte. 1982 wurde es gehoben. Zusammen mit ca. 19 000 ebenfalls rund um das Wrack geborgenen Objekten aus dem 16. Jahrhundert wird es heute im **Mary Rose Museum** präsentiert. Das Museum vermittelt einen guten Eindruck, wie man früher auf einem Schiff lebte.

In der Nähe liegt die restaurierte **HMS Victory**, das Flaggschiff, auf dem Admiral Nelson bei Trafalgar (siehe S. 35) den Tod fand. Sehenswert sind zudem das National Museum of the Royal Navy, das die Geschichte der Seefahrt vom 16. Jahrhundert bis zum Falklandkrieg abdeckt, und die HMS *Warrior* (19. Jh.).

Eine weitere Sehenswürdigkeit von Portsmouth ist das **D-Day Museum**, das an die Landung der Alliierten in der Normandie (Operation Overlord) erinnert. Glanzstück ist der riesige Wandteppich *Overlord Embroidery*. Das 83 Meter lange Stück wurde 1968 von der Royal School of Needlework in Auftrag gegeben.

Portchester Castle am Nordende des Hafens wurde im 3. Jahrhundert befestigt und gilt als das besterhaltene römische Küstenfort Nordeuropas. Innerhalb der Mauern errichteten die Normannen später eine Burg, von der noch der Bergfried steht. Henry V

Galionsfigur am Bug der HMS Victory in Portsmouth

benutzte die Festung als Garnison und sammelte hier seine Truppen zur Schlacht von Agincourt (siehe S. 53). Im 18./19. Jahrhundert waren Kriegsgefangene inhaftiert.

Das **Charles Dickens Birthplace Museum** residiert im Haus, in dem der Schriftsteller 1812 geboren wurde. Der 170 Meter hohe **Spinnaker Tower** dominiert Portsmouths Skyline und bietet einen Blick auf den Hafen.

Portsmouth Historic Dockyard
Victory Gate, HM Naval Base.
(023) 9283 9766. tägl. 10–17.30 Uhr (Nov–März: bis 17 Uhr). 24.–26. Dez. teilweise.

Mary Rose Museum
Portsmouth Historic Dockyard.
(023) 9281 2931. tägl. 24.–26. Dez.

D-Day Museum
Museum Rd. (023) 9282 6722. tägl. 24.–26. Dez.

Portchester Castle
Church Rd, Porchester. (023) 9237 8291. Apr–Okt: tägl.; Nov–März: Sa, So. 1. Jan, 24.–26. Dez.

Charles Dickens Birthplace Museum
393 Old Commercial Rd. (023) 9282 1879. Apr–Sep: Fr–So; auch 7. Feb (Dickens' Geburtstag).

Spinnaker Tower
Gunwharf Quays. (023) 9285 7520. tägl.

Wilde New-Forest-Ponystute mit Fohlen

❻ Winchester

Hampshire. **Karte** L18. 🚗 45 000.
🚆 🚌 🛈 Guildhall, High St,
(01962) 840 500. 🕐 Mi–Sa.
W visitwinchester.co.uk

Bis zur Eroberung durch die Normannen *(siehe S. 51)* war Winchester Hauptstadt des angelsächsischen Königreichs Wessex und später ganz Englands. William the Conqueror errichtete hier eine seiner ersten Burgen, von der nur der **Palas** erhalten ist, der 1235 einen Vorgängerbau ersetzte. Heute befindet sich hier der legendäre Round Table, an dem König Artus *(siehe S. 289)* seine Tafelrunde abgehalten haben soll. (Artus gab ihm die runde Form, damit kein Ritter bevorzugt war.) Er soll von Merlin geschaffen worden sein, stammt jedoch nachweislich aus dem 13. Jahrhundert.

Das **Westgate Museum** ist in einem von zwei erhaltenen Torhäusern (12. Jh.) untergebracht. Der Raum über dem Stadttor besitzt ein herrliches Deckengemälde (16. Jh.), das aus dem Winchester College stammt, der ersten *public school* Englands. Seit vielen Jahrhunderten ist Winchester auch ein religiöses Zentrum. **Wolvesey Castle** (um 1110) diente den Bischöfen der **Kathedrale** nach dem Norman-

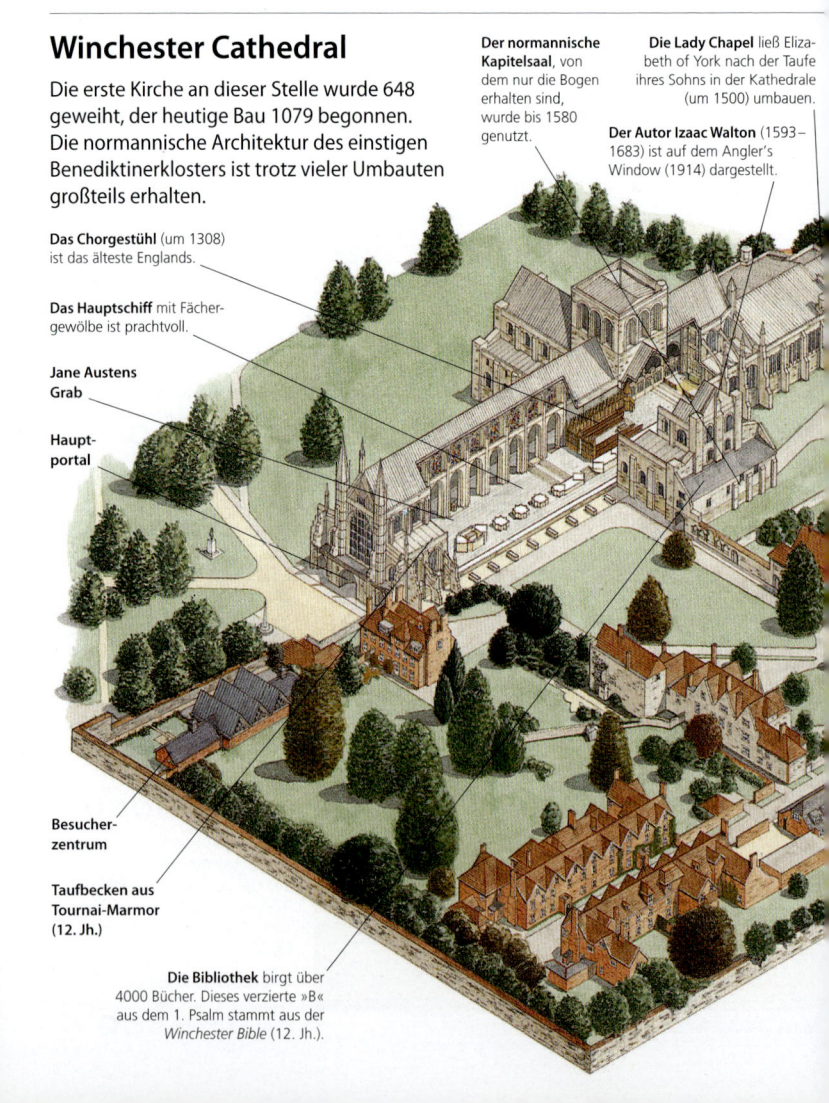

Der Round Table (13. Jh.) im Palas, Winchester

Winchester Cathedral

Die erste Kirche an dieser Stelle wurde 648 geweiht, der heutige Bau 1079 begonnen. Die normannische Architektur des einstigen Benediktinerklosters ist trotz vieler Umbauten großteils erhalten.

Der normannische Kapitelsaal, von dem nur die Bogen erhalten sind, wurde bis 1580 genutzt.

Die Lady Chapel ließ Elizabeth of York nach der Taufe ihres Sohns in der Kathedrale (um 1500) umbauen.

Der Autor Izaac Walton (1593–1683) ist auf dem Angler's Window (1914) dargestellt.

Das Chorgestühl (um 1308) ist das älteste Englands.

Das Hauptschiff mit Fächergewölbe ist prachtvoll.

Jane Austens Grab

Hauptportal

Besucherzentrum

Taufbecken aus Tournai-Marmor (12. Jh.)

Die Bibliothek birgt über 4000 Bücher. Dieses verzierte »B« aus dem 1. Psalm stammt aus der *Winchester Bible* (12. Jh.).

neneinfall als Wohnsitz. Im **Hospital of St Cross** (1446), dem ältesten Armenhaus Englands, erhalten Fremde noch heute die »Wayfarer's Dole« (eine Tasse Ale und Brot).

Palas
Castle Ave. (01962) 846 476.
tägl. 25., 26. Dez.

Westgate Museum
High St. (01962) 869 864.
Mitte Feb–Okt: Sa, So.

Hospital of St Cross
St Cross Rd. (01962) 851 375.
Mo–Sa (Sommer: tägl.).
Karfreitag, 25. Dez.
stcrosshospital.co.uk

Infobox

Information
The Close. (01962) 857 200.
tägl.
winchester-cathedral.org.uk

Prior's Hall

The Close, der Innenhof, barg einst die Unterkünfte der Mönche des Klosters St Swithun, wie der frühere Name der Winchester Cathedral lautete. Die meisten Gebäude, darunter auch das Refektorium, wurden im Zuge der Auflösung der Klöster *(siehe S. 355)* zerstört.

❼ Chichester

West Sussex. **Karte** M18.
27 000. The Novium, Tower St, (01243) 775 888.
Mi, Fr (Bauernmarkt), Sa.
visitchichester.org

Die schöne alte Marktstadt, in deren Mitte ein spätgotisches Marktkreuz zu bewundern ist, wird von ihrer 1108 geweihten **Kathedrale** beherrscht. Der Turm soll der einzige englische Kathedralenturm sein, den man vom Meer aus sieht. Trotz Plünderungen bietet die Kathedrale viel Sehenswertes: einen frei stehenden Glockenturm (1436), zwei romanische Sandsteinreliefs (1140) sowie moderne Gemälde von Graham Sutherland (1903–1980) und ein Bleiglasfenster von Marc Chagall (1887–1985).

Umgebung: Im westlich gelegenen Bosham steht die angelsächsische **Holy Trinity Church**, in der König Canute gebetet haben soll. Die Kirche taucht auch auf dem Teppich von Bayeux auf, weil König Harold 1064 hier den Gottesdienst besuchte, bevor er vor der Normandie Schiffbruch erlitt und von William the Conqueror gerettet wurde.

Der restaurierte römische **Fishbourne Roman Palace** *(siehe S. 48f)* zwischen Bosham und Chichester ist die größte römische Villa des Landes. Das erst 1960 entdeckte Anwesen (3 ha) wurde um 75 n. Chr. erbaut. 285 n. Chr. wurde der Bau ein Raub der Flammen. Im Nordflügel sind herrliche Mosaiken zu sehen, darunter ein Cupido-Mosaik.

Im Norden liegt **Goodwood House** (18. Jh.), zu dem eine

Chagalls Bleiglasfenster (1978), Chichester Cathedral

Rennbahn in den Downs gehört. Der Earl of March hat seine Gemäldesammlung der Öffentlichkeit zugänglich gemacht. Zu den wertvollsten Werken zählen Arbeiten von Canaletto (1697–1768) und Stubbs (1724–1806).

Chichester hat eine Rennstrecke, auf der das Festival of Speed veranstaltet wird, und eine Pferderennbahn.

Chichester Cathedral
West St. (01243) 782 595.
tägl.
chichestercathedral.co.uk

Fishbourne Roman Palace
Roman Way. (01243) 785 859.
Feb–Mitte Dez: tägl.; Mitte–Ende Dez: Sa, So.
sussexpast.co.uk

Goodwood House
Goodwood. (01243) 755 000.
Mitte März–Mitte Okt: So, Mo (vorm.); Aug: So–Do (vorm.).
Veranstaltungen, Schließungen tel. erfragen.

William Walker

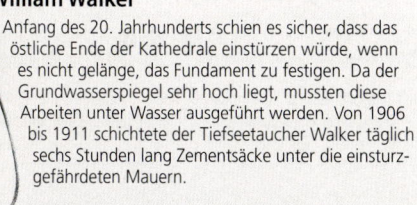

Anfang des 20. Jahrhunderts schien es sicher, dass das östliche Ende der Kathedrale einstürzen würde, wenn es nicht gelänge, das Fundament zu festigen. Da der Grundwasserspiegel sehr hoch liegt, mussten diese Arbeiten unter Wasser ausgeführt werden. Von 1906 bis 1911 schichtete der Tiefseetaucher Walker täglich sechs Stunden lang Zementsäcke unter die einsturzgefährdeten Mauern.

William Walker in seinem Taucheranzug

Hotels und Restaurants in den Downs und an der Kanalküste siehe Seiten 562f und 586f

In majestätischer Lage: Arundel Castle, West Sussex

❽ Arundel Castle

Arundel, West Sussex. **Karte** M18.
📞 (01903) 882 173. 🚉 Arundel.
🕐 Apr–Okt: Di–So 10–17 Uhr (Aug: tägl.; letzter Einlass 16 Uhr).
⬤ Feiertage.
🌐 arundelcastle.org

Die mächtige Festung, die hoch über dem gleichnamigen Städtchen wacht, geht auf eine Gründung der Normannen zurück. Seit dem 16. Jahrhundert ist sie im Besitz der Dukes of Norfolk, der ältesten römisch-katholischen Familie des Landes. Nachdem das Kastell 1643 durch Parlamentarier *(siehe S. 56)* zerstört worden war, ließ die Familie es wieder aufbauen.

Auf dem Gelände der Burg steht die Kirche **St Nicholas**, an deren Ostende die katholische Fitzalan Chapel (um 1380) liegt, errichtet von den Fitzalans, den ersten Herren der Burg. Die Kapelle ist nur vom Schloss aus zugänglich.

❾ Petworth House

Petworth, West Sussex. **Karte** M18.
📞 (01798) 342 102. 🚉 Pulborough, dann Bus. **Haus** 🕐 März–Okt: tägl.; Nov–Feb: siehe Website. **Park** 🕐 tägl. teilweise.
🌐 nationaltrust.org.uk/petworth

Der Maler J. M. W. Turner *(siehe S. 95)* hielt dieses Haus, in dem er häufig als Gast weilte, in zahlreichen Bildern fest. Einige seiner schönsten Arbeiten bilden zusammen mit Gemälden von Tizian (1488–1576), van Dyck (1599–1641) und Gainsborough *(siehe S. 167)* eine herausragende Kunstsammlung, die auch römische und griechische Skulpturen umfasst. Versäumen Sie nicht die *Leconfield Aphrodite* (4. Jh. n. Chr.), die dem Griechen Praxiteles zugeschrieben wird.

Sehenswert ist der Carved Room mit Vögeln und Blumen sowie Musikinstrumenten von Grinling Gibbons (1648–1721). Teile des weitläufigen Parks gestaltete »Capability« Brown *(siehe S. 30)*.

Die Uhr der Guildhall in Guildford

❿ Guildford

Surrey. **Karte** M18. 🏠 66 000. 🚉
🚌 ℹ️ 155 High St, (01483) 444 333. 🛒 Fr, Sa. 🌐 guildford.gov.uk

Die meistbesuchte Attraktion der Hauptstadt der Grafschaft Surrey sind die Reste einer restaurierten normannischen **Burg**. Schöne Bauten aus der Tudor-Zeit – der bekannteste ist die **Guildhall** – säumen die High Street. Das Stadtbild wird von der modernen Kathedrale (1954) dominiert.

Umgebung: Guildford liegt am Ende der North Downs, einer bei Wanderern beliebten Kreidekalk-Hügellandschaft. Die berühmtesten Aussichtspunkte sind **Leith Hill**, der höchste Punkt Südostenglands, und **Box Hill**, wo ein schöner Ausblick den Aufstieg von West Humble belohnt. Nördlich von Guildford liegen die Gärten (97 ha) von **RHS Wisley** (Royal Horticultural Society), südwestlich **Loseley House**, ein schönes Herrenhaus in einem riesigen Park. Zum seit 1562 unveränderten Haus gehört ein wunderschöner Kamin von Grinling Gibbons.

Noch ein Stück weiter liegt Chawton mit **Jane Austen's House** *(siehe S. 166)*. Hier entstanden die meisten ihrer Romane (z. B. *Stolz und Vorurteil*), die den Mittelstand des georgianischen England aufs Korn nahmen.

RHS Wisley
An der A3. 📞 (0845) 260 9000.
🕐 tägl.
🌐 rhs.org.uk

Loseley Park
Surrey. 📞 (01483) 304 440.
🕐 Mai–Aug: nachmittags So–Do.
Erdgeschoss.

Jane Austen's House
Alton, Hants. 📞 (01420) 832 62.
🕐 Jan–Mitte Feb: Sa, So; Mitte Feb–Dez: tägl. ⬤ 24.–26. Dez.
teilweise. 🌐 jane-austens-house-museum.org.uk

HAMPTON COURT | 177

⓫ Hampton Court

East Molesey, Surrey. **Karte** M17.
📞 (020) 3166 6000. 🚇 Hampton Court. 🕐 tägl. (letzter Einlass 15.30 Uhr). ● 24.–26. Dez.
♿🅿️📷🚫📹 **w** hrp.org.uk

Kardinal Wolsey, Erzbischof von York und Lordkanzler Henrys VIII, baute 1514 ein Landhaus zum prächtigen Herrensitz aus. 1528 übereignete er Hampton Court seinem König, um sich dessen Gunst zu sichern. Später wurde der Palast zweimal umgebaut, einmal durch Henry VIII und in den 1690er Jahren durch William und Mary, die Christopher Wren *(siehe S. 119)* als Architekten hinzuzogen. Von außen besticht das Gebäude durch seine harmonische Kombination aus Tudor-Stil und englischem Barock. Im Inneren herrscht ein auffälliger Gegensatz zwischen den von Wren im klassizistischen Stil gestalteten königlichen Gemächern und den Tudor-Elementen, die etwa in der Great Hall überwiegen. Die Cumberland Art Gallery zeigt viele Gemälde aus der Royal Collection u. a. von Rembrandt und Canaletto. Der barocke Garten wurde sorgfältig restauriert.

Deckenschmuck, Hampton Court

Das Heckenlabyrinth, eines der schönsten Elemente des Barockgartens, lädt zum Schlendern ein.

Die Gemächer der Queen, darunter Presence Chamber und Bedchamber, liegen an der Nord- und Ostseite des Brunnenhofs.

Fountain Court

Im Fountain Garden stehen noch einige Eiben, die William und Mary *(siehe S. 56f)* anpflanzen ließen.

Great Hall

Haupteingang

Themse

Die Cumberland Art Gallery zeigt Gemälde aus der Royal Collection.

Die Mantegna Gallery beherbergt Andrea Mantegnas Gemäldezyklus *Der Triumph Cäsars* (1490).

Long Water

Broad Walk

Die königliche Kapelle ließ Henry VIII vollenden. Die prachtvollen Schnitzarbeiten, darunter ein Retabel von Grinling Gibbons, wurden im Auftrag von Queen Anne ausgeführt, die die Tudor-Kapelle um 1711 neu ausstattete.

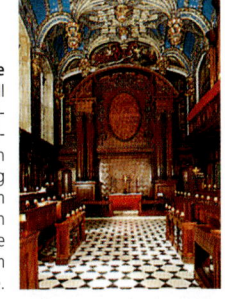

Der Pond Garden, ein symmetrischer Wassergarten, ist ein Entwurf Henrys VIII. Aus dem Teich in der Mitte sprudelt eine Fontäne empor.

⓬ Im Detail: Brighton

Wegen seiner Nähe zu London konnte das Seebad Brighton noch nie über mangelnde Besucherzahlen klagen, zielte aber von Anfang an auf eine vornehmere Klientel ab als etwa Margate. Brighton zog schon immer bekannte Schauspieler und Künstler an, der Geist des Prinzregenten lebt hier fort, nicht nur im Royal Pavilion, sondern auch im Ruf der Stadt, ein buntes Nachtleben, ungewöhnliche Läden und eine große Gay-Gemeinde zu besitzen und eine progressive Politik zu verfolgen.

Das Old Ship Hotel wurde 1559 gebaut und später von Nicholas Tettersells von der Prämie, die Charles II ihm dafür zahlte, dass er ihn während des Bürgerkriegs nach Frankreich brachte, gekauft.

i360
Der 2016 eröffnete i360 ist ein Aussichtsturm, an dem die verglaste Aussichtskanzel bis auf eine Höhe von 138 Metern fährt. Am Fuß der »Nadel« befindet sich ein gutes Fischrestaurant, in der Kanzel kann man in der Skybar, die auch nachts mit Blick auf das Meer und den Sternenhimmel geöffnet hat, Drinks genießen.

Turm von Brightons i360

Brighton Museum and Art Gallery
Das schöne Museum zeigt ein breites Spektrum von Erinnerungsstücken bis zu ausgewählter moderner Kunst.

★ Brighton Pier
Der 1899 eröffnete spätviktorianische Pier bietet seinen Besuchern heute Spielautomaten, Restaurants und großartige Fahrgeschäfte.

0 Meter 100
0 Yards 100

Legende
— Routenempfehlung

Hotels und Restaurants in den Downs und an der Kanalküste *siehe Seiten 562f und 586f*

BRIGHTON | 179

Das Theatre Royal, eines der historischen Theater Englands, öffnete 1807. Oft werden hier Aufführungen neuer Stücke gezeigt, bevor sie ins West End in London kommen.

Brighton Museum and Art Gallery

Infobox

Information
East Sussex. **Karte M18.** 280 000. Brighton Centre, (01273) 290 337. International Arts Festival (Mai). visitbrighton.com

Anfahrt
Brighton. Pool Valley.

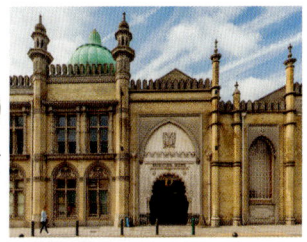

Brighton Dome
Das indisch inspirierte Gebäude, in dem die königlichen Stallungen lagen, dient heute als Kunstmuseum.

★ Royal Pavilion
Der pseudoorientalische Palast des Prinzregenten trug wesentlich dazu bei, Brighton berühmt zu machen. Heute ist er die Hauptattraktion.

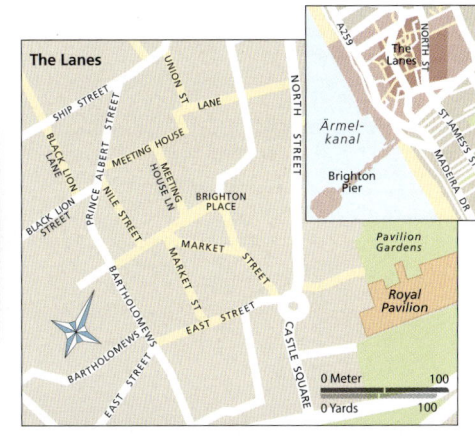

Das Sea Life Centre ist das älteste durchgehend betriebene Aquarium der Welt. Es eröffnete 1872 und zeigt heute moderne Exponate über das Meeresleben, darunter auch ein Haibecken.

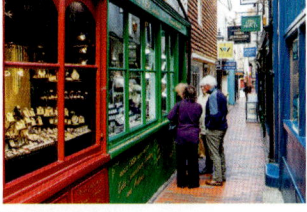

The Lanes
In den Gassen des alten Fischerdorfs Brighthelmstone reihen sich Antiquitätenläden und witzige Geschäfte.

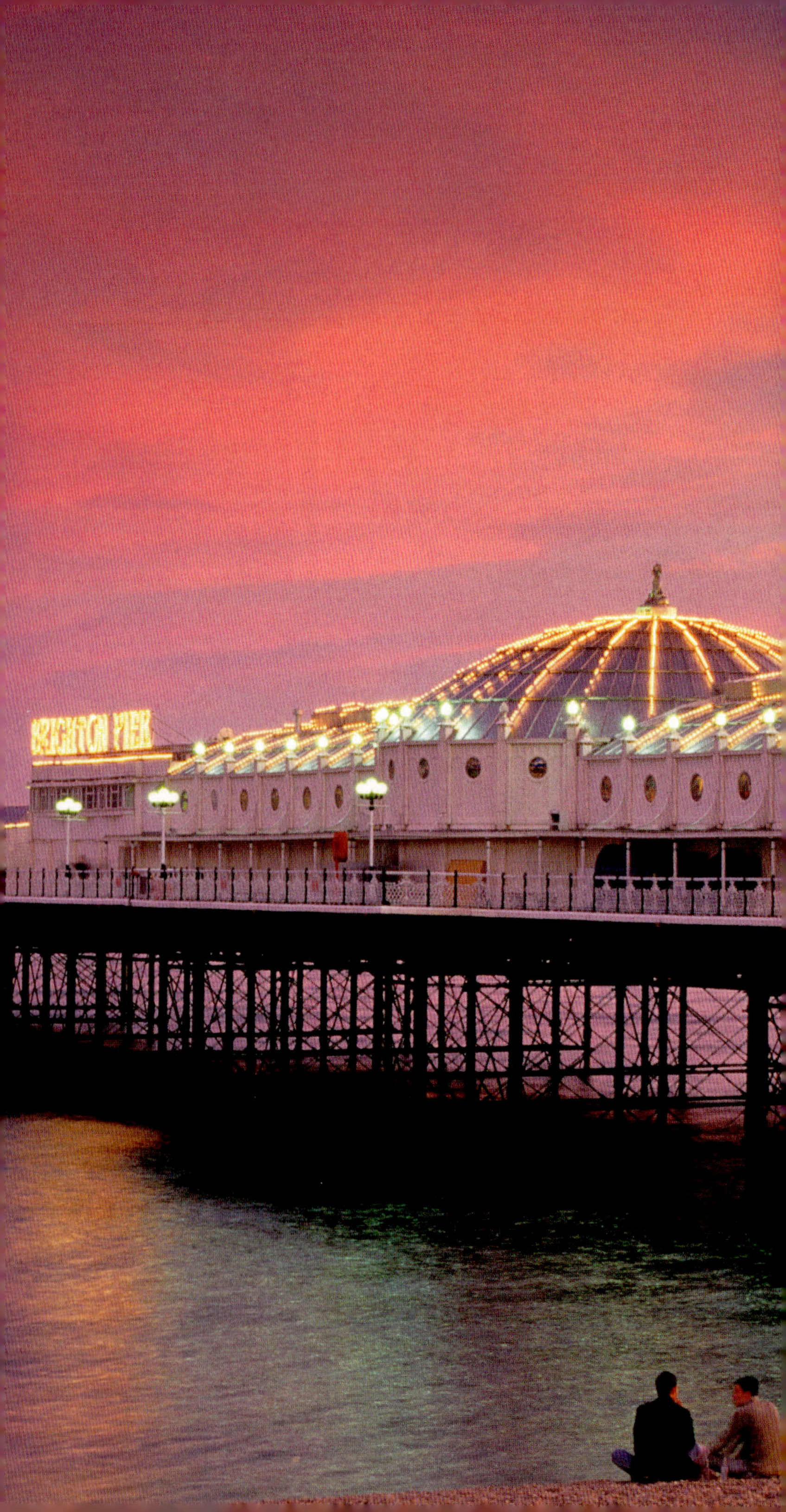
BRIGHTON PIER

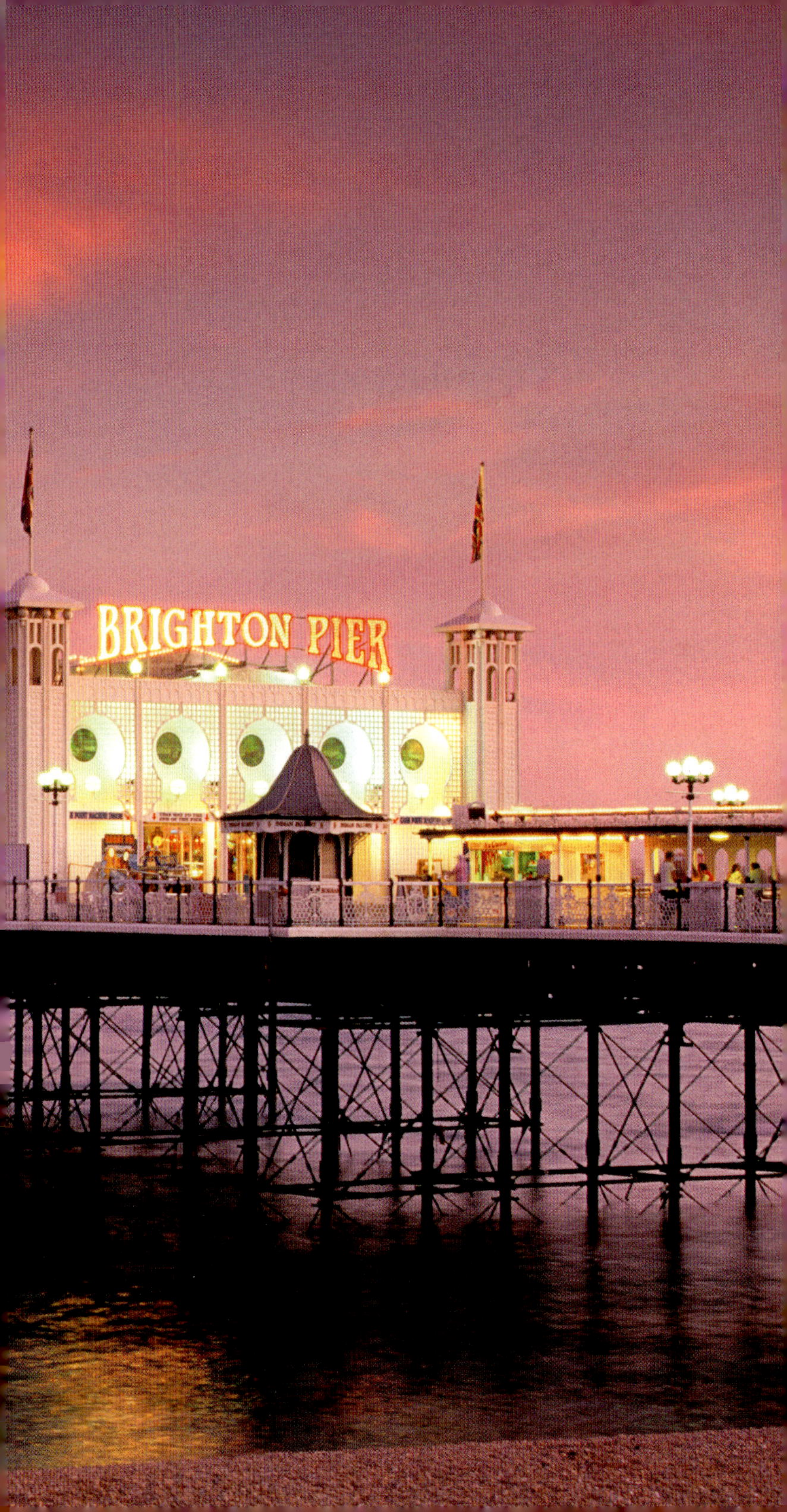
BRIGHTON PIER

Brighton: Royal Pavilion

Als Mitte des 18. Jahrhunderts das Baden im Meer in Mode kam, entdeckten die höheren Stände Brighton als Kurort. Die heitere Atmosphäre lockte bald den exzentrischen Prince of Wales an, der 1820 als George IV den Thron bestieg. Ein Bauernhaus in Küstennähe war der erste Aufenthaltsort des Prinzen nach seiner Heirat mit Mrs Fitzherbert (1785). 1815 beauftragte er John Nash, das Haus in einen orientalischen Palast zu verwandeln, der 1823 fertig wurde. Das Äußere ist nahezu unverändert. 1850 verkaufte Queen Victoria das Gebäude der Stadt Brighton.

★ **Große Küche**
Für die Festbankette bedurfte es einer Küche mit entsprechenden Ausmaßen. In den Kupferpfannen und -töpfen schmorten die Kreationen vieler berühmter Köche.

★ **Bankettsaal**
Auf Feuer speiende Drachen trifft man im Inneren immer wieder. Dieses prächtige Exemplar beherrscht die Decke des Bankettsaals und hält einen riesigen Kronleuchter.

Außerdem

① **Die Fassade** besteht zum Teil aus Bath-Stein.

② **Stehleuchten** Drachen, Delfine und Lotosblüten zieren die acht aus Porzellan, Bronze und vergoldetem Holz gefertigten, original erhaltenen Öllleuchten im Bankettsaal.

③ **Die Festtafel**, die 24 Personen Platz bietet, ist für ein verschwenderisches Gastmahl gedeckt.

④ **Galerie des Bankettsaals**

⑤ **Südgalerie**

⑥ **Ostfassade des Pavillons**

⑦ **Queen Victorias Schlafzimmer** ist mit einer exquisiten, handgemalten Chinoiserie-Tapete ausgestattet.

⑧ **Hauptkuppel** Die turbanartigen Zwiebeltürme und ihr feines Maßwerk gestaltete der Architekt John Nash im »Hindu-Stil« nach dem Vorbild des Taj Mahal.

⑨ **Galerie des Musikzimmers**

⑩ **Yellow Bow Rooms**

⑪ **Die Kuppeln** sind aus Gusseisen gefertigt.

Salon
Das Farmhaus, das ursprünglich hier stand, verwandelte der Architekt Henry Holland in eine Villa. Der mit chinesischer Tapete ausgeschlagene Salon war der Hauptraum des Hauses.

◀ Früher Abend am Brighton Peer *(siehe S. 178)*

BRIGHTON: ROYAL PAVILION | 183

Prince of Wales und Mrs Fitzherbert

Der Thronfolger war erst 23 Jahre alt, als er sich in die 29-jährige katholische Witwe Maria Fitzherbert verliebte und sie heimlich heiratete. Bis zu Georges offizieller Heirat mit Karoline von Braunschweig (1795) lebten die beiden in dem Bauernhaus, das später der Royal Pavilion wurde. Danach zog Maria in ein kleineres Domizil und lebte weitere 40 Jahre in Brighton.

Porträt von Mrs Fitzherbert

Infobox

Information
Old Steine, Brighton. 03000 290 900. Apr–Sep: tägl. 9.30–17.45 Uhr; Okt–März: tägl. 10–17.15 Uhr (letzter Einlass 45 Min. vor Schließung). teilweise.
brightonmuseums.org.uk

Lange Galerie
Mandarin-Figuren, die mit dem Kopf nicken können, säumen die rosa und blauen Wände der 49 Meter langen Galerie.

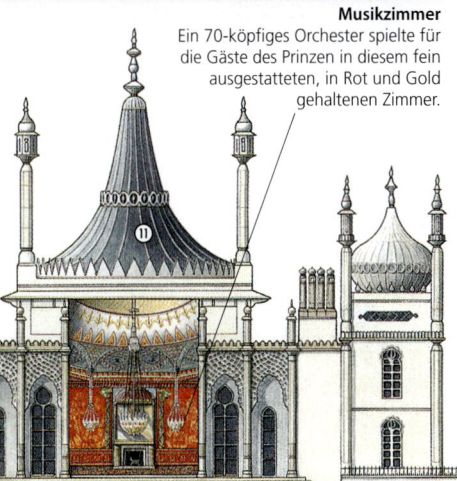

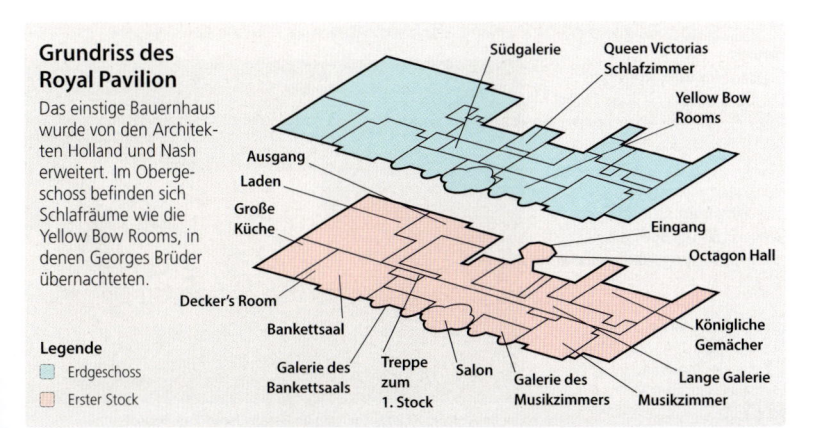

Musikzimmer
Ein 70-köpfiges Orchester spielte für die Gäste des Prinzen in diesem fein ausgestatteten, in Rot und Gold gehaltenen Zimmer.

Grundriss des Royal Pavilion

Das einstige Bauernhaus wurde von den Architekten Holland und Nash erweitert. Im Obergeschoss befinden sich Schlafräume wie die Yellow Bow Rooms, in denen Georges Brüder übernachteten.

- Südgalerie
- Queen Victorias Schlafzimmer
- Yellow Bow Rooms
- Ausgang
- Laden
- Große Küche
- Eingang
- Octagon Hall
- Decker's Room
- Bankettsaal
- Königliche Gemächer
- Galerie des Bankettsaals
- Treppe zum 1. Stock
- Salon
- Galerie des Musikzimmers
- Lange Galerie
- Musikzimmer

Legende
- Erdgeschoss
- Erster Stock

Hotels und Restaurants in den Downs und an der Kanalküste *siehe Seiten 562f und 586f*

⓭ Steyning

West Sussex. **Karte** M18. 6000. 9 Causeway, Horsham, (01403) 211 661.

Das Bild der reizenden Kleinstadt wird von alten Feuer- oder Sandstein-Fachwerkhäusern aus der Tudor-Zeit geprägt. Zur Zeit der angelsächsischen Herrscher verfügte das am Adur gelegene Steyning über bedeutende Hafen- und Werftanlagen. Der Leichnam von König Ethelwulf, dem Vater König Alfreds *(siehe S. 51)*, wurde 858 hier beigesetzt, später jedoch nach Winchester überführt. Laut dem *Domesday Book (siehe S. 52)* standen in Steyning damals 123 Häuser, was den Ort zu einem der größten Südenglands machte. Die geräumige, reich ausgestattete Kirche aus dem 12. Jahrhundert belegt den frühen Wohlstand der Region. Der Turm kam um 1600 dazu.

Steynings Tage als Hafenstadt waren gezählt, als im 14. Jahrhundert der Fluss verschlammte. Später wurde es eine Postkutschenstation an der südlichen Küstenstraße. Das **Chequer Inn** mit der ungewöhnlichen Fassade (18. Jh.) erinnert an diese Zeit.

Umgebung: Die Ruinen einer **normannischen Burg** sind nahe Bramber, östlich von Steyning, zu sehen. Hier steht auch **St Mary's House** (1470), ein Fachwerkbau mit vertäfelten Räumen und einem der ältesten Ginkgo-Bäume des Landes.

Chanctonbury Ring und **Cissbury Ring** sind zwei Hügelforts. Bei Letzterem können Sie die Überreste einer jungsteinzeitlichen Feuersteinmine besichtigen.

In **Worthing** schrieb Oscar Wilde (1854–1900) die Komödie *Bunbury oder Ernst sein ist alles*.

St Mary's House
Bramber. (01903) 816 205.
Mai–Sep: nachmittags So, Do, Feiertage (Aug: auch Mi).

Blick über die Dächer und den Kirchturm von Lewes

⓮ Lewes

East Sussex. **Karte** N18. 17000. 187 High St, (01273) 483 448. Glyndebourne Festival (Mai–Aug).

Die alte Hauptstadt von East Sussex war aufgrund ihrer Lage schon zur Zeit der Sachsen strategisch enorm wichtig, denn von der Erhebung reicht der Blick weit über die Küste. William the Conqueror errichtete hier 1067 eine hölzerne Burg, die bald durch einen Steinbau ersetzt wurde, dessen Reste zu besichtigen sind. Im Jahr 1264 war der Ort Schauplatz der Schlacht, in der Simon de Montfort der Sieg über Henry III glückte.

Das **Anne of Cleves House** (Tudor-Stil), in dem sich ein Museum befindet, ist nach der vierten Ehefrau von Henry VIII benannt, die allerdings niemals hier lebte. In der Guy Fawkes Night *(siehe S. 68)* rollt man brennende Fässer zum Fluss hinab, um an die 17 protestantischen Märtyrer zu erinnern, die Mary I *(siehe S. 55)* verbrennen ließ.

Umgebung: In der Nähe stehen **Glynde Place** (16. Jh.) und das bezaubernde **Charleston**, Heimat der Bloomsbury Group *(siehe S. 167)*.

Anne of Cleves House
Lewes. (01273) 474 610.
März–Nov: tägl. 24.–26. Dez.

Glynde Place
Lewes. (01273) 858 224.
Mai–Juni: nachmittags Mi, Do, So (Mai, Aug: auch Feiertage).
glynde.co.uk

Charleston
Lewes. (01323) 811 626.
Apr–Okt: Mi–So, Feiertage nachmittags.
charleston.org.uk

⓯ Eastbourne

East Sussex. **Karte** N18. 93000. Cornfield Rd, 0871 663 0031. Mi.
visiteastbourne.com

Das viktorianische Seebad eignet sich gut als Basis für Ausflüge in die Downs. Der South Downs Way *(siehe S. 41)* beginnt direkt vor der Stadt beim 163 Meter hohen Felsvorsprung von **Beachy Head**. Der Weg führt zu den Klippen bei Birling Gap und bietet herrliche Aussicht auf die Kreidefelsen **Seven Sisters**.

Der Leuchtturm (1902) am Fuß von Beachy Head, Eastbourne

Hotels und Restaurants in den Downs und an der Kanalküste *siehe Seiten 562f und 586f*

DOWNS UND KANALKÜSTE | 185

Gemächlich fließt der Cuckmere durch die South Downs

Umgebung: Westlich liegt der ganzjährig geöffnete **Seven Sisters Country Park**, ein Gebiet mit Kreideklippen und Marschland. Das **Park Visitor's Centre** informiert über Geschichte, Flora und Fauna der Region.

Nördlich liegt das schöne Dorf **Alfriston** mit dem Gasthof **The Star** (15. Jh.). Unweit von der Kirche steht das **Clergy House** (14. Jh.), das 1896 als erstes Haus vom National Trust (siehe S. 33) erworben wurde. Östlich befindet sich das prähistorische Kalkstein-Scharrbild des **Long Man of Wilmington** (siehe S. 225).

Park Visitor's Centre
Exceat, Seaford. (0345 608 0193.
Apr–Okt: tägl.; März, Nov: Sa, So. Dez–Feb.
sevensisters.org.uk

Clergy House
Alfriston. (01323) 871 961.
März–Okt: Sa–Mi.

⓰ The Downs

East Sussex. Karte N18. Eastbourne, Petersfield, Chichester und andere. Cornfield Rd, Eastbourne, (01323) 415 415.
southdowns.gov.uk

North und South Downs sind zwei parallel verlaufende Kreidekalkstufen, die Kent, Sussex und Surrey durchqueren und das tiefer gelegene Kent sowie Sussex Weald flankieren.

Die South Downs wurden 2011 als Nationalpark ausgewiesen. Das Gebiet zeichnet sich durch eine große Artenvielfalt aus, zudem umfasst es zahlreiche schöne Ortschaften. Der Torfboden der sanften Hügellandschaft von Downland, wo Schafe weiden, eignet sich hervorragend zum Wandern.

Von der Hügelkuppe über der »Teufelsschlucht« Devil's Dyke hat man eine herrliche Aussicht über die Downs. Der Sage nach wollte der Teufel hier einen Kanal graben, sodass das Meer diese Landschaft überfluten würde. Er wurde jedoch durch göttliche Vorsehung daran gehindert. Der Cuckmere fließt durch einen der malerischsten Teile der südlichen Downs. Am höchsten Punkt der Downs liegt Uppark House aus dem 18. Jahrhundert, das nach einem Brand 1989 restauriert wurde.

⓱ Hastings

East Sussex. Karte N18. 90 000.
Aquila House, Breeds Place, (01424) 451 111.
visit1066country.com

Der faszinierende Ort war einer der ersten Cinque Ports (siehe S. 186) und ist noch heute ein Fischereihafen. Wahrzeichen des Orts sind die hölzernen *net shops* am Strand, in denen die Fischer jahrhundertelang ihre Netze aufbewahrten. Im 19. Jahrhundert entstand westlich der Altstadt ein Seebad, das jedoch die Gassen des Fischerviertels unberührt ließ.

Sehenswert sind die ehemaligen Schmugglerhöhlen mit einer Ausstellung zur Schmuggelei (siehe S. 284).

Umgebung: Elf Kilometer entfernt liegt das kleine Städtchen Battle, dessen Hauptplatz vom Torhaus der **Battle Abbey** dominiert wird. William the Conqueror ließ die Abtei an der Stelle seines Sieges errichten – angeblich befand sich der Hochaltar exakt an dem Platz, an dem König Harold fiel. Im Zuge der Säkularisation durch Henry VIII (siehe S. 355) wurde sie abgerissen. Um das einstige Schlachtfeld führt ein Weg.

Battle Abbey
High St, Battle. (01424) 775 705.
Apr–Okt: tägl.; Nov–März: Sa, So. 1. Jan, 24.–26. Dez.
EH

Kleine Fischerboote und Holzhütten am Kieselstrand von Hastings

Die Schlacht bei Hastings

1066 landete William the Conqueror (siehe S. 51), aus der Normandie kommend, an der Südküste Englands, um Winchester und London zu erobern. König Harold und seine Truppen lagerten in der Nähe von Hastings, als William sie angriff. Der Eroberer gewann die Schlacht, nachdem Harold tödlich verwundet worden war. Diese letzte erfolgreiche Invasion in England ist in Frankreich auf dem Teppich von Bayeux dargestellt.

König Harolds Tod, Teppich von Bayeux

Wie ein Märchenschloss ragt Bodiam Castle (14. Jh.) aus dem Wasser des Burggrabens

⑱ Bodiam Castle

Bei Robertsbridge, E Sussex.
Karte N18. (01580) 830 196.
Robertsbridge, dann Taxi.
tägl. 24.–26. Dez.
teilweise.

Umgeben vom Wasser eines Burggrabens, ist diese im späten 14. Jahrhundert errichtete Festung eine der romantischsten Englands. Lange nahm man an, die Burg sei als Verteidigungsstellung gegen einen französischen Angriff erbaut worden, wahrscheinlicher ist jedoch, dass sie der Wohnsitz eines Ritters war. Während des Bürgerkriegs 1642 bis 1651 *(siehe S. 56)* zerstörten Parlamentstruppen das Dach, damit Charles I die Burg nicht mehr als Stützpunkt verwenden konnte. Seither ist Bodiam Castle unbewohnt. Lord Curzon renovierte es 1919 und übergab es dem Staat.

Umgebung: Östlich liegt **Great Dixter**, ein Herrenhaus aus dem 15. Jahrhundert, das Sir Edwin Lutyens 1910 im Auftrag der Familie Lloyd restaurierte. Der bekannte Garten-Schriftsteller Christopher Lloyd legte einen prächtigen Garten mit Terrassen und Rabatten sowie eine Gärtnerei an.

Great Dixter
Northiam, Rye. (01797) 252 878.
Apr–Okt: Di–So, Feiertage nachmittags.
greatdixter.co.uk

⑲ Rye

Siehe S. 188f.

⑳ Romney Marsh

Kent. **Karte** O18. Ashford.
Ashford, Hythe. Dymchurch Rd, New Romney, (01797) 369 487.
Besucherzentrum Ostern–Okt: Do–Mo; Nov–Ostern: Fr–Mo.

Bis zur Römerzeit waren Romney Marsh und die südlich angrenzende Walland Marsh bei Flut völlig überschwemmt. Die Römer legten Romney trocken. Walland Marsh rang man im Mittelalter dem Meer ab. Heute bilden beide ein weites Tal, in dem Ackerbau betrieben wird. Die Romney-Marsh-Schafe liefern hochwertige Wolle.

Dungeness, einen verlassenen Ort an der Südostspitze der Region, dominieren ein Leuchtturm und zwei Kernkraftwerke. Er ist zugleich die südliche Endstation der

Cinque Ports

Was die Sicherung der Kanalküste anging, waren die englischen Könige vor der Eroberung durch die Normannen *(siehe S. 50f)* auf die Mithilfe der Hafenstädte in Kent und Sussex angewiesen. Als Gegenleistung für die Ausrüstung und die Versorgung der königlichen Flotte erhielten fünf Städte – Hastings, Romney, Hythe, Sandwich und Dover (später kamen noch weitere hinzu) – u. a. das Recht, selbst Steuern zu erheben. Die Privilegien der fünf Hafenstädte (Cinque Ports geht auf die altfranzösische Bezeichnung *cinque* für fünf zurück) wurden im 17. Jahrhundert widerrufen. 1803 errichtete die Krone 74 Stützpunkte entlang der Küste. Allerdings sind heute nur noch 24 dieser Martello-Türme erhalten.

Dover Castle liegt malerisch auf einer Anhöhe

Einer der Martello-Türme, die die Franzosen von der Landung in England abhalten sollten

Hotels und Restaurants in den Downs und an der Kanalküste *siehe Seiten 562f und 586f*

DOWNS UND KANALKÜSTE | 187

Romney, Hythe and Dymchurch Light Railway, die seit 1927 verkehrt. Im Sommer fährt der Miniaturzug die Küste hinauf bis zum 23 Kilometer entfernten Hythe.

14 mittelalterliche Kirchen liegen verstreut im Marschland. Ihre Grüfte dienten Schmugglern oft als Warenlager.

Im Kent Wildlife Trust Visitor Centre (www.kentwildlifetrust.org.uk) erfährt man mehr über die Landschaft und ihre Tiere.

㉑ Dover

Kent. **Karte** O18. 32 000.
Dover Museum, Market Square, (01304) 201 066. Di.
w whitecliffscountry.org.uk

Der Nähe zum europäischen Festland verdanken Dover und Folkestone ihre Bedeutung als Fährhafen und Endpunkt des Eurotunnels. Die berühmten Kreidefelsen, die »White Cliffs of Dover«, begrüßen den Reisenden, der via Schiff ankommt.

Die strategisch wichtige Lage und der große natürliche Hafen sorgten dafür, dass Dover schon früh eine bedeutende Rolle bei der Verteidigung des Landes zukam. **Dover Castle**, hoch oben auf den Klippen, trug zwischen 1198, als Henry II den Bergfried errichten ließ, und dem Zweiten Weltkrieg, als es als Kommandoposten für die Evakuierung Dunkerques diente, wesentlich zur Sicherheit der Stadt bei. In der Festung und den von Gefangenen der

Die berühmten weißen Klippen von Dover

Napoleonischen Kriege angelegten labyrinthartigen Gängen sind interessante Schaustücke zu sehen.

Umgebung: Die Ruine von **Richborough Roman Fort** zählt zu den bedeutendsten Bauten der englischen Frühgeschichte. An der Stelle der heute drei Kilometer landeinwärts gelegenen Burg landeten 43 n. Chr. Claudius' römische Invasoren *(siehe S. 48)*. Jahrhundertelang war Rutupiae, wie das Fort hieß, einer der wichtigsten Militärhäfen.

Dover Castle
Castle Hill. (01304) 211 067.
tägl. (Nov–Jan: Sa, So).
1. Jan, 24.–26. Dez.
Tunnel.

Richborough Roman Fort
Richborough. (01304) 612 013.
Apr–Okt: tägl.; Nov–März: Sa, So.
w english-heritage.org.uk

㉒ Margate

Kent. **Karte** O17. 55 000.
The Droit House, Stone Pier, (01843) 577 577.
w visitthanet.co.uk

Der klassische Badeort Margate zieht Besucher nicht nur mit seinem Vergnügungspark an, sondern auch mit der **Turner Contemporary**. In dem modernen Museumsort wird die Verbindung der Stadt mit J. M. W. Turner zelebriert.

Umgebung: Südlich der Stadt liegt **Quex Park**, ein herrschaftliches Anwesen mit zwei ungewöhnlichen Türmen. Das angrenzende **Powell-Cotton Museum** zeigt afrikanische und orientalische Kunst sowie Dioramen tropischer Flora und Fauna. Westlich, innerhalb der Ruinen des römischen Küstenforts **Reculver**, befindet sich eine angelsächsische Kirche. Im 12. Jahrhundert wurde das Gotteshaus mit Doppeltürmen versehen, die 1809 als nützliche Navigationshilfe dem Abriss entgingen. Die Kirche steht heute auf einem 37 Hektar großen Campingplatz.

Turner Contemporary
Rendezvous. (01843) 233 000.
Di–So.
w turnercontemporary.org

Quex Park und Powell-Cotton Museum
Birchington. (01843) 842 168.
Di–So. **Haus** nur nachmittags.
w quexpark.co.uk

Reculver Fort
Reculver. (01227) 862 162.
tägl. (nur Außenanlagen).

Die Meeresfront von Margate bei Ebbe von der Hafenmauer aus gesehen

⑲ Im Detail: Rye

Die charmante alte Stadt kam im 12. Jahrhundert zu den ursprünglichen Cinque Ports *(siehe S. 186)* hinzu und wurde daraufhin mehrfach von den Franzosen gebrandschatzt. 1287 veränderte ein Orkan den Lauf des Flusses Rother, der daraufhin bei Rye ins Meer mündete und den Ort über 300 Jahre lang zur blühenden Hafenstadt am Ärmelkanal machte. Im 16. Jahrhundert verlandete der Hafen. Heute liegt Rye drei Kilometer von der Küste entfernt.

★ Mermaid Street
Die kopfsteingepflasterte Straße mit den schiefen Fachwerkhäusern hat sich seit ihrem Wiederaufbau im 14. Jahrhundert kaum verändert.

The Mint war zur Zeit von König Stephen (12. Jh.) Sitz der Münze.

Das Mermaid Inn ist das größte mittelalterliche Gebäude der Stadt. Um 1750 war es Treffpunkt der Schmugglerbande Hawkhurst Gang.

Strand Quay
Die alten Lagerhäuser aus Holz und Backsteinen entstanden, als Rye eine blühende Hafenstadt war.

Blick über den Fluss Tillingham

Lamb House
In dem georgianischen Haus (1722) fand George I während eines Orkans Zuflucht. Später lebte hier der Schriftsteller Henry James (1843–1916).

Hotels und Restaurants in den Downs und an der Kanalküste *siehe Seiten 562f und 586f*

RYE | 189

Infobox

Information
East Sussex. Karte O18. 4500.
Strand Quay, (01797) 226 696.
Mi, Do. Rye Festival (Sep).
W visit1066country.com/rye

Anfahrt
Station Approach.

St Mary's Church
Die Turmuhr (1561) soll die älteste funktionierende Uhr Englands sein.

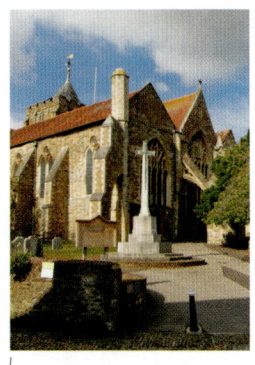

↑ Hastings, Bahnhof

CINQUE PORTS STREET

Land Gate
Das Tor (14. Jh.) ist das einzige erhaltene von vier Toren, die den Zugang sicherten.

TOWER STREET

CONDUIT HILL

HIGH STREET

HILDERS CLIFF

EAST STREET

MARKET STREET

Flushing Inn (16. Jh.)

Die Zisterne wurde 1735 gebaut. Eine von Pferden gezogene Vorrichtung pumpte Wasser in den höheren Teil der Stadt.

Gun Garden, Ypres Tower

Legende
— Routenempfehlung

0 Meter 50
0 Yards 50

★ Ypres Tower
Die 1250 errichtete Burg diente lange als Wohnhaus. Heute ist sie ein Museum.

Umgebung: Drei Kilometer südlich liegt das Städtchen **Winchelsea**, das 1288 auf Anordnung Edwards I an seine heutige Stelle verlegt wurde, da derselbe Orkan, der 1287 den Fluss Rother in ein neues Bett leitete, den größten Teil des tiefer gelegenen alten Orts unter Wasser gesetzt hatte.

Winchelsea dürfte somit die erste auf dem Reißbrett entstandene mittelalterliche Stadt Englands sein. Das schachbrettartige Straßenmuster und die im Zentrum gelegene Church of St Thomas Becket (um 1300) sind bis heute erhalten. Im 14. Jahrhundert überfielen Franzosen mehrmals den Ort, brannten ganze Häuserreihen nieder und plünderten die Kirche. Diese besitzt noch drei alte Grabmale. Auch in der Votivkapelle sind zwei mittelalterliche Grabmale zu sehen. Die drei Fenster (1928–33) der Lady Chapel entwarf Douglas Strachan zum Gedenken an die Gefallenen des Ersten Weltkriegs. Am Stadtrand des heutigen Winchelsea stehen die Reste der drei ursprünglichen Tore, die zeigen, was für eine große Stadt hier geplant war. Der Strand zählt zu den schönsten der südöstlichen Küste.

Camber Sands östlich der Rother-Mündung ist ein weiterer herrlicher Strand, den früher Fischer aufsuchten und an dem heute Gäste baden. Er ist bei Kite- und Windsurfern beliebt. Es gibt Bungalows und ein Feriencamp.

Die Ruinen von **Camber Castle** finden sich westlich des Strands nahe Brede Lock, Rye. Die Burg war eine der Befestigungsanlagen, die Henry VIII zum Schutz vor dem befürchteten französischen Angriff errichten ließ. Zur Zeit seiner Erbauung lag das Fort direkt am Wasser, 1642 wurde es aufgegeben, weil der Hafen verlandete.

Camber Castle
Camber, Rye. (01797) 227 784.
Juli–Sep: 1. Sa im Monat nachmittags für Führungen.

Canterbury Cathedral

Um dem Rang Canterburys als wichtigem Zentrum des Christentums gerecht zu werden, ließ Lanfranc, der erste normannische Erzbischof, 1077 auf den Ruinen eines angelsächsischen Gotteshauses eine neue Kathedrale erbauen. Sie wurde mehrmals erweitert und umfasst Teile in fast allen Stilrichtungen mittelalterlicher Architektur. Historisch bedeutsam war das Jahr 1170, als Thomas Becket hier ermordet wurde. Vier Jahre nach seinem Tod brannte die Kathedrale nieder. Beckets Gebeine bettete man in die Trinity Chapel um. Das Grab wurde rasch zum Heiligtum. Bis zur Säkularisation war die Kathedrale eine der meistfrequentierten Wallfahrtsstätten.

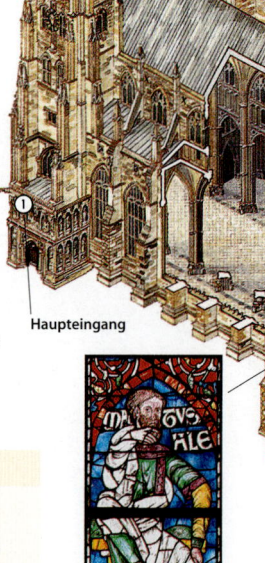

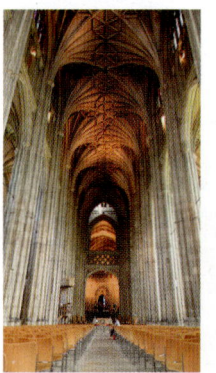

Jesus am Christ Church Gate, Canterbury Cathedral

㉓ Canterbury

Kent. **Karte** O17. 51 000.
i The Beaney House of Knowledge, 18 High St, (01227) 862 162.
Mi, Fr. **w** canterbury.co.uk

Aufgrund seiner Lage an der Strecke London–Dover prosperierte Canterbury schon vor der Ankunft des hl. Augustinus (597), der England zum Christentum bekehren sollte. Seit dem 7. Jahrhundert ist Canterbury Hauptstadt der Kirche Englands. Mit dem Bau der **Kathedrale** und dem Ende Thomas Beckets *(siehe S. 52f)* war die Zukunft der Stadt als religiöses Zentrum gesichert. Die Stadt gehört zum UNESCO-Welterbe.

Neben den Ruinen der St Augustine's Abbey, die bei der Auflösung der Klöster *(siehe S. 355)* zerstört wurde, steht St Martin, die älteste Kirche Englands. Hier betete schon der hl. Augustinus. Die West Gate Towers aus dem Jahr 1381 sind ein imposantes mittelalterliches Torhaus.

Das **Canterbury Roman Museum** illustriert die Stadtgeschichte. Das im 12. Jahrhundert gegründete Poor Priests' Hospital beherbergt heute das **Canterbury Heritage Museum**.

🏛 Canterbury Roman Museum
Longmarket, Butchery Lane.
📞 (01227) 785 575. ⏰ tägl. 10–17 Uhr.
w canterbury-museums.co.uk

🏛 Canterbury Heritage Museum
Stour St. 📞 (01227) 475 202.
⏰ Mi–So 10–17 Uhr.
w canterbury-museums.co.uk

Hauptschiff
Mit einer Länge von 60 Metern ist das Kirchenschiff eines der längsten der mittelalterlichen Kirchen Europas.

Haupteingang

Außerdem

① **Mit dem Bau der südlichen Vorhalle** (1426) wollte man möglicherweise an den Sieg bei Agincourt erinnern.

② Großer Kreuzgang

③ Kapitelsaal

④ Corona Chapel

⑤ Trinity Chapel

⑥ Thron des hl. Augustinus

⑦ *The quire* (Chor) wurde 1184 vollendet und ist einer der längsten Englands.

⑧ **Das Südfenster** weist vier Bleiglaspaneele (1958) von Erwin Bossanyi auf.

★ **Bleiglasfenster**
Diese Darstellung Methusalems ist ein Detail aus dem mittelalterlichen Fenster des südwestlichen Querschiffs.

Hotels und Restaurants in den Downs und an der Kanalküste *siehe Seiten 562f und 586f*

Geoffrey Chaucer

Geoffrey Chaucer (um 1345–1400) gilt als erster großer Dichter Englands. Er wurde mit den *Canterbury-Erzählungen* berühmt, deftig-geistreichen Geschichten, die er Pilgern in den Mund legte, die von London zum Schrein Thomas Beckets reisten. Sie stellen einen Querschnitt der damaligen Gesellschaft dar und gehören bis heute zur Weltliteratur.

Dame aus Bath, *Canterbury-Erzählungen*

Infobox

Information
11 The Precincts, Canterbury. (01227) 762 862. Mo–Sa 9–17.30 Uhr (Winter: bis 17 Uhr), So 12.30–14.30 Uhr (tel. nachfragen). zu Gottesdiensten und Konzerten; Karfreitag, 24., 25. Dez. tägl. 8 Uhr, Mo–Fr 17.30 Uhr, Sa, So 15.15 Uhr, So 11 Uhr. canterbury-cathedral.org

Bell Harry Tower
Der Vierungsturm wurde 1498 für eine Glocke erbaut, die Henry of Eastry gestiftet hatte. Das Fächergewölbe ist ein schönes Beispiel für den Perpendicular-Stil.

★ Stelle des Schreins von Thomas Becket
Diese viktorianische Illustration (anonym) zeigt Beckets Heiligsprechung. Die Trinity Chapel baute man für sein Grab, das jedoch 1538 zerstört wurde. Heute steht an dieser Stelle eine Kerze.

★ Grabmal des Schwarzen Prinzen
Das Kupferbildnis schmückt das Grab des Sohns von Edward III.

Der mächtige Bergfried des Rochester Castle überblickt die Stadt und das Medway-Tal

㉔ Leeds Castle

Maidstone, Kent. **Karte** N17.
(01622) 765 400. Bearsted, dann Bus. tägl. 10.30–17.30 Uhr (Apr–Sep: bis 18 Uhr; Okt–März: bis 17 Uhr). 1. Nov-Woche, 25. Dez.
w leeds-castle.com

Umgeben von einem See, in dessen Wasser sich die Türme spiegeln, wird diese Wasserburg häufig als die schönste Burg Englands bezeichnet. Seit ihrer Erbauung (12. Jh.) ist sie ständig bewohnt, wurde allerdings oft umgebaut – zuletzt in den 1930er Jahren.

Die Verbindung zum Königshaus reicht bis 1278 zurück, als Edward I die Burg von einem Höfling geschenkt bekam. Henry VIII liebte Leeds Castle und kam oft hierher. Eine Büste des Königs aus dem späten 16. Jahrhundert gehört zu den Schaustücken. 1552 übereignete Edward VI die Burg Anthony St Leger, der ihn bei der Befriedung Irlands unterstützt hatte.

㉕ Rochester

Kent. **Karte** N17. 27 000.
95 High Street, (01634) 338 141.

Rochester, Chatham und Gillingham, die alle drei an der Mündung des Medway liegen, blicken auf eine reiche Seefahrtsgeschichte zurück. Vor allem Rochester lag strategisch günstig an der Route zwischen London und Dover. Der Bergfried von **Rochester Castle**, der höchste normannische Wehrturm Englands, belohnt den Aufstieg mit einem Panoramablick. An die mittelalterliche Bedeutung der Stadt erinnern Teile der Stadtmauer, die den Linien der römischen Befestigungsanlage folgte, sowie gut erhaltene Wandgemälde in der 1088 erbauten **Kathedrale**.

Umgebung: In den Werftanlagen (**Historic Dockyard**) von Chatham liegt ein Schiffsbaumuseum. Das **Fort Amherst** wurde 1756 zum Schutz von Werft und Flussmündung angelegt. Die 1800 Meter langen Tunnel schlugen Kriegsgefangene von Napoléons Armee.

Rochester Castle
Castle Hill. 0870 335 882.
tägl. 10–16 Uhr (Apr–Sep: bis 18 Uhr; letzter Einlass 45 Min. vor Schließung). 1. Jan, 24.–26., 31. Dez. nur Gelände.
EH

Historic Dockyard
Dock Rd, Chatham. (01634) 823 800. Mitte Feb–Nov: tägl.
w thedockyard.co.uk

Fort Amherst
Dock Rd, Chatham. (01634) 847 747. tägl.
w fortamherst.com

㉖ Knole

Sevenoaks, Kent. **Karte** N17.
(01732) 462 100. Sevenoaks, dann Taxi. **Haus** März–Okt: Di–So (nachm.). **Park** tägl.
nur Park und Great Hall.
NT

Der im 15. Jahrhundert errichtete palastartige Tudor-Bau gehörte den Erzbischöfen von Canterbury, bis Henry VIII ihn während der Säkularisation *(siehe S. 355)* vereinnahmte. Elizabeth I schenkte Knole 1566 ihrem Cousin Thomas Sackville, dessen Nachfahren, darunter die Autorin Vita Sackville-West (1892–1962), seither hier wohn(t)en.

Umgebung: Östlich von Knole steht das schöne **Ightham Mote**, das am besten erhaltene

Charles Dickens (1812–1870)

Charles Dickens gilt als der großartigste Schriftsteller der viktorianischen Ära. Seine Romane werden bis heute gelesen. Geboren wurde er zwar in Portsmouth, verbrachte seine Jugend jedoch in Chatham. Als Erwachsener zog er nach London, ließ die Verbindung zu Kent jedoch nie abreißen. Seine Ferien verlebte er in Broadstairs, wo auch *David Copperfield* entstand, seine letzten Jahre in Gad's Hill. In Rochester findet alljährlich ein Dickens-Festival statt.

mittelalterlichen Herrenhaus Englands, dessen älteste Teile aus den 1320er Jahren stammen. Der Bau hat 70 Räume und einen großen Hof. Die Räume sind in den unterschiedlichsten Stilen eingerichtet, darunter eine Kapelle aus dem 15. Jahrhundert mit einer ornamentierten, bemalten Eichendecke (16. Jh.) sowie ein Salon mit handbemalten chinesischen Tapeten (18. Jh.). Das Herrenhaus ist umgeben von einem Burggraben und einem gepflegten Park.

Sissinghurst Castle Garden ist der Park, in dem Vita Sackville-West und ihr Mann Harold Nicolson in den 1930er Jahren Gärten anlegten.

Ightham Mote
Ivy Hatch, Sevenoaks. (01732) 810 378. März–Okt, Dez: tägl.; Nov: Sa, So. teilweise. NT

Sissinghurst Castle Garden
Cranbrook. (01580) 710 700. März–Dez: tägl. teilweise. NT

Hever Castle

Edenbridge, Kent. **Karte** N18. (01732) 865 224. Edenbridge Town. Jan–März, Nov: Mi–So 12–16.30 Uhr; Apr–Okt, Dez: tägl. 12–18 Uhr. teilweise. hevercastle.co.uk

In dem von einem Burggraben umgebenen Schloss wuchs Anne Boleyn auf. Henry VIII, der sie später heiratete und dann hinrichten ließ, besuchte sie hier oft, wenn er sich in Leeds Castle aufhielt. 1903 erwarb William Waldorf Astor das Anwesen, ließ es restaurieren und daneben ein kleines Dorf im Tudor-Stil errichten, in dem Gäste und Personal untergebracht wurden. Graben und Torhaus, beide original, stammen aus der Zeit um 1270.

Im Schloss kann man das Schlafzimmer von Anne Boleyn und andere Räume besichtigen, der Park lockt mit Skulpturen, Grotten und Irrgärten.

Umgebung: Nordwestlich von Hever liegt **Chartwell**, der

Chartwell, Landsitz des Politikers Winston Churchill

Landsitz von Winston Churchill. Bevor er 1940 Premierminister wurde, verwandte er viel Energie darauf, Chartwell zu vervollkommnen. Lady Churchill legte hingegen einen wunderbaren Park mit Seen und einem Rosengarten an. Churchills größtes Hobby war jedoch das Malen, dem er in einem Atelier nachging, in dem viele seiner Landschaftsbilder und Porträts hängen.

Nach seinem Tod verließ Lady Churchill das Anwesen, weshalb die Räume fast in ihrem Originalzustand erhalten sind. Sie sind voller Bücher, Zigarrenstümpfen, Fotos und Erinnerungsstücken.

Chartwell
Westerham, Kent. (01732) 868 381. **Haus** März–Okt: tägl. **Park, Ausstellungen** unterschiedl. Öffnungszeiten; tel. erfragen. teilweise. NT

Royal Tunbridge Wells

Kent. **Karte** N18. 56000. The Corn Exchange, The Pantiles, (01892) 515 675. Sa. visittunbridgewells.com

Die Stadt, in der 1606 eisenhaltige Quellen entdeckt wurden, wurde im 17. und 18. Jahrhundert zum Kurbad. Die nach ihrer Pflasterung benannte Promenade The Pantiles wurde um 1700 angelegt.

Umgebung: In der Nähe liegt **Penshurst Place**, ein Herrenhaus (um 1340) mit einer 18 Meter hohen Great Hall.

Penshurst Place
Tonbridge, Kent. (01892) 870 307. Apr–Okt: tägl.; Mitte Feb–März: Sa, So. **Haus** 12–16 Uhr. **Park** 10.30–18 Uhr. **Spielzeugmuseum** 12–16 Uhr. teilweise.

Astrolabium (frühes 18. Jh.) im Park von Hever Castle

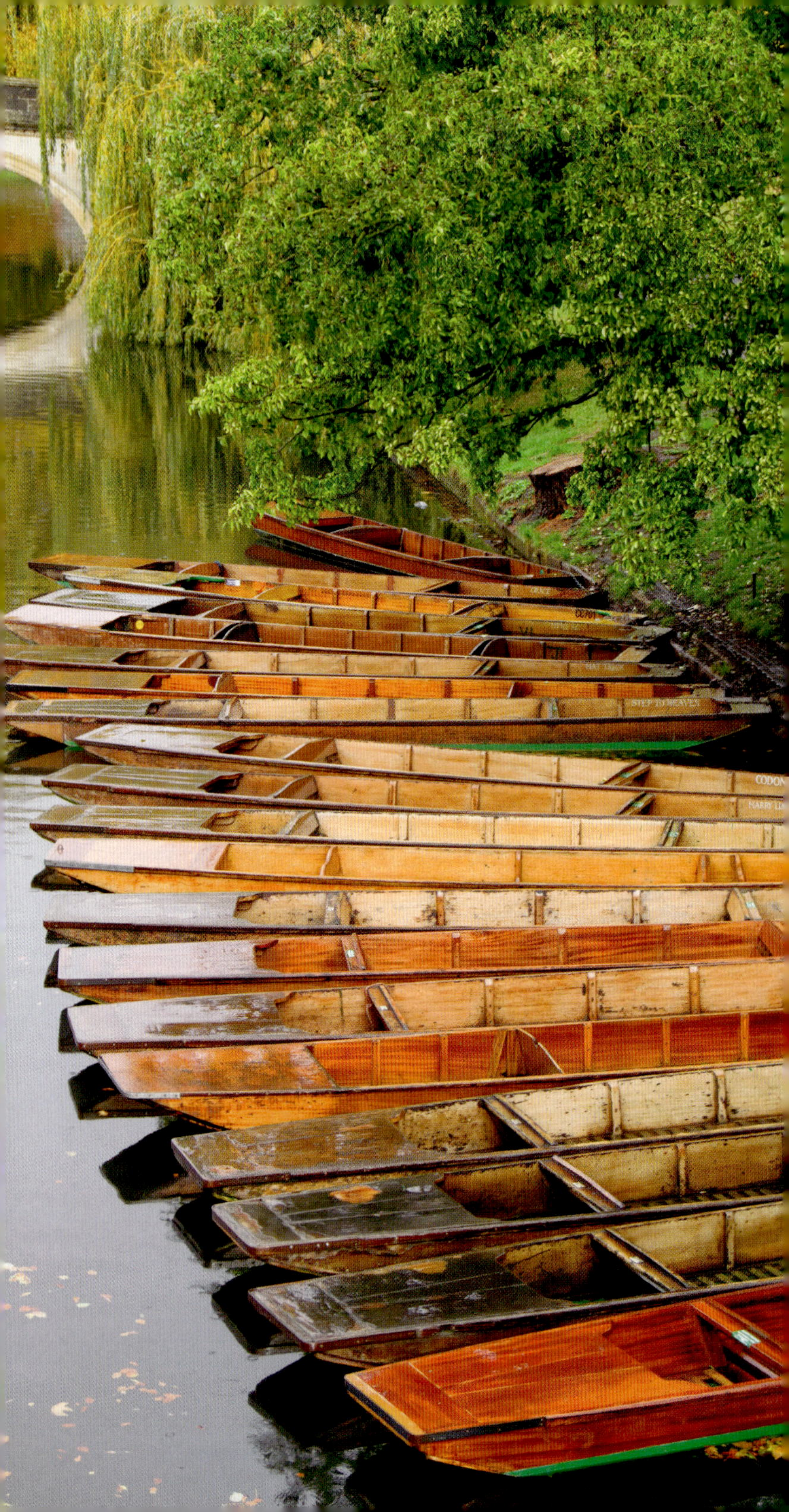

East Anglia

Norfolk • Suffolk • Essex • Cambridgeshire

Der flache, aber keineswegs eintönige Landstreifen zwischen Themse-Mündung und dem Meerbusen The Wash liegt abseits der viel befahrenen Nord-Süd-Achse. Wohl deshalb sind seine charakteristische Architektur, seine Sitten und Gebräuche und das ländliche Flair weitgehend erhalten geblieben. Die Moorlandschaften haben einen ganz eigenen Reiz.

Der Name East Anglia leitet sich von den Angeln ab, einem nordgermanischen Volksstamm, der während des 5. und 6. Jahrhunderts in dieser Region siedelte. Die Einheimischen gelten als wortkarg und schätzen ihre Unabhängigkeit. Zwei berühmte Bewohner – Königin Boadicea im 1. Jahrhundert und Oliver Cromwell im 17. Jahrhundert – gingen wegen ihrer Dickköpfigkeit und ihrer Weigerung, sich fremder Macht zu beugen, in die Geschichte ein.

Von der Region spricht man auch von den Fens, also sumpfiges Marschland. Nach der Trockenlegung dieser Feuchtgebiete im 17. Jahrhundert erwies sich der Boden als ideal für die Landwirtschaft, heute wird in East Anglia etwa ein Drittel des britischen Gemüses produziert. Die Dörfer und Städte sind schön in die Landschaft eingebettet, Norwich und Ely mit ihren bemerkenswerten Kathedralen kann man gut zu Fuß entdecken, ebenso die Universitätsstadt Cambridge mit dem King's College, einem der schönsten gotischen Gebäude in Europa.

Die königliche Familie verbringt traditionellerweise Weihnachten in Sandringham House in Norfolk, im Sommer zieht das trockene und sonnige Wetter viele Besucher an die langen Sandstrände in die Seebäder von Southwold und Wells-next-the-Sea sowie in das schöne Städtchen Aldeburgh. Naturfreunde lieben die Broads, Heimat einer reichen Flora und Fauna.

Im Juli stehen die Lavendelfelder in Heacham, Norfolk, in voller Blüte

◀ Flachkähne *(punts)* am Fluss Cam, Cambridge *(siehe S. 216)*

Überblick: East Anglia

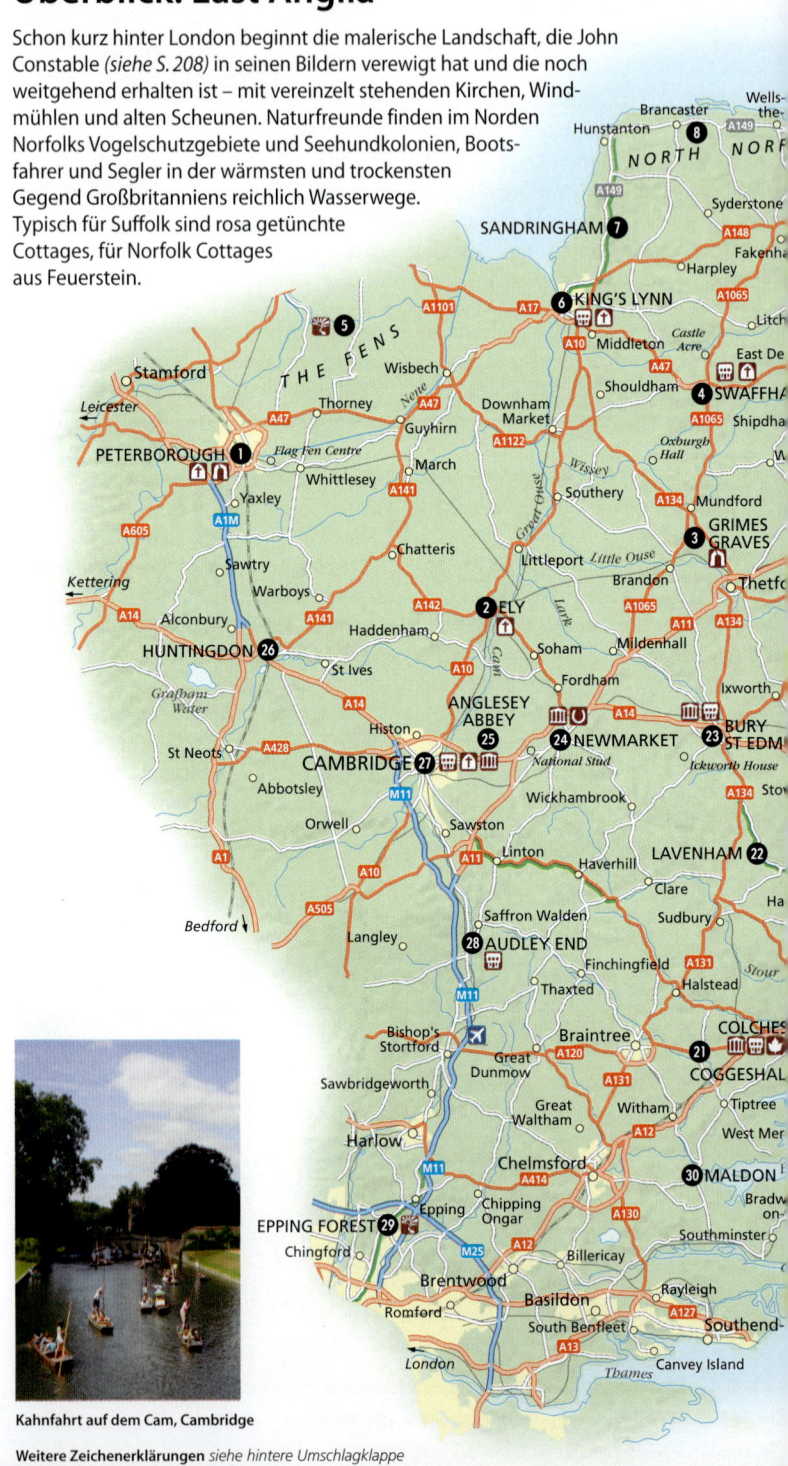

Schon kurz hinter London beginnt die malerische Landschaft, die John Constable *(siehe S. 208)* in seinen Bildern verewigt hat und die noch weitgehend erhalten ist – mit vereinzelt stehenden Kirchen, Windmühlen und alten Scheunen. Naturfreunde finden im Norden Norfolks Vogelschutzgebiete und Seehundkolonien, Bootsfahrer und Segler in der wärmsten und trockensten Gegend Großbritanniens reichlich Wasserwege. Typisch für Suffolk sind rosa getünchte Cottages, für Norfolk Cottages aus Feuerstein.

Kahnfahrt auf dem Cam, Cambridge

Weitere Zeichenerklärungen *siehe hintere Umschlagklappe*

EAST ANGLIA | **197**

Legende
- Autobahn
- Schnellstraße
- Hauptstraße
- Nebenstraße
- Panoramastraße
- Eisenbahn (Hauptstrecke)
- Eisenbahn (Nebenstrecke)

In East Anglia unterwegs

Die abgelegeneren Sehenswürdigkeiten der Region sind mit öffentlichen Verkehrsmitteln manchmal kaum erreichbar – ein Mietwagen ist daher ausgesprochen sinnvoll. Von London nach Cambridge gelangt man auf dem schnellsten Weg über die M11. Die Küstenstraße von Aldeburgh nach King's Lynn führt durch herrliche Landschaft. Nach Norwich, Ipswich und Cambridge bestehen gute Zugverbindungen. Weniger häufig verkehren Regionalzüge. In Norwich und Stansted *(siehe S. 634)* gibt es Flughäfen.

Strandhütten in Wells-next-the-Sea, nördliches Norfolk

Sehenswürdigkeiten auf einen Blick

1. Peterborough
2. Ely
3. Grimes Graves
4. Swaffham
5. The Fens
6. King's Lynn
7. Sandringham
9. Blickling Hall
10. Norwich *S. 204f*
11. The Broads
12. Great Yarmouth
13. Lowestoft
14. Southwold
15. Dunwich
16. Aldeburgh
17. Framlingham Castle
18. Ipswich
20. Colchester
21. Coggeshall
22. Lavenham
23. Bury St Edmunds
24. Newmarket
25. Anglesey Abbey
26. Huntingdon
27. *Cambridge S. 214–219*
28. Audley End
29. Epping Forest
30. Maldon

Touren
8. *North Norfolk S. 200f*
19. *Constable Walk S. 208*

Hotels und Restaurants in East Anglia *siehe Seiten 563f und 587f*

❶ Peterborough

Cambridgeshire. **Karte** M15.
195 000. 41 Bridge Street, (01733) 452 336. Di–Sa.
visitpeterborough.com

Die Industriestadt gehört zu den ältesten Siedlungen Großbritanniens. 1967 wurde sie zur »New Town« erklärt – Teil eines Programms zur Umsiedlung der Landbevölkerung in größere Städte. Den Stadtkern überragt die **St Peter's Cathedral** (12. Jh.). Der Innenraum des normannischen Baus mit dem riesigen Hauptschiff wurde von Cromwells Truppen *(siehe S. 56)* übel zugerichtet. Die schöne Holzdecke von 1220 blieb erhalten. Katharina von Aragón, die erste Gemahlin von Henry VIII, ist hier bestattet. Auch ihr Grab fiel Zerstörungen zum Opfer. Im Besucherzentrum erfährt man mehr über die faszinierende Geschichte der Kathedrale.

Umgebung: Das älteste Rad Britanniens (1300 v. Chr.) wurde in **Flag Fen**, einer Stätte aus der Bronzezeit, entdeckt. Das Besucherzentrum bietet Einblicke in prähistorische Zeiten.

Flag Fen Bronze Age Centre
The Droveway, Northey Rd.
(01733) 313 414. Apr–Sep: tägl.
vivacitypeterborough.com

❷ Ely

Cambridgeshire. **Karte** N15.
20 000. 29 St Mary's St, (01353) 662 062. tägl. Do (allg.), Sa (Kunsthandwerk, Antiquitäten); Bauernmarkt: 2. u. 4. Sa im Monat. visitely.org.uk

Die Kleinstadt auf einem Hügel ist vermutlich nach den Aalen benannt, die man früher im Fluss Ouse fing. Der Hügel war im Marschland der Fens *(siehe S. 200)* fast unzugänglich. Ely war der letzte Stützpunkt der angelsächsischen Widerstandsbewegung unter Hereward the Wake *(siehe S. 52)*, der sich in der Kathedrale versteckte, bis den Normannen die Durchquerung der Fens 1071 gelang.
Heute ist die Stadt mit der **Kathedrale** Handelszentrum des Umlands.

❸ Grimes Graves

Lynford, Norfolk. **Karte** N15.
(01842) 810 656. Brandon, dann Taxi. Ostern–Sep: tägl.; Okt: Mi–Mo. nur Ausstellungsbereich.

In einer der bedeutendsten jungsteinzeitlichen Stätten Englands wurde schon vor 4000 Jahren Feuerstein abgebaut. Bisher fand man hier 433 Minen. Mit Spitzhacken aus Hirschgeweih arbeiteten sich die Menschen durch die weichen Kreideschichten zum

Ely Cathedral

Der 1083 begonnene Bau wurde erst 268 Jahre später fertig. Er überstand die Säkularisation *(siehe S. 355)*, blieb aber auf Anordnung Cromwells 17 Jahre lang geschlossen.

Durch die Glasfenster der Laterne gelangt Licht in die Kuppel.

Der Turm der Kathedrale überragt die Niederungen der Fens. Ely wirkt wie eine Insel im Grün.

Bleiglasmuseum

Dieser bemalte Holzengel ist eine von Hunderten geschnitzten Verzierungen (13./14. Jh.), die das Querschiff schmücken.

Gezeigter Ausschnitt

Das Oktagon entstand 1322 nach dem Einsturz des normannischen Vierungsturms. Der Bau der 200 Tonnen schweren Laterne dauerte 24 Jahre.

Grabmal von Alan de Walsingham, dem Konstrukteur des herrlichen Oktagons.

Hotels und Restaurants in East Anglia *siehe Seiten 563f und 587f*

EAST ANGLIA | **199**

Oxburgh Hall mit seinem mittelalterlichen Wassergraben

harten, aber schleifbaren Stein durch, aus dem sie Äxte, Waffen und Werkzeuge fertigten. Eine Leiter führt neun Meter tief in einen der Schächte. Die Gruben können besichtigt werden. Bei den Ausgrabungsarbeiten entdeckte man ungewöhnliche Kalkmodelle einer Fruchtbarkeitsgöttin *(siehe S. 47)* und eines Phallus sowie zahlreiche Tierknochen.

Infobox

Information
Ely. (01353) 667 735. tägl. Veranstaltungen. elycathedral.org

Bemalte Decke (19. Jh.)

Das südliche Seitenschiff besitzt zwölf normannische Bogen und spitz zulaufende Fenster im Early-English-Stil.

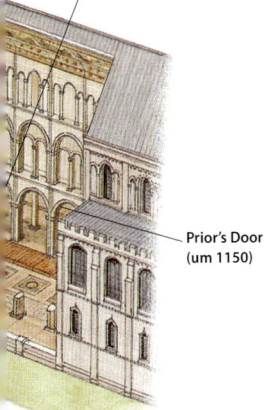

Prior's Door (um 1150)

Umgebung: In der Nähe, mitten in der einst fruchtbaren, Breckland genannten Ebene, liegt das Städtchen **Thetford** mit rund 22 000 Einwohnern. Der Niedergang des einst blühenden Handelszentrums setzte ein, als seine Priorei (16. Jh.) zerstört *(siehe S. 355)* und das umliegende Land durch extensive Schafzucht überweidet wurde. Später pflanzte man Kiefern an. Der bescheidene Burghügel markiert den Standort einer vornormannischen Burg in Holzbauweise, einer sogenannten Motte.

Der Philosoph Thomas Paine, Autor von *The Rights of Man (Die Menschenrechte)*, wurde 1737 hier geboren.

❹ Swaffham

Norfolk. Karte N15. 7000. 4 London St, (01760) 722 255. Sa. aroundswaffham.co.uk

Das besterhaltene georgianische Städtchen von East Anglia war einst Treffpunkt des Land-

adels von Norfolk. Heute ist es samstags am belebtesten, wenn rund um das Marktkreuz (1783) Markt gehalten wird, den Anwohner aus der gesamten näheren Region besuchen.

In der Ortsmitte steht die **Church of St Peter and St Paul** (15. Jh.). Sehenswert ist das nördliche Seitenschiff (Tudor-Stil), das John Chapman, der »Pedlar of Swaffham«, gestiftet haben soll. Chapman ist auf dem Ortsschild am Marktplatz abgebildet. Der Sage nach traf er auf dem Weg nach London einen Fremden, der ihm von einem in Swaffham versteckten Schatz erzählte. Chapman machte umgehend kehrt, hob den Schatz und verwendete ihn, um die Kirche zu verschönern.

Umgebung: In Castle Acre sind die Reste eines 1090 gegründeten **Kluniazenserklosters** zu sehen. Etwas südlich befindet sich **Oxburgh Hall and Garden**, 1482 für Edmund Bedingfeld erbaut. Zum Bau gelangt man durch das Torhaus. Man kann hier die Oxburgh Hangings bewundern, die Mary Stuart bestickte.

Castle Acre Priory
Castle Acre. (01760) 755 394. tägl. (Nov–März: Sa, So). 1. Jan, 24.–26. Dez. teilweise. EH english-heritage.org.uk

Oxburgh Hall and Garden
Oxborough. (01366) 328 258. Downham Market, dann Taxi. Mitte Feb–Okt: Mo–Mi, Fr–So; Nov–Mitte Feb: Sa, So. teilweise. NT

Boadicea und die Icener

Beim Einmarsch der Römer verbündeten sich die Icener, der mächtigste Stamm East Anglias, zunächst mit diesen gegen ihre Erzfeinde, die Catuvellauni. Die Invasoren wandten sich jedoch gegen die Icener und folterten ihre Königin Boadicea. 61 n. Chr. führte diese einen Aufstand gegen die Römer an – London, Colchester und St Albans brannten nieder. Doch die neuen Herren siegten.

Königin Boadicea führt ihr Volk in den Kampf

Windmühle im Wicken Fen

❺ The Fens

Cambridgeshire/Norfolk. **Karte** M14. 🚆 Ely. ℹ️ 29 St Mary's St, Ely, (01353) 662 062. 🌐 visitely.org.uk

Die Fens sind die offene, fruchtbare Ebene zwischen Lincoln, Cambridge und Bedford. Bis ins 17. Jahrhundert war hier nichts als Sumpf, aus dem »Inseln« wie Ely *(siehe S. 198)* herausragten. Im 17. Jahrhundert erkannte man den Wert des Bodens als Ackerland und holte Fachleute aus Holland, um die Fens trockenzulegen. Dadurch schrumpfte jedoch der Torf, das Land setzte sich ab. Zur Entwässerung sind deshalb bis heute Pumpen am Werk.

14 Kilometer von Ely entfernt liegt Wicken Fen, ein 245 Hektar großes, naturbelassenes Stück der Fens. Es bietet einer vielfältigen Flora und Fauna geeigneten Lebensraum. Es ist eines der wichtigsten Feuchtgebiete Europas.

❻ King's Lynn

Norfolk. **Karte** N14. 🚹 34 000. 🚆 🚌 ℹ️ Custom House, Purfleet Quay, (01553) 763 044. 📅 Di, Fr, Sa. 🌐 visitwestnorfolk.com

Das ehemalige Bishop's Lynn änderte seinen Namen aus politischen Gründen während der Reformationszeit. Im Mittelalter, als von hier Getreide und Wolle auf den Kontinent verschifft wurden, zählte es zu den blühendsten Hafenstädten. Einige Lager- und Kaufmannshäuser am Ouse sind lebendige Zeugen jener Tage.

Am Nordrand der Stadt liegt **True's Yard Fisherfolk Museum** mit zwei Cottages und einem Räucher-

Trinity Guildhall, King's Lynn

---

❽ Tour: North Norfolk

Diese Tour führt durch eine der schönsten Gegenden East Anglias. Fast die gesamte Nordküste Norfolks steht als »Area of Outstanding Natural Beauty« unter Naturschutz. Das Meer hat den Charakter der Landschaft geprägt: Schlickablagerungen ließen ehemalige Hafenstädte ins Binnenland rücken. Die Sandbänke sind Lebensraum einer reichen Flora und Fauna. An der Küste hinterließ die See mächtige Klippen. Im Sommer kann die Route recht belebt sein.

Routeninfos

Länge: 45 km.
Rasten: Holkham Hall ist ideal für einen Halt und ein Picknick. In Wells-next-the-Sea kann man in einigen gemütlichen Pubs *(siehe S. 604–609)* einkehren.

② **Hunstanton Cliffs**
Die eindrucksvollen Klippen ragen 18 Meter auf. Die dreifarbigen Lagen bestehen aus Kalkstein, roter und weißer Kreide.

① **Norfolk Lavender**
Am schönsten ist die Region (mit den größten Lavendelfeldern Englands) im Juli und August, wenn ein blauvioletter Teppich über dem Land liegt.

③ **Lord Nelson Pub**
Hier soll Nelson *(siehe S. 35)* seine letzte Mahlzeit an Land eingenommen haben.

Hotels und Restaurants in East Anglia siehe Seiten 563f und 587f

TOUR: NORTH NORFOLK | **201**

haus, den letzten Relikten des alten Fischerviertels.

Der Saturday Market Place ist umringt von historischen Gebäuden. Die **Trinity Guildhall** (15. Jh.) war früher ein Gefängnis. Die **St Margaret's Church**, mit deren Bau um 1100 begonnen wurde, birgt ein schönes elisabethanisches Chorgitter.

Das **Custom House** wurde im 17. Jahrhundert als Handelsbörse erbaut. Heute ist hier ein Museum untergebracht, das sich der bewegten Seefahrtsgeschichte der Stadt widmet.

True's Yard Fisherfolk Museum
North St. (01553) 770 479.
Di–Sa. 24. Dez–Mitte Jan.

Custom House
Purfleet Quay. (01553) 763 044.
tägl.

Im Sandringham House feiert die königliche Familie Weihnachten

❼ Sandringham

Norfolk. **Karte** N14. (01485) 545 408. von King's Lynn. Ostern–Okt: tägl. eine Woche im Juli. ganzjährig. ganzjährig.
w sandringhamestate.co.uk

Der Landsitz in Norfolk ist seit dem Jahr 1862 im Besitz der königlichen Familie. Der Prince of Wales, später Edward VII, ließ das Anwesen um 1870 erweitern – daher die edwardianische Atmosphäre. In den Stallgebäuden wurde ein reizendes Museum eingerichtet, in dem Jagdtrophäen, Schieß- und Reitpokale ausgestellt sind. Viele Besucher zieht es zu den Automobilen, die die Windsors seit nahezu einem Jahrhundert sammeln und hier zusammentragen. Durch den großen Park führen attraktive Spazierwege.

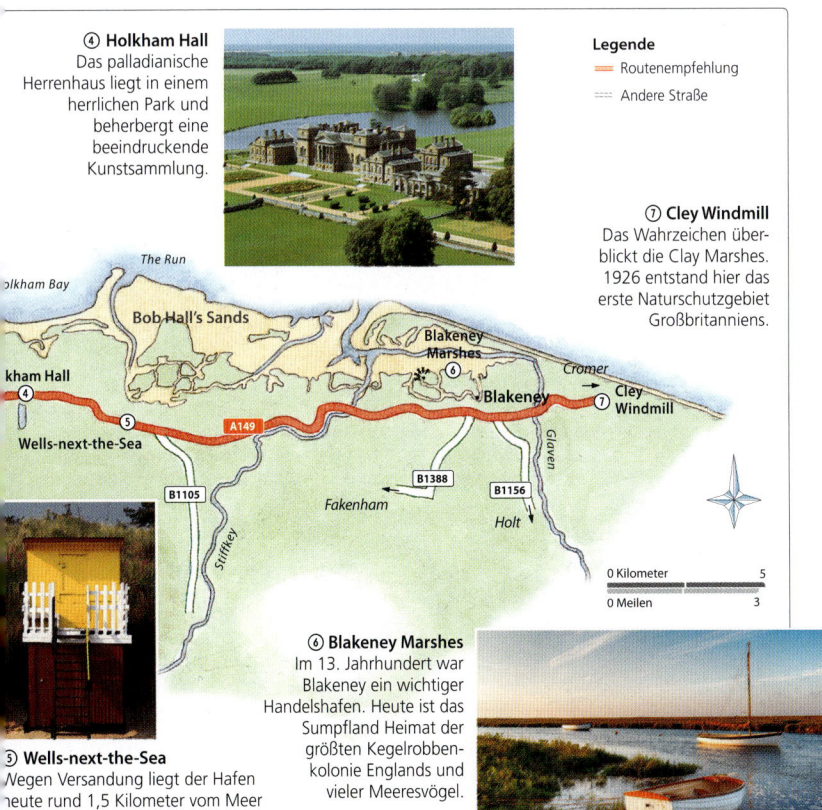

---

④ **Holkham Hall**
Das palladianische Herrenhaus liegt in einem herrlichen Park und beherbergt eine beeindruckende Kunstsammlung.

Legende
━━ Routenempfehlung
═══ Andere Straße

⑦ **Cley Windmill**
Das Wahrzeichen überblickt die Clay Marshes. 1926 entstand hier das erste Naturschutzgebiet Großbritanniens.

⑤ **Wells-next-the-Sea**
Wegen Versandung liegt der Hafen heute rund 1,5 Kilometer vom Meer entfernt. Populär ist der Sandstrand mit den bunten Hütten.

⑥ **Blakeney Marshes**
Im 13. Jahrhundert war Blakeney ein wichtiger Handelshafen. Heute ist das Sumpfland Heimat der größten Kegelrobbenkolonie Englands und vieler Meeresvögel.

Weitere Zeichenerklärungen *siehe hintere Umschlagklappe*

Die symmetrische Backsteinfassade von Blickling Hall aus dem 17. Jahrhundert

❾ Blickling Hall

Aylsham, Norfolk. **Karte** O14.
📞 (01263) 738 030. 🚆 Norwich, dann Bus. **Haus** ⭕ März–Okt: tägl.; Nov–Feb: siehe Website. **Garten** ⭕ siehe Website. **Park** ⭕ tägl. Morgen- bis Abenddämmerung. 🅿️♿🎦📷NT 🌐 national trust.org.uk/blickling-estate

Den imposantesten Anblick bietet die symmetrische Backsteinfassade von Osten, wo Bäume und Eibenhecken für den passenden Rahmen sorgen.

Anne Boleyn, die zweite Frau Henrys VIII, verlebte hier ihre Kindheit, doch von dem damaligen Bau ist kaum etwas erhalten. Der größte Teil des heutigen Anwesens stammt von 1628, als Henry Hobart, oberster Richter unter James I, hier lebte. 1767 schmückte John Hobart zum Gedenken an Anne die Great Hall mit Reliefs von Anne und Elizabeth I.

Spektakulärster Raum des Bauwerks ist die lange Galerie (um 1620) mit Stuckdecke. Der Saal Peters des Großen erinnert daran, dass der 2. Earl als Gesandter am russischen Hof weilte. Im Raum hängt ein Gobelin (1764), der den russischen Zaren zu Pferd zeigt – ein Geschenk von Katharina der Großen. Zu sehen sind auch Gemälde von Gainsborough *(siehe S. 167)*, die den Gesandten und seine Frau darstellen (1740).

❿ Norwich

Siehe S. 204f.

⓫ The Broads

Norfolk. **Karte** O14. 🚆 Hoveton, Wroxham. 🚌 Norwich, dann Bus.
ℹ️ Station Rd, Hoveton, (01603) 782 281 (nur Apr–Okt), oder Whitlingham Country Park, Trowse, (01603) 617 332.
🌐 broads-authority.gov.uk

Die Marschlandschaft südlich und nordöstlich von Norwich, die durch sechs Flüsse – Bure, Thurne, Ant, Yare, Waveney und Chet – bewässert wird, hielt man einst für eine Naturlandschaft. In Wahrheit entstanden die Broads jedoch erst im 13. Jahrhundert, als der ansteigende Meeresspiegel die Gräben eines Torfstechgebiets überflutete.

Im Sommer stehen die rund 200 Kilometer langen Wasserstraßen Segel- wie Motorbootfans offen. Am besten erkundet man Flora und Fauna der Region von einem gemieteten Hausboot aus. Mit etwas Glück entdecken Sie während einer Exkursion einen Schwalbenschwanz, einen der größten Schmetterlinge in Großbritannien. Wroxham, die heimliche Hauptstadt der Region, ist für Touren aller Art der passende Ausgangspunkt.

Schilfrohr wächst in dieser Region reichlich und wird zum Decken der Häuser benötigt. Es wird im Winter geschnitten und mit Kähnen ans Ufer geschafft. Die gleichen Boote benutzt man bei der Jagd auf Wildgänse und -enten. Mehr über den Ursprung dieses Feuchtgebiets erfahren Sie im **Norfolk Wildlife Trust**, einem reetgedeckten, schwimmenden Informationszentrum auf dem Ranworth Broad.

In der Ortsmitte von Ranworth steht **St Helen's Church** mit einem mittelalterlichen Lettner und Handschriften aus dem 15. Jahrhundert. Vom Turm aus genießt man eine prachtvolle Aussicht über die gesamte Gegend.

🏛️ **Norfolk Wildlife Trust**
Norwich. 📞 (01603) 270 479.
⭕ Apr–Okt: tägl. ♿📷

Segelboot auf dem Wroxham Broad, Norfolk

Hotels und Restaurants in East Anglia *siehe Seiten 563f und 587f*

EAST ANGLIA | 203

⓬ Great Yarmouth

Norfolk. **Karte** P15. 97 000.
Marine Parade, (01493) 846 346. Mi, Fr (im Sommer), Sa.
w great-yarmouth.co.uk

Vor dem Ersten Weltkrieg war Great Yarmouth ein wichtiger regionaler Hafen für die Heringsfischerei. Massive Überfischung setzte dem Industriezweig ein frühes Ende. Heute lebt die Stadt von der Versorgung von Containerschiffen und Ölbohrinseln.

Charles Dickens *(siehe S. 192)* ließ einen Teil seines Romans *David Copperfield* hier spielen und verhalf der Stadt damit zu einiger Berühmtheit. Seit dem 19. Jahrhundert ist sie zudem das populärste Seebad an der Küste Norfolks.

Das **Elizabethan House Museum** illustriert mit schönen Exponaten die wechselvolle Sozialgeschichte der Region. Im ältesten Teil der Stadt, rund um den South Quay, steht eine Reihe malerischer alter Häuser. In einem davon, dem **Old Merchant's House** (17. Jh.), sind noch die ursprünglichen Stuckdecken sowie Bauteile aus umliegenden Gebäuden zu besichtigen, die im Zweiten Weltkrieg zerstört wurden. Zur Führung gehört auch ein Besuch im angrenzenden Klosterkreuzgang aus dem 13. Jahrhundert.

Der South Quay von Great Yarmouth mit dem historischen Rathaus

Elizabethan House Museum
4 South Quay. (01493) 855 746.
Apr–Okt: So–Fr 10–18 Uhr.
NT

Old Merchant's House
South Quay. (01493) 857 900.
Apr–Sep: Mo–Fr. EH

Windmühlen in den Fens und Broads

Die flache Landschaft und die kräftige Brise von der Nordsee machten East Anglia zum idealen Standort für Windmühlen. Heute sind die alten Mühlen, die sich aus dieser Region nicht mehr wegdenken lassen, malerische Wahrzeichen. In den Fens und Broads erzeugten sie die zur Entwässerung nötige Energie, andernorts, etwa in Saxtead Green, mahlten sie Getreide. Da sie in den sumpfigen Fens nicht auf stabilen Fundamenten errichtet wurden, sind nur wenige erhalten, doch in den Broads hat man vieles restauriert und wieder in Betrieb genommen. Die siebenstöckige Berney Arms Windmill ist die höchste in der Gegend. Das Wind Energy Museum bei Repps mit Bastwick hat eine Sammlung alter und neuer Mühlen.

Getreidemühle in Saxtead Green bei Framlingham

Herringfleet Smock Mill bei Lowestoft

⓭ Lowestoft

Suffolk. **Karte** P15. 58 000.
Di–Sa.
w lovelowestoft.co.uk

Die östlichste Stadt Großbritanniens konkurrierte als Fischereihafen und Seebad lange Zeit mit Great Yarmouth. Die Eisenbahn brachte weitere Vorteile, die viktorianischen und edwardianischen Pensionen zeugen von der Beliebtheit des Urlaubsorts. Die Fischerei ist fast vollkommen verschwunden, es sind nur noch ein paar kleine Fischerboote unterwegs.

In einem Haus aus dem 17. Jahrhundert informiert das **Lowestoft Museum** über die Porzellanmanufaktur des 18. Jahrhunderts und über archäologische Funde.

Umgebung: Nordwestlich liegt **Somerleyton Hall**, das auf den Fundamenten eines elisabethanischen Hauses im jakobinischen Stil errichtet wurde. Zu den Gartenanlagen gehört auch ein Labyrinth aus Eiben.

Lowestoft Museum
Oulton Broad. (01502) 511 457.
Apr–Okt: tägl. 13–16 Uhr (So ab 14 Uhr). teilweise. nach Vereinb. **w** lowestoftmuseum.org

Somerleyton Hall
An der B1074. (08712) 224 244.
Ostern–Sep: Di–Do, Feiertage.
w somerleyton.co.uk

⑩ Norwich

Im Herzen der fruchtbaren Ebene East Anglias bietet Norwich eine wunderbar erhaltene Altstadt und ländliches Flair. Der Verlauf der engen, gepflasterten Gassen ist noch derselbe wie im 9. Jahrhundert, als Angelsachsen die Stadt befestigten. Nach der Ankunft flämischer Siedler (12. Jh.) und dem Aufblühen der Tuchmacherbranche entwickelte sich Norwich rasch zu einem wohlhabenden Markt und war bis zur industriellen Revolution *(siehe S. 60f)* die zweitgrößte Stadt Englands.

Kunstvolle Verzierung im Kreuzgang der Kathedrale

Kopfsteinpflasterstraße: Elm Hill

Überblick: Norwich
Die ältesten Teile der Stadt sind Elm Hill, eine der schönsten mittelalterlichen Straßen Englands, und Tombland, der alte angelsächsische Marktplatz bei der Kathedrale. Beide sind von malerischen mittelalterlichen Gebäuden gesäumt. Da Norwich auf eine jahrhundertealte Geschichte als Handelszentrum zurückblickt, verdient auch der bunt belebte Markt einen Besuch. Ein Rundgang führt um die erhaltenen Teile der aus Feuerstein erbauten Stadtmauer aus dem 14. Jahrhundert.

🏛 Norwich Cathedral
The Close. ☎ (01603) 218 300. ⓘ tägl. 🎟 Spende. 🛠🛠🛠🛠
🌐 cathedral.org.uk

Bischof Losinga, der das Gotteshaus 1096 gründete, ließ die Steine dafür aus Caen und Barnack herbeischaffen. Vom dazugehörigen Kloster hat nur der Kreuzgang, der größte des Landes, überdauert. Der Turm, der im 15. Jahrhundert dazukam, ist mit 96 Metern der zweithöchste Englands (nach dem in Salisbury, *siehe S. 268f*). Hoch aufragende normannische Pfeiler tragen das Dachgewölbe des majestätischen Hauptschiffs, dessen hervorragend gearbeitetes, restauriertes Mauerwerk Szenen aus dem Alten und dem Neuen Testament zeigt.

Augenfälliger sind die herrlichen Schnitzarbeiten im Chor, die Überdachung des Chorgestühls und die Miserikordien. Versäumen Sie auch nicht die Despenser-Retabeln in der St Luke's Chapel, die in einem Versteck der Zerstörung durch die Puritaner entgingen.

Sehenswert sind außerdem zwei Pforten zur Domfreiheit: **St Ethelbert's**, ein Feuersteinbogen (13. Jh.), und das **Erpingham Gate** am Westende, das Thomas Erpingham erbaute, Führer der siegreichen Bogenschützen in der Schlacht von Agincourt (1415). Unter der östlichen Außenwand liegt das Grab von Edith Cavell, einer aus Norwich stammenden Krankenschwester, die 1915 von den Deutschen gefangen genommen und hingerichtet wurde, weil sie Soldaten der Alliierten zur Flucht aus dem besetzten Belgien verholfen hatte.

🏛 Castle Museum
Castle Meadow. ☎ (01603) 493 625. ⓘ tägl. (So nur nachmittags). ✖ 1. Jan, 25., 26. Dez. 🛠🛠🛠
🛠🛠 🌐 museums.norfolk.gov.uk

In dem bedrohlich wirkenden Bergfried der Burg aus dem 12. Jahrhundert ist seit 1894 das Stadtmuseum untergebracht. Wichtigstes normannisches Merkmal des Baus, der 650 Jahre lang als Kerker diente, ist das verzierte ehe-

Blick von Südosten auf die Kathedrale von Norwich

Hotels und Restaurants in East Anglia *siehe Seiten 563f und 587f*

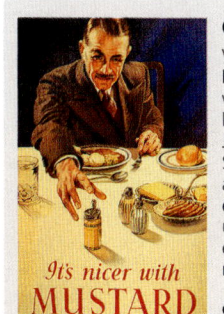

Colman's Mustard

Von den Colmans sagte man, sie hätten ihr Vermögen mit etwas verdient, was jeder auf dem Teller liegen ließ. Im Jahr 1814 eröffnete Jeremiah Colman (1777–1851) eine Senfmühle, da im Umland viel Senf angebaut wurde. Heute verkauft ein Laden (15 Royal Arcade) Senf und ähnliche Produkte. Ein Museum erzählt die Geschichte des Unternehmens.

Colman's-Werbung in den 1950er Jahren

Infobox

Information
Norfolk. **Karte** O15. 134 000.
The Forum, Millennium Plain, (01603) 213 999.
Mo–Sa.
visitnorwich.co.uk

Anfahrt
Thorpe Road.
Surrey St.

---

malige Hauptportal. Ausgestellt sind mittelalterliche Rüstungen, Keramiken, Porzellan und die größte Keramik-Teekannen-Sammlung der Welt.

In der Kunstgalerie herrschen Gemälde von Mitgliedern der Norwich School vor, einer Gruppe von Landschaftsmalern, die in der ersten Hälfte des 19. Jahrhunderts direkt nach der Natur malten. Führende Vertreter waren John Crome (1768–1821), der oft mit Constable *(siehe S. 208)* auf eine Stufe gestellt wird, und John Sell Cotman (1782–1842), dessen Aquarelle Liebhaberpreise erzielen. Außerdem werden regelmäßig Leihgaben der Tate Britain ausgestellt.

Church of St Peter Mancroft
Chantry Rd. (01603) 610 443.
Mo–Sa 10–16 Uhr (Winter: bis 15.30 Uhr); So (nur Gottesdienste). Spende.
stpetermancroft.org.uk

Da diese um das Jahr 1455 im Perpendicular-Stil errichtete Kirche das Stadtzentrum dominiert, halten viele Besucher sie irrtümlich für die Kathedrale. John Wesley *(siehe S. 283)* nannte sie die »schönste Pfarrkirche, die ich gesehen habe«.

Durch große Fenster strömt viel Licht. Das imposante Ostfenster enthält großteils originales Glas aus dem 15. Jahrhundert. Ungewöhnlich ist das hölzerne Fächergewölbe unter der Stichbalkendecke. Das Geläut der 13 Glocken, das im Jahr 1588 den englischen Sieg über die spanische Armada *(siehe S. 55)* verkündete, ist jeden Sonntag zu hören. Der Name geht auf *magna crofta* (große Wiese) zurück, eine Bezeichnung aus vornormannischer Zeit.

Museum of Norwich
Bridewell Alley. (01603) 629 127.
Di–Sa 10–16.30 Uhr.
Das mit Feuerstein verkleidete Gebäude (14. Jh.) – eines der ältesten Häuser von Norwich – diente als Frauen- und Armengefängnis. Heute informiert eine Ausstellung über einheimische Industriezweige (u. a. Textilien, Schuhe, Schokolade und Senf) mit alten Maschinen und rekonstruierten Läden.

Strangers' Hall
Charing Cross. (01603) 493 625.
unterschiedl. Zeiten; siehe Website. 24. Dez–Mitte Feb.
museums.norfolk.gov.uk
Das pittoreske Kaufmannshaus (14. Jh.) vermittelt einen Eindruck davon, wie man früher in England lebte. Seinen Namen bekam das Haus von eingewanderten Webern, den *strangers* (Fremden). In einem wahren Labyrinth aus Schauräumen kann man hier das Alltagsleben von der Tudor- bis zur viktorianischen Zeit nachverfolgen.

Guildhall
Gaol Hill. (01603) 305 575.
Über dem Marktplatz erhebt sich eindrucksvoll die Guildhall aus dem 15. Jahrhundert mit ihren schönen Giebeln (jetzt das Britannia Café).

The Sainsbury Centre for Visual Arts
University of E Anglia (an der B1108). (01603) 593 199.
Di–Fr 10–18, Sa, So 10–17 Uhr.
23. Dez–2. Jan, um Ostern (siehe Website).
scva.ac.uk

Die Galerie wurde 1978 für die Kunstsammlung von Robert und Lisa Sainsbury errichtet, die diese über Jahrzehnte hinweg aufgebaut hatten und 1973 der University of East Anglia vermachten. Ausgestellt sind Berühmtheiten wie Modigliani, Picasso, Bacon, Giacometti und Moore, aber auch Volkskunst aus Afrika sowie aus Nord- und Südamerika.

Der Bau, entworfen von Norman Foster, einem der führenden Architekten Großbritanniens, gehörte zu den ersten mit offen sichtbarer Stahlkonstruktion.

Rückseite der New Mills (1814) von John Crome (Norwich School)

Blühende Heidelandschaft in Dunwich Heath

⓮ Southwold

Suffolk. **Karte** P15. 4000.
i The Library, North Green, (01502) 722 519. Fr vormittags.
w eastsuffolk.gov.uk/visitors

Fast zufällig ist dieses Bilderbuch-Seebad bis heute unverschandelt geblieben. Die Eisenbahn, die den Ort mit London verband, wurde 1929 stillgelegt, was das georgianische Städtchen vor dem Ansturm der Tagesausflügler verschonte. Dass Southwold einst eine wichtige Hafenstadt war, erkennt man an der Größe der **St Edmund King and Martyr Church** (15. Jh.), deren Lettner aus dem 16. Jahrhundert einen Besuch verdient. Den Kirchturm krönt eine kleine Figur in der Uniform eines Soldaten aus dem 15. Jahrhundert, die Jack o' the Clock genannt wird.

Das **Southwold Museum** informiert über die blutige Seeschlacht von Sole Bay, die Engländer und Holländer 1672 ausfochten.

Jack o' the Clock, Southwold

Umgebung: Das Dorf **Walberswick** auf der anderen Flussseite ist auf der Straße nur über einen langen Umweg, mit der Ruderfähre (nur im Sommer) oder über eine Fußgängerbrücke einen Kilometer landeinwärts zu erreichen.

Ein Stück landeinwärts liegt Blythburgh, dessen **Holy Trinity Church** (15. Jh.) das Umland beherrscht.

Im Jahr 1944 stürzte Joseph Kennedy jr., Bruder des späteren US-Präsidenten, mit seinem Bomber in der Nähe der Kirche in den Tod.

Southwold Museum
9–11 Victoria St. (01502) 726 097. Ostern–Okt: tägl. 14–16 Uhr.
w southwoldmuseum.org

⓯ Dunwich

Suffolk. **Karte** P15. 70.

Das Dorf ist der Rest einer »versunkenen Stadt«. Im 7. Jahrhundert war Dunwich Residenz der Könige von East Anglia, im 13. Jahrhundert noch immer der größte Hafen in Suffolk. Zwölf Kirchen entstanden in dieser Blütezeit. Doch das Meer fraß sich immer weiter ins Land – 1919 versank die letzte Kirche in den Fluten.

Das Naturschutzgebiet **Dunwich Heath**, direkt südlich, endet in einem Sandstrand. In der **Minsmere Reserve** kann man viele seltene Vogelarten beobachten.

Dunwich Heath
Bei Dunwich. (01728) 648 501.
Sonnenauf- bis -untergang.

Minsmere Reserve
Minsmere, Westleton. (01728) 648 281. tägl. 25., 26. Dez.
w rspb.org.uk

⓰ Aldeburgh

Suffolk. **Karte** P16. 2800.
w visit-aldeburgh.co.uk

Heute ist der Ort vor allem durch das Musikfestival in Snape Maltings bekannt. In der Römerzeit war Aldeburgh ein bedeutender Hafen.

Erlesene Schnitzarbeiten an der Moot Hall, Aldeburgh

Hotels und Restaurants in East Anglia *siehe Seiten 563f und 587f*

EAST ANGLIA | 207

Im Erdgeschoss des Tudor-Fachwerkbaus **Moot Hall** (16. Jh.) ist das **Aldeburgh Museum** untergebracht. Den holzvertäfelten Court Room erreicht man nur über die Außentreppe. In der **Kirche** erinnert ein Glasfenster (1979) an den Komponisten Benjamin Britten *(siehe rechts)*. Von 1957 bis 1976 lebte er im **Red House**.

Aldeburgh Museum
Moot Hall, Market Cross Pl.
(01728) 454 666. Apr–Okt: tägl. nachmittags.
w aldeburghmuseumonline.co.uk

Red House
Golf Lane. (01728) 451 700.
Feb, März: Di–Fr 13–16 Uhr; Apr–Okt: Di–Sa 13–17 Uhr.

Aldeburgh Music Festival

Der in Lowestoft geborene Komponist Benjamin Britten (1913–1976) zog 1937 nach Snape. Hier wurde 1945 seine Oper *Peter Grimes* aufgeführt, zu der ihn der Dichter und Vikar von Aldeburgh, George Crabbe (1754–1832), inspiriert hatte. Seither hat sich die Region zu einem musikalischen Zentrum gemausert. 1948 rief Britten das Aldeburgh Music Festival ins Leben, das seither jeden Juni stattfindet *(siehe S. 67)*. Die von Britten zu einem Konzertsaal umgebauten Maltings in Snape wurden 1967 eröffnet. Im Rahmen des Musikfestivals finden heute Konzerte in vielen Kirchen und Sälen der Region statt.

Benjamin Britten in Aldeburgh

⑰ Framlingham Castle

Framlingham, Suffolk. **Karte** O15.
(01728) 724 922. Wickham Market, dann Taxi. tägl. (Nov–März: Sa, So). 1. Jan, 24.–26. Dez. teilweise.

Durch seine Hügellage besaß das Dorf Framlingham schon strategischen Wert, bevor der Earl of Norfolk hier 1190 die erste Burg erbauen ließ. Nur wenige Teile der Burg stammen aus jener Zeit, doch ein Spaziergang um die Ruine lohnt sich wegen der herrlichen Aussicht. Mary Tudor, Tochter Henrys VIII, hielt sich hier auf, als sie 1553 erfuhr, dass sie Königin wird.

Umgebung: Südöstlich steht der 27 Meter hohe Bergfried von **Orford Castle**, das Henry II zur selben Zeit wie Framlingham Castle errichten ließ. Die Burg ist das älteste bekannte Beispiel für einen fünfseitigen Turm (vorher waren sie quadratisch, später rund). Der Aufstieg wird mit einem Panoramablick belohnt.

Orford Castle
Orford. (01394) 450 472.
tägl. (Nov–März: Sa, So).
1. Jan, 24.–26. Dez.
EH w english-heritage.org.uk

⑱ Ipswich

Suffolk. **Karte** O16. 1403 000.
St Stephen's Lane, (01473) 258 070. Di, Do–Sa.
w allaboutipswich.com

Die Hauptstadt der Grafschaft Suffolk hat einen modernen Stadtkern, doch sind im Stadtgebiet viele ältere Gebäude erhalten. Zu Wohlstand gelangte der Hafen von Ipswich im 13. Jahrhundert durch den aufstrebenden Wollhandel Suffolks *(siehe S. 211)*.

Das **Ancient House** am Buttermarket verdankt seine Bekanntheit der kunstvoll verzierten Stuckfassade. Das Museum der Stadt befindet sich im Tudor-Haus **Christchurch Mansion** (1548). Hier finden Sie die beste Sammlung von Werken Constables außerhalb Londons, darunter vier Suffolk-Landschaften, sowie einige Gemälde von Thomas Gainsborough *(siehe S. 167)*.

St Margaret's, eine prächtige Kirche aus dem 15. Jahrhundert mit Stichbalkendecke, steht im Zentrum. **Wolsey's Gate**, ein Tudor-Tor von 1527, stellt die Verbindung zum berühmtesten Sohn der Stadt her: Kardinal Wolsey begann hier den Bau eines Kollegiums, fiel vor der Fertigstellung jedoch beim Hof in Ungnade.

Umgebung: Im Osten liegt **Sutton Hoo**. Hier wurde 1939 ein angelsächsisches Bootsgrab aus dem 7. Jahrhundert entdeckt. Im Museum sind ein Nachbau des Grabhügels und Repliken der Grabbeigaben zu sehen. Die Originale befinden sich im British Museum *(siehe S. 110f)*.

Christchurch Mansion
Soane St. (01473) 433 554.
Di–So 10–17 Uhr.
1. Jan, Karfreitag, 24.–27. Dez.
teilweise. nach Vereinbarung.

Sutton Hoo
Tranmer House, Sutton Hoo.
Melton oder Woodbridge, dann Taxi. (01394) 389 700. tägl. (Nov–Mitte Feb: Sa, So).

Stuckdekoration am Ancient House in Ipswich

⑲ Tour: Constable Walk

Der Wanderweg folgt einem besonders malerischen Abschnitt des Flusses Stour. Die Route dürfte dem Landschaftsmaler John Constable (1776–1837) recht vertraut gewesen sein, denn seinem Vater gehörte die Flatford Mill. Mindestens zehn der bekanntesten Gemälde des Künstlers zeigen deren unmittelbare Umgebung. Constable kannte »jeden Zaunübertritt und jeden Trampelpfad«.

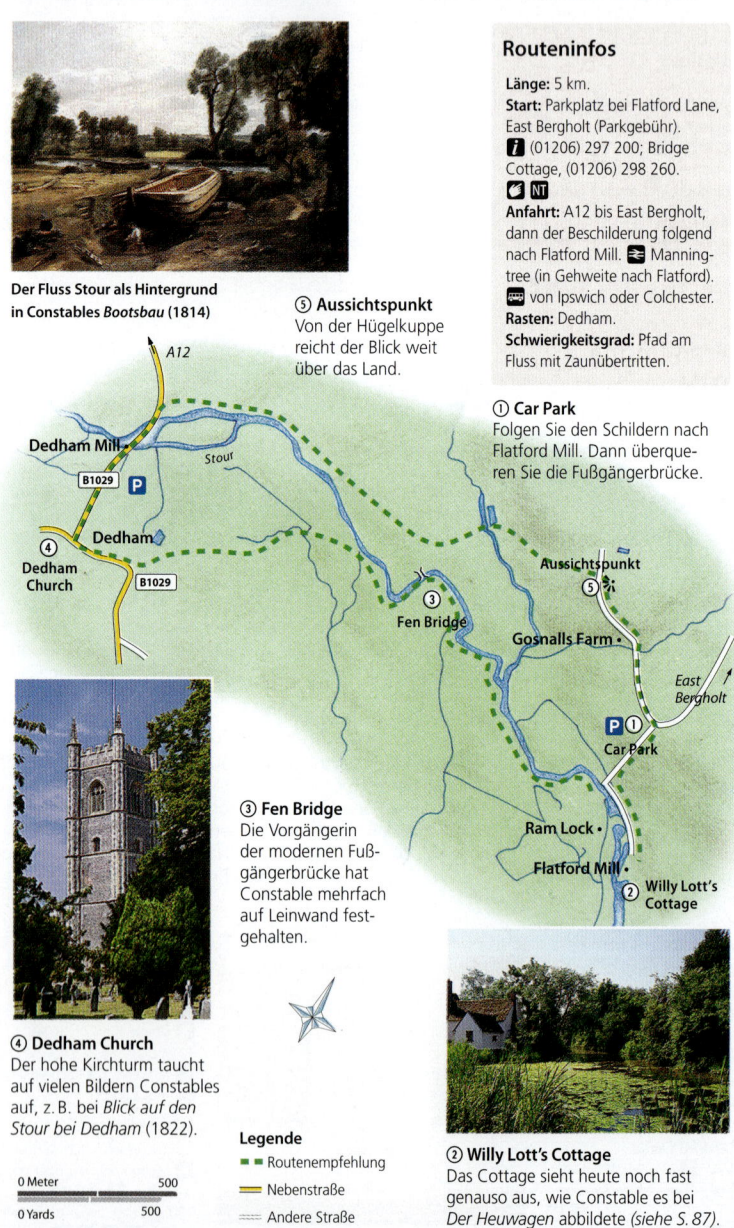

Der Fluss Stour als Hintergrund in Constables *Bootsbau* (1814)

Routeninfos

Länge: 5 km.
Start: Parkplatz bei Flatford Lane, East Bergholt (Parkgebühr).
🛈 (01206) 297 200; Bridge Cottage, (01206) 298 260.
NT
Anfahrt: A12 bis East Bergholt, dann der Beschilderung folgend nach Flatford Mill. 🚆 Manningtree (in Gehweite nach Flatford). 🚌 von Ipswich oder Colchester.
Rasten: Dedham.
Schwierigkeitsgrad: Pfad am Fluss mit Zaunübertritten.

① Car Park
Folgen Sie den Schildern nach Flatford Mill. Dann überqueren Sie die Fußgängerbrücke.

⑤ Aussichtspunkt
Von der Hügelkuppe reicht der Blick weit über das Land.

③ Fen Bridge
Die Vorgängerin der modernen Fußgängerbrücke hat Constable mehrfach auf Leinwand festgehalten.

④ Dedham Church
Der hohe Kirchturm taucht auf vielen Bildern Constables auf, z. B. bei *Blick auf den Stour bei Dedham* (1822).

Legende
- 🟩🟩 Routenempfehlung
- 🟨 Nebenstraße
- ═══ Andere Straße

② Willy Lott's Cottage
Das Cottage sieht heute noch fast genauso aus, wie Constable es bei *Der Heuwagen* abbildete (siehe S. 87).

Weitere Zeichenerklärungen siehe hintere Umschlagklappe

⑳ Colchester

Essex. **Karte** O16. 180 000. Hollytrees Museum, Castle Park, (01206) 282 920. Fr, Sa.
w visitcolchester.com

Colchester, die wohl älteste Stadt Britanniens, war die erste Hauptstadt Südostenglands. Als die Römer im Jahr 43 n. Chr. einfielen, bauten sie hier ihre erste Kolonie. Königin Boadicea *(siehe S. 199)* ließ die Stadt 60 n. Chr. niederbrennen – die Römer befestigten sie daraufhin mit einem Schutzwall (3 km lang, 3 m breit, 9 m hoch). Ein Teil des Walls sowie ein römisches Stadttor – das größte im Land – steht noch zu sehen. Im Mittelalter entwickelte sich Colchester zu einem Zentrum der Tuchweberei. Das **Dutch Quarter** mit seinen steilen Gassen und den hohen Häusern erinnert an die flämischen Weber, die sich hier im 16. Jahrhundert ansiedelten. Während des Bürgerkriegs *(siehe S. 56)* wurde Colchester elf Wochen lang von Cromwells Truppen belagert, bevor sich die Bürger ergaben.

🏛 Hollytrees Museum

Castle Park. (01206) 282 940. Mo–Sa. 1. Jan, 24.–27. Dez.
w cimuseums.org.uk

Das georgianische Rathaus am Castle Park wurde 1719 fertiggestellt. Das Gebäude beherbergt ein Museum für Sozialgeschichte, in dem der Alltag der Menschen von Colchester in den vergangenen rund 300 Jahren dokumentiert wird. Das Uhrmacherhandwerk war ein bedeutender Wirtschaftszweig in Colchester, eindrucksvolle Zeugnisse dieses Handwerks können hier in großer Zahl besichtigt werden.

Das Hollytrees Museum richtet sich auch an Kinder, die vor allem an der Miniaturwelt ihren Spaß haben.

🏛 Castle Museum

Castle Park. (01206) 282 939. tägl. 10–17 Uhr (So ab 11 Uhr). 1. Jan, 24.–27. Dez.
w cimuseums.org.uk

Der Turm ist doppelt so groß wie der White Tower in Lon-

Der normannische Bergfried, Castle Museum, Colchester

don *(S. 123)*. Er ist heute der älteste und mächtigste normannische Bergfried Englands. 1076 wurde er über einem römischen Claudius-Tempel errichtet und besteht zum größten Teil aus Steinen anderer römischer Bauwerke. Das Museum dokumentiert die Stadtgeschichte von der Vorzeit bis zum Bürgerkrieg. Es gibt auch ein mittelalterliches Verlies.

🏛 Layer Marney Tower

An der B1022. (01206) 330 784. Apr–Sep: Mi, So 12–17 Uhr (Juli, Aug: So–Do). teilweise.
w layermarneytower.co.uk

Das Tudor-Torhaus ist das höchste Großbritanniens. Seine beiden sechsseitigen Türme haben acht Stockwerke und erreichen eine Höhe von 24 Metern. Das Torhaus war als Teil einer größeren Anlage geplant, doch Sir Henry Marney starb, bevor er die Pläne vollenden konnte. Terrakottaverzierungen schmücken Dach und Fenster.

🌿 Beth Chatto Garden

Elmstead Market. (01206) 822 007. März–Okt: tägl. 9–17 Uhr (So ab 10 Uhr); Nov–Feb: tägl. 9–16 Uhr (So ab 10 Uhr). 22. Dez–5. Jan.
w bethchatto.co.uk

In den 1960er Jahren setzte die bekannte Gartenbau-Autorin Beth Chatto ihre Thesen in die Tat um und schuf unter denkbar widrigen Verhältnissen einen herrlichen Garten. Auf windgepeitschten Hängen, in Sumpfzonen und Kiesbetten pflanzte sie sorgfältig ausgewählte Pflanzen – und heute blüht es überall.

㉑ Coggeshall

Essex. **Karte** N16. 5000. Do.
w visitessex.com

In der reizenden Kleinstadt stehen zwei sehenswerte Gebäude aus dem Mittelalter und der Tudor-Zeit. Im **Coggeshall Grange Barn** von 1140, dem ältesten Fachwerk-Getreidespeicher Europas, sind historische Geräte ausgestellt.

Das Kaufmannshaus **Paycocke's** datiert aus der Zeit um 1500 und ist wunderschön ausgestattet. Es gibt auch eine Ausstellung feiner Spitzen aus Coggeshall.

🏛 Coggeshall Grange Barn

Grange Hill. (01376) 562 226. Apr–Okt: Mi–So, Feiertage ab 11 Uhr. Karfreitag.

🏛 Paycocke's

West St. (01376) 561 305. Apr–Okt: Mi–So, Feiertage. Karfreitag.

Beth Chatto Garden, Colchester, in voller Blüte

㉒ Lavenham

Suffolk. **Karte** O15. 1700.
i Lady Street, (01787) 248 207.
w discoverlavenham.com

Häufig steht Lavenham als Inbegriff der englischen Kleinstadt. Es ist ein malerisches Städtchen mit Fachwerkhäusern und einer Straßenführung, die sich seit dem Mittelalter nicht verändert hat. 150 Jahre lang, vom 14. bis ins 16. Jahrhundert, war Lavenham Zentrum des Wollhandels von Suffolk. Aus dieser Zeit sind wunderschöne Häuser erhalten, darunter die **Little Hall** am Market Place.

Umgebung: Gainsborough's House, Geburtsort des Künstlers, zeigt eine schöne Sammlung seiner Werke.

Little Hall
Market Place. (01787) 247 019.
Mo: vorm.; Di–Do: nachm.
w littlehall.org.uk

Gainsborough's House
Sudbury. (01787) 372 958.
tägl. 24. Dez–2. Jan.
w gainsborough.org

Little Hall

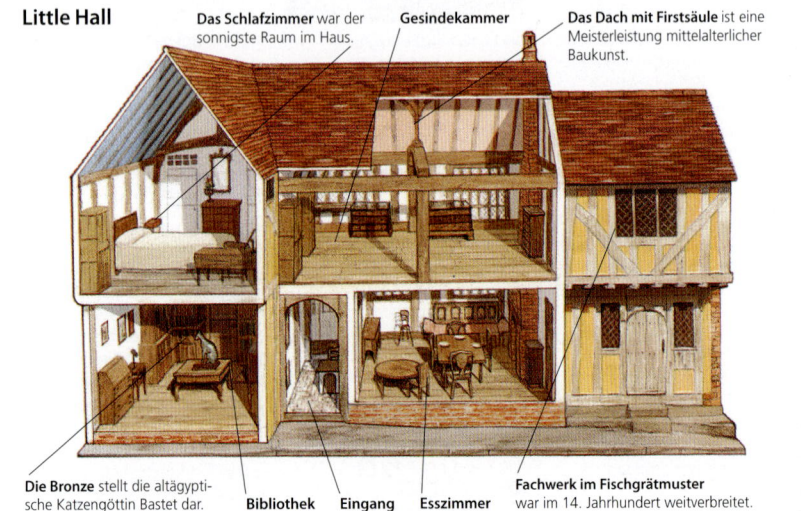

- **Das Schlafzimmer** war der sonnigste Raum im Haus.
- **Gesindekammer**
- **Das Dach mit Firstsäule** ist eine Meisterleistung mittelalterlicher Baukunst.
- **Die Bronze** stellt die altägyptische Katzengöttin Bastet dar.
- **Bibliothek**
- **Eingang**
- **Esszimmer**
- **Fachwerk im Fischgrätmuster** war im 14. Jahrhundert weitverbreitet.

㉓ Bury St Edmunds

Suffolk. **Karte** N15. 47 000.
i The Apex, Charter Square, (01284) 764 667. Mi, Sa.
w visit-burystedmunds.co.uk

Edmund, der letzte sächsische König von East Anglia, wurde 870 von dänischen Heiden enthauptet. Der Sage nach trug ein Wolf das Haupt zu seinen Gefolgsleuten zurück – eine Szene, die auf etlichen mittelalterlichen Reliefs erscheint. Zu Ehren Edmunds, der 900 heiliggesprochen wurde, errichtete König Canute *(siehe S. 51)* 1014 in Bury eine **Abtei** – sie war bis zur Klosterauflösung die reichste in England. Die Ruinen liegen nun in der Stadtmitte.

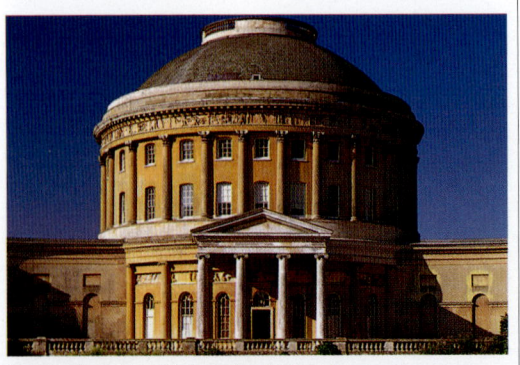

Nicht weit davon stehen zwei Kirchen aus dem 15. Jahrhundert, als der Wollhandel die Stadt reich machte. **St James's** erhielt 1914 den Rang einer Kathedrale. An **St Mary's** faszinieren die nördliche Vorhalle und die Stichbalkendecke über dem Hauptschiff. In der Nordostecke markiert ein schlichter Stein das Grab von Mary Tudor, der Schwester Henrys VIII.

St Edmund

Unter dem **Marktkreuz** in Cornhill – 1714 von Robert Adam *(siehe S. 32)* neu gestaltet – steht das Kaufmannshaus **Moyse's Hall** (12. Jh.), heute ein Regionalmuseum.

Umgebung: Fünf Kilometer südwestlich von Bury befindet sich **Ickworth House** (spätes 18. Jh.), ein ausgefallenes Her-

Die Rotunde von Ickworth House, Bury St Edmunds

Hotels und Restaurants in East Anglia *siehe Seiten 563f und 587f*

EAST ANGLIA | **211**

renhaus mit ungewöhnlicher Rotunde und zwei mächtigen Seitenflügeln. Zur Kunstsammlung gehören Werke von Reynolds und Tizian. Außerdem werden Silber, Porzellan und Skulpturen gezeigt, u. a. von John Flaxman (1755–1826).

Moyse's Hall
Cornhill. (01284) 706 183. tägl. (letzter Einlass 16 Uhr). Feiertage, 24. Dez.

Ickworth House
Horringer. (01284) 735 270. März–Okt: Do–Di. NT

❷ Newmarket

Suffolk. **Karte** N15. 17 000. Di, Sa. **w** visitcambridge.org

Ein kurzer Bummel über die Hauptstraße genügt, um alles Wissenswerte über das Städtchen zu erfahren. Die Läden verkaufen Pferdefutter und Reitutensilien, Tweedkleidung, Jodhpurhosen und braune Lederkappen, wie sie eigentlich nur Rennpferdtrainer tragen.

Seit James I in der offenen Heidelandschaft, die er als Jagdrevier schätzte, seine Rennpferde gegen die seiner Freunde antreten ließ, ist Newmarket Zentrum des britischen Pferderennsports.

Die Pferdestallungen des National Stud in Newmarket

Das erste schriftlich belegte Rennen fand 1622 statt. Charles II, der die Begeisterung seines Großvaters teilte, verlegte wegen seines Lieblingssports im Sommer sogar den Hof nach Newmarket. Er war der einzige britische Monarch, der selbst siegreich an Pferderennen teilnahm. Ende des 18. Jahrhunderts begann das moderne Renngeschäft konkrete Formen anzunehmen. Heute stehen hier 2500 Pferde im Training. Von April bis Oktober finden regelmäßig Rennen statt *(siehe S. 70f)*. Gelegentlich gibt es Führungen

Galopptraining auf der Newmarket Heath

durch die Ställe. Frühaufsteher können den Vollblütern beim Training zusehen.

Auch das **National Stud** mit seinen Zuchthengsten, trächtigen Stuten, Jungtieren und (im April oder Mai) Fohlen kann besichtigt werden. Tattersall's, das berühmte Auktionshaus für Vollblüter, befindet sich ebenfalls hier.

Zum National Horseracing Museum in einem Palast mit Ställen, den Charles II 1651 bauen ließ, gehören auch das **National Heritage Centre for Horseracing and Sporting Art** und eine Rennstrecke für ehemalige Rennpferde.

National Stud
Newmarket. (0344) 748 9200. Mitte Feb–Okt: nur Führung. **w** nationalstud.co.uk

National Heritage Centre for Horseracing and Sporting Art
Palace House, Palace St. (01638) 667 314. tägl. 10–17 Uhr. 25. Dez. **w** palacehousenewmarket.co.uk

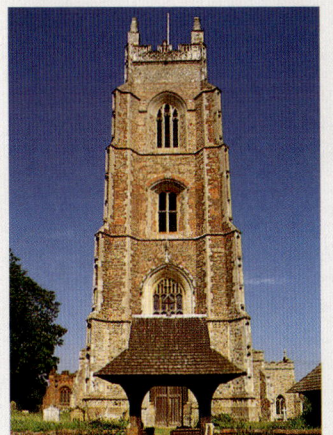

Aufstieg und Niedergang des Wollhandels

Wolle war schon im 13. Jahrhundert eines der wichtigsten britischen Erzeugnisse. 1310 exportierte England jährlich rund zehn Millionen Schaffelle. Die Pest, die das Land 1348 heimsuchte, bescherte dem Wirtschaftszweig weiteren Aufschwung, da des Arbeitskräftemangels immer mehr landwirtschaftliche Nutzflächen zu Schafweiden wurden. Um 1350 begann Edward III die heimische Tuchweberei zu fördern und ermunterte flämische Weber, nach Großbritannien zu kommen. Viele ließen sich in East Anglia, vor allem in Suffolk, nieder. Ihr handwerkliches Können führte zum Aufschwung der Region. In der folgenden Blütezeit entstanden über 200 prächtige Kirchen. Ende des 16. Jahrhunderts setzte mit der Einführung von mit Wasserkraft betriebenen Webstühlen, die für diese Gegend nicht geeignet waren, der Niedergang ein. Besucher profitieren heute davon, denn Wollhandelsstädte wie Lavenham und Bury St Edmunds waren nie mehr reich genug, um die alten Tudor-Gebäude durch Neubauten zu ersetzen.

St Mary's Church, Stoke-by-Nayland, südöstlich von Bury St Edmunds

Fassade der Anglesey Abbey

㉕ Anglesey Abbey

Lode, Cambridgeshire. **Karte** N15.
📞 (01223) 810 080. 🚆 Cambridge oder Newmarket, dann Bus.
Haus 🕐 Apr–Okt: Di–So.
Park 🕐 tägl. ganzjährig.
♿ teilweise. NT

Bis zur Auflösung der Klöster *(siehe S. 355)* stand hier eine 1135 errichtete Augustinerabtei. Die Säkularisation überlebte nur die Krypta, deren Gewölbe auf Säulen ruht. Sie wurde später in ein Herrenhaus eingegliedert, zu dessen sonstigen Schätzen u. a. ein Bild von Gainsborough *(siehe S. 167)* zählt. Den Park ließ Lord Fairhaven in den 1930er Jahren anlegen.

㉖ Huntingdon

Cambridgeshire. **Karte** M15.
👥 24 000. 🚆 🚌 🕐 Mi, Sa.

Mehr als 300 Jahre nach seinem Tod erinnert noch vieles in der Geburtsstadt Oliver Cromwells *(siehe S. 56)* an den berühmtesten Sohn. Er wurde 1599 geboren, im Taufregister im County Records Office sind seine Taufe und Heirat verzeichnet. Das **Cromwell Museum**, seine frühere Schule, dokumentiert mit Bildern und Memorabilien (u. a. seiner Totenmaske) sein Leben. Der Führer der puritanischen Parlamentarierbewegung ist bis heute eine der umstrittensten Gestalten der britischen Geschichte.

Cromwell war noch nicht 30 Jahre alt, da wurde er Parlamentsmitglied und stritt mit Charles I über Steuern und Religion. Im Bürgerkrieg *(siehe S. 56)* erwies er sich als begnadeter General. 1653 – vier Jahre nach der Hinrichtung von Charles I – wurde er Lordprotektor mit diktatorischen Vollmachten. Zwei Jahre nach seinem Tod wurde die Monarchie wieder eingesetzt. Man entfernte Cromwells Leichnam aus der Westminster Abbey und hängte ihn öffentlich.

Das Museum war auch die frühere Schule von Samuel Pepys *(siehe S. 217)*, der im nahen Brampton lebte.

Eine Brücke (14. Jh.) über den Ouse verbindet Huntingdon mit Godmanchester, einer römischen Siedlung.

🏛 **Cromwell Museum**
Grammar School Walk. 📞 (01480) 375 830. 🕐 Di–So (Nov–März: nur nachm., außer Sa). ⬤ 1. Jan, 24.–27. Dez, Feiertage. ♿

㉗ Cambridge

Siehe S. 214–219.

㉘ Audley End

Saffron Walden, Essex. **Karte** N16.
📞 (01799) 522 842. 🚆 Audley End, dann Taxi. **Haus** 🕐 Apr–Okt: tägl. nachm. **Park** 🕐 Apr–Okt: tägl.; Nov–März: Sa, So. ⬤ 24. Dez–Jan.
♿ teilweise. EH
🌐 english-heritage.org.uk

Als das Gebäude 1603–14 für Thomas Howard, Schatzmeister und 1. Earl of Suffolk, errichtet wurde, war es das größte Anwesen in England. James I witzelte, es sei zu groß für einen König, nicht jedoch für einen Lord. Sein Enkel Charles II allerdings erwarb es 1667. Da er und seine Nachfolger selten dort weilten, erhielten die Howards Audley End 1701 zurück und rissen kurz darauf zwei Drittel der Anlage ab. Übrig blieb ein Haus im Stil der Zeit James' I mit der originalen Great Hall. Robert Adam *(siehe S. 32)* stattete in den 1760er Jahren einige Räume neu aus: Sie wurden originalgetreu restauriert. »Capability« Brown legte zur gleichen Zeit den Park an.

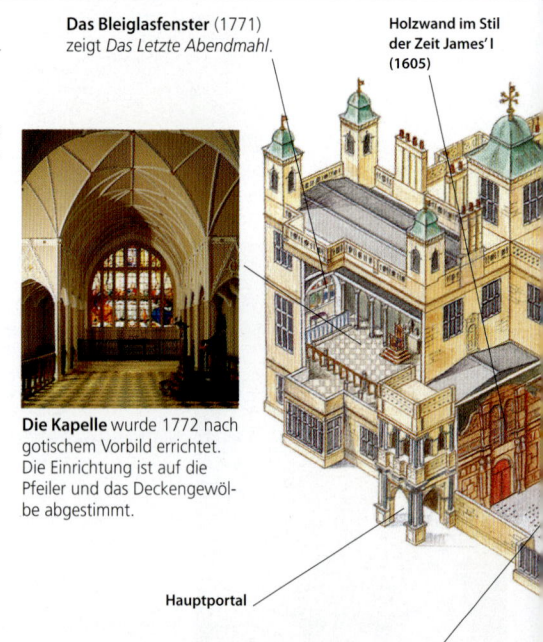

Das Bleiglasfenster (1771) zeigt *Das Letzte Abendmahl*.

Die Kapelle wurde 1772 nach gotischem Vorbild errichtet. Die Einrichtung ist auf die Pfeiler und das Deckengewölbe abgestimmt.

Holzwand im Stil der Zeit James' I (1605)

Hauptportal

Die Great Hall mit ihrer massiven Eichenwand und der schönen Stichbalkendecke birgt zahlreiche Familienporträts. Der höchste Raum des Baus hat in seiner jakobinischen Form überlebt.

Hotels und Restaurants in East Anglia *siehe Seiten 563f und 587f*

Epping Forest

Essex. **Karte** N17. ⊠ Chingford.
🚇 Loughton, Theydon Bois.
🛈 High Beach, Loughton, (020) 8508 0028; Highbridge St, Waltham Abbey, (01992) 660 336; The View, Chingford, (020) 7332 1911.
🌐 cityoflondon.gov.uk

Der Wald erfreut sich heute bei Erholungsuchenden so großer Beliebtheit wie früher beim Adel, der ihn als Jagdrevier nutzte. Er ist eine der letzten Waldflächen in der Umgebung von London. Henry VIII ließ sich 1543 am Waldrand eine Hütte bauen. Da seine Tochter Elizabeth I diese häufig benutzte, hieß sie bald **Queen Elizabeth's Hunting Lodge**.

Heute ist in dem restaurierten dreistöckigen Bau eine Ausstellung über die Geschichte der Hütte und des Epping Forest zu sehen. Das von Wiesen und Seen durchsetzte Waldland ist der Lebensraum einer vielfältigen Flora und Fauna. Die dunkelfarbigen Hirsche hat James I hier eingebürgert. Mitte des 19. Jahrhunderts erwarb die Corporation of London den Wald, um ihn für die Öffentlichkeit zu erhalten.

Queen Elizabeth's Hunting Lodge
Rangers Rd, Chingford. 📞 (020) 7332 1911. 🕒 tägl. ⬤ 25. Dez. ♿ teilweise.

400 Jahre alte Eichen und Buchen im Epping Forest

Darstellung der Schlacht von Maldon (991) auf der Maldon Embroidery

Maldon

Essex. **Karte** N16. 🏘 14 000. 🚉 Chelmsford, dann Bus. 🛈 Wenlock Way, (01621) 856 503. 🛒 Do, Sa.
🌐 visitmaldondistrict.co.uk

Das Städtchen am Fluss Blackwater, dessen High Street schöne alte Läden und Gasthäuser aus dem 14. Jahrhundert säumen, war einst ein großer Hafen (heute kommen nur noch Hobbysegler). Sein bekanntester Industriezweig ist die Gewinnung von Maldon-Meersalz.

991 war Maldon Schauplatz einer Schlacht zwischen Sachsen und eindringenden Wikingern. *The Battle of Maldon*, eines der ältesten sächsischen Gedichte, berichtet davon. Auch auf der 13 Meter langen *Maldon Embroidery*, auf der Einheimische die Geschichte ihrer Stadt von 991 bis 1991 festhielten, taucht das Gefecht auf. Die Mammutstickerei ist im **Maeldune Centre** zu sehen.

Umgebung: In Bradwell-on-Sea östlich von Maldon befindet sich an der Küste die sächsische Kirche **St Peter's-on-the-Wall**. Der hl. Cedd ließ sie 654 aus den Steinen eines römischen Forts errichten.

Maeldune Centre
Market Hill. 📞 (01621) 851 628. 🕒 Mitte Feb–Dez: tägl. 11–16 Uhr.
🌐 maelduneheritagecentre.co.uk

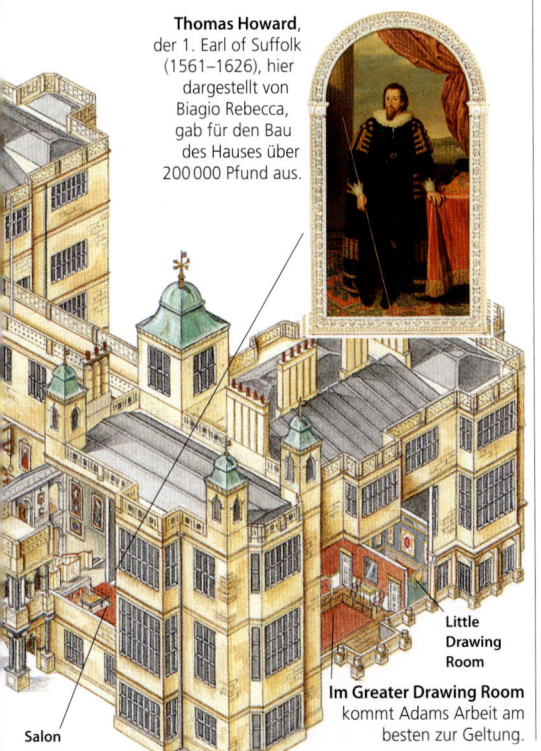

Thomas Howard, der 1. Earl of Suffolk (1561–1626), hier dargestellt von Biagio Rebecca, gab für den Bau des Hauses über 200 000 Pfund aus.

Im Greater Drawing Room kommt Adams Arbeit am besten zur Geltung.

Little Drawing Room

Salon

㉗ Im Detail: Cambridge

An der ersten schiffbaren Stelle des Flusses Cam gelegen, war Cambridge schon zur Römerzeit eine größere Siedlung. Im 11. Jahrhundert richteten sich die ersten Klosterschulen in der Stadt ein. 1209 kamen verschiedene Gelehrte aus Oxford *(siehe S. 226 – 231)*, um sich hier eine neue geistige Heimat zu schaffen. Heute ist Cambridge in erster Linie Universitätsstadt, aber auch florierender Markt einer landwirtschaftlich produktiven Region.

Rundkirche
Die Church of the Holy Sepulchre ist eine der wenigen erhaltenen Rundkirchen. Ihr Grundriss ist an den der Grabkirche in Jerusalem angelehnt.

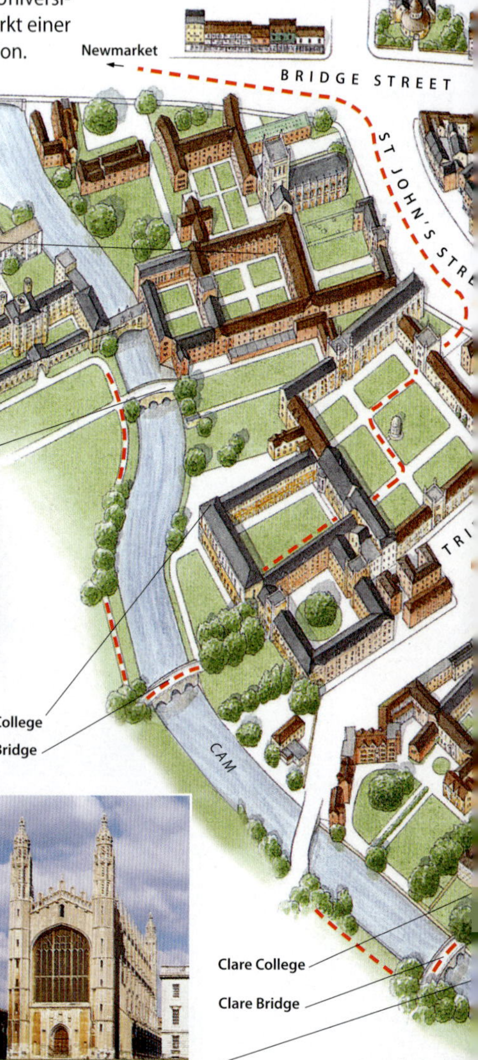

Newmarket

BRIDGE STREET

ST JOHN'S STRE

Über die Magdalene Bridge
gelangt man vom Stadtkern zum Magdalene College.

St John's College
besticht durch seine Architektur im Tudor-Stil und aus der Zeit von James I.

Kitchen Bridge

★ **Bridge of Sighs**
Den besten Blick auf die nach der Seufzerbrücke in Venedig benannte Brücke (1831) hat man von der Kitchen Bridge aus.

Trinity College
Trinity Bridge

CAM

TRI

0 Meter 75
0 Yards 75

Legende
— Routenempfehlung

Clare College
Clare Bridge

Grantchester ↘

The Backs
Den Namen trägt der Grünstreifen, der zwischen den Rückseiten *(backs)* der Colleges und dem Ufer des Cam liegt. Von hier aus kann man die Aussicht auf die King's College Chapel genießen.

Hotels und Restaurants in East Anglia *siehe Seiten 563f und 587f*

CAMBRIDGE | 215

Great St Mary's Church
Die Uhr schmückt das Westportal der Universitätskirche. Der Turm bietet schöne Aussichten.

Gonville and Caius
wurde 1348 gegründet und ist somit eines der ältesten Colleges.

Infobox

Information
Cambridgeshire. **Karte** N16.
124 000. The Guildhall, Peas Hill, (01223) 791 500.
(01223) 791 501. tägl.
Strawberry Fair (Juni), Folk Festival (Juli).
visitcambridge.org

Anfahrt
Stansted. Station Rd.
Drummer St.

★ **King's College Chapel**
70 Jahre lang wurde an dem spätmittelalterlichen Meisterwerk gebaut.

Marktplatz

Busbahnhof

King's College
Eine Statue beim Hauptportal erinnert an Henry VIII, der bei Fertigstellung der Kapelle 1515 König war.

Queens' College
Die Hofanlagen zählen zu den malerischsten der Universität. Diese Sonnenuhr (18. Jh.) ziert die einstige Kapelle (heute Lesesaal).

Corpus Christi College

Nach London u. zum Bahnhof

TRINITY STREET

KING'S PARADE

SILVER STREET

CAM

Mathematical Bridge
Dass die Holzbrücke beim Queens' College ohne Nägel und Schrauben konstruiert wurde, ist ein Mythos.

Überblick: Cambridge University

Das älteste der 31 Colleges der Universität Cambridge ist das 1284 gegründete Peterhouse. Das jüngste, Robinson, wurde 1979 eröffnet. Viele der älteren Colleges, die um den Stadtkern verteilt liegen, grenzen rücklings an den The Backs genannten Grünstreifen am Ufer des Cam. Wie in Oxford *(siehe S. 230f)* geht der Grundriss der traditionsreichen Colleges auf christliche Institutionen zurück, doch erfuhren die meisten in der viktorianischen Zeit starke Veränderungen. Meist gruppieren sich die College-Bauten um Höfe und bieten ein buntes Sammelsurium aus 600 Jahren Architekturgeschichte – vom späten Mittelalter über Wrens Meisterwerke bis hin zur Gegenwart.

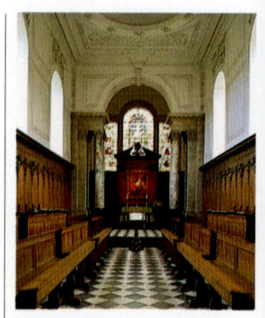

Blick in Wrens Kapelle, Pembroke College

Die imposante Fassade des Emmanuel College

Emmanuel College
Christopher Wrens im Jahr 1677 an der St Andrew's Street erbaute Kapelle ist die große Attraktion des College. Beachtung verdienen die herrliche Stuckdecke und Amigonis Altargitter (1734). Das 1584 gegründete College ist puritanischen Ursprungs. Einer der berühmtesten Absolventen war John Harvard, der 1636 nach Amerika auswanderte und sein Vermögen jener Universität in Massachusetts hinterließ, die heute seinen Namen trägt.

Senate House
Der palladianische Bau wird vorwiegend für Universitätsfeierlichkeiten genutzt. James Gibbs entwarf ihn 1722 als Teil einer großen Anlage, die jedoch nie vollendet wurde.

Corpus Christi College
Das beim Senate House gelegene College wurde im Jahr 1352 von den Zünften gegründet, die damit sicherstellen wollten, dass höhere Bildung nicht alleiniges Vorrecht von Geistlichkeit und Adel blieb. Der Old Court aus dem 14. Jahrhundert ist bemerkenswert gut erhalten. Eine Galerie aus rotem Backstein verbindet das College mit der St Bene't's (Kurzform von St Benedict's) Church, deren Turm das älteste Bauwerk von Cambridge ist.

King's College
Siehe S. 218f.

Pembroke College
Die Kapelle war einer von Wrens *(siehe S. 119)* ersten Entwürfen. Ihr Vorgängerbau aus dem 14. Jahrhundert wurde zu einer Bibliothek umfunktioniert. Schön sind auch die Gärten des bei der Trumington Street gelegenen College.

Jesus College
Obwohl das College erst 1497 entstand, sind einige seiner Gebäude an der Jesus Lane älteren Datums. Es steht auf dem Gelände eines ehemaligen Nonnenklosters (12. Jh.) und hat normannische Säulen und Fenster sowie eine Stichbalkendecke (in der Dining Hall). Die Kapelle entspricht weitgehend der ursprünglichen Kirche, doch es gibt auch moderne Fenster sowie Arbeiten von William Morris *(siehe S. 224f)*.

Queens' College
Das College wurde 1446 auf Queens' Land erbaut und geht auf die Stiftungen zweier Königinnen zurück: 1448 von Marguerite d'Anjou (Gemahlin Henrys VI) und 1465 von Elizabeth Woodville (Gemahlin

Punten bei »The Backs« am King's College

Punten auf dem Cam
Punten gilt als Inbegriff sorgloser College-Tage: Ein Student schiebt mit einer Stange den flachen Kahn vorwärts, während sich die anderen darin ausstrecken und entspannen. Die Stakkähne kann man – falls gewünscht auch mit »Chauffeur« – an verschiedenen Stellen ausleihen. Falls Sie selbst punten wollen, seien Sie bitte vorsichtig: Die flachen Boote können leicht kentern!

Hotels und Restaurants in East Anglia *siehe Seiten 563f und 587f*

Edwards IV). Es besitzt einige herrliche Tudor-Bauten. Sehenswert ist die President's Gallery (Mitte 16. Jh.), die auf den Backsteinbogen des malerischen Cloister Court entstand. Aus dem 15. Jahrhundert datieren der Principal Court und der nach dem großen Gelehrten benannte Erasmus's Tower. Die Gebäude des College stehen zu beiden Seiten des Cam und sind über die Mathematical Bridge miteinander verbunden. Obwohl die Brücke wie ein Bogen aussieht, wurde sie doch mithilfe einer komplizierten Technik ganz aus geraden Hölzern erbaut.

Pepys Library, Magdalene College

Magdalene College

Absolvent des 1482 gegründeten College war der Tagebuchautor und Chronist Samuel Pepys (1633–1703). Er hinterließ dem College seine umfangreiche Bibliothek: über 3000 Bände. Erst 1987 nahm Magdalene (gesprochen »Maudlin«) als letztes College auch Frauen auf.

St John's College

Das turmgekrönte Torhaus aus dem Jahr 1514 bildet das passende Entree zum zweitgrößten College von Cambridge und dessen eindrucksvollen Bauten aus dem 16. und 17. Jahrhundert. In der vorwiegend elisabethanischen Halle hängen Bildnisse berühmter Studenten, darunter der Dichter William Wordsworth *(siehe S. 370)* und der Staatsmann Lord Palmerston. St John's erstreckt sich rechts und links des Cam und besitzt zwei Brücken: eine von 1712 und die Bridge of Sighs von 1831.

Peterhouse

Das älteste College von Cambridge (Trumpington Street) ist zugleich eines der kleinsten. Der Saal enthält noch Elemente von 1284, doch die schönsten Details sind jüngeren Datums, wie etwa der Tudor-Kamin mit den herrlichen Fliesen (19. Jh.). Eine Galerie verbindet das College mit St Mary the Less (12. Jh.), die früher St Peter's Church hieß – daher der Name des College.

Kacheln von William Morris in Peterhouse

Infobox

Die Colleges von Cambridge sind täglich von 14 bis 17 Uhr zugänglich, doch es gibt keine festen Öffnungszeiten. Beachten Sie die Anschläge an jedem College. Einige verlangen Eintritt.

Trinity College

Das größte College (Trinity Street) wurde 1547 von Henry VIII gegründet. Hof und Saal sind besonders eindrucksvoll. Das Eingangstor mit Statuen von Henry und James I entstand 1529 für King's Hall, ein älteres College, das ins Trinity College einbezogen wurde. Den Great Court ziert ein elisabethanischer Brunnen. In der Kapelle (1567) stehen lebensgroße Statuen ehemaliger Studenten, etwa Roubiliacs Statue von Isaac Newton (1755).

University Botanic Garden

An der Trumpington Street lädt diese Oase zu einem Bummel ein. In dem 1846 angelegten Park mit alten Bäumen, sehenswertem Wassergarten und prachtvollem Wintergarten haben sich bereits Generationen von Studenten ausgeruht.

Die »Seufzerbrücke« verbindet die Gebäude des St John's College

Fitzwilliam Museum

Trumpington St. (01223) 332 900. Di–So, Feiertage. 1. Jan, Karfreitag, 24.–27. Dez. Spende. Sa 14.30 Uhr. fitzmuseum.cam.ac.uk

In dem klassizistischen Gebäude, das Teil der Universität ist, befindet sich eines der ältesten öffentlichen Museen Großbritanniens, das Gemälde, Antiquitäten, Keramiken und Handschriften besitzt. Herz des Ganzen ist die Sammlung des 7. Viscount Fitzwilliam, der im Jahr 1816 zahlreiche unbezahlbare Kunstwerke stiftete.

Werke von Tizian (1488–1576) und niederländischen Meistern des 17. Jahrhunderts, u. a. Hals, Cuyp und Hobbema, bestechen ebenso wie französische Impressionisten – etwa Monet mit *Der Frühling* (1866) und Renoir mit *Place de Clichy* (1880) – während Stanley Spencers *Self-Portrait with Patrica Preece* (1937) ein modernes Werk ist. Fast alle britischen Künstler sind vertreten: von Hogarth (18. Jh.) über Constable (19. Jh.) bis hin zu Ben Nicholson (20. Jh.).

Unter den Miniaturen entdeckt man die älteste erhaltene Darstellung Henrys VIII. In derselben Galerie sind herrlich illuminierte Handschriften zu bewundern, u. a. das *Metz-Pontifikale* (15. Jh.), eine französische Liturgieschrift.

Die Glaisher Collection europäischer Töpferware zählt zu den größten des Landes. Im Händel-Regal stehen Folianten mit seinen Werken, und ganz in der Nähe können Sie das Originalmanuskript von Keats' *Ode to a Nightingale* (1819) betrachten.

Richard James (um 1740) von William Hogarth

Cambridge: King's College

Henry VI gründete das College 1441. Die Arbeiten an der Kapelle – einem der grandiosesten Beispiele spätgotischer Architektur in England – begannen fünf Jahre später und dauerten 70 Jahre lang. Henry selbst bestimmte die Maße des Gebäudes, das das Stadtbild prägen sollte: 88 Meter lang, zwölf Meter breit und 29 Meter hoch. Der ursprüngliche Entwurf wird dem Meistersteinmetzen Reginald Ely zugeschrieben, doch wurden seine Pläne später abgeändert.

★ **Fächergewölbe**
Die atemberaubende, von 22 Strebepfeilern gestützte Decke schuf der Steinmetz John Wastell 1515.

Außerdem

① **Das Fellows' Building** entwarf James Gibbs 1724 als Teil eines geplanten Great Court, der jedoch nie vollendet wurde.

② **Oktogonaler Eckturm**

③ **Seitenkapellen**

④ **Orgel** Zwei Engel mit Trompeten schmücken die Holzverkleidung der gewaltigen Orgel aus dem 17. Jahrhundert.

⑤ **Der Lettner**, ein Meisterwerk der Tudor-Schnitzkunst, teilt die Kapelle in Vorhalle und Chor.

⑥ **Neugotisches Torhaus (19. Jh.)**

⑦ **Henry VI** Das Bronzestandbild des College-Gründers wurde 1879 enthüllt.

Krone und Tudor-Rose
Dieser Teil des Tudor-Wappens am Westportal der Kapelle verdeutlicht den Herrschaftsanspruch Henrys VII.

Hotels und Restaurants in East Anglia *siehe Seiten 563f und 587f*

CAMBRIDGE: KING'S COLLEGE | 219

King's College Choir

Bei der Gründung der Kapelle bestimmte Henry VI, dass beim täglichen Gottesdienst ein Chor aus sechs Laien und 16 Chorknaben singen sollte. Während des Trimesters geschieht das bis heute. Die restliche Zeit reist der Chor zu Konzerten in alle Welt. Das Weihnachtssingen wird vom Fernsehen übertragen.

Der Chor der King's College Chapel

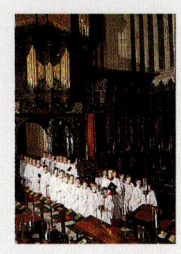

Infobox

Information
King's Parade. 📞 (01223) 331 212. 🕐 Okt–Sep: tägl. (während Semester Sa–Mo). 🎫 bei Veranstaltungen, tel. erfragen. ♿ Semester: Mo–Sa 17.30 Uhr, So 10.30, 13.30 Uhr. 🌐 kings.cam.ac.uk

Bleiglasfenster
Alle Fenster (16. Jh.) der Kapelle zeigen biblische Motive – hier Christus bei der Taufe seiner Jünger.

★ Altarbild
Rubens' *Anbetung der Könige*, 1634 für den Konvent der Weißen Nonnen in Belgien gemalt, stiftete ein Gönner 1961.

Hauptportal

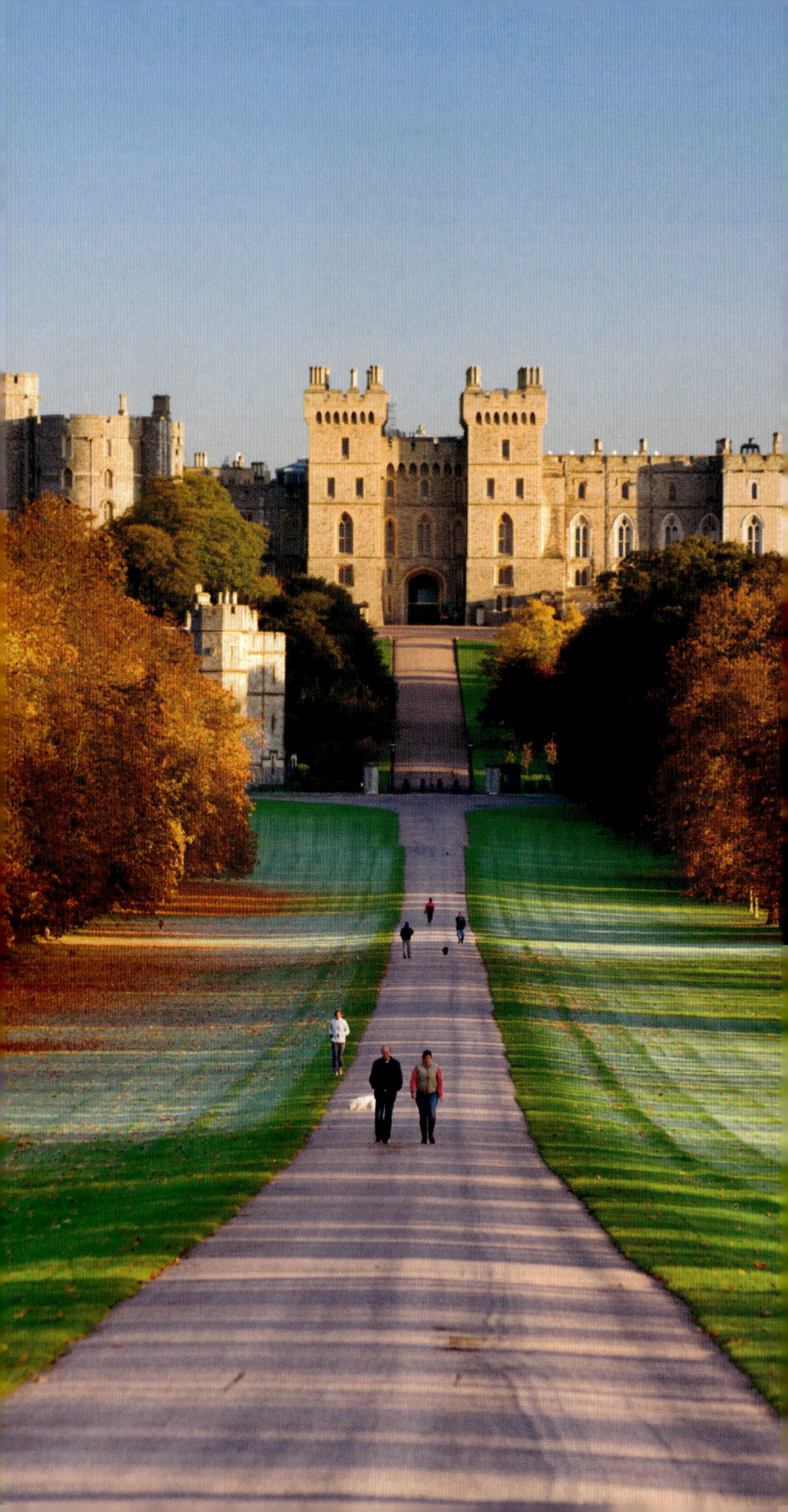

Themse-Tal

*Buckinghamshire • Oxfordshire • Berkshire
Bedfordshire • Hertfordshire*

Der mächtige Fluss, an dem die britische Hauptstadt liegt, hat einen bescheidenen Ursprung in den Hügeln von Gloucestershire und schlängelt sich durch üppige Landschaften Richtung London. Das Themse-Tal hat trotz des Vordringens der modernen Industrie und Vorortsiedlungen seine idyllische Schönheit bewahrt.

Die schöne Landschaft der Chiltern Hills und des Themse-Tals gefiel auch vielen Aristokraten, die hier Herrenhäuser nahe London erbauen ließen. Viele davon zählen zu den schönsten des Landes. Die Region ist auch reich an Verbindungen zu den Königshäusern. Windsor Castle ist eine königliche Residenz, seit William the Conqueror diesen strategisch wichtigen Platz oberhalb der Themse 1070 erwählte. Die Burg spielte eine wichtige Rolle, als 1215 King John von hier aufbrach, um die Magna Carta bei Runnymede an der Themse zu unterzeichnen. Weiter nördlich ließ Queen Anne Blenheim Palace für ihren Militärkommandeur, den 1. Duke of Marlborough, erbauen. Elizabeth I verbrachte einen Teil ihrer Kindheit in Hatfield House. Teile des Palasts stehen noch heute. Diese royalen Residenzen hatten oft riesige Parks und Gärten, ebenso wie die Herrenhäuser in der Region, Stowe, Waddesdon und Woburn Abbey.

Rund um diese großartigen Häuser entstanden pittoreske Dörfer mit Fachwerkhäusern und – Richtung Cotswolds – Gebäuden aus goldfarbenem Gestein. Dass diese Region bereits seit Jahrtausenden bewohnt ist, zeigt sich an den vielen prähistorischen Stätten, darunter auch das bemerkenswerte White Horse von Uffington.

Näher an London liegt St Alban's, eine Stadt reich an römischer Geschichte, die mit den Warner-Bros.-Studios viele Harry-Potter-Fans anzieht.

Die Themse bei Marlow, Buckinghamshire

◀ **Herbstlicher Spaziergang durch den Park von Windsor Castle, Berkshire** *(siehe S. 240f)*

Überblick: Themse-Tal

Die Region, die an die Themse grenzt, ist zwar dicht besiedelt, bietet aber auch idyllische Plätze, vor allem in der Flussschleife von Maidenhead nach Reading über Cookham und Henley-on-Thames. Hier gibt es schöne Wanderwege und die Möglichkeit zu Bootsfahrten mit vielen Lokalen am Ufer und erstklassigen Restaurants. Im Westen liegt jenseits der Chiltern Hills Oxford, die Hauptstadt der Region, wo 1167 die erste Universität der Landes gegründet wurde. Weiter westlich sind die Kalksteinhügel der Cotswolds mit ihren charakteristischen kleinen Dörfern.

Sehenswürdigkeiten auf einen Blick

1. Great Tew
2. Burford
3. Kelmscott
4. Vale of the White Horse
5. Oxford S. 226–231
6. Blenheim Palace S. 232f
7. Stowe
8. Woburn Abbey
9. Waddesdon Manor
10. Roald Dahl Museum
11. ZSL Whipsnade Zoo
12. Knebworth House
13. Hatfield House
14. St Albans S. 236f
15. Gardens of the Rose
16. Warner Bros. Studio Tour – The Making of Harry Potter
18. Windsor S. 239–241

Tour

17. Entlang der Themse S. 238f

Reetgedecktes Haus, Upper Swarford

Weitere Zeichenerklärungen *siehe hintere Umschlagklappe*

Im Themse-Tal unterwegs

Das Themse-Tal besitzt als wichtiger Einzugsbereich Londons gute öffentliche Verkehrsmittel, aber auch ein dichtes Netz von Autobahnen und Schnellstraßen Richtung London. Alle größeren Städte sind durch gute Zugverbindungen erreichbar. Es gibt zudem viele Busunternehmen, die von London aus die Sehenswürdigkeiten ansteuern.

THEMSE-TAL | 223

Die Marlow Bridge überspannt die Themse

Radcliffe Camera, umgeben von den Turmspitzen Oxfords

Hotels und Restaurants im Themse-Tal *siehe Seiten 564 und 588f*

Legende
- Autobahn
- Schnellstraße
- Hauptstraße
- Nebenstraße
- Panoramastraße
- Eisenbahn (Hauptstrecke)
- Eisenbahn (Nebenstrecke)

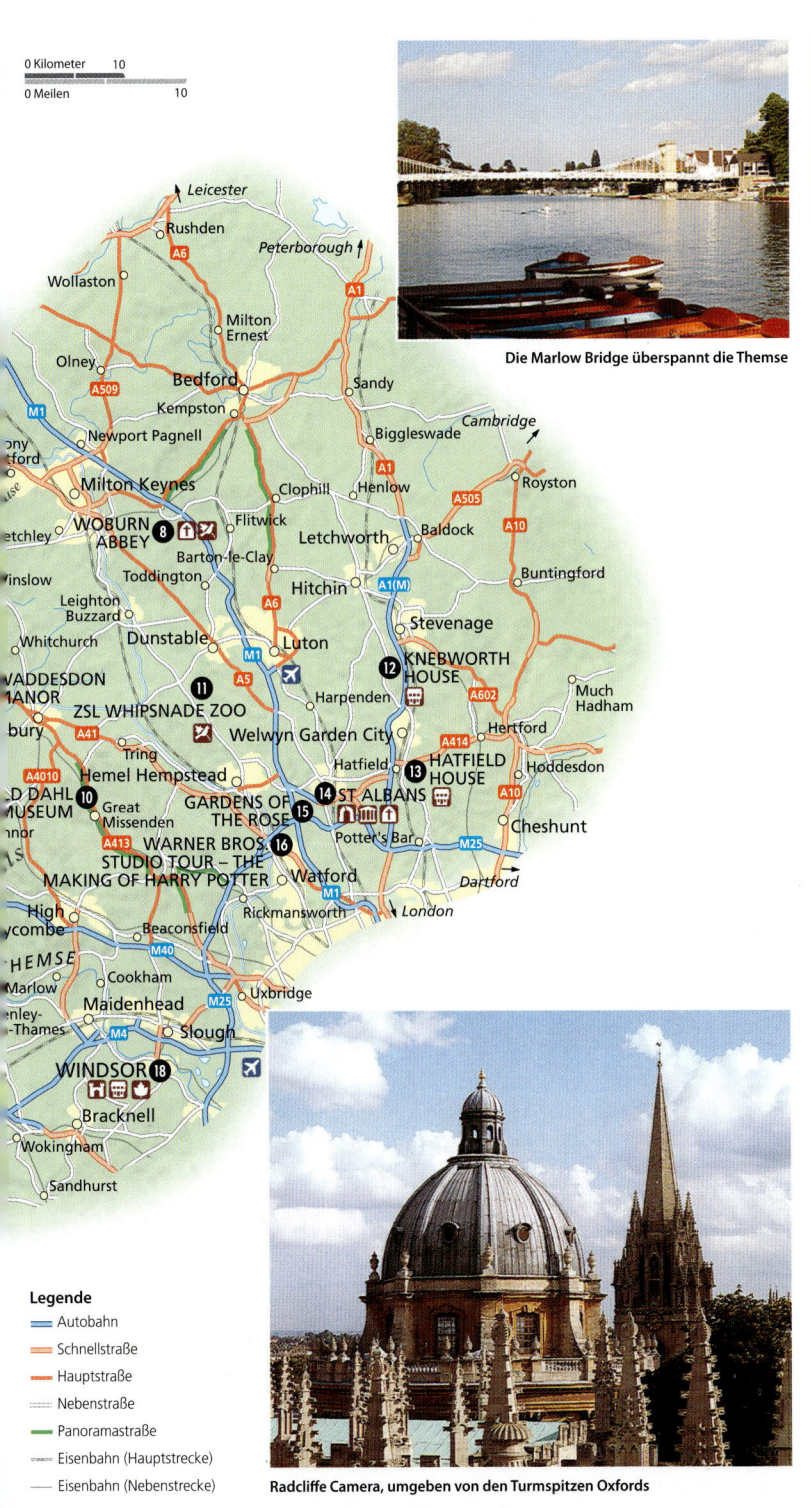

❶ Great Tew

Oxfordshire. **Karte** L16. 🚗 150. 🚆 Oxford oder Banbury, dann Taxi. ℹ️ Castle Quay Shopping Centre, Banbury, (01295) 753 752. 🌐 oxfordshirecotswolds.org

Der abgeschiedene Ort in einem kleinen Tal wurde um 1635 von Lord Falkland für seine Landarbeiter erbaut. 1809–11 wurde er im gotischen Stil umgebaut. Reetdach-Cottages sind von Gärten mit Buchsbaumhecken umgeben. In der Dorfmitte steht das Pub **Falkland Arms** aus dem 16. Jahrhundert, das sich seine Atmosphäre bewahrt hat.

Umgebung: Acht Kilometer westlich liegen die **Rollright Stones**, drei Monumente aus der Bronzezeit. Den Kreis (30 m Durchmesser) aus 77 Steinen nennt man auch »die Männer des Königs«, die Reste einer Grabkammer »Flüsternde Ritter«. Der einzeln stehende Stein heißt »Königstein«.

Banbury ist bekannt für seine Kekse und sein Marktkreuz, das im Kinderlied *Ride a Cockhorse to Banbury Cross* verewigt ist. Das Originalkreuz wurde zerstört, doch 1859 wiedererrichtet.

Das Banbury Cross aus dem 19. Jahrhundert

🍴 **Falkland Arms Pub**
Great Tew. 📞 (01608) 683 653.
○ tägl. ● 25. Dez.

❷ Burford

Oxfordshire. **Karte** K16. 🚗 1400. ℹ️ 33a High St, (01993) 823 558. 🌐 oxfordshirecotswolds.org

Die reizende Kleinstadt hat sich seit georgianischer Zeit kaum verändert. Häuser aus Cotswold-Stein, Gasthäuser und Läden, viele aus dem 16. Jahrhundert, säumen die Hauptstraße. **The Tolsey** ist ein früherer Tudor-Markt, in dem sich heute ein Museum befindet. Er steht an der Ecke Sheep Street, die an die Bedeutung des Wollhandels im Mittelalter erinnert *(siehe S. 211)*.

St John the Baptist am Ende der High Street ist eine der größten Wollkirchen der Cotswolds mit einem Denkmal für Edmund Harman, Bader Henrys VIII, das südamerikanische Indigene zeigt, wohl deren erste Darstellung in Großbritannien.

Umgebung: Sechs Meilen östlich stehen die Ruinen des Herrenhauses **Minster Lovell Hall** (15. Jh.).

Südlich von Burford befindet sich der **Cotswold Wildlife Park** mit einer Sammlung von Säugetieren, Reptilien und Vögeln.

🏛 **Minster Lovell Hall**
Minster Lovell. ○ tägl. EH

🦁 **Cotswold Wildlife Park**
Burford. 📞 (01993) 823 006.
○ tägl. ● 25. Dez.
🌐 cotswoldwildlifepark.co.uk

❸ Kelmscott

Oxfordshire. **Karte** K17. 🚗 100. ℹ️ The Pump House, 5 Market Place, Faringdon, (01367) 242 191. 🌐 faringdontowncouncil.gov.uk

Der Designer und Schriftsteller William Morris lebte von 1871 bis zu seinem Tod 1896 in dem Dorf an der Themse. Er teilte sein Haus, das elisabethanische **Kelmscott Manor**, mit dem Maler Dante Gabriel Rossetti (1828–1882), der nach einer Affäre mit Jane, der Frau von

Häuser aus Cotswold-Stein, Burford, Oxfordshire

Hotels und Restaurants im Themse-Tal *siehe Seiten 564 und 588f*

Der Haupteingang zum elisabethanischen Kelmscott Manor

Morris – Modell vieler Gemälde der Präraffaeliten –, ausziehen musste. Morris und seine Nachfolger des Arts-and-Crafts-Stils fühlten sich vom mittelalterlichen Flair des Dorfs angezogen. Später wurden zum Gedenken an Morris mehrere Cottages erbaut. Heute befinden sich hier einige Kunstwerke von Mitgliedern der Bewegung. Morris ist in einem von Philip Webb entworfenen Grabmal beigesetzt.

Drei Kilometer östlich führt die **Radcot Bridge** als älteste Brücke über die Themse. Sie wurde 1160 erbaut und war lange Zeit strategisch bedeutend. 1387 wurde sie in einer Schlacht zwischen Richard II und seinen Baronen schwer beschädigt.

Kelmscott Manor
Kelmscott. (01367) 252 486.
Apr–Okt: Mi, Sa 11–17 Uhr (Haus, Garten). teilweise.
sal.org.uk/kelmscott-manor

❹ Vale of the White Horse

Oxfordshire. **Karte K17.** Didcot. Roysse Court, Guildhall, Abingdon, (01235) 522 711; 19 Church St, Wantage, (01235) 760 176.

Das Tal erhielt seinen Namen durch das weiße Pferd, das – von den Nüstern bis zum Schweif 100 Meter lang – in den Kalkstein eines Hügels über Uffington gescharrt wurde. Man hält es für Großbritanniens ältestes Hügelkunstwerk, und es hat viele Deutungen provoziert: Manche behaupten, es sei vom Sachsenführer Hengist (Hengst) geschaffen worden. Andere glauben, es habe mit König Alfred the Great zu tun, der in der Nähe geboren wurde. Das Kunstwerk ist jedoch älter, es wurde auf ca. 1000 v. Chr. datiert.

In der Nähe liegen die keltischen Erdwälle der Hügelfestung **Uffington Castle** aus der Eisenzeit. An einer Handelsroute, 1,5 Kilometer westlich, befindet sich ein noch älteres Monument, ein Grabhügel aus der Steinzeit, **Wayland's Smithy** genannt. Dieser Name kam in den Sagen vor, die Walter Scott *(siehe S. 516)* für seinen Roman *Kenilworth* verwendete.

Den besten Blick auf das Pferd hat man von Uffington aus, das auch wegen der **Tom Brown's School** einen Besuch lohnt. Das Schulhaus (17. Jh.) besitzt Exponate, die dem Autor Thomas Hughes (1822–1896) gewidmet sind. Die ersten Kapitel seines Romans *Tom Brown's Schooldays* ließ er hier spielen.

Tom Brown's School
Broad St, Uffington. (01367) 820 978. Ostern–Okt: Sa, So, Feiertage (nachmittags). teilweise.
museum.uffington.net

Figuren in den Hügeln

Die Kelten begannen als Erste, Kunstwerke in die Kalksteinhügel zu scharren. Pferde, die von den Kelten und später von den Sachsen verehrt wurden, waren bevorzugte Motive, doch auch Menschen wurden dargestellt, etwa der Riese von Cerne Abbas in Dorset *(siehe S. 273)* und der Long Man of Wilmington *(siehe S. 185)*. Die Figuren fungierten wohl als religiöse Symbole oder als Orientierungspunkte, mit denen die Stämme ihre Gebiete markierten. Viele der Scharrfiguren wurden schnell von Gras überwachsen. Das »Scheren« des Pferds ist eine Tradition, die das verhindern soll. Sie wurde einst von Festlichkeiten begleitet. Im 18. Jahrhundert gab es eine zweite Modewelle solcher Hügelfiguren, vor allem in Wiltshire. In manchen Fällen, wie in Bratton Castle bei Westbury, wurde ein altes Kunstwerk von einem neueren aus dem 18. Jahrhundert überdeckt.

Englands ältestes Hügelkunstwerk: das White Horse, Uffington

❺ Im Detail: Oxford

Oxford ist seit alters ein strategischer Punkt an der westlichen Route nach London – der Name bezieht sich auf eine geeignete Stelle zur Überquerung des Flusses (eine Furt für Ochsen). Die ersten Gelehrten der Stadt, die die Universität gründeten, kamen 1167 aus Frankreich. Mit dem Bau der bedeutendsten Universität Englands entstand die spektakuläre Turmsilhouette.

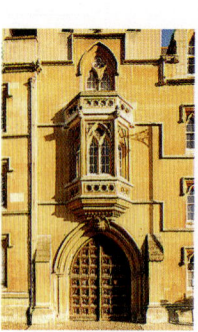

Museum of the History of Science
Das Museum liegt im Old Ashmolean, einem prächtigen Gebäude von 1683.

Das Ashmolean Museum besitzt eine der schönsten Kunst- und Antiquitätensammlungen Englands.

St John's College

Balliol College

Martyrs' Memorial erinnert an die protestantischen Märtyrer Latimer, Ridley und Cranmer, die als Ketzer hingerichtet wurden.

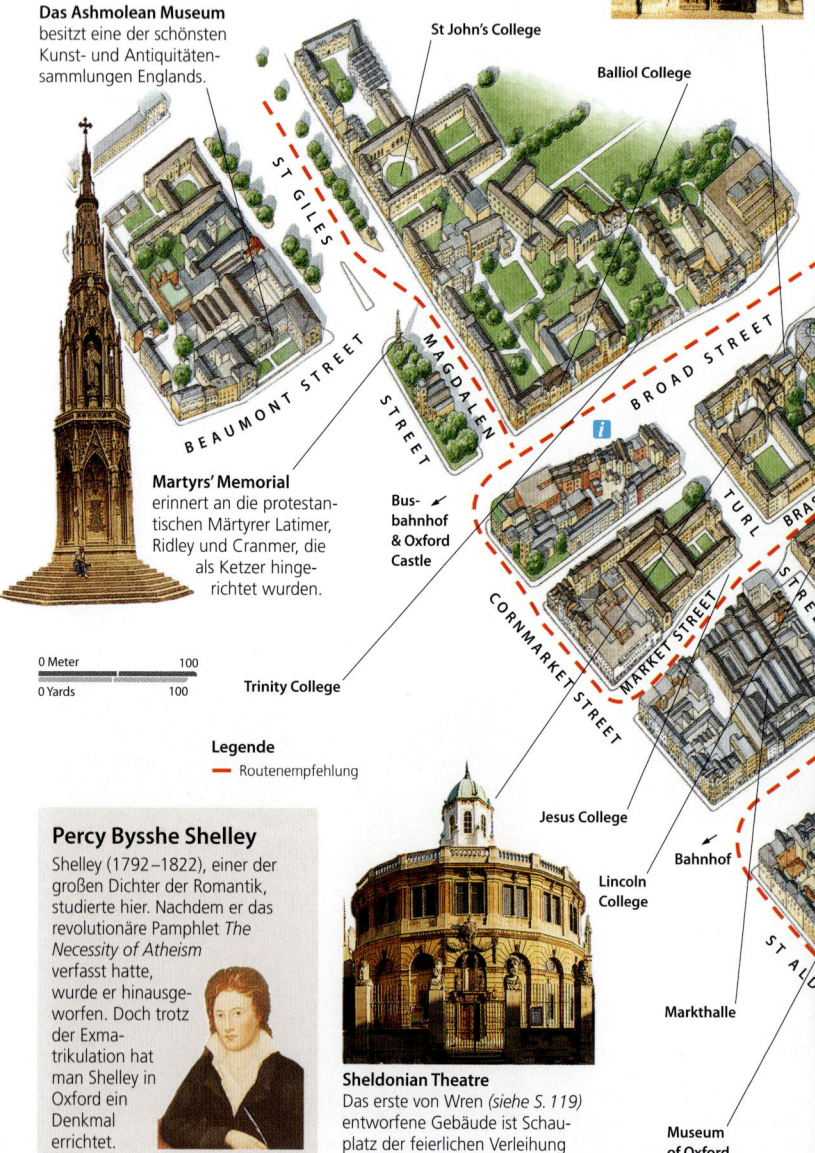

Bus-bahnhof & Oxford Castle

Trinity College

Legende
— Routenempfehlung

Percy Bysshe Shelley

Shelley (1792–1822), einer der großen Dichter der Romantik, studierte hier. Nachdem er das revolutionäre Pamphlet *The Necessity of Atheism* verfasst hatte, wurde er hinausgeworfen. Doch trotz der Exmatrikulation hat man Shelley in Oxford ein Denkmal errichtet.

Jesus College

Lincoln College

Bahnhof

Markthalle

Sheldonian Theatre
Das erste von Wren *(siehe S. 119)* entworfene Gebäude ist Schauplatz der feierlichen Verleihung der Doktorwürde.

Museum of Oxford

Hotels und Restaurants im Themse-Tal *siehe Seiten 564 und 588f*

OXFORD | 227

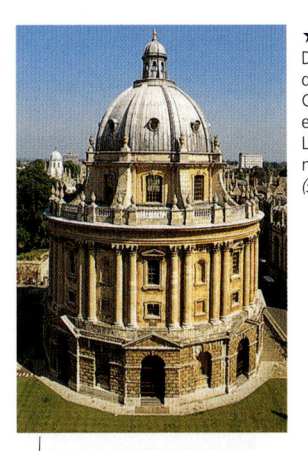

★ Radcliffe Camera
Die neoklassizistische Rotunde ist das charakteristischste Gebäude Oxfords und heute ein Lesesaal der Bodleian Library. Es ist eines der originalen Gebäude der Bibliothek *(siehe S. 231)*.

Infobox

Information
Oxfordshire. **Karte** L17.
🏠 150 000. 🛈 15–16 Broad St, (01865) 686 430.
🛍 tägl.; Do, Sa (Antiquitäten, Vintage). 🌐 visitoxfordand oxfordshire.com

Anfahrt
🚆 Botley Rd.
🚌 Gloucester Green.

Bridge of Sighs
Das 1914 erbaute dekorative Wahrzeichen ähnelt der Seufzerbrücke in Venedig und verbindet die Gebäude des Hertford College.

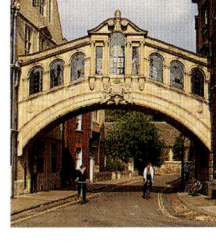

- New College
- QUEEN'S LANE
- St Mary the Virgin Church
- Queen's College
- All Souls College
- London
- University College
- Lincoln College Library
- Botanischer Garten und Magdalen College
- HIGH STREET
- LOGIC LANE
- ORIEL STREET
- MAGPIE LANE
- MERTON STREET
- Oriel College
- Merton College
- BEAR LANE
- DEAD MAN'S WALK
- Corpus Christi College

★ Christ Church
Die Studenten essen in allen Colleges an langen Tischen. Die Dozenten sitzen an der erhöhten Tafel. Das Tischgebet ist größtenteils auf Latein.

Überblick: Oxford

Oxford ist mehr als eine Universitätsstadt. Es besitzt im Vorort Cowley eine der bedeutendsten Autofabriken Englands. Dennoch wird Oxford von Institutionen beherrscht, die mit seinem riesigen akademischen Betrieb zusammenhängen, etwa der Buchhandlung Blackwell, die über 20 000 Titel auf Lager hat. An den beiden Flüssen Cherwell und Isis kann man Spaziergänge machen – oder man leiht sich ein Boot und verbringt den Nachmittag auf dem Cherwell.

Ashmolean Museum
Beaumont St. (01865) 278 000. Di–So, Feiertage. 24.–26. Dez. Di–Sa.
ashmolean.org

Das Ashmolean ist eines der besten Museen außerhalb Londons. Es basiert auf der Sammlung von Vater und Sohn John Tradescant, bekannt als »The Ark« (Arche), die diese im 17. Jahrhundert auf ihren Reisen zusammentrugen. Nach ihrem Tod übernahm Elias Ashmole die Kuriositätensammlung, vermachte sie der Universität und ließ für die Exponate ein Gebäude an der Broad Street erbauen: das Old Ashmolean (1683), heute das Museum für die Geschichte der Naturwissenschaften. Von hier zog die Sammlung in die Universitätsgalerien, einem neoklassizistischen Gebäude von 1845, das heutige Ashmolean Museum.

2009 wurde das Museum erheblich erweitert. Im neuen Teil werden nun Exponate zum Thema »Crossing Cultures, Crossing Time« gezeigt. In den Ausstellungsräumen im älteren Teil des Gebäudes werden erstklassige griechische, römische und indische Artefakte, ägyptische Mumien, angelsächsische Schätze sowie moderne chinesische Malerei gezeigt.

Zu den Highlights des Museums gehört die Sammlung von Zeichnungen von Meistern wie Raffael (1483–1520), Bellinis *Heiliger Hieronymus lesend in einer Landschaft* (15. Jh.), Turners *Venedig: Der Canal Grande* (1840), Picassos *Blaue Dächer* (1901) und zahlreiche Werke der Präraffaeliten, darunter Rossetti und Millais. Die zweitgrößte Münzsammlung des Landes ist ebenfalls hier untergebracht. Eine der bemerkenswertesten Münzen ist die in Oxford während des Bürgerkriegs 1644 geprägte.

Das wohl berühmteste Exponat ist jedoch das emaillierte Goldschmuckstück »Alfred Jewel« aus dem 9. Jahrhundert. Ebenfalls interessant sind der mit Muscheln verkrustete Umhang von Powhatan, Vater von Pocahontas, und eine Laterne, die Guy Fawkes gehörte.

Vom Dachrestaurant hat man einen tollen Blick.

Eingang zum Ashmolean Museum

Hotels und Restaurants im Themse-Tal *siehe Seiten 564 und 588f*

Museum of the History of Science
Broad St. (01865) 277 280. Di–So.

Das Museum im Old Ashmolean hat eine herausragende Sammlung an frühen wissenschaftlichen und mathematischen Instrumenten. In der permanenten Ausstellung sieht man zwischen den Astrolabien und Quadranten auch Lewis Carrolls Kamera und die Tafel, die Einstein bei einem Vortrag zur Relativitätstheorie nutzte.

Botanischer Garten (17. Jh.)

The University of Oxford Botanic Garden
Rose Lane. (01865) 286 690. tägl. Sep–Mai: Mo vormittags; Karfreitag, 25. Dez.
botanic-garden.ox.ac.uk

Der älteste botanische Garten Englands wurde 1621 gegründet. Die Portale wurden 1633 von Nicholas Stone entworfen und vom Earl of Danby finanziert. Sein Standbild ziert neben jenen von Charles I und Charles II das Tor. Zur Anlage gehören ein Garten, eine Kräuterhecke und ein Haus mit insektenfressenden Pflanzen.

Carfax Tower
Carfax Square. (01865) 792 653. tägl. 1. Jan, 25., 26. Dez.

Der Turm ist alles, was von der Kirche St Martin (14. Jh.) erhalten blieb. Man sollte die 99 Stufen hinaufsteigen, um den Blick auf die Stadt zu genießen. Carfax war in Oxford die Kreuzung der Nord-Süd- und Ost-West-Routen. Das Wort kommt aus dem Lateinischen: *quadrifurcus* (Kreuzung).

Holywell Music Room

Holywell St. ○ nur bei Konzerten.

Dies war das erste Gebäude Europas, das 1752 speziell für öffentliche Musikaufführungen erbaut wurde. Hier finden regulär Konzerte statt.

Museum of Oxford

St Aldates. (01865) 252 351. ○ Mo–Sa 10–17 Uhr. ● 1. Jan, 24.–26. Dez, 31. Dez.

Eine Ausstellung im Rathaus zeichnet die Geschichte von Oxford und seiner Universität nach. Zu den Exponaten gehört ein römischer Keramikbrennofen. Hauptsehenswürdigkeiten bilden rekonstruierte Räume, etwa ein elisabethanischer Gasthof.

Martyrs' Memorial

Das Mahnmal erinnert an die drei Protestanten, die auf dem Scheiterhaufen in der Broad Street starben: die Bischöfe Latimer und Ridley 1555, Erzbischof Cranmer 1556. Nach der Thronbesteigung von Queen Mary 1553 wurden sie in den Tower von London gebracht, dann nach Oxford überführt, wo sie wegen Ketzerei zum Tod verurteilt wurden. Das Denkmal entwarf 1843 George Gilbert Scott. Es ist den Eleanor-Kreuzen nachempfunden, die Edward I (1239–1307) zum Gedenken an Königin Eleanor in zwölf Städten errichten ließ.

Oxford Castle Quarter

44–46 Oxford Castle. (01865) 201 657. ○ tägl.

Nach einer aufwendigen Umgestaltung wurde das etwa 1000 Jahre alte Oxford Castle 2005 wiedereröffnet. Die Anlage umfasst Läden, Restaurants und ein Hotel.

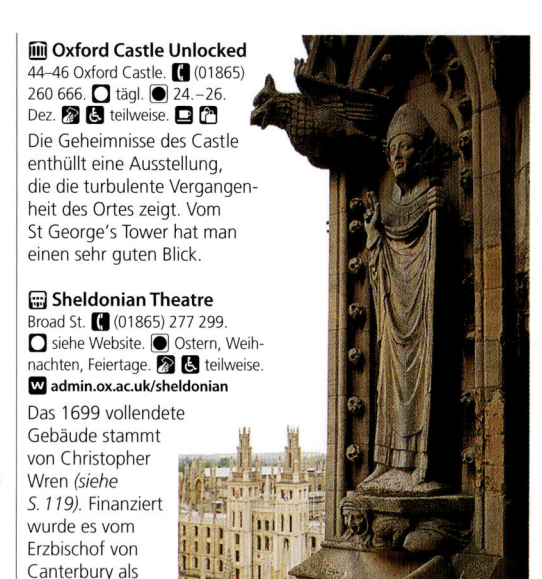

Oxford Castle Unlocked

44–46 Oxford Castle. (01865) 260 666. ○ tägl. ● 24.–26. Dez. teilweise.

Die Geheimnisse des Castle enthüllt eine Ausstellung, die die turbulente Vergangenheit des Ortes zeigt. Vom St George's Tower hat man einen sehr guten Blick.

Sheldonian Theatre

Broad St. (01865) 277 299. ○ siehe Website. ● Ostern, Weihnachten, Feiertage. teilweise. admin.ox.ac.uk/sheldonian

Das 1699 vollendete Gebäude stammt von Christopher Wren *(siehe S. 119)*. Finanziert wurde es vom Erzbischof von Canterbury als Ort für Titelverleihungen der Universität. Der D-förmige Bau ist dem Marcellus-Theater in Rom nachempfunden. Die Kuppel wurde 1838 errichtet. Die bemalte Decke im Theater stellt den Triumph von Religion, Kunst und Wissenschaft über Neid, Hass und Bosheit dar.

St Mary the Virgin Church

High St. (01865) 279 111. ○ tägl. ● Karfreitag, 25., 26. Dez. university-church.ox.ac.uk

Die offizielle Kirche der Universität ist angeblich die meistbesuchte Pfarrkirche Englands. Die ältesten Gebäudeteile stammen aus dem 13. Jahrhundert. Dazu gehört der Turm, von dem aus man eine schöne Aussicht hat. Das Pfarrhaus aus der gleichen Zeit diente als erste Bibliothek der Universität, bis 1488 die Bodleian Library

Thomas-Cranmer-Standbild, St Mary the Virgin Church

(siehe S. 231) gegründet wurde. Die Kirche steht an der Stelle, an der die drei Märtyrer als Ketzer verurteilt wurden.

Oxford University Museum of Natural History

Parks Rd. (01865) 272 950. ○ tägl. 10–17 Uhr. ● Ostern, 25. Dez. oum.ox.ac.uk

Zwei der interessantesten Museen grenzen aneinander. Das University Museum ist ein Naturkundemuseum, das Relikte von Dinosauriern und einen Dodo ausstellt. Der Vogel wurde im 17. Jahrhundert ausgerottet, doch Lewis Carroll (ein Dozent in Oxford) machte ihn in *Alice im Wunderland (siehe S. 449)* unsterblich.

Pitt Rivers Museum

Parks Rd. (01865) 270 927. ○ Di–So 10–16.30 Uhr (Mo 12–16.30 Uhr). ● 25. Dez. Di, Mi 14.30, 15.15 Uhr. prm.ox.ac.uk

Nebenan bietet das Pitt Rivers Museum eine ethnografische Sammlung: Masken und Totems aus Afrika und dem Fernen Osten sowie archäologische Funde, darunter solche, die Captain Cook zusammentrug.

Die eindrucksvolle Front des University Museum

Überblick: Oxford University

Viele der 38 Colleges, die zusammen die Universität bilden, wurden zwischen dem 13. und 16. Jahrhundert gegründet und stehen dicht an dicht im Stadtzentrum. Da zu jener Zeit die Bildung Sache der Kirche war, wurden die Kollegien wie Klostergebäude angelegt, waren jedoch oft von Gärten umgeben. Obwohl die meisten Colleges im Lauf der Jahre verändert wurden, sind viele ihrer ursprünglichen Merkmale erhalten.

Blick von der St Mary the Virgin Church auf das All Souls College

All Souls College
Die Kapelle an der Nordseite des 1438 von Henry VI gegründeten College hat ein klassisches Stichbalkendach, Schnitzarbeiten am Chorgestühl *(siehe S. 345)* und Bleiglasfenster (15. Jh.).

Christ Church College
Am besten betrachtet man das größte College vom Rasen des St Aldate College aus. Das Christ Church College stammt von 1525. Es wurde von Kardinal Wolsey zur Ausbildung von Kardinälen gegründet. Der obere Teil des Turms im Tom Quad, einem rechteckigen Innenhof, wurde 1682 von Wren *(siehe S. 119)* erbaut. Er ist der höchste in der Stadt. Als seine Glocke 1648 aufgehängt wurde, hatte das College genau 101 Studenten – deshalb schlägt sie um 21.05 Uhr 101 Mal, um den Studenten anzuzeigen, dass nun die Tore geschlossen werden. Grund für die Uhrzeit ist die Tatsache, dass Oxford eigentlich fünf Minuten hinter der Greenwich Mean Time liegt. Christ Church hat in den letzten 200 Jahren 13 Premierminister hervorgebracht. Die Christ Church Hall inspirierte die Filmemacher der Harry-Potter-Serie.

Lincoln College
Eines der am besten erhaltenen Colleges wurde 1427 an der Turl Street gegründet. Frontgebäude und Fassade stammen aus dem 15. Jahrhundert. Die Halle hat noch das Originaldach mit der Spalte, durch die einst der Rauch abzog. Die Kapelle besitzt schöne Bleiglasfenster. John Wesley *(siehe S. 283)* studierte hier. Seine Räume können besichtigt werden.

New College
Das College, eines der größten der Stadt, wurde von William of Wykeham 1397 zur Priesterausbildung gegründet. Die hier Studierenden sollten die Opfer der Pest des Jahres 1384 ersetzen. Die herrliche, im 19. Jahrhundert restaurierte Kapelle (New College Lane) schmücken erlesene Schnitzarbeiten am Chorgestühl (14. Jh.) und El Grecos berühmtes Gemälde *Heiliger Jakob*.

Queen's College
Die im 18. Jahrhundert errichteten Gebäude gehören zweifellos zu den schönsten Bauten in Oxford. Die Bibliothek wurde im Jahr 1695 von Henry Aldrich (1647–1710) erbaut. Die prächtige Frontseite mit dem von einer Glocke gekrönten Torhaus ist ein Wahrzeichen der High Street.

Magdalen College
Am Ende der High Street befindet sich das nach einhelliger Meinung schönste College von Oxford. Seine in verschiedenen Stilen erbauten Häuserblocks (15. Jh.) stehen in einem Park am Cherwell, der von der Magdalen Bridge überspannt wird.

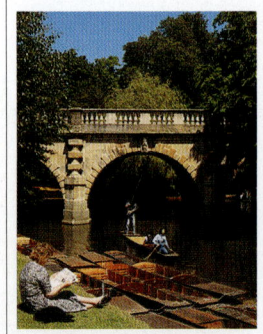

Die Magdalen Bridge über den Cherwell

Studentenleben
Die Studenten sind an einem bestimmten College eingeschrieben, in dem sie für die Dauer ihres Studiums leben. In den Colleges spielt sich neben dem akademischen Betrieb ein Großteil des sozialen Lebens der Studenten ab. Viele Traditionen sind jahrhundertealt, so auch die feierliche Abschlusszeremonie im Sheldonian Theatre.

Abschluss am Sheldonian *(siehe S. 229)*

Hotels und Restaurants im Themse-Tal siehe Seiten 564 und 588f

OXFORD UNIVERSITY | 231

Blick auf das Merton College vom Rasen von Christ Church aus

Infobox

Die Colleges von Oxford sind täglich von 14 Uhr bis Sonnenuntergang zu besichtigen, es gibt aber keine ausgewiesenen Öffnungszeiten. Beachten Sie die Aushänge am Eingang.

Bodleian Library (Duke Humphrey's Library u. Divinity School), Broad St. 📞 (01865) 287 400. 🕐 tägl. ⬤ Ostern, 24. Dez–2. Jan. 🎫 📷 ♿ teilweise. 🌐 bodleian.ox.ac.uk

St John's College
Die Vorderseite stammt von 1437, als das College für junge Zisterziensermönche gegründet wurde. Die Bibliothek hat Bücherschränke aus dem 17. Jahrhundert. Sehenswert ist auch die Sammlung gestickter Gewänder.

Trinity College
Der älteste Teil des College an der Broad Street, der Durham Quad, ist nach dem College von 1296 benannt, das 1555 dem Trinity angeschlossen wurde. Die Kapelle (spätes 17. Jh.) besitzt einen herrlichen Altaraufsatz.

Corpus Christi College
Die Vorderfront an der Merton Street stammt von 1517, dem Gründungsjahr des College. Die Sonnenuhr, auf der ein Pelikan sitzt – er ist das Symbol des College –, zeigt einen Kalender (frühes 17. Jh.). Die Kapelle besitzt ein Adler-Lesepult aus dem 16. Jahrhundert.

Merton College
Das College (1264) nahe der Merton Street ist das älteste Oxfords. Ein Großteil der Halle und das Portal stammen aus jener Zeit. Die Reliefs im Chor der Kapelle stellen Musik, Arithmetik, Rhetorik und Grammatik dar. Der Mob Quad war Vorbild für spätere Colleges.

Bodleian Library
Die 1320 gegründete Bibliothek wurde 1426 von Humphrey, Duke of Gloucester (1391–1447) und Bruder von Henry VI. erweitert, weil seine Manuskriptsammlung nicht mehr in die alte Bibliothek passte. 1602 wurde sie von Thomas Bodley neu gegründet, der auf strengen Regeln bestand: Der Bibliothekar durfte nicht heiraten. Die Bibliothek ist eines von sechs *copyright deposits* in England – sie enthält ein Exemplar jedes in Großbritannien erschienenen Buchs.

Haupteingang

Die Radcliffe Camera (1748), eine barocke Rundkuppel, wurde von James Gibbs als Denkmal für den Arzt John Radcliffe (1650–1714) erbaut.

Der Anbau wurde 1630 angefügt.

Die Divinity School (1488) schmückt eine Gewölbedecke mit 455 verzierten Gewölberippen, auf denen biblische Szenen sowie Tiere aus Mythologie und Realität dargestellt sind – eines der schönsten gotischen Interieurs.

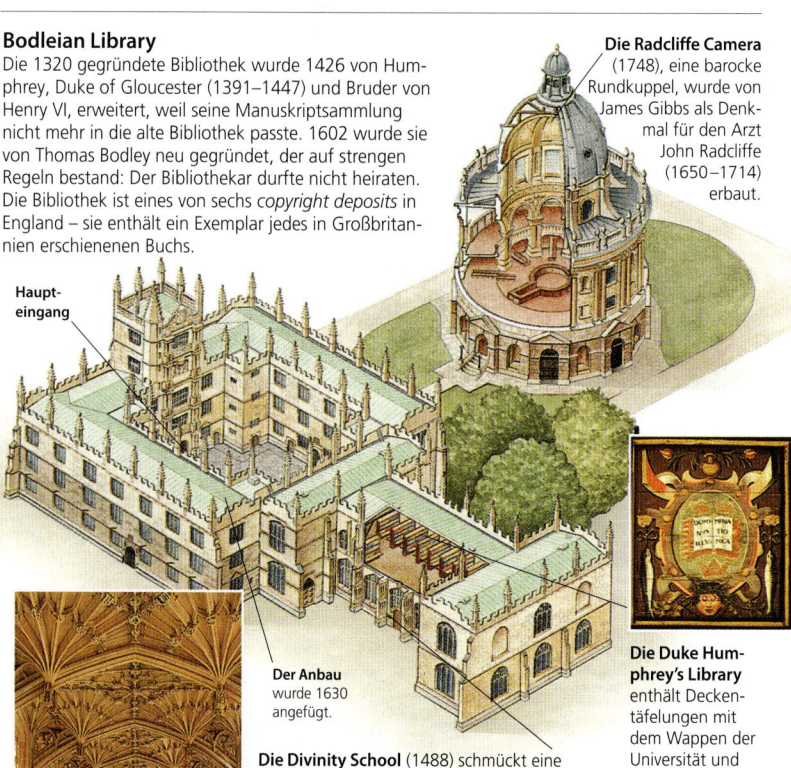

Die Duke Humphrey's Library enthält Deckentäfelungen mit dem Wappen der Universität und dem Spruch Dominus Illuminatio Mea (Der Herr ist mein Licht).

❻ Blenheim Palace

Nachdem John Churchill, der 1. Duke of Marlborough, die Franzosen 1704 in der Schlacht von Blenheim vernichtend geschlagen hatte, schenkte ihm Königin Anne den Herrensitz Woodstock und ließ ihm diesen Palast errichten. Das von Nicholas Hawksmoor und John Vanbrugh *(siehe S. 403)* entworfene Gebäude ist ein Meisterwerk des Barock. Hier wurde 1874 Winston Churchill geboren. Der Palast ist das einzige britische historische Haus, das zum UNESCO-Welterbe gehört.

Water Terraces
Die herrlichen Gartenanlagen stammen aus den 1920er Jahren und wurden von Achille Duchêne mit geometrischen Beeten und Brunnen im Stil des 17. Jahrhunderts angelegt.

Kapelle
Das Marmorprunkgrab für den 1. Duke of Marlborough und seine Familie wurde 1733 von Michael Rysbrack geschaffen.

Außerdem

① **Die Grand Bridge** (ab 1708) besitzt eine Spannbreite von 31 Metern und verfügt über Räume im Unterbau.

② **Great Court**

③ **Grinling Gibbons' Löwen** (1709)

④ **Uhrturm**

⑤ **Osttor**

⑥ **Im italienischen Garten** steht der Meerjungfrauen-Brunnen (frühes 20. Jh.) von Waldo Story.

⑦ **Im Green Drawing Room** hängt ein lebensgroßes Porträt des 4. Duke von George Romney (1734–1802).

⑧ **Red Drawing Room**

⑨ **Green Writing Room**

⑩ **Erster Staatsempfangsraum**

⑪ **Zweiter Staatsempfangsraum**

⑫ **Dritter Staatsempfangsraum**

⑬ **Great Hall** Das Deckengemälde von Thornhill (1716) stellt den 1. Duke of Marlborough dar, der Britannia seinen Plan für die Schlacht von Blenheim zeigt.

Winston Churchill (1874–1965)

Hotels und Restaurants im Themse-Tal *siehe Seiten 564 und 588f*

BLENHEIM PALACE | 233

★ Long Library
Der 55 Meter lange Raum wurde als Gemäldegalerie entworfen. Unter den Bildern ist ein Porträt Queen Annes von Godfroy Kneller (1646–1723). Die Stuckdecke schuf Isaac Mansfield 1725.

Infobox

Information
Woodstock, Oxfordshire.
📞 0199 381 0530.
Palast, Gärten 🚪 tägl. 10.30–17.30 Uhr. **Park** 🚪 tägl. 9–17 Uhr. 🅿 The Private Apartments. ♿ teilweise.
📧 **w** blenheimpalace.com

Anfahrt
🚆 S3 von Oxford Bahnhof.
🚌 Oxford.

Eingang

★ Park und Gärten

- Siegessäule
- Grand Bridge
- Triumphbogen
- Palast
- Woodstock
- Parkplatz
- Water Terrases
- Italienischer Garten
- Dianatempel
- Schmalspurbahn
- Rosengarten
- Geheimgarten
- Roundal
- Parkplatz
- Arboretum
- Butterfly House
- Abenteuerspielplatz
- Marlborough Maze

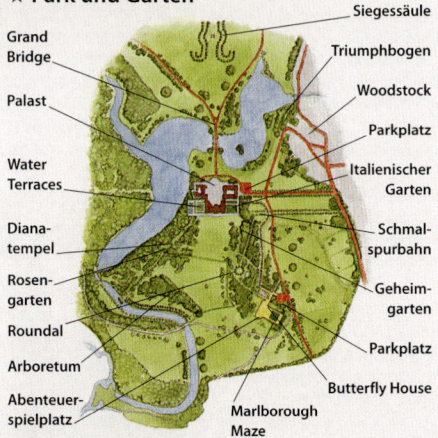

Das Haus des siegreichen Generals sollte von einem Park mit heroischen Denkmälern umgeben sein. »Capability« Brown *(siehe S. 30)* gestaltete den Park im Jahr 1764 und legte den See an.

★ Salon
Der Franzose Louis Laguerre (1663–1721) malte die detaillierten Szenen an den Wänden und der Decke.

Canalettos *Eingang zum Arsenal* (1730) hängt in der Woburn Abbey

❼ Stowe

Buckingham, Buckinghamshire. **Karte** L16. ☎ (01280) 817 156. 🚂 Milton Keynes, dann Bus. ◯ tägl.

Dies ist der ehrgeizigste Landschaftsgarten Großbritanniens und eines der besten Beispiele für das Bemühen im 18. Jahrhundert, die Natur zu beeinflussen, um sie dem Zeitgeschmack anzupassen. Der um 1680 angelegte Garten wurde immer wieder erweitert. Es kamen Monumente, Tempel, Brücken, künstliche Seen und »natürliche« Baumpflanzungen hinzu. Führende Gartengestalter trugen dazu bei, so John Vanbrugh und »Capability« Brown *(siehe S. 30)*. Letzterer heiratete hier und lebte in einem der Boycott Pavilions.

Von 1593 bis 1921 gehörte der Besitz den Familien Temple und Grenville. Dann wurde das palladianische **Stowe House** im Zentrum des Parks verkauft und in eine Eliteschule umgewandelt.

Aus der Familie gingen Soldaten und Politiker hervor, die der liberalen Tradition anhingen. So symbolisieren viele der Gebäude und Skulpturen im Park Ideale der Demokratie und Freiheit. Einige dieser Bauwerke verfielen im 19. Jahrhundert. Durch ein umfassendes Restaurierungsprogramm erhielten viele der Statuen ihren alten Glanz zurück.

Stowe House
☎ (01280) 818 002. ◯ nur Führungen während Schulferien; sonst siehe Website. 🅿️ ♿ während Schulferien. **W** stowe.co.uk

❽ Woburn Abbey

Woburn, Bedfordshire. **Karte** M16. ☎ (01525) 290 333. 🚂 Flitwick, dann Taxi. ◯ Ostern–Okt: tägl. **Garten, Wildpark** ◯ tägl. (im Winter Fr–So). 🅿️ ♿ Haus teilweise. **W** woburnabbey.co.uk

Seit den 1620er Jahren lebten hier die Dukes of Bedford und gehörten 1955 zu den ersten Besitzern englischer Herrenhäuser, die ihr Heim der Öffentlichkeit zugänglich machten. Der Wohnsitz wurde Mitte des 18. Jahrhunderts auf den Fundamenten eines Zisterzienserklosters (12. Jahrhundert) erbaut. Seine Stilmischung schufen Henry Flitcroft und Henry Holland *(siehe S. 32)*.

Das Anwesen ist auch wegen des 1200 Hektar großen Wildparks beliebt, in dem neun Hirscharten leben.

Die herrschaftlichen Räume beherbergen eine bedeutende Kunstsammlung mit Gowers *Armada Portrait of Queen Elizabeth I* (1588) sowie Werken von Joshua Reynolds (1723–1792) und dem Venezianer Canaletto (1697–1768).

❾ Waddesdon Manor

Nahe Aylesbury, Buckinghamshire. **Karte** L16. ☎ (01296) 653 226. 🚂 Aylesbury, dann Taxi. **Haus** ◯ Ende März–Okt: Mi–So, Feiertage. **Gelände** ◯ Ende März–Okt: Mi–So 10–17 Uhr (Öffnungszeiten im Winter siehe Website). 🅿️ ♿ **W** waddesdon.org.uk

Waddesdon Manor wurde 1874–89 für Baron Ferdinand de Rothschild erbaut. Verantwortlich war der französische Architekt Gabriel-Hippolyte Destailleur. Das Anwesen im Stil eines französischen Schlosses des 16. Jahrhunderts beherbergt eine beeindruckende Sammlung französischen Kunsthandwerks aus dem 18. Jahrhundert wie Savonnerie-Teppiche und Sèvres-Porzellan. Der prächtige Garten wurde von Elie Lainé angelegt.

❿ Roald Dahl Museum

81–83 High St, Great Missenden, Buckinghamshire. **Karte** L17. ☎ (01494) 892 192. 🚂 Great Missenden. ◯ Di–Fr 10–17, Sa, So 11–17 Uhr. 🅿️ ♿ **W** roalddahl.com/museum

Die zauberhafte Welt der Roald-Dahl-Geschichten wird in diesem Museum lebendig. Eine Reihe biografischer Ausstellungen zeigen Leben und Arbeit des berühmten Autors. Das Story Centre spornt Kinder an, ihren eigenen Film zu drehen oder ihre eigene Geschichte zu schreiben. Im Café Twit kann man entspannen.

Palladianische Brücke (17. Jh.) über den Octagon Lake, Stowe Gardens

Hotels und Restaurants im Themse-Tal *siehe Seiten 564 und 588f*

THEMSE-TAL | 235

Hatfield House, eines der größten herrschaftlichen Anwesen des Landes aus der Zeit von James I

⓫ ZSL Whipsnade Zoo

Nahe Dunstable, Bedfordshire.
Karte M16. ((01582) 872 171.
🚆 Hemel Hempsted oder Luton, dann Bus. 🕐 tägl. ⬤ 25. Dez.
🅿 ♿ 💻 🌐 zsl.org

Der Zweig des Londoner Zoos war einer der ersten Tierparks, in dem Tiere relativ frei gehalten wurden. Mit über 2500 Arten auf 24 Hektar ist er einer der größten Europas. Durch einige Teile können Sie mit dem Auto, per Dampfeisenbahn oder Safaribus fahren. Beliebt sind die Elefanten, die Schimpansen, die Hullabazoo Farm, der Cheetah Rock und das Schmetterlingshaus.

⓬ Knebworth House

Knebworth, Hertfordshire.
Karte M16. ((01438) 812 661.
🚆 Stevenage, dann Taxi. 🕐 Sa, So; 2 Wochen zu Ostern; Juli, Aug.
🅿 ♿ teilweise. 💻 🌐
knebworthhouse.com

Der Tudor-Herrensitz mit einer schönen jakobeischen Banketthalle ist seit 1490 Heimstatt der Familie Lytton und wurde Anfang des 19. Jahrhunderts gotisch umgebaut.

Der älteste Sohn von Lord Lytton, der 1. Earl of Lytton, war Vizekönig von Indien. Exponate im Herrenhaus erinnern an den Delhi Durbar von 1877, als Queen Victoria zur Kaiserin von Indien ernannt wurde.

⓭ Hatfield House

Hatfield, Hertfordshire. **Karte** M16.
((01707) 287 010. 🚆 Hatfield.
🕐 Ostern – Sep: Mi – So, Feiertage.
🅿 🍴 ♿ 🌐
w hatfield-house.co.uk

Eines der schönsten Herrenhäuser Englands wurde 1607 – 11 für den Staatsmann Robert Cecil erbaut und ist noch heute im Besitz seiner Nachkommen. Von historischem Interesse ist der Flügel des ursprünglichen Hatfield Palace aus der Tudor-Zeit, in dem Queen Elizabeth I *(siehe S. 54f)* ihre Kindheit verbrachte. Hier hielt sie 1558 auch ihren ersten Staatsrat ab. Der Palast, der 1607 zum Teil abgerissen wurde, enthält viele Erinnerungsstücke, darunter das *Rainbow*-Porträt, das um 1600 von Isaac Oliver gemalt wurde.

Der Garten wurde von Robert Cecil und John Tradescant im 17. Jahrhundert angelegt: Er ist entsprechend wiederhergestellt worden. Auf dem Gelände finden regulär Bauern- und Antiquitätenmärkte statt.

Berühmte Puritaner

In der Themse-Region feiert man drei Männer, die im 17. Jahrhundert eine wichtige Rolle in der puritanischen Bewegung spielten. John Bunyan (1628–1688), der *Die Pilgerreise* schrieb, wurde in Elstow geboren. Als passionierter Redner der Puritaner war er 17 Jahre lang wegen seines Glaubens eingekerkert. Das Bunyan Museum in Bedford ist ein puritanisches Gebetshaus. William Penn (1644–1718), Gründer von Pennsylvania, USA, lebte und betete in Jordans bei Beaconsfield und ist auch dort bestattet. In Chalfont St Giles steht das Cottage, in das John Milton (1608–1674) vor der Pest in London geflohen war. Dort vollendete er *Das verlorene Paradies.*

Der Stich (18. Jh.) zeigt John Bunyan

William Penn, Gründer von Pennsylvania

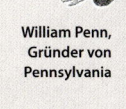

John Milton, gemalt von Pieter van der Plas

⑭ St Albans

St Albans, heute blühende Marktstadt und Wohnort vieler London-Pendler, war Schauplatz historischer Ereignisse. In alter Zeit war es Zentrum der Region, dann wurde es zur römischen Siedlung, schließlich eines der wichtigsten kirchlichen Zentren – so bedeutend, dass während der Rosenkriege *(siehe S. 53)* zwei Schlachten darum entbrannten. 1455 vertrieben die Yorkisten Henry VI aus der Stadt. 1461 eroberten die Anhänger der Lancasters sie zurück.

Überblick: St Albans

Ein Teil des Reizes dieser alten Stadt, die eine Autostunde von London entfernt ist, liegt in ihrer 2000-jährigen Geschichte. Diese kann bei der Besichtigung zurückverfolgt werden. Innerhalb der Mauern der römischen Stadt Verulamium, zwischen dem Museum und der St Michael's Church und gegenüber dem freigelegten Theater, befindet sich ein großer Parkplatz. Von dort kann man am See entlang durch den Park spazieren, vorbei an weiteren römischen Stätten, am Wirtshaus Ye Olde Fighting Cocks sowie an der mächtigen Kathedrale – und schließlich durch die High Street gehen. Sie ist das Zentrum der Stadt mit mehreren Tudor-Häusern und einem Uhrturm von 1412. Das alte Rathaus (19. Jh.) ist heute ein Museum.

Verulamium

Im Zentrum stehen die Mauerreste von Verulamium, einer der ersten Städte, die die Römer in Großbritannien im Jahr 43 n. Chr. erbauten. Boadicea *(siehe S. 199)* machte sie während ihres Aufstands gegen die Römer im Jahr 62 dem Erdboden gleich. Doch wegen ihrer Lage an der Watling Street, einer wichtigen Handelsroute, wurde sie noch größer wieder aufgebaut.

Verulamium Museum

St Michael's St. ☎ (01727) 751 810. ⌚ tägl. ● 1. Jan, 25., 26. Dez. 🅿 ♿ W **stalbansmuseums.org.uk**

Das sehenswerte stadtgeschichtliche Museum beherbergt eine Sammlung römischer Kunstwerke, darunter auch eindrucksvolle Bodenmosaiken. Auf einem ist der Kopf eines Meeresgotts dargestellt, ein anderes zeigt eine Kammmuschel. Gefunden wurden u. a. Urnen und Bleisärge. Mithilfe der Verputzfragmente wurde ein römisches Zimmer rekonstruiert, dessen Wände mit leuchtenden Farben und geometrischen Mustern bemalt sind.

Zwischen dem Museum und der St Albans Cathedral befinden sich eine römische Heizung, Reste der antiken Stadtmauer und eines der Originaltore.

Bodenmosaik im Verulamium Museum

Ye Olde Fighting Cocks – eines der ältesten Pubs des Landes

Ye Olde Fighting Cocks

Abbey Mill Lane. ☎ (01727) 869 152. ⌚ tägl. ♿

Man hält das Pub für das älteste Englands. Auf jeden Fall ist das achteckige Gebäude außergewöhnlich. Es war einst der Taubenschlag der Abtei und wurde nach der Auflösung der Klöster *(siehe S. 355)* als Wirtshaus genutzt.

Roman Theatre

Bluehouse Hill. ☎ (01727) 835 035. ⌚ tägl. ● 1. Jan, 25., 26. Dez. 🅿 W **gorhamburyestate.co.uk**

Gegenüber dem Museum stehen die Mauern des römischen Freilichttheaters, das um 140 erbaut und mehrfach vergrößert wurde. Es ist eines von sechs bekannten Theatern aus der Römerzeit. Daneben gibt es Ruinen römischer Läden und ein Haus, in dem in den 1930er Jahren antike Schätze, darunter eine Bronzestatue der Venus, ausgegraben wurden.

St Michael's Church

St Michael's. ☎ (01727) 835 037. ⌚ Apr–Sep: tel. erfragen. ♿

Die Kirche wurde während der Herrschaft der Sachsen gegründet und ist teils mit Steinen erbaut, die aus Verulamium stammten, das damals verfiel. Seither wurde vieles hinzugefügt, so z. B. die herrliche Kanzel. In der Kirche befindet sich ein Denkmal (17. Jh.) zu Ehren von Francis Bacon. Seinem Vater gehörte das nahe Gorhambury, ein großer Tudor-Sitz, der heute eine Ruine ist.

Hotels und Restaurants im Themse-Tal siehe Seiten 564 und 588f

Infobox

Information
Hertfordshire. **Karte** M17.
141 000. Alban Arena Civic Centre, (01727) 864 511.
Mi, Sa. **w** enjoystalbans.com

Anfahrt
Luton. St Albans City, St Albans Abbey.

St Albans Cathedral
Sumpter Yard. (01727) 860 780.
tägl. 11.30, 14.30 Uhr.
w stalbanscathedral.org

Das herausragende Beispiel mittelalterlicher Architektur besitzt einige typische Merkmale wie die Wandgemälde (13./14. Jh.) auf den normannischen Pfeilern. Der Bau wurde 793 begonnen, als König Offa von Mercia die Abtei zu Ehren des hl. Alban gründete, des ersten christlichen Märtyrers Großbritanniens. Er wurde von den Römern enthauptet, weil er einem Priester Zuflucht gewährt hatte. Die ältesten erhaltenen Teile wurden 1077 erbaut und sind an den runden Bogen und Fenstern als normannisch zu erkennen. Sie sind Teil des 84 Meter langen Schiffs. Die Spitzbogen der Ostseite sind frühenglisch (13. Jh.), die verzierten Elemente wurden im 14. Jahrhundert angefügt. Östlich des Presbyteriums befindet sich Albans Schrein mit den Überresten seines Schulterblatts, den Mönche aus dem Watching Loft bewachten. In der Kathedrale verfassten die Barone die Magna Carta *(siehe S. 52)*, die John I unterzeichnen musste.

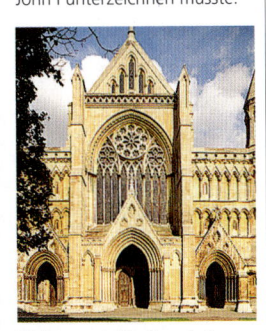

Blütenpracht in den Gardens of the Rose im Juni

⓯ Gardens of the Rose
Chiswell Green, Hertfordshire.
Karte M17. 08458 334 344.
St Albans, dann Bus. Mitte Juni–Anfang Aug; genaue Zeiten siehe Website.
w rnrs.org.uk

Der Park der Royal National Rose Society mit über 30 000 Pflanzen von 1700 verschiedenen Arten steht im Juni in voller Blüte. Er zeichnet die Geschichte der Rose nach. In einem Beet wachsen die weiße Rose von York, die rote Rose von Lancaster *(siehe S. 53)* und die Rosa Mundi, die Henry II nach seiner Mätresse Fair Rosamund benannte, nachdem sie von Königin Eleanor 1177 vergiftet worden war. 2005–07 wurden die Gärten von Michael Baiston neu gestaltet.

⓰ Warner Bros. Studio Tour – The Making of Harry Potter
Leavesden, Hertfordshire. **Karte** M17. (03450) 840 900. Watford Junction, dann Shuttlebus.
tägl. 25., 26. Dez.
w wbstudiotour.co.uk

Hier kann man Originalkulissen der Harry-Potter-Filme sowie Requisiten und Kostüme der Schauspieler bestaunen. Man taucht in die Welt von Schauplätzen wie Great Hall und Diagon Alley. Beim Rundgang erfährt man viel über das Making of der Filme über den Zauberlehrling, auch Special Effects werden demonstriert. Kinder können hier auf Besenstielen reiten. Tickets müssen vorab online gekauft werden.

George Bernard Shaw

Der in Irland geborene umstrittene George Bernard Shaw (1856–1950) galt als Mann mit festen Gewohnheiten. Er verbrachte die letzten 44 Jahre seines Lebens in einem Haus in Ayot St Lawrence, das heute Shaw's Corner heißt, und arbeitete bis kurz vor seinem Tod in einem Sommerhaus am Rand seines Gartens. Seine witzigen Stücke mit ihrer politischen und sozialen Botschaft sind noch heute zeitgemäß. Eines der erfolgreichsten ist *Pygmalion* (1913), auf dem das Musical *My Fair Lady* basiert. Haus und Garten sind heute ein Museum.

Die imposante Westfassade der St Albans Cathedral

Tour: Entlang der Themse

Die Themse ist zwischen Pangbourne und Eton sehr romantisch und vom Boot aus am besten zu genießen. Doch auch die Straße führt nahe am Ufer entlang. Schwäne gleiten unter alten Brücken hindurch, Reiher stehen elegant am Flussrand. Die Äste riesiger Buchen hängen über die Ufer, die von schönen Häusern gesäumt sind. Ihre Gärten führen zum Wasser. Die Themse hat schon immer Maler und Dichter inspiriert.

⑥ Hambledon Mill
Die mit weißem Holz verkleidete Mühle, die bis 1955 in Betrieb war, ist eine der größten an der Themse und auch eine der ältesten. Es gibt noch Teile der ersten Mühle aus dem 16. Jahrhundert.

① Beale Park
Der Philanthrop Gilbert Beale (1868–1967) schuf einen zehn Hektar großen Park, um diesen Flussabschnitt zu bewahren und bedrohte Arten wie Eulen, Wasservögel, Fasane und Pfauen zu schützen.

⑤ Henley
Die hübsche alte Stadt am Fluss mit Häusern und Kirchen aus dem 15. und 16. Jahrhundert ist Austragungsort einer bedeutenden Regatta *(siehe S. 70)*.

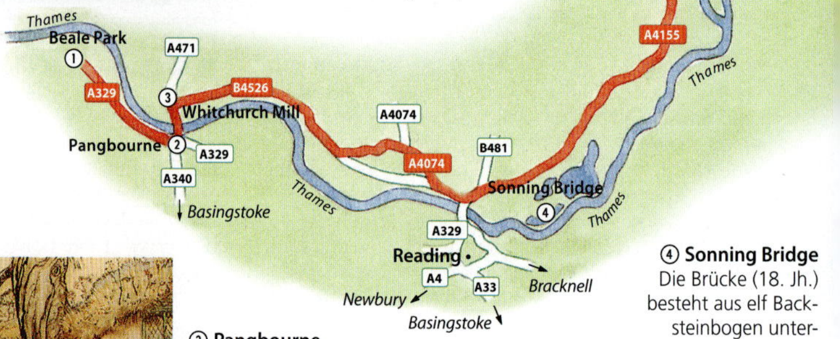

④ Sonning Bridge
Die Brücke (18. Jh.) besteht aus elf Backsteinbogen unterschiedlicher Breite.

② Pangbourne
Kenneth Grahame (1859–1932), Autor von *Der Wind in den Weiden*, lebte hier. Die Künstler Ernest Shepard und Arthur Rackham wählten Pangbourne als Schauplatz für ihre Werke.

Routeninfos
Länge: 75 km.
Rasten: In der malerischen Stadt Henley gibt es viele Pubs am Fluss, die sich für eine Rast zum Mittagessen eignen. Wenn Sie mit dem Boot fahren, können Sie es an vielen Stellen am Flussufer festmachen *(siehe S. 641)*.

③ Whitchurch Mill
Das Dorf, das mit Pangbourne durch eine Mautbrücke verbunden ist, hat eine malerische Kirche und eine der vielen Wassermühlen, die einst die Wasserkraft des Flussabschnitts nutzbar machten.

Hotels und Restaurants im Themse-Tal *siehe Seiten 564 und 588f*

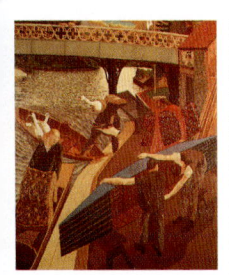

TOUR: ENTLANG DER THEMSE | **239**

⑦ Cookham
Cookham ist die Heimat von Stanley Spencer (1891–1959), einem führenden britischen Künstler des 20. Jahrhunderts. Die Methodistenkapelle, die Spencer als Kind besuchte, ist heute eine Galerie, die Gemälde und Memorabilien ausstellt.
Sein Bild *Ausladen der Schwäne* (1914–19) bezieht sich auf einen regionalen Brauch.

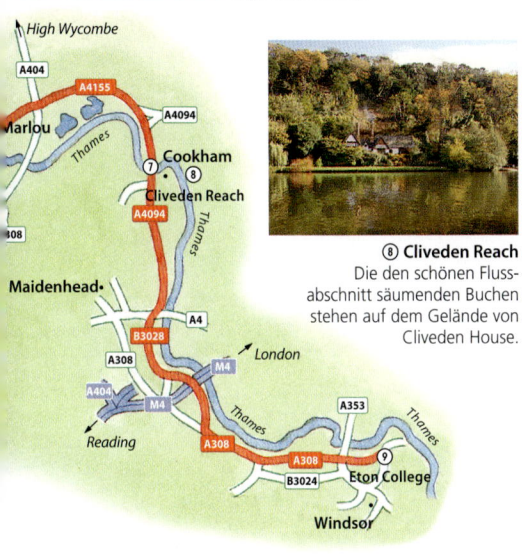

⑧ Cliveden Reach
Die den schönen Flussabschnitt säumenden Buchen stehen auf dem Gelände von Cliveden House.

⑨ Eton College
Das 1440 von Henry VI gegründete Eton ist die renommierteste Schule Großbritanniens. Sie besitzt eine Kapelle im Stil der englischen Spätgotik (1441).

Legende
- Routenempfehlung
- Andere Straße

0 Kilometer   10
0 Meilen   5

⓲ Windsor
Berkshire. **Karte** M17. 31 000
Thames Street, (01753) 743 900. **W** windsor.gov.uk

Die Stadt Windsor wird vom riesigen **Schloss** *(siehe S. 240f)* dominiert – verständlicherweise, denn die Stadt entstand nur wegen des Schlosses. Sie ist voller georgianischer Läden, Häuser und Wirtshäuser. Das bekannteste Gebäude in der High Street ist die **Guildhall**, die Wren *(siehe S. 119)* 1689 fertigstellte und in der Prince Charles und Camilla Parker Bowles 2005 heirateten. Die renommierteste Schule Großbritanniens, **Eton College**, liegt ganz in der Nähe.

Der 1940 Hektar große **Windsor Great Park** erstreckt sich direkt vom Schloss drei Kilometer bis Snow Hill, wo ein Standbild von George III steht.

Umgebung: Sieben Kilometer südöstlich liegt die Wiese, die als **Runnymede** bekannt ist. Sie ist historisch bedeutsam, weil hier John I im Jahr 1215 von seinen rebellierenden Baronen gezwungen wurde, die Magna Charta *(siehe S. 52)* zu unterzeichnen und seine Macht zu beschränken.

Eton College
(01753) 370 100. nur Führungen; Zeiten siehe Website.
W etoncollege.com

Bootsfahrten
Im Sommer fahren regelmäßig Boote zwischen Henley, Windsor, Runnymede und Marlow. Einige Schiffsgesellschaften verkehren zwischen den Städten an der Strecke. Sie können Boote stundenweise leihen oder für eine längere Fahrt einen Kreuzer mieten und an Bord übernachten *(siehe S. 641)*. Informieren Sie sich bei Salter's Steamers, (01865) 243 421.

Salter's Steamers in Henley vermietet Boote

John I unterzeichnet die Magna Charta, Runnymede

Windsor Castle

Das Schloss ist die älteste ständig bewohnte königliche Residenz Großbritanniens. Es wurde von William the Conqueror um 1080 errichtet, um den westlichen Zugang nach London zu sichern. Er wählte die Stelle, weil sie hoch gelegen und nur eine Tagesreise vom Tower entfernt war. Alle Monarchen führten Änderungen durch, die das Schloss zum Denkmal für den wechselnden Zeitgeschmack machten. Die Liebe, die George V für das Schloss empfand, zeigte sich darin, dass er 1917 Windsor als Familiennamen wählte. Das Schloss ist eine der offiziellen Residenzen der Königin, in der sie die meisten Wochenenden verbringt.

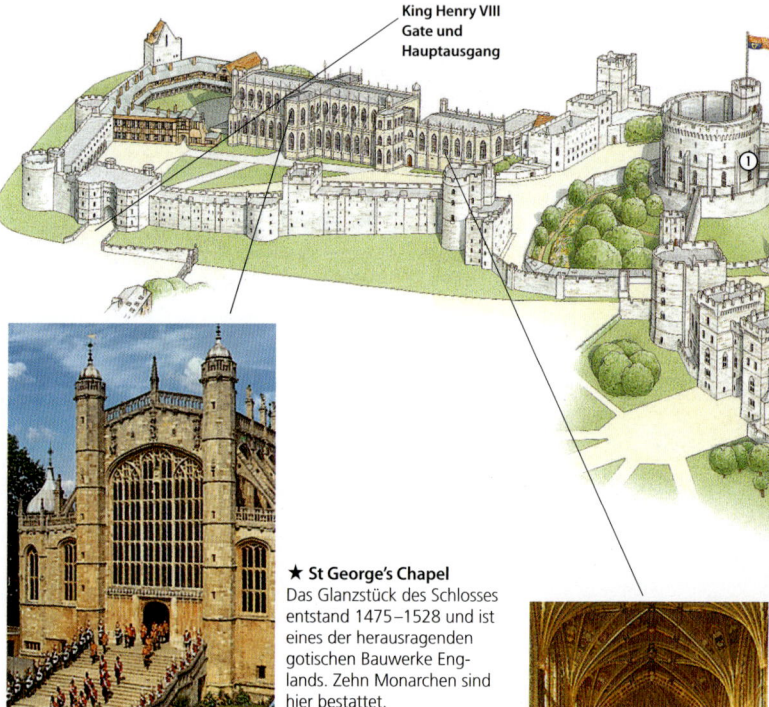

King Henry VIII Gate und Hauptausgang

★ St George's Chapel
Das Glanzstück des Schlosses entstand 1475–1528 und ist eines der herausragenden gotischen Bauwerke Englands. Zehn Monarchen sind hier bestattet.

Außerdem

① **Der runde Turm** wurde unter William the Conqueror gebaut und 1170 von Henry II *(siehe S. 52)* aus Stein errichtet. Heute beherbergt er Archiv und fotografische Sammlung.

② **Statue von Charles II**

③ **Im Audienzzimmer** empfängt die Königin ihre Gäste.

④ **The Queen's Ballroom**

⑤ **Die Drawings Gallery** enthält die königliche Sammlung u. a. mit Werken von Michelangelo, Holbein und Leonardo da Vinci. Die gezeigten Werke werden immer wieder ausgetauscht.

⑥ **Das Puppenhaus von Queen Mary**, das Edwin Lutyens entwarf, bekam die Königin im Jahr 1924 geschenkt. Jedes Detail ist im Maßstab 1 : 12 nachgebaut.

⑦ **Der Brand von 1992** zerstörte Decke, Dach und Stirnseite von George's Chapel, die inzwischen wieder aufgebaut wurde.

⑧ **Brunswick Tower**

⑨ **Der östliche Terrassengarten** wurde von Jeffry Wyatville um 1825 für George IV angelegt. Von hier hat man einen schönen Blick auf die Ostseite des Schlosses.

Albert Memorial Chapel
Die Kapelle von 1240 wurde 1485 umgebaut und 1863 zur Gedenkstätte für Prince Albert umgewandelt.

Hotels und Restaurants im Themse-Tal *siehe Seiten 564 und 588f*

WINDSOR CASTLE | 241

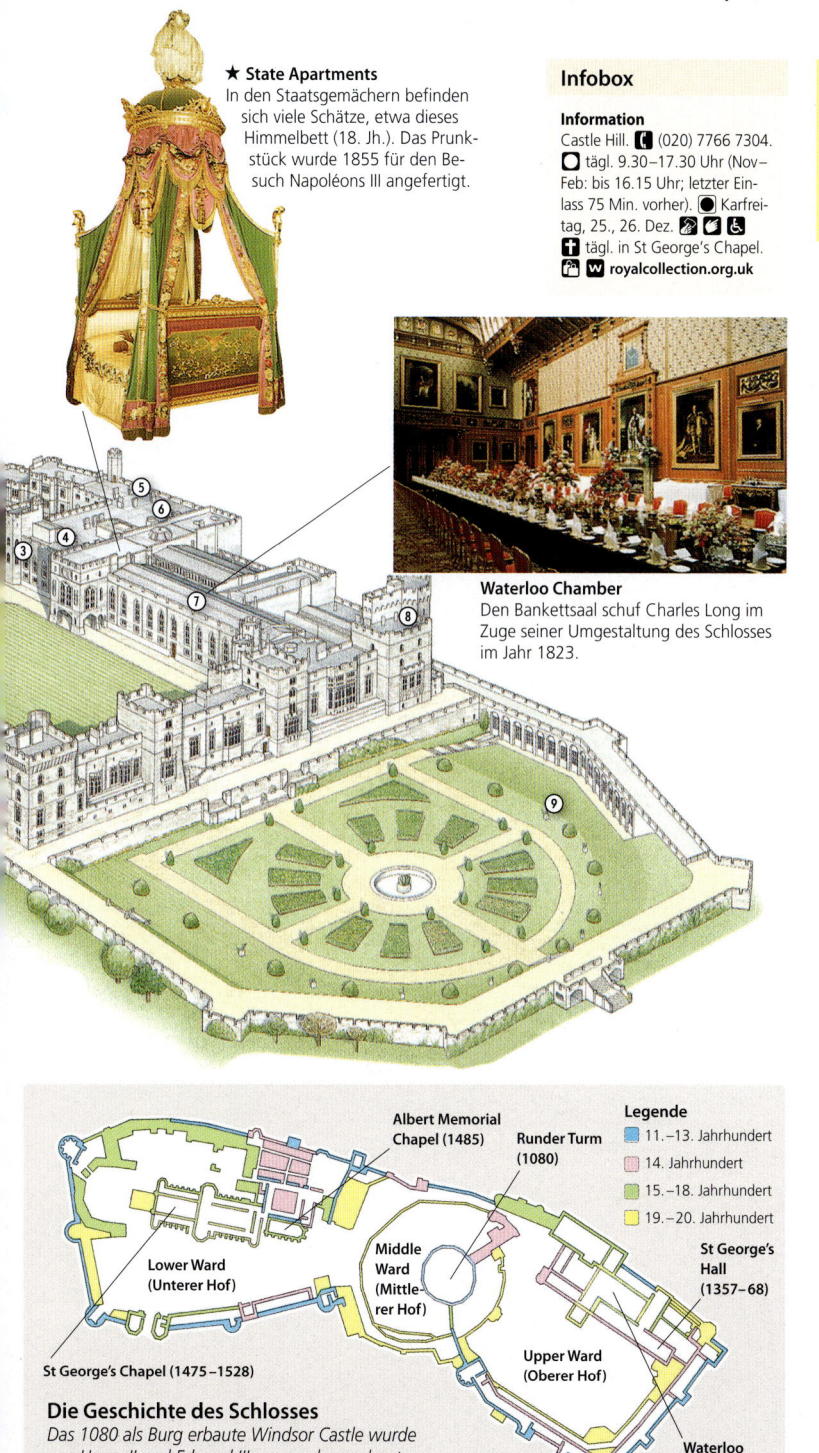

★ State Apartments
In den Staatsgemächern befinden sich viele Schätze, etwa dieses Himmelbett (18. Jh.). Das Prunkstück wurde 1855 für den Besuch Napoléons III angefertigt.

Infobox

Information
Castle Hill. (020) 7766 7304.
tägl. 9.30–17.30 Uhr (Nov–Feb: bis 16.15 Uhr; letzter Einlass 75 Min. vorher). Karfreitag, 25., 26. Dez.
tägl. in St George's Chapel.
royalcollection.org.uk

Waterloo Chamber
Den Bankettsaal schuf Charles Long im Zuge seiner Umgestaltung des Schlosses im Jahr 1823.

Legende
- 11.–13. Jahrhundert
- 14. Jahrhundert
- 15.–18. Jahrhundert
- 19.–20. Jahrhundert

Albert Memorial Chapel (1485)
Runder Turm (1080)
Lower Ward (Unterer Hof)
Middle Ward (Mittlerer Hof)
St George's Hall (1357–68)
St George's Chapel (1475–1528)
Upper Ward (Oberer Hof)
Waterloo Chamber (1820er Jahre)

Die Geschichte des Schlosses
Das 1080 als Burg erbaute Windsor Castle wurde von Henry II und Edward III aus- und umgebaut. George IV gestaltete es 1823 nochmals völlig um.

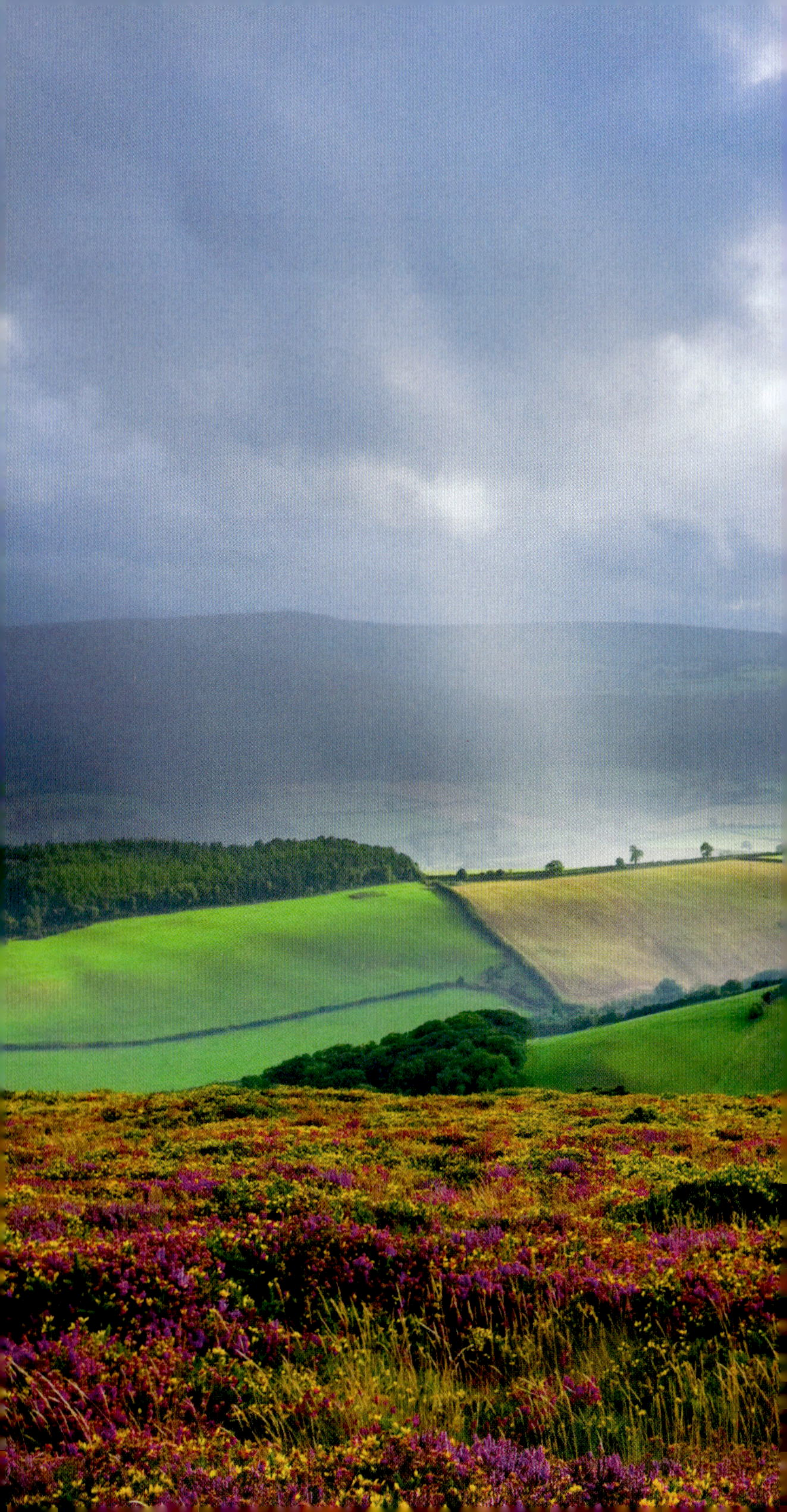

WEST-ENGLAND

Westengland stellt sich vor	**244 – 249**
Wessex	**250 – 275**
Devon und Cornwall	**276 – 299**

Westengland im Überblick

Westengland ist eine lange Halbinsel, die im Norden vom Atlantik, im Süden vom Ärmelkanal begrenzt ist und sich zu Land's End hin, dem westlichsten Punkt der britischen Hauptinsel, verjüngt. Ob man nun die großen Städte und Kathedralen besichtigen will, die Einsamkeit der Moore und ihre prähistorischen Monumente entdecken oder einfach die Küste und das milde Klima genießen will – diese Region übt auf Urlauber einen großen Reiz aus.

Zur Orientierung

Exmoors *(siehe S. 254f)* mit Heidekraut bewachsene Moore und bewaldete Täler, in denen wilde Ponys und Rotwild leben, fallen zu den beeindruckendsten Klippen und Meeresbuchten der Region ab.

St Ives *(siehe S. 281)* besitzt eine Niederlassung der Tate Britain, in der moderne Werke ausgestellt werden. Das Glasbild (1993) von Patrick Heron ist Teil der Dauerausstellung.

Devon und Cornwall
Seiten 276–299

Dartmoor *(siehe S. 298f)* beeindruckt mit einer Wildnis von natürlicher Schönheit. Steinerne Brücken, malerische Dörfer und verwitterte Granitfelsen prägen die Landschaft.

◀ Blick von Selworthy über den Exmoor National Park *(siehe S. 254f)*

WESTENGLAND IM ÜBERBLICK | 245

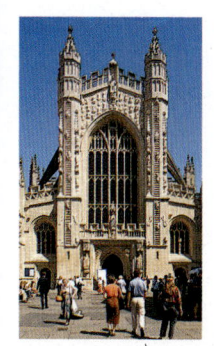

Bath *(siehe S. 262–265)* ist nach den römischen Bädern benannt, die sich in der Altstadt neben der Abtei aus dem Mittelalter befinden. Elegante georgianische Häuserreihen, die von John Wood d. Ä. und d. J. aus dem hiesigen honigfarbenen Kalkstein erbaut wurden, zieren eine der sehenswertesten Städte Englands.

0 Kilometer 25
0 Meilen 25

Stonehenge *(siehe S. 266f)*, das prähistorische Monument, wurde in mehreren Etappen ab 3000 v. Chr. erbaut. Der Transport und das Aufstellen der Steine waren für jene Zeit eine außerordentliche Leistung. Wahrscheinlich war der Steinkreis ein Ort der Sonnenanbetung.

Bristol
Chippenham
eston-
-Mare
Bath
WILTSHIRE
dgwater
Trowbridge
Wells
Wessex
Seiten 250–275
Glastonbury
Amesbury
MERSET
Salisbury
Taunton
Shaftesbury
Yeovil
Blandford
Forum
DORSET
ton
Bournemouth
Dorchester
Poole
uth
Weymouth
Swanage

Die Anlage von Stourhead *(siehe S. 270f)* wurde durch die Gemälde von Poussin inspiriert. Der im 18. Jahrhundert geschaffene Garten ist ein Gesamtkunstwerk aus künstlichen Aussichtspunkten, Licht und Schatten sowie einer Mischung aus Landschaften und Gebäuden, etwa dem klassizistischen Pantheon.

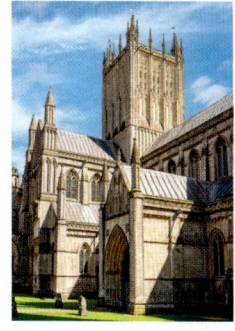

Wells *(siehe S. 256f)* ist eine reizende Stadt zu Füßen der Mendip Hills. Sie ist wegen ihrer herrlichen dreitürmigen Kathedrale berühmt, deren Westfassade mit zahlreichen Statuen verziert ist. Daneben befinden sich der Bischofspalast mit Burggraben und der Pfarrhof (15. Jh.).

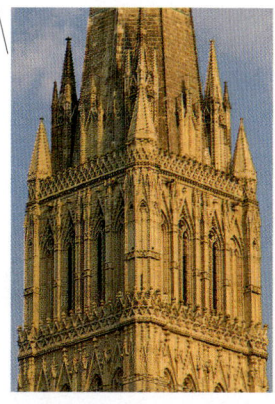

Salisburys Kathedrale *(siehe S. 268f)* inspirierte John Constable zu einem seiner berühmtesten Gemälde. Der Platz um die Kathedrale ist von vielen mittelalterlichen Gebäuden umgeben.

Flora und Fauna der Küste

Die lange, abwechslungsreiche Küste Westenglands, von den kahlen Granitklippen von Land's End bis zum Kieselstreifen von Chesil Beach, beherbergt eine große Vielfalt an Pflanzen und Tieren. Bunte Muscheln finden sich an allen Buchten. Felsenbecken sind Miniaturbiotope voller Leben. Die Höhlen werden von Seehunden genutzt. Die Klippen dienen Vögeln als Nistplätze. Im Frühling und Frühsommer wachsen zahlreiche Pflanzen im Küstenvorland und auf den Klippen, die man vom Southwest Coastal Path *(siehe S. 40)* am besten sehen kann. Sie ziehen zahllose Schmetterlinge an.

Die Klippen von Land's End mit Vorsprüngen für brütende Vögel

Chesil Beach ist eine Kiesbank *(siehe S. 272)*, die sich 29 Kilometer an der Küste von Dorset erstreckt. Sie entstand durch Stürme. Die Steine werden von Nordwesten nach Südosten infolge verschieden starker Küstenströmungen immer größer. Die Bank umschließt eine Lagune namens Fleet, Heimat der Abbotsbury-Schwäne und vieler Wildeulen.

Distelfalter kommen im Frühling nach Großbritannien. Man sieht sie oft auf Küstenpflanzen.

Hohe Wellen bei Flut schwemmen Treibholz und Muscheln an.

In Grasnarben wachsen viele Arten von Wildblumen.

Büschel von Strand-Grasnelken, die nach Honig duften, sieht man im Frühjahr oft auf den Klippenvorsprüngen.

Goldammern kreisen über den Klippen.

Die Wurzeln des Strandhafers schützen den Sand vor Erosion durch Wind.

Kegelrobben kommen im Herbst an Land, um dort ihre Jungen zu gebären.

Tipps für Strandgutsucher
Am besten erlebt man die Natur der Küste bei einsetzender Ebbe, bevor die Seemöwen die angeschwemmten Krebse, Fische und Sandflöhe aufpicken und der Seetang austrocknet. In den geschützten Lebensräumen der Felsenbecken findet man viele Pflanzen und kleine Meerestiere.

FLORA UND FAUNA DER KÜSTE | **247**

Durdle Door wurde von den Wellen geschaffen, die die schwächeren Kalkschichten dieser Klippe in Dorset auswuschen *(siehe S. 274)*. Solche Bogen werden geologisch Brandungstore genannt.

Muscheln

Die essbaren Kamm- und Herzmuscheln nennt man zweischalige Muscheln. Andere, z. B. Wellhorn- und Napfschnecke, gehören zu den Gastropoden.

Große Kammmuschel

Einfache Herzmuschel

Einfache Wellhornschnecke

Einfache Napfschnecke

Seetang, z. B. Blasentang, eine Braunalge, kann im Wasser Korallen oder Flechten ähnlich sehen.

Felsen sind mit Entenmuscheln, Miesmuscheln und Napfschnecken bedeckt.

Austernfischer haben einen orangefarbenen Schnabel. Sie fressen alle Arten von Schalentieren.

Seesterne können aggressive Räuber von Schalentieren sein. Die lichtempfindlichen Spitzen ihrer Tentakel helfen ihnen zu »sehen«.

Muscheln findet man überall.

In den Felsenbecken wimmelt es von Krebsen, Muscheln, Krabben und Meerespflanzen.

Die Schwimmkrabbe, die man oft zwischen Seetang versteckt findet, ist mit feinem, gewelltem »Haar« bedeckt.

Meeräschen kann man auch häufig in Felsenpools sehen.

Parks in Westengland

Das milde Klima Westenglands ist ideal für das Wachstum exotischer Pflanzen. Viele wurden im 19. Jahrhundert aus Asien eingeführt. Deshalb gibt es in der Region einige der schönsten Gärten Englands, die das ganze Spektrum der Gartenstile und -geschichte *(siehe S. 30f)* abdecken, von den gestutzten architektonischen Gärten des elisabethanischen Montacute bis zum bunten, zugewachsenen Cottage-Garten von East Lambrook Manor.

Lanhydrocks *(siehe S. 288)* Eiben- und Buchsbaumhecken rahmen die saisonale Pflanzenpracht.

Trewithen *(siehe S. 285)* ist bekannt für seine seltenen Kamelien, Rhododendren und Magnolien, die aus Asien stammen. Am eindrucksvollsten ist der Garten im März und im Juni.

Cotehele *(siehe S. 297)* hat einen üppigen Garten im Tal.

Trelissick *(siehe S. 285)* bietet wunderschöne Ausblicke über strauchreiche Waldungen auf die Fal-Mündung.

Die Lost Gardens of Heligan *(siehe S. 285)* verfielen im 19. Jahrhundert und wurden wieder hergerichtet.

Glendurgan *(siehe S. 285)* ist ein in einem geschützten tiefen Tal gelegenes Paradies für Blumenliebhaber.

In Mount Edgcumbe *(siehe S. 296)* wird die französische, englische und italienische Gartenkultur (18. Jh.) gepflegt.

Trengwainton *(siehe S. 280)* ist ein schöner Garten am Fluss, dessen Ufer mit feuchtigkeitsliebenden Pflanzen unter neuseeländischen Baumfarnen bewachsen ist.

Overbecks (bei Salcombe) liegt auf einem Gelände mit Blick über die Bucht von Salcombe. Es gibt versteckte Gärten, Terrassen und Felsentäler.

Gartengestaltung

Gärten sind nicht einfach bloße Anhäufungen von Pflanzen. Beschnittene Bäume, kunstvolle Architektur, ausgefallene Statuen und Labyrinthe tragen dazu bei, eine Atmosphäre von Abenteuer oder romantischer Abgeschiedenheit zu schaffen. Die vielen Parks in Westengland sind wunderbare Beispiele für den großen Einfallsreichtum der Gartengestalter.

Labyrinthe wurden in mittelalterlichen Klöstern angelegt, um zur Geduld zu erziehen. Dieses Lorbeerlabyrinth in Glendurgan entstand 1833.

Brunnen und extravagante Statuen zierten die Gärten schon in der Römerzeit. Derartige Verschönerungen verleihen streng formalen Gärten wie Mount Edgcumbe ein romantisches Flair.

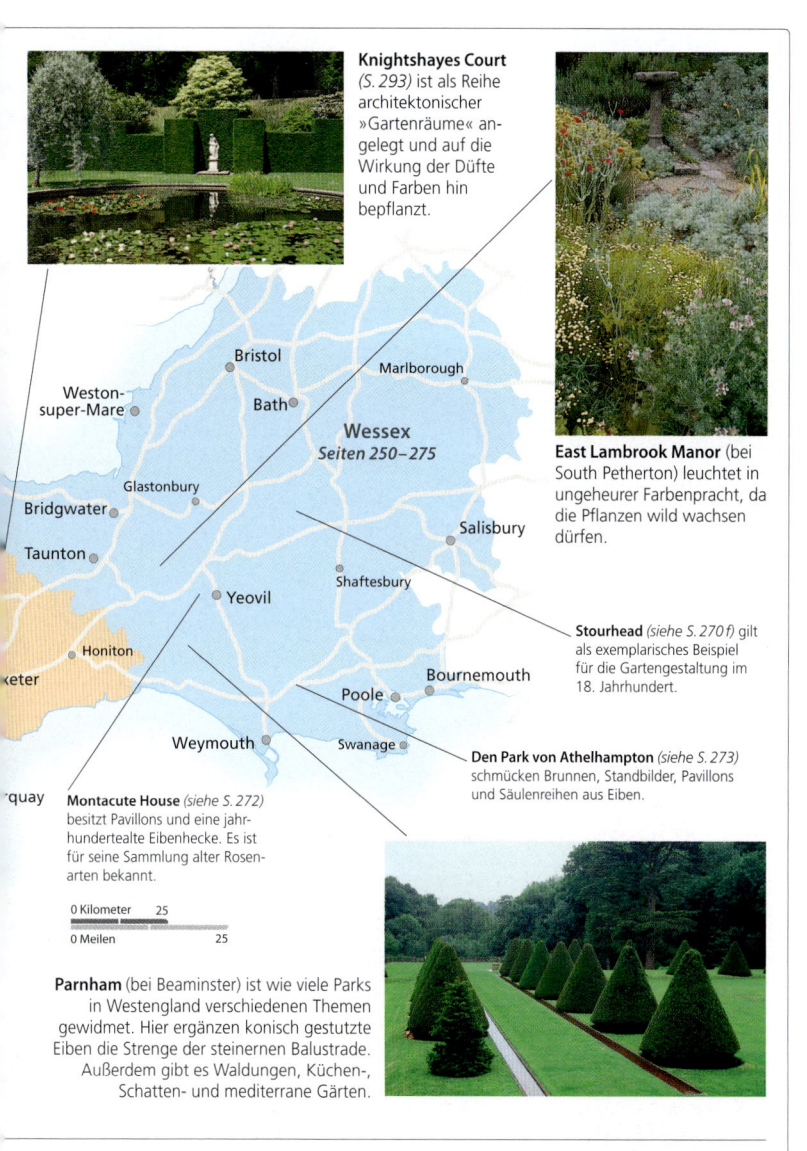

PARKS IN WESTENGLAND | 249

Knightshayes Court *(S. 293)* ist als Reihe architektonischer »Gartenräume« angelegt und auf die Wirkung der Düfte und Farben hin bepflanzt.

East Lambrook Manor (bei South Petherton) leuchtet in ungeheurer Farbenpracht, da die Pflanzen wild wachsen dürfen.

Stourhead *(siehe S. 270f)* gilt als exemplarisches Beispiel für die Gartengestaltung im 18. Jahrhundert.

Den Park von Athelhampton *(siehe S. 273)* schmücken Brunnen, Standbilder, Pavillons und Säulenreihen aus Eiben.

Montacute House *(siehe S. 272)* besitzt Pavillons und eine jahrhundertealte Eibenhecke. Es ist für seine Sammlung alter Rosenarten bekannt.

0 Kilometer 25
0 Meilen 25

Parnham (bei Beaminster) ist wie viele Parks in Westengland verschiedenen Themen gewidmet. Hier ergänzen konisch gestutzte Eiben die Strenge der steinernen Balustrade. Außerdem gibt es Waldungen, Küchen-, Schatten- und mediterrane Gärten.

Bei vielen Gartenhäusern finden sich fantasievolle Elemente. Während Landhäuser vor allem den praktischen Anforderungen des Alltags genügen mussten, bot der Entwurf kleinerer Gebäude mehr Spielraum für Gestaltung. Der ausgefallene elisabethanische Pavillon vor Montacute House diente zuerst der Dekoration, aber auch als Gästehaus.

Die Kunst des Baumschnitts geht auf die Griechen zurück. Seit jener Zeit wurde die Formung von Bäumen zu ungewöhnlicher, oft auch exzentrischer Gestalt weiterentwickelt. Diese geformte Eibe in Knightshayes Court stammt aus den 1920er Jahren und stellt einen von einem Rudel Jagdhunde gehetzten Fuchs dar.

Karte mit Orten: Bristol, Weston-super-Mare, Bath, Marlborough, Wessex Seiten 250–275, Glastonbury, Bridgwater, Taunton, Salisbury, Yeovil, Shaftesbury, Honiton, Bournemouth, Poole, Weymouth, Swanage

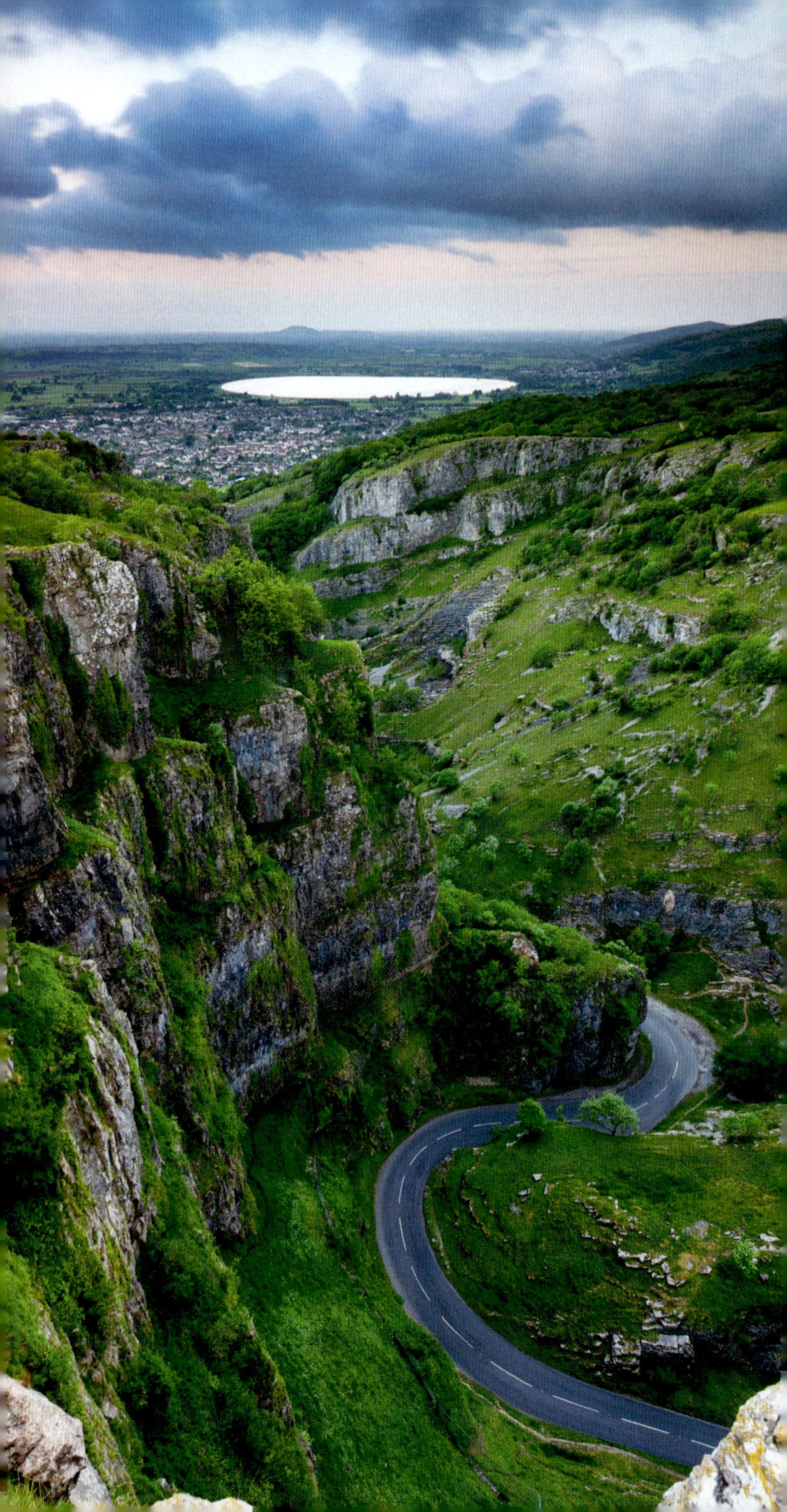

Wessex
Wiltshire • Somerset • Dorset

Die Region Wessex erstreckt sich von der Küste Somersets am Bristol Channel im Norden bis zur Küste Dorsets am Ärmelkanal im Süden. Zwischen den langen Sandstränden von Bournemouth und den zerklüfteten Ausläufern von Exmoor liegen die Apfelgärten von Somerset, die Heidelandschaft von Dorset und die historischen Städte Bristol und Bath.

Die verschlafene ländliche Region blickt auf eine reiche Geschichte zurück. Vor 3000 Jahren waren die Hügel der Salisbury Plain Heimat von Siedlern, die die mysteriösen Steinkreise bei Stonehenge und Avebury sowie andere prähistorische Stätten anlegten. Später gründeten Kelten Festungen wie Dorchesters Maiden Castle, und die Römer bauten Englands ersten Kurort in Bath. Im 6. Jahrhundert wehrten sich hier die Kelten gegen die Sachsen, die schließlich jedoch siegreich waren. Alfred the Great vereinigte daraufhin Westengland zu einer politischen Einheit, dem Königreich Wessex.

Anfang des 18. Jahrhunderts wurde die größte Stadt der Region, Bristol, zu einem wichtigen Hafen für den Handel mit Sklaven, Tabak und Wein, wovon noch viele herrschaftliche Gebäude zeugen. Zur selben Zeit wurde Bath durch den Bau georgianischer Terrassenhäuser sehr elegant. Durch die häufigen Besuche von George III wurde Weymouth ein beliebtes Seebad, ebenso wie Bournemouth mit der Einführung einer Zugverbindung seit dem 19. Jahrhundert. Die langen Strände Dorsets, vor allem rund um Studland, die Gewässer und Naturhäfen am Solent ziehen im Sommer Badegäste und Segler an. Im Inland locken die schönen mittelalterlichen Kathedralen von Wells und Salisbury sowie Herrenhäuser wie Stourhead, Montacute und Longleat, die inmitten von schönen Parks liegen.

Somerset ist darüber hinaus bekannt für seinen Cider und Cheddar-Käse, der in den Höhlen der Cheddar Gorge reift.

Abbey Mill am Ufer des Flusses in Bradford-on-Avon, Wiltshire

◀ Eine Straße windet sich in Serpentinen durch die Cheddar Gorge *(siehe S. 258)*

Überblick: Wessex

Wessex umfasst auf kleinem Raum die vielseitigen, für England typischen Landschaften – von den sanft gewellten Kreide-Ebenen von Stonehenge über die Felsenklippen von Cheddar Gorge bis zum von Heide bedeckten Hochland von Exmoor. Jeder Teil von Wessex besitzt nicht nur eine eigene Geologie, sondern auch seine charakteristische Architektur – von den klassizistischen Gebäuden von Bath über die massiven Backstein- und Holzbauten von Salisbury bis zu den weiß gekalkten Cottages aus Feuerstein von Dorset.

In Wessex unterwegs

Bath und Bristol liegen an der Hauptstrecke der Eisenbahn. Andere Städte und Küstenorte werden von Regionalzügen und Busgesellschaften angefahren. Viel besuchte Sehenswürdigkeiten wie Stonehenge sind Ausflugsziele vieler Busunternehmen. Im ländlichen Zentrum von Wessex gibt es so gut wie kein öffentliches Transportwesen. Besucher benötigen also ein Auto.

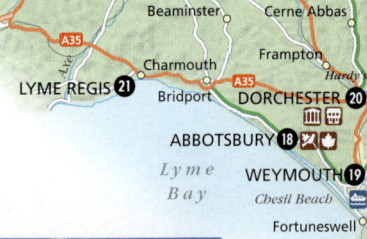

Blühendes Heidekraut im New Forest

Weitere Zeichenerklärungen *siehe hintere Umschlagklappe*

WESSEX | 253

Sehenswürdigkeiten auf einen Blick

1. *Exmoor National Park S. 254f*
2. Taunton
3. *Wells S. 256f*
4. Glastonbury
5. *Cheddar Gorge S. 258*
6. *Bristol S. 260f*
7. *Bath S. 262–265*
8. Bradford-on-Avon
9. Corsham
10. Lacock
11. *Stonehenge S. 266f*
12. Avebury
13. *Salisbury S. 268f*
14. Longleat House
15. *Stourhead S. 270f*
16. Shaftesbury
17. Sherborne
18. Abbotsbury
19. Weymouth
20. Dorchester
21. Lyme Regis
22. Corfe Castle
23. Isle of Purbeck
24. Poole
25. Wimborne Minster
26. Bournemouth

Legende
- Autobahn
- Schnellstraße
- Hauptstraße
- Nebenstraße
- Panoramastraße
- Eisenbahn (Hauptstrecke)
- Eisenbahn (Nebenstrecke)
- ▲ Gipfel

The Cobb, die berühmte Hafenmauer von Lyme Regis, Dorset

Hotels und Restaurants in Wessex *siehe Seiten 564–566 und 589–591*

❶ Exmoor National Park

Die majestätischen Klippen, die an der Nordküste von Exmoor zum Bristol Channel hin abfallen, werden von bewaldeten Flusstälern unterbrochen, die das Wasser von hoch gelegenen Mooren zu den Buchten hinunterführen. Landeinwärts grasen auf den Hügeln stämmige Exmoor-Ponys, gehörnte Exmoor-Schafe und Rotwild. Auch Bussarde sieht man hier kreisen. Exmoor besitzt rund 1000 Kilometer Wanderwege, die durch vielseitige, eindrucksvolle Landschaften führen. Wer nicht ganz so aktiv sein will, für den bieten sich Strandvergnügungen oder ein Bummel zu malerischen Dörfern und alten Kirchen am Rand des Parks an.

Blick nach Osten vom South West Coastal Path

Heddon's Mouth
Ein drei Kilometer langer Wanderweg führt entlang dem Heddon Valley zur Mündung des Heddon ins Meer.

Valley of the Rocks
Das Valley of the Rocks, eine trockene Klamm in 152 Meter Höhe, ist nur einen kurzen Fußweg von Lynton entfernt. Hier sind Sandsteinfelsen zu fantastischen Figuren erodiert.

Außerdem

① **Simonsbath** ist ein guter Ausgangspunkt für Wanderungen.

② **In Combe Martin** steht das Pack o' Cards Inn *(siehe S. 292)*.

③ **Die Kirche von Parracombe** besitzt einen georgianischen Innenraum mit Holzeinrichtung.

④ **Im bewaldeten Tal von Watersmeet** treffen East Lyn und Hoar Oak Water zu einem Wasserfall zusammen.

⑤ **Die Kirche von Oare** erinnert an den Schriftsteller R. D. Blackmore, dessen Roman *Lorna Doone* (1869) in dieser Region spielt.

⑥ **Die Kirche von Culbone** gehört mit gerade einmal 10,6 Meter Länge zu den kleinsten Gemeindekirchen Englands.

⑦ **Selworthy** ist ein pittoreskes Dorf mit malerischen reetgedeckten Cottages.

⑧ **Der Ferienort Minehead** befindet sich an einem schönen Kai. Von hier führt eine Dampfeisenbahn bis nach Bishops Lydeard.

⑨ **Dunster** besitzt ein sehenswertes Schloss aus dem 13. Jahrhundert und einen Tuchmarkt, der seit 1609 besteht.

⑩ **Tarr Steps** ist eine aus Steinplatten erbaute Brücke, die mit Packpferden begangen werden musste.

Hotels und Restaurants in Wessex *siehe Seiten 564–566 und 589–591*

EXMOOR NATIONAL PARK | **255**

Lynmouth
Seit Anfang des 19. Jahrhunderts kann man mit einer wasserbetriebenen Standseilbahn vom Küstendorf Lynmouth nach oben an den Klippen fahren. Auf der Fahrt hat man einen fantastischen Blick auf die Jurassic Coast.

Infobox

Information
Somerset/Devon. **Karte** D4.
🛈 Dulverton National Park Centre, (01398) 323 841.
w exmoor-nationalpark.gov.uk
Dunster Castle (01643) 821 314. ◯ März–Okt: tägl.
NT West Somerset Railway
w west-somerset-railway.co.uk

Anfahrt
🚆 🚌 Tiverton Parkway, dann Bus.

Porlock
Blumengeschmückt, mit engen Gassen, reetgedeckten Häusern und einer alten Kirche hat sich das Dorf seinen Charme erhalten.

Dunkery Beacon
Der Gipfel von Dunkery Beacon ist mit 520 Meter Höhe der höchste Punkt von Exmoor. An klaren Tagen kann man bis Wales im Norden und Dartmoor im Süden blicken.

Legende
— Hauptstraße
≈ Nebenstraße
═ Andere Straße
--- South West Coastal Path
△ Gipfel

❷ Taunton

Somerset. **Karte** H18. 67 000. Market House, Fore St, (01823) 340 470. Do (Bauernmarkt). visitsomerset.co.uk

Taunton liegt im Herzen einer fruchtbaren Region, die für Äpfel berühmt ist. Die gewaltige Kirche **St Mary Magdalene** (1488–1514) wurde durch den seinerzeit überaus lukrativen Wollhandel finanziert. Die **Burg** von Taunton war Schauplatz der Schauprozesse von 1685, als der »Galgen«-Richter Jeffreys die Aufständischen gegen James II hart bestrafte. Die Burg birgt das **Museum of Somerset**. Highlight ist ein römisches Mosaik aus einer Villa in Somerset.

Umgebung: Hestercombe Garden ist eines der besterhaltenen Meisterwerke von Edwin Lutyens und Gertrude Jekyll.

Museum of Somerset
Castle Green. (01823) 255 088. Di–Sa. Erdgeschoss.
museumofsomerset.org.uk

Hestercombe Garden
Cheddon Fitzpaine. (01823) 413 923. tägl.
hestercombe.com

❸ Wells

Somerset. **Karte** J18. 11 000. Cathedral Green, (01749) 671 770. Mi, Sa.
wellssomerset.com

Das Städtchen ist nach St Andrew's Well benannt, einer Quelle, die beim **Bishop's Palace** (13. Jh.), Residenz des Bischofs von Bath und Wells, entspringt. Die Marktstadt ist vor allem wegen ihrer Kathedrale bekannt, die ab Ende des 12. Jahrhunderts errichtet wurde und noch immer die bedeutendste Sehenswürdigkeit ist. Penniless Porch, an dem Bettler Almosen erhielten, führt vom Marktplatz zum Kirchhof. Das **Wells & Mendip Museum** zeigt Funde aus Wookey Hole.

Somerset Cider

In Somerset wird noch immer Apfelmost *(cider)*, der als »scrumpy« bekannt ist, nach traditionellen Methoden hergestellt. Die Löhne der Landarbeiter wurden früher teilweise in Most bezahlt. Es gibt Gerüchte, dass einst verschiedene Zusätze wie Eisennägel zur Stärkung beigefügt wurden. Die Mostherstellung kann man in **Sheppy's Farm** bei Taunton (A3) verfolgen.

Scrumpy Cider

Kathedrale von Wells und Bischofspalast

Wells hat sich mit der Kathedrale, dem Bischofspalast und weiteren Bauten viel von seinem mittelalterlichen Charakter bewahrt. Besondere Merkmale der Kathedrale sind die Westfassade und die 1338 erbauten *scissor arches* (Scherenbogen), die den Turm abstützen.

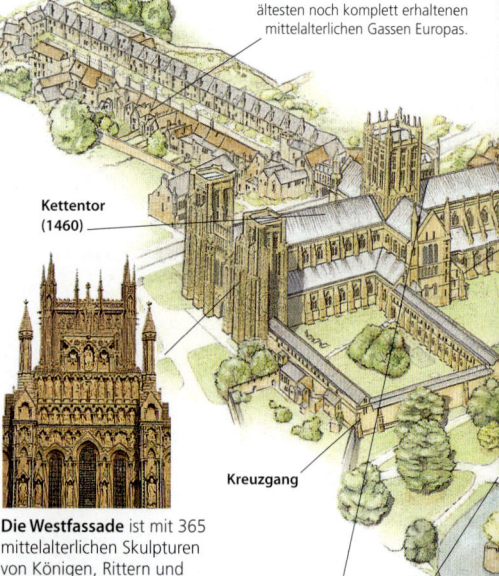

Vicars' Close, im 14. Jahrhundert für den Chor erbaut, ist eine der ältesten noch komplett erhaltenen mittelalterlichen Gassen Europas.

Kettentor (1460)

Kreuzgang

Die Westfassade ist mit 365 mittelalterlichen Skulpturen von Königen, Rittern und Heiligen verziert.

Dieser Treppenaufgang führt zum achteckigen Domkapitel hinauf, das ein schönes Fächergewölbe (1306) ziert. 32 von der Mittelsäule ausgehende Rippen schaffen einen palmenartigen Eindruck.

Ein Weg führt um den Wassergraben herum.

WESSEX | 257

Umgebung: Nordöstlich von Wells befindet sich das eindrucksvolle Höhlensystem von **Wookey Hole**, das auch viele Freizeiteinrichtungen bietet.

Wells & Mendip Museum
8 Cathedral Green. (01749) 673 477. Mo–Sa. teilweise.

Wookey Hole
Nahe A371. (01749) 672 243. tägl. Dez, Jan: Mo. wookey.co.uk

❹ Glastonbury

Somerset. **Karte** J18. 9000. Tribunal, High St, (01458) 832 954. Di. glastonburytic.co.uk

Die Stadt Glastonbury, die u. a. mit der geheimnisvollen Artussage in Verbindung gebracht wird, war einst das wichtigste Pilgerziel in England. Heute kommen Tausende zum jährlich veranstalteten Rockfestival (siehe S. 67) und zur Sommersonnenwende (21. Juni).

Im Lauf der Jahre vermischten sich Geschichte und Sage: Die Mönche, die **Glastonbury Abbey** um 700 gründeten, fanden es nützlich, dass man Glastonbury mit der »Blessed Isle« (Avalon), angeblich letzte Ruhestätte von König Artus und dem Heiligen Gral (siehe S. 289), in Verbindung brachte. Die Abtei wurde nach der Säkularisation der Klöster (siehe S. 355) dem Verfall überlassen. Reste sind erhalten, darunter Teile der riesigen normannischen Abteikirche, die ungewöhnliche Abbot's Kitchen mit achteckigem Dach und die Scheune der Abtei, in der heute das **Somerset Rural Life Museum** untergebracht ist.

Auf dem Gelände wächst ein Ableger des Glastonbury-Dorns. Er ist angeblich dem Stab des hl. Joseph von Arimathäa entsprungen. Dieser soll um 60 n. Chr. nach England geschickt worden sein, um das Land zu christianisieren. Der Dorn (Weißdorn) blüht Weihnachten und im Mai.

Das **Lake Village Museum** besitzt interessante Funde aus den eisenzeitlichen Siedlungen am See, die einst das Marschland um **Glastonbury Tor** umgaben. Weithin sichtbar ist ein Hügel mit Ruinen einer Kirche (14. Jh.). Der St Michael's Tower ist alles, was von der Kirche (14. Jh.) übrig geblieben ist.

Somerset Rural Life Museum
Chilkwell St. (01458) 831 197. Di–Sa. somersetrurallifemuseum.org.uk

Lake Village Museum
Tribunal, High St. (01458) 832 954. Mo–Sa. 23. Dez–3. Jan.

Glastonbury Abbey verkam nach der Säkularisation 1539 zur Ruine

Die Bischofsgräber liegen rund um die Kanzel. Dieses großartige Marmorgrab ist das des Bischofs von Bath und Wells, Lord Arthur Hervey (1808–1894).

Infobox

Information
The Close. (001749) 988 111. tägl. teilweise.
Bischofspalast Anf. Jan–Ende Dez: tägl. wellscathedral.org.uk

Ruinen der Great Hall (13. Jh.)

Bischofspalast (1230–1240)

Im Palastgraben leben Schwäne, die eine Glocke am Torhaus betätigen, wenn sie gefüttert werden wollen.

❺ Cheddar Gorge

Die von Daniel Defoe 1724 als »tiefe, Furcht einflößende Schlucht« beschriebene Cheddar Gorge ist eine spektakuläre Klamm, die während der letzten Zwischeneiszeit von reißenden Flüssen durch das Mendip-Plateau gegraben wurde. Cheddar ist auch der Name des kräftigen Käses, der aus dieser Gegend stammt. Die Höhlen der Schlucht boten ideale Bedingungen mit konstanter Temperatur und hoher Luftfeuchtigkeit, um den Käse zu lagern und reifen zu lassen.

Infobox

Information
An der B3135, Somerset. **Karte** J18. **Cheddar Caves & Gorge**
📞 (01934) 742 343. 🕐 tägl. ⛔ 24., 25. Dez. 🎟 Zugang mit dem Tagesticket Gorge & Caves.
🌐 cheddargorge.co.uk
Cheddar Gorge Cheese Co.
📞 (01934) 742 810.
🌐 cheddargorgecheeseco.co.uk

Anfahrt
🚌 von Wells und Weston-super-Mare.

Die Cheddar Gorge Cheese Company ist die einzige noch betriebene Cheddar-Käserei in Cheddar. Man kann bei der Käseherstellung zusehen und im Laden Käse probieren und kaufen.

Die B3135 windet sich durch die drei Kilometer lange Schlucht.

Der »Cheddar Man«, ein 9000 Jahre altes Skelett, ist bei Cheddar Caves & Gorge zu sehen.

Die Schlucht ist eine enge Klamm mit fast senkrecht aufragenden Kalksteinfelsen (140 m hoch) auf beiden Seiten.

Ein Fußweg folgt dem Kamm der Schlucht bis zum südlichsten Punkt.

Gough's Cave ist wegen ihrer kathedralenähnlichen Ausmaße berühmt.

In der Cox Cave gibt es außergewöhnlich geformte Stalaktiten und Stalagmiten.

Ein Aufstieg über 274 Stufen führt zum Kamm der Schlucht hinauf.

Die seltene rosa Cheddar-Nelke gehört zu der erstaunlichen Tier- und Pflanzenvielfalt in den Felsen.

Der Aussichtsturm bietet weite Ausblicke nach Süden und Westen.

❻ Bristol

Siehe S. 260 f.

❼ Bath

Siehe S. 262–265.

Typische Cotswold-Stein-Gebäude in Bradford-on-Avon

❽ Bradford-on-Avon

Wiltshire. **Karte** K17. 9500. St Margaret St, (01225) 865 797. Do. **w** bradfordonavon.co.uk

Die reizende Stadt aus Cotswold-Stein mit ihren steilen, gepflasterten Sträßchen besitzt viele großartige Häuser (17./18. Jh.), die reiche Woll- und Stoffhändler erbauen ließen. Ein schönes georgianisches Beispiel ist **Abbey House** in der Church Street. Die **St Laurence Church** (705) ist ein gut erhaltener Bau der Sachsen *(siehe S. 51)*. Die Kirche wurde im 12. Jahrhundert in ein Schulhaus umgewandelt und im 19. Jahrhundert »wiederentdeckt«, als ein Pfarrer am charakteristischen Dach erkannte, dass es sich um eine Kirche handelte.

An der mittelalterlichen **Town Bridge** steht eine kleine Steinzelle, die als Kapelle erbaut (13. Jh.) wurde. Ein Stück weiter, bei den ehemaligen Mühlengebäuden, steht die **Tithe Barn** (Zehntscheune; 14. Jh.; *siehe S. 36)*. Zu den beliebtesten Freizeitbeschäftigungen gehören Kanufahrten.

Tithe Barn
Pound Lane. tägl.
25., 26. Dez.

❾ Corsham

Wiltshire. **Karte** K17. 13 000. 31 High St, (01249) 714 660. **w** corshamheritage.org.uk

Die Straßen von Corsham sind von georgianischen Häusern gesäumt. **St Bartholomew's Church** bietet einen eleganten Turm und ein Alabastergrab (1960) von Lady Methuen. 1745 erwarb ihre Familie **Corsham Court** mit seiner Gemäldegalerie und einer bemerkenswerten Sammlung flämischer, italienischer und englischer Bilder, darunter Werke von van Dyck, Lippi und Reynolds. Auf dem Gelände stolzieren Pfauen umher und verleihen dem elisabethanischen Herrensitz zusätzlichen Glanz.

Corsham Court
Nahe A4. (01249) 701 610. Apr–Sep: nachmittags Di–Do, Sa, So; Okt–März: nachmittags Sa, So. Dez. **w** corsham-court.co.uk

Alter Friedhof von Corsham

❿ Lacock

Wiltshire. **Karte** K17. 1000.

Lacock, das vom National Trust im ursprünglichen Zustand erhalten wird, ist ein Dorf, das schon oft als Filmkulisse diente, darunter für die Fernsehserie *Downton Abbey*. Der Fluss Avon bildet die Nordgrenze des Kirchhofs. Von der **St Cyriac Church** blicken humoristische Steinfiguren auf den Hof hinab. In der Kirche aus dem 15. Jahrhundert befindet sich das Grab von William Sharington (1495–1553) – ein Beispiel für den Renaissance-Stil. Nach der Säkularisation *(siehe S. 355)* hatte er **Lacock Abbey** gekauft. John Ivory Talbot, ein späterer Besitzer, ließ die Gebäude dann im neugotischen Stil umbauen, der im frühen 18. Jahrhundert sehr beliebt war.

Die Abtei ist für das Fenster (im Südflügel) berühmt, von dem William Henry Fox Talbot, ein Pionier der Fotografie, im Jahr 1835 seine erste Aufnahme machte. Eine Scheune (16. Jh.) beim Tor zur Abtei wurde in das **Fox Talbot Museum** umgewandelt, das Fox Talbots Werk ausstellt.

Umgebung: In dem von Robert Adam *(siehe S. 32)* 1769 entworfenen **Bowood House** befinden sich eine Sammlung von Skulpturen, Gemälden und Gewändern sowie das Labor, in dem Joseph Priestley 1774 den Sauerstoff entdeckte. Gärten im italienischen Stil umgeben das Haus. Der von Brown *(siehe S. 30)* gestaltete Park bietet Grotte, dorischen Tempel, Wasserfall und Abenteuerspielplatz.

Lacock Abbey
Lacock. (01249) 730 459. tägl. (Nov–Feb: Sa, So). Karfreitag. teilweise. **w** nationaltrust.org.uk

Fox Talbot Museum
Lacock. (01249) 730 459. tägl. (Nov–Feb: nur Sa, So). 1. Jan, 25. Dez.

Bowood House
Derry Hill, nahe Calne. (01249) 812 102. Apr–Okt: tägl. teilweise. **w** bowood.org

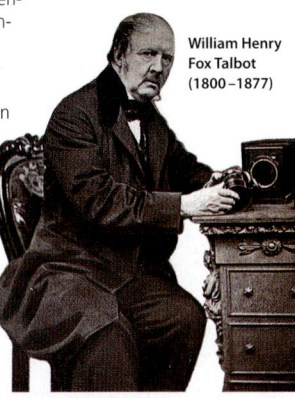

William Henry Fox Talbot (1800–1877)

⑥ Bristol

Von Bristol brach John Cabot 1497 zu seiner historischen Segelfahrt nach Nordamerika auf. Die Stadt an der Mündung des Avon wurde zum wichtigsten britischen Hafen für den Transatlantikhandel und läutete mit Brunel's SS *Great Britain* die Ära der hochseetüchtigen Dampfschiffe ein. Die Stadt wurde durch den Handel mit Wein, Tabak und – im 17. Jahrhundert – mit Sklaven wohlhabend. Die Docks und Flugzeugfabriken Bristols wurden im Zweiten Weltkrieg massiv bombardiert. Ein groß angelegtes Programm zur Aufwertung der Stadt wurde 2008 mit der Eröffnung des Shopping-Centers Cabot Circus beendet. Das alte Hafenareal wurde umgewandelt und bietet nun Cafés, Restaurants, Läden und Kunstgalerien am Wasser.

Christmas Steps, eine historische Gasse in Bristol

Überblick: Bristol

Der älteste Teil der Stadt liegt um Broad, King und Corn Street. Den belebten Markt St Nicholas, der teilweise von der **Corn Exchange** eingenommen wird, wurde von John Wood d. Ä. *(siehe S. 262)* 1743 erbaut. Davor stehen die Bristol Nails, vier Bronzesockel (16. Jh.), die die Händler beim Bezahlen als Tische nutzten. **St John's Gate** am Anfang der Broad Street besitzt mittelalterliche Statuen der beiden mythologischen Gründer von Bristol, König Brennus und König Benilus. Die **Christmas Steps**, ein steiles Gässchen zwischen Lewins Mead und Colston Street, säumen Fachgeschäfte und Cafés. Die **Chapel of the Three Kings** am oberen Ende wurde 1504 gegründet.

Zu dem außergewöhnlichen Gebäudekomplex um die King Street gehört das Wirtshaus **Llandoger Trow**. In dem Fachwerkbau (17. Jh.) soll Daniel Defoe angeblich Alexander Selkirk getroffen haben, dessen Verbannung auf eine Insel Defoe zu seinem Roman *Robinson Crusoe* (1719) inspirierte. Gegenüber steht das 1766 erbaute **Theatre Royal**, Heimat des berühmten Theaters Old Vic. Am Narrow Quay befindet sich die renommierte Galerie **Arnolfini**, ein Schaukasten für zeitgenössische Kunst, Theater, Tanz und Kino.

At-Bristol (www.atbristol.org.uk) am Hafen verbindet das interaktive Wissenschaftszentrum »Explore« mit einem Planetarium.

Oberhalb des Hafengeländes liegt das elegante **Clifton** im Regency-Stil. Vom **Clifton Observatory** hat man einen schönen Blick über die Schlucht des Avon und auf die Suspension Bridge. Die **Bristol Zoo Gardens** beherbergen über 400 bedrohte Tierarten in imposantem Ambiente.

Bug der SS *Great Britain*

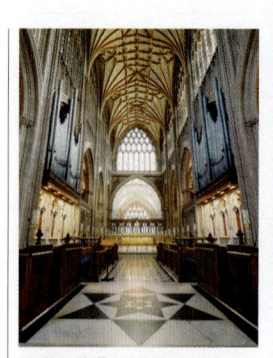

Kirchenschiff von St Mary Redcliffe aus dem 14. Jahrhundert

🛈 St Mary Redcliffe
Redcliffe Way. (0117) 231 0060.
tägl. nach Vereinbarung.
w stmaryredcliffe.co.uk

Die Kirche (14. Jh.) bezeichnete Elizabeth I als »schönste Englands«. Die Bürgermeister William Canynge d. Ä. und d. J. investierten viel in ihren Erhalt. Inschriften auf den Gräbern der Händler und Seeleute erzählen von Handelsreisen in alle Welt. Beachten Sie den Bristol Maze im nördlichen Seitenschiff.

🏛 M-Shed
Princes Wharf, Harbourside.
(0117) 352 6600. Di–So.
nur für Wechselausstellungen.
w bristolmuseums.org.uk

Das Museum präsentiert Ausstellungen zur Geschichte von Bristol. Zu den Themenschwerpunkten zählen Verkehr, Kunst und Sklavenhandel. Regelmäßig finden Wechselausstellungen statt. Zum Museum gehören auch einige im Hafen vertäute Schiffe.

🏛 Brunel's SS *Great Britain*
Gasferry Rd. (0117) 926 0680.
tägl. 24., 25. Dez.
Tickets ein Jahr gültig.
nach Vereinbarung.
w ssgreatbritain.org

Die von Isambard Kingdom Brunel (1806–1859) gebaute SS *Great Britain* war das erste große Passagierschiff aus Stahl. Es lief 1843 vom Stapel und fuhr 32-mal um die Welt, bevor es im Jahr 1886 bei den Falklandinseln aufgegeben wurde.

Hotels und Restaurants in Wessex *siehe Seiten 564–566 und 589–591*

Bristol Cathedral
College Green. ☎ (0117) 926 4879. ◯ tägl. 💰 Spende. 📷 ♿ teilweise. 🅿 💻 🌐 bristol-cathedral.co.uk

Die Errichtung der Kathedrale begann 1140 und dauerte ungewöhnlich lang. 1298–1330, als der Chor gebaut wurde, ging es zügiger voran. Querschiffe und Turm wurden 1515 vollendet. Erst 350 Jahre später errichtete G. E. Street das Hauptschiff. Es gibt ausgefallene mittelalterliche Steinmetzarbeiten: In der Berkeley Chapel kriecht eine Schlange über Blattwerk. Die Elder Chapel zieren musizierende Affen.

Georgian House
7 Great George St. ☎ (0117) 921 1362. ◯ Apr–Dez: Sa–Di. 🌐 bristolmuseums.org.uk

In dem Museum wird das Leben in einem Kaufmannshaus um 1790 illustriert. Auch die Bedingungen im Bedienstetentrakt werden gezeigt.

Bristol Museum and Art Gallery
Queen's Rd. ☎ (0117) 922 3571. ◯ Di–So. ⬤ 24., 25. Dez. ♿ teilweise. 📷 🅿 🌐 bristolmuseums.org.uk

Das Museum zeigt u. a. ägyptische Artefakte, Dinosaurierfossilien, römisches Tafelgeschirr, die größte Kollektion von chinesischem Glas außerhalb Chinas und eine Abteilung europäischer Malerei mit Werken von Renoir, Bellini, Lawrence und Danby.

Clifton Suspension Bridge
ℹ Leigh Woods. ☎ (0117) 974 4664. ◯ tägl. 10–17 Uhr. ⬤ 1. Jan, 24., 25. Dez. 📷 ♿ 🅿 🌐 cliftonbridge.org.uk

Das Wahrzeichen Bristols wurde von Isambard Kingdom Brunel konstruiert, der den Zuschlag dafür als 23-Jähriger erhielt. Die 1864 fertiggestellte Brücke überspannt die Schlucht des Avon von Clifton nach Leigh Woods. Im Besucherzentrum erfährt man Interessantes über den Bau.

Infobox

Information
Bristol. Karte J17. 👥 450 000. ℹ Harbourside, (0906) 711 2191. ◯ tägl. 🎭 Harbour Festival (Ende Juli), Balloon Fiesta (Aug.) 🌐 visitbristol.co.uk

Anfahrt
✈ 11 km südwestl. 🚆 Temple Meads. 🚌 Marlborough St.

Die eindrucksvolle Clifton Suspension Bridge überspannt den Avon

---

Zentrum von Bristol
① St Mary Redcliffe
② M-Shed
③ Brunel's SS *Great Britain*
④ Bristol Cathedral
⑤ Georgian House
⑥ Bristol Museum and Art Gallery
⑦ Clifton Suspension Bridge

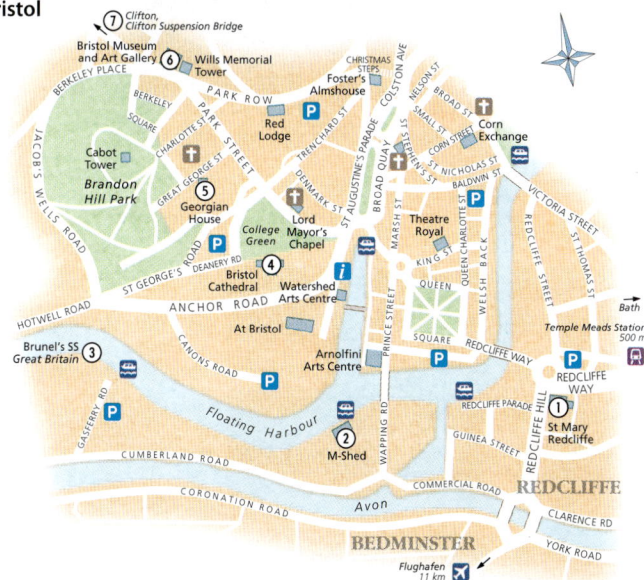

0 Meter 250
0 Yards 250

Zeichenerklärung siehe hintere Umschlagklappe

❼ Im Detail: Bath

Bath verdankt sein herrliches georgianisches Stadtbild der sprudelnden Quelle im Zentrum der römischen Bäder. Die Römer machten Bath zum ersten Heilbad Englands. Im 18. Jahrhundert wurde es als Kurort erneut berühmt. Zu dieser Zeit entwarfen John Wood d. Ä. und d. J. die schönen Gebäude der Stadt im palladianischen Stil. Viele Häuser tragen Wandtafeln mit den Namen ihrer damaligen berühmten Bewohner.

Assembly Rooms und Fashion Museum

1 Royal Crescent

Im Haus Nr. 17 lebte im 18. Jahrhundert der Maler Thomas Gainsborough *(siehe S. 167).*

The Circus
Der Platz wurde als Kontrast zum georgianischen Platz von John Wood d. Ä. (1705–1754) entworfen.

Jane Austen Centre
Eine Ausstellung dokumentiert die Zeit, die die Autorin in Bath verbrachte *(siehe S. 264).*

Legende
— Routenempfehlung

In der Milsom Street
und New Bond Street liegen die elegantesten Läden von Bath.

★ **Royal Crescent**
Der elegante sichelförmige Bogen aus 30 Häusern (1767–74) ist als die majestätischste Straße Großbritanniens berühmt und das Meisterwerk von John Wood d. J. Westlich liegt der Victoria Park (1830).

Theatre Royal (1805)

Hotels und Restaurants in Wessex *siehe Seiten 564–566 und 589–591*

BATH | 263

Pulteney Bridge
Die Brücke (1769–74) von Robert Adam ist mit Läden bebaut und verbindet das Zentrum mit der grandiosen Great Pulteney Street. Beachtenswert ist der viktorianische Briefkasten am Ostufer.

Infobox

Information
Bath. **Karte** J17. 86 000.
Abbey Chambers, Abbey Church Yard, (0906) 711 2000.
tägl. International Music Festival (Mai–Juni).
w visitbath.co.uk

Anfahrt
Bristol International, 32 km westl. Dorchester St.

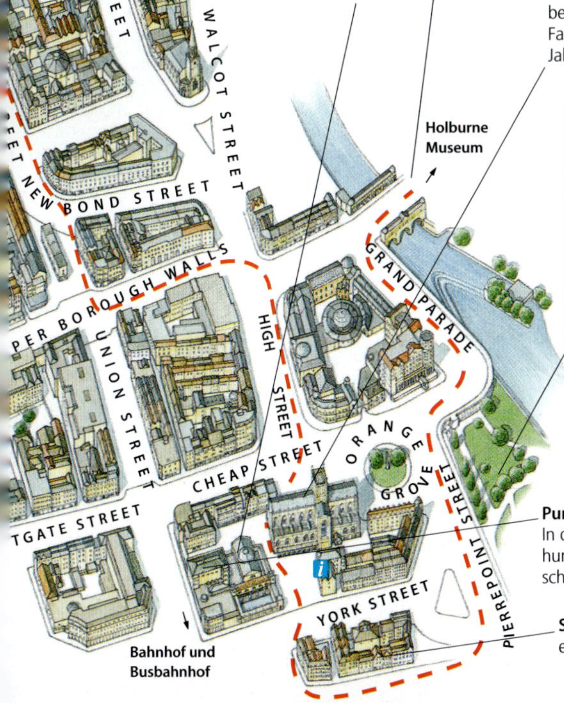

Museum of Bath Architecture

★ Römische Bäder
Der Bäderkomplex (1. Jh.) ist eine der größten römischen Anlagen Großbritanniens.

★ Bath Abbey
Die Abtei befindet sich im Zentrum der Altstadt im Abbey Churchyard, einem gepflasterten, von Straßenverkäufern belebten Platz. Die einzigartige Fassade zeigt Engel auf der Jakobsleiter.

Holburne Museum

Parade Gardens
In dem Park am Fluss trafen sich im 18. Jahrhundert heimlich Liebespaare.

Pump Rooms
In den Salons fand im 18. Jahrhundert das mondäne Gesellschaftsleben des Heilbads statt.

Sally Lunn's House (1482) ist eines der ältesten Häuser.

Bahnhof und Busbahnhof

Überblick: Bath

Die hübsche Stadt Bath erstreckt sich zwischen den Hügeln des Avon-Tals. Von überall genießt man schöne Ausblicke auf die Landschaft. Das autofreie kompakte Zentrum der belebten Stadt ist voller Straßenmusikanten, Museen, Cafés und bezaubernder Geschäfte. Die geschmackvollen georgianischen Häuser, die so charakteristisch für Bath sind, bilden die elegante Kulisse des städtischen Lebens.

Die Bath Abbey im Herzen der Altstadt wurde ab 1499 erbaut

Bath Abbey
Abbey Churchyard. (01225) 422 462. tägl. bei Gottesdiensten. Spende. bathabbey.org

Die Überlieferung besagt, dass Gott dem Bischof Oliver King im Traum die Form der Kirche vorgeschrieben hat. Dieser Traum wurde in wunderbaren Steinmetzarbeiten an der Westfassade der Kirche verewigt. Der Bischof ließ sie ab 1499 auf den Ruinen einer im 8. Jahrhundert gegründeten Kirche errichten. Grabdenkmäler bedecken die Außenwände.

Es ist faszinierend, die eindrucksvollen Inschriften aus georgianischer Zeit zu lesen. Das Innere zeigt ein spitzenartiges Fächergewölbe im Hauptschiff von George Gilbert Scott (1874).

National Trust Assembly Rooms und Fashion Museum
Bennett St. (01225) 477 173. tägl. 25., 26. Dez. fashionmuseum.co.uk

Die Assembly Rooms wurden 1769 von John Wood d. J. als Treffpunkt der Oberschicht errichtet. Jane Austen beschrieb das damalige Flair in *Abtei von Northanger* (1818). Im Untergeschoss ist eine Modesammlung in mit Mobiliar der Zeit ausgestatteten Räumen.

Jane Austen Centre
40 Gay St. (01225) 443 000. tägl. 1. Jan, 24.–26. Dez. teilweise. janeausten.co.uk

Eine Ausstellung beschäftigt sich mit der Zeit, die Jane Austen in Bath verbrachte, und wie die Stadt auf sie wirkte.

No. 1 Royal Crescent
Royal Crescent. (01225) 428 126. tägl. 25., 26. Dez. no1royalcrescent.org.uk

Im Museum lernt man das erste Haus der schönsten Häuserreihe von Bath kennen. Es vermittelt einen Eindruck vom Leben der Aristokraten im 18. Jahrhundert. Man sieht aber auch die Bedienstetenquartiere, den Bratspieß, den ein Hund drehte, und georgianische Mausefallen.

Holburne Museum of Art
Great Pulteney St. (01225) 388 569. tägl. Karfreitag, 24.–26. Dez. holburne.org

Das Gebäude ist nach T. W. Holburne (1793–1874) benannt, dessen Sammlung dekorativer Kunst den Kern der Ausstellung bildet. Zu sehen sind Gemälde britischer Künstler wie Gainsborough und Stubbs sowie Kunsthandwerk wie Porzellan und Silber.

Roman Baths
Eingang im Abbey Churchyard. (01225) 477 785. tägl. 25., 26. Dez. teilweise. romanbaths.co.uk

Der Sage nach verdankt Bath seine Anfänge dem Keltenkönig Bladud, der die Heilkraft der Quellen 860 v. Chr. entdeckt haben soll. Bladud war als Aussätziger aus seinem Königreich verbannt worden und heilte sich, indem er sich hier im heißen Schlamm wälzte.

Im ersten Jahrhundert n. Chr. bauten die Römer Bäderanlagen um die Quelle und einen Tempel, der der Göttin Sul Minerva geweiht war. Sie trug sowohl die Merkmale der keltischen Quellengöttin Sul als auch die der römischen Göttin Minerva. Unter den Relikten befindet sich auch ein vergoldeter Bronzekopf von Sul Minerva.

Auch die Mönche der Abtei von Bath nutzten das Wasser zu Heilzwecken. Als die englische Königin Anne im Jahr 1702/03 die Stadt besuchte, stand das Heilbad in voller Blüte.

Hotels und Restaurants in Wessex *siehe Seiten 564–566 und 589–591*

Thermae Bath Spa

Hot Bath St. (01225) 331 234. tägl. 9–21.30 Uhr (letzter Einlass 19 Uhr). 1. Jan, 25., 26. Dez. kein Einlass unter 16 Jahren. thermaebathspa.com

Seit der Römerzeit entspannen sich Besucher von Bath in den warmen, mineralreichen Bädern der Stadt. Mit der Eröffnung der Thermae Bath Spa im Jahr 2006 verfügt die Stadt über ein weiteres beliebtes Thermalbad. Die Pools sind mit natürlichem Thermalwasser befüllt.

Das New Royal Bath umfasst zwei Bäder mit einem Outdoor-Pool auf dem Dach, von wo sich eine fantastische Aussicht bietet. Etwas gemütlicher geht es im Cross Bath zu, das sich vor allem für kurze Aufenthalte eignet. Das Spa verfügt auch über Dampfsaunen und verwöhnt seine Gäste mit vielfältigen Anwendungen (u. a. diversen Massagen).

American Museum

Claverton Manor, Claverton Down. (01225) 460 503. März–Okt: Di–So (Aug: tägl.). teilweise. americanmuseum.org

Zur Vertiefung des gegenseitigen Verständnisses zwischen Großbritannien und den Vereinigten Staaten wurde 1961 das erste amerikanische Museum des Landes gegründet. Die Räume des 1820 errichteten Herrenhauses sind in den verschiedensten Stilrichtungen gehalten. Präsentiert werden u. a. Shaker-Möbel, Quilts, indianische Kunst auch ein Modell von George Washingtons Garten.

Indianische Wetterfahne (19. Jh.)

Richard »Beau« Nash (1674–1762)

Der Zeremonienmeister »Beau« Nash spielte bei der Umwandlung von Bath in einen mondänen Treffpunkt eine entscheidende Rolle. Er ersann eine endlose Reihe von Bällen und anderen Vergnügungen (einschließlich des Glücksspiels), die die Reichen bei Laune hielten und einen konstanten Besucherstrom garantierten.

Great Bath

Das große Freiluftbad im Zentrum der römischen Bäderanlage wurde erst um 1870 wiederentdeckt. An das Becken grenzten verschiedene Baderäume, die im Lauf der vier Jahrhunderte, die die Römer hier waren, immer raffinierter ausgestattet wurden. Die Bäder verfielen, doch umfangreiche Ausgrabungen belegen die bemerkenswert fortschrittliche Bauweise der Römer.

Die Kuppel (1897) erinnert an St Stephen Walbrook in London (siehe S. 116).

An den Seiten des Beckens befinden sich die Pfeilerbasen, die einst ein Tonnengewölbe trugen.

York Street

Die Terrasse (19. Jh.) ist mit Statuen berühmter Römer verziert.

Die heilige Quelle ist von einem Wasserturm umschlossen, der heute King's Bath genannt wird.

Das Wasser fließt von der Quelle mit einer konstanten Temperatur von 46 °C in eine Ecke des Beckens.

Das mit Bleiplatten ausgekleidete Bad, die Treppen, Säulenbasen und Pflastersteine stammen alle noch aus römischer Zeit.

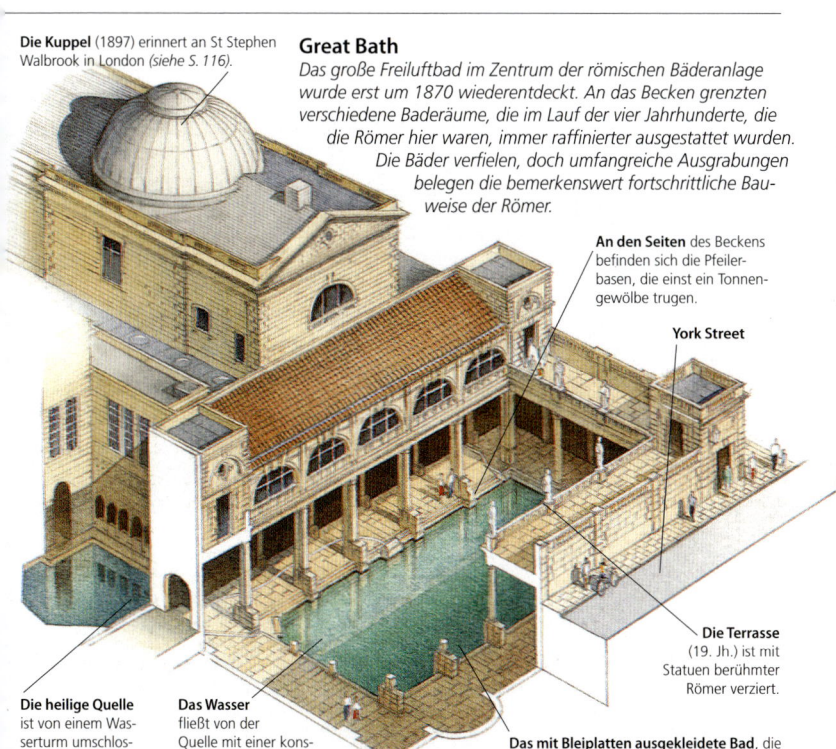

⓫ Stonehenge

Das in mehreren Etappen ab etwa 3000 v. Chr. erbaute Stonehenge ist Europas berühmtestes prähistorisches Monument und Welterbe der UNESCO. Unklar ist, welche Rituale hier stattfanden. Vieles deutet darauf hin, dass der Steinkreis mit der Sonne und dem Wechsel der Jahreszeiten zusammenhängt. Das Bauwerk stammt nicht, wie oft angenommen, von Druiden. Diese Priesterkaste der Eisenzeit lebte ab etwa 250 v. Chr. in Britannien.

Die Avenue ist der Zugang zur Stätte.

Der Heel Stone wirft am Johannistag (24. Juni) einen langen Schatten ins Zentrum des Kreises.

Der Slaughter Stone wurde im 17. Jahrhundert so benannt. Forscher glaubten, hier wären Menschenopfer dargebracht worden. Tatsächlich bildet er mit einem zweiten Stein ein Tor.

Der äußere Wall (etwa 3000 v. Chr.) ist der älteste Teil von Stonehenge.

Stonehenge heute

Rekonstruktion von Stonehenge
Die Illustration zeigt, wie Stonehenge vor etwa 4000 Jahren vermutlich aussah.

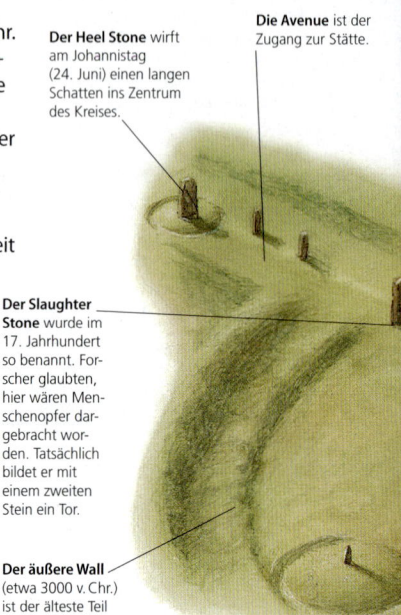

Der Bau von Stonehenge

Die Ausmaße von Stonehenge wirken umso beeindruckender, wenn man bedenkt, dass die Arbeiter nur Werkzeuge aus Stein, Holz und Knochen hatten. Für das Behauen der Steine, den Transport und die Errichtung des Kreises waren wohl Massen an Helfern im Einsatz. Eine mögliche Baumethode wird hier erklärt.

Ein Steinblock wurde auf Rollen bewegt und in eine Grube gehebt.

Mit Hebelwirkung wurde er langsam hochgestemmt.

Der Stein wurde vo etwa 200 Männern mit Seilen in die Senkrechte gebrach

Stätten in Wiltshire

Die weitläufige Ebene der Salisbury Plain war ein wichtiges Zentrum prähistorischer Siedlungen, von denen noch viele Reste zu finden sind. Runde Hügelgräber, in denen Mitglieder der herrschenden Klasse nahe der Tempelstätte beerdigt wurden, umgeben Stonehenge kreisförmig. Rituelle Bronzewaffen, Schmuck und Ausgrabungsstücke zeigen das Besucherzentrum in Stonehenge und das Museum in Salisbury *(siehe S. 269).*

Silbury Hill ist Europas größter prähistorischer Hügelbau. Trotz umfangreicher Ausgrabungen bleibt seine Funktion

Silbury Hill

ein Rätsel. Der um 2750 v. Chr. aus Kalkstein errichtete Hügel nimmt zwei Hektar ein und ist 40 Meter hoch. Das nahe gelegene **West Kennet Long Barrow** ist das größte in Kammern unterteilte Grab Englands, mit zahllosen steinernen »Räumen« und einem monumentalen Eingang. Es wurde um

Hotels und Restaurants in Wessex *siehe Seiten 564–566 und 589–591*

STONEHENGE | 267

Der Sarsen Circle entstand etwa 2500 v. Chr. Er ist mit Decksteinen abgeschlossen, die durch Zapfen stabilisiert wurden.

Der Bluestone Circle wurde um 2500 v. Chr. aus etwa 80 in Südwales gebrochenen Steinen erbaut. Er wurde nicht vollendet.

Infobox

Information
Nahe A303, Wilts. **Karte** K18. 0870 333 1181. Apr, Mai: 9.30–19 Uhr; Juni–Aug: 9–20 Uhr; Sep–Mitte Okt: 9.30–19 Uhr; Mitte Okt–März: 9.30–17 Uhr (Zugang zum Steinkreis auch sonst möglich; unbedingt vorab buchen). 20.–22. Juni, 24., 25. Dez. EH
w english-heritage.org.uk

Anfahrt
Salisbury, dann Bus.

Drei Steine des Avebury Stone Circle

⑫ Avebury

Wiltshire. **Karte** K17. 500. Swindon, dann Bus. Green St, (01672) 539 250. tägl. EH NT **w** nationaltrust.org.uk

Der **Avebury Stone Circle** wurde um 2500 v. Chr. nahe dem heutigen Dorf Avebury erbaut und war möglicherweise einst ein religiöses Zentrum. Dorfbewohner zerschlugen im 18. Jahrhundert viele Steine, weil sie den Kreis für eine heidnische Opferstätte hielten.

Auch wenn die Steine kleiner als die in Stonehenge sind, war der Kreis insgesamt größer. Sein ursprüngliches Aussehen, seine Bauweise und Beziehung zu den anderen Monumenten der Region erläutert schön das **Alexander Keiller Museum**. Hier wird auch die sich verändernde Landschaft Aveburys und Keillers Background erklärt. Für Kinder gibt es einen interaktiven Bereich.

Die **St James's Church** besitzt einen normannischen, mit Seeungeheuern verzierten Taufstein und eine schöne Chorwand (15. Jh.).

Umgebung: Nur wenige Minuten Autofahrt nach Osten liegt das hübsche **Marlborough** mit einer von georgianischen Geschäftsarkaden gesäumten Hauptstraße.

Hufeisen aus blaugrauem Sandstein

Hufeisen aus Sandstein-Trilithen

Grube um die s wurde mit nen und Kalk geschüttet.

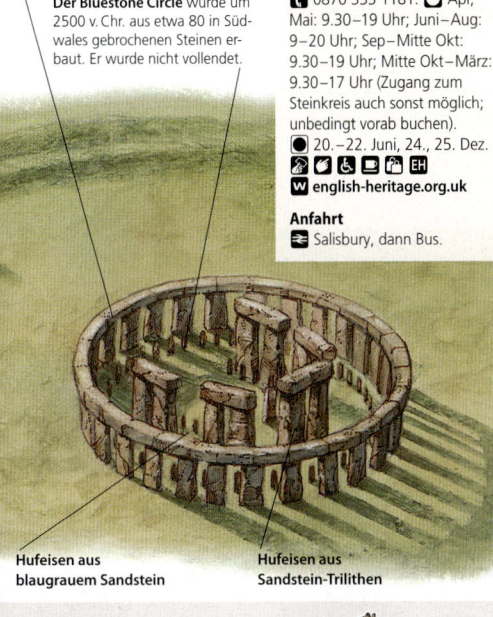

Die Enden des Decksteins wurden abwechselnd hochgehebelt.

Eine Holzplattform trug das Gewicht des Decksteins.

Der Deckstein wurde dann auf die Träger geschoben.

3250 v. Chr. als Gemeinschaftsgrab errichtet und mehrere Jahrhunderte lang genutzt.

Old Sarum befindet sich in den mächtigen Befestigungsanlagen einer römisch-britannischen Hügelfestung aus dem 1. Jahrhundert. Die normannischen Gründer von Old Sarum errichteten ihre Burg mit kleinem Innenhof und Wehrmauern innerhalb dieser Befestigung. Die Ruinen und Grundmauern der riesigen Kathedrale von 1075 sind erhalten. Oberirdisch ist von dieser Stadt, die sich einst innerhalb der Befestigung befand, nichts erhalten. Die Bewohner von Old Sarum zogen später in das fruchtbare Flusstal, wo dann Anfang des 13. Jahrhundert Salisbury entstand *(siehe S. 268 f)*.

Old Sarum
Castle Rd. (01722) 335 398. tägl. 1. Jan, 24.–26. Dez. teilweise. EH

Das Kammerngrab in West Kennet Long Barrow (um 3250 v. Chr.)

Alexander Keiller Museum
Nahe High St. (01672) 538 016. tägl. 1. Jan, 24., 25. Dez. NT
w nationaltrust.org.uk

⑬ Salisbury

Die »neue Stadt« Salisbury wurde 1220 gegründet. Old Sarum *(siehe S. 267)*, die alte Siedlung auf dem Hügel, gab man auf, da sie zu trocken und windig war. Der neue Ort am Zusammenfluss von Avon, Nadder und Bourne schien günstiger. Für die Kathedrale wurden Purbeck-Marmor und Chilmark-Stein verwendet. Im frühen 13. Jahrhundert wurde der Kirchenbau in der kurzen Zeit von 38 Jahren vollendet. Der weithin sichtbare Turm, der höchste Kirchturm Englands, wurde 1280–1310 hinzugefügt.

Bishop's Walk und Statue von Elisabeth Frink (1930–1993), Cathedral Close

Überblick: Salisbury
Der weite, ruhige **Kirchplatz** mit den Schulen, Krankenhäusern, theologischen Seminaren und Wohnhäusern der Geistlichen bildet einen überaus schönen Rahmen für die Kathedrale von Salisbury. Zu den eleganten Gebäuden gehören **Matrons' College**, 1682 als Wohnhaus für die Witwen und unverheirateten Töchter von Geistlichen erbaut, und **Malmesbury House** aus dem 13. Jahrhundert mit herrlicher georgianischer Fassade (1719) und hübschen schmiedeeisernen Toren. Interessante Gebäude sind **Medieval Hall** und **Wardrobe** (beide 13. Jh.), heute ein Regimentsmuseum. Die **Cathedral School** im Bischofspalast (13. Jh.) ist wegen ihrer Sängerknaben berühmt.

Salisbury Cathedral

Der Großteil der Kathedrale entstand zwischen 1220 und 1258. Mit den spitz zulaufenden Fenstern ist sie ein exemplarisches Beispiel der englischen Ausprägung der Gotik.

Der elegante Turm ragt 123 Meter in die Höhe.

Die Kreuzgänge sind die größten Englands. Sie wurden 1263–84 im Decorated-Stil angefügt.

Die Turmbesteigung führt zu einer Außengalerie mit Aussicht über die Stadt und Old Sarum.

Das Domkapitel besitzt eine Ausgabe der Magna Charta *(siehe S. 52)*. Die Wände schmücken Szenen aus dem Alten Testament.

Chorgestühl

Bishop Audley's Chantry, ein imposantes Monument (16. Jh.) zu Ehren eines früheren Bischofs, bildet eine der kleinen Kapellen um den Altar.

In der **Trinity Chapel** liegt das Grab des hl. Osmund, der Bischof (1078–99) von Old Sarum war.

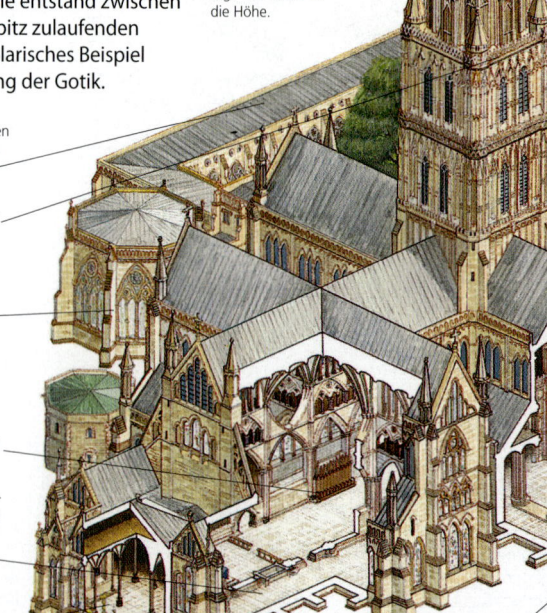

Nördliches Querschiff

Hotels und Restaurants in Wessex siehe Seiten 564–566 und 589–591

SALISBURY: CATHEDRAL | 269

Der Double Cube Room (1653) von Inigo Jones, Wilton House

Jenseits der Mauern des Cathedral Close entstand das schachbrettartig angelegte Salisbury. Die den verschiedenen Zünften zugeordneten Bereiche sind in Straßennamen wie Fish Row und Butcher Row verewigt. Das **High Street Gate** führt auf die geschäftige High Street, diese zur **Church of St Thomas** aus dem 13. Jahrhundert mit schön verziertem Holzdach (1450) und einem Wandbild des Jüngsten Gerichts (15. Jh.) mit Christus als Richter und Dämonen, die die Verdammten packen.

Poultry Cross in der nahen Silver Street war im 14. Jahrhundert ein überdachter Geflügelmarkt. Ein dichtes Netz von Gassen geht fächerförmig von diesem Platz mit den Fachwerkhäusern aus.

Am großen **Market Place** besticht vor allem der helle Steinbau der **Guildhall** (1787–95), die städtische Aufgaben übernahm.

An der Nordseite des Platzes verdecken zahlreiche georgianische Fassaden die dahinterstehenden mittelalterlichen Häuser.

Mompesson House
The Close. (01722) 335 659. März–Okt: tägl. teilweise. NT nationaltrust.org.uk

Die überaus hübsch eingerichteten Räume des von einer reichen Wiltshire-Familie 1701 erbauten Hauses geben einen höchst interessanten Einblick in das Leben in The Close des 18. Jahrhunderts. Rabatten schmücken den Garten.

Infobox

Information
The Close. (01722) 555 120. tägl. Spende.
salisburycathedral.org.uk

Das Hauptschiff teilen Säulen aus Purbeck-Marmor in zehn Felder.

Viele Bleiglasfenster zeigen Szenen aus der Bibel.

Westfassade Sie ist mit allegorischen Figuren und Heiligen in Nischen verziert.

Die Uhr (1386) ist der älteste funktionierende Zeitmesser Europas.

Infobox

Information
Wiltshire. **Karte** K18. 40 000. Fish Row, (01722) 342 860. Di, Sa. Salisbury International Arts Festival (Ende Mai–Anfang Juni). visitwiltshire.co.uk

Anfahrt
South Western Rd.
Endless St.

Salisbury Museum
The Close. (01722) 332 151. Mo–Sa (Apr–Okt: So nachmittags). teilweise. salisburymuseum.org.uk

Das Museum im mittelalterlichen King's House informiert über die Geschichte und Archäologie von Salisbury und South Wiltshire. Ausstellungen beschäftigen sich mit steinzeitlichen Menschen, Stonehenge und Old Sarum *(siehe S. 267)*. Schön ist auch die Sammlung viktorianischer Keramik- und Glaswaren.

Umgebung: Die Stadt Wilton ist für ihre Teppichindustrie bekannt, die der 8. Earl of Pembroke mithilfe von französischen Webern, geflohenen Hugenotten, begründete. Die kunstvoll gestaltete **Kirche** (1844) ist ein wunderschönes Beispiel der neoromanischen Architektur, die römische Säulen, flämisches Renaissance-Balkenwerk, deutsches und holländisches Bleiglas und italienische Mosaiken verwendete.

Das Kloster **Wilton House** war nach der Säkularisation *(siehe S. 355)* Herrensitz der Earls of Pembroke. Das von Inigo Jones umgebaute Haus hat einen originalen Tudor-Turm, eine Kunstsammlung und einen Park mit palladianischer Brücke (1737). Die Gemächer zeigen Deckenfresken und Stuck. Sie wurden entworfen, um Familienporträts von van Dyck aufzuhängen.

Wilton House
Wilton. (01722) 746 7009. Ostern, Mai–Aug: So–Do, Bank Holidays Sa. wiltonhouse.co.uk

The Longleat Tree (1980) stellt die 400-jährige Geschichte dar

⓮ Longleat House

Warminster, Wiltshire. **Karte K18.**
📞 (01985) 844 400. 🚆 Frome, dann Taxi. **Haus und Safaripark**
🕐 Mitte Feb–Mitte März: Fr–Mo; Mitte März–Okt: tägl. 🅿️♿🛒
✏️📷🎧 **W** longleat.co.uk

Der Architekturhistoriker John Summerson prägte den Begriff *prodigy house*, um Reichtum und Pracht der elisabethanischen Architektur zu beschreiben, die in Longleat deutlich zutage tritt.

Der Bau begann 1540, als John Thynne die Ruinen einer Priorei für 53 Pfund kaufte. Im Lauf der Jahrhunderte fügten die nachfolgenden Besitzer jeweils ihren eigenen Stil hinzu. So wurden Breakfast Room und Lower Dining Room (um 1875) dem Dogenpalast Venedigs nachempfunden. Die erotischen Wandgemälde schuf der heutige Besitzer (7. Marquess of Bath). Die Great Hall ist der einzige aus Thynnes Zeit original erhaltene Raum. 1948 war der 6. Marquess erster Landbesitzer Großbritanniens, der sein Schloss der Öffentlichkeit zugänglich machte, um so die Instandhaltung seines Besitzes zu finanzieren.

Der von »Capability« Brown (siehe S. 30) angelegte Park wurde 1966 in einen Safaripark umgewandelt, in dem Löwen, Tiger und andere wilde Tiere frei herumstreifen. Mit weiteren Attraktionen, z. B. Gehege für kleinere Tiere, einem Heckenlabyrinth, dem Kleinzug Jungle Express und einer Abenteuerburg, lockt der Park heute sogar mehr Besucher an als das Schloss.

⓯ Stourhead

Stourhead gehört zu den wohl schönsten Beispielen der britischen Parkgestaltung im 18. Jahrhundert *(siehe S. 30f)*. Henry Hoare (1705–1785), der das Grundstück geerbt hatte, legte den Park um 1745 an. Seltene Baum- und Pflanzenarten, klassizistische italienische Tempel, Grotten und Brücken umgeben einen See. Das Gebäude wurde 1724 im palladianischen Stil von Colen Campbell *(siehe S. 32)* entworfen.

Pantheon
Der elegante Tempel wurde nach dem Vorbild des Pantheon in Rom von dem Architekten Henry Flitcroft (1679–1769) 1753 entworfen. Er sollte den visuellen Mittelpunkt des Parks bilden.

Außerdem

① **Turf Bridge**

② **Ein Weg** um den See (3 km) überrascht mit immer neuen Ausblicken.

③ **Iron Bridge**

④ **Gothic Cottage** (1806)

⑤ **Die Grotte** ist eine künstliche Höhle mit einem Pool und einer lebensgroßen Statue des Hüters des Flusses Stour, die John Cheere im Jahr 1748 formte.

⑥ **Der Tempel der Flora** (1744) ist der römischen Göttin der Blumen gewidmet.

⑦ **Das Dorf Stourton** bezog Hoare in sein Konzept mit ein.

⑧ **Das Pelargonium House** enthält eine farbenprächtige Sammlung mit über 100 Pelargonienarten.

⑨ **Am Empfang** gibt es ein Informationszentrum.

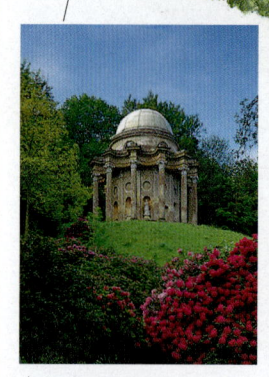

★ **Apollo-Tempel**
Der dem Sonnengott Apollo gewidmete Tempel wurde von italienischen Originalen inspiriert und stammt von Henry Flitcroft.

Hotels und Restaurants in Wessex siehe Seiten 564–566 und 589–591

STOURHEAD | **271**

See
Stourheads berühmter See wurde aus mehreren mittelalterlichen Fischteichen geschaffen. Hoare dämmte den Stour in den 1750er Jahren so ein, dass ein einziger großer See entstand.

Infobox

Information
Stourton, Wiltshire. **Karte** K18.
(01747) 841 152.
Haus März–Mitte Nov: tägl. Jan, Feb.
Park tägl. 9–17 Uhr (im Sommer bis 18 Uhr).
teilweise. NT
nationaltrust.org.uk/stourhead

Anfahrt
Gillingham (Dorset), dann Taxi.

Bäume und Stauden
Duftende Rhododendren blühen im Frühjahr, Azaleen explodieren im Sommer in einem wahren Farbenrausch. Im Park stehen auch viele Zypressen, Japanische Rotkiefern und andere exotische Bäume.

St Peter's Church
In der Kirche befinden sich Grabmale der Familie Hoare. Das mittelalterliche Bristol Cross wurde 1765 von Bristol hierhertransportiert.

Eingang und Parkplatz

★ Stourhead House
Das Haus ist mit Chippendale-Möbeln eingerichtet. Die Kunstsammlung spiegelt Henry Hoares Liebe zur Klassik wider, hier *Die Wahl des Herkules* (1637) von Nicolas Poussin.

Cottages in einer Kopfsteinpflastergasse am Gold Hill in Shaftesbury

⓰ Shaftesbury

Dorset. **Karte** K18. 🚗 8000. 🚌
ℹ 8 Bell St, (01747) 853 514. 🛍 Do.
🌐 shaftesburytourism.co.uk

Auf einem Hügel gelegen, diente Shaftesbury mit seinen Cottages (18. Jh.) oft als Filmkulisse, um das Old-England-Flair zu vermitteln. Der malerische **Gold Hill** ist auf einer Seite von den Mauern der zerstörten **Abtei** begrenzt, die King Alfred 888 gründete. Ausgrabungen der Abteikirche und Mauerfragmente sieht man im Museum.

⓱ Sherborne

Dorset. **Karte** J18. 🚗 9500. 🚆
🚌 ℹ Digby Rd, (01935) 815 341.
🛍 Do, Sa. 🌐 visit-dorset.com

Nur wenige britische Städte besitzen so viele unbeschädigte mittelalterliche Bauten. Edward VI gründete 1550 die berühmte Sherborne School und rettete so die herrliche **Abteikirche** und die Klostergebäude, die die Säkularisation *(siehe S. 355)* sonst zerstört hätte. An der Fassade der Abtei sind

Das Armenhaus (1437) grenzt an die Abbey Church, Sherborne

noch Reste der ersten sächsischen Kirche zu erkennen, doch ihr herausragendes Merkmal ist das Fächergewölbe (15. Jh.). **Sherborne Castle**, 1594 von Walter Raleigh erbaut, nahm den bombastischen Stil von James I vorweg. Raleigh wohnte vorübergehend im **Old Castle** (frühes 12. Jh.), das im Bürgerkrieg *(siehe S. 56)* zerstört wurde.

Umgebung: Westlich liegt das elisabethanische **Montacute House** mit einem Park *(siehe S. 249)*. Es ist bekannt für seine Sammlung von Gobelins und Stickereien sowie für die Porträts aus der Zeit der Tudors und James' I.

🏛 **Sherborne Castle**
Nahe A30. 📞 (01935) 812 027.
Schloss, Park 🕐 Apr–Okt: Di–Do, Sa, So u. Bank Holidays (nachmittags).
🚫 🅿 ♿ 🌐 sherbornecastle.com

🏛 **Old Castle**
Nahe A30. 📞 (01935) 812 730.
🕐 Ostern–Okt: tägl. ⬤ 1. Jan, 25., 26. Dez. 🚫 ♿ 🏛 EH

🏛 **Montacute House**
Montacute. 📞 (01935) 823 289.
Haus 🕐 März–Okt: tägl.; Nov–Feb: Sa, So. **Park** 🕐 März–Okt: tägl.; Nov–Feb: Mi–So. 🚫 🎞 🏛 NT

⓲ Abbotsbury

Dorset. **Karte** J19. 🚗 500. ℹ West Yard Barn, West St, (01305) 871 130. 🌐 abbotsbury-tourism.co.uk

Der Name Abbotsbury erinnert an die Benediktinerabtei (11. Jh.), von der fast nur die riesige Zehntscheune (um 1400) erhalten blieb. Unklar ist immer noch, wann die **Swannery** (Schwanenteich) entstand. Erstmals urkundlich erwähnt wurde sie 1393. Höckerschwäne kommen zur Brutzeit hierher, angelockt von Schilfauen an der Lagune Fleet, die den kiesigen **Chesil Beach** *(siehe S. 246)* vom Meer trennt. Die raue Natur bildet einen reizvollen Kontrast zu den hübschen, bestens ausgestatteten Ferienorten an der Südküste, allerdings kann man wegen der Strömungen nicht schwimmen.

Die **Abbotsbury Sub-Tropical Gardens** sind Heimat zahlreicher Pflanzen aus Südamerika und Asien.

🦢 **Swannery**
New Barn Rd. 📞 (01305) 871 858.
🕐 Mitte März–Okt: tägl.
🚫 ♿ 🅿 🏛

🌿 **Abbotsbury Sub-Tropical Gardens**
Nahe B3157. 📞 (01305) 871 387.
🕐 tägl. ⬤ 25. Dez. 🚫
♿ teilwese. 🅿 🏛

Die Swannery in Abbotsbury

⓳ Weymouth

Dorset. **Karte** J19. 🚗 55 000.
🚆 🚌 🛥 🛍 Do.
🌐 visit-dorset.co.uk

Den Ruf von Weymouth als Ferienort begründete George III 1789, als er hier den ersten von vielen Sommern verbrachte. Ein Standbild des Königs steht am Hafen. Georgianische Terrassen und Hotels blicken auf die Weymouth Bay. Charmant ist die Altstadt um den Custom House Quay mit Boo-

ten und Seemannskneipen. In Weymouth wurden 2012 die Segelwettbewerbe der Olympischen Spiele ausgetragen.
Nothe Fort zeigt historische Sammlungen zum Zweiten Weltkrieg.

Nothe Fort
Barrack Road. (01305) 766 626. Apr–Sep: tägl.; Okt, Nov, Feb, März: So. teilweise.

⓴ Dorchester
Dorset. **Karte J19.** 16.000. The Library, Charles St, (01305) 267 992. Mi. visit-dorset.com

Dorchester, Hauptort der Grafschaft Dorset, gleicht noch der Stadt, die Thomas Hardy als Schauplatz seines Romans *Der Bürgermeister von Casterbridge* (1886) beschrieb. Eines der High-Street-Häuser (17./18. Jh.) beherbergt das **Dorset County Museum** mit dem Originalmanuskript des Romans. Außerdem kann man hier das einzige erhaltene **römische Stadthaus** Großbritanniens (mit Mosaiken) sowie andere Funde aus der Eisen- und Römerzeit sehen. Das römische Amphitheater **Maumbury Rings** (Weymouth Avenue) steht auf einem neolithischen Steinkreis. Im Westen der Stadt wurden zahlreiche römische Gräber unterhalb der Hügelfestung **Poundbury Camp** aus der Eisenzeit gefunden.

Hardys Statue in Dorchester

Umgebung: Südwestlich steht das wuchtige **Maiden Castle** *(siehe S. 47)* von 100 v. Chr. Im Jahr 43 versuchten die Römer hier, die südenglischen Stämme zu besiegen. Im Norden liegt das Dorf **Cerne Abbas** mit einer mittelalterlichen Zehntscheune und Klostergebäuden. Die Scharrfigur eines Riesen auf dem Kalksteinhügel ist wohl ein Fruchtbarkeitssymbol. Die Figur stellt entweder den Götterhelden Herkules oder einen Krieger der Eisenzeit dar.

Östlich von Dorchester liegen die Kirchen, strohgedeckten Dörfer und weiten Hügel, die Hardy in seinen Romanen beschreibt. **Bere Regis** entspricht Kingsbere in *Tess von den d'Urbervilles*. Die Gräber der Familie, auf die sich der Titel des Romans bezieht, sind in der sächsischen **Kirche** zu sehen. In **Hardy's Cottage** wurde der Autor geboren, in **Max Gate** lebte er von 1885 bis zu seinem Tod. Hardys Herz ist im Familiengrab in der Kirche von **Stinsford** beigesetzt – sein Körper erhielt ein Staatsbegräbnis in der Westminster Abbey *(siehe S. 96 f.)*.

Das **Athelhampton House** (15. Jh.) mit großartiger mittelalterlicher Halle steht in einem schönen Park aus dem 19. Jahrhundert *(siehe S. 249)*.

Thomas Hardy (1840–1928)
Die Romane und Gedichte von Thomas Hardy, einem der beliebtesten Dichter Englands, spielen alle in seiner Heimat Dorset. Die Landschaft von Wessex ist die Kulisse, vor der seine Charaktere ihr Schicksal erleiden. Lebhafte Schilderungen ländlichen Lebens spiegeln Wendepunkte der Geschichte, etwa als die Mechanisierung die herkömmliche Landwirtschaft zu zerstören begann – wie es die industrielle Revolution ein Jahrhundert zuvor in den Städten getan hatte. Hardys kraftvoller Stil machte viele Romane, z.B. *Tess von den d'Urbervilles* (1891), für moderne Filmemacher interessant. Literaturfreunde pilgern durch die Dörfer und Landschaften, die in Hardys Romanen beschrieben sind.

Nastassja Kinski in Roman Polanskis Film Tess (1979)

Dorset County Museum
High West St. (01305) 262 735. Mo–Sa. 25., 26. Dez. teilweise. dorsetcountymuseum.org

Hardy's Cottage
Higher Bockhampton. (01305) 262 366. März–Okt: tägl.; Nov–Feb: Do–So. NT

Max Gate
Alington Ave, Dorchester. (01305) 262 538. März–Okt: tägl.; Nov–Feb: Do–So. NT

Athelhampton House
Athelhampton. (01305) 848 363. März–Okt: So–Do; Nov–Feb: So. nur Park. athelhampton.co.uk

Der 55 Meter große, in Kalkstein gescharrte Riese von Cerne Abbas

㉑ Lyme Regis

Dorset. **Karte** J19. 3600.
🛈 Church St, (01297) 442 138.
🌐 lymeregis.org

Der malerischste Ferienort an der Jurassic Coast, die von Exmouth in Devon nach Swanage in Dorset verläuft, ist die einzige UNESCO-Weltnaturerbestätte Großbritanniens. Bekannt ist Lyme Regis auch für seine Fossilienfunde. Die Paläontologin Mary Anning grub hier 1811 eine neun Meter lange Versteinerung eines Ichthyosaurus aus. Ihr Leben wird im **Lyme Regis Museum** beleuchtet. Von der Hafenmauer The Cobb hat man einen fantastischen Blick auf die georgianischen Häuser am Ufer und die Küste entlang.

🏛 Lyme Regis Museum
Bridge St. (01297) 443 370.
🕒 Ostern–Okt: tägl.; Nov–Ostern: Mi–So. 🔴 25., 26. Dez.
♿ teilweise.
🌐 lymeregismuseum.co.uk

㉒ Corfe Castle

Dorset. **Karte** K19. (01929) 481 294. 🚆 Wareham, dann Bus.
🕒 tägl. 🔴 25., 26. Dez.
♿ teilweise. NT
🌐 nationaltrust.org.uk

Die Ruinen von Corfe Castle krönen eine Felsklippe oberhalb des gleichnamigen Dorfs. Seit dem 11. Jahrhundert thront die Burg über der Landschaft, zunächst als Festung, dann als Ruine. John Bankes kaufte Corfe Castle 1635. Seine Frau hielt im Bürgerkrieg einer sechswöchigen Belagerung durch die Parlamentstruppen stand, die Burg wurde schließlich durch Verrat eingenommen. 1646 beschloss das Parlament, sie zu »verkleinern« – sie wurde gesprengt, um zu verhindern, dass sie jemals wieder genutzt würde. Von den Ruinen hat man einen grandiosen Blick über die Isle of Purbeck und ihre Küsten.

Die Ruinen von Corfe Castle – hauptsächlich aus normannischer Zeit

㉓ Isle of Purbeck

Dorset. **Karte** K19. 🚆 Wareham.
🛥 Shell Bay, Studland.
🛈 Swanage, (01929) 422 885.
🌐 swanage.gov.uk

Von der Insel Purbeck, die eigentlich eine Halbinsel ist, stammt der Purbeck-Marmor, aus dem die Burg und die umstehenden Häuser gebaut wurden. Die Bodenbeschaffenheit ändert sich Richtung Südwesten bei **Kimmeridge**, wo der schlammige Schieferlehm Fossilien und Öl birgt. Die Insel, ein UNESCO-Welterbe, umgeben unberührte Strände. Die Dünen der **Studland Bay** sind Naturschutzgebiet mit vielen Vogelarten. Hier liegt auch einer der besten Strände Großbritanniens. Westlicher liegt die **Lulworth Cove**, umgeben von weißen Klippen. Ein sehr schöner Spaziergang führt zum Durdle Door *(siehe S. 247)*, einem natürlichen Brandungstor.

Vom Hafen des größten Ferienorts **Swanage** transportierte man per Schiff Purbeck-Marmor nach London. Mauerwerk von abgerissenen Gebäuden wurde zurückverschifft, so kam Swanage zu der schönen Fassade der **Town Hall**, die Wren um 1668 entwarf.

㉔ Poole

Dorset. **Karte** K19. 150000.
🚆 🚌 🛈 4 High St, (01202) 262 600. 🌐 pooletourism.com

An einem der größten Naturhäfen der Welt liegt Poole, ein alter, noch immer betriebsamer Seehafen. Die Kais säumen alte Lagerhäuser und moderne Wohnblocks. Das **Poole Museum**, zum Teil in den Gewölben des Kais (15. Jh.) untergebracht, stellt auf vier Ebenen die Geschichte des Hafens und der Stadt dar. Die nahe gelegene **Brownsea Island** ist ein geschützter Wald mit einem

Der Ankerplatz Chapman's Pool auf der Isle of Purbeck

Hotels und Restaurants in Wessex *siehe Seiten 564–566 und 589–591*

WESSEX | 275

Wassereulen- und Reiherschutzgebiet. Der schöne Blick auf die Küste von Dorset verleiht der Insel einen zusätzlichen Reiz.

Poole Museum
High St. (01202) 262 600.
Apr–Okt: tägl.; Nov–März: Di–So. 1. Jan, 25., 26. Dez.
w poole.gov.uk

Brownsea Island
Poole. (01202) 707 744.
Apr–Okt: tägl. (Boote legen in der Saison alle 30 Min. vom Kai ab).

㉕ Wimborne Minster

Dorset. **Karte** K19. 7000.
29 High St, (01202) 886 116.
Fr–So. **w** wimborne.info

Die eindrucksvolle Stiftskirche wurde 705 von Cuthburga, der Schwester von König Ina of Wessex, gegründet. Im 10. Jahrhundert wurde sie Opfer dänischer Plünderer. Die heutige Kirche ließ Edward the Confessor *(siehe S. 51)* 1043 errichten. Steinmetze schufen aus Purbeck-Marmor Tiere, biblische Szenen und Zickzackdekor.

Das **Priest's House Museum** (16. Jh.), ehemals ein Pfarrhaus, ist im Stil verschiedener Epochen eingerichtet. Der Garten ist bezaubernd.

Umgebung: Den nach der Zerstörung von Corfe Castle für die Familie Bankes erbauten Sitz **Kingston Lacy** übernahm 1981 der National Trust *(siehe S. 622)*. Das Gelände wurde schon immer auf traditionelle Weise gepflegt und besitzt eine erstaunliche Vielfalt an Wildtieren, seltenen Blumen und Schmetterlingen. In dieser ruhigen Ecke von Dorset kann man Red-Devon-Rinder beobachten, wenn man den Wegen aus der Zeit der Römer und Sachsen folgt.

Das schöne Anwesen aus dem 17. Jahrhundert präsentiert eine hervorragende Gemäldesammlung mit Werken u. a. von Rubens, Velázquez und Tizian.

Priest's House Museum
High St. (01202) 882 533.
Mo–Sa. 24. Dez–2. Jan.
teilweise.

Kingston Lacy
An der B3082. (01202) 883 402.
Haus März–Dez: Mi–So.
Park tägl. teilweise.

㉖ Bournemouth

Dorset. **Karte** K19. 165 000.
Pier Approach, (01202) 451 734. **w** bournemouth.co.uk

Wegen des Sandstrands, der sich fast durchgehend von Poole Harbour bis Hengistbury Head erstreckt, ist Bournemouth ein beliebter Ferienort. Das Ufer ist mit herrschaftlichen Villen und exklusiven Hotels bebaut. Auf den Klippen im Westen liegen Parks, unterteilt durch bewaldete, von Flüssen ausgewaschene Schluchten, den *chines*. Der Park **Compton Acres** wurde als Museum für Gartenarchitektur angelegt.

Im Stadtzentrum findet man Vergnügungsarkaden, Casinos, Clubs und viele Läden. Im Sommer treten hier Pop-Gruppen, TV-Stars und das renommierte Bournemouth Symphonieorchester auf. Die **Russell-Cotes Art Gallery and Museum** in einer ehemaligen spätviktorianischen Villa besitzt eine große Sammlung orientalischer und viktorianischer Kunstwerke.

Umgebung: Die **Christchurch Priory** östlich von Bournemouth ist mit ihren 95 Metern eine der längsten Kirchen Englands. Sie wurde zwischen dem 13. und dem 16. Jahrhundert umgebaut und zeigt unter-

Marchesa Maria Grimaldi von Peter Paul Rubens, Kingston Lacy

schiedliche Stilrichtungen. Das originale Hauptschiff, um 1093 errichtet, ist ein eindrucksvolles Beispiel normannischer Architektur. Glanzstück ist die kunstvolle Altarrückwand, die die Wurzel Jesse zeigt und den Stammbaum Jesu zurückverfolgt. Neben dem Kloster stehen die Ruinen einer normannischen Burg.

Wiesenblumen, Schmetterlinge und der Meerblick machen es lohnenswert, den **Hengistbury Head** zwischen Bournemouth und Christchurch zu erklimmen. In **Stanpit Marsh**, westlich von Bournemouth, kann man Watvögel beobachten.

Compton Acres
Canford Cliffs Rd. (01202) 700 778. tägl. 25., 26. Dez.
w comptonacres.co.uk

Russell-Cotes Art Gallery and Museum
Eastcliff. (01202) 451 858.
Di–So. 25. Dez.
w russellcotes.com

Strand und Pier von Bournemouth

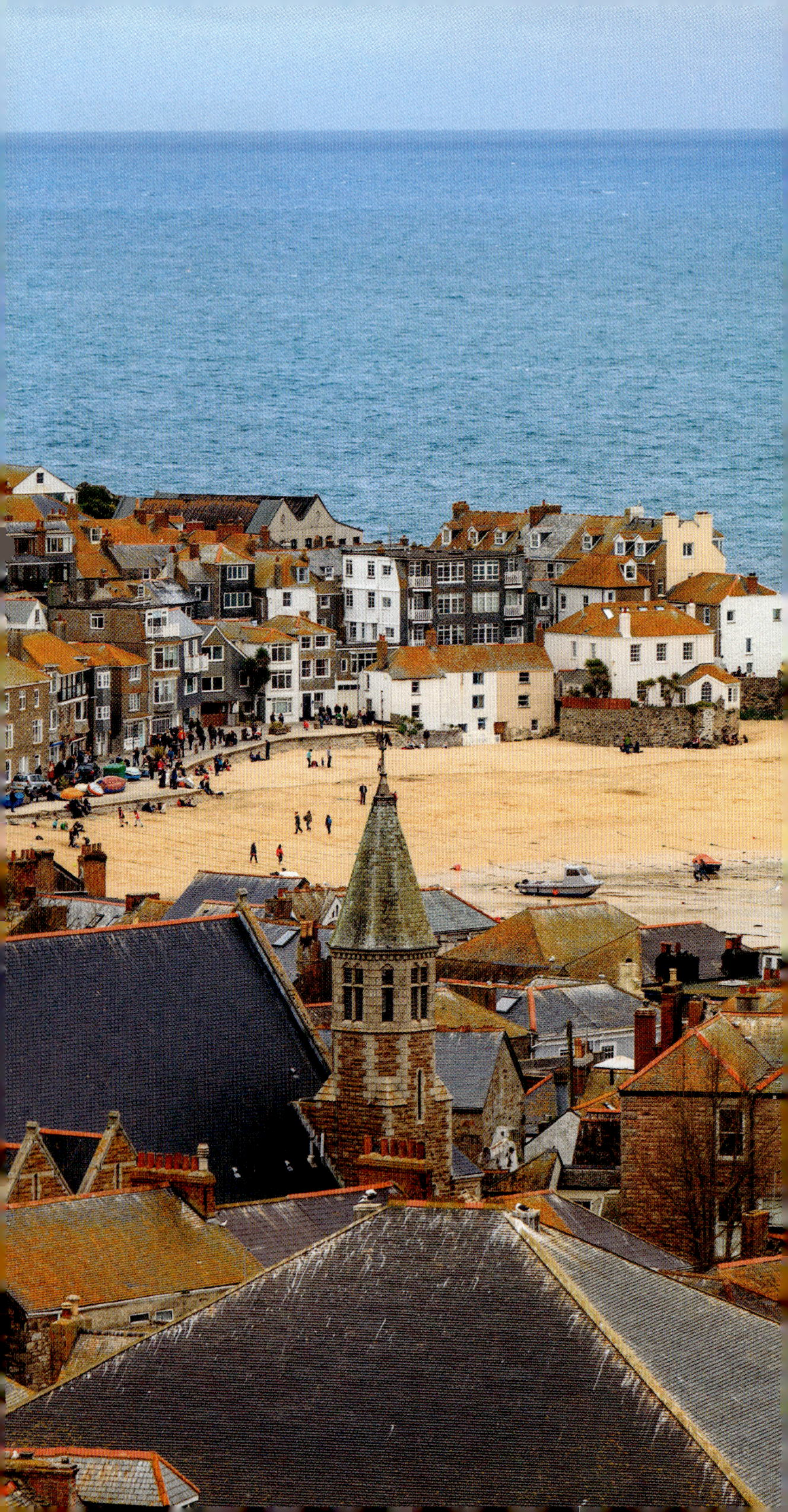

Devon und Cornwall

Devon • Cornwall

Kilometerlange abwechslungsreiche Küstenstreifen prägen die zauberhafte Gegend von Devon und Cornwall. Perfekt ausgestattete Ferienorte wechseln sich ab mit versteckt gelegenen Buchten und unberührten Fischerdörfern. Einen markanten Kontrast dazu bilden die üppigen Parks und Moorlandschaften sowie vereinzelte Felsentürme und Ruinen im Landesinneren.

Devon und Cornwall sind zwar geografisch Nachbarn, doch landschaftlich und kulturell überaus verschieden. Das keltische Cornwall mit den vielen nach christlichen Missionaren benannten Dörfern ist im Zentrum großteils öde und baumlos. Viele Orte tragen noch die Narben der ehemaligen Zinn- und Kupferminen, die in den letzten 4000 Jahren eine bedeutende wirtschaftliche Rolle spielten. Doch die Schönheit der Küste mit ihren vereinzelten Leuchttürmen, kleinen Buchten und tief ins Landesinnere hinein den Gezeiten unterworfenen Flüssen wird dadurch nicht beeinträchtigt.

Devon dagegen ist ein üppiges Weideland, ein Flickenteppich kleiner Felder, die von schmalen Straßen durchzogen werden. Eine Vielzahl von Blumen blüht am Wegesrand – von den ersten Schlüsselblumen bis zur bunten Sommerpracht aus Lichtnelken, Margeriten und Kornblumen. Das gemächliche Landleben in Devon und Cornwall unterscheidet sich deutlich vom Stadttrubel. Exeter mit der herrlichen Kathedrale, das historische Plymouth, das elegante Truro und das elisabethanische Totnes sind voller Leben und Charakter.

Die beeindruckende Küste und das milde Klima der Region locken vor allem Familien und Wassersportler an. Der South West Coastal Path führt zu ruhigeren Arealen. Die Fischerdörfer erlebten ihre Blüte zur Seeräuberzeit von Francis Drake und Walter Raleigh *(siehe S. 55)*. Im Hinterland inspirierten die Moore von Bodmin und Dartmoor zu vielen Sagen. Viele stehen mit König Artus in Verbindung *(siehe S. 289)*, der in Tintagel an der zerklüfteten Nordküste von Cornwall geboren worden sein soll.

Strandhütten an der Küste bei Paignton nahe Torquay

◀ Blick auf das malerisch an der Küste gelegene Städtchen St Ives, Cornwall *(siehe S. 281)*

Überblick: Devon und Cornwall

Romantische Moorlandschaften im Landesinneren von Devon und Cornwall bilden ideale Wandergegenden mit nur wenigen Straßen und herrlicher, kilometerweiter Fernsicht. Die lange Küstenlinie ist von Hunderten geschützten Flusstälern zerfurcht – jedes Tal scheint gänzlich von der Welt abgeschieden. Trotz der vielen Besucher wirken Devon und Cornwall nicht überlaufen. Wer klug ist, erkundet einen überschaubaren Teil genauer und nimmt dessen Atmosphäre auf, anstatt in kurzer Zeit alles sehen zu wollen.

Legende
- Autobahn
- Schnellstraße
- Hauptstraße
- Nebenstraße
- Panoramastraße
- Eisenbahn (Haupts)
- Eisenbahn (Nebens)
- △ Gipfel

Sehenswürdigkeiten auf einen Blick

- ❷ St Ives
- ❸ Penzance
- ❹ *St Michael's Mount S. 282f*
- ❺ Helston und Lizard Peninsula
- ❻ Falmouth
- ❼ Truro
- ❽ St Austell
- ❾ *Eden Project S. 286f*
- ❿ Fowey
- ⓫ Bodmin
- ⓬ Padstow
- ⓭ Tintagel
- ⓮ Bude
- ⓯ Clovelly
- ⓰ Bideford
- ⓱ Appledore
- ⓲ Barnstaple
- ⓳ Lynton und Lynmouth
- ⓴ *Exeter S. 292f*
- ㉑ Torbay
- ㉒ Dartmouth
- ㉓ Totnes
- ㉔ Buckfastleigh
- ㉕ Burgh Island
- ㉖ Plymouth
- ㉗ Buckland Abbey
- ㉘ Cotehele
- ㉙ Morwellham Quay
- ㉚ *Dartmoor National Park S. 298f*

Tour
- ❶ *Penwith S. 280*

Die Klippen von Land's End, dem westlichsten Punkt Englands

Weitere Zeichenerklärungen *siehe hintere Umschlagklappe*

DEVON UND CORNWALL | 279

Subtropischer Park in Torquay, dem beliebten Ferienort

In Devon und Cornwall unterwegs

Die M5 und die A30 sind von Mitte Juli bis Anfang September stark befahren, auch von vielen Wohnmobilen. Deshalb geht es oft nur langsam voran, vor allem an Samstagen. In Devon und Cornwall kostet es viel Zeit, auf den schmalen, von hohen Böschungen eingefassten Straßen zu fahren. Die Züge von Paddington Station nach Penzance halten in den meisten größeren Städten. Darüber hinaus müssen Sie auf Taxis oder die selten verkehrenden Nahverkehrsbusse zurückgreifen.

Strohgedeckte Steincottages, Buckland-in-the-Moor, Dartmoor

Hotels und Restaurants in Devon und Cornwall *siehe Seiten 566f und 591–593*

❶ Tour: Penwith

Die Fahrt führt durch eine spektakuläre, abgeschiedene Gegend mit Zeugnissen früherer Zinnminen, malerischen Fischerdörfern und prähistorischen Überresten. Die Küstenlinie variiert zwischen sanften Moorlandschaften im Norden und zerklüfteten, windgepeitschten Klippen im Süden. Die Schönheit der Landschaft und die Klarheit des Lichts locken seit Ende des 19. Jahrhunderts Künstler an, deren Arbeiten in Newlyn, St Ives und Penzance zu sehen sind.

Routeninfos
Länge: 50 km.
Rasten: In den meisten Dörfern entlang der Strecke gibt es zahlreiche Pubs und Cafés. Sennen Cove bietet sich als Zwischenstopp an.

① Zennor
Das Nixenrelief in der Kirche erinnert an die Sage von der Meerjungfrau, die den Sohn des Gutsherrn in ihre Höhle lockte.

② Lanyon Quoit
Die Grabkammern, eines der vielen prähistorischen Monumente, liegen links der Straße nach Madron.

⑧ Botallack Mine
Zerfallene, an die Klippen geschmiegte Maschinengebäude erinnern an den einstigen Zinnabbau in dieser Region.

③ Trengwainton
Der Park besticht mit üppiger Pracht (siehe S. 248)

⑦ Land's End
Englands westlichster Punkt fasziniert mit seiner Landschaft. Eine Ausstellung zeigt Geschichte, Geologie, Fauna und Flora.

④ Newlyn
Cornwalls größter Hafen gab einer um 1885 gegründeten Kunstschule (siehe S. 282) den Namen. Ihre Arbeiten zeigt die Galerie im Ort.

⑤ Merry Maidens
Der Steinkreis (Bronzezeit) soll aus 19 Mädchen bestehen, die zu Stein wurden, als sie am Sonntag tanzten.

⑥ Minack Theatre
Das Theater im altgriechischen Stil (1923) blickt auf die Bucht von Porthcurno. Im Sommer bildet sie eine zauberhafte Theaterkulisse.

Legende
— Routenempfehlung
= Andere Straße

Hotels und Restaurants in Devon und Cornwall siehe Seiten 566f und 591–593

DEVON UND CORNWALL | 281

Blick auf Porthminster Beach und das pittoreske St Ives

❷ St Ives

Cornwall. **Karte** E20. 🛉 11 000.
🚆 🚌 🛈 Street-an-Pol, (09052)
522 250. 🌐 visitstives.org.uk

St Ives mit den kalkgetünchten Cottages, den üppig grünen Gärten und den goldenen Sandstränden kombiniert die traditionellen Freuden eines Urlaubs am Meer mit einem glanzvollen künstlerischen Erbe. Die Stadt ist berühmt für die Klarheit des Lichts, die eine Künstlergruppe anzog, die hier in den 1920er Jahren eine Kolonie bildete. Ihr Werk wird im **Barbara Hepworth Museum and Sculpture Garden** und in der **Tate St Ives** gefeiert. Ersteres zeigt in dem Haus und Garten, in dem die Künstlerin viele Jahre lebte, das Werk der Bildhauerin. Die Tate St Ives stellt Werke moderner britischer Künstler aus, die in der Region arbeiteten.

Viele Galerien entstanden in ehemaligen Kellern oder Speichern, in denen einst Fisch gesalzen und verpackt wurde.

Zu den schönsten Stränden gehören Porthgwidden – ideal für Familien –, Porthmeor, beliebt bei Surfern, und vor allem Porthminster.

🏛 **Barbara Hepworth Museum and Sculpture Garden**
Barnoon Hill. 📞 (01736) 796 226.
🕐 tägl. (Nov–Feb: Di–So). ⬤ 24.–26. Dez. 📷 ♿ nach Vereinb. 🏠

🏛 **Tate St Ives**
Porthmeor Beach. 📞 (01736) 796 226. 🕐 tägl. (Nov–Feb: Di–So).
⬤ 24.–26. Dez; bisweilen wg. neuer Hängung (Zeiten tel. erfragen). 📷 ♿ 🛍 🏠
🌐 tate.org.uk/visit/tate-st-ives

Künstler in St Ives im 20. Jahrhundert

In den 1920er Jahren wurde St Ives zusammen mit Newlyn zu einem Magneten für junge Künstler. Ben Nicholson und Barbara Hepworth bildeten den Kern einer Künstlergruppe, die einen wichtigen Beitrag zur Entwicklung der abstrakten Kunst in Europa leistete. Mit der Stadt verbunden sind auch der Töpfer Bernard Leach und der Maler Patrick Heron (1920–1999), dessen *Buntes Glasfenster* den Eingang der Tate St Ives beherrscht. Viele Werke sind abstrakt und interpretieren die zerklüftete Landschaft Cornwalls, ihre Bewohner und die ständig wechselnden Spiegelungen der Sonnenstrahlen im Meer.

Bernard Leach (1887–1979) entwickelte während seiner Zeit in Japan eine Faszination für *Raku*-Keramik. Nach seiner Rückkehr nach England 1920 gründete er die Leach Pottery. Ein kleines Museum zeigt sein Werk.

Barbara Hepworth (1903–1975) war eine der führenden abstrakten Bildhauerinnen ihrer Zeit. *Two Forms (Divided Circle)* (1969), eine Bronzeskulptur, die sie sechs Jahre vor ihrem Tod anfertigte, gilt als eines ihrer berühmtesten Werke.

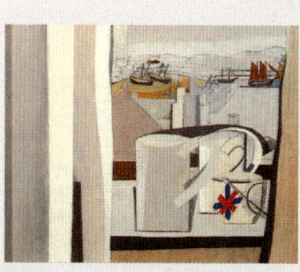

Ben Nicholsons (1894–1982) Werk zeigt eine Stilvielfalt von einfachen Szenen wie dem Blick aus seinem Fenster bis zur Beschäftigung mit Formen wie in seinem Bild *St Ives, Cornwall* (1943–45).

❸ Penzance

Cornwall. **Karte E20.** 34 000.
Station Approach,
(01736) 335 530.
lovepenzance.co.uk

Penzance ist ein viel besuchter Ferienort mit so mildem Klima, dass in den **Morrab Gardens** sogar Palmen und subtropische Pflanzen gedeihen. Die Stadt bietet eine schöne Sicht auf den St Michael's Mount und den langen, sauberen Sandstrand.

Market Jew Street, die Hauptstraße, endet am Market House (1837), das von einer imposanten Kuppel überwölbt und von einem Standbild von Humphrey Davy (1778–1829) bewacht wird. Davy, der aus Penzance stammte, erfand die Sicherheitslampe, die Bergleute auf tödliche Gase hinweist.

Die Chapel Street ist von ausgefallenen Häusern gesäumt – das farbenprächtigste ist das **Egyptian House** (1835) mit Lotos-Dekoration. Auf dem Dach des **Admiral Benbow Inn** (1696) thront ein Pirat, der aufs Meer blickt. **Penlee House Gallery and Museum** zeigen Gemälde von Künstlern der Newlyn-Schule.

Umgebung: Newlyn (siehe S. 280), etwas südlich von Penzance, ist Cornwalls größter Fischereihafen und gab der hiesigen, von Stanhope Forbes (1857–1947) gegründeten Künstlerschule ihren Namen. Die Künstler malten im Freien, um die Eindrücke von Wind, Sonne und Meer unmittelbar auf der Leinwand festzuhalten. Die Küstenstraße endet weiter südlich bei **Mousehole**, einem

Das Egyptian House (1835)

hübschen Dorf mit kleinem Hafen, Cottages und einem Gewirr von Gässchen.

Nördlich von Penzance liegt **Chysauster** mit Blick auf die bezaubernde Küste von Cornwall. Hier findet man ein sehr gutes Beispiel eines im 2. Jahr-

❹ St Michael's Mount

Laut römischen Historikern war der Berg die Insel Ictis, ein wichtiges Zentrum des Zinnhandels während der Eisenzeit. Er ist dem Erzengel Michael geweiht, der 495 hier erschienen sein soll. Als die Normannen 1066 England eroberten (siehe S. 50f), waren sie über die Ähnlichkeit der Insel mit Mont-St-Michel verblüfft und baten Benediktinermönche, hier eine Abtei zu gründen. Nach der Auflösung der Klöster (siehe S. 355) wurde sie zur Festung und Teil eines Befestigungsrings, den Henry VIII anlegen ließ. John St Aubyn erwarb den St Michael's Mount 1659. Seine Nachkommen wandelten die Festung in einen Wohnsitz um.

Die Felsabhänge bepflanzte die Familie St Aubyn mit subtropischen Bäumen und Sträuchern.

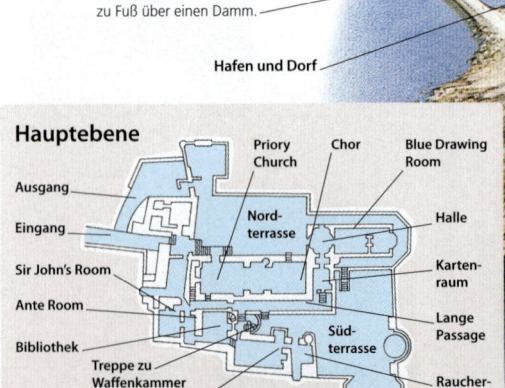

Die Insel erreicht man per Boot von Marazion aus oder bei Ebbe zu Fuß über einen Damm.

Hafen und Dorf

Hauptebene

- Ausgang
- Eingang
- Sir John's Room
- Ante Room
- Bibliothek
- Treppe zu Waffenkammer und Ausgang
- Priory Church
- Chor
- Nordterrasse
- Südterrasse
- Chevy Chase Room
- Blue Drawing Room
- Halle
- Kartenraum
- Lange Passage
- Raucherzimmer

Hotels und Restaurants in Devon und Cornwall *siehe Seiten 566f und 591–593*

hundert erbauten römisch-britannischen Dorfs. Seit es im 3. Jahrhundert verlassen wurde, blieb es fast unberührt.

Von Penzance aus verkehren regelmäßig Boote zu den **Isles of Scilly**, einer schönen Inselgruppe, die zum selben Granitmassiv gehört wie Land's End, Bodmin Moor und Dartmoor. Neben dem Tourismus sorgt hier die Blumenzucht für das Einkommen der Inselbewohner.

Penlee House Gallery and Museum
Morrab Rd. (01736) 363 625.
Apr–Okt: Mo–Sa 10–17 Uhr; Nov–März: Mo–Sa 10–16.30 Uhr.
1. Jan, 25., 26. Dez.
penleehouse.org.uk

Chysauster
Nahe B3311. 07831 757 934.
Apr–Okt: tägl. EH

Methodisten

Die hart arbeitenden, unabhängigen Bergleute und Fischer in den Dörfern Westenglands hatten für die traditionelle Kirche keine Zeit, doch die neue methodistische Religion mit ihrer Betonung des Gesangs, der Predigten im Freien und der regelmäßigen, »methodischen« Bibellesungen gefiel ihnen. Als John Wesley, Begründer des Methodismus, 1743 zum ersten Mal in diese Gegend kam, bewarfen ihn skeptische Bewohner mit Steinen. Durch seine Beharrlichkeit bekehrte er viele Menschen. 1762 predigte er bereits vor Gemeinden von bis zu 30 000 Gläubigen. In der gesamten Grafschaft entstanden einfache Gotteshäuser. Ein Zentrum der Methodisten war das Amphitheater **Gwennap Pit** bei Busveal südlich von Redruth. Erinnerungsstücke sind im Royal Cornwall Museum in Truro *(siehe S. 285)* zu sehen.

John Wesley (1703–1791)

Eingang

Die Priory Church mit den schönen Fensterrosetten wurde Ende des 14. Jahrhunderts neu gebaut und steht auf dem höchsten Punkt.

Die Waffenkammer zeigt Sportwaffen und militärische Trophäen der Familie St Aubyn.

Der Chevy Chase Room erhielt seinen Namen wegen des Gipsfrieses (1641), der Jagdszenen darstellt.

Die Südterrasse bildet das Dach des großen viktorianischen Flügels.

Infobox

Information
Marazion. **Karte** A6. 30.
(01736) 710 507, 710 265 (Infos zu Gezeiten, Fähren).
Burg Mitte März–Okt: So–Fr 10.30–17 Uhr. **Park** Mitte Apr–Juni: Mo–Fr 10.30–17 Uhr; Juli–Sep: Do, Fr 10.30–17.30 Uhr.
Burg nach Vereinb.
NT nationaltrust.org.uk

Anfahrt
von Marazion (März–Okt)

Der Blue Drawing Room entstand Mitte des 18. Jahrhunderts aus der Lady Chapel. Sein neugotischer Stil beeindruckt mit Stuckarbeiten, Möbeln und Gemälden von Gainsborough und Thomas Hudson.

Türme aus Serpentin bei Kynance Cove, Lizard Peninsula

❺ Helston und Lizard Peninsula

Cornwall. **Karte** F20. 🚌 von Penzance. 🛈 Menage St, Helston, (01326) 565 431.
W visithelston.com

Helston ist idealer Ausgangspunkt zur Erkundung des windgepeitschten Hochlands und der Küste der Halbinsel Lizard. Man kennt die Stadt wegen des Furry Dance, bei dem man das Frühjahr begrüßt, indem man durch die Straßen tanzt *(siehe S. 66)*. Das **Helston Museum** stellt diesen alten Brauch dar.

Die georgianischen Häuser und Kneipen der Coinagehall Street erinnern an die blühende Zinnstadt, die Helston einst war. Zinn wurde vor dem Verkauf gewogen und geprägt. Man brachte das Zinn zum Hafen am Ende dieser Straße, bis im 13. Jahrhundert eine Sand- und Kiessperre, die sich an der Flussmündung bildete, den Zugang zum Meer blockierte. So entstand der Süßwassersee Loe Pool. Ab 1880 wurde der Handel von Helston über einen neuen Hafen weiter östlich am Helford bei Gweek abgewickelt. Heute pflegt man in Gweek im **Cornish Seal Sanctuary** kranke Seehunde, bevor man sie wieder ins Meer entlässt.

Die **Poldark Mine** zeigt die Zinnförderung in Cornwall von römischer bis jüngster Zeit. Bei Führungen lernt man Arbeitsbedingungen in einem Bergwerk des 18. Jahrhunderts kennen. **Flambards Experience** zeigt Rekonstruktionen eines viktorianischen Dorfs und von England im Zweiten Weltkrieg. Weiter südlich befindet sich das **Lizard Lighthouse Heritage Centre**, die südlichste Touristenattraktion Englands. Der Leuchtturm wurde 1619 erbaut, interaktive Stationen erläutern die Technik.

Läden verkaufen vielerlei aus Serpentin, einem weichen grünen Stein, aus dem die Felsen am Strand der **Kynance Cove** bestehen.

🏛 **Helston Museum**
Market Place, Helston. 📞 (01326) 564 027. ⭘ Mo–Sa. ● Weihnachten. 🅿 ♿ 🎁
W helstonmuseum.co.uk

🐟 **Cornish Seal Sanctuary**
Gweek. 📞 (01326) 221 361.
⭘ tägl. ● 25. Dez. 🅿 ♿ 🛒 🎁
W sealsanctuary.co.uk

🏛 **Poldark Mine**
Wendron. 📞 (01326) 573 173.
⭘ Feb–Mitte Juli, Okt: unterschiedl.; Mitte Juli–Sep: tägl. 🛒 🎁
♿ **W** poldarkmine.org.uk

🏛 **Flambards Experience**
Culdrose Manor, Helston.
📞 (01326) 573 404. ⭘ Juli, Aug: tägl.; sonst variabel. 🅿 ♿ 🛒 🎁
W flambards.co.uk

🏛 **Lizard Lighthouse Heritage Centre**
Helston. 📞 (01326) 290 202.
⭘ Apr–Okt: So–Do. 🅿 🛒 🎁

❻ Falmouth

Cornwall. **Karte** F20. 🛌 26 000.
🚆 🚌 🛈 11 Market Strand, (01326) 741 194. 🚢 Di.
W discoverfalmouth.co.uk

Bei Falmouth fließen sieben Flüsse in eine fjordartige Bucht namens **Carrick Roads**. Das Flusstal ist so tief, dass Hochseedampfer fast bis Truro hinauffahren können. Bootsausflüge zu den vielen kleinen Buchten eignen sich gut, um die vielseitige Küste und ihre Vogelwelt zu erkunden.

Das Hafenbecken von Falmouth ist – nach Sydney und Rio de Janeiro – der drittiefste Naturhafen der Welt. Am Hafen des beliebten Ferienorts

---

Schmuggel in Cornwall

Vor der Einführung der Einkommensteuer verlangte die Regierung Steuern auf importierte Luxusartikel wie Cognac und Parfüm. Umging man die Steuern, die zur Zeit der Napoleonischen Kriege (1780–1815) am höchsten waren, konnte man riesige Gewinne erzielen. Das abgelegene Cornwall mit seinen kleinen Buchten und weit ins Land reichenden Flüssen war Zentrum des Schmuggels. Man schätzt, dass 100 000 Menschen – auch Frauen und Kinder – daran beteiligt waren. Sie provozierten Schiffbrüche, indem sie irreführende Leuchtfeuer aufstellten und so Schiffe zu den Felsen lockten. Dann plünderten sie die Wracks.

DEVON UND CORNWALL | **285**

findet man das **National Maritime Museum Cornwall**. Es ist Teil eines Komplexes mit Cafés, Läden und Restaurants und zeigt Ausstellungen der langen Seefahrtsgeschichte Cornwalls. Die hängende Flottille in der Haupthalle ist ein guter Startpunkt, um die interessanten Exponate auf fünf Stockwerken zu erkunden.

Eines der vielen alten Häuser am Hafen ist das **Customs House**. Der Kamin daneben wird »King's Pipe« genannt, weil man hier im 19. Jahrhundert den Tabak verbrannte, der bei den Schmugglern beschlagnahmt worden war.

Weitere Bauten sind **Pendennis Castle** und St Mawes Castle. Beide wurden von Henry VIII erbaut. Die **Falmouth Art Gallery** zählt zu den besten Kunstsammlungen Cornwalls.

Umgebung: Glendurgan *(siehe S. 248)* und der Park von **Trebah** im Süden liegen in Tälern, die sich zu den Sandbuchten des Flusses Helford erstrecken.

National Maritime Museum Cornwall
Discovery Quay, Falmouth.
(01326) 313 388. tägl.
25., 26. Dez.
nmmc.co.uk

Pendennis Castle
The Headland. (01326) 316 594.
Apr–Okt: tägl.; Nov–März: Sa, So. 1. Jan, 24.–26. Dez.
teilweise. EH

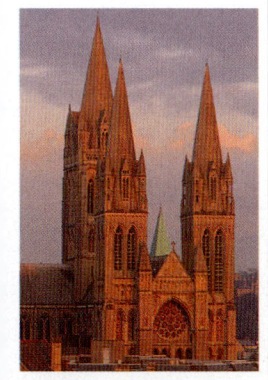

Kathedrale in Truro von J. L. Pearson, 1910 fertiggestellt

Falmouth Art Gallery
The Moor. (01326) 313 863.
Mo–Sa. 1. Jan, 25., 26. Dez.
falmouthartgallery.com

Glendurgan
Mawnan Smith. (01326) 252 020. Mitte Feb–Okt: Di–So u. Feiertage (Aug: tägl.). Karfreitag.
NT

Trebah
Mawnan Smith. (01326) 252 200. tägl.
trebahgarden.co.uk

❼ Truro

Cornwall. **Karte F20.** 20 000.
Boscawen St, (01872) 274 555. Mi, Sa (Bauernmarkt).
visittruro.org.uk

Die frühere Markt- und Hafenstadt ist heute das Verwaltungszentrum von Cornwall. Die vielen georgianischen Gebäude in Truro zeugen vom Reichtum der Stadt während der Blütezeit der Zinnindustrie im 19. Jahrhundert. 1876 schuf man die neue Diözese von Truro, errichtete die aus dem 16. Jahrhundert stammende Pfarrkirche neu und schuf damit die erste neue **Kathedrale** seit Wrens St Paul's Cathedral *(siehe S. 118f)* aus dem 17. Jahrhundert. Mit Mittelturm, den Spitzbogenfenstern und Türmchen wirkt sie eher französisch als englisch.

Das **Royal Cornwall Museum** zeigt Exponate zu Zinnförderung, Methodismus *(siehe S. 283)* und Schmuggel. Am Stadtrand liegen die Parks **Trewithen** (im Osten) und **Trelissick** (im Süden).

Royal Cornwall Museum
River St. (01872) 272 205.
Mo–Sa. 1. Jan, 25., 26. Dez.
royalcornwallmuseum.org.uk

Trewithen
Grampound Rd. (01726) 883 647. März–Juni: tägl.; Juli–Sep: Mo–Sa. nach Vereinbarung.
trewithengardens.co.uk

Trelissick
Feock. (01872) 862 090.
tägl. 25., 26. Dez.
NT

Die »Alpen« Cornwalls nördlich von St Austell

❽ St Austell

Cornwall. **Karte F18.** 34 000.
Texaco Service Station, Southbourne Rd, (01726) 879 500.
Mi, Sa, So. staustellbay.co.uk

Das Städtchen ist vor allem als Zentrum der englischen Porzellanindustrie bekannt, die im 18. Jahrhundert immer mehr an Bedeutung gewann. Nur China konnte Porzellanerde in ähnlichen Mengen und entsprechender Qualität vorweisen. Im 18. Jahrhundert gelang es William Cookworthy (1705–1780), chinesisches Porzellan nachzuahmen. Abraumhalden charakterisieren die Gegend. Bei Sonnenschein sehen sie wie schneebedeckte Berge aus und werden daher die »Alpen« Cornwalls genannt.

Umgebung: Die **Lost Gardens of Heligan** sind ein Projekt, den Park wiederherzustellen, den die Familie Tremayne vom 16. bis zum 20. Jahrhundert pflegte.

Im **Wheal Martyn China Clay Museum** führen Wege durch eine Tongrube, die von 1878 bis in die 1920er Jahre in Betrieb war.

Lost Gardens of Heligan
Pentewan. (01726) 845 100.
tägl. 24., 25. Dez.
heligan.com

Wheal Martyn China Clay Museum
Carthew. (01726) 850 362.
tägl. Mitte Jan.
teilweise.
wheal-martyn.com

⑨ Eden Project

Das Gewächshaus ist eine Erlebniswelt der Superlative: Die Idee eines »Garten Eden« soll Besuchern nicht nur die Schönheit der Natur vor Augen führen, sondern auch zeigen, wie sich die Arten entwickelt haben und wie sehr der Mensch vom Pflanzenreichtum der Erde profitiert. Die beiden futuristischen Kuppel-Gewächshäuser (Biome) enthalten eine Pflanzenwunderwelt – ein *biome* bietet feucht-tropisches, das andere warm-trockenes Klima. Im Educational Centre (»The Core«) werden Ausstellungen gezeigt. Man kann das gesamte Gelände über eine 660 Meter lange Seilbrücke überqueren.

Tropisches Südamerika
Einige Pflanzen erreichen riesige Ausmaße, Blätter der Riesenseerosen haben z. B. einen Durchmesser von bis zu zwei Meter.

Westafrika
Iboga *(Tabernanthe iboga)* mit halluzinogenen Wirkstoffen spielt im afrikanischen Bwiti-Kult eine wichtige Rolle.

Malaysia
Die Blüte der Titanenwurz *(Amorphophallus titanum)*, einer Riesenlilie, die im Regenwald vorkommt, kann bis zu drei Meter groß werden und riecht nach verfaulendem Fleisch.

Regenwald-Biom
8000 Pflanzenarten bilden einen dichten Dschungel. In der Kuppel befindet sich eine Aussichtsplattform in Höhe der Baumkronen.

Tropische Inseln
In der Isolation abgeschiedener Inseln haben sich viele faszinierende Pflanzen entwickelt. Das Madagaskar-Immergrün *(Catharanthus roseus)* soll bei Leukämie heilende Wirkung haben.

EDEN PROJECT | **287**

Infobox

Information
Bodelva, St Austell, Cornwall.
Karte F19. (01726) 811 911.
tägl. ab 9.30 Uhr; unterschiedl. Schließzeiten. Eislaufbahn Mitte Okt–Mitte März.
edenproject.com

Anfahrt
St Austell. Zubringerbus von St Austell.

Bauarbeiten
Im Oktober 1998 begannen die Bulldozer mit den Arbeiten in der ausgedienten Kaolingrube. Geodätische Kuppelbauten wurden vorgefertigt und vor Ort zusammengesetzt. Sie fügten sich ideal in die karge Abraumlandschaft ein.

Transparente Sechsecke aus ultraleichter Hightech-Folie

Kulturpflanzen
Die Kaffeepflanze (*Coffea arabica*) ist eines von vielen Gewächsen, dessen Produkte wir täglich nutzen.

Der Eingang zu Regenwald-Biom und mediterranem Biom führt über den Link, einen Verbindungsbau, der auch die Eden Bakery beherbergt.

Gelände

Zu den Freiland- und den überdachten Biomen gelangt man durch das Besucherzentrum.

Regenwald-Biom
① Tropische Inseln
② Malaysia
③ Westafrika
④ Tropisches Südamerika
⑤ Kulturpflanzen

Mediterranes Biom
⑥ Mittelmeerraum
⑦ Südafrika
⑧ Kalifornien
⑨ Kulturpflanzen

Freiland-Biome
⑩ Bestäubung
⑪ Kornische Nutzpflanzen
⑫ Essbare Pflanzen
⑬ Nutzpflanzen aus aller Welt
⑭ Bier und Brauwesen
⑮ Faserpflanzen
⑯ Hanf
⑰ Steppe und Prärie
⑱ Ökopflanzen
⑲ Tee
⑳ Lavendel
㉑ Treibstoff
㉒ Mythos und Volksglaube
㉓ Wildes Cornwall
㉔ Spielbereich
㉕ Gartenblumen
㉖ Medizin
㉗ Garten ohne Blumen
㉘ Besinnung

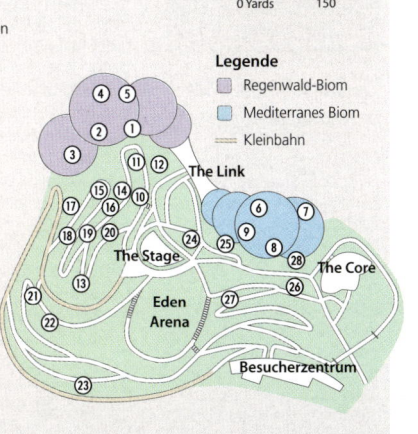

Legende
- Regenwald-Biom
- Mediterranes Biom
- Kleinbahn

0 Meter 150
0 Yards 150

The Link
The Stage
Eden Arena
The Core
Besucherzentrum

Blick über die Bucht von Fowey auf Polruan

❿ Fowey

Cornwall. **Karte** F19. 2500.
5 South St, (01726) 833 616.
w fowey.co.uk

Der Fluss, die Bäche und ruhigen Gewässer der Fowey-Mündung waren wohl die Inspiration zu *Der Wind in den Weiden*, dessen Autor Kenneth Grahame *(siehe S. 238)* Fowey oft besuchte. Der malerische Reiz des mit Blumen geschmückten Orts mit dem Gewirr steiler Sträßchen und der schönen Aussicht auf Polruan führt aber auch zu vielen Besuchern im Sommer.

Die Kirche **St Fimbarrus** bildet das Ende des einstigen Saint's Way von Padstow. Der Weg erinnert an die keltischen Missionare, die zu den Küsten Cornwalls kamen, um die Menschen zu christianisieren. Er führt zu einem majestätischen Portal und einem Turm. Im Inneren sind die Grabmale (17. Jh.) der Familie Rashleigh. Deren Anwesen Menabilly war Wohnsitz von Daphne du Maurier und fungierte als »Manderley« in *Rebecca* (1938).

Jamaica Inn, Bodmin Moor

Umgebung: Wer **Polruan** und seinen Hafen besuchen will, kann eine Bootsfahrt unternehmen. Die Bucht bewachen zwei Türme, zwischen denen einst Ketten gespannt wurden, um eindringenden Schiffen den Mast abzureißen – eine einfache, aber wirkungsvolle Verteidigungsmethode. Ein schöner Küstenabschnitt führt nach Osten zu den malerischen Fischerdörfern von **Polperro** in einer schmalen grünen Schlucht und dem benachbarten Fischerdorf **Looe**.

Von Fowey flussaufwärts liegt die gemütliche Stadt **Lostwithiel**. Nördlich davon thronen die Ruinen des normannischen **Restormel Castle**.

Restormel Castle
Lostwithiel. (01208) 872 687.
Apr–Okt: tägl.

Daphne du Maurier

Die Liebesromane von Daphne du Maurier (1907–1989) sind mit der wilden Landschaft Cornwalls verbunden, in der sie aufwuchs. *Gasthaus Jamaica* begründete 1936 ihren Ruf als Autorin. Die Veröffentlichung von *Rebecca* machte sie zwei Jahre später zu einer beliebten Schriftstellerin. Alfred Hitchcock verfilmte *Rebecca* mit Joan Fontaine und Laurence Olivier und ihre Kurzgeschichte *Die Vögel*.

⓫ Bodmin

Cornwall. **Karte** F19. 15000.
Bodmin Parkway. Bodmin.
Mount Folly Sq, Bodmin, (01208) 76616. **w** bodminlive.com

Bodmin, die alte Hauptstadt Cornwalls, liegt geschützt am Westrand der weiten Moorlandschaft gleichen Namens. Historie und Archäologie der Stadt und des Moors stellt das **Bodmin Town Museum** dar. **Bodmin Jail** dagegen, in dem bis 1909 öffentliche Hinrichtungen stattfanden, wurde gruselige Attraktion. Im Kirchhof sprudelt eine nie versiegende heilige Quelle. Genau hier gründete der hl. Guron im 6. Jahrhundert eine erste christliche Gemeinde. Die Kirche ist dem hl. Petroc geweiht, einem walisischen Missionar, der ein Kloster erbauen ließ. Das Kloster ist längst aufgelöst, doch die Gebeine des Heiligen ruhen in der Kirche in einem Elfenbeinschrein (12. Jh.).

Mit der **Bodmin & Wenford Railway** kann man Ausflüge in die Umgebung machen. **The Courtroom Experience** stellt Mordprozesse der viktorianischen Ära nach.

Südlich von Bodmin liegen die Ländereien von **Lanhydrock**. Das große, bewaldete Gelände und den Park *(siehe S. 248)* beherrscht der großartige Wohnsitz. Er wurde nach einem Brand 1881 wiederaufgebaut, besitzt aber noch Teile im Stil der Zeit James' I. Auf einer Stuckdecke (17. Jh.) in der langen Galerie sind biblische Szenen dargestellt.

Bodmin Moor ist für sein weites Netz prähistorischer Feldbegrenzungen bekannt. Eine Attraktion ist **Jamaica Inn** (18. Jh.), berühmt geworden durch Daphne du Mauriers gleichnamigen Roman. Heute gibt es hier ein Museum, das die Geschichte des Schmuggelns nachzeichnet. Ein 30-minütiger Spaziergang führt vom

Jamaica Inn zum **Dozmary Pool**, von dem man glaubte, er sei bodenlos, bis er 1976 austrocknete. Man sagt, das Schwert Excalibur sei, nachdem Artus tödlich verletzt worden war, in den See geworfen worden. **St Nonna** im östlichen **Altarnun** wird »Cathedral of the Moor« genannt.

Bodmin Town Museum
Mt Folly Sq, Bodmin. (01208) 77067. Ostern–Okt: Mo–Sa, Karfreitag. Feiertage. teilweise.

Bodmin Jail
Berrycombe Rd, Bodmin. (01208) 76292. tägl. 25. Dez. bodminjail.org

Lanhydrock
Bodmin. (01208) 265 950. **Haus** Mai–Okt: tägl. **Park** Mitte Feb–Okt: tägl. NT

⓬ Padstow

Cornwall. **Karte** F19. 3000. North Quay, (01841) 533 449. padstowlive.com

Das schicke Padstow, ein malerischer kleiner Fischerhafen in der Mündung des Camel mit schönen Sandstränden in der Nähe, ist heute auch ein Magnet für Feinschmecker. Die gastronomische Revolution wurde vom berühmten Chefkoch Rick Stein 1975 in Gang gebracht. Herz und Seele des Dorfs ist der Kai am Hafen, wo täglich der frische Fang angelandet wird und die Gässchen mit Boutiquen, Kunstgalerien und Delikatessenläden ihren Anfang nehmen. Das kleine **Padstow Museum** zeigt u. a. Kostüme des jährlichen Festes Obby Oss, eines alten Maitag-Rituals heidnischen Ursprungs. Das elisabethanische Herrenhaus **Prideaux Place** war seit 1592 Sitz der Prideaux-Brune-Familie. Mit seinen wunderbaren Stuckarbeiten war es schon oft Location für Filme.

⓭ Tintagel

Cornwall. **Karte** F19. 1800. Bossiney Rd, (01840) 779 084. visitboscastleandtintagel.com

Die sagenumwobenen Ruinen von **Tintagel Castle**, das der Earl of Cornwall um 1240 erbaute, thronen auf einem hohen, von zerklüfteten Schieferklippen gezeichneten Hügel.

Die Ruinen von Tintagel Castle an der Nordküste Cornwalls

Die Burg erreicht man über zwei steile Treppen, die mit Grasnelken und Strandflieder bewachsen sind.

Der Graf wollte seine Burg an dieser abgeschiedenen Stelle errichten, weil sie gemäß *History of the Kings of Britain* von Geoffrey of Monmouth als Geburtsort des legendären König Artus gilt. Hier wurden zahlreiche Keramiken gefunden, die um das 5. Jahrhundert im östlichen Mittelmeerraum hergestellt worden sind. Das belegt, dass dies seinerzeit ein bedeutendes Handelszentrum war – lange bevor die Burg entstand. Wer auch immer hier lebte – vielleicht waren es die früheren Könige von Cornwall –, konnte sich ein luxuriöses Leben leisten.

Ein Weg führt von der Burg zur **Kirche** von Tintagel. Das **Old Post Office** ist ein restauriertes Herrenhaus (14. Jh.).

Umgebung: Östlich liegt **Boscastle**, ein unter Denkmalschutz stehendes, hübsches Dorf. Der Valency fließt in der Mitte der Hauptstraße zum Fischerhafen. Vom Hafen führt nur ein durch den Fels gehauener Kanal aufs Meer.

Tintagel Castle
Tintagel Head. (01840) 770 328. Apr–Okt: tägl.; Nov–März: Sa, So. 1. Jan, 24.–26. Dez. EH english-heritage.org.uk/tintagel

Old Post Office
Fore St. (01840) 770 024. März–Okt: tägl. NT

König Artus

Ob es den legendären Artus (King Arthur) wirklich gab, ist unklar. Seit Geoffrey of Monmouths *History of the Kings of Britain* (1139) diverse Sagen, die sich um ihn rankten, aufführte – wie er König wurde, indem er das Schwert Excalibur aus dem Stein zog, seinen letzten Kampf gegen den verräterischen Mordred und die Geschichte der Tafelrunde *(siehe S. 174)* –, vermischten sich historische Grundlagen und Mythos. Die meisten Geschichten gehen auf keltische Sagen zurück. Historisch könnte Artus ein keltisch-britischer König gewesen sein, der um das Jahr 500 gegen die eindringenden Sachsen und Angeln kämpfte.

Arthur in einer Chronik (14. Jh.), Peter of Langtoft

⓴ Bude

Cornwall. **Karte** G18. 🏘 9000.
ℹ Crescent Car Park, (01288) 354 240. 🚌 Ostern–Okt: Fr
🌐 visitbude.info

Die langen Sandstrände dieser Gegend locken heute vor allem Familien an. Einst machten sie Bude zu einer geschäftigen Hafenstadt. Sand wurde über einen Kanal ins Landesinnere transportiert, wo man ihn zur Neutralisierung des sauren Bodens nutzte. Der Kanal ist seit 1880 nicht mehr in Betrieb. Ein Abschnitt ist heute Zufluchtsort für Eisvögel und Reiher.

⓯ Clovelly

Devon. **Karte** G18. 🏘 350.
📞 (01237) 431 781. **Fremdenverkehrsamt** 🕐 tägl. ⬤ 25., 26. Dez. 🅿 ♿ Besucherzentrum.
🌐 clovelly.co.uk

Clovelly ist als besonders schöner Flecken berühmt, seit Charles Kingsley (1819–1875) ihn in seiner spannenden Geschichte über die spanische Armada, *Gen Westen* (1855), beschrieb. Von der einst blühenden Fischindustrie, der das Dorf seine Entstehung verdankt, blieb wenig übrig. Heute ist Clovelly eine malerische Attraktion in Privatbesitz. Steile Straßen führen vom Hafen auf die Klippen hinauf, die Häuser sind fröhlich bemalt und die Gärten voller bunter Blumen. Aussichtspunkte bieten herrliche Panoramen. Am Kai beginnen Küstenwanderwege.

Der **Hobby Drive** ist ein Panorama-Fußweg (5 km), der entlang der Küste zum Dorf verläuft. Er wurde zwischen 1811 und 1829 von einheimischen Männern angelegt, die nach den Napoleonischen Kriegen *(siehe S. 58 f)* aus der Armee entlassen worden waren.

⓰ Bideford

Devon. **Karte** G18. 🏘 17 000. 🚌
ℹ Burton Art Gallery Kingsley Rd, (01237) 477 676. 🚌 Di, Sa.
🌐 northdevon.com

Bideford erstreckt sich entlang der Torridge-Mündung. Die Stadt wurde vor allem durch den Import von Tabak aus der Neuen Welt wohlhabend. In der Bridgeland Street stehen einige Kaufmannshäuser aus dem 17. Jahrhundert, auch das herrliche Erkerhaus Nr. 28 (1693). Dahinter führt die Mill Street zur Pfarrkirche und zur mittelalterlichen Brücke.

Die 203 Meter lange mittelalterliche Brücke von Bideford mit 24 Bogen

Umgebung: Das westlich von Bideford gelegene Dorf **Westward Ho!** entstand Ende des 19. Jahrhunderts und ist nach dem gleichnamigen Roman von Charles Kingsley (dt. Titel *Gen Westen*) benannt. Die nahen Seen werden von Surfern genutzt. In dem Dorf hat mit Royal North Devon der älteste Golfclub Englands seinen Sitz.

Der Schriftsteller Rudyard Kipling *(siehe S. 167)* ging hier zur Schule. **Kipling Tors**, der Hügel im Süden, war Schauplatz der Geschichten von *Stalky & Co* (1899).

Etwas westlich von Bideford liegt **Hartland Abbey** (1157). Heute ist das einstige Kloster in Familienbesitz. Die BBC filmte hier Teile von *Sinn und Sinnlichkeit*. Besucher können das Museum sowie den Park besichtigen.

Henry Williamsons *Tarka der Otter* (1927) beschreibt die Otter von **Torridge Valley**. Ein Teil des Tarka Trail führt am Torridge und an einer stillgelegten Bahnlinie entlang. Am Bahnhof von Bideford kann man Fahrräder ausleihen. Der Weg passiert auch den herrlichen **Rosemoor Garden** der Royal Horticultural Society. Tagestouren führen von Bideford oder Ilfracombe zur Insel **Lundy**, einem Tier- und Naturparadies.

🏛 **Hartland Abbey**
Nahe Bideford. 📞 (01237) 441 496.
🕐 Apr–Sep: So–Di. 🅿 🛍 ☕
♿ teilweise. 🌐 hartlandabbey.com

🌿 **RHS Rosemoor Garden**
Great Torrington. 📞 (01805) 624 067. 🕐 tägl. ⬤ 25. Dez. 🅿
♿ 🛍 ☕ 🌐 rhs.org.uk/gardens/rosemoor

Idylle bei Ebbe: Fischerboote im Hafen von Clovelly

Hotels und Restaurants in Devon und Cornwall siehe Seiten 566 f und 591–593

⓱ Appledore

Devon. **Karte** G18. 2800.
i Bideford, (01237) 477 676.
w appledore.org

Die abgeschiedene Lage am Ende der Torridge-Mündung trug wesentlich zum Erhalt von Appeldores Charme bei. Belebte Bootswerften befinden sich am langen Kai am Fluss, der auch Ausgangspunkt für Fischfangtouren und die Fähren zu den Sandstränden von Braunton Burrows am gegenüberliegenden Ufer ist. Verwitterte Häuser im Regency-Stil säumen die Hauptstraße. Im Gassengewirr sieht man zahlreiche Fischerhäuser aus dem 18. Jahrhundert. Einige Läden haben noch ihre alten Erkerfenster und verkaufen Kunsthandwerk, Antiquitäten und Souvenirs. In den Restaurants gibt es fangfrischen Seafood.

Auf dem Hügel über dem Kai dokumentiert das **North Devon Maritime Museum** sehr eindrucksvoll die Geschichte der Australien-Auswanderer aus Devon, Modelle und Fotografien erläutern die Arbeit in den Werften. Im **Victorian Schoolroom** werden Filme über Fischerei und Bootsbau gezeigt.

North Devon Maritime Museum
Odun Rd. (01237) 422 064.
Apr–Okt: 10.30–17 Uhr.
teilweise. northdevonmaritimemuseum.co.uk

Bunte Cottages in einer schmalen Straße in Appledore

Stände auf dem Pannier Market in Barnstaple

⓲ Barnstaple

Devon. **Karte** G18. 34 000.
The Square, (01271) 375 000. Apr–Nov: Mo–Sa.
w staynorthdevon.co.uk

Obwohl Barnstaple ein wichtiges Versorgungszentrum für die gesamte Region darstellt, ist das verkehrsfreie Stadtzentrum dennoch ruhig. Der **Pannier Market** (1855) mit dem gewaltigen Glasdach offeriert Bio-Obst und Gemüse. Die **St Peter's Church** in der Nähe soll 1810 von einem Blitz getroffen worden sein, wodurch sich die Holzbalken verzogen und der Turm sich neigte.

Das **Heritage Centre**, ein Säulengang am Strand mit einer Statue von Queen Anne, wurde ursprünglich als Börse erbaut, in der Kaufleute die Schiffsladungen der im Taw ankernden Lastschiffe verkauften. In der Nähe befinden sich die Brücke aus dem 15. Jahrhundert und das **Museum of Barnstaple and North Devon**, das die hiesige Geschichte und die 700 Jahre alte Keramikindustrie erläutert. Es präsentiert auch die Fauna, z. B. Otter. Der 290 Kilometer lange Tarka Trail ist zum Teil mit dem Rad befahrbar und umrundet dabei Barnstaple.

Umgebung: Westlich liegt das 120 Hektar große **Braunton »Great Field«**, ein gut erhaltenes Relikt des mittelalterlichen Ackerbaus. Dahinter erstreckt sich mit den **Braunton Burrows** eines der größten Dünennaturschutzgebiete Großbritanniens. Das Areal ist ein Traum für alle, die Meerkohl, Stranddisteln, Strandflieder und Gelben Hornmohn lieben. Die Sandstrände und die gewaltigen Wellen in Croyde und Woolacombe sind bei Surfern sehr beliebt, aber es gibt auch ruhigere Strände mit flachem Wasser und Felsenbecken.

Statue von Queen Anne (1708)

Arlington Court and National Trust Carriage Museum nördlich von Barnstaple wartet mit einer Sammlung von Pferdewagen, Modellschiffen und winterharten Rabatten sowie einem See auf.

Museum of Barnstaple and North Devon
The Square. (01271) 346 747.
Mo–Sa. 24. Dez–1. Jan.
devonmuseums.net

Arlington Court and National Trust Carriage Museum
Arlington. (01271) 850 296.
Mitte Feb–Okt: tägl.; Nov, Dez: Sa, So. teilweise. **NT**

Devonshire Cream Teas

Die Leute in Devon behaupten, ihr *cream tea* sei der beste. Die entscheidende Zutat ist die *clotted cream* von den auf den Weiden Devons grasenden Jersey-Rindern – alles andere wäre zweite Wahl. Man streicht die Sahne dick auf frische *scones*, darüber kommt hausgemachte Erdbeermarmelade – eine verführerische, allerdings kalorienreiche Köstlichkeit zum Tee.

Ein cream tea mit scones, Marmelade und clotted cream

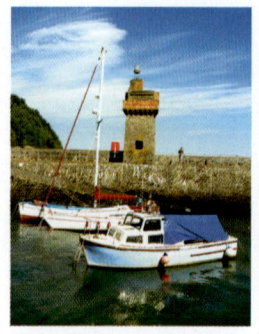

Boote im Hafen von Lynmouth

ⓘ Lynton und Lynmouth

Devon. Karte GH18. 🚗 2000.
🚌 ℹ Town Hall, Lee Rd, Lynton,
(01598) 752 225.
🌐 lynton-lynmouth-tourism.co.uk

Das an der Mündung der Flüsse West und East Lyn gelegene Lynmouth ist ein malerisches, aber kommerzialisiertes Fischerdorf. In der Fußgängerzone gibt es viele Souvenirläden. Sie verläuft parallel zum Lyn, der zum Schutz vor Überschwemmungen eingedämmt wurde. Eine Flut zerstörte die Stadt in der Feriensaison 1952. Die damals entstandenen Narben wurden von starken Regenfällen vertieft und sind in der **Glen Lyn Gorge**, die vom Dorf Richtung Norden verläuft, von Bäumen überwachsen.

Lynmouths viktorianische Zwillingsstadt Lynton liegt auf einer 130 Meter hohen Klippe mit Blick über den Bristol Channel zur Westküste. Vom Hafen erreicht man sie von März bis Oktober mit der Wasserballastbahn oder über einen Fußweg.

Umgebung: Lynmouth ist ein guter Ausgangspunkt für Wanderungen durch Exmoor. Ein drei Kilometer langer Weg führt südöstlich nach **Watersmeet** *(siehe S. 254)*. Am Westrand von Exmoor liegt in einem hübschen Tal **Combe Martin** *(siehe S. 254)*. An der von viktorianischen Villen gesäumten Hauptstraße steht das Pack o' Cards Inn (18. Jh.) mit 52 Fenstern – für jede Spielkarte eines.

ⓘ Exeter

Exeter ist der geschäftige Hauptort von Devonshire, der trotz der Bombardierung im Zweiten Weltkrieg seinen Charakter bewahren konnte. Die Stadt, die auf einem Plateau hoch über dem Fluss Exe liegt, umgeben große Abschnitte einer römischen und mittelalterlichen Stadtmauer. Der Straßenplan hat sich seit der Zeit, als die Römer die heutige Hauptstraße anlegten, kaum verändert. Der Cathedral Close ist eine schöne Grünanlage. Pflasterstraßen und enge Gassen mit vielen großen und kleinen Läden eignen sich zum Bummeln und Shoppen.

Überblick: Exeter

Der Cathedral Close, der die Kathedrale von Exeter umgebende gegrünte Platz, war im Mittelalter der Mittelpunkt der Stadt. Heute zeigt der im Sommer von Straßenmusikern belebte Platz eine Vielzahl architektonischer Stile. Eines der schönsten Gebäude ist das elisabethanische **Mol's Coffee House**. Weitere historische Bauten sind das prächtige Custom House (1681) am Hafen und das elegante **Rougement House** aus dem 18. Jahrhundert nahe der Ruine einer von William the Conqueror *(siehe S. 50f)* erbauten normannischen Burg.

Das Hafenviertel wurde in einen touristisch attraktiven Bereich umgewandelt mit vielen Läden und Cafés. Man kann Boote mieten und auf dem kurzen Kanalabschnitt spazieren fahren. Das **Quay House Visitor Centre** (www.exeter.gov.uk; Apr–Okt: tägl.; Nov–März: Wochenende) zeigt Exponate und Videos zu Exeters Historie.

🏛 The Guildhall

High St. 📞 (01392) 665 500.
🕐 tägl.; Zeiten tel. erfragen. ♿
🌐 exeter.gov.uk

Zu den vielen historischen Gebäuden, die den Zweiten Weltkrieg unbeschadet überstanden haben, gehört auch die Guildhall (1330) in der High Street. Sie ist eines der ältesten öffentlichen Gebäude Englands und diente als Gefängnis, Gericht und Polizeistation. Heute treffen sich hier immer noch der Bürgermeister und der Stadtrat.

🏛 Cathedral Church of St Peter

Cathedral Close. 📞 (01392) 285 983. 🕐 tägl.

Die Kathedrale von Exeter ist eine der prächtigsten Großbritanniens. Sie stammt abgesehen von zwei normannischen Türmen aus dem 14. Jahrhundert und ist im Decorated-Stil erbaut. Die Westfassade zeigt Englands größte Komposition mittelalterlicher Skulpturen. Es sind 66 Figuren – Könige, Apostel und Propheten. Eines der

Beeindruckende Cathedral Church of St Peter in Exeter

Hotels und Restaurants in Devon und Cornwall siehe Seiten 566f und 591–593

Gräber im Chor ist das von Walter de Stapledon (1261–1326), Schatzmeister von Edward II, der in London vom Mob ermordet wurde.

Underground Passages
2 Paris St. (01392) 665 887. Juni–Sep: tägl.; Okt–Mai: Di–So.

Unter dem Zentrum befinden sich die Reste von Exeters mittelalterlichem Wasserversorgungssystem. Eine Führung erklärt, wie die mit Stein ausgekleideten Tunnel im 14. und 15. Jahrhundert erbaut wurden, um Wasser von Quellen außerhalb der Stadt direkt zu den Einwohnern zu leiten. Nichts für Klaustrophobiker!

Exeters Kai mit schönen Lagerhäusern aus dem 19. Jahrhundert

Hafenviertel
Custom House 46 The Quay. (01392) 271 611. Apr–Okt: tägl. 10–17 Uhr; Nov–März: Sa, So 11–16 Uhr. exeter.gov.uk

In den renovierten Lagerhäusern (19. Jh.) am Hafen findet man heute Kunsthandwerks- und Antiquitätenläden sowie Cafés, Pubs und Restaurants. Hier kann man auch Boote für Kanalfahrten mieten. Im Herzen liegt das Custom House (1680), in dem sich heute ein Besucherzentrum befindet, das die Stadtgeschichte beleuchtet.

St Nicholas Priory
The Mint. (01392) 665 858. wg. Renovierung. teilweise.

Das Gebäude (12. Jh.) ist weitgehend original erhalten und hat eine bewegte Geschichte hinter sich: Ursprünglich war es ein Kloster, dann eine Tudor-Residenz und im 20. Jahrhundert eine Werkstatt.

Royal Albert Memorial Museum and Art Gallery
Queen St. (01392) 265 858. Di–So.

Das vielseitige Museum präsentiert römische Funde, einen Zoo ausgestopfter Tiere, Beispiele westenglischer Kunst und ethnografische Exponate, darunter Samurai-Schwerter. Im Ausstellungsraum Making History erfährt man mehr über die Vergangenheit der Stadt, Finders Keepers beleuchtet das Sammeln an sich und die Geschichte hinter den Exponaten.

Umgebung: Das ausgefallene 16-eckige Haus **A La Ronde** südlich von Exeter an der A376 ließen zwei Cousinen 1796 erbauen und verzierten es mit Muscheln, Federn und Souvenirs von ihren Europareisen.

Weiter östlich an einer geschützten Bucht liegt die Regency-Stadt **Sidmouth**. Ihre ältesten Gebäude entstanden in den 1820er Jahren, als Sidmouth zum Seebad wurde. Es gibt strohgedeckte Cottages und riesige Villen aus der Zeit Edwards VII. Den Strand säumen Terrassen. Im Sommer findet hier die Sidmouth Folk Week (siehe S. 67) statt.

Nördlich von Sidmouth steht die Kirche **Ottery St Mary**. Bischof Grandisson ließ sie 1338–42 als Miniaturausgabe der Kathedrale von Exeter errichten, zu deren Bau er auch beitrug. Eine Gedenktafel in der Friedhofsmauer erinnert an den 1772 in der Stadt geborenen Dichter Coleridge.

Das nahe **Honiton** ist für die hier seit elisabethanischer Zeit hergestellten Spitzen bekannt, die man im Honiton Lace Museum bewundern kann.

Im Norden von Exeter liegt an der M5 **Killerton**, Heimat der Kostümsammlung des National Trust, die anschaulich die aristokratischen Moden, darunter auch Korsetts und Reifröcke, vom 18. Jahrhundert bis heute illustriert.

Weiter nördlich bei Tiverton liegt **Knightshayes Court**, ein viktorianischer Herrensitz im gotischen Stil mit schöner Parkanlage (siehe S. 249).

Infobox

Information
Devon. Karte H19. 125 000.
Dix's Field, (01392) 665 700.
visitexeter.com

Anfahrt
8 km östl. Exeter St David's, Bonhay Rd; Exeter Central, Queen St. Paris St.

A La Ronde
Summer Lane, Exmouth.
(01395) 265 514. Feb–Okt: tägl. 11–17 Uhr. NT
nationaltrust.org.uk

Killerton
Broadclyst. (01392) 881 345.
Haus und Garten tägl. NT

Knightshayes Court
Bolham. (01884) 254 665.
tägl. 25. Dez.
teilweise. NT

Ladram Bay mit seinen Felsnadeln, Sidmouth

❷① Torbay

Devon. **Karte** H19. 🚂 🚌 Torquay, Paignton. 🛈 5 Vaughan Parade, Torquay, (01803) 211 211.
🌐 englishriviera.co.uk

Die Küstenstädte Torquay, Paignton und Brixham bilden zusammen einen fast durchgehenden Ferienort am Strand der Bucht Torbay. Wegen des milden Klimas, der halbtropischen Gärten und der viktorianischen Hotels wird der beliebte Küstenabschnitt auch als »englische Riviera« bezeichnet. In seiner Blütezeit war Torbay bevorzugtes Reiseziel der Reichen – vor allem während der Napoleonischen Kriege *(siehe S. 58f)*, als Reisen auf den Kontinent weder als sicher noch als politisch korrekt galten. Heute dreht sich alles um Tourismus und die Attraktionen in und um Torquay.

Torre Abbey umfasst die Ruinen eines 1196 gegründeten Klosters. Die Villa (17. Jh.) beherbergt eine Kunstgalerie und ein Museum. Das nahe gelegene **Torquay Museum** zeigt Naturgeschichte und Archäologie, darunter Funde aus **Kents Cavern** vom Rand der Stadt. Die Höhlen sind bedeutende prähistorische Stätten und dienen als Kulisse für Ausstellungen über Menschen und Tiere, die hier vor rund 350 000 Jahren lebten.

Die Miniaturstadt **Babbacombe Model Village** liegt nördlich von Torquay. Rund 1,5 Kilometer landeinwärts befindet sich das hübsche Dorf **Cockington** mit Tudor-Herrensitz, Kirche und Cottages. Hier kann man auch Handwerkern bei der Arbeit zusehen.

In Paignton ist der **Paignton Zoo** sehenswert. Von hier aus fährt eine Dampfeisenbahn nach Dartmouth. Weiter südlich liegt die hübsche Kleinstadt Brixham.

🏛 Torre Abbey
King's Drive, Torquay. 📞 (01803) 293 593. ⭘ März–Dez: Mi–So (Juli–Sep: tägl.). ⬤ 25. Dez.

Bayards Cove, Dartmouth

🏛 Torquay Museum
Babbacombe Rd, Torquay.
📞 (01803) 293 975.
⭘ tägl. (Nov–Ostern: Mo–Sa).
⬤ Weihnachten.
🌐 torquaymuseum.org

🏛 Kents Cavern
Ilsham Rd, Torquay. 🚌 (01803) 215 136. ⭘ tägl. ⬤ 25. Dez.
🌐 kents-cavern.co.uk

🏛 Babbacombe Model Village
Hampton Ave, Torquay. 📞 (01803) 315 315. ⭘ tägl. ⬤ 25. Dez.

🏛 Paignton Zoo
Totnes Rd, Paignton. 📞 (01803) 697 500. ⭘ tägl. ⬤ 25. Dez.
🌐 paigntonzoo.org.uk

❷② Dartmouth

Devon. **Karte** H19. 🏠 5500.
🚌 🛈 Mayors Ave, (01803) 834 224. 🛒 Di, Fr (vorm.).
🌐 discoverdartmouth.com

Auf einer Klippe über dem Fluss Dart thront das **Royal Naval College**. Hier stach die englische Flotte zum zweiten und dritten Kreuzzug in See. Häuser aus dem 18. Jahrhundert stehen am Kai von Bayards Cove, Holzbauten aus dem 17. Jahrhundert am Butterwalk. In Haus Nr. 6 befindet sich das **Dartmouth Museum**. Im Süden liegt **Dartmouth Castle** (1388).

🏛 Dartmouth Museum
Butterwalk. 📞 (01803) 832 923.
⭘ tägl. ⬤ 1. Jan, 24.–26. Dez.
🌐 dartmouthmuseum.org

🏰 Dartmouth Castle
Castle Rd. 📞 (01803) 833 588.
⭘ tägl. (Nov–Ostern: Sa, So).
⬤ 1. Jan, 24.–26. Dez. **EH**

Fast wie am Mittelmeer: Torquay an der »englischen Riviera«

Hotels und Restaurants in Devon und Cornwall *siehe Seiten 566f und 591–593*

DEVON UND CORNWALL | **295**

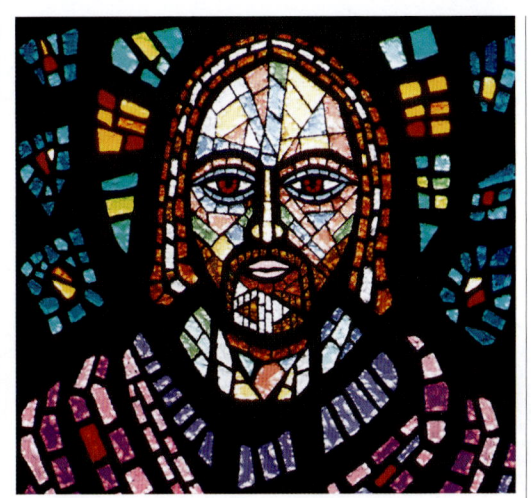

Bleiglasfenster in der Blessed Sacrament Chapel, Buckfast Abbey

❷ Totnes

Devon. **Karte** H19. 🚶 8000. 🚆 🚌 🚢 Di vormittags (Juni–Sep), Fr, Sa. **W** englishriviera.co.uk

Totnes nimmt Ökologie sehr ernst hinsichtlich Bio-Lebensmittel, erneuerbare Energien und umweltgerechte Gebäude. Das Städtchen befindet sich am höchsten schiffbaren Punkt des Flusses Dart. Auf einem Hügel ragt eine normannische **Burg** auf. Hafen und Hügel verbindet die mit elisabethanischen Häusern gesäumte steile High Street. Sie wird vom **Eastgate**, Teil der mittelalterlichen Stadtmauer, überwölbt.

Das **Totnes Elizabethan Museum** dokumentiert das Leben zur Blütezeit der Stadt. Ein Raum ist dem Mathematiker Charles Babbage (1791–1871) gewidmet, der als Wegbereiter der Computertechnik gilt. Sehenswert sind vor allem die mittelalterliche **Guildhall** und eine **Kirche** mit schön verziertem Lettner. Im Sommer tragen die Marktverkäufer dienstags elisabethanische Kostüme.

Umgebung: Etwas nördlich liegt **Dartington Hall** mit einem zehn Hektar großen Park und einer weltweit bekannten Musikakademie. In der holzverkleideten Great Hall aus dem 14. Jahrhundert finden regelmäßig Konzerte statt.

🏰 **Totnes Castle**
Castle St. 📞 (01803) 864 406. 🕐 Apr–Okt: tägl.; Nov–März: Sa, So. 🎫 **EH**

🏛 **Totnes Elizabethan Museum**
Fore St. 📞 (01803) 863 821. 🕐 Apr–Sep: Mo, Di. ♿ teilweise. **W** totnesmuseum.org

🏛 **Guildhall**
Rampart Walk. 📞 (01803) 862 147. 🕐 Mo–Fr. ⬤ Feiertage.

🌳 **Dartington Hall Gardens**
📞 (01803) 847 514. 🕐 tägl.
W dartington.org

❷ Buckfastleigh

Devon. **Karte** H19. 🚶 3300. 🚆 ℹ Fore St, (01364) 644 522.

Die Marktstadt am Rand von Dartmoor *(siehe S. 298f)* wird von der **Buckfast Abbey** beherrscht. Die in normannischer Zeit gegründete Abtei verfiel nach der Auflösung der Klöster. Erst 1882 errichtete eine Gruppe französischer Benediktinermönche hier eine neue Abtei.

Das Gebäude (einschließlich der wunderschönen Mosaiken und der Bleiglasfenster) wurde von den Mönchen selbst finanziert und eigenhändig erbaut. 1938 war das Kloster fertiggestellt. Es befindet sich heute im Stadtzentrum.

In der Nähe liegen **Buckfast Butterfly Farm and Dartmoor Otter Sanctuary** und die Endstation der **South Devon Steam Railway**, von der Dampfeisenbahnen durch das malerische Tal des Dart nach Totnes fahren.

🏛 **Buckfast Abbey**
Buckfastleigh. 📞 (01364) 645 500. 🕐 tägl. ⬤ Karfreitag, 25.–27. Dez. ♿ 🎫
W buckfasttourism.org.uk

🦋 **Buckfast Butterfly Farm and Dartmoor Otter Sanctuary**
Buckfastleigh. 📞 (01364) 642 916. 🕐 tägl. 🎫 ♿
W ottersandbutterflies.co.uk

❷ Burgh Island

Devon. **Karte** G20. 🚆 Plymouth, dann Taxi. ℹ The Quay, Knightsbridge, (01548) 853 195.
W welcomesouthdevon.co.uk

Ein kurzer Spaziergang führt bei Ebbe von Bigbury-on-Sea nach Burgh Island und in die dekadente Ära der 1920er und 1930er Jahre. Hier ließ der Millionär Archibald Nettlefold im Jahr 1929 das Hotel **Burgh Island** *(siehe S. 566)* im Artdéco-Stil und mit einem Felsenpool bauen. Bald kamen Prominente wie der Duke of Windsor, Agatha Christie und Noël Coward. Ein Besuch lohnt sich wegen der Fotos und der Art-déco-Ausstattung. Man kann auch die Insel und das **Pilchard Inn** (1336) besichtigen, in dem einer Sage zufolge der Geist eines Schmugglers spukt.

Bar im Art-déco-Stil im Burgh Island Hotel

ⓦ Plymouth

Plymouth. **Karte G19.** 258 000. 🚆 🚌 ⛴ 🛈 The Mayflower, The Barbican, (01752) 306 330. Mo–Sa. **w** visitplymouth.co.uk

Der kleine Hafen, von dem aus die Pilgerväter sowie Drake und Raleigh und auch Cook und Darwin zu ihren Abenteuern in See stachen, ist zu einer beachtlichen Stadt angewachsen, die nach den Bombardierungen des Zweiten Weltkriegs in kühnem Stil wiederaufgebaut wurde. Old Plymouth drängt sich um **The Hoe**, die berühmte Rasenfläche, auf der Francis Drake in aller Ruhe sein Bowlingspiel beendet haben soll, als sich die angreifende spanische Armada 1588 dem Hafen näherte *(siehe S. 55)*. Park und Paradeplatz sind von Denkmälern berühmter Seefahrer umgeben. Daneben liegt die wuchtige, 1660 von Charles II zum Schutz des Hafens erbaute **Royal Citadel**. Die **Plymouth Mayflower Exhibition** dokumentiert die Geschichte der Mayflower wie des Hafengeländes. Mit moderner Technik wird auch das Leben der Auswanderer beleuchtet. Am Hafen liegt das **National Marine Aquarium**, nicht weit entfernt **Mayflower Stone and Steps**, wo die Pilgerväter 1620 den dritten und erfolgreichen Versuch starteten, die Neue Welt zu besiedeln.

Umgebung: Bei einer Hafenrundfahrt lernt man die Docks kennen, in denen seit den Napoleonischen Kriegen Kriegsschiffe und U-Boote gebaut werden. Man sieht auch Parks wie den **Mount Edgcumbe Park** *(siehe S. 248)*. Östlich steht das **Saltram House** (18. Jh.) mit zwei Räumen von Robert Adam *(siehe S. 32)* und Porträts von Joshua Reynolds, der im nahen Plympton geboren wurde.

Drakes Wappen

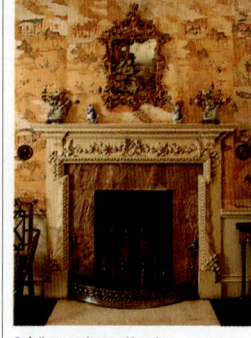

Schön verzierter Kamin (Mitte 18. Jh.), Saltram House

🏛 Royal Citadel
The Hoe. 📞 (01752) 306 330. 🕐 Mai–Sep: Di, Do, So. obligatorisch. **EH**
w english-heritage.org.uk

🏛 Plymouth Mayflower Exhibition
3–5 The Barbican. 📞 (01752) 306 330. 🕐 tägl. (Nov–Apr: Mo–Sa).

🐟 National Marine Aquarium
Rope Walk, Coxside. 📞 08448 937 938. 🕐 tägl. ● 25., 26. Dez.
w national-aquarium.co.uk

🌳 Mount Edgcumbe Park
Cremyll, Torpoint. 🚌 vom Parkplatz Torpoint. 📞 (01752) 822 236.
Haus 🕐 Apr–Sep: So–Do.
Park 🕐 tägl.
w mountedgcumbe.gov.uk

🏛 Saltram House
Plympton. 📞 (01752) 333 500.
Haus 🕐 März–Dez: tägl. ● 25., 26. Dez. **Park** 🕐 tägl.
teilweise. **NT**

㉗ Buckland Abbey

Yelverton, Devon. **Karte G19.**
📞 (01822) 853 607. 🚌 von Yelverton. 🕐 Mitte Feb–Okt, 6.–22. Dez: tägl.; Nov: Fr–So.
● Weihnachten–Mitte Feb.
NT w nationaltrust.org.uk

Das 1278 von Zisterziensern gegründete Kloster wurde nach der Säkularisation zum Wohnhaus umgestaltet, in dem Francis Drake ab 1581 wohnte. Viele Gebäude blieben in der Gartenanlage erhalten, z. B. die Klosterscheune (14. Jh., *siehe S. 36*). Gemälde und Erinnerungsstücke veranschaulichen das Leben Drakes.

Blick von The Hoe auf den Hafen von Plymouth

Hotels und Restaurants in Devon und Cornwall *siehe Seiten 566f und 591–593*

DEVON UND CORNWALL | **297**

❷❽ Cotehele

St Dominick, Cornwall. **Karte** G19.
📞 (01579) 351 346. 🚆 Calstock.
Haus ⭕ Mitte März–Okt: tägl.
Park ⭕ tägl. 🅿 ♿ teilweise.

Herrliche Wälder und üppige Flussauen machen Cotehele (gesprochen »cotil«) zu einem der schönsten Flecken am Tamar. Hier kann man einen spannenden Tag verbringen. Ungefähr 500 Jahre schlummerte das Anwesen versteckt in dem waldreichen Tal Cornwalls, bevor die Entwicklung einsetzte.

Hauptanziehungspunkt ist das von 1489 bis 1520 erbaute Gebäude mit Park, ein seltenes Beispiel mittelalterlicher Bauweise mit drei Innenhöfen, einer Halle, Küchen, Kapelle sowie Wohn- und Schlafräumen. Besonders romantisch wirkt das Haus durch die terrassierten Gärten im Osten, die durch einen Tunnel zu einem üppig bewachsenen Garten im Tal führen. Der Weg durch den Garten geht an einem mittelalterlichen überkuppelten Taubenschlag vorbei zu einem Kai, an dem einst Kalkstein und Kohle verschifft wurden und heute ein restaurierter Segellastkahn mit einem kleinen Seefahrtsmuseum liegt.

Ein Aussichtsturm bietet schöne Blicke auf den Tamar. Eine Galerie am Kai zeigt einheimische Kunst. Schön sind auch das Dorf, eine Mühle, alte Kalkbrennöfen und Werkstätten, die noch wie im 19. Jahrhundert eingerichtet sind.

Mittelalterlicher Taubenschlag im Garten von Cotehele

Die spanische Armada und die britische Flotte im Ärmelkanal, 1588

Sir Francis Drake

Sir Francis Drake (um 1540–1596), der erste Engländer, der die Welt umsegelte, wurde 1580 von Elizabeth I geadelt. Vier Jahre später brachte er Tabak und Kartoffeln nach England. Zuvor hatte er 190 Siedler zurückgeführt, die in Virginia eine Kolonie gründen wollten. Viele sahen in Drake einen opportunistischen Schurken, berüchtigt für seine Gewinne als »privateer«, dem euphemistischen Ausdruck für Pirat. Das katholische Spanien war Englands Erzfeind, und Drake erhöhte sein Ansehen bei Königin und Volk durch seinen Anteil am – von schlechtem Wetter begünstigten – Sieg über die Armada *(siehe S. 55)*.

❷❾ Morwellham Quay

Bei Tavistock, Devon. **Karte** G19.
📞 (01822) 832 766. 🚆 Gunnislake. ⭕ tägl. ⬤ 1. Jan, 25., 26. Dez. 🅿 🎫 ♿ teilweise. 📷
🏠 **w** morwellham-quay.co.uk

Bis 1970 war Morwellham Quay eine heruntergekommene Industriegegend. Dann begannen Mitglieder einer Stiftung, die verlassenen Cottages, Schulen, Farmen, den Kai und die Kupferminen so zu restaurieren, wie sie um 1900 ausgesehen haben. Heute ist Morwellham Quay ein blühendes und sehenswertes Industriemuseum. Hier kann man leicht einen ganzen Tag zubringen und am Leben eines viktorianischen Dorfs teilnehmen – vom Einspannen der Zugpferde, die von morgens bis abends Fuhrwerke ziehen, bis zur Einfahrt in eine Kupfermine im Hügel hinter dem Dorf. Die Illusion wird durch Angestellte in historischen Kostümen perfekt. Man kann auch einem Böttcher bei der Herstellung eines Fasses zu-

Industriemuseum in Morwellham Quay im Tamar-Tal

sehen, am Schulunterricht teilnehmen, bei viktorianischen Kinderspielen mitmachen oder sich Reifröcke, Hauben, Zylinder und Jacken aus dem 19. Jahrhundert anziehen. »Die Dorfbewohner« vermitteln so die einstige Lebens- und Arbeitsweise und liefern viele Informationen über die Geschichte der kleinen Minengemeinschaft.

Dartmoor National Park

Die weite, häufig nebelverhangene Moorlandschaft im Zentrum Dartmoors bildete die Kulisse von Arthur Conan Doyles Thriller *Der Hund von Baskerville* (1902). In Princetown steht, umgeben von Granitfelstürmen, eines der berühmtesten Gefängnisse Großbritanniens. In der Landschaft blieben dank der Härte des Granits viele prähistorische Überreste erhalten. Aber die Stimmung kann auch ganz anders sein: Flüsse, die durch bewaldete Schluchten sprudeln, bilden Kaskaden und Wasserfälle. Cottages schmiegen sich in die Täler am Rand des Moors, und viele Etablissements verwöhnen Wanderer mit *cream teas* und wärmendem Feuer.

Lydford Gorge
Um die imposante Schlucht führt ein fünf Kilometer langer Weg.

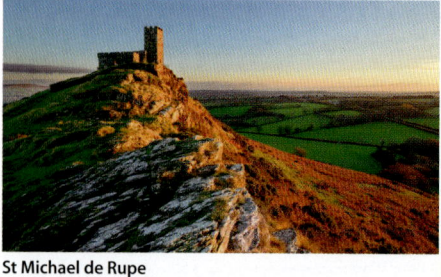

St Michael de Rupe
Der Legende nach versuchte der Teufel den Bau der Kirche am Gipfel des Brent Tor zu verhindern, indem er die Felsen bewegte. Nichtsdestotrotz steht hier seit dem 12. Jahrhundert eine Kirche mit fantastischem Blick über Dartmoor.

Außerdem

① **Dartmoor Prison**

② **Die Armee** nutzt das Gebiet als Übungsplatz, an vielen Tagen ist es zugänglich (☎ 0800 458 4868).

③ **Okehampton** besitzt ein Museum und eine Burgruine (14. Jh.).

④ **In Grimspound** stehen die Reste einer Bronzezeit-Siedlung.

⑤ **Dartmeet** liegt am Zusammenfluss von Ost- und West-Dart.

⑥ **Becky Falls**, ein 22 Meter hoher Wasserfall, liegt in Waldlandschaft.

⑦ **Haytor Rocks** heißen die bei Kletterern beliebten Felstürme.

⑧ **Bovey Tracey** ist ein großes Waldnaturschutzgebiet.

⑨ **Buckfast Abbey** wurde 1018 von König Canute (*siehe S. 295*) gegründet.

⑩ **Buckfast Butterfly Farm und Dartmoor Otter Sanctuary** (*siehe S. 295*).

⑪ **Die South Devon Steam Railway** fährt zwischen Buckfastleigh und Totnes.

Postbridge
Das nördliche Moor von Dartmoor erkundet man am besten vom Dorf Postbridge aus. Viele mörtellose Mauern durchziehen das leicht hügelige Areal.

Hotels und Restaurants in Devon und Cornwall *siehe Seiten 566f und 591–593*

… | DARTMOOR NATIONAL PARK | **299**

Infobox

Information
Devon. **Karte** D5. Dartmoor National Park Authority Visitor Centre, Tavistock Rd, Princetown, (01822) 890 414.
W dartmoor.gov.uk
Okehampton Castle Castle Lane. (01837) 528 44. Apr–Okt: tägl. 10–17 Uhr.
Museum of Dartmoor Life West St, Okehampton. (01837) 522 95. Apr–Mitte Dez: Mo–Fr 10–15, Sa 10–13 Uhr. **Castle Drogo** Drewsteignton. (01647) 433 306. **Burg** März–Okt: tägl. 11–17 Uhr; Nov–Mitte Dez: Sa, So 11–16 Uhr. **Park** März–Okt: tägl. 10–17.30 Uhr; Nov–Mitte Dez: Sa, So 11–16 Uhr. nur Park.

Anfahrt
Exeter, Plymouth, Totnes, dann Bus.

Castle Drogo
Diese wunderbare Märchenburg wurde Anfang des 20. Jahrhunderts von dem Architekten Edwin Lutyens für den Lebensmittelmagnaten Julius Drewe gebaut. Vom Haus führen schöne Wanderwege durch die Schlucht des Flusses Teign weg.

Hound Tor
Am östlichen Ende von Dartmoor befinden sich die Überreste dieses Dorfs. Die Ansiedlung bestand im 13. Jahrhundert aus mehreren langen Steinhäusern, in welchen die Menschen an einem und die Tiere am anderen Ende lebten. Sie wurde wohl im 15. Jahrhundert verlassen.

Legende
— Hauptstraße
— Nebenstraße
═ Andere Straße

Buckland-in-the-Moor
Dies ist eines der vielen malerischen Dörfer im Südosten von Dartmoor mit vielen schönen Cottages und einer kleinen Steinkirche.

Weitere Zeichenerklärungen siehe hintere Umschlagklappe

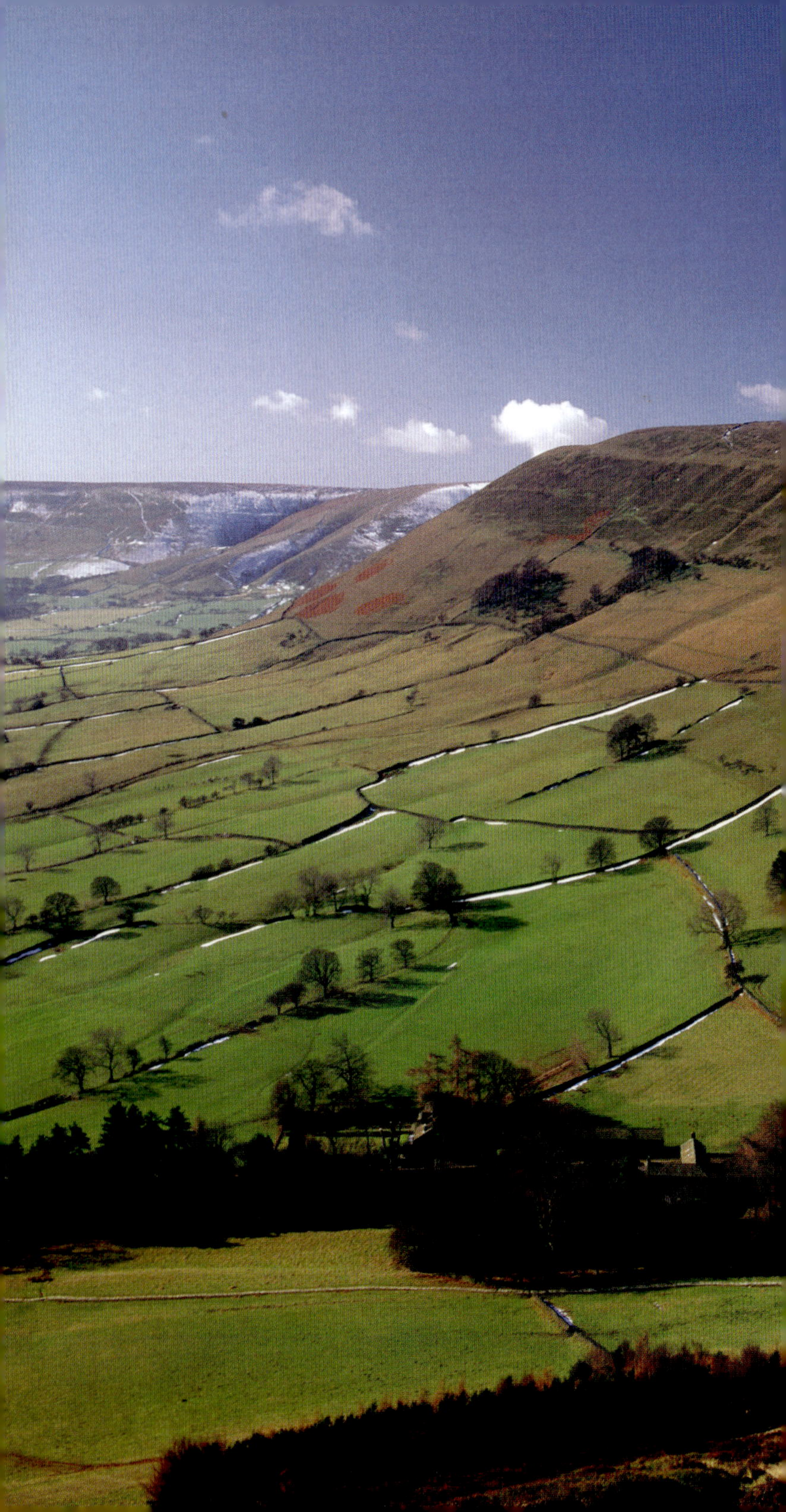

MITTEL-ENGLAND

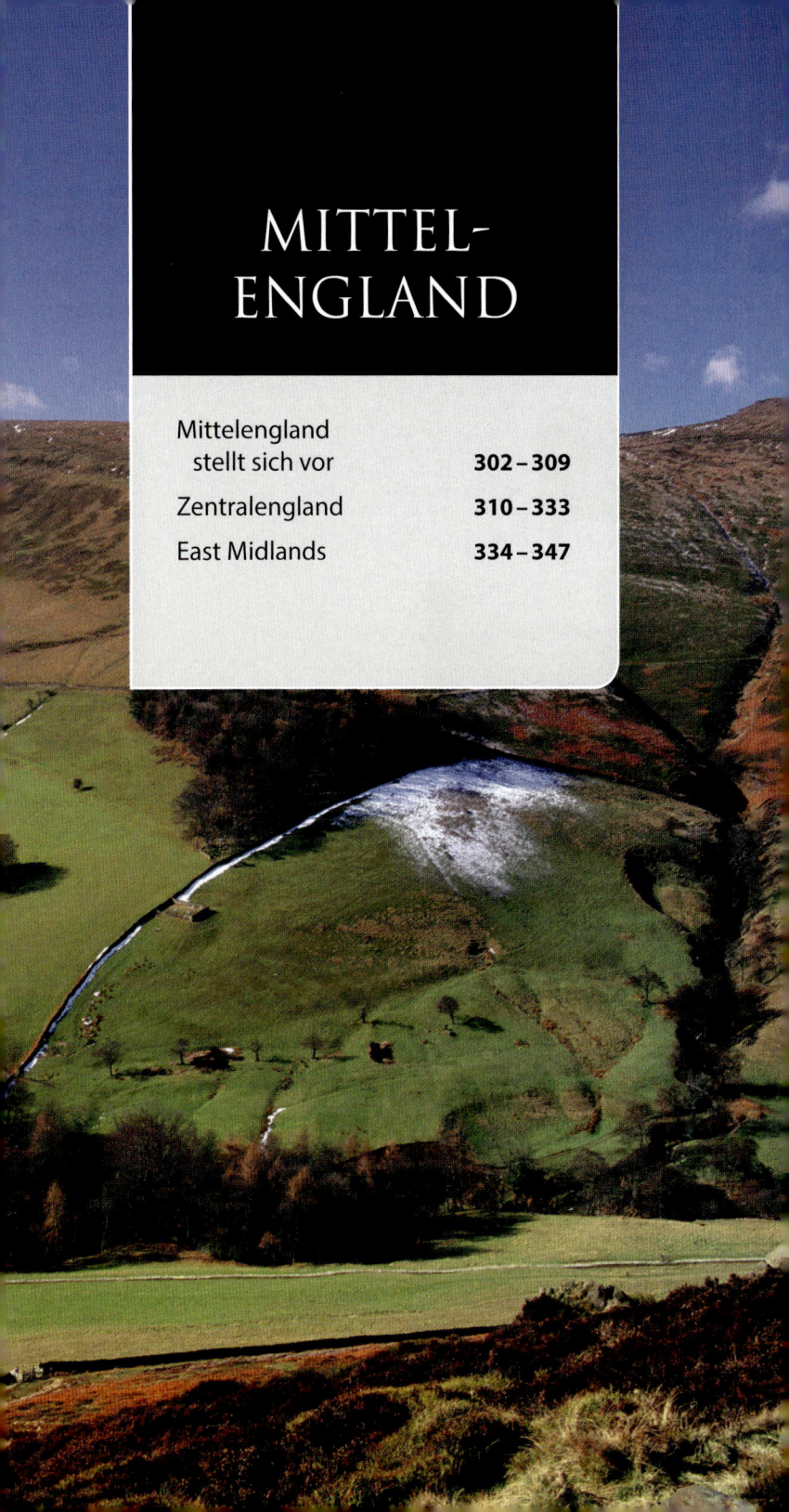

Mittelengland stellt sich vor	**302–309**
Zentralengland	**310–333**
East Midlands	**334–347**

Mittelengland im Überblick

Mittelengland umfasst ein Gebiet mit wunderschönen Landschaften und großen Industriestädten. Besucher können die wilde Schönheit der zerklüfteten Felsen entdecken, auf bunten Kanalbooten gemächlich die Midlands durchfahren und die zauberhaften Parks erkunden. Hier sind alle Stile englischer Baukunst zu finden, von mächtigen Kathedralen und kleinen Kirchen bis zu Kurbädern, herrschaftlichen Anwesen und Cottages. Industriemuseen stehen in malerischer Umgebung.

Zur Orientierung

Tissington Trail *(siehe S. 341)* verbindet einen Spaziergang durch die Landschaft des Peak District mit unterhaltsamen Einblicken in den alten Brauch des Brunnenschmückens.

Ironbridge Gorge *(siehe S. 318f)* war der Geburtsort der industriellen Revolution *(siehe S. 352f)*. Das UNESCO-Welterbe erstaunt heute vor allem wegen der schönen Landschaft, in der die ersten Fabriken entstanden.

Die Cotswolds *(siehe S. 308f)* faszinieren durch die hübschen, von den Gewinnen aus dem Wollhandel erbauten Kalksteinhäuser. Das abgebildete Snowshill Manor steht nahe dem Dorf Broadway.

Zentralengland
Seiten 310–333

In Stratford-upon-Avon *(siehe S. 328–331)* werden viele Häuser mit Shakespeare in Verbindung gebracht. Einige, etwa Anne Hathaways Wohnhaus *(links)*, können besichtigt werden. Diese Fachwerkhäuser der Midlands sind typisch für die Tudor-Architektur *(siehe S. 306f)*.

◀ Hügellandschaft im Peak District National Park *(siehe S. 342)*

MITTELENGLAND IM ÜBERBLICK | 303

Chatsworth *(siehe S. 338f)*, ein herrlicher Barockbau, ist wegen seines prächtigen Parks berühmt. Das Foto zeigt »The Case«, auch »Conservative Wall« genannt, ein Gewächshaus für exotische Pflanzen. Hier wachsen auch Feigen, Aprikosen und Nektarinen.

Die Lincoln Cathedral *(siehe S. 345)*, ein imposantes Bauwerk, beherrscht die Altstadt. Im Inneren gibt es einen schönen Chor (13. Jh.) mit 30 Engelsfiguren.

Burghley House *(siehe S. 346f)* ist ein in der flachen Landschaft der East Midlands weithin sichtbares Schloss, das architektonisch der europäischen Renaissance verpflichtet ist.

Warwick Castle *(siehe S. 326f)* präsentiert sich als Mischung aus mittelalterlicher Festung und Landsitz mit mächtigen Türmen, Brustwehr mit Zinnen, Kerker und Wohnräumen wie dem abgebildeten Queen-Anne-Schlafgemach.

Mittelenglands Kanäle

Der 3. Duke of Bridgewater erbaute 1761 einen der ersten Kanäle Englands, um die Kohleminen auf seinem Besitz Worsley mit den Textilfabriken Manchesters zu verbinden. Dies war der Beginn eines Baubooms: 1805 umfasste das Kanalnetz, das die natürlichen Flussläufe miteinander verband, schon rund 4800 Kilometer. Kanäle waren damals die billigsten und schnellsten Gütertransportwege – bis um 1840 die Eisenbahn aufkam. 1963 wurde der Gütertransport auf den Kanälen eingestellt. Doch fast 3200 Kilometer sind noch befahrbar und ermöglichen Besuchern gemütliche Ausflugsfahrten.

Der Grand Union Canal (Foto von 1931) ist 485 Kilometer lang und entstand um 1790 als Verbindung zwischen London und Mittelengland.

Schleusenwärter wohnten in Häusern an den Kanälen.

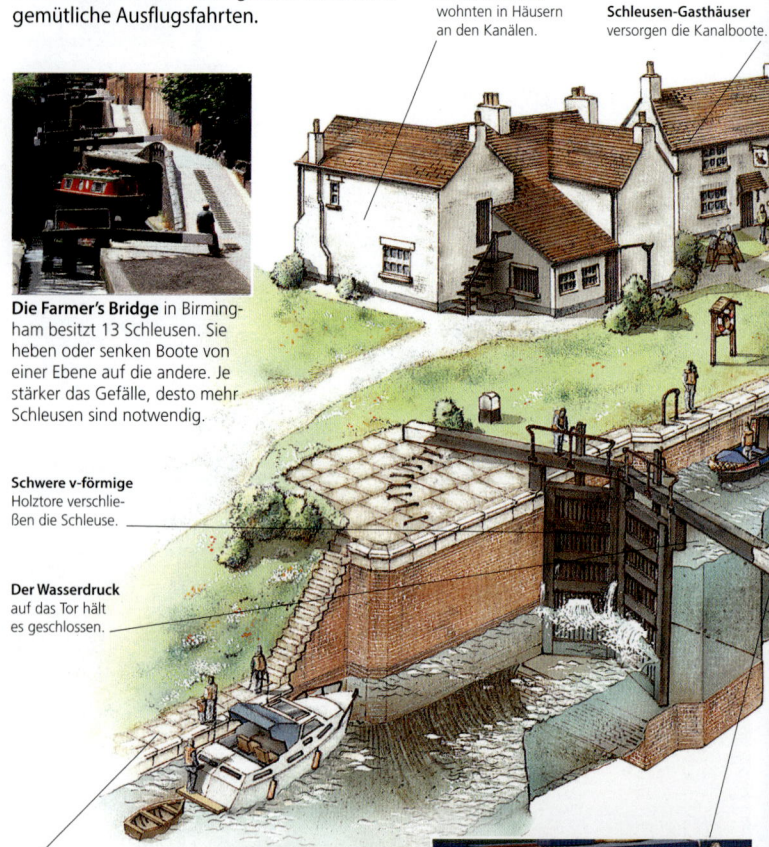

Schleusen-Gasthäuser versorgen die Kanalboote.

Die Farmer's Bridge in Birmingham besitzt 13 Schleusen. Sie heben oder senken Boote von einer Ebene auf die andere. Je stärker das Gefälle, desto mehr Schleusen sind notwendig.

Schwere v-förmige Holztore verschließen die Schleuse.

Der Wasserdruck auf das Tor hält es geschlossen.

Auf dem Treidelpfad zogen Pferde die Kanalboote, bevor Motoren eingesetzt wurden.

Schmalboote haben gerade Seiten, spitze Enden und einen flachen Boden. Außen waren sie bemalt. Den größten Teil nahm die Ladung ein. Die Crew hatte nur eine kleine Kabine.

MITTELENGLANDS KANÄLE | 305

Mittelenglands Kanalnetz

In den industrialisierten Midlands wurde das englische Kanalsystem begründet. Hier ist das Netz schiffbarer Wasserwege am dichtesten.

Legende
- Kanal
- Fluss

Infobox

Ferien auf Kanalbooten
Hoseasons (0345 498 6060; Canal Cruising Co ((01785) 813 982; Black Prince Holidays ((01527) 575 115; ABC Leisure Group Ltd (0330 333 0590. **Kanalmuseen** Öffnungszeiten bitte tel. erfragen: National Waterways Museum, Gloucester *(siehe S. 333)* ((01452) 318 200; The Canal Museum, Stoke Bruerne ((01604) 862 229; National Waterways Museum, Ellesmere Port ((0151) 355 5017.
w canalrivertrust.org.uk

Kanal

Fußgängerbrücke

Eine Winde reguliert den Wasserstand.

Ein Balken mit einem Gewicht öffnet die Tore.

Kanalschleusen
Kanäle führen quer durchs Land. Die Schiffe passieren Tunnel, Dämme und Schleusen. Mithilfe von Schleusen lassen sich Höhenunterschiede überwinden.

Über den Bearley Aqueduct, direkt nördlich von Stratford-upon-Avon, verläuft der Kanal in einer Eisenrinne 180 Meter über Straßen und einer stark befahrenen Eisenbahnlinie.

Kanalkunst
Die Kabinen der Kanalboote sind sehr klein, und so nutzen die Bewohner jeden Zentimeter, um ein gemütliches Heim zu schaffen. Der Innenraum ist oft bunt bemalt und schön dekoriert.

Das Mobiliar musste funktional sein und die enge Kabine verschönern.

Schmalboote sind oft mit Messingornamenten verziert.

Wasserkannen wurden ebenfalls bemalt. Die geläufigsten Motive waren Rosen und Burgen in regional unterschiedlichen Stilen.

Tudor-Häuser

Viele Herrenhäuser in Mittelengland entstanden zur Zeit der Tudors *(siehe S. 54f)*, einer Ära relativen Friedens und Wohlstands. Während der Säkularisation wurden riesige Ländereien aufgeteilt und an weltliche Landbesitzer verkauft, die darauf Häuser errichteten *(siehe S. 32f)*. In den Midlands war Holz das häufigste Baumaterial. Der Adel zeigte seinen Reichtum durch Holzverkleidungen mit dekorativen Elementen.

Die dekorative Schnitzerei am Südflügel stammt aus dem 16. Jahrhundert. Alte Motive wie Rebstöcke und Kleeblätter sind hier mit den neuesten italienischen Renaissance-Motiven kombiniert.

Der rechteckige Graben diente mehr der Zierde als der Verteidigung. Er umgibt einen rekonstruierten Garten *(siehe S. 30f)*, der 1972 mit Pflanzen angelegt wurde, die zur Tudor-Zeit üblich waren.

Die lange Galerie wurde zuletzt gebaut (1560–62). Sie besitzt originale Stuckarbeiten mit Darstellungen von *Schicksal* (hier abgebildet) und *Glück*.

Vorkragende Obergeschosse

Backsteinkamin

Tudor-Häuser

In den Midlands gibt es viele prächtige Tudor-Herrenhäuser. Im 19. Jahrhundert erlebte die Tudor-Architektur als »Old English«-Stil eine Renaissance, die Familienstolz und die in der Vergangenheit verwurzelten Werte hervorhob.

Hardwick Hall in Derbyshire, dessen Küche hier abgebildet ist, gilt als eines der schönsten Tudor-Häuser in England. Aufgrund ihrer gigantischen Ausmaße nennt man sie *prodigy houses*.

Charlecote Park, Warwickshire, ein von Thomas Lucy 1551–59 errichteter Ziegelbau, wurde im 19. Jahrhundert im Tudor-Stil umgebaut, besitzt aber noch ein originales Torhaus. Der junge William Shakespeare soll hier beim Wildern im Park erwischt worden sein.

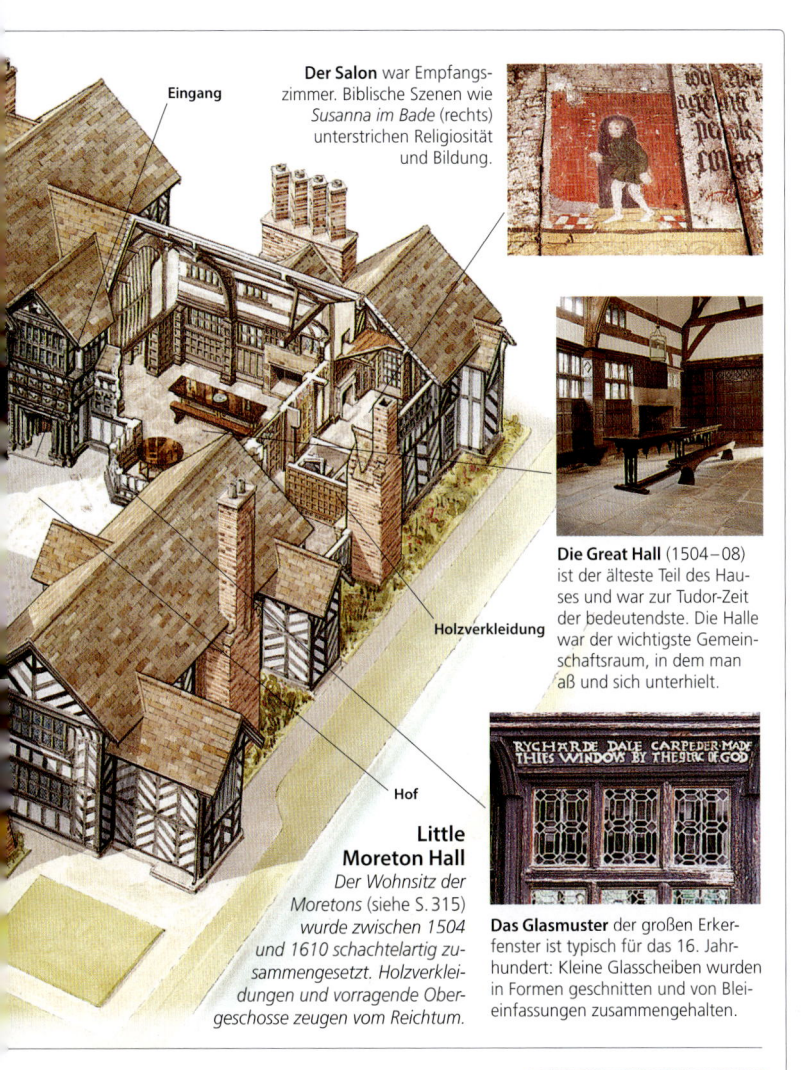

TUDOR-HÄUSER | 307

Eingang

Der Salon war Empfangszimmer. Biblische Szenen wie *Susanna im Bade* (rechts) unterstrichen Religiosität und Bildung.

Die Great Hall (1504–08) ist der älteste Teil des Hauses und war zur Tudor-Zeit der bedeutendste. Die Halle war der wichtigste Gemeinschaftsraum, in dem man aß und sich unterhielt.

Holzverkleidung

Hof

Little Moreton Hall
Der Wohnsitz der Moretons (siehe S. 315) wurde zwischen 1504 und 1610 schachtelartig zusammengesetzt. Holzverkleidungen und vorragende Obergeschosse zeugen vom Reichtum.

Das Glasmuster der großen Erkerfenster ist typisch für das 16. Jahrhundert: Kleine Glasscheiben wurden in Formen geschnitten und von Bleieinfassungen zusammengehalten.

Packwood House, Warwickshire, ist ein Fachwerkbau der mittleren Tudor-Zeit mit vielen Anbauten aus dem 17. Jahrhundert. Der außergewöhnliche Garten mit gestutzten Eiben (17. Jh.) sollte, so nimmt man an, Themen aus der Bergpredigt darstellen.

Wightwick Manor, West Midlands, 1887–93 erbaut, ist ein Beispiel für die Renaissance der Tudor-Architektur und besitzt herrliches Mobiliar aus dem späten 19. Jahrhundert.

Moseley Old Hall (Staffordshire) besitzt eine rote Backsteinfassade, die das Fachwerk (17. Jh.) verdeckt. Charles II *(siehe S. 56f)* floh nach der Schlacht von Worcester hierher.

Bauten aus Cotswold-Stein

Die Cotswolds sind eine Hügelkette aus Kalkstein, die sich von Bath *(siehe S. 262–265)* 80 Kilometer Richtung Nordosten erstreckt. Die dünne Erdschicht ist schwer zu pflügen, aber ideal als Weideland für Schafe. Der im Mittelalter durch den Wollhandel erzielte Reichtum floss hier in majestätische Kirchen und prächtige Stadthäuser. Steine aus den hiesigen Hügeln wurden für den Bau der St Paul's Cathedral in London *(siehe S. 118f)* und für die Dörfer, Scheunen und Herrensitze genutzt, die die Landschaft so malerisch zieren.

Die Arlington Row Cottages im typischen Cotswold-Dorf Bibury entstanden im 17. Jahrhundert für Weber. Die Webstühle standen im Speicher.

Fenster wurden besteuert, und Glas war teuer. Cottages für Arbeiter hatten nur wenige kleine, aus Scheibchen zusammengesetzte Fenster.

Eine Traufe schützt den Kamin vor Nässe.

Das Dach ist sehr steil, um die schweren Steinplatten tragen zu können. Die Steinblöcke wurden an ihren natürlichen Bruchlinien gespalten.

Cottage aus Cotswold-Stein
Die zweistöckigen Cottages der Arlington Row sind asymmetrisch und aus ungleichförmigen Steinen erbaut. Das Innere ist wegen der kleinen Fenster recht düster.

Fensterstürze und Türen aus Holz

Holzfachwerk war billiger als Stein und wurde für die Räume im Dach verwendet.

Steinvarianten
Der Cotswold-Stein hat im Norden eine wärmere Tönung, im Zentrum der Gegend ist er perlweiß und im Süden hellgrau. Er scheint bei Sonnenschein zu glühen, ist weich, daher leicht zu bearbeiten, und wird vielfältig genutzt: für Häuser, Brücken, Grabsteine und Wasserspeier.

»**Tiddles**« ist der Grabstein einer Katze auf dem Friedhof von Fairford.

Lower Slaughter erhielt seinen Namen vom angelsächsischen *slough* (Morast). Hier führt eine Steinbrücke über den Fluss Eye.

Städte und Dörfer

Die Orte auf dieser Karte wurden fast alle ganz aus Stein erbaut, die meisten Dörfer der Region existierten schon im 12. Jahrhundert. Wegen der riesigen Kalksteinvorkommen benutzte man zum Häuserbau meist Stein. Die Maurer arbeiteten in örtlich unterschiedlichen Stilen, die von Generation zu Generation weitergegeben wurden.

① Winchcombe
② Broadway
③ Stow-on-the-Wold
④ Upper and Lower Slaughter
⑤ Bourton-on-the-Water
⑥ Sherborne
⑦ Northleach
⑧ Painswick
⑨ Bibury
⑩ Fairford

Die Häuser der Wollhändler bestanden aus *ashlar* (behauenem Stein), verziert mit Ecksteinen und Fensterumrandungen.

Die Gesimse ziert ein Zahnfries, so genannt, weil er einer Zahnreihe ähnelt.

Der Türrahmen hat einen runden Giebel auf einfachen Stützpfeilern.

Häuser aus Cotswold-Stein

Das frühgeorgianische Kaufmannshaus in Painswick zeigt den klassischen Cotswold-Stil, der dekorative Elemente klassizistischer Architektur übernahm.

Wasserspeier

Die Wasserspeier an der Kirche von Winchcombe (15. Jh.) kombinieren »heidnische« und christliche Elemente.

Heidnische Götter wehrten böse Geister ab.

Fruchtbarkeitsfiguren, auf dem Land allgegenwärtig, wurden für christliche Feste übernommen.

Menschliche Gesichter karikierten oft die Geistlichen.

Tiergötter symbolisierten in vorchristlichen Zeiten Kraft und Stärke.

Trockenmauern werden in den Cotswolds schon seit Langem gebaut. Die Steine halten ohne Mörtel zusammen.

Das Steinkreuz (16. Jh.) in Stanton bei Broadway ist eines von vielen in den Cotswolds.

Grabtische und »tea caddys« (»Teedosengräber«; 18. Jh.) sieht man auf dem Friedhof in Painswick.

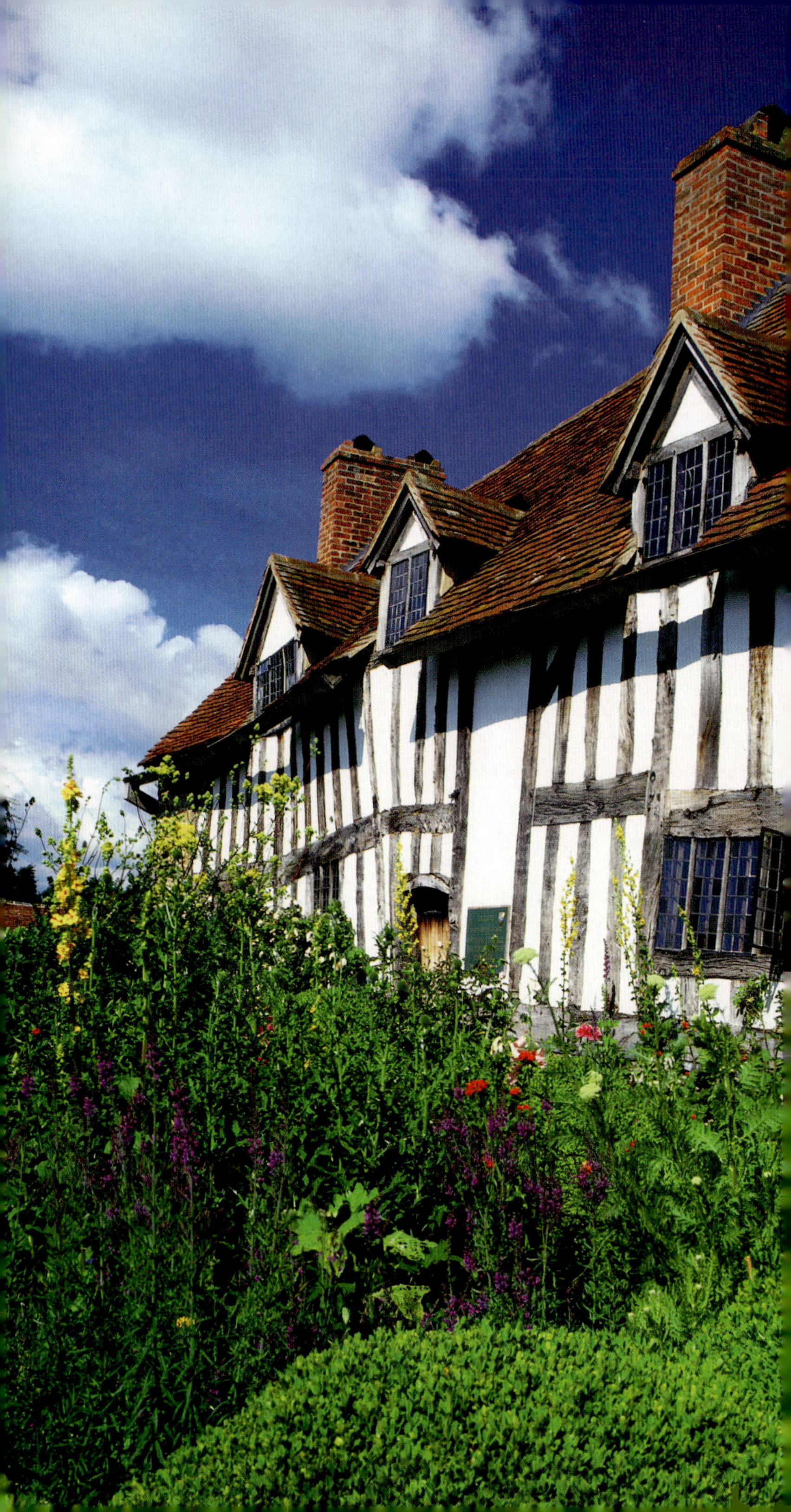

MITTELENGLAND | 311

Zentralengland

Cheshire • Gloucestershire • Herefordshire • Shropshire
Staffordshire • Warwickshire • Worcestershire

Großbritanniens Attraktivität liegt auch in seiner großen landschaftlichen und kulturellen Vielseitigkeit, und die ist nirgendwo größer als im Herzen des Landes. Hier geht das Hügelland der Cotswolds mit seinen Naturstein-Cottages und -Kirchen allmählich in die fruchtbaren Ebenen Warwickshires über. Das Land Shakespeares grenzt an das industrielle Zentrum Englands.

In Coventry, Birmingham, den Potteries und ihrem Hinterland gab es seit dem 18. Jahrhundert Eisen-, Textil- und Keramikverarbeitung. Diese Industriezweige erlebten im 20. Jahrhundert ihren Niedergang. Heute erinnern nur noch einzelne Museen an jene industrielle Blütezeit der Städte. Ironbridge Gorge und Quarry Bank Mill in Styal sind faszinierende Denkmäler des Maschinenzeitalters in faszinierender Umgebung.

Die Landschaft kann man bei einer Bootsfahrt genießen, indem man gemächlich auf den Midland-Kanälen bis zur walisischen Grenzregion Marches schippert. Hier erinnern die gewaltigen Stadtmauern von Chester und die Burgen in Shrewsbury und Ludlow daran, dass die Waliser jahrhundertelang gegen die normannischen Barone und die Marcher Lords kämpften. Die Marktstädte Ludlow, Leominster, Malvern, Ross-on-Wye und Hereford versorgen zahlreiche ländliche Gemeinden in den Marches. Worcester und Gloucester besitzen zwar moderne Einkaufsstraßen, doch ihre majestätischen Kathedralen strahlen noch immer die Ruhe früherer Zeiten aus.

Cheltenham wird von Regency-Häusern, geprägt. Cirencester bietet ein reiches Erbe römischer Kunst und Tewkesbury eine mächtige normannische Abtei. Ein Highlight ist Stratford-upon-Avon, wo William Shakespeare, der geniale Dramatiker der elisabethanischen Zeit, lebte, wirkte und starb.

Boote in der Diglis Marina, Worcester *(siehe S. 322)*, Worcestershire

◀ Anwesen von William Shakespeares Mutter Mary Arden, Stratford-upon-Avon *(siehe S. 328–331)*

Überblick: Zentralengland

Das Zentrum von England ist mehr als jede andere Region durch die idyllische Landschaft charakterisiert. Malerische Marktstädtchen mit Häusern, Pubs und Kirchen aus Holz und Cotswold-Stein fügen sich zu dem harmonischen Gesamtbild, das die Erkundung der Gegend zum Genuss macht. In Kontrast dazu steht die Gegend um Birmingham und Stoke-on-Trent – den einstigen Industriezentren. Doch trotz der von Neubauten geprägten Städte spiegelt sich auch hier die faszinierende Geschichte der Region in viktorianischer Kunst und Architektur sowie in preisgekrönten musealen Industriedenkmälern wider.

Steincottages der Arlington Row im Cotswold-Dorf Bibury

Sehenswürdigkeiten auf einen Blick

❶ Quarry Bank, Styal
❷ Chester
❸ Stoke-on-Trent
❹ Shrewsbury
❺ *Ironbridge Gorge S. 318f*
❻ Ludlow
❼ Leominster
❽ Hereford
❾ Ross-on-Wye
❿ Ledbury
⓫ Great Malvern und Malvern Hills
⓬ Worcester
⓭ Birmingham
⓮ Coventry
⓰ *Warwick S. 325–327*
⓱ *Stratford-upon-Avon S. 328–331*
⓲ Chipping Campden
⓳ Tewkesbury
⓴ Cheltenham
㉑ Gloucester
㉒ Cirencester

Tour
⓯ *Parks in den Midlands S. 324f*

In Zentralengland unterwegs

Man erreicht diese Region leicht per Zug. Cheltenham, Worcester, Birmingham, Hereford, Stoke und Coventry liegen an Hauptstrecken der Eisenbahn. Die Autobahnen M5 und M6 sind die wichtigsten Straßenverbindungen, allerdings oft überlastet. Busse verkehren regelmäßig zwischen allen größeren Städten. Am besten erkundet man die Region jedoch mit dem Auto. Die Landstraßen sind angenehm leer. Allerdings sind Hauptanziehungspunkte wie Stratford-upon-Avon im Sommer oft überlaufen.

Weitere Zeichenerklärungen siehe hintere Umschlagklappe

ZENTRALENGLAND | 313

Blick auf das Wye-Tal von Symonds Yat

Legende

- Autobahn
- Schnellstraße
- Hauptstraße
- Nebenstraße
- Panoramastraße
- Eisenbahn (Hauptstrecke)
- Eisenbahn (Nebenstrecke)

Reader's House in Ludlow, gegenüber der St Laurence Church

Hotels und Restaurants in Zentralengland *siehe Seiten 567f und 593f*

ZENTRALENGLAND

Quarry Bank, ein Zeugnis der industriellen Revolution

❶ Quarry Bank, Styal

Cheshire. **Karte J13.** (01625) 527 468. Manchester oder Wilmslow Airport, dann Bus. März–Okt: tägl.; Nov–Feb: Mi–So. 24., 25. Dez. teilweise. NT nationaltrust.org.uk

Die Geschichte der industriellen Revolution *(siehe S. 352f)* wird in der Quarry Bank, einer in ein Museum und einen Garten umgewandelten Fabrik, lebendig. Der Spinnereibesitzer Samuel Greg nutzte 1784 erstmals das Wasser des Bollin-Tals zum Antrieb für seine Spinnmaschine, die grobe Baumwollfasern verarbeitete. Um 1840 war Gregs Baumwoll-Imperium eines der größten Großbritanniens. Die Spinnerei produzierte Stoffballen für die ganze Welt. Heute beherbergen die restaurierten Fabrikgebäude ein Museum zur Baumwollindustrie. Diese beherrschte die Region um Manchester fast 200 Jahre lang, wurde aber durch ausländische Konkurrenz vernichtet.

Der Fabrikationsprozess vom Spinnen und Weben bis zum Bleichen, Färben und Bedrucken wird anhand von Darstellungen, Vorführungen und Exponaten zum Anfassen erläutert. In der Webhalle stellen Webstühle Stoffe her. Demonstriert wird auch, wie Wasser die Maschinen antrieb. Ein 50 Tonnen schweres, sieben Meter hohes Rad hält noch immer die Webstühle in Gang.

Die Familie Greg erkannte die Bedeutung gesunder und loyaler Arbeitskräfte. Eine Ausstellung zur Sozialgeschichte erläutert, wie die Arbeiter im eigens für sie erbauten Dorf Styal in geräumigen Cottages wohnten, die über Gemüsegärten und Toiletten verfügten. Man erfährt viel über Löhne, Arbeitsbedingungen und medizinische Versorgung. Das **Apprentice House** kann man besichtigen. Hier lebten Waisenkinder, die mit sechs Jahren täglich bis zu zwölf Stunden in der Weberei arbeiten mussten. Besucher können die Betten testen und die Medizin probieren, die sie erhielten.

Interessant ist auch ein Spaziergang durch die schön restaurierten Glashäuser aus den 1930er Jahren.

❷ Chester

Cheshire. **Karte J14.** 120 000. Town Hall, Northgate St, 0845 647 7868. Mo–Sa. visitchester.com

Chester wurde 79 n. Chr. von den Römern besiedelt *(siehe S. 48f)*, die hier ein Lager errichteten, um das fruchtbare Land am Fluss Dee zu verteidigen. Heute sind die Hauptstraßen von Fachwerkhäusern gesäumt. Die **Chester Rows** nahmen vor Jahrhunderten mit ihren zweistöckigen Läden und Passagen im ersten Stock die heutigen Kaufhäuser vorweg. Die Erkerfenster und dekorativen Fassaden stammen vorwiegend aus dem 19. Jahrhundert, die Rows selbst entstanden jedoch schon im 13. und 14. Jahrhundert. Viele Originalbauten sind noch erhalten.

Das **Bishop Lloyd's House** (16. Jh.) in der Watergate Street hat die am reichsten verzierte Fassade Chesters. Die schönsten und interessantesten Rows liegen an der Ecke Eastgate und Bridge Street. Der Blick auf Kathedrale und Stadtmauer vermittelt den Eindruck einer vollständig erhaltenen mittelalterlichen Stadt. Diese Illusion wird noch vom Stadtrufer gefördert, der die Uhrzeit ausruft und im Sommer vom Cross, einer Rekonstruktion des im Bürgerkrieg *(siehe S. 56)* zerstörten Steinkreuzes (15. Jh.), Neuigkeiten meldet.

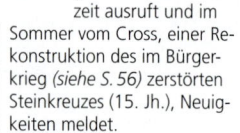

Nördlich des Kreuzes steht die **Kathedrale**, die ab 1250 erbaut wurde und großteils

Der Uhrturm in Chester, 1897

Beispiele des Dekors am Bishop Lloyd's House, einem Tudor-Bau in der Watergate Street, Chester

Hotels und Restaurants in Zentralengland *siehe Seiten 567f und 593f*

ZENTRALENGLAND | **315**

Die Chester Rows mit Ladengalerien im ersten Stock

gotisch ist. Die Miserikordien des Chorgestühls *(siehe S. 345)* zeigen Alltagsszenen. Die ursprünglich römische, jedoch oft umgebaute **Stadtmauer** begrenzt die Kathedrale auf zwei Seiten. Der besterhaltene Mauerabschnitt erstreckt sich von hier zum Eastgate mit einer gusseisernen Uhr von 1897. Die Straße nach Newgate führt zum **Roman Amphitheatre** (100 n. Chr.).

Kathedrale
Abbey Square. (01244) 324 756. tägl. chestercathedral.com

Roman Amphitheatre
Little St John St. (01244) 402 009. tägl. english-heritage.org.uk

❸ Stoke-on-Trent

Stoke-on-Trent. **Karte K14.** 250 000. Potteries Museum and Art Gallery, Bethesda St, (01782) 236 000. Mo–Sa. visitstoke.co.uk

Ab Mitte des 18. Jahrhunderts war Staffordshire führend in der Keramikproduktion und berühmt für feines Porzellan und edle Produkte von Wedgwood, Minton, Doulton und Spode. Doch die Töpfereien stellten auch Profaneres wie Bäder, Toiletten und Kacheln her. 1910 verbanden sich die sechs Städte Longton, Fenton, Hanley, Burslem, Tunstall und Stoke zum Ballungsraum Stoke-on-Trent. Freunde des Schriftstellers Arnold Bennett (1867–1931) kennen die Gegend vielleicht als die »Five Towns« in seinen Romanen über diese Region – wobei die sechste Stadt (Fenton) nicht berücksichtigt wurde.

Das **Gladstone Pottery Museum**, ein viktorianischer Komplex mit Werkstätten, Brennöfen, Galerien und Maschinenhaus, zeigt alte Töpfertechniken. Das **Potteries Museum and Art Gallery** in Hanley stellt historische und moderne Keramik aus.

Josiah Wedgwood gründete 1769 seine Steingutfabrik. In der **World of Wedgwood** kann man die berühmte blaue Jasperware und moderne Stücke sehen und traditionelle Produktionsverfahren beobachten.

Umgebung: 16 Kilometer nördlich von Stoke-on-Trent steht der Tudor-Bau **Little Moreton Hall** *(siehe S. 306f)*.

Gladstone Pottery Museum
Uttoxeter Rd, Longton. (01782) 237 777. Di–Sa. 24. Dez– 2. Jan. stokemuseums.org.uk/visit/gpm

Potteries Museum and Art Gallery
Bethesda St, Hanley. (01782) 232 323. tägl. 25. Dez– 1. Jan. stokemuseums.org.uk/visit/pmag

World of Wedgwood
Wedgwood Drive, Barlaston. (01782) 282 986. tägl. 25., 26. Dez. worldofwedgwood.com

Little Moreton Hall
Congleton, nahe A34. (01260) 272 018. Mitte Feb–Okt: Mi–So (Juli, Aug: tägl.). nationaltrust.org.uk/little-moreton-hall

Tonwaren aus Staffordshire

Durch seinen Reichtum an Wasser, Mergel, Ton und Kohle für die Brennöfen wurde Staffordshire zum Zentrum der Keramikproduktion. Eisen-, Kupfer- und Bleivorkommen dienten zum Glasieren. Im 18. Jahrhundert war Keramik erschwinglich und weitverbreitet. Englisches Knochenporzellan, dem gemahlene Tierknochen Härte und Transparenz verliehen, wurde in die ganze Welt exportiert. Josiah Wedgwood (1730–1795) führte haltbares Steingut ein. Sein bekanntestes Produkt ist die blaue Jasperware, die weiße Porzellanmotive zieren. Wegen der Luftverschmutzung wurden die flaschenförmigen Kohlebrennöfen ab den späten 1950er Jahren durch Elektro- oder Gasöfen ersetzt.

Wedgwood-Kerzenhalter, 1785

Giebelfachwerkhäuser in der Fish Street, Shrewsbury

❹ Shrewsbury

Shropshire. **Karte** J15. 90 000.
🚆 🚌 ℹ️ The Music Hall, The Square, (01743) 258 888.
🛒 Di, Mi, Fr, Sa. 🎪 Shrewsbury Flower Show (Mitte Aug).
🌐 visitshrewsbury.co.uk

Shrewsbury ist fast eine Insel, umschlossen von einer Schleife des Flusses Severn. Eine einfache **Burg** aus rotem Sandstein, 1066–74 an der einzigen nicht vom Fluss umgebenen Stelle erbaut, bewacht den Eingang zur Stadt. Solche Verteidigungsanlagen waren an der Grenze zwischen England und den wilden Marches of Wales nötig, deren Bewohner sich den sächsischen und normannischen Invasoren heftig widersetzten *(siehe S. 50f)*. Die vielfach umgebaute Burg birgt heute das Shropshire Regimental Museum.

Die Römer bauten 60 n. Chr. die Garnison Viroconium, das heutige Wroxeter, acht Kilometer östlich von Shrewsbury. Im **Shrewsbury Museum and Art Gallery** gibt es Ausgrabungsfunde zu sehen, u. a. einen verzierten Silberspiegel (2. Jh.) und andere Luxusgüter, die die römische Armee mitbrachte.

Den Reichtum des Mittelalters belegen die Fachwerkhäuser an High Street, Butcher Row und Wyle Cop. Zwei der größten Häuser der High Street, **Ireland's Mansion** und **Owen's Mansion**, bauten die reichen Wollhändler Robert Ireland und Richard Owen 1575 bzw. 1592. Ähnlich schöne Gebäude umgeben das **Prince Rupert Hotel**, das im Bürgerkrieg *(siehe S. 56)* kurz Hauptquartier des Royalistenanführers Prince Rupert war.

Die außerhalb der Flussschleife gelegene **Abteikirche** eines mittelalterlichen Klosters hat die Zeiten überstanden. Sie enthält Grabmale, darunter das von Lieutenant W. E. S. Owen MC, besser bekannt als Kriegsdichter Wilfred Owen (1893–1918), der in der Schule von Wyle Cop unterrichtete.

Römischer Silberspiegel, Rowley's House Museum

Umgebung: Im Süden von Shrewsbury führt die Straße nach Ludlow durch eine Landschaft, die A. E. Housman (1859–1936) schon 1896 im Gedicht *A Shropshire Lad* verewigte. Zu den landschaftlichen Schönheiten gehören die windgepeitschten Moorgebiete von **Long Mynd**, wo 15 prähistorische Hügelgräber liegen, und der lange Kamm von **Wenlock Edge**, ein Wandergebiet mit toller Fernsicht.

🏰 **Shrewsbury Castle**
Castle St. 📞 (01743) 358 516.
🕐 Zeiten telefonisch erfragen.
⛔ Ende Dez–Mitte Feb. 🅿️ ♿ 📷

🏛️ **Shrewsbury Museum and Art Gallery**
The Music Hall, Market Sq. 📞 (01743) 258 885. 🕐 Di–So. ⛔ 1. Jan, 25., 26. Dez. ♿ teilweise.
📷 🌐 shrewsburymuseum.org.uk

❺ Ironbridge Gorge

Siehe S. 318f.

❻ Ludlow

Shropshire. **Karte** J15. 10 000.
🚆 ℹ️ Ludlow Assembly Rooms, 1 Mill St, (01584) 875 053. 🛒 Mo, Mi, Fr, Sa. 🎪 Food Festival (Anfang Sep). 🌐 ludlow.org.uk

Ludlow lockt mit einer schönen Burg, mit kleinen Läden und Tudor-Fachwerkhäusern. Hauptanziehungspunkt hier ist jedoch das Essen, denn Ludlow ist ein Zentrum der englischen Slow-Food-Bewegung, was sich in vielen sehr guten Restaurants bemerkbar macht.

Ludlow ist auch ein wichtiger geologischer Forschungsort. Das **Museum** vor der Stadt zeigt Fossilien der ältesten bekannten Tiere und Pflanzen.

Die **Burgruine** auf den Klippen über dem Fluss Teme wurde 1086 erbaut, im Bürgerkrieg *(siehe S. 56)* beschädigt und 1689 aufgegeben. John Miltons (1608–1674)

Südturm und Halle von Stokesay Castle (13. Jh.) bei Ludlow

Hotels und Restaurants in Zentralengland siehe Seiten 567f und 593f

höfisches Maskenspiel *Comus* wurde hier in der Great Hall 1634 uraufgeführt.

Prince Arthur (1486–1502), der ältere Bruder Henrys VIII *(siehe S. 54f)*, starb in Ludlow Castle. Sein Herz ruht in der **St Laurence Church** an einem Ende des Castle Square, ebenso die Asche des Dichters A. E. Housman. Die Ostseite der Kirche grenzt an den Bull Ring mit verzierten Holzhäusern. Gegenüber befinden sich zwei Gasthäuser: **The Bull** mit einem Tudor-Innenhof und **The Feathers** mit einer prächtigen Fassade. Der Name erinnert an die Federn von Pfeilen, die früher hier produziert wurden.

Umgebung: Etwa acht Kilometer nördlich von Ludlow liegt **Stokesay Castle** mit einem Burggraben.

Ludlow Castle
Castle Square. (01584) 873 355. tägl. (Dez, Jan: nur Sa, So.) ludlowcastle.com

Ludlow Museum
Castle St. (0845) 678 9024. bitte tel. erfragen.

Stokesay Castle
Craven Arms, A49. (01588) 672 544. bitte tel. erfragen. english-heritage.org.uk

❼ Leominster

Herefordshire. **Karte** J16. 11 000. Corn Sq, (01568) 616 460. Fr. leominstertourism.co.uk

Bauern aus der gesamten Region kommen zum Einkauf nach Leominster (gesprochen »limster«). Es gibt in der Stadt, die 700 Jahre lang Zentrum der Wollverarbeitung war, zwei sehenswerte Gebäude: in der Stadtmitte den **Grange Court** von 1633, der mit bizarren Figuren verziert ist, und in dessen Nähe ein **Kloster**, dessen imposantes normannisches Portal eine eigenartige Mischung aus mythischen Tieren schmückt. Die Löwen kann man zumindest erklären: Die Mönche glaubten, der Name Leominster stamme von *monasterium leonis* (Kloster des Löwen) ab. Wahrscheinlich ist *leonis* jedoch mittelalterliches, nicht klassisches Latein und bedeutet »von den Marschen«. Wie zutreffend diese Bezeichnung ist, beweisen grüne Wiesen und üppige Flusstäler um die Stadt.

Umgebung: Südlich der Stadt präsentiert sich der Park von **Hampton Court Castle** mit Pavillons und Irrgarten. Westlich am Fluss Arrow befinden sich die Dörfer **Eardisland** und **Pembridge** mit gepflegten Gärten und Fachwerkhäusern. **Berrington Hall**, fünf Kilometer nördlich, ist ein klassizistisches Anwesen (18. Jh.) in einem Park, den »Capability« Brown entworfen hat. Hier kann man

Blick auf Leominster am Lugg im weitläufigen Grenzland zu Wales

schöne Dekorationen besichtigen, darunter ein mit Originalmöbeln ausgestattetes Kinderzimmer.

Nordöstlich von Leominster liegt das im 19. Jahrhundert als Kurort beliebte **Tenbury Wells**. Es wird vom Teme durchflossen, den Forellen und in der Laichzeit Lachse bevölkern. Der Komponist Edward Elgar *(siehe S. 321)* suchte am Fluss nach Inspirationen. Wenige Kilometer südlich von Tenbury Wells lockt **Witley Court and Gardens** mit einem schönen Perseus-und-Andromeda-Brunnen.

Hampton Court Castle and Gardens
Nahe Hope under Dinmore. (01568) 797 777. Apr–Okt: tägl. 10.30–17 Uhr. hamptoncourt.org.uk

Berrington Hall
Berrington. (01568) 615 721. Mitte Feb–Okt: tägl. 11–17 Uhr; Nov–Mitte Feb: Sa, So. nationaltrust.org.uk

Witley Court and Gardens
Worcester Rd, Great Witley. (01299) 896 636. tägl. 1. Jan, 25., 26. Dez. english-heritage.org.uk

Pförtnerhaus von Stokesay Castle

❺ Ironbridge Gorge

Ironbridge Gorge war ein wichtiges Zentrum der industriellen Revolution *(siehe S. 60f)*. Hier setzte 1705 Abraham Darby I (1678–1717) erstmals den billigeren Koks anstelle von Holzkohle zum Schmelzen von Eisenerz ein. Die Verwendung von Eisen beim Brücken-, Schiff- und Hausbau machte Ironbridge Gorge zu einem der größten Eisenproduktionszentren der Welt. Der industrielle Niedergang im 20. Jahrhundert führte zum Verfall. Inzwischen wurde viel restauriert, und so entstand ein faszinierender Industriemuseumskomplex an den bewaldeten Ufern des Severn.

Infobox

Information
Shropshire. 2900.
Museum of the Gorge, (01952) 433 424. tägl. 1. Jan, 24., 25. Dez (einige Stätten Nov–Apr, vorher anrufen).
nach Vereinbarung.
die meisten Stätten.
ironbridge.org.uk

Anfahrt
Telford, dann Bus 0871 200 2233.

🏛 Coalbrookdale Museum of Iron

Das Museum erzählt die Geschichte der Eisenverarbeitung und der Arbeiter. Die Entdeckung von Abraham Darby I, dass Eisenerz auch mithilfe von Koks geschmolzen werden kann, führte zur Massenproduktion von Eisen und bereitete der Großindustrie den Weg. Der Originalschmelzofen bildet das Herzstück des Museums. Eine Abteilung behandelt die Geschichte der Quäkerfamilie Darby und ihren Einfluss auf die Gemeinde Coalbrookdale.

Ironbridge revolutionierte die industrielle Welt, indem es die ersten Eisenräder und -zylinder für Dampfmaschinen herstellte. Gusseiserne Statuen, viele davon für die Weltausstellung von 1851 *(siehe S. 60f)*, befinden sich unter den vielen ausgestellten Stücken der Coalbrookdale Company, u. a. eine Bronze der Andromeda sowie Skulpturen von Jagdszenen, Hirschen und Hunden.

Rosehill House (im Sommer geöffnet), eines der Häuser der Darbys im nahen Coalbrookdale, ist im viktorianischen Stil eingerichtet.

Europa (1860), Statue im Museum of Iron

Schmiedeeiserne Uhr (1843) auf dem Dach des Museum of Iron

🏛 Museum of the Gorge

Das viktorianische Gebäude ist zum Teil mit Zinnen und Türmen versehen. Es war ein Lagerhaus für die Eisenprodukte, bevor diese den Severn hinunter verschifft wurden, und beherbergt heute ein Museum mit Ausstellungen über die Geschichte des Severn und die Entwicklung des Transports auf dem Wasser.

Bevor in der Mitte des 19. Jahrhunderts die Eisenbahn gebaut wurde, war der Severn Haupttransport- und Verbindungsweg von und zum Tal. Der Fluss führte manchmal zu wenig Wasser, dann wieder Hochwasser, war also kein besonders zuverlässiger Verkehrsweg. Um 1890 wurde der Transport auf ihm völlig eingestellt.

Glanzstück des Museums ist ein zwölf Meter langes Modell der Ironbridge Gorge, wie sie 1769 aussah – mit Gießereien, Lastkähnen und wachsenden Dörfern.

Pfauenbild (1928), ein dekoratives Stück im Fliesenmuseum

🏛 Jackfield Tile Museum

Schon seit dem 17. Jahrhundert gab es in der Gegend auch Töpfereien, doch erst mit der viktorianischen Begeisterung für dekorative Fliesen wurde Jackfield berühmt. Zwei Fabriken, Maw und Craven Dunnill, produzierten eine unglaubliche Vielfalt an Fliesen aus dem in der Nähe vorkommenden Ton. Maler entwarfen verschiedenartigste Bilder. Das Museum stellt eine Sammlung dekorativer Boden- und Wandfliesen aus, die hier zwischen 1850 und 1970 hergestellt wurden. Besucher können an bestimmten Tagen in dem alten Fabrikgebäude mit seinen Brennöfen für Porzellan und Malwerkstätten kleinen Vorführungen traditioneller Methoden der Fliesenherstellung beiwohnen.

Hotels und Restaurants in Zentralengland *siehe Seiten 567f und 593f*

IRONBRIDGE GORGE | 319

🏛 Coalport China Museum

Mitte des 19. Jahrhunderts war Coalport Works eine der größten Porzellanmanufakturen in Großbritannien. Die Firma Coalport stellt noch immer Porzellan her, allerdings ist das Werk seit Langem in Stoke-on-Trent *(siehe S. 315)* angesiedelt. Die alte Porzellanmanufaktur ist nun ein Museum, in dem Besucher Vorführungen der verschiedenen Schritte der Porzellanherstellung verfolgen können, etwa die Kunst des Gefäßformens, Bemalens und Vergoldens. In einem der charakteristischen flaschenförmigen Brennöfen ist eine schöne Sammlung von Porzellan aus dem 19. Jahrhundert ausgestellt.

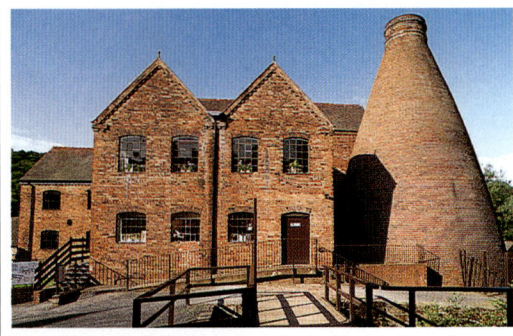

Das Coalport China Museum mit seinem flaschenförmigen Brennofen

Im nahen **Tar Tunnel** lieferte ein Bitumenvorkommen in 110 Meter Tiefe früher 20 500 Liter Teer pro Woche. Ein Teil des Schachts kann besichtigt werden (Apr – Okt).

Iron Bridge

Abraham Darby III baute 1779 die weltweit erste Eisenbrücke und revolutionierte damit das Bauwesen. Die Brücke über den Severn ist ein Denkmal für die Handwerkskunst dieses Eisenhüttenbesitzers. Im Mauthaus am Südufer werden Konstruktion und Bau erläutert.

🏛 Blists Hill Victorian Town

Das riesige Freilichtmuseum stellt das Leben in viktorianischer Zeit nach. Auf dem 20 Hektar großen Gelände von Blists Hill, einer ehemaligen Kohlenmine, die die Eisenfabriken von Ironbridge belieferte, wurden Gebäude aus dem 19. Jahrhundert rekonstruiert. Angestellte in historischen Kostümen zeigen Arbeiten wie Eisenschmieden. Es gibt Wohnhäuser jener Zeit, eine Kirche und eine Schule. Besucher können mit altem Geld einkaufen oder damit einen Drink im Pub bezahlen.

Highlight von Blists Hill ist die Gießerei, die noch immer Schmiedeeisen herstellt. Sehenswert sind die Hay Inclined Plane, eine Schiene, mit deren Hilfe Lastkähne steile Neigungen hinauf- und hinabtransportiert wurden, Dampfmaschinen, Sattlerei, Arztpraxis, Apotheke, Kerzenzieherei und Süßwarenladen.

Industriemonumente der Ironbridge Gorge

① Coalbrookdale Museum of Iron
② Museum of the Gorge
③ Iron Bridge
④ Jackfield Tile Museum
⑤ Coalport China Museum
⑥ Blists Hill Victorian Town

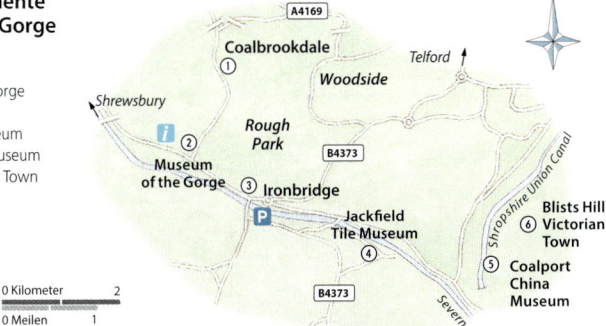

❽ Hereford

Herefordshire. **Karte** J16. 59 000. 🚂 🚌 🅿 Mi (allgemein und Viehmarkt), Sa (allgemein).
W visitherefordshire.co.uk

Hereford, einst die Hauptstadt des sächsischen Königreichs West Mercia, ist heute eine interessante Stadt, die die vorwiegend ländlichen Gemeinden versorgt. Mittwochs wird hier ein Viehmarkt abgehalten. Das Museum im Fachwerkbau **Black and White House** von 1621 widmet sich der Stadtgeschichte.

Von Interesse sind in der nur wenige Gehminuten entfernten **Kathedrale** die Lady Chapel im Early-English-Stil, die *Mappa Mundi (siehe unten)* und die Chained Library, deren 1500 Bände zum Schutz vor Diebstahl mit Eisenketten gesichert sind. Modelle und interaktive Animationen erläutern die Geschichte dieser Schätze. Die beste Gesamtansicht der Kathedrale bietet Bishop's Meadow südlich des Zentrums, die zum Ufer des Wye hinunterführt.

Zu den zahlreichen lohnenden Museen gehört auch **Hereford Museum and Art Gallery**, bekannt für die römischen Mosaiken sowie die Aquarelle lokaler Künstler. Das **Cider Museum** zeigt, wie die hiesigen Äpfel in Apfelmost verwandelt wurden und werden. Besucher können die Weinkeller besichtigen und erfahren viel über die Herstellung der Fässer. Noch heute arbeiten in Herefordshire etwa 30 derartige Betriebe.

Figuren an der Kilpeck Church

Umgebung: Oliver de Merlemond unternahm im 12. Jahrhundert eine Pilgerreise von Hereford nach Spanien. Beeindruckt von den dortigen Kirchen, brachte er französische Bauleute mit und führte deren Techniken in der Gegend ein. So entstand, rund zehn Kilometer südwestlich, die **Kilpeck Church**, deren Figuren etwa ihre Genitalien zeigen. Drachen und Schlangen beißen sich gegenseitig in den Schwanz.

Herefords Black and White House, ausgestattet im Stil des 17. Jahrhunderts

Die Kirche der Zisterzienserabtei **Abbey Dore** steht sechs Kilometer weiter westlich, umgeben vom Uferpark und Arboretum **Abbey Dore Court**.

🏛 **Black and White House**
High St. ☎ (01432) 260 694.
◯ Di–Sa 10–16 Uhr. ⬤ 1. Jan, Karfreitag, 25., 26. Dez. ♿ teilweise. 📷 **W** herefordshire.gov.uk

🏛 **Hereford Museum and Art Gallery**
Broad St. ☎ (01432) 260 692.
◯ Di–Sa 11–16 Uhr. ⬤ 1. Jan, Karfreitag, 25., 26. Dez. ♿ 📷
W herefordshire.gov.uk

🏛 **Cider Museum**
Ryelands St. ☎ (01432) 354 207.
◯ Mo–Sa. ⬤ 1. Jan, Karfreitag, 25., 26. Dez. 💷 📷 nach Vereinbarung. ♿ teilweise. 📷
W cidermuseum.co.uk

❾ Ross-on-Wye

Herefordshire. **Karte** J16. 11 000. 🚌 ℹ Market House, (01989) 562 768. 🅿 Do, Sa; 1. Fr im Monat Bauernmarkt.
W visitherefordshire.co.uk

Ross erhebt sich auf einem hohen Sandsteinfelsen über dem Fluss Wye, auf dem man Kanu fahren kann. Von den Gärten auf der Klippe, die der örtliche Mäzen John Kyrle (1637–1724) der Stadt schenkte, hat man eine wunderbare Aussicht auf den Fluss.

Mappa Mundi

Der gefeiertste Schatz der Kathedrale von Hereford ist die Weltkarte *Mappa Mundi*, die der Geistliche Richard of Haldingham im Jahr 1290 nach biblischen Vorgaben zeichnete: Jerusalem befindet sich im Zentrum, der Garten Eden nimmt besonders viel Raum ein, und am Rand dieser Welt leben Monster.

Detail der Mappa Mundi

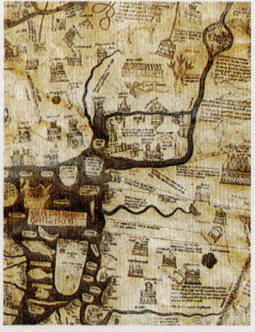

Hotels und Restaurants in Zentralengland *siehe Seiten 567f und 593f*

Wye-Tal bei Symonds Yat

Der Dichter Alexander Pope (1688–1744) pries Kyrle in seinen *Moral Essays on the Uses of Riches* (1732) dafür, dass er sein Geld für die Menschheit einsetzte. Kyrle wurde als »The Man of Ross« bekannt. Ein Denkmal in der **St Mary's Church** erinnert an ihn.

Umgebung: Flussabwärts bildet der Wye bei **Symonds Yat** einen ausgedehnten Mäander. Von Aussichtspunkten hat man eine fantastische Aussicht über die bewaldete Flusslandschaft.

Acht Kilometer südlich von Ross thront **Goodrich Castle** auf einem Gipfel. Die Burg wurde im 12. Jahrhundert aus rotem Sandstein erbaut.

Goodrich Castle
Goodrich. (01600) 890 538. Apr–Okt: tägl.; Nov–März: Sa, So. Apr–Sep.
english-heritage.org.uk

❿ Ledbury

Herefordshire. **Karte** J16. 9600. Ice Bytes, The Homend, 0844 567 8650. visitledbury.info

Eines der Fachwerkhäuser an Ledburys Hauptstraße ist die **Market Hall** von 1655. In der Church Lane, die von der High Street abzweigt, gibt es hübsche Häuser (16. Jh.), darunter das **Heritage Centre** und das **Butcher Row House**. Beide sind nun Museen. Die **St Michaels and All Angels Church** besitzt einen frei stehenden Glockenturm und Early-English-Verzierungen.

Mittelalterliche Fliesen des Klosters, Great Malvern

Heritage Centre
Church Lane. Ostern–Okt: tägl.

Butcher Row House
Church Lane. (01531) 635 069. Ostern–Okt: tägl.

⓫ Great Malvern und Malvern Hills

Worcestershire. **Karte** J16. 37 000. 21 Church St, (01684) 892 289. Fr; 3. Sa im Monat Bauernmarkt.
visitthemalverns.org

Die Granitfelsen der 15 Kilometer langen Malvern Hills ragen weithin sichtbar über dem Tal des Severn auf. Der Komponist Edward Elgar (1857–1934) schrieb hier viele Werke, darunter das Oratorium *The Dream of Gerontius* (1900), inspiriert durch die Umgebung, die John Evelyn (1620–1706) als »eine der besten Landschaften Englands« pries. Elgar wohnte damals in **Little Malvern**, dessen massive, gedrungene Kirche St Giles an einem bewaldeten Hügel steht. Ihr Schiff verlor sie während der Säkularisation, als man die Steine stahl.

Einige Bauten aus dem 19. Jahrhundert in **Great Malvern**, der größten Stadt der Hügelkette, ähneln Schweizer Sanatorien, so z. B. Doctor Gulley's Water Cure Establishment. Oberhalb der Stadt wird das Mineralwasser von St Ann's Well abgefüllt und landesweit verkauft. In Malvern werden auch die exklusiven Autos der Morgan Motor Company produziert.

Malverns Hauptsehenswürdigkeit ist das **Kloster** mit Bleiglasfenstern (15. Jh.) und mittelalterlichem Chorgestühl. Die Fischteiche unterhalb der Kirche bilden heute den See des **Priory Park**. Hier kann man im Theater Musik von Edward Elgar hören und Stücke von George Bernard Shaw sehen.

Die Malvern Hills bestehen aus hartem, präkambrischem Gestein, vornehmlich aus Granit

⑫ Worcester

Worcestershire. **Karte** K16.
99 000. High St, (01905) 726 311. Mo–Sa.
w visitworcester.org

Worcester ist eine der vielen englischen Städte, deren Charakter sich durch moderne Bauten stark verändert hat. Architektonisches Glanzstück ist die **Kathedrale** beim College Yard, die 1175 den Einsturz eines Turms und 1203 einen verheerenden Brand erlebte. Das heutige Gebäude wurde im 13. Jahrhundert begonnen. Schiff und Mittelturm wurden in den 1370er Jahren fertiggestellt, nachdem man die Bauarbeiten wegen der Pest, die die Arbeitskräfte dahinraffte *(siehe S. 53)*, längere Zeit unterbrechen musste. George Gilbert Scott entwarf den Chor 1874 im neugotischen Stil und bezog das alte Chorgestühl (14. Jh.) mit ein.

In der Kathedrale sind viele interessante Grabmale: Vor

Charles I an der Guildhall mit dem Modell der Kathedrale von Worcester

dem Altar ruht John I in einem Meisterwerk mittelalterlicher Steinmetzkunst. Prince Arthur, Bruder von Henry VIII *(siehe S. 317)*, ist in der Grabkapelle südlich des Altars bestattet. Von der ersten Kathedrale (1084) ist die riesige normannische Krypta erhalten.

Vom Kreuzgang führt ein Weg zum College Green und auf die Edgar Street mit ihren georgianischen Häusern. Hier stellt das **Museum of Royal Worcester** Porzellan aus. Das älteste Stück entstand 1751.

Die **Guildhall** (1721) an der High Street schmücken Statuen der Stuart-Monarchen. Im **Ye Olde King Charles House** am Cornmarket versteckte sich Prince Charles, der spätere Charles II *(siehe S. 56f)*, 1651 nach der Schlacht von Worcester.

Einige der schönsten Fachwerkhäuser von Worcester stehen in der Friar Street: **The Greyfriars** (um 1480) und das einstige Hospital **Commandery** (1084), das im 15. Jahrhundert umgebaut und von Charles während des Bürgerkriegs als Hauptquartier genutzt wurde. Heute ist es ein Museum.

Elgar's Birthplace, das Geburtshaus des Komponisten Edward Elgar *(siehe S. 321)*, widmet sich seinem Leben und Werk.

🏛 Museum of Royal Worcester
Severn St. (01905) 21247.
Mo–Sa. Feiertage.
w museumofroyalworcester.org

The Greyfriars
Friar St. (01905) 23571.
Mitte Feb–Mitte Dez. **NT**

🏛 Commandery
Sidbury. (01905) 361 821.
tägl. Anfang Jan, 25., 26. Dez.

🏛 Elgar's Birthplace
Lower Broadheath. (01905) 333 224. tägl. 24. Dez–Mitte Jan. teilweise. **NT**

⑬ Birmingham

Birmingham. **Karte** K15.
1 124 000. Broad Street, 0844 888 3883. Mo–Sa.
w visitbirmingham.com

Birmingham, von seinen Bewohnern liebevoll »Brum« genannt, entwickelte sich im 19. Jahrhundert zum Zentrum der industriellen Revolution. Viele Fabriken hatten ihren Sitz in Birmingham und bauten Werkshallen und beengte Wohnhäuser. Nachdem einige

Kathedrale von Worcester am Ufer des Severn

Hotels und Restaurants in Zentralengland *siehe Seiten 567f und 593f*

ZENTRALENGLAND | 323

Letzter Blick auf England
Ford Madox Brown, Birmingham Museum and Art Gallery

dieser Industrieanlagen nach dem Zweiten Weltkrieg abgerissen worden waren, konnte die Stadt ihr kulturelles Profil aufpolieren. So gelang es ihr z. B., Sir Simon Rattle von 1990 bis 1998 als Chefdirigent des städtischen Symphonieorchesters zu gewinnen.

Die etwas vom großen Bullring-Shopping-Center abgesetzten öffentlichen Gebäude aus dem 19. Jahrhundert sind Beispiele neuklassizistischer Architektur. Dazu gehört das **Birmingham Museum and Art Gallery** mit Werken präraffaelitischer Künstler wie dem in Birmingham geborenen Edward Burne-Jones (1833–1898) und Ford Madox Brown (1821–1893). Das Museum organisiert auch regelmäßig interessante Wechselausstellungen.

Birminghams ausgedehntes Kanalsystem dient heute vor allem für Vergnügungsfahrten *(siehe S. 304f)*. Einige alte Lagerhäuser wurden in Museen und Galerien umgewandelt. **Thinktank, Birmingham Science Museum** feiert den Beitrag der Stadt zur Entwicklung von Lokomotiven, Flugzeugen und Motoren. Im alten Viertel der Goldschmiede nördlich des Museums gehen Juweliere ihrem traditionellen Handwerk nach. Das **Museum of the Jewellery Quarter**, ein gut erhaltenes Atelier, vermittelt Einblicke in ihre Kunst.

Auch in den Vorstädten Birminghams gibt es Sehenswertes, darunter die **Botanical Gardens** in Edgbaston und die **Cadbury World** in Bournville mit einem Besucherzentrum, das sich der Schokolade widmet. Das Dorf Bournville, eine Gartenvorstadt, wurde 1890 von den Brüdern Cadbury für ihre Arbeiter erbaut.

Birmingham Museum and Art Gallery
Chamberlain Sq. (0121) 303 8038. tägl. 25., 26. Dez.
birminghammuseums.org.uk

Thinktank, Birmingham Science Museum
Millennium Point. (0121) 348 8000. tägl. 24.–26. Dez.
birminghammuseums.org.uk

Museum of the Jewellery Quarter
75–80 Vyse St. (0121) 348 8140. Di–So.
birminghammuseums.org.uk

Botanical Gardens
Westbourne Rd, Edgbaston. (0121) 454 1860. tägl. 25., 26. Dez. nach Vereinb.
birminghambotanicalgardens.org.uk

Cadbury World
Linden Rd, Bournville. 0844 880 7667. tägl. (Nov–Jan: tel. erfragen). erste drei Wochen im Jan, 24.–26. Dez.
cadburyworld.co.uk

Imposantes städtisches Gebäude am Victoria Square, Birmingham

Epsteins Hl. Michael besiegt den Teufel an Coventrys Kathedrale

⓮ Coventry

Coventry. **Karte** L15. 330000. Bayley Lane, (024) 7622 5616. Mo–Sa. visit coventryandwarwickshire.co.uk

Als Rüstungszentrum war Coventry im Krieg Angriffsziel deutscher Bomber. 1940 trafen sie die mittelalterliche **Kathedrale**. Neben der Ruine wurde eine von Basil Spence entworfene neue Kathedrale erbaut. Jacob Epstein (1880–1959) schuf dafür Skulpturen, Graham Sutherland (1903–1980) einen riesigen Wandteppich.

Herbert Gallery and Museum geht auf die Sage von Lady Godiva (11. Jh.) ein. Aus Mitleid mit dem Volk soll sie nackt durch die Straßen geritten sein, damit ihr Mann, der Earl of Mercia, die Steuern senkt. Das **Coventry Transport Museum** hat die größte Ausstellung britischer Autos, auch die zwei schnellsten Autos der Welt, den Thrust SSC und den Thrust 2.

Herbert Gallery and Museum
Jordan Well. (024) 7623 7521. tägl. (So nur nachmittags). 1. Jan. theherbert.org

Coventry Transport Museum
Hales St. (024) 7623 4270. tägl. 1. Jan, 24.–26. Dez.
transport-museum.com

⓯ Tour: Parks in den Midlands

Die hübschen Häuser aus Cotswold-Stein ergänzen die üppigen Parks, für die diese Region bekannt ist, hervorragend. Die malerische Route von Warwick nach Cheltenham führt zu Gärten aller Art und Größe, von winzigen Cottage-Gärtchen voller Blumen und Stockrosen bis zu den wildreichen Parks stattlicher Herrenhäuser. Die Strecke folgt dem Steilabbruch der Cotswold-Hügel durch spektakuläre Landschaften und einige der schönsten Dörfer der Midlands.

Routeninfos

Länge: 50 km.
Rasten: Hidcote Manor serviert Exzellentes zum Mittagessen und Nachmittagstee. In Kiftsgate Court und Sudeley Castle gibt es Erfrischungen. In Broadway warten traditionelle Pubs, Teesalons und das luxuriöse Lygon Arms.

⑨ Cheltenham Imperial Gardens
Die farbenfrohen Anlagen an der Promenade wurden 1817/18 angelegt, um den Weg von der Stadt zu den Kuranlagen zu verschönern *(siehe S. 332)*.

⑧ Sudeley Castle
Das restaurierte Schloss ist von Hecken und einem elisabethanischen Park umgeben. Catherine Parr, die Witwe Henrys VIII, starb hier 1548.

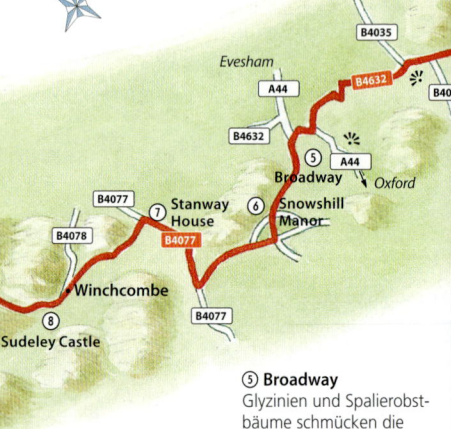

⑤ Broadway
Glyzinien und Spalierobstbäume schmücken die Vorgärten von Cottages aus dem 17. Jahrhundert.

⑦ Stanway House
Zu dem Herrensitz aus der Zeit James' I gehören viele Bäume und eine Pyramide über einem Wasserfall.

⑥ Snowshill Manor
Das Herrenhaus aus Cotswold-Stein zeigt eine Sammlung von Fahrrädern bis zu japanischen Rüstungen. Die ummauerten Gärten und Terrassen sind voller *objets d'art* wie die Uhr *(links)*. Die Farbe Blau dominiert.

Hotels und Restaurants in Zentralengland *siehe Seiten 567f und 593f*

TOUR: PARKS IN DEN MIDLANDS | **325**

① Warwick Castle
Die Gärten und der Erdwall sind im mittelalterlichen Stil mit Gras, Eichen, Eiben und Buchsbaumhecken bepflanzt *(siehe S. 326f)*.

② Anne Hathaway's Cottage
Der Garten ist im Stil des 19. Jahrhunderts angelegt *(siehe S. 331)*.

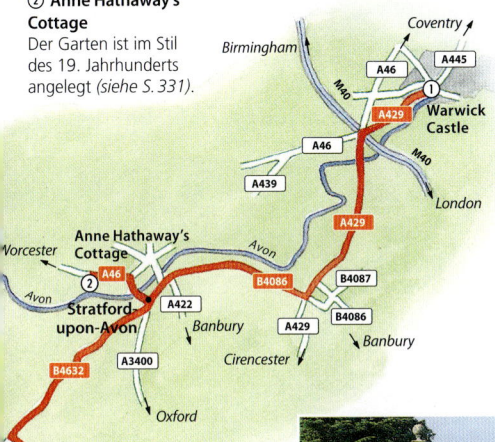

③ Hidcote Manor Garden
Der schöne Park, der Anfang des 20. Jahrhunderts angelegt wurde, zeigt »Gartenräume«, die von Eibenhecken umgeben und thematisch bepflanzt sind.

④ Kiftsgate Court Garden
Der bezaubernd natürlich gestaltete Park gegenüber Hidcote Manor bietet viele seltene Pflanzen auf einer Reihe von Hügelterrassen, darunter die riesige Kiftsgate-Rose, die fast 30 Meter hoch ist.

Legende
━━ Autobahn
━━ Routenempfehlung
━━ Andere Straße

0 Kilometer 5
0 Meilen 5

⓰ Warwick

Warwickshire. **Karte** K15. 30 000. ☎ The Court House, Jury St, (01926) 492 212. Sa. **W** visitwarwick.co.uk

Einige mittelalterliche Gebäude Warwicks überstanden den Brand von 1694. Im **St John's House Museum** in St John's sind Salon, Küche und Schulzimmer rekonstruiert. Der Earl of Leicester baute die Gildehäuser am westlichen Ende der High Street 1571 um und gründete das **Lord Leycester Hospital** als Heim für seine alten Soldaten.

Das mit Arkaden versehene **Market Hall Museum** (1670) ist Teil des Warwickshire Museum, das eine Landkarte Englands auf einem Wandteppich von 1558 besitzt.

Die **Beauchamp Chapel** (1443–64) in der Church Street ist ein herrliches Beispiel des Perpendicular-Stils mit Gräbern der Earls of Warwick. Vom Turm von St Mary's genießt man einen wunderbaren Blick auf **Warwick Castle** *(siehe S. 326f)*.

▥ St John's House Museum
St John's. ☎ (01926) 412 132. Di–Sa (Apr–Okt: Mo–Sa). teilweise.

▥ Lord Leycester Hospital
High St. ☎ (01926) 491 422. Di–So. ● Karfreitag, 25. Dez. **Park** ○ nur Ostern–Sep. teilweise. **W** lordleycester.com

▥ Market Hall Museum
Market Place. ☎ (01926) 412 500. Di–Sa (Apr–Sep: Di–So). teilweise.

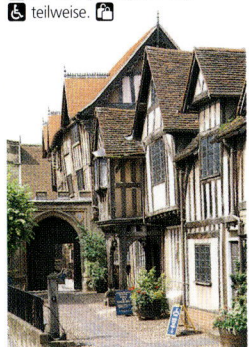

Das Lord Leycester Hospital, ein Wohnheim ehemaliger Soldaten

Warwick Castle

Die mittelalterliche Festung ist einer der schönsten Herrensitze des Landes. Der normannischen Burg wurden im 13./14. Jahrhundert riesige Außenmauern und Türme angefügt, vor allem um die Macht der Feudalherren – der Beauchamps und Nevilles (15. Jh.) sowie der Earls of Warwick – zu demonstrieren. 1604 ging die Burg an die Familie Greville über, die sie im 17. und 18. Jahrhundert zum großen Landsitz ausbaute. 1978 kauften die Eigentümer von Madame Tussauds *(siehe S. 108)* das Gebäude und statteten einige Räume mit Wachsfiguren aus, um die Geschichte des Hauses zu illustrieren.

Kingmaker Attraction
Exponate gehen auf das Leben von Richard Neville ein, der als »Warwick, der Königsmacher« in die Rosenkriege zog.

Royal Weekend Party
Der wächserne Diener ist Teil einer preisgekrönten Ausstellung über den Besuch des Prince of Wales im Jahr 1898.

Außerdem

① **Princess Tower**

② **The Dragon Tower** zeigt einige Figuren der BBC-Serie *Merlin*, darunter auch den kleinen Drachen.

③ **Der Erdwall** trägt die Reste der Festungsmauern *(siehe S. 490)* und des Bergfrieds (13. Jh.).

④ **Wehrmauern und Türme** aus hiesigem grauem Sandstein verstärkten im 14. und 15. Jahrhundert die Burg.

⑤ **Das Torhaus** ist mit Fallgittern und Pechnasen versehen, durch die man siedendes Pech auf unten stehende Angreifer goss.

⑥ **Castle Dungeon** zeigt ein Theaterstück, in dem das mittelalterliche Warwick dargestellt wird.

⑦ **Caesar's Tower**

⑧ **Mühle und Maschinengebäude**

★ **Great Hall und State Rooms**
Die mittelalterlichen Räume wurden zur Great Hall und zu Empfangsräumen umgebaut. Die Säle beherbergen Familienschätze aus der ganzen Welt.

Hotels und Restaurants in Zentralengland *siehe Seiten 567f und 593f*

WARWICK CASTLE | 327

Warwick Castle, **Südansicht von Antonio Canaletto (1697–1768)**

Infobox

Information
Castle Lane, Warwick. 0871 265 2000. tägl. 10–16, 17 oder 21 Uhr (bitte der Website entnehmen). 25. Dez. teilweise.
w warwick-castle.com

★ **Guy's Tower**
In dem Turm (1393) lagen Zimmer für Gäste und Mitglieder des Gefolges des Earl of Warwick.

Eingang

Schild (1745)

1000		1200		1400		1600		1800	

1068 Normannische Festung mit Innenhof wird erbaut

1264 Simon de Montfort, Anführer der Parlamentsarmee gegen Henry III, greift Warwick Castle an

1478 Nach dem Mord am Schwiegersohn Richard Nevilles fällt die Burg an die Krone

1890er–1910 Besuche des späteren Edward VII

1268–1445 Die heutige Burg wird von der Familie Beauchamp, Earls of Warwick, erbaut

1449–1471 Richard Neville, Earl of Warwick, spielt in den Rosenkriegen eine entscheidende Rolle

1604 James I übergibt die Burg an Sir Fulke Greville

1600–1800 Umgestaltung des Inneren und Anlage des Parks

1871 Schwere Brandschäden in der Great Hall

1642 Belagerung der Burg durch Royalisten

Im Detail: Stratford-upon-Avon

Am Westufer des Avon, im Herzen der Midlands, liegt eine der berühmtesten Städte Englands. Stratford-upon-Avon geht auf die Römerzeit zurück, doch es gleicht einer kleinen Tudor-Marktstadt, mit Fachwerkhäusern und ruhigen Spazierwegen am baumgesäumten Fluss. Die Stadt ist die meistbesuchte Attraktion außerhalb von London. Zahllose Urlauber besichtigen die mit William Shakespeare oder seinen Nachkommen in Verbindung stehenden Häuser und Orte.

Bancroft Gardens
Zum von Booten befahrenen Kanalbecken gehört auch ein Damm (15. Jh.).

★ Shakespeare's Birthplace
Das Haus wurde im 19. Jahrhundert fast vollständig im Tudor-Stil rekonstruiert.

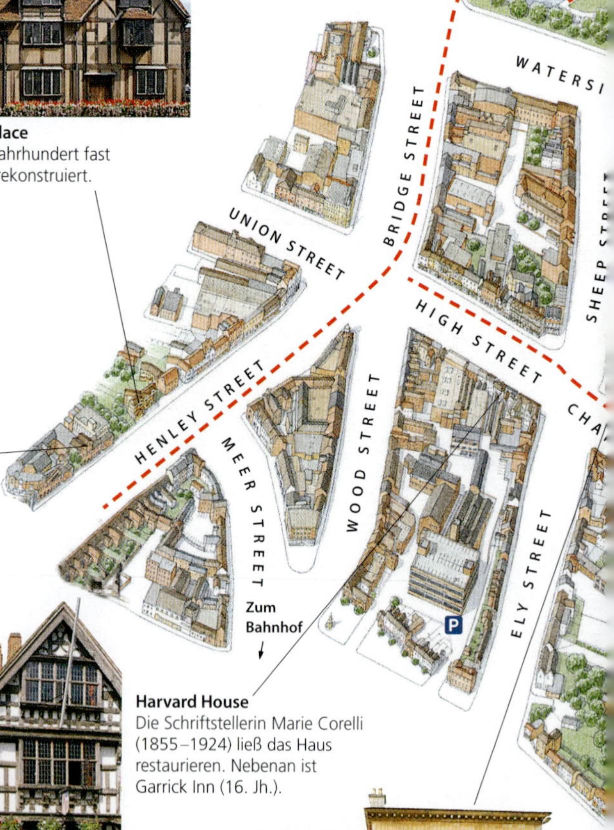

Shakespeare Centre

Harvard House
Die Schriftstellerin Marie Corelli (1855–1924) ließ das Haus restaurieren. Nebenan ist Garrick Inn (16. Jh.).

Town Hall
Die Vorderseite des Rathauses (1767) zeigt Spuren einer Inschrift aus dem 18. Jahrhundert mit den Worten: *God Save the King*.

Hotels und Restaurants in Zentralengland *siehe Seiten 567f und 593f*

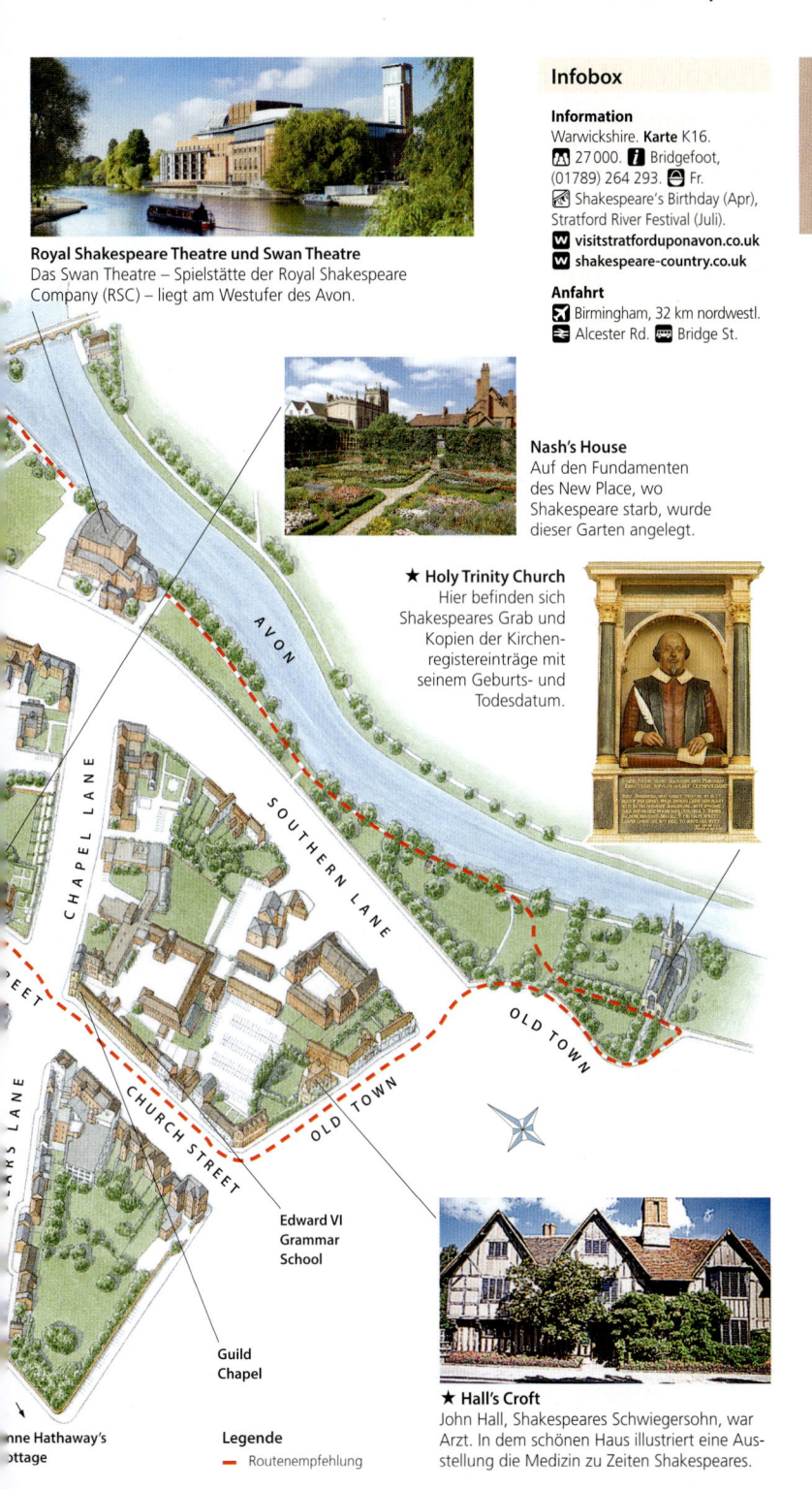

STRATFORD-UPON-AVON | 329

Royal Shakespeare Theatre und Swan Theatre
Das Swan Theatre – Spielstätte der Royal Shakespeare Company (RSC) – liegt am Westufer des Avon.

Infobox

Information
Warwickshire. **Karte** K16.
27 000. Bridgefoot, (01789) 264 293. Fr.
Shakespeare's Birthday (Apr), Stratford River Festival (Juli).
visitstratforduponavon.co.uk
shakespeare-country.co.uk

Anfahrt
Birmingham, 32 km nordwestl.
Alcester Rd. Bridge St.

Nash's House
Auf den Fundamenten des New Place, wo Shakespeare starb, wurde dieser Garten angelegt.

★ **Holy Trinity Church**
Hier befinden sich Shakespeares Grab und Kopien der Kirchenregistereinträge mit seinem Geburts- und Todesdatum.

Edward VI Grammar School

Guild Chapel

Anne Hathaway's Cottage

Legende
— Routenempfehlung

★ **Hall's Croft**
John Hall, Shakespeares Schwiegersohn, war Arzt. In dem schönen Haus illustriert eine Ausstellung die Medizin zu Zeiten Shakespeares.

Überblick: Stratford-upon-Avon

William Shakespeare wurde am 23. April 1564, am Tag des hl. Georg, in Stratford-upon-Avon geboren. Seit seinem Tod 1616 besuchen Bewunderer die Stadt. 1847 brachte ein öffentlicher Aufruf genügend Geld ein, um sein Geburtshaus zu kaufen – so wurde aus Stratford ein literarischer Pilgerort zu Ehren des größten englischen Dramatikers. Ihren herausragenden kulturellen Ruf verdankt die Stadt auch der renommierten Royal Shakespeare Company (RSC), die Shakespeare-Dramen normalerweise zuerst in Stratford und dann in London aufführt *(siehe S. 156)*.

Überblick: Stratford

Viele Gebäude der Stadt stehen mit dem berühmten Literaten William Shakespeare und seinen Nachkommen in Verbindung. Shakespeares Tochter Judith lebte im **Cage**, einem zum Wohnhaus umgebauten Gefängnis Ecke High Street. Heute befindet sich darin ein Laden. Die Fassade der **Town Hall** am Ende der High Street ziert eine Statue von Shakespeare, die der Schauspieler David Garrick (1717–1779) stiftete, der 1769 das erste Shakespeare-Festival organisierte.

Die High Street geht in die Chapel Street über, in der der Fachwerkbau **Nash's House** ein archäologisches Museum beherbergt. Es steht auf dem Gelände des **New Place**, wo Shakespeare im Jahr 1616 starb. Das Haus wurde 1759 abgerissen, heute befindet sich hier ein Renaissance-Garten.

Die Kanzelwand der **Guild Chapel** (1496) schräg gegenüber in der Church Street schmückt *Das Jüngste Gericht* (um 1500). Man nimmt an, dass William Shakespeare die **Edward VI Grammar School** (über der früheren Guildhall) nebenan besuchte.

In der Old Town steht **Hall's Croft**, Heim von Shakespeares Tochter Susanna, das medizinische Geräte (16./17. Jh.) ausstellt. Eine Lindenallee führt zur **Holy Trinity Church**, in der Shakespeare bestattet ist, ein Spazierweg am Avon entlang zu **Bancroft Gardens** am Zusammenfluss des Avon mit dem Stratford-Kanal.

Anne Hathaway's Cottage, das Heim von Shakespeares Frau

Blick über den Avon auf die Holy Trinity Church

Hotels und Restaurants in Zentralengland *siehe Seiten 567f und 593f*

Shakespeare's Birthplace

Henley St. (01789) 204 016.
tägl. 1. Jan, 25. Dez.
teilweise.
shakespeare.org.uk

Shakespeares Geburtshaus, früher ein Wirtshaus, wurde 1847 vom Staat erworben und im elisabethanischen Stil restauriert. Vieles erinnert an Shakespeares Vater John, einen Handschuhmacher und Wollhändler. Es gibt ein Zimmer, in dem William angeblich zur Welt kam, in einem anderen findet man Unterschriften berühmter Besucher.

Harvard House

High St. (01789) 204 507. für die Öffentlichkeit.
In dem 1596 erbauten, reich verzierten Haus verbrachte Katherine Rogers ihre Kindheit. Ihr Sohn John Harvard wanderte 1637 nach Amerika aus. Ein Jahr später starb er und vermachte dem New College in Cambridge (Massachusetts) eine kleine Bibliothek.

Umgebung: In Shottery, einem 1,5 Kilometer westlich von Stratford gelegenen Dorf, befindet sich **Anne Hathaway's Cottage** *(siehe S. 325)*, wo Shakespeares spätere Gattin Anne vor der Heirat lebte. Einen Besuch lohnt auch **Mary Arden's Farm** in Wilmcote, wo Shakespeares Mutter Mary Arden ihre Kindheit verbrachte. Hier sind Konzerte mit elisabethanischer Musik zu hören.

Anne Hathaway's Cottage
Cottage Lane. (01789) 338 532. tägl. 1. Jan, 25., 26. Dez.

Mary Arden's Farm
Station Rd. (01789) 338 535. Apr–Okt: tägl.
shakespeare.org.uk

Kenneth Branagh als Hamlet

Royal Shakespeare Company (RSC)

Die Royal Shakespeare Company ist berühmt für ihre Shakespeare-Inszenierungen. Sie wurde in den 1960er Jahren als Ensemble des 1932 erbauten Shakespeare Memorial Theatre, des heutigen Royal Shakespeare Theatre, gegründet. Hier standen schon Größen wie Laurence Olivier, Vivien Leigh, Helen Mirren und Kenneth Branagh auf der Bühne. Die RSC geht oft auf Tournee, ihre Hauptspielstätten neben London sind Newcastle und New York.

Grevel House, das älteste Haus in Chipping Campden

⓲ Chipping Campden

Gloucestershire. **Karte** K16. 2500. High Street, (01386) 841 206.
chippingcampdenonline.org

Die Campden Society hält das schöne Cotswold-Städtchen in gutem Zustand. Die in den 1920er Jahren ins Leben gerufene Gesellschaft bewahrt das traditionelle Handwerk der Steinmetze und Restauratoren, die Chipping Campden zu einem einzigartigen Gesamtbild aus goldfarbenem, mit Flechten bedecktem Stein machten. Besucher, die von Nordwesten über die B4035 hierherkommen, sehen zuerst die Ruinen des **Campden Manor**, dessen Bau Baptist Hicks, der 1. Viscount Campden, um 1613 begann. Royalistische Truppen brannten den Herrensitz Ende des Bürgerkriegs *(siehe S. 56)* ab, um zu verhindern, dass die Parlamentarier ihn konfiszierten, verschonten aber die Armenhäuser gegenüber dem Torhaus. Diese bilden ein »J« (das lateinische »J«), Symbol für die Treue des Besitzers zu James I.

Den Bau der **Church of St James**, einer der schönsten Kirchen der Cotswolds, finanzierten Kaufleute im 15. Jahrhundert, indem sie von den Cotswold-Bauern Wolle kauften und mit hohen Gewinnen exportierten. Die Kirche birgt viele kunstvolle Gräber. Eine William Grevel gewidmete Plakette beschreibt ihn als »Zierde der Wollhändler Englands«. Er baute um 1380 in der High Street das **Grevel House**, das älteste der Straße.

Der Viscount Campden stiftete 1627 die **Market Hall**. Sein Zeitgenosse Robert Dover initiierte 1612, lange Zeit vor den modernen Olympischen Spielen, die »Cotswold Olimpicks«. Dazu gehörte auch so Schmerzhaftes wie ein Wettkampf im Schienbeintreten. Die Spiele finden noch immer am ersten Freitag nach dem Spring Bank Holiday (letzter Montag im Mai) statt, mit Fackelumzug und dem Jahrmarkt Scuttlebrook Wake Fair am nächsten Tag. Schauplatz der Spiele ist eine Höhle im **Dover's Hill** oberhalb der Stadt. Allein der Ausblick über das Vale of Evesham lohnt den Aufstieg.

Die Market Hall aus dem 17. Jahrhundert in Chipping Campden

Die Abteikirche von Tewkesbury überragt die Stadt, die sich am Ufer des Severn ausbreitet

⑲ Tewkesbury

Gloucestershire. **Karte** K16.
11 000. Church St, (01684) 855 040. Mi, Sa.
visittewkesbury.info

Die Stadt am Zusammenfluss von Severn und Avon besitzt eine der schönsten normannischen Klosterkirchen Englands, **St Mary the Virgin**, die die Einwohner während der Säkularisation retteten, indem sie Henry VIII 453 Pfund bezahlten. Um die Kirche drängen sich Fachwerkhäuser. Lagerhäuser und Werften erinnern an den früheren Reichtum. Die Borough Mill in der Quay Street war eine Getreidemühle, die mit Wasserkraft betrieben wurde.

Umgebung: Boote befahren die rund zehn Kilometer lange Strecke zu **Twynings** Pub am Flussufer.

⑳ Cheltenham

Gloucestershire. **Karte** K16.
115 000. Clarence St, (01241) 237 431. So; 2. und letzter Fr im Monat Bauernmarkt.
visitcheltenham.org
cheltenhamtownhall.org.uk

Cheltenham wurde im 18. Jahrhundert zum Edel-Kurort, als die High Society dem Beispiel Georges III *(siehe S. 59)* folgte, »to take the waters«. An den breiten Straßen entstanden elegante klassizistische Häuser. Ein paar besonders schöne Beispiele sieht man um das Queen's Hotel bei **Montpellier**, einer Regency-Arkade, gesäumt von zahlreichen Kunsthandwerksläden, und entlang der **Promenade** mit ihren eleganten Kaufhäusern und Modeläden.

Moderner präsentiert sich die **Regency Arcade**, deren Hauptattraktion die 1985 von Kit Williams geschaffene Uhr ist. Zur vollen Stunde stoßen Fische über den Köpfen der Zuschauer Luftblasen aus.

The Wilson – Cheltenham Art Gallery & Museum zeigt eine außergewöhnliche Sammlung von Möbeln und Objekten von Mitgliedern der einflussreichen Arts-and-Crafts-Bewegung *(siehe S. 33)*, deren Design-Prinzipien William Morris *(siehe S. 224f)* vorgab.

Der von einer Kuppel überwölbte **Pittville Pump Room** (1825–30) wurde einem griechischen Tempel nachempfunden. Hier finden Veranstaltungen während des jährlichen Musikfestivals (Juli) und des Literaturfestivals (Okt) statt. Das große Ereignis, das jedes Jahr Besuchermassen anlockt, ist jedoch der Cheltenham Gold Cup Steeplechase – die Eröffnung der National-Hunt-Saison (Pferderennen), die im März stattfindet *(siehe S. 70)*.

The Wilson – Cheltenham Art Gallery & Museum
Clarence St. (01242) 237 431.
tägl. 1. Jan, 25., 26. Dez.
nach Vereinbarung.
cheltenhammuseum.org.uk

Pittville Pump Room
Pittville Park. 0844 576 2210.
tägl. 1. Jan, 25., 26. Dez, Feiertage; häufig bei Veranstaltungen (tel. erfragen).
pittvillepumproom.org.uk

Detail im Pump Room, Cheltenham

Fantasie-Uhr von Kit Williams, Regency Arcade, Cheltenham

Hotels und Restaurants in Zentralengland *siehe Seiten 567f und 593f*

Schiff der Kathedrale in Gloucester

㉑ Gloucester

Gloucestershire. Karte K16. 128 000. 28 Southgate St, (01452) 396 572. Fr, Sa. thecityofgloucester.co.uk

In der Geschichte Englands spielte Gloucester eine bedeutende Rolle. Hier befahl William the Conqueror eine Auflistung des Landbesitzes vorzunehmen, die im *Domesday Book* von 1086 *(siehe S. 52)* festgehalten ist.

Die Stadt war bei den normannischen Monarchen beliebt. Henry III wurde 1216 in der **Kathedrale** gekrönt. Der Bau des massiven Schiffs begann 1089. Edward II, der 1327 in Berkeley Castle, 22 Kilometer südwestlich, ermordet wurde, ist beim Hochaltar bestattet. Mithilfe der Spenden, die Pilger zu seinem Grab brachten, ließ Abt Thoky 1331 die Kathedrale umbauen. Sie erhielt das wunderbare Ostfenster und den Kreuzgang mit dem ersten Fächergewölbe – was in anderen Kirchen des Landes effektvoll kopiert wurde.

Einer der eindrucksvollsten Bauten um die Kathedrale ist der College Court mit dem **House of the Tailor of Gloucester**, das der Kinderbuchautorin Beatrix Potter *(siehe S. 371)* zur Illustration ihrer Geschichte *Der Schneider von Gloucester* diente. Ein Museumskomplex entstand in den **Gloucester Docks**. Teile der Docks dienen immer noch als Hafen, der mit dem Bristol Channel über den Gloucester and Sharpness Canal von 1827 verbunden ist. Das **National Waterways Museum** in einem viktorianischen Lagerhaus im alten Hafen erzählt mit interaktiven Ausstellungen die Geschichte britischer Kanäle.

House of the Tailor of Gloucester
College Court. (01452) 422 856. Mo–Sa (So nur nachmittags). Feiertage. tailor-of-gloucester.org.uk

National Waterways Museum
Llanthony Warehouse, Gloucester Docks. (01452) 318 200. Apr–Okt: tägl.; Nov–März: Di–So. 25. Dez. canalrivertrust.org.uk/gloucester-waterways-museum

㉒ Cirencester

Gloucestershire. Karte K17. 20 000. Park St, 0845 260 8452. Mo–Sa. cirencester.com

Auf dem Marktplatz der Hauptstadt der Cotswolds wird jeden Werktag Markt abgehalten. Am Platz steht die **Church of St John Baptist**, deren »Weinglas-Kanzel« von 1515 eine der wenigen in England erhaltenen Kanzeln aus vorreformatorischer Zeit ist.

Der 1. Earl of Bathurst legte ab 1714 mit Unterstützung des Dichters Alexander Pope *(siehe S. 321)* den **Cirencester Park** an. Um den Parkeingang stehen Häuser, die Wollhändler von Cecily Hill im 17./18. Jahrhundert bauten. Bescheidenere Cotswold-Häuser stehen in der Coxwell Street. Unter diesen Bauwerken befindet sich die römische Stadt, deren Spuren zutage treten, sobald man den Boden umgräbt.

Das moderne **Corinium Museum** ist überaus sehenswert. Es stellt Ausgrabungsfunde aus, die das Leben in einem römischen Haushalt illustrieren. Ein wahrer Schatz ist der Bodicacia-Grabstein, der 2015 entdeckt wurde.

Cirencester Park
Cirencester Park. (01285) 665 3135. tägl. cirencesterpark.co.uk

Corinium Museum
Park St. (01285) 655 611. tägl. (So nur nachmittags). 1. Jan, 25., 26. Dez. coriniummuseum.org

Pfarrkirche von Cirencester, eine der größten Englands

Kunst und Natur zur Zeit der Römer

In römischer Zeit war Cirencester ein wichtiges Zentrum der Mosaikherstellung. Schöne Beispiele zeigt das Corinium Museum. Die Exponate reichen von klassischen Themen, z. B. Orpheus, der mit seiner Lyra Löwen und Tiger zähmt, bis zur naturgetreuen Darstellung eines Hasen. Die Mosaiken in der römischen Villa in Chedworth, 13 Kilometer nördlich, sind naturalistisch. *Die vier Jahreszeiten* zeigen den Winter als einen Bauern mit Wollkappe und Mantel, der in der einen Hand einen eben gefangenen Hasen, in der anderen einen Ast für das Feuer hält.

Hasenmosaik, Corinium Museum

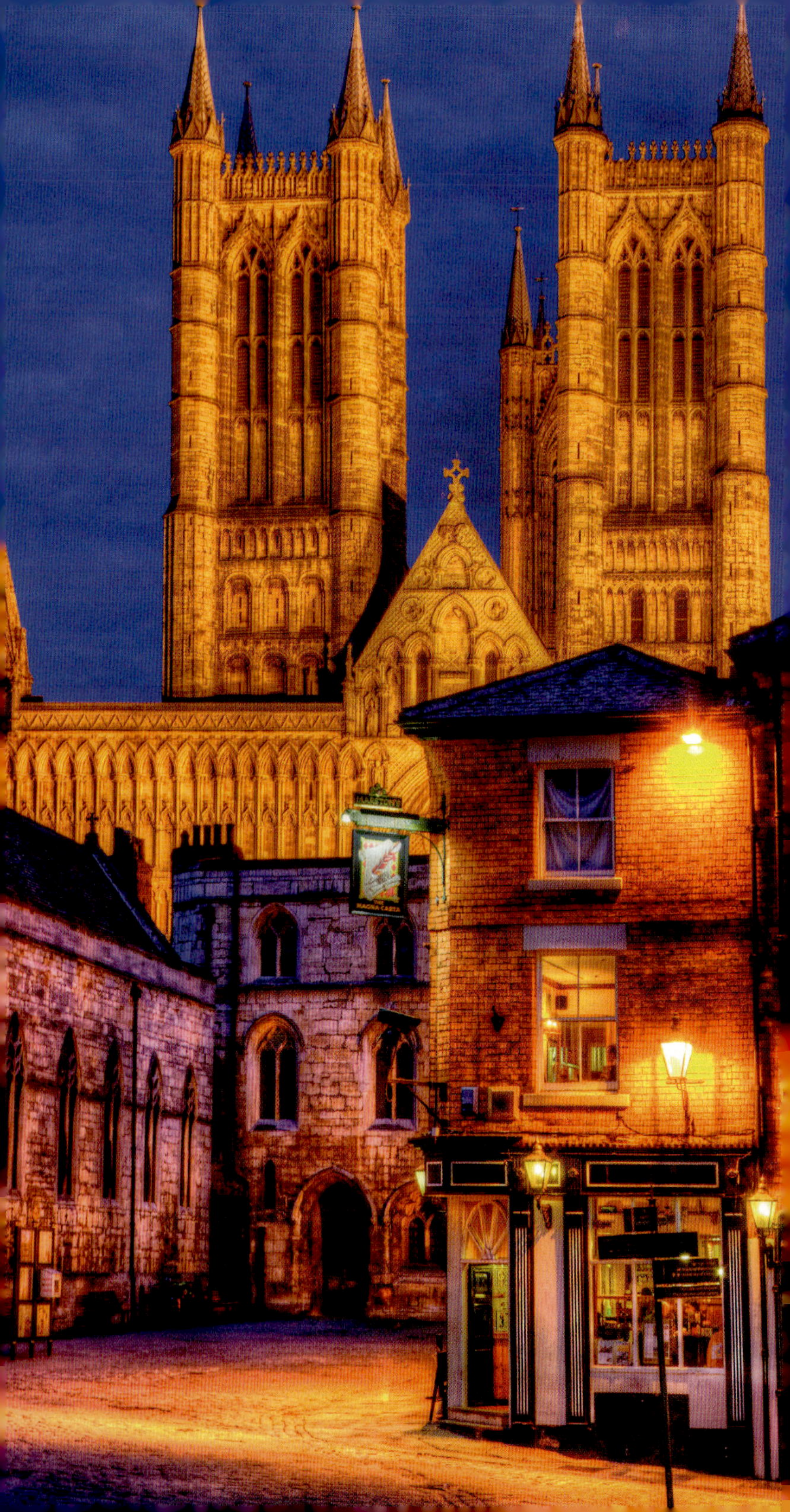
THE
MAGNA CARTA

East Midlands
Derbyshire • Leicestershire • Lincolnshire • Northamptonshire Nottinghamshire

Drei überaus unterschiedliche Landschaften überraschen die Besucher der East Midlands: Im Westen ziehen sich ausgedehnte Hochmoore bis zu den zerklüfteten Höhen des Peak District, auf die eine Tiefebene mit Industriestädten folgt. Im Osten erstrecken sich grüne Hügellandschaften und Dörfer mit massiven Kalksteinhäusern bis zur Küste.

Typisch für die East Midlands ist die Verbindung von Ländlichem mit Urbanem. Natur mit Heilbädern, historischen Dörfern und prächtigen Schlössern wechselt sich mit Industrielandschaften ab.

Bereits in vorgeschichtlicher Zeit war die Gegend besiedelt. Die Römer bauten Bodenschätze wie Blei und Salz ab und errichteten ein Netzwerk von Straßen und Festungen. Viele Ortsnamen deuten noch heute auf den Einfluss der Angelsachsen und Wikinger hin. Im Mittelalter ermöglichte der Wollhandel die Entwicklung von Städten wie Lincoln, das noch schöne alte Gebäude besitzt. Während des Bürgerkriegs und der Rosenkriege waren die East Midlands Schauplatz erbitterter Schlachten. Rebellen des Jakobitenaufstands drangen sogar bis nach Derby vor.

Der Peak District im Westen, Großbritanniens erster, 1951 gegründeter Nationalpark, ist wegen seiner wildromantischen Heidemoore und bewaldeten Täler am Dove bekannt. Kletterer und Wanderer lieben seine Gipfel.

Den Ostrand des Peak District bilden mit Steinmauern abgegrenzte Weiden und geschützte Täler. Das römische Heilbad Buxton setzt noch einen eleganten Akzent, bevor die flachen Industrieregionen südlich von Derbyshire, Leicestershire und Nottinghamshire beginnen. Die seit Ende des 18. Jahrhunderts von Kohlenbergwerken und Fabriken geprägte Region wurde in den letzten 25 Jahren stark aufgeforstet. Im Rahmen des ehrgeizigen Projekts »The National Forest« werden alte Waldgebiete und neue Pflanzungen geschützt.

Wasserkaskade bei Chatsworth House and Gardens *(siehe S. 338f)*, Derbyshire

◀ Der bei Dunkelheit illuminierte Cathedral Square mit der Kathedrale, Lincoln *(siehe S. 344f)*

Überblick: East Midlands

Die East Midlands werden von Besuchern zwar oft übersehen, sind aber eine Region von großer Vielfalt. Man kann sie leicht erreichen und erkundet sie am besten auf Wanderungen. Viele gut ausgeschilderte Wege führen durch den Peak District National Park. Eindrucksvoll sind die Schlösser von Chatsworth und Burghley sowie historische Städte wie Lincoln und Stamford.

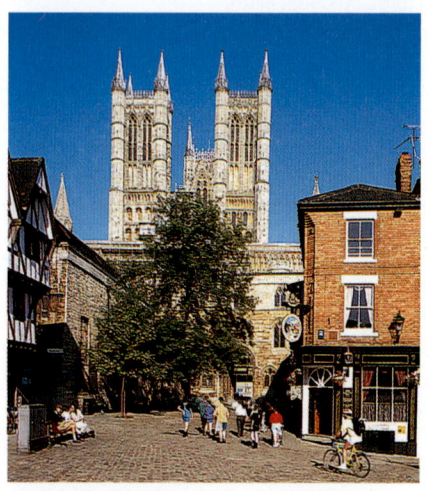

Lincolns Kathedrale erhebt sich über die Fachwerkhäuser

Sehenswürdigkeiten auf einen Blick
1. Buxton
2. *Chatsworth House and Gardens S. 338f*
3. Matlock Bath
6. Nottingham
7. *Lincoln S. 344f*
8. *Burghley House S. 346f*
9. Stamford
10. Northampton

Touren
4. *Tissington Trail S. 341*
5. *Peak District S. 342f*

Legende
- Autobahn
- Schnellstraße
- Hauptstraße
- Nebenstraße
- Panoramastraße
- Eisenbahn (Hauptstrecke)
- Eisenbahn (Nebenstrecke)
- △ Gipfel

Weitere Zeichenerklärungen siehe hintere Umschlagklappe

Der nördliche Hof von Burghley House mit Statue

EAST MIDLANDS | 337

Peak District vom Tissington Trail aus gesehen

In den East Midlands unterwegs

Die M6, M1 und A1 sind die großen Straßen Richtung East Midlands. Viel Verkehr führt hier häufig zu Staus. Schneller und interessanter kann es daher sein, Landstraßen, etwa durch die reizvolle Gegend und die Dörfer um Stamford und Northampton, zu befahren. Einige Straßen im Peak District sind während des Sommers fast zu jeder Tageszeit überfüllt. Am besten ist es, sehr früh loszufahren. Lincoln und Stamford liegen an den Hauptstrecken der Eisenbahn und sind von London aus schnell zu erreichen. Im Peak District selbst verkehren wenige Züge. Nebenstrecken führen bis nach Matlock und Buxton.

Hotels und Restaurants in den East Midlands *siehe Seiten 568f und 594f*

Chatsworth House and Gardens

Chatsworth ist eine der eindrucksvollsten Residenzen Großbritanniens. Zwischen 1687 und 1707 ersetzte der 1. Duke of Devonshire das alte Tudor-Herrenhaus durch ein Barockschloss. Hier findet man eine schöne Kunstsammlung mit Skulpturen-Galerie. Gärten und Park wurden von »Capability« Brown *(siehe S. 30)* in den 1760er Jahren angelegt und von Joseph Paxton *(siehe S. 61)* Mitte des 19. Jahrhunderts erweitert. Die Grünanlagen nehmen eine Fläche von rund 42 Hektar ein. Es gibt schöne Spazierwege, einen Bauernhof und einen Kinderspielplatz mitten im Wald.

Das 1979 restaurierte Opernhaus von Buxton (spätes 19. Jh.)

❶ Buxton

Derbyshire. **Karte K13.** 24 000.
Pavilion Gardens, (01298) 25 106. Di, Sa.
visitbuxton.co.uk

Der 5. Duke of Devonshire konzipierte Buxton Ende des 18. Jahrhunderts als Kurbad. Eines seiner klassizistischen Gebäude ist das **Devonshire Royal Hospital** (1790), ehemalige Stallungen am Stadteingang. Der elegante **Crescent** entstand 1780–90 als Konkurrenz zum Royal Crescent in Bath *(siehe S. 262)*. Er wird derzeit restauriert.

Die ehemaligen Stadtbäder waren am Südwestrand von Buxton. Hier sieht man eine Heilquelle, die eine Wasserleistung von 7000 Litern pro Stunde erbringt. Gegenüber gibt es einen öffentlichen Brunnen: **St Ann's Well**.

Steilgärten führen vom Crescent zum **Museum and Art Gallery** mit geologischen und archäologischen Ausstellungsstücken. Hinter dem Crescent erheben sich über den **Pavilion Gardens** ein Glas-Eisen-Pavillon (19. Jh.) und das fantastisch restaurierte **Opera House**, in dem im Sommer ein Musik- und Kunstfestival stattfindet.

🏛 Buxton Museum and Art Gallery
Terrace Rd. (01629) 533 540.
Ostern–Sep: Di–So; Okt–Ostern: Di–Sa. 1. Jan, 24.–26. Dez. derbyshire.gov.uk

Pavilion Gardens
St John's Rd. (01298) 23114.
tägl. Jan, 25. Dez.

★ **Wasserkaskade**
Wasser läuft die 1696 nach französischem Entwurf erbaute Kaskade hinunter. Von oben hat man einen schönen Blick auf das Schloss.

Außerdem

① **Paxtons »Conservative Wall«** (»**The Case**«) ist ein Glas-Holz-Gewächshaus. Es wurde 1848 von Joseph Paxton entworfen, dem Schöpfer des Great Conservatory, das jetzt zerstört ist.

② **Sommerhaus**

③ **Runde Teiche**, »**Spectacles**« (**Brille**) genannt

④ **Grotte**

⑤ **Felsengarten**

⑥ »**The Maze**« (**Irrgarten**): Ort von Paxton's Great Conservatory

⑦ **Kanalteich** mit »**Emperor Fountain**«

⑧ **Seepferdchen-Brunnen**

Parkeingang

Hauseingang

Hotels und Restaurants in den East Midlands *siehe Seiten 568f und 594f*

CHATSWORTH HOUSE AND GARDENS | 339

Südfassade mit Kanalteich und »Emperor Fountain«

Infobox

Information
Derbyshire. **Karte** K13.
(01246) 565 300. Apr–Anfang Jan: tägl. ab 10.30 oder 11 Uhr bis 16 oder 17 Uhr.
1. Jan. 24.–26. Dez. chatsworth.org

Anfahrt
Chesterfield, dann Bus.

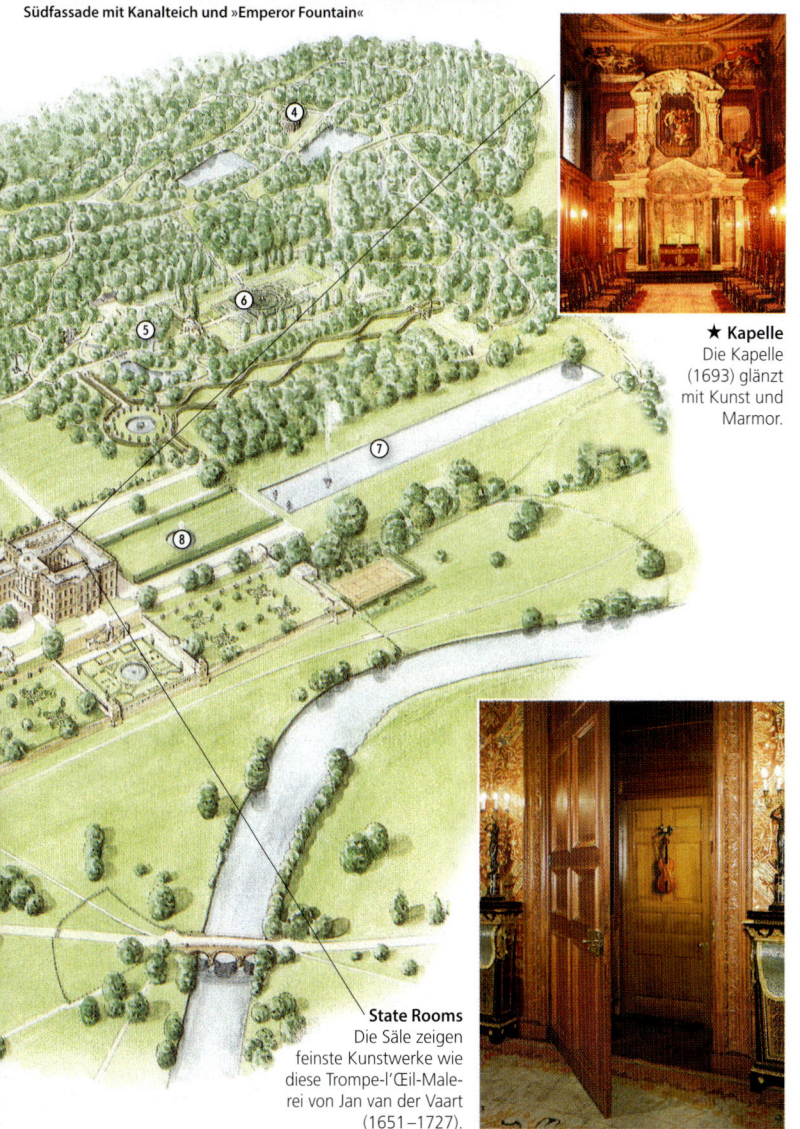

★ Kapelle
Die Kapelle (1693) glänzt mit Kunst und Marmor.

State Rooms
Die Säle zeigen feinste Kunstwerke wie diese Trompe-l'Œil-Malerei von Jan van der Vaart (1651–1727).

❸ Matlock Bath

Derbyshire. **Karte** K14. 9500.
 Matlock Station, (01335) 343 666. **W** matlock.org.uk

Matlock entwickelte sich ab 1780 zum Heilbad. Zu den interessanten Gebäuden gehört ein Komplex von 1853, der als Hydrotherapie-Zentrum erbaut wurde und heute Amtsräume der Stadt beherbergt. Auf dem Hügel gegenüber liegt das pseudogotische Riber Castle.

Von Matlock aus führt die A6 durch die schöne Derwent Gorge nach Matlock Bath, wo eine Seilbahn zum Freizeitpark **Heigths of Abraham** aufsteigt. Das **Peak District Mining Museum** widmet sich dem Bergbau; die **Temple Mine** kann besichtigt werden. Die **Cromford Mills** (1771) von Sir Richard Arkwright am Südende der Schlucht sind als erste Baumwollspinnereien der Welt mit Wasserantrieb UNESCO-Welterbe *(siehe S. 343)*.

Heights of Abraham
An der A6. (01629) 582 365.
 Feb–Okt: tägl. (März: Sa, So).
 teilweise.
W heigthsofabraham.com

Peak District Mining Museum
The Pavilion, nahe A6. (01629) 583 834. Apr–Okt: tägl.; Nov–März: Sa, So. **W** peakdistrictleadminingmuseum.co.uk

Temple Mine
Temple Rd, nahe A6. (01629) 583 834. bitte tel. erfragen.

Cromford Mills
Mill Lane, Cromford. (01629) 823 256. tägl. 25. Dez.
W cromfordmills.org.uk

Eine Seilbahn bringt Besucher zu den Heights of Abraham

❹ Tissington Trail
Siehe S. 341.

❺ Tour: Peak District
Siehe S. 342f.

❻ Nottingham

Nottinghamshire. **Karte** L14.
 305 000.   Smithy Row, 0844 477 5678. tägl.
W nottinghamcity.gov.uk

Der Name der Stadt beschwört oft das Bild von Robin Hood und seines Gegenspielers, des Sheriffs von Nottinghill, herauf. Das auf einem von unterirdischen Gängen durchhöhlten Felsen stehende **Nottingham Castle** ist nicht das mittelalterliche Original, beherbergt aber ein Museum über die Stadtgeschichte und die erste britische kommunale Kunstgalerie mit Werken von Stanley Spencer und Dante Gabriel Rossetti.

Am Fuß des Schlosses liegt Großbritanniens älteste Taverne **Ye Olde Trip to Jerusalem** (1189). Ihr Name bezieht sich auf Kreuzzüge (12./13. Jh.), das Interieur stammt großteils aus dem 17. Jahrhundert.

In der Nähe gibt es etliche Museen, u. a. das **Museum of Nottingham Life**, in dem man das Nottingham der letzten 300 Jahre kennenlernt, und **Wollaton Hall and Deer Park**, eine Villa mit Naturkundemuseum. Das Stadtzentrum von Nottingham wurde neu gestaltet, darunter auch der Old Market Square.

Umgebung: Zu den prunkvollen Landsitzen gehört die prunkvolle **Kedleston Hall** *(siehe S. 32f)*. »Bess of Hardwick«, Countess of Shrewsbury, erbaute die spektakuläre **Hardwick Hall** *(siehe S. 306)*.

Nottingham Castle and Museum
Lenton Rd. (0115) 876 1400.
 tägl. 1. Jan, 24.–27. Dez.
 Höhlen.
W nottinghamcastle.org.uk

Museum of Nottingham Life
Castle Boulevard. (0115) 876 1400. Sa, So, Feiertage.
 1. Jan, 24.–26. Dez.
W nottinghamcity.gov.uk

Wollaton Hall and Deer Park
Wollaton. (0115) 876 3100.
 tägl. 25., 26. Dez.
W wollatonhall.org.uk

Kedleston Hall
Nahe A38. (01332) 842 191.
 März–Okt: tägl. **NT**

Hardwick Hall
Nahe A617. (01246) 850 430.
 Mitte Feb–Okt: Mi–So.
 teilweise. **NT**

Robin Hood

Englands schillerndster Volksheld war ein legendärer Bogenschütze, verewigt in zahllosen Geschichten und Filmen. Robin Hood lebte mit einer Bande »fröhlicher Gesellen« im Sherwood Forest bei Nottingham und bestahl die Reichen, um den Armen zu geben. Die ersten schriftlichen Aufzeichnungen über seine Raubzüge stammen aus dem 15. Jahrhundert. Heute glauben Historiker, dass es nicht ein Einzelner, sondern eine Gruppe von Geächteten war, die sich mittelalterlichen Feudalzwängen widersetzte.

Friar Tuck und Robin Hood, viktorianische Darstellung

Hotels und Restaurants in den East Midlands siehe Seiten 568f und 594f

❹ Tour: Tissington Trail

Ein 22 Kilometer langer Weg führt von Ashbourne nach Parsley Hay, wo er mit dem High Peak Trail zusammentrifft. Die Tour ist eine einfache Kurzversion. Sie führt entlang einer stillgelegten Bahnlinie um das Dorf Tissington und bietet Ausblicke auf die White-Peak-Landschaft. Der Derbyshire-Brauch des Brunnenschmückens geht auf vorchristliche Zeit zurück. Anfang des 17. Jahrhunderts lebte er wieder auf, als die Brunnen von Tissington zum Dank, dass die Einwohner von der Pest verschont blieben, geschmückt wurden – dem Wasser wurden Heilkräfte zugeschrieben. Das Brunnenschmücken ist in Peakland noch immer ein Ereignis – auch in anderen Dörfern ist es bis heute lebendig.

③ Crakelow Cutting
Im Norden liegt weites, von Baumgruppen bestandenes Farmland.

② Railway Cutting
In den alten Kalksteineinschnitten für die Eisenbahn gibt es nun Blumen, Eidechsen und Schmetterlinge.

④ Downhill Track
Der Weg folgt einer im 18. Jahrhundert zur Landeinfriedung gebauten Trockenmauer.

Legende
- - - Routenempfehlung
===== Nebenstraße

① Old Station
In Tissingtons altem Bahnhof gibt es Snacks.

⑤ Tissington Hall Well
Dieser und die vier anderen Brunnen in Tissington werden am Himmelfahrtstag (40. Tag nach Ostern) geschmückt: In die Lehmschicht von Planken werden Reis, Saatgut und Blütenblätter gepresst.

Routeninfos
Start: Old Station.
Länge: 5 km.
🛈 Ashbourne Tourist Information, (01335) 343 666.
Anfahrt: Per Auto von Buxton, Matlock oder Ashbourne.
Schwierigkeitsgrad: Ebener Weg entlang ausgedienten Gleisen.
🆆 visitpeakdistrict.com

❺ Tour: Peak District

Die Idylle des Peak District mit den weidenden Schafen steht in scharfem Kontrast zu den Industriegebäuden der Städtchen im Tal. Die 1951 zum ersten Nationalpark Großbritanniens ernannte Gegend zeigt zwei gegensätzliche Landschaften: im Süden die sanften Kalksteinhügel des White Peak, Richtung Norden, Westen und Osten die wilden Heidemoore des auf Kohlesandstein lagernden Dark-Peak-Torflands.

⑤ Edale
Das Hochplateau über dem Dorf Edale ist Ausgangspunkt des 429 Kilometer langen Wanderwegs Pennine Way *(siehe S. 40)*.

Routeninfos
Länge: 60 km.
Rasten: Erfrischungen gibt es im Crich Tramway Village und an der Cromford Mill. Eyam besitzt gute, altmodische Teeläden. The Nag's Head in Edale ist ein bezaubernder Tudor-Gasthof. Buxton bietet viele Pubs und Cafés.

⑥ Buxton
Das Opernhaus des hübschen Kurorts *(siehe S. 338)* wird wegen seiner grandiosen Lage »Theater in den Bergen« genannt.

⑦ Arbor Low
Der als »Stonehenge des Nordens« bekannte Steinkreis datiert von 2000 v. Chr. und besteht aus 46 von einem Graben umschlossenen Steinen.

Legende
— Routenempfehlung
═ Andere Straße

⑧ Dovedale
Das beliebte Dovedale ist das schönste Flusstal des Peak District – mit Trittsteinen, dicht bewaldeten Hängen und vom Wind geformten Felsen. Izaak Walton (1593–1683), der Autor von *The Compleat Angler*, pflegte hier zu angeln.

Hotels und Restaurants in den East Midlands siehe Seiten 568f und 594f

TOUR: PEAK DISTRICT | **343**

④ Hathersage
Hier hat man einen großartigen Rundblick über das Moor von Hathersage, das vermutlich als »Morton« in Charlotte Brontës *(siehe S. 416) Jane Eyre* vorkommt.

③ Eyam
Eyam wurde berühmt dafür, dass sich die Dorfbewohner – zur Eindämmung der Pest von 1665/66 – selbst eine Quarantäne auferlegt hatten. Auf dem Friedhof steht ein schönes Sachsenkreuz.

② Crich Tramway Village
Das einzigartige Museum befindet sich in einem stillgelegten Steinbruch. Besucher können in alten Trams aus aller Welt auf viktorianischen Straßen fahren.

① Cromford
Cromford Mills *(siehe S. 340)*, die weltweit ersten mit Wasserkraft betriebenen Baumwollspinnereien, stehen am Cromford Canal. Im Sommer werden auf einem Teil des Kanals Kähne von Pferden gezogen.

Weitere Zeichenerklärungen siehe hintere Umschlagklappe

❼ Im Detail: Lincoln

Mitten im Flachland der Fens erhebt sich Lincoln mit den drei weithin sichtbaren Türmen der Kathedrale auf einer Klippe über dem Fluss Witham. Hier siedelten sich die Römer *(siehe S. 48f)* erstmals um 50 n. Chr. an. Zur Zeit der normannischen Eroberung *(siehe S. 50f)* war Lincoln eine der wichtigsten Städte Englands (nach London, Winchester und York). Seinen Reichtum verdankt es seiner strategischen Bedeutung für den Wollexport von den Lincolnshire Wolds auf den Kontinent. Lincoln hat viel von seinem historischen Charakter behalten, einschließlich der mittelalterlichen Gebäude, von denen die meisten entlang dem wirklich steilen Steep Hill zur Kathedrale stehen.

Newport Arch (3. Jh.)

Museum of Lincolnshire Life

WESTGATE

BAILGATE

CASTLE HILL

STEEP HILL

DRURY LANE

MICHAELGATE

THE

★ Lincoln Castle
Das frühnormannische, in Etappen erbaute Schloss war 1787 bis 1878 Gefängnis. Die sargartigen Bänke der Kapelle sollten die Verbrecher an ihr Los erinnern.

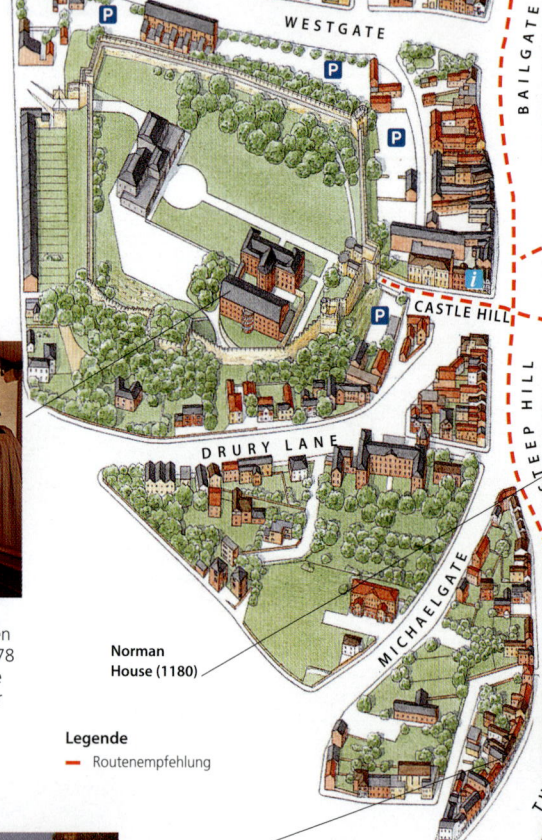

Norman House (1180)

Legende
— Routenempfehlung

Stonebow Gate (15. Jh.), Bahnhof und Busbahnhof

0 Meter 100
0 Yards 100

Jew's House
Lincoln hatte im Mittelalter eine große jüdische Gemeinde. Dieses Steinhaus (Mitte 12. Jh.), eines der ältesten, gehörte einer jüdischen Kaufmannsfamilie.

Hotels und Restaurants in den East Midlands *siehe Seiten 568f und 594f*

LINCOLN | **345**

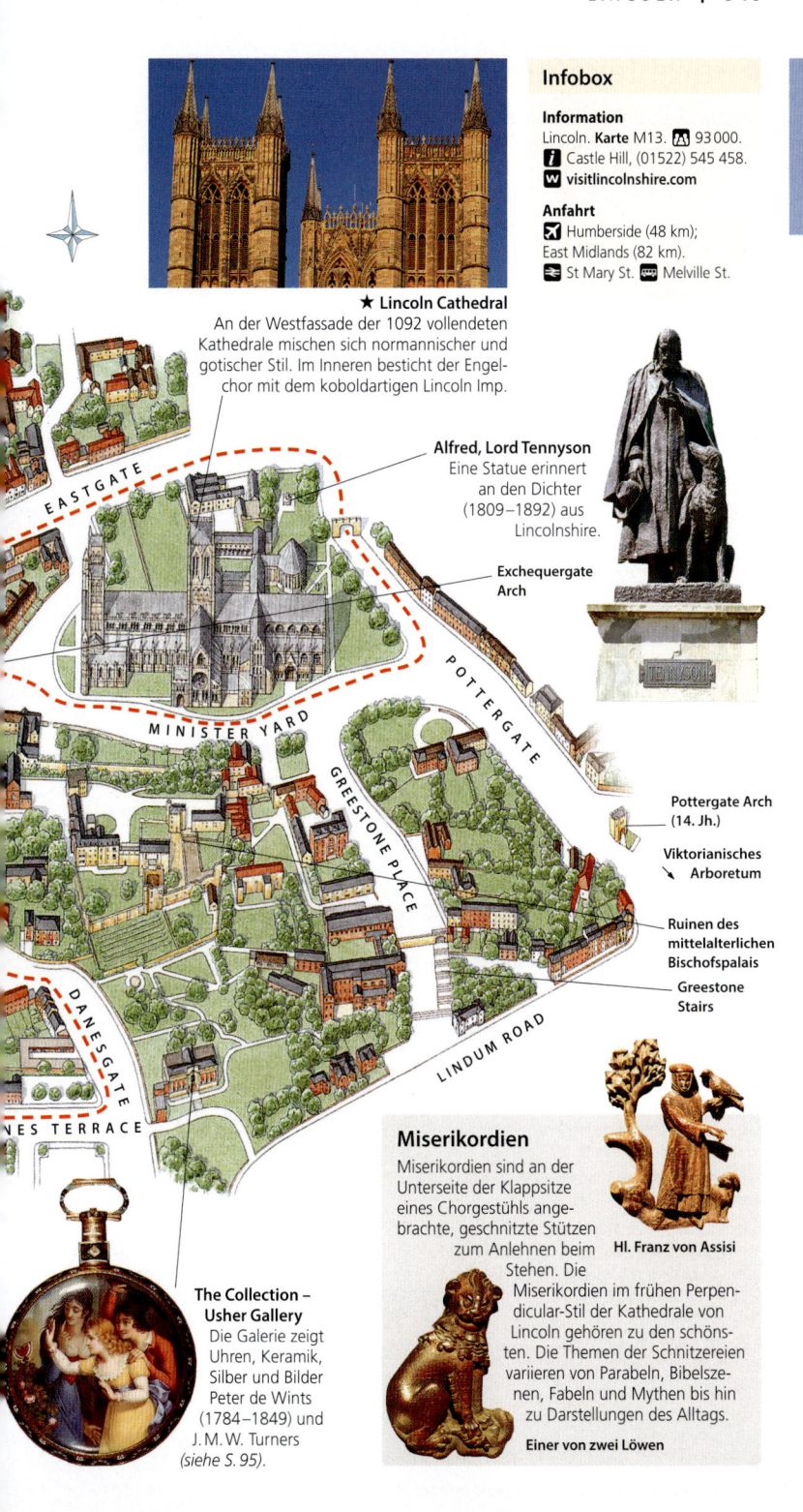

Infobox

Information
Lincoln. **Karte** M13. 93 000.
Castle Hill, (01522) 545 458.
visitlincolnshire.com

Anfahrt
Humberside (48 km);
East Midlands (82 km).
St Mary St. Melville St.

★ **Lincoln Cathedral**
An der Westfassade der 1092 vollendeten Kathedrale mischen sich normannischer und gotischer Stil. Im Inneren besticht der Engelchor mit dem koboldartigen Lincoln Imp.

Alfred, Lord Tennyson
Eine Statue erinnert an den Dichter (1809–1892) aus Lincolnshire.

Exchequergate Arch

EASTGATE
MINISTER YARD
POTTERGATE
GREESTONE PLACE
DANESGATE
LINDUM ROAD
NES TERRACE

Pottergate Arch (14. Jh.)

Viktorianisches Arboretum

Ruinen des mittelalterlichen Bischofspalais

Greestone Stairs

Miserikordien

Miserikordien sind an der Unterseite der Klappsitze eines Chorgestühls angebrachte, geschnitzte Stützen zum Anlehnen beim Stehen. Die Miserikordien im frühen Perpendicular-Stil der Kathedrale von Lincoln gehören zu den schönsten. Die Themen der Schnitzereien variieren von Parabeln, Bibelszenen, Fabeln und Mythen bis hin zu Darstellungen des Alltags.

Hl. Franz von Assisi

Einer von zwei Löwen

The Collection – Usher Gallery
Die Galerie zeigt Uhren, Keramik, Silber und Bilder Peter de Wints (1784–1849) und J. M. W. Turners (siehe S. 95).

Burghley House

William Cecil, 1. Lord Burghley (1520–1598), war 40 Jahre lang Ratgeber und Vertrauter von Elizabeth I. Von 1555 bis 1587 ließ er das imposante Burghley House bauen. Der Dachfirst besticht mit Steinpyramiden, Kaminen in Form klassischer Säulen sowie Türmen, die Pfefferstreuern gleichen. Nur von Westen aus betrachtet ergibt die unruhige Silhouette ein symmetrisches Muster. Die Linde hier ist eine von vielen, die Capability Brown *(siehe S. 30)* angepflanzt hat, als der umliegende Wildpark 1760 geschaffen wurde. Burghleys Innenausstattung ist luxuriös mit italienischen Wand- und Deckenmalereien, die griechische Götter darstellen. Weitere Attraktionen sind das Bildungszentrum und der elisabethanische »Garden of Surprises« mit Mooshaus und diversen Wasserspielen.

★ Old Kitchen
Glänzende Kupferpfannen hängen an den Wänden in dieser Küche mit Fächergewölbe – fast noch wie in der Tudor-Zeit.

Nordtor
Beeindruckende gusseiserne Arbeiten (19. Jh.) zieren die Haupteingänge.

Außerdem

① **Das Pförtnerhaus** mit Ecktürmen ist ein typisches Merkmal von *prodigy houses* der Tudor-Ära *(siehe S. 306)*.

② **Gegliederte Fenster** kamen 1683 hinzu, als Glas billiger wurde.

③ **Kamine** wurden als klassische Säulen getarnt.

④ **Kuppeln** waren sehr beliebte, von der Renaissance-Architektur inspirierte Elemente.

⑤ **Im Billardzimmer** hängen viele schöne Porträts.

⑥ **Obelisk und Uhr (1585)**

⑦ **Die Great Hall** mit ihrer doppelten Stichbalkendecke diente zu Zeiten Elizabeths I als Bankettsaal.

⑧ **Der Heaven Room** hat den weltgrößten Weinkühler (1710).

⑨ **Der Fourth George Room** ist mit Eichenholz getäfelt, das mit Ale gebeizt wurde.

Westfassade
Die Westfassade mit dem Burghley-Wappen wurde 1577 fertiggestellt und bildete den Haupteingang.

Hotels und Restaurants in den East Midlands *siehe Seiten 568f und 594f*

BURGHLEY HOUSE | 347

Infobox

Information
Nahe A1 südöstl. von Stamford, Lincolnshire. **Karte** M15.
📞 (01780) 752 451. 🕐 Mitte März–Okt: Sa–Do 11–16.30 Uhr.
🎭 4 Tage im Sep.
🌐 burghley.co.uk

Anfahrt
🚆 Stamford.

★ Heaven Room
Das Meisterstück von Antonio Verrio (1639–1707): Götter stürzen vom Himmel, Satyrn und Nymphen tummeln sich an Wänden.

★ Hell Staircase
Verrios Deckengemälde zeigt die Hölle als ein Katzenmaul voller gequälter Sünder. Die Treppe wurde 1786 aus hiesigem Stein erbaut.

❾ Stamford

Lincolnshire. **Karte** M15. 👥 21 000.
🚆 🚌 ℹ️ Stamford Arts Centre, 27 St Mary's St, (01780) 755 611.
🛍️ Fr. 🌐 southwestlincs.com

Stamford ist bekannt für seine zahlreichen Kirchen und georgianischen Stadthäuser. Der mittelalterliche Straßenplan präsentiert sich als Labyrinth aus gepflasterten Gassen mit fünf (von ehemals elf) noch erhaltenen mittelalterlichen Kirchen. Vom Barn Hill oberhalb der All Saints Church ist die Stadt am besten zu sehen.

Sehenswert ist die von Säulen geprägte Fassade der Stamford Library. Sie beherbergt **Discover Stamford** mit einer Ausstellung zur Geschichte der Stadt und der Stamford Tapestry, einem sechs Meter langen Wandteppich.

🏛️ **Discover Stamford**
Stamford Library, High St. 📞 (01522) 782 010. 🕐 Mo–Sa. ♿
🌐 lincolnshire.gov.uk

❿ Northampton

Northamptonshire. **Karte** L16. 👥 212 000. 🚆 🚌 ℹ️ Sessions House, George Row, (01604) 367 997.
🛍️ Mo–Sa (Do Antiquitäten).
🌐 northampton.gov.uk
🌐 visitnorthhamptonshire.co.uk

Die Marktstadt war früher ein Zentrum der Schuhproduktion. Das **Northampton Museum and Art Gallery** zeigt die weltgrößte Schuhsammlung. Zu den vielen schönen Gebäuden zählt die **Guildhall**. Zehn Kilometer westlich der Stadt steht **Althorp**, der Sitz der Familie von Prinzessin Diana. Man kann Haus, Gelände, eine Ausstellung über Diana und ihre Grabstätte besichtigen.

🏛️ **Northampton Museum and Art Gallery**
Guildhall Rd. 📞 (01604) 838 111.
🕐 bis Ende 2018. ♿

🏛️ **Althorp**
Great Brington (nahe A428).
📞 (01604) 770 107. 🕐 Aug: tägl.; Mai–Juli, Sep: einzelne Tage, siehe Website. 🎭 31. Aug.
🌐 spencerofalthorp.com

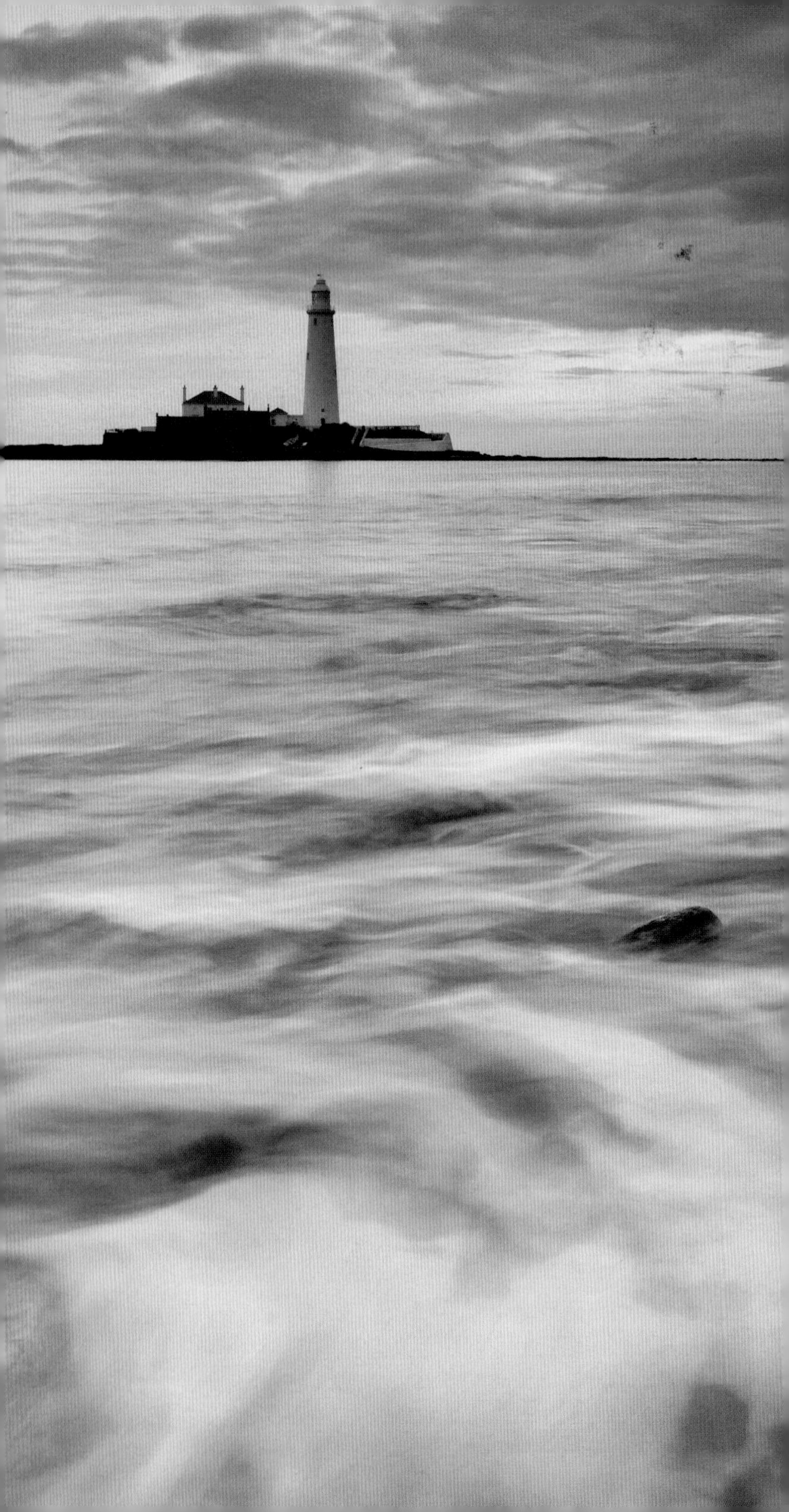

NORD-ENGLAND

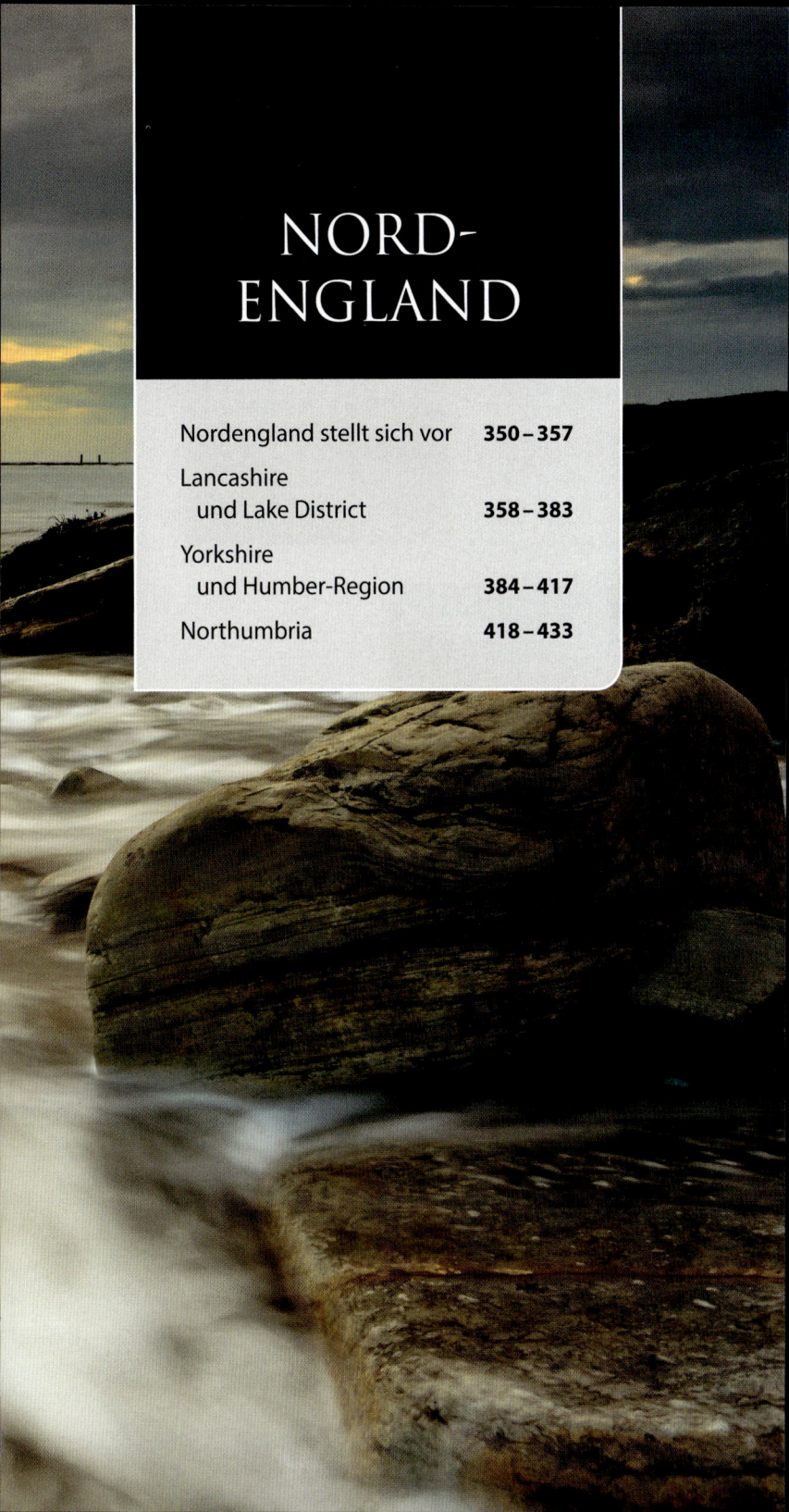

Nordengland stellt sich vor	350–357
Lancashire und Lake District	358–383
Yorkshire und Humber-Region	384–417
Northumbria	418–433

Nordengland im Überblick

Zerklüftete Küsten, Wanderwege, Kletterrouten, Landhäuser und Kathedralen prägen Nordengland. Das Land blickt auf eine wechselvolle Geschichte zurück: römische Herrschaft, Überfälle der Sachsen, Angriffe der Wikinger und Grenzgefechte. Die industrielle Revolution hinterließ in Städten wie Halifax, Liverpool und Manchester ihre Spuren. Im Lake District findet man umgeben von Bergen und Seen Ruhe und Inspiration.

Zur Orientierung

Hadrian's Wall (siehe S. 426f) wurde um 120 n. Chr. zum Schutz des römischen Britannien vor den Stämmen im Norden erbaut. Der Wall zieht sich durch die zerklüftete Landschaft des Northumberland National Park.

Im Lake District (siehe S. 358–373) findet man großartige Gipfel, wilde Flüsse mit Wasserfällen und glitzernde Seen wie Wastwater.

Der Yorkshire Dales National Park (siehe S. 388–390) ist eine wundervolle Gegend für Touren. Die Farmlandschaft wird von bezaubernden Dörfern wie Thwaite im Swaledale aufgelockert.

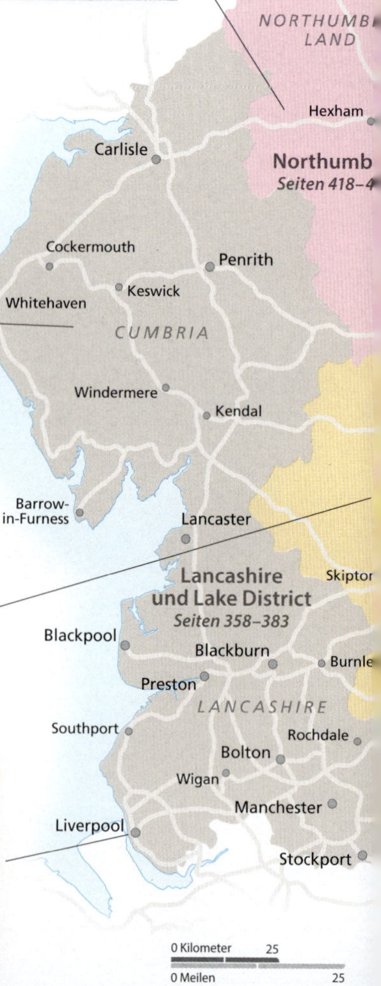

Northumb Seiten 418–4

Lancashire und Lake District Seiten 358–383

Die Walker Art Gallery (siehe S. 382f) in Liverpool ist ein Juwel in der Kunstwelt des Nordens mit einer international geschätzten Sammlung von Alten Meistern bis zu moderner Kunst, darunter John Gibsons Skulptur *Tinted Venus* (um 1851–56).

◀ St Mary's Lighthouse in der Nähe von Whitley Bay bei Sonnenaufgang

NORDENGLAND IM ÜBERBLICK | 351

Durham Cathedral *(siehe S. 432f)*, eine mächtige normannische Kathedrale mit originellem südlichen Seitenchorgang und schönen Bleiglasfenstern, erhebt sich seit 1093 in Durham.

Fountains Abbey *(siehe S. 394f)*, eine der schönsten religiösen Stätten des Nordens, wurde im 12. Jahrhundert von Mönchen gegründet, deren Ziel Einfachheit war. Später wurde die Abtei äußerst wohlhabend.

Castle Howard *(siehe S. 402f)*, ein Meisterwerk barocker Architektur, hat ein edles Interieur, einschließlich der von C. H. Tatham entworfenen langen Galerie (1805–10).

York *(siehe S. 408–413)* ist eine Stadt voller historischer Kunstschätze aus mittelalterlicher bis georgianischer Zeit. Das prächtige Münster besitzt eine Bleiglas-Sammlung. Die mittelalterliche Stadtmauer ist gut erhalten. Sehenswert sind auch die Kirchen, einige Museen und die malerischen Gassen.

Industrielle Revolution

Die Entwicklung des Kohleabbaus sowie die Textil- und Schiffsbauindustrie veränderten Nordengland drastisch. Lancashire, Northumberland und West Yorkshire erlebten einen sprunghaften Bevölkerungsanstieg durch Zuzug in die Städte. Das städtische Elend wurde zwar ein wenig durch die Hilfe wohltätiger Industrieller gemildert, dennoch lebten viele Menschen unter äußerst bedrückenden Bedingungen. Anstelle der alten, heute stark rückläufigen Industrien ist in vielen dieser Gebiete der Fremdenverkehr ein wichtiger Wirtschaftszweig.

Dicht an dicht reihen sich wie hier in Easington die Bergarbeiterhäuschen, die Zechenbesitzer ab 1800 errichten ließen. Es gab zwei kleine Räume zum Kochen und zum Schlafen sowie eine Außentoilette.

Der Coal Mines Act von 1842 schützte Frauen und Kinder vor zu harten Arbeitsbedingungen in den Gruben.

Sir Humphrey Davy erfand 1815 eine Sicherheitsöllampe für Bergleute. Das Licht fiel durch ein zylindrisches Gazetuch, damit die Hitze der Flamme das Grubengas nicht entzündete. Tausende von Bergleuten profitierten davon.

Kohleabbau war in Nordengland eine »Familienindustrie«, bei der Frauen, Kinder und Männer arbeiteten.

1750	1800
Vor der Erfindung der Dampfmaschine	Zeitalter der Dampfmaschine
1750	1800

Der Leeds-Liverpool-Kanal wurde 1781 eröffnet. Er beschleunigte die Beförderung von Rohmaterialien und Fertigprodukten und trug enorm zum Mechanisierungsprozess bei.

Die Eisenbahnstrecke Liverpool – Manchester verband 1830 die beiden Städte miteinander. Innerhalb eines Monats wurden 1200 Personen befördert.

Hebden Bridge (siehe S. 416) ist eine für West Yorkshire typische, in das enge Calder-Tal gezwängte Textilfabrikstadt. Die Arbeiterhäuser sind alle um die zentrale Fabrik angeordnet. Die Stadt profitierte von ihrer Lage, als der Rochdale-Kanal (1804) und die Eisenbahn (1841) durch die Penninen geführt wurden.

Die Piece Hall in Halifax (siehe S. 416f) ist das eindrucksvollste Beispiel von Nordenglands Industriearchitektur und das einzige vollständig erhaltene Tuchmarkt-Gebäude aus dem 18. Jahrhundert in Yorkshire. Händler verkauften ihre Stoffe (»Pieces«) in den Räumen unter den umliegenden Arkaden.

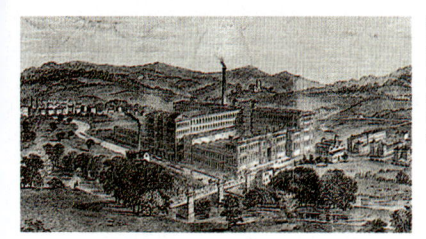

INDUSTRIELLE REVOLUTION | 353

Saltaire *(siehe S. 415)* war ein von dem reichen Textilhändler und Fabrikbesitzer Titus Salt (1803–1876) für seine Arbeiter erbautes Modelldorf. Wie hier zu sehen, besaß es in den 1870er Jahren Häuser und Einrichtungen wie Läden, Gärten, Sportplätze, Armenhäuser, Hospital, Schule und Kapelle. Der puritanisch strenge Salt verbannte allerdings Alkohol und Pubs aus Saltaire.

Streiks für bessere Arbeitsbedingungen waren üblich. Gewalt flammte im Juli 1893 auf, als Grubenbesitzer ihre Arbeiter aussperrten, nachdem sich die Gewerkschaft einer Lohnkürzung von 25 Prozent widersetzt hatte. Mehr als 300 000 Arbeiter kämpften bis November – dann wurde die Arbeit zum alten Lohn wieder aufgenommen.

George Hudson (1800–1871) ließ 1840–42 den ersten Bahnhof in York bauen. In den 1840er Jahren gehörte dem »Eisenbahnkönig« über ein Viertel aller britischen Eisenbahnen.

Port Sunlight Village *(siehe S. 383)* ließ William Hesketh Lever (1851–1925) für die Arbeiter seiner Sunlight-Seifenfabrik bauen. Zwischen 1889 und 1914 entstanden 800 Häuser. Es gab sogar ein Schwimmbad.

1900

lständige Mechanisierung

1900

Mechanische Webstühle veränderten die Textilindustrie und machten traditionell arbeitende Weber arbeitslos. Ab 1850 gab es in West Yorkshire schon über 30 000 mechanische Webstühle in den Fabriken. Von den insgesamt 79 000 Arbeitern war über die Hälfte in Bradford tätig.

Joseph Rowntree (1836–1925), der zuvor mit George Cadbury zusammengearbeitet hatte, gründete 1892 in York seine eigene Schokoladenfabrik. Die Quäkerfamilie Rowntree setzte sich auch für das soziale Wohl ihrer Arbeiter ein, so entstand 1904 ein Modelldorf. 1988 wurde die Firma Rowntree vom weltweit größten Lebensmittelkonzern Nestlé übernommen.

Das Trockendock von Furness entstand um 1890, als die Schiffsbauindustrie im Norden nach billigen Arbeitskräften suchte. Die Städte Barrow-in-Furness, Glasgow *(siehe S. 520–525)* sowie das heutige »Metropolitan County« Tyne and Wear entwickelten sich zu Zentren.

Abteien

Nordengland hat einige der schönsten und besterhaltenen Klöster Europas zu bieten. Die größeren dieser Gebets-, Lern- und Machtzentren des Mittelalters wurden Abteien genannt, denen ein Abt vorstand. Die meisten waren in ländlichen, für ein spirituelles und meditatives Leben geeigneten Gegenden angesiedelt. Die Wikinger zerstörten viele angelsächsische Klöster im 8. und 9. Jahrhundert. Erst die Gründung von Selby Abbey im Jahr 1069 durch William the Conqueror belebte das klösterliche Leben im Norden wieder. Neue Orden, vor allem die Augustiner, kamen vom Festland. Um 1500 besaß Yorkshire 83 Klöster.

Ruinen von St Mary's Abbey

Liberty of St Mary hieß das Land um die Abtei, es war fast eine Stadt in der Stadt. Hier besaß der Abt seine eigenen Märkte, einen Galgen und ein Gefängnis – alles unabhängig von der Stadtverwaltung.

St Mary's Abbey
Die 1086 in York gegründete Benediktinerabtei war eine der reichsten Englands. Ihre Beteiligung am Yorker Wollhandel und die Übertragung königlicher wie päpstlicher Privilegien und Ländereien führte im frühen 12. Jahrhundert zu einer Lockerung der Regeln: Der Abt durfte sich wie ein Bischof kleiden und wurde vom Papst zu einem »die Mitra tragenden Abt« erhoben. Daraufhin verließen 13 Mönche 1132 die Abtei und gründeten Fountains Abbey (siehe S. 394f).

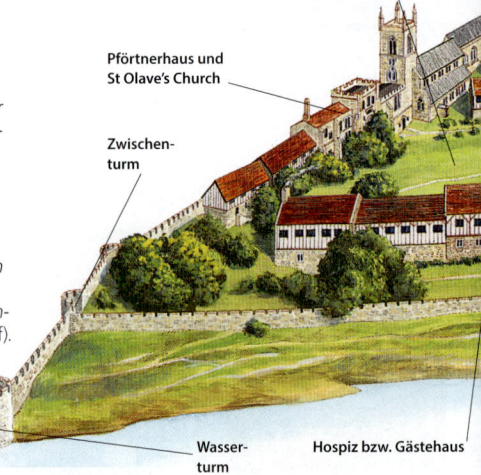

Pförtnerhaus und St Olave's Church

Zwischenturm

Wasserturm

Hospiz bzw. Gästehaus

Klöster und Dorfleben

Als eine der reichsten Gesellschaftsgruppen mit Landbesitz stellten die Klöster einen wichtigen Wirtschaftsfaktor dar. Sie boten Arbeitsplätze, vor allem in der Landwirtschaft, und bestimmten den Wollhandel, Englands größten Exportzweig im Mittelalter. Um das Jahr 1387 wickelte St Mary's Abbey zwei Drittel des gesamten englischen Wollexports ab.

Zisterziensermönche bestellen ihr Land

Wegweiser zu den heutigen Abteien

Die von Benediktinermönchen gegründete, später von Zisterziensern übernommene Fountains Abbey *(siehe S. 394f)* ist die berühmteste Abtei der Gegend. Die Zisterzienser gründeten Rievaulx *(siehe S. 397)*, Byland *(siehe S. 396)* und Furness *(siehe S. 372)*, wobei Furness nach Fountains Abbey das zweitreichste Zisterzienserkloster Englands war. Die von den Wikingern geplünderte Whitby Abbey *(siehe S. 400)* wurde später vom Benediktinerorden wiedererrichtet. Der Nordosten ist berühmt für seine frühen angelsächsischen Klöster Hexham, Jarrow und Lindisfarne *(siehe S. 422f)*.

Mount Grace Priory *(siehe S. 398)*, 1398 gegründet, ist Englands besterhaltenes Kartäuserkloster. Die früheren Zellen und Gärten der Mönche sind noch gut zu erkennen.

Auflösung der Klöster (1536–40)

Anfang des 16. Jahrhunderts besaßen die Klöster ein Sechstel der Ländereien Englands. Ihr Jahreseinkommen war viermal so hoch wie das der Krone. Als Henry VIII 1536 alle Klöster und religiösen Stätten schließen ließ und deren Güter übernahm (Säkularisation; *siehe S. 54*), erhoben sich katholische Nordengländer unter Führung von Robert Aske. Die Rebellion schlug fehl, und Aske wurde mit einigen Anhängern hingerichtet. Die Auflösung der Klöster dauerte unter Thomas Cromwell, der »Mönchshammer« genannt wurde, an.

Thomas Cromwell (um 1485–1540)

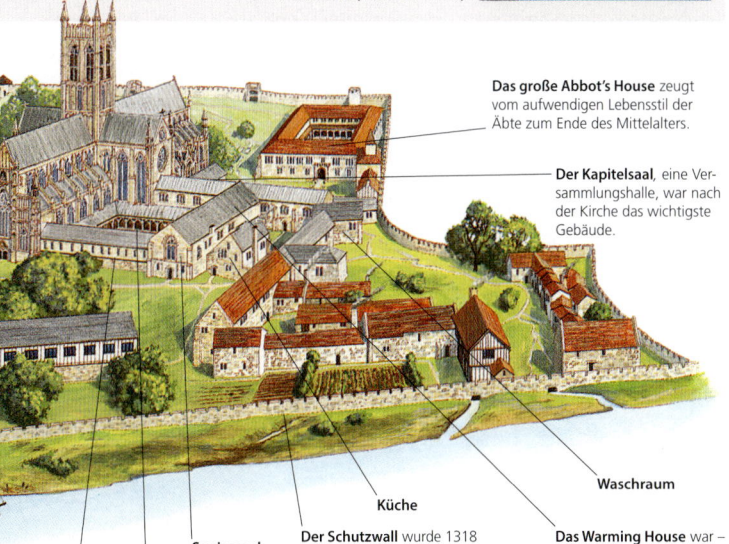

Das große Abbot's House zeugt vom aufwendigen Lebensstil der Äbte zum Ende des Mittelalters.

Der Kapitelsaal, eine Versammlungshalle, war nach der Kirche das wichtigste Gebäude.

Waschraum

Küche

Speisesaal

Der Schutzwall wurde 1318 gegen die Angriffe schottischer Heere gebaut.

Das Warming House war – außer der Küche – der einzige Raum, in dem man Feuer machen konnte.

Empfangsraum

Kreuzgang

Kirkham Priory, eine Gründung der Augustiner um 1120, erfreut sich einer ruhigen Umgebung am Ufer des Derwent bei Malton. Das Schönste der verfallenen Anlage ist das in die Priorei führende Pförtnerhaus aus dem 13. Jahrhundert.

Kirkstall Abbey bei Leeds wurde 1152 von Mönchen der Fountains Abbey gegründet. Gut erhaltene Teile des Zisterzienserklosters sind die Kirche, der spätnormannische Kapitelsaal und der Wohnbereich des Abts. Diese Abendansicht malte Thomas Girtin (1775–1802).

Easby Abbey liegt am Swale außerhalb der hübschen Marktstadt Richmond. Zu den Überresten des 1155 gegründeten Prämonstratenserklosters zählen der Speisesaal, die Schlafräume (13. Jh.) und das Pförtnerhaus (14. Jh.).

Geologie des Lake District

Der Lake District, seit 2017 UNESCO-Welterbe, kann einige der spannendsten Szenerien Großbritanniens vorweisen. Auf 231 Quadratkilometern sind die höchsten Gipfel, die tiefsten Täler und die längsten Seen des Landes vereint. Die heutige Landschaft ähnelt noch sehr der vom Ende der Eiszeit vor 10 000 Jahren. Die damals vom Eis freigegebenen Berge waren einst Teil einer riesigen Gebirgskette, von der auch in Nordamerika noch Teile erhalten sind. Die Berge waren durch Verschmelzung zweier alter Landmassen entstanden, die für Jahrmillionen einen einzigen Kontinent bildeten. Der Kontinent brach entzwei – es formten sich, vom Atlantik getrennt, Europa und Amerika.

Der Honister Pass ist mit seiner U-Form ein Beispiel für ein früher vollständig mit Eis gefülltes vergletschertes Tal.

Geologische Geschichte

Das älteste Gestein bildete sich als Ablagerung im Ozean. Vor 450 Millionen Jahren ließen Erdbewegungen zwei Kontinente zusammenstoßen – der Ozean verschwand.

1 **Der Zusammenstoß** bog den früheren Meeresboden zu einer Gebirgskette auf. Magma drang aus dem Erdmantel und erstarrte zu Vulkangestein.

2 **In der Eiszeit** schliffen Gletscher riesige Täler in die Gebirgslandschaft und transportierten Gestein ins Tal. Dabei entstanden viele Moränen.

3 **Als sich die Gletscher** dann vor etwa 10 000 Jahren zurückzogen, bildete das Schmelzwasser in von Steinen und Geröll abgedämmten Tälern Seen.

Sternförmig angeordnete Seen

Die Vielfalt der Seenlandschaft ergibt sich aus ihrer geologischen Beschaffenheit: Hartes Vulkangestein in den Zentralseen ließ zerklüftete Berge entstehen. Der weiche Schiefer im Norden schuf eine rundere Topografie. Die Seen ordnen sich rund um das Vulkansteingebiet an.

Scafell Pike ist der höchste Gipfel Englands. Seine beiden Nachbarn sind Broad Crag und Ill Crag.

Great Gable

Old Man of Coniston

Coniston Water

Wastwater ist der tiefste der Seen. Seine südlichen Felswände sind mit Granitgeröll übersät – vom Winterfrost gesprengtes Gestein, das mit der Schneeschmelze hinunterstürzt.

GEOLOGIE DES LAKE DISTRICT | 357

Bergbewohner

Die geschützten Täler mit mildem Klima und fruchtbarem Boden sind ideal für Besiedlung. Farmhäuser, Trockenmauern und Schafgehege sind typisch für die Landschaft. In Hochlagen wachsen wegen der Winde und des kälteren Klimas keine Bäume und Farne mehr. Alte Grubenstollen und Schienen sind Relikte der einst blühenden Industrie.

Pflanzungen von Nadelbäumen wurden insbesondere im 20. Jahrhundert in großem Umfang angelegt.

Sommerweiden

Trockenmauern (siehe S. 309)

Wege

Kupfer- und Grafitminen

400–500 m

300–400 m

Schiefer und anderes Gestein dient seit Langem als Baumaterial für Dächer, Mauern, Schwellen und Brücken.

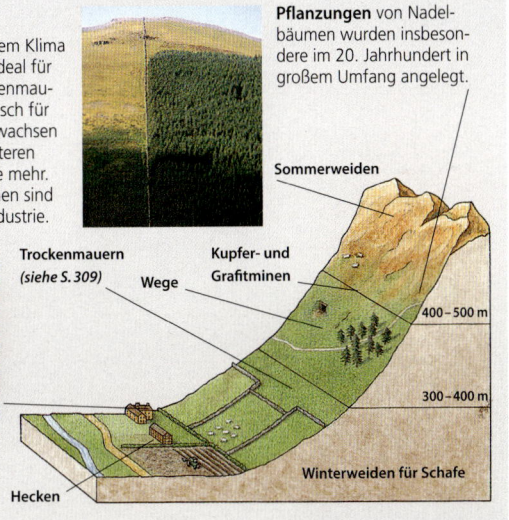

Hecken

Winterweiden für Schafe

Bassenthwaite Lake

Blencathra

Derwentwater

Helvellyn

Ullswater

Place Fell

High Street

Windermere

Die Skiddaw-Berge bestehen aus Schiefer, der sich durch hohen Druck auf die Schlammablagerungen am alten Meeresboden bildete.

Striding Edge, ein langer gewundener Grat, führt zum Gipfel des Helvellyn. Von Tälern zu beiden Seiten war der Gletscherdruck groß – ein Grund für die scharfen Gratkanten.

Die Langdale Pikes sind Reste früherer Vulkantätigkeit. Sie bestehen aus hartem Eruptivgestein, Borrowdale Volcanics genannt. Anders als Berge aus Skiddaw-Schiefer sind sie nicht sanft geformt, sondern zeigen eine zerklüftete Silhouette.

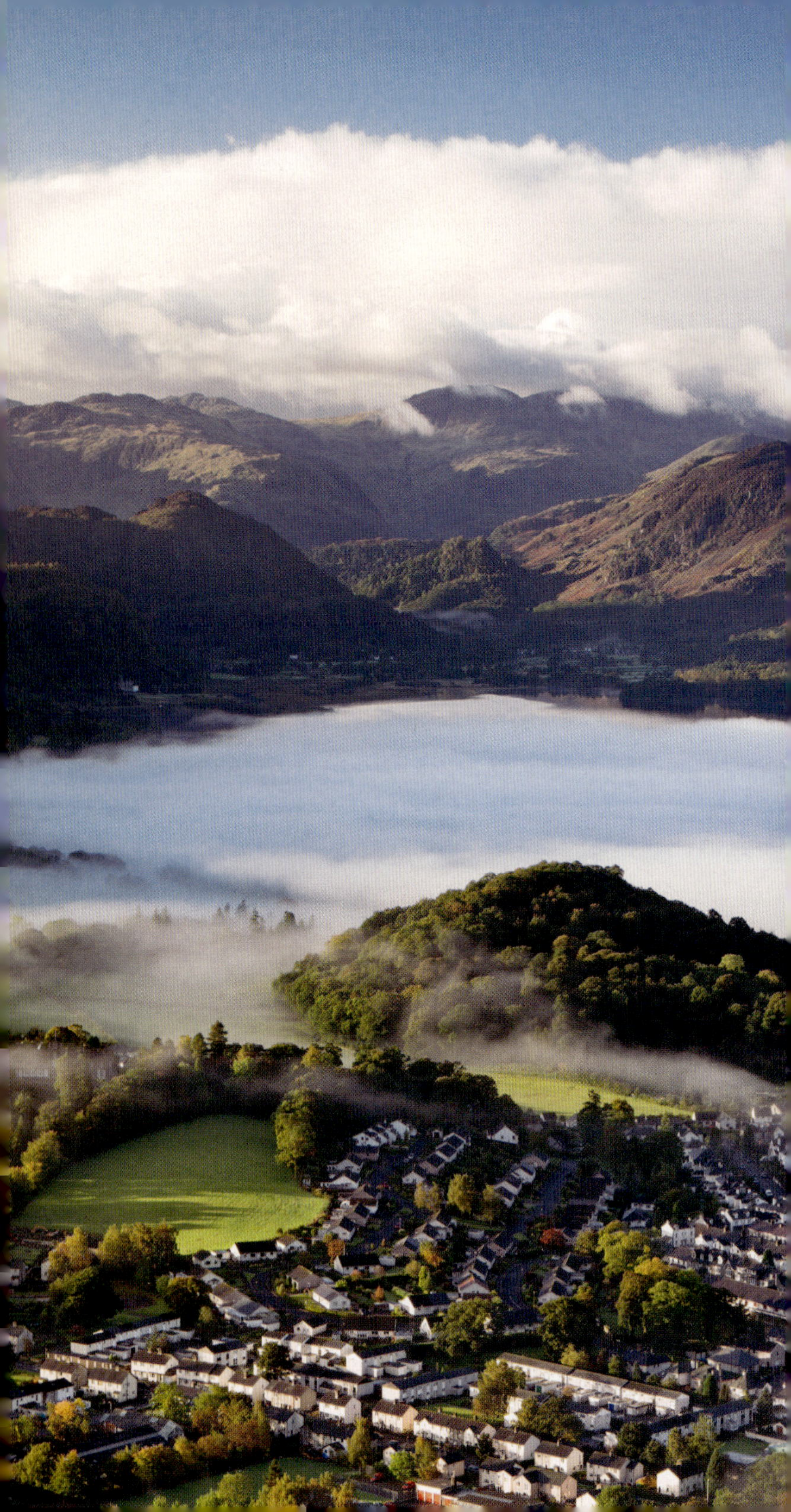

… | NORDENGLAND | 359

Lancashire und Lake District

Cumbria • Lancashire

Der Landschaftsmaler John Constable (1776–1837) schrieb, der Lake District sei »die schönste Landschaft aller Zeiten«. Die Normannen bauten Klöster, William II schuf Besitzungen für englische Barone. Heute ist der National Trust der wichtigste Landeigner, und die UNESCO nahm den jährlich von rund 18 Millionen Menschen besuchten Lake Distric in die Liste der Welterbestätten auf.

Im Lake District, einem Gebiet, das einen Radius von lediglich 45 Kilometern aufweist, findet man überwältigend viele Seen und Berge vor. Heute suchen hier Besucher die Ruhe, von der römischen Besatzungszeit bis zum Mittelalter allerdings war der Nordwesten wegen der zahlreichen Kriegshandlungen sehr unruhig. Historisch interessierte Reisende stoßen hier auf keltische Monumente und römische Überreste sowie auf Ruinen von Klöstern und Landsitzen. Für die meisten Urlauber ist die malerische Landschaft der Hauptanziehungspunkt. Die Gegend ist ideal für Aktivitäten im Freien und für Tierbeobachtungen geeignet.

Sehenswert sind Lancaster, die Hauptstadt der Grafschaft Lancashire, das im Herbst in Illuminationen erstrahlende Blackpool mit einem der größten Vergnügungsparks Europas und die ruhigen Küstenstrände im Süden. Im Landesinneren sind die hüglige Heidelandschaft Forest of Bowland und das malerische Ribble Valley reizvoll. Weiter südlich befinden sich die Industrieballungsräume Manchester und Merseyside mit typisch großstädtischer Atmosphäre. Manchester bietet außerdem viele viktorianische Bauten sowie das wiederbelebte Industrieviertel Castlefield. Liverpool wurde vor allem durch die Beatles bekannt. Die Hafenstadt mit dem mittlerweile restaurierten Albert Dock besitzt eine lebhafte Clubszene und wird zunehmend als Drehort für Spielfilme genutzt. In Manchester und Liverpool gibt es renommierte Museen und spannende Kunst zu sehen.

Bootssteg am Grasmere, einem der beliebtesten Seen im Lake District

◀ Blick über Keswick *(siehe S. 363)* auf den im Nebel liegenden See Derwentwater, Lake District National Park

NORDENGLAND

Überblick: Lancashire und Lake District

Die landschaftliche Schönheit des Lake District übertrifft alle sonstigen Attraktionen. Sie ist das Ergebnis jahrtausendelanger geologischer Prozesse *(siehe S. 356f)*. Höchster Berg ist der Scafell Pike (978 m). Vor allem im Sommer kommen zahlreiche Besucher zu Bootsfahrten und Bergtouren. Die besten Ausgangspunkte sind Keswick und Ambleside, gute Hotels gibt es aber auch um die Seen Windermere und Ullswater sowie in der Gegend von Cartmel.

Lancashires Forest of Bowland mit seinen malerischen Dörfern ist am besten zu Fuß zu erkunden. In der geschichtsträchtigen Stadt Lancaster kann man exzellente Museen besuchen und eine Burg besichtigen.

Kajakfahrer auf dem Derwentwater im Gebiet der Northern Fells and Lakes

In Lancashire und im Lake District unterwegs

Viele erhaschen auf der M6 bei Shap Fell einen ersten Blick auf den Lake District, doch die A6 ist die eindrucksvollere Route. Windermere ist mit dem Zug zu erreichen, man muss aber in Oxenholme (Hauptstrecke von Euston Station nach Glasgow) umsteigen. Auch Penrith hat Zug- und Busverbindungen zu den Seen. La'al Ratty, die Kleinbahn nach Eskdale, und die Lakeside-&-Haverthwaite-Bahn, Zubringer zu den Dampfern in Windermere, bieten Panoramafahrten. Zwischen allen wichtigen Orten verkehren regelmäßig Busse. Während der Saison kann man einige abgelegene Gebiete mit Minibussen erreichen.

Lancaster, Manchester und Liverpool liegen an den Hauptstrecken von Bahn und Bus, die beiden Letzteren haben auch Flughäfen. Reisende nach Blackpool müssen in Preston umsteigen. Wo immer Sie hinfahren – am schönsten ist es, die Landschaft zu Fuß zu erkunden.

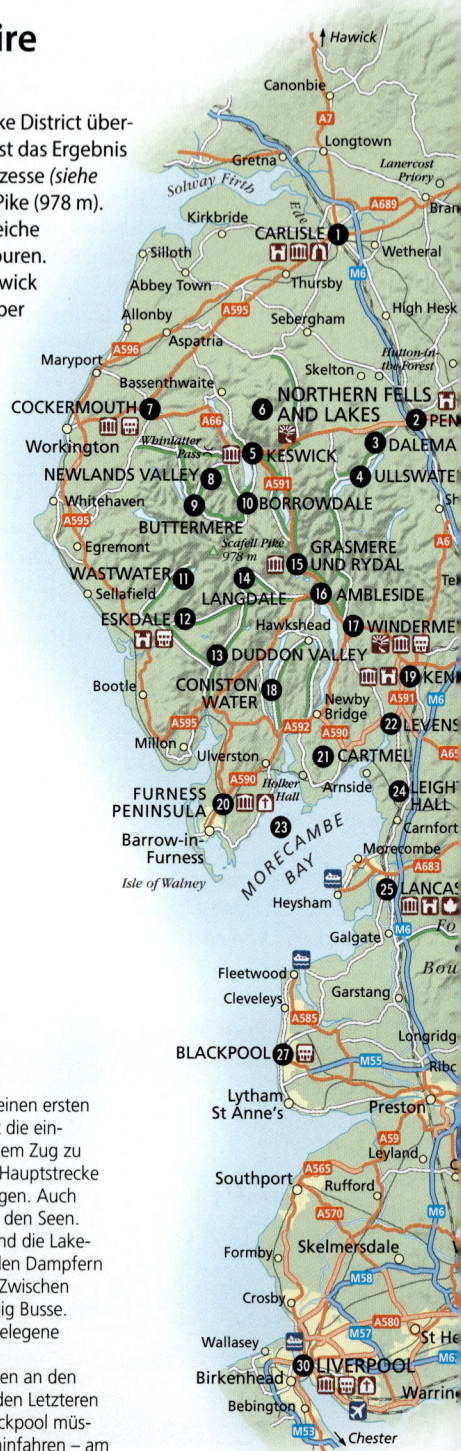

Weitere Zeichenerklärungen *siehe hintere Umschlagklappe*

LANCASHIRE UND LAKE DISTRICT | **361**

Crummock Water nördlich von Buttermere ist einer der stilleren westlichen Seen

Sehenswürdigkeiten auf einen Blick

1. Carlisle
2. Penrith
3. Dalemain
4. Ullswater
5. Keswick
6. *Northern Fells and Lakes S. 364f*
7. Cockermouth
8. Newlands Valley
9. Buttermere
10. Borrowdale
11. Wastwater
12. Eskdale
13. Duddon Valley
14. Langdale
15. Grasmere und Rydal
16. Ambleside
17. Windermere
18. Coniston Water
19. Kendal
20. Furness Peninsula
21. Cartmel
22. Levens Hall
23. Morecambe Bay
24. Leighton Hall
25. Lancaster
26. Ribble Valley
27. Blackpool
28. Salford Quays
29. *Manchester S. 376–379*
30. *Liverpool S. 380–383*

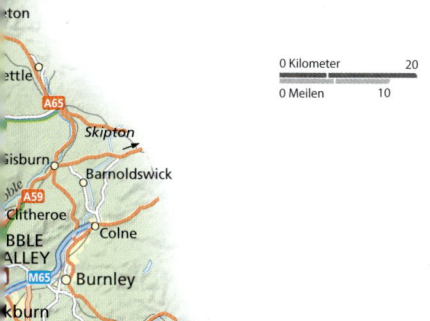

Legende

- Autobahn
- Schnellstraße
- Hauptstraße
- Nebenstraße
- Panoramastraße
- Eisenbahn (Hauptstrecke)
- Eisenbahn (Nebenstrecke)
- △ Gipfel

Eindrucksvolle Fassade des Museum of Liverpool

Hotels und Restaurants in Lancashire und im Lake District *siehe Seiten 569f und 595–597*

LANCASHIRE UND LAKE DISTRICT

❶ Carlisle

Cumbria. **Karte** K9. 75 000. 40 Scotch St, (01228) 598 596). **w** discovercarlisle.co.uk

Die Stadt nahe der schottischen Grenze war lange Zeit Verteidigungsstützpunkt, unter dem römischen Namen Luguvalium ein Vorposten von Hadrian's Wall *(siehe S. 426f)*. Carlisle wurde mehrfach von Dänen, Normannen und Grenzräubern geplündert und als königliche Festung unter Cromwell *(siehe S. 56)* beschädigt.

Heute ist Carlisle die Hauptstadt von Cumbria. Im Zentrum stehen Guildhall (Zunfthaus) und das Marktkreuz. Befestigungen existieren noch bei den Westwällen, den Toren und beim normannischen **Carlisle Castle**. Dessen Turm beherbergt ein kleines Museum zu Ehren des King's Own Border Regiment. Im **Tullie House Museum** erfährt man Interessantes über die Stadtgeschichte.

In der Nähe befinden sich die Ruinen der **Lanercost Priory** (um 1166) und des **Birdoswald Roman Fort**.

Carlisle Castle
Castle Way. (01228) 591 922. Apr–Okt: tägl.; Nov–März: Sa, So. 1. Jan, 24.–26. Dez. teilweise. **EH** **w** english-heritage.org.uk

Traditionelle Sportarten und Events in Cumbria

Das Cumberland-Ringen im Sommer ist ein interessantes Ereignis. Dabei umklammern sich die Gegner und versuchen, einander umzuwerfen. Technik und Gleichgewichtssinn zählen hier mehr als Kraft. Eine andere traditionelle Sportart ist der Bergwettlauf, ein schier unmenschlicher Test für Geschwindigkeit und Ausdauer. Ebenfalls beliebt ist die Jagdhund-Fährtensuche, bei der speziell gezüchtete Jagdhunde einem mit Anis markierten Pfad folgen. Prüfungen für Schäferhunde, Feste mit Dampfmaschinen, Blumenschauen und Sportfeste gibt es ebenso im Sommer. Im September findet die Egremont Crab Fair (2017 war es die 750. Messe) statt, bei der die Gurning World Championships, die Weltmeisterschaften im Grimassenschneiden, abgehalten werden.

Cumberland-Ringer

Fassade von Hutton-in-the-Forest mit mittelalterlichem Turm rechts

Tullie House Museum
Castle St. (01228) 618 718. tägl. (So nur nachmittags). 1. Jan, 25., 26. Dez. **EH** **w** tulliehouse.co.uk

Lanercost Priory
Bei Brampton. (016977) 3030. Apr–Sep: tägl.; Okt: Do–Mo; Nov–März: Sa, So. teilweise. **EH** **w** english-heritage.org.uk

Birdoswald Roman Fort
Gilsland, Brampton. (016977) 47 602. Apr–Okt: tägl.; Nov–März: Sa, So. 1. Jan, 24.–26., 31. Dez. **EH** **w** english-heritage.org.uk

❷ Penrith

Cumbria. **Karte** K9. 15 000. Robinson's School, Middlegate, (017688) 67466. Di, Sa, So. **w** visiteden.co.uk

Urtümliche Ladenfronten am Marktplatz und eine im 14. Jahrhundert entstandene Burg aus Sandstein sind die größten Attraktionen von Penrith. Auf dem Friedhof von St Andrew gibt es seltsam anmutende Steine, das angebliche Grab eines Riesen und einige Grabsteine aus der Zeit der Wikinger.

Umgebung: Nordöstlich von Penrith steht in Little Salkeld ein Kreis aus über 66 hohen Steinen aus der Bronzezeit: **Long Meg and her Daughters**. Neun Kilometer nordwestlich liegt das Schloss **Hutton-in-the-Forest**, dessen Turm (13. Jh.) zum Schutz vor Räubern diente. Innen gibt es eine Treppe im italienischen Stil, eine getäfelte Galerie, einen stuckierten Amorettensaal (1740) und viktorianische Säle. Man kann in Garten und Wald spazieren gehen.

Penrith Castle
Ullswater Rd. 0870 333 1181. Haus tägl. Gelände. **EH** **w** english-heritage.org.uk

Hutton-in-the-Forest
Nahe B5305. (017684) 84449. Haus Apr–Sep: Mi, Do, So, Feiertage (nachm.). Park Apr–Okt: So–Fr. teilweise. **w** hutton-in-the-forest.co.uk

❸ Dalemain

Penrith, Cumbria. **Karte** K9. (017684) 86450. Penrith, dann Taxi. Apr–Okt: So–Do. teilweise. **w** dalemain.com

Die georgianische Fassade verleiht dem Herrensitz bei Ullswater den Anschein architektonischer Einheit, doch da-

Hotels und Restaurants in Lancashire und im Lake District siehe Seiten 569f und 595–597

LANCASHIRE UND LAKE DISTRICT | 363

Ländliche Idylle: Schafe in Glenridding am Südwestufer des Ullswater

hinter verbirgt sich ein umgebautes mittelalterliches und elisabethanisches Bauwerk mit einem Labyrinth von Gängen. Die zugänglichen Räume umfassen einen chinesischen Salon mit handbemalten Tapeten und einen getäfelten Salon aus dem 18. Jahrhundert. In den Nebengebäuden befinden sich kleine Museen.

Luxuriöser chinesischer Salon in Dalemain

❹ Ullswater

Cumbria. **Karte K9**. 🚉 Penrith.
🅘 Beckside-Parkplatz, Glenridding, Penrith, (017684) 82414.
🆆 ullswater.com

Der häufig als schönstes Gewässer von Cumbria gepriesene See Ullswater erstreckt sich vom Farmland bei Penrith bis zu den imposanten Bergen und Felsen im Süden. Die westliche Uferstraße ist besonders an Wochenenden sehr belebt. Im Sommer pendeln zwei restaurierte viktorianische Dampfer zwischen Pooley Bridge und Glenridding. Ein schöner Wanderweg trifft auf das Ostufer bei Glenridding und führt nach Hallin Fell und zum Moor von Martindale. Im Westen passiert man Gowbarrow, wo im Frühling Narzissen blühen.

❺ Keswick

Cumbria. **Karte K9**. 🅟 4800. 🅘
Moot Hall, Market Sq, 0845 901 0845. 🆆 **keswick.org**

Das seit Ende des 18. Jahrhunderts bei Urlaubern beliebte Städtchen bietet ein Sommertheater, eine Reihe von Sportartikelläden sowie einen viel besuchten Straßenmarkt. Das auffallendste Gebäude ist die **Moot Hall** von 1813, heute das Besucherzentrum.

Zunächst florierte in der Stadt der Woll- und Lederhandel. In der Tudor-Zeit entdeckte Grafitlager machten bald den Bergbau zum bedeutendsten Industriezweig. Keswick wurde zum Zentrum der Bleistiftproduktion. Im Zweiten Weltkrieg wurden hohle Bleistifte hergestellt – für Spionagekarten aus dünnstem Papier. Dieses und viel mehr erfährt man im **Pencil Museum** in der alten Fabrik.

Das **Keswick Museum and Art Gallery** präsentiert neben regionaler Kunst auch Manuskripte von Schriftstellern des Lake District und Kuriositäten. Östlich der Stadt fasziniert der prähistorische Steinkreis von Castlerigg *(siehe S. 365)*, den man für älter als die Grabanlage von Stonehenge hält.

🏛 **Pencil Museum**
Carding Mill Lane. 📞 (017687) 73626. 🅞 tägl. ⬤ 1. Jan, 25., 26. Dez.
🆆 **pencilmuseum.co.uk**

🏛 **Keswick Museum and Art Gallery**
Fitz Park, Station Rd. 📞 (017687) 73263. 🅞 tägl.
🆆 **keswickmuseum.org.uk**

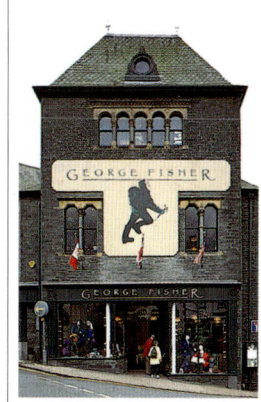

Laden für Sportausrüstung, Keswick

❻ Northern Fells and Lakes

Besucher rühmen den Norden des Lake District National Park wegen seiner Landschaft und geologischen Bedeutung *(siehe S. 356f)* – er ist ein ideales Wanderland mit den Seen Bassenthwaite, Derwentwater und Thirlmere, mit malerischen Ausblicken und Wassersportmöglichkeiten. Große Gebiete um das Zentrum Keswick *(siehe S. 363)* sind nur zu Fuß erreichbar, speziell die als Back of Skiddaw bekannte Bergkette zwischen Skiddaw und Caldbeck, aber auch der Helvellyn-Höhenzug östlich von Thirlmere.

Lorton Vale
Das üppige grüne Weideland südlich von Cockermouth steht in deutlichem Kontrast zur zerklüfteten Berglandschaft des mittleren Lake District. Im Dorf Low Lorton befindet sich der private Landsitz von Lorton Hall aus dem 15. Jahrhundert.

Außerdem

① **Der Whinlatter Pass** zwischen Keswick und dem Lorton Vale bietet einen guten Blick auf den Bassenthwaite Lake.

② **Der Bassenthwaite Lake** ist vom Ostufer aus am besten zu sehen – der Zugang ist allerdings begrenzt. Am Westufer kann man parken.

③ **Blencathra**, wegen seiner Doppelgipfel (868 m) auch »Sattel« genannt, bietet – vor allem im Winter – eine anspruchsvolle Aufstiegsroute.

④ **Thirlmere** diente Manchester 1879 als Wasserspeicher.

Derwentwater
Der hübsche ovale See ist umgeben von bewaldeten Hügeln und hat viele winzige Inselchen. Eines davon bewohnte der hl. Herbert, ein Schüler von Cuthbert *(siehe S. 423)*, als Einsiedler bis 687. Von Keswick aus werden Seerundfahrten veranstaltet.

Hauptgipfel
Die Berge des Lake District sind die höchsten Englands. Wenn sie auch im alpinen Vergleich unbedeutend sind, wirken sie in dieser Landschaft doch recht hoch. Einige der wichtigsten Gipfel werden auf den nächsten Seiten mit ihren typischen Eigenarten vorgestellt. Hier sind die nördlich von Keswick gelegenen Skiddaw-Berge zu sehen.

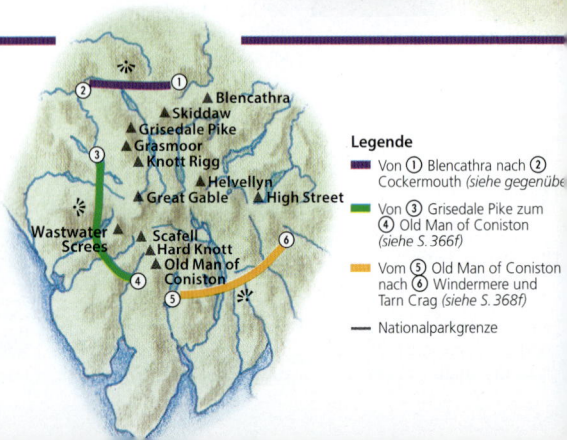

Legende
- Von ① Blencathra nach ② Cockermouth *(siehe gegenüber)*
- Von ③ Grisedale Pike zum ④ Old Man of Coniston *(siehe S. 366f)*
- Vom ⑤ Old Man of Coniston nach ⑥ Windermere und Tarn Crag *(siehe S. 368f)*
- Nationalparkgrenze

NORTHERN FELLS AND LAKES | 365

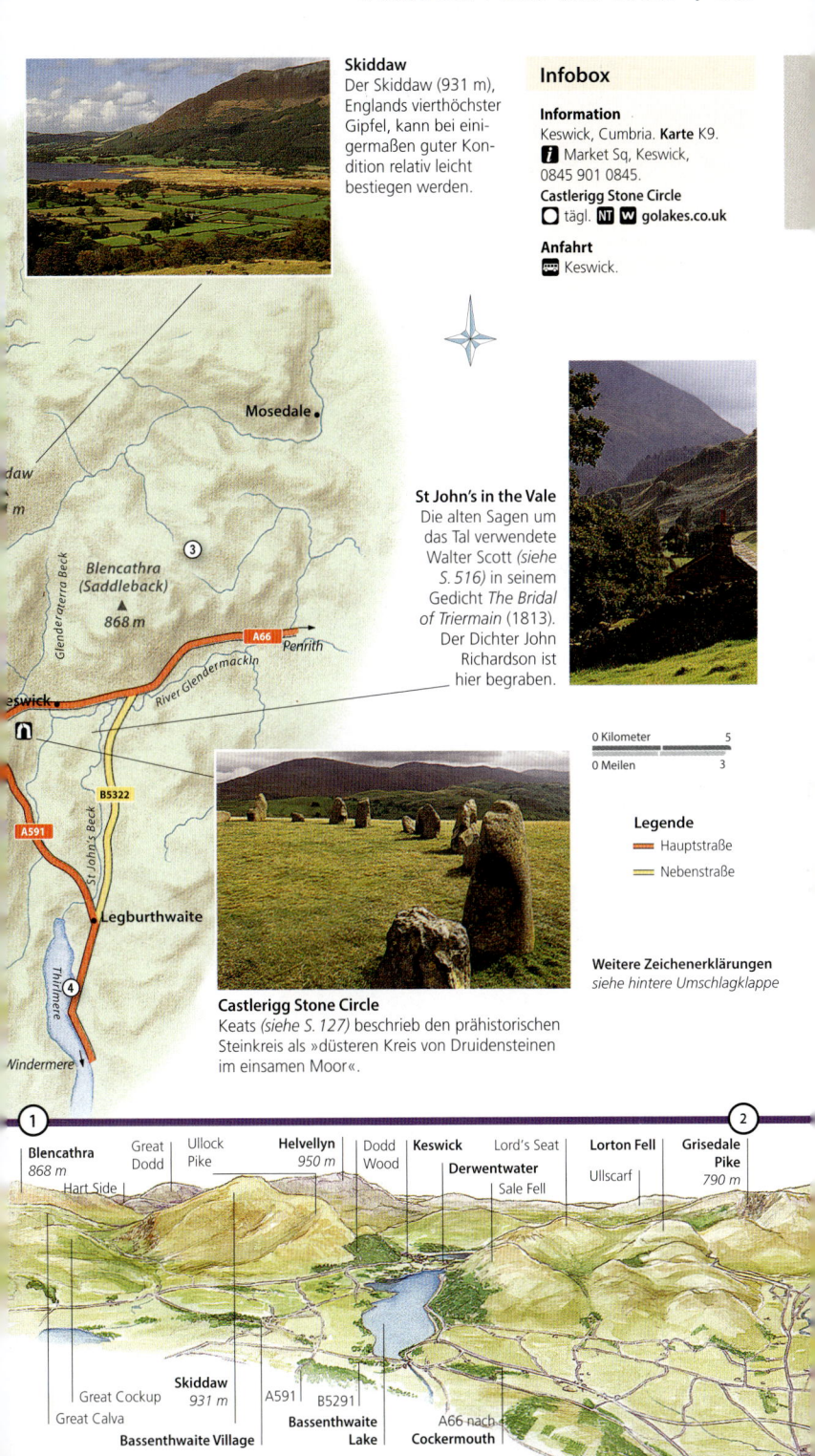

Skiddaw
Der Skiddaw (931 m), Englands vierthöchster Gipfel, kann bei einigermaßen guter Kondition relativ leicht bestiegen werden.

Infobox

Information
Keswick, Cumbria. **Karte** K9.
🛈 Market Sq, Keswick, 0845 901 0845.
Castlerigg Stone Circle
⭘ tägl. NT W golakes.co.uk
Anfahrt
🚆 Keswick.

St John's in the Vale
Die alten Sagen um das Tal verwendete Walter Scott *(siehe S. 516)* in seinem Gedicht *The Bridal of Triermain* (1813). Der Dichter John Richardson ist hier begraben.

Castlerigg Stone Circle
Keats *(siehe S. 127)* beschrieb den prähistorischen Steinkreis als »düstern Kreis von Druidensteinen im einsamen Moor«.

Legende
— Hauptstraße
— Nebenstraße

Weitere Zeichenerklärungen siehe hintere Umschlagklappe

Blencathra 868 m — Hart Side — Great Dodd — Ullock Pike — **Helvellyn** 950 m — Dodd Wood — **Keswick** — Derwentwater — Sale Fell — Lord's Seat — Ullscarf — **Lorton Fell** — **Grisedale Pike** 790 m

Great Cockup — Great Calva — **Skiddaw** 931 m — **Bassenthwaite Village** — A591 — B5291 — **Bassenthwaite Lake** — A66 nach **Cockermouth**

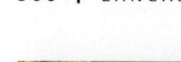

Crummock Water, einer der nicht so überlaufenen »Westlichen Seen«

❼ Cockermouth

Cumbria. **Karte** K9. 🚶 8000. 🚌 Workington. 🚉 ℹ️ 4 Kings Arms Lane, nahe Main St, (01900) 822 634. 🌐 **western-lakedistrict.co.uk**

In dem belebten Marktort aus dem 12. Jahrhundert stehen farbenfrohe Häuser im Zentrum und hübsch restaurierte Arbeiterhäuschen am Fluss. Herausragend ist das **Wordsworth House**, das Geburtshaus des Dichters *(siehe S. 370)*. Das schöne georgianische Gebäude enthält noch Familienbesitz und ist im Stil des späten 18. Jahrhunderts eingerichtet. William Wordsworth erwähnt in seinem *Präludium* den Terrassengarten oberhalb des River Derwent. In der Pfarrkirche erinnert ein Fenster an den Dichter.

Das **Schloss** von Cockermouth ist teils verfallen, teils bewohnt und kann gelegentlich besichtigt werden – die besten Chancen bestehen während des Cockermouth Festival im Juli. Die 1828 gegründete **Jennings Brewery** lädt zu Führungen und Verkostungen ein.

🏛️ **Wordsworth House**
Main St. 📞 (01900) 824 805. 📅 März–Okt: Sa–Do. 🌐 **nationaltrust.org.uk/wordsworth-house**

🏭 **Jennings Brewery**
Castle Brewery. 📞 0845 129 7190. 📅 Mo–Sa. 📅 Feb–Dez: Do–Sa. 🌐 **jenningsbrewery.co.uk**

❽ Newlands Valley

Cumbria. **Karte** K9. 🚌 Penrith, dann Bus. 🚉 Cockermouth. ℹ️ Market Sq, Keswick, 0845 901 0845. 🌐 **lakedistrict.gov.uk**

Von den bewaldeten Ufern des Derwentwater erstreckt sich Newlands Valley mit verstreut liegenden Bauernhöfen zum 335 Meter hohen Pass. Dort führen Stufen zum Moss-Force-Wasserfall. Grisedale Pike, Cat Bells und Robinson bieten gute Wanderwege durch farnbewachsenes Land. Kupfer-, Grafit-, Blei- sowie geringe Silber- und Goldlager existieren hier seit der Zeit von Elizabeth I. Das Dörfchen **Little Town** diente der Kinderbuchautorin Beatrix Potter *(siehe S. 371)* als Kulisse für ihren Roman *Die Geschichte von Frau Tupfelmaus*.

Küche im Wordsworth House

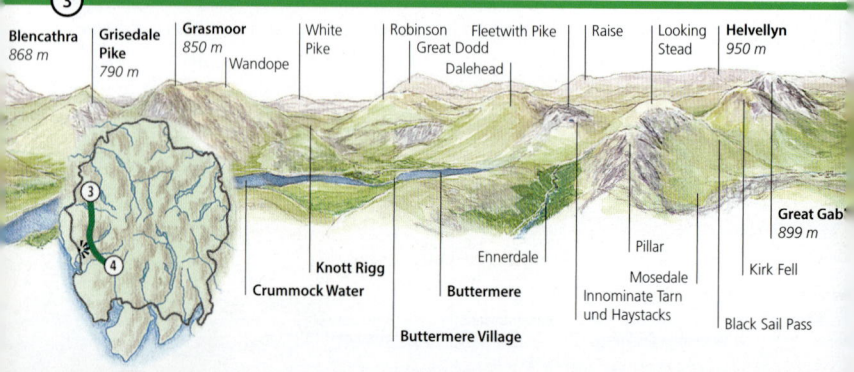

Blencathra 868 m | **Grisedale Pike** 790 m | **Grasmoor** 850 m | Wandope | White Pike | **Robinson** | Fleetwith Pike · Great Dodd · Dalehead | Raise | Looking Stead | **Helvellyn** 950 m

Knott Rigg | **Crummock Water** | Ennerdale | **Buttermere** | Pillar | Mosedale · Innominate Tarn und Haystacks | **Great Gab'** 899 m | Kirk Fell | Black Sail Pass

Buttermere Village

❾ Buttermere

Cumbria. **Karte** K10. 🚆 Penrith.
🚌 Penrith bis Keswick; Keswick bis Buttermere. 🛈 4 Kings Arms Lane, nahe Main St, Cockermouth, (01900) 822 634.

Zusammen mit Crummock Water und Loweswater gehört der Buttermere zu den schönsten Ecken der Gegend. Die drei »Westlichen Seen« liegen etwas abseits, sodass sie nicht überlaufen sind. Buttermere ist ein Juwel inmitten der Gipfel von High Stile, Red Pike und Haystacks. Hier wurde die Asche des berühmten Bergwanderers und Autors A. W. Wainwright verstreut.

Der kleine Ort Buttermere ist Ausgangspunkt für die Umrundung der drei Seen. Loweswater ist am schlechtesten zu erreichen und daher der ruhigste See – von Wald und Hügeln umgeben. Der nahe Scale Force ist mit 52 Metern der höchste Wasserfall des Lake District.

Das üppig grüne, bei Künstlern beliebte Borrowdale

❿ Borrowdale

Cumbria. **Karte** K10. 🚆 Penrith.
🚌 Keswick. 🛈 Moot Hall, Keswick, 0845 901 0845.

Das romantische Tal, Motiv zahlloser Skizzen und Aquarelle, liegt an den dicht bewaldeten Ufern des Derwentwater unterhalb hoher Felsspitzen. Von Keswick aus gibt es zahlreiche schöne Wanderwege.

Der Weiler **Grange** ist besonders zauberhaft, weil sich hier das Tal schroff zu den Jaws of Borrowdale verengt. Der nahe Castle Crag bietet prächtige Ausblicke. Von Grange aus kann man den 13 Kilometer langen Rundweg um Derwentwater gehen. Nach Süden kann man zum offeneren Farmland um Seatoller wandern oder fahren.

Achten Sie auf der Autostraße nach Süden auf das Hinweisschild des National Trust *(siehe S. 33)* zum **Bowder Stone**, einem fast 2000 Tonnen schweren, präzise ausbalancierten Steinblock – entweder ein abgestürztes Stück Felsspitze oder ein vor Jahrmillionen von einem Gletscher mitgeschleppter Brocken.

Weitere attraktive Weiler im Borrowdale sind **Rosthwaite** und **Stonethwaite**. Einen Abstecher, am besten zu Fuß, lohnt das Dorf Watendlath an einer Seitenstraße nahe dem Ausflugsziel **Ashness Bridge**.

Wandern im Lake District

Typischer Übertritt über eine Trockensteinmauer

Zwei Fernwanderwege führen durch die schönsten Landschaften des Lake District. Der 112 Kilometer lange Cumbria Way verläuft von Carlisle über Keswick und Coniston nach Ulverston. Der Westteil des Coast to Coast Walk *(siehe S. 41)* führt ebenfalls durch dieses Gebiet. Es gibt Hunderte kürzerer Wege an den Ufern entlang, Naturpfade oder anspruchsvollere Bergrouten. Sie sollten zur Vermeidung von Erosion auf den Wegen bleiben. Beachten Sie auch die aktuellen Wettervorhersagen, etwa unter 🌐 lakedistrictweatherline.co.uk.

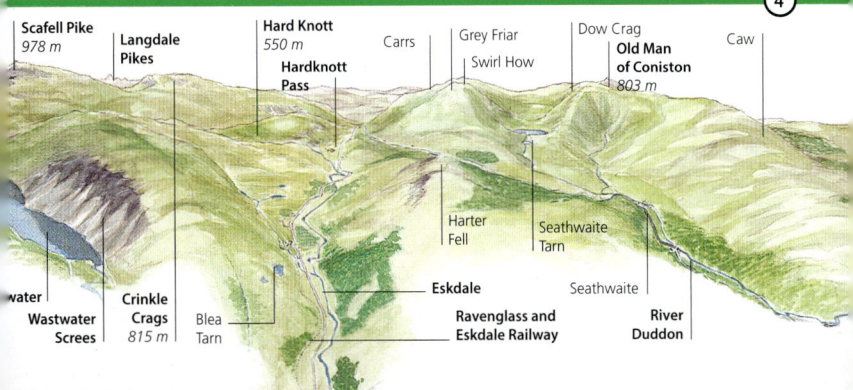

Scafell Pike 978 m | Langdale Pikes | Hard Knott 550 m | Hardknott Pass | Carrs | Grey Friar | Swirl How | Dow Crag | Old Man of Coniston 803 m | Caw

Wastwater Screes | Crinkle Crags 815 m | Blea Tarn | Eskdale | Harter Fell | Seathwaite Tarn | Ravenglass and Eskdale Railway | Seathwaite | River Duddon

Das gastliche Wasedale Head Inn in Wasdale Head

⓫ Wastwater

Wasdale, Cumbria. **Karte** K10. Whitehaven. *i* Lowes Court Gallery, Egremont, (01946) 820 693.

Wastwater mit seinem dunklen Wasser ist ein geheimnisvoller See in eindrucksvoller Umgebung. An seiner Nordwestseite verläuft die Straße von Nether Wasdale. An seiner Ostflanke türmen sich Geröllwände von über 600 Metern auf, die das Wasser bei jedem Unwetter tintenschwarz aussehen lassen. Mit 80 Metern ist Wastwater Englands tiefster See. Auf dem Geröll zu wandern, ist möglich, aber nicht ungefährlich. Aus Landschaftsschutzgründen sind Segel- und Motorboote auf dem See nicht erlaubt, doch auf dem nahen Campingplatz des National Trust gibt es Angelscheine.

Wasdale Head bietet einen der großartigsten Anblicke Großbritanniens: die strenge Pyramide des **Great Gable**, des Mittelstücks einer schönen Bergformation, mit den gewaltigen Erhebungen von Scafell und **Scafell Pike**.

Die einzigen Gebäude, ein Gasthof und eine winzige Kirche zum Gedenken an abgestürzte Kletterer, liegen am entfernten Ende des Sees. Hier hört die Straße auf – man kann nur zu Fuß den Schildern zum Black Sail Pass und nach Ennerdale folgen. Oder man klettert auf die Berge.

Wasdales Szenerie inspirierte schon im 19. Jahrhundert die ersten britischen Bergsteiger, die mit kaum mehr als einem Stück Seil über ihren Schultern loszogen.

⓬ Eskdale

Cumbria. **Karte** K10. Ravenglass, dann Schmalspurbahn bis Eskdale (Ostern–Okt: tägl.; Nov–Feb: siehe **w** ravenglass-railway.co.uk)
i Lowes Court Gallery, Egremont, (01946) 820 693. **w** eskdale.info

Die landschaftlichen Reize des Eskdale kann man bei einer Fahrt über den Hardknott Pass mit seinen steilen Straßen erleben. Bei einer Pause am 393 Meter hohen Gipfel und vom römischen **Hardknott Fort** aus bietet sich ein schöner Blick ins Tal. Beim Herunterfahren kommt man durch Rhododendron- und Kiefernwäldchen sowie durch kleine Weiler. Die größten Siedlungen auf dem Weg nach Westen sind Boot, Eskdale Green und Ravenglass, der einzige Küstenort im Nationalpark.

Südlich von Ravenglass liegt das **Muncaster Castle**, das prachtvoll eingerichtete Anwesen der Familie Pennington.

Die Ravenglass & Eskdale Railway (La'al Ratty) ist die älteste und längste Schmalspur-Dampfeisenbahn in England. Sie fährt auf malerischer Strecke zwischen Ravenglass und dem elf Kilometer entfernten Dalegarth.

Muncaster Castle
Ravenglass. (01229) 717 614.
Castle Apr–Okt: So–Fr. **Park** Feb–Dez: tägl. Erdgeschoss, Park. **w** muncaster.co.uk

Überreste des römischen Hardknott Fort bei Eskdale

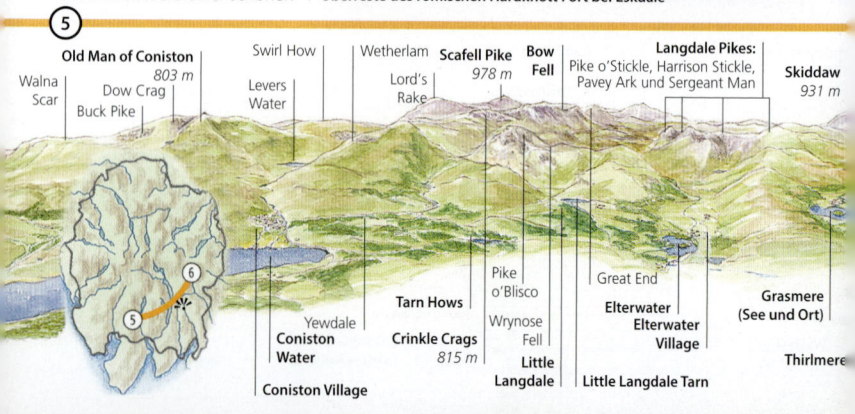

Blick auf das herbstliche Seathwaite im Duddon Valley, das bei Wanderern und Bergsteigern beliebt ist

⓭ Duddon Valley

Cumbria. **Karte** K10. 🚂 Foxfield, Ulverston. 🛈 Old Town Hall, Broughton-in-Furness, (01229) 716 115 (Ostern–Okt: Mo–Sa). 🌐 duddonvalley.co.uk

Die auch als Dunnerdale bekannte Landschaft inspirierte Wordsworth zu 35 Sonetten *(siehe S. 370)*. Der hübscheste Landstrich liegt zwischen Ulpha und Cockley Beck. Im Herbst sind die Heidemoore und die hellen Birken besonders schön. Trittsteine und Brücken führen über Flüsse. Birk's Bridge bei Seathwaite gehört zu den bezauberndsten Stellen. Am Südende des Tals, wo der Duddon bei Duddon Sands ins Meer mündet, liegt das hübsche Dorf Broughton-in-Furness. Am Markttag liegen die Fische auf den alten Steinplatten am Hauptplatz.

⓮ Langdale

Cumbria. **Karte** K10. 🚂 Windermere. 🛈 Market Cross, Ambleside, 0844 225 0544. 🌐 golakes.co.uk

Das zweigeteilte Langdale erstreckt sich von Skelwith Bridge, wo der Brathay Wasserfälle bildet, bis zu den Gipfeln von Great Langdale. Wanderer und Kletterer bevölkern **Pavey Ark**, **Crinkle Crags**, **Bow Fell** und **Pike o'Stickle**. Die Bergrettung dieser Region ist die meistbeschäftigte in ganz Großbritannien.

Great Langdale ist das malerischere Tal und viel besucht. Doch das weniger überlaufene **Little Langdale** hat auch seine Reize. Es lohnt sich, auf dem Rundgang von und nach Ambleside auf der südlichen Route in Blea Tarn haltzumachen. **Elterwater** ist ein malerisches Fleckchen. Früher wurde hier Schießpulver produziert.

Der Wrynose Pass westlich von Little Langdale steigt auf 390 Meter an und führt zum Hardknott Pass. Ganz oben steht Three Shires Stone, ein Grenzstein auf der früheren Grenze zwischen Cumberland, Westmorland und Lancashire.

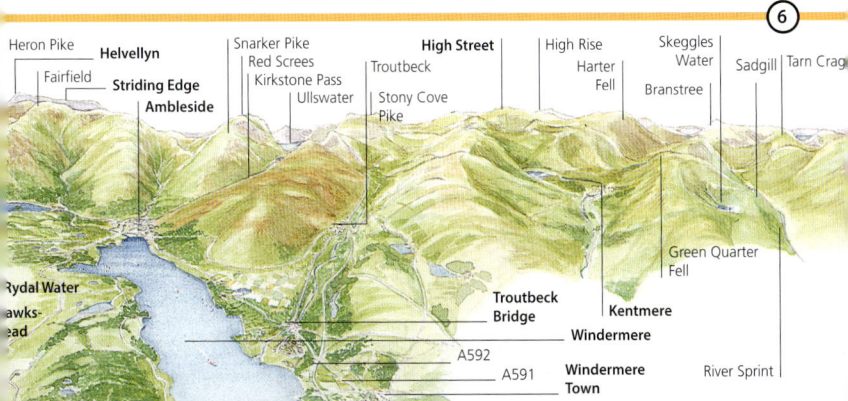

LANCASHIRE UND LAKE DISTRICT

Rydal Water, eine der Hauptattraktionen des Lake District

⓯ Grasmere und Rydal

Cumbria. **Karte** K10. **Grasmere** 700. **Rydal** 100. Grasmere. *i* Central Buildings, Market Cross, Ambleside, 08442 250 544.

William Wordsworth lebte in den beiden hübschen, an zwei Seen gelegenen Dörfern. Fairfield, Nab Scar und Loughrigg Fell erheben sich steil über den Schilfufern und bieten Wandermöglichkeiten. Grasmere ist der größere Ort, seine Sportevents im August locken viele Zuschauer an.

Die Wordsworths sind in der St Oswald's Church begraben. Viele Menschen strömen jährlich herbei, um den Kirchenboden mit Binsen zu bestreuen und **Dove Cottage** zu besuchen, in dem der Dichter seine kreativsten Jahre verbrachte. Das **Museum** in der Scheune zeigt Memorabilien.

Die Wordsworths zogen nach Rydal und lebten dort von 1813 bis 1850 im **Rydal Mount**. Auf dem Grundstück gibt es Wasserfälle und ein Sommerhaus.

Das nahe Dora's Field ist im Frühling ein gelbes Narzissenfeld. Die Rundwanderung Fairfield Horseshoe kann man von Rydal oder Ambleside starten.

🏛 Dove Cottage und Wordsworth Museum
An der A591 bei Grasmere.
📞 (015394) 35 544. 🕒 tägl.
⬤ 24.–26. Dez.
🌐 wordsworth.org.uk

🏛 Rydal Mount
Rydal. 📞 (015394) 33002.
🕒 März–Okt: tägl.; Nov–Feb: Mi–So. ⬤ Jan, 25., 26. Dez.
teilweise.
🌐 rydalmount.co.uk

⓰ Ambleside

Cumbria. **Karte** K10. 2600.
i Central Buildings, Market Cross, 0844 225 0544. Mi.
🌐 golakes.co.uk

Ambleside hat gute Straßenverbindungen zu allen Seen und ist vor allem für Wanderer und Kletterer ein guter Ausgangspunkt. Die Architektur ist vorwiegend viktorianisch. Es gibt Läden für Lebensmittel, Bekleidung und Kunsthandwerk. Ein interessantes Kino und das Musikfestival im Sommer beleben die Abende. Sehenswert sind die Überreste des römischen Forts Galava (79 n. Chr.), der Stock-Ghyll-Force-Wasserfall und das **Bridge House** über dem Stock Beck, heute ein Informationszentrum des National Trust.

Umgebung: Leicht erreichbar sind das bewaldete Loughrigg Fell sowie **Touchstone Interiors** an der Skelwith Bridge. In Troutbeck kann man das restaurierte Bauernhaus **Townend** (1626) besichtigen.

Das winzige Bridge House über dem Stock Beck in Ambleside

William Wordsworth (1770–1850)

Der Dichter der Romantik kam im Lake District zur Welt und verbrachte hier die meiste Zeit. Nach der Schulzeit in Hawkshead und einigen Jahren in Cambridge ermöglichte ihm eine Erbschaft die Literatenkarriere. Er ließ sich mit seiner Schwester Dorothy im Dove Cottage nieder. 1802 heiratete er seine Schulfreundin Mary Hutchinson. Sie lebten einfach, hatten Kinder und empfingen Dichter wie Coleridge und De Quincey. Wordsworths Werk beinhaltet einen der ersten Wanderführer durch den Lake District.

LANCASHIRE UND LAKE DISTRICT | 371

Beatrix Potter und der Lake District

Beatrix Potter (1866–1943), bekannt für illustrierte Kindergeschichten mit Figuren wie Peter Hase und Emma Ententropf, propagierte den Naturschutz im Lake District, nachdem sie 1906 dorthin gezogen war. Sie heiratete William Heelis, widmete sich der Landwirtschaft und war Spezialistin für Herdwick-Schafe. Um ihre geliebte Landschaft zu erhalten, schenkte sie dem National Trust Land.

Titelillustration von Emma Ententropf (1908)

Townend
Troutbeck, Windermere.
(015394) 32628. Apr–Okt: Mi–So (So nur nachmittags).
nationaltrust.org.uk

⑰ Windermere

Cumbria. Karte K10. Windermere. Victoria St. Victoria St, (015394) 46499 und Glebe Rd, Bowness-on-Windermere, 0845 901 0845. windermereinfo.co.uk

Mit über 16 Kilometern Länge ist dies Englands größter See. Industriemagnaten errichteten lange vor dem Bau der Eisenbahn Landsitze am Ufer, etwa das prächtige **Brockhole**, jetzt Besucherzentrum des Nationalparks. Als die Eisenbahn 1847 den Windermere erreichte, konnten auch Arbeiter die Gegend auf Tagesausflügen besuchen.

Heute verbinden eine Autofähre (ganzjährig) Ost- und Westküste zwischen Ferry Nab und Ferry House und Dampfschiffe (im Sommer) Lakeside mit Bowness und Ambleside auf der Nord-Süd-Achse. Highlight ist Belle Isle, eine bewaldete Insel mit einem einzigartigen runden Haus. Man darf allerdings nicht anlegen. **Fell Foot Park** liegt am Südende des Sees. An der Nordwestseite gibt es schöne Uferwege. Einer der besten Aussichtspunkte ist Orrest Head (238 m) nordöstlich von Windermere.

Umgebung: Bowness-on-Windermere am Ostufer ist äußerst beliebt. Zahlreiche Gebäude besitzen noch schöne viktorianische Details. Die St Martin's Church geht auf das 15. Jahrhundert zurück. **Stott Park Bobbin Mill** ist die letzte noch betriebene von 70 Mühlen, die in Cumbria für die Textilindustrie eingesetzt wurden.

Beatrix Potter schrieb viele ihrer Bücher in **Hill Top**, dem Bauernhaus (17. Jh.) im nordwestlich von Windermere gelegenen Near Sawrey. Hill Top enthält viel von Potters Besitz und ist wie zu ihren Lebzeiten belassen. **World of Beatrix Potter** heißt eine Ausstellung über Potters Figuren. Man kann auch einen Film über ihr Leben sehen. Die **Beatrix Potter Gallery** in Hawkshead *(siehe S. 372)* veranstaltet Ausstellungen mit ihren Manuskripten und Illustrationen.

Brockhole Visitor Centre
An der A591. (015394) 46601.
tägl. brockhole.co.uk

Fell Foot Park
Newby Bridge. (015395) 31273.
tägl.

Blackwell Arts and Crafts House
Bowness-on-Windermere.
(015394) 46139. tägl.
blackwell.org.uk

Stott Park Bobbin Mill
Finsthwaite. (015395) 31087.
Apr–Okt: Mo–Fr, Feiertage.

Hill Top
Bei Sawrey, Ambleside. (015394) 36269. Feb–Okt: tägl.
nationaltrust.org.uk

World of Beatrix Potter
The Old Laundry, Crag Brow.
(015394) 88 444. tägl. 25. Dez.
hop-skip-jump.com

Beatrix Potter Gallery
The Square, Hawkshead.
(015394) 36355. Feb–Dez: tägl.
nationaltrust.org.uk

Vertäute Boote am Ufer in Waterhead, nahe Ambleside, am Nordende des Windermere

Hotels und Restaurants in Lancashire und im Lake District *siehe Seiten 569f und 595–597*

Coniston Water, Schauplatz von Arthur Ransomes Roman *Der Kampf um die Insel* (1930)

⓲ Coniston Water

Cumbria. **Karte** K10. Windermere, dann Bus. Ambleside, dann Lokalbus. Parkplatz in Coniston, Ruskin Ave, (015394) 41533. **W** conistontic.org Coniston Boating Centre, (015394) 41366. **W** conistonboatingcentre.co.uk

Für die schönste Aussicht auf diesen außerhalb des Lake District gelegenen See muss man klettern. John Ruskin, Maler, Schriftsteller und Philosoph des 19. Jahrhunderts, genoss den Anblick von seinem Landhaus **Brantwood** aus. Dort kann man seine Gemälde sehen. Das ganze Jahr über finden Kunstausstellungen und Veranstaltungen statt.

Im Sommer lohnt sich eine Fahrt mit dem Dampfschiff *Gondola* ab Coniston Pier nach Brantwood. Boote können auch beim Coniston Boating Centre gemietet werden. Auf dem See starb Donald Campbell 1967 beim Versuch, seinen eigenen Geschwindigkeitsweltrekord auf dem Wasser zu brechen. Das Städtchen Coniston war früher Zentrum des Kupferbergbaus.

Interessant ist das autofreie **Hawkshead** im Nordwesten mit seinen Fachwerkhäusern. Im Süden befindet sich der Grizedale Forest mit Skulpturen. Nördlich von Coniston Water stößt man auf den schön gelegenen Bergsee **Tarn Hows**. Von hier führt ein leichter Aufstieg zum Old Man of Coniston (803 m).

🏛 Brantwood
An der B5285 bei Coniston. (015394) 41396. Mitte März–Mitte Nov: tägl.; Mitte Nov–Mitte März: Mi–So. teilweise. **W** brantwood.org.uk

⓳ Kendal

Cumbria. **Karte** K10. 28 000. 25 Stramongate, (015397) 35 891. Mi, Sa. **W** golakes.co.uk

Die belebte Marktstadt ist das Verwaltungszentrum der Region und das südliche Eingangstor zum Lake District. Die Gebäude der Innenstadt sind aus grauem Kalkstein. **Brewery** ist ein spannendes Kunstzentrum. Die Kunstsammlung von **Abbot Hall** (1759) zeigt Gemälde von Turner und Romney sowie Gillows-Möbel. Das **Museum of Lakeland Life** befasst sich mit Handwerk und Gewerbe der Region. Dioramen zu Geologie und Natur gibt es im **Kendal Museum**.

Fünf Kilometer südlich der Stadt liegt **Sizergh Castle** mit einem befestigten Turm, schönen Kaminen und einem bezaubernden Park.

Kendal Mint Cake, der berühmte Energiespender für Wanderer

🏛 Abbot Hall Art Gallery & Museum of Lakeland Life
Kendal. (01539) 722 464. Mo–Sa. Galerie. **W** abbothall.org.uk

🏛 Kendal Museum
Station Rd. (01539) 815 597. Di–Sa. **W** kendalmuseum.org.uk

🏰 Sizergh Castle
Nahe A591 und A590. (015395) 60951. Apr–Okt: So–Do. Erdgeschoss, Park. **NT** **W** nationaltrust.org.uk

⓴ Furness Peninsula

Cumbria. **Karte** H12. Barrow-in-Furness. Town Hall, Duke St, Barrow-in-Furness, (01229) 876 543. **W** barrowtourism.co.uk

Barrow-in-Furness ist die größte Stadt der Halbinsel. Der moderne Bau des **Dock Museum** wurde über einem viktorianischen Trockendock errichtet. Hier kann man mit Exponaten und interaktiven Schautafeln Barrows Geschichte nachvollziehen.

In den Ruinen der **Furness Abbey** im Vale of Deadly Nightshade illustriert eine Ausstellung das Klosterleben. Ulverston wurde 1280 gegründet. Stan Laurel, Teil des berühmten Komikerduos *Dick und Doof*, wurde 1890 hier geboren. Das **Laurel and Hardy Museum** umfasst auch ein Kino. In Gleaston lohnt die rund 400 Jahre alte **Gleaston Water Mill** einen Besuch.

Hotels und Restaurants in Lancashire und im Lake District siehe Seiten 569f und 595–597

LANCASHIRE UND LAKE DISTRICT | **373**

Dock Museum
North Rd, Barrow-in-Furness.
(01229) 876 400. Mi–So.
dockmuseum.org.uk

Furness Abbey
Vale of Deadly Nightshade, Manor Road, Barrow-in-Furness.
(01229) 823 420. Apr–Okt: Do–Mo; Nov–März: Sa, So.
1. Jan, 24.–26. Dez.
teilweise. EH
english-heritage.org.uk

Laurel and Hardy Museum
Upper Brook St, Ulverston.
(01229) 582 292. Ostern–Okt: tägl.; Nov–Ostern: Di, Do–So.
25., 26. Dez.
laurel-and-hardy.co.uk

Gleaston Water Mill
Gleaston. (01229) 869 244.
Apr–Sep: Mi–So.
watermill.co.uk

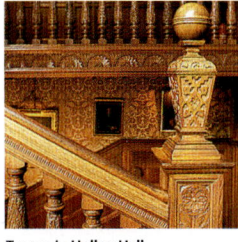

Treppe in Holker Hall

㉑ Cartmel

Cumbria. **Karte** K10. 700.
Main St, Grange-over-Sands; (015395) 34026.
grangeoversands.net

Das hübsche Dorf gab seinen Namen auch der Umgebung, einer Hügellandschaft mit Wald und Kalksteinhügeln. Highlight ist die **Klosterkirche** (12. Jh.), eine der schönsten in Cumbria. Besonders bestechend sind das Ostfenster, ein Steingrabmal (14. Jh.) und die Misericordien. Vom Kloster selbst ist außer dem Torhaus im Ortszentrum wenig erhalten. Dafür ist Cartmel für seine guten Restaurants bekannt.

Sehenswert ist **Holker Hall**, die frühere Residenz der Dukes of Devonshire, mit luxuriös ausgestatteten Räumen, Marmorkaminen und einer imposanten Eichentreppe. Das Haus ist umgeben von schönen Gärten und einem Wildgehege.

Holker Hall
Cark-in-Cartmel. (015395) 58 328. Apr–Okt: Mi–So.
nach Vereinbarung. teilweise.
holker.co.uk

㉒ Levens Hall

Bei Kendal, Cumbria. **Karte** K10.
(015395) 60321. ab Kendal oder Lancaster. Ostern–Anfang Okt: So–Do. nur Gärten.
levenshall.co.uk

Außergewöhnlich an diesem elisabethanischen Herrenhaus ist die Gartenanlage. Das Gebäude selbst ist um einen befestigten Turm aus dem 13. Jahrhundert errichtet und enthält eine Möbelsammlung aus der Zeit James' I, Aquarelle von Peter de Wint (1784–1849), Stuckdecken, Stühle aus der Zeit von Charles II, frühes englisches Patchwork und vergoldete Abflussrohre.

Eiben- und Buchsbaumbeete legte der französische Gartenbauer Guillaume Beaumont 1694 an.

Buchsbaum war fester Bestandteil der formalen Gärten jener Zeit.

Die Turmuhr mit nur einem Zeiger ist typisch für das 18. Jahrhundert.

Haupteingang

Die mehr als 300 Jahre alten, mit Buchsbaumhecken gesäumten Beete sind voller bunter Blumen.

Die komplexe Anlage mit ihren Kegeln, Spiralen und Pyramiden – manche sind sechs Meter hoch – wird von Gärtnern gepflegt.

Morecambe Bay mit Blick auf Barrow-in-Furness im Nordwesten

㉓ Morecambe Bay

Lancashire. **Karte** J12. Morecambe. Heysham (zur Isle of Man). **i** Marine Rd, (01524) 582 808. **w** visitmorecambe.co.uk

Die Bucht lässt sich am besten mit dem Zug von Ulverston nach Arnside erkunden. Der überquert auf niedrigen Viadukten das glitzernde, gezeitenabhängige Mündungsgebiet, in dem Tausende von Watvögeln nisten. Die Bucht ist eines der wichtigsten britischen Vogelschutzgebiete. In dem ruhigen viktorianischen Kurort Grange-over-Sands entstanden viele Alterssitze. **Hampsfell** und **Humphrey Head Point** bieten Ausblicke auf die Bucht.

㉔ Leighton Hall

Carnforth, Lancashire. **Karte** J12. (01524) 734 474. nach Yealand Conyers (von Lancaster). Mai–Sep: Di–Fr, Feiertage (Aug: auch So) 14–17 Uhr. nur Erdgeschoss. **w** leightonhall.co.uk

Das Schloss stammt zwar aus dem 13. Jahrhundert, doch der größte Teil des heutigen Anwesens mit der neugotischen Fassade entstand im 19. Jahrhundert. Es ist im Besitz der Familie Gillow, Gründer von Lancasters Möbelgewerbe. Ihre Produkte sind heute gesuchte Antiquitäten. Einige exquisite Stücke sind hier zu sehen. Wenn das Wetter es erlaubt, gibt es am Nachmittag Vorführungen mit Adlern und Falken.

㉕ Lancaster

Lancashire. **Karte** J12. 46 000. **i** Meeting House Lane, (01524) 582 394. Mo–Sa. **w** visitlancaster.org.uk

Die wichtigste Stadt von Lancashire ist klein, blickt aber auf eine lange Geschichte zurück. Die Römer nannten sie nach ihrem Feldlager am Fluss Lune. Der einstige Verteidigungsstützpunkt entwickelte sich durch den Sklavenhandel zur wohlhabenden Hafenstadt. Die heutige Universitätsstadt hat ein großes Kunst- und Kulturangebot.

Das normannische **Lancaster Castle** wurde im 14. und im 16. Jahrhundert vergrößert.

Adler in Leighton Hall

Vom 13. Jahrhundert bis zum Jahr 2011 war es Gefängnis und ist immer noch Gerichtshof. 600 Wappenschilde zieren die Shire Hall. Teile des Hadrian-Turms sind 2000 Jahre alt.

Attraktionen der Klosterkirche **St Mary** auf dem Castle Hill sind ein sächsisches Tor und der Chor (14. Jh.). Ein Möbelmuseum befindet sich in **Judge's Lodgings** (17. Jh.), das **Maritime Museum** im Zollamt am St George's Quay. Das **City Museum** im alten Rathaus zeigt archäologische Exponate.

Der **Lune Aqueduct** führt den Kanal in fünf Bogen über den Lune. Im **Williamson Park** steht das Ashton Memorial (1907). Linoleummagnat Lord Ashton ließ den Prunkbau mit einer 67 Meter hohen Kuppel errichten. Gegenüber liegt das Schmetterlingshaus.

Umgebung: Auch **Carnforth**, rund zwölf Kilometer nördlich von Lancaster, bietet einiges (Informationen zu den Sehenswürdigkeiten liefert www.visitcarnforth.co.uk). Die **Carnforth Station** war Drehort von David Leans Filmklassiker *Brief Encounter* (1945). Im **Leighton Moss Nature Reserve** leben zahlreiche seltene Vögel.

Über die Bucht bei Ebbe

Der Sand der Morecambe Bay ist gefährlich. Reisende nutzten die Bucht bei Ebbe oft, um nicht den langen Weg um die Kent-Mündung herum nehmen zu müssen. Viele kamen um – bei Flut, bei Treibsand oder wenn Nebel die Markierungen verschluckte. Kenner der Bucht arbeiten heute als Führer, mit denen man von Kents Bank nach Hest Bank bei Arnside wandern kann.

Der High Sheriff von Lancaster überquert den Morecambe-Sand

LANCASHIRE UND LAKE DISTRICT | 375

Lancaster Castle
Castle Parade. (01524) 64998.
tägl. 1. Jan, 25., 26. Dez.
wenn das Gericht nicht tagt.
lancastercastle.com

Judge's Lodgings
Church St. (01524) 64637.
Apr–Okt: tägl. nachmittags.
teilweise.

Maritime Museum
Custom House, St George's Quay.
(01524) 382 264. tägl. (Dez–März: nur nachmittags). 1. Jan, 24.–26., 31. Dez.
lancashire.gov.uk

City Museum
Market Sq. (01524) 64637.
Di–So. 24. Dez–2. Jan.

Williamson Park
Wyresdale Rd. (01524) 33318.
tägl. 1. Jan, 25., 26. Dez.
teilweise.

㉖ Ribble Valley

Lancashire. **Karte** J12. Clitheroe.
Station Rd, Clitheroe, (01200) 425 566. Di, Do, Sa.
visitribblevalley.co.uk

Von Clitheroe aus, einer beschaulichen Kleinstadt mit Burg, kann man das Tal und Dörfer wie Slaidburn erkunden. In Ribchester ist das **Roman Museum**, in Whalley die **Zisterzienserabtei** sehenswert. Auf dem Pendle Hill (560 m) im Osten gibt es ein Hügelgrab aus der Bronzezeit.

Roman Museum
Ribchester. (01254) 878 261.
tägl. nach Vereinbarung.
ribchesterromanmuseum.org

Whalley Abbey
Whalley. (01254) 828 400.
tägl. 24. Dez–2. Jan.
whalleyabbey.org

㉗ Blackpool

Lancashire. **Karte** H12. 142 000.
Festival House, Promenade, (01253) 478 222.
visitblackpool.com

Blackpool ist seit dem 18. Jahrhundert ein Seebad. Mit der Anbindung an die Eisenbahn im Jahr 1840, als Arbeiter aus ganz Lancashire anreisten, begann seine Blütezeit. Die Stadt

Heimkehr aus der Mühle (1930) von L. S. Lowry

hat noch immer ihren Reiz – nicht weil, sondern eher obwohl die Promenade massiv umgestaltet wurde.

Hinter dem Strand reihen sich Amüsierbetriebe, Piers, Bingohallen und Fast-Food-Stände. Nachts bieten fliegende Händler ihre Waren unter strahlenden Lichtern an. Tausende kommen in September und Oktober, wenn bei »the greatest free light show on earth« alles in den knalligsten Farben illuminiert ist.

Der 158 Meter hohe Blackpool Tower von 1894 ist ein Wahrzeichen

㉘ Salford Quays

Salford. **Karte** J13. Harbour City (von Manchester). The Lowry, Pier 8, 0843 208 6000. thequays.org.uk

The Quays, die Kais westlich des Stadtzentrums von Manchester, waren früher die Anlegedocks des **Manchester Ship Canal**. 1982 wurden sie aufgegeben, worauf die Gegend verfiel. In den 1990er Jahren gab es einen Wiederbelebungsplan für das Viertel, 2011 wurde gegenüber von The Lowry der Komplex MediaCityUK eröffnet. Da dort Medienunternehmen wie BBC und ITV Studios und Büros haben, ist MediaCity ein wichtiges Zentrum für Fernseh- und Radioproduktionen. In der Folge eröffneten viele Läden, Restaurants und Cafés.

An den Quays findet man zahlreiche Unterhaltungs- und Kulturangebote, darunter **The Lowry** *(siehe S. 379)*, das **Manchester United Museum** *(siehe S. 379)*, das **Imperial War Museum North** *(siehe S. 379)*, das **Salford Museum and Art Gallery**, die Lowry Outlet Mall und ein Multiplex-Kino. Auch Wassersportaktivitäten und Kanalrundfahrten werden hier angeboten.

Salford Museum and Art Gallery
Peel Park, The Crescent. (0161) 778 0800. Di–So (Sa, So erst ab 12 Uhr). 25., 26. Dez.

Manchester

Manchester geht auf die Römer zurück, nämlich auf das Fort Mamucium, das Feldherr Agricola 79 n. Chr. hier errichten ließ. Einen Namen machte sich die Stadt Ende des 18. Jahrhunderts, als Richard Arkwright seine Baumwollspinnereien mechanisierte. Ab 1830 verband die erste Eisenbahn Manchester mit Liverpool, 1894 wurde der Manchester Ship Canal *(siehe S. 375)* eröffnet, auf dem Frachtschiffe landeinwärts fahren konnten. Der Baumwollhandel brachte Reichtum, es entstanden stattliche Bürgerhäuser, die in krassem Kontrast zu den Slums der Textilarbeiter standen. Die sozialen Missstände ließen Schriftsteller und Reformer für liberale oder radikale Lösungen eintreten.

In den 1980er und 1990er Jahren machte die Stadt durch ihr Fußballteam Manchester United und international erfolgreiche Bands wie The Smiths, The Stone Roses und Oasis von sich reden. Die Zerstörung, die eine IRA-Bombe 1996 anrichtete, war Auslöser für eine Neugestaltung der City, die auf mehrere Areale ausgeweitet wurde. Besonders schön erneuert wurden die alten Salford Quays *(siehe S. 375)*.

National Football Museum, früher Sitz des Urbis

Überblick: Manchester

Manchester ist eine schöne, kompakte Stadt mit sehr viel Sehenswertem in der City. Aus der viktorianischen Zeit des Baumwollhandels stammen viele beeindruckende Industriedenkmäler. Der frühere Hauptbahnhof **Manchester Central** beherbergt nun einen riesigen Ausstellungs- und Messekomplex.

Schöne Bauten aus dem 19. Jahrhundert sind die **John Rylands Library**, die vor über 100 Jahren von der Witwe eines hiesigen Baumwollmillionärs gegründet wurde, und die **Free Trade Hall** (1856) im Renaissance-Stil (heute das Radisson Blu Edwardian Hotel) auf dem Areal des Peterloo-Massakers.

Zentrum von Manchester

1. Free Trade Hall
2. Manchester Central
3. John Rylands Library
4. Manchester Town Hall
5. Royal Exchange Theatre
6. National Football Museum
7. Manchester Art Gallery
8. Museum of Science and Industry

Zeichenerklärung siehe hintere Umschlagklappe

MANCHESTER | 377

Neugotische Town Hall von Alfred Waterhouse

🏛 Manchester Town Hall
Albert Square. 📞 (0161) 827 7661. 🕐 Mo–Fr. 🅿 im Visitor Information Centre erkundigen. ♿
🌐 manchester.gov.uk/townhall

Manchesters majestätisches Rathaus wurde von dem in Liverpool geborenen Alfred Waterhouse (1830–1905) entworfen. Der Architekt wurde später durch den Bau des Natural History Museum in London bekannt. Waterhouse gewann mit seinem Entwurf für das dreieckige Areal den Wettbewerb der Stadt.

Das Gebäude im neugotischen Stil wurde 1877 fertiggestellt. Im Haupteingang befindet sich eine Statue des römischen Feldherrn Agricola, der Manchester im Jahr 79 n. Chr. gegründet hat. Höhepunkt ist die Great Hall mit zwölf Wandgemälden von Ford Madox Brown, einem berühmten Maler aus dem Kreis der Präraffaeliten.

Das Gebäude schmücken zahllose Baumwollblüten und Bienen. Die Bienen stehen als Symbol für den Fleiß der Stadt. Auf dem Platz vor der Town Hall steht Manchesters **Albert Memorial**, das dem Gatten von Queen Victoria gewidmet ist. Es ähnelt vom Stil dem Denkmal im Londoner Hyde Park, entstand aber früher.

🏛 Royal Exchange Theatre
St Ann's Square.
📞 (0161) 833 9833.
🕐 Mo–Sa. ♿ 🅿 📷
🌐 royalexchange.co.uk

Die Königliche Börse Manchesters wurde 1729 errichtet. Damals war sie als »größter Raum der Welt« bekannt. Ende des 19. Jahrhunderts wurden am Haupthandelsplatz der Baumwollindustrie Schätzungen zufolge über 80 Prozent des weltweiten Stoffhandels kontrolliert. Im Zweiten Weltkrieg erlitt das Gebäude schwere Bombenschäden. Dies fiel mit dem Niedergang der britischen Baumwollindustrie zusammen. Beim Wiederaufbau wurde die Börse auf die Hälfte der einstigen Größe reduziert. 1968 schloss sie ihre Pforten.

Ein waghalsiger Entwurf wandelte in den 1970er Jahren den Hauptsaal der Börse in einen Theaterraum um. Es ist ein 360°-Zuschauerraum, der die Bühne auf mehreren Ebenen umgibt und die Säulen des alten Gebäudes mit einbezieht. Das Ganze wirkt wie das Modell eines Raumschiffs. In den Arkaden findet man Cafés.

Im Royal Exchange spielten schon Stars wie Vanessa Redgrave, Helen Mirren, Pete Postlethwaite, Kate Winslet und Hugh Grant.

🏛 National Football Museum
Cathedral Gardens. 📞 (0161) 605 8200. 🕐 tägl. 10–17 Uhr. ♿ 🅿 📷
🌐 nationalfootballmuseum.com

Das National Football Museum befindet sich in einem auffallenden Glasbau, in dem früher das Urbis das Leben in diversen Städten dokumentierte. Der Besuch beginnt mit einer spektakulären Fahrt in einem Glaslift. Mit ihm gelangt man in die einzelnen Etagen, in denen Ausstellungen gezeigt werden. Das Museum umfasst eine riesige Sammlung rund um das Thema Fußball, u. a. den Ball vom Finale der Weltmeisterschaft 1966.

Auf der anderen Seite des Platzes erhebt sich die **Manchester Cathedral** (überwiegend 19. Jh.). Auf dem Areal stand bereits vor 1000 Jahren eine Kirche.

Infobox

Information
Manchester. **Karte** J13. 🗺 541 000. ℹ 1 Piccadilly Gardens, 0871 222 8223. 🕐 tägl.
🌐 visitmanchester.com

Anfahrt
✈ An der M56, 18 km südl.
🚆 Piccadilly, Victoria, Oxford Rd. 🚌 Fernbusse: Chorlton St. Busbahnhof: Piccadilly Gardens, Shude Hill. 🚋 Market St, Piccadilly Gardens.

Peterloo-Massaker

1819 erreichten Spannungen aufgrund der Arbeitsbedingungen in Manchesters Fabriken ihren Höhepunkt. Am 16. August protestierten 50 000 Menschen auf St Peter's Field gegen die Corn Laws (hohe Zölle, u. a. auf Getreide). Die friedliche Stimmung schlug um. Kavalleristen griffen in Panik zu den Säbeln. Elf Menschen wurden getötet, viele verletzt. Der Vorfall wurde Peterloo genannt (die Schlacht von Waterloo hatte 1815 stattgefunden). Noch im selben Jahr begannen Reformen.

Peterloo Massacre von G. Cruikshank

Hotels und Restaurants in Lancashire und im Lake District siehe Seiten 569f und 595–597

Museum of Science and Industry in alten Bahnhofsgebäuden

Manchester Art Gallery
Mosley St u. Princess St. (0161) 235 8888. tägl. 1. Jan, Karfreitag, 24.–26., 31. Dez. **Gallery of Costume** Platt Hall, Rusholme. (0161) 245 7245. **manchesterartgallery.org**

Der ursprüngliche Bau (1824) stammt von Sir Charles Barry (1795–1860) und beherbergt eine exzellente Sammlung britischer Kunst, vor allem Werke von Präraffaeliten wie William Holman Hunt und Dante Gabriel Rossetti. Auch italienische, flämische und französische Malerei ist zu sehen, ebenso Werke von zeitgenössischen Malern.

In der Abteilung Craft & Design findet sich eine Sammlung von Kunsthandwerk von den Griechen über Picasso bis zu Zeitgenössischem.

In den beiden Abteilungen im Obergeschoss sind interessante Wechselausstellungen zu sehen – die meisten kostenlos. Hinzu kommen Begleitprogramme für Familien. So kombiniert die Clore Interactive Gallery Kunst und Aktionen für Kinder. Außerdem bietet die Galerie eine Bildungsreihe mit Künstlern und Schriftstellern an. Angeschlossen ist auch die Gallery of Costume.

Museum of Science and Industry
Liverpool Rd. (0161) 832 2244. tägl. 1. Jan, 24.–26. Dez. **mosi.org.uk**

In einem der größten Wissenschaftsmuseen der Welt können Besucher den Aufbruch ins Industriezeitalter, der zur Blüte Manchesters führte, nacherleben. Besonders beeindruckend sind die Power Hall (Dampfmaschinen), die Electricity Gallery (Stromgewinnung) sowie eine Ausstellung zur Eisenbahn von Liverpool und Manchester. In der Air and Space Gallery sieht man Flugzeuge, die Luftfahrtgeschichte schrieben.

Manchester Museum
Oxford Road. (0161) 275 2648. tägl. 1. Jan, 24.–26. Dez. **museum.manchester.ac.uk**

Das im Jahr 1885 eröffnete Museum ist Teil der Manchester University. Es beherbergt rund sechs Millionen Exponate aus allen Epochen und aus aller Welt. Die Schwerpunkte liegen auf Ägyptologie und Zoologie. Die Sammlung ägyptischer Artefakte gehört zu den größten in Großbritannien. Sie umfasst rund 20 000 Exponate, u. a. monumentale Steinskulpturen, Mumien, Särge und Grabbeigaben. Andere Räume zeigen Totenmasken, Grabmodelle und mumifizierte Tiere. Die zoologische Abteilung umfasst 600 000 Objekte – von ausgestopften Tieren bis zum fast vollständig erhaltenen Skelett eines Tyrannosaurus Rex.

Der Entwurf für den ursprünglichen Museumsbau stammte von Alfred Waterhouse, dem Architekten, der auch für die schöne Manchester Town Hall verantwortlich zeichnete *(siehe S. 377)*.

Whitworth Art Gallery
University of Manchester, Oxford Rd. (0161) 275 7450. tägl. (So nur nachmittags). 24. Dez–2. Jan, Karfreitag. **whitworth.manchester.ac.uk**

Jacob Epsteins *Genesis*, Whitworth Art Gallery

Das von dem in Stockport geborenen Maschinenbauer und Ingenieur Sir Joseph Whitworth finanzierte, 1889 gegründete Museum war ursprünglich für Industriedesign konzipiert und sollte Stoffhandel und Textilmarkt der Stadt inspirieren. Seit 1958 gehört es zur University of Manchester. Das Backsteingebäude zeigt den Einfluss der edwardianischen Zeit. Das Innenleben stammt aus den 1960er Jahren. 2015 wurde ein großer Umbau abgeschlossen, der die Ausstellungsfläche der Galerie fast verdoppelte. So können deutlich mehr Kunstwerke der Whitworth-Sammlung gezeigt werden.

Das Haus präsentiert Gemälde, Skulpturen, zeitgenössische Kunst, Textilien und Drucke. In der Eingangshalle steht Jacob Epsteins *Genesis*. Zu sehen ist auch eine wichtige Sammlung britischer Aquarelle, u. a. von Turner *(siehe S. 95)* und Girtin. Ebenfalls lohnend sind die japanischen Holzdrucke und die Sammlung historischer und moderner Tapeten, die dank der entsprechenden Industrie in Manchester sowie durch das Fundraising des Museums zustande kam.

Lawrence Alma-Tadema: *Etruskische Vasenmaler*, Manchester Art Gallery

Hotels und Restaurants in Lancashire und im Lake District *siehe Seiten 569f und 595–597*

Das Imperial War Museum North von Daniel Libeskind in Form eines zerbrochenen Globus

The Lowry
Pier 8, Salford Quays. 0843 208 6000. tägl. Spende. thelowry.com

Der silbrig schimmernde Komplex in prominenter Lage am Manchester Ship Canal beherbergt zwei Theater, ein Restaurant, Terrassenbars und Cafés, Kunstgalerien und einen Laden.

Das Zentrum ist nach dem Künstler Laurence Stephen Lowry (1887–1976) benannt, dem berühmten Sohn der Stadt, der sein ganzes Leben in und um Manchester verbrachte. Tagsüber war er Pachteintreiber, in seiner Freizeit malte er »naive« Stadtlandschaften mit rauchenden Industrieschloten unter grauem, düsterem Himmel. Berühmt wurde er allerdings als Maler der *matchstick men* (Streichholzmännchen), jenen schemenhaften Figuren in seinen Bildern. Einige Werke von Lowry sind in einer der Galerien ausgestellt. Eine andere zeigt Wechselausstellungen. In einem Raum läuft ganztägig die 20-minütige Dokumentation »Meet Mr Lowry«.

The Lowry bietet auch zahlreiche Aktivitäten für Kinder, Kurse, Events und Shows an und ist deshalb für einen längeren Familienbesuch bestens geeignet.

Imperial War Museum North
Trafford Wharf Road, Salford Quays. (0161) 836 4000. tägl. 24.–26. Dez. iwm.org.uk

Der Bau des Architekten Daniel Libeskind steht an den früheren Kais und stellt die Kollision dreier großer Aluminium-»Scherben« *(shards)* dar, die einen Globus symbolisieren, der durch Krieg auseinandergebrochen ist. Das Innere, eine asymmetrische Fläche, ist Ausstellungsareal für kleine, feine Sammlungen von Militaria. Neun »Silos« zeigen Exponate, die Kriegserfahrungen von Menschen beleuchten.

Zur vollen Stunde erlischt das Licht im großen Saal, dann läuft auf den Wänden eine audiovisuelle Installation. Bevor die Besucher gehen, werden sie eingeladen, den Aufzug zum 55 Meter hohen »Air Shard« zu nehmen, von wo aus man einen wunderbaren Blick über die Stadt genießen kann.

Manchester United Museum
Salford Quays. (0161) 826 1326. tägl. (außer bei Heimspielen). nach Voranmeldung. manutd.com

Das Vereinsmuseum im altehrwürdigen Stadion Old Trafford zeigt historische Exponate, bietet aber auch viel interaktiven Spaß. So können sich Besucher u. a. als Torwart versuchen. Bei Führungen kann man die Umkleidekabinen und den Trophäenraum besichtigen. Höhepunkt ist ein Gang durch den Tunnel, durch den die Mannschaften bei Heimspielen auf das Spielfeld kommen.

Manchester United Museum auf dem Areal des Stadions Old Trafford

⓿ Liverpool

Siedlungsspuren am Mersey gehen bis ins 1. Jahrhundert zurück. 1207 verlieh John I dem Fischerdorf Livpul das Stadtrecht. Zur Stuart-Zeit lebten hier rund 1000 Menschen. Im 17. und 18. Jahrhundert spielte Liverpool eine Rolle im karibischen Sklavenhandel. Die ersten Docks entstanden 1715 und reihten sich später elf Kilometer am Mersey entlang. Der erste Ozeandampfer Liverpools lief 1840 aus. Deshalb kamen europäische Emigranten, die nach Amerika wollten, und eine Vielzahl irischer Flüchtlinge, die vor der Hungersnot in ihrem Land flohen, nach Liverpool. Manche blieben hier. Heute setzt der Hafen größere Frachtmengen um als in den 1950er und 1960er Jahren, doch Containerschiffe nutzen nun die Docks von Bootle. Trotz Wirtschafts- und Sozialproblemen erwachte in den 1960er Jahren der »Scouse«, der »Geist« von Liverpool, als vier Jungs der Stadt die Musikszene umkrempelten. Viele kommen wegen der Beatles, bekannt sind aber auch die Philharmoniker und die Universitäten. Liverpools »Maritime Mercantile City« steht seit 2004 auf der Welterbeliste der UNESCO.

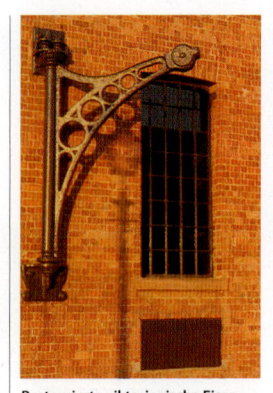

Liver Bird auf dem Royal Liver Building

Restaurierte viktorianische Eisenarbeit am Albert Dock

Überblick: Liverpool

Das mit den legendären Liver Birds, einem Kormoranpaar mit Seetang im Schnabel, bestückte **Royal Liver Building** am Pier Head ist ein Wahrzeichen der Stadt. In der Nähe befinden sich der berühmte Fährterminal und die neu belebten Hafenviertel. Sehenswert sind die hervorragenden Museen und

Zentrum von Liverpool

① Beatles Story
② Albert Dock
③ Merseyside Maritime Museum
④ Tate Liverpool
⑤ Museum of Liverpool
⑥ Royal Liver Building
⑦ *Walker Art Gallery S. 382f*
⑧ World Museum Liverpool
⑨ St George's Hall
⑩ Metropolitan Cathedral of Christ the King

Zeichenerklärung siehe hintere Umschlagklappe

Hotels und Restaurants in Lancashire und im Lake District *siehe Seiten 569f und 595–597*

LIVERPOOL | 381

Sammlungen wie die **Walker Art Gallery** *(siehe S. 382f).* Zum Architekturreichtum der Stadt gehören zwei Kathedralen und schöne klassizistische Bauten im Zentrum, darunter die **St George's Hall**.

Beatles Story
Albert Dock. (0151) 709 1963. tägl. 10–18 Uhr. 25., 26. Dez. w beatlesstory.com

Die Ausstellung zeichnet den Aufstieg der Beatles nach, von der ersten Platte *Love Me Do* bis zum letzten Live-Auftritt 1969 und der endgültigen Trennung im darauffolgenden Jahr.

Zu den Highlights gehört der Nachbau des Cavern Club, jenes legendären Rock-'n'-Roll-Clubs, in dem 1961 Brian Epstein und die Beatles zusammentrafen. Selbstverständlich sind im Museum auch die Hits zu hören, die mehrere Generationen fasziniert haben. Der Laden führt T-Shirts, Poster und seltene Merchandising-Artikel.

Albert Dock
(0151) 708 7334. tägl. 1. Jan, 25. Dez. einige Attraktionen. w albertdock.com

Um das Albert Dock liegen fünf von Jesse Hartley 1846 entworfene Lagerhäuser. Anfang des 20. Jahrhunderts verloren die Docks an Bedeutung, 1972 wurden sie geschlossen. In den Gebäuden sind heute Museen, Galerien, Restaurants, Bars und Läden.

Merseyside Maritime Museum
Albert Dock. (0151) 478 4499. tägl. 10–17 Uhr. 1. Jan, 24.–26. Dez. teilweise. w liverpoolmuseums.org.uk

Das Museum zur Geschichte des Liverpooler Hafens bietet Abteilungen über den Schiffsbau und über die Linienschiffe *Cunard* und *White Star* sowie eine Ausstellung zur Emigration. Der Bereich zu den Atlantikschlachten im Zweiten Weltkrieg präsentiert Modelle.

Schiffsglocke im Maritime Museum

Angegliedert ist das **UK Border Agency National Museum**, das in die Welt des Zolls und des Schmuggels einführt. Daneben steht das **International Slavery Museum**. Gegenüber dem Kai befinden sich das Piermaster's House sowie die Cooperage, in der bis 2017 Fässer gefertigt wurden.

Tate Liverpool
Albert Dock. (0151) 702 7400. tägl. 10–17 Uhr. Karfreitag, 24.–26. Dez. einige Ausstellungen. w tate.org.uk/liverpool

Auf drei Ebenen bietet Tate Liverpool eine der besten Sammlungen zeitgenössischer Kunst außerhalb Londons. Der Architekt James Stirling veränderte das ehemalige Lagerhaus durch eine leuchtend blau-orange Verkleidung. 1988 eröffnete diese erste Außenstelle der Londoner Tate Britain *(siehe S. 95).*

Infobox

Information
Liverpool. Karte J13. 484 000. Albert Dock, (0151) 233 2008. Di–Sa (Lebensmittel), So (Trödelmarkt). Grand National (Apr), Liverpool Show (Mai), Beatles Week (Aug). w visitliverpool.com

Anfahrt
11 km südöstl. Lime St. Norton St. vom Pier Head bis Wirral, auch Ausflugsfahrten zur Isle of Man und nach Nordirland.

Das auffallende Gebäude des Museum of Liverpool

Museum of Liverpool
Pier Head, Albert Dock. (0151) 478 4545. tägl. 10–17 Uhr. 1. Jan, 24.–26. Dez. w liverpoolmuseums.org.uk/mol

Das Museum – eine der größten Attraktionen Liverpools – ist in einem modernen Gebäude untergebracht. Es geht auf verschiedene Aspekte der Stadt ein, darunter auf Liverpools Rolle als Hafen- und Industriestadt, als Sportstadt, als Weltstadt sowie als Zentrum für Kunst und Kultur. Vom Café blickt man auf das Albert Dock.

The Beatles

Auch vor und nach den 1960er Jahren hat Liverpool gute Bands und Sänger hervorgebracht, die Beatles jedoch – John Lennon, Paul McCartney, George Harrison und Ringo Starr – waren eine weltweite Sensation. Alle mit der Band in Verbindung stehenden Plätze in Liverpool sind Gedenkstätten. Touren mit dem Bus oder zu Fuß führen zur Heilsarmee in *Strawberry Fields* und *Penny Lane* (beide außerhalb des Zentrums) sowie zu den alten Wohnungen der Jungs. Hauptattraktion ist die Mathew Street bei der Moorfields Station, in deren Cavern Club erstmals der Mersey-Beat erklang. Der Schauplatz ist heute eine Einkaufspassage, doch die Ziegelsteine wurden für eine Nachbildung verwendet. Nahebei stehen Statuen der Beatles und von *Eleanor Rigby*.

Liverpool: Walker Art Gallery

Das 1877 von Andrew Barclay Walker, Brauer und Bürgermeister von Liverpool, gegründete Museum besitzt eine der besten britischen Kunstsammlungen: frühitalienische und flämische Gemälde, Werke von Rubens, von Rembrandt und von Impressionisten, u.a. Degas' *Bügelnde Frau* (um 1892–95). Die Sammlung britischer Kunst ab dem 18. Jahrhundert zeigt Werke von Millais und Turner sowie Gainsboroughs *Countess of Sefton* (1769). Das 20. Jahrhundert ist u.a. durch Hockney und Sickert vertreten. Die Skulpturensammlung enthält Werke von Henry Moore und Rodin.

Shells (1878)
Albert Joseph Moore (1841–1893) schuf Frauengestalten nach dem Vorbild antiker Statuen. Von Whistler übernahm er die feinen Schattierungen.

Interior at Paddington (1951)
Harry Diamond, Lucian Freuds Freund, posierte sechs Monate für dieses Bild, mit dem der Künstler beabsichtigte, dass »der Mensch sich unbehaglich fühle«.

Big Art for Little Artists Gallery

Erdgeschoss

Obergeschoss

Die Fassade entwarfen H.H. Vale und Cornelius Sherlock.

Haupteingang

Kurzführer
Gemälde im Obergeschoss: Saal 1 und 2: Werke aus Mittelalter und Renaissance; Saal 3 und 4: Kunst des 17. Jahrhunderts aus Holland, Frankreich, Italien und Spanien; Saal 5–9: britische Werke des 18. und 19. Jahrhunderts; Saal 10: Impressionisten und Postimpressionisten; Saal 11–15: moderne und zeitgenössische britische Kunst.

The Sleeping Shepherd Boy (um 1835)
Der Statue verlieh der größte klassizistische Bildhauer Englands, John Gibson (1790–1866), mit traditionellen Farben ein weiches Aussehen.

Hotels und Restaurants in Lancashire und im Lake District *siehe Seiten 569f und 595–597*

LIVERPOOL: WALKER ART GALLERY | 383

Infobox

Information
William Brown St. (0151) 478 4199. tägl. 10–17 Uhr. 1. Jan, 24.–26. Dez.
liverpoolmuseums.org.uk/walker

Anfahrt
Lime St. Empire Theatre, Lime St, Queen Sq, Paradise St.

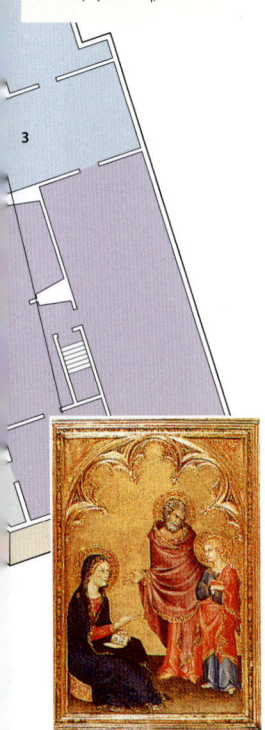

Kingston-Brosche (7. Jh.), World Museum Liverpool

World Museum Liverpool
William Brown St. (0151) 478 4393. tägl. 10–17 Uhr. 25., 26. Dez. liverpoolmuseums.org.uk/wml

Sechs Etagen präsentieren u. a. ägyptische und griechisch-römische Artefakte, vor allem Exponate zu Naturgeschichte und Archäologie sowie zu Raum und Zeit. Es gibt Exponate zum Anfassen, ein Planetarium, das Weston Discovery Centre, das Clore Natural History Center, ein Aquarium und ein Insektenhaus.

Metropolitan Cathedral of Christ the King
Mount Pleasant. (0151) 709 9222. tägl. 7.30–18 Uhr. Spende.
liverpoolmetrocathedral.org.uk

Die römisch-katholische Kathedrale von Liverpool ist sehr modern. Die ursprünglichen Entwürfe (1930er Jahre) von Pugin und später von Lutyens *(siehe S. 33)* waren zu teuer. Frederick Gibberds Version von 1962–67 ist ein von einer stilisierten Dornenkrone überragter Rundbau von 88 Metern Höhe. Nichtkatholiken nennen ihn respektlos »Paddy's Wigwam« in Anspielung auf Liverpools große irische Gemeinde. Im runden Mittelschiff herrscht diffuses bläuliches Licht vor. Unter den Skulpturen fällt der bronzene Christus von Elisabeth Frinks (1930–1994) auf.

Liverpool Cathedral
St James' Mount. (0151) 709 6271. tägl. 8–18 Uhr.
liverpoolcathedral.org.uk

Das rote Sandsteingebäude im neugotischen Stil wurde erst 1978 fertiggestellt. Giles Gilbert Scott entwarf die weltgrößte anglikanische Kathedrale. 1904 legte Edward VII den Grundstein, aber die Weltkriege verzögerten den Bau immer wieder. Heute kann man in der Kathedrale bedeutende Kunst aus dem 20. und 21. Jahrhundert sehen.

Umgebung: Fünf Kilometer nordöstlich der Innenstadt von Liverpool liegt Everton, Heimat der zwei großen Fußballclubs Liverpools. Beide bieten Touren durchs Stadion an. Der **Liverpool Football Club** feiert seine vielen Erfolge in einem kleinen Museum.

Zehn Kilometer östlich von Liverpool steht einer der ungewöhnlichsten Fachwerkbauten: die **Speke Hall** aus dem Jahr 1490. Zu den ältesten Teilen gehört ein gepflasterter Hof mit zwei Eiben (Adam und Eva).

Birkenhead auf der Halbinsel Wirral ist seit über 800 Jahren durch Fähren mit Liverpool verbunden. Heute stehen auch Straßen- und Bahntunnel zur Verfügung. Das normannische Kloster wird sonntags noch genutzt. J. Gillespie Graham, einer von Edinburghs New-Town-Architekten, gestaltete 1825–44 den prächtigen Hamilton Square.

Auf der zur Halbinsel Wirral zeigenden Seite des Mersey ließ der Seifenfabrikant William Hesketh Lever für seine Arbeiter die Gartenstadt **Port Sunlight** *(siehe S. 353)* erbauen und stiftete die Lady Lever Art Gallery, u. a. mit Gemälden der Präraffaeliten.

Liverpool Football Club
Anfield Rd. (0151) 260 6677. tägl. 9–17 Uhr. bei betriebsbedingten Arbeiten. teilweise.

Speke Hall
The Walk, Speke. (0151) 427 7231. Mitte Feb–Mitte März, Nov–Anfang Dez: Sa, So; Mitte März–Mitte Juli, Sep–Okt: Mi–So; Mitte Juli–Aug: Di–So. teilweise. NT nationaltrust.org.uk

Port Sunlight Museum
23 King George's Drive, Port Sunlight, Wirral. (0151) 644 6466. tägl. 10–17 Uhr. 1. Jan, 25., 26. Dez.
portsunlightvillage.com

Der zwölfjährige Jesus im Tempel (1342)
Simone Martinis Heilige Familie vermittelt emotionale Spannung durch die expressive Körpersprache.

Legende
- Europäische Malerei 13.–17. Jh.
- Präraffaelitische und viktorianische Malerei 18.–19. Jh.
- Impressionisten und Postimpressionisten
- Britische Malerei 20./21. Jh.
- Skulpturen
- Kunsthandwerk und Design
- Merseyside
- Sonderausstellungen
- Kein Ausstellungsbereich

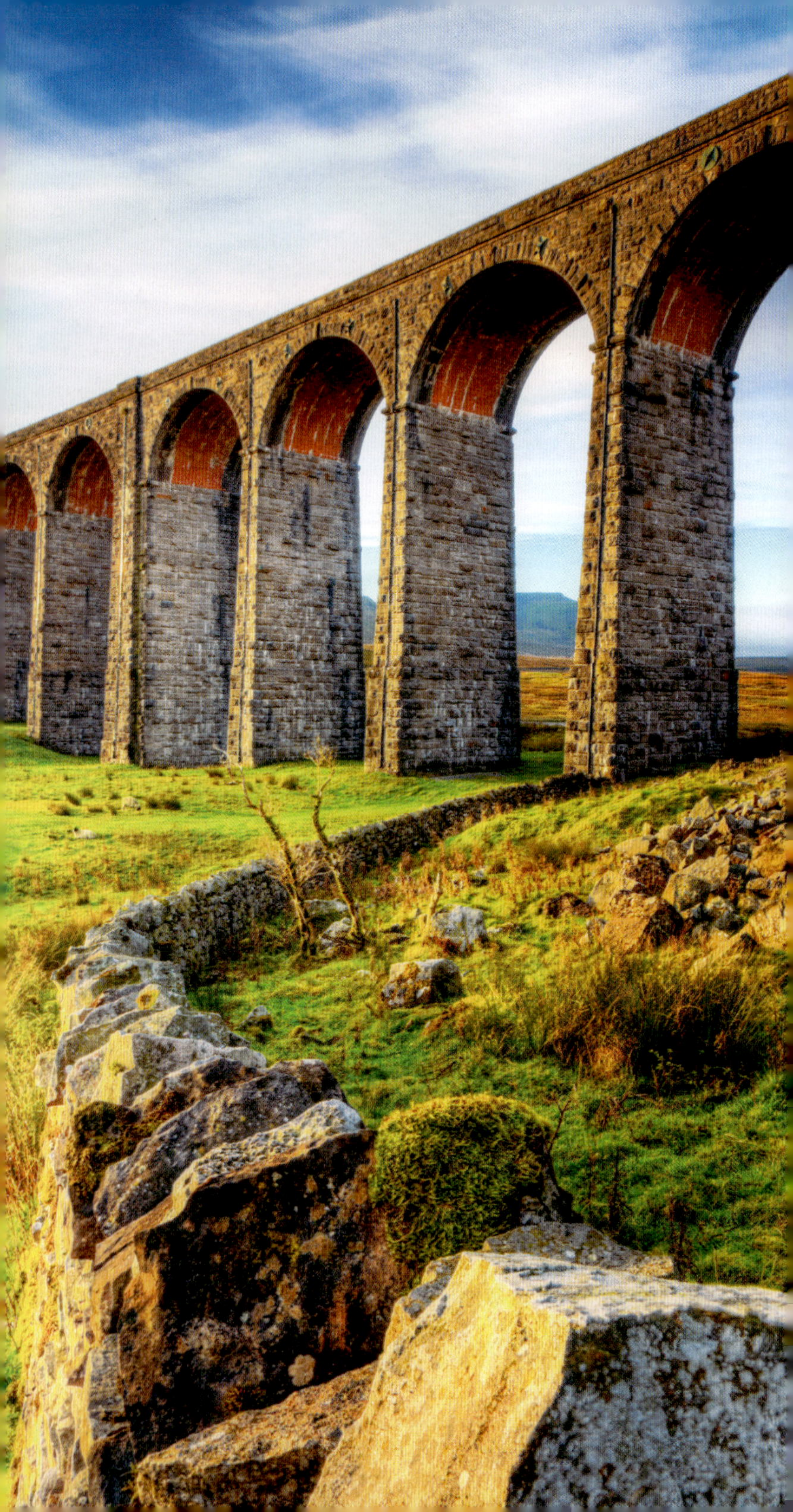

Yorkshire und Humber-Region

North Yorkshire • East Yorkshire

Das Gebiet mit der historischen Stadt York als Zentrum ist eine besonders schöne Region mit Moorland, grünen Tälern und malerischen Orten. Im Norden liegen die Yorkshire Dales und North York Moors, im Osten befindet sich ein Küstenstrich mit Stränden. Der Süden ist von üppigen Wiesen geprägt.

Yorkshire bestand einst aus drei eigenständigen, »Ridings« genannten Verwaltungsbezirken. Es dehnt sich heute über 12 950 Quadratkilometer aus. Der Nordosten verfügt über eine imposante, von eiszeitlichen Gletschern modellierte Landschaft. Früher war die Landwirtschaft Lebensgrundlage. Trockensteinmauern an Steilhängen und Bergen dienten der Landaufteilung. Hier siedelte sich im 19. Jahrhundert Industrie an. Zerbröckelnde Viadukte sind ebenso Teil der Landschaft wie die herrschaftlichen Häuser der Industriemagnaten.

Vor allem an der Küste mit den wunderbaren Sandstränden und den umtriebigen Hafenstädten hat die außergewöhnliche Region ihren Reiz. Gerade die Kontraste machen die Gegend so anziehend – von der Erhabenheit der Humber Bridge über die zerklüfteten Klippen bei Whitby bis zur weiten Ebene des Sunk Island. In der Humber-Region sieht man weitläufiges Weideland, teilweise ist die Gegend noch von der heute unbedeutenden Fischerei-Industrie geprägt.

Die von den Römern und Wikingern geprägte Stadt York mit ihrem historischen Zentrum ist nach London die meistbesuchte Stadt Englands. Doch den besten Eindruck von der Gegend bekommt man auf dem Land. Bei ausgezeichneten Straßenverbindungen lockt ein ganzes Netz an reizvollen Wanderwegen: vom gemütlichen Spaziergang auf dem Cleveland Way bis zum teilweise extrem einsamen Fernwanderweg Pennine Way, wo man am Pen-y-ghent sogar Felsklettern kann.

Hummerkörbe am Kai des malerischen Fischerhafens Whitby

◀ Der Ribblehead-Viadukt auf der Bahnstrecke von Settle nach Carlisle, North Yorkshire

Überblick: Yorkshire und Humber-Region

Yorkshire umfasst ein weites, früher aus drei »Ridings« bestehendes Gebiet. Vor dem Zeitalter der Eisenbahn-, Bergbau- und Textilindustrie im 19. Jahrhundert war es eine reine Agrargegend. Die Trockensteinmauern, die die Felder trennen, überziehen den Norden des Landes ebenso wie Fabrikschornsteine und Herrenhäuser. Zu den vielen Abteien zählen Rievaulx Abbey und Fountains Abbey. Hauptattraktionen sind das mittelalterliche York und die Strände Yorkshires. Typisch für die Humber-Region ist die sanftere Landschaft der Wolds, deren Naturreservate viele Vögel anlocken.

Das Dorf Rosedale in den North York Moors

Sehenswürdigkeiten auf einen Blick

1. *Yorkshire Dales National Park S. 388–390*
3. Harrogate
4. Knaresborough
5. Ripley
6. Newby Hall
7. *Fountains Abbey S. 394f*
8. Ripon
9. Sutton Bank
10. Byland Abbey
11. Coxwold
12. Nunnington Hall
13. Helmsley
14. Rievaulx Abbey
15. Mount Grace Priory
16. Hutton-le-Hole
17. *North York Moors S. 399*
18. *North Yorkshire Moors Railway*
19. *Whitby S. 400*
20. *Robin Hood's Bay*
21. Scarborough
22. *Castle Howard S. 402f*
23. Eden Camp
24. Wharram Percy
25. Burton Agnes
26. Bempton Cliffs und Flamborough Head
27. Beverley
28. Burton Constable
29. Kingston upon Hull
30. Holderness und Spurn Head
31. Grimsby
32. *York S. 408–413*
33. Harewood House
34. Leeds
35. Bradford
36. Haworth
37. Hebden Bridge
38. Halifax
39. National Coal Mining Museum
40. Yorkshire Sculpture Park
41. Magna

Tour

2. *Malham Walk S. 391*

Weitere Zeichenerklärungen *siehe hintere Umschlagklappe*

YORKSHIRE UND HUMBER-REGION | 387

The Shambles, Yorks berühmte Shoppingstraße

In Yorkshire und der Humber-Region unterwegs

In diese Gegend führen A1, M1, A59 und M62. Schnellzüge fahren zu größeren Städten wie York oder Leeds, Lokalzüge oder Busse verbinden Kleinstädte und Dörfer. Die Nationalparks Yorkshire Dales und North York Moors eignen sich gut zum Wandern. Radfahrer finden in der ganzen Region geeignete Routen.

Legende
- Autobahn
- Schnellstraße
- Hauptstraße
- Nebenstraße
- Panoramastraße
- Eisenbahn (Hauptstrecke)
- Eisenbahn (Nebenstrecke)

Hotels und Restaurants in Yorkshire und der Humber-Region *siehe Seiten 570 und 597f*

❶ Yorkshire Dales National Park

Die Agrarlandschaft Yorkshire Dales besteht aus drei Haupttälern: Swaledale, Wensleydale, Wharfedale. Die Vergletscherung in der Eiszeit formte steilwandige Täler, und so bietet sich Besuchern eine mit den Hochmooren kontrastierende Landschaft. Allerdings haben zwölf Jahrhunderte Besiedlung die Natur verändert – mit Cottages, Burgen und Dörfern. Die Yorkshire Dales sind eine schöne Wandergegend und seit 1954 Nationalpark.

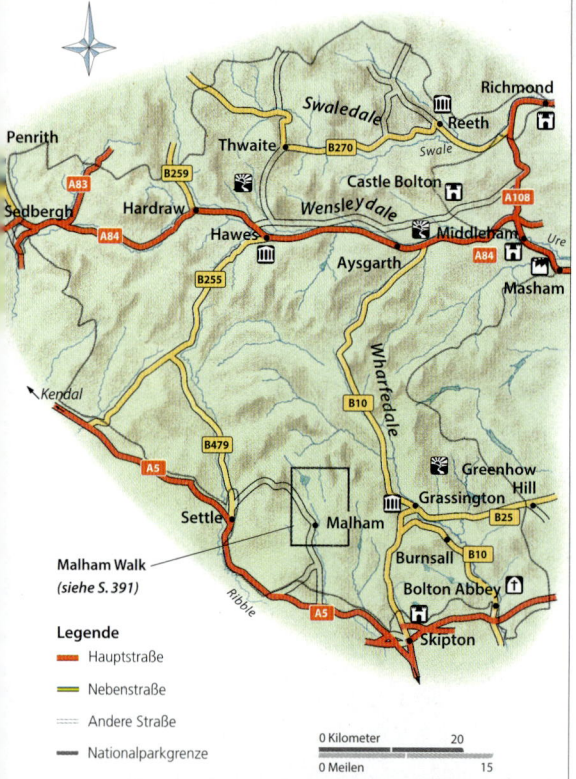

Monk's Wynd – eine von Richmonds gewundenen Gassen

Überblick: Swaledale

Swaledales Wohlstand basierte auf Wollhandel. Das Tal ist berühmt für seine Schafe, die auch bei rauestem Wetter auf den Hängen grasen. Der Fluss Swale, der dem nördlichsten Tal der Yorkshire Dales den Namen gibt, ergießt sich vom kargen Moorland über Wasserfälle hinunter zu den bewaldeten Hängen und durchfließt die Orte Reeth und Richmond.

🏰 Richmond Castle

Tower Street. ☎ 0870 333 1181. 🕐 Apr–Sep: tägl.; Okt: Do–Mo; Nov–März: Sa, So. ⬤ 1. Jan, 24.– 26. Dez. 🎫 ♿ teilweise. 📷 EH

Die mittelalterliche Marktstadt Richmond ist der Hauptzugang zum Swaledale. Unter Alan Rufus, dem ersten normannischen Earl of Richmond, wurde 1071 mit dem Bau der Burg begonnen. Ein Teil des Mauerwerks stammt aus jener Zeit. Der Wehrturm ist 30 Meter hoch und 3,30 Meter stark. Ein Gewölbe (11. Jh.) führt in den Hof zur Scolland's Hall (1080), einem der ältesten Gebäude Englands.

Richmonds Marktplatz war einst der äußere Burghof. Seine Gassen inspirierten Leonard McNally zu dem Lied *The Lass of Richmond Hill* (1787), das seiner Frau gewidmet ist. Sie wuchs im Hill House auf dem Richmond Hill auf. Turner *(siehe S. 95)* malte den Ort mehrfach. Das georgianische Theater (1788) ist das einzige erhaltene dieser Zeit.

Legende

- 🟥 Hauptstraße
- 🟨 Nebenstraße
- ═ Andere Straße
- — Nationalparkgrenze

Das grüne, wellige Deepdale bei Dent

Weitere Zeichenerklärungen *siehe hintere Umschlagklappe*

YORKSHIRE DALES NATIONAL PARK | 389

🏛 Swaledale Museum
The Green, Reeth, Richmond.
📞 (01748) 884 118.
Mai–Sep: tägl.
🌐 swaledalemuseum.org

Das als Zentrum der Blei-Industrie reich gewordene Dorf Reeth hat dieses Museum in einer früheren Methodisten-Sonntagsschule (1830) untergebracht. Zu sehen ist ein buntes Sammelsurium, u. a. Exponate aus der Bergbau- und Wollindustrie (die Wolle der kräftigen Swaledale-Schafe war ein wichtiger Wirtschaftsfaktor), Spielzeug und Erinnerungsstücke von Blaskapellen.

🌄 Buttertubs
Bei Thwaite an der B6270 in Richtung Hawes sammeln sich Wasserläufe in einer Reihe runder Löcher im Kalkstein. Sie heißen »Butterkübel«, weil früher die Bauern auf dem Weg zum Markt hier ihre Butter zum Kühlen deponierten.

Buttertubs nahe Thwaite

Überblick: Wensleydale
Wensleydale, das größte Tal der Yorkshire Dales, ist bekannt für Käse, außerdem für James Herriots Bücher und die Fernsehserie *Der Doktor und das liebe Vieh*. Die leichten Wanderwege sind eine gute Alternative zu den großen Hochmoortouren.

🏛 Dales Countryside Museum
Station Yard, Hawes. 📞 (01969) 666 210. tägl. 10–17 Uhr. 1. Jan, 24.–26. Dez.
🌐 dalescountrysidemuseum.org.uk

In Hawes, der größten Stadt von Upper Wensleydale, zeigt ein kleines Museum in einem

Fässer in der Theakston Brewery

ehemaligen Lager für Eisenbahngüter Gegenstände aus dem Alltag und der Industrie der Upper Dales im 18. und 19. Jahrhundert – inklusive Geräte zur Butter- und Käseherstellung. Mönche der Jervaulx Abbey erfanden den Wensleydale-Käse. In der Nähe gibt es eine Seilerei. Hawes, 259 Meter hoch gelegen und damit eine von Englands höchsten Marktstädten, ist im Sommer das Zentrum für Viehauktionen.

🌄 Hardraw Force
im Green Dragon Inn, Hardraw.
Im benachbarten Hardraw befindet sich Englands höchster stufenloser Wasserfall (29 m). Er wurde in viktorianischen Zeiten bekannt, als ihn der Draufgänger Blondin auf dem Drahtseil überquerte. Heute kann man hinter ihm hindurchgehen und durch die Gischt schauen, ohne nass zu werden.

🌄 Aysgarth Falls
National Park Centre, (01969) 662 910. Apr–Okt: tägl.; Feb, März, Nov, Dez: Sa, So.

Von einer alten Pferdebrücke sieht man die Stelle, an der der bislang ruhig fließende Ure plötzlich schäumend über Kalksteinriffe stürzt. Turner malte 1817 die eindrucksvollen unteren Wasserfälle.

🏛 Theakston Brewery
Masham. 📞 (01765) 680 000.
tägl. 23. Dez–Anfang Jan.
🌐 theakstons.co.uk

Im hübschen Masham braut Theakston das »Old Peculiar«-Ale. Das Besucherzentrum illustriert die Geschichte der Familienbrauerei (seit 1827). Masham hat einen Platz, der

Infobox

Information
North Yorkshire. **Karte** K12.
📞 (0300) 456 0030.
🌐 yorkshiredales.org.uk

Anfahrt
🚆 Skipton.

von Häusern aus dem 17. und 18. Jahrhundert umrahmt wird und früher als Schafmarkt genutzt wurde.

🏰 Bolton Castle
Castle Bolton, bei Leyburn.
📞 (01969) 623 981. Mitte Feb–Okt: tägl.
🌐 boltoncastle.co.uk

Der erste Lord Scrope, Kanzler von England, ließ 1379 die spektakuläre Festung im Dorf Castle Bolton errichten. Elizabeth I *(siehe S. 54f)* hielt Mary Stuart, Königin der Schotten *(siehe S. 515)*, 1568/69 hier gefangen. Drei der vier Türme haben noch ihre Originalhöhe von 30 Metern.

🏰 Middleham Castle
Middleham, bei Leyburn. 📞 (01969) 623 899. Apr–Sep: tägl.; Okt: Sa–Mi; Nov–März: Sa, So. 1. Jan, 24.–26. Dez. teilweise.
EH 🌐 english-heritage.org.uk

Die Burg (1170) gehörte Richard Neville, Earl of Warwick. Bekannt ist sie als Residenz Richards III *(siehe S. 53)*, als dieser Lord of the North wurde. Sie war eine der mächtigsten Festungen im Norden. Im 15. Jahrhundert wurden viele ihrer Steine für andere Bauten verwendet. Der Bergfried bietet Blick über die Landschaft.

Reste des Middleham Castle, einst Residenz von Richard III

Hotels und Restaurants in Yorkshire und der Humber-Region *siehe Seiten 570 und 597f*

Die Ruinen der Bolton Priory von 1154

Überblick: Wharfedale

Typisch für dieses Tal ist das von ruhigen Marktstädten an mäandernden Flussabschnitten durchsetzte Sandstein-Moorland. Grassington ist ein beliebter Ausgangspunkt für die Erkundung des Wharfedale. Doch auch die Vorzeigedörfer Burnsall, das von einem Berg (506 m) überragt wird, und Buckden beim Buckden Pike (701 m) sind gute Startpunkte.

In der Nähe ragen die drei Gipfel Whernside (736 m), Ingleborough (724 m) und Pen-y-ghent (694 m) auf. Sie sind bekannt für tiefe Löcher im Kalkstein und für insgesamt schwieriges Gelände, aber das hält Bergwanderer nicht davon ab, alle an einem Tag zu besteigen. Wenn Sie sich im Pen-y-ghent-Café in Horton-in-Ribblesdale registrieren lassen und die 32-Kilometer-Tour mit der Besteigung aller drei Gipfel in weniger als zwölf Stunden schaffen, können Sie Mitglied im »Three Peaks of Yorkshire Club« werden.

Burnsall

St Wilfrid's, Burnsall. (01756) 752 575. Apr–Okt: tägl. bis Sonnenuntergang.

Auf dem Friedhof von St Wilfrid's ruhen die Dorfahnen. Es gibt noch Grabsteine aus der Wikingerzeit und ein vom Bildhauer Eric Gill (1882–1940) gestaltetes Grabmal der Familie Dawson. Das um eine jahrhundertealte fünfbogige Brücke gruppierte Dorf ist im August Ort eines Berglaufs.

Grassington Folk Museum

The Square, Grassington. (01756) 753 287. Apr–Okt: tägl. 14–16 Uhr. teilweise. grassingtonfolkmuseum.org.uk

Das Heimatmuseum in zwei Bleibergwerksarbeiter-Cottages aus dem 18. Jahrhundert zeigt die damalige Wohn- und Arbeitssituation, die Landwirtschaft und die Bleiförderung.

Bolton Priory

Bolton Abbey, Skipton. (01756) 710 535. tägl. boltonabbey.com

Eines der schönsten Gebiete von Wharfedale erstreckt sich um das Dorf Bolton Abbey auf dem Land des Duke of Devonshire. Es gibt 46 Kilometer angelegte Wege. Viele sind für Behinderte und Familien mit Kindern geeignet.

Die Ruinen der Bolton Priory – das Kloster wurde im Jahr 1154 von Augustinermönchen an der Stelle einer alten Sachsenresidenz errichtet – umfassen Kirche, Kapitelsaal, Kreuzgang sowie den Wohnbereich des Abts. Das Anwesen zeugt vom Reichtum, den die Mönche mit der Wolle ihrer Schafe erzielten. Eine Sehenswürdigkeit auf dem Gelände ist »The Strid«, wo der Wharfe schäumend durch eine Klamm tost und die Felsen aushöhlt.

Stump Cross Caverns

Greenhow Hill, Pateley Bridge. (01756) 752 780. Mitte Feb–Mitte Jan: tägl. 24., 25. Dez. stumpcrosscaverns.co.uk

Die Höhlen wurden im Verlauf einer halben Million Jahre geformt: Rinnsale von unterirdischem Wasser bildeten verschlungene Durchgänge in verschiedenen Formen und Größen aus. Die Höhlen wurden in der letzten Eiszeit verschlossen und erst in den 1950er Jahren entdeckt, als Bergleute einen Schacht in die Erde trieben.

Skipton Castle

High St. (01756) 792 442. tägl. (So nur nachmittags). 25. Dez. skiptoncastle.co.uk

Die Marktstadt Skipton außerhalb des Nationalparks ist eines der größten Viehzucht- und Viehauktionszentren in Nordengland. Robert de Clifford baute die Burg aus dem 11. Jahrhundert im 14. Jahrhundert fast ganz neu. Henry, der unter Henry VIII Lord Clifford wurde, fügte den Conduit Court hinzu. Die Eibe in der Mitte des Hofs pflanzte Lady Anne Clifford 1659.

Conduit Court (1495) mit Eibe in der Burg von Skipton

❷ Tour: Malham Walk

Das Gebiet um Malham, das Gletschererosionen vor 10 000 Jahren schufen, ist eine der imposantesten Kalksteinlandschaften Großbritanniens. Die Wanderung ab Malham kann über vier Stunden dauern – mit Pausen für die Aussichtspunkte und einem Umweg zur Gordale Scar. Kürzer ist es zum Malham Cove, zum großen, durch einen geologischen Riss geschaffenen natürlichen Amphitheater. In den Spalten von Malham Lings gedeiht Hirschzungenfarn. Seltene Pflanzen wachsen auch im kalkreichen Malham Tarn, der Charles Kingsley zu der Geschichte *Die Wasserkinder* (1863) inspiriert haben soll. Blesshühner und Stockenten sieht man im Sommer, Reiherenten im Winter.

⑤ Endpunkt
Bei Erreichen der Straße kann man den Bus zurück nach Malham nehmen.

④ Malham Tarn
Der zweitgrößte See Yorkshires liegt 305 Meter über dem Meeresspiegel in einem Landschaftsschutzgebiet.

③ Malham Lings
Der Kalksteinbelag bildete sich, als das eiszeitliche Schmelzwasser in Felsspalten drang, gefror und sich ausdehnte.

⑥ Gordale Scar
Schmelzwasser der Gletscher formte die von steilen Kalksteinfelsen umgebene tiefe Schlucht.

② Malham Cove
Der schwarze Streifen in der Mitte der 76 Meter tiefen Einbuchtung stammt von einem früheren Wasserfall.

① Malham
Das reizende Dorf am Fluss hat ein Zentrum mit Informationen zu Autotouren und Wanderungen.

Routeninfos
Start: Malham.
Länge: 11 km.
Anfahrt: Biegen Sie von der M65 an Ausfahrt 14 in die A56 nach Skipton, folgen Sie den Schildern nach Malham an der A65.
Schwierigkeit: Malham Cove ist steil, Malham Tarn flacher.
🛈 (01729) 833 200.

Legende
- - - Routenempfehlung
— Nebenstraße

0 Kilometer 1
0 Meilen 0,5

Weitere Zeichenerklärungen siehe hintere Umschlagklappe

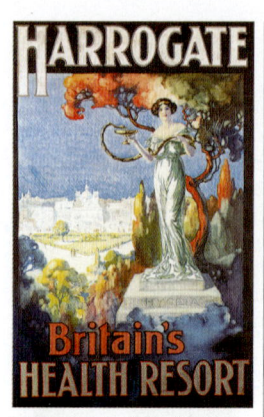

Werbung für den Kurort Harrogate aus den 1920er Jahren

❸ Harrogate

North Yorkshire. **Karte** K12. 76.000. The Royal Baths, Crescent Rd, (01423) 537 300.
w visitharrogate.co.uk

Harrogate war zwischen 1880 und dem Ersten Weltkrieg mit fast 90 Heilquellen Nordenglands führender Kurort. Der Adel unterzog sich hier nach der anstrengenden Saison in London einer Behandlung und reiste dann nach Schottland zur Moorhuhnjagd.

Harrogates Attraktionen sind die schönen Bauten, Parks und die günstige Lage für Ausflüge nach North Yorkshire und zu den Dales. Besonders reizvoll sind auch heute noch die wunderschönen Spas. Der Eingang seitlich der Royal Bath Assembly Rooms (Heilbad von 1897) ist bescheiden, doch im Inneren sind die jahrhundertealten **Harrogate Turkish Baths** ein Augenschmaus.

Die Geschichte des Kurorts belegt das **Royal Pump Room Museum**. Um die Jahrhundertwende hielt man das Quellwasser am Morgen für besonders eisenhaltig. So tranken die Reichen das Wasser zwischen 7 und 9 Uhr in dem oktogonalen Gebäude von 1842. Ärmere Leute bedienten sich an der Pumpe außerhalb. Heute kann man verschiedene Wasserarten ausprobieren und im Museum ins Leben der reichen Kurgäste des 19. Jahrhunderts eintauchen.

Harrogate ist in der ganzen Region bekannt für die regenbogenfarbenen Blumenbeete in **The Stray**, dem Park südlich des Zentrums, und die ornamentalen **RHS Harlow Carr Gardens** im Besitz der Royal Horticultural Society. In **Betty's Café Tea Rooms** werden besonders köstliche Kuchen in einer gepflegten Atmosphäre serviert.

Harrogate Turkish Baths
The Royal Baths, Crescent Rd. (01423) 556 746. tägl. **Damen, Herrren** und **gemischt** zu unterschiedlichen Zeiten, siehe Website.
w turkishbathsharrogate.co.uk

Royal Pump Room Museum
Crown Pl. (01423) 556 188. tägl. (So nur nachmittags). 1. Jan, 24. – 26. Dez.
w harrogate.gov.uk

Bettys Café Tea Rooms
1 Parliament St. (01423) 814 070. tägl. 1. Jan, 25., 26. Dez. **w** bettys.co.uk

RHS Harlow Carr Gardens
Crag Lane. 08452 658 070. tägl. 25. Dez.
w rhs.org.uk

❹ Knaresborough

North Yorkshire. **Karte** K12. 15.000. von Harrogate. 9 Castle Courtyard, Market Place, (01423) 866 886. Mi.

Steil über dem Fluss Nidd liegt eine der ältesten Städte, die im Doomsday Book, dem Reichsgrundbuch von 1086 *(siehe S. 52)*, erwähnt werden. Die historischen Straßen mit Häusern aus dem 18. Jahrhundert führen von der Kirche, der Burgruine John of Gaunt und dem Marktplatz zum Fluss.

In der Nähe befindet sich **Mother Shipton's Cave**, angeblich Englands älteste Urlauberattraktion. Die Höhle wurde 1630 als Geburtsort von Ursula Sontheil, der legendären

Mother Shipton's Cave, Knaresborough, mit kalksteinumhüllten Objekten

YORKSHIRE UND HUMBER-REGION | 393

Die Südfassade von Newby Hall

»Prophetin von Yorkshire«, bekannt. An der Quelle nahe der Höhle kann man sehen, wie unter das tropfende Gestein gehängte Gegenstände innerhalb von Wochen von Kalk umschlossen werden.

Mother Shipton's Cave
Prophecy House, High Bridge.
(01423) 864 600. Feb–Ostern: Sa, So; Ostern–Okt: tägl.
mothershipton.co.uk

❺ Ripley

North Yorkshire. **Karte** K12. 250. von Harrogate oder Ripon. Harrogate, (01423) 537 300.
harrogate.gov.uk

Seit 1320, als die erste Generation der Familie Ingilby **Ripley Castle** bewohnte, lebten im Dorf Ripley lange Zeit fast nur Burgbedienstete. Im 19. Jahrhundert prägte einer der Ingilbys das Dorf auch optisch: William Amcotts Ingilby war in den 1820er Jahren von einem lothringischen Dorf so hingerissen, dass er ein ähnliches im französisch-gotischen Stil mit *Hôtel de ville* bauen ließ. Und so hat das heutige Ripley einen kopfsteingepflasterten Platz und ganz untypische Häuschen.

In Ripley Castle mit dem Pförtnerhaus aus dem 15. Jahrhundert hielt sich Oliver Cromwell nach der Schlacht von Marston Moor auf. Heute bewohnt die 28. Ingilby-Generation das Schloss, das mit Gärten, Park, zwei Seen und Wildgehege besichtigt (und für Events gemietet) werden kann.

Ripley Castle
Ripley. (01423) 770 152.
(obligatorisch) Mo–Fr 11, 12.30, 14 Uhr, Sa, So, Ferienzeiten 11, 12, 13, 14, 15 Uhr. **Gärten** tägl.
1. Jan, 25., 26. Dez.
ripleycastle.co.uk

❻ Newby Hall

Bei Ripon, North Yorkshire. **Karte** K12.
(01423) 322 583. Apr–Juni, Sep: Di–So; Juli, Aug: tägl.
newbyhall.com

Newby Hall steht auf Land, das im 13. Jahrhundert der Familie Nubie gehörte. Seit 1748 ist das Anwesen in der Hand derselben Familie. Für das Hauptgebäude wurde im späten 17. Jahrhundert der Architekturstil von Christopher Wren imitiert.

Besuchern steht ein riesiges Parkgelände offen. Die Blumengärten an der Hauptachse blühen jeweils zu einer anderen Jahreszeit. Im Woodland Discovery Park gibt es zeitgenössische Skulpturen zu entdecken.

Für Kinder ist der Abenteuergarten ein interessantes Ziel. Eine Miniatureisenbahn fährt durch den Park am Fluss Ure entlang. Auch Bootsfahrten sind möglich. Jährliche Veranstaltungen umfassen eine Pflanzenausstellung, eine Oldtimer-Rallye und zwei Handwerksmessen.

❼ Fountains Abbey

Siehe S. 394f.

❽ Ripon

North Yorkshire. **Karte** K12.
17 000. von Harrogate. Town Hall, Marketplace, 0845 389 0178.
Do. discoverripon.org

Die bezaubernde Stadt Ripon ist bekannt für ihre Kathedrale und den Nachtwächter, der schon im Mittelalter die Stunden ausrief. Dieser Dienst kostete pro Haushalt jährlich zwei Pence. Heute verkündet ein Hornbläser täglich um 21 Uhr auf dem Marktplatz den Beginn der »Nachtruhe«. Donnerstags wird mit einer Handglocke der Markt eingeläutet.

Die Krypta der **Cathedral of St Peter and St Wilfrid** ist kaum drei Meter hoch und gerade zwei Meter breit. Sie gilt als älteste vollständig erhaltene Krypta Englands. Die Kathedrale ist für ihre Miserikordien *(siehe S. 345)* mit vorchristlichen und alttestamentarischen Motiven bekannt. Der Architekturhistoriker Nikolaus Pevsner (1902–1983) bezeichnete die Westfassade der Kathedrale als schönste Englands.

Das **Prison and Police Museum** im »House of Correction« (1686) befasst sich mit Polizeigeschichte und den Haftbedingungen in viktorianischen Gefängnissen.

Prison and Police Museum
St Marygate. (01765) 690 799.
Mitte Feb–Nov: tägl. nachmittags.
riponmuseums.co.uk

Der Nachtwächter von Ripon bläst auf dem Marktplatz sein Horn

❼ Fountains Abbey

Die ausgedehnten Sandsteinruinen von Fountains Abbey und der fantastische Wassergarten von Studley Royal schmiegen sich in das bewaldete Flusstal des Skell. 1132 gründeten Benediktinermönche das Kloster, das sich drei Jahre später den Zisterziensern anschloss. Mitte des 12. Jahrhunderts war es bereits die reichste Abtei Englands, verfiel aber während der Säkularisation. 1720 kümmerte sich John Aislabie, Parlamentsmitglied für Ripon und Schatzkanzler, um die Ländereien des Klosters. Er begann die später von seinem Sohn William weitergeführte Arbeit am Wassergarten sowie an den Statuen und klassischen Tempeln. Die Anlage ist seit 1986 UNESCO-Welterbestätte.

Fountains Hall
Um 1604 schuf Stephen Proctor das Herrenhaus nach den Plänen des Baumeisters Robert Smythson aus Steinen der Klosterruinen. Der große Saal hatte eine Galerie. Klassizistische Säulen flankierten den Eingang.

Abtei
Die Abteigebäude sollten den Wunsch der Zisterzienser nach Einfachheit und Strenge widerspiegeln. Die Mönche waren oft wohltätig zu Armen, Kranken und Reisenden.

Die Chapel of Nine Altars am Ostende des Kirchenschiffs entstand 1203–47. Sie ist im Vergleich zur übrigen Abtei prunkvoll und hat ein 18 Meter hohes Fenster mit einem Gegenstück am Westende des Mittelschiffs.

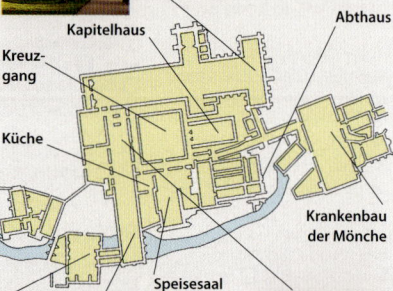

- Kapitelhaus
- Kreuzgang
- Küche
- Abthaus
- Krankenbau der Mönche
- Speisesaal
- Krankensaal für Laienbrüder
- Speisesaal für Laienbrüder

Cellarium und unterirdischer Schlafsaal
Im von 19 Pfeilern gestützten Gewölbe (90 m lang) lagerte Schafwolle, die die Mönche verkauften.

Außerdem
① **Fountains Mill** ist eine der schönsten klösterlichen Mühlen.
② **Fluss Skell**
③ **Besucherzentrum und Parkplatz**
④ **Wege zum Park**
⑤ **Kanal**
⑥ **Bankettshaus**
⑦ **Kaskade**
⑧ **See**
⑨ **Fußweg zu St Mary's Church**
⑩ **Achteckiger Turm**
⑪ **Mondsee**
⑫ **Anne Boleyn's Seat** ist ein gotischer Alkoven mit Blick auf die Abtei. Er ersetzte Ende des 18. Jahrhunderts Anne Boleyns Statue.

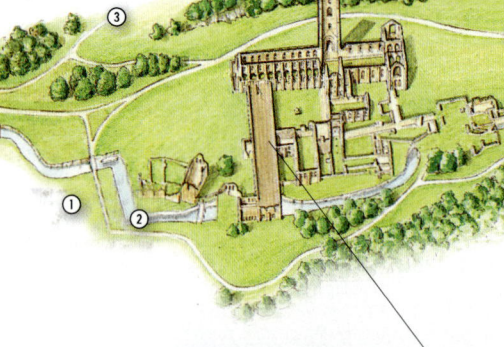

★ **Abtei**
Die Abtei wurde mit Steinen aus dem Flusstal erbaut.

Hotels und Restaurants in Yorkshire und der Humber-Region *siehe Seiten 570 und 597f*

FOUNTAINS ABBEY | **395**

St Mary's Church
Die luxuriöse gotische Kirche aus viktorianischer Zeit baute der Architekt William Burges 1871–78. Das Chorgestühl zieren bunte geschnitzte Papageien.

Infobox

Information
Studley Royal Estate, Ripon.
Karte K12. (01765) 608 888. tägl. 10–17 Uhr (Okt–März: bis 16 Uhr). Jan, Nov, Dez: Fr; 24., 25. Dez. national trust.org.uk/fountains-abbey

Anfahrt
von Ripon (Mai–Sep) oder Harrogate.

Temple of Fame
Die Säulen dieses Kuppelbaus bestehen aus hohlem Holz, sehen aber wie Sandstein aus.

★ Temple of Piety
Das Gartenhaus war erst Herkules gewidmet, William Aislabie benannte es 1742 nach dem Tod seines Vaters aus Respekt um.

Blick auf das *Kilburn White Horse* (eine »Hill figure« aus dem 19. Jh.) von einem Spazierweg um Sutton Bank

❾ Sutton Bank

North Yorkshire. **Karte** L11. 🚆 Thirsk. 🛈 Sutton Bank, (01845) 597 426. 🌐 **northyorkmoors. org.uk**

Bei Autofahrern ist Sutton Bank wegen des 25-prozentigen Gefälles auf einer Strecke von 107 Metern berüchtigt, bei Beifahrern wegen des schönen Blicks berühmt. An klaren Tagen sieht man bis zu den Yorkshire Dales *(siehe S. 388–390)*. 1802 hielten William Wordsworth und seine Schwester Dorothy auf dem Weg nach Brompton zu seiner künftigen Frau Mary Hutchinson der Aussicht wegen hier an. Das Besucherzentrum informiert mit einer interaktiven Ausstellung über die Gegend. Von hier kann man zum *Kilburn White Horse* wandern.

❿ Byland Abbey

Coxwold, York. **Karte** L11. 📞 (01347) 868 614. 🚌 von York oder Helmsley. 🚆 Thirsk. 🕐 Apr–Juni, Sep: Do–Mo; Juli, Aug: tägl.; Okt–März: Sa, So. 🅿️ ♿ teilweise. EH 🌐 **english-heritage.org.uk**

Das Zisterzienserkloster wurde im Jahr 1177 von Mönchen der Furness Abbey in Cumbria gegründet. Es besaß die damals größte Zisterzienserkirche Englands (Länge: 100 m, Breite des Querschiffs: 41 m). Noch heute kann man die Größe der Klosteranlage nachvollziehen. Zu sehen sind Kreuzgänge, die Westfassade und der grün-gelbe Fliesenboden sowie kunstvolle Reliefs und Kapitellmeißelungen im Museum.

Im Jahr 1322 fand in der Nähe die Schlacht von Byland statt. König Edward II entkam nur um Haaresbreite, als das schottische Heer erfuhr, dass er mit dem Abt speiste. Auf der Flucht musste der König viele Schätze zurücklassen, die dann von Soldaten geraubt wurden.

⓫ Coxwold

North Yorkshire. **Karte** L12. 👥 260. 🛈 49 Market Place, Thirsk, (01845) 522 755. 🌐 **coxwoldvillage.co.uk**

Das charmante Dorf an der Grenze zum North York Moors National Park *(siehe S. 399)* schmiegt sich an den Fuß der Howardian Hills. Die Kirche aus dem 15. Jahrhundert besitzt einen schönen georgianischen Chor und einen auffälligen achteckigen Turm. Coxwold ist bekannt als Heimat des Schriftstellers Laurence Sterne (1713–1768), der *Leben und Meinungen des Tristram Shandy* und

Shandy Hall, früher Heim des Autors Laurence Sterne, heute Museum

Hotels und Restaurants in Yorkshire und der Humber-Region *siehe Seiten 570 und 597f*

Eine empfindsame Reise schrieb. Sterne kam 1760 als Hilfsgeistlicher nach Coxwold und mietete ein verwinkeltes Haus, das er **Shandy Hall** (»exzentrisches Haus«) nannte. Das Fachwerkhaus mit offener Vorhalle (15. Jh.) wurde im 17. Jahrhundert modernisiert. Sterne ließ eine Fassade hinzufügen. Sein Grab befindet sich neben dem Eingang zur Kirche von Coxwold.

Shandy Hall
Coxwold. (01347) 868 465. Mai–Sep: Mi, So (nachmittags). teilweise. **Gärten** Mai–Sep: So–Fr. laurencesternetrust.org.uk

⓬ Nunnington Hall

Nunnington, Yorkshire. **Karte** L11. (01439) 748 283. Malton, dann Bus oder Taxi. Feb–Okt: Di–So; Nov–Mitte Dez: Sa, So. Mitte Dez–Jan. Erdgeschoss. NT nationaltrust.org.uk

In diesem Herrenhaus aus dem 17. Jahrhundert wurden verschiedene Baustile vereint, auch aus der Zeit von Queen Elizabeth I und den Stuarts. Architektonisch bemerkenswert ist – innen wie außen – die Verwendung von unterbrochenen Giebeln (der obere Bogen bleibt unverbunden).

Nunnington Hall war bis ins Jahr 1952 bewohnt. Dann stiftete Mrs. Ronald Fife das Haus dem National Trust. Besonders sehenswert ist die einst bemalte Täfelung in der Oak Hall. Sie erstreckt sich in drei Bogen zur großen Treppe. Beliebt sind auch die 22 Miniaturzimmer mit Mobiliar verschiedener Epochen. Besitzer um die Mitte des 16. Jahrhunderts war Robert Huickes, der Leibarzt von Henry VIII. Huickes wurde bekannt für seinen Rat an Elizabeth I, mit 32 Jahren keine Kinder mehr zu bekommen.

⓭ Helmsley

North Yorkshire. **Karte** L11. 1600. von Malton oder Scarborough. *i* Cut Price Bookstore, 11 Market Place, (01439) 770 173. Fr. visithelmsley.co.uk

Die hübsche Marktstadt ist bekannt für ihre **Burg**, heute eine imposante Ruine. Die Bedeutung der von 1186 bis 1227 erbauten Festung zeigt sich am Bergfried, am Turm und an den Zwischenmauern. Obwohl dem ursprünglich D-förmigen Bergfried seit dem Bürgerkrieg *(siehe S. 56)* ein Teil fehlt, ist er immer noch dominierend.

Miniaturnachbau des Salons in Nunnington Hall

Der ummauerte Garten unterhalb der Burg wurde 1759 angelegt. In der Dorfkirche sind Wandmalereien aus dem 19. Jahrhundert zu sehen. Die ortsansässige Mikrobrauerei Helmsley Brewing Co. kann man manchmal besichtigen.

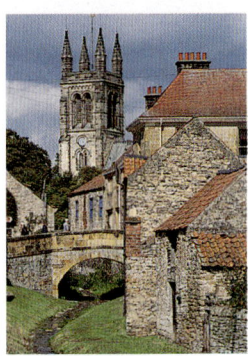

Helmsleys Kirchturm

⓮ Rievaulx Abbey

Bei Helmsley, North Yorkshire. **Karte** L11. (01439) 798 228. Thirsk oder Scarborough, dann Bus oder Taxi. Apr–Sep: tägl.; März, Okt: Mi–So; Nov–Feb: Sa, So. 1. Jan, 24.–26. Dez. teilweise. EH english-heritage.org.uk

Die Abtei gehört wegen ihrer Lage im bewaldeten Tal des Rye und ihrer ausgedehnten Überreste zu den schönsten Klosterruinen. Steile Abhänge machten sie schwer zugänglich. Mönche des französischen Zisterzienserordens von Clairvaux gründeten hier 1132 ihr erstes Hauptkloster in England. Die Hauptgebäude wurden alle vor 1200 fertiggestellt. Die Strukturen von Kirche, Küche und Krankenstation vermitteln Besuchern eine Vorstellung vom damaligen Klosterleben.

Rievaulx Abbey, gemalt von Thomas Girtin (1775–1802)

Ruinen der Mount Grace Priory mit Farm und Herrenhaus im Vordergrund

⓯ Mount Grace Priory

An der A19, nordöstl. von Northallerton, North Yorkshire. **Karte** L11. ☎ (01609) 883 494. 🚆 Northallerton, dann Bus. 🕒 Apr–Okt: tägl.; Nov–März: Sa, So. ♿ Erdgeschoss, Laden, Park. 📷 EH
W englishheritage.org.uk

Das von Thomas Holland, dem Duke of Surrey, gegründete Kloster wurde von 1398 bis 1539 genutzt und ist das besterhaltene Kartäuserkloster *(siehe S. 354)* Englands. Die Mönche legten ein Schweigegelübde ab und lebten in isolierten Zellen mit eigenem Gärtchen und einer abgewinkelten Luke – so sahen sie nicht einmal die Person, die ihnen das Essen brachte. Nur zu Morgenandacht und Messe kamen sie zusammen. Verstöße gegen die Klosterregeln wurden mit Gefängnis bestraft.

Die Ruinen umfassen das Gefängnis, das Pförtnerhaus, den Außenhof, Ställe, Gästehäuser, Zellen und die Kirche aus dem 14. Jahrhundert. Diese ist der besterhaltene Teil der Anlage und auffallend klein, da sie nur selten benutzt wurde. Eine rekonstruierte Zelle vermittelt eine Vorstellung vom Klosterleben.

⓰ Hutton-le-Hole

North Yorkshire. **Karte** L11. 👥 150. 🚆 Pickering, dann Bus (saisonabhängig). 🛈 Ryedale Folk Museum, (01751) 417 367. **W** northyorkmoors.org.uk

Typisch für das malerische Dorf sind weitläufige Grünflächen mit Schafherden, gepflegte Häuser, Läden und Gaststätten sowie die charakteristischen weißen Holzzäune, die sich durch die grüne Landschaft ziehen. Manche der mit roten Dachziegeln gedeckten Kalksteincottages geben ihr Alter über der Tür an. Im Dorfzentrum befindet sich das **Ryedale Folk Museum**, das mit Artefakten und Gebäudenachbildungen das Leben der Bauerngemeinde nachzeichnet.

🏛 **Ryedale Folk Museum**
Hutton-le-Hole. ☎ (01751) 417 367. 🕒 Feb–Nov: tägl. ♿ 📷
W ryedalefolkmuseum.co.uk

Stellmacherwerkstatt im Ryedale Folk Museum

⓱ North York Moors

Siehe S. 399.

⓲ North Yorkshire Moors Railway

Pickering u. Grosmont, North Yorkshire. **Karte** L11. ☎ (01751) 472 508. 🕒 Apr–Okt: tägl.; Nov–März: manche Wochenenden (tel. erfragen). ♿ 📷 **W** nymr.co.uk

George Stephenson baute die Bahnlinie zwischen Pickering und Whitby *(siehe S. 400)* entlang den North York Moors – im Jahr 1831 galt dies als ein Wunder der Technik. Wegen Geldschwierigkeiten musste Stephenson die Gleise auf die abfallende 1,5 Kilometer lange Strecke zwischen Goathland und Beck Hole verlegen. Das Gebiet um Fen Bog wurde mit Holz, Heidekraut, Reisig und Schaffellen stabilisiert, damit ein Damm gebaut werden konnte. Die von Pferden gezogenen Eisenbahnwagen erreichten 16 Kilometer pro Stunde. Später wurden die Pferde durch Dampfmaschinen ersetzt.

Whitbys Bahn blieb fast 130 Jahre lang die einzige Verbindung zum übrigen Land. Zu Beginn der 1960er Jahre wurde die Strecke nach Pickering stillgelegt. Im Jahr 1967 starteten Einheimische eine Kampagne zur Wiederinbetriebnahme. 1973 wurde die Linie schließlich wiedereröffnet. Heute führt die 38 Kilometer lange Strecke von Pickering über Levisham, Newtondale Halt und Goathland nach Whitby – durch das malerische Herz der North York Moors.

⑰ North York Moors

Die Gegend zwischen Thirsk, Teesside und Scarborough ist Teil des North York Moors National Park. Die Landschaft besteht aus schönem Moorland, unterbrochen von saftig grünen Tälern. Bis zum Beginn des Kohleabbaus diente Torf als Brennstoff. Während der industriellen Revolution im 19. Jahrhundert stieg der Bedarf an Rohstoffen wie Eisenerz, Kalk und Alaun. Die Gegend, die nur 24 000 Einwohner zählt, begrüßt jährlich rund sechs Millionen Besucher und wirkt doch nie überlaufen.

Mallyan Spout
Ein Fußweg führt zum Wasserfall von Goathland.

Farndale
Im Frühling ist die Gegend berühmt für ihre Schönheit und die Fülle gelber Narzissen.

»Fat Betty« White Cross
Kreuze und Wegsteine sind typisch für die Region.

Goathland
Das Zentrum für Wanderer ist ein Haltepunkt der North Yorkshire Moors Railway.

The Moors National Park Centre, Danby

Rosedale Abbey
Eine längst verschwundene Abtei gab dem hübschen Dorf den Namen. Reste der einstigen Eisenerzindustrie sind noch zu sehen.

Hutton-le-Hole
In dem hübschen Dorf befindet sich das interessante Ryedale Folk Museum.

Wade's Causeway
Die Ursprünge des »Roman Road« genannten Damms sind nicht ganz klar. Wahrscheinlich wurden die Sandsteinplatten Ende der römischen Besetzung verlegt.

Lastingham
Die Kirche von 1078 besitzt eine normannische Krypta mit alten Steinmetzarbeiten.

Infobox

Information
North Yorkshire. Karte L11.
☎ Sutton Bank, (01845) 597 426; Moors Centre Danby, (01439) 772 737.
🌐 northyorkmoors.org.uk

Anfahrt
🚆 Danby. 🚌 Pickering (Ostern–Okt)

0 Kilometer 2
0 Meilen 2

Zeichenerklärung siehe hintere Umschlagklappe

⑲ Whitby

Whitbys Geschichte ist seit dem 7. Jahrhundert bekannt, als sächsische Mönche ein Kloster auf dem Grund der heutigen Abteiruinen (13. Jh.) gründeten. Im 18. und zu Beginn des 19. Jahrhunderts wurde der Ort Industriehafen, Schiffsbaustadt und Walfangzentrum. In viktorianischer Zeit beherbergten die ziegelrot gedeckten Cottages am Fuß der Ostklippen Werkstätten, die Gagat (Pechkohle) zu Schmuckgegenständen verarbeiteten. Heute verkaufen Läden auf antik getrimmte und modern modische Stücke aus dem schwarzen Stein.

Infobox

Information
North Yorkshire. Karte M11. 14 000. Langborne Rd, (01723) 383 637. Di, Sa. Angling Festival (Apr, Juni, Sep), Lifeboat Day (Juni), Folk Week (Aug), Whitby Regatta (Aug).
W discoveryorkshirecoast.com

Anfahrt
Teesside, 70 km nordwestl.
Station Sq.

Überblick: Whitby

Die Mündung des Esk teilt Whitby. Die Altstadt zieht sich mit ihren hübschen kopfsteingepflasterten Straßen und pastellfarbenen Häusern um den Hafen. Dazwischen thront St Mary's Church mit einer angeblich von Schiffszimmerleuten angefertigten Holzausstattung. Die Ruinen der nahen Abtei (13. Jh.) dienen Seeleuten noch immer zur Orientierung. Von hier aus hat man einen schönen Blick über den Hafen, wo bunte Netze aufgehängt sind. Über dem Hafen ragt die imposante Bronzestatue von Kapitän James Cook (1728–1779) auf, der hier als Junge bei einer Reederei in die Lehre ging.

Hummerkörbe säumen den Kai von Whitbys malerischem Hafen

Mittelalterliches Gewölbe der Ruine von Whitby Abbey

Whitby Abbey
Abbey Lane. (01947) 603 568. tägl. 1. Jan, 24.–26. Dez. EH W english-heritage.org.uk

Das 657 gegründete Kloster wurde im 11. Jahrhundert Abtei des Benediktinerordens. Die meisten Ruinen stammen aus dem 13. Jahrhundert.

St Mary's Parish Church
East Cliff. (01947) 606 578. tägl.

In der georgianischen und der Stuart-Ära erhielt die frühere Normannenkirche gedrehte Holzsäulen und ein geschlossenes Chorgestühl (18. Jh.). An der Kanzel (1778) hängen die Hörrohre der fast tauben Frau eines viktorianischen Pfarrers.

Captain Cook Memorial Museum
Grape Lane. (01947) 601 900. Mitte Feb–Okt: tägl. teilw. W cookmuseumwhitby.co.uk

Als der junge James Cook in die Lehre ging, schlief er im Dachgeschoss dieses Hauses aus dem 17. Jahrhundert am Hafen. Heute sind hier Möbel jener Zeit und Aquarelle von Künstlern, die mit Cook auf Fahrt gingen, ausgestellt.

Whitby Museum and Pannett Art Gallery
Pannett Park. (01947) 602 908 (Museum), (01947) 600 933 (Galerie). tägl. 24. Dez–2. Jan. nur Museum. teilweise.
W whitbymuseum.org.uk

Der Park mit Museum und Galerie war eine Schenkung des Anwalts Robert Pannett (1834–1920) zur Unterbringung seiner Kunstsammlung, darunter Arbeiten von George Weatherill (1810–1890).

Zu den Prunkstücken des Museums gehören Exponate zur Lokalgeschichte, u. a. Gagatschmuck, Captain-Cook-Artefakte. Im dreistöckigen Anbau werden u. a. Foto- und Landkartensammlungen gezeigt.

Caedmon's Cross
East Cliff.

Auf der Klippe, auf der Wegseite des Abteifriedhofs, steht das Kreuz Caedmons. Der Analphabet arbeitete im 7. Jahrhundert als Knecht in der Abtei. Eine Vision inspirierte ihn dazu, religiöse Liedtexte zu verfassen. Diese werden noch heute gesungen.

Kreuz Caedmons (1898)

Hotels und Restaurants in Yorkshire und der Humber-Region *siehe Seiten 570 und 597f*

⓴ Robin Hood's Bay

North Yorkshire. **Karte** M11. 1400. Whitby. Langbourne Rd, Whitby, (01723) 383 636. robin-hoods-bay.co.uk

Der Sage nach hatte Robin Hood *(siehe S. 340)* hier Boote für den Fall einer schnellen Flucht liegen. Das Dorf kann eine lange Schmugglergeschichte vorweisen. Viele Häuser besitzen unter Fußböden und hinter Wänden raffinierte Verstecke für Schmuggelware. Die kopfsteingepflasterte Hauptstraße ist so steil, dass Autos auf dem Parkplatz bleiben müssen. Im Zentrum schmiegen sich Gassen mit Steincottages um den malerischen Kai. Hier gibt es einen Felsenstrand mit Felsenbecken für Kinder. Bei Ebbe führt ein 15-minütiger Spaziergang zum südlichen Boggle Hole. Achten Sie auf die Gezeiten!

Kopfsteingepflasterte Gasse in Robin Hood's Bay

Stadt und Fischerhafen von Scarborough

㉑ Scarborough

North Yorkshire. **Karte** M11. 62 000. Sandside, (01723) 383 636. Mo–Sa. visitscarborough.com

Scarborough erreichte 1626 Bekanntheit als Seebad. Während der industriellen Revolution *(siehe S. 352f)* wurde es als »Königin der Seebäder« bezeichnet. Nach dem Zweiten Weltkrieg kamen durch den Trend zum Auslandsurlaub immer weniger Besucher. Die Stadt bietet zwei Strände – die Südbucht mit Amüsierbetrieben und die ruhigere Nordbucht. Der Dramatiker Alan Ayckbourn inszeniert seine Werke im Stephen Joseph Theatre. Anne Brontë *(siehe S. 416)* wurde in der St Mary's Church beigesetzt.

In der Nähe von **Scarborough Castle** fand man Relikte aus Bronze- und Eisenzeit. Die 2007 komplett umgestaltete **Rotunda** (1828/29) war eines der ersten Museumsgebäude in Großbritannien. Die **Scarborough Art Gallery** zeigt Werke des lokalen Künstlers Atkinson Grimshaw (1836–1893). Im **Sea Life and Marine Sanctuary** sind Babyrobben die Hauptattraktion.

Scarborough Castle
Castle Rd. (01723) 372 451. Apr–Sep: tägl.; Okt: Do–Mo; Nov–März: Mi–So. 1. Jan, 24.–26. Dez. english-heritage.org.uk

Rotunda Museum
Vernon Rd. (01723) 353 665. Di–So. 1. Jan, 25., 26. Dez. rotundamuseum.co.uk

Scarborough Art Gallery
The Crescent. (01723) 374 753. Di–So. 1. Jan, 25., 26. Dez. scarborough artgallery.co.uk

Sea Life and Marine Sanctuary
Scalby Mills Rd. (01723) 373 414. tägl. 25. Dez. visitsealife.com

Schwimmen wird Volkssport

Im 18. Jahrhundert galt Baden im Meer als gesunder Zeitvertreib. Ab 1735 konnten sich Frauen und Männer an getrennten Küstenstrichen in Badehütten *(machines)* bis ins Wasser bringen lassen. Man badete getrennt, Nacktbaden war normal. Im Viktorianischen Zeitalter war hochgeschlossene Badebekleidung angesagt. Arbeiter aus den Industriezentren kamen im späten 19. Jahrhundert mit der Eisenbahn an die Küste. In dieser Zeit vergrößerten sich Seebäder wie Blackpool *(siehe S. 375)* und Scarborough.

Viktorianische Badehütte am Meer

㉒ Castle Howard

Charles, 3. Earl of Carlisle, beauftragte 1699 John Vanbrugh, einen Mann mit kühnen Ideen, aber bislang ohne architektonische Erfahrung, den Bau zu entwerfen. Der Baumeister Nicholas Hawksmoor *(siehe S. 32)* realisierte Vanbrughs Pläne. Der Haupttrakt wurde 1712 fertiggestellt. Der Westflügel entstand 1753–59 nach einem Entwurf von Thomas Robinson, Schwiegersohn des Grafen. Das Castle diente als Drehort für die Verfilmung von Evelyn Waughs Roman *Wiedersehen mit Brideshead* (1945), in den 1980er Jahren für das Fernsehen, 2008 für das Kino. Das Anwesen wird noch immer von seinen Eigentümern, der Familie Howard, bewohnt.

Temple of the Four Winds
Vanbrughs letzter, 1724 entworfener Bau hat eine Kuppel und einen Portikus mit vier ionischen Säulen. Er ist ein typisches »Landschaftsbauwerk« des 18. Jahrhunderts.

Büste des 7. Earl
J. H. Foley schuf 1870 diese antikisierende Skulptur, die am oberen Ende des großen Treppenaufgangs im Westflügel steht.

Außerdem

① **Ostflügel**

② **Die Vorderfassade** blickt – ungewöhnlich für das 17. Jahrhundert – nach Norden, während alle Prunkzimmer nach Süden, auf die Gartenanlagen, ausgerichtet sind.

③ **Nordfassade**

④ **In der Antique Passage** sind die im 18. und 19. Jahrhundert von den verschiedenen Carlisle-Grafen gesammelten Antiquitäten zu sehen. Die mythischen Gestalten und Götter spiegeln das zeitgenössische Interesse an alten Kulturen wider.

★ **Great Hall**
20 Meter hoch ist die Kuppel der 515 Quadratmeter großen Great Hall mit Säulen von Samuel Carpenter (1660–1713), Wandgemälden von Giovanni Antonio Pellegrini (1675–1741) und einer Rundgalerie.

Hotels und Restaurants in Yorkshire und der Humber-Region siehe Seiten 570 und 597f

CASTLE HOWARD | 403

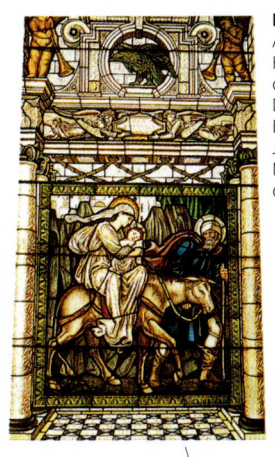

Bleiglasfenster
Admiral Edward Howard veränderte die Kirche 1870–75. Die Fenster entwarf Edward Burne-Jones, William Morris & Co. setzte die Entwürfe um.

Infobox

Information
A64 von York. **Karte** L12.
(01653) 648 333. **Schloss**
Apr–Okt und später Dez: tägl. 11–17 Uhr. **Park** tägl. 10–16 Uhr.
castlehoward.co.uk

Anfahrt
York, dann Bus, oder Malton, dann Taxi.

★ Long Gallery
Gemälde und Skulpturen von Künstlern wie Reynolds und Pannini werden hier präsentiert.

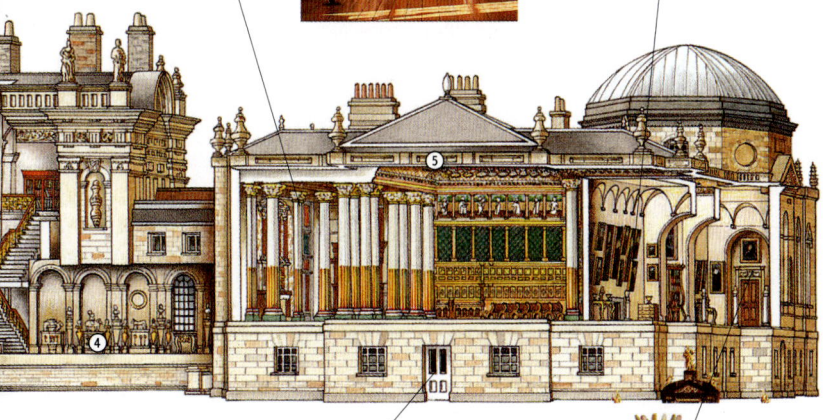

Besuchereingang

Sir John Vanbrugh
Der als Soldat ausgebildete Vanbrugh (1664–1726) wurde als Dramatiker, Architekt und Mitglied der aristokratischen Whig-Partei bekannt. Zusammen mit Hawksmoor entwarf er Blenheim Palace, doch das Establishment verspottete seine kühne, später sehr bewunderte architektonische Vision. Er starb während der Arbeit an den Gartenbauwerken und -anlagen von Castle Howard.

Museum Room
Hier ist u. a. auch diese kunstvolle Vase aus Delft zu finden, in der einzelne Tulpen in Fischmäulern stehen.

Alabasterrelief an einem Kaminteil in Burton Agnes

❷❸ Eden Camp

Malton, North Yorkshire. **Karte** L12.
(01653) 697 777. Malton,
dann Taxi. tägl. 24. Dez–
12. Jan.
w edencamp.co.uk

Das ungewöhnliche, preisgekrönte Museum widmet sich der Rolle Großbritanniens im Zweiten Weltkrieg. In Eden Camp waren zwischen 1939 und 1948 deutsche und italienische Kriegsgefangene interniert. 1942 von Italienern erbaute Originalbaracken dienen als Museum mit Zeittafeln und Tonuntermalung. Jede Baracke widmet sich einem Teil des Lebens der Zivilbevölkerung zur Kriegszeit, von Chamberlains Radiodurchsage zum Kriegseintritt bis zur deutschen Kapitulation. Besucher besichtigen die V1-Rakete, die außerhalb der Offiziersmesse einschlug, oder erleben eine nachgestellte Luftangriffsnacht mit.

❷❹ Wharram Percy

North Yorkshire. **Karte** L12. 0870 333 1181. Scarborough, (01723) 383 636. Malton, dann Taxi. tägl. **w** english-heritage.org.uk

Diese 1948 entdeckte mittelalterliche Siedlung ist eine der bekanntesten in England. Sie wurde wahrscheinlich im 10. Jahrhundert gegründet und erlebte zwischen dem 12. und 14. Jahrhundert ihren Höhepunkt, als die Familie Percy hier lebte. Ausgrabungen (1948–2012) zufolge gab es 30 Haushalte sowie zwei Herrenhäuser und eine Kirche. Während der Pest (1348/49) ging die Einwohnerzahl zurück, um 1500 war das Dorf verlassen.

Wharram Percy liegt in einem hübschen Tal der Wolds und ist ab der B1248 von Burdale ausgeschildert. Vom Parkplatz sind es etwa 20 Minuten zu Fuß zu dieser Picknickstelle in idyllischer Lage.

❷❺ Burton Agnes

An der A614, nahe Driffield, East Yorkshire. **Karte** M12. (01262) 490 324. Driffield, dann Bus. Apr–Okt: tägl. teilweise. **w** burtonagnes.com

Von allen Herrenhäusern der Region ist Agnes Hall das beliebteste – die Atmosphäre des elisabethanischen Backsteinbaus ist bezaubernd. Eines der Porträts in der Small Hall zeigt Anne Griffith, deren Vater Henry das Haus erbauen ließ. In der Dorfkirche steht sein Denkmal.

Burton Agnes, noch Eigentum der ursprünglichen Besitzer, wurde seit seiner Entstehung (1598–1610) nur wenig verändert. Das mit Mauertürmchen versehene Pförtnerhaus führt in die Eingangshalle mit einem schönen elisabethanischen Alabasterkamin. Der wuchtige Treppenaufgang aus Eiche ist ein eindrucksvolles Beispiel für elisabethanische Schnitzkunst.

In der Bibliothek befindet sich eine Kunstsammlung mit Werken von Impressionisten und Postimpressionisten wie André Derain, Renoir und Augustus John. In den weitläufigen Parkanlagen gibt es einen für Kinder angelegten Spielbereich.

❷❻ Bempton Cliffs und Flamborough Head

East Yorkshire. **Karte** M12. Bempton. Bridlington. Bempton Cliffs Visitor Centre, (01262) 422 212. **w** rspb.org.uk

Die acht Kilometer langen steilen Kreideklippen zwischen Speeton und Flamborough Head sind die größte Seevogelbrutstätte Englands und für ihre Papageitaucher bekannt. Die verwitterten Vorsprünge und Spalten sind ideale Nistplätze. Hier gibt es über 100 000 Vogelpaare – acht Arten, darunter die Klippen-

Nistender Basstölpel (*Morus bassanus*) auf den Kreideklippen von Bempton

möwe, werden von der IUCN (International Union for Conservation of Nature and Natural Resources) als gefährdet eingestuft. Dies ist auch der einzige Festlandsplatz der für ihre Fischfangtechniken bekannten Basstölpel. Zur Vogelbeobachtung eignen sich die Monate Mai, Juni und Juli am besten.

Die Klippen sind gut von der Nordseite der Halbinsel Flamborough Head aus zu sehen.

㉗ Beverley

East Yorkshire. **Karte** M12. 30 000. *i* 34 Butcher Row, (01482) 391 672. Sa.
w visithullandeastyorkshire.com

Die Geschichte Beverleys geht auf das 8. Jahrhundert zurück, als John, der später wegen seiner Heilkräfte heiliggesprochene Bischof von York, hier weilte. Über die Jahrhunderte wuchs die Bedeutung von Beverley. Wie auch York verfügt es über eine reizvolle Mischung mittelalterlicher und georgianischer Gebäude.

Am besten betritt man Beverley durch das letzte der vormals fünf mittelalterlichen Stadttore, das mit Zinnen bewehrte North Bar (1409/10 wiedererrichtet). Für die Waren, die durch die Tore hereingeschafft wurden, wurden Steuern erhoben.

Die Zwillingstürme des **Beverley Minster** bestimmen die Stadtsilhouette. Das Münster wurde 937 von König Athelstan of Wessex mitbegründet und entstand an der Stelle der Kirche, die John of Beverley 721 als letzte Ruhestätte gewählt hatte. Das verzierte Mittelschiff, der älteste erhaltene Gebäudeteil, geht auf das frühe 14. Jahrhundert zurück. Berühmt sind das Chorgestühl (16. Jh.) und die 68 Miserikordien *(siehe S. 345)*.

Das Münster enthält viele detailreiche Steinreliefs, darunter eine um 1308 gefertigte Vierergruppe, die Figuren mit Zahnschmerzen, Hexenschuss etc. darstellt. An der nördlichen Altarseite befinden sich das gotische Percy-Grab (14. Jh.) und der Fridstol (Friedensstuhl), der aus der Zeit Athelstans (924 – 939) stammt. Wer auf ihm saß, genoss 30 Tage Schutz vor Verfolgung.

Minstrel Pillar, St Mary's Church

Der berühmte Pilgerhase an der St Mary's Church in Beverley

Die **St Mary's Church** enthält die meisten mittelalterlichen Steinreliefs von Musikinstrumenten in Großbritannien. Der bemalte Minstrel Pillar (Musikantenpfeiler) ist sehenswert. Die getäfelte Kanzelüberdachung zeigt die Porträts englischer Monarchen ab 1445. Den Eingang zur St Michael's Chapel schmückt ein grinsender Pilgerhase. Angeblich inspirierte diese Figur Lewis Carroll zum weißen Kaninchen in *Alice im Wunderland*.

Beverley Races bietet in der Saison verschiedene Pferderennen und ein gutes Restaurant.

⌂ Beverley Minster
Minster Yard. (01482) 868 540.
tägl.
w beverleyminster.org.uk

Das Münster von Beverley, einer der schönsten gotischen Bauten Europas

㉘ Burton Constable

Bei Hull, East Yorkshire. **Karte** M12.
 (01964) 562 400. Hull, dann Taxi. Ostern–Okt: tägl.
 w burtonconstable.com

Seit dem 13. Jahrhundert besitzt die Constable-Familie hier viel Grund. Sie lebt seit 1570 in dem elisabethanischen Herrenhaus, das die Architekten Thomas Lightholer, Thomas Atkinson und James Wyatt im 18. Jahrhundert umgestalteten. Heute sind die 30 Räume vorwiegend georgianisch und viktorianisch ausgestattet. Das Haus birgt Chippendale-Möbel und Familienporträts aus dem 16. Jahrhundert. Die meisten ausgestellten Drucke, Textilien und Zeichnungen gehören der Leeds City Art Gallery. Die Familie lebt im Südflügel.

Burton Constable (um 1690), Gemälde eines unbekannten Künstlers

Prince's Dock im sanierten Hafengelände von Kingston upon Hull

㉙ Kingston upon Hull

East Yorkshire. **Karte** M12.
 260 000.   **i** 75/76 Carr Lane, (01482) 223 559.
 Mo–Sa. **w** visithull andeastyorkshire.com

In Hull, wie die Stadt meist verkürzt genannt wird, floriert mehr als nur die Fischerei. Die sanierten Dockanlagen sind ebenso attraktiv wie die mittelalterliche Altstadt mit ihren verwinkelten Gässchen und schiefen Backsteinhäusern. Der »Seven Seas Fish Trail«, ein mit Metallfischen gepflasterter Weg, zeigt alle in Hull angelandeten Fischarten von der Sardine bis zum Hai.

Das **Maritime Museum** am Victoria Square wurde 1871 als Verwaltungsbau der Hull Dock Company erstellt und befasst sich mit der maritimen Stadtgeschichte. Zu den Ausstellungsstücken gehören eine verzierte Walbarte, eine Bank aus Walrückenwirbeln sowie komplizierte Seemannsknoten.

Hands on History erläutert die Stadtgeschichte in einem eindrucksvollen elisabethanischen Gebäude anhand von Artefakten aus dem Besitz bekannter Familien.

Das **William Wilberforce House** in der Altstadt ist eines der letzten Exemplare eines Kaufmannshauses aus Backstein in der High Street. Die eichenvertäfelten Räume im ersten Stock stammen aus dem 17. Jahrhundert. Das Gebäude beherbergt Ausstellungen zum Thema Sklavenhandel sowie zu westafrikanischen Kulturen und zur Familie Wilberforce.

Im **Streetlife Museum of Transport**, dem vor allem bei Kindern beliebten Museum, sieht man Großbritanniens älteste Tram. **The Deep**, das einzige »Submarinum« der Welt, zeigt in einem auffälligen Gebäude in beeindruckender Lage Meerestiere und modernste Technologie – ideal für Familien.

 Maritime Museum
Queen Victoria Sq. (01482) 300 300. tägl.
w hull2017.co.uk

 Hands on History
South Churchside. (01482) 613 902. 2. und 4. Sa im Monat.
 1. Jan, 24.–28. Dez.
w hull2017.co.uk

William Wilberforce (1758–1833)

Der begabte Redner William Wilberforce stammte aus einer Kaufmannsfamilie in Hull. Nach dem Studium der klassischen Literatur in Cambridge ging er in die Politik. Im Jahr 1784 begeisterte er das Publikum Yorks mit seiner ersten öffentlichen Rede und entdeckte seine Überzeugungskraft. Ab 1785 trat er als Sprecher der Pitt-Regierung für die Abschaffung der Sklaverei ein. Seine Reden handelten ihm viele Feinde ein. Nachdem ihn ein Sklavenimporteur 1792 bedroht hatte, benötigte er rund um die Uhr bewaffneten Schutz. 1807 trat sein Gesetzentwurf zur Abschaffung des lukrativen Sklavenhandels in Kraft.

William Wilberforce, Stich von J. Jenkins (19. Jh.)

Hotels und Restaurants in Yorkshire und der Humber-Region *siehe Seiten 570 und 597f*

YORKSHIRE UND HUMBER-REGION | 407

William Wilberforce House
High St, Hull. (01482) 300 300.
tägl. teilweise.

Streetlife Museum of Transport
High St, Hull. (01482) 300 300.
tägl.

The Deep
Hull (via Citadel Way). (01482) 381 000. tägl. 24., 25. Dez.
thedeep.co.uk

⓿ Holderness und Spurn Head

East Yorkshire. **Karte** M12. Hull (Paragon St), dann Bus. 11–17 Newbegin, Hornsea, (01964) 536 404. ywt.org.uk/reserves/spurn-nature-reserve

Die flache Gegend östlich von Hull erinnert mit ihren geraden Straßen und wogenden Kornfeldern sehr an Holland, nur dass hier viele Mühlen nicht mehr in Betrieb sind. Über 45 Kilometer Strände erstrecken sich an der Küste bis zu den Badeorten **Withernsea** und **Hornsea**.

Erosion an der Küste schuf die Landschaft von Holderness. Das Meer spült ständig kleine Felsstücke an. Ab 1560 bildete sich eine Sandbank, die 1669 so groß war, dass auf ihr der Ort Sonke Sand gegründet wurde. Erst um 1830 verbanden Schlamm und Geröll die Insel mit dem Festland.

Heute kann man mit dem Fahrrad durch die unheimliche grüne Wildnis von Sunk Island Richtung Osten nach Spurn Head fahren, das an der Spitze der Halbinsel Spurn liegt, eines sechs Kilometer langen Streifens, der ebenfalls durch Erosion entstand. Seit 1960 schützt der Yorkshire Wildlife Trust die Flora und Fauna. Wer hier wandert, bekommt das Gefühl, der Boden unter den Füßen könne jederzeit verschwinden.

Am Ende von Spurn Head sind Lotsen und Rettungsleuten ständig in Bereitschaft, Schiffe ins Mündungsgebiet des Humber zu geleiten oder bei Unfällen zu helfen.

Fischerboot in Grimsbys National Fishing Heritage Centre

⓫ Grimsby

NE Lincolnshire. **Karte** M13. 88 000. Grimsby Fishing Heritage Centre, (01472) 323 111. cleethorpestouristboard.co.uk

Der dänische Fischer Grim gründete die Stadt im Mündungsgebiet des Humber im 9. Jahrhundert. Im 19. Jahrhundert war sie einer der weltgrößten Fischereihäfen. 1800 eröffnete das erste Dock. Als die Eisenbahnstrecke stand, konnte das Fanggut ins ganze Land transportiert werden. Obwohl die traditionelle Fischerei seit den 1970er Jahren rückläufig ist, konnte Grimsby durch die Modernisierung der Dockanlagen sein einzigartiges Erbe bewahren.

Das zeigt sich am besten im preisgekrönten **Grimsby Fishing Heritage Centre**, das die Atmosphäre zur Blütezeit der Industrie in den 1950er Jahren nachzeichnet. Besucher gehen als Besatzungsmitglieder an Bord eines Trawlers und »reisen« mithilfe interaktiver Exponate von Grimsbys Seitensträßchen zu arktischen Fischgründen. Unterwegs können sie das Schlingern des Schiffs, den Fischgeruch und die Hitze der Maschinen erleben. Die Tour endet mit einer Führung auf dem Trawler *Ross Tiger* aus den 1950er Jahren.

Andere Attraktionen in Grimsby sind die viktorianische Einkaufsstraße Abbeygate, der gut besuchte Markt, die große Auswahl an Restaurants sowie die nahe gelegenen Seebäder Cleethorpes, Mablethorpe und Skegness mit kilometerlangen Sandstränden.

Grimsby Fishing Heritage Centre
Heritage Sq, Alexandra Dock.
(01472) 323 345. Di–So.
1. Jan, 25., 26. Dez.
nelincs.gov.uk

Leuchtturm am Strand von Spurn Head an der Spitze der Halbinsel Spurn

Im Detail: York

York besitzt noch so viel von seiner mittelalterlichen Struktur, dass ein Spaziergang im Zentrum einer Wanderung durch ein lebendiges Museum gleicht. Viele alte, in enge gewundene Gassen geduckte Fachwerkhäuser wie die Shambles stehen unter Denkmalschutz. Weite Teile des Zentrums sind Fußgängerzone. Zentral liegt auch der Bahnhof. Dank der Lage wurde die Stadt im 19. Jahrhundert Eisenbahnknotenpunkt und ist es geblieben.

★ York Minster
1220 begann der Bau der größten mittelalterlichen Kirche Englands *(siehe S. 412f)*.

Stonegate
Der mittelalterliche rote Teufel bewacht die Straße, die über einer römischen liegt.

Thirsk ← Helmsley

York Art Gallery

St Mary's Abbey

Das Yorkshire Museum beheimatet eine der faszinierendsten archäologischen Sammlungen des Landes *(siehe S. 410)*.

Lendal Bridge

Bahnhof und Busbahnhof, National Railway Museum und Leeds

Ye Old Starre Inne ist eines der ältesten Pubs in York.

Guildhall
Diese mittelalterliche Dachverzierung krönt das Zunfthaus (15. Jh.) am Ufer des Ouse. Die Schäden aus dem Zweiten Weltkrieg wurden behoben.

St Olave's Church
Die Kirche (11. Jh.) neben dem Pförtnerhaus der St Mary's Abbey *(siehe S. 354f)* gründete der Earl of Northumbria zu Ehren des norwegischen Königs Olaf II. Links davon steht die Kapelle St Mary on the Walls.

Hotels und Restaurants in Yorkshire und der Humber-Region *siehe Seiten 570 und 597f*

YORK | 409

Infobox

Information
York. Karte L12. 205000.
1 Museum St, (01904) 550 099. Association of Voluntary Guides to the City of York, Start: Exhibition Sq: Apr–Okt: tägl. 10.15, 14.15 Uhr (Juni–Aug: auch 18.15 Uhr); Nov–März: tägl. 10.15, 13.15 Uhr.
tägl. Jorvik Festival (Feb), Early Music Festival (Juli).
w avgyork.co.uk **w** visityork.org

Anfahrt
Leeds Bradford, 50 km nordwestl. Station Rd.
Station Rd.

Monk Bar

↑ **Scarborough**

★ **Jorvik Viking Centre**
Die vielen hier ausgestellten Gegenstände illustrieren die Zeit, als York eine Wikingerstadt war *(siehe S. 410)*. Die auf *gate* endenden Straßennamen stammen vom dänischen Wort *gata* (Straße) ab.

Holy Trinity Church

King's Square

Whip-ma-whop-ma-gate
Yorks winzigste Straße trägt den längsten Namen von allen. Er geht auf die Sachsenzeit zurück und bedeutet »Weder das eine noch das andere Tor«.

Merchant Adventurer's Hall, heute bei Besuchern beliebt, wurde im 14. Jahrhundert für die Gilde der Kaufleute erbaut.

★ **York Castle Museum**
Das Museum *(siehe S. 410)* – ursprünglich waren dies zwei Gefängnisse – beherbergt Druckerei und Schmiede sowie die Zelle des Straßenräubers Dick Turpin (1706–1739).

↓ **Hull**

Clifford's Tower
(siehe S. 411)

Fairfax House
(siehe S. 410)

0 Meter 100
0 Yards 100

Legende
— Routenempfehlung

Überblick: York

Das Reizvolle an York ist das Ergebnis seiner historischen Vielschichtigkeit. 71 n. Chr. gründeten die Römer ein Fort, das später als Eboracum Hauptstadt der nördlichen Provinz wurde. Hier wurde Konstantin der Große 306 zum Kaiser ernannt. Er gliederte Britannien in vier Provinzen. 100 Jahre später hatte sich das römische Heer zurückgezogen. Die Sachsen nannten den Ort, der später zur Hochburg der Christen wurde, Eoforwic. Dänische Straßennamen erinnern daran, dass er zur Wikingerzeit (ab 867) ein wichtiger Handelsplatz Europas war. Von 1100 bis 1500 war York Englands zweitgrößte Stadt. Highlight ist das Münster *(siehe S. 412f)*, doch auch die 18 mittelalterlichen Kirchen sind sehenswert. Zudem gibt es knapp fünf Kilometer mittelalterliche Stadtmauern, elegante Architektur und viele schöne Museen.

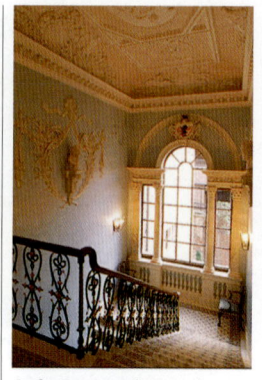

Großer Treppenaufgang und Stuckdecke im Fairfax House

York Castle Museum
The Eye of York. (01904) 687 687. tägl. 1. Jan, 25., 26. Dez. nur Erdgeschoss.
yorkcastlemuseum.org.uk

Das im Jahr 1938 in zwei ehemaligen Gefängnissen des 18. Jahrhunderts eröffnete Museum zeigt eine von John Kirk aus Pickering begründete sozialhistorische Sammlung, darunter einen Speisesaal aus der Zeit James' I, ein Moor-Cottage und ein Zimmer aus den 1950er Jahren. Zudem gibt es Exponate zu Taufe, Heirat und Tod ab dem 17. Jahrhundert.

Sehenswert ist auch die rekonstruierte viktorianische Straße Kirkgate mit Ladenfronten und Modellpferdekutsche sowie der 1982 entdeckte angelsächsische York-Helm.

Jorvik Viking Centre
Coppergate. (01904) 615 505. tägl. (Buchung empfohlen). 24.–26. Dez. anmelden.
jorvik-viking-centre.co.uk

Das Zentrum steht dort, wo Archäologen ab 1976 die frühere Wikingersiedlung freigelegt haben. Mithilfe modernster Technologie erwacht die Wikingerwelt im York des 10. Jahrhunderts wieder zum Leben. Artefakte reichen von Ohrringen bis hin zu Bratpfannen. Besucher haben außerdem die Möglichkeit, einmal an einer archäologischen Ausgrabung teilzunehmen.

Yorkshire Museum und St Mary's Abbey
Museum Gardens. (01904) 687 687. tägl.
yorkshiremuseum.org.uk

Das Museum erregte weltweit Aufsehen, als es das aus dem 15. Jahrhundert stammende Middleham-Juwel, eines der prächtigsten im 20. Jahrhundert gefundenen gotischen Schmuckstücke, für 2,5 Millionen Pfund kaufte. Zu sehen sind auch römische Mosaiken aus dem 2. Jahrhundert und eine angelsächsische Schale aus vergoldetem Silber.

Ein Teil des Museums befindet sich in der St Mary's Abbey *(siehe S. 354f)* am Flussufer.

Fairfax House
Castlegate. (01904) 655 543. Mitte Feb–Dez: tägl. (So nur nachmittags, Mo nur Führungen). Jan–Anfang Feb, 24.–26. Dez. teilweise.
fairfaxhouse.co.uk

Der Viscount Fairfax baute das schöne georgianische Stadthaus 1755–62 für seine Tochter Anne. Der Entwurf stammte von dem Architekten John Carr *(siehe S. 32)*. Zwischen 1920 und 1965 diente das Haus als Kino und Tanzsaal, in den 1980er Jahren wurde es restauriert. Zu sehen sind das Schlafzimmer von Anne Fairfax (1725–1793) sowie Möbel, Porzellan und Uhren aus dem 18. Jahrhundert.

National Railway Museum
Leeman Rd. 0844 815 3139. tägl. 24.–26. Dez.
nrm.org.uk

Das weltgrößte Eisenbahnmuseum deckt fast 200 Jahre Geschichte ab. In interaktiven Ausstellungen können Besucher virtuell rangieren und Stephensons Lokomotive

Modell der Lok Rocket und eines Erste-Klasse-Wagens von 1830 im National Railway Museum

Hotels und Restaurants in Yorkshire und der Humber-Region *siehe Seiten 570 und 597f*

Rocket kennenlernen. Neben verschiedenen Wagen und Lokomotiven ab dem Jahr 1797, etwa dem Waggon von Queen Victoria, ist auch neue Technik zu sehen, etwa die Serie 0 des Shinkansen, des japanischen Hochgeschwindigkeitszugs.

Monk Bar
Am Ende von Goodramgate steht eines der schönsten Stadttore mit drei Gewölbeebenen und funktionierendem Fallgitter. Im Mittelalter waren die oberen Räume vermietet. Im 16. Jahrhundert diente das Tor als Gefängnis. Die Verzierungen zeigen u. a. Männer, die große Steine bereithalten, um sie auf Eindringlinge fallen zu lassen.

William Ettys *Preparing for a Fancy Dress Ball* (1833), York Art Gallery

York Art Gallery
Exhibition Sq. (01904) 687 687.
tägl.
yorkartgallery.org.uk

In dem italienisch anmutenden Gebäude (1879) befinden sich Skulpturen und Gemälde ab dem frühen 16. Jahrhundert aus verschiedenen westeuropäischen Ländern. Es gibt auch eine international bedeutende Sammlung mit Keramiken von Künstlern aus Großbritannien und anderen Ländern, u. a. von Bernard Leach, William Staite Murray und Shoji Hamada.

Seit der 2015 abgeschlossenen Erweiterung verfügt die Galerie über eine um 60 Prozent größere Fläche. So wurde der Artists Garden eröffnet, in dem Ausstellungen zeitgenösischer Kunst stattfinden.

Clifford's Tower, früher das Gefängnis

Clifford's Tower
Clifford St. (01904) 646 940.
tägl. 1. Jan, 24.–26. Dez.
english-heritage.org.uk

William the Conqueror ließ einen Hügel für seine hölzerne Burg aufschütten. Sie wurde 1069 schwer beschädigt und bei antisemitischen Unruhen 1190 niedergebrannt. An derselben Stelle errichtete Henry III im 13. Jahrhundert einen Turm zu Ehren der Clifford-Familie, die in der Burg Wächter waren. Von oben ist die Aussicht über die Stadt grandios.

DIG – An Archaeological Adventure
St Saviourgate. (01904) 615 505.
tägl. (Buchung empfohlen).
24., 25. Dez.
digyork.com

In der mittelalterlichen St Saviour's Church gibt es eine Ausstellung, die Laien archäologische Vorgehensweisen vermittelt. Besucher erfahren, wie Archäologen die vielen Einzelstücke zusammengefügt haben, damit man die Geschichte der Wikinger in York rekonstruieren konnte.

Merchant Adventurers' Hall
Fossgate. (01904) 654 818.
März–Okt: tägl.; Nov–Feb: Mo–Sa. 24. Dez–3. Jan.
theyorkcompany.co.uk

Eine Yorker Kaufmannsgilde ließ das Fachwerkhaus 1357 errichten. Es zählt zu den größten mittelalterlichen Häusern dieser Art in Großbritannien. Die Great Hall ist eine der schönsten Europas. Unter den Gemälden befindet sich eine Kopie von van Dycks Porträt der Königin Henrietta Maria, Ehefrau von Charles I. Unter der Great Hall liegen das von der Gilde bis 1900 genutzte Hospital und eine Kapelle.

Gut erhaltene Fachwerkkonstruktion der Merchant Adventurers' Hall

York Minster

Das 158 Meter lange, 76 Meter breite Münster von York, der größte gotische Kirchenbau nördlich der Alpen und Sitz des Erzbischofs von York, besitzt die meisten mittelalterlichen Bleiglasfenster Englands. Den Ursprung für das gewaltige Bauwerk bildete eine zur Taufe von King Edwin of Northumbria 627 errichtete Holzkirche. Mehrere Kathedralen standen hier, auch ein Normannenbau (11. Jh.). Der heutige Bau wurde 1220 begonnen und 250 Jahre später vollendet. 1984 richtete ein Brand schwere Schäden an. Die Restaurierung kostete 2,25 Millionen Pfund.

Mittelturm
Der Laternenturm brach 1405 ein und wurde nach einem Entwurf des Steinmetzen William Colchester 1420–65 wiedererrichtet.

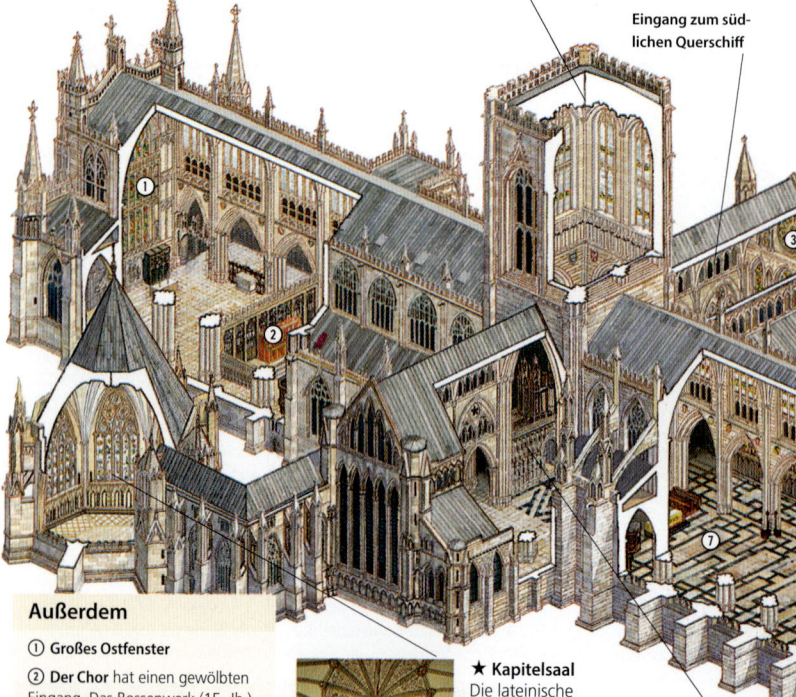

Eingang zum südlichen Querschiff

Außerdem

① **Großes Ostfenster**

② **Der Chor** hat einen gewölbten Eingang. Das Bossenwerk (15. Jh.) zeigt Mariä Himmelfahrt.

③ **Rosettenfenster (16. Jh.)**

④ **Die Westtürme** mit dekorativer Täfelung (15. Jh.) und kunstvollen Fialen kontrastieren mit dem einfacheren nördlichen Querschiff. Der Südwestturm ist der Glockenturm.

⑤ **Westfenster**

⑥ **Großes Westportal**

⑦ **Das Mittelschiff** von 1291 wurde 1840 durch einen Brand schwer beschädigt. 1844 wurde es nach Renovierung mit neuen Glocken wiedereröffnet.

★ **Kapitelsaal**
Die lateinische Inschrift am Eingang zum Kapitelsaal mit Holzgewölbe besagt: »Wie die Rose die Blume der Blumen, so ist dieses das Haus der Häuser.«

★ **Lettner**
Der steinerne Lettner zwischen Chor und Mittelschiff stellt englische Könige von William I bis Henry VI dar.

Hotels und Restaurants in Yorkshire und der Humber-Region *siehe Seiten 570 und 597f*

YORK MINSTER | 413

Infobox

Information
Deangate, York. ☎ (01904) 557 200. ⌚ Mo–Sa 9–17, So 12.45–17 Uhr (keine Besichtigung während Gottesdiensten). **Krypta** Mo–Sa 10–17, So 13–16 Uhr. ● Karfreitag, Ostersonntag, 24., 25. Dez. 💰 für Münster, Gewölbe und Kuppel.
✝ Mo–Sa 7.30, 7.50, 12.30 (Sa auch 12), 17.15 (Abendandacht), So 8, 10, 11.30, 16 Uhr. ♿ teilweise.
📷 🌐 yorkminster.org

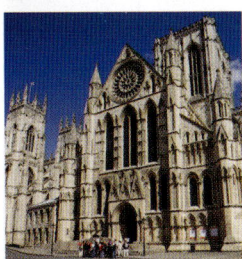

Bleiglasfenster im York Minster

Im Münster von York gibt es die größte Sammlung mittelalterlicher Bleiglasfenster Großbritanniens. Manche Fenster stammen aus dem späten 12. Jahrhundert. Das Glas bekam bei der Herstellung mithilfe von Metalloxiden die gewünschte Farbe und wurde dann von Künstlern vor Ort bearbeitet. Wenn das Design fertig war, schnitt man das Glas und formte es. Details wurden mit eisenoxidhaltiger Farbe aufgemalt, die durch Erhitzen im Brennofen in das Glas eingeschmolzen wurde. Die einzelnen Teile wurden in Blei gefasst und zum Fenster zusammengefügt. Faszinierend ist die Themenvielfalt. Es gibt von weltlichen Stiftern bestimmte und von kirchlichen Gönnern gewünschte Motive.

Das Wunder des hl. Nikolaus (spätes 12. Jh.) kam über 100 Jahre nach seiner Herstellung hierher. Es zeigt einen Juden, der zum Christentum konvertiert.

Der hl. Johannes erblickt Gott zeigt den Heiligen, wie er durch eine Falltür einen Blick in den Himmel erhascht.

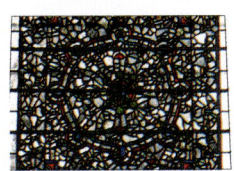

Die fünf Schwestern im nördlichen Querschiff sind Großbritanniens bedeutendstes Beispiel der Grisaille-Technik (13. Jh.). Dabei wurden feine Strukturen auf klarem Glas mit Schwarzlot-Farbe verziert.

Der hl. Johannes segelt nach Patmos illustriert die Reise des Evangelisten ins Exil auf der griechischen Insel, wo er mehrere Visionen hatte.

Der Evangelist Johannes am Westfenster (um 1338) hält einen Adler auf der linken Hand. Bei dieser Technik wurde die Farbe abgekratzt.

Eindrucksvolle Fassade des York Minster im Stadtzentrum

YORKSHIRE UND HUMBER-REGION

❸ Harewood House

Leeds. **Karte** K12. (0113) 218 1010. Leeds, dann Bus. Apr–Okt: tägl. nach Vereinb. **w** harewood.org

In dem 1759 von John Carr entworfenen Schloss wohnten der Earl und die Countess of Harewood. Der Bau beeindruckt durch Robert Adams reiche Ausstattung und eine großartige Sammlung eigens für die Harewoods angefertigter Möbel des in Yorkshire geborenen Thomas Chippendale (1711–1779). Im Haus befinden sich Werke italienischer und englischer Künstler (u. a. von Reynolds und Gainsborough) sowie zwei Räume mit Aquarellen.

»Capability« Brown *(siehe S. 30)* schuf den Park samt dem **Harewood Bird Garden**, in dem seltene einheimische und exotische Vögel leben.

Der seltene Bali-Star in Harewood

❹ Leeds

Leeds. **Karte** K12. 781 000. Headrow, (0113) 378 6977. Mo.–Sa. **w** visitleeds.co.uk

Die viertgrößte britische Stadt florierte in der viktorianischen Ära. Das eindrucksvollste Erbe dieser Zeit sind die prunkvollen Ladenarkaden und die von Cuthbert Brodrick erbaute und von Queen Victoria 1858 eröffnete **Town Hall**. Obwohl Leeds heute in erster Linie Industriestadt ist, besitzt es doch eine blühende Kulturszene. Die von der Opera North, einem der britischen Top-Opernensembles, im **Grand Theatre** gezeigten Aufführungen sind von hohem Niveau.

Die **Leeds Art Gallery** zeigt Kunst des 20. Jahrhunderts und viktorianische Gemälde, darunter Werke des hiesigen Künstlers Atkinson Grimshaw (1836–1893). Französische Kunst des späten 19. Jahrhunderts vertreten Signac, Courbet und Sisley. Das 1993 angeschlossene Henry Moore Institute widmet sich Studium, Forschung und Ausstellung der Bildhauerei. Es umfasst Bibliothek, Studienzentrum, Videosammlung, Galerien und ein Archiv über Moore und andere innovative Bildhauer.

Das **Armley Mills Museum** in einer ehemaligen Wollspinnerei befasst sich mit dem industriellen Erbe von Leeds. Originalmaschinen, Werkzeug, Tonaufnahmen und Arbeitskleidung aus dem 19. Jahrhundert illustrieren die Geschichte der Konfektionsindustrie.

Das **Leeds City Museum** zeichnet die Geschichte der Stadt mit einer ethnografischen und einer archäologischen Ausstellung nach.

Im Rahmen eines Stadtentwicklungsprojekts am Aire eröffneten zwei Museen: Das **Royal Armouries Museum** ist das britische Nationalmuseum für Waffen und Rüstungen und präsentiert vielfältige Exemplare aus aller Welt. Das **Thackray Medical Museum** zeigt Medizingeschichte von viktorianischer Zeit bis heute.

Etwa fünf Kilometer nordöstlich vom Zentrum erfreut die **Tropical World** mit Schwimmbecken, Schmetterlingen, tropischen Fischen und Regenwaldhaus besonders Kinder. Das **Temple Newsam House** zeigt eine Sammlung von Kunst und Möbeln. Hier gibt es auch einen Bauernhof, der sich auf seltene Nutztierrassen spezialisiert hat.

The Grand Theatre
46 New Briggate. (0844 848 2700. **w** leedsgrandtheatre.com

Leeds Art Gallery
The Headrow. (0113) 247 8256. Di–So (So nur nachmittags). Feiertage. **w** leedsartgallery.co.uk

Armley Mills Museum
Canal Rd, Armley. (0113) 378 3173. Di–So (So nur nachmittags). 1. Jan, 25., 26. Dez.

Leeds City Museum
Millennium Sq. (0113) 378 5001. Di–So.

Royal Armouries
Armouries Drive. (0113) 220 1999. tägl. 24.–26. Dez. **w** royalarmouries.org

Thackray Medical Museum
Beckett St. (0113) 244 4343. tägl. 1. Jan, 24.–26., 31. Dez. **w** thackraymuseum.org

Tropical World
Canal Gardens, Princes Ave. (0113) 395 7400. tägl. 25., 26. Dez. **w** roundhaypark.org.uk

Temple Newsam House
Nahe A63. (0113) 336 7461. Di–So. Jan, 25., 26. Dez.

Webstuhl in Betrieb, Armley Mills Museum in Leeds

Hotels und Restaurants in Yorkshire und der Humber-Region *siehe Seiten 570 und 597f*

The Other Side (1990–93) von David Hockney, The 1853 Gallery in Salts Mill am Stadtrand von Bradford

⑤ Bradford

Bradford. **Karte** K12. 534 000. ✈ ≋ 🚌 ℹ City Hall, Centenary Square, (01274) 433 678. Mo–Sa. **W** visitbradford.com

Im 16. Jahrhundert war Bradford eine blühende Marktstadt, und die Kanaleröffnung im Jahr 1774 kurbelte den Handel weiter an. Um 1850 war hier das weltweite Zentrum für Kammgarntuch (Stoff aus fein gezwirnter Wolle). Viele der gut erhaltenen Stadt- und Industriegebäude stammen aus dieser Zeit, so auch die Wool Exchange (Wollbörse) in der Market Street. Zu Beginn des 19. Jahrhunderts siedelte sich eine Reihe deutscher Textilhersteller im heutigen Stadtteil Little Germany an. Die Steinreliefs der Häuser dokumentieren den Wohlstand der Eigentümer. Auch der 1854 eröffnete **Undercliffe Cemetery** mit seinen Obelisken, Säulen und extravaganten Mausoleen zeugt von Reichtum.

Das 1983 gegründete **National Media Museum** befasst sich mit Technologie und Kunst der Medien. Man kann sein Lieblings-TV-Programm ansehen, selbst als Nachrichtensprecher oder Kameramann agieren und sich an der Geschichte von Computerspielen und Konsolen erfreuen. Auf der IMAX-Leinwand sind Reisen ins Weltall, in den Ozean oder durch die Natur zu sehen. Jedes Jahr werden hier zwei Filmfestivals veranstaltet.

Die **Cartwright Hall Art Gallery** präsentiert britische Kunst des 19. und 20. Jahrhunderts sowie zeitgenössische Arbeiten aus Südasien. Im **Bradford Industrial Museum** in einer alten Spinnerei kann man den Maschinenpark sehen und mit einer von Pferden gezogenen Tram fahren.

Saltaire, ein viktorianisches Arbeiterdorf, liegt am Stadtrand. Es wurde von Titus Salt für seine Arbeiter gebaut und 1873 fertiggestellt. **Salts Mill** geht auf die Geschichte des Dorfs ein. **The 1853 Gallery** besitzt die weltgrößte Sammlung an Werken des 1937 in Bradford geborenen Malers, Grafikers, Bühnenbildners und Fotografen David Hockney.

🏛 **Undercliffe Cemetery**
127 Undercliffe Lane. ℹ (01274) 642 276. ◯ tägl. ♿
W undercliffecemetery.co.uk

🏛 **National Media Museum**
Pictureville. ℹ 0844 856 3797. ◯ tägl. ⬤ 24.–26. Dez. ♿ 📷 **W** nationalmediamuseum.org.uk

🏛 **Cartwright Hall Art Gallery**
Lister Park. ℹ (01274) 431 212. ◯ Di–So. ⬤ Karfreitag, 25., 26. Dez. ♿ 📷 **W** bradfordmuseums.org

🏛 **Bradford Industrial Museum**
Moorside Mills, Moorside Rd. ℹ (01274) 435 900. ◯ Di–So. ⬤ Karfreitag, 25., 26. Dez. ♿ 📷 **W** bradfordmuseums.org

🏛 **Salts Mill & The 1853 Gallery**
Salts Mill, Victoria Rd. ℹ (01274) 531 163. ◯ tägl. ⬤ 1. Jan, 25., 26. Dez. ♿ 📷 **W** saltsmill.org.uk

Bradfords indische Einwohner

In den 1950er Jahren kamen Einwanderer aus Indien nach Bradford, um in den Fabriken zu arbeiten. Mit Rückläufigkeit der Textilindustrie eröffneten viele Inder kleine Unternehmen. Mitte der 1970er Jahre gab es schon 1400 davon. Fast ein Fünftel betraf die Gastronomie: Kleine, aus einfachen Cafés entstandene Restaurants versorgten die Fabrikarbeiter. Als indisches Essen bekannter wurde, erlebten die Restaurants einen Boom. Heute gibt es in Bradford mehr als 200 indische Lokale.

Indisches Currygericht

Haworth Parsonage, Haus der Brontë-Familie, heute ein Museum

❸ Haworth

Bradford. **Karte** K12. 6400. Keighley. **i** 2–4 West Lane, (01535) 642 329. **w** haworth-village.org.uk

Die Umgebung von Haworth ist eine Penninen-Moorlandschaft mit vereinzelten Gehöften und hat sich seit den Zeiten der Familie Brontë wenig verändert. Der Ort blühte um 1840 auf, als über 1200 Handwebstühle in Betrieb waren.

Das heutige **Brontë Parsonage Museum** war von 1820 bis 1861 der Wohnsitz der Schriftstellerinnen Charlotte, Emily und Anne Brontë, ihres Bruders Branwell und des Vaters Patrick. Das 1778/79 erbaute Pfarrhaus ist noch wie um 1850 eingerichtet. Elf Räume, darunter Küche und Charlottes Zimmer, zeigen Briefe, Manuskripte und Bücher. Auch ein Spaziergang erinnert an die Schwestern: Brontë Falls, Brontë Bridge und der stuhlförmige Stein Brontë Seat.

Im Sommer fährt der Dampfzug **Keighley and Worth Valley Railway** von Keighley nach Oxenhope mit Halt in Ingrow West, Damems, Oakworth und Haworth. Drehort für den Film *The Railway Children* (1970) war der Bahnhof Oakworth.

🏛 Brontë Parsonage Museum
Church St. **c** (01535) 642 323. tägl. Jan, 24.–27. Dez. teilweise. **w** bronte.org.uk

Charlotte Brontës Geschichtenbuch für ihre Schwester Anne

Die Schwestern Brontë

Da sie eine harte Kindheit ohne Mutter hatten, entflohen Charlotte, Emily und Anne in ihre eigene Welt der Gedichte und Geschichten. Später arbeiteten sie als Gouvernanten, veröffentlichten aber trotzdem 1846 eine Gedichtsammlung. Nur zwei Exemplare wurden verkauft, doch im folgenden Jahr wurde Charlottes Roman *Jane Eyre* ein Bestseller. Nach dem Tod ihrer Schwestern 1848/49 zog sich Charlotte zurück und veröffentlichte 1852 *Villette*, ihren letzten Roman. 1854 heiratete sie den Pfarrer Arthur Bell Nicholls und starb bald darauf.

Charlotte Brontë (1816–1855)

❼ Hebden Bridge

Calderdale. **Karte** K12. 4500. **i** Butlers Wharf, (01422) 843 831. Do. **w** visitcalderdale.com

Hebden Bridge ist ein nettes, von steilen Penninen-Hügeln und früheren Mühlen (19. Jh.) umgebenes Städtchen. Manche Häuser an den Berghängen scheinen der Schwerkraft zu trotzen.

Das nahe **Heptonstall**, wo die Dichterin Sylvia Plath (1932–1963) begraben liegt, bietet einen guten Blick auf Hepton Bridge und hat eine Methodistenkirche (1764).

❽ Halifax

Calderdale. **Karte** K12. 82 000. **i** Northgate, (01422) 368 725. Do–Sa. **w** visitcalderdale.com

Seit dem Mittelalter prägt die Stoffherstellung die Geschichte der Stadt, doch was heute zu sehen ist, stammt meist aus dem 19. Jahrhundert. Eine Reihe von schönen Steinhäusern, die teils mit Terrassen versehen sind, prägt das Stadtbild. Durch den Wollhandel waren die Pennines Englands industrielles Rückgrat.

Bis zur Mitte des 15. Jahrhunderts war die Stoffproduktion bescheiden, doch so wichtig, dass im 13. Jahrhundert das Gibbet Law erlassen wurde, das jeden, der Wollstoff oder Kleidung stahl, mit dem Tod bestrafte. Am Ende der Gibbet Street steht eine Nachbildung des damaligen Galgens.

Viele Gebäude aus dem 18. und 19. Jahrhundert verdanken ihre Existenz reichen Stoffhändlern. Charles Barry (1795–1860), Architekt des Londoner Parlaments, baute im Auftrag der Crossleys das Rathaus. Die Familie bezahlte auch die Gestaltung des People's Park durch Joseph Paxton (1801–1865), der den Kristallpalast für die Londoner Weltausstellung 1851 schuf. Thomas Bradleys **Piece Hall** (1779) mit 315 »Merchants' Rooms« diente einst als Stoff-

Hotels und Restaurants in Yorkshire und der Humber-Region siehe Seiten 570 und 597f

Large Two Forms (1966–69) von Henry Moore im Yorkshire Sculpture Park

handelsbörse. Ihr quadratischer, italienisch beeinflusster Innenhof ist restauriert und wird als Marktplatz genutzt.

Das National Children's Museum **Eureka!** begeistert mit Giant Mouth Machine (Riesenmaul-Maschine) oder Wall of Water (Wasserwand). Das **Shibden Hall Museum** ist ein schönes Haus, das teilweise aus dem 15. Jahrhundert stammt.

Umgebung: Sowerby Bridge war vom Mittelalter bis in die 1960er Jahre ein wichtiges Textilzentrum. Heute mögen Besucher vor allem die Kanäle.

Eureka!
Discovery Rd. (01422) 330 069. Di–So (Schulferien: tägl.). 24.–26. Dez. w eureka.org.uk

Shibden Hall Museum
Listers Rd. (01422) 352 246. März–Okt: Sa–Do; Nov, Dez: Sa–Di; Jan, Feb: Sa, So. 24. Dez–2. Jan.

㉟ National Coal Mining Museum

Wakefield. Karte K13. (01924) 848 806. Wakefield, dann Bus. tägl. (letzte Führung 15.15 Uhr); Kinder unter 5 Jahren dürfen nicht in den Schacht. 1. Jan, 24.–26. Dez. obligatorisch. w ncm.org.uk

Im Bergbaumuseum der alten Kohlegrube Caphouse kann man an einer Tour in 137 Meter Tiefe mit Helm und Grubenlampe teilnehmen. In engen Flözen sieht man in Lebensgröße nachgebildete Arbeiter. Andere Abteilungen zeigen den Bergbau von 1820 bis heute. Warme Kleidung ist ratsam.

㊵ Yorkshire Sculpture Park

Wakefield. Karte K13. (01924) 832 631. Wakefield, dann Bus. tägl. 24., 25., 29.–31. Dez. w ysp.co.uk

Die Open-Air-Galerie in einem 200 Hektar großen, im 18. Jahrhundert angelegten Park ist eine der bedeutendsten Europas. In Wechselausstellungen werden Werke von Henry Moore, Anthony Caro, Barbara Hepworth, Antony Gormley und anderen Künstlern gezeigt. Innen findet man neben weiteren Ausstellungen ein Besucherzentrum, von dem aus man in die unterirdische Galerie gelangt.

㊶ Magna

Rotherham. Karte L13. (01709) 720 002. Rotherham Central oder Sheffield, dann Bus. tägl. 1. Jan, 24.–26., 31. Dez. w visitmagna.co.uk

Aus dem ehemaligen Stahlwerk wurde ein wissenschaftliches Erlebniszentrum mit zahlreichen interaktiven Ausstellungsstücken. Vor allem bei Kindern und Jugendlichen ist die Mischung aus Sound und Action, die hier geboten wird, beliebt.

Die Pavillons widmen sich den Themen Luft, Feuer, Wasser und Erde. Besucher können einen Tornado oder eine Sprengung erleben. Multimedia-Exponate machen mit der Arbeit im Stahlwerk vertraut und zeigen, wie ein Hochofen funktioniert. Zudem gibt es mit künstlicher Intelligenz ausgestattete Roboter zu sehen, die lernen, indem sie sich gegenseitig verfolgen.

Exponat »Face of Steel« im Magna

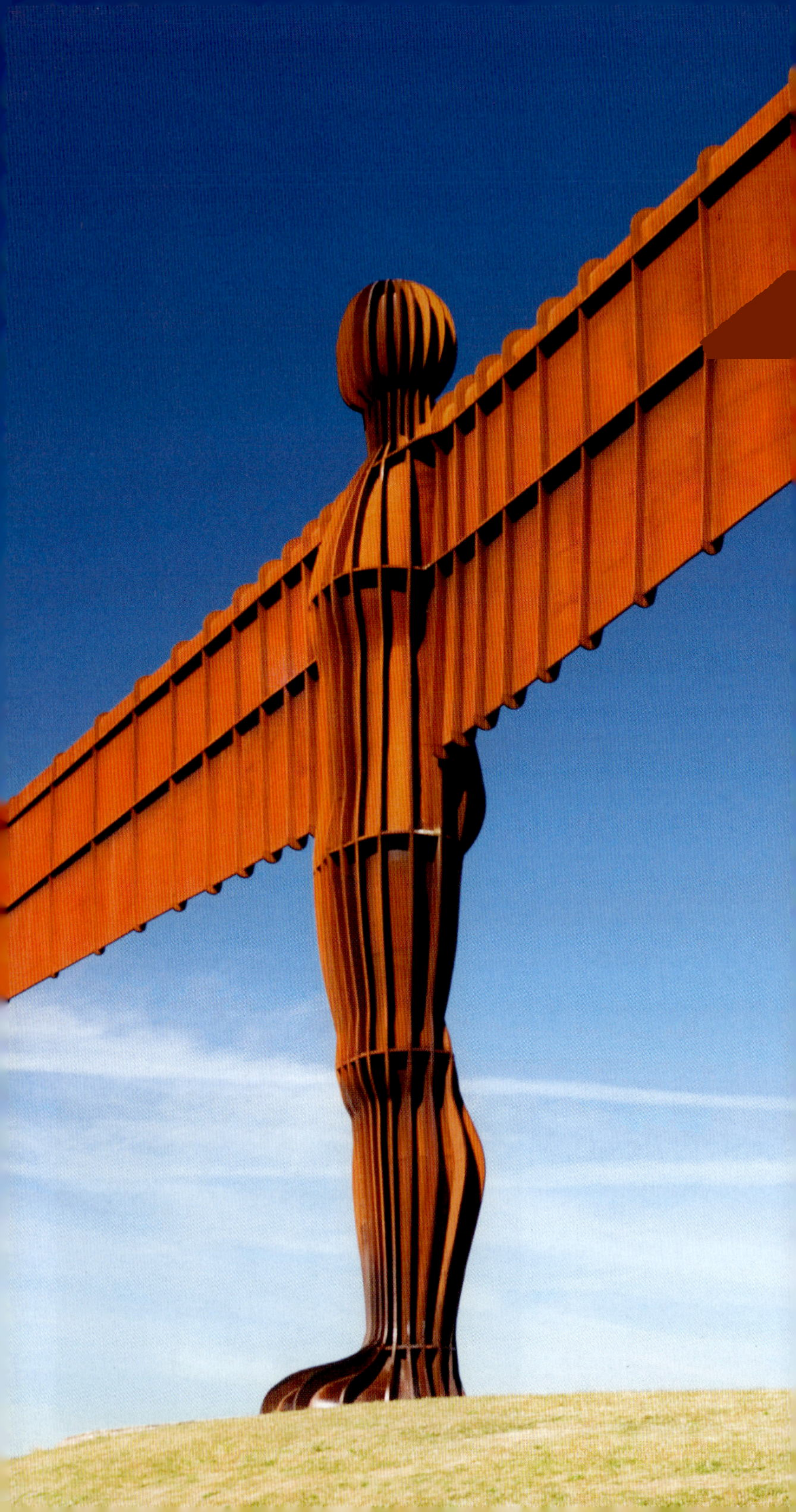

Northumbria

Northumberland • County Durham

Englands äußerster Nordosten ist ein Mosaik aus Moorlandschaften, Ruinen, Burgen, Kathedralen und Dörfern. Mit dem Northumberland National Park, dem Wasserspeicher von Kielder, einer zerklüfteten Küste und den Städten Newcastle und Durham bietet die Region üppige Naturschönheit und historische Schätze.

Berge, abwechslungsreiche Natur und die Panoramablicke im Northumberland National Park täuschen über die ungestüme Vergangenheit dieser Region hinweg. Schottische und englische Truppen, befehdete Stämme, Viehtreiber und Schmuggler – sie haben alle ihre Spuren auf den alten Wegen durch die Cheviot Hills hinterlassen. Am südlichen Ende durchschneidet der Hadrianswall den Nationalpark.

Northumbria entwickelte sich im 7. Jahrhundert unter dem heiligen Aidan in ein christliches Zentrum, wurde jedoch ab 793 von den Wikingern angegriffen, die die Klöster überfielen. Der heilige Cuthbert und Beda der Ehrwürdige liegen in der Kathedrale von Durham begraben.

Nach dem Abzug der Römer dauerte der schottisch-englische Konflikt rund 1000 Jahre lang an und fand selbst nach der Vereinigung der beiden Kronen 1603 kein Ende. Eine Kette riesiger, zinnenbewehrter mittelalterlicher Burgen prägt die Küste, während andere Festungen zur Verteidigung der Nordflanke entlang dem Fluss Tweed großteils verfallen sind.

Während der industriellen Revolution an den Mündungsgebieten von Tyne, Wear und Tees entwickelte sich Newcastle zum nördlichen Zentrum des Kohlebergbaus und des Schiffsbaus. Heute ist die Stadt hauptsächlich wegen ihrer Industriedenkmäler bekannt, aber auch wegen ihres Nachtlebens, das sich vor allem um den Bigg Market herum abspielt. Außerdem sind in letzter Zeit einige Viertel schick geworden, vor allem Ouseburn, wo sich Künstler und Kunsthandwerker aller Art angesiedelt haben.

Teil des um 120 von den Römern erbauten Hadrian's Wall östlich von Cawfields

◀ Antony Gormleys Skulptur *Angel of the North*, Gateshead *(siehe S. 428)*

Überblick: Northumbria

An der Küste Northumbrias liegen viele historische Stätten. Südlich von Berwick-upon-Tweed führt ein Damm zum verfallenen Kloster und zur Burg auf Lindisfarne. Große Burgen zieren Bamburgh, Alnwick und Warkworth. Das Hinterland ist offen und weit – wildromantisch im Northumberland National Park und mit interessanten Überresten des römischen Hadrian's Wall in Housesteads und anderswo. Das schöne Durham wird von Burg und Kathedrale geprägt. Newcastle upon Tyne bietet ein lebhaftes Nachtleben.

Sehenswürdigkeiten auf einen Blick

1. Berwick-upon-Tweed
2. Lindisfarne
3. Farne Islands
4. Bamburgh
5. Alnwick Castle
6. Warkworth Castle
7. Kielder Water & Forest Park
8. *Cheviot Hills S. 425*
9. Hexham
10. Corbridge
11. *Hadrian's Wall S. 426f*
12. Newcastle upon Tyne
13. *Beamish Open Air Museum S. 428f*
14. *Durham S. 432f*
16. Middleton-in-Teesdale
17. Barnard Castle

Tour
15. *North Pennines S. 431*

Die Naturschönheit von Upper Coquetdale in den spärlich besiedelten Cheviot Hills

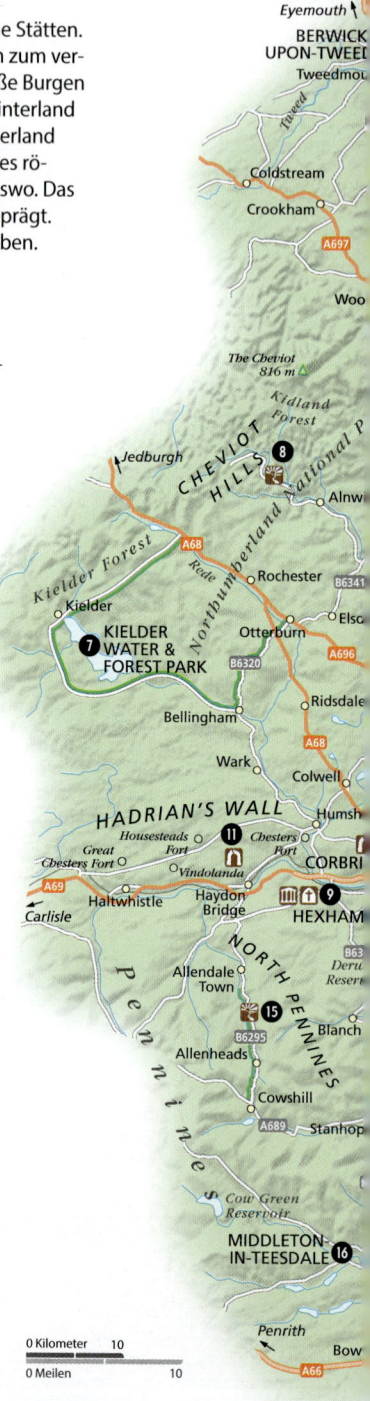

Weitere Zeichenerklärungen *siehe hintere Umschlagklappe*

Die zerklüftete Küste von Northumberland mit Bamburgh Castle

In Northumbria unterwegs

Nördlich von Newcastle mündet die A1068 in die A1, die die Orte an der Küste Northumbrias miteinander verbindet und nach Schottland führt. A696 und A68 treffen sich bei Otterburn und führen am Northumberland National Park entlang. Die Eisenbahn verbindet Durham, Newcastle und Berwick, doch eine genaue Erkundung ist nur per Auto möglich.

Legende

- Autobahn
- Schnellstraße
- Hauptstraße
- Nebenstraße
- Panoramastraße
- Eisenbahn (Hauptstrecke)
- Eisenbahn (Nebenstrecke)
- ▲ Gipfel

Quayside, Newcastle upon Tyne

Hotels und Restaurants in Northumbria *siehe Seiten 570f und 598f*

Die drei Brücken von Berwick-upon-Tweed

❶ Berwick-upon-Tweed

Northumberland. **Karte** L7.
12 000. Walkergate, (01670) 622 155. Mi, Sa.
w visitnorthumberland.com

Berwick-upon-Tweed wechselte während der schottisch-englischen Kriege (12.–15. Jh.) 14-mal den Besitzer. Wegen ihrer Lage an der Mündung des Grenzflusses war die Stadt strategisch wichtig. Schließlich gewannen die Engländer im Jahr 1482 die endgültige Verfügungsgewalt und beließen Berwick als Garnisonsstadt. Wehrgänge von 1555 bieten einen schönen Blick auf den Tweed. In den Kasernen (18. Jh.) befinden sich heute das **King's Own Scottish Borderers Regimental Museum**, eine Kunstgalerie und **By Beat and Drum**, das die Geschichte der britischen Infanterie vom Bürgerkrieg bis zum ersten Weltkrieg schildert.

King's Own Scottish Borderers Regimental Museum
The Barracks. (01289) 307 426.
tägl.
w englishheritage.org.uk

❷ Lindisfarne

Northumberland. **Karte** M7.
Berwick-upon-Tweed, dann Bus.
Walkergate, Berwick-upon-Tweed, (01670) 622 155.
w lindisfarne.org.uk

Zweimal täglich versinkt die schmale Landzunge für fünf Stunden in der Nordseeflut und trennt Lindisfarne von der Küste. Bei Ebbe strömen Besucher über den Damm zur Insel, die durch die Heiligen Aidan und Cuthbert sowie das Lindisfarne-Evangeliar berühmt wurde. Vom keltischen Kloster ist nichts übrig. Es wurde 875 endgültig verlassen. Die schönen Steinbogen der **Lindisfarne Priory** (11. Jh.) sind allerdings noch zu sehen.

Nach 1540 wurden Steine der Priorei zum Bau von **Lindisfarne Castle** verwendet, das Sir Edwin Lutyens *(siehe S. 33)* 1903 als sein Wohnhaus restaurieren ließ. Gertrude Jekyll gestaltete den Garten.

Lindisfarne Castle
Holy Island. (01289) 389 244.
Castle nach Wiedereröffnung im Apr 2018: März–Okt: Di–So. **Gärten** Di–So, Zeiten abhängig von den Gezeiten; tel. erfragen.
w nationaltrust.org.uk

❸ Farne Islands

Northumberland. **Karte** M7. von Seahouses (Apr–Okt). Seafield Rd, Seahouses, (01670) 625 593.

Vor der Küste Bamburghs liegen die Farne Islands – je nach Tide 15 bis 28 Inseln. Die höchste ragt 31 Meter auf. Naturschützer und Leuchtturmwärter teilen sie mit Robben und Seevögeln. Bootsfahrten starten in **Seahouses** und können in Staple, Inner Farne (St Cuthbert's Chapel) und Longstone (Grace Darling's Lighthouse) unterbrochen werden.

Lindisfarne Castle (1540), das markante Wahrzeichen der Insel

Hotels und Restaurants in Northumbria *siehe Seiten 570f und 598f*

Keltisches Christentum

Der irische Mönch Aidan kam von der westlich von Schottland gelegenen Insel Iona und landete 635 in Northumbria, um Nordengland zu christianisieren. Er gründete auf Lindisfarne ein Kloster, das eines der wichtigsten Zentren des Christentums in England wurde. Dieses und andere Klöster waren Orte der Gelehrsamkeit, aber vergleichsweise arm.

Die Gegend wurde zur Wallfahrtsstätte, nachdem von Wundern am Grab des hl. Cuthbert, Lindisfarnes berühmtestem Bischof, berichtet worden war. 651 starb Aidan und wurde auf Lindisfarne begraben. 793 wurde Lindisfarne von den Wikingern angegriffen und zerstört.

St Aidan's Monastery entwickelte sich im Lauf der Jahrhunderte zu Lindisfarnes Priorei. Dieses Relikt (8. Jh.) mit Tierfiguren stammt von einem Kreuz der Anlage.

Beda der Ehrwürdige (673–735) war der überragende frühmittelalterliche Gelehrte und Mönch im Kloster von St Paul in Jarrow. 731 schrieb er *The Ecclesiastical History of the English People*.

Der hl. Aidan (600–651) gründete in Lindisfarne ein Kloster und wurde 635 Bischof von Northumbria. Diese Skulptur von Kathleen Parbury (1960) steht auf dem Gelände der Lindisfarne Priory.

Der hl. Cuthbert (635–687) war Mönch und wurde als Wundertäter verehrt. Er lebte als Einsiedler auf Inner Farne (Gedenkkapelle) und wurde später Bischof von Lindisfarne.

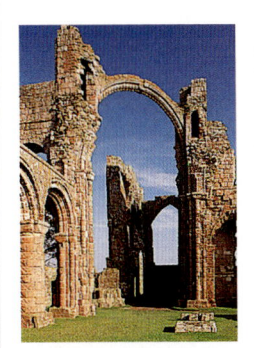

Die Lindisfarne Priory wurde von Benediktinern an der Stelle des früheren St Aidan's Monastery erbaut (11. Jh.).

Das Lindisfarne-Evangeliar

Das Buch mit den reich illustrierten Bibelgeschichten ist eines der Meisterwerke der »Northumbrian Renaissance« und prägte die christliche Kunst und Geschichtsschreibung nachhaltig. Es wurde um 700 von Lindisfarne-Mönchen unter Leitung von Bischof Eadfrith illustriert. Den Mönchen gelang es, das Buch für die Nachwelt zu retten. Sie nahmen es mit, als sie im Jahr 875 nach wiederholten Angriffen der Wikinger von Lindisfarne flohen. Andere Schätze wurden geplündert.

Schmuckinitial des *Matthäusevangeliums* (um 725)

Illustration von Grace Darling in *Sunday at Home* **(Ausgabe 1881)**

❹ Bamburgh

Northumberland. **Karte** M7. 400.
Berwick. *i* Seahouses, (01670) 625 593; Walkergate, Berwick-upon-Tweed, (01670) 622 155.

Wegen der einstigen Feindseligkeiten mit Schottland befinden sich in Northumbria mehr Festungen und Burgen als im übrigen England. Die meisten entstanden unter den örtlichen Kriegsherren vom 11. bis 15. Jahrhundert. Das aus rotem Sandstein erbaute **Bamburgh Castle** ist eine dieser Küstenfestungen. Sie steht auf schon seit prähistorischen Zeiten befestigtem Areal, das erst 550 vom sächsischen Stammesführer Ida dem Feuerträger zur Hauptfestung ausgebaut wurde. Zwischen 1095 und 1464 fanden in der Burg die Krönungen der Könige Northumbrias statt. 1894 kaufte und restaurierte sie der Newcastler Waffenmagnat Lord Armstrong. In der Great Hall sind Kunstwerke ausgestellt, im Untergeschoss Rüstungen und mittelalterliche Artefakte.

Eine weitere Sehenswürdigkeit Bamburghs ist das **Grace Darling Museum**. Es erinnert an Grace Darling, die 1838 als 23-Jährige bei Sturm mit ihrem Vater, dem Leuchtturmwärter von Longstone, aufs Meer ruderte und neun Menschen vom untergehenden Dampfer *Forfarshire* rettete.

Bamburgh Castle
Bamburgh. (01668) 214 515.
Mitte Feb–Okt: tägl.; Nov–Mitte Feb: Sa, So.
w bamburghcastle.com

Grace Darling Museum
Radcliffe Rd. (01688) 214 910.
tägl. Okt–Ostern: Mo.

❺ Alnwick Castle

Alnwick, Northumberland.
Karte M8. (01665) 511 100.
Almouth. Apr–Okt: tägl. teilweise.
w alnwickcastle.com

Die Festung diente in den beiden ersten Harry-Potter-Filmen als Kulisse für Hogwarts. Einst als »Windsor des Nordens« bezeichnet, ist sie Hauptsitz des Duke of Northumberland, dessen Vorfahren, die Percys, hier seit 1309 sesshaft sind. Die Grenzburg hat viele Schlachten erlebt. Das strenge mittelalterliche Äußere täuscht über das schöne, im Renaissance-Stil möblierte Innere hinweg. Es gibt eine Sammlung Meißner Porzellans, Gemälde von Tizian, van Dyck und Canaletto sowie, im Seitenturm, eine Sammlung frühenglischer und römischer Relikte. Das **Regimental Museum of Royal Northumberland Fusiliers** befindet sich im Abbot's Tower. Ebenfalls sehenswert sind die Percy-Staatskutsche, das Verlies und die Geschützterrasse.

Kamin aus Carrara-Marmor (1840), Alnwick Castle

❻ Warkworth Castle

Warkworth, nahe Amble. **Karte** M8.
(01665) 711 423. 518 von Newcastle. Apr–Okt: tägl.; Nov–Mitte Feb: Sa, So. 1. Jan, 24.–26. Dez. teilweise.
EH w englishheritage.org.uk

Die Burg oberhalb des Coquet diente der Familie Percy als Wohnsitz, als Alnwick Castle verfallen war. Die Szenen zwischen dem Earl of Northumberland und seinem Sohn Harry Hotspur in Shakespeares *Heinrich V.* spielen in dieser Burg. Ein Großteil der Ruinen stammt aus dem 14. Jahrhundert. Der Bergfried (15. Jh.) ist kreuzförmig angelegt.

Warkworth Castle spiegelt sich im Fluss Coquet

❼ Kielder Water & Forest Park

Northumberland. **Karte** L8. *i* Tower Knowe Visitor Centre, Kielder, (01434) 240 436. tägl.
w visitkielder.com

Mit einer Uferlänge von 44 Kilometern ist das nahe der schottischen Grenze malerisch gelegene Kielder Water der größte Stausee in Großbritannien. Hier bietet sich die Möglichkeit zum Segeln und Windsurfen, zum Kanu- und Wasserskifahren sowie zum Angeln. Im Sommer legt in Leaplish das Schiff *Osprey* zu Rundfahrten ab. Umgeben ist der See vom größten Waldgebiet Englands.

Die Kielder Water Exhibition im Besucherzentrum behandelt die Geschichte des North-Tyne-Tals von der Eiszeit bis heute.

Hotels und Restaurants in Northumbria *siehe Seiten 570f und 598f*

❽ Cheviot Hills

Die kahlen, wunderschönen Moore, die sich im von eiszeitlichen Gletschern geschliffenen Hügelland erstrecken, bilden eine natürliche Grenze zu Schottland. Wanderer finden hier eine unvergleichliche Natur vor. Diese entfernte Ecke des Northumberland National Park hat eine lange, unruhige Geschichte. Römische Legionen, kriegerische Schotten, englische Grenzräuber, Viehtreiber und Whisky-Schmuggler – alle haben ihre Spuren auf den alten Wegen und Pfaden hinterlassen.

Infobox

Information
Northumberland. **Karte** L8.
🛈 12 Padgepool Place, Wooler, (01668) 282 123. 🌐 northumberlandnationalpark.org.uk

Anfahrt
🚆 Berwick-upon-Tweed.

Die Cheviot Hills bieten mit abgelegenen Bächen und Wasserläufen Lebensraum für die scheuen Fischotter.

Chew Green Camp hieß bei den Römern Ad Fines (»Am Ende der Welt«). Es bietet von den noch vorhandenen Wällen einen schönen Ausblick.

Weg zur Uswayford Farm

Die Uswayford Farm ist vielleicht die abgelegenste und am schwersten zu erreichende Farm in England. Sie liegt mitten im Moorland.

0 Kilometer 5
0 Meilen 5

Legende
▬ Hauptstraße
▬ Nebenstraße
▭ Andere Straße
--- Pennine Way

Der Pennine Way beginnt in Derbyshire und endet in Kirk Yetholm in Schottland. Das letzte Stück führt an Byrness vorbei, kreuzt die Cheviot Hills und folgt der Grenze.

Alwinton ist ein winziges, am Fluss Coquet liegendes Dorf. Es wurde vorwiegend aus grauem Stein gebaut und ist der Ausgangspunkt für viele schöne Wanderungen in der wildromantischen Landschaft.

Weitere Zeichenerklärungen *siehe hintere Umschlagklappe*

⑨ Hexham

Northumberland. **Karte L9.**
🚶 12 000. 🚉 🚌 ℹ️ Beaumont St, (01670) 620 450. 🔒 Di.
🌐 visitnorthumberland.com

Die Marktstadt Hexham entstand im 7. Jahrhundert rund um Kirche und Kloster, die beide vom hl. Wilfrid erbaut und von den Wikingern im Jahr 876 geplündert wurden. 1114 begannen Augustinermönche die Arbeit an einem Kloster, indem sie auf den alten Kirchenruinen aufbauten und so **Hexham Abbey** errichteten, die noch heute am Marktplatz steht.

Alles, was von St Wilfrid's Church übrig blieb, ist die sächsische Krypta, die teils aus den Steinen des früheren römischen Forts erbaut wurde. Vom südlichen Querschiff führen Steinstufen (12. Jh.) zum Schlafsaal. Im Altarraum steht der Frith Stool, ein sächsischer Sandsteinthron, der Verfolgten Schutz gab.

Vom Marktplatz gehen Gassen mit georgianischen und viktorianischen Ladenfronten ab. Die Moot Hall aus dem 15. Jahrhundert war einst Sitzungssaal. Das **Hexham Old Goal** (Gefängnis) beherbergt nun ein Museum zur Geschichte der Grenzregion.

Steinmetzarbeiten, Hexham Abbey

⑪ Hadrian's Wall

Auf Befehl von Kaiser Hadrian wurde zur Verteidigung der Nordgrenze der britischen Provinz und damit der Nordwestgrenze des Römischen Reichs ein 117 Kilometer langer Wall quer durch Nordengland errichtet. Die Bauzeit betrug zwei Jahre und endete 122 n. Chr. Die Truppen waren in Kastellen entlang dem Wall stationiert. Forts wurden in Abständen von acht Kilometern gebaut. 383 wurde der Wall mit dem Zerfall des Römischen Reichs aufgegeben. Seit 1987 ist er UNESCO-Welterbestätte.

Ausschnitt siehe Karte unten

Zur Orientierung

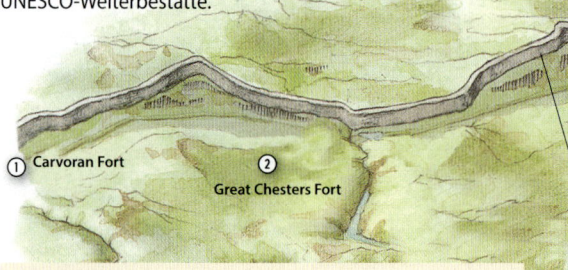

① Carvoran Fort
② Great Chesters Fort
③ Vindolanda
④ Housesteads Settlement

Außerdem

① **Carvoran Fort** stammt vermutlich aus der Zeit vor Hadrian. Wenig davon steht noch. Das Roman Army Museum informiert über die Geschichte des Walls.

② **Great Chesters Fort** war nach Osten hin gebaut, um Caw Gap zu schützen. Heute gibt es nur noch wenige Überreste. In Süden und Osten des Forts finden sich Spuren einer Stadt und eines Badehauses.

③ **In Vindolanda** standen verschiedene Forts. Das erste Holzfort stammt etwa aus dem Jahr 90 n. Chr., Steinforts wurden erst im 2. Jahrhundert errichtet. Das Museum zeigt eine Sammlung römischer Schreibtafeln, die auf Nahrung, Kleidung und Arbeit eingehen.

④ **Housesteads Settlement** weist Überreste von Ladenreihen auf.

⑤ **Carrawburgh Fort** schützte die Zugänge nach Newbrough Burn und North Tyndale.

⑥ **Limestone Corner Milecastle** am Nordteil des Walls bietet Blick auf die Cheviot Hills (siehe S. 425).

⑦ **Chesters Fort** war ein Brückenkopf über den North Tyne. Das Museum enthält Altäre, Skulpturen und Inschriften.

⑧ **Die Chesters Bridge** überspannte den Tyne. Überreste der Stützpfeiler dieser Brücke sind noch zu sehen.

Cawfields liegt drei Kilometer nördlich von Haltwhistle und ist der Zugang zu einem der höchsten Teile des Walls. Nach Osten befinden sich Mauer und Kastelle auf vulkanischem Gelände.

Hotels und Restaurants in Northumbria siehe Seiten 570f und 598f

HADRIAN'S WALL | 427

🛈 Hexham Abbey
Market Place. 📞 (01434) 602 031.
🕐 tägl.
🌐 hexham-abbey.org.uk

🏛 Hexham Old Gaol
Hallgate. 📞 (01670) 624 523.
🕐 Apr–Sep: Di–Sa; Feb, März, Okt, Nov: Di, Sa.
🌐 hexhamoldgaol.org.uk

⓾ Corbridge

Northumberland. **Karte** L9. 🏠 3500.
🚆 🛈 Hill St, (01434) 632 815.

Der ruhige Ort birgt historische Gebäude, die aus Steinen der nahen Garnisonsstadt Corstopitum erbaut wurden. Darunter liegen der angelsächsische Turm der St Andrew's Church und das Turmhaus (14. Jh.). Reste eines römischen Forts, von Tempel, Brunnen und Aquädukt kann man in **Corbridge Roman Town – Hadrian's Wall** sehen.

🏛 Corbridge Roman Town – Hadrian's Wall
📞 (01434) 632 349. 🕐 Apr–Okt: tägl.; Nov–März: Sa, So. ● 1. Jan, 24.–26. Dez. teilweise.
🌐 english-heritage.org.uk

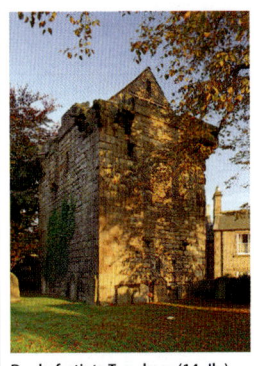

Das befestigte Turmhaus (14. Jh.) für den Pfarrer in Corbridge

Housesteads Fort ist das am besten erhaltene Fort und bietet schöne Ausblicke auf die Umgebung. Die Ausgrabungen zeigen das Haus des Kommandanten sowie ein römisches Hospital.

0 Meter 500
0 Yards 500

Carrawburgh Fort ⑤
Limestone Corner Milecastle ⑥
Chesters Fort ⑦
Chesters Bridge ⑧

Sewingshields Milecastle ist mit seinen Ausblicken auf den Westen von Housesteads ideal zum Wandern. Die Rekonstruktion zeigt den Grundriss eines römischen Kastells.

Kaiser Hadrian (76–138) kam im Jahr 120 nach Britannien. Anlässlich der Besuche des Kaisers wurden oft Münzen wie dieser Bronzesesterz geprägt. Bis 1971 hieß der Penny abgekürzt *d* – von *denarius*, einer altrömischen Münze.

Der Wall von Küste zu Küste

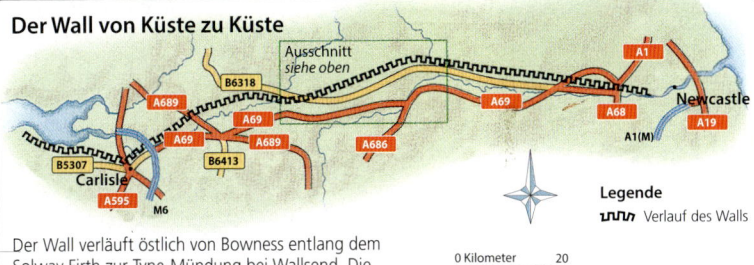

Ausschnitt *siehe oben*

A1 · B6318 · A69 · A68 · Newcastle · A19 · A1(M) · A689 · A69 · A689 · A686 · B6413 · B5307 · Carlisle · A595 · M6

Legende
⟿ Verlauf des Walls

Der Wall verläuft östlich von Bowness entlang dem Solway Firth zur Tyne-Mündung bei Wallsend. Die B6318 und die A69 führen zu den Hauptanlagen.

0 Kilometer 20
0 Meilen 20

⑫ Newcastle upon Tyne

Karte M9. 296 000. Market St, (0191) 277 8000. So. newcastlegateshead.com

Newcastle verdankt seinen Namen dem Castle Keep, das Robert Curthose, der älteste Sohn von William the Conqueror *(siehe S. 50f)*, 1080 gründete. Die Römer hatten hier bereits 1000 Jahre zuvor eine Brücke über den Tyne und ein Fort gebaut. Im Mittelalter war Newcastle Basis für englische Feldzüge gegen die Schotten. Ab dem Mittelalter florierte die Stadt als Kohlebergbau- und Exportzentrum. Im 19. Jahrhundert war sie bekannt für Maschinenbau, Stahlproduktion und später für die Schiffswerft. Die Industrie ist stark rückläufig. Der Stolz der »Geordies«, wie die Einwohner Newcastles genannt werden, gründet sich jetzt auf das attraktive Nachtleben mit Clubs und Pubs, auf eine aufblühende Kulturszene, auf gute Shopping-Möglichkeiten sowie auf die Erfolge des Fußballclubs Newcastle United.

Sichtbare Zeichen der Vergangenheit sind die **Tyne Bridge** und **Earl Grey's Monument**. Auch die großartigen Fassaden, etwa in der Grey Street, zeugen vom Wohlstand früherer Tage. In Gateshead sind vor allem das **Baltic Centre for Contemporary Art**, Sage Gateshead, ein internationales Zentrum für Musik, und die Gateshead Millennium Bridge sehenswerte Attraktionen.

Brücken über den Tyne in Newcastle

🏰 Castle Keep
St Nicholas St. (0191) 230 6300. tägl. 1. Jan, Karfreitag, 24.–26. Dez. castlekeep-newcastle.org.uk

Die ursprünglich aus Holz errichtete »Neue Burg« von Robert Curthose wurde im 12. Jahrhundert in Stein nachgebaut. Nur der mit Zinnen versehene Hauptturm ist noch intakt. Er birgt königliche Gemächer, die wie alle vier Ebenen besichtigt werden können. Wendeltreppen führen zu den Brustwehren, die einen schönen Blick über die Stadt und den Tyne freigeben.

⑬ Beamish Open Air Museum

Das Freilichtmuseum auf 120 Hektar Land der Grafschaft Durham stellt das Familien- und Arbeitsleben des englischen Nordostens vor dem Ersten Weltkrieg nach. Es gibt eine edwardianische Bergarbeiterstadt, einen viktorianische Bauernhof und eine georgianische Dampfeisenbahn. Eine Tram verbindet die verschiedenen Teile des Museums, das bewusst vermeidet, die Vergangenheit zu romantisieren.

Zum Bahnhof (1913) mit Stellwerk, Bahnsteig und Frachthof gehört eine schmiedeeiserne Fußgängerbrücke.

Die Home Farm hält die Atmosphäre eines alten Bauernhofs lebendig. Hier werden Gänse, aber auch seltene Rinder- und Schafarten gezüchtet, die es vor der Massentierhaltung gab.

Schule

Die winzigen Häuschen der Grubenarbeiter hatten rückwärtige Gärten und wurden von Ölleuchten erhellt; sie gehörten der Zeche.

Kapelle

Hotels und Restaurants in Northumbria *siehe Seiten 570f und 598f*

BEAMISH OPEN AIR MUSEUM | **429**

St Nicholas Cathedral
St Nicholas Sq. (0191) 232 1939. tägl. stnicholascathedral.co.uk

Die Kathedrale, eine der kleinsten in Großbritannien, zeigt Reste der alten normannischen Kirche des 11. Jahrhunderts, auf der die heutige Bau des 14./15. Jahrhunderts entstand. Auffallend ist der Turmaufsatz: Die Laterne nimmt die Hälfte des Turms ein. Von dieser Art existieren nur drei weitere Kirchtürme im Land.

Bessie Surtees' House
41–44 Sandhill. (0191) 269 1200. Mo–Fr. 24. Dez–7. Jan, Feiertage. teilweise. historicengland.org.uk

Die romantische Geschichte von der schönen reichen Bessie, die mit dem armen John Scott, später Lordkanzler von England, durchbrannte, schwebt zwischen diesen Fachwerkbauten (16./17. Jh.). Das Fenster, aus dem Bessie flüchtete, ist blau verglast.

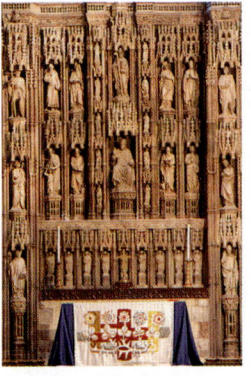

Altaraufsatz mit Northumbrias Heiligen, St Nicholas Cathedral

Tyne Bridge
Newcastle–Gateshead. tägl. Die 1928 eröffnete Stahlbogenbrücke war mit einer Spannweite von 162 Metern damals die längste in Großbritannien. Sie wurde bald zu einem Wahrzeichen der Stadt.

Earl Grey's Monument
Grey St.

Der Architekt Benjamin Green (1811–1858) schuf dieses Denkmal für den 2. Earl of Grey, liberaler Premierminister von 1830 bis 1834.

Baltic Centre for Contemporary Art
Gateshead. (0191) 478 1810. tägl. balticmill.com

Der ehemalige Kornspeicher am Südufer des Tyne wurde von Dominic Williams in das Zentrum für zeitgenössische Kunst umgebaut, das zu den größten in Europa zählt, allerdings keine eigene Sammlung besitzt. Das Restaurant auf dem Dach bietet eine wunderbare Aussicht.

Die Stadt bietet eine Süßwarenfabrik, ein Zeitungsbüro, Anwalt, Zahnarzt und ein Pub.

Infobox

Information
Beamish, County Durham.
Karte M9. (0191) 370 4000.
Apr–Okt: tägl. 10–17 Uhr (letzter Einlass 15 Uhr); Nov–März: Di–Do, Sa, So 10–16 Uhr (nur Stadt und Dorf mit Zeche).
beamish.org.uk

Anfahrt
Newcastle, dann Bus.

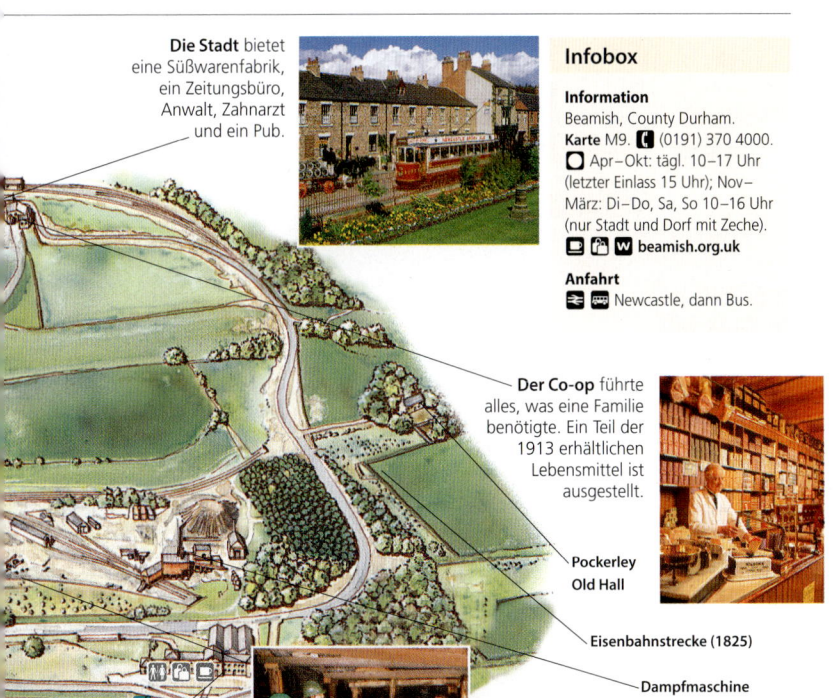

Der Co-op führte alles, was eine Familie benötigte. Ein Teil der 1913 erhältlichen Lebensmittel ist ausgestellt.

Pockerley Old Hall

Eisenbahnstrecke (1825)

Dampfmaschine

Eingang

Die Mahogany-Drift-Grube, ein in den Kohleflöz getriebener Stollen, existierte lange vor dem Museum. Sie war 1850 bis 1958 in Betrieb. Für Besucher gibt es Führungen in die Grube.

Zeichenerklärung siehe hintere Umschlagklappe

Häuser der London Lead Company in Middleton-in-Teesdale

⓮ Durham

Siehe S. 432f.

⓯ Tour: North Pennines

Siehe S. 431.

Cotherstone-Käse, Spezialität der Region um Middleton-in-Teesdale

⓰ Middleton-in-Teesdale

County Durham. **Karte** L9. 🚆 1100. 🚉 Darlington. 🛈 Bowlees, 03000 262 626.

Inmitten der wilden Landschaft am Fluss Tees liegt an einer Bergseite das alte Bergwerksstädtchen Middleton-in-Teesdale. Viele Cottages wurden von der London Lead Company gebaut, einer von Quäkern geführten Gesellschaft, deren Einfluss tief ins Alltagsleben ihrer Arbeiter hineinreichte.

Die Gesellschaft begann 1753 mit dem Abbau von Blei und besaß bald den ganzen Ort. Die Arbeiter mussten strikte Enthaltsamkeit üben, ihre Kinder in die Sonntagsschule schicken und die Vorschriften der Firma beachten. In Teesdale gibt es keinen Bergbau mehr, doch Middleton bleibt ein Industriedenkmal für eine »Firmenstadt« des 18. Jahrhunderts: Die Büros der London Lead Company und auch die Nonkonformisten-Kirchen sind noch zu sehen.

Der krümelige Cotherstone-Käse, eine Spezialität der umliegenden Täler, wird in den hiesigen Läden angeboten.

⓱ Barnard Castle

County Durham. **Karte** M10. 🚆 5500. 🚉 Darlington. 🛈 3 Horsemarket, 03000 262 626. 🌐 Mi.
w thisisdurham.com

Barnard Castle, in der Gegend als »Barney« bekannt, ist eine kleine Stadt mit alten Ladenfronten und einem kopfsteingepflasterten Markt, der von den Ruinen der namengebenden Normannenburg überragt wird. Das ursprüngliche Barnard Castle wurde ab 1125 von Bernard de Balliol, einem Vorfahren des Gründers von Balliol College in Oxford *(siehe S. 226)*, errichtet. Um die Festung entstand dann der Ort.

Heute ist Barnard Castle bekannt für sein Schloss im französischen Stil mit streng geometrisch angelegten Gärten. Ab 1860 residierten hier der Aristokrat John Bowes und seine französische Frau Joséphine, eine Künstlerin und Schauspielerin, die das Bauwerk nicht allein als private Residenz, sondern auch als Museum und öffentlichen Bau sahen. Nach ihrem Tod wurde das Schloss 1892 öffentlich zugänglich. Als **Bowes Museum** legt es Zeugnis für Extravaganz und Reichtum ab.

Das Museum beherbergt eine interessante Sammlung spanischer Kunst, darunter El Grecos *Der reuige Petrus* (um 1580) und Goyas *Don Juan Meléndez Váldez* von 1797. Uhren, Porzellan, Möbel, Wandteppiche sowie ein mechanischer Silberschwan gehören ebenso zu den ausgestellten Kostbarkeiten.

🏛 **Bowes Museum**
Barnard Castle. ☎ (01833) 690 606. ⏰ tägl. 10–17 Uhr.
⊘ 1. Jan, 25., 26. Dez.
🌳 im Sommer. ♿ 🅿 🎫
w thebowesmuseum.org.uk

Französische Anmutung – das Bowes Museum in Barnard Castle

Hotels und Restaurants in Northumbria *siehe Seiten 570f und 598f*

⓯ Tour: North Pennines

Die Tour durch South Tyne Valley und Upper Weardale verläuft südlich des Hadrian's Wall durch eine der abgelegensten Moorlandschaften Englands, bevor sich der Weg wieder nach Norden wendet. Auf den höheren Heidelagen weiden Schafe. Trockensteinmauern zerteilen das Land. Weihen und andere Raubvögel ziehen hier ihre Bahnen. Wasserläufe stürzen in Täler mit dicht bebauten Dörfern. Kelten, Römer u. a. haben ihre Spuren hinterlassen. Lange Zeit lebte diese »Area of Outstanding Natural Beauty« neben der Landwirtschaft vom Bleibergbau und Steinabbruch.

Ländliche Idylle mit Heideschaf

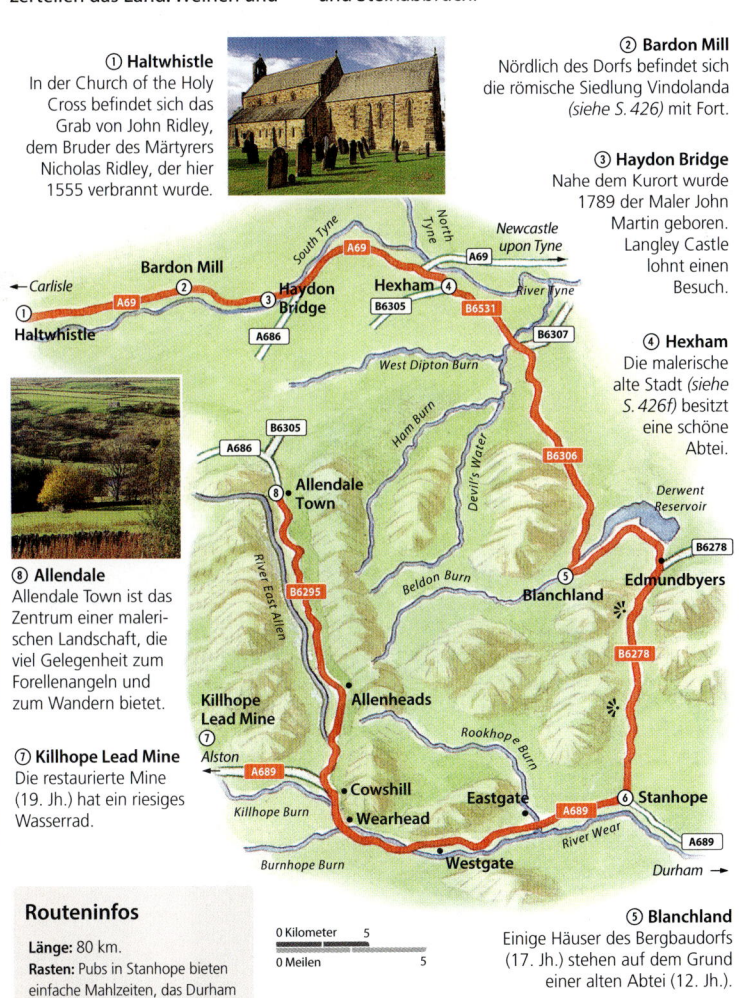

① Haltwhistle
In der Church of the Holy Cross befindet sich das Grab von John Ridley, dem Bruder des Märtyrers Nicholas Ridley, der hier 1555 verbrannt wurde.

② Bardon Mill
Nördlich des Dorfs befindet sich die römische Siedlung Vindolanda (siehe S. 426) mit Fort.

③ Haydon Bridge
Nahe dem Kurort wurde 1789 der Maler John Martin geboren. Langley Castle lohnt einen Besuch.

④ Hexham
Die malerische alte Stadt (siehe S. 426f) besitzt eine schöne Abtei.

⑧ Allendale
Allendale Town ist das Zentrum einer malerischen Landschaft, die viel Gelegenheit zum Forellenangeln und zum Wandern bietet.

⑦ Killhope Lead Mine
Die restaurierte Mine (19. Jh.) hat ein riesiges Wasserrad.

Routeninfos
Länge: 80 km.
Rasten: Pubs in Stanhope bieten einfache Mahlzeiten, das Durham Dale Centre serviert das ganze Jahr über Tee. Im Horsley Hall Hotel in Eastgate gibt es durchgehend warme Küche.

⑥ Stanhope
Eine Burg (18. Jh.) überragt den Marktplatz. Ein riesiger versteinerter Baumstumpf (angeblich 250 Millionen Jahre alt) bewacht den Friedhof.

⑤ Blanchland
Einige Häuser des Bergbaudorfs (17. Jh.) stehen auf dem Grund einer alten Abtei (12. Jh.).

Legende
— Route
═ Andere Straße

Weitere Zeichenerklärungen siehe hintere Umschlagklappe

Durham

Durham wurde 995 auf Island Hill oder »Dunholm« erbaut. Die felsige Halbinsel, um die der Wear eine Schleife bildet, wurde als letzte Ruhestätte für die Gebeine des hl. Cuthbert gewählt. Die Reliquien von Beda dem Ehrwürdigen wurden 27 Jahre später hierhergebracht und erhöhten den Reiz Durhams als Wallfahrtsort. Die Kathedrale war für die Baumeister ein geometrisches Experiment. Die Burg diente bis 1832 als Bischofspalast und wurde dann von Bischof William van Mildert aufgegeben, da er die Gründung der dritten Universität Großbritanniens finanzierte. Kathedrale und Burg zählen zum UNESCO-Welterbe. Die 23 Hektar große Halbinsel hat viele Fußwege und Aussichtspunkte.

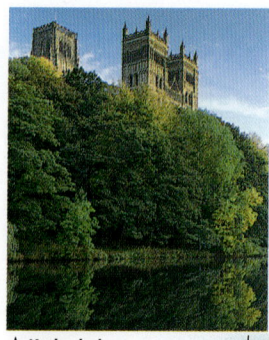

★ Kathedrale
Der normannische Bau entstand 1093–1274.

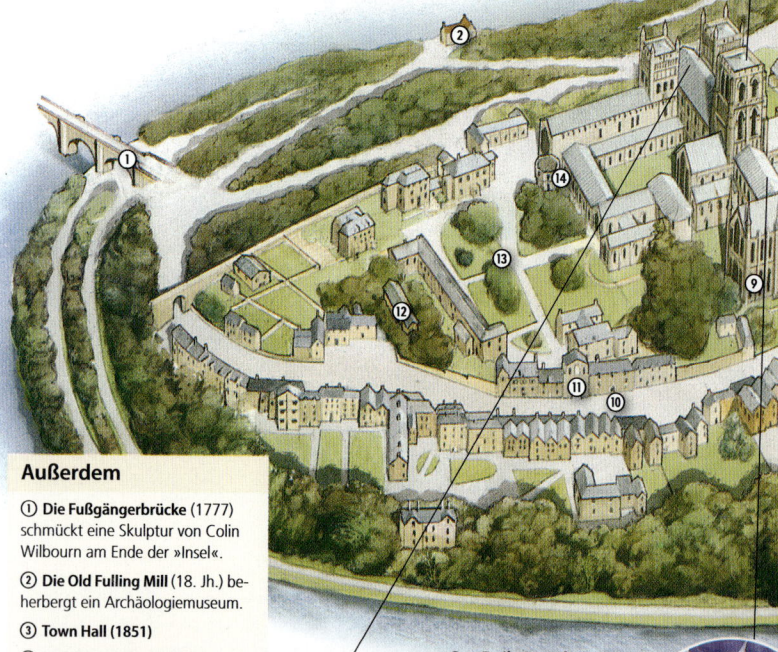

Außerdem

① **Die Fußgängerbrücke** (1777) schmückt eine Skulptur von Colin Wilbourn am Ende der »Insel«.

② **Die Old Fulling Mill** (18. Jh.) beherbergt ein Archäologiemuseum.

③ **Town Hall** (1851)

④ **St Nicholas' Church** (1857)

⑤ **Die Universitätsgebäude** (17. Jh.) ließ Bischof John Cosin bauen.

⑥ **Palace Green**

⑦ **Kirche St Mary le Bow**

⑧ **Die Kingsgate-Fußgängerbrücke** (1962/63) führt nach North Bailey.

⑨ **Cuthberts Grab**

⑩ **South Bailey**

⑪ **College Gatehouse**

⑫ **Kirche St Mary the Less**

⑬ **College Green**

⑭ **Klosterküche**

»Our Daily Bread«-Fenster
Das Bleiglasfenster im Gang des nördlichen Hauptschiffs wurde 1984 von einem örtlichen Kaufhaus gestiftet.

Galilee Chapel
Baumeister begannen 1170 mit der Kapelle, inspiriert von der Moschee von Córdoba in Andalusien. Bischof Langley (gest. 1437), dessen Grab sich an der Westtür befindet, veränderte den Bau.

Hotels und Restaurants in Northumbria *siehe Seiten 570f und 598f*

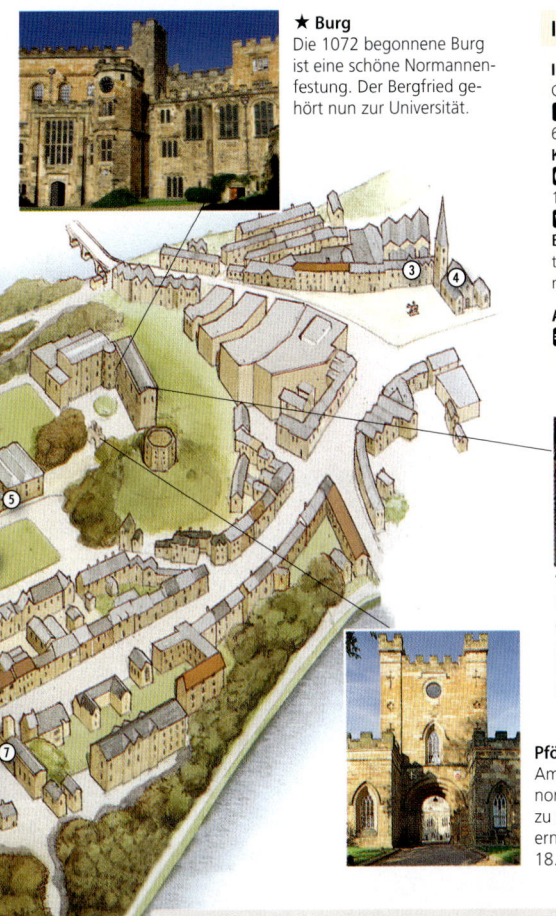

★ Burg
Die 1072 begonnene Burg ist eine schöne Normannenfestung. Der Bergfried gehört nun zur Universität.

Infobox

Information
County Durham. **Karte** M9.
Market Place, 03000 262 626. **W** thisisdurham.com
Kathedrale (0191) 386 4266.
Mo–Sa 9.30–18, So 12.45–17.30 Uhr. teilweise.
W durhamcathedral.co.uk
Burg (0191) 334 2932.
tägl. (während des Semesters nur nachmittags). obligatorisch.

Anfahrt
Durham.

Tunstal's Chapel
Die Kapelle wurde um 1542 erbaut. Diese Miserikordie *(siehe S. 345)* mit Schubkarre ist nur eine von vielen schönen Holzarbeiten.

Pförtnerhaus der Burg
Am äußeren Bogen sind Spuren normannischer Steinmetzarbeiten zu erkennen, während die Mauern und oberen Ebenen aus dem 18. Jahrhundert stammen.

Architektur der Kathedrale
Besondere Merkmale der Kathedrale sind die ungeheuren Ausmaße der Säulen, Pfeiler und Gewölbe sowie die fantasievollen Säulenreliefs mit Rauten-, Winkel- und Hundszahnmuster. Man glaubt, dass Baumeister wie Bischof Ranulph Flambard im 11. und 12. Jahrhundert versuchten, alle Teile der Konstruktion in Einklang zu bringen. Das zeigt sich vor allem am Südgang des Hauptschiffs.

Rippengewölbe, die sich im Zentrum kreuzen, sind heute an Kirchendecken üblich. In Durham wurde dieser gotische Baustil zum ersten Mal angewendet.

Rautenmuster, von prähistorischen Ritzungen übernommen, gab es nie zuvor in Kirchen.

Winkelmuster an einigen Pfeilern im Hauptschiff zeugen von maurischem Einfluss.

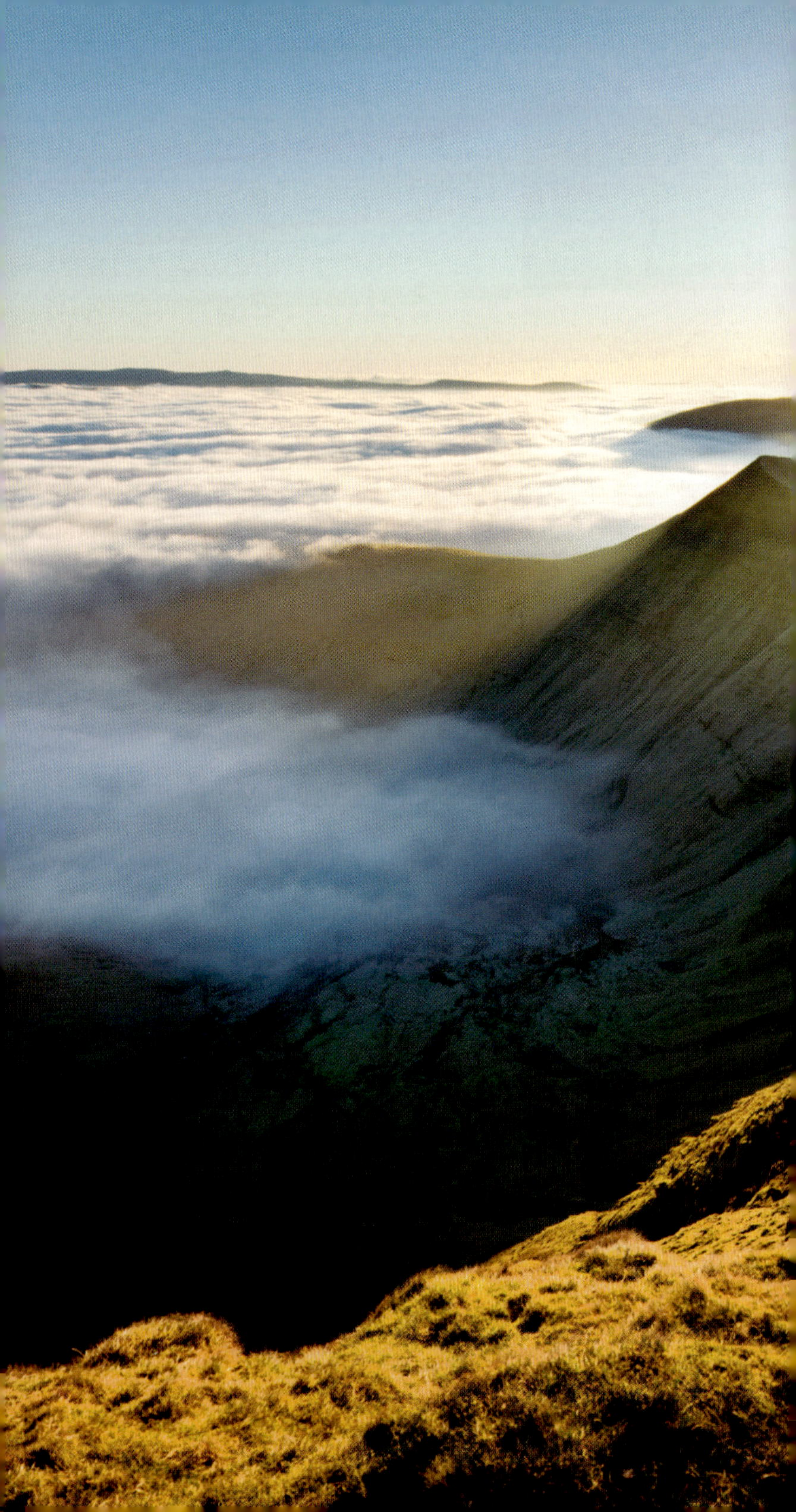

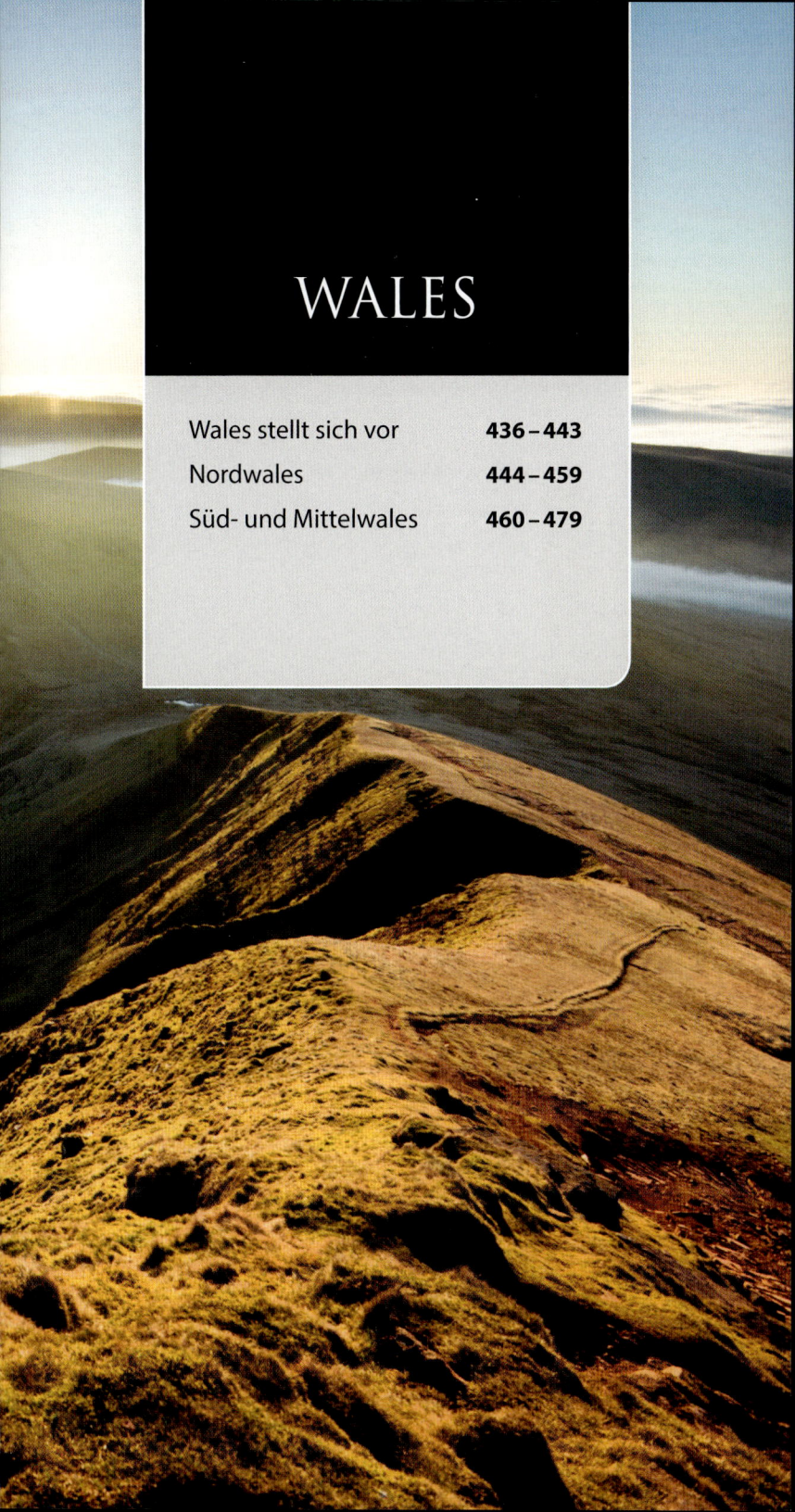

WALES

Wales stellt sich vor	**436 – 443**
Nordwales	**444 – 459**
Süd- und Mittelwales	**460 – 479**

Wales im Überblick

Wales ist ein Land von überragender Schönheit mit ganz unterschiedlichen Landschaften. Besucher kommen, um Berggipfel zu erklimmen, in den Wäldern zu wandern, in den Flüssen zu angeln und die sauberen Küsten zu genießen. Outdoor-Unternehmungen sind hier ebenso attraktiv wie der Genuss walisischer Kultur mit ihren starken keltischen Wurzeln. Natürlich gibt es auch in Wales viele schöne Schlösser und Burgen, Klosterruinen, Herrenhäuser und außergewöhnliche Industrieerbestätten.

Beaumaris Castle war als strategische Festung im »eisernen Ring« Edwards I gedacht, der die Waliser einschließen sollte *(siehe S. 440)*. Das ausgeklügelte Verteidigungssystem der 1295 begonnenen, nie vollendeten Burg *(siehe S. 442f)* sucht in ganz Wales seinesgleichen.

Llanberis und Snowdon *(siehe S. 455)* sind bei Bergsteigern beliebt, die anspruchsvolle Gipfel schätzen. Die Spitze des Snowdon erreicht man am besten von Llanberis aus. *Yr Wyddfa*, der walisische Name des Bergs, bedeutet »großes Grab« und soll die letzte Ruhestätte eines von König Artus *(siehe S. 289)* erschlagenen Riesen sein.

Portmeirion *(siehe S. 458f)* ist ein privates Dorf, das in der walisischen Landschaft etwas unstimmig wirkt. Es wurde von dem Architekten Clough Williams-Ellis erbaut, der hier seine ganz persönlichen Vorstellungen verwirklichen wollte. Einige der Gebäude sind aus Teilen anderer Bauten des Landes zusammengesetzt.

St Davids *(siehe S. 468f)* ist die kleinste Stadt in Großbritannien – die Kathedrale dagegen die größte in Wales. Sie ist bekannt für ihre schöne Eichenholzdecke und den herrlichen Lettner. Gleich bei der Kirche steht der mittelalterliche Bischofspalast, heute eine Ruine.

◀ Blick vom Pen y Fan auf den Cribyn bei Sonnenaufgang, Brecon Beacons National Park *(siehe S. 472f)*

WALES IM ÜBERBLICK | 437

Conwy Castle bewacht eine der besterhaltenen mittelalterlichen Stadtanlagen Großbritanniens *(siehe S. 450f)*. Die Burg wurde unter Edward I erbaut, später belagert. 1294 kam es fast zur Kapitulation. Eingenommen wurde sie 1401 von Anhängern Owain Glyndŵrs.

Zur Orientierung

0 Kilometer 25
0 Meilen 25

- Conwy
- Queensferry
- CONWY
- FLINTSHIRE
- Betws-y-Coed
- Ruthin
- DENBIGHSHIRE
- Wrexham
- Llangollen

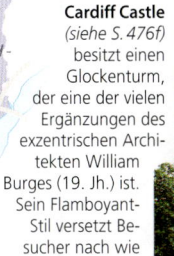

Nordwales
Seiten 444–459

- Machynlleth
- Welshpool
- POWYS
- Llandrindod Wells

Süd- und Mittelwales
Seite 460–479

- Hay-on-Wye
- Llandovery
- Brecon
- Monmouth
- Merthyr Tydfil
- MONMOUTHSHIRE
- GLAMORGAN
- Newport
- Bridgend
- Cardiff
- Barry

Brecon Beacons *(siehe S. 472f)* ist ein Nationalpark. Das schöne Gebiet mit Bergen, Wäldern und Mooren ist ein beliebtes Ziel von Wanderern und Naturliebhabern. Pen y Fan ist einer der Hauptgipfel.

Cardiff Castle *(siehe S. 476f)* besitzt einen Glockenturm, der eine der vielen Ergänzungen des exzentrischen Architekten William Burges (19. Jh.) ist. Sein Flamboyant-Stil versetzt Besucher nach wie vor in Erstaunen.

Ein Porträt von Wales

Bei britischen Urlaubern ist Wales schon lange ein beliebtes Reiseziel. Seine Reize werden nun zunehmend auch außerhalb Großbritanniens bekannt. Zur walisischen Kultur gehören Männerchöre, Dichtung und die Leidenschaft für Mannschaftssportarten. Seit 1535 wird Wales von Westminster aus regiert, doch seine Kultur ist noch keltisch geprägt. Im Jahr 1999 führte die Bildung eines eigenen Parlaments zu größerer Unabhängigkeit.

Die walisische Landmasse ist weitgehend vom Kambrischen Gebirge bedeckt, einer natürlichen Grenze zu England. Wales wird vom Golfstrom erwärmt und hat ein mildes Klima mit mehr Niederschlägen als die meisten anderen Teile Großbritanniens. Das Land eignet sich nicht für Ackerbau, jedoch für die Schaf- und Rinderhaltung. Aus den Viehwegen, auf denen früher Schafherden nach England getrieben wurden, sind mittlerweile beliebte Wanderwege geworden. Es liegt wohl auch an dem zerklüfteten Gelände, dass die Menschen in Wales ihre eigene Identität und ihre alte Sprache verteidigt haben.

Walisisch ist eine musikalische Sprache, die nur von etwa 19 Prozent der drei Millionen Einwohner gesprochen wird. In Nordwales ist Walisisch heute noch Alltagssprache. Offiziell besteht Zweisprachigkeit: Die Straßenschilder sind englisch und walisisch beschriftet, auch in solchen Gegenden, in denen kaum Walisisch gesprochen wird. Die walisischen Ortsnamen beziehen sich in der Regel auf Landschaftsmerkmale und alte Gebäude.

Wales wurde zwar von den Römern, nicht aber von den Angelsachsen erobert. Aus diesem Grund blieben keltische Siedlungsweise und Landwirtschaft über sechs Jahrhunderte, bis zur normannischen Eroberung im Jahr 1066, erhalten. In dieser Zeit konnte sich ein eigener Nationalcharakter entwickeln, der bis in die Gegenwart fortlebt.

Die frühen normannischen Könige bezwangen die Waliser, indem sie »Marcher Lords« einsetzten, welche das Grenzgebiet kontrollierten. Eine Reihe massiver Burgen zeugt von den Jahren, in denen die Aufstände der Waliser eine ständige Bedrohung darstellten. Erst im Jahr 1535 wurde Wales offiziell ein Teil Britanniens. Es sollte dann mehr als 400 Jahre dauern, bis das Land wieder eine Teilautonomie zurückerhielt.

Religiöser Nonkonformismus und eine radikale politische Haltung sind in Wales tief verwurzelt. Im 6. Jahrhundert christianisierte der heilige David das Land. Methodismus und Alkoholabstinenz setzten sich im 19. Jahrhundert in der walisischen Seele fest. Sogar noch heute haben manche Pubs an Sonntagen geschlossen. Seiner langen Erzähltradition verdankt Wales eine Vielzahl hervorragender Redner, Politiker und Schauspieler. Zahlreiche Arbeiterführer haben eine große Rolle in der sozialistischen Bewegung und bei den britischen Gewerkschaften gespielt.

Bergschafe sind ein vertrauter Anblick in Wales

EIN PORTRÄT VON WALES | 439

Bardenversammlung (gorsedd) beim *eisteddfod*

Lovespoon

Das kulturelle Erbe von Wales fußt überwiegend auf Gesang, Musik, Dichtung und Mythen und weniger auf dem Handwerk – mit einer Ausnahme: Vor nicht allzu langer Zeit wurde die Kunst des Lovespoon-Schnitzens wiederentdeckt. Die Liebe der Waliser zur Musik geht auf die alten Barden zurück – Sänger und Dichter, die wahrscheinlich mit den Druiden in Verbindung standen. Die Geschichten der Barden von Zauberern und quasi historischen Helden waren Teil der mündlichen Überlieferung im frühen Mittelalter. Im 14. Jahrhundert wurden sie erstmals im *Mabinogion* niedergeschrieben – einer Sammlung von Erzählungen, die walisische Dichter bis hin zu Dylan Thomas im 20. Jahrhundert beeinflussen sollte. Die Männerchöre in vielen Städten, Dörfern und Fabriken sind Ausdruck des musikalischen Erbes in Wales. Sie treten beim sogenannten *eisteddfod* gegeneinander an, einem Künstlerfest, dessen Tradition bis ins 12. Jahrhundert zurückgeht.

Die Erschließung des Kohlereviers von Mid Glamorgan führte zum Boom und zur Abwanderung vom Land zu den Eisen- und Stahlwerken. Der Wohlstand sollte jedoch nicht von Dauer sein: Von einer kurzen Unterbrechung im Zweiten Weltkrieg abgesehen, befand sich die Industrie über Jahrzehnte im Niedergang. Heute wird der Fremdenverkehr gefördert – in der Hoffnung, dass er den Platz von »König Kohle« einnimmt.

Die pittoreske mittelalterliche Stadt Conwy mit dem schönen Hafen

Die Geschichte von Wales

Wales wurde in prähistorischer Zeit besiedelt. Seine Historie ist von vielen Faktoren – von Invasionen bis zur Industrialisierung – geprägt. Die Römer errichteten Stützpunkte in den Bergen, doch als der Sachsenkönig Offa im Jahr 770 einen Grenzwall bauen ließ, war Wales noch immer keltisch. Es folgten Jahrhunderte der Raubzüge und Schlachten, bis England und Wales im Jahr 1535 durch den Act of Union vereinigt wurden. Der raue Nordwesten, früher Hochburg walisischer Prinzen, ist bis heute Kernland walisischer Kultur.

Verzierte Bronzespange aus Anglesey, Eisenzeit

Keltische Nation

In prähistorischer Zeit erlebte Wales mehrere Einwanderungswellen. Ab der Eisenzeit *(siehe S. 46f)* hatten keltische Bauern ihre Siedlungen und ihre Religion, das Druidentum, etabliert. Die Römer errichteten vom 1. Jahrhundert bis ungefähr 400 n. Chr. Kastelle und Straßen. Sie bauten Blei, Silber und Gold ab. In den folgenden 200 Jahren christianisierten Missionare Wales. St David *(siehe S. 468f)*, der walisische Schutzpatron, soll den Lauch zum Nationalsymbol gemacht haben: Der Legende zufolge überredete er im 6. Jahrhundert die Kämpfer, zur Unterscheidung von den Angelsachsen Lauch auf ihren Helmen zu tragen.

Die Angelsachsen *(siehe S. 50f)* konnten Wales nicht erobern. Im Jahr 770 ließ der Sachsenkönig Offa entlang der Grenze einen Verteidigungswall errichten: Offa's Dyke *(siehe S. 465)*. Die Bewohner jenseits davon nannten sich selbst *Y Cymry* (Landsleute) und das Land *Cymru*. Die Angelsachsen nannten es Wales (vom altenglischen Wort *wealas:* Fremde). Es war in Königreiche aufgeteilt, von denen die größten Gwynedd im Norden, Powys in der Mitte und Dyfed im Süden waren. Diese Reiche trieben regen Handel miteinander.

Marcher Lords

Die normannische Eroberung 1066 *(siehe S. 51)* schloss Wales zwar nicht ein, doch übertrug William the Conqueror das Grenzland (die »Marches«) drei mächtigen Baronen, die sich in Shrewsbury, Hereford und Chester niederließen. Diese drangen häufig nach Wales ein und kontrollierten einen Großteil des Tieflands.

Doch die walisischen Prinzen hielten den Nordwesten. Unter dem im Jahr 1240 gestorbenen Llywelyn the Great war Nordwales fast völlig unabhängig. 1267 wurde dessen Enkel Llywelyn the Last von König Henry III als Prince of Wales anerkannt.

Nach Henrys Tod 1272 bestieg Edward I den englischen Thron. Er ließ Festungen bauen und begann einen Eroberungsfeldzug gegen Wales. Im Jahr 1283 wurde Llywelyn getötet – ein vernichtender Schlag für Wales. Englisches Recht wurde eingeführt und Edwards Sohn zum Prince of Wales ernannt *(siehe S. 448)*.

Owain Glyndŵr, Held des walisischen Widerstands

1301 ernennt Edward I seinen Sohn zum Prince of Wales

Owain Glyndŵrs Rebellion

Stetig wachsender Groll gegen die Marcher Lords führte zur Rebellion. 1400 verwüstete Owain Glyndŵr (um 1350–1416), ein Nachfahre walisischer Prinzen, von den Engländern beherrschte Städte und Burgen. Als selbst ernanntem Prince of Wales gelang es ihm, Verbündete in Schottland, Irland, Northumbria und sogar in Frankreich zu finden. Im Jahr 1404 eroberte er Harlech und Cardiff und bildete ein erstes Parlament (Cynulliad) in Machynlleth *(siehe S. 466)*. 1408 vereinbarten die Franzosen mit Henry IV jedoch einen Waffenstillstand. So schlug der Aufstand fehl, und Glyndŵr musste sich bis zu seinem Tod verstecken.

Union mit England

Wales litt sehr unter den Rosenkriegen *(siehe S. 53)*, als die Häuser York und Lancaster auch um die wichtigen Burgen in Wales kämpften. 1485 endeten die Kriege. Der Waliser Henry Tudor, geboren in Pembroke, wurde Henry VII. Mit dem Act of Union und anderen Gesetzen wurden die Marcher Lords abgeschafft, Wales war von nun an in einem Londoner Parlament vertreten. Englische Gebräuche ersetzten mit der Zeit die alten. Englisch wurde die Sprache des Hofs und der Verwaltung. Doch die Sprache der Waliser überlebte, zum Teil unterstützt durch die Kirche und die Bibelübersetzung von William Morgan (1588).

Bergarbeiter aus Südwales, aufgenommen 1910

Die walisische Bibelübersetzung trug zum Erhalt der Sprache bei

Industrie und radikale Politik

Die Industrialisierung von Süd- und Ostwales begann in den 1760er Jahren mit dem Ausbau der Kohlereviere bei Wrexham und Merthyr Tydfil. Günstig gelegene Häfen und der Bau der Eisenbahn beschleunigten den Prozess. Ab 1850 wurde der Tagebau von den Kohleschächten im Rhondda-Tal verdrängt. Die Lebensbedingungen waren für Industrie- und Landarbeiter schlecht. Die »Rebecca-Aufstände« zwischen 1839 und 1843, in denen Bauern in Frauenkleidung gegen die Pachtgelder protestierten, wurden unterdrückt. Chartisten, Gewerkschaften und die liberale Partei hatten in Wales eine starke Anhängerschaft.

Die stärkere Verbreitung des Methodismus *(siehe S. 283)* ging mit dem Ausbau der Industrie einher: 1851 waren 80 Prozent der Einwohner Methodisten. Die walisische Sprache überlebte, obwohl die Regierung immer wieder versuchte, deren Gebrauch zu unterbinden – die Strafmaßnahmen machten auch vor Kindern nicht halt.

Wales heute

Im 20. Jahrhundert wurden Waliser zu Machtfaktoren in der britischen Politik. David Lloyd George war der erste britische Premierminister aus einer walisischen Familie. Aneurin Bevan, Bergarbeitersohn, wurde Kabinettsminister der Labour Party und trug zum Ausbau des Gesundheitswesens *(siehe S. 63)* bei. 1926 entstand die walisische Nationalpartei Plaid Cymru. 1955 wurde Cardiff *(siehe S. 474–477)* zur Hauptstadt von Wales, vier Jahre später wurde der rote Drache zum Emblem der neuen Flagge. Plaid Cymru gewann 1974 zwei Parlamentssitze. 1998 befürworteten die Waliser die begrenzte Selbstverwaltung. Die Nationalversammlung hat ihren Sitz im Y Senedd in Cardiff Bay.

Das Gesetz zum Schutz der walisischen Sprache von 1967 machte Walisisch zum Pflichtfach an den Schulen. Der Fernsehsender S4C sendet viele Programme auf Walisisch.

Der Niedergang der Kohle- und Stahlindustrie seit den 1960er Jahren führte zu Massenarbeitslosigkeit. Diese Situation konnte teilweise durch neue Hightech-Industrien und den Tourismus aufgefangen werden. Förderungsmaßnahmen wie der Wales Coast Path erwiesen sich als erfolgreich.

Besonders stolz sind die Waliser auf ihre sportlichen Erfolge. So erreichte die Fußballnationalmannschaft bei der Europameisterschaft 2016 das Halbfinale.

Mädchen in traditioneller walisischer Tracht

Burgen

Wales ist reich an mittelalterlichen Burgen. Schon bald nach der Schlacht bei Hastings *(siehe S. 51)* wandten sich die Normannen Wales zu. Sie errichteten Befestigungsanlagen, die später durch Burgen ersetzt wurden, und begannen ein Bauprogramm, das von den walisischen Prinzen und Streitkräften immer wieder gestört wurde. Unter Edward I erreichte die Bautätigkeit ihren Höhepunkt *(siehe S. 440)*. Im späten Mittelalter wurden die Burgen zu herrschaftlichen Wohnsitzen.

Der nördliche Torbau sollte 18 Meter hoch werden und für feudale, königliche Unterkunft sorgen, doch das Obergeschoss wurde nie gebaut.

Der Burghof war umgeben von Halle, Kornspeichern, Küchen und Ställen.

Die innere Mauer war höher als die Zwischenmauer, um gleichzeitiges Feuern zu ermöglichen.

Rundtürme haben weniger tote Winkel als quadratische und bieten so mehr Sicherheit.

Schießscharte

Beaumaris Castle
Die letzte der walisischen Burgen Edwards I *(siehe S. 448)* sollte Sicherheit mit Komfort verbinden. Eindringlinge sollten auf viele Hindernisse stoßen, bevor sie den Burghof erreichen würden.

Graben

Zwischenmauer

Walisische Burgen
Neben Beaumaris gibt es in Nordwales mittelalterliche Burgen auch in Caernarfon *(siehe S. 448)*, Conwy *(siehe S. 450f)* und Harlech *(siehe S. 458)*. Edward I baute auch Denbigh, Flint (bei Chester) und Rhuddlan (bei Rhyll). In Süd- und Mittelwales wurden vom 11. bis ins 13. Jahrhundert Caerphilly (bei Cardiff), Kidwelly (bei Carmarthen) und Pembroke errichtet. Herrliche Ausblicke hat man von Cilgerran (bei Cardigan), Criccieth (bei Porthmadog) und Carreg Cennen *(siehe S. 472)*. Chirk Castle bei Llangollen wurde vom Fort zum Herrenhaus umfunktioniert.

Caerphilly (10 km nördlich von Cardiff) ist eine riesige Burg mit konzentrischer Verteidigungsanlage. Sie bedeckt zwölf Hektar Fläche.

Harlech Castle *(siehe S. 458)* ist bekannt für das massive Torhaus, die Doppeltürme und die befestigte Treppe zum Meer. Die Burg war 1404–08 Hauptquartier des walisischen Widerstandsführers Owain Glyndŵr *(siehe S. 440)*.

BURGEN | **443**

Castell y Bere
Diese walisische Burg am Fuß des Cader Idris wurde von Llywelyn the Great *(siehe S. 440)* 1221 gebaut, um die Grenzen zu sichern.

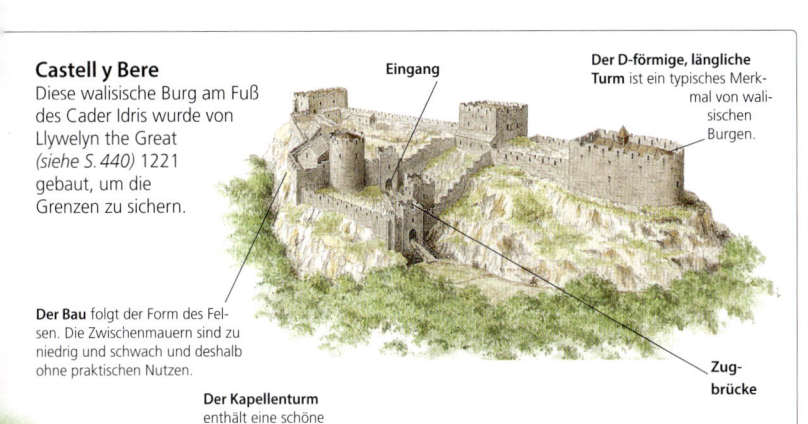

Eingang

Der D-förmige, längliche Turm ist ein typisches Merkmal von walisischen Burgen.

Der Bau folgt der Form des Felsen. Die Zwischenmauern sind zu niedrig und schwach und deshalb ohne praktischen Nutzen.

Zugbrücke

Der Kapellenturm enthält eine schöne mittelalterliche Kapelle.

Doppelturm-Torhaus

Die Anlegestelle liegt an einem Kanal, der mit dem Meer verbunden war.

Edward I und Meister James of St George

1278 ließ Edward I einen Steinmetzmeister aus Savoyen kommen, der zum Militärbaumeister wurde: James of St George. Er war für den Bau von mindestens zwölf walisischen Burgen Edwards verantwortlich, wurde gut bezahlt und erhielt eine ordentliche Pension, was die Wertschätzung des Königs zeigt.

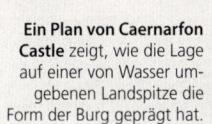

Edward I war ein Soldatenkönig, dessen Burgen eine Schlüsselrolle bei der Unterwerfung der Waliser spielten *(siehe S. 440)*.

Ein Plan von Caernarfon Castle zeigt, wie die Lage auf einer von Wasser umgebenen Landspitze die Form der Burg geprägt hat.

Caernarfon Castle *(siehe S. 448)* ist der Geburtsort des unglückseligen Edward II *(siehe S. 333)*. Es war als offizielle königliche Residenz in Nordwales gedacht und ist mit palastartigen Gemächern ausgestattet.

Castell Coch wurde vom Marquess of Bute und von William Burges *(siehe S. 476)* in neugotischem Stil wiederhergestellt.

Conwy Castle *(siehe S. 451)* erforderte – wie der Bau vieler anderer Burgen auch – ein großes Maß an Fronarbeit.

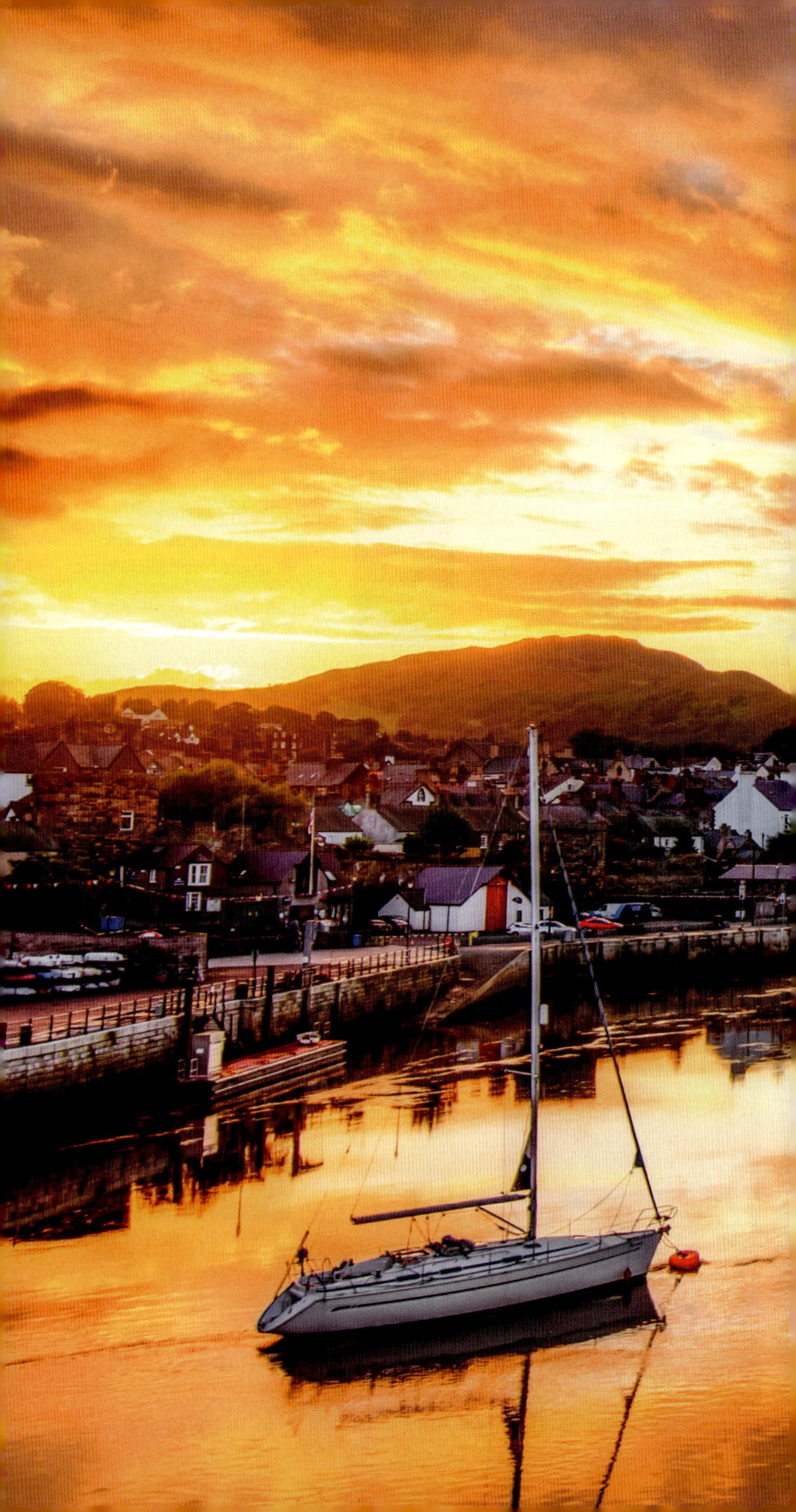

Nordwales

Conwy · Isle of Anglesey · Gywnedd · Denbighshire Flintshire · Wrexham

Nordwales ist vor allem bei Bergsteigern und Wanderern ein beliebtes Ziel. Doch auch jenseits der Berge hat das Land viele landschaftliche Schönheiten zu bieten, etwa die Llŷn Peninsula. An ihrer vom Golfstrom erwärmten Küste findet man steile Klippen, aber auch Sanddünen und weite Badestrände vor. An vielen exponierten Stellen von Wales stehen Burgen.

Verteidigung und Eroberung waren beständige Faktoren in der walisischen Geschichte. Nordwales war Schauplatz grausamer Auseinandersetzungen zwischen den walisischen Prinzen und den anglonormannischen Königen, die ebenfalls über dieses Gebiet herrschen wollten. Die Anzahl der Burgen in Nordwales zeugt sowohl vom walisischen Widerstand als auch von der Stärke der Angreifer. Mehrere massive Festungen umrunden quasi das zerklüftete Hochland von Snowdonia – noch heute eine Gegend mit ungezähmtem Charakter.

Schafe und Rinder sind die Basis der Landwirtschaft, obwohl es auch große Forstgebiete gibt. An der Küste ist der Tourismus mittlerweile Hauptwirtschaftszweig. Der viktorianische Ferienort Llandudno hat im 19. Jahrhundert die sandige nördliche Küste populär gemacht. Noch heute zieht die Küste zwischen Llandudno und Prestatyn viele Besucher an. Langsam entwickelt sich auch die touristische Infrastruktur auf der Insel Anglesey. Die Llŷn Peninsula (Halbinsel Lleyn) ist klimatisch besonders begünstigt. Weil sie so abgelegen sind, bilden die Inseln zusammen mit einigen Gemeinden im Landesinneren, etwa Dolgellau und Bala, nach wie vor eine Hochburg der walisischen Sprache.

In Nordwales gibt es keine Industriegebiete, obwohl in Snowdonia noch Überreste des einstmals blühenden Schieferabbaus zu sehen sind. Die kahlen Schieferbrüche stehen in Kontrast zur natürlichen Schönheit der umliegenden Berge. Am Fuß des Snowdon, des höchsten Bergs in Wales, liegen die Dörfer Beddgelert, Betws-y-Coed und Llanberis – Ausgangspunkte für Wanderer, die Natur genießen möchten.

Caernarfon Castle, eine der massiven Befestigungsanlagen von Edward I

◀ Sonnenuntergang am Hafen von Conwy *(siehe S. 450f)*

Überblick: Nordwales

Herausragendes Kennzeichen von Nordwales ist der Snowdon, der höchste Berg in Wales. Der Snowdonia National Park mit dicht bewaldeten Tälern, Bergseen, Mooren und Meeresarmen erstreckt sich vom Snowdon-Massiv nach Süden bis über Dolgellau hinaus. Östlich davon liegen die sanfteren Clwydian Hills. Anglesey und die Llŷn Peninsula haben wunderbare, teils unberührte Küsten.

Leuchtturm auf den Klippen von Anglesey

Legende
- Schnellstraße
- Hauptstraße
- Nebenstraße
- Panoramastraße
- Eisenbahn (Hauptstrecke)
- Eisenbahn (Nebenstrecke)
- △ Gipfel

Berggipfel und Moorlandschaft in Snowdonia

Weitere Zeichenerklärungen *siehe hintere Umschlagklappe*

In Nordwales unterwegs

Hauptroute vom Nordwesten Englands nach Wales ist die A55, eine Schnellstraße, auf der man einige Verkehrsnadelöhre umgeht. Die A5, die andere Hauptroute von Shrewsbury nach Holyhead, folgt einem Weg über die Berge, den der Ingenieur Thomas Telford *(siehe S. 451)* im 19. Jahrhundert angelegt hat. Entlang der Küste bis nach Holyhead gibt es Eisenbahnverbindungen zu den Fähren nach Dublin und Dun Laoghaire. Landschaftlich hübsche Nebenstrecken führen von Llandudno nach Blaenau Ffestiniog (über Betws-y-Coed) und erschließen auch den Süden der Llŷn Peninsula (Halbinsel Lleyn).

Sehenswürdigkeiten auf einen Blick

1. Caernarfon
2. Beaumaris
3. *Conwy S. 450f*
4. Llandudno
5. Ruthin
6. Llangollen
7. Bala
8. Betws-y-Coed
9. Blaenau Ffestiniog
10. Llanberis und Snowdon
11. Beddgelert
12. Llŷn Peninsula
13. *Portmeirion S. 458f*
14. Harlech
15. Dolgellau
16. Aberdyfi

Die imposante Burg in Conwy (13. Jh.), erbaut von Edward I

Hotels und Restaurants in Nordwales *siehe Seiten 571 und 599*

Caernarfon, erbaut von Edward I als Symbol seiner Macht über die unterworfenen Waliser

❶ Caernarfon

Gwynedd. **Karte** G14. 10.000. Castle Ditch, (01286) 672 232. Sa. visitsnowdonia.info

Eine der berühmtesten Burgen von Wales bewacht die Stadt Caernarfon am Ufer des Seiont River mit dem überaus sehenswerten mittelalterlichen Zentrum und den Stadtmauern. Der Grundstein für Stadt und Burg wurde nach dem Sieg Edwards I über den letzten walisischen Prinzen Llywelyn ap Gruffydd (auch Llewelyn the Last) im Jahr 1283 *(siehe S. 440)* gelegt. **Caernarfon Castle** *(siehe S. 443)* mit seinen einzigartigen vieleckigen Türmen wurde als Regierungssitz für Nordwales errichtet.

Im 19. Jahrhundert wurde aus Caernarfon ein blühender Hafen. Zu jener Zeit wurde die Burg von Anthony Salvin restauriert. Die Anlage enthält heute verschiedene Sammlungen, darunter auch das Royal Welsh Fusiliers Museum sowie Ausstellungen zur Geschichte der Prinzen von Wales und zur Bedeutung der Burg für Wales. Auf dem Hügel oberhalb von Caernarfon befinden sich die Ruinen des Römerlagers **Segontium** (erbaut um 78 n. Chr.). Glaubt man den Geschichten der Menschen, die hier leben, wurde Konstantin der Große, der erste christliche Kaiser Roms, 280 hier geboren.

Caernarfon Castle
Y Maes. (01286) 677 617. tägl. 1. Jan, 24.–26. Dez. cadw.gov.wales

Segontium
Beddgelert Rd. (01286) 675 625. tägl. 1. Jan, 24.–26. Dez. teilweise. NT cadw.gov.wales

Investitur

1301 wurde der spätere König Edward II der erste englische Prince of Wales *(siehe S. 440)*. Der Titel ist bis heute dem ältesten Sohn des britischen Monarchen vorbehalten. 1969 erfolgte die Investitur von Prinz Charles als Prince of Wales in Caernarfon.

❷ Beaumaris

Isle of Anglesey. **Karte** G13. 2000. visitanglesey.co.uk

Georgianische und viktorianische Architektur verleihen Beaumaris das Flair eines Ferienorts an der englischen Südküste. Als Anglesey noch nicht mit dem Festland verbunden war, war der Ort Haupthafen der Insel. Heute ist er eine Seglerhochburg. Die Straßen- und Eisenbahnbrücken über die Menai Strait entstanden im 19. Jahrhundert. Ihre Anlage war für die verkehrsmäßige Erschließung von Beaumaris bedeutend. Hier steht auch die letzte und wohl großartigste **Burg** Edwards I *(siehe S. 442f)*.

Ye Olde Bull's Head in der Castle Street stammt von 1617. Charles Dickens *(siehe S. 192)* und Dr. Samuel Johnson (1709–1784) waren Stammgäste des Pubs.

Das **Courthouse** (1614) dient noch als Gerichtshof. Im restaurierten **Gaol** (Gefängnis) von 1829 sind die Folterkammer und eine Tretmühle für Gefangene zu besichtigen. Zwei öffentliche Hinrichtungen fanden hier statt. Richard Rowlands, das letzte Opfer, beteuerte seine Unschuld (was ihm nicht half) und verwünschte auf dem Weg zum Galgen die Kirchturmuhr: Nie mehr solle auf den vier Zifferblättern die gleiche Zeit angezeigt werden – was der Fall war, bis man die Uhr 1980 überholte.

Beaumaris Castle
Castle St. (01248) 810 361. tägl. 1. Jan, 24.–26. Dez. cadw.gov.wales

Courthouse
Castle St. (01248) 811 691. Apr–Sep: Sa–Do. teilweise. visitanglesey.co.uk

Gaol
Steeple Lane. (01248) 810 921. Apr–Sep: Sa–Do. teilweise. visitanglesey.co.uk

Hotels und Restaurants in Nordwales *siehe Seiten 571 und 599*

Alice im Wunderland

In Penmorfa, Llandudno, pflegten die Liddells den Sommer zu verbringen. Charles Dodgson (1832–1898), ein Freund der Familie, unterhielt die kleine Tochter, Alice Liddell, mit Geschichten, die er später unter dem Pseudonym Lewis Carroll in *Alice im Wunderland* (1865) und *Alice hinter den Spiegeln* (1871) veröffentlichte.

Illustration (1907) von Arthur Rackham zu *Alice im Wunderland*

❸ Conwy

Siehe S. 450f.

Llandudnos geschwungene Bucht

❹ Llandudno

Conwy. **Karte** G13. 20 000. Library, Mostyn St, (01492) 577 577. **W** visitllandudno.org.uk

Llandudno hat noch viel einer Sommerfrische des 19. Jahrhunderts. Der **Pier**, mit 700 Meter der längste in Wales, und die überdachten Gehwege lassen die Blütezeit der Seebäder wieder aufleben. Die Stadt ist auch stolz auf ihre Verbindung zum Autor Lewis Carroll *(siehe oben)*. In der ganzen Stadt kann man Skulpturen zu *Alice im Wunderland* finden, u. a. den verrückten Hutmacher an der Promenade. Das **Llandudno Museum** widmet sich der Geschichte des Orts seit der römischen Zeit.

Die heitere Stimmung rührt von den viktorianischen Wurzeln her und unterscheidet sich von anderen Seebädern, die im 20. Jahrhundert Neonschilder und Rummelplätze einführten. Um den breiten, geschwungenen Strand voll ausnutzen zu können, wurde Llandudno zwischen den zwei Landzungen Great Orme und Little Orme erbaut.

Great Orme, heute Landschaftspark und Naturschutzgebiet, erhebt sich 207 Meter hoch und bietet eine Skipiste sowie eine der längsten Rodelbahnen Europas. In der Bronzezeit wurde Kupfer abgebaut. Die **Minen** können besichtigt werden. Die vom Missionar Tudno (6. Jh.) gegründete und zunächst aus Holz errichtete **Kirche** baute man im 13. Jahrhundert aus Stein neu auf. 1855 wurde sie restauriert. Zum Besucherzentrum auf der Anhöhe kommt man ohne Anstrengung mit der **Great Orme Tramway** hinauf, einer von weltweit drei Standseilbahnen mit Kabeltechnik (die anderen sind in San Francisco und Lissabon), oder mit dem **Llandudno Cable Car**. Beide fahren von April bis Oktober.

Llandudno Museum
Gloddaeth St. (01492) 876 517. Ostern–Okt: Di–So 10.30–13, 14–17 Uhr; Nov–Ostern: Di–Sa 13.30–16.30 Uhr. teilweise.
W llandudnomuseum.co.uk

Great Orme Copper Mines
Great Orme. (01492) 870 447. Mitte März–Okt: tägl. 10–16.30 Uhr. teilweise.
W greatormemines.info

❺ Ruthin

Denbighshire. **Karte** H14. 5200. Di, Sa; Do (überdacht).
W ruthin.com

Fachwerkhäuser wie die von NatWest und Barclays Bank am St Peter's Square zeugen von langjährigem Wohlstand. Ersteres wurde als Gerichtshof und Gefängnis (15. Jh.) genutzt, Letzteres war Wohnhaus von Thomas Exmewe, der 1517 und 1518 Lord Mayor of London war. **Maen Huail** (»Huails Stein«), ein Felsblock vor der Barclays Bank, soll an der Stelle liegen, an der König Artus *(siehe S. 289)* seinen Nebenbuhler Huail enthauptete.

St Peter's Church (1310) hat im Nordgang eine Eichendecke im Tudor-Stil. Beim Castle Hotel steht der **Middleton Grill** (17. Jh.). Die niederländisch anmutenden Gaubenfenster des Restaurants tragen den Namen »Augen von Ruthin«.

Ungewöhnliche Gaubenfenster: die »Augen von Ruthin«

❸ Im Detail: Conwy

Conwy ist eine der meistunterschätzten historischen Städte Großbritanniens. Lange war es als Verkehrsnadelöhr berüchtigt, doch dank einer Umgehungsstraße kann man heute den in Wales einmaligen architektonischen Reichtum der Stadt würdigen. Dominierend ist die Burg, ein Bauwerk Edwards I *(siehe S. 443)*. Was Conwy von anderen mittelalterlichen Städten unterscheidet, ist seine erstaunlich gut erhaltene Stadtmauer. Mit 21 Türmen und drei Toren bildet sie einen nahezu unversehrten Schutzschild um die Stadt.

Smallest House
Das nur wenig über drei Meter hohe Fischerhäuschen am Kai soll das kleinste Haus Großbritanniens sein.

Plas Mawr, das »große Wohnhaus«, ließ der Adlige Robert Wynne 1576 bauen.

St Mary's Church
Von der mittelalterlichen Kirche ließ sich William Wordsworth zu seinem Gedicht *We Are Seven* inspirieren.

Bangor

BERRY STREET
CHAPEL STREET
HIGH STREET
UPPER GATE STREET
LANCASTER SQUARE
CHURCH STREET
ROSEMARY LANE

Oberes Tor

Llywelyn-Statue
Llywelyn the Great *(siehe S. 440)* dürfte der erfolgreichste walisische Anführer gewesen sein.

Aberconwy House
In dem restaurierten Stadthaus (14. Jh.) lebte einst ein wohlhabender Kaufmann.

Hotels und Restaurants in Nordwales *siehe Seiten 571 und 599*

Thomas Telford (1757–1834)

Der schottische Ingenieur Thomas Telford war für viele Straßen, Brücken und Kanäle Großbritanniens verantwortlich. Menai Bridge, Waterloo Bridge *(siehe S. 454)* und Conwy Bridge sind seine herausragenden Werke in Wales. Telfords Brücke in Conwy genügte ästhetischen und praktischen Ansprüchen. Sie führt über die Flussmündung und passt mit ihren Türmen zur Burg. Bevor die Brücke 1826 fertig wurde, konnte man die Flussmündung nur mit einer Fähre überqueren.

Infobox

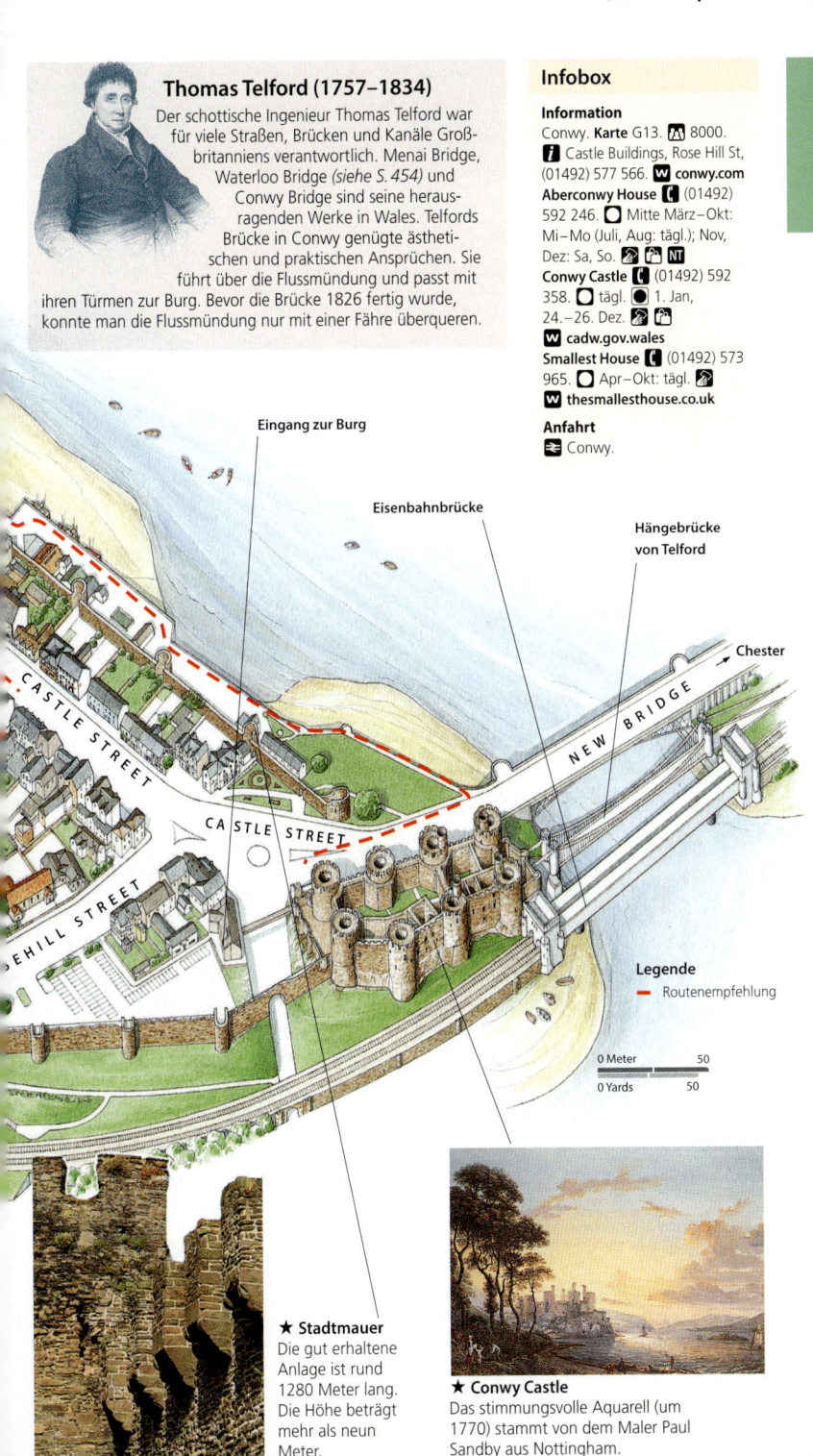

Information
Conwy. **Karte** G13. 8000.
Castle Buildings, Rose Hill St, (01492) 577 566. **W** conwy.com
Aberconwy House (01492) 592 246. Mitte März–Okt: Mi–Mo (Juli, Aug: tägl.); Nov, Dez: Sa, So. **NT**
Conwy Castle (01492) 592 358. tägl. 1. Jan, 24.–26. Dez.
W cadw.gov.wales
Smallest House (01492) 573 965. Apr–Okt: tägl.
W thesmallesthouse.co.uk

Anfahrt
Conwy.

Beschriftungen auf der Karte:
- Eingang zur Burg
- Eisenbahnbrücke
- Hängebrücke von Telford
- Chester
- NEW BRIDGE
- CASTLE STREET
- EHILL STREET

Legende
— Routenempfehlung

0 Meter 50
0 Yards 50

★ **Stadtmauer**
Die gut erhaltene Anlage ist rund 1280 Meter lang. Die Höhe beträgt mehr als neun Meter.

★ **Conwy Castle**
Das stimmungsvolle Aquarell (um 1770) stammt von dem Maler Paul Sandby aus Nottingham.

Zeichenerklärung siehe hintere Umschlagklappe

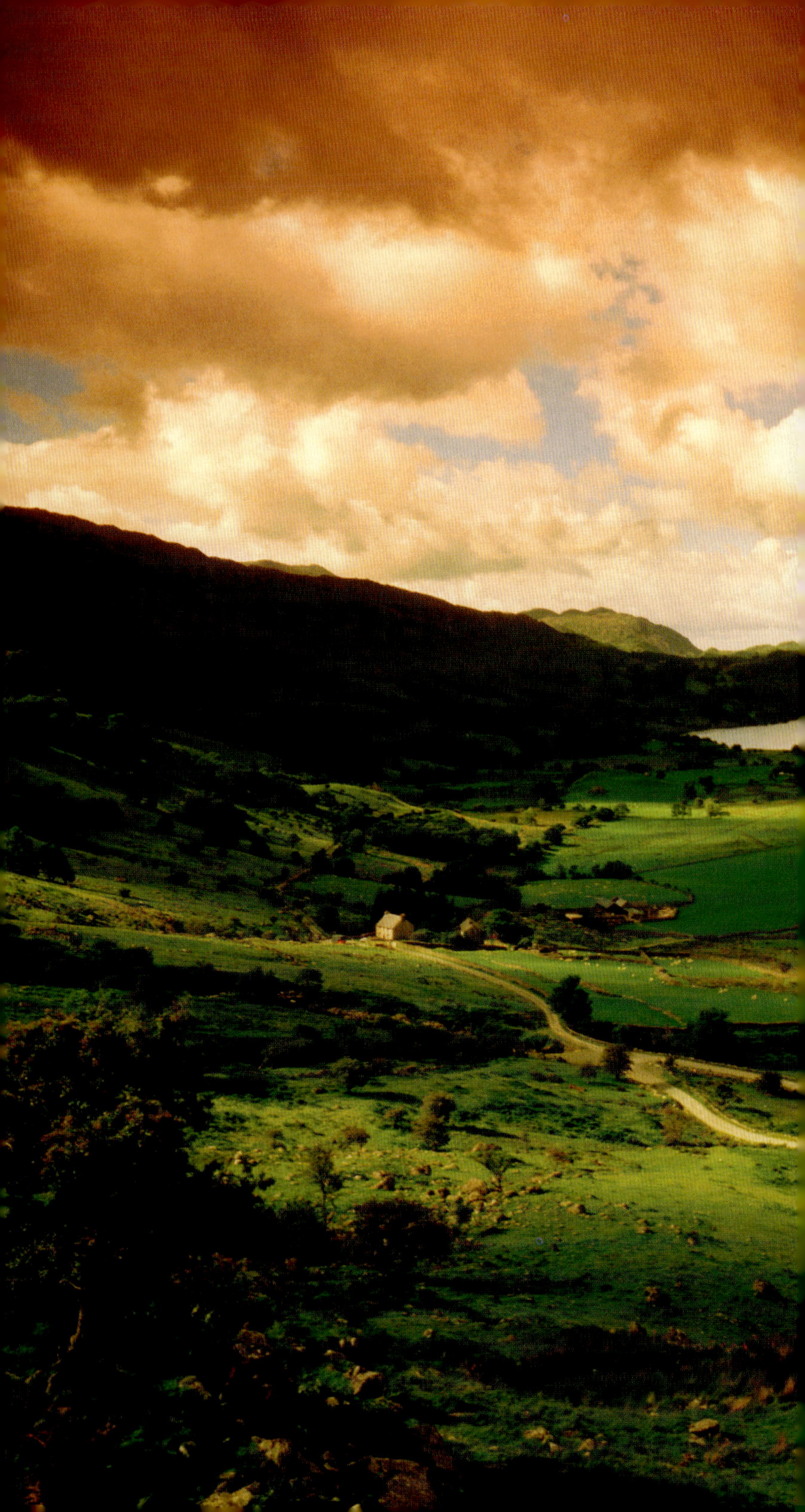

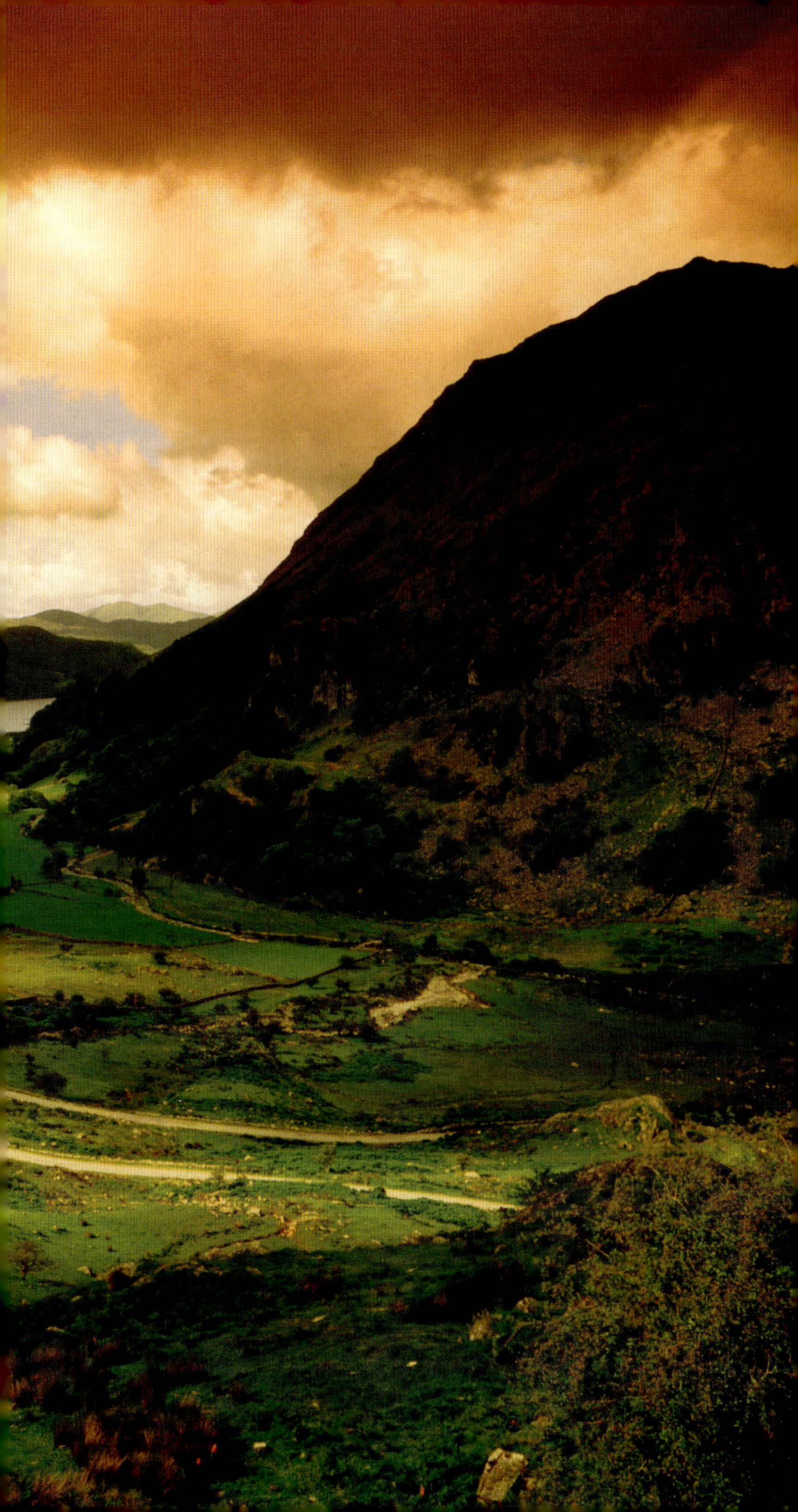

Der Llangollen-Kanal auf dem Pontcysyllte-Aquädukt (1795–1805)

6 Llangollen

Denbighshire. **Karte** H14. 3500. Y Capel, Castle St, (01978) 860 828. Di. **w** llangollen.org.uk

Der hübsche Ort liegt am Fluss Dee, den hier eine Brücke aus dem 14. Jahrhundert überspannt. Er ist wegen seines alljährlichen Kulturfestivals (eisteddfod) bestens bekannt. Berühmt-berüchtigt wurde er, als zwei exzentrische Irinnen, Lady Eleanor Butler und Sarah Ponsonby, im 18. Jahrhundert im Fachwerkhaus **Plas Newydd** einzogen. Ihre ausgefallene Kleidung und ihre Literaturbegeisterung zogen Berühmtheiten wie den Duke of Wellington (siehe S. 166) und William Wordsworth (siehe S. 370) hierher. Auf einer Hügelkuppe stehen die Ruinen von **Castell Dinas Brân** (13. Jh.).

Umgebung: Im Sommer fahren Boote auf dem **Llangollen-Kanal** von Wharf Hill aus über Thomas Telfords (siehe S. 451) 300 Meter langen Pontcysyllte-Aquädukt, der heute zum UNESCO-Welterbe zählt.

Plas Newydd
Hill St. (01978) 862 834. Apr–Okt: Di–So (Juni–Aug: tägl.). teilweise. NT

7 Bala

Gwynedd. **Karte** H14. 2000. von Wrexham. Penllyn, Pensarn Rd, (01678) 521 021. **w** visitbala.org

Der Bala-See ist das größte natürliche Gewässer in Wales. Er liegt zwischen den Bergen Aran und Arenig am Rand des bei Wassersportlern beliebten **Snowdonia National Park**. Hier lebt auch der einzigartige gwyniad, ein mit dem Lachs verwandter Süßwasserfisch.

Am Ostufer liegt der Ort Bala. Hier lebte der Methodistenführer Thomas Charles (1755–1814). Eine Gedenktafel an seinem Haus erinnert an Mary Jones, die von Abergynolwyn aus 42 Kilometer barfuß zurücklegte, um eine Bibel zu kaufen. Das veranlasste Charles zur Gründung der Bibelgesellschaft.

Die Schmalspurbahn **Bala Lake Railway** fährt von Llanuwchllyn aus sechs Kilometer am Seeufer entlang.

8 Betws-y-Coed

Conwy. **Karte** H14. 600. Royal Oak Stables, (01690) 710 426. **w** betws-y-coed.co.uk

Das Dorf nahe den Bergen von Snowdonia ist ein Wandererzentrum. Im Westen, wo der Llugwy durch eine Schlucht fließt, liegen die **Swallow Falls**.

Kulturen der Welt in Llangollen

Das eisteddfod in der ersten Juliwoche zieht Musiker, Sänger und Tänzer aus aller Welt nach Llangollen (siehe S. 67). Erstmals fand es 1947 statt – zur Völkerverständigung nach dem Zweiten Weltkrieg. Heute kommen mehr als 12 000 Künstler zu dem sechstägigen Wettbewerb mit Jahrmarkt.

Chorsänger beim eisteddfod, einem beliebten Festival

Das **Tŷ Hyll** (»hässliches Haus«) ist ein tŷ unnos (»Eine-Nacht-Haus«). Wer zwischen Abend- und Morgendämmerung ein Haus auf öffentlichem Grund erbaute, erhielt dafür das Eigentumsrecht. Der Besitzer durfte mit einer Axt von der Haustür aus Land »erwerfen« – diesen Teil Grundstück bekam er dazu.

Östlich liegt die **Waterloo Bridge**, die Thomas Telford zum Zeichen des Siegs über Napoléon erbaute.

Tŷ Hyll
Capel Curig. (01286) 685 498. **Haus** März–Okt: tägl. **Gelände** tägl. teilweise.

Die Waterloo Bridge wurde nach der berühmten Schlacht 1815 erbaut

◀ See im Nant-Gwynant-Tal, Snowdonia National Park

Blick auf die Landschaft von Snowdonia vom Llanberis Pass aus, der beliebtesten Route zum Snowdon-Gipfel

9 Blaenau Ffestiniog

Gwynedd. **Karte** G14. 4800. Betws-y-Coed, (01690) 710 426. Juni–Sep: Di.

Das einstige nordwalisische Zentrum für Schieferabbau liegt in den von Steinbrüchen übersäten Bergen. Die **Llechwedd Slate Caverns** oberhalb von Blaenau sind seit 1970 für Besucher geöffnet und verhalfen dem heruntergekommenen Industrieort zu neuer Bedeutung.

Auf der Deep Mine Tour fährt die steilste Bahn Großbritanniens in die unterirdischen Kammern, während Toneffekte die Atmosphäre beim Schieferabbau simulieren. Zu den Gefahren hier zählten Überflutungen und Erdrutsche ebenso wie der Schieferstaub in den Lungen der Arbeiter. Im Rahmen der Quarry Tour fährt man oberirdisch mit Jeeps durch die bizarre Landschaft.

Das fast ausgestorbene Handwerk des Schieferspaltens wird vorgeführt. Rekonstruierte Cottages zeigen, wie einfach und beengt die Lebensumstände der Arbeiterfamilien zwischen 1880 und 1945 waren.

Zwischen Blaenau und Porthmadog verkehrt die Schmalspurbahn **Ffestiniog Railway** (siehe S. 456f).

Llechwedd Slate Caverns
Nahe A470. (01766) 830 306. tägl. (Jan–Mitte März: Mi–So). außer Deep Mine. llechwedd-slate-caverns.co.uk

10 Llanberis und Snowdon

Gwynedd. **Karte** G14. 2100. Electric Mountain Visitor Centre, (01286) 870 765. visit snowdonia.info

Der Snowdon ist mit seinen 1085 Metern der höchste Gipfel in Wales und Attraktion des Snowdonia National Park, der verschiedenste Landschaften – von Bergland über Moore bis zu Stränden – umfasst. Die einfachste Tour zum Gipfel, der **Llanberis Track** (8 km), beginnt in Llanberis. Der Miners' Track (einst von Kupferminenarbeitern benutzt) und der Pyg Track, beide vom Llanberis Pass ab, sind alternative Routen. Achtung: Man muss mit plötzlichen Wetterumschwüngen rechnen. Am bequemsten kommt man mit der Schmalspurbahn **Snowdon Mountain Railway** (1896) zum Ziel.

Llanberis war im 19. Jahrhundert ein wichtiger Schieferort, umgeben von grauen, in die Hügel geschlagenen Terrassen. Sehenswürdigkeiten sind **Dolbadarn Castle** und das Besucherzentrum **Electric Mountain**, das Führungen durch Dinorwig, das größte Wasserkraftwerk Europas, anbietet.

Dolbadarn Castle
An der A4086 nahe Llanberis. (01443) 336 000. tägl.

Electric Mountain
Llanberis. (01286) 870 636. tägl. Ostern–Okt. electricmountain.co.uk

Großbritanniens Schieferzentrum

Das Material für die Dächer der Stadthäuser kam im 19. Jahrhundert aus den Schieferbrüchen von Wales. 1898 waren fast 17 000 Menschen in der Schieferindustrie beschäftigt, ein Viertel davon arbeitete in Blaenau Ffestiniog. Doch mit der Zeit lösten andere Materialien den Schiefer ab. Schieferbrüche wie Dinorwig in Llanberis und Llechwedd in Blaenau Ffestiniog leben heute vor allem vom Tourismus.

Handwerk des Schieferspaltens

Hotels und Restaurants in Nordwales *siehe Seiten 571 und 599*

Das Dorf Beddgelert inmitten der Berge von Snowdonia

⓫ Beddgelert

Gwynedd. **Karte G14.** 500.
Canolfan-Hebog, (01766) 890 615.
beddgelerttourism.com

Beddgelert erfreut sich einer herrlichen Lage am Zusammenfluss von Glaslyn und Colwyn. Von hier hat man Zugang zu zwei Bergpässen: dem Nant Gwynant Pass, der in die höchsten Regionen von Snowdonia führt, und dem Aberglaslyn Pass, einer engen bewaldeten Schlucht, die zum Meer hinabführt. Schwung ins Geschäftsleben brachte Dafydd Pritchard, Inhaber des Royal Goat Hotel, als er im 19. Jahrhundert eine alte walisische Sage mit Beddgelert in Verbindung brachte. Llywelyn the Great *(siehe S. 440)* soll einst seinen Hund Gelert als Wache bei seinem kleinen Sohn zurückgelassen haben, während er zur Jagd ging. Bei seiner Rückkehr fand er die Wiege umgestoßen und Gelert mit Blut befleckt. In dem Glauben, der Hund habe seinen kleinen Sohn zerfleischt, erstach er Gelert, entdeckte dann aber das unversehrte Kind unter der Wiege. In der Nähe lag ein Wolf, den Gelert getötet hatte. Pritchard schuf **Gelerts Grab** *(bedd Gelert)*, einen Steinhaufen am Ufer des Glaslyn.

Umgebung: Einer der vielen Wanderwege führt nach Süden zum Aberglaslyn Pass und an einem von Dampflokomotiven befahrenen Abschnitt der Welsh Highland Railway (festrail.co.uk) entlang. 1,5 Kilometer nordöstlich erfährt man in der **Sygun Copper Mine** etwas über Bergarbeiter.

Sygun Copper Mine
An der A498. (01766) 890 595.
Mitte Feb – Mitte Nov: tägl.
teilweise.
syguncoppermine.co.uk

Ffestiniog Railway

Mit der weltweit ältesten Schmalspurbahn fährt man 22 Kilometer auf der schönen Strecke vom Hafen von Porthmadog in die Berge und zur Schieferstadt Blaenau Ffestiniog *(siehe S. 455)*. Die Bahn sollte den Schiefer von den Schieferbrüchen zum Pier bringen und ersetzte die im Jahr 1836 gebaute Pferdebahn. Nachdem der Verkehr 1946 eingestellt worden war, wurde die Bahn von Freiwilligen unterhalten und 1955 – 82 abschnittsweise wiedereröffnet. Eingesetzt werden die ursprünglichen, rund 150 Jahre alten Lokomotiven sowie teilweise Original-Waggons.

Dampfloks wurden erstmals 1863 auf der Ffestiniog Railway eingesetzt. Es gibt auch Dieselloks, doch die meisten Züge werden noch heute mit Dampf betrieben.

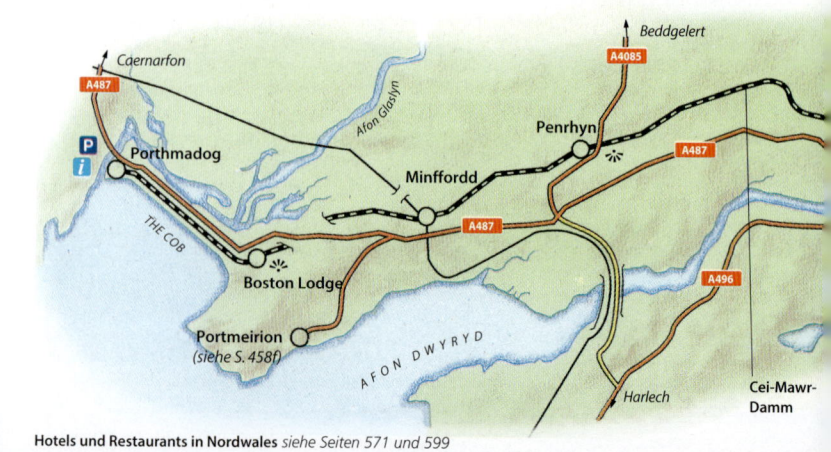

Hotels und Restaurants in Nordwales siehe Seiten 571 und 599

⓬ Llŷn Peninsula

Gwynedd. **Karte F14.** 🚂 🚌 Pwllheli. ⛴ Aberdaron nach Bardsey Island. 🛈 Neuadd Dwyfor, Penlan St, Pwllheli, (01758) 613 000.
W visitsnowdonia.info

Eine 38 Kilometer lange Landspitze ragt von Snowdonia nach Südwesten in die Irische See. Hier gibt es viele bekannte Strände (vor allem in Pwllheli, Criccieth, Abersoch und Nefyn), doch das wesentliche Merkmal dieser Küste ist ihre ungezähmte Schönheit. Die eindrucksvollsten Ausblicke hat man im äußersten Westen und an der Nordküste.

Von der windumtosten Landzunge **Braich-y-Pwll**, westlich von Aberdaron, blickt man auf Bardsey Island, die »Insel der 20 000 Heiligen«. Diese wurde im 6. Jahrhundert, als hier ein Kloster gegründet wurde, zum Wallfahrtsort. Einige der Heiligen sollen im Kirchhof der **St Mary's Abbey** (13. Jh.) begraben sein. In der Nähe befindet sich **Porth Oer**. Die kleine Bucht ist auch unter dem Namen »Whistling Sands« bekannt (weil der Sand unter den Füßen hier quietschen bzw. pfeifen soll).

Östlich von Aberdaron liegt die breite Bucht von **Porth Neigwl** (Höllenschlund), die wegen der heimtückischen Strömungen zum Schauplatz vieler Schiffbrüche wurde.

Oberhalb der Bucht, 1,5 Kilometer nordöstlich von Aberdaron, steht in geschützter Lage **Plas-yn-Rhiw**, ein kleines mittelalterliches Herrenhaus mit schöner Gartenanlage. **Llithfaen** liegt versteckt unter den Klippen der Nordküste und ist heute ein Zentrum für walisische Sprachstudien.

🏠 **Plas-yn-Rhiw**
An der B4413. 📞 (01758) 780 219.
🕐 Apr–Juni, Okt: Mi–Mo; Juli–Sep: tägl. 🅿 ♿ teilweise. **NT**

Häuser im Dorf Llithfaen auf der Llŷn Peninsula (Halbinsel Lleyn)

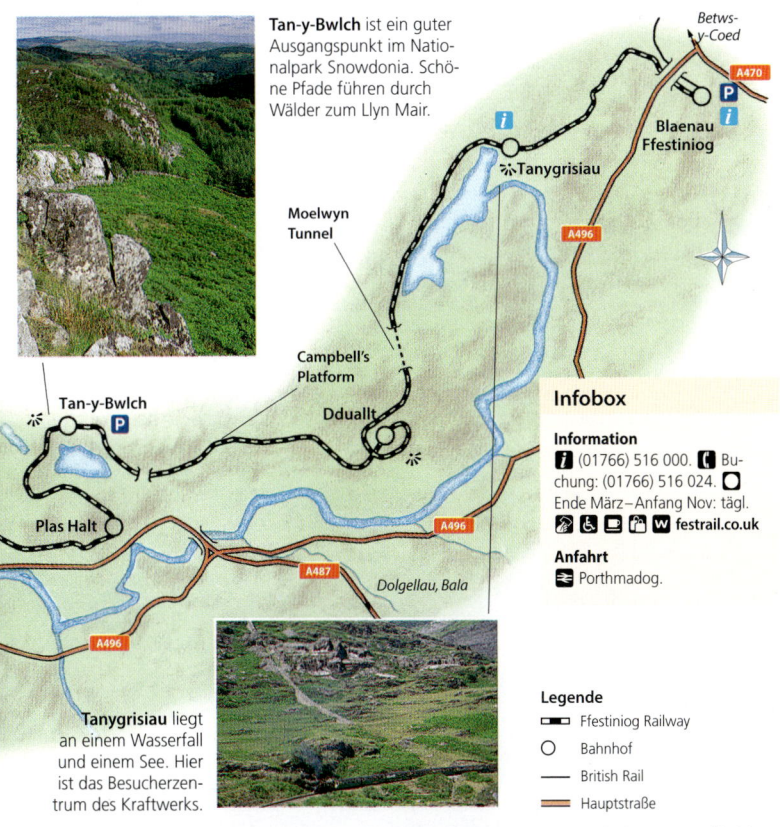

Tan-y-Bwlch ist ein guter Ausgangspunkt im Nationalpark Snowdonia. Schöne Pfade führen durch Wälder zum Llyn Mair.

Tanygrisiau liegt an einem Wasserfall und einem See. Hier ist das Besucherzentrum des Kraftwerks.

Infobox

Information
🛈 (01766) 516 000. 📞 Buchung: (01766) 516 024. 🕐 Ende März–Anfang Nov: tägl.
🅿 ♿ 🍴 🎁 **W** festrail.co.uk

Anfahrt
🚂 Porthmadog.

Legende

- ▬▬ Ffestiniog Railway
- ○ Bahnhof
- — British Rail
- ▬▬ Hauptstraße

Weitere Zeichenerklärungen *siehe hintere Umschlagklappe*

⓭ Portmeirion

Gwynedd. **Karte** G14. ((01766) 770 000. ⌂ Minffordd. ⊘ tägl.
● 25. Dez. ⌂ ⌂ ⌂ teilweise. ⌂
⌂ ⌂ ⌂ portmeirion-village.com

Das italienisch anmutende Dorf am Eingang zur Cardigan Bay wurde von Clough Williams-Ellis (1883–1978) erschaffen. Indem er ein Dorf »ganz nach seinen Vorstellungen und an einem selbst gewählten Platz« baute, erfüllte er sich einen Kindheitstraum. Etwa 50 Gebäude – von orientalisch bis gotisch – umgeben einen zentralen Platz. Besucher können im luxuriösen Hotel logieren oder in einer der Cottages. Portmeirion war Schauplatz vieler Spielfilme und Fernsehsendungen, u. a. der TV-Serie *The Prisoner*.

Clough Williams-Ellis in Portmeirion

Herkules, eine lebensgroße Kupferstatue (19. Jh.), steht am Rathaus. Im Rathaus ist auf einer Decke (17. Jh.), die aus einer zerstörten Villa stammt, die Herkules-Sage dargestellt.

Im Fountain Cottage schrieb Noël Coward (1899–1973) seine Komödie *Fröhliche Geister*.

Swimmingpool

Amis Réunis ist die Steinnachbildung eines Schiffs, das in der Bucht sank.

Das Portmeirion Hotel blickt über die Bucht. Der Speisesaal wurde von Sir Terence Conran gestaltet.

⓮ Harlech

Gwynedd. **Karte** G14. ⌂ 2000. ⌂
⌂ High St, (01766) 780 658.
⌂ visitharlech.org

Der kleine Ort mit schönen Stränden wird vom **Harlech Castle** beherrscht, einer Festung *(siehe S. 442)*, die Edward I 1283–89 erbauen ließ. Die Burg steht auf einer Felsspitze und bietet Ausblicke auf die Tremadog Bay und die Halbinsel Lleyn im Westen sowie Snowdonia im Norden. Zur Bauzeit reichte das Meer bis zu einer in die Klippen gehauenen Treppe. Versorgungsgüter konnten per Schiff gebracht werden. Harlech fiel 1404 Owain Glyndŵr *(siehe S. 440)* in die Hände und diente ihm bis zur Rückeroberung 1408 als Hof. Das Lied *Men of Harlech* soll auf den Widerstand gegen eine achtjährige Belagerung während der Rosenkriege zurückgehen.

Ein Torgebäude schützt den Burghof, der von Mauern und vier Rundtürmen umgeben ist.

⌂ **Harlech Castle**
Castle Sq. ((01766) 780 552.
⊘ tägl. ● 1. Jan, 24.–26. Dez. ⌂
⌂ ⌂ ⌂ cadw.gov.wales

⓯ Dolgellau

Gwynedd. **Karte** G15. ⌂ 2700.
⌂ Eldon Square, (01341) 422 888.
⌂ Fr (Viehmarkt).

Der Bruchstein der Umgebung verleiht der Marktstadt, in der die walisische Sprache noch lebendig ist, ein strenges Aussehen. Sie liegt im Schatten des 892 Meter hohen Cader Idris, von dem die Sage geht, dass jeder, der auf seinem Gipfel übernachtet, als Dichter oder Verrückter aufwacht.

Im 19. Jahrhundert wurde Dolgellau vom Goldfieber erfasst, als im Mawddach Valley

Mit Blick über Berge und Meer lag Harlech Castle strategisch günstig

PORTMEIRION | 459

- Triumphbogen
- Zentraler Platz
- Pförtnerhaus
- Glockenturm
- Royal Dolphin Cottage
- Bristol Colonnade
- Aussichtsplattform

Die Lady's Lodge befindet sich gegenüber dem Prisoner Shop.

Das Pantheon wurde 1960/61 gebaut. Wegen Geldmangels deckte man die Kuppel mit Sperrholz statt mit Kupfer und strich sie grün an. Die ungewöhnliche Fassade schuf Norman Shaw *(siehe S. 33)* aus der oberen Hälfte des Kamins eines Musikzimmers.

Dolgellaus graue Steingebäude wirken vor den Bergen winzig

Gold gefunden wurde. Die Vorkommen waren für einen industriellen Abbau auf lange Sicht zu gering. Bis 1999 wurden jedoch kleinere Kontingente abgebaut und am Ort in Handarbeit zu Schmuck verarbeitet.

Dolgellau ist mit der schönen Umgebung, den Tälern und dem Bergpanorama ein guter Ausgangspunkt für Wanderer. Im Nordwesten, hoch über dem bewaldeten **Mawddach Estuary**, liegen die hübschen **Cregennen-Seen**. Im Norden erstrecken sich die rauen **Rhinog-Moore**, eines der letzten Fleckchen echter Wildnis.

⓰ Aberdyfi

Gwynedd. **Karte** G15. 🚠 1200. 🚂
🛈 Wharf Gardens, (01654) 767 321. 🌐 aberdyfi.org

Am Eingang zur Mündung des Dyfi macht das kleine Seglerzentrum das Beste aus seiner Lage. Jeder Zentimeter des schmalen Streifens zwischen Bergen und Meer ist mit Häusern besetzt. Im 19. Jahrhundert wurde von hier Schiefer exportiert; von 1830 bis 1870 baute man über 100 Schiffe im Hafen. *The Bells of Aberdovey*, ein Lied aus der Oper *Liberty Hall* (1785) von Charles Dibdin, greift die Sage von Cantref-y-Gwaelod auf, das hier, mit starken Deichen vor dem Meer geschützt, gelegen haben soll. In einer stürmischen Nacht, heißt es, ließ der betrunkene Prince Seithenyn das Schleusentor offen, woraufhin das Land in den brausenden Wogen versank. Die Glocken der untergegangenen Kirche sollen bis heute unter Wasser läuten.

Georgianische Häuser in Aberdyfi

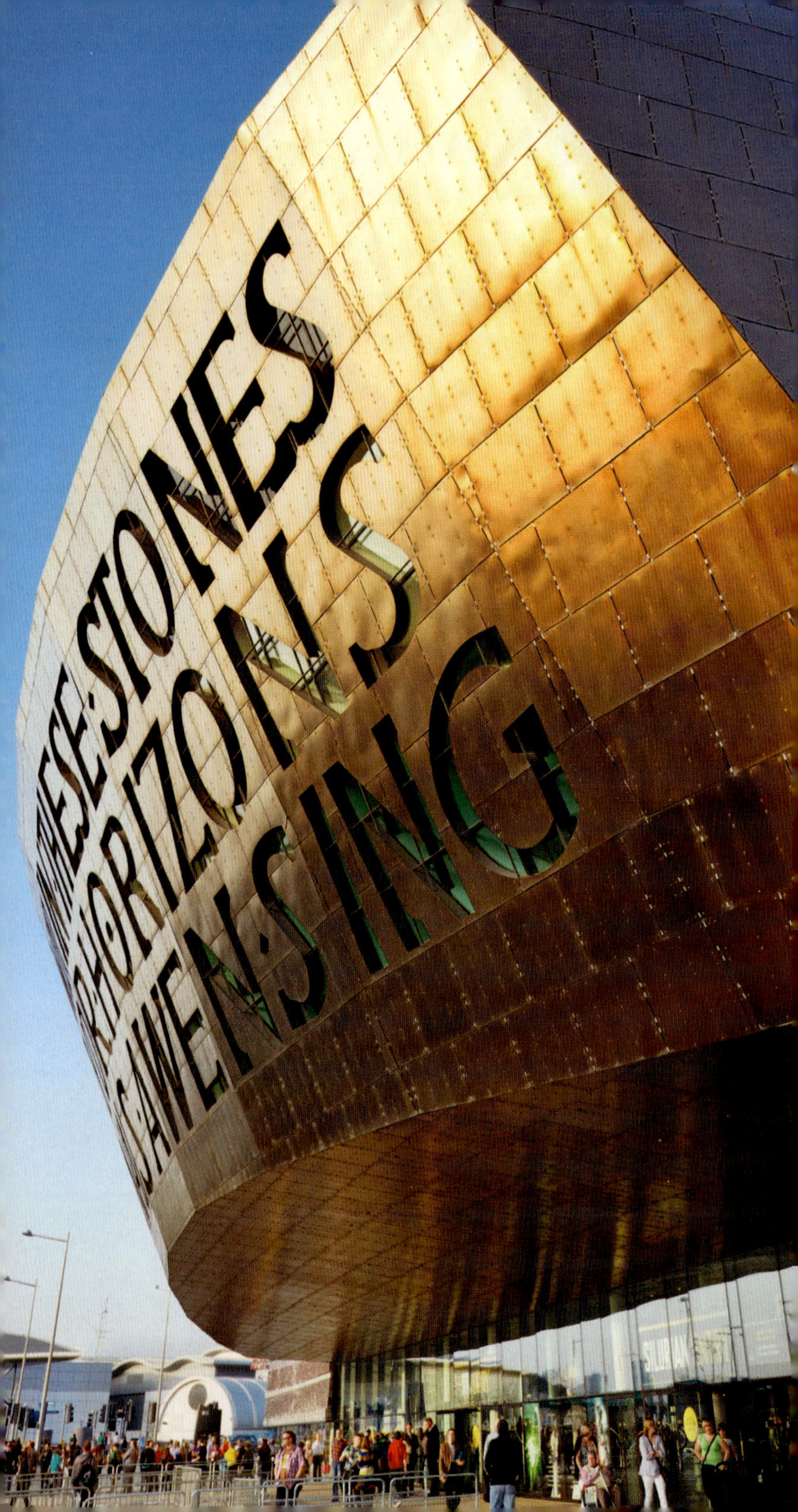
THESE STONES
HORIZONS
SING

Süd- und Mittelwales

Cardiff • Swansea und Umgebung • Ceredigion • Carmarthenshire
Monmouthshire • Powys • Pembrokeshire

Der größte Teil der Waliser lebt in der südlichen Ecke des Landes zwischen der Hauptstadt Cardiff und Swansea, der zweitgrößten Stadt. Im Westen liegt Pembrokeshire mit dem hübschesten Küstenstreifen von ganz Wales. Nach Norden gehen die industriell genutzten Täler in die Hügel der Brecon Beacons und das ländliche Herz von Wales über.

Der Küstenstreifen von Südwales wurde schon früh besiedelt. In Pembrokeshire und im Tal von Glamorgan gibt es prähistorische Fundstätten. Die Römer errichteten einen Hauptstützpunkt in Caerleon. Die Normannen bauten ihre Burgen zwischen Chepstow und Pembroke. Im 18. und 19. Jahrhundert entstanden in den Tälern von Südwales Kohlegruben und Eisenhütten, die Einwanderer aus ganz Europa anzogen. Gemeinden entwickelten sich durch den Handel mit Kohle, der Wales' heutige Hauptstadt Cardiff von einer verschlafenen Küstenstadt zum bedeutenden Exporthafen machte.

Durch den Niedergang der Kohlegruben wurde das Gesicht der Region erneut verändert – aus den Abraumhalden entstanden grüne Hügel. In den Städten unternimmt man zahlreiche Versuche, neue Arbeitsplätze zu schaffen. Kohlegruben, beispielsweise die Big Pit in Blaenafon, zählen heute zu den Besucherattraktionen. Bei vielen Führern, die Besucher unter Tage begleiten, handelt es sich um ehemalige Grubenarbeiter.

Mit der Südgrenze des Brecon Beacons National Park beginnt das ländliche Wales. Die Bevölkerungsdichte ist hier besonders niedrig. Die Gegend ist von Dörfern, Schaffarmen, Forsten und eindrucksvollen Stauseen geprägt. Je weiter man sich von der Grenze zu England entfernt, umso häufiger hört man Walisisch und umso stärker spürt man die walisische Kultur.

Cardiff dagegen scheint sich in den letzten Jahren neu als Dienstleistungs- und spannendes Vergnügungszentrum erfunden zu haben.

Wanderer genießen den Blick auf den Llyn y Fan Fach *(siehe S. 472)* im Brecon Beacons National Park

◄ Der imposante Eingang zum Wales Millennium Centre in Cardiff *(siehe S. 474)*

Überblick: Süd- und Mittelwales

Eine herrliche Küstenszenerie prägt den Pembrokeshire Coast National Park und die Halbinsel Gower. Ruhige Strände bieten die Buchten von Cardigan und Carmarthen. Wanderer können das Hochland in den Brecon Beacons genießen sowie die sanftere Landschaft im Wye-Tal. Urbanes Leben ist im Südosten von Wales konzentriert, wo alte Bergarbeiterstädte die Täler nördlich von Cardiff säumen.

Klippen im Pembrokeshire Coast National Park

Legende
- Autobahn
- Schnellstraße
- Hauptstraße
- Nebenstraße
- Panoramastraße
- Eisenbahn (Hauptstrecke)
- Eisenbahn (Nebenstrecke)
- △ Gipfel

Sehenswürdigkeiten auf einen Blick
1. Powis Castle
2. Knighton
3. Hay-on-Wye
4. Llandrindod Wells
5. Elan Valley
6. Machynlleth
7. Aberystwyth
8. Aberaeron
9. *St Davids S. 468f*
10. Tenby
11. Swansea und Gower Peninsula
13. *Brecon Beacons S. 472f*
14. *Cardiff S. 474–477*
15. Caerleon
16. Blaenavon
17. Monmouth
18. Tintern Abbey

Tour
12. *Wild Wales S. 471*

Weitere Zeichenerklärungen *siehe hintere Umschlagklappe*

SÜD- UND MITTELWALES | 463

Sanfte Hügelketten bei Knighton im Grenzgebiet zwischen Wales und England

In Süd- und Mittelwales unterwegs

Die Autobahn M4 ist von Süden her die Hauptroute nach Wales. Westlich von Swansea führen gute Straßen zur Küste. Nach Mittelwales kommt man auf der A483 und der A488 aus den Midlands. Von London aus fahren häufig Züge nach Cardiff, Swansea und zum Fährhafen von Fishguard.

Im 19. Jahrhundert hinzugefügt: Detail des Glockenturms der Burg von Cardiff

Hotels und Restaurants in Süd- und Mittelwales *siehe Seiten 571f und 599f*

Terrassen und Gartenanlage von Powis Castle – ein Hauch von Mittelmeer im Grenzland von Wales

❶ Powis Castle

Welshpool, Powys. **Karte** H15.
☎ (01938) 551 944. 🚆 Welshpool, dann Bus. **Castle** 🅾 Jan, Feb: Sa, So; März – Dez: tägl. **Park** 🅾 tägl. 🖼️🚻♿ teilweise. 🚭🅿️📷
🌐 nationaltrust.org.uk/powis-castle

Powis Castle (13. Jh.) ist über seine militärischen Wurzeln schon seit Langem hinausgewachsen. Trotz der Scheinzinnen und seiner beherrschenden Lage südwestlich der Grenzstadt Welshpool diente der Bau aus rotem Stein über Jahrhunderte als Landwohnsitz. Die Prinzen von Powys erbauten die Festung, um die Grenze zu England zu kontrollieren.

Man betritt das Schloss durch den Torweg (1283) von Owain de la Pole, einen der wenigen mittelalterlichen Überreste. Das Tor wird von zwei Türmen flankiert. Die verschwenderische Innenausstattung des Bauwerks vertreibt schon bald jeden Gedanken an Krieg. Der edel getäfelte **Dining Room** (17. Jh.) ist mit Familienporträts geschmückt. Der Saal war ursprünglich als Empfangshalle geplant. Die **Große Treppe** (17. Jh.) ist kunstvoll mit geschnitzten Früchten und Blumen dekoriert und führt zu wichtigen Räumen: zum ebenfalls getäfelten **Oak Drawing Room** und zur elisabethanischen **Long Gallery** mit Stuckarbeiten an Kamin und Decke aus den 1590er Jahren. Im **Blue Drawing Room** hängen drei Brüsseler Wandteppiche (18. Jh.).

Die Familie Herbert kaufte das Anwesen 1587. Sie war sehr stolz auf ihre Verbindungen zum Königshaus – die Täfelung des **State Bedroom** trägt das königliche Monogramm. Im Bürgerkrieg wurde Powis Castle für Charles I verteidigt, fiel aber 1644 an das Parlament. Der 3. Baron Powis musste als Anhänger von James II das Land verlassen, als William und Mary 1688 auf den Thron kamen *(siehe S. 56f)*.

Das **Clive Museum** im Schloss ist Clive of India (1725–1774) gewidmet, jenem General und Staatsmann, der Mitte des 18. Jahrhunderts wesentlich dazu beitrug, die britische Herrschaft über Indien zu festigen. Die Verbindung zu Powis Castle kam zustande, als der 2. Lord Clive in die Familie Powis einheiratete und 1804 Earl of Powis wurde.

Der 1688–1722 angelegte Park gehört zu den bekanntesten in ganz Großbritannien. Er ist die einzige original erhaltene Anlage aus jener Zeit – mit Terrassen im italienischen Stil, Statuen, Nischen, Balustraden und hängenden Gärten an steil abfallenden Gelände unterhalb der Mauern.

Die reich verzierte Große Treppe (17. Jh.)

Hotels und Restaurants in Süd- und Mittelwales *siehe Seiten 571f und 599f*

SÜD- UND MITTELWALES | **465**

❷ Knighton

Powys. **Karte** H15. 🏠 3500. 🚉
ℹ️ Offa's Dyke Centre, West St,
(01547) 528 753. 🛍 Sa.
🌐 visitknighton.co.uk

Knighton (walisischer Name: Tref y Clawdd, Stadt auf dem Damm) ist die einzige Siedlung am **Offa's Dyke**. Im 8. Jahrhundert ließ König Offa of Mercia (Zentral- und Südengland) Graben und Damm bauen, um sein Territorium abzustecken und um folgendes sächsische Gesetz geltend machen zu können: »Kein Waliser soll englisches Land betreten ohne einen dazu berufenen Mann der anderen Seite, der ihn auf dem Damm abholt und wieder dorthin zurückbringt, ohne dass eine Rechtsverletzung geschieht.« Einige der besterhaltenen Wallabschnitte befinden sich in der Nähe von Knighton. Der Offa's Dyke Footpath führt an der Grenze zwischen England und Wales entlang.

Knighton liegt an einem steilen Hügel, der von der **St Edward's Church** (1877) mit ihrem mittelalterlichen Turm aus ansteigt. Die Hauptstraße führt über den Marktplatz, erkennbar am Uhrturm (19. Jh.), und durch **The Narrows**, eine Tudor-Straße mit kleinen Läden. **The Old House** an der Broad Street ist ein mittelalterliches »Cruck«-Haus (mit einem Dachstuhl aus Paaren von gebogenen Holzbalken). Es besitzt statt eines Kamins ein Loch in der Decke.

Knightons Uhrturm

❸ Hay-on-Wye

Powys. **Karte** H16. 🏠 1500.
ℹ️ Oxford Rd, (01497) 820 144.
🛍 Do. 🌐 hay-on-wye.co.uk

Buchliebhaber aus der ganzen Welt kommen in die ruhige Grenzstadt in den Black Mountains, denn Hay-on-Wye bietet über 20 Antiquariate, die Millionen von Titeln auf Lager haben. Im Frühsommer richtet die Stadt ein Literatur- und Kunstfestival aus.

Die Verbindung zu Büchern entstand 1960, als Richard Booth (geb. 1938), der selbst ernannte »King of Hay«, hier eine Buchhandlung eröffnete. Booth lebte in **Hay Castle**, einem im 17. Jahrhundert umgebauten Herrenhaus aus dem 13. Jahrhundert. Es gehört jetzt einem Trust, der die Renovierung vorantreiben will.

Das älteste Gasthaus, das **Three Tuns** (16. Jh.) in der Bridge Street, ist bis heute ein Pub geblieben.

Umgebung: Hay-on-Wye ist von Hügelketten umgeben. Im Süden befinden sich die Hay-Bluff-Höhen und das Ewyas-Tal. An den Ruinen der **Llanthony Priory** (12. Jh., *siehe S. 473*) sind schönes Mauerwerk und Spitzbogen erhalten.

🏠 **Hay Castle**
⚫ Restaurierungsfortschritt siehe Website. 🌐 haycastletrust.org

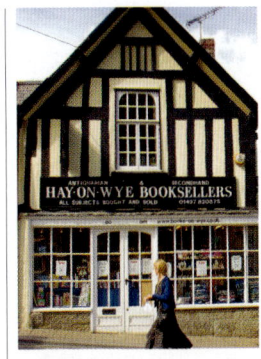

Buchladen in Hay-on-Wye

❹ Llandrindod Wells

Powys. 🏠 5300. **Karte** H16. 🚉 ℹ️ Temple St, (01597) 822 600. 🛍 Fr.

Der idyllisch von Hügeln umgebene Verwaltungssitz von Powys County hat Schmiedeeisenarbeiten, Giebelhäuser und Parks zu bieten. Der Ort entwickelte sich im 19. Jahrhundert zu einem wichtigen Kurort. Mit dem schwefel- und magnesiumhaltigen Wasser wurden Hautprobleme, Nierenerkrankungen und andere Leiden behandelt.

Die Stadt mit See und den **Rock Park Gardens** bemüht sich, ihren viktorianischen Charakter zu bewahren. Im restaurierten **Pump Room** (19. Jh.) in den Temple Gardens findet in der letzten Augustwoche ein Fest statt, zu dem sich die Stadtbewohner viktorianisch kostümieren. Das Zentrum ist dann frei von Autos.

Das **Radnorshire Museum** zeigt auf eindrucksvolle Weise, dass die Stadt im 19. Jahrhundert Teil einer Reihe von walisischen Kurorten war, darunter Builth, Llangammarch und **Llanwrtyd**, wo heute eine Reihe von Festivals stattfindet.

🏛 **Radnorshire Museum**
Temple St. 📞 (01597) 824 513.
⚪ Di.–Sa. ⚫ 1. Jan, 25., 26. Dez.
📷 ♿

Viktorianische Architektur in der Spa Road in Llandrindod Wells

Craig Goch, einer der Stauseen aus viktorianischer Zeit im Elan Valley

❺ Elan Valley

Powys. **Karte H15.** 🚆 Llandrindod. 🛈 Rhayader, (01597) 810 880. 🌐 elanvalley.org.uk

Eine Reihe von Stauseen, die ersten künstlichen Seen des Landes, haben dieses Tal berühmt gemacht. Von 1892 bis 1903 entstanden **Caban Coch**, **Garreg Ddu**, **Pen-y-Garreg** und **Craig Goch**, um das 117 Kilometer entfernte Birmingham mit Wasser zu versorgen. Die 14 Kilometer lange Seenkette speichert 50 Milliarden Liter Wasser. Viktorianische Ingenieure hatten die Hochmoorlandschaft in den Cambrian Mountains wegen des hohen Niederschlags (1780 mm pro Jahr) ausgewählt. Diese Wahl löste Kontroversen und viel Unmut aus: Über 1000 Menschen mussten das Tal verlassen, bevor es für den Caban Coch geflutet wurde.

Die Staudämme entstanden in einer Epoche, in der Verzierungen wesentlicher Bestandteil jedes Entwurfs waren. Ihre Ornamente weisen jenen Hauch von Erhabenheit auf, den man beim gewaltigen **Claerwen-Stausee** vermisst. Er wurde in den 1950er Jahren hinzugefügt, um die Speicherkapazität zu verdoppeln. Der Staudamm misst 355 Meter. Insgesamt zieht sich der See sechs Kilometer an der B4518 entlang, die durch das Tal führt und herrliche Ausblicke bietet.

Die abgelegenen Moor- und Waldgebiete um die Seen sind ein wichtiger Lebensraum für Wildtiere. Der Rote Milan ist hier oft zu sehen.

Im **Elan Valley Visitors' Centre** am Caban-Coch-Staudamm wird die Naturgeschichte des Tals dargestellt. **Elan Village** neben dem Besucherzentrum ist ein gutes Beispiel für ein Arbeiterdorf, das um 1900 gebaut wurde, um die Kraftwerksangestellten unterzubringen. Vor dem Zentrum steht eine Statue, für die das lyrische Drama *Der entfesselte Prometheus* von Percy Bysshe Shelley *(siehe S. 226)* Pate stand. 1810 weilte der Dichter mit seiner Frau Harriet in der Villa Nantgwyllt hier im Tal. Zusammen mit den Gebäuden des Dorfs, darunter Schule und Kirche, ist das Haus in den Wassern des Caban Coch untergegangen.

Der Weg von Machynlleth zur Devil's Bridge bei Aberystwyth

❻ Machynlleth

Powys. **Karte G15.** 👥 2200. 🚆 🛈 Welshpool, (01938) 552 043. 🚌 Mi. 🌐 midwalesmyway.com

Unter den Steinhäusern von Machynlleth findet man auch welche mit Fachwerk oder mit georgianischen Fassaden. In diesem Ort rief Owain Glyndŵr, der letzte walisische Führer *(siehe S. 440)*, 1404 ein Parlament zusammen. Das renovierte Parliament House beherbergt das **Owain Glyndŵr Centre**.

Den **Uhrturm** mitten in der Maengwyn Street ließ der Marquess of Londonderry 1874 errichten, um anzuzeigen, dass sein Erbe Lord Castlereagh mündig war. Der Marquess lebte im **Plas Machynlleth**, einem Haus (17. Jh.) in einem Park abseits der Hauptstraße, heute ein Bürogebäude mit Restaurant.

Umgebung: In einem Schieferbruch vier Kilometer nördlich betreibt das **Centre for Alternative Technology** ein »Dorf der Zukunft«: Niedrigenergiehäuser und Bio-Anbau zeigen, wie man sinnvoll mit Ressourcen umgehen kann.

🏛 **Owain Glyndŵr Centre**
Maengwyn St. 📞 (01654) 702 932. 🗓 März–Dez: tägl. ♿ 🌐 canolfanglyndwr.org

🏛 **Centre for Alternative Technology**
An der A487. 📞 (01654) 705 950. 🗓 tägl. ⛔ Anfang Jan. 🌐 cat.org.uk

❼ Aberystwyth

Ceredigion. **Karte G15.** 👥 16 000. 🚆 🚌 🛈 Terrace Rd, (01970) 612 125. 🌐 aberystwyth.com

Die Küsten- und Universitätsstadt sieht sich selbst gern als Hauptstadt von Mittelwales. Für die ländliche Gegend ist »Aber« tatsächlich ein großer Ort, dessen Einwohnerzahl durch die Studenten zustande kommt. Für Reisende in viktorianischer Zeit war Aberystwyth das »Biarritz von Wales«. Seit dem 19. Jahrhundert hat sich

SÜD- UND MITTELWALES | 467

Straßenmusiker in Aberystwyth

Savin's Hotel

Als 1864 die Cambrian Railway eröffnet wurde, investierte der Geschäftsmann Thomas Savin 80 000 Pfund in ein neues Hotel für Pauschalreisende in Aberystwyth. Das Projekt ruinierte ihn. Er verkaufte das Gebäude mit dem pseudogotischen Turm, in dem eine walisische Universität einrichtete. Das »College am Meer« wurde 1872 eröffnet und ist nun die University of Aberystwyth.

Mosaiken am College-Turm

entlang der Promenade nicht viel verändert. Den **Constitution Hill**, eine Felsnase am Nordende der Stadt, kann man im Sommer mit der **Cliff Railway** (1896) erklimmen. Am Gipfel zeigt eine **Camera Obscura** Bilder der Stadt. Südlich der Promenade befinden sich die Ruinen von **Aberystwyth Castle**. Das **Ceredigion Museum** in einem ehemaligen Konzertsaal widmet sich der Vergangenheit der Stadt. Bei der Universität befindet sich die **National Library of Wales**. Die Bibliothek besitzt alte walisische Manuskripte sowie Ausgaben von jedem Buch, das in England und Irland veröffentlicht wurde.

Umgebung: Im Sommer fährt die Vale of Rheidol Railway die 19 Kilometer nach **Devil's Bridge** *(siehe S. 471)*, wo Wasserfälle durch eine bewaldete Bergschlucht stürzen und ein steiler Pfad zur Talsohle führt.

Ceredigion Museum
Terrace Rd. (01970) 633 088.
Mo–Sa. Karfreitag, Ostermontag, 25. Dez–2. Jan.
museum.ceredigion.gov.uk

❽ Aberaeron

Ceredigion. **Karte** G16. 1500.
Aberystwyth, dann Bus.
Pen Cei, (01545) 570 602.
discoverceredigion.co.uk

Georgianische Häuser säumen den Hafen der Stadt, die im 19. Jahrhundert ein Zentrum des Schiffsbaus war. Die breiten Straßen stammen aus der Zeit, als es noch keine Eisenbahn gab und die Häfen an der Bucht von Cardigan Wohlstand erlangten. Das letzte Schiff lief 1994 vom Stapel. Heute wird der Hafen von Seglern genutzt. Das Hafenbecken kann man auf einer hölzernen Fußgängerbrücke überqueren.

In der Stadt bieten Feinkostläden, Fischhändler und Fleischer ihre Waren an. Am Pier wird im Hive Honey Ice Cream Parlour gutes (fast schon weltberühmtes) Eis serviert.

Bunt gestrichene georgianische Häuser säumen den Hafen von Aberaeron

St Davids

Der hl. David, Schutzpatron von Wales, gründete in dieser abgelegenen Gegend um das Jahr 550 eine Abtei, die später zu einer der wichtigsten Pilgerstätten des Landes wurde. Die im 12. Jahrhundert erbaute Kathedrale sowie der ein Jahrhundert später hinzugefügte Bischofspalast liegen in einer tiefen Erdsenke unterhalb des Städtchens St Davids. Der Todestag des hl. David wird in ganz Wales am 1. März begangen.

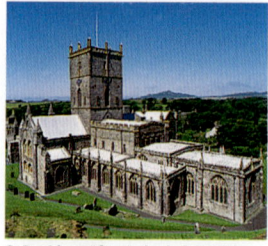

St Davids, größte Kathedrale in Wales

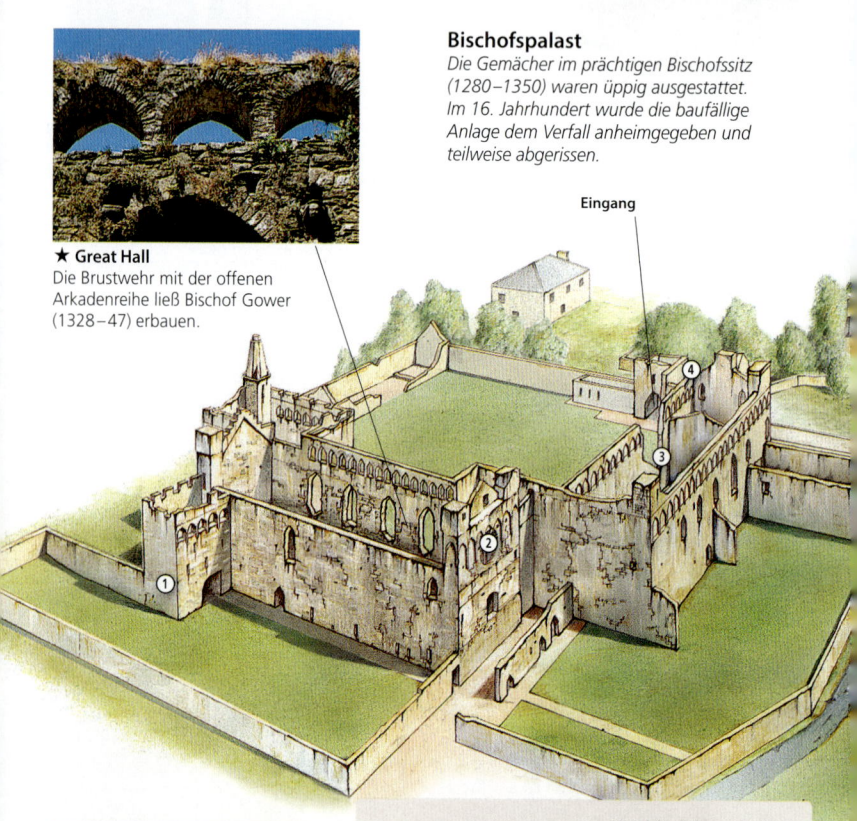

Bischofspalast
Die Gemächer im prächtigen Bischofssitz (1280–1350) waren üppig ausgestattet. Im 16. Jahrhundert wurde die baufällige Anlage dem Verfall anheimgegeben und teilweise abgerissen.

Eingang

★ Great Hall
Die Brustwehr mit der offenen Arkadenreihe ließ Bischof Gower (1328–47) erbauen.

Außerdem
① Latrinen
② Rosettenfenster
③ **Der Bischofssaal**, kleiner als die Great Hall, wurde wahrscheinlich nur für private Zwecke genutzt.
④ **Die Privatkapelle** wurde wie der übrige Palast über einem Gewölbe erbaut (Ende 14. Jh.).
⑤ St Mary's College Chapel
⑥ **Die Kapelle des Bischofs Vaughan** hat ein Fächermaßwerkdach im frühen Tudor-Stil.

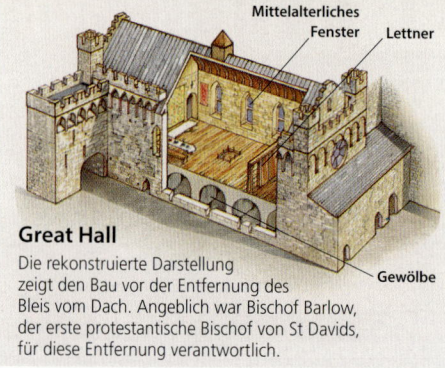

Mittelalterliches Fenster — Lettner

Great Hall
Die rekonstruierte Darstellung zeigt den Bau vor der Entfernung des Bleis vom Dach. Angeblich war Bischof Barlow, der erste protestantische Bischof von St Davids, für diese Entfernung verantwortlich.

Gewölbe

Hotels und Restaurants in Süd- und Mittelwales siehe Seiten 571f und 599f

ST DAVIDS | **469**

★ Decke im Mittelschiff
Eine abgehängte Eichendecke (frühes 16. Jh.) verdeckt das Dachgewölbe. Ein Lettner trennt das Schiff vom Chor.

Infobox

Information
Cathedral Close, St Davids.
Karte F16. (01437) 720 202.
tägl. 9–17 Uhr (So nur nachmittags).
w stdavidscathedral.org.uk

Anfahrt
Haverfordwest, dann Bus.

Bleiglasfenster
Acht Fensterfragmente aus den 1950er Jahren am Westende des Mittelschiffs stellen die Friedenstaube dar.

Kathedrale
Die Kirche des hl. David, Mitbegründer der Klosterbewegung, war schon früh eine wichtige Pilgerstätte. Drei Pilgerreisen hierher entsprachen einer Reise nach Jerusalem.

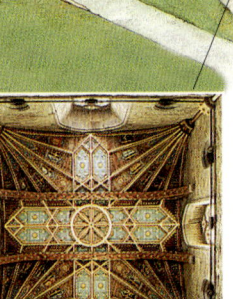

Eingang

Turmdecke
Das mittelalterliche Dach wurde während der Neugestaltung um 1870 mit bischöflichen Insignien versehen.

Chorgestühl (16. Jh.)
Das königliche Wappen auf einem der Stühle weist darauf hin, dass der Monarch dem Orden von St Davids angehörte. Am Chorgestühl befinden sich Miserikordien *(siehe S. 345)*.

★ Schrein des hl. David
In der Nähe des Schreins steht die Statue des Heiligen. Eine Taube, Symbol des Heiligen Geistes, soll der Legende nach auf Davids Schulter gelandet sein.

❿ Tenby

Pembrokeshire. **Karte** F17.
🏠 5000. 🚆 🚌 ⛴ **i** Upper Park Rd, (01437) 775 603.
🌐 visitpembrokeshire.com

Tenby hat sich seinen mittelalterlichen Charakter bewahrt, bietet aber dennoch alle modernen Annehmlichkeiten. Georgianische Häuser säumen den Hafen, hinter dem sich eine mittelalterliche Stadt mit schmalen Gässchen und Torbogen an den Hang schmiegt. Geschützt wurde die Altstadt von einer Burg (jetzt Ruine) auf einer Landzunge. Sie war zudem von zwei Stränden und einer Stadtmauer (13. Jh.) umgeben. Ein Teil der Stadtmauer und das Stadttor **Five Arches** sind noch erhalten.

Das dreistöckige **Tudor Merchant's House** (15. Jh.) mit Originalmöblierung legt Zeugnis ab vom einstigen Wohlstand der Seefahrerstadt. Vom Hafen laufen regelmäßig Schiffe zur fünf Kilometer entfernten **Caldey Island** aus. Die Klosterbewohner der Insel stellen Parfüm und Pralinen her.

🏛 **Tudor Merchant's House**
Quay Hill. 📞 (01834) 842 279.
🕐 Semesterferien Feb: tägl.; Apr–Okt: Mi–Mo (Aug: tägl.); Nov, Dez: Sa, So. 📷 für Gruppen nach Voranmeldung. **NT**

Das dreistöckige Tudor Merchant's House in Tenby

⓫ Swansea und Gower Peninsula

Swansea. **Karte** G17. 🏠 244 000.
🚆 🚌 ⛴ **i** (01792) 371 441. 🕐 Mo–Sa. 🌐 visitswanseabay.com

Die zweitgrößte Stadt von Wales liegt an einer großen Bucht mit breitem Strand. Der im Zweiten Weltkrieg weitgehend zerstörte und wiederaufgebaute Stadtkern hat sich seine walisische Atmosphäre bewahrt. Dazu zählen auch die Lebensmittelläden, in denen einheimische Delikatessen, darunter *laverbread* (siehe S. 580) und Herzmuscheln, angeboten werden.

Das preisgekrönte **Maritime Quarter** hat das Erscheinungsbild des früheren Hafenviertels nachhaltig verändert. Die Statue des Kupferminenmillionärs John Henry Vivian (1779–1855) thront über der Marina. Die Vivians, eine der angesehensten Familien der Stadt, richteten die **Glynn Vivian Art Gallery** ein, in der Töpferwaren und Porzellan zu sehen sind. Das 1838 gegründete **Swansea Museum**, das älteste Museum in Wales, widmet sich der Archäologie und der Heimatgeschichte.

Der in Swansea geborene Dichter Dylan Thomas (1914–1953) wird im **Dylan Thomas Centre** geehrt. Neben Memorabilien sind in der Ausstellung »Love the Words« Originalmanuskripte zu sehen. Thomas' Denkmal steht im Maritime Quarter. Sein Geburtshaus am 5 Cwmdonkin Drive wurde so restauriert, wie es 1914 ausgesehen hat.

Das **National Waterfront Museum** dokumentiert die Wirtschaft von Wales während der vergangenen 300 Jahre. Das ultramoderne, aus Glas und Schiefer errichtete Gebäude umfasst auch einige historische Lagerhallen.

Der berühmteste Sohn Swanseas: der Schriftsteller Dylan Thomas

Malerische Fischerhäuschen im Badeort Mumbles

An der Bucht von Swansea liegt der beliebte Badeort **Mumbles** – das Tor zur 29 Kilometer langen Gower Peninsula. Auf der Halbinsel, die 1956 zur ersten »Area of Outstanding Natural Beauty« Großbritanniens erklärt wurde, locken kleine, geschützte Buchten sowie die Strände Oxwich und Port-Eynon, an denen es viele Wassersportangebote gibt.

Rhossilis breiter Strand führt zur nördlichen Halbinsel mit Höhlen, Salzsümpfen und Herzmuschelbänken. Hier stößt man auf Monumente wie den **Parc Le Breos**, eine prähistorische Grabkammer.

Bei Camarthen befindet sich der **National Botanic Garden of Wales** mit Gartenanlagen um ein Glashaus, das ein mediterranes Ökosystem enthält.

🏛 **Glynn Vivian Art Gallery**
Alexandra Rd. 📞 (01792) 516 900.
🕐 Di–So. 🌐 swansea.gov.uk/glynnvivian

🏛 **Swansea Museum**
Victoria Rd. 📞 (01792) 653 763.
🕐 Di–So, Feiertage. ♿ teilweise.
📷 🌐 swanseamuseum.co.uk

🏛 **Dylan Thomas Centre**
Somerset Pl. 📞 (01792) 463 980.
🕐 tägl. ♿ 🌐 dylanthomas.com

🏛 **National Waterfront Museum**
Oystermouth Rd.
📞 0300 111 2333. 🕐 tägl. ♿
🌐 museum.wales

🌿 **National Botanic Garden of Wales**
Middleton Hall, Llanarthne.
📞 (01558) 667 149. 🕐 tägl.
🚫 24., 25. Dez.
🌐 botanicgarden.wales

Hotels und Restaurants in Süd- und Mittelwales siehe Seiten 571f und 599f

⓬ Tour: Wild Wales

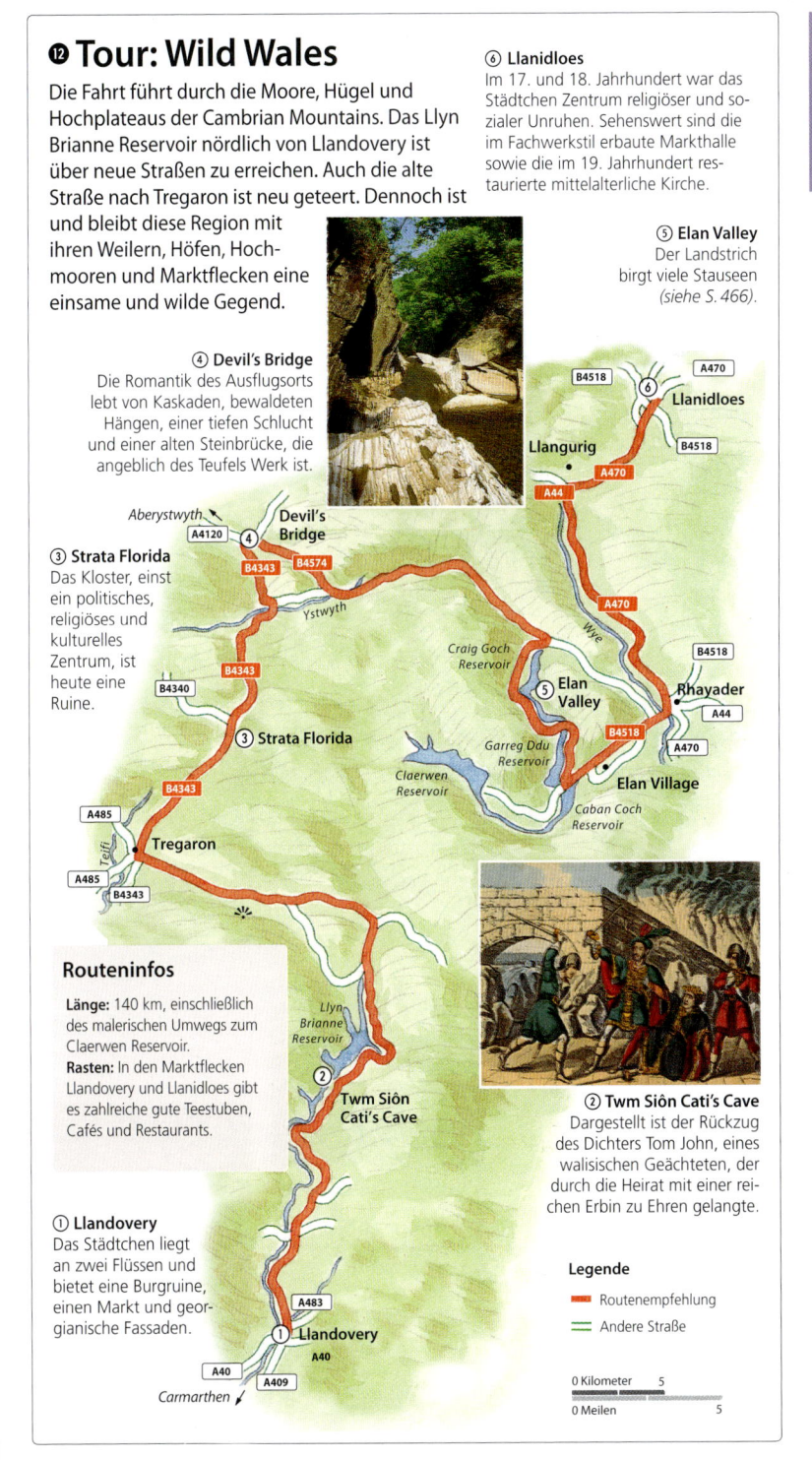

Die Fahrt führt durch die Moore, Hügel und Hochplateaus der Cambrian Mountains. Das Llyn Brianne Reservoir nördlich von Llandovery ist über neue Straßen zu erreichen. Auch die alte Straße nach Tregaron ist neu geteert. Dennoch ist und bleibt diese Region mit ihren Weilern, Höfen, Hochmooren und Marktflecken eine einsame und wilde Gegend.

⑥ Llanidloes
Im 17. und 18. Jahrhundert war das Städtchen Zentrum religiöser und sozialer Unruhen. Sehenswert sind die im Fachwerkstil erbaute Markthalle sowie die im 19. Jahrhundert restaurierte mittelalterliche Kirche.

⑤ Elan Valley
Der Landstrich birgt viele Stauseen *(siehe S. 466)*.

④ Devil's Bridge
Die Romantik des Ausflugsorts lebt von Kaskaden, bewaldeten Hängen, einer tiefen Schlucht und einer alten Steinbrücke, die angeblich des Teufels Werk ist.

③ Strata Florida
Das Kloster, einst ein politisches, religiöses und kulturelles Zentrum, ist heute eine Ruine.

Routeninfos
Länge: 140 km, einschließlich des malerischen Umwegs zum Claerwen Reservoir.
Rasten: In den Marktflecken Llandovery und Llanidloes gibt es zahlreiche gute Teestuben, Cafés und Restaurants.

② Twm Siôn Cati's Cave
Dargestellt ist der Rückzug des Dichters Tom John, eines walisischen Geächteten, der durch die Heirat mit einer reichen Erbin zu Ehren gelangte.

① Llandovery
Das Städtchen liegt an zwei Flüssen und bietet eine Burgruine, einen Markt und georgianische Fassaden.

Legende
━━ Routenempfehlung
══ Andere Straße

⓭ Brecon Beacons

Der Brecon Beacons National Park nimmt 1345 Quadratkilometer ein und erstreckt sich von der Grenze zu England bis fast nach Swansea. Er wird von vier Bergketten durchzogen: Black Mountain (im Westen), Fforest Fawr, Brecon Beacons und Black Mountains (im Osten). Der Park bietet weitläufige Hochebenen, grüne Hügel und rote Sandsteinfelsen. Im Süden gibt es Kalksteinfelsen, bewaldete Schluchten, Wasserfälle und Tropfsteinhöhlen. Für Besucher bietet sich eine Vielfalt an Outdoor-Aktivitäten an: von Angeln über Wandern bis zu Ausritten mit Ponys.

Llyn y Fan Fach
Der sagenumwobene Gletschersee liegt etwa sechs Kilometer von Llanddeusant entfernt.

Legende
- Hauptstraße
- Nebenstraße
- Andere Straße
- Fußweg

Außerdem

① **Black Mountain** ist eine wenig beachtete Wildnis mit Felstürmen und Hochmooren im Westen.

② **Fforest Fawr** (»Großer Wald«) erhielt seinen Namen im Mittelalter, als er königliches Jagdrevier war.

③ **Brecon** ist ein gemütlicher Marktort mit georgianischen Häusern.

④ **Tretower Castle and Court** bestehen aus einem normannischen Turm und einem mittelalterlichen Herrenhaus.

⑤ **Die Black Mountains** bilden die Grenze zu England.

Carreg Cennen Castle
Die mittelalterliche Burgruine steht auf einem imposanten Kalksteinfelsen in der Nähe des Dorfs Trapp.

Dan-yr-Ogof Caves
Das sehenswerte Höhlenlabyrinth lässt sich im Rahmen von Führungen erkunden.

Hotels und Restaurants in Süd- und Mittelwales *siehe Seiten 571f und 599f*

BRECON BEACONS | 473

Hay Bluff
Von dem Aussichtsberg (677 m) bietet sich ein herrlicher Blick über das Grenzland. Eine Straße windet sich von Hay-on-Wye hinauf zum Gospel Pass und wieder hinunter nach Llanthony.

Infobox

Information
Powys. **Karte** H16. *i* National Park Visitor Centre, nahe Libanus, Powys. (01874) 623 366. **Carreg Cennen Castle**, Trapp. (01558) 822 291. tägl. **Dan-yr-Ogof Caves**, Abercraf. (01639) 730 284. Apr–Okt. teilweise. **Llanthony Priory**, Llanthony. (01443) 336 106. tägl. 1. Jan, 24.–26. Dez. **Tretower Castle**, Crickhowell. (01874) 730 279. Apr–Okt.: tägl.; Nov–März: Do–Sa.

Anfahrt
Abergavenny.

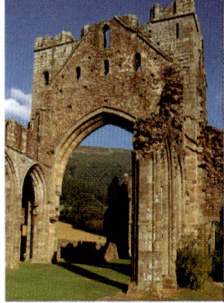

Llanthony Priory
Die Ruine (12. Jh.) besticht heute noch durch ihre Eleganz. In einem Seitenflügel befindet sich ein kleines Hotel (19. Jh.).

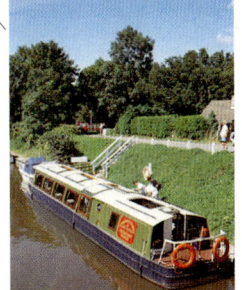

Monmouthshire and Brecon Canal
Auf dem im Jahr 1912 fertiggestellten Kanal wurden einst Rohstoffe zwischen Brecon und Newport transportiert; heute wird er von Ausflugsschiffen befahren.

Pen y Fan
Mit seinen 886 Metern ist der Pen y Fan die höchste Erhebung im Süden von Wales. Die flache Kuppe, in der Bronzezeit eine Grabstätte, erreicht man zu Fuß von Storey Arms an der A470 aus.

Weitere Zeichenerklärungen siehe hintere Umschlagklappe

⑭ Cardiff

Ende des 1. Jahrhunderts bauten die Römer hier eine Festung *(siehe S. 48f)*. Erst 1093 wird der Ort wieder erwähnt, als Robert FitzHamon, ein Ritter im Dienst von William the Conqueror, mit einem Lehen betraut wurde *(siehe S. 476)*. Im 13. Jahrhundert erhielt der Ort das Stadtrecht, blieb aber bis Mitte des 19. Jahrhunderts ein verschlafenes Nest. Dann ließ die Familie Bute, der Land gehörte, den Hafen ausbauen, der in den folgenden Jahren durch die Nähe zu den Kohlegruben in Südwales zu einem bedeutenden Exporthafen expandierte. Der Reichtum brachte in den wohlhabenden Vierteln schöne Gebäude hervor. Die Docks wurden Spekulationsobjekt. 1955 wurde Cardiff zur Hauptstadt von Wales – zu einer Zeit, als die Nachfrage nach Kohle längst nachgelassen hatte. Heute machen Stadterneuerungsprogramme Cardiff attraktiv.

Kamin im Bankettsaal von Cardiff Castle

Rathauskuppel mit Drache, dem Emblem von Wales

Überblick: Cardiff

Cardiff kann man in zwei Teile gliedern: Das Zentrum weist viktorianische und edwardianische Straßen und Parks auf, ein neugotisches Schloss, das klassizistische Verwaltungszentrum sowie Einkaufspassagen und einen **Covered Market** (Markthalle) aus dem 19. Jahrhundert. Die älteste Passage ist die **Royal Arcade** aus dem Jahr 1858. Das **Principality Stadium** (im Cardiff Arms Park) eröffnete 1999 mit dem Rugby Worldcup und kann an den meisten Tagen besichtigt werden.

Der andere Teil liegt südlich des Stadtzentrums: Das alte Hafenviertel hat sich in seinem Erscheinungsbild durch das Anlegen eines Süßwassersees und Cardiff Bays, des neuen Stadtteils am Wasser, sehr gewandelt. Im 2006 eingeweihten Plenarsaal **Y Senedd** tagt die walisische Nationalversammlung. Es werden auch Führungen durch das Gebäude angeboten. **Pierhead**, das Backsteingebäude daneben, war früher der Hauptsitz der Bute Dock Company und beherbergt jetzt eine Ausstellung über die Geschichte der Docks.

Weitere Attraktionen sind das interaktive Wissenschaftsmuseum **Techniquest** und das eindrucksvolle **Wales Millennium Centre**, Heimstatt der Welsh National Opera und Veranstaltungsort für Ballett, Musicals und Stand-up-Comedy.

Die hölzerne **Norwegian Church** am Kai wurde 1868 für die norwegischen Seeleute erbaut, die das Holz für die Kohlegruben in den südwalisischen Tälern herbeischafften. Die Kirche stand früher an einer anderen Stelle und war von Lagerhäusern umgeben. Sie wurde zerlegt und an dieser Stelle wieder aufgebaut.

🏛 Craft in the Bay
The Flourish, Lloyd George Ave, Cardiff Bay. ☎ (029) 2048 4611. ⏰ tägl. 10.30–17.30 Uhr. ♿ 🅿
🌐 makersguildinwales.org.uk
Im Kunsthandwerkszentrum organisieren die walisischen Handwerksgilden Ausstellungen. Das Haus präsentiert eine breite Palette von handwerklichen Objekten sowie Vorführungen (u. a. Weben und Töpfern).

🏰 Cardiff Castle
Siehe S. 476f.

Eingang zum Wales Millennium Centre

Hotels und Restaurants in Süd- und Mittelwales *siehe Seiten 571f und 599f.*

CARDIFF | 475

🏛 City Hall & Civic Centre
Cathays Park. 📞 (029) 2087 1727. 🕐 Mo–Fr. ⬤ Feiertage. ♿ 📷
🌐 cardiffcityhall.com

Cardiffs Verwaltungskomplex gruppiert sich um die Grünanlagen der Alexandra Gardens. Das Rathaus (1905) besitzt eine 60 Meter hohe Kuppel und einen Uhrturm. Zu besichtigen ist die Marble Hall mit Säulenkolonnaden und Marmorstatuen der Waliser Nationalhelden, darunter auch die des hl. David, Schutzpatron von Wales *(siehe S. 468f)*.

Die Universität Cardiff hat Räume im Civic Centre.

🏛 National Museum Cardiff
Cathays Park. 📞 0300 111 2333. 🕐 Di–So, Feiertage. ⬤ 1., 2. Jan, 24., 25. Dez. ♿ 📷 🌐 museum.wales

Das Museum mit seiner eindrucksvollen Säulenfassade wurde 1927 eröffnet. Bewacht

Statue des Politikers David Lloyd George

wird es vom Denkmal David Lloyd Georges *(siehe S. 441)*. Eine der schönsten Kunstsammlungen Europas umfasst u. a. Gemälde von Renoir, Monet und van Gogh.

Umgebung: Das in den 1940er Jahren im Vorort St Fagans am westlichen Rand der Stadt gegründete **St Fagans National History Museum** war das erste seiner Art: Hier wird Geschichte zum Anfassen geboten. Auf dem 40 Hektar großen Gelände stehen verschiedenste Gebäude aus allen Landesteilen, u. a. Cottages, Bauernhäuser, ein Zollhaus, Läden, eine Kapelle und ein altes Schulhaus, alle sorgfältig rekonstruiert. Ein Herrenhaus aus der Tudor-Zeit veranschaulicht das Leben Wohlhabender jener Zeit.

Llandaff Cathedral liegt in einer Erdsenke am Fluss Taff (Tâf) im Vorort Llandaff, drei

Infobox

Information
Cardiff. **Karte** H16. 📊 346 000.
ℹ️ Wales Millennium Centre, (029) 2087 7927. 📅 tägl.
🎭 Cardiff Festival (Sommer).
🌐 visitcardiff.com

Anfahrt
✈ Rhoose. 🚆 Central Sq.
🚌 Wood St.

Kilometer nordwestlich der Stadt. Die Kathedrale ist ein mittelalterlicher Bau auf den Überresten einer Klosteranlage aus dem 6. Jahrhundert. Im Zweiten Weltkrieg wurde sie schwer beschädigt, in den 1950er Jahren restauriert und 1957 wiedereröffnet. Seither besitzt sie eine riesige moderne Christusstatue von Jacob Epstein, die auf einen Betonbogen montiert ist.

🏛 St Fagans National History Museum
St Fagans. 📞 0300 111 2333. 🕐 tägl. ♿ 📷 📷
🌐 museum.wales

Zentrum von Cardiff
① Cardiff Market
② Principality Stadium
③ Y Senedd
④ Pierhead
⑤ Techniquest
⑥ Norwegian Church
⑦ Craft in the Bay
⑧ *Cardiff Castle S. 476f*
⑨ City Hall & Civic Centre
⑩ National Museum Cardiff

0 Meter 500
0 Yards 500

Zeichenerklärung
siehe hintere Umschlagklappe

Cardiff Castle

Zuerst war es ein römisches Kastell, dessen Überreste von den späteren Bauten durch eine Mauer aus rotem Stein abgetrennt wurden. Im 12. Jahrhundert entstand auf den Ruinen der römischen Befestigungsanlage eine Burg, die im Lauf der nächsten 700 Jahre zahlreiche Besitzer kennenlernen sollte, bis sie 1776 an John Stuart, Sohn des Earl of Bute, ging. Sein Urenkel, der 3. Marquess of Bute, verpflichtete den berühmten Architekten William Burges, der zwischen 1869 und 1881 eine repräsentative Wohnanlage fertigstellte.

Arab Room
Die vergoldete Decke mit den Marmor- und Lapislazuli-Einlagen wurde 1881 gefertigt.

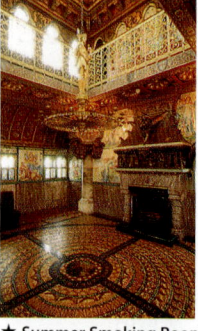

★ **Summer Smoking Room**
Das Zimmer ist Teil der Junggesellensuite im Uhrturm. Es gibt auch einen Winter Smoking Room.

Außerdem

① **Uhrturm**

② **Herbert Tower**

③ **Im achteckigen Turm**, auch Beauchamp-Turm genannt, befindet sich das Chaucer-Zimmer mit Szenen aus den *Canterbury-Erzählungen* (siehe S. 191).

④ **Im Bute Tower** war ab 1873 eine Reihe von Privaträumen untergebracht, so Speise- und Schlafzimmer sowie Salon.

Haupteingang zu den Wohnräumen

---

55 n. Chr. Bau eines römischen Kastells

1093 Robert FitzHamon baut die erste normannische Burg

1107 Die Burg geht an Mabel FitzHamon über, deren Mann zum Lord of Glamorgan ernannt wird

1183 Beschädigung im walisischen Aufstand

1308–1414 Die Burg wird Besitz der Familie Despenser

1423–49 Bau des achteckigen Turms und der Decke des Palas durch die Familie Beauchamp

1445–1776 Eigentümer sind die Familien Neville, Tudor und Herbert

Detail aus dem Chaucer-Zimmer

1776 Die Familie Bute kauft die ganze Anlage

1869 Der 3. Marquess of Bute beginnt mit dem Umbau

1947 Die Anlage geht in den Besitz der Stadt Cardiff über

| 1000 | 1200 | 1400 | 1600 | 1800 |

Hotels und Restaurants in Süd- und Mittelwales *siehe Seiten 571f und 599f*

CARDIFF CASTLE | **477**

Infobox

Information
Castle St, Cardiff. (029) 2087 8100. März–Okt: tägl. 9–18 Uhr; Nov–Feb: tägl. 9–17 Uhr. 1. Jan, 25., 26. Dez. cardiffcastle.com

★ **Bankettsaal**
Wandgemälde, der ungewöhnliche Kamin und die überaus schöne Decke machen das Flair dieses Festsaals aus.

★ **Dachgarten**
Mit Fliesen, Sträuchern und einem Brunnen schuf William Burges hier eine mediterrane Atmosphäre, die den Garten zum Juwel der ganzen Anlage macht.

★ **Bibliothek**
Geschnitzte Figuren auf dem Kamin repräsentieren die Sprachen des Altertums: Altgriechisch, Assyrisch, Hebräisch und Altägyptisch.

Überreste des Amphitheaters von Caerleon aus dem 2. Jahrhundert

⓯ Caerleon

Newport. **Karte** J17. 🚗 9500.
🛈 John Frost Sq, Newport (01633) 842 962. **W** newport.gov.uk

Ab dem Jahr 74 n. Chr. war hier eine von drei römischen Legionen in Britannien stationiert, und zwar die zweite Legion des Augustus, die in Wales den einheimischen Stamm der Siluren bezwingen sollte. Die zweite Legion befand sich in York *(siehe S. 408f)*, die dritte in Chester *(siehe S. 314f)*. Die Überreste der Befestigungsanlagen sind heute zwischen der Neustadt und dem Fluss zu besichtigen.

Altar im Roman Legion Museum

Die Ausgrabungen von Caerleon sind sowohl kulturgeschichtlich als auch unter militärischen Aspekten höchst interessant, denn die Römer hinterließen nicht nur eine Befestigungsanlage für 5500 Soldaten, sondern eine ganze Stadt inklusive Amphitheater. Die Funde der Ausgrabungen, die im Jahr 1926 von Mortimer Wheeler aufgenommen wurden, deuten darauf hin, dass es sich hier um einen der wichtigsten römischen Stützpunkte in ganz Europa gehandelt haben muss. Die Stadt umfasste ein Gebiet von 20 Hektar mit Kasernen, Hospital und großer Bäderanlage.

Das außerhalb der Stadt gelegene Amphitheater ist in bemerkenswert gutem Zustand erhalten. 6000 Zuschauer konnten von den Tribünen Sportveranstaltungen und Gladiatorenkämpfe verfolgen.

Am beeindruckendsten ist jedoch die schöne Bäderanlage, die Mitte der 1980er Jahre zugänglich wurde. Hier konnten die römischen Soldaten nicht nur baden, sondern auch Sport treiben und sich ausruhen – Annehmlichkeiten, die ihnen den Aufenthalt bei den »Barbaren« im hohen Norden erträglicher machen sollten.

Gleich in der Nähe kann man die Überreste der einzigen in Europa noch erhaltenen römischen Kasernen besichtigen. Artefakte, darunter auch eine Sammlung von Juwelen, die in Caerleon entdeckt wurden, zeigt das **National Roman Legion Museum**.

🏛 **National Roman Legion Museum**
High St. 📞 0300 111 2333.
🕐 tägl. (So nur nachmittags).
⬤ 1. Jan, 24.–26. Dez. ♿ 📷
W museum.wales

Das Big Pit National Coal Museum erinnert an längst vergangene Tage

⓰ Blaenavon

Torfaen. **Karte** H17. 🚗 6000.
🛈 World Heritage Centre, Church Rd, (01495) 742 333.
W visitblaenavon.co.uk

Das »schwarze Gold«, das bis vor 100 Jahren das Leben in Blaenavon bestimmte, wird nicht mehr gefördert. Die große Kohlezeche Big Pit wurde 1980 stillgelegt, das **Big Pit National Coal Museum** gedenkt der Bergbauhistorie. Entlang markierten Pfaden sind Bäder der Minenarbeiter, die Schmiede, Bergmannshütten und der Maschinenraum zu sehen. Zudem wurde ein Stollen nachgebaut, in dem Abbaumethoden erklärt werden. Der Höhepunkt der Besichtigung liegt unter Tage. Wie einst die Kumpel werden die Besucher in einem Aufzugkäfig nach unten befördert und dort von ehemaligen Minenarbeitern durch die Stollen und die unterirdischen Pferdeställe geführt.

Blaenavon ist auch wegen der Eisenhütte **Blaenavon Ironworks** bekannt. Auf der anderen Seite des Tals ragen noch die Brennöfen in die Höhe. Heute ist das gesamte Gelände ein Museum.

🏛 **Big Pit National Coal Museum**
Blaenavon. 📞 0300 111 2333.
🕐 tägl. ♿ vorher anrufen.
📷 **W** museum.wales

🏛 **Blaenavon Ironworks**
North St. 📞 (01495) 792 615.
🕐 Apr–Okt: tägl.; Nov–März: Do–Sa. ♿ 📷
W cadw.gov.wales

⓱ Monmouth

Monmouthshire. **Karte** J16.
🚗 10 000. 🚌 🛈 Shire Hall, (01600) 775 257. 📅 Fr, Sa.
W visitmonmouthshire.com

Die Marktstadt am Zusammenfluss von Wye und Monnow ist ein geschichtsträchtiger Ort. Von der Burg (11. Jh.) hinter dem Agincourt Square sind heute nur noch spärliche Überreste zu sehen. Das **Regimental Museum** daneben ist jedoch zu besichtigen.

SÜD- UND MITTELWALES | **479**

Die Monnow Bridge in Monmouth, ehemals Wachturm und Gefängnis

Henry V *(siehe S. 53)* wurde 1387 auf der Burg geboren. Sein Denkmal ist an der Fassade der Shire Hall auf dem Marktplatz zu sehen. Auch von Charles Stewart Rolls, Mitbegründer von Rolls-Royce, der im nahen Hendre geboren wurde, gibt es hier eine Statue. Admiral Lord Horatio Nelson *(siehe S. 58)* stattete der Stadt 1802 einen Besuch ab, was Lady Llangattock, die Mutter von Charles Rolls, dazu veranlasste, eine umfangreiche Nelson-Sammlung zusammenzutragen, die im **Nelson Museum** ausgestellt ist.

Monmouth war die erste Stadt in der Grafschaft. Ihr Wohlstand ist noch heute an den Fassaden der eleganten georgianischen Gebäude, vor allem der **Shire Hall** am Agincourt Square, erkennbar. Das herausragendste Bauwerk ist jedoch die **Monnow Bridge** (13. Jh.) mit Torhaus. Wer den Blick auf die Stadt genießen möchte, sollte den 256 Meter hohen Kymin mit dem **Naval Temple** (1801) erklimmen.

Monmouth ist die weltweit erste »Wikipedia-Stadt«: Über die QR-Codes an Plätzen und Bauten kann man den jeweiligen Wikipedia-Artikel abrufen.

Monmouth Castle and Regimental Museum
The Castle. (01600) 772 175. Apr–Okt: tägl. 14–17 Uhr.
monmouthcastlemuseum.org.uk

Nelson Museum
Priory St. (01600) 710 630. tägl. (So nur nachmittags).

⑱ Tintern Abbey

Monmouthshire. **Karte** J17. (01291) 689 251. Chepstow, dann Bus. tägl. 1. Jan, 24.–26. Dez.
cadw.gov.wales

Seit dem 18. Jahrhundert bezaubert Tintern durch seine herrliche Lage und die majestätische Ruine seiner alten Abtei. Dichter und Maler haben sich davon inspirieren lassen: Wordsworth verfasste hier sein Sonett *Lines composed a few miles above Tintern Abbey*, in dem aus romantisierender Sicht die Landschaft mit ihren bewaldeten Steilhügeln beschrieben wird. Der englische Landschaftsmaler Turner hat die Abtei auf Leinwand festgehalten.

Das Kloster wurde im Jahr 1131 vom Zisterzienserorden gegründet, der das umliegende Land kultivierte. Bald danach entwickelte sich das Kloster zum religiösen Zentrum. Im 14. Jahrhundert war es gar das reichste Kloster in ganz Wales. Henry VIII ließ es im Rahmen der Säkularisation im Jahr 1536 auflösen und zerstören. Die heute überwucherte, dachlose Ruine mit ihren noch erkennbaren Bogen und Fenstern bietet ein anmutiges und eindrucksvolles Bild.

Tintern Abbey im Wye-Tal, einst kulturelles und religiöses Zentrum, heute romantische Ruine

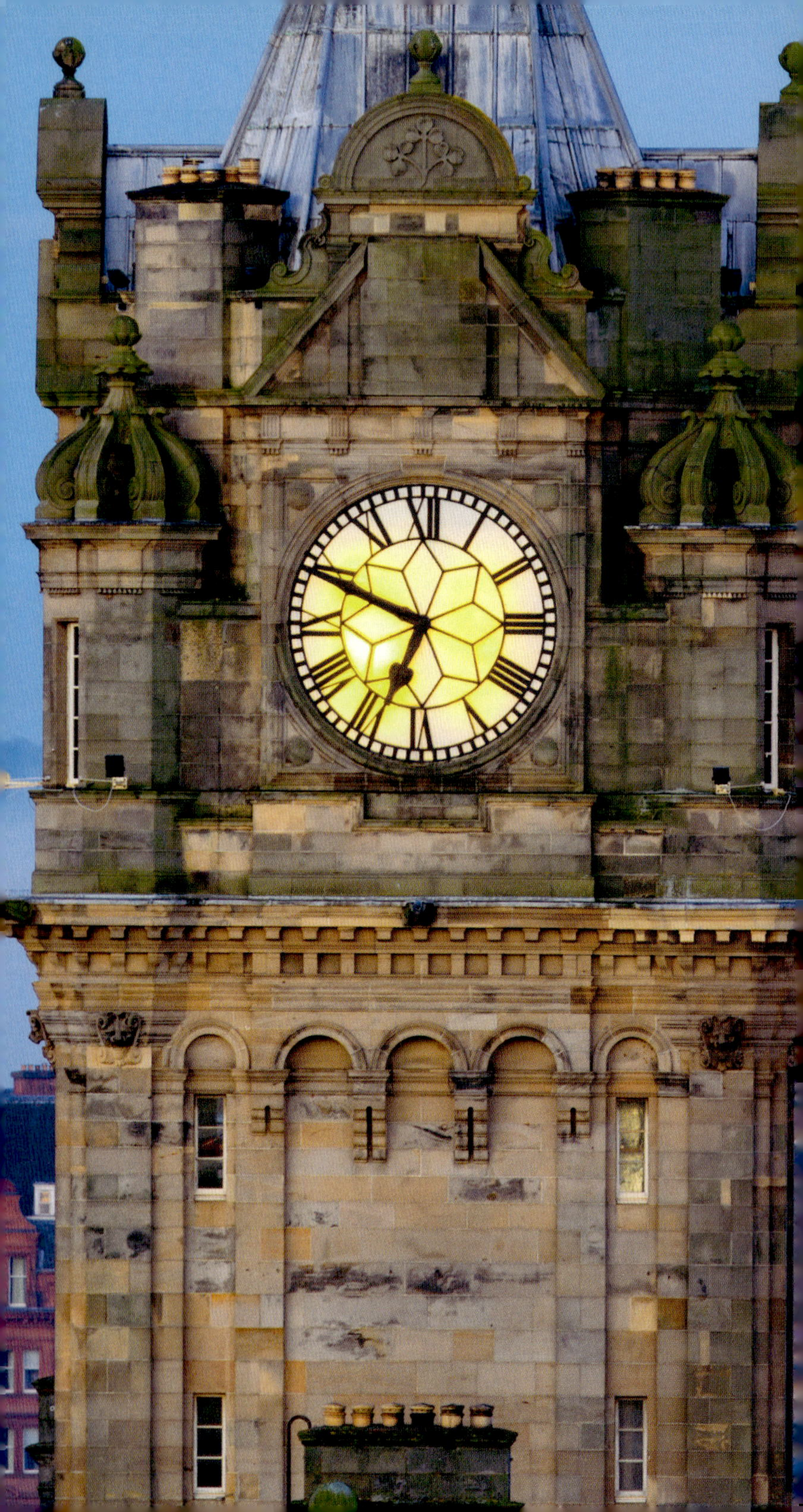

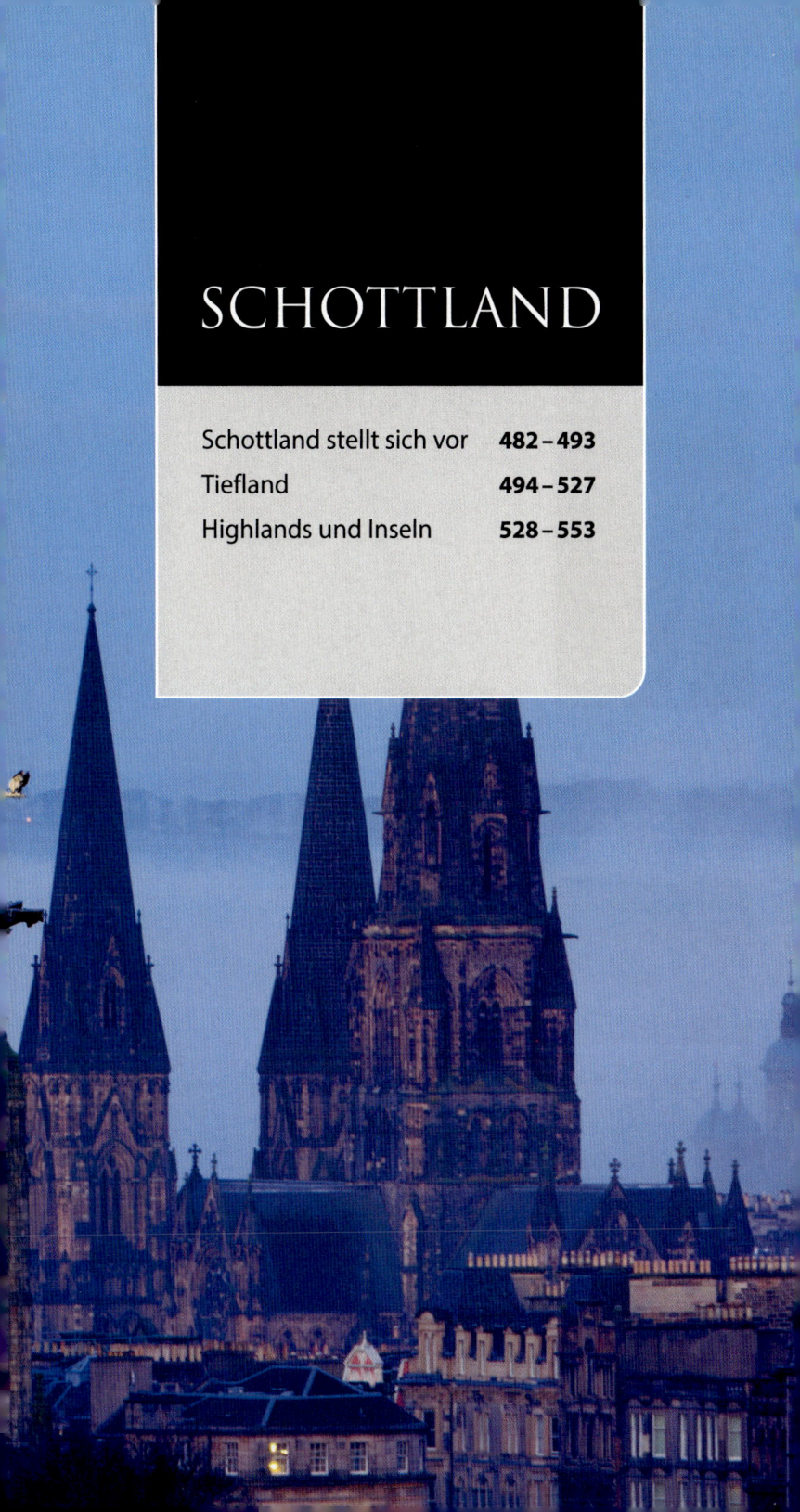

SCHOTTLAND

Schottland stellt sich vor	**482–493**
Tiefland	**494–527**
Highlands und Inseln	**528–553**

Schottland im Überblick

Schottland, das sich vom Agrar- und Weideland im Süden über schroffe Felsen und die Inseln in fast arktische Breitengrade erstreckt, bietet eine einzigartige Vielfalt an Naturräumen. Nordwestlich von Edinburgh wird das Land bergiger und bietet immer mehr archäologische Schätze. Der nordwestlichste Teil des Landes liegt auf dem ältesten Gestein der Welt.

Die Isle of Skye *(siehe S. 534f)* ist bekannt für urwüchsige Felsformationen und wilde, zerklüftete Küsten. An der Ostseite erhebt sich der Kilt Rock. Das Muster der Klippen erinnert an die schottische Nationaltracht. Daher stammt der Name.

Die Trossachs *(siehe S. 498f)* sind eine schöne Hügelkette zwischen Hoch- und Tiefland. Inmitten der bewaldeten Hänge von Ben Venue liegen die stillen Wasser des Loch Achray.

Culzean Castle *(siehe S. 526f)* wurde von Schottlands berühmtestem Architekten, Robert Adam *(siehe S. 32)*, erbaut. Es thront als mächtige Felsenburg am Firth of Clyde. Der weitläufige Park reicht unmittelbar bis ans Meer.

◀ **Uhrturm des Balmoral Hotel in Edinburgh** *(siehe S. 508–515)*

SCHOTTLAND IM ÜBERBLICK | 483

Zur Orientierung

Die Cairngorms *(siehe S. 548f)* sind berühmt für ihre Flora und Fauna sowie zahlreiche historische Denkmäler, darunter auch der Steinbogen bei Carrbridge (18. Jh.).

Royal Deeside *(siehe S. 544f)* in den Grampian Hills ist seit 1852, als Königin Victoria Balmoral Castle kaufte, mit der Königsfamilie verbunden.

Edinburgh *(siehe S. 508–515)* ist Schottlands Hauptstadt. Zwischen dem mittelalterlichen Edinburgh Castle und dem Palace of Holyroodhouse erstreckt sich die Royal Mile mit historischen Gebäuden – vom alten Parlamentsgebäude bis zum Haus von John Knox. Im neuen Teil der Stadt prägen georgianische Gebäude das Bild.

Kelvingrove Art Gallery and Museum *(siehe S. 524f)* in Glasgow prunkt im spanischen Barockstil. Hier findet man eine der größten Kunstsammlungen Europas vor. Das Museum ist das meistbesuchte in Großbritannien außerhalb Londons.

Ein Porträt Schottlands

Die Schönheit der schottischen Landschaft ist atemberaubend. Abgelegene Täler, einsame Seen (Lochs) und sagenumwobene Burgen verleihen dem Land seinen einzigartigen Charakter, der sich im Wesen der Menschen widerspiegelt. Stolz und unabhängig haben sie sich als wagemutige Entdecker und kluge Geschäftsleute bewährt. 2014 stimmten die Schotten per Referendum über die Unabhängigkeit Schottlands von Großbritannien ab – 55 Prozent der Wähler sprachen sich für den Verbleib im Königreich aus. Beim EU-Referendum 2016 allerdings stimmten 62 Prozent der Schotten für einen Verbleib in der EU.

Die Schotten sind ausgesprochen stolz auf ihre nationale Identität, ihre Gesetze und ihr Bildungswesen. Mit überwältigender Mehrheit stimmten sie im September 1997 bei einem Referendum für ihr eigenes Parlament. Dies war die lang ersehnte Gelegenheit, den Act of Union des Jahres 1707, der das schottische mit dem englischen Parlament vereinte, aufzuheben.

Hammerwerfer bei den Braemar Games

Trotz ihres Nationalstolzes bilden die Schotten keine kulturelle Einheit. Die früher gälisch sprechenden Bewohner des Hochlands hatten mit denen des Tieflands, die eine Art Mittelenglisch (Scots) sprachen, nichts gemein. Heute wird nur noch auf den westlichen Inseln vereinzelt gälisch gesprochen. Meist hört man ein mit starkem schottischem Akzent gesprochenes Englisch. Viele Nachnamen leiten sich aus dem Gälischen ab: *Mac* bedeutet »Sohn von«. Hoch im Norden pflegt man sogar »Wikinger-Traditionen«, wie etwa das Feuerfest Up Helly Aa.

Im 16. Jahrhundert schlossen sich viele Schotten der 1689 gegründeten presbyterianischen Kirche an, die auf Bischöfe und Prunk jedweder Art verzichtete. Die Katholiken waren fortan in der Minderheit. Heute findet man sie fast nur noch auf den Western Isles. Auf den inzwischen kaum noch bewohnten Inseln wird eine ländliche Lebensweise bewahrt, die einst überall im Hochland zu finden war, in dem Teil des Landes also, der das typisch Schottische hervorgebracht hat. Von hier kommen die Clans, die Tartans, der Dudelsack und Sportarten wie das Baumstammwerfen, die zusammen mit den traditionellen Tänzen bei jährlich stattfindenden Festen dargeboten *(siehe S. 68)* werden.

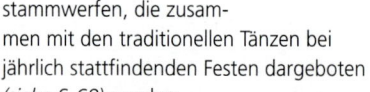

Dudelsackspieler

Bekannt sind die Schotten auch für ihren einzigartigen Erfindungsreichtum. Es ist also keineswegs verwunderlich, dass unverhältnismäßig viele britische Erfinder Schotten sind. James Watt baute im Jahr 1769 die erste Dampfmaschine *(siehe S. 58)*. Adam Smith war der führende Ökonom des 18. Jahrhunderts. Ein Jahrhundert später entdeckte James Simpson die Wirkung des Chloroforms, James Young entwickelte eine Erdölraffinerie, und Alexander Bell revolutionierte mit dem Telefon die Kommunikation. Im

Wintersonnwendfeier Up Helly Aa in Lerwick

Traditionelles Steinhaus auf der Isle of Lewis

Objekt im Büro des Edinburgh Festival Fringe

19. Jahrhundert mit seinen Eisen- und Stahlunternehmen eines der größten Wirtschaftsimperien in den USA auf.

Vielleicht liegt es am rauen Klima, dass das Land einige der berühmtesten Entdecker und Forscher hervorgebracht hat, u. a. den Polarforscher und Ozeanografen William Speirs Bruce und den Afrikaforscher und Missionar David Livingstone. Auch viele Dichter und Denker sind in Schottland geboren, u. a. der Philosoph David Hume sowie die Schriftsteller Sir Walter Scott, Robert Louis Stevenson und Robert Burns. Heute finden in Schottland, vor allem in Edinburgh, zahlreiche Kunst- und Theaterfestivals statt.

20. Jahrhundert löste Alexander Fleming mit der Entdeckung des Penizillins eine Revolution in der Medizin aus.

Die Klischees der Schottenwitze kommen nicht von ungefähr, denn die Schotten werden bewundert und gefürchtet wegen ihres unfehlbaren Geschäftssinns, den man ihnen freilich gern auch als Geiz auslegt. Sowohl die Bank of England als auch die Royal Bank of France wurden von Schotten gegründet. Andrew Carnegie baute im späten

Da die Bevölkerungsdichte Schottlands nur ein Fünftel derer von England und Wales ausmacht, bleibt im hohen Norden genügend Raum für Outdoor-Aktivitäten. Dazu zählt auch die Jagd. Die Eröffnung der Moorhuhnsaison am 12. August gehört zu den Höhepunkten. Beliebt sind auch Angeln und Bergwandern, im Winter Skifahren. Als Entschädigung für das raue Wetter sehen die Schotten die gute Luft an. Sie sind stolz darauf, dass sie selbst dem härtesten Klima trotzen – das unterscheide sie von ihren Nachbarn im Süden.

Das blaue Wasser des Loch Achray im Herzen der Trossachs

Schottlands Geschichte

Seit den römischen Überfällen ist die Geschichte Schottlands mit Auflehnung gegen jegliche Fremdherrschaft verbunden – die Römer konnten das Land nie erobern. Nachdem die Schotten 1018 ihre Grenzen ausgedehnt hatten, schwelte der Konflikt mit England, bis es 1707 zur Union zwischen beiden Ländern kam. 1997 votierte die schottische Bevölkerung in einem Referendum für eine (begrenzte) regionale Selbstverwaltung. Die Bildung des Schottischen Parlaments erfolgte 1999.

Steindenkmal aus der Zeit der Pikten bei Aberlemno, Angus

Frühgeschichte

Die Ureinwohner kamen über die kontinentale Landbrücke. Noch heute erinnern zahlreiche Relikte an die frühen Bewohner, insbesondere auf den Western Isles, die vom Stamm der Pikten bewohnt wurden. Als die Römer 81 n. Chr. ins Land einfielen, gab es mindestens 17 unabhängige Stämme.

Die Römer rückten bis zu den Tälern des Forth und des Clyde vor, doch vor dem unwirtlichen und schwer einnehmbaren Hochland machten sogar sie halt. Um das Jahr 120 ließ Kaiser Hadrian zum Schutz vor den Pikten den nach ihm benannten Wall errichten. Im 6. Jahrhundert nahm mit den Skoten (»Scots«), die von Irland her einwanderten, der Einfluss der Kelten zu. Der Skotenkönig Kenneth MacAlpin vereinigte schließlich im Jahr 843 Pikten und Skoten. Die Britannier, die bis dahin unabhängig waren, wurden erst 1018 Teil des schottischen Reichs.

Englischer Anspruch

Die normannischen Könige betrachteten Schottland als Teil ihres Reichs, ohne diesen Anspruch jedoch geltend zu machen. William the Lion (1143-1214) erkannte in dem Vertrag von Falaise (1174) die englische Oberhoheit an, wenngleich der Arm der Engländer nie bis in den Nordwesten reichte. 1296 begann der schottische Freiheitskämpfer William Wallace mit Unterstützung der Franzosen den mehr als 100 Jahre dauernden Unabhängigkeitskrieg.

Edward I ließ den Stone of Scone (auch Stone of Destiny oder Coronation Stone; *siehe S. 502*) in die Westminster Abbey schaffen. Robert the Bruce schlug England 1314 in Bannockburn. Doch die Engländer behielten die Oberhand, auch wenn die Schotten ihre Herrschaft nicht anerkannten.

Weg zur Union

Der Grundstock der Union zwischen England und Schottland wurde 1503 gelegt, als James IV von Schottland Margaret Tudor, die Tochter von Henry VII, heiratete. Als ihr Bruder Henry VIII den Thron bestieg, wurde James, der die Unabhängigkeit bestätigen wollte, 1513 bei Flodden getötet. Seine Enkelin Mary Stuart, Queen of Scots *(siehe S. 515)*, die den französischen Thronfolger heiratete, erhob nun Anspruch auf den englischen Thron, auf dem ihre Cousine Elizabeth I saß. Unterstützt wurde sie dabei von den Katholiken. Einer ihrer erbittertsten Gegner war jedoch der stimmgewaltige Reformator John Knox, der 1560 die presbyterianische Kirche gegründet hatte. 1568 muss-

John-Knox-Denkmal in Edinburgh

Robert the Bruce im Kampf bei Bannockburn von John Hassall (1906)

te die katholische Mary auch auf den schottischen Thron verzichten und nach England fliehen. Dort hielt Elizabeth I ihre Rivalin 20 Jahre in Haft. Mary Stuart wurde 1587 wegen Verrats in Fotheringhay Castle hingerichtet.

Union und Rebellion

Nach dem Tod von Elizabeth I 1603 bestieg Marys Sohn James VI von Schottland als James I auch den englischen Thron. Die Kronen waren also vereint, doch es dauerte noch rund 100 Jahre bis zur Vereinigung der beiden Parlamente.

In der Zwischenzeit kochte die Volksseele auf beiden Seiten wegen religiöser Differenzen. Presbyterianer und Katholiken gewannen abwechselnd die Oberhand. Gipfelpunkt des Konflikts war 1638 die Unterzeichnung eines Dokuments in Edinburgh, das alle katholischen Lehren verdammte. Schließlich bestieg der protestantische Wilhelm III. von Oranien 1688 den englischen Thron. Mit seiner Herrschaft endete die schottische Linie.

1745 versuchte Bonnie Prince Charlie *(siehe S. 535)*, ein Nachfahre der Stuart-Könige, mit Kämpfern aus den Highlands, dem Hannoveraner George II die Krone zu entreißen. Er wurde 1746 in der Schlacht von Culloden *(siehe S. 541)* geschlagen und musste nach Frankreich fliehen.

Unionsvertrag zwischen England und Schottland, 1707

Industrialisierung und sozialer Wandel

Im späten 18. und frühen 19. Jahrhundert verwandelte sich Schottland von einem reinen Agrar- in ein modernes Industrieland. In den »High-

In den Werften am Clyde wurden die größten Schiffe der Welt gebaut

land Clearances« (»Hochlandsäuberungen«; *siehe S. 539*) Ende des 18. Jahrhunderts setzten Landbesitzer ihre Pächter auf die Straße, machten das Land zur Viehweide und vertrieben die ansässige Bevölkerung. Etwa zur gleichen Zeit wurden die ersten Eisenhüttenwerke eröffnet, kurz darauf Kohlebergwerke, Stahlwerke und Schiffswerften. Man baute Kanäle, Brücken und Eisenbahnlinien. Symbol dieser Zeit ist die Eisenbahnbrücke Forth Bridge *(siehe S. 506)*.

Eine sozialistische Bewegung machte sich für die Verbesserung der Arbeitsbedingungen stark. Der Bergmann Keir Hardie aus Newhouse wurde im Jahr 1892 als erster Sozialist ins Parlament gewählt.

Gedankliche Vorbereiter dieser Zeit waren nicht zuletzt drei Schotten, die im 18. Jahrhundert lebten: der Philosoph David Hume, der Ökonom Adam Smith und der Dichter Robert Burns.

Schottland heute

Trotz der Einigung mit England kam es in den 1920er und 1930er Jahren zum Aufflammen der nationalistischen Bewegung. Die Scottish National Party wurde gegründet. 1950 stahlen nationalistische Studenten den Stone of Scone aus der Westminster Abbey.

Die Entdeckung von Öl in der Nordsee stärkte die nationalistische Bewegung. 1979 bewilligte die Regierung die Einberufung eines zweiten Parlaments, wenn sich 40 Prozent der schottischen Wähler per Referendum dafür aussprächen. Dies geschah im Jahr 1997. Das Schottische Regionalparlament trat 1999 erstmals zusammen.

Das Referendum über die Unabhängigkeit Schottlands 2014 fiel überraschenderweise zugunsten des Verbleibs in Großbritannien aus. Beim EU-Referendum 2016 stimmten 62 Prozent der Schotten für einen Verbleib in der EU. Ein erneutes Unabhängigkeitsreferendum steht vor der Tür. Schottlands Regierungschefin Nicola Sturgeon möchte es erst abhalten, wenn Details der Brexit-Bedingungen geklärt sind. Man darf gespannt bleiben.

Ölboom – eine der Bohrinseln in der Nordsee

Clans und Tartans

Erstmals erwähnt werden die Clans (Stammesgruppen, Großfamilien) und ihre Anführer, die Chiefs, im 12. Jahrhundert. Sie trugen schon damals Wollstoffe mit Tartans (Karomustern). Das Zusammengehörigkeitsgefühl der Clans wurde durch die Unabhängigkeitskriege geprägt. Alle Clan-Mitglieder trugen den Namen des Chiefs, auch wenn sie nicht blutsverwandt waren. Sie folgten einem Ehrenkodex und waren Krieger. Nach der Schlacht von Culloden *(siehe S. 541)* fiel ihr Land an die Krone. Das Tragen von Kilts und das Dudelsackspiel waren fast 100 Jahre lang verboten.

Die Mackays (auch Morgans genannt) kamen im Dreißigjährigen Krieg zu Ruhm und Ehre.

Die MacLeods sind skandinavischer Herkunft. Ihr Chief bewohnt noch immer Dunvegan Castle *(siehe S. 534)*.

Die MacDonalds galten als mächtigster Clan und erhielten den Titel »Lords of the Isles«.

Der Clan Chief

Der Chief war der uneingeschränkte Herrscher, zugleich Richter und Anführer in der Schlacht, dem absoluter Gehorsam entgegengebracht wurde. Um seine Männer zu den Waffen zu rufen, schickte er einen Läufer mit brennendem Kreuz aus.

Die Mackenzies erhielten 1362 von David II die Ländereien von Kintail *(siehe S. 538)*.

Bonnet mit Adlerfedern, Clanwappen und Pflanzenabzeichen

Schwert mit Korbgriff

Dirk (Dolch)

Sporran, Gürteltasche aus Dachsfell

Feileadhmor, ein großes Umhängetuch um Schulter und Taille

Die Campbells waren ein gefürchteter Clan, der 1746 gegen die Jakobiten kämpfte *(siehe S. 541)*.

Das Black Watch Regiment, das 1729 gegründet wurde, um den Frieden in den Highlands zu sichern, gehörte zu den Regimentern, denen es erlaubt war, Tartans zu tragen. Der Zivilbevölkerung war dies bei Strafe untersagt.

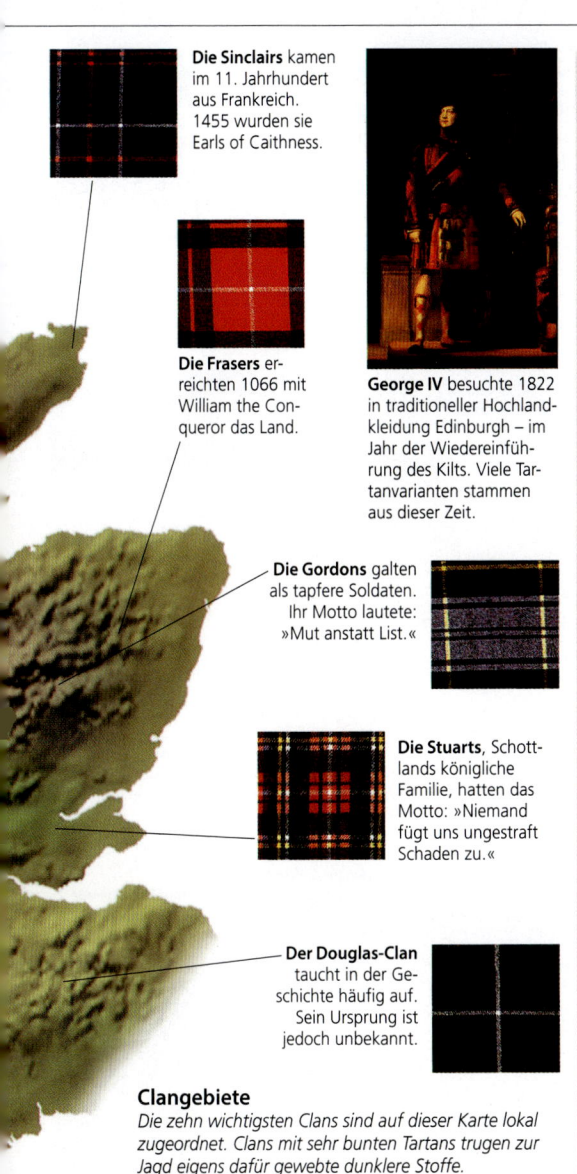

CLANS UND TARTANS | 489

Die Sinclairs kamen im 11. Jahrhundert aus Frankreich. 1455 wurden sie Earls of Caithness.

Die Frasers erreichten 1066 mit William the Conqueror das Land.

George IV besuchte 1822 in traditioneller Hochlandkleidung Edinburgh – im Jahr der Wiedereinführung des Kilts. Viele Tartanvarianten stammen aus dieser Zeit.

Die Gordons galten als tapfere Soldaten. Ihr Motto lautete: »Mut anstatt List.«

Die Stuarts, Schottlands königliche Familie, hatten das Motto: »Niemand fügt uns ungestraft Schaden zu.«

Der Douglas-Clan taucht in der Geschichte häufig auf. Sein Ursprung ist jedoch unbekannt.

Clangebiete
Die zehn wichtigsten Clans sind auf dieser Karte lokal zugeordnet. Clans mit sehr bunten Tartans trugen zur Jagd eigens dafür gewebte dunklere Stoffe.

Abzeichen
Jeder Clan schmückte sich mit einer Pflanze. Man trug sie auf der Mütze, vor allem am Tag der Schlacht.

Schottische Kiefer trugen die MacGregors von Argyll.

Die Vogelbeere gehörte zum Clan Malcolm.

Efeu war Zeichen der Gordons von Aberdeenshire.

Die Schottische Distel war das Abzeichen der Stuarts.

Wollgras trugen die Mitglieder des Henderson-Clans.

Highlands-Clans heute
Im Gegensatz zu früher bleibt der Kilt heute meist besonderen Anlässen vorbehalten. Das einteilige *feileadh-mor* wurde durch das *feileadh-beag* (kleines Tuch) ersetzt, das auf der Vorderseite mit einer Silberspange festgemacht wird. In der Regel ist jeder Schotte, der einem Clan angehört, stolz darauf und pflegt die Traditionen. Viele Großbritannien-Besucher mit schottischen Wurzeln *(siehe S. 35)* können die Spuren ihrer Vorfahren in die Highlands verfolgen.

Traditionelle Hochlandkleidung

Von der Burg zum Schloss

Es gibt kaum einen romantischeren Anblick in Großbritannien als ein schottisches Schloss auf einer Insel oder an einem der Lochs (Seen). Früher, als Raubüberfälle und kriegerische Auseinandersetzungen zwischen den Clans zur Tagesordnung gehörten, dienten sie als sichere Schutzburgen. Von den frühen *brochs* der Pikten *(siehe S. 47)* entwickelten sich über die normannische Burg die typisch schottischen Turmbauten des 13./14. Jahrhunderts. Wenige Jahrhunderte später, als Verteidigung kaum noch eine Rolle spielte, entstanden unzählige herrliche Schlösser.

Detail der Barockfassade, Drumlanrig Castle

Burg und Burghof

Im 12. Jahrhundert standen die Burgen auf zwei Anhöhen, auf der oberen der Bergfried, Haupt- und Wohnturm des Chiefs, auf der unteren die Behausungen der übrigen Bewohner – beide durch eine Mauer oder einen Pfahlzaun geschützt. Von diesen Burgen blieb wenig erhalten. Zu sehen sind meist nur noch spärliche Ruinen.

Bergfried, Wohnturm des Chiefs, Ausguck und Hauptverteidigungsturm

Ruine von Duffus Castle, Morayshire

Duffus Castle (um 1150) war entgegen den Gepflogenheiten der damaligen Zeit aus Stein gebaut. Es überragt das flache Land nördlich von Elgin.

Teilweise aufgeschüttete Anhöhe aus Erde oder Steinen

Ringmauer zum Schutz der Wohn- und Lagerbauten

Frühe Turmbauten

Die ersten Turmbauten, die als Befestigungsanlagen gegen kleinere Angriffe aus dem Umland dienten, stammen aus dem 13. Jahrhundert. Ursprünglich waren sie als Rechteck angelegt. In der Mitte thronte ein einzelner, mehrere Stockwerke hoher Turm mit schlichtem Äußeren und wenigen Fenstern. Verteidigt wurde von oben. Wenn mehr Platz gebraucht wurde, wurden weitere Türme angebaut – man expandierte in die Höhe, nicht in die Breite.

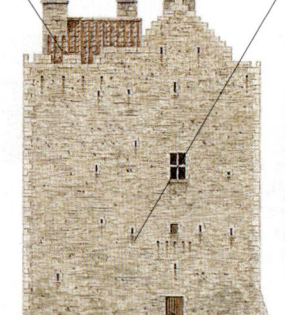

Brustwehr mit Zinnen für die Wachen

Schmucklose, gerade Mauern mit Schießscharten als Fenster

Claypotts Castle (um 1570) mit vorstehenden Dachstuben

Kleiner, unauffälliger Eingang

Braemar Castle (um 1630), ein Komplex aus Türmen

Neidpath Castle wurde auf einem Felsvorsprung über dem Tweed errichtet. Es ist ein L-förmiger Turmbau aus dem 14. Jahrhundert. Die einstige Feste Charles' II weist heute noch Spuren der Belagerung durch Oliver Cromwell *(siehe S. 56)* auf.

Spätere Turmbauten

Obwohl sich niemand mehr verteidigen musste, wurde der Baustil beibehalten. Im 17. Jahrhundert fügte man dem ursprünglichen Turm Flügelanbauten hinzu, wodurch erstmals Burghöfe entstanden. Zinnen und Mauertürmchen blieben zur Dekoration erhalten.

Drum Castle *(siehe S. 545)* mit ursprünglichem Bergfried (13. Jh.) und Anbau (1619)

- Zimmer des Burgpfarrers mit Geheimzugang
- Ursprüngliches Turmhaus aus dem 15. Jahrhundert
- Eckturm mit Treppenaufgang
- Anbau aus dem 16. Jahrhundert
- Vorstehendes Ziertürmchen

Traquair House *(siehe S. 517)* der Familie Tweed ist das älteste bewohnte Haus in Schottland. Das schmucklose Äußere geht auf das 16. Jahrhundert zurück, als eine Reihe von Anbauten am alten Turmbau (15. Jh.) vorgenommen wurden.

Blair Castle *(siehe S. 547)* mit mittelalterlichem Turm

Schlösser

Bei Schlössern wurde schließlich ganz auf die Verteidigungsfunktion verzichtet und nur noch nach ästhetischen Gesichtspunkten gebaut, auch wenn hin und wieder Einflüsse aus der Ritterzeit unverkennbar sind. Als Vorbilder dienten Schlösser in ganz Europa, vor allem jedoch die französischen.

Dunrobin Castle (um 1840), Sutherland

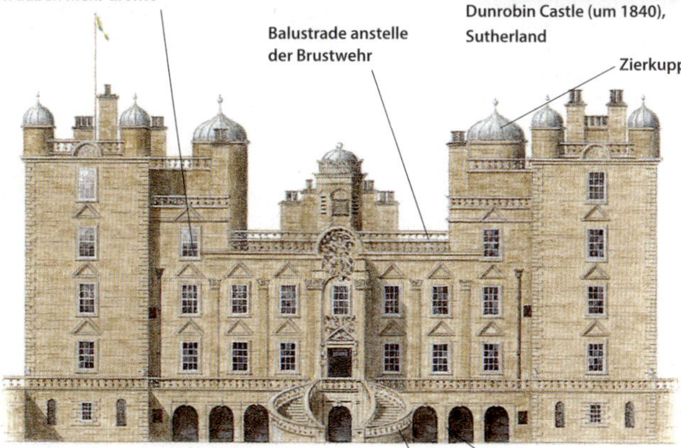

- Größere Fenster, da nun keine Gefahr von außen mehr drohte
- Balustrade anstelle der Brustwehr
- Zierkuppel
- Renaissance-Kolonnade
- Barocke geschwungene Treppe

Drumlanrig Castle *(siehe S. 518f)* stammt aus dem 17. Jahrhundert und weist zahlreiche typisch schottische Merkmale sowie Renaissance-Einflüsse (geschwungene Treppe und Fassade) auf.

Schottische Küche

Schottisches Essen schmeckt nach Land. Das magere Fleisch wird nur mit wenigen Saucen gereicht. Bestes Rindfleisch kommt vom Aberdeen Angus. Lammfleisch und Wildgerichte schmecken köstlich. Bekannt sind Lachs und Forelle, doch auch Miesmuscheln, Hummer und Krebse sind exzellent. Da kein Weizen wächst, gibt es Haferkuchen und *bannocks* (flache Haferbrötchen). Schotten lieben Süßes, nicht so sehr Kuchen, aber Toffees und *butterscotch* (Karamellbonbons).

Räucherlachs

Aberdeen-Angus-Rinder im schottischen Moorland

Tiefland

Auf den Weiden Südschottlands grasen Milchkühe und Schafe. Sie liefern Käsearten wie Bonnet, Bonchester und Galloway Cheddar. Im Sommer gibt es viele schmackhafte Beeren, etwa Loganbeeren, Tayberrys (eine Kreuzung aus Brom- und Himbeere) und Erdbeeren, die im Carse of Gowrie am Fluss Tay reifen. Hafer ist dominierend – er dient für Porridge bis hin zu Haferkuchen. Gerstengraupen werden für *Scotch broth* (Fleischbrühe) oder Pudding verwendet. Hafermehl braucht man für Haggis, die »Wurst« aus Lamminnereien – den »Chief aller Puddings«, wie Robert Burns schrieb (wobei Pudding ein Gericht mit Fleisch und Gemüse meint). Haggis gibt es mit *neeps and tatties* (Steckrüben- und Kartoffelpüree).

Hochland

Das Hochland ist reich an Wild, darunter Moorhuhn, Rebhuhn, Auerhahn und Rotwild. An der Küste gibt es Räucherfisch – an der Westküste *kippers* (Bücklinge), an der Ostküste *Finnan haddock* (Schellfisch) – meist in Form von *Arbroath Smokies*. Geräucherter Fisch (Schellfisch oder Kabeljau) gehört in die Fischsuppe *Cullen Skink* in der Burns Night.

Hummer **Forelle** **Auster** **Lachs**
Miesmuscheln

Auswahl an frischem schottischem Seafood

Typische schottische Gerichte

Kippers (Bücklinge) gibt es oft zum Frühstück. Gleiches gilt für Porridge – traditionell eher salzig als süß. Ein Topf mit Porridge reichte früher eine ganze Woche lang, genauso wie die *Scotch broth* (Fleischbrühe mit Gerstengraupen und Gemüse) tagelang in einem Eisenkessel blubberte. Bisweilen gab es auch Kohl- oder Linsensuppe, oder die Brühe *(cock-a-leekie)* enthielt ein Suppenhuhn und Lauch. Fleischreste wurden zu Aufläufen mit Zwiebeln und Kartoffeln verarbeitet. Das schottische Abendessen wird früh eingenommen und ist eher ein *high tea*. Es beginnt mit Räucherfisch, kaltem Fleisch oder Pastete, gefolgt von *shortbread*, Obstkuchen oder *drop scones* (schottische Pfannkuchen) – dazu gibt es Tee.

Haferflocken

Haggis with neeps and tatties
Das Gericht wird traditionellerweise in der Burns Night am 25. Januar serviert.

Whisky-Herstellung

Die traditionellen Zutaten sind Gerste, Hefe und Wasser. Auf Gälisch hieß der Whisky *usquebaugh* (Lebenswasser). Die Destillation dauert drei Wochen. Lagern muss er mindestens drei Jahre in großen Eichenfässern (die vorher oft für Sherry genutzt wurden). »Blended«, also verschnittener Whisky, tauchte zum ersten Mal in Edinburgh um 1860 auf.

Gerste

1 Das Mälzen ist der erste Schritt. Die Gerste wird gewässert, auf die Vordarre verteilt und regelmäßig gewendet. Wenn die Gerste anfängt zu keimen, entsteht das Grünmalz. Beim Keimvorgang werden Enzyme freigesetzt, die Stärke in Zucker umwandeln.

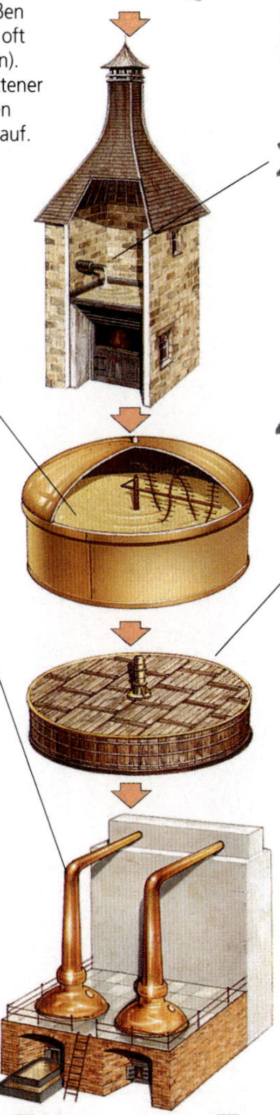

2 Nach zwölf Tagen wird die Gerste in einem Darrofen über Torffeuer getrocknet und der Keimvorgang unterbrochen. Der Torfrauch verleiht dem Malz seinen unverkennbaren Geschmack. Das Malz wird gereinigt und dann gemahlen.

3 In riesigen Maischbottichen wird mit heißem Wasser die Maische angesetzt. Das Malz wird getränkt, löst sich auf und verwandelt sich in eine zuckerhaltige Lösung, genannt »wort« (Würze), die zur Vergärung abgesondert wird.

4 Die Gärung setzt ein, wenn der abgekühlten Würze in Holzbottichen Hefe hinzugefügt wird. Die Mischung wird gerührt, bis sich die Hefe in ersten Alkohol (»wash«) verwandelt hat.

5 Nachdem die vergorene Maische in kupfernen Destillierapparaten zweimal gebrannt wurde, entsteht der junge Whisky mit einem Alkoholgehalt von 57 Prozent.

6 Die Reifung ist der letzte Schritt. Der Whisky lagert mindestens drei Jahre lang in Eichenfässern – je länger, desto besser. Edlere Whiskys brauchen zehn bis 15 Jahre. Manche reifen auch bis zu 50 Jahre.

Traditionelle Trinkgefäße, sogenannte *quaichs*, aus Silber

Blended Whiskys sind Verschnitte von bis zu 50 verschiedenen Sorten.

Single malt heißt unverschnittener, meist recht teurer Whisky.

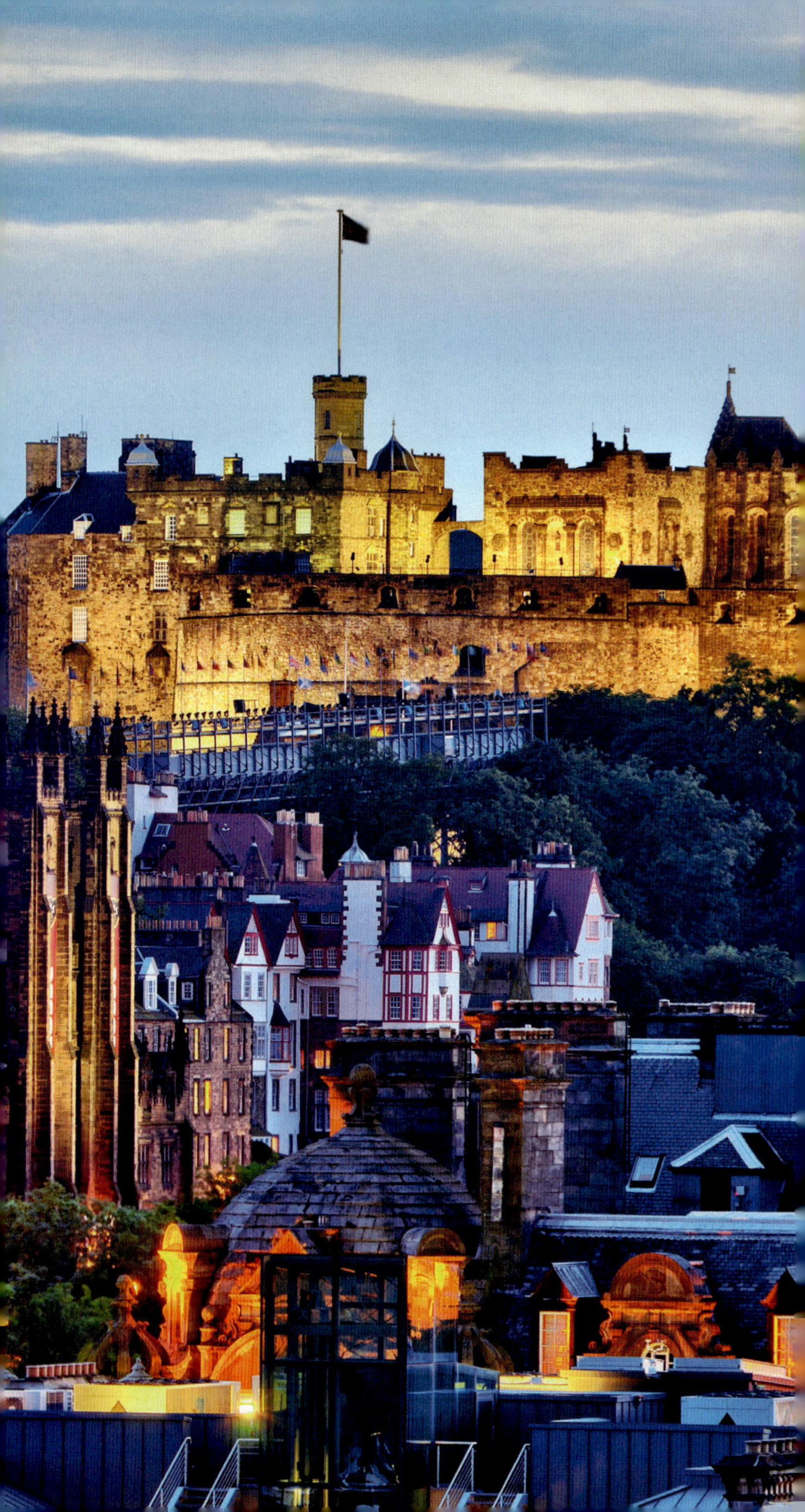

SCHOTTLAND | 495

Tiefland

*Clyde Valley · Central Scotland · Fife · The Lothians
Ayrshire · Dumfries and Galloway · The Borders*

Die Lowlands, wie der südliche Teil Schottlands genannt wird, unterscheiden sich wesentlich von den nördlichen Highlands. Kilts und Whisky-Destillerien sucht man hier vergebens, denn das Tiefland steht für Tatkraft, für Handel und Wirtschaft, wie die Großstädte Edinburgh und Glasgow beweisen. Dennoch gibt es in den Lowlands viel schöne Landschaft und hübsche Küsten.

Allein durch seine geografische Lage wurde das Tiefland zur Region von Fehden. Noch Jahrhunderte, nachdem die Römer 44 n. Chr. den Antoninuswall über den Forth of Clyde gebaut hatten, wurden hier Konflikte ausgetragen, wie die unzähligen Burgen zeigen. Vom Stirling Castle blickt man auf nicht weniger als sieben Schlachtfelder. Auch die Ruinen mittelalterlicher Klöster wie Melrose zeugen von Gefahren. Der von Mönchen ins Leben gerufene Wollhandel in Peebles und Hawick floriert allerdings noch heute.

Nördlich der Grenze liegt Edinburgh, das Kultur- und Verwaltungszentrum Schottlands. Mit den georgianischen Plätzen, über denen eine beeindruckende mittelalterliche Burganlage aufragt, gehört die Stadt zu den elegantesten in ganz Europa. Während man sich hier im 18. und 19. Jahrhundert den schönen Künsten widmete, entwickelte sich Glasgow zum zweitgrößten Wirtschafts- und Industriezentrum des Königreichs. Angetrieben durch James Watts Entwicklung der Dampfmaschine wurde Glasgow um 1840 die Wiege der industriellen Revolution Schottlands mit Baumwollindustrie und der Produktion der damals weltgrößten Schiffe.

Beide Städte haben sich ihre Eigenart bis zum heutigen Tag bewahrt: Edinburgh richtet jedes Jahr im August eines der weltweit größten Kulturfestivals aus, Glasgow gilt in Europa als ein Vorbild für die erfolgreiche postindustrielle Renaissance.

Kunstfertiger Jongleur beim jährlichen Theaterfestival in Edinburgh

◀ Die Altstadt von Edinburgh, im Hintergrund die Burganlage der Stadt *(siehe S. 510f)*

Überblick: Tiefland

Als Tiefland wird das Land südlich der Trossachs bezeichnet, das sich in nordöstlicher Richtung von Loch Lomond bis Stonehaven erstreckt. Allerdings ist das Tiefland durchaus hügelig. Bewaldete Täler und mäandernde Flüsse führen zu den steilen Hügeln der Cheviots und Lammermuirs. An der felsigen Ostküste gibt es Fischerdörfer, an der Clyde-Küste und auf den Inseln zahlreiche Ferienorte. Im Inneren liegen die Trossachs, ein romantisches Berg-, Wald- und Seengebiet um Loch Lomond unweit von Glasgow. Sie sind ein beliebtes Wandergebiet *(siehe S. 40)* und Ausflugsziel.

Blick von den Trossachs auf Loch Katrine

Sehenswürdigkeiten auf einen Blick

1. *Trossachs S. 498f*
2. *Stirling S. 500f*
3. Doune Castle
4. Perth
5. Glamis Castle
6. Dundee
7. St Andrews
8. East Neuk
9. Falkland Palace
10. Dunfermline
11. Culross
12. Linlithgow Palace
13. Falkirk Wheel
14. Hopetoun House
15. Forth Bridges
16. *Edinburgh S. 508–515*
17. St Abb's Head
19. Melrose Abbey
20. Abbotsford House
21. Traquair House
22. Biggar
23. Pentland Hills
24. New Lanark
25. *Glasgow S. 520–525*
26. Sanquhar
27. Drumlanrig Castle
28. Threave Castle
29. Whithorn
30. *Culzean Castle S. 526f*
31. Burns Cottage

Tour

18. *Durch das Grenzland S. 507*

Weitere Zeichenerklärungen *siehe hintere Umschlagklappe*

TIEFLAND | 497

Legende
- Autobahn
- Hauptstraße
- Schnellstraße
- Nebenstraße
- Panoramastraße
- Eisenbahn (Hauptstrecke)
- Eisenbahn (Nebenstrecke)
- △ Gipfel

Im schottischen Tiefland unterwegs

Die M74 führt vom Süden nach Glasgow, die A702 nach Edinburgh – beide schließen an die M6 in England an. Weitere Autobahnen führen nach Edinburgh, Glasgow, Stirling und Perth. Von dort geht es auf gut ausgebauten Straßen ins Hochland. Internationale Flughäfen sind Glasgow, Edinburgh und Glasgow-Prestwick. Von Ardrossan gibt es eine Fährverbindung zur Isle of Arran.

Edinburgh Castle, von der Princes Street aus gesehen

Hotels und Restaurants im schottischen Tiefland *siehe Seiten 572 und 600–602*

❶ Trossachs

Mit seinen bewaldeten Hängen und einsamen Seen bildet dieses abwechslungsreiche Gebiet die Grenze zwischen Highlands und Lowlands. Die Schönheit der Landschaft und die Vielfalt ihrer Fauna, darunter Steinadler, Wanderfalke, Rotwild und Wildkatze, haben zahlreiche Schriftsteller inspiriert. Viele von Walter Scotts *(siehe S. 516)* Romanen spielen hier. In dem Bergland lebte auch der schottische Volksheld Rob Roy, der schon zu Lebzeiten im Roman *The Highland Rogue* (1723; wahrscheinlich von Daniel Defoe) und später in einigen Filmen (z. B. 1995 mit Liam Neeson als Rob Roy) verewigt wurde.

Loch Katrine
Den Schauplatz von Walter Scotts Roman *Die Dame vom See* (1810) kann man sich vom viktorianischen Dampfer SS *Sir Walter Scott* aus ansehen.

Loch Lomond
Der mit einer Fläche von 71 Quadratkilometern größte See Großbritanniens ging durch die Ballade eines sterbenden Jakobitensoldaten in die Geschichte ein. Statt wie seine Kameraden die »high road«, müsse er die »low road«, die Straße der Toten, nehmen.

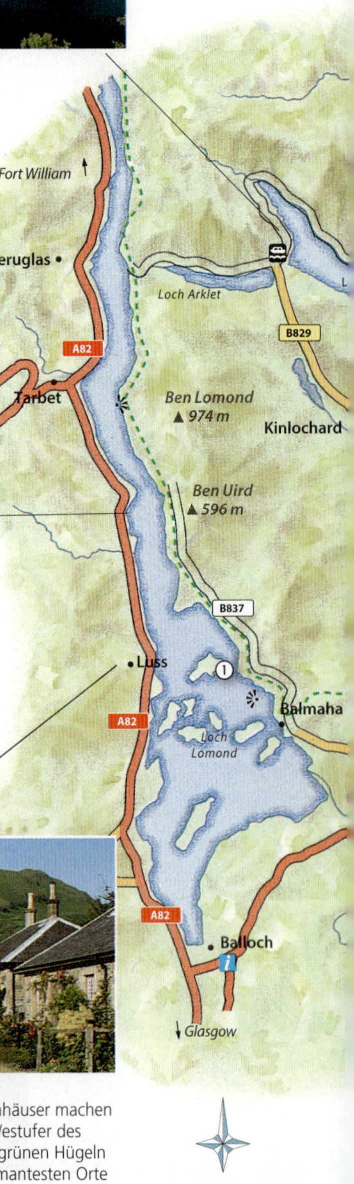

Legende
- ▬ Hauptstraße
- ▬ Nebenstraße
- ▬ Andere Straße
- ▬ ▬ Fußweg

Luss
Seine schmucken Reihenhäuser machen das Dorf Luss, das am Westufer des Loch Lomond zwischen grünen Hügeln liegt, zu einem der charmantesten Orte im Tiefland.

Außerdem
① **Der West Highland Way**, insgesamt 154 Kilometer lang, ist ein idealer Wander- und Fahrradweg.

② **Der Duke's Pass** zwischen Callander und Aberfoyle bietet eine wunderschöne Aussicht.

③ **Rob Roys Grab**

Hotels und Restaurants im schottischen Tiefland *siehe Seiten 572 und 600–602*

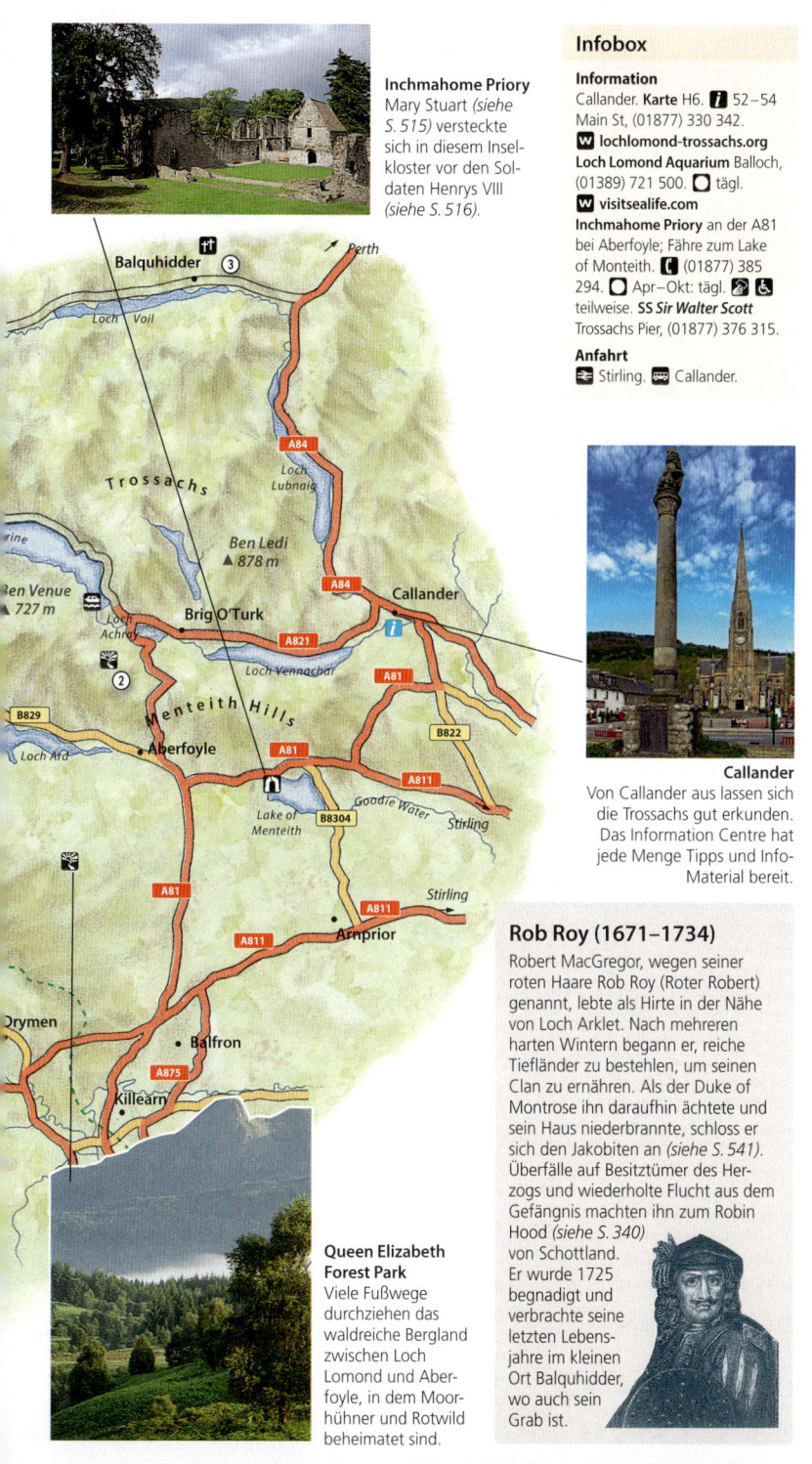

TROSSACHS | **499**

Inchmahome Priory
Mary Stuart *(siehe S. 515)* versteckte sich in diesem Inselkloster vor den Soldaten Henrys VIII *(siehe S. 516).*

Infobox

Information
Callander. **Karte** H6. 52–54 Main St, (01877) 330 342.
🌐 lochlomond-trossachs.org
Loch Lomond Aquarium Balloch, (01389) 721 500. tägl.
🌐 visitsealife.com
Inchmahome Priory an der A81 bei Aberfoyle; Fähre zum Lake of Monteith. (01877) 385 294. Apr–Okt: tägl. teilweise. SS *Sir Walter Scott* Trossachs Pier, (01877) 376 315.

Anfahrt
🚆 Stirling. 🚌 Callander.

Callander
Von Callander aus lassen sich die Trossachs gut erkunden. Das Information Centre hat jede Menge Tipps und Info-Material bereit.

Rob Roy (1671–1734)

Robert MacGregor, wegen seiner roten Haare Rob Roy (Roter Robert) genannt, lebte als Hirte in der Nähe von Loch Arklet. Nach mehreren harten Wintern begann er, reiche Tiefländer zu bestehlen, um seinen Clan zu ernähren. Als der Duke of Montrose ihn daraufhin ächtete und sein Haus niederbrannte, schloss er sich den Jakobiten an *(siehe S. 541).* Überfälle auf Besitztümer des Herzogs und wiederholte Flucht aus dem Gefängnis machten ihn zum Robin Hood *(siehe S. 340)* von Schottland. Er wurde 1725 begnadigt und verbrachte seine letzten Lebensjahre im kleinen Ort Balquhidder, wo auch sein Grab ist.

Queen Elizabeth Forest Park
Viele Fußwege durchziehen das waldreiche Bergland zwischen Loch Lomond und Aberfoyle, in dem Moorhühner und Rotwild beheimatet sind.

Weitere Zeichenerklärungen *siehe hintere Umschlagklappe*

Stadthaus der Dukes of Argyll, Stirling, aus dem 17. Jahrhundert

Stirling

Stirling. **Karte J6.** 45 000. St John St, (01786) 475 019. visitstirling.org

Die Stadt Stirling, zwischen den Ochill Hills und den Campsie Fells gelegen, ist um eine der bedeutendsten und mächtigsten Burgen des Landes entstanden. Unterhalb der Burg liegt die von der Stadtmauer umgebene Altstadt. Hierher flüchtete Mary Stuart vor Henry VIII. In der mittelalterlichen **Church of the Holy Rude**, in der 1567 der Thronfolger James VI gekrönt wurde, ist eine der wenigen noch existierenden Stichbalkendecken zu sehen.

Unweit davon ragt die schmucke Fassade des Stadtpalais **Mar's Wark** auf. Der Bau wurde 1570 vom 1. Earl of Mar in Auftrag gegeben, jedoch nie vollendet und 1746 von den Jakobiten (siehe S. 541) zerstört. Gegenüber steht das herrliche Stadthaus (17. Jh.) der Dukes of Argyll.

Umgebung: Drei Kilometer südlich liegt das **Battle of Bannockburn Visitor Centre** mitten auf dem Schlachtfeld, auf dem Robert the Bruce die Engländer schlug (siehe S. 486). Nach der Schlacht ließ er die Burg niederreißen. Eine bronzene Reiterstatue erinnert an den schottischen Volkshelden.

Battle of Bannockburn Visitor Centre
Glasgow Rd. (01786) 812 664. tägl. 10–17.30 Uhr (Nov–Feb: bis 17 Uhr). 1., 2. Jan, 25., 26. Dez. NTS nts.org.uk

Stirling Castle

Die auf einem Felsen liegende Burg, die eine wichtige Rolle in der schottischen Geschichte spielte, ist eine der besterhaltenen Renaissance-Burgen des Landes. Der Sage nach soll sie König Artus (siehe S. 289) von den Sachsen erobert haben – dabei wurde sie erst 1124 zum ersten Mal erwähnt. Der heutige Bau stammt aus dem 15. und 16. Jahrhundert. Der letzte Kampf fand hier 1746 gegen die Jakobiten (siehe S. 541) statt. Von 1881 bis 1964 diente Stirling Castle als Truppenunterkunft der Argyll and Sutherland Highlanders.

Eingang

Außerdem

① **Waffenlager**
② **Prince's Tower**
③ **Das King's Old Building** ist Sitz des Regimentsmuseums der Argyll and Sutherland Highlanders.
④ **Nether Bailey**
⑤ **Die Great Hall** wurde restauriert und erstrahlt wieder wie bei ihrer Fertigstellung um 1500.
⑥ **Der Elphinstone Tower** wurde 1714 zur Geschützplatte umfunktioniert.

Robert the Bruce
Die moderne Statue zeigt Robert the Bruce mit seinem Schwert nach der Schlacht von Bannockburn (1314).

STIRLING CASTLE | **501**

★ **Palas**
Das Innere wird von 38 ornamentierten Holzmedaillons mit den Porträts der Könige von Schottland geschmückt.

Infobox

Information
Castle Esplanade, Stirling.
(01786) 450 000. tägl. 9.30–18 Uhr (Okt–März: bis 17 Uhr).
25., 26. Dez. außer Museum. teilw.
w stirlingcastle.gov.uk

★ **Chapel Royal**
Fresken von Valentine Jenkins (17. Jh.) schmücken die 1594 wiedererbaute Kapelle.

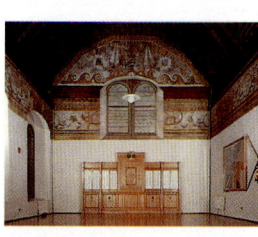

Grand Battery
Sieben Kanonen stehen auf dieser Brustwehr, die 1708 als Folge der Revolution von 1688 *(siehe S. 57)* hinzugefügt wurde.

Die Schlachten von Stirling

Stirling nahm eine Schlüsselposition im schottischen Unabhängigkeitskampf ein. Sieben Schlachtfelder sind vom Schloss aus zu sehen. Das Wallace Monument (67 m) bei Abbey Craig erinnert an den Sieg von William Wallace über die Engländer 1297 bei Stirling Bridge – Vorbote des Siegs von Robert the Bruce 1314 *(siehe S. 486)*.

Viktorianisches Wallace Monument

In dramatischem Licht: *Stirling Castle zur Zeit der Stuarts*, Gemälde von Johannes Vorsterman (1643–1699)

SCHOTTLAND

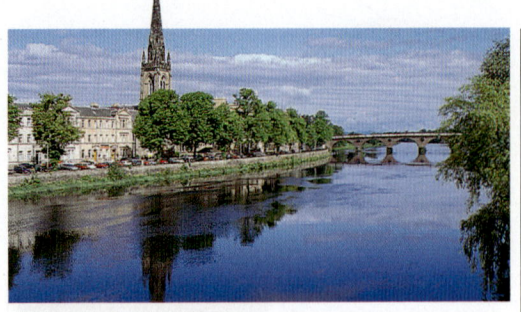

Blick über den Fluss Tay auf Perth

❸ Doune Castle

Doune, Stirling. **Karte** J6. ☎ (01786) 841 742. 🚆 🚌 Stirling, dann Bus. ⏰ tägl. 9.30–17.30 Uhr (Okt–März: bis 16.30 Uhr). ⛔ 1., 2. Jan, 25., 26. Dez. 🅿 ♿ teilw.
w historicenvironment.scot

Im 14. Jahrhundert wurde Doune Castle als Residenz des Duke of Albany erbaut. Es war auch eine Festung der Stuarts, bis die Anlage im 18. Jahrhundert verfiel. Seit seiner Restaurierung gilt es als Musterbeispiel einer mittelalterlichen Burg, die Einblick in das damalige Leben vermittelt.

Durch das Torhaus gelangt man in den inneren Burghof. Die Great Hall mit Holzdecke und Kamin liegt neben der Lord's Hall und dem Privatgemach. Geheimgänge lassen das Ausmaß der Vorkehrungsmaßnahmen zum Schutz der königlichen Familie erkennen.

Doune Castle war Drehort des Monty-Python-Films *Die Ritter der Kokosnuss* (1975).

❹ Perth

Perthshire. **Karte** K6. 🏛 47 000. 🚆 🚌 ℹ West Mill Street, (01738) 450 600. **w** perthshire.co.uk

Die einstige Hauptstadt von Schottland ist auch heute noch beeindruckend. In der 1126 geweihten **Church of Saint John** hielt John Knox *(siehe S. 486)* seine feurigen Predigten gegen die Katholiken.

Das **Fair Maid's House** (um 1600) gehört zu den ältesten Gebäuden der Stadt. Es war das Heim der Heldin in Walter Scotts *(siehe S. 516)* Erzählung *Valentinstag oder Das schöne Mädchen von Perth* (1828).

Das reizende **Balhousie Castle**, das auf das 12. Jahrhundert zurückgeht, erinnert in seinem Museum of the Black Watch mit einem Sammelsurium von Exponaten an das berühmte schottische Regiment. Im **Perth Museum & Art Gallery** sind schottische Gemälde und Exponate zur Stadtgeschichte ausgestellt.

Umgebung: Drei Kilometer nördlich von Perth steht der **Scone Palace** auf dem Gelände eines ehemaligen Klosters. Zwischen dem 9. und 13. Jahrhundert ruhte hier der Stone of Scone oder Stone of Destiny (Schicksalsstein; *siehe S. 486f*), der heute im Edinburgh Castle aufbewahrt wird. Auf dem Stein wurden die schottischen Könige gekrönt. Im Palast sind u. a. Stickarbeiten von Mary Stuart zu sehen.

🏰 **Balhousie Castle**
RHQ Black Watch, Hay St. ☎ (01738) 638 152. ⏰ tägl. 10–16 Uhr. 🅿 📷
w theblackwatch.co.uk

🏛 **Perth Museum & Art Gallery**
78 George St. ☎ (01738) 632 488. ⏰ tägl. 10–17 Uhr (Nov–März: Di–Sa). ⛔ 1., 2. Jan, 25., 26. Dez. ♿ **w** culturepk.org.uk

🏰 **Scone Palace**
A93 nach Braemar. ☎ (01738) 552 300. ⏰ Apr–Okt: tägl. 10–16 Uhr (Mai–Sep: bis 17 Uhr). 🅿 ♿
w scone-palace.co.uk

❺ Glamis Castle

Forfar, Angus. **Karte** K5. ☎ (01307) 840 393. 🚆 🚌 Dundee, dann Bus. ⏰ Apr–Okt: tägl. 11–17.30 Uhr (letzter Einlass 16.30 Uhr). 🅿 📷
w glamis-castle.co.uk

Mit seinen Ecktürmen und Zinnen mutet Glamis Castle wie ein französisches Loire-Schloss an. Begonnen wurde der mittelalterliche Turmbau im

Glamis Castle mit Statuen von James VI (links) und Charles I (rechts)

Hotels und Restaurants im schottischen Tiefland siehe Seiten 572 und 600–602

TIEFLAND | 503

11. Jahrhundert als Jagdhütte. Im 17. Jahrhundert wurde er umgebaut. Die Mutter Elizabeths II verbrachte hier ihre Kindheit. Man kann ihr Schlafgemach mit ihrem Bildnis von Henri de Laszlo (1878–1956) sehen. Viele Räume, darunter auch Duncan's Hall, der älteste Raum und Schauplatz des Königsmords in Shakespeares Drama *Macbeth*, sind heute zu besichtigen.

❻ Dundee

Dundee City. **Karte** K6. 148 000. 16 City Sq, (01382) 527 527. tägl.; Mai–Okt: 3. Sa im Monat Bauernmarkt.
w angusanddundee.co.uk

Die Stadt ist berühmt für Gebäck, Marmelade und den Großverlag DC Thomson (Kinderzeitschriften). Den Comicfiguren *Beano* und *Dandy* sind Statuen gewidmet. Dundee ist heute ein florierendes Dienstleistungszentrum – demzufolge wird viel gebaut.

Ganz neu eröffnet 2018 das **V&A Museum of Design** in einem spannenden Gebäude, das der japanische Architekt Kengo Kuma entwarf. Hier wird auf Schottlands besonderen Stellenwert in der Design-Geschichte eingegangen.

Im 18./19. Jahrhundert war Dundee für Schiffsbau bekannt. Am Fluss Tay liegt die 1901 gebaute königliche **RRS *Discovery*** vor Anker. Mit diesem Forschungsschiff, einem Dreimaster, erfolgte Robert Scotts erste Fahrt in die Antarktis. Die HMS *Unicorn* (1824) ist das älteste britische Kriegsschiff und fährt immer noch zur See.

Die **McManus Galleries** in einem viktorianischen Bau im gotischen Stil präsentieren die neuere Stadtgeschichte, zudem gibt es archäologische Funde und viktorianische Kunst zu besichtigen.

Flanieren Sie ein wenig am Ufer des Tay entlang zur Tay Rail Bridge. Es ist die zweite Brücke an dieser Stelle, die erste stürzte 1879 unter einem querenden Zug ein.

🏛 V&A Museum of Design
Victoria Docks. (01382) 305 665. tägl. **w** vandadundee.org

🏛 RRS *Discovery*
Discovery Point. (01382) 309 060. tägl. (So nur nachmittags). **w** rrsdiscovery.com

🏛 HMS *Unicorn*
Victoria Docks, City Quay. (01382) 200 900. Apr–Okt: tägl.; Nov–März: Do–So. teilweise. **w** frigateunicorn.org

Ruinen der Kathedrale von St Andrews, von St Andrews Castle aus gesehen

🏛 McManus Galleries
Albert Sq. (01382) 307 200. Mo–Sa 10–17, So 12.30–16.30 Uhr. **w** mcmanus.co.uk

❼ St Andrews

Fife. **Karte** K6. 17 000. Leuchars. Dundee. 70 Market St, (01334) 472 021.
w standrews.co.uk

Die Stadt mit der ältesten Universität Schottlands ist heute ein Mekka für Golfer aus aller Welt. Die drei Hauptstraßen und die kopfsteingepflasterten Gässchen mit ihren mittelalterlichen Kirchen laufen an den ehrwürdigen Ruinen der **Kathedrale** aus dem 12. Jahrhundert zusammen. Die meisten Steine des einst größten Gotteshauses des Landes wurden später anderswo verwendet. **St Andrews Castle** wurde um 1200 für die Bischöfe gebaut.

Golfplätze findet man vor allem im Westen der Stadt. Das **British Golf Museum** ist ein Muss für alle Golf-Enthusiasten. Hier erfährt man alles über die Erfolgsgeschichte des Royal and Ancient Golf Club.

🏰 St Andrews Castle
The Scores. (01334) 477 196. Apr–Sep: tägl. 9.30–17.30 Uhr; Okt–März: tägl. 10–16 Uhr. 1., 2. Jan, 25., 26. Dez. **w** historicenvironment.scot

🏛 British Golf Museum
Bruce Embankment. (01334) 460 046. tägl. 9.30–17 Uhr (So ab 10 Uhr). **w** britishgolfmuseum.co.uk

Golf – ein Spiel mit langer Tradition

Schottlands Nationalspiel wurde vor den Toren von St Andrews erfunden. Erstmals erwähnt wird es 1457, als James II das Spiel verbieten ließ, weil es angeblich seine Bogenschützen behinderte. Eine begeisterte Golferin war Mary Stuart *(siehe S. 515)*, die sogar unmittelbar nach dem Mord an ihrem Mann Darnley 1568 gespielt haben soll.

Mary Stuart auf dem Golfplatz

Rosenbüsche im Innenhof des Falkland Palace

❽ East Neuk

Fife. **Karte** K6. 🚂 Leuchars. 🚌 Glenthrones, Leuchars. 🛈 70 Market Street, St Andrews, (01334) 472 021.

Eine Reihe von hübschen Fischerdörfern ziert die Küste von **East Neuk** (»östliche Ecke«) der Halbinsel Fife. Von hier aus wurde im Mittelalter ein Großteil des Handels mit dem Kontinent abgewickelt, was sich bis heute in der flämisch angehauchten Giebelarchitektur der Häuser zeigt. Obwohl Tourismus den Fischfang als Einnahmequelle ersetzt hat, ist das Leben vieler Leute vom Meer bestimmt. Bootsbau gibt es in St Monans. In dem kleinen Dorf Pittenweem liegt die Fischfangflotte.

Bekannt ist das Städtchen auch wegen **St Fillan's Cave**, einer Höhle, in der im 7. Jahrhundert der Heilige als Einsiedler lebte. Mit seinen Reliquien wurde die Armee von Robert the Bruce *(siehe S. 486)* vor der Schlacht von Bannockburn gesegnet.

Zwischen den pittoresken Häusern von **Crail** erhebt sich eine Kirche. Der Teufel soll den Stein neben dem Kircheneingang von der Isle of May hierhergebracht haben.

Anstruther besitzt Gebäude aus dem 16. bis 19. Jahrhundert, in denen auch das **Scottish Fisheries Museum** mit original eingerichteten Fischerwohnungen untergebracht ist. Von hier kann man einen Bootsausflug zur **Isle of May** machen. In Lower Largo steht die Statue Alexander Selkirks, dessen Abenteuer auf See Daniel Defoe zum Roman *Robinson Crusoe* (1719) inspirierten. Weil Selkirk seinem Kapitän widersprochen hatte, wurde er zur Strafe auf einer Insel ausgesetzt, auf der er vier Jahre allein lebte.

🏛 **Scottish Fisheries Museum**
St Ayles, Harbourhead, Anstruther.
📞 (01333) 310 628. ⏰ Mo–Sa 10–17.30 Uhr (Okt–März: bis 16.30 Uhr), So 11–17 Uhr (Okt–März: ab 12 Uhr). ⊘ 1., 2. Jan, 25., 26. Dez.
📷 ♿ 🌐 scotfishmuseum.org

Schlossverwalter

Die mittelalterlichen Könige setzten für die Zeit ihrer Abwesenheit zum ersten Mal Verwalter ein, die für Bewirtschaftung und Versorgung des königlichen Haushalts verantwortlich waren. Das später erbliche Amt bot einem Schlossverwalter oftmals zahlreiche Vorzüge. Es garantierte ihm beispielsweise auch eine luxuriöse Unterkunft. So steht im Schlafzimmer des Verwalters von Falkland Palace das Bett von James VI.

Das Bett von James VI, Falkland Palace

❾ Falkland Palace

Falkland, Fife. **Karte** K6. 📞 (01337) 857 397. 🚂 🚌 von Ladybank.
⏰ März–Okt: Mo–Sa 11–17, So 13–17 Uhr. 📷 🌐 🏛 🅽🆃🆂
🌐 nts.org.uk

Der herrliche Renaissance-Palast war ursprünglich Jagdsitz der Stuarts. Mit dem Bau begann James IV *(siehe S. 486)* um 1500. Sein Sohn James V vollendete ihn um 1530. Unter dem Einfluss seiner beiden französischen Frauen ließ er Ost- und Südflügel von französischen Baumeistern fertigstellen. In den Jahren des Commonwealth *(siehe S. 56)* verfiel der Falkland Palace. 1715 wurde er von Rob Roy *(siehe S. 499)* eingenommen und kurzzeitig bewohnt.

1887 wurde der 3. Marquess of Bute Schlossverwalter. Er ließ den Palast in seiner heutigen Form restaurieren. Die prachtvollen Räume enthalten schöne Möbel und Porträts der Stuart-Könige. Der im Jahr 1539 für James V angelegte königliche Tennisplatz ist der älteste *court* in ganz Großbritannien.

❿ Dunfermline

Fife. **Karte** K6. 👥 50 000. 🚂 🚌
🛈 1 High St, (01383) 720 999.
🌐 visitdunfermline.com

Bis 1603 war Dunfermline die Hauptstadt Schottlands. Die Ruinen der **Abbey Church** (12. Jh.) mit ihrem normannischen Hauptschiff und dem neogotischen Chor erinnern an diese Zeit. Malcolm III, der Gründer der Abtei, residierte im 11. Jahrhundert in der Stadt. In der Kirche sind die Grabmale von 22 schottischen Königinnen und Königen, darunter auch das von Robert the Bruce *(siehe S. 486)*.

Die Ruinen des **Palasts**, in dem Malcolm Margaret heiratete, ragen über dem Pittencrieff Park auf. Der berühmteste Sohn der Stadt, Andrew Carnegie (1835–1919), kaufte den Palast samt Park und schenkte schließlich beides der Stadt. Carnegie, der als Junge den Park nicht hatte betreten dürfen, war als Teenager nach Pennsylvania ausgewandert und machte ein enormes Vermögen in der Stahlindustrie. Das **Carnegie Birthplace Museum** ist mit originalen Möbeln eingerichtet und informiert über die Karriere Carnegies und seine vielen Stiftungen.

🏛 **Carnegie Birthplace Museum**
Moodie St. ☎ (01383) 724 302.
⊙ März–Nov: Mo–Sa 10–17, So 14–17 Uhr. ♿ 🅿
W carnegiebirthplace.com

Das normannische Schiff (12. Jh.) der Abteikirche von Dunfermline

⓫ Culross

Fife. **Karte** J6. 🚶 400. 🚌 Dunfermline. 🚆 Dunfermline. 🛈 The Palace, (01383) 880 359. **Palace** ⊙ Mitte Apr–Mai, Sep, Okt: Sa–Mo; Juni: Mi–Mo; Juli, Aug: tägl. **Park** ⊙ Mitte Apr–Okt: tägl.; Nov–Mitte Apr: Mo–Fr. 🎫 🅿 ♿ teilweise. 📷 NTS 🎵 Musik- und Kunstfestival (Juni). W nts.org.uk

Culross war im 6. Jahrhundert ein religiöses Zentrum. Hier soll 514 der hl. Mungo geboren worden sein. Im 16. Jahrhundert kam der Ort unter George Bruce, der den Abbau von Salz und Kohle betrieb, zu Wohlstand. Bruce legte 1575 ein Drainage-System für einen flutsicheren Stollen an.

Das malerische Culross hat sein Aussehen seit 150 Jahren kaum verändert. 1932 begann der National Trust for Scotland mit der Restaurierung des romantischen Städtchens. Führungen beginnen am **Visitors' Centre**.

Der 1577 erbaute **Palace** von George Bruce mit Treppengiebeln und rotem Ziegeldach ist typisch für die Bauweise der damaligen Zeit. Die Wand- und Deckenmalereien (frühes 17. Jh.) gehören zu den schönsten in Schottland.

Auf der gegenüberliegenden Seite des Platzes geht es vorbei am **Oldest House** aus dem Jahr 1577 zum **Town House**. Dahinter gelangt man über eine kopfsteingepflasterte Straße namens Back Causeway zum **Study** genannten Sitz des Bischofs von Dunblane aus dem Jahre 1610. Auf keinen Fall versäumen sollte man dort die norwegische Decke im Hauptraum. Vom Study gelangt man in nördlicher Richtung zu der sehenswerten Abteiruine und weiter zum **House with the Evil Eyes** mit seinen schönen niederländischen Giebeln.

Außen schlicht, innen grandios: Culross Palace von George Bruce aus dem 16. Jahrhundert

⓬ Linlithgow Palace

Linlithgow, West Lothian. **Karte** J7.
☎ (01506) 842 896. 🚌 🚆 ⊙ Apr–Sep: tägl. 9.30–17.30 Uhr; Okt–März: tägl. 10–16 Uhr. ● 1., 2. Jan, 25., 26. Dez. 🎫 ♿ teilweise. W historicenvironment.scot

Der ehemalige Königspalast gehört zu den meistbesuchten schottischen Ruinen. Er stammt größtenteils aus der Zeit von James I. Seine Größe lässt sich an den Ausmaßen der Great Hall – sie misst 28 Meter in der Länge – mit großen Kaminen und Fenstern erahnen. Hier kam 1542 Mary Stuart *(siehe S. 515)* zur Welt.

⓭ Falkirk Wheel

Lime Rd, Falkirk. **Karte** J7.
☎ 0870 050 0208 (Buchung). 🚆 Falkirk. **Visitor Centre** ⊙ Apr–Okt: tägl. 10–17.30 Uhr; Nov–März: Mi–So 10–17.30 Uhr. **Bootsfahrten** 3- bis 5-mal täglich. 🎫 Bootsfahrt. 🅿 📷
W thefalkirkwheel.co.uk

Das Falkirk Wheel ist weltweit das einzige rotierende Schiffshebewerk. Es hebt Boote vom Union-Kanal zum Forth-and-Clyde-Kanal – die Kanäle sind in den 1960er Jahren durch Straßen getrennt worden – und schafft damit auf der Route Glasgow–Edinburgh einen ununterbrochenen Transportweg. Vom Besucherzentrum aus starten mehrmals täglich Boote, auf denen man den Mechanismus hautnah erleben kann.

Falkirk Wheel – das rotierende Schiffshebewerk

⓮ Hopetoun House

West Lothian. **Karte** K7. ☏ (0131) 331 2451. 🚆 Dalmeny, dann Taxi. 🕐 Apr–Sep: tägl. 10.30–17 Uhr (letzter Einlass 16 Uhr). 🅿 📷 für Gruppen nach Anmeldung. ♿ teilweise. 🏛 🍴 **w** hopetoun.co.uk

In einem weitläufigen Park am Firth of Forth findet sich eines der prächtigsten Schlösser Schottlands, angelegt im Stil von Versailles. Das ursprüngliche 1707 erbaute Schloss (von dem nur noch der mittlere Teil steht) ging später in William Adams Anbau auf. Der halbkreisförmige Bau ist ein Musterbeispiel klassizistischer Architektur. Beeindruckend sind die roten und gelben Salons mit den Stuckverzierungen und den Kaminsimsen. Der Marquess of Linlithgow, dessen Familie noch einen Flügel bewohnt, ist ein Nachkomme des ersten Schlossherrn, des 1. Earl of Hopetoun.

Bildnis von Hopetoun House über der Haupttreppe

⓯ Forth Bridges

Edinburgh. **Karte** K7. 🚆 Dalmeny, North Queensferry. 🚌 South Queensferry.

Der Ort South Queensferry verdankt seinen Namen Königin Margaret *(siehe S. 511)*, die hier im 11. Jahrhundert auf ihrer Reise zwischen Edinburgh und dem Palast in Dunfermline *(siehe S. 504)* die Fähre benutzte. Wahrzeichen des Orts sind die großen Brücken über den Firth of Forth. Die spektakuläre Eisenbahnbrücke, die erste große Stahlgitterbrücke der Welt, wurde 1890 fertiggestellt und ist eine Meisterleistung ihrer Zeit. 6,5 Millionen Nieten halten sie zusammen. Die mit Farbe bestrichene Fläche ergibt 55 Hektar. Wenn jemand eine schier endlos dauernde Arbeit tun muss, vergleicht der Volksmund diese mit dem Anstreichen der Forth-Brücke. Der Schriftsteller Iain Banks (1954–2013) ließ sich von der Brücke zu seinem Roman *The Bridge* (1986) inspirieren.

Die Forth Road Bridge von 1964 war bis zum Bau der Humber Bridge in England Europas längste Hängebrücke. 2017 wurde eine zweite Straßenbrücke, die spektakuläre Schrägseilbrücke Queensferry Crossing, für den Verkehr eröffnet. Die Forth Road Bridge ist seither für Fußgänger, Radfahrer und den öffentlichen Nahverkehr reserviert.

⓰ Edinburgh

Siehe S. 508–515.

Klippen und Felsen von St Abb's Head

⓱ St Abb's Head

Scottish Borders. **Karte** L7. 🚆 Berwick-upon-Tweed. 🚌 von Edinburgh.

Die 90 Meter hohen Klippen von St Abb's Head an der südöstlichen Spitze von Schottland bieten einen wunderbaren Blick auf Seevögel, die hier tauchen. Im Mai und Juni nisten in dem 80 Hektar großen Naturschutzgebiet mehr als 50 000 Vögel, darunter Seesturmvögel, Trottellummen, Dreizehenmöwen und Papageitaucher. Das Dorf St Abb's Head weist einen der wenigen noch voll funktionstüchtigen Häfen an der Ostküste Großbritanniens auf.

Wer sich zu einem Klippenspaziergang entschließt, beginnt am besten beim **Visitors' Centre**, in dem man sich vorab über alles Wissenswerte, vor allem über die verschiedenen Vogelarten, informieren kann.

ℹ **Visitors' Centre**
St Abb's Head. ☏ (018907) 771 443. 🕐 Apr–Okt: tägl. 10–17 Uhr. 📷

Blick von South Queensferry auf die imposante Stahlgitterbrücke

Hotels und Restaurants im schottischen Tiefland *siehe Seiten 572 und 600–602*

TOUR: GRENZLAND | **507**

⓲ Tour durch das Grenzland

Wegen der Nähe zu England stehen im schottischen Grenzland die Ruinen vieler Burgen, die im Kampf um die Unabhängigkeit zerstört wurden. Bemerkenswert sind jedoch auch die Klöster und Abteien, Zeugen vergangener geistiger und politischer Macht. Die im 12. Jahrhundert unter David I gegründeten Klöster wurden unter Henry VIII zerstört *(siehe S. 355)*.

⑥ Melrose Abbey
Das einst reichste Kloster Schottlands birgt das Herz von Robert the Bruce *(siehe S. 516)*.

① Floors Castle
Das größte bewohnte Schloss ist das der Dukes of Roxburgh. Es wurde im 18. Jahrhundert von William Adam erbaut.

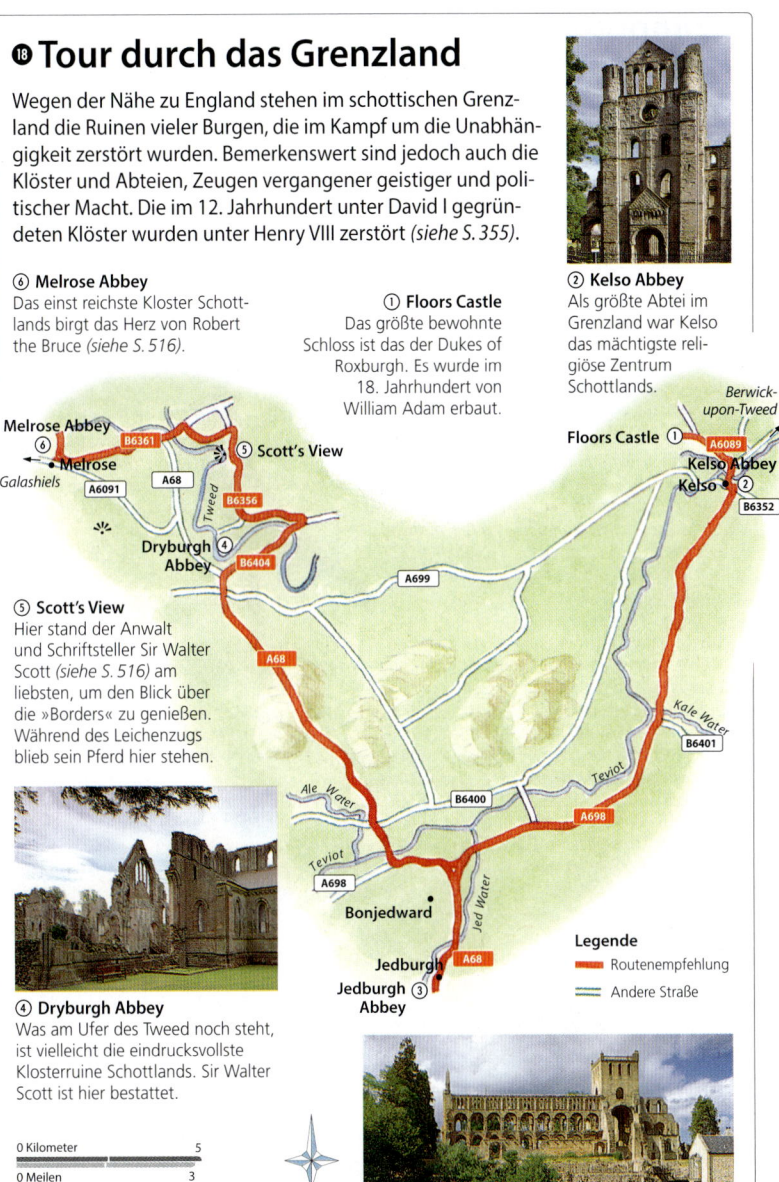

② Kelso Abbey
Als größte Abtei im Grenzland war Kelso das mächtigste religiöse Zentrum Schottlands.

⑤ Scott's View
Hier stand der Anwalt und Schriftsteller Sir Walter Scott *(siehe S. 516)* am liebsten, um den Blick über die »Borders« zu genießen. Während des Leichenzugs blieb sein Pferd hier stehen.

④ Dryburgh Abbey
Was am Ufer des Tweed noch steht, ist vielleicht die eindrucksvollste Klosterruine Schottlands. Sir Walter Scott ist hier bestattet.

Routeninfos
Länge: 50 km.
Unterbrechung: Als kleine Rast bietet sich von Dryburgh Abbey aus ein schöner Spazierweg nach Norden zu der Fußgängerbrücke über den Fluss Tweed an.

③ Jedburgh Abbey
Die Abtei wurde 1138 errichtet. Teile gehen jedoch auf die Kelten (9. Jh.) zurück. Im Visitors' Centre erfährt man Wissenswertes über die Augustinermönche, die einst hier lebten.

Legende
— Routenempfehlung
= Andere Straße

Weitere Zeichenerklärungen *siehe hintere Umschlagklappe*

ively

Edinburgh

Die herrlichen mittelalterlichen und georgianischen Stadtteile, über denen im Süden der Vulkanfelsen Arthur's Seat und im Norden Calton Hill aufragen, haben einer der schönsten Städte Europas auch den Beinamen »Athen des Nordens« eingetragen. Dass man hier kunst- und kulturbewusst ist, zeigt sich an der alljährlichen Ausrichtung des größten Festivals in Großbritannien *(siehe S. 513)*. Museen hüten Schätze aus vielen Jahrhunderten.

Überblick: Edinburgh

Die Stadt teilt sich in zwei Hälften zu beiden Seiten der Princes Street, Hauptverkehrsader und große Promenade. Auf der einen Seite liegt die Altstadt mit steilen, engen Gassen um die Grassmarket und der sogenannten Royal Mile zwischen der Burg und dem Palace of Holyroodhouse. Auf der anderen Seite, im Norden, liegt die Neustadt aus dem 18. und 19. Jahrhundert mit herrlichen georgianischen Bauwerken. Erst nach 1767 erweiterten reiche Geschäftsleute die Stadt jenseits der mittelalterlichen Mauern.

🏛 Scottish National Gallery

The Mound. 📞 (0131) 624 6200.
🕐 tägl. 10–18 Uhr (Do bis 19 Uhr).
nur für Sonderausstellungen.
nationalgalleries.org

Die Schottische Nationalgalerie ist eines der schönsten britischen Museen mit Gemälden aus dem 15. bis 19. Jahrhundert. Besonders stark vertreten sind schottische Meister wie Allan Ramsay oder Henry Raeburn mit *Reverend Robert Walker Skating on Duddingston Loch* (um 1800). Zudem findet man zum Teil herausragende Arbeiten von Raffael, Tizian, Leonardo da Vinci und Tintoretto sowie das frühe Gemälde *Eine alte Frau beim Eierbraten* (1618) von Velázquez. Von flämischen Meistern sind Gemälde von Rembrandt, van Dyck und Rubens zu bewundern. Auch englische Maler wie Gainsborough oder Impressionisten wie Monet sind vertreten. Der großartigen Werkreihe *Die Sieben Sakramente* (um 1640) von Nicolas Poussin ist sogar ein ganzer Raum gewidmet.

Der Weston Link, ein großer unterirdischer Komplex mit Vorlesungssaal, Kino, Laden, Café und Restaurant, verbindet die Nationalgalerie mit der Royal Scottish Academy. Das ganze Gebäude hat WLAN.

🏛 Georgian House

7 Charlotte Sq. 📞 0844 493 2118.
🕐 März, Nov: tägl. 11–16 Uhr;
Apr–Okt: tägl. 10–17 Uhr.
teilweise. NTS nts.org.uk

Der Charlotte Square im Herzen der Neustadt, dessen nördlicher Teil um 1790 von dem Architekten Robert Adam *(siehe S. 32)* angelegt wurde und als eines seiner Meisterwerke gilt, zählt zu den schönsten georgianischen Plätzen. Das originalgetreu restaurierte und möblierte Haus Nr. 7 bietet ein Musterbeispiel für das Leben einer reichen Familie im 18. Jahrhundert in Edinburghs Neustadt. In starkem Kontrast dazu stehen die Bediensteten räume, die »unter der Treppe« liegen. Sie zeigen, wie die arbeitende Bevölkerung Edinburghs damals lebte.

Reverend Robert Walker Skating on Duddingston Loch, Henry Raeburn

🏛 Scottish National Portrait Gallery

1 Queen St. 📞 (0131) 624 6200.
🕐 tägl. 10–18 Uhr (Do bis 19 Uhr).
nationalgalleries.org

Die Scottish National Portrait Gallery bietet mit den Porträts des schottischen Königshauses einen ausführlichen Überblick über die wechselvolle schottische Geschichte von Robert the Bruce *(siehe S. 486)* bis Königin Anne. Zu den meist-

Blick vom Dugald Stewart Monument auf Calton Hill in Richtung Edinburgh Castle

Hotels und Restaurants im schottischen Tiefland *siehe Seiten 572 und 600–602*

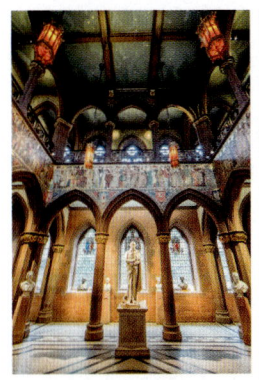

EDINBURGH | 509

Die prächtige Great Hall in der Scottish National Portrait Gallery

beachteten Werken gehören Porträts berühmter Schotten, darunter auch ein Bildnis von Robert Burns *(siehe S. 519)* von Alexander Nasmyth. Unter den Memorabilien sind die Juwelen von Mary, Queen of Scots *(siehe S. 515)* und ein Reisebesteck von Bonnie Prince Charlie *(siehe S. 535)*.

Das Museum legt auch einen Schwerpunkt auf Fotografie. So ist etwa Alexander Hutchinsons bewegendes Bild der Gemeinde von St Kilda (um 1890) zu sehen. Es gibt viele spannende Sonderausstellungen.

🏛 National Museum of Scotland
Chambers St. 📞 0300 123 6789. 🕙 tägl. 10–17 Uhr. ⬤ 25. Dez. ♿ 🚻 📷 🌐 nms.ac.uk

In zwei benachbarten Gebäuden – der ehemaligen viktorianischen Royal Gallery und einem modernen Sandsteinbau – wird anhand umfangreicher Sammlungen die Geschichte von Schottland dokumentiert. Das Spektrum reicht von Geologie und Naturgeschichte über Erfindungen bis zu Design.

Zu den Highlights gehören die mittelalterlichen *Lewis-Schachfiguren*, die *Pictish Chains*, Schottlands älteste Kronjuwelen, und die Lokomotive *Ellesmere* (1861).

Den Eingang zu den naturgeschichtlichen Abteilungen bewacht das Skelett eines Tyrannosaurus Rex, das Schmidt-Teleskop ist das Zentrum der Galerie »Earth and Space«.

🐕 Greyfriars Bobby
Nahe der Kirche Greyfriars steht die Figur eines Terriers. Sie erinnert an den Hund, der angeblich 14 Jahre lang das Grab seines 1858 verstorbenen Herrn John Gray auf dem Kirchhof bewachte, ehe er selbst 1872 starb.

Greyfriars Bobby, Statue bei der Greyfriars Church

> ### Infobox
> **Information**
> Edinburgh. **Karte** K7. 🏛 492 000. ℹ 3 Princes St, (0131) 473 3868. 🎭 Edinburgh International (Aug), Military Tattoo (Aug), Fringe (Aug).
> 🌐 edinburgh.org
> **Anfahrt**
> ✈ 13 km westl. von Edinburgh. 🚆 North Bridge (Waverley Station). 🚌 St Andrew Sq.

Zentrum von Edinburgh
① Scottish National Gallery
② Georgian House
③ Scottish National Portrait Gallery
④ National Museum of Scotland
⑤ Greyfriars Bobby
⑥ Edinburgh Castle S. 510f
⑦ Gladstone's Land
⑧ Parliament House
⑨ St Giles Cathedral
⑩ Museum of Childhood
⑪ Palace of Holyroodhouse
⑫ Our Dynamic Earth

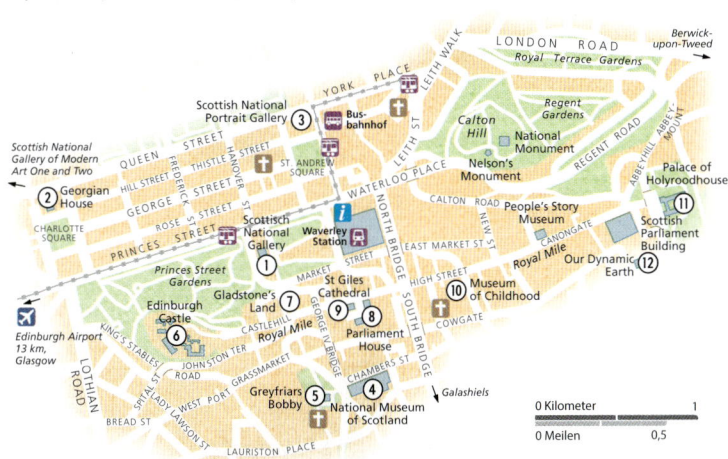

Zeichenerklärung siehe hintere Umschlagklappe

Edinburgh Castle

Die auf einem Basaltfelsen aufragende Anlage ist eine Ansammlung von Gebäuden (12.–20. Jh.), die die wechselvolle Geschichte als Burg, Königsresidenz, Militärgarnison und Gefängnis widerspiegeln. Man nimmt an, dass sich hier schon in der Bronzezeit eine Befestigung befand. Die Anfänge des Castle gehen auf King Edwin of Northumbria (6. Jh.) zurück, dem die Stadt ihren Namen verdankt. Bis zur Union mit England 1603 *(siehe S. 487)* war die Burganlage Königsresidenz. Nach der parlamentarischen Union mit England 1707 wurden die schottischen Kronjuwelen hier über 100 Jahre lang unter Verschluss gehalten. Nun wird an diesem Ort der Stone of Scone aufbewahrt, der Thron schottischer Könige, den die Engländer 1296 aus dem Scone Palace in Perthshire entwendeten und erst 1996 zurückgaben.

Schottische Krone
Sie wurde 1540 auf Anweisung von James V umgestaltet.

Governor's House
Das 1742 für den Gouverneur errichtete Haus mit den typischen Treppengiebeln kann nur von außen besichtigt werden, da hier immer noch Zeremonien stattfinden.

Verliese
Die französische Inschrift von 1780 erinnert an die vielen Gefangenen, die während der Kriege gegen Frankreich im 18. und 19. Jahrhundert in den Verliesen schmachteten.

Mons Meg
Die Kanone Mons Meg steht vor St Margaret's Chapel. Sie wurde 1449 in Belgien für den Herzog von Burgund gegossen, der sie seinem Neffen James II von Schottland schenkte. James setzte sie 1455 auf Threave Castle gegen die Familie Douglas ein *(siehe S. 519)*, James IV richtete sie gegen Norham Castle in England. 1682 zersprang sie während eines Saluts zu Ehren des Duke of York. Sie kam in den Tower of London, bis sie auf Wunsch von Sir Walter Scott 1829 nach Edinburgh zurückkehrte.

Außerdem
① Old Back Parade
② Militärgefängnis
③ **Die Half Moon Battery** wurde um 1570 zur Verteidigung des Nordostflügels errichtet.
④ **Die Esplanade** zu Füßen der Residenz ist der Paradeplatz des Militärs *(siehe S. 513)*.

Hotels und Restaurants im schottischen Tiefland *siehe Seiten 572 und 600–602*

EDINBURGH CASTLE | **511**

Infobox

Information
Castle Hill. (0131) 225 9846.
tägl. 9.30–18 Uhr (Okt–
März: bis 17 Uhr; letzter Einlass
1 Std. vor Schließung). 25.,
26. Dez. Online-Buchung
empfehlenswert.
edinburghcastle.gov.uk

Argyle Battery
Vom befestigten Wall bietet sich ein herrlicher Blick auf die Neustadt mit ihren georgianischen Häusern.

★ **Königspalast**
Mary Stuart *(siehe S. 515)* brachte in dem Palast (15. Jh.) ihren Sohn, den späteren James VI, zur Welt. Hier werden die schottischen Kronjuwelen aufbewahrt.

Eingang

Royal Mile →

★ **Great Hall**
Unter der restaurierten Holzdecke des Palas aus dem 15. Jahrhundert trat bis 1639 das schottische Parlament zusammen.

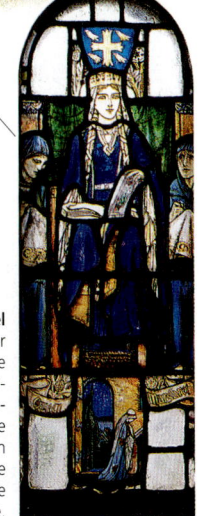

St Margaret's Chapel
Auf dem Bleiglasfenster ist die heiliggesprochene Königin, Gattin von Malcolm III, der die Kapelle geweiht ist, dargestellt. Die höchstwahrscheinlich von ihrem Sohn David I erbaute Kapelle ist das älteste Gebäude der Anlage.

Überblick: Royal Mile 1 (Castle Hill bis High Street)

Die »Königliche Meile« verläuft über vier alte Straßen zwischen Castle Hill und Canongate. Sie bildete die Hauptverkehrsader des mittelalterlichen Edinburgh. Da die Altstadt durch die Stadtmauer begrenzt war, wuchs sie in die Höhe, manche Gebäude waren bis zu 20 Stockwerke hoch. In den 66 Gassen spürt man das Mittelalter auch heute noch auf Schritt und Tritt.

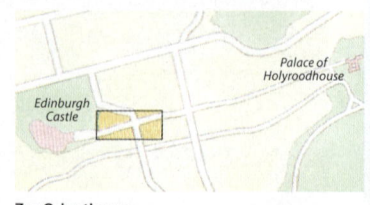

Zur Orientierung

Gladstone's Land ist ein schön erhaltenes Kaufmannshaus (17. Jh.).

Das Scotch Whisky Heritage Centre informiert über das schottische Nationalgetränk.

Die Camera Obscura beherbergt ein Observatorium und riesige Kaleidoskope.

Edinburgh Castle

CASTLE HILL

LAWNMARKET

The »Hub« (um 1840) hat den höchsten Turm der Stadt.

Lady Stair's House Das Haus (17. Jh.) beherbergt ein Museum, das Burns, Scott (siehe S. 516) und Stevenson gewidmet ist.

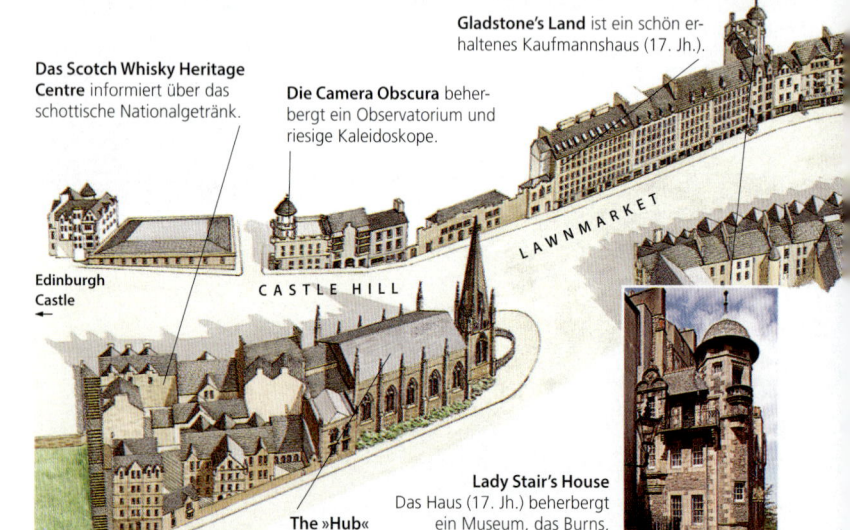

Gladstone's Land
477b Lawnmarket. (0131) 226 5856. Ostern–Okt: tägl. 10–17 Uhr (Juli, Aug: bis 18.30 Uhr; letzter Einlass 30 Min. vor Schließung). nts.org.uk

Das Kaufmannshaus (17. Jh.) ist wie ein Fenster in die Zeit, in der Adlige und Arbeiter nebeneinander wohnten, bevor die Reichen in die georgianische Neustadt zogen. Die hohen, schmalen Gebäude an der Royal Mile wurden »Lands« genannt. Das sechsstöckige Gladstone's Land erhielt seinen Namen von Thomas Gledstanes, der es 1617 erwarb. Erhalten sind die Arkaden auf der Außenseite und die bemalte Holzdecke im Inneren. Das Gebäude ist teils prachtvoll eingerichtet, man findet aber auch Spuren der weniger angenehmen Seite der Altstadt, wie die Holzpantinen, die in den schmutzigen Straßen getragen werden mussten. Eine Holztruhe soll ein holländischer Kapitän einem schottischen Kaufmann zum Dank für seine Rettung aus Seenot überlassen haben. Ein weiteres Stadthaus dieser Art, Morocco Land, steht in der Canongate Street (siehe S. 515).

Das Schlafzimmer von Gladstone's Land

Parliament House
Parliament Sq, High St. (0131) 348 5000. Mo–Fr 9–17 Uhr. Feiertage. teilweise.

Das Gebäude im italienischen Stil entstand um 1630 für das schottische Parlament. Nach der Union mit England 1707 tagten hier der Court of Session (Friedensgericht) und der Oberste Gerichtshof. Interessant sind die Anwälte und Richter in ihren Roben und Perücken. Sehenswert ist auch das Bleiglasfenster in der Great Hall, auf dem die Eröffnung des Court of Session 1532 durch James V dargestellt ist.

Hotels und Restaurants im schottischen Tiefland siehe Seiten 572 und 600–602

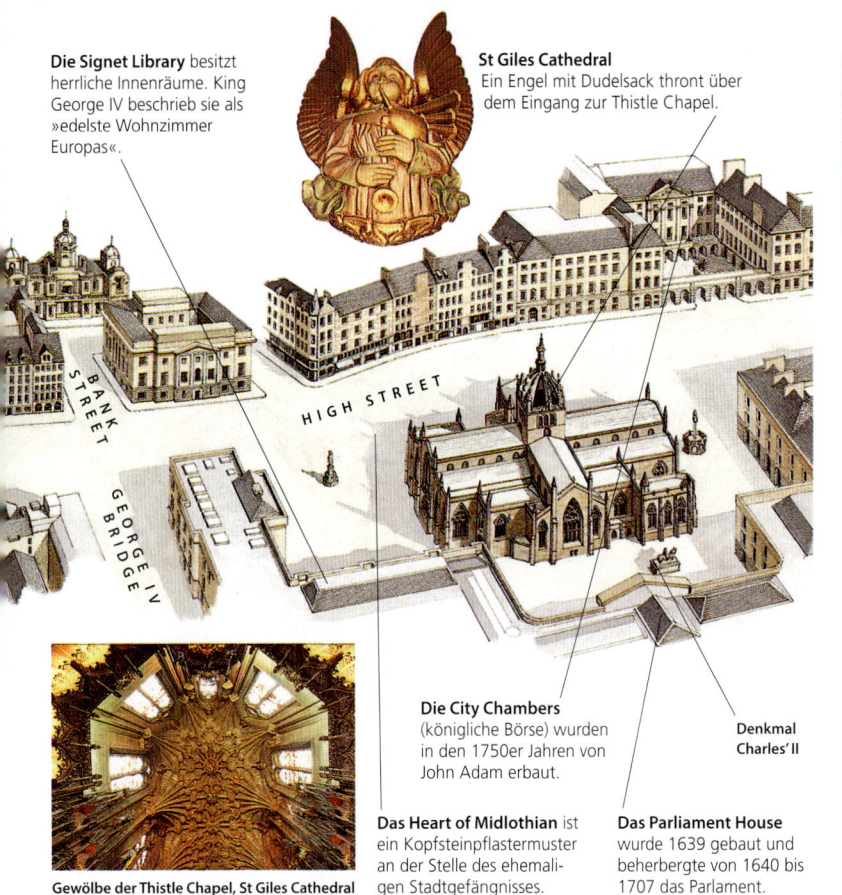

EDINBURGH: ROYAL MILE 1 | 513

Die Signet Library besitzt herrliche Innenräume. King George IV beschrieb sie als »edelste Wohnzimmer Europas«.

St Giles Cathedral
Ein Engel mit Dudelsack thront über dem Eingang zur Thistle Chapel.

BANK STREET

GEORGE IV BRIDGE

HIGH STREET

Die City Chambers (königliche Börse) wurden in den 1750er Jahren von John Adam erbaut.

Denkmal Charles' II

Das Heart of Midlothian ist ein Kopfsteinpflastermuster an der Stelle des ehemaligen Stadtgefängnisses.

Das Parliament House wurde 1639 gebaut und beherbergte von 1640 bis 1707 das Parlament.

Gewölbe der Thistle Chapel, St Giles Cathedral

St Giles Cathedral
Royal Mile. (0131) 225 9442. Mai–Sep: Mo–Fr 9–19, Sa 9–17, So 13–17 Uhr; Okt–Apr: Mo–Sa 9–17, So 13–17 Uhr. 1., 2. Jan, 25., 26. Dez. Spende.
w stgilescathedral.org.uk

Die High Kirk of St Giles oder St Giles Cathedral ist die Hauptkirche Edinburghs. Obwohl sie im 17. Jahrhundert zweimal Bischofssitz war, hielt hier der Reformator John Knox (siehe S. 486) seine flammenden Reden gegen die Bilderverehrung und gegen den Lebensstil der Bischöfe und anderer hoher Geistlicher. Ein Tisch erinnert heute noch an den Platz, an dem die Marktfrau Jenny Geddes 1637 einen Sieg für die Presbyterianer errang, indem sie einen Geistlichen mit dem Schemel niederstreckte. Das gotische Äußere der ab 1120 erbauten Kirche wird durch den Turm aus dem 15. Jahrhundert bestimmt, den einzigen Teil, der im 19. Jahrhundert nicht umgebaut wurde. Sehenswert ist die Thistle Chapel mit Netzgewölbe und schönem Chorgestühl. Die Kapelle wurde für den Order of the Thistle (Distelorden) entworfen. Den königlichen Platz in der Preston Aisle nutzt die britische Königin, wenn sie in Edinburgh weilt.

Edinburgh International Festival

In Edinburgh findet im Spätsommer ein dreiwöchiges Festival statt *(siehe S. 67)*, das zu den weltweit bedeutendsten seiner Art gehört. Zeitgenössisches Theater, Musik, Tanz und Oper sind mit Hunderten von Darstellern seit 1947 jedes Jahr überall in der Stadt vertreten. Alternativ gibt es beim Festival Fringe innovative Darbietungen. Der beliebteste Programmpunkt ist das Edinburgh Military Tattoo, die bunte Militärparade auf der Castle Esplanade, bei der ganze Bataillone zum Klang der Dudelsackkapellen marschieren. Highlights sind auch das Edinburgh Book Festival und das Edinburgh Film Festival.

Straßenkünstler beim Festival Fringe

Überblick: Royal Mile 2 (High Street bis Canongate)

Der zweite Teil der Royal Mile führt an zwei Wahrzeichen der Reformation vorbei: am Haus von John Knox und an der Tron Kirk. Letztere ist nach der mittelalterlichen *tron* (Balkenwaage) benannt, die ganz in der Nähe stand. Teile von Canongate, vormals ein selbstständiger Bezirk, wurden geschmackvoll restauriert. Hinter Morocco Land erstreckt sich die zweite Hälfte der Meile bis zum Palace of Holyroodhouse.

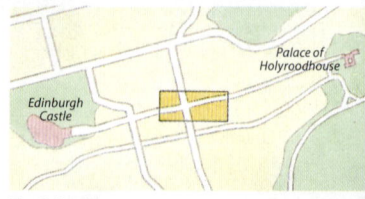

Zur Orientierung

Das Mercat Cross (Marktkreuz) markiert die Mitte der Stadt. Hier wurde Bonnie Prince Charlie *(siehe S. 535)* 1745 zum König erklärt.

Die Tron Kirk wurde 1630 für die Presbyterianer erbaut, die ihre Gottesdienste davor in St Giles Cathedral gefeiert hatten.

Blick von Westen auf das Eingangstor des Palace of Holyroodhouse

🏛 Museum of Childhood
42 High St. ☎ (0131) 529 4142. ◯ Mo, Do–Sa 10–17, So 12–17 Uhr. ⬤ 25.–27. Dez. ♿ teilweise.
🌐 edinburghmuseums.org.uk

Das 1955 von Patrick Murray gegründete Museum war das weltweit erste, das sich der Geschichte und Gegenwart der Kinderwelt widmet. Die Sammlung umfasst Arzneien, Schulbücher und Kinderwagen sowie altes Spielzeug. Die antiken Musikautomaten, die nach Einwurf einer Münze eine Melodie abspielen, und die begeisterten Besucher machen dieses Museum zu einem sehr lebhaften und lauten Ort.

🏰 Palace of Holyroodhouse
Östl. Ende der Royal Mile. ☎ (0131) 556 5100. ◯ tägl. 9.30–18 Uhr (Nov–März: bis 16.30 Uhr). ⬤ 25., 26. Dez und bei Besuchen des Königshauses. 📷 ♿ teilweise.
🌐 royalcollection.org.uk

Der weitläufige Palast am östlichen Ende der Royal Mile ist offizieller Wohnsitz der Königin in Schottland. Benannt wurde er nach dem Kreuz, das David I während der Jagd 1128 im Geweih eines Hirsches gesehen haben soll.

Der Mann im Mond (1880) bewegt sich, Museum of Childhood

Der Palast wurde im Jahr 1529 für James V *(siehe S. 504)* und seine französische Frau Marie de Guise erbaut, Charles II ließ ihn um 1670 von Sir William Bruce umbauen. Die königlichen Gemächer (einschließlich Thronsaal und Speisesaal) werden heute noch benutzt, wenn die Königin zu Besuch ist – ansonsten sind sie zur Besichtigung freigegeben.

Ein Zimmer im James V Tower wird mit der unglücklichen Herrschaft von Mary Stuart in Verbindung gebracht. Dort ermordete nämlich 1566 ihr eifersüchtiger Mann Lord Darnley, den sie erst ein Jahr zuvor in der Holyroodhouse Chapel geheiratet hatte, ihren treuen italienischen Sekretär David Rizzio.

In den Anfangstagen der Jakobitenaufstände *(siehe S. 541)* hielt Bonnie Prince Charlie im Palace of Holyroodhouse Hof.

Hotels und Restaurants im schottischen Tiefland siehe Seiten 572 und 600–602

EDINBURGH | 515

John Knox's House
Das um 1490 erbaute Haus, in dem John Knox *(siehe S. 486)* um 1560 gelebt haben soll, ist das älteste Haus der Stadt.

Morocco Land ist die Nachbildung eines Wohnhauses aus dem 17. Jahrhundert. Seinen Namen verdankt es einer Mohrenfigur am Eingang.

Morocco Land →

The Palace of Holyroodhouse

CANONGATE

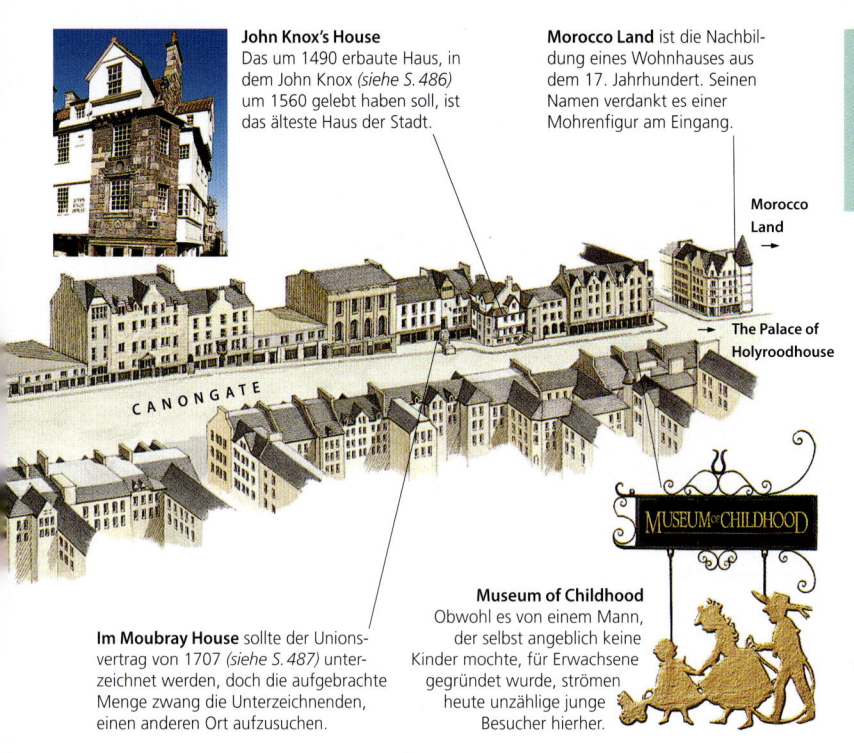

Im Moubray House sollte der Unionsvertrag von 1707 *(siehe S. 487)* unterzeichnet werden, doch die aufgebrachte Menge zwang die Unterzeichnenden, einen anderen Ort aufzusuchen.

Museum of Childhood
Obwohl es von einem Mann, der selbst angeblich keine Kinder mochte, für Erwachsene gegründet wurde, strömen heute unzählige junge Besucher hierher.

Our Dynamic Earth
Holyrood Rd. (0131) 550 7800.
Apr–Okt: tägl. 10–17.30 Uhr (Juli, Aug: bis 18 Uhr); Nov–März: Mi–So 10–17.30 Uhr.
dynamicearth.co.uk

In einem auffallenden Bau mit durchscheinender Zeltdach-Konstruktion gibt es viel zu staunen und zu lernen – ein spannendes interaktives Abenteuer für Erwachsene und Kinder. Sie erleben den Urknall und die Urkräfte der Natur, die unseren Planeten formten.

Auf einer Reise durch Zeit und Raum können Sie mit 4DVENTURE eine vierdimensionale Expedition rings um den Erdball unternehmen. Sie spüren, wie der Boden bebt, während Vulkane Asche- und Gaswolken in den Himmel schleudern. Die polaren Eiskappen kommen in nächste Nähe, und Sie haben die Chance, einen Eisberg zu berühren. Oder Sie erreichen im U-Boot die Tiefen der Weltmeere. Das ShowDome-Kino mit 360-Grad-Kuppeltechnologie und Surround-Sound ist einzigartig in Schottland.

Scottish National Gallery of Modern Art One and Two
75 Belford Rd. (0131) 624 6200.
tägl. 10–18 Uhr.
nationalgalleries.org

Die Galerie Modern Art One hat ihren Sitz in einem Gebäude aus dem 19. Jahrhundert. Die meisten europäischen und amerikanischen Meister des 20. Jahrhunderts sind vertreten, von Vuillard und Picasso bis Magritte und Lichtenstein, zudem schottische Künstler wie John Bellany. Auf dem Gelände stehen Skulpturen von Henry Moore.

Modern Art Two daneben zeigt Werke der Dadaisten und Surrealisten.

Mary, Queen of Scots (1542–1587)

Als Mädchen floh die katholische Mary vor den Truppen von Henry VIII nach Frankreich, wo sie den französischen Thronfolger heiratete. Sie erhob Anspruch auf den englischen Thron, was Entrüstung bei Protestanten in England und Schottland auslöste. Nachdem sie 18-jährig als Witwe nach Holyroodhouse zurückgekehrt war, wurde sie von John Knox wegen ihres Glaubens verurteilt *(siehe S. 486)*. 1567 beschuldigte man sie des Mordes an ihrem zweiten Mann Lord Darnley. Als sie zwei Monate später den Earl of Bothwell, der am Mord beteiligt gewesen sein soll, heiratete, beschwor sie ihren Sturz herauf. Sie floh nach England, wo ihre Cousine Elizabeth I sie gefangen nahm. Nach 20-jähriger Haft wurde Mary enthauptet.

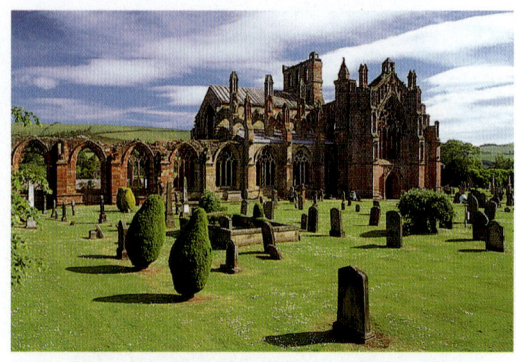

Stumme Zeugen der Vergangenheit – die Ruinen von Melrose Abbey

⓭ Melrose Abbey

Abbey Street, Melrose, Scottish Borders. **Karte** K7. ☎ (01896) 822 562. ◯ tägl. 9.30–16.30 Uhr (Apr–Sep: bis 17.30 Uhr). ⬤ 1., 2. Jan, 25., 26. Dez. ♿ teilweise.
🌐 historicenvironment.scot

Die rosafarbenen Ruinen gehören zu einem der schönsten Klöster im schottischen Grenzland. Sie zeugen vom Schicksal derer, die den englischen Invasoren im Weg standen. Das 1136 von David I für den Zisterzienserorden erbaute Kloster (an der Stelle eines Klosters aus dem 7. Jahrhundert) wurde immer wieder beschädigt, besonders stark 1322 und 1385. Schließlich wurde es 1545 beim »Rough Wooing«, der Zerschlagung von Klöstern unter Henry VIII, endgültig zerstört, weil die Schotten einer Heirat zwischen seinem Sohn und der jungen schottischen Königin Mary *(siehe S. 515)* nicht zugestimmt hatten.

Man sieht die Umrisse von Kloster, Küche und Abteikirche mit dem hoch aufragenden Ostfenster und den mittelalterlichen Steinmetzarbeiten. Zu den gut erhaltenen Steinarbeiten an der Südseite gehört ein Wasserspeier in Form eines Schweins, das auf einem Dudelsack bläst.

Das einbalsamierte Herz, das man 1920 hier entdeckte, wird Robert the Bruce *(siehe S. 486)* zugeschrieben, der verfügt hatte, dass sein Herz nach seinem Tod einen Kreuzzug ins Heilige Land mitmachen sollte. Es wurde zurückgebracht, als sein Träger James Douglas in Spanien umkam *(siehe S. 519)*.

⓴ Abbotsford House

Galashiels, Scottish Borders. **Karte** K7. ☎ (01896) 752 043. 🚌 von Galashiels. ◯ Apr–Okt: tägl. 10–17 Uhr; Nov–März: tägl. 10–16 Uhr. ♿ teilweise.
🌐 scottsabbotsford.co.uk

Nur wenige Häuser spiegeln den Charakter ihres Besitzers so gut wider wie Sir Walter Scotts Wohnsitz, in dem er seine letzten 20 Jahre verbrachte. 1811 kaufte Scott einen Bauernhof, dem er im Gedenken an die Mönche der Melrose Abbey, die hier den Fluss Tweed überquerten, den Namen Abbotsford gab. An der Stelle des Bauernhauses ließ sich Scott mit Einnahmen, die er aus seinen Bestsellern erzielte, einen schlossartigen Sitz bauen.

Scotts Bibliothek enthält über 9000 seltene Bücher. Seine Sammlungen, vor allem die Waffensammlung, weisen ihn als Liebhaber der heroischen Vergangenheit aus. Unter den Schätzen sind Rob Roys Schwert *(siehe S. 499)*, ein Kruzifix von Mary Stuart und eine Haarlocke von Bonnie Prince Charlie *(siehe S. 535)*.

Zu sehen sind Scotts Arbeitszimmer, in dem die *Waverly*-Romane entstanden, und das Zimmer mit Flussblick, in dem er 1832 starb.

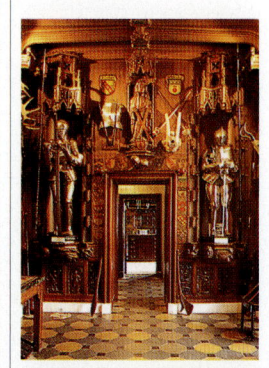

Sir Walter Scott

Sir Walter Scott (1771–1832) war von Beruf Anwalt. Zu Ruhm gelangte er jedoch als Schriftsteller. Seine Werke (vor allem die *Waverly*-Romane) verklärten das Leben der Clans und führten zu einem neuen schottischen Nationalbewusstsein. Beim Staatsbesuch von George IV *(siehe S. 489)* in Edinburgh betrieb er Sympathiewerbung für die Nationaltracht des Landes, deren Tragen danach wieder erlaubt wurde. Scott arbeitete bei Gericht im Parliament House *(siehe S. 512)* und war 30 Jahre Sheriff von Selkirk. Er liebte das schottische Grenzland, vor allem die Trossachs *(siehe S. 498f)*, denen er mit seinem Roman *Die Dame vom See* (1810) ein Denkmal setzte. Seine letzten Jahre verbrachte er mit dem Abtragen der Schulden, die ihm der Bankrott seines Verlegers 1827 eingebracht hatte. Er starb schuldenfrei und wurde in der Dryburgh Abbey *(siehe S. 507)* beigesetzt.

Die Great Hall von Abbotsford mit Waffen und Rüstungen

Hotels und Restaurants im schottischen Tiefland *siehe Seiten 572 und 600–602*

㉑ Traquair House

Peebles, Scottish Borders. **Karte** K7.
(01896) 830 323. von Peebles. Apr–Sep: tägl. 11–17 Uhr; Okt: tägl. 11–16 Uhr; Nov: Sa, So 11–15 Uhr. teilweise.
traquair.co.uk

Das älteste durchgehend bewohnte Haus Schottlands ist untrennbar mit der religiösen und politischen Geschichte der letzten 900 Jahre verbunden. Der zunächst befestigte Turmbau und spätere Herrensitz *(siehe S. 491)* war fünf Jahrhunderte lang Hochburg der Stuarts. Auch Mary Stuart *(siehe S. 515)* weilte hier. Ihr Bett ziert eine Decke, die sie selbst bestickt hat. Briefe und eine Sammlung von gravierten Gläsern der Jakobiten *(siehe S. 541)* erinnern an die Zeit der Hochland-Aufstände.

Die großen Gittertore (»Bear Gates«), die 1746 nach dem Besuch von Bonnie Prince Charlie *(siehe S. 535)* geschlossen wurden, sollen erst wieder geöffnet werden, wenn ein König aus dem Haus Stuart den Thron besteigt – so das Gelübde des 5. Earl. Der Geheimgang zur Kammer des Priesters zeigt, wie schwer es die Katholiken hatten, bevor ihr Glaube 1829 wieder legal wurde. Im alten Brauhaus wird noch immer das Traquair House Ale gebraut.

Kruzifix von Mary Stuart, Traquair House

㉒ Biggar

Clyde Valley. **Karte** J7. 2300.
Ladyacre Rd, Lanark, (01555) 668 249.

Der für die Lowlands typische Marktflecken hat gleich zwei sehenswerte Museen. Im **Museum of Biggar and Upper Clydesdale** findet man die getreue Nachbildung einer viktorianischen Straße. Die Tage der industriellen Vergangenheit werden anhand von Maschinen, Gaslaternen und Geräten im **Gasworks Museum** wieder lebendig. Das 1839 fertiggestellte Biggar-Gaswerk ist das einzige überkommene Gaswerk in Schottland.

Museum of Biggar and Upper Clydesdale
High St. (01899) 221 050. Apr–Okt: Di–Sa 11–17, So 13–17 Uhr; Nov–März: Sa 10–17, So 13–17 Uhr.
biggarmuseumtrust.co.uk

Gasworks Museum
Gasworks Rd. (01899) 221 070.
Juni–Sep: tägl. 14–17 Uhr.
historicenvironment.scot

㉓ Pentland Hills

The Lothians. **Karte** K7. Edinburgh, dann Bus. Flotterstone Information Centre, an der A702, (0131) 529 2401.

Der sich über 26 Kilometer erstreckende Höhenzug südwestlich von Edinburgh ist eines der schönsten Wandergebiete in den Lowlands. Spaziergängern bieten sich die vielen markierten Wanderwege an. Die etwas Mutigeren können den Sessellift zur Sommerskipiste nehmen und von dort weiter zum 493 Meter hohen Allermuir gelangen. Ehrgeizige wagen sich an die Gipfelroute von Caerketton nach West Kip.

Östlich der A703 steht die kunstvoll verzierte **Rosslyn Chapel** aus dem 15. Jahrhundert. Ursprünglich sollte sie als Kirche dienen, doch nach dem Tod ihres Erbauers William Sinclair wurde sie auch zur Grabstätte für seine Nachkommen.

Um den überaus kunstvollen Apprentice Pillar rankt sich eine Sage: Ein Lehrling habe den Pfeiler so schön mit Verzierungen behauen, dass er danach aus Eifersucht von seinem Meister erschlagen wurde.

Rosslyn Chapel
Roslin. (0131) 440 2159.
Mo–Sa 9.30–18, So 12–16.45 Uhr.
rosslynchapel.com

Prächtig verziertes Deckengewölbe der Rosslyn Chapel

Klassische Arbeiterhäuser aus dem 18. Jahrhundert von New Lanark am Ufer des Clyde

❷ New Lanark

Clyde Valley. **Karte** J7. 200. Lanark. Horsemarket, Ladyacre Rd, (01555) 668 249. tägl. **w** newlanark.org

Gegründet wurde der Ort 1785 vom Industriellen David Dale. Die Lage war für die wasserbetriebenen Mühlen geradezu ideal. Um 1800 war das Dorf Großbritanniens größter Baumwollproduzent. Dale und sein Nachfolger Robert Owen waren Philanthropen und dokumentierten, dass wirtschaftlicher Erfolg nicht zwangsläufig zulasten der Arbeiter gehen musste. Das Museumsdorf **New Lanark** gewährt einen Einblick in die Lebensumstände der Arbeiter im frühen 19. Jahrhundert. Seit 2001 zählt die einzigartige Textilfabriksiedlung zum UNESCO-Welterbe.

Umgebung: 24 Kilometer nördlich liegt die Stadt Blantyre mit dem David Livingstone Memorial.

New Lanark
New Lanark Visitor Centre. (01555) 661 345. tägl. 10–17 Uhr (Nov–März: bis 16 Uhr). für Gruppen nach Voranmeldung. **w** newlanark.org

David Livingstone

Schottlands großer Sohn, der Missionar, Arzt und Entdecker Livingstone (1813 – 1873), arbeitete bereits mit zehn Jahren in einer Baumwollfabrik. Nach 1840 reiste er zur »Förderung des Handels und der Christenheit« dreimal nach Afrika. Er war der erste Europäer, der die Viktoriafälle sah. Er starb auf der Suche nach der Nilquelle. Bestattet ist er in Westminster Abbey (siehe S. 96f).

❷ Glasgow

Siehe S. 520–525.

❷ Sanquhar

Dumfries and Galloway. **Karte** J8. 2000. 64 Whitesands, Dumfries, (01387) 253 862.

Der Ort spielte eine bedeutende Rolle in der Geschichte der Presbyterianer (siehe S. 487). In den 1680er Jahren wurden zwei Schriften gegen die Bischöfe ans Marktkreuz geschlagen, an dessen Stelle heute ein Obelisk aus Granit steht. Die erste Schrift stammte von einem Lehrer namens Richard Cameron, dessen Anhänger sich im Cameronian Regiment zusammenschlossen.

Der georgianische **Tolbooth** wurde 1735 von William Adam erbaut und beherbergt heute eine heimatkundliche Sammlung und ein Tour Centre. Das 1763 eröffnete Postamt ist das älteste in Großbritannien.

❷ Drumlanrig Castle

Thornhill, Dumfries and Galloway. **Karte** J8. (01848) 331 555. Dumfries, dann Bus. **Schloss** (obligatorisch) Apr–Aug: tägl. 11–16 Uhr. **Park** Apr–Sep: tägl. 10–17 Uhr. **w** drumlanrigcastle.co.uk

Drumlanrig Castle (siehe S. 491) entstand 1679–91 an der Stelle einer Feste (15. Jh.)

Geschwungene Treppe und Eingang von Drumlanrig Castle

Hotels und Restaurants im schottischen Tiefland siehe Seiten 572 und 600–602

der Familie Douglas. Hinter Türmen und Erkern verbergen sich Kunstschätze, u. a. Bilder von Holbein und Rembrandt, sowie Jakobiten-Memorabilien wie Feldkessel, Schärpe und Geldbörse von Bonnie Prince Charlie.

Das Wappen mit dem gekrönten und geflügelten Herzen erinnert an James Douglas, auch »Black Douglas« genannt. Ihm war das Herz von Robert the Bruce *(siehe S. 486)* während eines Kreuzzugs anvertraut. Als er tödlich verwundet wurde, soll er das Herz mit den Worten »Vorwärts, tapferes Herz!« seinen Feinden entgegengeschleudert haben.

Die trutzige Inselburg Threave Castle am Dee

❷⓼ Threave Castle

Castle Douglas, Dumfries and Galloway. **Karte** J9. 07711 223 101. Dumfries. Apr–Sep: tägl. 10–16.30 Uhr; Okt: 10–17 Uhr (Abfahrt letztes Boot von der Insel). historicenvironment.scot

Der Furcht einflößende Inselturmbau von »Black Douglas« *(siehe oben)* aus dem 14. Jahrhundert hat den bestausgerüsteten mittelalterlichen Flusshafen Schottlands.

Douglas' Kämpfe gegen die frühen Stewart-Könige endeten 1455 nach zweimonatiger Belagerung. Douglas ergab sich jedoch erst, nachdem James II seine Kanone Mons Meg *(siehe S. 510)* herbeigeholt hatte, um die Burg zu vernichten. Threave Castle wurde 1640 zerstört, als die presbyterianischen Belagerer *(siehe S. 487)* die katholischen Verteidiger bezwangen.

Im Inneren sind Wände von Küche, Palas und Dienstbotenquartieren erhalten. Über dem Tor (15. Jh.) ragt ein Galgen hervor, der nie ohne Schlinge gewesen sein soll. Zur Burg gelangt man nur in einem Boot.

❷⓽ Whithorn

Dumfries and Galloway. **Karte** H9. 900. Stranraer. Dashwood Sq, Newton Stewart, (01671) 402 431. visitdumfriesandgalloway.co.uk

Whithorn gilt als Wiege des schottischen Christentums. Der Name, »Weißes Haus«, erinnert an die weiße Kapelle, die der hl. Ninian hier 397 errichtete. Besichtigt werden können Ausgrabungen alter Siedlungen mit Exponaten vom 5. bis 19. Jahrhundert. Das Besucherzentrum bietet mit der Ausstellung **The Whithorn Story** Informationen zu den Ausgrabungen und eine Sammlung bearbeiteter Steine. Einer davon, Latinus gewidmet, geht auf das Jahr 450 zurück und ist Schottlands erstes Zeugnis der Christianisierung.

The Whithorn Story
The Whithorn Trust, 45–47 George St. (01988) 500 508. Apr–Okt: tägl. 10.30–17 Uhr. whithorn.com

❸⓪ Culzean Castle

Siehe S. 526f.

Porträt von Robert Burns inmitten seiner Figuren

❸⓵ Burns Cottage

Robert Burns Birthplace Museum, Alloway, South Ayrshire. **Karte** H8. (01292) 443 700. Ayr, dann Bus. tägl. 10–17 Uhr. 24. Dez mittags–3. Jan. burnsmuseum.org.uk

Robert Burns (1759–1796), Schottlands Nationaldichter, verbrachte seine ersten sieben Jahre in dieser kleinen strohgedeckten, von seinem Vater erbauten, nun restaurierten Kate in Alloway. Sie ist zum Teil mit dem Originalmobiliar ausgestattet. Im angrenzenden Museum finden sich viele Manuskripte von Burns sowie frühe Ausgaben seiner Werke. In Alloway, wo ein Denkmal an den Dichter erinnert, spielt auch Burns' Gedicht *Tam o'Shanter* (1790).

Berühmt wurde Burns 1786 nach Veröffentlichung der Kilmarnock-Ausgabe seiner Gedichte. Sein Geburtstag am 25. Januar wird von Schotten in aller Welt als Burns Night gefeiert *(siehe S. 69)*.

Schottische Stoffe

Die Tuchweberei hat in Schottland eine lange Tradition. Schon im Mittelalter blühte der Wollhandel mit dem europäischen Festland. Im 19. Jahrhundert, als der Handwebstuhl durch maschinelle Webstühle ersetzt wurde, gelangte das Clyde-Tal durch Baumwolle zu beträchtlichem Wohlstand und Ansehen. Die beliebten Paisley-Muster gehen auf indische Vorlagen zurück.

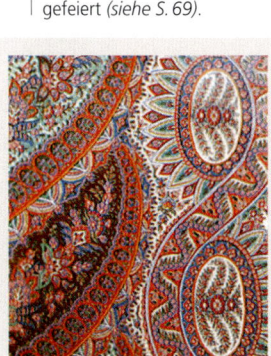

Farbenfrohes Paisley-Muster

Glasgow

Auch wenn die Stadt in keltischer Zeit *Glas cu* hieß, was so viel wie »geliebter grüner Platz« bedeutet, gilt sie in erster Linie als Industriestadt, die einst den Titel »Zweite Stadt des Empire« trug. In ihrer Architektur spiegelt sich die Zeit des Wohlstands wider, der sich besonders auf Eisenhüttenwerke, Baumwollspinnereien und den Schiffsbau gründete. Heute ist das neue Science Centre am Südufer des Clyde erwähnenswert, doch mit der Kelvingrove Art Gallery *(siehe S. 524f)* und der Burrell Collection macht Glasgow auch in Sachen Kunst von sich reden.

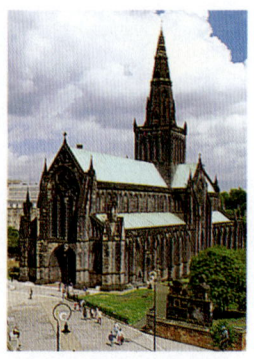

Glasgows mittelalterliche Kathedrale

Überblick: Glasgow

Das zeitgenössische Glasgow ist eine Stadt der Kontraste. Das etwas heruntergekommene East End mit dem Straßenmarkt »The Barras« grenzt an die restaurierte Merchant City und den viktorianischen George Square. Das wohlhabendere West End war schon im 19. Jahrhundert Zufluchtsort für Kaufleute, die über die Mittel verfügten, die Enge von Clydeside hinter sich zu lassen. Hier finden Sie auch Restaurants, Bars, Parks und die Glasgow University. Südlich des Flusses, bei Pollokshields, liegt der reizvolle weitläufige Pollok Country Park mit der Burrell Collection. Es gibt eine U-Bahn und gute Busverbindungen in der Stadt.

Glasgow Cathedral

2 Castle St. (0141) 552 8198. Apr–Sep: Mo–Sa 9.30–17.30, So 13–17 Uhr; Okt–März: Mo–Sa 10–16, So 13–16.30 Uhr. glasgowcathedral.org.uk

Weil die Gläubigen zum Protestantismus übertraten, blieb die Kirche von den Zerstörungen während der Reformation verschont *(siehe S. 486f)*. So ist sie als einer der wenigen sakralen Bauten aus dem 13. Jahrhundert erhalten geblieben. Die Kathedrale steht an der Stelle, an der der Schutzpatron der Stadt, der hl. Mungo, Bischof von Strathclyde, eine Kapelle (6. Jh.) errichtet hatte. Der Legende nach spannte Mungo zwei Ochsen vor einen Karren, die auf dem »geliebten grünen Platz«, dem von Gott geweihten Ort, anhielten. Hier begann er mit dem Bau seiner Kirche. Da das Gelände ab-

Zentrum von Glasgow

① Glasgow Cathedral
② Glasgow Necropolis
③ St Mungo Museum of Religious Life and Art
④ Provand's Lordship
⑤ People's Palace
⑥ Willow Tea Room
⑦ Tenement House
⑧ Glasgow Science Centre
⑨ Riverside Museum
⑩ Hunterian Art Gallery
⑪ *Kelvingrove Art Gallery and Museum S. 524f*

Zeichenerklärung *siehe hintere Umschlagklappe*

Hotels und Restaurants im schottischen Tiefland *siehe Seiten 572 und 600–602*

GLASGOW | 521

schüssig ist, hat die Kathedrale zwei Ebenen. In der Krypta befindet sich das Grab des Heiligen. Blackadder Aisle, der über einem vom hl. Ninian *(siehe S. 519)* gesegneten Friedhof errichtet wurde, weist ebenfalls ein Fächergewölbe mit farbigem Bossenwerk auf.

Glasgow Necropolis
Cathedral Sq. tägl. teilweise. glasgownecropolis.org

Hinter der Kathedrale wacht der Reformator John Knox *(siehe S. 486)* auf einer Säule über den angrenzenden viktorianischen Friedhof. Hier findet man die Gräber vieler wohlhabender Familien der Stadt.

In der Glasgow Necropolis sind geschätzt 50 000 Menschen bestattet

St Mungo Museum of Religious Life and Art
2 Castle St. (0141) 276 1625. Di–Do, Sa 10–17, Fr, So 11–17 Uhr. nach Vereinbarung.

Das Museum neben der Kathedrale ist das weltweit erste seiner Art. Die Hauptausstellung widmet sich religiösen The-

Außenansicht von St Mungo Museum of Religious Life and Art

men. Unter den Exponaten sind ein tanzender Shiva aus dem 19. Jahrhundert und ein Gemälde mit dem Titel *Attributes of Divine Perfection* (1986) von Ahmed Moustafa. Zu den bekanntesten Werken mit religiösem Motiv zählt *Crucifixion VII* des schottischen Malers Craigie Aitchison.

Eine Ausstellung ist dem Leben des Missionars David Livingstone *(siehe S. 518)* gewidmet. Im Freien gibt es einen Zen-Garten, der wahrscheinlich der einzige in Großbritannien ist.

Provand's Lordship
3 Castle St. (0141) 276 1625. Di–Do, Sa 10–17, Fr, So 11–17 Uhr. glasgowlife.org.uk

Das älteste Haus der Stadt wurde 1471 für den Kanonikus erbaut und beherbergt heute

Infobox

Information
City of Glasgow. **Karte** J7. 603 000. Gallery of Modern Art, (0141) 287 3005. Sa, So. peoplemakeglasgow.com

Anfahrt
Argyle St (Glasgow Central). Buchanan St.

ein Museum. Die niedrigen Decken und die düstere Einrichtung vermitteln einen sehr guten Eindruck vom Leben im 15. Jahrhundert. Mary Stuart, Queen of Scots *(siehe S. 515)*, soll hier übernachtet haben, als sie 1566 ihren Cousin und Ehemann Lord Darnley besuchte.

People's Palace
Glasgow Green. (0141) 276 0795. Di–Do, Sa 10–17, Fr, So 11–17 Uhr. 1., 2. Jan, 25., 26. Dez. glasgowmuseums.com

Der viktorianische Sandsteinbau wurde 1898 als Museum für die Einwohner des East End errichtet. Anhand der hier ausgestellten Exponate aus mehreren Jahrhunderten erhält man einen Überblick über die Geschichte von Glasgow und seiner Bewohner ab dem 12. Jahrhundert.

Im stilvollen Wintergarten im hinteren Teil des Gebäudes kann man zwischen all den exotischen Pflanzen wunderbar entspannen.

Wintergarten im People's Palace, Glasgow Green

Die von Mackintosh entworfene Einrichtung im Willow Tea Room

Willow Tea Room
119 Sauchiehall St und 97 Buchanan St. (0141) 332 8446. Mo–Sa 9.30–17, So 11.30–16.30 Uhr.
w willowtearooms.co.uk

Der Willow Tea Room ist der einzige erhaltene von den Teesalons, die Charles Rennie Mackintosh 1904 für Catherine (Kate) Cranston entwarf. Die ganze Einrichtung – von Stühlen über Tische bis zum Besteck – trägt Mackintoshs Handschrift. Nirgendwo kann man in Glasgow stilvoller Tee trinken als im Room de Luxe mit silbernem Hausrat und viel Bleiglas. Der 1997 in der Buchanan Street eröffnete Tea Room ist demjenigen von Cranston in der Ingram Street originalgetreu nachempfunden.

Tenement House
145 Buccleuch St. (0141) 333 0183. Apr–Okt: tägl. 13–17 Uhr (Juli, Aug: ab 11 Uhr). nach Vereinbarung. NTS w nts.org.uk

Das Tenement House ist weniger ein Museum als eine Zeitkapsel: Wer über die Schwelle des Hauses tritt, befindet sich in einer bescheidenen Arbeiterwohnung aus dem frühen 20. Jahrhundert. Das Leben in den Mietskasernen war lebhaft und laut, nicht selten nahezu unerträglich, weil die Häuser überbelegt waren. Viele wurden in der Zwischenzeit abgerissen. Dass die erste Besitzerin des Hauses, Agnes Toward, die hier von 1911 bis 1965 lebte, nur wenig wegwarf, kommt dem Besucher heute zugute: Erhalten geblieben ist ein authentisches, anschauliches Stück Sozialgeschichte – der möblierte Salon, der nur bei besonderen Gelegenheiten benutzt wurde, die Küche mit dem Kohlenofen, dem Schrankbett und den inzwischen kaum noch verwendeten Gerätschaften wie Waffeleisen und Waschbrett sowie einem Stein, der als »Wärmflasche« heiß ins Bett gelegt wurde. Agnes Towards Arzneien und das Lavendelwasser, das sie benutzte, befinden sich noch immer in ihrem Badezimmer – so als hätte sie es eben erst verlassen.

Glasgow Science Centre
50 Pacific Quay. (0141) 420 5000 Apr–Okt: tägl. 10–17 Uhr; Nov–März: Mi–Fr 10–15, Sa, So 10–17 Uhr.
w glasgowsciencecentre.org

Am Südufer des Clyde wölbt sich der beeindruckende Bau aus Glas, Stahl und Titan. Zu erkunden sind drei Stockwerke voller interaktiver Rätsel, optischer Täuschungen und wissenschaftlicher Überraschungen – alles für Kinder ebenso spannend wie für Erwachsene.

Am beliebtesten sind die Experimente, die man selbst durchführen kann, die Mind-Control-Spiele und die Madagaskar-Fauchschaben. Es gibt ein IMAX-Kino, das Filme in 2-D und 3-D zeigt.

Zum Museum gehört ein 127 Meter hoher Turm, der höchste frei stehende Schottlands. Die Aussichtskabine ermöglicht einen fantastischen Blick über Glasgow.

Riverside Museum
Pointhouse Quay. (0141) 287 2720. Mo–Do, Sa 10–17, Fr, So 11–17 Uhr.
w glasgowlife.org.uk

Das fantasievoll gestaltete Museum vermittelt den einstigen industriellen Aufschwung der Stadt. Modellschiffe im Clyde Room, Dampflokomotiven, Autos und Motorräder versetzen den Besucher in das 19. und frühe 20. Jahrhundert, als Glasgow in puncto Ansehen und Wohlstand die »Zweite Stadt des Empire« war. Den Übergang zu einer modernen Stadt veranschaulichen Filme

---

Charles Rennie Mackintosh

Der bekannteste Glasgower Designer Charles Rennie Mackintosh (1868–1928) besuchte schon mit 16 Jahren die Kunstschule der Stadt. Nach seinem Durchbruch mit dem Willow Tea Room wurde er zur Leitfigur der Jugendstil-Bewegung, die durch die Einbindung gotischer und anderer Elemente zu einem neuen Ausdruck fand. Mackintosh arbeitete nach dem Motto, dass ein Gebäude ein Gesamtkunstwerk sein müsse. Vollendeter Ausdruck seiner Arbeit ist die Glasgow School of Art, die er 1896 entwarf, die aber 2014 ausbrannte. Zwar bekam Mackintosh zu Lebzeiten wenig Anerkennung, doch bis heute wird er oft kopiert. Seine klaren, fließenden Linien kennzeichnen einen Stil, der das Design – von Textilien bis Architektur – prägte.

Mackintosh-Muster

Hotels und Restaurants im schottischen Tiefland *siehe Seiten 572 und 600–602*

Kaninchenjagd mit Frettchen, Wandteppich (um 1450–75), Burrell Collection

sowie Rekonstruktionen früherer Straßenzüge. Sehenswert ist auch *Tall Ship Glenlee*, das auf dem River Clyde vor dem Museum vertäut ist.

Hunterian Art Gallery
82 Hillhead St. (0141) 330 4221. Di–Sa 10–17, So 11–16 Uhr. 24. Dez–5. Jan, Feiertage. teilweise. gla.ac.uk/hunterian

Erbaut wurde das Museum für den Nachlass von William Hunter (1718–1783). Heute beherbergt die Hunterian Art Gallery Schottlands größte Sammlung an Grafiken und Radierungen sowie Werke der wichtigsten europäischen Künstler der letzten 400 Jahre. Eine Sammlung mit Arbeiten von Charles Mackintosh findet sich neben einer Nachbildung der Florentine Terrace Nr. 6, wo er 1906–1914 wohnte.

Zu den wichtigsten Vertretern der schottischen Malerei des 19./20. Jahrhunderts gehört auch William McTaggart (1835–1910). Der berühmteste Teil der Kunstgalerie präsentiert Werke des amerikanischen Malers und Radierers James Abbott McNeill Whistler (1834–1903).

Burrell Collection
2060 Pollokshaws Rd. (0141) 287 2550. Mo–Do 10–17, Fr, Sa 11–17 Uhr. wegen Restaurierung bis voraussichtlich 2020. glasgowmuseums.com

Dem Schiffsreeder William Burrell (1861–1958) verdankt Glasgow diese wundervolle Sammlung an Kunstgegenständen verschiedenster Art, die der Mäzen 1944 der Stadt schenkte. Im Jahr 1983 wurde im Park des Pollock House ein Gebäude dafür errichtet, das genau für die Sammlung passt und sie zur Geltung bringt: Wenn die Sonne scheint, leuchten die 600 Bleiglasscheiben wunderbar auf, während die Farben der Wandteppiche mit dem Park zu verschmelzen scheinen.

Die Sammlung umfasst etwa 9000 Objekte, darunter Schätze aus der Antike und aus dem Nahen Osten. Es gibt 150 Wandteppiche, die in vielen europäischen Ländern gefertigt wurden, chinesisches Porzellan sowie orientalische Teppiche und Stickereien. Ein Highlight ist das *Selbstbildnis* (1632) von Rembrandt.

Pollok House
2060 Pollokshaws Rd. (0141) 616 6410. Apr–Dez: tägl. 10–17 Uhr. 1., 2. Jan, 25., 26. Dez. NTS nts.org.uk

Das Pollok House zählt zu den schönsten Wohnhäusern des 18. Jahrhunderts und enthält eine der wertvollsten Sammlungen spanischer Malerei in Großbritannien. Der klassizistische mittlere Teil, dessen schlichtes Äußeres keinen Hinweis auf das luxuriöse Innere gibt, wurde 1750 fertiggestellt. Die Familie Maxwell war hier schon seit dem 13. Jahrhundert ansässig, die männliche Linie starb allerdings mit John Maxwell aus. Als Pflanzenliebhaber entwarf er auch die Garten- und Parkanlagen.

Auf chinesischen Wandtapeten – über dem Familiensilber, dem Porzellan und dem geschliffenen Glas – hängen Gemälde der holländischen und britischen Schule, allen voran William Blakes *Sir Geoffrey Chaucer and the Nine and Twenty Pilgrims* (1745) und William Hogarths Porträt von James Thomson, dem Verfasser von *Rule Britannia*.

Die spanische Sammlung mit Werken vom 16. bis 19. Jahrhundert wird dominiert von Gemälden von El Greco in der Bibliothek. Im Salon sind Werke von Goya und Esteban Murillo zu sehen. Im Jahr 1966 übergab Anne Maxwell Macdonald das Haus samt Grundstück der Stadt Glasgow. Im Park kann man nach Abschluss der Restaurierung (voraussichtlich 2020) die Burrell Collection bewundern.

Whistlers *Sketch for Annabel Lee* (um 1869), Hunterian Art Gallery

Glasgow: Kelvingrove Art Gallery and Museum

Ein großes rotes Sandsteingebäude im Stil des spanischen Barock, längst ein Wahrzeichen Glasgows, beherbergt eines der beliebtesten Museen Schottlands. 8000 Exponate decken eine breite Spanne ab: Von alten Kulturen im Nahen Osten bis zu wichtigen europäischen Kunstwerken durch viele Jahrhunderte. Hier bekommt man auch Einblicke in Glasgows Entwicklung von der industriellen Revolution bis heute. Größte Beliebtheit hat der Bienenstock erlangt, den das Museum seit 1959 pflegt.

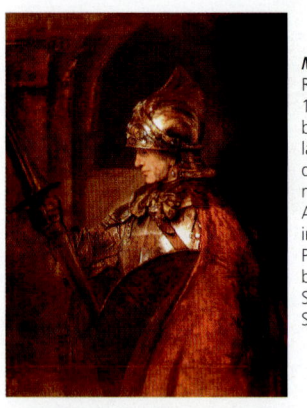

Eingang

Mann mit Rüstung
Rembrandt (1606–1669) gilt als einer der bedeutendsten niederländischen Künstler des Barock. Das Ölgemälde von 1655, das Alexander den Großen in mittelalterlicher Prunkrüstung darstellt, besticht mit seinem Spiel von Licht und Schatten.

Miss Cranston's Tea Room
Von 1900 bis 1921 war Charles Rennie Mackintosh (1868–1928) als Designer für Catherine Cranstons Teestuben zuständig. Innenarchitektur und Möbel sind heute noch ebenso ansprechend wie vor einem Jahrhundert.

Japanese Lady with a Fan
George Henry (1858–1943) malte dieses Bild 1894 in Tokyo. Es spielt mit dem japanischen *ukiyo*-e, einer alten Technik des Farbholzschnitts, bei der Figuren oft vom Betrachter abgewandt sind.

Legende
- Schottische Kunst und Design
- Niederländische und franz. Kunst
- »Every Picture Tells a Story«
- Schottische Geschichte
- Waffen und Rüstungen
- Naturgeschichte
- Weltkulturen
- Altes Ägypten

Hotels und Restaurants im schottischen Tiefland *siehe Seiten 572 und 600–602*

GLASGOW: KELVINGROVE ART GALLERY AND MUSEUM | 525

Der Christus des heiligen Johannes vom Kreuz
Salvador Dalís Ölgemälde wurde 1952 erstmals ausgestellt. Mit seiner ungewöhnlichen Perspektive auf die Kreuzigung löste Dalí damals sowohl Begeisterung als auch heftige Kritik aus.

Infobox

Information
Argyle St. (0141) 276 9599.
Mo–Do, Sa 10–17, Fr, So 11–17 Uhr.
1., 2. Jan, 25., 26., 31. Dez.
glasgowlife.org.uk/museums/kelvingrove

Anfahrt
Partick Station. 2, 3, 77.

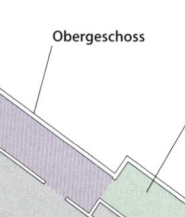

Obergeschoss

Altes Ägypten
Der Sarg von Ankhesnefer stammt aus der 26. Dynastie und wurde wahrscheinlich um 610 v. Chr. gefertigt. 1839 verkaufte der Endecker Giovanni d'Athanas den innen mit Hieroglyphen versehenen Sarg mit Mumie an das British Museum in London, das ihn als Leihgabe nach Glasgow schickte.

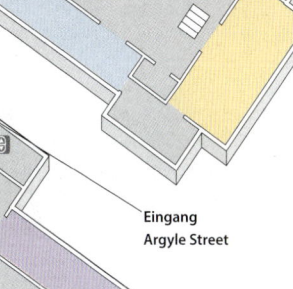

Eingang Argyle Street

Kurzführer
Das Museum hat 22 Abteilungen. Highlights im Erdgeschoss sind die Abteilungen mit schottischer Kunst und schottischem Design. Im Obergeschoss kann man niederländische und französische Kunst sehen. Das Untergeschoss ist für Wechselausstellungen reserviert. Außerdem gibt es hier ein Café und einen Museumsladen.

Erdgeschoss

Spitfire
Die Spitfire LA198, die über dem West Court schwebt, gehörte im Zweiten Weltkrieg zum City of Glasgow Squadron. Heute beschützt das perfekt instand gesetzte Flugzeug ausgestopfte afrikanische Wildtiere.

Culzean Castle

Das auf einer Klippe und zugleich inmitten eines riesigen Parks gelegene Anwesen (16. Jh.) war der Landsitz der Earls of Cassillis. Zwischen 1777 und 1792 baute Schottlands berühmtester Architekt Robert Adam *(siehe S. 32)* Culzean (gesprochen »Cullein«) Castle um. 1970 erfolgte eine Restaurierung. Der Park wurde 1969 Schottlands erster öffentlicher Landpark, in dem Landwirtschaft und kunstvoll angelegte Gärten gleichermaßen vertreten sind und so ländliche Arbeit und Muße verdeutlichen.

Culzean Castle (um 1851) von Nasmyth

Außerdem

① **Im Uhrturm** mit der Uhr aus dem 19. Jahrhundert befanden sich ursprünglich die Ställe, in denen auch die Kutschen untergebracht waren. Heute beherbergt der Bau eine Galerie mit Ausstellungsräumen.

② **Lord Cassillis' Gemächer** zeigen die für das 18. Jahrhundert typische Einrichtung, einschließlich eines Ankleidezimmers.

③ **Das Eisenhower Office** in der oberen Etage ehrt den General für seine Verdienste während des Zweiten Weltkriegs.

④ **Kutschenweg**

Grundriss von Culzean Castle

Erste Etage
- Blauer Salon
- Langer Salon
- Lord Cassillis' Gemächer
- Lady Ailsas Boudoir
- Vorzimmer
- Runder Salon
- Ankleidezimmer
- Vordere Halle
- Familiengemächer
- Eingang
- Bibliothek
- Küche
- Speisesaal
- Spülküche
- Rüstkammer
- Ovales Treppenhaus
- Laden

Erdgeschoss

Hotels und Restaurants im schottischen Tiefland *siehe Seiten 572 und 600–602*

CULZEAN CASTLE | **527**

Rüstkammer
An den Wänden hängt eine weltberühmte Sammlung von Steinschlossgewehren, die britische Truppen zwischen 1730 und 1840 benutzten.

Infobox

Information
6 km westl. von Maybole.
(0131) 473 2000.
Schloss tägl. 10.30–17 Uhr (letzter Einlass 16 Uhr).
Park tägl. 9–Sonnenuntergang.
w nts.org.uk/property/Culzean-Castle-and-Country-Park

Anfahrt
Ayr, dann Bus.

Fountain Court
Der etwas tiefer liegende Park ist ein guter Ausgangspunkt für eine Besichtigungstour.

★ Salon
Restaurierte Möbel, originale Farbgebung und eine Kopie des von Adam selbst entworfenen runden Teppichs veranschaulichen den Adam-Stil, der nirgendwo besser zur Geltung kommt als in diesem Salon 46 Meter über dem Firth of Clyde.

★ Ovales Treppenhaus
Vom Tageslicht durch ein Dachfenster in Szene gesetzt: Die Säulengalerie im Treppenhaus gilt als eine der Meisterleistungen von Robert Adam.

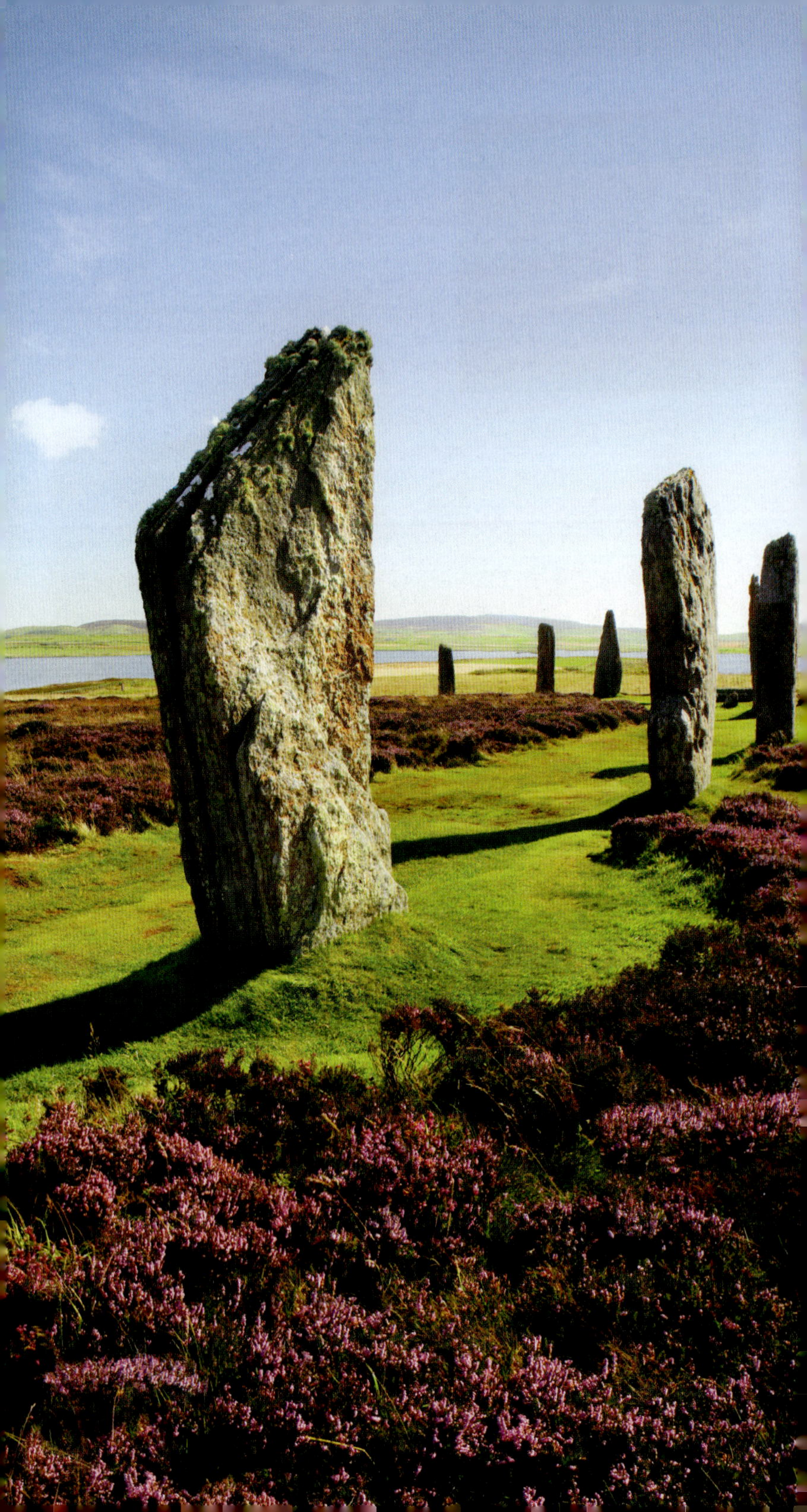

Highlands und Inseln

Aberdeenshire · Moray · Argyll and Bute · Perth and Kinross
Shetland · Orkney · Western Isles · Highlands · Angus

Mit Schottland verbindet man Clans und Kilts, Whisky und Porridge, Dudelsack und Heidekraut – kurz, die Highlands und ihre Bewohner. Hier verläuft das Leben in Traditionen. Die Gälisch sprechenden Viehzüchter hatten jahrhundertelang wenig mit ihren Nachbarn im Süden gemein. Die Spuren der »Highland Clearances« *(siehe S. 539)* ab 1792 sind bis heute noch an manchen verlassenen Orten sichtbar.

Spuren der nichtkeltischen Vorfahren der »Highlander« findet man überall in den Highlands und auf den Inseln: Steinkreise, Steintürme und Hügelgräber. Die Gälisch sprechenden Kelten wanderten Ende des 6. Jahrhunderts aus Irland ein, mit ihnen der Mönch Columban von Iona, der das Christentum verbreitete. Die Verbindung zu den Wikingern führte im 8./9. Jahrhundert zum Bau der St Magnus Cathedral auf den Orkney-Inseln.

Die Bewohner der Highlands waren über 1000 Jahre lang in Clans gegliedert. Ein Clan entsprach einer Großfamilie oder einem Stamm, dessen Mitglieder dem Chief Gehorsam und Loyalität entgegenbrachten. Erst nach 1746, nach dem gescheiterten Aufstand der Jakobiten unter Bonnie Prince Charlie *(siehe S. 535)*, wurden die Clans von England zerschlagen.

Im frühen 19. Jahrhundert setzte eine Verklärung der Clans ein, wofür auch der Schriftsteller Sir Walter Scott verantwortlich war. Königin Victoria förderte mit ihrer Leidenschaft für Balmoral den Trend, Landsitze in den Highlands zu erwerben. Hinter der Romantik verbargen sich allerdings harte wirtschaftliche Verhältnisse. Zahlreiche Menschen aus den Highlands wanderten in der Hoffnung auf ein besseres Leben nach Amerika aus.

Heute lebt in den Highlands über die Hälfte der Bevölkerung in Gemeinden mit weniger als 1000 Einwohnern. Doch zu Fischfang und Whisky-Herstellung sind Tourismus, Ölförderung, Windkraftwerke und das Potenzial von Meeresenergie hinzugekommen. Das Gezeitenkraftwerk im Pentland Firth an der Nordküste Schottlands ist bereits ans Netz gegangen.

Winterlicher Morgen über den Cairngorms, Heimat der einzigen Rentierherde Großbritanniens

◀ Der Steinkreis Ring of Brodgar auf Mainland, der größten der Orkney-Inseln *(siehe S. 532)*

Überblick: Highlands und Inseln

Die klassische Route in die Highlands führt im Tay-Tal durch Perthshire mit den Städtchen Dunkeld und Pitlochry. Weiter im Norden ragen die Gipfel der Cairngorms auf. Speyside ist ein Tal, das für seine vielen Whisky-Destillerien bekannt ist. Die Stadt Inverness, noch weiter im Norden, ist ein guter Ausgangspunkt für die Erkundung von Loch Ness und Umgebung. Eine beliebte Route führt am Great Glen entlang zum Loch Ness und nach Fort William, das Tor zum Ben Nevis und nach Glencoe.

Hochlandrind auf der Isle of Skye

In den schottischen Highlands und auf den Inseln unterwegs

Das Hochland lässt sich per Auto erkunden; die Straßen sind in gutem Zustand. Eine mautfreie Brücke führt zur Isle of Skye; zu den anderen Inseln verkehren Fähren. Mit dem Zug gelangt man bis nach Kyle of Lochalsh im Westen sowie Wick und Thurso im Norden. Von Edinburgh gibt es Flüge nach Inverness, Aberdeen und Wick.

Weitere Zeichenerklärungen siehe hintere Umschlagklappe

HIGHLANDS UND INSELN | **531**

Sehenswürdigkeiten auf einen Blick

1. Shetland Islands
2. Orkney Islands
3. John o'Groats
4. *Western Isles (Äußere Hebriden) S. 533*
5. *Isle of Skye S. 534f*
6. Five Sisters
7. Wester Ross
8. Dornoch
9. Strathpeffer
10. Black Isle
11. Loch Ness
12. Inverness
13. Culloden
14. Fort George
15. Cawdor Castle
16. Elgin
17. *Aberdeen S. 542–544*
18. Dunkeld
19. Pitlochry
20. Blair Castle
21. *Cairngorms S. 548f*
22. Glencoe
23. Oban
24. Isle of Mull
25. Loch Awe
26. Inveraray Castle
27. Auchindrain Museum
28. Crarae Gardens
29. Jura
30. Islay
31. Kintyre

Touren
- *Royal Deeside S. 544f*
- *Killiecrankie Walk S. 546*
- *Zu den Inselfähren S. 550f*

Legende
- Autobahn
- Schnellstraße
- Hauptstraße
- Nebenstraße
- Panoramastraße
- Eisenbahn (Hauptstrecke)
- Eisenbahn (Nebenstrecke)
- Gipfel

Häuser am Hafen von Tobermory auf der Isle of Mull

Hotels und Restaurants in den schottischen Highlands und auf den Inseln *siehe Seiten 572f und 602f*

❶ Shetland Islands

Shetland. **Karte** O2. 23 000. von Aberdeen und von Stromness auf Mainland, Orkney Islands. Lerwick, (01595) 989 898. shetland.org

Die über 100 Inseln im Norden gehörten wie die Orkney Islands bis 1469 zu Norwegen. In Lerwick, der größten Stadt, gedenkt man dieser norwegischen Vergangenheit alljährlich mit der alten Wintersonnwendfeier Up Helly Aa *(siehe S. 484)*, bei der ein Wikinger-Langboot in Brand gesteckt wird. Das **Shetland Museum** in Lerwick zeigt eine Ausstellung über die Lebensbedingungen der Menschen am Meer bis hin zu den Erdöl- und Erdgasbohrungen in den 1970er Jahren.

Mousa Broch, ein Steinfort aus der Eisenzeit, erreicht man per Boot von Sandwick aus. Die archäologische Stätte Jarlshof mit Museum gibt Auskunft über die 3000-jährige Geschichte der Ruinen.

Von Lerwick gelangt man zur Insel Noss, wo Robben und Vögel leben, die man am besten im Mai und Juni beobachten kann. Auch Otter und Orcas zählen zur Fauna.

Shetland Museum
Hay's Dock, Lerwick. (01595) 695 057. tägl. (So nur nachmittags). shetlandmuseumandarchives.org.uk

❷ Orkney Islands

Orkney. **Karte** N3. 21 000. von Gills Bay, Caithness; John o'Groats (Mai–Sep); Scrabster, Aberdeen. West Castle St, Kirkwall, (01856) 872 856. visitorkney.com

Die Fülle der prähistorischen Schätze macht die fruchtbaren Orkney-Inseln zu einer der interessantesten Ausgrabungsstätten Europas. In der Stadt Kirkwall befindet sich die aus Sandstein erbaute **St Magnus Cathedral** (12. Jh.), in der auch der Namenspatron der Kirche bestattet ist. Der nahe **Earl's Palace** (17. Jh.) gilt als einer der schönsten Renaissance-

Vögel der Shetland Islands

Millionen einheimische Vögel und Zugvögel kommen auf den Shetlands zusammen. Auf Fair Isle wurden mehr als 340 Arten durchziehender Vögel registriert. Über 20 Arten von Seevögeln brüten auf den Inseln. Die unzugänglichen Klippen von Noss und Hermaness auf Unst bieten einen sicheren Brutort für große Kolonien von Tölpeln, Trottellummen, Papageitauchern, Möwen, Eissturmvögeln und Tordalken. Zu den Arten, die fast nirgendwo sonst in Großbritannien zu finden sind, gehören die Große Raubmöwe und die Sturmschwalbe.

Papageitaucher

Tordalken

Große Raubmöwe

Gryllteiste

Eissturmvogel

bauten Schottlands. Westlich von Kirkwall liegt Großbritanniens imposantestes Steinzeitgrab **Maes Howe** (2000 v. Chr.). Die Runenzeichen auf den Wänden werden den 1150 von einer Kreuzfahrt zurückgekehrten Norwegern zugeschrieben.

Die **Standing Stones of Stenness** werden von Wissenschaftlern mit Maes Howe in Verbindung gebracht, bleiben jedoch ein Rätsel. Der westlich gelegene Steinkreis **Ring of Brodgar** geht auf die Bronzezeit zurück. In der Bucht von Skail liegen die Reste des Steinzeitdorfs **Skara Brae**. Es wurde 1850 durch einen Sturm freigelegt, nachdem es 4500 Jahre begraben war.

Die Stadt Stromness weiter südlich war im 18. Jahrhundert der wichtigste Hafen Schottlands für die Heringsfischerei.

Die normannische Fassade der St Magnus Cathedral, Kirkwall

Seine Geschichte kann man im Heimatmuseum erfahren. Das **Pier Arts Centre** zeigt Werke britischer und internationaler Künstler.

Earl's Palace
Palace Rd, Kirkwall. (01856) 721 205. tägl. teilweise. historicenvironment.scot

Pier Arts Centre
Victoria St, Stromness. (01856) 850 209. Di–Sa 10.30–17 Uhr. pierartscentre.com

❸ John o'Groats

Highland. **Karte** K1. 300. Wick. von John o'Groats nach Burwick, Orkney (Mai–Sep). Thurso, (01847) 893 155.

Rund 1400 Kilometer nördlich von Land's End liegt das nach dem Fährmann Jan de Groot benannte Dorf gegenüber den Orkney Islands am Pentland Firth. Der Niederländer soll hier im 15. Jahrhundert ein achteckiges Haus mit acht Eingängen gebaut und darin einen achteckigen Tisch aufgestellt haben, damit alle seine Söhne gleichgestellt waren.

Die spektakulären Klippen und Felsformationen von Duncansby Head liegen nur wenige Kilometer weiter östlich.

Hotels und Restaurants in den schottischen Highlands und auf den Inseln siehe Seiten 572f und 602f

Western Isles (Äußere Hebriden)

Die Inseln der Äußeren Hebriden sind aus den ältesten Gesteinen der Erde aufgebaut. Unzählige Wasserwege durchziehen die fast baumlose Landschaft, die im Westen in breite weiße Sandstrände übergeht. Die Torfmoore an der Ostküste haben die Inselbewohner jahrhundertelang mit Brennstoff versorgt. Seit 6000 Jahren sind die Inseln bewohnt. Unter welch rauen Bedingungen die Bewohner, die von der See und den Torfvorkommen lebten, hier ihr Dasein fristeten, verdeutlicht eine verlassene norwegische Walfangstation. Auf den Western Isles wird auch heute noch Gälisch gesprochen.

Blackhouse, einst ein schlichtes Wohnhaus auf Lewis

Die Standing Stones of Callanish im Nordwesten von Lewis

Lewis und Harris
Western Isles. Karte E3–F1. 21 000. Stornoway. Uig (Skye), Ullapool. Stornoway, Lewis, (01851) 703 088. visithebrides.com
Blackhouse (01851) 710 395. Apr–Sep: tägl. 9.30–17.30 Uhr; Okt–März: 10–16 Uhr.

Obwohl die beiden Teile der größten Insel der Western Isles eine Einheit bilden, zieht sich eine imaginäre Linie durch die Insel, die an den unterschiedlichen gälischen Dialekten erkennbar ist.

Vom geschäftigen Hafenort **Stornoway** sind die prähistorischen **Standing Stones of Callanish** nur 26 Kilometer entfernt. Auf dem Weg dorthin kommt man an **Carloway Broch** vorbei, einem mehr als 2000 Jahre alten Hügelfort der Pikten *(siehe S. 486)*. Die jüngere Vergangenheit zeigt sich im **Blackhouse** von Arnol, einem Haus aus Stein, das noch bis vor 50 Jahren bewohnt war.

Südlich der Torfmoore von Lewis bildet ein Höhenzug die natürliche Grenze zu Harris. Die Berge, die den Munros (Erhebungen über 3000 feet = 914 m) auf dem Festland und der Isle of Skye *(siehe S. 534f)* an Schönheit kaum nachstehen, sind ein Wanderparadies. An klaren Tagen sieht man vom höchsten Gipfel bis zur etwa 80 Kilometer entfernten Insel St Kilda.

Der Fährhafen Tarbert liegt auf einer Landenge zwischen dem nördlichen und dem südlichen Harris. Einige der hiesigen Weber verwenden noch Pflanzen zum Färben ihres unverwüstlichen Harris-Tweeds.

Vom Hafen Leverburgh nahe der Südspitze von Harris erreicht man mit der Fähre die Insel North Uist. Von dort führt ein Damm nach Berneray.

North Uist, South Uist, Benbecula und Barra
Western Isles. Karte E3–4. 3600. Barra, Benbecula. Uig (Skye), Oban. Oban, Mallaig, Kyle of Lochalsh. Lochmaddy, North Uist, (01876) 500 321; Castlebay, Barra, (01871) 810 336.
visithebrides.com

Auf den ersten Blick wirken die flachen südlichen Inseln enttäuschend – ihre verborgene Schönheit enthüllen sie erst nach und nach: Breite, weiße Sandstrände gehen in den fruchtbaren kalkhaltigen Boden, *machair* genannt, über. Den Duft der Wildblumen im Sommer riecht man an manchen Tagen noch weit draußen auf See.

Von **Lochmaddy**, der größten Gemeinde von North Uist, führt die A867 auf einem fünf Kilometer langen Damm nach Benbecula. Von hier aus schmuggelte die tapfere Flora MacDonald Bonnie Prince Charlie *(siehe S. 535)* zur Isle of Skye. Ein weiterer Damm führt nach South Uist mit herrlichen Sandstränden. Von Lochboisdale gibt es eine Fährverbindung zur kleinen Insel Barra. Vom Fährhafen aus bietet sich ein unvergesslicher Blick auf **Kisimul Castle**, die alte Stammburg der MacNeils of Barra.

Die oft menschenleeren hellen Sandstrände von South Uist

Isle of Skye

Die größte Insel der Inneren Hebriden erreicht man über die Brücke, die Kyleakin und Kyle of Lochalsh verbindet. Einer turbulenten geologischen Entstehung verdankt die Isle of Skye ihre abwechslungsreiche und überaus reizvolle Landschaft. Von den zerklüfteten Vulkanplateaus des Nordens bis zu den schroffen Felsen von Cuillins im Süden prägen tiefe Buchten, die »sea lochs«, die Insel. Mehr als acht Kilometer ist man nie vom Meer entfernt. Im Süden geht die Landschaft über in grüne Weiden, auf denen Schafe und Rinder grasen. Hier stehen die alten Katen der Pächter, die während der »Highland Clearances« *(siehe S. 539)* vertrieben wurden. Bekannt wurde die Isle of Skye auch als Zufluchtsort von Bonnie Prince Charlie.

Dunvegan Castle
Seit über sieben Jahrhunderten ist das Schloss Stammsitz des MacLeod-Clans. Den kostbarsten Besitz stellt die Fairy Flag dar, ein Banner, das Zauberkräfte besitzen soll.

Cuillins
Großbritanniens schönste Bergkette liegt von Sligachan aus in Gehweite. Im Sommer gibt es Bootsverbindungen von Elgol zum Loch Coruisk. Bonnie Prince Charlie soll auf der Flucht durch das umliegende Moor ausgerufen haben: »Selbst der Teufel wird mir hierher nicht folgen!«

Außerdem

① Grab von Flora MacDonald

② Kilt Rock

③ **In Luib** steht eine strohgedeckte, 100 Jahre alte Kate.

④ Brücke zum Festland

⑤ **Otter** sieht man bisweilen im Hafen von Kylerhea.

⑥ **Im Armadale Castle Gardens and Museum of the Isles** liegt das Clan Donald Visitor Centre.

⑦ Loch Coruisk

⑧ **Aus der Talisker Distillery** kommt einer der besten Hochland-Whiskys, oft als »Lava der Cuillins« bezeichnet.

⑨ **In Skeabost** befindet sich die Ruine einer Kapelle des hl. Columban (nicht zu verwechseln mit dem jüngeren Columban von Luxeuil). Auf dem Friedhof stehen mittelalterliche Grabsteine.

Legende
— Hauptstraße
— Nebenstraße
— Andere Straße

Hotels und Restaurants in den schottischen Highlands und auf den Inseln *siehe Seiten 572f und 602f*

ISLE OF SKYE | **535**

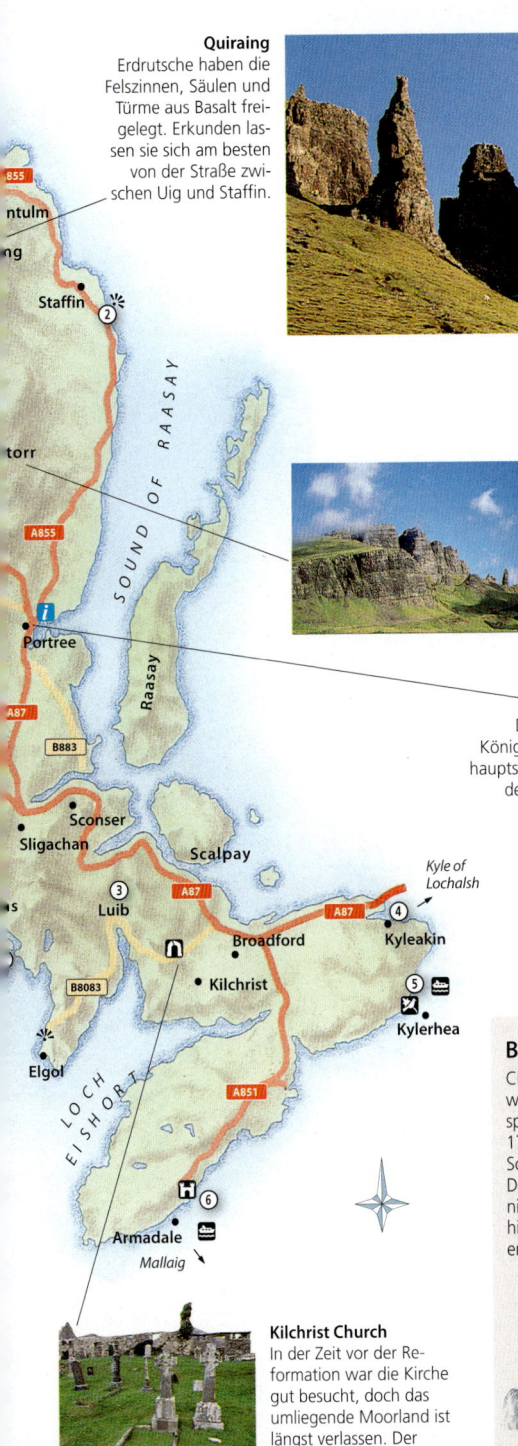

Quiraing
Erdrutsche haben die Felszinnen, Säulen und Türme aus Basalt freigelegt. Erkunden lassen sie sich am besten von der Straße zwischen Uig und Staffin.

Infobox

Information
Karte F4. 🏔 9000. 🛈 Bayfield House, Portree, (01478) 612 992. 🌐 visithighlands.com
Dunvegan Castle Dunvegan. 📞 (01470) 521 206. 🕐 Apr–Mitte Okt: tägl. 📷 ♿ teilweise. 🌐 dunvegancastle.com
Armadale Castle Armadale. 📞 (01471) 844 305. 🕐 Apr–Okt: tägl. 📷 ♿ 🌐 clandonald.com
Talisker Distillery Carbost. 📞 (01478) 614 308. 🕐 tägl. (Nov–März: Mo–Fr). 📷 ♿ teilw.

Anfahrt
✈ Kyle of Lochalsh. 🚌 Portree. ⛴ von Mallaig oder Glenelg.

Storr
Der bizarre Basaltmonolith wird »The Old Man of Storr« genannt und ragt rund 50 Meter auf.

Portree
Der »Hafen des Königs« ist die Inselhauptstadt. Sie erhielt den Namen nach einem Besuch von James V. im Jahr 1540.

Bonnie Prince Charlie
Charles Edward Stuart (1720–1788) war der Letzte seiner Familie, der Anspruch auf die englische Krone erhob. 1745 kam er von Frankreich nach Schottland. Sein Heer marschierte bis Derby, wurde jedoch bei Culloden vernichtend geschlagen. Fünf Monate lang hielt er sich im Hochland versteckt, bis er, als Zofe von Flora MacDonald verkleidet, von Uist auf die Isle of Skye fliehen konnte. Im September 1746 segelte er nach Frankreich zurück. 1788 starb er in Rom. Flora MacDonald wurde 1790 in Kilmuir auf Skye im Betttuch des »bonnie« (hübschen) Prinzen bestattet.

Der als Zofe verkleidete Prinz

Kilchrist Church
In der Zeit vor der Reformation war die Kirche gut besucht, doch das umliegende Moorland ist längst verlassen. Der letzte Gottesdienst fand im Jahr 1843 statt.

▶ Landzunge mit Leuchtturm an der Westküste der Isle of Skye

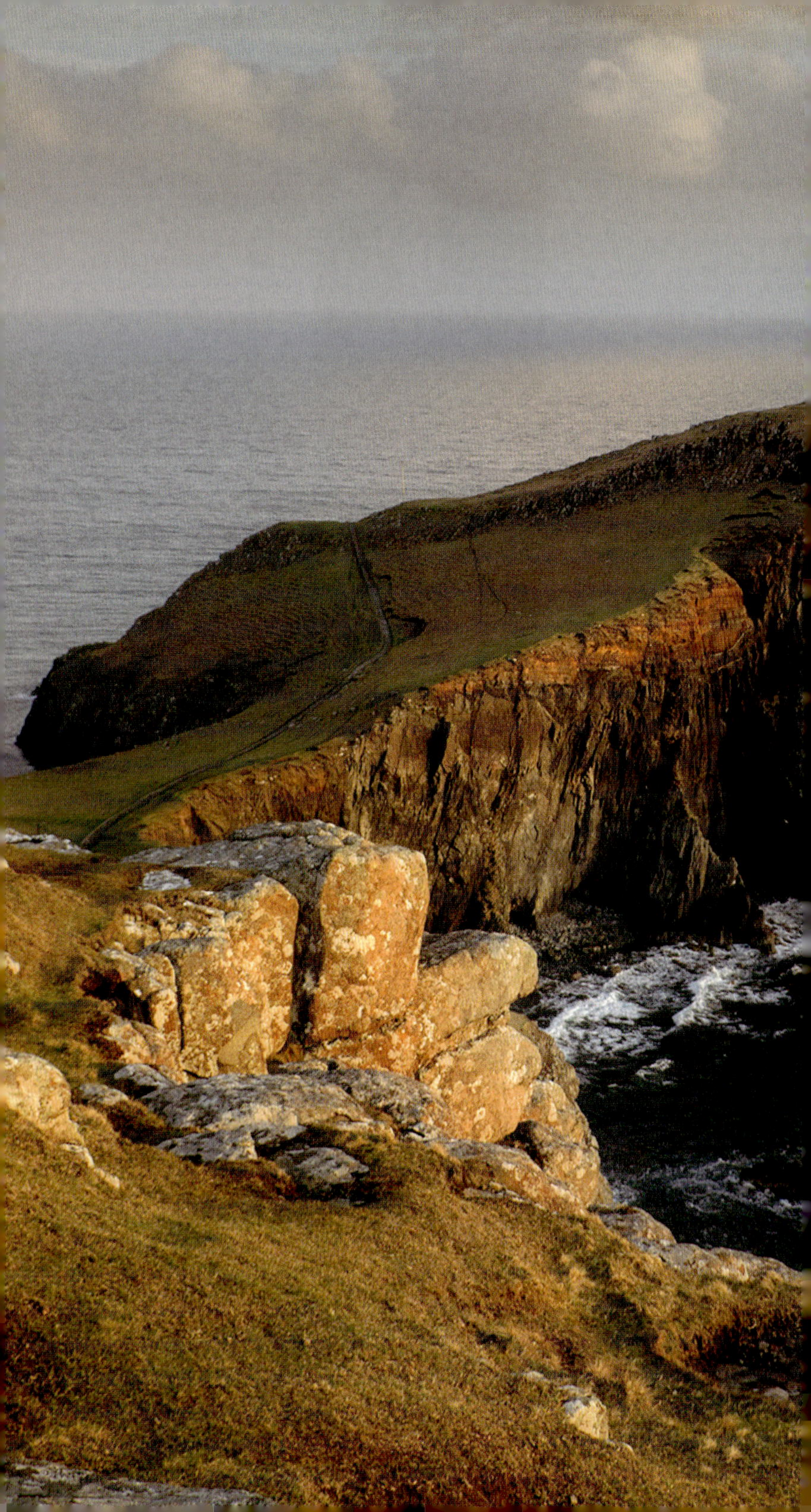

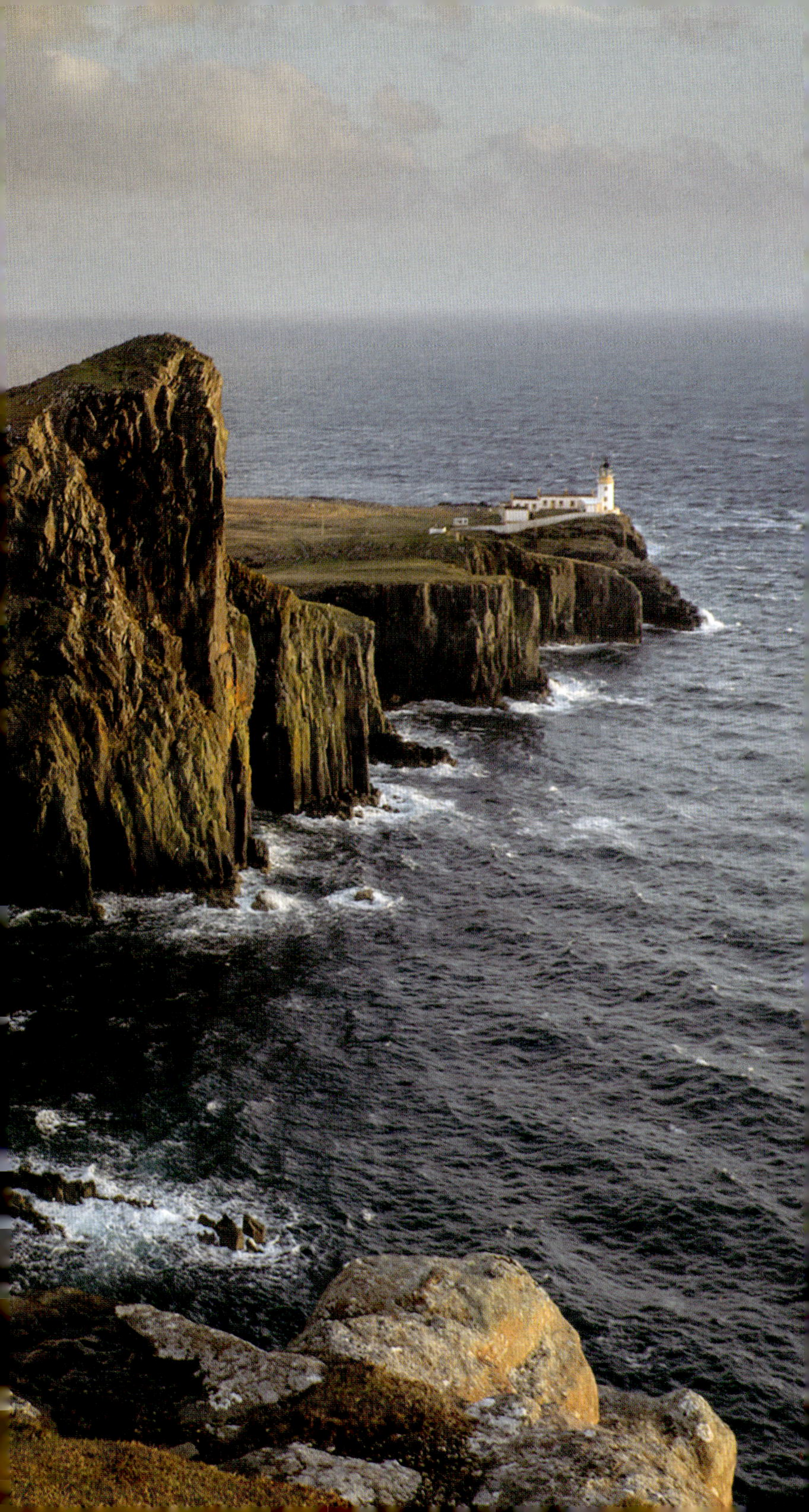

Blick von Glen Shiel auf die Ostseite der Five Sisters of Kintail

❻ Five Sisters

Skye und Lochalsh. **Karte** G4.
🚂 Kyle of Lochalsh. 🚌 Glen Shiel.
🛈 Bayfield Road, Portree, Isle of Skye, (01478) 612 992.
w visithighlands.com

Am Ende der A87 kommen am nördlichen Ufer des Loch Cluanie die Gipfel der Five Sisters of Kintail in Sicht. Das Besucherzentrum in Morvich bietet im Sommer geführte Bergtouren an. Weiter westlich führt die Straße an **Eilean Donan Castle** vorbei, das durch eine Brücke mit dem Festland verbunden ist. Die Feste der Jakobiten *(siehe S. 541)* wurde 1719 von englischen Kriegsschiffen zerstört. Die Burg zeigt Memorabilien aus dieser Zeit.

🏰 Eilean Donan Castle
An der A87 nahe Dornie. 📞 (01599) 555 202. 🕐 Feb–Dez: tägl. 10–16 Uhr (März–Okt: bis 18 Uhr).
🅿 w eileandonancastle.com

❼ Wester Ross

Ross and Cromarty. **Karte** G3.
🚂 Achnasheen, Strathcarron.
🛈 Ullapool, (01854) 612 486.
w visithighlands.com

Wer Loch Carron hinter sich lässt und auf der A890 nach Norden fährt, taucht bald in die große Wildnis von Wester Ross ein. Das Torridon-Massiv besitzt einige der ältesten Berge der Welt (das Gestein ist über 600 Millionen Jahre alt).

Hier leben Rothirsche, Wildkatzen und Wildziegen. Wanderfalken und Adler brüten auf den Sandsteinmassen des Liathach über dem Dorf Torridon, von wo sich ein Blick über Applecross bis zur Isle of Skye bietet. Das **Torridon Countryside Centre** veranstaltet in der Saison Führungen und informiert über die Region.

Im Norden führt die A832 durch das 600 Hektar große Beinn Eighe National Nature Reserve. Hier sind am Ufer des Loch Maree Überreste uralter Fichtenwälder zu sehen.

Entlang der Küste entstanden in dem milden, vom Golfstrom begünstigten Klima exotische Park- und Gartenanlagen. Zu den schönsten gehört der 1862 von Osgood Mackenzie (1842–1922) angelegte **Inverewe Garden**. Im Mai und Juni blickt man über ein Meer von Rhododendren und Azaleen. Im Juli und August gibt es duftende Kräuter.

Typische Szenerie im Torridon-Massiv von Wester Ross

🏛 Torridon Countryside Centre
Torridon. 📞 (01445) 791 221.
🕐 Apr–Sep: So–Fr 10–17 Uhr.
Anwesen 🕐 tägl. 🅿 ♿ NTS
w nts.org.uk

❀ Inverewe Garden
An der A832 bei Poolewe.
📞 (01445) 712 952. 🕐 tägl.
🅿 ♿ NTS w nts.org.uk

❽ Dornoch

Sutherland. **Karte** J3. 👥 1200.
🚂 Golspie, Tain. 🛈 Castle Wynd, Inverness, (01463) 252 401.
w visithighlands.com

Seine Golfplätze und Sandstrände machen Dornoch zum beliebten Ferienort, der dennoch beschaulich geblieben ist. Die mittelalterliche Kathedrale, die 1570 bei einem Clan-Streit fast vollständig zerstört wurde, ist heute Pfarrkirche des Orts, nachdem sie um 1920 restauriert wurde. Ein Stein am Ende der River Street markiert die Stelle, an der Janet Horne 1722 als letzte schottische Hexe ermordet wurde.

Umgebung: 19 Kilometer nordöstlich von Dornoch steht in einem herrlichen Park mit formal angelegten Gärten und Blick aufs Meer **Dunrobin Castle** – seit dem 13. Jahrhundert Stammsitz der Earls of Sutherland. Es wird noch bewohnt, doch viele Räume sind zu besichtigen.

Im Süden liegt der Ort **Tain**. Im Mittelalter war er eine Pilgerstätte, Mitte des 19. Jahrhunderts entwickelte er sich zum Zentrum der berüchtigten »Highland Clearances«. Das Rathaus diente in dieser Zeit als Gefängnis. Das Zentrum **Tain Through Time** stellt mit Objekten, Fotos und Dokumenten die Geschichte von Tain anschaulich dar.

Dunrobin Castle
Bei Golspie. (01408) 633 177. Apr, Mai, Sep, Okt: tägl. 10.30–16.30 Uhr (So ab 12 Uhr); Juni–Aug: tägl. 10.30–17 Uhr. **Falkner-Vorführungen** 11.30, 14 Uhr.
dunrobincastle.co.uk

Tain Through Time
Tower St. (01862) 894 089. Apr–Okt: Mo–Fr 10–17 Uhr (Juni–Aug: auch Sa).
tainmuseum.org.uk

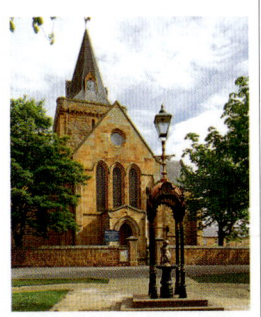

Der Kirchhof der einstigen Kathedrale in Dornoch

❾ Strathpeffer

Ross and Cromarty. **Karte H3.** 1500. Dingwall, Inverness. Inverness. Castle Wynd, Inverness, (01463) 252 401.
visitscotland.com

Acht Kilometer östlich der Falls of Rogie und im Osten der Northwest Highlands liegt dieses Erholungszentrum. Es besitzt noch den Charme des viktorianischen Kurorts, der es einst war. Große Hotels und elegante Promenaden erinnern an die Zeit, als Mitglieder des Hochadels aus ganz Europa zu den Heilquellen pilgerten.

Heute ist die größte Attraktion von Strathpeffer am Samstagabend zu sehen: Von Mai bis September treten dann um 20.30 Uhr eine Dudelsack-Gruppe und Tänzer auf.

Die Küste der Black Isle am Moray Firth

❿ Black Isle

Ross and Cromarty. **Karte J3.** Inverness. Castle Wynd, Inverness, (01463) 252 401.

Die Bohrtürme in der Bucht von Cromarty erinnern daran, dass sich die wirtschaftlichen Verhältnisse verändert haben, doch hier sieht man vor allem Ackerland und Fischerdörfer. **Cromarty** war im 18. Jahrhundert Zentrum der Seil- und Spitzenherstellung. Viele alte Häuser stehen noch. Im **Cromarty Courthouse** werden Führungen durch den Ort angeboten. Das **Hugh Miller Museum** widmet sich dem Geologen Hugh Miller (1802–1856), der hier zur Welt kam.

In **Fortrose** steht die Ruine einer Kirche (14. Jh.). Am Chanonry Point erinnert ein Stein an den Seher, den im 17. Jahrhundert die Countess of Seaforth bei lebendigem Leib verbrennen ließ, weil er die Untreue ihres Gemahls vorausgesagt hatte. Chanonry Point ist ein guter Ort, um Delfine zu sichten. Das **Groam House Museum** zeigt Funde der Kelten und Pikten.

Cromarty Courthouse
Church St, Cromarty. (01381) 600 418. Apr–Sep: So–Do 12–16 Uhr. cromartycourthouse.org.uk

Hugh Miller Museum
Church St, Cromarty. (01381) 600 245. Mitte Apr–Sep: tägl.; Okt: Di, Do, Fr. teilweise. NTS

Groam House Museum
High St, Rosemarkie. (01463) 811 883. Jan–März: Fr–So nachmittags; Apr–Okt: tägl.

»Highland Clearances«

In der Blütezeit der Clans *(siehe S. 488f)* »bezahlten« Landpächter ihre Chiefs, indem sie Militärdienste leisteten. Nach der Zerstörung der Clans in der Schlacht von Culloden *(siehe S. 541)* sollten sie die Pacht in Geld aufbringen. Viele Güter wurden von englischen Besitzern übernommen. 1792 (das später als »Jahr des Schafs« in die Geschichte einging) vertrieben sie Tausende Pächter oft gewaltsam aus ihren Häusern. Die Ländereien wurden zur Schafzucht genutzt, die als profitabler galt. Viele Highlander wanderten nach Amerika oder Australien aus. In Sutherland und Wester Ross stößt man auf Überreste ihrer Katen.

The Last of the Clan (1865), Thomas Faed

Die Ruine von Urquhart Castle am Westufer von Loch Ness

⓫ Loch Ness

Inverness. **Karte H4.** Inverness. *i* Castle Wynd, Inverness, (01463) 252 401. **w** visitscotland.com **w** visitlochness.com

Der 37 Kilometer lange und 230 Meter tiefe Loch Ness füllt die nördliche Hälfte des Great Glen, des großen Grabens, der die Highlands von Fort William bis Inverness durchzieht. Durch einen 22 Kilometer langen, von Thomas Telford *(siehe S. 451)* gebauten Kanal ist der See mit Loch Oich und Loch Lochy verbunden. Am Westufer führt die Straße an der Ruine von **Urquhart Castle** vorbei, das 1692 von Regierungstreuen zerstört wurde. Sie wollten verhindern, dass es in die Hände der Jakobiten fiel. **Loch Ness Centre and Exhibition** informiert über Fakten vom See und Fakes über Nessie.

Das Ungeheuer von Loch Ness

Das bereits im 6. Jahrhundert gesichtete Wesen namens »Nessie« hat immer wieder die Gemüter bewegt, vor allem, als ab den 1930er Jahren Fotos veröffentlicht wurden. Das berühmte Bild von 1934 hat sich als Fälschung erwiesen. Leider konnte man auch mit moderner Sonartechnik Nessie nicht orten. Das Ungeheuer scheint noch einen Verwandten im Loch Morar zu haben *(siehe S. 550).*

🏰 **Urquhart Castle**
Bei Drumnadrochit.
((01456) 450 551.
○ tägl. 9.30–18 Uhr
(Okt–März: bis 16.30).
w historicenvironment.scot

🏛 **Loch Ness Centre and Exhibition**
Drumnadrochit. **(**(01456) 450 573. **○** Ostern–Okt: tägl. 9.30–17 Uhr; Nov–Ostern: tägl. 10–15.30 Uhr.
w lochness.com

⓬ Inverness

Highland. **Karte J3.** 🚶 47 000. *i* Castle Wynd, (01463) 252 401. **w** visitscotland.com

Die wichtigste Stadt des Hochlands ist der beste Ausgangspunkt für die Erkundung der Umgebung. Über dem Stadtzentrum, dessen älteste Häuser in der Church Street zu finden sind, thront das viktorianische Schloss, das heute als Gerichtsgebäude dient. Das **Inverness Museum and Art Gallery** informiert über die Geschichte der Highlands. Zu sehen sind u. a. eine Haarlocke von Bonnie Prince Charlie *(siehe S. 535)* und Silberwaren aus Inverness.

Im **Scottish Kiltmaker Visitor Centre** erfährt man alles über die Tradition des schottischen Kilts. Es werden auch Workshops angeboten. Wer auf der Suche nach Tartans und entsprechender Wolle ist, ist bei **Ben Wyvis Kilts** richtig. **Jacobite Cruises** bieten Bootstouren auf dem Caledonian Canal bis zum Loch Ness an.

Kiltschneider mit königlichem Stuart-Tartan

🏛 **Inverness Museum and Art Gallery**
Castle Wynd. **(** (01463) 237 114.
○ Di–Sa 10–17 Uhr (Nov–März: Di–Do nachm.). **w** inverness.highland.museum

🏛 **Scottish Kiltmaker Visitor Centre**
Huntly St. **(** (01463) 222 781.
○ tägl. **●** 1. Jan, 25. Dez.
w highlandhouseoffraser.com

🏪 **Ben Wyvis Kilts**
Highland Rail House, Station Square.
((01463) 715 448. **○** tägl.
w benwyviskilts.co.uk

Jacobite Cruises
Glenurquhart Road. **(** (01463) 233 999. **○** tägl.
w jacobite.co.uk

Hotels und Restaurants in den schottischen Highlands und auf den Inseln siehe Seiten 572f und 602f

… HIGHLANDS UND INSELN | **541**

⓭ Culloden

Inverness. **Karte** J3. 🚉 Inverness. 📞 0844 493 2100. NTS
🌐 nts.org.uk/culloden

Das Moorland sieht noch wie am 16. April 1746 aus, als hier die letzte Schlacht auf britischem Boden stattfand *(siehe S. 487)*. Soldaten besiegten unter dem Duke of Cumberland die Jakobiten unter Bonnie Prince Charlie *(siehe S. 535)* endgültig. Das exzellente **NTS Visitor Centre** bietet dazu Informationen.

Umgebung: Etwa 1,5 Kilometer östlich liegen die **Clava Cairns**, eine Begräbnisstätte aus der Jungsteinzeit.

🛈 NTS Visitor Centre
An der B9006 östlich von Inverness. 📞 (01463) 796 090. 🕘 Apr–Okt: tägl. 9–17.30 Uhr; Nov, Dez, Feb, März: tägl. 10–16 Uhr. ⛔ 24. Dez–1. Feb. 🅿️ ♿ NTS 🌐 nts.org.uk

⓮ Fort George

Inverness. **Karte** J3. 📞 (01667) 460 232. 🚉 Inverness, Nairn. 🕘 Apr–Sep: tägl. 9.30–17.30 Uhr (Okt–März: bis 16.30 Uhr). ⛔ 25., 26. Dez. 🅿️ ♿ 📷
🌐 historicenvironment.scot

Die architektonisch herausragende Militärfestung befindet sich in idealer Lage auf der windgeschützten Halbinsel am Moray Firth. Das 1769 zur Unterdrückung weiterer Hochland-Aufstände errichtete Fort wird noch heute als Militärgarnison genutzt. Außerdem beherbergt es das **Regimental Museum of the Highlanders**.

Die Schlacht von Culloden von D. Campbell (1746)

Jakobiten

Die ersten Jakobiten (hauptsächlich katholische Highlander) unterstützten James II von England (James VII von Schottland), der im Zuge der »Glorreichen Revolution« 1688 *(siehe S. 57)* abgesetzt wurde. Unter der Herrschaft des Protestanten Wilhelm von Oranien versuchten die Jakobiten zweimal, 1715 und 1745, den Stuarts wieder an die Macht zu verhelfen. Der erste Versuch endete mit der Schlacht von Sherrifmuir (1715), der zweite mit der Niederlage im Moor von Culloden. Letztere führte zum Niedergang der Clans und zur Unterdrückung der Kultur der Highlands für über ein Jahrhundert *(siehe S. 488)*.

James II von Samuel Cooper (1609–1672)

Die Zugbrücke auf der Ostseite von Cawdor Castle

Einige der Kasernen wurden rekonstruiert. Sie bringen den Besuchern das Soldatenleben vor 200 Jahren näher. Das **Grand Magazine** zeigt eine sehr gute Sammlung von Waffen und Ausrüstung.

Für diejenigen, die an Militärischem weniger interessiert sind: Vom Fort aus bietet sich auch eine herrliche Aussicht auf den Moray Firth – hier kann man nicht selten Delfine sichten.

⓯ Cawdor Castle

An der B9090, nahe A96. **Karte** J3. 📞 (01667) 404 401. 🚉 Nairn, dann Bus. 🚌 von Inverness. 🕘 Mai–Sep: tägl. 10–17.30 Uhr. ♿ nur Garten und Erdgeschoss. 📷
🌐 cawdorcastle.com

Ein mächtiger Wohnturm mit Türmchen, der Burggraben und die Zugbrücke machen Cawdor Castle zum romantischen Anblick. William Shakespeare wählte in seinem Drama **Macbeth** (um 1606) diese Burg als Schauplatz für die Ermordung King Duncans durch Macbeth – leider fehlt jeder Beweis, dass die beiden schottischen Könige sich hier überhaupt jemals aufhielten.

Unter der Stechpalme im unteren Gewölbe soll der Sage nach 1372 der mit Gold beladene Esel von Thane William Rast gemacht haben, als sein Besitzer auf der Suche nach einem Platz für seine künftige Burg war. Seine Nachfahren bewohnen sie nun seit über 600 Jahren.

Im Inneren gibt es Wandteppiche und Gemälde von Joshua Reynolds (1723–1792) und George Romney (1734–1802). Das Mobiliar stammt z. T. von berühmten Künstlern wie Chippendale und Sheraton. Der riesige viktorianische Herd in der alten Küche erinnert an die mühsame Arbeit des damaligen Personals.

Das weitläufige Gelände um die Burg bietet herrliche Spazier- und Wanderwege sowie einen Neun-Loch-Golfplatz.

⑯ Elgin

Moray. Karte K3. 23 000.
i Castle Wynd, Inverness, (01463) 252 401. **w** elgintourist.com

Wie im Mittelalter muten der gepflasterte Marktplatz und die engen Gassen an. Von der **Kathedrale** (13. Jh.), deren Rundbogenfenster an die Kathedrale von St Andrews *(siehe S. 503)* erinnern, ist nur eine Ruine übrig geblieben. Zum ersten Mal beschädigt wurde die Kathedrale 1390 durch einen Racheakt von Wolf of Badenoch für seine Exkommunikation durch den Bischof von Moray, zum zweiten Mal 1576, als das Dach abgetragen wurde und das Kircheninnere den Naturgewalten ausgesetzt war. Im ehemaligen Kirchenschiff ist ein Pikten-Stein zu sehen, in der Ecke ein Weihwasserbecken, über dem einer der Wohltäter der Stadt, Andrew Anderson, getauft wurde. In den **Biblical Gardens** wachsen alle 110 in der Bibel erwähnten Pflanzenarten. Das **Elgin Museum** zeigt archäologische und geologische Funde, das **Moray Motor Museum** über 40 Oldtimer.

🏛 Elgin Museum
1 High St. (01343) 543 675.
Apr–Okt: Mo–Fr 10–17, Sa 11–16 Uhr. teilweise.
w elginmuseum.org.uk

🏛 Moray Motor Museum
Bridge St, Bishopmill. (01343) 544 933. Apr–Okt: tägl. 11–17 Uhr.
w moraymotormuseum.org

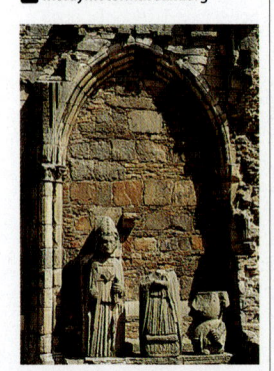

Skulpturen am Vierungsturm der Kathedrale von Elgin

⑰ Aberdeen

Aberdeen, Schottlands drittgrößte Stadt, ist seit 1970 Zentrum der Nordsee-Ölindustrie. Die Arbeitslosenquote liegt bei unter vier Prozent, das durchschnittliche Jahreseinkommen deutlich über dem britischen Durchschnitt. Die vielen Granitbauten verleihen der Stadt ein strenges Aussehen, das jedoch durch Blumenpracht gemildert wird. Die Duthie Park Winter Gardens gehören zu den größten Wintergärten Europas. Von Footdee am anderen Ende des drei Kilometer langen Strands hat man einen schönen Blick auf den Hafen.

Die Kirchtürme von Aberdeen, vom Hafen aus gesehen

Überblick: Aberdeen
Das Stadtzentrum erstreckt sich zu beiden Seiten der Union Street bis zum Mercat Cross. Das Marktkreuz ziert Castlegate. Auf dem Platz stand einst das Schloss, das 1308 zerstört wurde. Die kopfsteingepflasterte Shiprow führt in südlicher Richtung vorbei am Provost Ross's House *(siehe S. 544)* zum Hafen und Fischmarkt. Old Aberdeen, der mittelalterliche Stadtteil, dessen Gassen für Autos weitgehend gesperrt sind, liegt 1,5 Kilometer nördlich. Man kann mit dem Bus hinfahren.

🏛 Aberdeen Art Gallery
Schoolhill. 03000 200 293. Di–Sa 10–17, So 13–16 Uhr.
25. Dez–2. Jan.
w aagm.co.uk

Das im Jahr 1884 im klassizistischen Stil erbaute Kunstmuseum enthält zahlreiche interessante Sammlungen, darunter mehrere zur zeitgenössischen Kunst. Im Erdgeschoss sehen Besucher u. a. Silberarbeiten aus Aberdeen und eine Videopräsentation. In der Gemäldesammlung (18.–20. Jh.) hängen u. a. Werke von Toulouse-Lautrec, Raeburn, Reynolds, Hogarth und Zoffany.

Mehrere Kunstwerke wurden 1900 von dem Aberdeener Granithändler Alex Macdonald gestiftet, der zahlreiche Gemälde, darunter auch 92 Selbstporträts britischer Künstler, selbst in Auftrag gegeben hatte. Literaturlesungen, Konzerte und Filmvorführungen runden das Angebot ab.

🏛 St Nicholas Kirk
Union St. (01224) 643 494.
Mo–Fr 12–16 Uhr.
w kirk-of-st-nicholas.org.uk

Die im 12. Jahrhundert gegründete und 1752 teilweise neu errichtete Kirche ist Schottlands größte Pfarrkirche. Nach schweren Beschädigungen während der Reformation wurde sie zweigeteilt. In der Kapelle im Ostteil sind noch die Eisenringe zu sehen, an die im 17. Jahrhundert vermeintliche Hexen gekettet wurden. In der Westkirche finden sich schöne bestickte Paneeltafeln von Mary Jameson (1597–1644).

Silberkanne in der Aberdeen Art Gallery

Hotels und Restaurants in den schottischen Highlands und auf den Inseln siehe Seiten 572f und 602f

ABERDEEN | 543

Provost Skene's House
Guestrow, zw. Broad Street und Flourmill Lane. (01224) 641 086. wg. Restaurierung; Wiedereröffnung siehe Website. aagm.co.uk

In dem 1545 erbauten Haus, das im 17. Jahrhundert der Wohnsitz des Bürgermeisters (provost) George Skene war, sind viele Räume mit Originalmöblierung erhalten. Außerdem gibt es Ausstellungen mit Mode aus früheren Jahrhunderten zu sehen.

Infobox

Information
City of Aberdeen. **Karte** L4.
230 000. 23 Union St, (01224) 269 180.
aberdeen-grampian.com
visitbdn.com

Anfahrt
Guild St.

Im Salon aus dem 18. Jahrhundert nahm die Familie den Tee ein.

Das Regency-Zimmer veranschaulicht die Eleganz des 19. Jahrhunderts.

In der Galerie kann man die bemalte Decke und Wandmalereien aus dem 17. Jahrhundert bewundern. Es sind ungewöhnliche religiöse Motive von einem unbekannten Künstler.

Die Great Hall aus dem 17. Jahrhundert enthält schweres Eichenmobiliar. Über dem Kamin ist das holzgeschnitzte Wappen des Hauses zu sehen.

Das klassische georgianische Speisezimmer hat noch den originalen Fliesenboden aus dem 16. Jahrhundert.

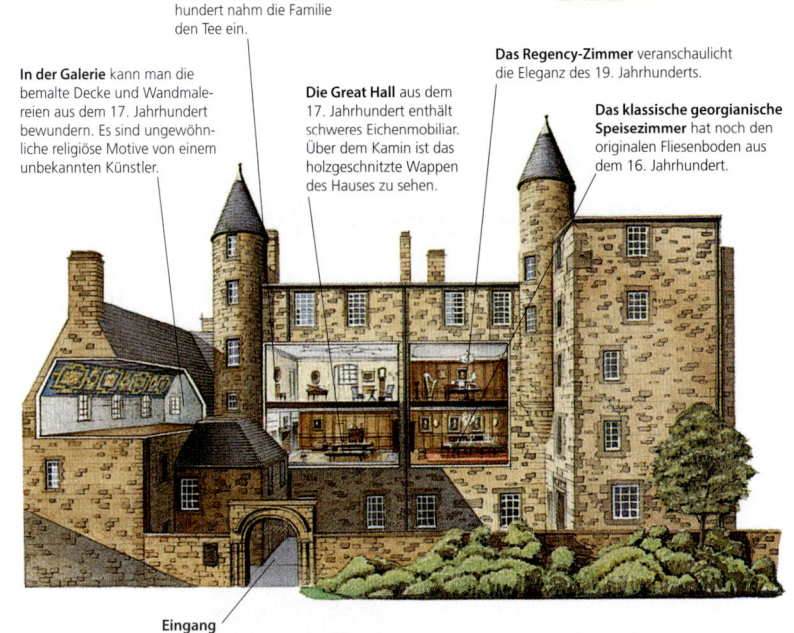

Eingang

Zentrum von Aberdeen
① Aberdeen Art Gallery
② St Nicholas Kirk
③ Provost Skene's House
④ St Andrew's Cathedral
⑤ Mercat Cross
⑥ Maritime Museum

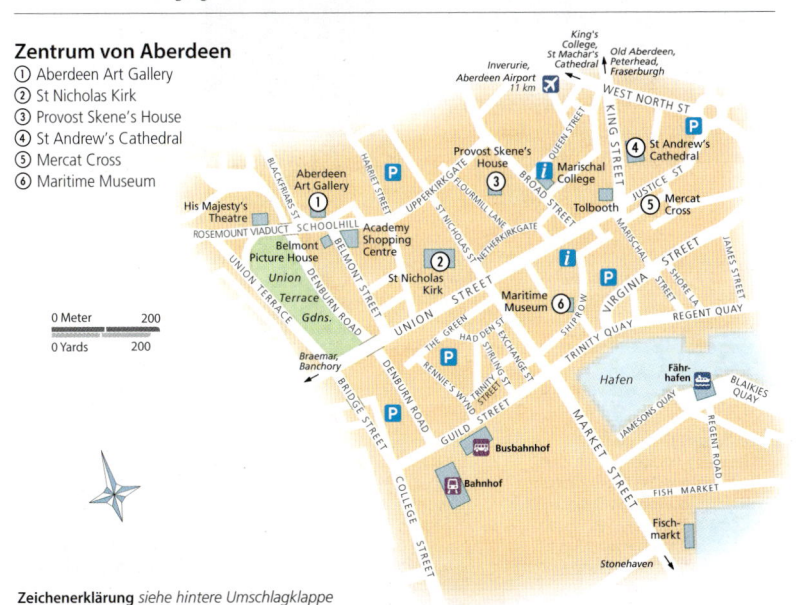

Zeichenerklärung siehe hintere Umschlagklappe

🏛 St Andrew's Cathedral
King St. ☎ (01224) 640 119.
🕐 Mitte Juni–Anfang Sep: Di–Fr 11–16 Uhr. 📷 nach Vereinb. ♿

In der Mutterkirche der episkopalischen Gemeinde Amerikas steht ein Denkmal für Samuel Seabury, den ersten episkopalischen Bischof der USA, der 1784 in Aberdeen zum Priester geweiht wurde. Wappen bilden einen farbigen Kontrast zu den weißen Wänden und Pfeilern – die Wappen stammen von den amerikanischen Bundesstaaten und lokalen Jakobiten-Familien *(siehe S. 541)*.

🏛 Maritime Museum
Shiprow. ☎ (01224) 337 700.
🕐 Mo–Sa 10–17, So 12–15 Uhr.
♿ 📷 🌐 aagm.co.uk

Die Ausstellung über die Seefahrt und Aberdeens maritime Lage ist in Provost Ross's House (1593), einem der ältesten Wohngebäude der Stadt, untergebracht. Mit zahlreichen Modellen – von Werften über Wracks bis zu modernen Ölbohrtürmen – vermitteln die Exponate einen Überblick.

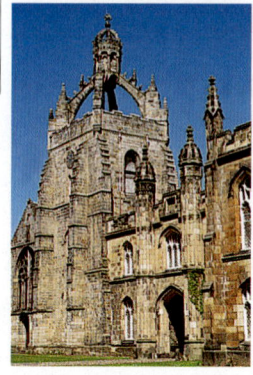

Der mit Laterne und Krone verzierte Turm der Kapelle des King's College

🏛 King's College
College Bounds, Old Aberdeen.
☎ (01224) 272 137. **Kapelle**
🕐 Mo–Fr 10–15.30 Uhr. ♿

Das King's College wurde 1495 als erste Universität der Stadt gegründet. Die im Lauf der Zeit mal katholische, mal protestantische mittelalterliche Kapelle besitzt einen Turmaufsatz mit großer Laterne und mit Steinkrone, der 1633 erneuert wurde. Bleiglasfenster von Douglas Strachan verleihen dem Innenraum mit einer Kanzel von 1540, an der die Köpfe von Stuart-Königen porträtiert sind, einen modernen Touch.

🏛 St Machar's Cathedral
The Chanonry. ☎ (01224) 485 988.
🕐 tägl. 9–17 Uhr (Winter: 10–16 Uhr). ♿

Der Kirchenbau inmitten von Old Aberdeen stammt aus dem 15. Jahrhundert und ist damit das älteste Granitbauwerk der Stadt. Teile stammen sogar aus dem 14. Jahrhundert. Die heutige Pfarrkirche besitzt eine sehr schön gearbeitete Eichendecke, auf der die Wappen von 48 Päpsten, Kaisern und Königen zu sehen sind.

🔴 Tour: Royal Deeside

Deeside ist das Tal des Flusses Dee, an dem Königin Victoria 1852 Balmoral Castle erwarb. Seither verbringen die Mitglieder des Königshauses ihre Sommerferien hier. Die Verbindungen zum Königshaus bestehen schon seit Robert the Bruce *(siehe S. 486)*. Die Tour führt durch die Grampians am Fluss entlang, der früher zu den lachsreichsten Gewässern zählte.

④ Muir of Dinnet Nature Reserve
Das Informationszentrum an der A97 ist der ideale Ausgangspunkt für eine Erkundung dieses herrlichen Naturschutzgebiets, das sich nach der letzten Eiszeit gebildet hat.

⑥ Balmoral
Nachdem der Besitzer an einer Fischgräte erstickt war, kaufte Königin Victoria das Schloss 1852 für 30 000 Guineen. Es wurde auf Wunsch von Prinz Albert herrschaftlich umgebaut.

⑤ Ballater
In dem Städtchen Ballater gibt es fast nur »königliche« Läden. Berühmt geworden ist es im 19. Jahrhundert als Kurort. Sein Wasser sollte angeblich sogar Tuberkulose heilen.

Hotels und Restaurants in den schottischen Highlands und auf den Inseln *siehe Seiten 572f und 602f*

TOUR: ABERDEEN UND ROYAL DEESIDE | **545**

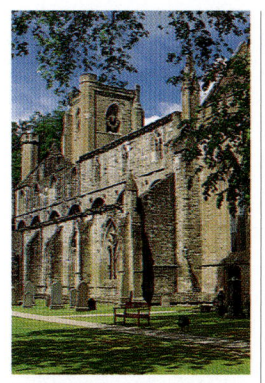

Ruine der Kathedrale von Dunkeld

⑲ Dunkeld

Perth and Kinross. Karte J5. 1200. Birnam. The Cross, (01350) 727 688. perthshire.co.uk

Das entzückende Dorf am Ufer des Tay wurde in der Schlacht von Dunkeld im Jahr 1689 fast vollkommen zerstört. Die charakteristischen **Little Houses** entlang der Cathedral Street wurden als Erste wiederaufgebaut. Die Ruine der **Kathedrale** (14. Jh.) liegt inmitten schattiger Grünflächen vor der Kulisse bewaldeter Berge. Der ehemalige Chor wird als Pfarrkirche genutzt. An der Nordmauer ist das Lepra-Auge zu sehen, ein Guckloch für Leprakranke, denen der Zugang zur Kirche verwehrt war.

Während einer Urlaubsreise fand Beatrix Potter *(siehe S. 371)* in der Nähe von Dunkeld den Schauplatz für ihre Geschichten von Peter Hase.

⑳ Pitlochry

Perth and Kinross. Karte J5. 2600. 22 Atholl Rd, (01796) 472 215. pitlochry.org

Berühmt wurde der am Fluss Tummel gelegene Ort, als ihn Königin Victoria *(siehe S. 60f)* zu einem ihrer Lieblingsorte erkor. Sie hielt sich 1842 erstmals im nahen Blair Castle auf. Im Frühsommer kann man Lachse beobachten, die über die Fischleiter der Power Station zu ihren Laichgründen schwimmen. Das neue **Pitlochry Dam Visitor Center** informiert darüber ebenso wie über Energiegewinnung.

In der **Edradour Distillery** wird die traditionsreiche Produktion von Whisky *(siehe S. 493)* anschaulich erläutert.

Das **Festival Theatre** mit dem abwechslungsreichen Sommerspielplan gehört zu Schottlands bekanntesten Bühnen.

Pitlochry Dam Visitor Center
Armoury Rd, Pitlochry. (01796) 484 111. tägl. teilweise. pitlochrydam.com

Edradour Distillery
Pitlochry, an der A924. (01796) 472 095. Apr–Okt: Mo–Sa. teilw. edradour.co.uk

Festival Theatre
Port-na-Craig. (01796) 484 626. tägl. pitlochryfestivaltheatre.com

---

Routeninfos

Länge: 111 km.
Rasten: Crathes Castle Café (Mai–Sep: tägl.); Bahnhofsrestaurant in Ballater: ganztags warme Küche.

① Drum Castle
Die prachtvolle Burg aus dem 13. Jahrhundert machte Robert the Bruce 1323 seinem Fahnenträger zum Geschenk.

③ Banchory
Der Ort war wegen seiner Lavendelfelder bekannt. Heute kann man von der Bridge of Feugh Lachse beobachten.

② Crathes Castle and Gardens
Das Schloss ist Familiensitz der Burnetts, die seit Robert the Bruce königliche Förster sind. Mit dem Titel erhielt Alexander Burnett das Horn of Leys aus Elfenbein, das im Schloss zu besichtigen ist.

Legende
— Routenempfehlung
= Andere Straße

Weitere Zeichenerklärungen siehe hintere Umschlagklappe

❷ Tour: Killiecrankie Walk

Eine Wanderung durch diese landschaftlich besonders reizvolle Gegend bietet auch viel Wissenswertes für Geschichtsinteressierte. Der Rundweg bietet schöne Ausblicke und Picknickstellen. Er verläuft ohne nennenswerte Steigungen, erst vom Soldier's Leap entlang dem River Garry, später entlang dem River Tummel bis zum Loch Faskally, der in den 1950er Jahren gestaut wurde. Auf dem Rückweg durchquert man eine der Lieblingsgegenden von Queen Victoria.

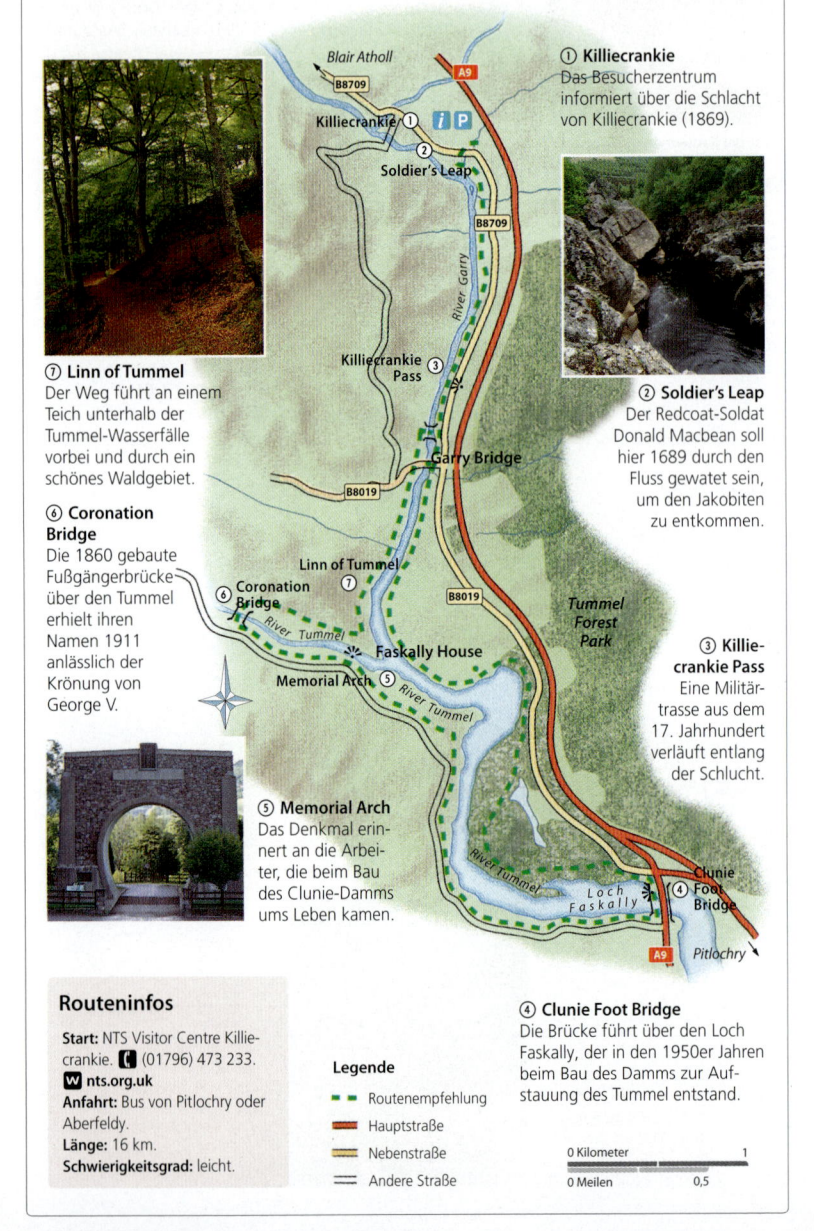

① Killiecrankie
Das Besucherzentrum informiert über die Schlacht von Killiecrankie (1869).

⑦ Linn of Tummel
Der Weg führt an einem Teich unterhalb der Tummel-Wasserfälle vorbei und durch ein schönes Waldgebiet.

② Soldier's Leap
Der Redcoat-Soldat Donald Macbean soll hier 1689 durch den Fluss gewatet sein, um den Jakobiten zu entkommen.

⑥ Coronation Bridge
Die 1860 gebaute Fußgängerbrücke über den Tummel erhielt ihren Namen 1911 anlässlich der Krönung von George V.

③ Killiecrankie Pass
Eine Militärtrasse aus dem 17. Jahrhundert verläuft entlang der Schlucht.

⑤ Memorial Arch
Das Denkmal erinnert an die Arbeiter, die beim Bau des Clunie-Damms ums Leben kamen.

④ Clunie Foot Bridge
Die Brücke führt über den Loch Faskally, der in den 1950er Jahren beim Bau des Damms zur Aufstauung des Tummel entstand.

Routeninfos

Start: NTS Visitor Centre Killiecrankie. ☎ (01796) 473 233.
🌐 nts.org.uk
Anfahrt: Bus von Pitlochry oder Aberfeldy.
Länge: 16 km.
Schwierigkeitsgrad: leicht.

Legende
- ▪ ▪ Routenempfehlung
- ▬ Hauptstraße
- ▬ Nebenstraße
- ▬ Andere Straße

0 Kilometer 1
0 Meilen 0,5

Weitere Zeichenerklärungen siehe hintere Umschlagklappe

HIGHLANDS UND INSELN | 547

Die Bergkette von Aonach Eagach, Glencoe, im Spätherbst

❷❷ Blair Castle

Blair Atholl, Perthshire. **Karte** J5. (01796) 481 207. Blair Atholl. Apr–Okt: tägl. 9.30–17.30 Uhr. 1., 2. Jan, 25.–27. Dez. teilweise. **w** blair-castle.co.uk

Die verschachtelte Burg ist im Lauf ihrer 700-jährigen Geschichte so oft umgebaut worden, dass sie einen Überblick über verschiedene Epochen bietet. Im eleganten Flügel aus dem 18. Jahrhundert, der Durchgänge voller Geweihe besitzt, sind Handschuhe und Pfeife von Bonnie Prince Charlie *(siehe S. 535)* ausgestellt, der sich hier zwei Tage lang aufhielt und um die Unterstützung der Jakobiten warb. Zu den Porträts aus drei Jahrhunderten zählen Werke von Johann Zoffany und Peter Lely. Edwin Landseer malte in der Nähe *Death of a Stag in Glen Tilt* (1850).

Während eines Besuchs 1844 verlieh Königin Victoria den Schlossherren das Recht, eine Privatarmee zu halten. Dieses wurde nie widerrufen.

Das Massaker von Glencoe

Als 1692 der Chief der MacDonalds von Glencoe seinen Treueeid auf William III fünf Tage zu spät leistete, lieferte er damit einen willkommenen Vorwand, um ein »Nest« der Jakobiten *(siehe S. 541)* zu zerschlagen. Zehn Tage lang genossen Robert Campbell und seine 130 Soldaten die Gastfreundschaft der ahnungslosen MacDonalds, bis am Morgen des 13. Februar die Soldaten ihre Gastgeber niedermetzelten. 38 MacDonalds wurden sofort getötet, weitere starben im folgenden Winter in ihren Bergverstecken. Obwohl das Massaker ein politischer Skandal war, blieb es drei Jahre lang ungesühnt.

Detail des *Massacre of Glencoe* (1884) von James Hamilton

❷❸ Cairngorms

Siehe S. 548f.

❷❹ Glencoe

Highland. **Karte** H5. Fort William. Glencoe. 15 High St, Fort William, (0139) 770 1801.

Wegen seiner Unwegsamkeit und grausamen Geschichte hat Dickens das Gebiet »einen Friedhof für Giganten« genannt. Die steilen Felsklippen von Buachaille Etive Mor und die zerklüftete Bergkette Aonach Eagach (beide über 900 m) sind auch für erfahrene Bergsteiger eine Herausforderung. Im Sommer bieten sich die Glen Hills für Wanderungen an. Unabdingbar sind gutes Schuhwerk und Regenschutz.

Das **NTS Visitor Centre** informiert über Längen und Schwierigkeitsgrade verschiedener Wege – vom halbstündigen Spaziergang zwischen Besucherzentrum und Signal Rock (von dem das Signal für das Massaker kam) bis hin zum zehn Kilometer langen anspruchsvollen Aufstieg zum Devil's Staircase. Im Sommer bietet der NTS Ranger Service geführte Wanderungen an.

NTS Visitor Centre
Glencoe. (01855) 811 307. tägl. **w** nts.org.uk

Hotels und Restaurants in den schottischen Highlands und auf den Inseln *siehe Seiten 572f und 602f*

㉓ Cairngorms

Die Bergkette mit ihren bis zu 1300 Meter hohen Gipfeln ist das beliebteste Skigebiet Großbritanniens. Mit der Zahnradbahn geht es ganzjährig hinauf zum Cairn Gorm mit seiner Wetterstation, die die aktuellen Wetterberichte bereithält – eine wichtige Einrichtung in dieser für ihre raschen Witterungsumschwünge bekannten Gegend. Das Tal des Spey war bis vor nicht allzu langer Zeit ausschließlich Agrargebiet. Heute ist es eine wichtige Whisky-Region Schottlands, die auch auf Sport und Tourismus ausgerichtet ist.

Strathspey Steam Railway
Die Zugverbindung zwischen Aviemore und Broomhill gibt es seit 1863.

Highland Wildlife Park
Bei Kincraig leben Bisons, Wölfe, Wildschweine und andere Tiere, die einst in freier Wildbahn zu finden waren.

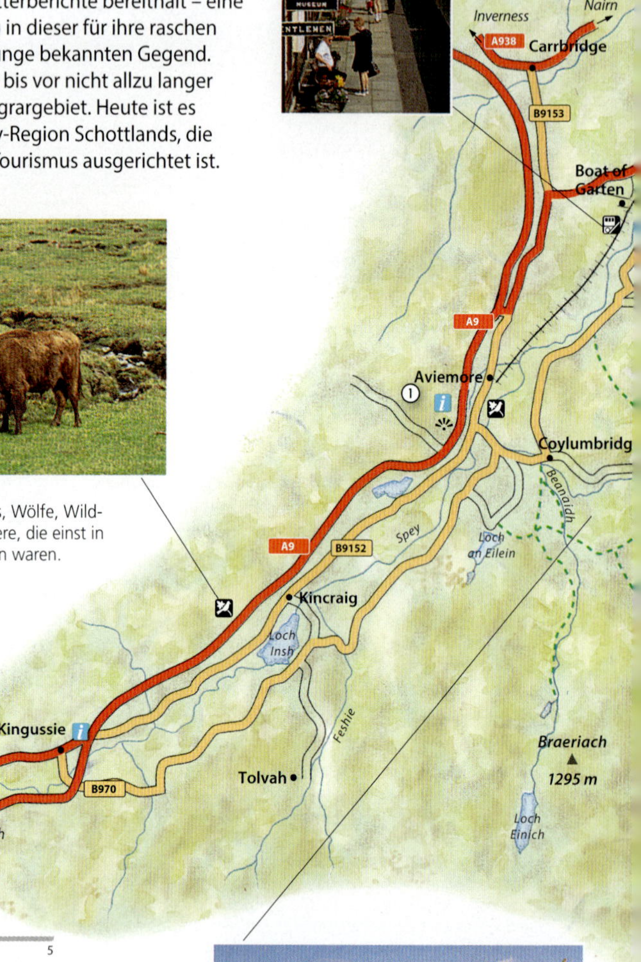

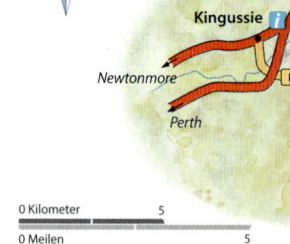

Rothiemurchus Estate
Hochlandrinder sind nicht die einzigen Tiere, die man hier zu sehen bekommt. Das Besucherzentrum bietet Führungen und Infos an.

Außerdem

① **Von Aviemore** aus, einem der größten Ferienorte, steuern zahlreiche Busse das 13 Kilometer entfernte Skigebiet an.

② **Das Cairngorm Reindeer Centre** organisiert Wanderungen, bei denen man Rentieren begegnet.

③ **Ben Macdui** ist nach Ben Nevis der zweithöchste britische Gipfel.

Hotels und Restaurants in den schottischen Highlands und auf den Inseln *siehe Seiten 572f und 602f*

CAIRNGORMS | 549

Infobox

Information
Highlands. **Karte** J4. 7 The Parade, Aviemore, (01479) 810 930. **Cairngorm Reindeer Centre** Loch Morlich. (01479) 861 228. tägl.
W cairngormreindeer.co.uk
Highland Wildlife Park
(01540) 651 270. tägl. (wetterabhängig).
W highlandwildlifepark.org
Rothiemurchus Visitor Centre
(01479) 812 345. tägl.
W rothiemurchus.net
Loch Garten Osprey Centre
(01479) 831 476. tägl.
Pisteninfo (01479) 861 261.
W rspb.org.uk

Anfahrt
Aviemore.

Loch Garten Osprey Centre
Hier leben wieder Fischadler. Das Schutzgebiet im Abernethy Forest entstand 1959 wegen des ersten, nach 50 Jahren in Großbritannien gesichteten Vogelpaars.

Zahnradbahn
Im Sommer befördert die Zahnradbahn Besucher auf den Cairn Gorm, die die Aussicht genießen und oben ein wenig wandern wollen. Im Winter gibt es an der Nordseite über 28 Skipisten, die auch von Sessel- und Schleppliften bedient werden.

Pflanzenwelt der Cairngorms

Da vom Mischwald am Fuß der Berge bis zu subpolaren Gipfelplateaus alles vertreten ist, findet sich in den Cairngorms eine große Pflanzenvielfalt. Im Abernethy Forest stehen alte Kiefern; auf den Gipfeln gedeihen arktische Pflanzen.

Auf dem Cairngorm-Plateau wachsen Flechten (die älteste Pflanzen), Hainsimse und das Stängellose Leimkraut mit seinen rosa Blüten.

In geschützten Mulden gedeihen alpine Pflanzen wie Hornkraut, Ehrenpreis und Gänsekresse.

Kiefernwälder bedecken die mittleren Hänge. Je lichter die Wälder, desto mehr scheint das Heidekraut hervor.

Mischwald, Heidekraut und Büschelgras findet man in den unteren Lagen.

Darstellung der verschiedenen Höhenzonen der Cairngorms

Legende
- Hauptstraße
- Nebenstraße
- Andere Straße
- Fußweg

Weitere Zeichenerklärungen siehe hintere Umschlagklappe

㉕ Tour: Zu den Inselfähren

Die landschaftlich reizvolle Fahrt führt durch Bergtäler, Dörfer und an weißen Sandstränden entlang nach Mallaig, einem der Fährhäfen mit Verbindungen zu den Inseln Skye, Rhum und Eigg. Die Szenerie steckt voller Geschichte, vor allem über die Jakobiten *(siehe S. 541)*.

Routeninfos

Länge: 72 km.
Rasten: Glenfinnan NTS Visitors' Centre, (01397) 722 250, hält Erfrischungen und Infos über die Jakobiten-Rebellion bereit. Gut essen kann man in der Old Library Lodge in Arisaig *(siehe S. 573)*.

⑦ Mallaig
Die Straße zu den Inseln endet nördlich von Mallaig, einem kleinen Fischerort mit großem Hafen und Fährverbindung zur Isle of Skye *(siehe S. 534f)*.

⑥ Morar
Die Straße führt vorbei am Loch Morar, der für seine weißen Strände und sein zwölf Meter langes Ungeheuer namens Morag bekannt ist.

⑤ Prince's Cairn
Am Loch Nan Uamh markiert ein Denkmal die Stelle, an der Bonnie Prince Charlie nach seiner bitteren Niederlage 1746 Schottland endgültig verließ.

㉖ Oban

Argyll and Bute. **Karte** G6. 8600. North Pier, (01631) 563 122. **W** oban.org.uk

Von dem am Firth of Lorne gelegenen Fährhafen, Ziel aller Reisenden zur Isle of Mull und zu den Hebriden *(siehe S. 533)*, bietet sich ein herrlicher Blick auf die Argyll-Küste.

Auf einem Hügel über dem Ort liegt McCaig's Tower, eine unvollendete Nachbildung des Kolosseums in Rom. Allein schon wegen des Blicks lohnt sich der zehnminütige Aufstieg. In der Stadt gibt es einige einladende Glasbläsereien, Töpfereien und Whisky-Brennereien. In der Oban Distillery wird einer der besten Malt Whiskys gebrannt.

Das **Scottish Sealife Sanctuary** versorgt verletzte oder verwaiste Robben und bietet zu diesem Thema auch eine Ausstellung. Zahlreiche Fähren laufen Barra, South Uist, Mull, Tiree und Colonsay an.

Dunstaffnage Castle, fünf Kilometer nördlich von Oban, umfasst Ruinen vom Anwesen der MacDougalls (13. Jh.) und das Gebäude, in dem Flora MacDonald *(siehe S. 535)* 1746 inhaftiert war.

Scottish Sealife Sanctuary
Barcaldine. (01631) 720 386. Apr–Okt: tägl.; Nov–März: Fr–Mo. 25. Dez. **W** sealsanctuary.co.uk

Dunstaffnage Castle
Dunbeg, an der A85. (01631) 562 465. tägl. Nov–März: Do, Fr. **W** historicenvironment.scot

㉗ Isle of Mull

Argyll and Bute. **Karte** F6. 2800. von Oban, Kilchoan, Lochaline. The Pier, Craignure, (01680) 812 377. **W** isle-of-mull.net

Die Insel gehört zu den Inneren Hebriden. Die meisten Straßen verlaufen entlang der zerklüfteten Küste und bieten eine fantastische Aussicht. Im Osten, im Vorgebirge, kann man **Duart Castle** besichtigen – seit dem 13. Jahrhundert Stammsitz des Maclean-Clans. Zuerst war es eine Burg, im 17. Jahrhundert wurde es

Bucht von Tobermory auf Mull

Hotels und Restaurants in den schottischen Highlands und auf den Inseln *siehe Seiten 572f und 602f*

TOUR: ZU DEN INSELFÄHREN | 551

④ Glenfinnan Monument
Das 20 Meter hohe Monument erinnert an die Getreuen von Bonnie Prince Charlie bei der Rebellion von 1745 *(siehe S. 535)*. In Glenfinnan rief er zu den Waffen.

③ Corpach
Von Corpach bietet sich über den Loch Linnhe hinweg ein wunderbarer Blick auf Ben Nevis.

② Neptune's Staircase
Die von Thomas Telford *(siehe S. 451)* erbaute Schleusentreppe des Caledonian Canal ist interessant zu beobachten.

① Fort William
Von hier kann man den Ben Nevis (1343 m), den höchsten Berg Großbritanniens, ersteigen.

Legende
— Routenempfehlung
= Andere Straße

zum Schloss ausgebaut. Im Dorf Dervaig gibt es ein schönes Heritage Centre.

Umgebung: Von Fionnphort geht eine Fähre nach **Iona**. Hier begann der hl. Columban *(siehe S. 529)* mit der Christianisierung Schottlands. Ein Besuch auf der Insel Staffa lohnt sich allein schon wegen der schönen **Fingal's Cave**.

Duart Castle
An der A849 bei Craignure. (01680) 812 309. Apr: So–Do 11–16 Uhr; Mai–Okt: tägl. 10.30–17.30 Uhr. duartcastle.com

Ruine von Kilchurn Castle am Ufer des Loch Awe

㉘ Loch Awe

Argyll and Bute. **Karte** G6.
Dalmally. Inveraray, (01499) 302 063. loch-awe.com

Mit 40 Kilometern ist Loch Awe einer der längsten Süßwasserseen Schottlands. Vom Ort Lochawe sind es nur wenige Kilometer bis zu den Überresten des durch einen Blitzschlag im 18. Jahrhundert zerstörten **Kilchurn Castle**. Überragt wird die Burgruine vom Ben Cruachan, dessen Gipfel über den Pass of Brander zu erreichen ist. Auf diesem Pass kämpfte Robert the Bruce *(siehe S. 486)* 1308 gegen den MacDougall-Clan.

Von der A85 kommt man durch einen Tunnel zum Cruachan-Elektrizitätswerk. In der Nähe von Taynuilt erinnert ein stillgelegter Hochofen an die Eisenhütten, denen im 18. und 19. Jahrhundert ein Großteil der Wälder zum Opfer fiel.

Mehrere prähistorische Steinhügel gibt es abseits der A816 zwischen Kilmartin und Dunadd zu sehen. Auf einem Hügel liegt Fort Dunadd (6. Jh.), Herkunftsort des Stone of Scone (Stone of Destiny; *siehe S. 486*).

Weitere Zeichenerklärungen siehe hintere Umschlagklappe

Die pseudogotische Fassade von Inveraray Castle

㉙ Inveraray Castle

Inveraray, Argyll and Bute. **Karte** H6. Dalmally. von Glasgow. (01499) 302 203. Apr–Okt: tägl. 10–17.45 Uhr. teilweise. inveraray-castle.com

Das pseudogotische Schloss ist der Stammsitz des Clans der Campbell, die seit 1701 Dukes of Argyll sind. Roger Morris und William Adam erbauten das Schloss 1745, die Türme mit den spitzen Kegeldächern stammen aus dem Jahr 1877. Der Innenarchitekt Robert Mylne schuf in den 1770er Jahren den idealen Hintergrund für die herrlichen Kunst- und Kunsthandwerkssammlungen, die von asiatischem und europäischem Porzellan bis zu Gemälden von Ramsay, Gainsborough und Raeburn reichen. Sehenswert ist auch das Kriegsgerät aus der Zeit der Jakobiten *(siehe S. 541)*.

㉚ Auchindrain Museum

Inveraray, Argyll and Bute. **Karte** G6. (01499) 500 235. Inveraray, dann Bus. Apr–Okt: tägl. 10–17 Uhr; Nov–März: Mo–Fr. teilweise. auchindrain.org.uk

Das erste Freilichtmuseum Schottlands informiert über die Lebensbedingungen der Bevölkerung im Hochland, die bis ins späte 19. Jahrhundert größtenteils in der Landwirtschaft tätig war. Bis 1962 war das Dorf aus 20 strohgedeckten Häusern noch bewohnt. Das umliegende Land wurde bewirtschaftet. Man kann die Häuser besichtigen, die oft Wohnraum, Küche und Stall unter einem Dach vereinen. Schrankbetten, Binsenlichter und Kräutergärten zeugen von einer Zeit, als die Landwirtschaft noch nicht mit modernen Techniken und unter nur wirtschaftlichen Aspekten betrieben wurde.

Alter Heuwender im Auchindrain Museum

㉛ Crarae Gardens

Crarae, Argyll and Bute. **Karte** G6. (01546) 886 614. Inveraray, dann Bus. **Gärten** tägl. 9.30 Uhr–Sonnenuntergang. **Visitor Centre** Apr–Sep: tägl. 10–17 Uhr; Okt: Do–Mo 10–17 Uhr. teilweise. NTS nts.org.uk

Die in den 1920er Jahren von Lady Campbell angelegten Crarae Gardens gelten als reizvollste im westlichen Hochland. Die Lady war die Tante des Entdeckers Reginald Farrer, der mit seinen Mitbringseln aus Tibet den Grundstein für den Garten legte. Dank des warmen Golfstroms und der zahlreichen Regenfälle gedeihen auch Exoten prächtig. Vertreten sind z. B. Rhododendren aus dem Himalaya sowie Pflanzen aus Tasmanien, Neuseeland und Amerika. Jedes Jahr kommen durch Sammler aus aller Welt neue hinzu. Die beste Zeit für einen Besuch ist der Frühsommer, wenn die Pracht vor dem blauen Wasser des Loch Fyne besonders gut zur Geltung kommt.

㉜ Jura

Argyll and Bute. **Karte** G6. 200. von Kennacraig nach Islay, dann von Islay nach Jura. The Square, Bowmore, Islay, (01496) 305 165.

Die karge, bergige Insel ist nur spärlich bewohnt. Dafür gibt es umso mehr Rotwild. Eine einzige Straße führt vom Dorf Craighouse zur Fährenlegestelle. Trotz der Wandereinschränkung in der Jagdsaison (Aug–Okt) kommen Wanderer und Bergsteiger auf ihre Kosten, vor allem an den Hängen der drei höchsten Gipfel, die als Paps of Jura bekannt sind. Am höchsten ist mit 784 Metern die Beinn An Oir. Vor der Nordspitze der Insel liegt der berüchtigte Strudel Corryvreckan, in dem George Orwell, der hier seinen Roman *1984* schrieb, 1946 beinahe ums Leben gekommen wäre.

Eine alte Steinbuhne ragt in die Ardlussa Bay auf der Isle of Jura

Blick über den Sound of Islay auf die nebelgekrönten Gipfel der Paps of Jura bei Sonnenuntergang

Der Sage nach soll hier einst Prinz Breackan, als er um die Hand einer Prinzessin anhielt, sein Boot drei Tage lang mit Tauen aus Hanf, Wolle und Mädchenhaar festgemacht haben. Der Prinz ertrank, als ein Tau aus dem Haar eines untreuen Mädchens riss.

㉝ Islay

Argyll and Bute. **Karte** F7. 3300. von Kennacraig. *i* The Square, Bowmore, (01496) 305 165. **w** visitscotland.com

Von der südlichsten Insel der Hebriden, Islay (gesprochen »Eilah«), stammen so berühmte Whisky-Sorten wie Lagavulin und Laphroaig. Die Whiskys der Brennereien haben einen unverwechselbaren Geschmack nach Torf und Meer. Im georgianischen Dorf Bowmore befinden sich die älteste Brennerei sowie eine kreisrunde Kirche (um dem Teufel möglichst wenig Angriffsfläche zu bieten). Das **Museum of Islay Life** in Port Charlotte informiert über die Geschichte der Insel.

Elf Kilometer östlich von Port Ellen steht das Kildalton Cross aus grünem Stein mit Szenen aus dem Alten Testament, eines der schönsten keltischen Kreuze (8. Jh.). Einen Besuch lohnt auch **Finlaggan**, die Ausgrabungsstätte der mittelalterlichen Feste der Lords of the Isles. An der Küste leben viele Vögel, die im Naturschutzgebiet bei Gruinart sehr gut beobachtet werden können.

Museum of Islay Life
Port Charlotte. (01496) 850 358. Apr–Sep: Mo–Fr. **w** islaymuseum.org

㉞ Kintyre

Argyll and Bute. **Karte** G7. 6000. Oban. Campbeltown. *i* MacKinnon House, The Pier, Campbeltown, (01586) 556 162. **w** kintyre.org

Von der lang gestreckten, schmalen Halbinsel hat man eine wunderbare Sicht auf Gigha, Islay und Jura. Auf dem 14 Kilometer langen, 1801 eröffneten Crinan Canal mit seinen 15 Schleusen wimmelt es im Sommer nur so von Booten und Yachten. Das Städtchen Tarbert (gälisch für »Isthmus«) befindet sich an der schmalen Landenge zwischen Loch Fyne und West Loch Tarbert. Die Landzunge wurde zuerst 1198 vom Wikingerkönig Magnus Barfud besiedelt, dem man in einem Vertrag so viel Land zugesagt hatte, wie er mit seinem Schiff umsegeln konnte.

Auf der B842 fährt man Richtung Süden durch Campbeltown bis zum Aussichtspunkt Mull of Kintyre mit dem alten Leuchtturm und der eindrucksvollen Klippenküste. Mull of Kintyre wurde weltweit bekannt, als Paul McCartney mit seiner Band Wings 1977 die Gegend im gleichnamigen Lied besang. Westlich davon liegt die Insel Rathlin. Hier soll Robert the Bruce *(siehe S. 486)* beim Beobachten einer Spinne, die ihr Netz spann, gelernt haben, sich im Kampf gegen England in Geduld zu üben.

Fischerboote und Yachten im Hafen von Tarbert, Kintyrebour, Kintyre

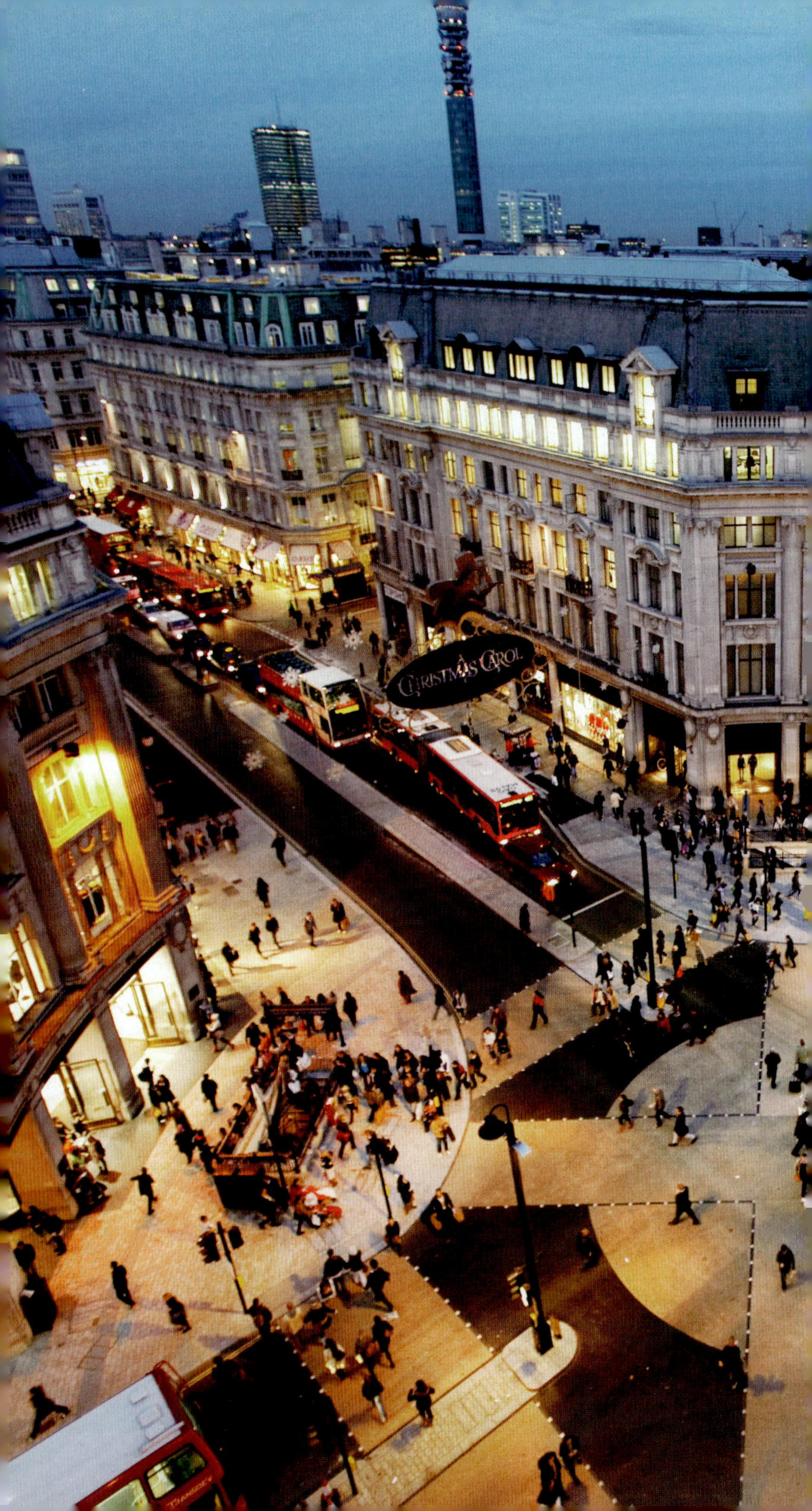
A CHRISTMAS CAROL

ZU GAST IN GROSSBRITANNIEN

Hotels	556–573
Restaurants	574–609
Shopping	610–611
Unterhaltung	612–613
Themenferien und Aktivurlaub	614–617

Hotels

Das Angebot an Unterkünften in Großbritannien ist riesig. Jeder wird hier – dies gilt für das gesamte Land – das finden, was seinem Geschmack und seinem Geldbeutel entspricht. Auf dieser und den nächsten drei Seiten finden Sie Informationen zu den verschiedenen Unterkunftsmöglichkeiten sowie zu Preisen und Buchung. Das Verzeichnis der Hotels *(siehe S. 560–573)* enthält über 250 Übernachtungsmöglichkeiten – vom exklusiven Luxushotel über den einfachen Gasthof bis zum einladenden Privathaus, das »Bed and Breakfast« (B&B) anbietet. Viele Unterkünfte in der Hotelauswahl bieten sich als Ausgangspunkte für die im Reiseführer beschriebenen Sehenswürdigkeiten an bzw. sind auch selbst attraktiv. Auf den nächsten Seiten finden Sie außerdem vielfältige Informationen über die verschiedenen Hotelkategorien, über Unterkünfte, in denen man sich selbst verpflegen kann, und über die Möglichkeiten zu campen.

Landhaushotels

Das Landhaushotel ist eine britische Erfindung und hat sich in den letzten Jahrzehnten weitverbreitet. Auch wenn inzwischen allzu viele Häuser diesen Titel (nicht immer zu Recht) für sich beanspruchen, ist das echte Landhaus leicht zu erkennen: an seiner gehobenen Architektur (oft in historischen Gebäuden) und an der Innenausstattung, die zum großen Teil aus Antiquitäten besteht. Meist steht das Haus auf einem weitläufigen Grundstück, nicht nur in ländlichen Regionen. Komfort ist selbstverständlich und erreicht häufig Luxuskategorien. Auch eine gute Küche ist die Regel. Natürlich hat das alles einen dementsprechenden Preis. In manchen Landhaushotels ist der Hotelier Besitzer, andere Häuser können auch zu einer Hotelgruppe oder -kette gehören.

Boutique- und Designer-Hotels

Der Zeitgeist hat eine neue Kategorie von Hotels hervorgebracht, die in Großbritannien schon seit einigen Jahren *en vogue* ist: schicke Häuser, deren Einrichtung nach allen Regeln der Kunst gestylt wurde. Meist geht das Interieur aus Designerhand zusammen mit innovativer Architektur. In solchen Häusern herrscht oft Minimalismus vor, selbstverständlich begleitet von modernster Ausstattung mit High-tech-Annehmlichkeiten. Oft ist ein erstklassiges Restaurant angeschlossen. Die bekanntesten Beispiele sind in London zu finden. Auch kleinere Hotelketten wie **Malmaison** oder **Hotel du Vin** mit ihren zum Teil höchst exklusiven Häusern mit feinster Ausstattung haben sich inzwischen auf diesem Markt etabliert.

Haupteingang des Royal Crescent Hotel, Bath *(siehe S. 565)*

Hotelketten

Neue Hotelketten haben vielen der alteingesessenen Namen den Rang abgelaufen. In jeder Preiskategorie bieten diese Häuser soliden Standard in den meisten Regionen des Landes. In der Regel bieten Hotelketten eine relativ gute Lage, und auch wenn man hier Individualität vermisst, bekommt man ein gutes Preis-Leistungs-Verhältnis. Je nach Saison gibt es interessante Angebote.

Preisgünstige Ketten wie **Ibis**, **Travelodge** oder **Premier Inn** bieten soliden Standard ohne viele Extras. In der mittleren Preiskategorie rangieren Ketten wie **Hilton International** oder **Novotel**. Frühstück ist im Zimmerpreis meist nicht eingeschlossen. Bei einigen Ketten, etwa **QMH Hotels**, gibt es am Wochenende Rabatte oder Pauschalangebote.

Suite mit Themse-Blick im Savoy, London *(siehe S. 560)*

◀ Abendlicher Shopping-Trubel auf dem Oxford Circus, London

HOTELS | 557

Elegantes Zimmer im Urban Beach Hotel, Bournemouth *(siehe S. 565)*

Zu den Hotelkonsortien (bei denen die einzelnen Häuser in individuellen Händen sind) gehören **Best Western** und **Pride of Britain**. Besonders erwähnenswert ist **Wolsey Lodges**, eine Gruppe, unter deren Dach sich viele Häuser zusammengeschlossen haben, die besonders schön gelegen sind, oft in historischen Gebäuden mit individueller Einrichtung.

Inns und Pubs mit Zimmern

Gasthöfe mit Fremdenzimmern haben Tradition in Großbritannien. Viele dieser Häuser existierten schon im 18. Jahrhundert, z. B. das George of Stamford *(siehe S. 607)*. Hier ist die Atmosphäre warm, herzlich und geradezu familiär. Das Restaurant sorgt dafür, dass man rundum gut versorgt ist. In vielen Fällen es sich bei diesen Gasthöfen um traditionsreiche Familienbetriebe, die viele Stammgäste zu ihren Kunden zählen. In der Regel sind sie sehr kinderfreundlich.

Eine etwas andere Art von Unterkünften sind Gastro-Pubs. Dabei handelt es sich im Grunde um Speiselokale, denen auch (stilvoll eingerichtete) Gästezimmer zu akzeptablen Preisen angegliedert sind.

Privatunterkünfte

Die unter der Bezeichnung Bed and Breakfast (B & B) bekannten Unterkunftsmöglichkeiten bewegen sich größtenteils in der unteren Preisklasse, können aber auch sehr luxuriös und entsprechend teuer sein. Die Privathäuser, die man in ganz Großbritannien findet, bieten adäquate Unterkunft einschließlich Frühstück.

Privatunterkünfte bevorzugen eindeutig Bezahlung mit Bargeld. Manche Häuser berechnen einen Aufschlag bei Kartenzahlung.

Bei den regionalen Fremdenverkehrsämtern erhalten Sie eine Liste der örtlichen B & Bs. Allerdings dürfen keine Empfehlungen ausgesprochen werden. Wenn Sie über ein Fremdenverkehrsamt buchen, kann eine Gebühr fällig werden.

Hotelklassen

In jüngster Zeit wurden immer wieder Versuche unternommen, das oft widersprüchliche Bewertungssystem zu vereinheitlichen, das die verschiedenen Institutionen (wie AA oder RAC) anwenden. In England basieren die Hotelklassifikationen jetzt auf einer Einteilung von einem bis zu fünf Sternen. Privatunterkünfte (B & Bs) und Pensionen (Guest Houses) werden mit einem bis fünf Diamanten kategorisiert. Dabei spielen verschiedene Kriterien eine Rolle, bei Hotels wird eher die Ausstattung (Telefon, TV, Bad etc.) berücksichtigt, bei B & Bs eher Sauberkeit und freundliche Atmosphäre.

Unabhängig von der »offiziellen« Klassifikation werden spezielle Preise (Gold und Silber, Bänder, Rosetten etc.) für besondere Leistungen in einem bestimmten Bereich vergeben, z. B. für ein außergewöhnliches Frühstück oder eine besonders herzliche, persönliche Atmosphäre.

Schottland und Wales wenden ihre eigenen Klassifikationen an.

Stilvolle Champagne Bar des Gilpin Lodge, Windermere *(siehe S. 570)*

Preise und Reservierung

Wenn Sie ein Zimmer buchen, sollten Sie auf die Bedingungen achten. Der Preis bezieht sich in manchen Hotels auf das Zimmer, in anderen berechnet er sich hingegen nach Personen. Das Frühstück ist manchmal eingeschlossen, manchmal ist Halbpension (Zimmer, Frühstück und Abendessen) obligatorisch.

Die Preise für ein Standardhotel in London beginnen bei rund 130 Pfund für ein Doppelzimmer mit Bad (oft mit Frühstück), können aber auch leicht 200 Pfund (ohne Frühstück) übersteigen. Außerhalb Londons muss man mit mindestens 100 Pfund rechnen.

Die Preise für B&B-Unterkünfte (außerhalb von London) hängen von Jahreszeit und Region ab. Sie beginnen bei rund 40 Pfund pro Person und Übernachtung. Einfache Gästehäuser auf dem Land (»Urlaub auf dem Bauernhof«) bieten für 45 Pfund pro Person oft schon Halbpension an.

Manche Hotels bitten bei telefonischer Reservierung um eine schriftliche Bestätigung oder auch um eine Anzahlung. In der Regel genügt es, die Nummer Ihrer Kreditkarte anzugeben. Reservierung per E-Mail oder über das Internet ist heute üblich, fast alle Hotels bieten diesen Service auf ihrer Website an. Vor allem Hotelketten gewähren oft Preisnachlässe, wenn Sie online buchen, allerdings sollten Sie dabei checken, ob die zentrale Reservierungsstelle oder das individuelle Haus günstigere Konditionen für Sie bereithält.

Egal auf welchem Weg Sie buchen – eine Reservierung ist in Großbritannien ein rechtlich verbindlicher Vertrag. Wenn Sie nicht erscheinen, ist ein Hotel berechtigt, den vollen Betrag für den Aufenthalt zu berechnen. Er kann auch von Ihrem Kreditkartenkonto abgebucht werden, wenn die Reservierung storniert wird. Die meisten Reiseversicherungen decken diese Fälle ab. Nur wenn Sie lange genug im Voraus stornieren, erstattet Ihnen das Hotel den Betrag zurück, falls das Zimmer anderweitig belegt werden kann.

Achten Sie auf versteckte Zusatzkosten. Telefongebühren (bei Gesprächen vom Zimmer) sind häufig exorbitant hoch. In »normalen« Hotels ist Trinkgeld nicht üblich – außer das Personal hat Ihnen einen Gefallen getan oder war ausgesprochen zuvorkommend.

Selbstverpflegung

Wer gern längere Zeit an einem Ort wohnt und unabhängig sein will, mit kleinen Kindern reist oder über begrenzte Mittel verfügt, ist mit einer Unterkunft mit Selbstverpflegung bestens bedient. Es gibt sie in jeder Kategorie, vom Luxusapartment bis hin zu umgebauten Bauernhöfen. Auch für Apartments und Ferienhäuser gilt das Fünf-Sterne-System der Bewertung – allerdings sind es oft Schlüssel oder Kronen, die vergeben werden (siehe S. 557). Listen sind in den regionalen Fremdenverkehrsämtern (bzw. auf deren Website) erhältlich, die oft auch bei der Vermittlung behilflich sind. Auch in vielen Reisebüros lassen sich Apartments oder Häuser buchen; ein Blick in die Kleinanzeigen einer Tageszeitung oder ins Internet kann hilfreich sein.

Unterkünfte in historischen, architektonisch reizvollen und meist gut restaurierten Häusern vermitteln Organisationen wie **Landmark Trust** oder **National Trust**, die sich beide um die Erhaltung alter Gebäude verdient gemacht haben. Da die Häuser, die oft für ein Wochenende oder eine Woche zu mieten sind, sehr gefragt sind, sollten Sie längere Zeit im Voraus reservieren. Achten Sie bei der Buchung darauf, was im Preis inbegriffen ist. Strom, Endreinigung und Ähnliches werden meist extra berechnet.

Camping / Wohnmobile

Großbritannien verfügt über eine große Auswahl an Campingplätzen, die in der Regel von Ostern bis Oktober geöffnet haben. Da sie im Sommer sehr schnell belegt sind, empfiehlt sich eine Reservierung.

Organisationen wie der **Camping and Caravanning Club** oder der **Caravan and Motorhome Club** veröffentlichen umfangreiche Listen der von ihnen betriebenen Plätze. Auch die **Forestry Holidays** bietet eine Reihe von Plätzen, meist in bewaldeter Lage.

Ein Stellplatz auf einem Campingplatz kostet zwischen 15 und 20 Pfund pro Nacht. Die Alternative zu einem Zelt ist das Wohnmobil, mit dem man nach Lust und Laune reisen kann. Reisebüros haben eine Unzahl von Angeboten parat, bei denen Sie ein gemietetes Wohnmobil am Flughafen oder Fährhafen in Empfang nehmen können.

Campingplatz im Ogwen Valley, Snowdonia

Behinderte Reisende

Alle Fremdenverkehrsämter in Großbritannien, darunter **Visit England**, **Visit Scotland** und **Visit Wales**, stellen Informationsmaterial über barrierefreien Zugang in Unterkünften und bei Sehenswürdigkeiten zur Verfügung. Die Organisation **Disability Rights UK** gibt jährlich eine Broschüre heraus. Auch **Tourism for All** verschickt Informationen über behindertengerechte Ausstattung der Hotels. Schilder mit der Aufschrift »Tourism for All« weisen auf besondere Einrichtungen für Behinderte hin. In Deutschland bietet der **BSK** hilfreiche Reiseinformationen zu Großbritannien.

Hotelkategorien

Die Hotels in der Hotelauswahl *(siehe S. 560–573)* sind in die Kategorien Luxus, Boutique, Stilvoll, B & B und Preiswert eingeteilt. Sie wurden aufgrund ihres guten Preis-Leistungs-Verhältnisses, ihrer Ausstattung oder ihres besonderen Charmes aufgenommen. Die Auswahl reicht von luxuriösen Landgasthäusern über gemütliche B & Bs bis zu schicken Boutique-Hotels in zentraler City-Lage.

Hotels mit spezieller Ausstattung oder besonderem Design werden als **Vis-à-Vis-Tipp** hervorgehoben.

Auf einen Blick

Boutique- und Designer-Hotels

Hotel du Vin
0871 913 0345.
hotelduvin.com

Malmaison
0871 943 0350.
malmaison.com

Hotelketten

Best Western
0845 776 7676.
bestwestern.co.uk

Hilton International
hilton.com

Holiday Inn
holidayinn.com

Ibis
ibis.com

Marriott
marriott.com

Novotel
novotel.com

Premier Inn
premierinn.com

Pride of Britain
prideofbritainhotels.com

QMH Hotels
qmh-hotels.com

Radisson Blu
radissonblu.com

Travelodge
travelodge.co.uk

Wolsey Lodges
wolseylodges.com

Privatunterkünfte

London Bed and Breakfast Agency
(020) 7586 2768.
londonbb.com

Selbstverpflegung

Airbnb
airbnb.co.uk

English Heritage
0370 333 1181.
english-heritage.org.uk

Landmark Trust
(01628) 825 925.
landmarktrust.org.uk

National Trust
0344 800 2070.
nationaltrustholidays.org.uk

National Trust for Scotland
0131 458 0200.
nts.org.uk

One Fine Stay
(020) 3588 0600.
onefinestay.com

Camping/Wohnmobile

Camping and Caravanning Club
campingandcaravanningclub.co.uk

Caravan and Motorhome Club
caravanclub.co.uk

Forestry Holidays
forestholidays.co.uk

Behinderte Reisende

BSK
Altkrautheimer Straße 20, D-74238 Krautheim.
bsk-ev.org

Disability Rights UK
Ground floor, CAN Mezzanine, 49–51 East Rd, London, N1 6AH.
(020) 7250 8181.
disabilityrightsuk.org

Tourism for All
7a Pixel Mill,
44 Appleby Rd, Kendal, Cumbria, LA9 6ES.
0845 124 9971.
tourismforall.org.uk

Information

Visit England
visitengland.com

Visit Scotland
visitscotland.com

Visit Wales
visitwales.com

Hotels

London

West End und Westminster

Lime Tree ££
B & B SP 18 E2
135–137 Ebury St, SW1W 9QU
(020) 7730 8191
w limetreehotel.co.uk
Hübsch möbliertes, komfortables B & B in Familienbesitz.

The Athenaeum £££
Luxus SP 10 E4
116 Piccadilly, W1J 7BJ
(020) 7499 3464
w athenaeumhotel.com
Alteingesessenes Hotel mit modernisierten großen Zimmern und Apartments für Familien.

Claridge's £££
Luxus SP 10 E2
49 Brook St, W1K 4HR
(020) 7629 8860
w claridges.co.uk
Eines der glamourösesten Hotels von London. Zurückhaltend luxuriöses Art-déco-Gebäude mit makellosem Service. Perfekt für besondere Anlässe.

Vis-à-Vis-Tipp

The Dorchester £££
Luxus SP 10 D3
Park Lane, W1K 1QA
(020) 7629 8888
w dorchestercollection.com
Londons Art-déco-Königin blickt auf den Hyde Park und ist die erste Wahl für viele Filmstars. Erhalten ist zwar das Bad, in dem Elizabeth Taylor ihren Millionenvertrag für *Cleopatra* (1963) unterzeichnete, der Rest des Hotels ist jedoch wunderbar renoviert. Genießen Sie den berühmten Nachmittagstee im Speisesaal.

The Goring £££
Stilvoll SP 18 E1
Beeston Place, SW1W 0JW
(020) 7396 9000
w thegoring.com
Eine Institution mit livrierten Türstehern, Privatpark und knisterndem Kaminfeuer im Winter. Vor ihrer Hochzeit war die Duchess of Cambridge (»Kate«) hier Gast.

The Orange £££
Stilvoll SP 18 D2
37 Pimlico Rd, SW1W 8NE
(020) 7881 9844
w theorange.co.uk
Haus mit vier behaglichen Zimmern mit Bad sowie rustikalem Lokal.

The Ritz £££
Luxus SP 10 F3
150 Piccadilly, W1J 9BR
(020) 7493 8181
w theritzlondon.com
Großartig mit vergoldetem Speisesaal und modernisierten, aber immer noch überwältigenden Zimmern im Louis-XVI-Stil. Der Afternoon Tea ist berühmt.

St James's Hotel and Club £££
Luxus SP 10 F4
7–8 Park Place, SW1A 1LS
(020) 7316 1600
w stjameshotelandclub.com
Hotel in einem Stadthaus mit Kunstsammlung und Sternerestaurant. Nahe den Designerläden.

The Savoy £££
Luxus SP 11 C2
Strand, WC2R 0EU
(020) 7836 4343
w fairmont.com
Sehr luxuriös, mit berühmter Art-déco-Bar, elegante Zimmer.

The Stafford London £££
Stilvoll SP 10 F4
16–18 St James's Place, SW1A 1NJ
(020) 7493 0111
w thestaffordlondon.com

Preiskategorien
Preise für ein Doppelzimmer pro Nacht in der Hochsaison, inklusive Service und Steuern.

£	unter 100 £
££	100–200 £
£££	über 200 £

Spitzenmäßiges Hotel mit traditionellem Landhausdekor und American Bar.

W £££
Boutique SP 11 A2
10 Wardour St, W1D 6QF
(020) 7758 1000
w wlondon.co.uk
Das Haus dieser weltweiten Hotelkette verfügt über moderne, farbenfrohe Zimmer hinter einer Glasfassade.

The Wellesley £££
Luxus SP 10 D5
11 Knightsbridge, SW1X 7LY
(020) 7235 3535
w thewellesley.co.uk
Im Wellesley scheut man keine Kosten – das elegante und stilvolle Hotel bietet sogar einen kostenlosen Rolls-Royce-Shuttle-Service.

South Kensington und Hyde Park

Hyde Park Rooms £
B & B SP 9 A1
137 Sussex Gardens, W2 2RX
(020) 7723 0225
w hydeparkrooms.com
Einfache, aber dafür saubere Zimmer, teilweise mit Bad am Gang. Mit dem üppigen und schmackhafte Frühstück startet man gut in den Tag.

The Ampersand ££
Boutique SP 17 A2
10 Harrington Rd, SW7 3ER
(020) 7589 5895
w ampersandhotel.com
Das renovierte viktorianische Hotel verfügt über helle Zimmer und ungewöhnliches Dekor, inspiriert von Musik, Wissenschaft, Natur. Im Hotelrestaurant Apero werden köstliche mediterrane Gerichte serviert.

Rhodes ££
B & B SP 9 A1
195 Sussex Gardens, W2 2RJ
(020) 7262 0537
w rhodeshotel.com
Der freundliche Familienbetrieb mit modernen Standardzimmern befindet sich in einem charmanten georgianischen Haus.

Blick von der Themse auf das Hotel The Savoy, London

Hotelkategorien *siehe S. 559*

Elegante Bar des The Halkin by COMO

Belgraves	£££
Luxus	SP 18 D1

20 Chesham Place, SW1X 8HQ
📞 (020) 7858 0100
🌐 **thompsonhotels.com**
Etwas New Yorker *boho* bietet das auffällige Thompson Hotel. Die Terrasse besitzt ein verschließbares Dach.

The Capital	£££
Luxus	SP 9 C5

22–24 Basil St, SW3 1AT
📞 (020) 7589 5171
🌐 **capitalhotel.co.uk**
Gemütlich mit dem Luxus und Service eines Grandhotels.

The Gore	£££
Boutique	SP 8 F5

190 Queen's Gate, SW7 5EX
📞 (020) 7584 6601
🌐 **gorehotel.com**
Ein charaktervolles Hotel mit individuell gestalteten Zimmern. Online gibt es zuweilen günstige Angebote.

The Halkin by COMO	£££
Boutique	SP 10 D5

5 Halkin St, SW1X 7DJ
📞 (020) 7333 1000
🌐 **comohotels.com**
Lächelnder Service, frische Blumen, sanftes Licht, tolle Betten. Im Haus befindet sich ein Sternerestaurant.

The Levin	£££
Boutique	SP 9 C5

28 Basil St, SW3 1AS
📞 (020) 7589 6286
🌐 **thelevinhotel.co.uk**
Ein kleines Juwel, die gepflegten, wohl ausgestatteten Zimmer und Suiten haben Charme und Stil.

Mandarin Oriental Hyde Park	£££
Luxus	SP 9 C5

66 Knightsbridge, SW1X 7LA
📞 (020) 7235 2000
🌐 **mandarinoriental.com**
Zimmer mit Kamin und Mahagonimöbeln, sehr guter Service.

Royal Garden	£££
Stilvoll	SP 8 D5

2–24 Kensington High St, W8 4PT
📞 (020) 7937 8000
🌐 **royalgardenhotel.co.uk**
Hübsche Zimmer, teilweise mit Panoramablick auf den Park. Ideal für Familien.

Regent's Park und Bloomsbury

Ridgemount Hotel	£
B&B	SP 3 A5

65–67 Gower St, WC1E 6HJ
📞 (020) 7636 1141
🌐 **ridgemounthotel.co.uk**
Altmodisches B&B mit einem kleinen Garten. Schlichte Ausstattung, aber preiswert für die Lage.

Montagu Place	££
Boutique	SP 9 C1

2–3 Montagu Place, W1H 2ER
📞 (020) 7467 2777
🌐 **montagu-place.co.uk**
Hier hat man die Auswahl zwischen komfortablen, eleganten und modernen Zimmern.

No. 5 Doughty Street	£
Apartments	SP 4 D4

5 Doughty St, WC1N 2PL
📞 (020) 7014 0240
🌐 **blueprintlivingapartments.com**
Moderne Ein- und Zweizimmerwohnungen, voll ausgestattete Küchen, komfortabel, günstig.

Rough Luxe	££
B&B	SP 3 C3

1 Birkenhead St, WC1H 8BA
📞 (020) 7837 5338
🌐 **roughluxe.co.uk**
Schräges, kreatives B&B mit Kunst sowie sorgfältigem und gewissenhaftem Service.

The Arch	£££
Design	SP 9 C2

50 Great Cumberland Place, W1H 7FD
📞 (020) 7724 4700
🌐 **thearchlondon.com**

Hotel in einer geschickt umgebauten Häuserreihe, beliebte Bar, gemütliches Lokal. Individuell eingerichtete Zimmer.

Charlotte Street	£££
Boutique	SP 11 A1

15–17 Charlotte St, W1T 1RJ
📞 (020) 7806 2000
🌐 **firmdalehotels.com**
Erfrischend modernes und stilvolles Haus, beliebt in der Medienszene, lebhafte Gemeinschaftsräume und eigenes Kino.

Durrants	£££
Stilvoll	SP 10 D1

26–32 George St, W1H 5BJ
📞 (020) 7935 8131
🌐 **durrantshotel.co.uk**
Ein englischer Klassiker in Privatbesitz, holzgetäfelter Eingang, gemütliche Bar.

Vis-à-Vis-Tipp

The Langham	£££
Luxus	SP 10 E1

1c Portland Place, W1B 1JA
📞 (020) 7636 1000
🌐 **langhamhotels.com**
Das Langham wurde 1865 als der damals größte Hotelbau eröffnet. Es bietet opulente Zimmer, schicke Badezimmer und ein umwerfendes Spa mit Pool. Das Restaurant Landau residiert in einem ovalen Raum, die Cocktailbar Artesian ist herrlich romantisch.

City und Southwark

Boundary Rooms	££
Design	SP 6 D4

2–4 Boundary St, E2 7DD
📞 (020) 7729 1051
🌐 **boundary.london**
Terence Conrans Hotel ist stilvoll mit individuellen Zimmern. Mieten Sie eine Suite mit Terrasse.

The Hoxton	££
Design	SP 5 C4

81 Great Eastern St, EC2A 3HU
📞 (020) 7550 1000
🌐 **thehoxton.com**
Angesagtes, modernes Haus mit coolen, individuell dekorierten Zimmern. Sehr beliebt sind das Restaurant Hoxton Grill, die Bar und die Lounge.

Kennington B&B	£
B&B	SP 20 F3

103 Kennington Park Rd, SE11 4JJ
📞 (020) 7735 7669
🌐 **kenningtonbandb.com**
Das günstige und komfortable B&B in Familienhand befindet sich in einem georgianischen Stadthaus. Komfortable Zimmer.

SP = Stadtplan London *siehe S. 131–151*

London Bridge ££
Boutique   SP 13 B4
8–18 London Bridge St, SE1 9SG
 (020) 7855 2200
 londonbridgehotel.com
Hinreißende moderne Lobby, elegante Zimmer, Fitnesscenter, Restaurant, Museen in der Nähe.

The Montcalm at The Brewery London City ££
Design   SP 5 B4
52 Chiswell St, EC1Y 4SA
 (020) 7614 0100
 themontcalmlondoncity.co.uk
Schickes Hotel in einer ehemaligen Brauerei. Hier kehrte schon George III ein. Butler-Service.

The Rookery ££
Boutique   SP 4 F5
12 Peter's Ln, Cowcross St, EC1M 6DS
 (020) 7336 0931
 rookeryhotel.com
Drei restaurierte Häuser aus dem 18. Jahrhundert mit antiken Betten und Kaminen im Erdgeschoss.

Shoreditch Rooms ££
Design   SP 6 D4
Ebor St, E1 6AW
 (020) 7739 5040
 shoreditchhouse.com
Hotel in einem Lagerhaus, renoviert im New-England-Stil.

The Zetter Townhouse ££
Boutique   SP 4 E2
49–50 St John's Square, EC1V 4JJ
 (020) 7324 4444
 thezettertownhouse.com
In dem coolen, verspielten Hotel spendet ein und derselbe Automat Zahnpasta und Sekt.

Vis-à-Vis-Tipp

Andaz Liverpool Street £££
Design   SP 13 C1
Liverpool St, EC2M 7QN
 (020) 7961 1234
 london.liverpoolstreet.andaz.hyatt.com
Drei solide Bars, vier exzellente Restaurants und einen versteckten Freimaurertempel bietet dieses sanierte, alte Eisenbahnhotel. Die Zimmer sind minimalistisch, aber komfortabel. In einem Raum in der Lobby trifft man sich zu kostenlosen Erfrischungen.

King's Wardrobe by BridgeStreet £££
Apartments   SP 12 F2
6 Wardrobe Place, EC4V 5AF
 (020) 7792 2222
 bridgestreet.com
Flagship-Haus der Kette mit komfortablen, gut ausgestatteten Ein-

bis Vierzimmerwohnungen. Je nach Jahreszeit liegt die Mindestaufenthaltsdauer bei drei bis 30 Tagen.

Abstecher

Avo £
Boutique
82 Dalston Lane, E8 3AH
 (020) 3490 5061
 avohotel.com
Trendiges Hotel, hier gibt es Leih-DVDs, Memory-Foam-Betten und zahlreiche durchdachte Extras. Sehr preiswert!

Hotel 55 £
Boutique
55 Hanger Lane, W5 3HL
 (020) 8991 4450
 hotel55-london.com
Elegantes Hotel mit neutralen Farben, indischer Kunst, makellosen Badezimmern und Garten.

The Victoria Inn £
B&B
72–79 Choumert Rd, SE15 4AR
 (020) 7639 5052
 victoriainnpeckham.com
Gastro-Pub mit sonnigen, schicken Zimmern und Dschungel-Spielzimmer für Kinder.

The Alma ££
Boutique
499 Old York Road, SW18 1TF
 (020) 8870 2537
 almawandsworth.com
Viktorianisches Gasthaus, Pub-Restaurant, 23 elegant eingerichtete Zimmer.

Cannizaro House ££
Stilvoll
Westside Common, Wimbledon, SW19 4UE
 (020) 8879 1464
 hotelduvin.com
Rund 300 Jahre altes Landhaus mit Parkblick und Brasserie. Unter den illustren, namhaften Gästen waren auch Lord Tennyson und Oscar Wilde.

Fox and Grapes ££
Boutique
9 Camp Rd, SW19 4UN
 (020) 8619 1300
 foxandgrapeswimbledon.co.uk
Schickes, behagliches Hotel über einem französischen Gastro-Pub. Den Gästen stehen drei behagliche Zimmer zur Verfügung.

High Road House ££
Boutique
162–170 Chiswick High Rd, W4 1PR
 (020) 8742 1717
 highroadhouse.co.uk
Weiße Zimmer im skandinavischen Stil, mit Brasserie.

Premier Suites London Limehouse £££
Stilvoll
John Nash Mews, Limehouse Lock, 602 Commercial Rd, E14 7HS
 (0151) 227 9467
 premiersuiteslondon.eu
Nette Gemeinschaftsräume, Küchen mit Blick auf die Docklands.

Downs und Kanalküste

ARUNDEL: The Town House ££
Stilvoll   K M18
65 High St, West Sussex, BN18 9AJ
 (01903) 883 847
 thetownhouse.co.uk
Das elegante Haus im Regency-Stil gewährt einen herrlichen Blick auf Arundel Castle. Die Zimmer sind stilvoll eingerichtet. Das exzellente Restaurant im Erdgeschoss hat eine fantastische florentinische Decke.

BRIGHTON: Hotel Una ££
Boutique   K M18
55–56 Regency Square, East Sussex, BN1 2FF
 (01273) 820 464
 hotel-una.co.uk
Luxuriöse Zimmer, Frühstück im Bett ohne Aufschlag.

Komfortabel möbliertes Zimmer im London Bridge Hotel

Hotelkategorien *siehe S. 559* Preiskategorien *siehe S. 560*

DOWNS, KANALKÜSTE, EAST ANGLIA | 563

CANTERBURY:
Cathedral Lodge £
Design K O17
The Precincts, Kent, CT1 2EH
(01227) 865 350
canterburycathedrallodge.org
Moderne Lodge und elegante Zimmer auf dem Anwesen der Canterbury Cathedral.

Vis-à-Vis-Tipp

CHICHESTER:
Lordington House £
B & B K M18
Lordington, West Sussex, PO18 9DX
(01243) 375 862
sawdays.co.uk/britain/england/sussex/lordington-house
Dieses typisch englische Landhaus hat Zimmer im edwardianischen Stil und einen wunderbar gepflegten Garten. Im Sommer kann man auf dem Rasen Krocket spielen.

HASTINGS: Swan House ££
B & B K N18
Hill St, East Sussex, TN34 3HU
(01424) 430 014
swanhousehastings.co.uk
In dem Fachwerkhaus von 1490 serviert man ein Gourmetfrühstück aus lokalen Zutaten.

HEVER: Hever Castle B & B ££
B & B K N18
The Astor Wing, Hever Castle, TN8 7NG
(01732) 861 800
hevercastle.co.uk
Luxus-B & B mit Zugang zum Schloss und Golfplatz. Hier lebte Anne Boleyn als Kind.

LEWES: The Shelleys ££
Boutique K N18
135–136 High St, East Sussex, BN7 1XS
(01273) 472 361
the-shelleys.co.uk
Hotel in einem Landhaus aus dem 17. Jahrhundert. Luxuriöse Zimmer im georgianischen Stil.

PORTSMOUTH: The George £
Stilvoll K L19
84 Queen St, Hampshire, PO1 3HU
(02392) 753 885
thegeorgehotel.org.uk
Malerische Zimmer mit Holzbalken, im Pub gibt es Ale vom Fass.

PORTSMOUTH: Number Four Boutique Hotel ££
Boutique K L19
69 Festing Rd, Southsea, Hampshire, PO4 0NQ
(02392) 008 444
number4hotel.co.uk
Design-Hotel in Nähe zur Stadt und zur Küste. Gutes Restaurant.

ROCHESTER: Sovereign £
Stilvoll K N17
29 Medway Bridge Marina, Manor Lane, Kent, ME1 3HS
(01634) 400 474
thesovereignbb.co.uk
Rhein-Kreuzfahrtschiff aus den 1930er Jahren. Helle Zimmer.

SEAVIEW: Priory Bay Hotel £££
Luxus K L19
Priory Drive, Isle of Wight, PO34 5BU
(01983) 613 146
priorybay.com
Historisches Haus im Wald, Jurten und strohgedeckte Cottages.

SOUTHAMPTON:
Hotel Terravina ££
Boutique K L18
174 Woodlands Rd, Woodlands, Hampshire, SO40 7GL
(02380) 293 784
hotelterravina.co.uk
Regenduschen und Extras wie flauschige Bademäntel.

WHITSTABLE: Sleeperzzz Guesthouse £
B & B K O17
30 Railway Ave, Kent, CT5 1LH
(01227) 636 975
sleeperzzz.net
Einfaches B & B nahe dem Zentrum. Herzhaftes Frühstück.

WINCHELSEA: Strand House £
Stilvoll K O18
Tanyards Lane, East Sussex, TN36 4JT
(01797) 226 276
thestrandhouse.co.uk
Das Haus im Old-Tudor-Stil bietet Frühstück, Lunchpakete, Nachmittagstee und Diner.

WINCHESTER: Lainston Country House ££
Luxus K L18
Woodman Lane, Sparsholt, Hampshire, SO21 2LT
(01962) 776 088
lainstonhouse.com
Landhaus (17. Jh.) mit Park, Ruinen einer Kapelle, gutem Essen.

East Anglia

ALDEBURGH: Laurel House £
B & B K P16
23 Lee Rd, Suffolk, IP15 5EY
(01728) 452 775
laurel-house.net
Zwei hochelegante Zimmer in einem viktorianischen Haus. Kontinentales Frühstück mit frischem Obst.

CAMBRIDGE:
Madingley Hall £
Stilvoll K N16
Madingley, Cambridgeshire, CB23 8AQ
(01223) 746 222
madingleyhall.co.uk
Großes Landhaus aus dem 16. Jahrhundert, funktionale, moderne Zimmer, schöner Park.

CAMBRIDGE: The Varsity Hotel & Spa £££
Luxus K N16
Thompson's Lane, Cambridgeshire, CB5 8AQ
(01223) 306 030
thevarsityhotel.co.uk
Am River Cam mit Spa, Fitnessraum, Dachterrasse. Zimmer mit Panoramafenster.

LITTLE DOWNHAM: Anchor £
Boutique K N15
25 Main St, Cambridgeshire, CB6 2ST
(01353) 699 333
littledownhamanchor.co.uk
Minimalistisch eingerichtete, aber hübsche Zimmer; die Bar serviert Ale vom Fass und lokalen Gin.

LOWESTOFT: Britten House £
Stilvoll K P15
21 Kirkley Cliff Rd, Suffolk, NR33 0DB
(01502) 573 950
brittenhouse.co.uk
Geburtsort und Familiensitz des Komponisten Benjamin Britten (1913–1976). Traditionelles viktorianisches Haus mit Originalelementen und Meerblick.

NORWICH: The Old Rectory ££
B & B K O15
103 Yarmouth Rd, Norfolk, NR7 0HF
(01603) 700 772
oldrectorynorwich.com
B & B in einem geräumigen georgianischen Landhaus mit feinem Restaurant. Die hübschen Zimmer sind stilvoll eingerichtet.

Die malerische Fassade des Swan House B & B, Hastings

SP = Stadtplan London *siehe S. 131–151* K = Karte *Extrakarte zum Herausnehmen*

SOUTHWOLD: The Crown
Stilvoll   K P15
*The Street, Westleton, Suffolk,
IP17 3AD*
📞 (01728) 648 777
🌐 westletoncrown.co.uk
Traditioneller Gasthof aus dem 12. Jahrhundert mit Kaminfeuer, Garten und bequemen Zimmern.

SOUTHWOLD: Sutherland House
Stilvoll   K P15
56 High St, Suffolk, IP18 6DN
📞 (01502) 724 544
🌐 sutherlandhouse.co.uk
Wählen Sie zwischen Zimmern mit hübschem Holzbett, Deckenfresko oder schicker Badewanne in diesem reizenden Haus aus dem 15. Jahrhundert.

Themse-Tal

BANBURY: Banbury Cross Bed & Breakfast
B & B   £
                                   K L16
1 Broughton Rd, Oxfordshire, OX16 9QB
📞 (01295) 266 048
🌐 banburycrossbandb.co.uk
Preisgekröntes B & B in einem viktorianischen Haus. Traditionelle Zimmer, üppiges Frühstück.

GREAT MILTON: Le Manoir aux Quat' Saisons
Luxus   £££
                                   K L17
Church Rd, Oxfordshire, OX44 7PD
📞 (01844) 278 881
🌐 manoir.com
Opulentes, hochpreisiges Hotel mit eleganten Zimmern und prächtigem Garten. Sternerestaurant und Kochschule von Raymond Blanc.

MARLOW: Kenton House
B & B   £
                                   K M17
4 Kenton Close, Buckinghamshire, SL7 1DU
📞 (01628) 486 536
🌐 marlow-bedandbreakfast.co.uk
Wohnraum mit stilvoller, offener Küche und herrlichem Gartenblick. Saubere Zimmer. Mächtiges Frühstück.

OXFORD: Keble College
Stilvoll   ££
                                   K L17
Keble College, Oxfordshire, OX1 3PG
📞 (01865) 272 727
🌐 keble.ox.ac.uk
Einmalige Unterkunft in einem historischen College-Gebäude, Frühstück in der Great Hall. Zimmer sind nur während der Ferien verfügbar und sollten mindestens zwei oder drei Monate vorher gebucht werden (siehe Website).

Gold Room im Fleuchary House, St Albans

OXFORD: Old Bank Hotel
Luxus   £££
                                   K L17
92–94 High St, Oxfordshire, OX1 4BJ
📞 (01865) 799 599
🌐 oldbank-hotel.co.uk
Schöne ehemalige Bank mit viel Kunst. Kostenlose Fahrräder.

ST ALBANS: Fleuchary House
Boutique   ££
                                   K M17
29 Upper Lattimore Rd, Hertfordshire, AL1 3UA
📞 (01727) 766 764
🌐 29stalbans.com
B & B mit eleganten Zimmern. Opulentes, sättigendes Frühstück.

Vis-à-Vis-Tipp

STOKE POGES: Stoke Park £££
Stilvoll   K L17
Park Rd, Buckinghamshire, SL2 4PG
📞 (01753) 717 172
🌐 stokepark.com
Dieses leuchtend weiße Herrenhaus wirkt wegen seiner zahllosen Antiquitäten und Gemälde beinahe schon wie ein Museum. Zum Anwesen gehören drei Restaurants und ein Swimmingpool. Viele Freizeit- und Sportmöglichkeiten sind vorhanden, beispielsweise Golf, Tennis und Wellness.

UFFINGTON: The Fox & Hounds
Stilvoll   £
                                   K K17
High St, Oxfordshire, SN7 7RP
📞 (01367) 820 680
🌐 uffingtonpub.co.uk
Bei den Einheimischen beliebtes Pub. Komfortable, ruhige Zimmer.

WANTAGE: Court Hill Centre
Stilvoll   £
                                   K L17
Court Hill, Oxfordshire, OX12 9NE
📞 (01235) 760 253
🌐 courthill.org.uk
Schlafsäle in fünf umgebauten Scheunen mit Teestube.

WINDSOR: The Old Farmhouse
Stilvoll   £
                                   K M17
Oakley Green, Berkshire, SL44LH
📞 (01753) 850 411
🌐 theoldfarmhousewindsor.com
Traditionell möblierte Zimmer in einem Fachwerkhaus aus dem 15. Jahrhundert mit Garten.

Wessex

ABBOTSBURY: The Abbey House
B & B   £
                                   K J19
Church St, Dorset, DT3 4JJ
📞 (01305) 871 330
🌐 theabbeyhouse.co.uk
Kleines B & B mit hübschem Garten und gemütlichen Zimmern. Keine Kinder unter zwölf Jahre.

AVEBURY: The Lodge
Avebury   ££
B & B   K K17
High St, Wiltshire, SN8 1RF
📞 (01672) 539 023
🌐 aveburylodge.co.uk
B & B mit Antiquitäten, Zimmer teils mit Blick auf Aveburys Steinkreis, vegetarische Küche.

Behagliches Zimmer im Le Manoir aux Quat' Saisons, Great Milton

Hotelkategorien siehe S. 559 Preiskategorien siehe S. 560

BATH: Apsley House Hotel ££
B&B K J17
141 Newbridge Hill, Somerset, BA1 3PT
☎ (01225) 336 966
🌐 apsley-house.co.uk
Georgianisches Haus, zwölf Zimmer, hervorragender Service.

BATH: The Queensberry ££
Boutique K J17
Russel St, Somerset, BA1 2AF
☎ (01225) 447 928
🌐 thequeensberry.co.uk
Wunderbar romantische Zimmer, mediterranes Restaurant.

Vis-à-Vis-Tipp

BATH: The Royal Crescent £££
Luxus K J17
16 Royal Crescent, Somerset, BA1 2LS
☎ (01225) 823 333
🌐 royalcrescent.co.uk
Das prächtige Relais & Châteaux-Hotel verbindet mit hohen Zimmern, fantastischem Spa und Gourmetrestaurant georgianische Opulenz mit modernem Luxus. Man kann auch Cottages im Park mieten.

BOURNEMOUTH: The Chocolate Boutique Hotel £
Boutique K K19
5 Durley Rd, Dorset, BH2 5JQ
☎ (01202) 556 857
🌐 thechocolateboutiquehotel.co.uk
Zwischen Bäumen bietet dieses Hotel Zimmer mit Schokoladenthemen und Chocolatier-Kursen.

BOURNEMOUTH: Miramar ££
Stilvoll K K19
East Overcliff Drive, Dorset, BH1 3AL
☎ (01202) 556 581
🌐 miramar-bournemouth.com
Großes, familienfreundliches Drei-Sterne-Hotel in Strandnähe.

BOURNEMOUTH: Urban Beach Hotel ££
Boutique K K19
23 Argyll Rd, Boscombe, Dorset, BH5 1EB
☎ (01202) 301 509
🌐 urbanbeach.co.uk
Preisgekrönt, familienfreundlich, mit Bistro, in Strandnähe. Frühstück inbegriffen.

BRIDPORT: The Bull Hotel ££
Boutique K J19
34 East St, Dorset, DT6 3LF
☎ (01308) 422 878
🌐 thebullhotel.co.uk
Nobler Gasthof aus dem 16. Jahrhundert, aufwendig modernisiert und mit populärem Pub.

BRISTOL: Brooks Guesthouse £
B&B K J17
St Nicholas St, BS1 1UB
☎ (0117) 930 0066
🌐 brooksguesthousebristol.com
Das freundliche, günstige B&B hinter dem Markt von St Nicks bietet Zwei- und Dreibettzimmer. Weitere Übernachtungsmöglichkeiten bieten vier Retro-Wohnwagen. Frühstück inbegriffen.

BRISTOL: The Bristol Camper Company £
Camping K J17
Carpenter's Farm, Yatton, BS21 6TL
☎ (01275) 340170
🌐 thebristolcampercompany.co.uk
Mieten Sie einen modernen VW-Camper und erkunden Sie das West Country. Nur wöchentlich oder teilwöchentlich möglich.

BRISTOL: Hotel du Vin ££
Boutique K J17
The Sugar House, Lewins Mead, BS1 2NU
☎ (0117) 925 5577
🌐 hotelduvin.com/bristol
Elegant, in einem Zuckerlager aus dem 18. Jahrhundert mit Bar, Brasserie, romantischen Zimmern.

BRUTON: At the Chapel ££
Boutique K J18
High St, Somerset, BA10 0AE
☎ (01749) 814 070
🌐 atthechapel.co.uk
Acht Luxuszimmer in einer ehemaligen Kapelle. Frisch gebackene Croissants zum Frühstück.

CORSHAM: Guyers House Landhaus ££
Boutique K K17
Pickwick, Wiltshire, SN13 0PS
☎ (01249) 713 399
🌐 guyershouse.com
Landhaus mit wunderschönem Garten. Im Angebot Tennis, Krocket und Candle-Light-Dinner.

HINTON ST GEORGE: Lord Poulett Arms £
Boutique K J18
High St, Somerset, TA17 8SE
☎ (01460) 73149
🌐 lordpoulettarms.com
Gasthaus aus dem 17. Jahrhundert. Die hübschen eleganten Zimmer gefallen mit Kronleuchtern, Spiegeln mit Goldrahmen und frei stehenden Badewannen. Exzellentes Restaurant.

LACOCK: At the Sign of the Angel ££
B&B K K17
6 Church St, Chippenham, Wiltshire, SN15 2LB
☎ (01249) 730 230
🌐 signoftheangel.co.uk

In diesem Pub aus dem 15. Jahrhundert mit B&B gefallen Hausmannskost, antike geschnitzte Betten und offene Kamine für ein romantisches Wochenende.

LONGLEAT: The Bath Arms ££
Boutique K K18
Horningsham, Warminster, Wiltshire, BA12 7LY
☎ (01985) 844 308
🌐 batharms.co.uk
Stimmungsvolles Pub mit 16 Zimmern, hunde- und familienfreundlich, ideal für Feiern.

LYME REGIS: Hix Townhouse £
B&B K J19
1 Pound St, Dorset, DT7 3HT
☎ (01297) 442 499
🌐 hixrestaurants.co.uk
Boutique-B&B mit luxuriösen Extras und Frühstücks-Esskorb mit köstlichen lokalen Produkten.

LYME REGIS: Hotel Alexandra ££
Boutique K J19
Pound St, Dorset, DT7 3HZ
☎ (01297) 442 010
🌐 hotelalexandra.co.uk
Manche Zimmer mit Blick auf den Strand und den Cobb (Hafen). Vermietet werden auch zwei Selbstversorger-Cottages.

MALMESBURY: The Rectory ££
Luxus K K17
Crudwell, Wiltshire, SN16 9EP
☎ (01666) 577 194
🌐 therectoryhotel.com
Boutique-Hotel in den Cotswolds, gute Lage, helle Zimmer, Garten mit Mauer, Pool.

POOLE: Hotel du Vin ££
Boutique K K19
The Quay, Thames St, Dorset, BH15 1JN
☎ (01202) 785 570
🌐 hotelduvin.com
Mit Clematis bewachsenes georgianisches Haus mit Bistro, Weinkeller und Verkostungsraum.

The Chocolate Boutique Hotel, Bournemouth

K = Karte *Extrakarte zum Herausnehmen*

Traditionelles Mobiliar im Bovey Castle, Dartmoor

SALISBURY: Howard's House Hotel ££
Boutique K K18
Teffont Evias, Wiltshire, SP3 5RJ
(01722) 716 392
howardshousehotel.co.uk
Das klassische Landhaus verfügt über moderne Zimmer. Aufgrund seiner Lage ist es ideal zum Jagen und Angeln.

SALISBURY: St Ann's House £
B&B K K18
33–34 St Ann St, Wiltshire, SP1 2DP
(01722) 335 657
stannshouse.co.uk
Das georgianische Vier-Sterne-Haus befindet sich in Bahnhofsnähe mit Blick auf die Kathedrale. Große Frühstücksauswahl.

STUDLAND: The Pig on the Beach ££
Boutique K H18
Manor House, Manor Rd, Dorset, BH19 3AU
(01929) 450 288
thepighotel.com
Das Landhotel bietet diverse Wellnessanwendungen an. Die Zimmer sind hübsch eingerichtet. Zum Haus gehört auch ein gutes Restaurant.

TISBURY: The Beckford Arms ££
B&B K K18
8–10 Fonthill Gifford, Wiltshire, SP3 6PX
(01747) 870 385
beckfordarms.com
Stilvolles und traditionelles Pub mit einfachen Zimmern und zwei größeren Lodges, unweit von Stonehenge.

WELLS: The Crown at Wells £
B&B K J18
Market Place, Somerset, BA5 2RP
(01749) 673 457
crownatwells.co.uk
In diesem Gasthaus (15. Jh.) gibt es vier Zimmer mit Himmelbetten sowie Familienzimmer. Das gemütliche Pub besitzt viel Flair.

Devon und Cornwall

BABBACOMBE BEACH: The Cary Arms £££
Boutique K H19
South Devon, TQ1 3LX
(01803) 327 110
caryarms.co.uk
Strandhotel mit gestreifter New-England-Wäsche, Gastro-Pub-Essen und Aktivitäten für Kinder.

BARNSTAPLE: Broomhill Art Hotel ££
Boutique K G18
Muddiford, North Devon, EX31 4EX
(01271) 850 262
broomhillart.co.uk
Sechs Zimmer, moderner Skulpturenpark, Wochenendpreise inklusive Frühstück und Abendessen.

BIGBURY-ON-SEA: Burgh Island £££
Luxus K H20
South Devon, TQ7 4BG
(01548) 810 514
burghisland.com
Art-déco-Hotel auf einer Privatinsel, per Boot erreichbar. Hier wohnte schon Agatha Christie.

BODMIN MOOR: Ekopod ££
Stilvoll K F19
St Clether, Launceston, Cornwall, PL15 8QJ
(01566) 880 248
ekopod.co.uk
Vier Öko-Zelte für je zwei Personen mit Küche und Bad. Mindestaufenthalt drei Nächte.

BOSCASTLE: The Old Rectory ££
Stilvoll K F19
St Juliot, Cornwall, PL35 0BT
(01840) 250 225
stjuliot.com
Ein viktorianisches Haus, in dem schon Thomas Hardy weilte. Wunderschöner Garten. Die Frühstückseier stammen von den hauseigenen Hennen.

Vis-à-Vis-Tipp

CAMELFORD: Belle Tents ££
Camping K F19
Owl's Gate, Davidstow, Cornwall, PL32 9XY
(01840) 261 556
belletentscamping.co.uk
Die bonbonfarbenen Luxuszelte mit Betten, Küche und Feuerplatz bieten in einem privaten Tal bei Tintagel Unterkünfte für Familienurlaube. Abends geht man in das Bar-Zelt der Anlage. Nur von Mai bis September geöffnet.

CHAGFORD: Gidleigh Park £££
Luxus K G19
Devon, TQ13 8HH
(01647) 432 367
gidleigh.co.uk
Hotel in einem Tudor-Haus mit sehr gutem Restaurant, Spa-Suiten und großem Park mit Bach.

CHILLINGTON: The White House £££
Boutique K H20
Devon, TA7 2JX
(01548) 580 505
whitehousedevon.com
Georgianisches Haus, küstennah, gemütliches Abendessen, Rasencrocket, moderne Luxuszimmer.

CLOVELLY: The Red Lion ££
Stilvoll K G18
The Quay, Devon, EX39 5TF
(01237) 431 237
stayatclovelly.co.uk
Strandhotel mit Blick auf Clovellys alten Hafen. Zimmer mit Marinedekor. Spa-Behandlungen auf dem Zimmer.

DARTMOOR: Bovey Castle £££
Luxus K H19
North Bovey, Dartmoor National Park, Devon, TQ13 8RE
0844 474 0077
boveycastle.com
Großes und opulent möbliertes Schlosshotel. Blick auf das Moor. Mit Golfplatz und Spa.

FOWEY: The Old Ferry Inn ££
B&B K F19
Bodinnick, Cornwall, PL23 1LX
(01726) 870 237
oldferryinn.co.uk
Freundliches Gasthaus aus dem 17. Jahrhundert in Flussnähe. Herzhafte Kost.

FOWEY: The Old Quay House ££
Stilvoll K F19
28 Fore St, Cornwall, PL23 1AQ
(01726) 833 302
theoldquayhouse.com
Modernes Boutique-Hotel mit Blick auf die Boote im Wasser. Schöne Terrasse an der Rückseite.

Das klassisch gestaltete Howard's House Hotel, Salisbury

Hotelkategorien *siehe S. 559* Preiskategorien *siehe S. 560*

DEVON, CORNWALL, ZENTRALENGLAND | 567

HONITON: The Pig at Combe ££
Boutique K G19
Gittisham, Devon, EX14 3AD
☎ (01404) 540 400
🌐 thepighotel.com
Das elisabethanische Landhaus liegt in einem üppig grünen Tal. Die Zimmer sind hübsch möbliert. Außerdem gibt es drei Cottages.

LIFTON: The Arundell Arms ££
Luxus K G19
1 Fore St, Devon, PL16 0AA
☎ (01566) 784 666
🌐 arundellarms.com
Landhotel, ideal zum Jagen und Fischen. Vermietet werden auch Cottages für Selbstversorger.

MAWGAN PORTH:
Bedruthan Steps ££
Boutique K F19
Trenance, Cornwall, TR8 4DQ
☎ (01637) 860 860
🌐 bedruthan.com
Helles und buntes Hotel mit sehr gutem Café und schönem Strand. Hervorragend für Familien.

Vis-à-Vis-Tipp
MAWGAN PORTH:
The Scarlet £££
Stilvoll K F19
Tredragon Rd, Cornwall, TR8 4DQ
☎ (01637) 861 800
🌐 scarlethotel.co.uk
Das luxuriöse Hotel blickt auf den Sandstrand von Mawgan Porth und ist das erste Fünf-Sterne-Ökohotel in Großbritannien. Genießen Sie *scones* mit *clotted cream*, Cidre sowie das Spa und das heiße Algenbad. Keine Kinder.

MOUSEHOLE: The Old Coastguard Hotel ££
Stilvoll K E20
The Parade, Cornwall, TR19 6PR
☎ (01736) 731 222
🌐 oldcoastguardhotel.co.uk
Das Hotel am Ufer in einem alten Fischerdorf bietet 15 traditionelle Zimmer mit herrlichem Meerblick.

MULLION: The Polurrian Bay Hotel ££
Boutique K F20
Polurrian Bay, Cornwall, TR12 7EN
☎ (01326) 240 121
🌐 polurrianhotel.com
Familienfreundliches Hotel auf einer Klippe hoch über dem Meer. Kindergarten, Spa, Kinoraum, Tennisplatz, Hallenbad.

NEWQUAY: Watergate Bay Hotel £££
Boutique K F19
Watergate Bay, Cornwall, TR8 4AA
☎ (01637) 860 543
🌐 watergatebay.co.uk
Schönes, großes Seehotel mit Infinity Pool und zahlreichen Freizeitangeboten am Strand.

PENZANCE: The Artist Residence ££
B&B K E20
20 Chapel St, Cornwall, TR18 4AW
☎ (01736) 365 664
🌐 arthotelcornwall.co.uk
Fröhliche, moderne Pension in einer strandnahen georgianischen Villa mit vielen Bildern.

PENZANCE: The Cove £££
Boutique K E20
Lamorna Cove, Cornwall, TR19 6XH
☎ (01736) 731 411
🌐 thecovecornwall.com
Ungestörter Aufenthalt in acht Apartments mit der Ausstattung eines Boutique-Hotels und Pool.

ROCK: St Enodoc's £££
Boutique K F19
Rock, Cornwall, PL27 6LA
☎ (01208) 863 394
🌐 enodoc-hotel.co.uk
Design-Seehotel mit Blick auf die Mündung des River Camel. Restaurant mit Terrasse.

SALCOMBE: South Sands £££
Stilvoll K H20
Bolt Head, Devon, TQ8 8LL
☎ (01548) 845 900
🌐 southsands.com
Wunderbares Strandhotel mit Blick auf die Flussmündung. Ideal für Ausflüge in South Devon.

SAUNTON: Saunton Sands Hotel £££
Stilvoll K G18
Braunton, North Devon, EX33 1LQ
☎ (01271) 890 212
🌐 sauntonsands.co.uk
Elegantes Familienhotel bei Sauntons Sanddünen. Babysitter, Spielzimmer, Surfkurse.

ST IVES: Headland House ££
B&B K E20
Headland Rd, Carbis Bay, Cornwall, TR26 2NS
☎ (01736) 796 647
🌐 headlandhousehotel.co.uk
Edwardianisches Haus mit Meerblick und Nachmittagstee. Zimmer mit Kingsize-Betten. Mit Garten und gemütlicher Bar.

ST MAWES: Hotel Tresanton £££
Luxus K F20
Cornwall, TR2 5DR
☎ (01326) 270 055
🌐 tresanton.com
Superglamouröses Hotel am Meer mit 30 Zimmern und zwei kleinen Cottages.

Blick auf das malerische Old Quay House, Fowey (siehe S. 566)

TAVISTOCK: Hotel Endsleigh £££
Luxus K G19
Milton Abbot, Devon, PL19 0PQ
☎ (01822) 870 000
🌐 hotelendsleigh.com
Ehemalige Jagd- und Angel-Lodge in einem von Repton gestalteten Park. Landhauschic.

ZENNOR: The Gurnard's Head ££
Boutique K E20
Bei Zennor, Cornwall, TR26 3DE
☎ (01736) 796 928
🌐 gurnardshead.co.uk
Gastro-Pub mit Zimmern in Traumlage. Zum Sunday Sleepover gehören Sonntagmittag- und -abendessen und Frühstück.

Zentralengland

BIRMINGHAM: La Tour ££
Boutique K K15
Albert St, West Midlands, B5 5JE
☎ (0121) 718 8000
🌐 hotel-latour.co.uk
Schickes Hotel mit Marco Pierre Whites elegantem Restaurant Chophouse.

BOURTON-ON-THE-WATER: Cranbourne House ££
B&B K K16
Moore Rd, Cheltenham, Gloucestershire, GL54 2AZ
☎ (01451) 821 883
🌐 cranbournehousebandb.co.uk
Reizendes Cotswolds-Steinhaus mit Regenduschen, Luxus-Toilettenartikel, Kosmetikbehandlungen im Zimmer sowie Lounge mit Holzfeuer.

CHELTENHAM: The Bradley £
Boutique K K16
19 Royal Parade, Bayshill Rd, GL50 3AY
☎ (01242) 519 077
🌐 thebradleyhotel.co.uk
Familienbetrieb in einem Regency-Haus, antik möbliert mit modernem Komfort.

K = Karte *Extrakarte zum Herausnehmen*

Gartenbereich des Hotels Edgar House, Chester

**CHELTENHAM:
Number 4 at Stow**
Boutique £££
K K16
Fosseway, Stow-on-the-Wold, Gloucestershire, GL54 1JX
📞 (01451) 830 297
🌐 hotelnumberfour.co.uk
Hotel in einem Haus aus dem 16. Jahrhundert mit Eichenbalken. Hausgemachtes Gebäck.

CHESTER: Edgar House
Luxus £££
K J14
22 City Walls, CH1 1SB
📞 (01244) 347 007
🌐 edgarhouse.co.uk
Georgianisches Gebäude mit Flussblick in Nähe der Stadtmauer. Verschwenderisch eingerichtete Zimmer.

**COVENTRY: Coombe
Abbey Hotel**
Stilvoll ££
K L15
Brinklow Rd, Warwickshire, CV3 2AB
📞 (024) 7645 0450
🌐 coombeabbey.com
Hotel in einer ehemaligen Abtei aus dem 12. Jahrhundert mit Park, See und Antiquitäten.

HEREFORD: Castle House
Luxus ££
K L15
Castle St, HR1 2NW
📞 (01432) 356 321
🌐 castlehse.co.uk
Hotel mit individuell eingerichteten Zimmern, die sich auf eine georgianische Villa und ein nahes Stadthaus verteilen.

IRONBRIDGE: Library House
Stilvoll £
K J15
11 Severn Bank, Telford, TF8 7AN
📞 (01952) 432 299
🌐 libraryhouse.com
Hübsch möbliertes Zimmer in der ehemaligen Bibliothek, die neben der berühmten Iron Bridge liegt.

MALVERN: Cannara B&B
B&B £
K J16
147 Barnards Green Rd, WR14 3LT
📞 (01684) 564 418
🌐 cannara.co.uk

Viktorianisches Haus mit Blick auf die Malvern Hills. Gutes Frühstück.

**MORETON-IN-MARSH:
Manor House**
Stilvoll ££
K K16
High St, GL56 0LJ
📞 (01608) 650 501
🌐 cotswold-inns-hotels.co.uk
Ehemaliger Kutschergasthof (16. Jh.) mit hübschem Garten.

Vis-à-Vis-Tipp

PAINSWICK: Cardynham House
Stilvoll ££
K K16
Tibbiwell St, Gloucestershire, GL6 6XX
📞 (01452) 814 006
🌐 cardynham.co.uk
Alle Zimmer in diesem Kaufmannshaus aus dem 16. Jahrhundert sind individuell eingerichtet, beispielsweise das Arabian Nights, das Dovecote und der Pool Room.

ROSS-ON-WYE: Norton House
B&B £
K J16
Old Monmouth Rd, Whitchurch, Herefordshire, HR9 6DJ
📞 (01600) 890 046
🌐 norton-house.com
Traditionelle Zimmer, mit altmodischem Charme und Komfort.

SHREWSBURY: Old House Suites
Stilvoll £
K J15
20 Dogpole, Shropshire, SY1 1ES
📞 07813 610 904
🌐 theoldhousesuites.com
Ein Fachwerkhaus (1480) mit Suiten und offenen Kaminen.

**STRATFORD-UPON-AVON:
Twelfth Night Guesthouse**
B&B £
K K16
13 Evesham Place, Warwickshire, CV37 6HT
📞 (01789) 414 595
🌐 twelfthnight.co.uk
Viktorianische Villa in der Nähe der Royal Shakespeare Company.

WORCESTER: Holland House
B&B £
K K16
210 London Rd, WR5 2JT
📞 (01905) 353 939
🌐 holland-house.me.uk
Das viktorianische Haus verfügt über hübsche Zimmern und liegt in der Stadtmitte. Freundlicher Service. Großartiges Frühstück.

East Midlands

BAKEWELL: Hassop Hall Hotel
Luxus ££
K K14
Hassop Rd, Derbyshire, DE45 1NS
📞 (01629) 640 488
🌐 hassophallhotel.co.uk
Historisches Hotel im malerischen Dorf Hassop mit komfortablen Zimmern und Garten.

**BUXTON: Griff House
Bed & Breakfast**
B&B £
K K13
2 Compton Rd, Derbyshire, SK17 9DN
📞 (01298) 23628
🌐 griffhousebuxton.co.uk
Viktorianisches Haus mit schlichten Zimmern. Hausgemachtes Brot und Müsli zum Frühstück.

LINCOLN: The Castle Hotel
Boutique ££
K M13
Westgate, Lincolnshire, LN1 3AS
📞 (01522) 538 801
🌐 castlehotel.net
Design-Zimmer und -Bäder mit Regenduschen und Badewannen. Ein Luxusapartment.

Vis-à-Vis-Tipp

MATLOCK: Glendon Guesthouse
B&B £
K K14
7 Knowleston Place, Derbyshire, DE4 3BU
📞 (01629) 584 732
🌐 glendonbandb.co.uk
Ein Gästehaus mit Himmelbetten in Doppel- und Familienzimmern mit Bad, einer Lobby mit Blick auf Knowleston Gardens, luxuriöser Bettwäsche und Handtüchern aus ägyptischer Baumwolle. Zum Frühstück schmecken hausgemachte Würstchen und Eier aus Freilandhaltung. Das Ferienhaus ist für Selbstversorger.

NOTTINGHAM: Mama's Inn
Stilvoll £
K L17
124–126 Mansfield Rd, NG1 3HL
📞 (0115) 779 9262
🌐 mamasinn.co.uk
Das Anwesen besteht aus zwei viktorianischen Herrenhäusern. Opulente Einrichtung.

Sonnige Terrasse des Bridge Hotel, Buttermere

STAMFORD: The Bull & Swan £
Boutique K M15
St Martins, Lincolnshire, PE9 2LJ
((01780) 766 412
w thebullandswan.co.uk
Der historische und freundliche Gasthof zeichnet sich durch schicke Zimmer aus. Serviert werden lokales Ale und gutes Essen.

Lancashire und Lake District

AMBLESIDE: Waterhead ££
Boutique K K10
Waterhead, Cumbria, LA22 0ER
(0845 850 4503
w englishlakes.co.uk
Hotel in einem Stadthaus am Lake Windermere. Im hauseigenen Restaurant serviert man moderne regionale Küche.

ARMATHWAITE:
Drybeck Farm £
Stilvoll K K9
Cumbria, CA4 9ST
(07854 523 012
w drybeckfarm.co.uk
»Glamping« in mongolischen Jurten und einem Landfahrerwagen auf einem Bauernhof.

BLACKPOOL: The Kenley £
B&B K H12
29 St Chads Rd, Cumbria, FY1 6BP
((01253) 346 447
w kenleyhotel.co.uk
Boutique-B&B mit zeitgenössischem Kitsch-Design. Zum Frühstück gibt es u. a. heimischen *black pudding*.

BORROWDALE: Borrowdale Gates Hotel £
Stilvoll K K10
Grange, Cumbria, CA12 5UQ
(0845 833 2524
w borrowdale-gates.com
Viktorianisches Landhaus in einem kleinen Dorf mit Blick auf Berge und Wälder.

BOWNESS-ON-WINDERMERE:
Linthwaite House ££
Stilvoll K K10
Crook Rd, Cumbria, LA23 3JA
((01539) 488 600
w linthwaite.com
Nobles Landhaushotel mit gutem Essen und Blick auf den Windermere und die Berge.

BUTTERMERE: Bridge Hotel ££
Stilvoll K K10
Cumbria, CA13 9UZ
((01768) 770 252
w bridge-hotel.com
Im Lake District gelegenes schönes Steinhaus mit Blumendekor und zwei Bars.

COCKERMOUTH:
Six Castlegate £
B&B K K9
6 Castlegate, Cumbria, CA13 9EU
((01900) 826 786
w sixcastlegate.co.uk
Runderneuertes gorgianisches Steinhaus mit einfachen Zimmern. Luxushandtücher und -bettwäsche.

CONISTON: Bank Ground Farm £
B&B K K10
East of the Lake, Cumbria, LA21 8AA
((01539) 441 264
w bankground.com
Bauernhaus am See mit Cottages aus dem 15. Jahrhundert.

GRANGE-OVER-SANDS:
Broughton House £
B&B K J12
Field Broughton, Cumbria, LA11 6HN
((01539) 536 439
w broughtonhousecartmel.co.uk
Jurten, Hütten, Zimmer mit Holzböden für Selbstversorger.

GRASMERE: Grasmere Hotel ££
Boutique K K10
Broadgate, Cumbria, LA22 9TA
((01539) 435 277
w grasmerehotel.co.uk
Renoviertes viktorianisches Landhaus mit großen Zimmern.

IREBY: Overwater Hall ££
Luxus K K9
Cumbria, CA7 1HH
((01768) 776 566
w overwaterhall.co.uk
Landhaus aus dem 18. Jahrhundert mit großem Garten und floral dekorierten Zimmern.

KENDAL: Crosthwaite House £
B&B K K10
Crosthwaite, Cumbria, LA8 8BP
((01539) 568 264
w crosthwaitehouse.co.uk
Helle, farbenfrohe Zimmer und große Lobby.

KESWICK: Oakthwaite House £
B&B K K9
35 Helvellyn St, Cumbria, CA12 4EP
((01768) 772 398
w oakthwaite-keswick.com
Ruhig gelegenes spätviktorianisches Haus mit hübschen und ruhigen Zimmern. Aussicht auf Felsen und Berge.

LANCASTER: The Stork Inn £
Boutique K J12
Corricks Lane, Conder Green, Lancashire, LA2 0AN
((01524) 751 234
w thestorkinn.com
Landgasthof mit schönen Zimmern sowie leckerem Essen und guten Real Ales.

LIVERPOOL: The Nadler ££
Boutique K J13
29 Seel St, L1 4AU
((0151) 705 2626
w nadlerhotels.com/the-nadler-liverpool.html
Luxuriös gestaltete Zimmer zu vernünftigen Preisen. Gelegen im UNESCO-geschützten Viertel RopeWalks. Guter Service. In Gehweite zu den Hauptsehenswürdigkeiten.

MANCHESTER:
Didsbury House ££
Luxus K J13
Didsbury Park, Didsbury, M20 5LJ
((01614) 482 200
w eclectichotels.co.uk
Viktorianische Villa in einem grünen Vorort von Didsbury, komfortable, individuelle Zimmer.

MORECAMBE: Yacht Bay View Hotel £
Stilvoll K J12
359 Marine Rd, Lancashire, LA4 5AQ
((01524) 414 481
w yachtbay.co.uk
Augezeichnete Lage an der Promenade von Morecambe. Die Superior-Doppel- und Einzelzimmer sind mit Meerblick.

Einfaches Doppelzimmer im Waterhead, Ambleside

K = **Karte** *Extrakarte zum Herausnehmen*

HOTELS

ULLSWATER: Rampsbeck Country House Hotel ££
Luxus K K9
Watermillock, Cumbria, CA11 0LP
(01768) 486 442
w rampsbeck.co.uk
Landhaus aus dem 18. Jahrhundert. Die Zimmer sind mit Antiquitäten eingerichtet. Drinks gibt es auf der Terrasse am Seeufer.

WASDALE HEAD: Wasdale Head Inn ££
Stilvoll K K10
Gosforth, Cumbria, CA20 1EX
(01946) 726 229
w wasdale.com
Berühmter Gasthof mit herzhafter Kost. Rundum liegen Englands höchste Gipfel.

Vis-à-Vis-Tipp
WINDERMERE: Gilpin Lodge £££
Luxus K K10
Crook Rd, LA23 3NE
(01539) 488 818
w thegilpin.co.uk
Das stilvolle Hotel bietet eine herzliche Atmosphäre, Haute Cuisine und modernen Komfort. Die Waldlandschaft der Umgebung erlebt man intensiv in den Gartensuiten, das stimmungsvolle Flair in den Zimmern der schönen Lodge.

WINDERMERE: Holbeck Ghyll £££
Luxus K K10
Holbeck Lane, Cumbria, LA23 1LU
(01539) 432 375
w holbeckghyll.com
Luxuriöses Landhaus mit See- und Bergblick. Mit Goumetrestaurant und Spa.

Yorkshire und Humber-Region

AMPLEFORTH: Shallowdale House ££
B & B K L12
North Yorkshire, YO62 4DY
(01439) 788 325
w shallowdalehouse.co.uk
Preisgekröntes Haus auf dem Land aus den 1960er Jahren. Mit traditionellem Blumendekor.

BRADFORD: Dubrovnik Hotel £
Boutique K K12
3 Oak Ave, West Yorkshire, BD8 7AQ
(01274) 543 511
w dubrovnik.co.uk
Große Villa im Grünen, günstige Wochenendangebote. Beliebt bei Familien mit Kindern.

Die hübsche, efeuberankte Fassade des Holdsworth House, Halifax

GUISBOROUGH: Gisborough Hall £
Country House K N10
Whitby Lane, North Yorkshire, TS14 6PT
0844 879 9149
w macdonaldhotels.co.uk
Efeuberankte viktorianische Villa, Zimmer teils mit Himmelbett oder frei stehender Badewanne.

HALIFAX: Holdsworth House ££
Stilvoll K K12
Holdsworth Rd, West Yorkshire, HX2 9TG
(01422) 240 024
w holdsworthhouse.co.uk
Jakobinisches Herrenhaus mit authentischen Zimmern, Frühstück aus lokalen Produkten.

HARROGATE: The Grafton ££
Boutique K K12
Franklin Mt, North Yorkshire, HG1 5EJ
(01423) 508 208
w graftonhotel.co.uk
Elegant in Rot und Schwarz restauriertes historisches Hotel mit luxuriösen Zimmern und Suiten.

HELMSLEY: Feversham Arms ££
Luxus K L11
1–8 High St, North Yorkshire, YO62 5AG
(01439) 770 766
w fevershamarmshotel.com
Alter Postgasthof mit schickem Pool und Spa. Exzellente Gourmetküche.

LEEDS: Malmaison Leeds ££
Stilvoll K K12
1 Swine Gate, West Yorkshire, LS1 4AG
0844 693 0654
w malmaison-leeds.com
Elegante Bar, Brasserie sowie 100 Zimmer und Suiten in der ehemaligen Verkehrszentrale.

PICKERING: White Swan ££
Stilvoll K L11
Market Pl, North Yorkshire, YO18 7AA
(01751) 472 288
w white-swan.co.uk
Alter Gasthof mit Kaminen, Real Ale und komfortablen Zimmern.

SCARBOROUGH: Wrea Head Country House Hotel £££
Stilvoll K M11
Barmoor Lane, Scalby, North Yorkshire, YO13 0PB
(01723) 371 190
w wreaheadhall.co.uk
Viktorianisches Pseudo-Tudor-Haus: Holzvertäfelungen, frei stehende Wannen, beliebtes Lokal.

WHITBY: Broom House ££
Stilvoll K N10
Broom House Lane, Egton Bridge, YO21 1XD
(01947) 895 279
w egton-bridge.co.uk
Gut gelegen für Ausflüge in die Moore von Nord-York, komfortable, moderne Zimmer.

YARM: Judges Country House Hotel ££
Luxus K M10
Kirklevington Hall, Cleveland, North Yorkshire, TS15 9LW
(01642) 789 000
w judgeshotel.co.uk
Wunderbares Landhaus, Antiquitäten, moderne Ausstattung.

Vis-à-Vis-Tipp
YORK: Middlethorpe Hall £££
Luxus K L12
Bishopthorpe Rd, Yorkshire, YO23 2GB
(01904) 641 241
w middlethorpe.com
Das stattliche Herrenhaus von 1699 steht auf einem acht Hektar großen Anwesen mit gepflegten Gärten und altem Parkland. Es bietet zehn Zimmer voller Antiquitäten und Kunst im Haus und 19 in Cottages rund um die hübschen Stallungen. Der schöne Speiseraum ist holzgetäfelt.

Northumbria

CROOKHAM: Coach House £
B & B K L7
Cornhill-on-Tweed, Northumberland, TD12 4TD
(01890) 820 293
w coachhousecrookham.com
Nette, komfortable Zimmer in renoviertem Bauernhofkomplex aus dem 17. Jahrhundert.

Hotelkategorien siehe S. 559 Preiskategorien siehe S. 560

DARLINGTON: Headlam Hall ££
Stilvoll K K11
*Headlam, County Durham,
DL2 3HA*
📞 (01325) 730 790
🌐 headlamhall.co.uk
Herrenhaus aus dem 17. Jahrhundert mit beeindruckendem Spa, Zimmer teils mit Balkon.

HEXHAM: Battlesteads Hotel £
Stilvoll K L9
*Wark on Tyne, Northumberland,
NE48 3LS*
📞 (01434) 230 209
🌐 battlesteads.com
Hübsches, familienfreundliches Hotel mit Restaurant, in dem Real Ales und ein Sieben-Gänge-Menü serviert werden.

MORPETH: Macdonald Linden Hall Golf & Country Club ££
Stilvoll K M8
*Longhorsley, Northumberland,
NE65 8XF*
📞 0844 879 9084
🌐 macdonaldhotels.co.uk/linden
Großes Landhaus mit weitläufigem Anwesen (Spa, Fitnesscenter und Golfplatz).

Vis-à-Vis-Tipp

**NEWCASTLE UPON TYNE:
Hotel du Vin ££**
Boutique K M9
City Rd, Northumberland, NE1 2BE
📞 0844 736 4259
🌐 hotelduvin.com/newcastle
Das elegante Hotel am River Tyne bietet 42 fantasievolle Zimmer mit umwerfenden Badezimmern und Ausblicken, ein Bistro und einen Raum zur Weinverkostung sowie einen Hof zum Essen im Freien.

Nordwales

BEAUMARIS: Ye Olde Bull's Head Inn and Townhouse ££
Stilvoll K G13
Castle St, Isle of Anglesey, LL58 8AP
📞 (01248) 810 329
🌐 bullsheadinn.com
Modernisierter Gasthof (15. Jh.) mit modern ausgestatteten Zimmern. Preisgekröntes Restaurant.

**BEDDGELERT: Sygun Fawr
B & B £**
Country House K G14
Gwynedd, LL55 4NE
📞 (01766) 890 258
🌐 sygunfawr.co.uk
Villa aus dem 17. Jahrhundert mit Eichenbalken, offenen Kaminen.

Gemütliche Teestunde im Salon des Bodysgallen Hall, Llandudno

HARLECH: Gwrach Ynys £
B & B K G14
*Ynys, Talsamau, Gwynedd,
LL47 6TS*
📞 (01766) 781 199
🌐 gwrachynys.co.uk
Ruhiges Gästehaus am Snowdonia National Park. Gemütliche, moderne Zimmer.

**LLANABER: Llwyndu
Farmhouse ££**
Stilvoll K G15
Barmouth, Gwynedd, LL42 1RR
📞 (01341) 280 144
🌐 llwyndu-farmhouse.co.uk
Bauernhaus aus dem 17. Jahrhundert mit Blick auf die Bucht. Gute Weine und lokale Biere.

**LLANDUDNO: Bodysgallen
Hall ££**
Luxus K G13
Conwy, Gwynedd, LL30 1RS
📞 (01492) 584 466
🌐 bodysgallen.com
Haus aus dem 17. Jahrhundert, Garten. Preisgekröntes Restaurant, Bistro und exzellentes Spa.

**LLANGOLLEN: The Wild
Pheasant Hotel £**
Stilvoll K H14
*Berwyn Rd, Denbighshire,
LL20 8AD*
📞 (01978) 860 629
🌐 wildpheasanthotel.co.uk
Charmanter historischer Landgasthof mit Spa. Exzellente Küche. Viele Freizeitaktivitäten.

Vis-à-Vis-Tipp

**PENMAENPOOL:
Penmaenuchaf Hall £££**
Stilvoll K G15
Dolgellau, Gwynedd, LL40 1YB
📞 (01341) 422 129
🌐 penhall.co.uk
Viktorianisches Haus mit acht Hektar großem Park und eichengetäfeltem Restaurant. Zur Entspannung stehen eine Bibliothek, ein Salon und ein Wohnzimmer zur Verfügung, Sportler können radeln, wandern, Golf spielen und reiten.

PORTMEIRION: Portmeirion ££
Stilvoll K G14
Gwynedd, LL48 6ER
📞 (01766) 770 000
🌐 portmeirion-village.com
Von Clough Williams-Ellis erbautes Fantasiedorf, elegant dekorierte Zimmer, teils mit Meerblick.

RUTHIN: Ruthin Castle Hotel ££
Stilvoll K H14
Denbighshire, LL15 2NU
📞 (01824) 702 664
🌐 ruthincastle.co.uk
Luxuriöse Burg aus dem 13. Jahrhundert mit opulenten Zimmern und einem Spa im Wald.

Süd- und Mittelwales

ABERGAVENNY: Angel Hotel £
Stilvoll K J16
15 Cross St, NP7 5EN
📞 (01873) 857121
🌐 angelabergavenny.com
In dem alten Kutschergasthof finden die Gäste heute behagliche Zimmer vor. Guter Afternoon Tea.

**ABERYSTWYTH: Gwesty
Cymru £**
Boutique K G15
19 Marine Terrace, SY23 2AZ
📞 (01970) 612 252
🌐 gwestycymru.com
Modernisierte traditionelle Pension am Meer. Elegante Zimmer mit Eichenholzmöbeln.

**CARDIFF: St David's
Hotel & Spa ££**
Luxus K H17
Havannah St, CF10 5SD
📞 (02920) 454 045
🌐 thestdavidshotel.com
Eines der luxuriösesten Hotels in Wales. Die Zimmer haben Balkon mit Blick auf die Bucht.

**CRICKHOWELL: Gliffaes
Country House ££**
Stilvoll K H16
Powys, NP8 1RH
📞 (01874) 730 371
🌐 gliffaeshotel.com

K = *Karte Extrakarte zum Herausnehmen*

Viktorianisches Haus mit zeitgenössischen Zimmern mit Gartenblick. Gutes Essen.

Vis-à-Vis-Tipp

**LLANTHONY: Llanthony
Priory**
Historisch £
K J16
Monmouthshire, NP7 7NN
📞 (01873) 890 487
🌐 **llanthonyprioryhotel.co.uk**
Eine Wendeltreppe führt zu den Zimmern in diesem Haus auf dem Gelände eines verfallenen Klosters (12. Jh.). Ideal für Wanderungen in den Black Mountains. Danach schmeckt ein Real Ale in der Kellerbar.

ST DAVID'S: The Waterings £
B & B
K F16
Anchor Drive, Pembrokeshire, SA62 6BW
📞 (01347) 720 876
🌐 **waterings.co.uk**
Ehemaliges Meeresforschungszentrum mit sieben Zimmern.

TENBY: Fourcroft Hotel ££
B & B
K F17
North Beach, Pembrokeshire, SA70 8AP
📞 (01834) 842 886
🌐 **fourcroft-hotel.co.uk**
Einfache Zimmer mit Blick auf den Fischerhafen. Mit Restaurant.

**TINTERN: Parva Farmhouse
Guesthouse** ££
Stilvoll
K J17
Chepstow, Monmouthshire, NP16 6SQ
📞 (01291) 689 411
🌐 **parvafarmhouse.co.uk**
Bauernhaus und Restaurant am River Wye. Behagliche Zimmer.

Schottland: Tiefland

**DUNDEE: Apex City
Quay Hotel & Spa** £
Stilvoll
K K6
1 West Victoria Dock Rd, DD1 3JP
📞 0845 365 0000
🌐 **apexhotels.co.uk**
Bestes Hotel in Dundee, direkt an der Uferfront. Moderne Zimmer, teils mit herrlichem Blick auf den River Tay.

**EDINBURGH:
Classic Guesthouse** £
B & B
K K7
50 Mayfield Rd, EH9 2NH
📞 (0131) 667 5847
🌐 **classichouse.demon.co.uk**
Bequemes viktorianisches Haus, kostenloses WLAN, schottisches Frühstück, auch vegetarisch.

**EDINBURGH: Dalhousie
Castle Hotel** £££
Stilvoll
K K7
Bonnyrigg, EH19 3JB
📞 (01875) 820 153
🌐 **dalhousiecastle.co.uk**
Hotel in einem Schloss aus dem 14. Jahrhundert. Neben einem exzellenten Restaurant gibt es ein Spa, eine Falknerei und Bogenschießen.

GLASGOW: Malmaison ££
Boutique
K J7
278 W George St, G2 4LL
📞 (0141) 572 1000
🌐 **malmaison.com**
Hotel in einer alten Kirche im Herzen der Stadt. Trendige Farben, gutes Restaurant und Bar.

GLASGOW: Cameron House £££
B & B
K J7
Loch Lomond, G83 8QZ
📞 0871 222 4681
🌐 **cameronhouse.co.uk**
Stattliche Zimmer mit herrlichem Blick auf den Loch. Neben einem Spa gibt es auch einen Golfplatz.

Vis-à-Vis-Tipp

**GLASGOW: Hotel du Vin at
One Devonshire Gardens** £££
Boutique
K J7
One Devonshire Gardens, G12 0UX
📞 0844 736 4256
🌐 **hotelduvin.com**
Das berühmte Hotel residiert in fünf viktorianischen Häusern. Hier feiert man die Opulenz, sei es in den großen Zimmern, der Whiskybar oder dem Restaurant. Unschlagbarer Service.

PEEBLES: Cringletie House ££
Boutique
K K7
Edinburgh Rd, EH45 8PL
📞 (01721) 725 750
🌐 **cringletie.com**
Landschlösschen mit luxuriösen Zimmern. Großartiger Service. Hunde sind willkommen.

PERTH: Parklands ££
Stilvoll
K K6
2 St Leonard's Bank, Perthshire, PH2 8EB
📞 (01738) 622 451
🌐 **theparklandshotel.com**
Hübsche Zimmer mit Bad und Parkblick. Feines Restaurant und legeres Bistro.

**ST ANDREWS: Old Course
Hotel** £££
Luxus
K K6
Fife, KY16 9SP
📞 (01334) 474 371
🌐 **oldcoursehotel.co.uk**
Weltweit eines der führenden Golfresorts mit berühmtem Platz. Exzellentes Essen und Spa.

**STIRLING: The Stirling
Highland Hotel** ££
B & B
K J6
Spittal St, Stirlingshire, FK8 1DU
📞 (01786) 272 727
🌐 **stirlinghighlandhotel.co.uk**
Hotel mit moderner Ausstattung. Unweit von Stirling Castle.

Schottland: Highlands und Inseln

**ABERDEEN: Malmaison
Aberdeen** £
Boutique
K L4
49–53 Queens Rd, Aberdeenshire, AB15 4YP
📞 0844 693 0649
🌐 **malmaison.com**
Das Haus gehört einer großen Hotelkette an. Großzügige Zimmer mit Bad, gute Auswahl in den Minibars.

**ACHILTIBUIE: Summer
Isles Hotel** ££
Stilvoll
K G2
Ross-shire, IV26 2YG
📞 (01854) 622 282
🌐 **summerisleshotel.co.uk**
Romantisches Hotel mit Blick auf die Summer Isles und die Hebriden. Elegante Zimmer mit Bad. Seafood-Restaurant.

Das gemütliche Restaurant des Parva Farmhouse Guesthouse, Tintern

SCHOTTLAND: TIEFLAND, HIGHLANDS, INSELN | 573

ARDEONAIG: Ardeonaig
Hotel & Restaurant ££
Luxus K J5
nahe Killin, Loch Tay, FK21 8SU
(01567) 820 400
w ardeonaighotel.co.uk
Historischer Gasthof mit komfortablen Zimmern, Luxushütten im afrikanischen Stil, Cottage-Suiten.

ARDUAINE: Loch Melfort
Hotel & Restaurant £££
Stilvoll K G6
Oban, Argyll, PA34 4XG
(01852) 200 233
w lochmelfort.co.uk
Drei-Sterne-Hotel mit Blick auf Schottlands erhabene Westküste.

ARISAIG: Old Library
Lodge & Restaurant £
Stilvoll K G5
Inverness-shire, PH39 4NH
(01687) 450 651
w oldlibrary.co.uk
Gutes B & B und Restaurant, hübsche Zimmer in rund 200 Jahre alten Stallungen.

AVIEMORE: Macdonald
Aviemore Highland Resort ££
Stilvoll K J4
Inverness-shire, PH22 1PN
0844 879 9152
w macdonaldhotels.co.uk
Vier Hotels und 18 Holz-Lodges in allen Preisklassen, Pool, Restaurants und 3-D-Kino.

BARRA: Castlebay Hotel £
Stilvoll K E4
Castlebay, HS9 5XD
(01871) 810 223
w castlebay-hotel.co.uk
Reizendes Hotel, hübsche Zimmer mit Bad, herrlicher Blick auf Kisimul Castle und Vatersay.

COLL: Coll Hotel ££
Stilvoll K F5
Ariangour, PA78 6SZ
(01879) 230 334
w collhotel.com
Gut ausgestattetes Hotel am Loch mit herrlichem Blick auf die Treshnish Isles, Staffa, Iona und Jura.

Vis-à-Vis-Tipp

ERISKA: Isle of Eriska
Hotel, Spa & Island ££
Luxus K G5
Benderloch, Argyll, PA37 1SD
(01631) 720 371
w eriska-hotel.co.uk
Bezauberndes Landhaus auf einer Privatinsel mit großen Zimmern, feiner Küche und exzellentem Spa oder elegante Lodges für Selbstversorger. Dachse leben auf dem Anwesen und Seehunde im Meer.

Am Hafen gelegenes Plockton Inn & Seafood Restaurant, Plockton

DUNKELD: Royal Hotel £
Stilvoll K J5
Atholl St, Perthshire, PH8 0AR
(01350) 727 322
w royaldunkeld.co.uk
Günstiges Hotelgebäude, das um 1815 erbaut wurde. Die einfachen Zimmern weisen traditionelles Dekor und Mobiliar auf.

FORT AUGUSTUS:
The Lovat ££
Stilvoll K H4
Inverness-shire, PH32 4DU
(01456) 490 000
w thelovat.com
Legere, umweltbewusste Unterkunft an der Südspitze von Ness. Ideal für Familien.

FORT WILLIAM: Inverlochy
Castle £££
Luxus K H5
Torlundy, Perthshire, PH33 6SN
(01397) 702 177
w inverlochycastlehotel.com
Ein führendes Luxushotel Schottlands. In den Räumlichkeiten befinden sich edle Antiquitäten. Hier war einst schon Queen Victoria zu Gast.

INVERNESS: Beach
Cottage B&B £££
B&B K J3
3 Alturlie Point, Inverness, IV2 7HZ
(01463) 237 506
w beachcottageinverness.co.uk
Das renovierte ehemalige Fischerhäuschen aus dem 18. Jahrhundert bietet einen herrlichen Blick auf den Moray Firth. Die Frühstückszutaten stammen aus einheimischen Produkten.

INVERNESS: No. 41 Serviced
Town House £££
Boutique K J3
41 Huntly St, Inverness-shire, IV3 5HR
(01463) 712 255
w no41townhouse.co.uk
Prächtige Unterkunft mit großer Küche und wunderbarem Blick auf den River Ness.

MULL: Highland Cottage ££
Luxus K G6
24 Breadalbane St, Tobermory, Argyll, PA75 6PD
(01688) 302 030
w highlandcottage.co.uk
Luxuriös gestaltete Zimmer. Restaurant mit innovativer Küche.

ORKNEY ISLANDS:
The Foveran ££
B&B K K1
Kirkwall, St Ola, KW15 1SFUK
(01856) 872 389
w foveranhotel.co.uk
Familienbetrieb. Zimmer mit Bad. Hübsches Restaurant.

PITLOCHRY: East Haugh Country
House Hotel & Restaurant ££
B&B K J5
bei Pitlochry, Perthshire, PH16 5TE
(01796) 473 121
w easthaugh.co.uk
Familienbetrieb, komfortable Zimmer mit üppigen Stoffen und antiken Elementen. Restaurant.

PLOCKTON: Plockton Inn &
Seafood Restaurant ££
Boutique K G4
Innes St, Ross-shire, IV52 8TW
(01599) 544 222
w plocktoninn.co.uk
Helle Zimmer mit Bad. Im Restaurant gibt es leckeres Seafood.

SHETLAND-INSELN:
Skeoverick £
B&B
Tingwall, ZE2 9SE
(01595) 840 403
w valleybandb.co.uk
Freundliches B & B in malerischer Lage am Loch. Große Zimmer mit Bad, hervorragendes Frühstück.

SPEYSIDE: Craigellachie £
Stilvoll K K3
Victoria St, Banffshire, AB38 9SR
(01479) 841 641
w craigellachieguesthouse.co.uk
Reizendes Landhaus am Flussufer. Exzellentes Restaurant, hervorragende Whiskybar Quaich.

K = **Karte** *Extrakarte zum Herausnehmen*

Restaurants

Die Zeiten, in denen Feinschmecker bei einem Besuch in Großbritannien still gelitten haben, sind vorbei. Ausländischen Köchen ist es zum Teil zu verdanken, dass sich Angebot und Vielfalt der Speisen in ganz Großbritannien, vor allem in London und anderen Großstädten, sehen lassen können. Britische Chefköche werden heute gefeiert und gehören zu den innovativsten der Welt. Das Fish-and-Chips-Image ist Vergangenheit, die englische Küche genießt nun Anerkennung. Gute Küche gibt es in jeder Preisklasse und – besonders in den Städten – zu jeder Zeit. Hier finden Besucher Brasserien, Restaurants und Cafés vor, die allesamt frische Produkte lecker und gesundheitsbewusst zubereiten und oft rund um die Uhr internationale Gerichte auf den Tisch bringen. Auch Gastro-Pubs sind bekannt für gute Küche. Auf dem Land hat sich die Situation ebenfalls erheblich verbessert. In der nachfolgenden Restaurantauswahl *(siehe S. 582–603)* sind die renommierten, bewährten und auch die beliebtesten Restaurants aufgelistet.

Auswahl
Nirgendwo in Großbritannien ist die Auswahl an Restaurants verschiedenster Nationalitäten so groß wie in London, wo man europäische Küche, darunter natürlich italienische und indische, aber auch polnische und russische findet. Hinzu kommen Lokale mit fernöstlichem, karibischem, peruanischem und afrikanischem Angebot. Außerhalb der großen Städte wird die Auswahl bescheidener, doch immer mehr mit dem Rosette-Award ausgezeichnete Pubs und Restaurants tauchen auf. Hinter der Bezeichnung »moderne internationale Küche« verbirgt sich eine Gastronomierichtung, die von französischen bis zu asiatischen Gerichten reicht und sich oft durch erstklassige saisonale Produkte auszeichnet.

Auch die Liebhaber der traditionellen Küche kommen in Großbritannien nicht zu kurz, denn Gerichte wie *steak and kidney pie* und *treacle pudding (siehe S. 580f)* erfreuen sich besonderer Beliebtheit. Die moderne britische Küche hingegen, die sich eher an den gesundheits- und kalorienbewussten Esser wendet, steht dank junger Köche, die für asiatische und mediterrane Einflüsse sorgen, der modernen Küche anderer Länder in nichts nach.

Frühstück
Früher hieß es, dass man in Großbritannien am besten dran sei, wenn man dreimal täglich frühstücke. Zum traditionellen britischen Frühstück gehören Haferflocken mit Milch, Eiern, Speck und Tomaten, im Norden und in Schottland vielleicht noch ein *fried black pudding (siehe S. 581)*. Zum Schluss gibt es Toast mit Marmelade und Tee. In jedem Hotel bekommt man auch das sogenannte kontinentale Frühstück, das aus Obstsaft, Kaffee und Brötchen oder Croissant besteht. Oftmals jedoch ist das Frühstück im Hotelpreis nicht inbegriffen.

Mittagessen
Viele Restaurants bieten zum Lunch ein preiswertes Tagesmenü oder kleine Gerichte an. Wer mittags leicht und nicht allzu teuer essen will, besucht am besten eine Brasserie, ein Bistro oder ein Café. Beliebte kleine Gerichte im Pub sind Sandwiches, Suppen, Salate, *baked potatoes* (gebackene Kartoffeln in der Schale) mit

Bibendum, ein stilvolles Restaurant in London *(siehe S. 584)*

Bar- und Speisebereich im Rick Stein in Poole, Dorset *(siehe S. 591)*

verschiedenen Füllungen oder *ploughman's lunch (siehe S. 580)*. Sonntags bekommt man in einigen Pubs und Restaurants das traditionelle Brathähnchen, manchmal stehen Lamm- oder Rinderbraten auf der Speisekarte.

Afternoon Tea

Wer in Großbritannien zu Gast ist, sollte sich diese typisch britische Zwischenmahlzeit auf keinen Fall entgehen lassen. Edle Nachmittagstees goutiert man in einem Landhaus oder in einem der vielen eleganten Hotels. Der Westen des Landes ist für seine klassischen *cream teas* bekannt. Zum Tee werden gerne *scones* mit Butter und Marmelade gereicht. Wales, Schottland, Yorkshire und der Lake District sind für ihre Teespezialitäten bekannt. Im Norden serviert man oft ein Stück heißen Apfelkuchen mit einer Portion *North Yorkshire Wensleydale Cheese* als Garnitur.

Abendessen

Zum Dinner bieten viele der größeren Restaurants und Hotels Menüs mit bis zu sechs Gängen an. »Taster menus« mit bis zu 20 Gängen zeigen das gesamte Spektrum eines Restaurants.

Mit Ausnahme größerer Städte, in denen Restaurants aller Nationen eine Vielfalt an Speisen zu allen Tageszeiten servieren, wird das Abendessen in Restaurants üblicherweise zwischen 18 und 21 Uhr angeboten. Achtung: In Nordengland und Schottland heißt »Lunch« mitunter »Dinner« und »Dinner« »Tea«.

Restaurants

Man kann nicht nur in Restaurants speisen, sondern auch in Brasserien, Bistros, Weinbars, Tapas-Bars, Teesalons, Theatercafés – oder im Pub, in dem gute Küche zu guten Preisen *(siehe S. 604–609)* geboten wird. Pubs machen traditionellen Lokalen in Form von Gastro-Pubs verstärkt Konkurrenz.

Brasserien, Bistros und Cafés

Beliebt sind Brasserien im französischen Stil. Zum Teil bieten sie ganztägig Kaffee und kleine Gerichte sowie Wein und Bier an, Letztere möglicherweise (wie andere Alkoholika auch) nicht zu jeder Tageszeit. Atmosphäre und Einrichtung sind meist leger.

Weinbars unterscheiden sich von Brasserien nur dadurch, dass sie eine größere Auswahl an Weinen anbieten, darunter auch englische Sorten *(siehe S. 164f)*. In Bars erhält man noch Ciders und Real Ales *(siehe S. 578f)*. Wer gern gut isst, aber nicht unbedingt in ein (förmlicheres) Restaurant gehen will, wählt das bescheidenere Bistro, in dem man sowohl mittags als auch abends zu vernünftigen Preisen speist.

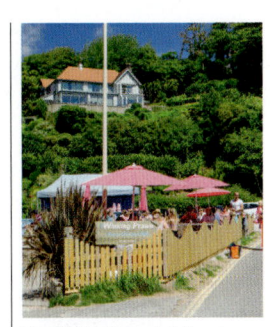

The Winking Prawn in Salcombe, Devon *(siehe S. 593)*

Hotelrestaurants und Lokale mit Zimmern

Restaurants mit Zimmern (ein relativ neuer Typ von Übernachtungsmöglichkeit, vorwiegend auf dem Land) bieten oft ausgezeichnete Küche, sind aber nicht billig. Viele Hotelrestaurants sind jedermann zugänglich. Auch sie sind in der Regel recht teuer, dafür haben einige hohe Qualität. Hotels mit guter Küche sind im Hotelverzeichnis *(siehe S. 560–573)* aufgeführt.

Etikette

Als Faustregel gilt: Je teurer das Restaurant, desto mehr Wert wird auf das äußere Erscheinungsbild gelegt, obwohl kaum noch Krawattenzwang besteht.

In öffentlichen Einrichtungen besteht Rauchverbot. Dies betrifft auch Restaurants und Pubs. Im Außenbereich kann Rauchen erlaubt sein.

Vegetarisches Restaurant Mildred's, London *(siehe S. 582)*

Florales Ambiente im Clos Maggiore, London *(siehe S. 583)*

Alkohol
Großbritanniens Alkoholgesetze gehörten zu den strengsten Europas. Mittlerweile sind sie gelockert worden. Viele Restaurants haben erweiterte Schankzeiten, vor allem am Wochenende. Einige Lokale schenken Alkohol nur zu festen Zeiten und zu Speisen aus. Hinzu kommen Lokale ohne Lizenz, in denen der Gast seine Getränke mitbringt (»Bring Your Own«). Oftmals wird ein Korkgeld in Rechnung gestellt. Alkohol darf an Jugendliche unter 18 Jahren nicht verkauft werden.

Vegetarische Gerichte
In Sachen vegetarische Kost hat Großbritannien vielen europäischen Staaten einiges voraus. Nur wenige Gaststätten servieren ausschließlich vegetarische Kost, die meisten bieten fleischhaltige und vegetarische Küche an. Eine größere Auswahl hat man in Ethno-Restaurants, vor allem in südindischen und chinesischen, in denen vegetarische Gerichte Tradition haben.

Fast Food
In Fast-Food-Lokalen kann man für weniger als zehn Pfund satt werden. Außer den typisch britischen *Fish-and-chips*-Buden gibt es die üblichen Fast-Food-Ketten – auch einige teurere (z. B. Pizza Express oder Zizzi). Beliebt sind zudem Sandwichbars und einfache Cafés (»greasy spoons«), in denen man preiswert »Frühstücksvarianten« bekommt *(siehe S. 580)*.

Reservierung
Es empfiehlt sich vor allem an Wochenenden, in Restaurants zu reservieren, um keine unangenehme Überraschung zu erleben. Vor allem Lokale in den Städten sind oft überfüllt, aber auch renommierte Restaurants auf dem Land können lange vorher ausgebucht sein. Sollten Sie eine Reservierung nicht einhalten können, sagen Sie so früh wie möglich ab.

Modernes Interieur im Fifteen Cornwall in Newquay *(siehe S. 593)*

Bezahlung
Alle Restaurants sind verpflichtet, die Preise gut sichtbar an der Außenwand des Hauses zu platzieren; sie verstehen sich inklusive Mehrwertsteuer (VAT, derzeit 20 Prozent). Ausgewiesen sind auch Trinkgeld *(service)* und gegebenenfalls Gedeckpreis *(cover charge)*. Wein ist in Großbritannien nie billig, Gleiches gilt bisweilen für Kaffee und Mineralwasser.

Das Trinkgeld (in der Regel zwischen zehn und 12,5 Prozent) ist in vielen Lokalen im Preis inbegriffen, der Gast darf jedoch das Trinkgeld abziehen, wenn der Service nicht zu seiner Zufriedenheit war. Ist das Trinkgeld nicht im Preis enthalten, wird ein Extra-Trinkgeld in Höhe von zehn bis 12,5 Prozent erwartet.

Immer häufiger wird der Gast für Gedeck, Brot, Butter, Blumen etc. zusätzlich zur Kasse gebeten. Auch Live-Musik kann sich auf die Preise auswirken. In den meisten Lokalen kann man mit Kreditkarte bezahlen. Traditionelle Pubs und Cafés akzeptieren jedoch meist nur Bargeld.

Essenszeiten
Frühstücken kann man nach Lust und Laune, in den Städten oft schon ab 6.30 Uhr, auf dem Land meist sogar bis

10.30 Uhr. Dennoch lohnt es sich, vorher nachzufragen, denn einige Hotels servieren Frühstück tatsächlich nur bis 9 Uhr. Immer häufiger bieten Hotels, Restaurants und Cafés Brunch an, eine Kombination aus Frühstück *(breakfast)* und Lunch. In den Großstädten findet man Frühstücksmöglichkeiten bis nachmittags oder sogar abends.

Mittagessen wird in Pubs und Restaurants in der Regel zwischen 12 und 14.30 Uhr serviert. Wer allerdings erst nach 13.30 Uhr bestellt, muss damit rechnen, dass manche Gerichte nicht mehr vorrätig sind. In den Feriengegenden sowie in Cafés, Fast-Food-Lokalen und Brasserien bekommt man meist ganztägig zumindest kleine Gerichte.

Die berühmte nachmittägliche *tea time* findet jeden Tag zwischen 15 und 17 Uhr statt. Das Abendessen wird in Großbritannien zwischen 18 und 22 Uhr eingenommen. In vielen ausländischen Restaurants kann man auch noch später essen. Nur in Gästehäusern und kleinen Hotels wird zu festgesetzten Zeiten zu Abend gegessen. In den Städten sind zahlreiche Restaurants sonntagabends und montags geschlossen.

Mit Kindern essen

In den meisten Lokalen in Großbritannien sind auch kleine Gäste willkommen, zumindest tagsüber und am frühen Abend. Es gibt allerdings immer noch einige Restaurants, die ausschließlich auf Erwachsene eingerichtet sind und in denen es sogar eine Altersbegrenzung gibt. Wenn Sie mit der ganzen Familie essen gehen wollen, empfiehlt es sich deshalb, dies bereits bei der Reservierung abzuklären.

Viele Restaurants haben Kindermenüs sowie Hochstühle. Sogar traditionelle englische Pubs – vormals ausschließlich für Erwachsene – stellen sich immer mehr auf Familien mit Kindern ein. Lokale, in denen Kinder willkommen sind, sind bei der Pub-

Bio-Gemüse für Riverford Field Kitchen, Buckfastleigh *(siehe S. 592)*

(siehe S. 604–609) und bei der Restaurantauswahl entsprechend verzeichnet.

Behinderte Reisende

Im Gaststättenbereich hapert es stellenweise noch an Einrichtungen für Behinderte, obwohl hier viel getan wird. Am besten ausgestattet sind moderne Gaststätten, aber man sollte Sie sich besser vorher telefonisch erkundigen. Die Website von www.openbritain.net informiert über barrierefreie Cafés und Restaurants.

Tische im Freien und Picknick

Immer mehr Gaststätten verfügen über Tische im Freien, wenngleich sich dies eher auf die preiswerteren Pubs und Bistros beschränkt. Wer gern draußen sitzt und dazu noch preiswert essen will, ist mit einem Picknick am besten bedient. Was man dafür braucht, kann man überall und ganztägig erstehen, denn die englischen Läden sind auch über Mittag geöffnet. Frisches Obst und Käse kauft man am besten auf dem Markt, fertige Snacks und Sandwiches dagegen in Kaufhäusern wie Marks & Spencer oder Supermärkten wie Sainsbury oder Tesco oder gleich in einer Sandwichbar.

An kühleren Tagen sollten Sie einmal ein warmes Gericht zum Mitnehmen probieren: *Fish and chips* mit Salz und Essig ist nicht nur ein britisches Klischee, sondern eine nationale Institution.

Restaurantkategorien

Die Restaurants in der Restaurantauswahl *(siehe S. 582– 603)* wurden aufgrund der überzeugenden Qualität ihrer Speisen, ihres guten Preis-Leistungs-Verhältnisses, ihrer Ausstattung, ihrer schönen Lage und ihres besonderen Ambientes ausgewählt. Die vorgestellte Palette reicht von einfachen Fisch-Imbissbuden über Cáfes bis hin zu Lokalen mit einem oder mehreren Michelin-Sternen. Gastro-Pubs servieren oft ansprechend präsentierte Speisen in angenehmer Atmosphäre. Zeitgenössische britische Küche variiert gerne traditionelle Speisen, die man andernorts auch in ihrer konventionellen Form in bester Qualität bekommt, darunter *puddings*, *pies* und *stews*. Restaurants mit besonderem Charakter oder Charme werden als **Vis-à-Vis-Tipp** hervorgehoben.

Tische im Freien bei Grasmere im Lake District

Traditionelle Pubs

Zwar hat jedes Land seine je eigenen Bars mit speziellem Ambiente, doch das britische Pub (von *public houses*) ist etwas Besonderes. Schon zur Römerzeit wurde in England Ale hergestellt, allerdings meist zu Hause. Im Mittelalter brauten Gasthäuser ihr eigenes Bier. Im 18. Jahrhundert traf man sich in den Gasthöfen, an denen die Postkutschen hielten. Das 19. Jahrhundert war die Zeit der Bahnhofskneipen und *gin palaces*, Treffpunkte der Arbeiter. Heute gibt es Pubs aller Stilrichtungen. Viele bieten nun auch Mahlzeiten *(siehe S. 604–609)* an.

Der Kutschergasthof im frühen 19. Jahrhundert war auch Dorftreff und Postamt

Viktorianisches Pub
Die noble Einrichtung zahlreicher Pubs sollte die Gäste von ihrem ärmlichen Zuhause ablenken.

In Pint-Gläsern (etwas mehr als ein halber Liter) wird das Bier ausgeschenkt.

Das Red Lion ist nach dem schottischen Wappentier *(siehe S. 34)* benannt.

Kunstvoll verziertes Glas schmückt viele viktorianische Pubs.

Spiele wie Cribbage, Billard und Domino sind Teil der britischen Pubkultur. Hier tragen die Darts-Mannschaften zweier Pubs einen Wettkampf aus.

Die Biergärten der Pubs sind im Sommer Treffpunkt von Jung und Alt.

Alte Registrierkassen tragen zum altmodischen Charme der Bar bei.

Zinnkrüge, heute kaum mehr benutzt, verstärken den nostalgischen Touch.

Getränke
Draught bitter (Dunkles vom Fass) ist das traditionsreichste britische Bier. Aus Malz, Gerste, Hopfen, Hefe und Wasser gebraut und in Holzfässern gelagert, variiert es von Region zu Region. In Nordengland bevorzugt man das süßere, milde Ale, aber auch Lagerbier (kurz *lager*) wird gern getrunken, ebenso *stout*, ein Starkbier.

Zapfhahn

Draught bitter wird mit Kellertemperatur serviert.

Draught lager ist ein helles Bier mit Kohlensäure.

Guinness ist ein gehaltvolles irisches Starkbier.

TRADITIONELLE PUBS | 579

In den Sommermonaten beliebt – Tische im Freien

Viele Dorf-Pubs servieren die Getränke im Garten

Flaschen mit Spirituosen wie Portwein und Sherry stehen hinter der Bar.

Glasleuchten sind oft viktorianischen Originalen nachgebildet.

Wein wurde früher im Pub kaum ausgeschenkt. Heute ist er alltäglich.

Eine dunkle Mahagoni-Theke gehört zum traditionellen Flair einfach dazu.

Draught beer (Fassbier) gibt es von nationalen und regionalen Brauereien.

Spirituosen werden auf den Milliliter genau ausgeschenkt.

Mild gibt es als Pint oder in einem Half-Pint-Krug wie abgebildet.

Die beliebtesten Cocktails sind Gin Tonic und Pimm's.

Pubschilder

Im frühen Mittelalter lockten Gasthäuser mit Reben- oder Bacchusabbildungen. Bei den Bierschänken bürgerte es sich bald ein, einen patriotischen Namen zu wählen. Da viele Gäste nicht lesen konnten, waren bunte Schilder mit einprägsamen Bildern ein Muss.

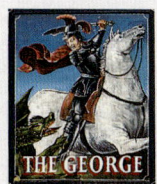

The George hat seinen Namen von einem der sechs Könige dieses Namens oder vom Schutzheiligen Englands.

The Bat and Ball ist dem Cricket gewidmet; viele Pubs dieses Namens befinden sich in der Nähe des Dorfangers.

The Green Man, ein heidnischer Waldgeist, war vielleicht das Vorbild für die Geschichten um Robin Hood (siehe S. 340).

The Magna Carta illustriert die Unterzeichnung des Dokuments durch John I im Jahr 1215 (siehe S. 52).

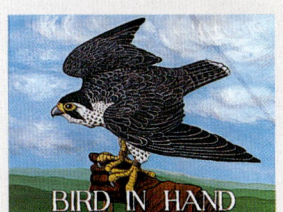

The Bird in Hand bezieht sich auf eine Lieblingssportart des Adels: die traditionelle Falkenjagd.

Britische Küche

Die Landwirtschaft Großbritanniens bringt viele Fleisch- und Milchprodukte sowie Obst, Gemüse und Getreide hervor. Traditionell britisch sind das warme Frühstück, Rinderbraten sowie *fish and chips* – hinzu kommen regionale Spezialitäten. Viele Produkte und Gerichte sind nach Orten benannt. Je nach Saison gibt es Wild und Fisch. Die meisten anderen Nahrungsmittel sieht man auf den immer beliebter werdenden Bauernmärkten. Typisch britisch sind auch *pies* und *puddings*. Viele Orte haben einen traditionellen Kuchen. Schottland besitzt eine eigenständige Küche *(siehe S. 492)*.

Spargel

Frisch geerntete Rote Bete in einem Gemüseladen

Mittel- und Südostengland

Die großen Städte befriedigen jeden Essenswunsch – und das umliegende Land orientiert sich daran. In den Ebenen von East Anglia wachsen Gemüse und Getreide. Die South Downs werden von Schafen abgegrast. Nottingham ist für seine Gänsezucht bekannt. Die Grafschaft Kent, der »Garden of England«, ist ein Obstgartenparadies. An der Küste gibt es Dover-Seezunge, Whitstable-Austern (seit der Römerzeit beliebt) und die Cockney-Favoriten Herzmuscheln und Wellhornschnecken. Von November bis Februar ist Jagd- und Wildsaison. Dann findet man oft Fasan o. Ä. auf der Speisekarte.

Westengland

Der wärmste Teil Englands ist für seine *cream teas* bekannt, deren Hauptbestandteil aus der Milchwirtschaft stammt. In Cornwall haben Pasteten Tradition. Sie waren das Essen der Minenarbeiter. Die eine Hälfte war dabei mit Fleisch, die andere mit Marmelade gefüllt – sozusagen zwei Ge-

Yarg aus Cornwall
Montgomery Cheddar
Celtic Promise (mit Cider-Rinde)
Dorstone-Ziegenkäse
Stilton von Cropwell Bishop
Wigmore-Schafskäse

Auswahl an in Großbritannien produziertem Käse

Typische Gerichte und Spezialitäten

Traditionsgerichte, z. B. *Lancashire hotpot* (Schmorbraten mit Gemüse), Filet Wellington und sogar *fish and chips*, findet man mittlerweile seltener als Tapas oder Pizzen. Andere Klassiker gibt es öfter, z. B. *shepherd's pie* (Auflauf aus Lammhackfleisch und Kartoffelpüree), *steak and kidney pie* (Rindfleisch und Nieren in Blätterteig) oder Wildpastete mit *bangers and mash* (Würste, Kartoffelpüree und Zwiebelsauce). *Puddings* (Pasteten/Mehlspeisen) gibt es als *trifles, pies, tarts* und *crumbles* – im Sommer auch mit Obst. Das englische Frühstück besteht aus Gebratenem (Würste, Eier, Schinkenspeck, Tomaten, Pilze) und Brot, eventuell mit *black pudding* (eine Art Blutwurst) oder *laverbread* (walisische Algenspezialität). Beim *ploughman's lunch* isst man Käse (auch Schinken) und Pickles zu Brot.

Äpfel

Dover sole ist Seezunge aus Dover, die oft gegrillt und mit Zitrone, Spinat und jungen Kartoffeln angerichtet wird.

BRITISCHE KÜCHE | 581

Auswahl an Brot auf einem Bauernmarkt

richte in einem. Heute bestehen sie meist aus Fleisch und Gemüse. Im sauberen Wasser um die Halbinsel leben Sardinen, Makrelen und Krebse. Viele der besten Restaurants der Gegend sind auf Seafood spezialisiert. Den Namen von Bath tragen Kekse und süße Brötchen.

Nordengland

Würste aus Cumberland, Lancashire Hotpot, Goosnargh-Ente und Yorkshire Pudding – die Namen besagen, wo das Produkt herkommt. Doch außer diesen Standardgerichten bieten die Restaurants heute auch kreative Mischungen aus Alt und Neu an, beispielsweise Forelle mit *black pudding* (Blutwurst) und Erbsenpüree. In Bradford, das eine große asiatische Gemeinde hat, gibt es das beste indische Essen.

Wales

Auf den grünen Wiesen und Hügeln von Wales weiden Schafe, die einen großartigen Lammbraten ergeben, der mit Minzsauce gegessen wird – ein britischer Klassiker. Das Weideland bringt natürlich auch Milchprodukte hervor,

Fischhändler in Cornwall mit einer Seebarbe

darunter den krümeligen Caerphilly. Käse ist auch Hauptbestandteil des *rarebit* (gesprochen wie *rabbit*): gegrillter Käsetoast mit Bier. Schmackhaft ist das preisgekrönte Black Beef – die Filets oder Steaks dieses »Schwarzrinds« isst man mit Meerrettichsauce. Das Meer liefert jede Menge Seafood, doch es gibt auch Süßwasserfische wie Forelle und Lachs. An der Küste von Südwales wachsen Laver-Algen. Sie werden mit Hafermehl vermischt zu kleinen Kuchen gebacken, dem *bara lawr* bzw. *laverbread*, und zum Frühstück gegessen.

Britischer Käse

Caerphilly: cremefarbener, milder Frischkäse aus Wales.

Cheshire: krümeliger Käse mit vollreifem Aroma.

Cheddar: oft kopiert, nie erreicht – der beste kommt aus Westengland.

Double Gloucester: cremig-mild, dennoch aromatisch.

Sage Derby: von grünen Adern aus Salbei durchzogen.

Stilton: kräftiger Blauschimmelkäse. Der »König britischer Käse« darf nur von sieben Molkereien produziert werden.

Wensleydale: junger, feucht-flockiger Käse mit mildem, leicht süßem Aroma.

Cornish mackerel ist Makrele, die in Cornwall mit einer pikanten Sauce aus Stachelbeeren serviert wird.

Roast beef ist Rinderbraten, oft mit Meerrettichsauce. Dazu gibt es knusprigen Yorkshire Pudding.

Welsh lamb with leeks ist Lammkeule (oder Lammkotelett) mit Lauch, dem walisischen Nationalgemüse.

Restaurants

London

West End und Westminster

Belgo Centraal £
Belgisch SP 11 B2
50 Earlham St, WC2H 9LJ
(020) 7813 2233
In dem lebhaften und riesigen Lokal sind die Kellner als Mönche verkleidet. Zum exzellenten Hummer schmeckt Trappistenbier.

Princi £
Italienisch SP 11 A2
135 Wardour St, W1F 0UT
(020) 7478 8888
Eleganter Mailänder Import – hausgemachtes Brot, Pizzen aus dem Holzofen, köstliches Gebäck.

Regency Café £
Traditionell britisch SP 19 A2
17–19 Regency St, SW1P 4BY
(020) 7821 6596 ● So
Das Café im Stil der 1950er Jahre war Kulisse in einigen Filmen. Zum Frühstück schmecken *hash browns* und Eggs Benedict.

Sagar £
Vegetarisch SP 11 C2
31 Catherine St, WC2B 5JS
(020) 7836 6377
Indisches Restaurant mit frischen Currys, leckeren *crispy dosas* (Reis-Crêpes) und einer großen Auswahl an Thalis (Schälchen mit unterschiedlichen Speisen).

Soho Joe £
Italienisch SP 11 A1
22–25 Dean St, W1D 3RY
0753 413 4398
Knusprige Pizzen sind der Star in diesem günstigen Lokal. Hier locken auch fantastische Pastagerichte, Burger, Sandwiches und ein wunderbares Ambiente.

Al Duca ££
Italienisch SP 11 A3
4–5 Duke of York St, SW1Y 6LA
(020) 7839 3090 ● So
Das beliebte Lokal serviert modern variierte italienische Klassiker aus ganz frischen Zutaten.

Andrew Edmunds ££
Europäisch SP 11 A2
46 Lexington St, W1F 0LW
(020) 7437 5708
● So abends
Ungewöhnliches, romantisches Restaurant, fantasievolle Gerichte, täglich wechselnde Karte.

Barshu ££
Chinesisch SP 11 B2
28 Frith St, W1D 5FL
(020) 7287 8822
Auf der Speisekarte dominieren Gerichte aus der chinesischen Region Sichuan. Probieren Sie die Chengdu-Snacks.

Bocca di Lupo ££
Italienisch SP 11 A2
12 Archer St, W1D 7BB
(020) 7734 2223
Chef Jacob Kennedy kocht in dem kleinen Lokal vor allem herzhafte und seltene regionale Gerichte.

Haozhan ££
Chinesisch SP 11 A2
8 Gerrard St, W1D 5PJ
(020) 7434 3838
Ein Paralleluniversum zur üblichen Süßsauer-Küche: Das Haozhan serviert exzellente Küche aus feinsten Zutaten der Saison.

Hard Rock Café ££
Amerikanisch SP 10 E4
150 Old Park Lane, W1K 1QZ
(020) 7514 1700
Schwelgen Sie in amerikanischen Klassikern und in faszinierenden Rockmusik-Andenken.

Preiskategorien	
Preise für ein Drei-Gänge-Menü für eine Person, inklusive einer halben Flasche Hauswein, Steuern und Service.	
£	unter 35 £
££	35–60 £
£££	über 60 £

Mildred's ££
Vegetarisch SP 11 A2
45 Lexington St, W1F 9AN
(020) 7494 1634 ● So
Fantasievolle vegetarische Küche – hier werden Fleischesser bekehrt, z. B. mit Steinpilz-Ale-Pie.

Noura ££
Libanesisch SP 18 E1
16 Hobart Pl, SW1W 0HH
(020) 7235 9444
Populäres, schickes Flaggschiff-Restaurant mit verlockendem Angebot, darunter wunderbare Meze und Kebabs.

El Pirata ££
Tapas SP 10 E4
5–6 Down St, W1J 7AQ
(020) 7491 3810
● Sa mittags, So
Das gut besuchte Restaurant bietet spanische und portugiesische Klassiker und hervorragende Mittagsmenüs.

Terroirs ££
Französisch SP 11 B3
5 William IV St, WC2N 4DW
(020) 7036 0660 ● So
Beeindruckende Auswahl an Bio-Weinen, exquisite Küche aus Zutaten wie Schweinefleisch, Schnecken, Linsen und Pilzen. Erinnert an eine Pariser Bar.

Thai Pot ££
Thai SP 11 B2
1 Bedfordbury, WC2N 4BP
(020) 7379 4580 ● So
Schlemmen Sie aromatische Thai-Küche in diesem schlichten Lokal. Das zeitgenössische Dekor wird durch warme Farbtupfer wunderbar aufgehellt.

The Wolseley ££
Europäisch SP 10 F3
160 Piccadilly, W1J 9EB
(020) 7499 6996
Glamouröses Café-Restaurant in einem Showroom für Wolseley-Autos aus den 1920er Jahren. Probieren Sie unbedingt das Rib-Eye-Steak.

Vasco and Piero's Pavilion ££
Italienisch SP 11 A2
15 Poland St, W1F 8QE
(020) 7437 8774
● Sa mittags, So

Hübsch beleuchtete Einrichtung im Bocca di Lupo

Hier gibt es köstliche hausgemachte Pasta, in der Saison mit Trüffeln, und umbrische Spezialitäten wie Schwein mit Linsen.

Atelier de Joël Robuchon £££
Französisch　　　　　SP 11 B2
13–15 West St, WC2H 9NE
(020) 7010 8600
Sichern Sie sich einen Platz in der vorderen Reihe an der Theke des Zwei-Sterne-Restaurants, und genießen Sie fantastische französische Küche.

Bentley's Oyster Bar and Grill £££
Seafood　　　　　　SP 10 F3
11 Swallow St, W1B 4DG
(020) 7734 4756　　　So
Hier serviert man seit 1916 leckeres Seafood. Durch Chefkoch Richard Corrigans Kreationen bleibt das Bentley's berühmt.

Le Caprice £££
Europäisch　　　　　SP 10 F3
Arlington House, Arlington St, SW1A 1RJ
(020) 7629 2239
Hier locken leckere Bistroküche, elegantes Dekor und aufmerksamer Service.

Cecconi's £££
Italienisch　　　　　SP 10 F3
5a Burlington Gardens, W1S 3EP
(020) 7434 1500
Virtuos variierte Standardgerichte – zu den Hauptzeiten sehr gut besucht, kommen Sie früh.

Vis-à-Vis-Tipp

Clos Maggiore £££
Europäisch　　　　　SP 11 B2
33 King St, WC2E 8JD
(020) 7379 9696
Am schönsten sitzt man hier an einem Tisch im blütenübersäten Innenhof. An lauen Abenden ist auch die Dachterrasse geöffnet. Auch der Speisesaal hat Flair. Die Speisekarte listet Gerichte aus allen Teilen Europas mit Fokus auf französischer Küche.

Le Gavroche £££
Französisch　　　　　SP 10 D2
43 Upper Brook St, W1K 7QR
(020) 7408 0881
Sa mittags, So und Feiertage
Le Gavroche ist ein Synonym für Luxus und außergewöhnliche Haute Cuisine. Guter Service und günstiges Mittagsmenü.

Murano £££
Europäisch　　　　　SP 10 E3
20 Queen St, W1J 5PP
(020) 7495 1127　　　So

Eleganter Gastraum im schicken Murano, London

Das Murano serviert moderne europäische Küche mit Betonung auf italienischen Aromen. Hier schmeckt alles, von den Amuse-Bouches bis zu den Petits Fours.

Nobu £££
Japanisch　　　　　SP 10 E4
Metropolitan Hotel W1, 19 Old Park Lane, W1K 1LB
(020) 7447 4747
Schön zubereitete Sashimi, Tempura und andere exzellente moderne japanische Gerichte. Beliebt bei Prominenten.

Nopi £££
Europäisch　　　　　SP 11 C2
21–22 Warwick St, W1B5NE
(020) 7494 9584
Yotam Ottolenghi vollzieht gekonnt den kulinarischen Spagat und vereint die Aromen des Nahen Ostens mit der europäischen Küche.

The Ritz Restaurant £££
Modern britisch　　　SP 10 F3
150 Piccadilly, W1J 9BR
(020) 7493 8181
Die perfekte Wahl für Liebhaber exquisiter klassischer Küche. Saisonales Angebot und spektakuläres Dekor.

Rules £££
Traditionell britisch　SP 11 C2
35 Maiden Lane, WC2E 7LB
(020) 7836 5314
Londons ältestes Restaurant wurde 1789 gegründet und serviert herzhafte britische Küche mit Rinderkotelett, Austern und Wild vom eigenen Landgut.

Veeraswamy £££
Indisch　　　　　　SP 10 F3
Victory House, 99 Regent St, W1B 4RS
(020) 7734 1401
Eine Londoner Institution seit 1926. Hier serviert man moderne und klassische indische Gerichte in opulentem Palastambiente.

South Kensington und Hyde Park

Byron £
Amerikanisch　　　　SP 7 C5
222 Kensington High St, W8 7RG
(020) 7361 1717
Hier bekommt man Londons wohl beste Burger aus frischem Rinderhack.

Café Mona Lisa £
Italienisch　　　　　SP 16 E5
417 King's Rd, SW10 0LR
(020) 7376 5447
Beliebtes Café mit freundlichem Service und gemütlicher Ausstattung. Delikate italienische Küche, die Tagesgerichte stehen auf einer Tafel.

The Abingdon ££
Europäisch　　　　　SP 15 C1
54 Abingdon Rd, W8 6AP
(020) 7937 3339
Ein chic umgebauter Pub mit köstlicher Brasserie-Küche. Fragen Sie nach einem Nischentisch.

Vis-à-Vis-Tipp

Assaggi ££
Italienisch　　　　　SP 7 C2
39 Chepstow Pl, W2 4TS
(020) 7792 5501　　　So
Das charmante Restaurant über einem Pub ist eine wunderbare Option für die Feinschmeckerszene und in den lebhaften Farben von Chefkoch Nino Sassus Heimat Sardinien gehalten. Die Karte bietet regionale Spezialitäten. Unbedingt reservieren.

The Belvedere ££
Europäisch　　　　　SP 7 B5
abseits der Abbotsbury Rd, Holland Park, W8 6LU
(020) 7602 1238
Moderne europäische Küche in einem opulenten alten Ballsaal mit schönem Gartenblick.

SP = Stadtplan London *siehe S. 131–151* **K** = Karte *Extrakarte zum Herausnehmen*

Buona Sera Jam ££
Italienisch SP 17 A4
289 King's Rd, SW3 5EW
(020) 7352 8827
Mo mittags
Lebhafte, familienfreundliche Trattoria. Über Mini-Leitern erreicht man die obersten Tische, leckere Pizzen und Pastagerichte.

E&O ££
Asiatisch SP 7 A2
14 Blenheim Crescent, W11 1NN
(020) 7229 5454
In Hochglanz-Ambiente serviert man hier Tempura, Sushi, Pad Thai und andere Spezialitäten.

Gallery Mess ££
Europäisch SP 17 C2
Saatchi Gallery, Duke of York's HQ, King's Rd, SW3 4RY
(020) 7730 8135
Nach einem Museumsbesuch bietet sich dieses Lokal für eine Mittagspause an. Mit Blick auf einen begrünten Platz.

Jak's ££
Mediterran SP 17 B2
77 Walton St, SW3 2HT
(020) 3393 1796
Restaurant im Landhausstil, serviert gesunde Bio-Gerichte und verlockende Desserts.

Kensington Place ££
Seafood SP 7 C4
201 Kensington Church St, W8 7LX
(020) 7727 3184
Die berühmte Brasserie serviert fantastischen Fisch in Bierteig mit Pommes frites.

Le Levin Hotel ££
Europäisch SP 9 C5
28 Basil St, SW3 1AS
(020) 7589 6286
Feine Keller-Brasserie mit leckerer Küche und dem Flair eines modernen europäischen Tearoom.

Babylon at the Roof Garden £££
Modern britisch SP 10 D5
99 Kensington High St, W8 5SA
(020) 7368 3993
Modisches Restaurant mit wunderbarer Terrasse und Blick auf die nahen Gärten. Unbedingt rechtzeitig reservieren.

Bibendum £££
Französisch SP 17 A2
Michelin House, 81 Fulham Rd, SW3 6RD
(020) 7581 5817
Jugendstil-Glaskunst bildet die atemberaubende Kulisse des luftigen Restaurants im ersten Stock. Aufmerksame Kellner servieren hier saisonale französische Küche.

Stilvoller Gastraum im Restaurant Gordon Ramsay, London

Dinner by Heston Blumenthal £££
Modern britisch SP 9 C5
Mandarin Oriental Hyde Park, 66 Knightsbridge, SW1X 7LA
(020) 7201 3833
In Londons angesagtestem Restaurant präsentiert der Promi-Koch seine Version der klassischen britischen Küche. Horrende Preise, aber dafür gibt es ein unvergessliches Erlebnis.

Hunan £££
Chinesisch SP 18 D2
51 Pimlico Rd, SW1W 8NE
(020) 7730 5412 So
Taiwanesische Küche in leckeren, Tapas-großen Portionen.

Marcus £££
Modern britisch SP 10 D5
The Berkeley Hotel, Wilton Pl, SW1X 7RL
(020) 7235 1200 So
Das leuchtend rote Dekor des Gastraums unterstreicht die spektakuläre, köstliche Küche des Starkochs.

Restaurant Gordon Ramsay £££
Französisch SP 17 C4
68 Royal Hospital Rd, SW3 4HP
(020) 7352 4441 Sa, So
Standards in bewährter Qualität serviert dieser Drei-Sterne-Tempel der Haute Cuisine. Sehr teuer, aber die angebotenen Gerichte sind wirklich aufregend.

Zuma £££
Japanisch SP 9 B5
5 Raphael St, SW7 1DL
(020) 7584 1010
Beliebt wegen seiner Gerichte vom Robata-Grill, Tempura, Nigiri Sushi und Sashimi. Köstlich und auch bei britischen Prominenten angesagt.

Regent's Park und Bloomsbury

Gem £
Türkisch SP 4 F1
265 Upper St, N1 2UQ
(020) 7359 0405
In diesem wunderbaren kleinen, günstigen Lokal schmecken duftende Meze. Hübscher weißer Gastraum, kurdisches Dekor.

Vis-à-Vis-Tipp

Golden Hind £
Traditionell britisch SP 10 E1
73 Marylebone Lane, W1U 2PN
(020) 7486 3644 So
Der freundliche schnörkellose Familienbetrieb schenkt keinen Alkohol aus, verlangt aber nur minimales Korkgeld. Das 1914 eröffnete Lokal wurde von seinen derzeitigen griechischen Besitzern ausgebaut. Ihre hausgemachten Fischbällchen mit obligatorischem Erbsenpüree sind eine leckere Alternative zu *fish and chips*.

Galvin Bistrot de Luxe ££
Französisch SP 1 C5
66 Baker St, W1U 7DJ
(020) 7935 4007
Das beliebte, erstklassige Bistro serviert wunderbare klassische französische Küche und eine breite Auswahl an Weinen aus aller Welt. Mit preiswertem Samstags-Lunch.

The House of Ho ££
Vietnamesisch SP 11 A1
1 Percy St, W1T 1DB
(020) 7323 9130 So
Zuerst genießt man einen Drink in der romantischen roten Bar, danach erstklassige, innovative französisch-vietnamesische Gerichte beim Candle-Light-Dinner.

Ottolenghi ££
Mediterran SP 4 F1
287 Upper St, N1 2TZ
(020) 7288 1454
So abends
Ottolenghis Designlokal serviert großartige gesunde Küche an Gemeinschaftstischen. Hier gibt es innovativ zubereitete mediterrane Gerichte.

Orrery £££
Französisch SP 2 D5
55–57 Marylebone High St, W1U 5RB
(020) 7616 8000
Exzellente französische Küche, serviert in umgebauten Stallungen. Am schönsten sind die Tische an den eleganten Bogenfenstern. Große Liebe zum Detail.

Restaurantkategorien *siehe S. 577* Preiskategorien *siehe S. 582*

LONDON | 585

Pied à Terre £££
Französisch SP 3 A5
34 Charlotte St, W1T 2NH
(020) 7636 1178 ● So
Bekannt für seine makellose Küche. Ein elegantes, aber freundliches Lokal mit komfortablem Gastraum. Engagierter Service.

Roka £££
Japanisch SP 3 A5
37 Charlotte St, W1T 1RR
(020) 7580 6464
An der hölzernen Theke des Restaurants schmecken köstliche Sushi, am Robata-Grill sieht man den Köchen zu.

City und Southwark

Cây Tre £
Vietnamesisch SP 5 A4
301 Old St, EC1V 9LA
(020) 7729 8662
Authentische und hochwertige Gerichte: Pho, Seafood-Platten, köstliche Jakobsmuscheln und Chicken Wings mit Anchovis.

Clerkenwell Kitchen £
Modern britisch SP 4 E4
27–31 Clerkenwell Close, EC1R 0AT
(020) 7101 9959
● Sa, So; abends
Hausmacherküche aus Bio-Zutaten, aufmerksamer Service. Hervorragend zum Mittagessen.

Lahore Kebab House £
Pakistanisch SP 14 E1
2–10 Umberston St, E1 1PY
(020) 7481 9737
Hier setzen Currys und Kebabs die Geschmacksknospen unter Strom. Alkohol muss man selbst mitbringen – *bring your own bottle* (BYOB).

Leon Spitalfields £
Europäisch SP 6 D5
3 Crispin Pl, E1 6DW
(020) 7247 4369
● So abends
Das große Lokal serviert mediterran inspiriertes Fast Food und Salate. Gute Option für Familien.

Anchor and Hope ££
Modern britisch SP 12 E4
36 The Cut, SE1 8LP
(020) 7928 9898
● Mo mittags, So abends
Hier sollte man mit Hunger auf Mächtiges wie Wildbraten oder Kürbisrisotto einkehren.

Brawn ££
Französisch SP 6 E3
49 Columbia Road, E2 7RG
(020) 7729 5692
Hier kocht man herzhaft, z. B. Wildpastete, Schweinsfüße und Steinpilze mit Sauce bordelaise. Die Karte führt auch Bio-Weine.

Champor-Champor ££
Thai/Malaysisch SP 13 C4
62–64 Weston St, SE1 3QJ
(020) 7403 4600
Das exotisch dekorierte Champor-Champor (»bunt kombiniert«) serviert malaysische Küche.

Le Café du Marché ££
Französisch SP 4 F5
22 Charterhouse Sq, EC1M 6DX
(020) 7608 1609 ● So
Das schlicht-elegante Restaurant bietet klassische französische Küche und abends guten Jazz.

The Peasant ££
Modern britisch SP 4 E2
240 St John St, EC1V 4PH
(020) 7336 7726
Gut geführte Brasserie mit viktorianischem Gastraum. Erstklassige Pub-Küche in der Bar im Keller.

Vanilla Black ££
Vegetarisch SP 12 E1
17–18 Tooks Court, EC4A 1LB
(020) 7242 2622 ● So
Exzellente vegetarische Gerichte in elegantem Ambiente. Empfehlenswert: warme Walnuss-Pannacotta und Blauschimmel-Stilton-Klöße.

Vinoteca ££
Europäisch SP 4 E2
7 St John St, EC1M 4AA
(020) 7253 8786 ● So
Dank großer Weinauswahl und exzellenter moderner europäischer Küche ist die Weinbar in Farringdon immer gut besucht.

L'Anima £££
Italienisch SP 5 C5
1 Snowden St, EC2A 2DQ
(020) 7422 7000
● Sa mittags, So
Francesco Mazzeis Küche ist so elegant wie sein Lokal. Zu umwerfender Regionalküche serviert er ebensolche Weine.

The Chancery £££
Europäisch SP 12 E1
9 Cursitor St, EC4A 1LL
(020) 7831 4000
● Sa mittags, So
Fabelhafter Seehecht, Muntjakhirsch und langsam gekochter Schweinebauch. Mittagslokal.

Galvin La Chapelle £££
Französisch SP 6 D5
35 Spital Sq, E1 6DY
(020) 7299 0400
Dieses Restaurant serviert eine bemerkenswerte, große Auswahl an leckeren französischen Gerichte. Sonntags gutes Mittagsmenü.

Hawksmoor £££
Steakhouse SP 14 E1
157 Commercial St, E1 6BJ
(020) 7426 4850
Saftige Steaks von traditionell gehaltenen Longhorn-Rindern, gut abgehangen und auf dem Holzkohlegrill zubereitet.

Vis-à-Vis-Tipp

Oxo Tower Restaurant and Brasserie £££
Europäisch SP 12 E3
Oxo Tower Wharf, Barge House St, SE1 9GY
(020) 7803 3888
Das Oxo bietet eine großartige Küche, eine breite Auswahl an Weinen aus aller Welt und eine atemberaubende Aussicht vom achten Stock: farbenfroh bei Tag, glitzernde Lichter am Abend. Die legere Brasserie und das schicke Restaurant werden von Harvey Nichols exzellent geführt.

Abstecher

Anarkali £
Indisch
303–305 King St, W6 9NH
(020) 8748 1760
Das Restaurant in Hammersmith spielt in einer eigenen Liga mit

Beeindruckender City-Blick im Oxo Tower Restaurant and Brasserie, London

SP = Stadtplan London *siehe S. 131–151* K = Karte *Extrakarte zum Heraustrennen*

Köstliches in zwangloser Atmosphäre bietet The Curlew, Bodiam

fein gewürzten und zahlreichen vegetarischen Gerichten. Empfehlenswerte hausgemachte Rafique-Sauce. Netter Service.

The Greenwich Union £
Modern britisch
56 Royal Hill, SE10 8RT
(020) 8692 6258
Das auffällige Pub bietet eine einmalige Bierauswahl. Zu jedem der leckeren Gerichte wird das passende Ale empfohlen.

Sufi £
Persisch
70 Askew Rd, W12 9BJ
(020) 8834 4888
Preiswerte, authentische persische Gerichte, die in einem gemütlichen Ambiente serviert werden. Das Fladenbrot kommt aus dem hauseigenen Lehmofen.

Emile's ££
Europäisch
98 Felsham Rd, Putney, SW15 1DQ
(020) 8789 3323
So, mittags
Ein Juwel in Putney: gute, einfache Küche, schlichter Gastraum. Die saisonalen Gerichte stehen auf einer Tafel.

Enoteca Turi ££
Italienisch
87 Pimlico Rd, Belgravia, SW1W 8PH
(020) 8785 4449   So
Die Enoteca bietet eine fröhliche, zwanglose Atmosphäre, eine rustikale Ausstattung und ein bekömmliches Essen.

Indian Zing ££
Indisch
236 King St, Hammersmith, W6 ORF
(020) 8748 5959
Das gehobene Restaurant bietet eine exzellente Weinauswahl und eine moderne indische Küche, die mit Elan zubereitet wird.

Jin-Kichi ££
Japanisch
73 Heath St, NW3 6UG
(020) 7794 6158
Mo, Di nach einem Feiertag
Tokio in Hampstead, mit Grill, feinem Sushi und gutem Service.

Tatra ££
Polnisch
24 Goldhawk Rd, W12 8DH
(020) 8749 8193
Mo–Fr mittags
Das Lokal in Shepherd's Bush serviert osteuropäische Gerichte.

The Wells ££
Modern britisch
30 Well Walk, NW3 1BX
(020) 7794 3785
Gemütliches Gastro-Pub mit leckeren Speisen.

Vis-à-Vis-Tipp

Chez Bruce £££
Modern britisch
2 Bellevue Rd, Wandsworth, SW17 7EG
(020) 8672 0114
Bei Chez Bruce sind die Küche, der Wein und der Service erstklassig. Hier schmecken klassische Gerichte in aufregenden Geschmackskombinationen. Spezialitäten sind hausgemachte Wurst sowie langsam gegarte Schmorbraten.

Gaucho Hampstead £££
Steakhouse
64 Heath St, Hampstead, NW3 1DN
(020) 7431 8222
Das Restaurant bietet herzhafte Steaks vom argentinischen Grill.

Downs und Kanalküste

ALFRISTON: Wingrove House ££
Modern britisch   K 5TD
High St, East Sussex, BN26 5TD
(01323) 870 276
Mo–Mi mittags
In einem Haus im Kolonialstil aus dem 19. Jahrhundert serviert man hier englische Klassiker, beispielsweise köstlichen Sussex-Lammbraten.

ARUNDEL: The Bay Tree ££
Europäisch   K M18
19a–21 Tarrant St, Stadtzentrum, West Sussex, BN18 9DG
(01903) 883 679
In einem wunderschönen Fachwerkhaus aus dem 16. Jahrhundert lockt das Bay Tree mit exzellenter moderner Küche aus hochwertigen Bio-Produkten.

BIDDENDEN: The West House £££
Modern britisch   K N18
28 High St, Ashford, TN27 8AH
(01580) 291 341
So abends, Mo
Das Sternerestaurant in Familienbesitz serviert in einem Weberhaus aus dem 15. Jahrhundert moderne britische Küche.

BODIAM: The Curlew ££
Modern britisch   K F19
Junction Rd, East Sussex, TN32 5UY
(01580) 861 394   Mo
Sternerestaurant mit zwanglosem Ambiente und innovativen Gerichten. Bio-Weine.

BRIGHTON: Tookta's Café £
Thai   K M18
30 Spring St, East Sussex, BN1 3EF
(01273) 748 071   So
Kleines Thai-Café mit reizendem, schickem Dekor und moderner, individueller Thai-Küche.

BRIGHTON: The Gingerman ££
Europäisch   K M18
21a Norfolk Sq, East Sussex, BN1 2PD
(01273) 326 688   Mo
Das kleine Restaurant zählt zur bekannten Ginger Group in Brighton und bietet köstliche, unprätentiöse Küche. Die schmackhaften Gerichte werden alle aus heimischen Zutaten zubereitet.

CANTERBURY: Kathton House £££
Europäisch   K O17
6 High St, Sturry, Kent, CT2 0BD
(01227) 719 999   So, Mo
Gehobenes modernes Restaurant. Empfehlenswert: Kentish-Lamm.

CHICHESTER: El Castizo £
Tapas   K M18
24 St Pancras, Victoria Court, West Sussex, PO19 7LT
(01243) 788 988   So, Mo
Das Restaurant serviert schnörkellose traditionelle spanische Tapas, Seafood und vegetarische Gerichte mit spanischem Käse.

CUCKFIELD: Ockenden Manor £££
Europäisch   K M18
Ockenden Ln, West Sussex, RH17 5LD
(01444) 416 111
In einem schönen elisabethanischen Herrenhaus bietet dieses Restaurant eine exzellente Küche.

EASTBOURNE: La Locanda del Duca £
Italienisch   K N18
26 Cornfield Terrace, East Sussex, BN21 4NS

LONDON, DOWNS UND KANALKÜSTE, EAST ANGLIA

📞 (01323) 737 177
🕒 25., 26. Dez
Authentische italienische Küche, gute Weinauswahl und entspannte Atmosphäre.

EMSWORTH: 36 on the Quay £££
Europäisch　　　　　　K L18
47 South St, Hampshire, PO10 7EG
📞 (01243) 375 592
🕒 So, Mo; 2 Wochen im Jan;
1 Woche im Mai und Okt
Im Fischerdorf Emsworth bietet das Sternerestaurant europäische Küche mit Blick auf die Bucht.

HASTINGS: Café Maroc　　£
Marokkanisch　　　　　K N18
37 High St, East Sussex, TN34 3ER
📞 0750 077 4017
🕒 mittags, Mo, Di
Das kleine Restaurant serviert authentische marokkanische Küche. Köstliches Zitronenhuhn und leckere Desserts.

HORSHAM: The Pass at
South Lodge Hotel　　£££
Modern britisch　　　　K M18
Brighton Rd, West Sussex, RH13 6PS
📞 (01403) 891 711　🕒 Mo, Di
Das Sternerestaurant in dem luxuriösen Landhaushotel bietet ungewöhnliche Zutaten und Geschmackskombinationen.

ISLE OF WIGHT: The Pilot
Boat Inn　　　　　　　　£
Modern britisch　　　　K L18
Station Rd, Bembridge, PO35 5NN
📞 (01983) 872 077
🕒 So abends
Das bootsförmige Pub ist für sein frisches Seafood, darunter die Bembridge-Krabben, bekannt.

LYMINGTON:
The Elderflower　　　£££
Feine Küche　　　　　　K L19
4–5 Quay St, Hampshire,
SO41 3AS
📞 (01590) 676 908
🕒 So & Mo abends
Zentral gelegenes Restaurant, das für seine edle, französisch inspirierte Küche bekannt ist.

PETERSFIELD: JSW　　£££
Modern britisch　　　　K L18
20 Dragon St, Hampshire,
GU31 4JJ
📞 (01730) 262 030
🕒 Mi mittags, So–Di abends
In einem Gasthof aus dem 17. Jahrhundert, saisonale Küche und breite Weinauswahl.

PORTSMOUTH:
Spice Merchants　　　　£
Indisch　　　　　　　　K L19
44 Osborne Rd, Southsea, PO5 3LT
📞 023 9282 8900　🕒 mittags

Das kleine, gemütliche indische Restaurant serviert authentische Küche mit interessanten Gewürzen. Auch zum Mitnehmen.

ROCHESTER: Topes　　££
Modern britisch　　　　K N17
60 High St, Kent, ME1 1JY
📞 (01634) 845 270
🕒 So abends, Mo, Di
In einem Haus aus dem 15. Jahrhundert serviert das Topes eine exzellente Kombination aus traditioneller und moderner britischer Küche aus Produkten der Saison.

SWANLEY: Fahims　　　£
Indisch　　　　　　　　K N17
9 High St, Kent, BR8 8AE
📞 (01322) 836 164
Hier verbindet man wunderbar die Kräuter und Gewürze der Küchen Indiens. Sonntags empfehlenswertes Büfett für zehn Pfund.

Vis-à-Vis-Tipp
WHITSTABLE: Wheelers
Oyster Bar　　　　　　££
Seafood　　　　　　　　K O17
8 High St, Kent, CT5 1BQ
📞 (01227) 273 311　🕒 Mi
Das älteste Restaurant im Seeort Whitstable bietet eine kleine saisonale Auswahl – nur jeweils sechs Vorspeisen, Hauptgänge und Desserts. Die Gäste schlemmen im Oyster Parlour, in der Seafood Bar oder versorgen sich mit Quiches und Sandwiches zum Mitnehmen.

WINCHELSEA: The Ship　£
Grill　　　　　　　　　K O18
Sea Rd, East Sussex, TN36 4LH
📞 (01797) 226 767
🕒 So–Di abends
Genießen Sie zu gegrilltem Fleisch die malerische Aussicht.

WINCHESTER: Kyoto Kitchen £
Japanisch　　　　　　　K L18
70 Parchment St, Hampshire,
SO23 8AT
📞 (01962) 890 895

Kyoto Kitchens Spezialität sind Sushi und Sashimi. Das Restaurant bietet eine gute Einführung in die japanische Küche.

WINCHESTER: Chesil Rectory ££
Modern britisch　　　　K L18
1 Chesil St, Hampshire, SO23 0HU
📞 (01962) 851 555
In dem 600 Jahre alten Restaurant bekommen klassische Gerichte einen modernen Anstrich.

East Anglia

Vis-à-Vis-Tipp
ALDEBURGH: Regatta
Restaurant　　　　　　££
Seafood　　　　　　　　K P16
171 High St, Suffolk, IP15 5AN
📞 (01728) 452 011
Im Küstenort Aldeburgh gibt sich das Regatta mit einem Metallschiff an der Fassade fröhlich maritim. Im Sommer liegt das Augenmerk auf Seafood. Man serviert auch vegetarische und Fleischgerichte. Kosten Sie die Jakobsmuscheln und die Hummergerichte!

BURY ST EDMUNDS:
Maison Bleue　　　　　££
Französisch　　　　　　K N15
30 Churchgate St, Suffolk,
IP33 1RG
📞 (01284) 760 623　🕒 So, Mo
Exquisit präsentierte französische Küche, elegantes Ambiente. Köstlich: der Lachs und die Devonshire-Ente.

CAMBRIDGE: Ristorante
Il Piccolo Mondo　　　££
Italienisch　　　　　　K N16
85 High St, Bottisham,
Cambridgeshire, CB25 9BA
📞 (01223) 811 434　🕒 So–Di
Das Lokal serviert in einer viktorianischen Dorfschule bemerkenswerte Gnocchi, Risotto und Pasta.

Traditionelle Küche Indiens im Fahims, Swanley

K = **Karte** *Extrakarte zum Herausnehmen*

CAMBRIDGE: The Oak Bistro ££
Britisch K N16
6 Lensfield Rd, Cambridgeshire, CB2 1EG
📞 (01223) 323 361 ⬤ So, Feiert.
Das Bistro mit dem schönen Garten mit Tischen im Freien serviert wunderbares Doradenfilet und Lammbraten.

CHELMSFORD: Olio ££
Italienisch K N17
37 New London Rd, Essex, CM2 0ND
📞 (01245) 269 174 ⬤ Mo
Ein Hauch von Italien in Essex. Die Pizzen werden mit traditionellem Teig, Käse und Fleisch aus Manufakturen zubereitet.

COLCHESTER: Mehalah's £
Seafood K O16
East Rd, East Mersea, Essex, CO5 8TQ
📞 (01206) 382 797 ⬤ abends
Ein schlichtes Lokal mit hervorragendem Seafood und Ale.

CROMER: Constantia Cottage Restaurant ££
Griechisch K O14
The High St, East Runton, Norfolk, NR27 9NX
📞 (01263) 512 017 ⬤ So
Das alteingesessene Lokal gefällt mit fröhlichem Ambiente, gelegentlicher Live-Musik und Klassikern wie Souvlaki und Stifado.

ELY: Peacocks Tearoom £
Café K N15
65 Waterside, Cambridgeshire, CB7 4AU
📞 (01353) 661 100 ⬤ Mo, Di
Das hübsche, preisgekrönte Café mit einem üppigen Garten serviert Quiches, Suppen, Sandwiches und Kuchen.

HOLT: Morston Hall £££
Europäisch K O14
Morston, Norfolk, NR25 7AA
📞 (01263) 741 041
⬤ Jan; 25. Dez

Der elegante Gastraum in der Orangerie der Morston Hall, Holt

Leckere moderne europäische Küche, hübsche Lage am Land, gute Weinauswahl, guter Service.

HUNTINGDON: Old Bridge Hotel Restaurant ££
Modern britisch K M15
1 High St, Cambridgeshire, PE29 3TQ
📞 (01480) 424 300
Genießen Sie englische Spitzenküche und die Aussicht in einem efeuberankten Haus (18. Jh.).

IPSWICH: Alaturka £
Türkisch K O16
9 Great Colman St, Suffolk, IP4 2AA
📞 (01473) 233 448
⬤ So, mittags
Modernes Dekor und traditionelle türkische Gerichte. Zum Dessert schmeckt süßes Baklava.

KING'S LYNN: Market Bistro £
Modern britisch K N14
11 Saturday Market Pl, Norfolk, PE30 5DQ
📞 (01553) 771 483
⬤ Di mittags, So, Mo
Hier gibt es alles, von hausgeräuchertem Fisch und Fleisch bis zu Brot und Desserts.

LOWESTOFT: Desmond's £
Café K P15
221b London Rd, Suffolk, NR33 0DS
📞 0796 863 6647 ⬤ So
Unter der Woche ein hübsches Café, am Wochenende serviert man exzellente Steinofen-Pizza.

MALDON: El Guaca £
Mexikanisch K N16
122 High St, Essex, CM9 5ET
📞 (01621) 852 009 ⬤ Mo
Das gemütliche, freundliche Lokal serviert mexikanische Klassiker wie Fajitas und Nachos.

NEWMARKET: Khobkhun £
Thai K N15
160 High St, Suffolk, CB8 9AQ
📞 (01638) 660 646
Aromatische, delikate Thai-Küche, schön serviert. Weine aus der Flasche und Thai-Bier.

NORWICH: Moorish Falafel Bar £
Vegetarisch K O15
17 Lower Goat Lane, Norfolk, NR2 1EL
📞 (01603) 622 250
Das Lokal ist bekannt für seine Falafel-Burger, Salat-Pitas und seine hausgemachte Limonade.

PETERBOROUGH: Prévost £££
Feine Küche K M15
20 Priestgate, Cambridgeshire, PE1 1JA
📞 (01733) 313 623 ⬤ So–Di

Mehrgängige Menüs mit nordischen Einflüssen sind die Spezialität des Hauses. Gute Cocktails.

SOUTHWOLD: Sutherland House £££
Seafood K P15
56 High St, Suffolk, IP18 6DN
📞 (01502) 724 544 ⬤ Mo
Der Gastraum bildet das perfekte Ambiente, um Jakobsmuscheln oder Seebarsch zu genießen.

SWAFFHAM: Rasputin £
Russisch K N15
21–22 Plowright Pl, Norfolk, PE37 7LQ
📞 (01760) 724 725
⬤ So, Mo, mittags
Das moderne Lokal serviert authentische russische Küche.

Themse-Tal

ABINGDON: The White Hart ££
Gastro-Pub K L17
Main Rd, Fyfield, Oxfordshire, OX13 5LW
📞 (01865) 390 585
⬤ So abends, Mo
Das Gastro-Pub in einem Fachwerkhaus bezieht viele Zutaten aus dem eigenen Garten. Gute hausgemachte Brote und Pasta.

BANBURY: Sheesh Mahal £
Indisch K L16
43 South Bar, Oxfordshire, OX16 9AB
📞 (01295) 266 489
Das schicke indische Restaurant in einer eleganten Villa serviert saftige Fleischgerichte.

BEACONSFIELD: The Royal Standard of England ££
Traditionell britisch K M17
Forty Green, Buckinghamshire, HP9 1XT
📞 (01494) 673 382
Eines der ältesten Pubs Englands. Hier gibt es herzhafte Speisen.

CHINNOR: Sir Charles Napier £££
Europäisch K L17
Spriggs Alley, Oxfordshire, OX39 4BX
📞 (01494) 483 011
⬤ So abends, Mo
Das Sterne-Pub serviert keinesfalls Pub-Küche, sondern z. B. Orkney-Muscheln und Spanferkel.

CHIPPING NORTON: Wild Thyme ££
Modern britisch K L16
10 New St, Oxfordshire, OX7 5LJ
📞 (01608) 645 060 ⬤ So, Mo
Das Restaurant in einem schönen alten Haus mit Tischen am Fens-

Restaurantkategorien *siehe S. 577* Preiskategorien *siehe S. 582*

EAST ANGLIA, THEMSE-TAL, WESSEX | 589

Französische Spitzenküche in Landhausatmosphäre: L'Ortolan, Reading

ter serviert Spezialitäten wie fantastischen kornischen Seeteufel oder Tamworth-Schwein.

COOKHAM: The White Oak £
Europäisch K M17
The Pound, Maidenhead, Berkshire, SL6 9QE
(01628) 523 043
● So abends
Das stilvolle Pub bietet eine große Auswahl an leckeren Gerichten.

GREAT MISSENDEN: La Petite Auberge ££
Französisch K M17
107 High St, Buckinghamshire, HP16 0BB
(01494) 865 370
● So, Mo, mittags
Das winzige Bistro serviert Klassiker der französischen Küche.

HEMEL HEMPSTEAD: Chiangmai Cottage £
Thai K M17
80 High St, Hertfordshire, HP1 3AQ
(01442) 263 426
Das charmant rustikale Restaurant serviert großartiges Pad Thai und leicht gewürzte Gerichte.

HENLEY-ON-THAMES: Shaun Dickens at The Boathouse £££
Modern britisch K L17
Station Rd, Oxfordshire, RG9 1AZ
(01491) 577 937 ● Mo, Di
Genießen Sie moderne britische Spezialitäten direkt am Fluss. Am Wochenende gibt es Frühstück.

MARLOW: The Coach £££
Gastro-Pub K M17
3 West St, Buckinghamshire, SL7 2LS
Hier gibt es interessante Kombinationen vom Koch Tom Kerridge, z. B. Hasen mit Pilz-Ketchup. Keine Reservierungen.

MARLOW: Vanilla Pod £££
Französisch K M17
31 West St, Buckinghamshire, SL7 2LS
(01628) 898 101 ● So, Mo

Ruhiges kleines Restaurant, ambitionierte Küche, guter Service und schnörkellose Karte.

NEWBURY: The Halfway Bistro ££
Gastro-Pub K L17
Bath Rd, West Berkshire, RG20 8NR
(01488) 608 115
● So abends
Im Halfway erreicht Pub-Küche eine ganz neue Klasse, z. B. mit langsam geschmortem Rindfleisch und frischen Kräutern.

OXFORD: Everest £
Nepalesisch K L17
147–151 Howard St, Oxfordshire, OX4 3AZ
(01865) 251 555
Das Everest serviert authentische nepalesische Gerichte aus frischesten Zutaten.

OXFORD: Cherwell Boathouse ££
Modern britisch K L17
Bardwell Rd, Oxfordshire, OX2 6ST
(01865) 515 978
Alteingesessener Familienbetrieb am Ufer des Cherwell. Klassische Küche, gute Weinkarte.

READING: Mya Lacarte ££
Modern britisch K L17
5 Prospect St, West Berkshire, RG4 8JB
(01189) 463 400 ● So
Hier schmecken innovativ zubereitete britische Klassiker.

Vis-à-Vis-Tipp

READING: L'Ortolan £££
Französisch K L17
Church Lane, Shinfield, West Berkshire, RG2 9BY
(01189) 888 500 ● So
Das Sterne-Restaurant punktet in einem ehemaligen Pfarrhaus mit hervorragender moderner französischer Küche. Die vorzüglichen Mittagsmenüs sind erstaunlich günstig.

ST ALBANS: L'Olivo £
Italienisch K M17
135 Marford Rd, Wheathampstead, Hertfordshire, AL4 8NH
(01582) 834 145
● So, Mo, mittags
Das schicke Lokal ist die perfekte Kulisse für köstliche süditalienische Küche, von der hausgemachten Pasta bis zum Seafood.

WATFORD: Tarboush £
Libanesisch K M17
57 Market St, Hertfordshire, WD18 0PR
(01923) 248 898
Der Nahe Osten in Watford, mit Shisha-Garten und authentischer libanesischer Küche.

WINDSOR: Al Fassia £
Marokkanisch K M17
27 St Leonard's Rd, West Berkshire, SL4 3BP
(01753) 855 370
● Mo–Fr mittags
Genießen Sie in dem opulent dekorierten Restaurant köstliche Tagine, Couscous sowie Bier aus Casablanca.

WOBURN: Paris House £££
Modern britisch K M16
Woburn Safari Park, London Rd, Bedfordshire, MK17 9QP
(01525) 290 692
● So abends, Mo, Di
In dem hochgepriesenen Restaurant wählt man zwischen verschiedenen Menüs.

WOODSTOCK: La Galleria ££
Italienisch K L16
2 Market Pl, Stadtzentrum, OX20 1TA
(01993) 813 381 ● Mo
Gehobenes Restaurant mit schönen weißen Tischdecken. In freundlicher Atmosphäre werden italienische Gerichte serviert.

Wessex

AVEBURY: Circles Café £
Café K K17
Wiltshire, SN8 1RF
(01672) 539 250
Steht unter dem Schutz des National Trust – hier schmecken Tee und hausgemachte Kuchen.

BATH: The Circus ££
Modern britisch K J17
34 Brock St, Somerset, BA1 2LN
(01225) 466 020
Das Café liegt in einem beeindruckenden georgianischen Gebäude. Auf der Karte stehen u. a. Wildschwein-Bällchen, Ziegen-Curry und »Whim-Wham«-Regency-Trifle.

K = Karte *Extrakarte zum Herausnehmen*

Stilvoller Gastraum im Urban Reef, Bournemouth

BATH: Acorn Vegetarian ££
Vegetarisch K J17
2 North Parade Passage, Somerset, BA1 1NX
(01225) 446 059
Das vegetarische Restaurant serviert innovative, interessante kleine Gerichte, etwa Tarte mit Miso, Auberginen und Schalotten.

BATH: The Marlborough Tavern ££
Gastro-Pub K J17
35 Marlborough Buildings, Somerset, BA1 2LY
(01225) 423 731
So abends
Entspanntes, freundliches Pub in der Nähe vom Royal Crescent. Für die Speisen werden beste lokale Zutaten verarbeitet. Gute Auswahl an Bier und Wein.

BATH: Menu Gordon Jones ££
Feine Küche K J17
2 Wellsway, Somerset, BA2 3AQ
(01225) 480 871 So
Freundliches Lokal mit gehobener Küche. Für die Gerichte werden erstklassige und ungewöhnliche Zutaten verwendet, z. B. Dorset-Schnecken oder Möweneier.

BOURNEMOUTH: Chez Fred £
Traditionell britisch K K19
10 Seamoor Rd, Dorset, BH4 9AN
(01202) 761 023
So mittags
Bournemouths Fish-and-chips-Favorit serviert köstlichen, panierten Kabeljau, auch zum Mitnehmen.

BOURNEMOUTH: Urban Reef Café ££
Café K K19
The Overstrand, Undercliff Drive, Boscombe, Dorset, BH5 1BN
(01202) 443 960
Schickes Strandcafé am Tag und Restaurant am Abend. Mit Sonnendeck, Kaminfeuer im Winter und gutem Brunch.

BOURNEMOUTH: West Beach ££
Seafood K K19
Pier Approach, Dorset, BH2 5AA
(01202) 587 785
In dem kinderfreundlichen Strandbistro mit wunderbarer Aussicht schmecken die Fischplatte, der Poole-Bay-Hummer und heimische Muscheln, aber auch Dorset-Rindfleisch. Unbedingt reservieren.

BRADFORD-ON-AVON: Fat Fowl and the Roost ££
Mediterran K K17
Silver St, Wiltshire, BA15 1JX
(01225) 863 111
Das familienfreundliche Café am Tag verwandelt sich am Abend in ein Restaurant. Großartige Tapas.

BRIDPORT: Hive Beach Café £
Café K J19
Beach Rd, Burton Bradstock, Dorset, DT6 4RF
(01308) 897 070
Beliebtes Café mit Blick auf den Kiesstrand und die honigfarbenen Klippen. Leckeres Seafood, Eiscreme von West Country.

BRIDPORT: Watchhouse Café £
Café K J19
West Bay, Dorset DT6 4EN
(01308) 459 330
Das Hafencafé serviert herzhaftes Frühstück und mittags Pizza aus dem Holzofen.

BRISTOL: Maitreya Social £
Vegetarisch K J17
89 St Mark's Rd, Easton, BS5 6HY
(01179) 510 100
Di–Do mittags; So, Mo
Das heitere Café zeigt lokale Kunst. Auf der Karte stehen saisonal ausgerichtete vegetarische Gerichte, auf einer Tafel sind die täglich wechselnden Angebote angeschrieben. Oft Live-Musik.

BRISTOL: Rocotillos £
Café K J17
1 Queen's Rd, Clifton Triangle, Clifton, BS8 1EZ
(01179) 297 207
Das Lokal im Stil der 1950er Jahre ist beliebt bei Studenten und Angestellten. Gute Burger, Pommes frites und Eiscreme-Milkshakes.

BRISTOL: Thali Café £
Indisch K J17
1 Regents St, Clifton, BS8 4HW
(01179) 743 793
Das auffällige, kitschige indische Café serviert traditionelle Thalis. Auch zum Mitnehmen.

BRISTOL: Riverstation ££
Modern britisch K J17
The Grove, BS1 4RB
(01179) 144 434
So abends
Das Restaurant liegt im ersten Stock eines hangarähnlichen Gebäudes mit Blick auf den Hafen. Serviert werden geschmacksintensive Gerichte aus lokalen und saisonalen Zutaten.

BRUTON: At the Chapel ££
Pizzeria K J18
28 High St, Somerset, BA10 0AE
(01749) 814 070
Das Restaurant in einer umgebauten Kapelle serviert köstliche Pizzen aus dem Holzofen und Salate der Saison. Dazu gehören eine Bäckerei und ein Weinladen.

CHIPPENHAM: Lucknam Park £££
Feine Küche K K17
Colerne, Wiltshire, SN14 8AZ
(01225) 742 777 Mo, Di
Exzellentes Sternerestaurant im Lucknam Park Hotel aus dem 17. Jahrhundert.

EASTON GREY: Whatley Manor £££
Feine Küche K K17
Malmesbury, Wiltshire, SN16 0RB
(01666) 822 888 Mo, Di
Hier bieten das Sternerestaurant Dining Room und die Brasserie Le Mazot legendäre Küche und Nachmittagstee. Unbedingt vorab reservieren.

GLASTONBURY: Rainbow's End £
Vegetarisch K J18
17b High St, Somerset, BA6 9DP
(01458) 833 896
Das vegetarische Café bietet hausgemachte Kuchen und Mahlzeiten, eine Salatbar, vegane und weizenfreie Mahlzeiten.

ISLE OF PURBECK: Shell Bay Seafood Restaurant ££
Seafood K K19
Ferry Rd, Swanage, Dorset, BH19 3BA
(01929) 450 363
Das beeindruckende Restaurant und Bistro auf der Isle of Purbeck erreicht man per Boot, Fähre und Auto. Hier gibt es fantastisches Seafood.

LACOCK: The Bell £
Traditionell britisch K K17
The Wharf, Bowden Hill, Wiltshire, SS15 2PJ
(01249) 730 308
Das preisgekrönte Land-Pub am Rand von Lacock serviert auch gute Drinks und traditionelle Pub-Gerichte.

Restaurantkategorien *siehe S. 577* Preiskategorien *siehe S. 582*

WESSEX, DEVON UND CORNWALL | 591

LACOCK: Sign of the Angel ££
Traditionell britisch K K17
6 Church St, Wiltshire, SN15 2LB
(01249) 730 230 So, Mo
Dieser alte Kutschergasthof ist bekannt für *cream tea* ist gutes Essen. Kaminfeuer im Winter.

LONGLEAT: The Bath Arms ££
Gastro-Pub K K17
Horningsham, Warminster, Wiltshire, BA12 7LY
0844 815 0099
Das Gastro-Pub liegt am Rand des Longleat-Anwesens. Fantastische Pub-Gerichte, lokale Küche und Getränke im Restaurant.

LYME REGIS: HIX Oyster & Fish House ££
Seafood K J19
Cobb Rd, Dorset, DT7 3JP
(01297) 446 910
In Mark Hix' coolem, modernem Restaurant blickt man durch riesige Fenster auf den berühmten Cobb. Alle Gerichte werden aus marktfrischen Zutaten zubereitet.

MALMESBURY: The Potting Shed ££
Modern britisch K K17
Crudwell, Wiltshire, SN16 9EW
(01666) 577 833
Das Gemüse und die Kräuter für die Gerichte kommen aus dem hauseigenen Garten.

POOLE: Courtyard Tea Rooms £
Café K K19
48a High St, Dorset, BH15 1BT
(01202) 670 358
Nov–März: Mo, Di
Hier werden Suppen, Snacks, Quiches oder ein leichtes Mittagessen serviert. Gute Tee-Auswahl.

POOLE: Sandbanks Beach Café £
Café K K19
Banks Rd, Sandbanks, Dorset, BH13 7QQ
(01202) 708 621
Das Strandcafé in nobler Umgebung serviert *fish and chips*, Burger, Tee und Kuchen.

POOLE: Rick Stein ££
Seafood K K19
10–14 Banks Rd, Sandbanks, Dorset, BH13 7QB
(01202) 283 000
Rick Steins Filiale in Sandbanks beeindruckt mit Holzeinrichtung und Panoramafenstern. Es gibt klassische Gerichte vom Krabbensalat bis zu *fruits de mer*.

PORLOCK: The Big Cheese £
Café K H18
High St, Somerset, TA24 8PT
(01643) 862 773 So
Das freundliche Café versorgt mit leckerem lokalem Käse.

ROWDE: The Rowdey Cow Farm Café £
Café K K17
Lower Farm, Devizes Rd, Devizes, Wiltshire, SN10 2LX
(01380) 829 666
Familienfreundlich mit hausgemachter Eiscreme, Suppen und Sandwiches und Spielplatz.

SALISBURY: Hox Brasserie £
Indisch K K18
155 Fisherton St, Wiltshire, SP2 7RP
(01722) 341 600
Das Restaurant und Takeaway bietet südindische Küche.

SALISBURY: Wagamama £
Asiatisch K K18
8–10 Bridge St, Wiltshire, SP1 2LX
(01722) 412 165
Japanisch inspiriertes Restaurant. Familienfreundlich, auch zum Mitnehmen.

SALISBURY: Charter 1227 ££
Modern britisch K K18
6–7 Ox Row, The Market Place, Wiltshire, SP1 1EU
(01722) 333 118 So, Mo
Das erstklassige Restaurant am Marktplatz überzeugt mit britischer und europäischer Küche.

SHEPTON MALLET: Kilver Court £
Café K J18
Kilver St, Somerset, BA4 5NF
(01749) 340 363
Die beiden Cafés am Kilver Court servieren Sandwiches und Herzhaftes aus lokalen Produkten.

SHERBORNE: The Bakery Café £
Café K J18
1 The Green, Dorset, DT9 3HZ
(01935) 813 264 So
Die Bäckerei lockt mit köstlichen Broten, Kuchen, Pizzen.

SHERBORNE: The Rose and Crown at Trent £
Gastro-Pub K J18
Trent, Dorset, DT9 4SL
(01935) 850 776

Der Land-Pub (14. Jh.) befindet sich bei Sherborne. Gutes Essen.

STUDLAND: The Pig on the Beach ££
Modern britisch K H18
Manor House, Manor Rd, Dorset, BH19 3AU
(01929) 450 288
Gemüse und Früchte kommen aus dem eigenen Garten, Fisch und Fleisch aus der Umgebung.

WEYMOUTH: Fish 'n' Fritz £
Traditionell britisch K J19
9 Market St, Dorset, DT4 8DD
(01305) 766 386
Fish 'n' Fritz serviert beim Hafen fantastische *fish and chips*.

WEYMOUTH: Crab House Café ££
Café K J19
Ferrymans Way, Portland Rd, Wyke Regis, Dorset, DT4 9YU
(01305) 788 867 Mo, Di
Das Café serviert die besten Krebse und Austern der Gegend.

Vis-à-Vis-Tipp

**WRINGTON:
The Ethicurean** £££
Modern britisch K J17
Barley Wood Walled Garden, Somerset, BA40 5SA
(01934) 863 713 Mo
Das Café-Restaurant mit Blick auf die Mendip Hills serviert Bio-Küche. Köstlicher Kaffee und Toffee-Apfelkuchen.

Devon und Cornwall

BARNSTAPLE: Terra Madre ££
Mediterran K G18
Muddiford, Devon, EX31 4EX
(01271) 850 262
So abends; Mo, Di
Mediterranes Slow-Food-Restaurant in einem Skulpturengarten. Frisch gebackene Brote, Salami und lokale Bio-Produkte.

Hafenblick im Restaurant Riverstation, Bristol (siehe S. 590)

K = **Karte** *Extrakarte zum Herausnehmen*

BIGBURY: The Oyster Shack £
Seafood K G20
Milburn Orchard Farm, Stakes Hill, Devon, TQ7 4BE
📞 (01548) 810 878
⚫ So abends
Das bescheidene Lokal serviert wunderbares, mediterran inspiriertes Seafood, ist günstig und freundlich.

Vis-à-Vis-Tipp

BUCKFASTLEIGH: Riverford Field Kitchen
Café K H19
Wash Barn, Devon, TQ11 0JU
📞 (01803) 762 074
Das familienfreundliche Restaurant zelebriert die Küche des Südwestens mit einfachen Mahlzeiten an Werktagen und Festessen am Wochenende. Köstlich sind u. a. die Rinderhaxe und Toffee-Pudding.

BUDE: The Beach Restaurant ££
Modern britisch K G18
Summerleaze Crescent, EX23 8HJ
📞 (01288) 389 800
Gut zubereitete Fischgerichte sind die Highlights in diesem schicken Restaurant, in dem alle Gerichte aus frischen Zutaten bereitet werden. Schöne Terrasse mit Panoramablick. Gute Cocktails.

CHAGFORD: Gidleigh Park £££
Feine Küche K G19
Gidleigh Park, Devon, TQ13 8HH
📞 (01647) 432 367
Michael Wignalls Zwei-Sterne-Restaurant serviert moderne britische Küche. Frühzeitige Reservierung empfehlenswert.

CROYDE: Sandleigh Tea Rooms £
Café K G18
Moor Lane, Devon, EX33 1PA
📞 (01271) 890 930
Ganz in Strandnähe sind diese National-Trust-Tearooms ideal für einen echten Devon *cream tea*.

DARTMOUTH: Rockfish £
Seafood K H19
8 South Embankment, Devon, TQ6 9BH
📞 (01803) 832 800
Mitch Tonks' Takeaway und Restaurant serviert preisgekrönte, erstklassige Fischküche und Krebssandwiches.

DARTMOUTH: The Seahorse £££
Seafood K H19
4 South Embankment, Devon, TQ6 9BH
📞 (01803) 835 147 ⚫ Mo
Ein weiteres fantastisches Restaurant von Mitch Tonks. Hier gibt Seafood den Ton an, mit Tintenfisch, Steinbutt, Seezunge, Miesmuscheln. Große Weinauswahl.

EXETER: Darts Farm £
Café K H19
Bridge Hill, Topsham, Devon, EX3 0QH
📞 (011392) 878 201
Die Zutaten kommen direkt vom Bauernhof. Täglich Frühstück, Tagesgerichte und *cream tea*.

EXETER: Jack in the Green ££
Gastro-Pub K H19
Rockbeare, Devon, EX5 2EE
📞 (01404) 822 240
Das freundliche Pub serviert Produkte aus Devon in köstlichen Variationen.

EXMOUTH: River Exe Café £
Traditionell britisch K H19
The Docks, Devon
📞 0776 111 6103
⚫ Nov–März
Mit einem Wassertaxi erreichen Sie das einmalige schwimmende Restaurant in der Mündung des River Exe. Dort locken eine Bar, Seafood aus der Umgebung, *fish and chips*, Burger und Pizza.

FALMOUTH: Gylly Beach Café £
Café K F20
Cliff Rd, Cornwall, TR11 4PA
📞 (01326) 312 884
Das schicke Strandcafé serviert leckere kornische Gerichte. An Sonntagabenden Musik.

FALMOUTH: The Wheelhouse ££
Seafood K F20
Upton Slip, Cornwall, TR11 3DQ
📞 (01326) 318 050 ⚫ So–Di
In der einmaligen Krebs- und Austernbar bekommen Gäste bestes Seafood. Unbedingt vorab reservieren.

FOWEY: Sam's on the Beach £
Café K F19
14 Polkerris, Par, Cornwall, PL24 2TL
📞 (01726) 812 255
Die Filiale von Sam's Café in Fowey serviert Pizza, Hummer und kornisch-mediterrane Küche.

FOWEY: Q Restaurant £££
Bistro K F19
28 Fore St, Cornwall, PL27 1AQ
📞 (01726) 833 302
Gehobenes, aber zwangloses Restaurant mit herrlicher Aussicht. Serviert Muscheln, Wild und kornischen Käse.

HELSTON: Croust House £
Café K F20
Tregellast Barton Farm, St Keverne, Cornwall, TR12 6NX
📞 (01326) 280 479
Genießen Sie köstliches hausgemachtes Essen, das winters am Kamin und im Sommer an den Hof serviert wird. Auch Suppen, Pizzen, Salate und Eiscreme.

HELSTON: Kota ££
Asiatisch K F20
Harbour Head, Porthleven, Cornwall, TR13 9JA
📞 (01326) 562 407 ⚫ So–Di
Kota serviert am Hafen köstliche asiatische Fusionsküche. Das Restaurant gehört dem neuseeländischen Chefkoch Jude Kereama.

ILFRACOMBE: 11 The Quay ££
Café K G18
11 The Quay, Devon, EX34 9EQ
📞 (01271) 868 090
Die Café-Bar serviert Seafood und Pasta. Ein feineres Restaurant residiert im Obergeschoss.

KINGSBRIDGE: Millbrook Inn ££
Gastro-Pub K H20
South Pool, Devon, TQ7 2RW
📞 (01548) 531 581 ⚫ Dez–Feb: Mo abends
In dem preisgekrönten traditionellen und sehr gut besuchten Gasthof isst man britisch.

MAWGAN PORTH: Bedruthan Steps Wild Café ££
Brasserie K L18
Trenance, Cornwall, TR8 4BU
📞 (01637) 861 212
Die elegante Café-Bar serviert Pizzen, Burger und Drei-Gänge-Menüs. Familienfreundlich.

MAWGAN PORTH: The Scarlet £££
Feine Küche K H19
Tredragon Rd, Cornwall, TR8 4DQ
📞 (01637) 861 800
Gehobenes Restaurant mit Blick auf Meer und Strand. Leckere kornische Küche, Weine.

Schöne Aussicht im Gastraum des Q Restaurant, Fowey

Großzügiger Gastraum im The Scarlet, Mawgan Porth *(siehe S. 592)*

MOUSEHOLE: The Old Coastguard £
Modern britisch K E20
The Parade, Penzance, Cornwall, TR19 6PR
(01736) 731 222
Hier serviert man frischen Fisch, Wild und Milchprodukte aus der Region sowie Sonntagsbraten.

NEWQUAY: Fifteen Cornwall £££
Seafood K F19
Watergate Bay, Cornwall, TR8 4AA
(01637) 861 000
Jamie Olivers gehobenes Restaurant serviert fantastisches Seafood mit mediterranen Aromen.

OKEHAMPTON: Lewtrenchard Manor £££
Feine Küche K G19
Lewdown, Devon, EX20 4PN
(01566) 783 222
Exquisites Restaurant in einem Landhaus in Dartmoor. Die besten regionalen Produkte werden hier innovativ verarbeitet.

PADSTOW: St Petroc's ££
Feine Küche K F19
New St, Cornwall, PL28 8EA
(01841) 532 700
Versteckt in einer Seitenstraße serviert man in charmantem rustikalem Ambiente mediterran inspirierte Gerichte im Bistro-Stil.

Vis-à-Vis-Tipp

PADSTOW: The Seafood Restaurant £££
Seafood K F19
Riverside, Cornwall, PL28 8BY
(01841) 532 700
Rick Stein öffnete sein Flagship-Restaurant 1975. Seitdem hat es internationale Reputation für frisches Seafood gewonnen, das hervorragend zubereitet wird. An der Bar kann man Sashimi oder Austern bestellen. Die Karte wechselt täglich. Es gibt auch Zimmer zum Übernachten. Keine Kinder unter drei Jahren.

PENZANCE: The Victoria Inn £
Gastro-Pub K E20
Perranuthnoe, Cornwall, TR20 9NP
(01736) 710 309 Mo
In dem Gasthof (12. Jh.) serviert man preisgekrönte Küche.

PLYMOUTH: River Cottage Canteen £
Bistro K G19
Royal William Yard, Cornwall, PL1 3QQ
(01752) 252 702
In einem alten Proviantlager der Royal Navy serviert dieses Bistro saisonale Bio-Küche und reichlich Fisch aus der Umgebung.

PLYMOUTH: Barbican Kitchen ££
Modern britisch K G19
Plymouth Gin Distillery, 60 Southside St, PL1 2LQ
(01752) 604 448 So
Ziel der Brasserie in der bekannten Gindestillerie von Plymouth ist es, Gerichte aus frischen Produkten preiswert anzubieten.

PORT ISAAC: Restaurant Nathan Outlaw £££
Seafood K F19
6 New Rd, PL29 3SB
(01208) 880 896
Mi und Do mittags; So–Di
In dem Restaurant mit zwei Michelin-Sternen gibt es Seafood und vegetarische Menüs.

SALCOMBE: The Winking Prawn ££
Café K H20
North Sands, Devon, TQ8 8LD
(01548) 842 326
Fröhliches Strandcafé und Grillrestaurant mit Blick auf North Sands. Hier gibt es Seafood, Snacks, Eiscreme und *cream tea*.

SHALDON: Ode Café £
Café K H19
21 Fore St, Devon, TQ14 0DE
(01626) 873 977 Di
Das elegante Café serviert Krebsküchlein, Schweinshaxe, Feinkostplatten, Specksandwiches.

ST IVES: Tate St Ives Café £
Café K E20
Porthmeor Beach, Cornwall, TR26 1TG
(01736) 791 122 Mo
Lichtdurchflutetes Café in der Tate St Ives. Im Museum für moderne Kunst schmecken leckere Kuchen und Imbisse.

ST IVES: Porthminster Beach Restaurant & Café ££
Café K E20
Porthminster Beach, Cornwall, TR26 2EB
(01736) 795 352 Nov–Ende März: Di, Mi, So abends; Mo
Das preisgekrönte Strandcafé serviert mit Blick auf das Godrevy Lighthouse mediterran und asiatisch inspiriertes Seafood.

SOUTH MILTON: Beachhouse £
Seafood K H20
Kingsbridge, TQ7 3JY
(01548) 561 144
So–Do abends
Versuchen Sie die Suppe mit knusprigem Brot, Exmouth-Muscheln, Start-Bay-Jakobsmuscheln oder die Seafood-Platte für zwei.

TAVISTOCK: Hotel Endsleigh £££
Feine Küche K G19
Milton Abbot, Tamar Valley, Devon, PL19 0PQ
(01822) 870 000
Das elegante Restaurant serviert Spezialitäten wie sautierte Jakobsmuscheln, Wild und Soufflés. Gute Mittagsangebote.

TORQUAY: The Elephant £££
Feine Küche K H19
3–4 Beacon Terrace, Devon, TQ1 2BH
(01803) 200 044 So, Mo
Sternerestaurant und Brasserie in einem georgianischen Stadthaus. Wunderbares Verkostungsmenü.

ZENNOR: The Gurnard's Head ££
Pub K E20
St Ives, Cornwall, TR26 3DE
(01736) 796 928
Das Pub mit Gästezimmern serviert frische lokale Speisen nach der Saison. Kinderfreundlich, Haustiere sind willkommen.

Zentralengland

BIRMINGHAM: Purnell's £££
Modern britisch K K15
55 Cornwall St, West Midlands, B3 2DH
(0121) 212 9799 So, Mo
Das Sternerestaurant residiert in einem denkmalgeschützten Viertel und serviert moderne britische Küche.

K = Karte *Extrakarte zum Herausnehmen*

BIRMINGHAM: Simpsons £££
Französisch K15
20 Highfield Rd, Edgbaston, B15 3DU
(0121) 454 3434 ● So
In dem eleganten Lokal legt man Wert auf hochwertige Zutaten und eine schöne Präsentation.

Vis-à-Vis-Tipp

BOURTON-ON-THE-HILL: Horse and Groom £
Modern britisch K16
Bourton-on-the-Hill, GL56 9AQ
(01386) 700 413
● So abends; 25., 31. Dez
In dem vielfach preisgekrönten Gloucestershire-Pub Horse and Groom steht das täglich wechselnde Angebot auf einer Tafel, z. B. Seehechtfilet in Bierteig oder Täubchenbrust. Das honigfarbene Haus selbst ist eine Attraktion, ebenso gefallen die gemütlichen Tische im Freien und der malerische Küchengarten. Freundlicher Service und schönes Ambiente.

BOURTON-ON-THE-WATER: The Croft Restaurant £
Traditionell britisch K16
Victoria St, Gloucestershire, GL54 2BX
(01451) 821 132
Das Angebot des Restaurants reicht von Frühstück über Steak und Würstchen bis zu Burger.

CHELTENHAM: Daffodil ££
Seafood K16
18–20 Suffolk Parade, GL50 2AE
(01242) 700 055 ● So
Quirliges Lokal in einem ehemaligen Kino. Beliebt sind der Afternoon Tea und die Cocktails an der Circle Bar.

CHELTENHAM: Prithvi ££
Indisch K16
37 Bath Rd, Gloucestershire, GL53 7HG

Gartenbereich des Mad Turk, Stamford (siehe S. 595)

(01242) 226 229 ● Mo
Elegante indische Küche, behagliches Ambiente.

CHESTER: Upstairs at the Grill ££
Grill J14
70 Watergate St, Cheshire, CH1 2LA
(01244) 344 883
Das Steakhouse mit Cocktailbar serviert walisische Steaks.

CHIPPING CAMPDEN: Eight Bells £
Traditionell britisch K16
Church St, Gloucestershire, GL55 6JG
(01386) 840 371
Ein altes Pub (17. Jh.). Herzhafte englische Küche der Saison.

CIRENCESTER: Piazza Fontana £
Italienisch K17
30 Castle St, Gloucestershire, GL7 1QH
(01285) 643 133 ● So
Zur Pizza schmeckt sardischer Wein und danach Tiramisu.

CIRENCESTER: Jesse's ££
Modern britisch K17
The Stableyard, Black Jack St, GL7 2AA
(01285) 641 497
● So, Mo abends
In dem Bistro mit Hof wird u. a. vorzügliches Seafood serviert.

COVENTRY: Rising Café £
Café L15
Priory St, CV1 5FB
(024) 7652 1235 ● So
Das Café aus den 1940er Jahren hat ein großartiges Frühstück und leckere Backwaren im Angebot.

IRONBRIDGE: Restaurant Severn ££
Französisch J15
33 High St, Telford, Shropshire TF8 7AG
(01952) 432 233 ● Mo, Di
Französische Küche, variiert mit modernen britischen Einflüssen. Selbst produzierte Zutaten.

MALVERN: The Inn at Welland £
Gastro-Pub J16
Drake St, Welland, Worcestershire, WR13 6LN
(01684) 592 317 ● Mo
Modernisierter Landgasthof mit guter Pub-Küche. Sonntagsbraten, Waldorfsalat und Käse.

MORETON-IN-MARSH: The Spice Room £
Indisch K16
3 Oxford St, Gloucestershire, GL56 0LA
(01608) 654 204
Indisches Lokal in einer Cotswolds-Stadt. Jingra-Roshi-Platte.

ROSS-ON-WYE: Eagle Inn £
Traditionell britisch J16
23 Broad St, Ross-on-Wye, HR9 7EA
(01989) 562 625
Das traditionelle Pub serviert mächtige Burger und Steaks.

SHREWSBURY: La Dolce Vita £
Italienisch J15
35 Hill's Lane, Shropshire, SY1 1QU
(01743) 249 126 ● Mo, Di
Authentische italienische Küche – ein kulinarisches Erlebnis.

STOW-ON-THE-WOLD: Cutler's Restaurant ££
Modern britisch K16
Fosseway, Gloucestershire, GL54 1JX
(01451) 830 297 ● So abends
Das Restaurant verbindet moderne und traditionelle Küche.

STRATFORD-UPON-AVON: The Opposition Bistro £
Bistro K16
13 Sheep St, Warwickshire, CV37 6EF
(01789) 269 980
● So außer Feiertage
Der rustikale Gastraum mit freiliegenden Balken bildet ein stimmungsvolles Ambiente.

WORCESTER: Burgerworks £
Amerikanisch K16
12 Friar St, Worcestershire, WR1 2LZ
(01905) 27770
Hier werden Hähnchen, Lamm und saftige Burger serviert.

East Midlands

Vis-à-Vis-Tipp

ASHBOURNE: Lighthouse ££
Modern britisch K14
The Rose and Crown, New Rd, Boylestone, Derbyshire, DE6 5AA
(01335) 330 658
● So–Di
Elegante klassische britische Küche mit französischem Einfluss. Es gibt saisonale Degustationsmenüs und sechsgängige Menüs. Ein exquisites kulinarisches Erlebnis.

BAKEWELL: Piedaniel's ££
Französisch K14
Bath St, Derbyshire, DE45 1BX
(01629) 812 687 ● So, Mo
Attraktiver Gastraum, raffinierte französische Küche. Leckere Crêpes Suzette zum Dessert.

BASLOW: Fischer's £££
Modern britisch   K K13
Calver Rd, Derbyshire, DE45 1RR
📞 (01246) 583 259
Schönes Haus (1907) mit Küchengarten. Derbyshire-Lamm, Muscheln und Krabben.

BUXTON: The Knight's Table £
Traditionell britisch   K K13
Leek Rd, Quarnford, Derbyshire, SK17 0SN
📞 (01298) 23695   ⬤ Mo, Di
Pub mit offenen Kaminen und Steinboden. Hier stehen Klassiker wie Würstchen mit Kartoffelbrei auf der Karte.

BUXTON: Carriages Pub & Restaurant ££
Modern britisch   K K13
Newhaven, bei Hartington, Derbyshire, SK17 0DU
📞 (01298) 84528
⬤ So abends, Mi
Das Carriages in nostalgischem Ambiente mit zwei Dampfzugwaggons serviert saftige Steaks, Burger und Pasta.

DERBY: The Exeter Arms £
Traditionell britisch   K L14
Exeter Pl, Derbyshire, DE1 2EU
📞 (01332) 605 323
Das gemütliche Pub serviert leckere Gerichte, z. B. *fish and chips* und Steaks. Gute Ale-Auswahl.

GLOSSOP: Ayubowan £
Sri Lanka   K K13
46–50 High St, Derbyshire, SK13 8BH
📞 (01457) 865 168   ⬤ Mo
Authentische, modernisierte Gerichte aus Sri Lanka, eleganter Gastraum mit asiatischer Kunst.

ILKESTON: Durham Ox £
Traditionell britisch   K L14
Durham St, Derbyshire, DE7 8FQ
📞 (0115) 854 7107   ⬤ Mo, Di
Der 1780 gegründete Gasthof war einst das Stadtgefängnis. Leckerer Lamm-Minz-Pie.

LEICESTER: Sapori £
Italienisch   K L15
40 Stadon Rd, Leicestershire, LE7 7AY
📞 (0116) 236 8900
⬤ So abends, Mo
Saporis Chefkoch stammt aus Torre del Greco in Italien und zaubert u. a. Kaninchenragout.

LINCOLN: The Bronze Pig ££
Traditionell britisch   K M13
4 Burton Rd, LN1 3LB
📞 (01522) 524 817
⬤ So abends, Mo, Di
Das freundliche Lokal eines Iren und einer Sizilianerin bietet britische Küche, europäisch variiert.

MANSFIELD: BB's Italian Restaurant £
Italienisch   K L14
1 Bridge St, Stadtzentrum, Nottinghamshire, NG18 1AL
📞 (01623) 622 940   ⬤ So, Mo
Unprätentiöses Restaurant, guter Service, hervorragende Küche, köstliche Pizzen.

MATLOCK: The Balti £
Indisch   K K14
256 Dale Rd, Matlock Bath, Derbyshire, DE4 3NT
📞 (01629) 55069   ⬤ Di
Aufmerksamer Service, gute indische Küche, in einem Kurort im Peak District.

NORTHAMPTON: Sophia's ££
Mediterran   K L17
54 Bridge St, NN1 1PA
📞 (01604) 250 654   ⬤ So
Deftige Pasta und Pizza im Trattoria-Stil, ungewöhnliche Hauptgerichte mit Fleisch und Fisch.

NOTTINGHAM: La Rock ££
Französisch   K L14
4 Bridge St, Sandiacre, Nottinghamshire, NG10 5QT
📞 (0115) 939 9833
⬤ Mo, Di; 26. Dez–15. Jan, 25. Juli–15. Aug
Kombiniert traditionelle mit topmoderner französischer Küche, kunstvolle Präsentation.

STAMFORD: The Gallery Restaurant £
Modern britisch   K M15
New College Stamford, Drift Rd, Lincolnshire, PE9 1XA
📞 (01780) 484 340
Gourmetküche am Abend und einfachere Mittagsmenüs von Köchen des Stamford New College.

STAMFORD: The Mad Turk ££
Türkisch   K M15
8–9 St Paul's St, Lincolnshire, PE9 2BE
📞 (01780) 238 001   ⬤ So
In dem beliebten Lokal mit beleuchtetem Garten schmecken Meze und Hühnchen-Kebabs.

Innenbereich des Burgerworks, Worcester *(siehe S. 594)*

Lancashire und Lake District

AMBLESIDE: Zeffirellis £
Pizza   K K10
Compston Rd, Cumbria, LA22 9AD
📞 (01539) 433 845
In dieser beliebten vegetarischen Pizzeria muss man reservieren. Mit Kino und Jazzbar.

AMBLESIDE: Eltermere Inn Restaurant ££
Modern britisch   K K10
Elterwater, Cumbria, LA22 9HY
📞 (01539) 437 207
Lokale Zutaten und innovative Rezepte, dazu ein herrlicher Blick auf den Elterwater Lake und Loughrigg Fell.

AMBLESIDE: Fellini's ££
Vegetarisch   K K10
Church St, Cumbria, LA22 0BT
📞 (01539) 432 487
Elegantes vegetarisches Restaurant eines kleinen, topmodernen Kinos.

AMBLESIDE: The Old Stamp House Restaurant £££
Modern britisch   K K10
Church St, Cumbria, LA22 0BU
📞 (01539) 432 775   ⬤ So, Mo
Für die Cumbria-Spezialitäten und die leckeren Meeresfrüchte werden häufig lokale Zutaten verwendet.

BOOTLE: The Byre Tearooms ££
Traditionell britisch   K J13
Millstones Barn, Millom, LA19 5TJ
📞 (01229) 718 757   ⬤ Mo
Hier serviert man Cumbria-Spezialitäten wie Schweinefleisch-Apfel-Pastete und hausgemachte Kuchen.

BOWNESS-ON-WINDERMERE: Jintana Thai Restaurant £
Thai   K K10
Lake Rd, Cumbria, LA23 3BJ
📞 (01539) 445 002
Köstliche Küche, elegante und doch gemütliche Atmosphäre.

K = *Karte Extrakarte zum Herausnehmen*

BOWNESS-ON-WINDERMERE: Porto Restaurant ££
Europäisch K K10
3 Ash St, Cumbria, LA23 3EB
(01539) 448 242
Raffinierte Küche in schlichtem Ambiente. Lecker: Porto Pig Plate und Toffee-Soufflé.

BRAITHWAITE: The Restaurant at The Cottage in the Wood ££
Modern britisch K K9
Magic Hill, Whinlatter Forest, bei Keswick, Cumbria CA12 5TW
(01768) 778 409 So, Mo
In dem weiß getünchten Haus im Wald schmeckt elegant kombinierte britische Küche. Atemberaubender Ausblick.

BROUGHTON-IN-FURNESS: Beswicks Restaurant ££
Französisch K K10
Langholme House, The Square, Cumbria, LA20 6JF
(01229) 716 285 So, Mo
Wechselndes Menü mit bis zu fünf Gängen und Optionen für Vegetarier und Allergiker.

BROUGHTON-IN-FURNESS: The Blacksmiths Arms ££
Pub K K10
Broughton Mills, bei Bowness-on-Windermere, Cumbria, LA20 6AX
(01229) 716 824
Typischer alter Gasthof im Lake District, serviert fantastisches Rindfleisch aus der Region und Herdwick-Lamm.

Vis-à-Vis-Tipp

CARTMEL: L'Enclume £££
Modern britisch K K10
Cavendish St, Cumbria, LA11 6PZ
(01539) 536 362
Ein altes Haus mit rauen, weiß getünchten Wänden und freiliegenden Balken bildet das rustikale Ambiente für die außergewöhnliche Küche des Restaurants, die mit viel Liebe zum Detail präsentiert wird.

COCKERMOUTH: Quince & Medlar ££
Vegetarisch K K9
13 Castlegate, Cumbria, CA13 9EU
(01900) 823 579 So, Mo
Das gehobene vegetarische Restaurant serviert in einem schönen Haus Köstliches wie Pilzroulade und in Wasabi gebackene Rüben.

GRANGE-OVER-SANDS: The Hare and Hounds Restaurant £
Gastro-Pub K J12
Bowland Bridge, Cumbria, LA11 6NN
(01539) 568333

Gastraum mit Eichenbalken im The Dining Room, Grasmere

Schönes Gastro-Pub mit gemütlichem Kaminfeuer. Empfehlenswertes Lamm-Fondue.

GRASMERE: The Dining Room ££
Modern britisch K K10
Broadgate, Cumbria, LA22 9TA
(01539) 35217
Das gehobene Restaurant in einem Hotel serviert vorzügliche Speisen, für die lokale Zutaten verwendet werden.

GRASMERE: Jumble Room ££
Europäisch K K10
Langdale Rd, Cumbria, LA22 9SU
(01539) 35188 Di
Alteingesessenes, üppig dekoriertes Restaurant mit einer reichen Auswahl europäischer Gerichte.

KENDAL: Baba Ganoush Canteen £
Naher Osten K K10
Unit 4, Berrys Yard, 27 Finkle St, Cumbria, LA9 4AB
(01539) 738 210 So, Mo
Hier schmecken leckere Reisegerichte, Cassoulets, langsam gegartes Fleisch, vegetarische Meze.

KESWICK: A Taste of Thailand £
Thai K K9
Shemara Guest House, 27 Bank St, Cumbria, CA12 5JZ
(01768) 773 936
Genießen Sie in diesem Lake-District-Gasthaus exquisit präsentierte nordthailändische Küche aus authentischen Zutaten.

KESWICK: Morrels Restaurant £
Traditionell britisch K K9
34 Lake Rd, Cumbria, CA12 5DQ
(01768) 772 666 Mo
Lokal im Bistro-Stil. Hier kommen z. B. Spargel mit Walnüssen und Rindfleisch-Daube auf Wurzelgemüsepüree auf den Tisch.

LIVERPOOL: Shiraz £
Türkisch K J13
19 North John St, Merseyside, L2 5QU
(0151) 236 8325
Das beliebte Restaurant serviert herzhafte Küche, z. B. leckeres Grillfleisch mit Salaten.

LIVERPOOL: Pushka ££
Modern britisch K J13
16 Rodney Street, Liverpool L1 2TE
(0151) 708 8698
Unprätentiöses Restaurant in Familienhand, in dem schmackhafte Tagesgerichte serviert werden.

MANCHESTER: The Pavilion 2 ££
Bangladesch K J13
231 Spotland Rd, Rochdale, Lancashire, OL12 7AG
(01706) 526 666
Spezialitäten des Restaurants sind *Balti*-Currys, Tandoori und Bankette für große Gesellschaften.

MANCHESTER: Teppanyaki Chinatown ££
Japanisch K J13
58/60 George Street, M1 4HF
(0161) 228 2219
In Manchesters Chinatown liegt dieses stilvolle japanische Restaurant, dass *teppanyaki* (Gerichte, die auf einer Stahlplatte direkt bei Tisch zubereitet werden) anbietet.

MORECAMBE BAY: Aspect Bar & Bistro ££
Bistro K J12
320–323 Marine Rd Central, Lancashire, LA4 5AA
(01524) 416 404
Köstliche Tapas und Hauptgerichte, wunderbare Aussicht.

WINDERMERE: Grey Walls Steakhouse and Restaurant ££
Steakhouse K K10
Elleray Rd, Cumbria, LA23 1AG
(01539) 443 741 So–Mi
Das schöne Lokal serviert lokales Ale und herzhafte Steaks.

WINDERMERE: Hooked ££
Seafood K K10
Ellerthwaite Sq, Cumbria, LA23 1DP
(01539) 448 443 Mo

Das Seafood ist mediterran, australisch und asiatisch beeinflusst.

WINDERMERE: Holbeck Ghyll £££
Feine Küche K K10
Holbeck Lane, Cumbria, LA23 1LU
☎ (01539) 432 375
Das Sternerestaurant gehört zu den besten der Region.

WINDERMERE: Miller Howe £££
Europäisch K K10
Rayrigg Rd, Cumbria, LA23 1EY
☎ (01539) 442 536
Das Hotel lockt mit Seeblick und schön präsentierten Gerichten.

Yorkshire und Humber-Region

ASENBY: Crab and Lobster ££
Seafood K L11
Crab Manor, Dishforth Rd, Thirsk, North Yorkshire, YO7 3QL
☎ (01845) 577 286
Ein altmodisches Seafood-Lokal mit Antiquitäten und Jazz am Sonntag. Die Spezialität ist Hummer Thermidor.

BIRDFORTH: The Corner Cupboard ££
Bistro K L12
Easingwold, North Yorkshire YO26 4NW
☎ (01845) 501 495 Mo
Im Corner Cupboard kommen neben Scones und Teegebäck auch würzige Lamm-Currys auf den Tisch.

BOLTON ABBEY: The Devonshire Arms Brasserie £
Britisch K K12
Skipton, North Yorkshire, BD23 6AJ
☎ (01756) 710 710
Genießen Sie britische und französische Küche in dem zwanglosen Gasthof von 1753.

BOROUGHBRIDGE: The Dining Room £££
Modern britisch K L12
20 St James Sq, North Yorkshire, YO51 9AR
☎ (01423) 326 426 Mo
In der gemütlichen beliebten Brasserie schmecken hausgemachte Gerichte aus regionalen Zutaten. Gute Weinauswahl.

BRADFORD: Mughals £
Pakistanisch K K12
790 Leeds Rd, BD3 9TY
☎ (01274) 733 324
Wählen Sie Spezialitäten aus der großen Auswahl an Gerichten in diesem Restaurant, das zu den besten südasiatischen Lokalen der Stadt gehört.

EAST WITTON: The Blue Lion ££
Traditionell britisch K K11
bei Leyburn, North Yorkshire, DL8 4SN
☎ (01969) 624 273
Spezialitäten des alten Gasthofs sind Steaks und Nieren-Pudding sowie frisch gezapftes Real Ale. Große Weinauswahl.

FERRENSBY: The General Tarleton Inn ££
Seafood K K12
Boroughbridge Rd, bei Knaresborough, North Yorkshire, HG5 0PZ
☎ (01423) 340 284
Der Gasthof aus dem 18. Jahrhundert ist für sein vorzügliches Seafood bekannt. Verwendet werden lokale Zutaten.

HARROGATE: Drum and Monkey ££
Seafood K K12
5 Montpellier Gardens, North Yorkshire, HG1 2TF
☎ (01423) 502 650 So
Das alteingesessene Lokal serviert Fisch aus der Umgebung und leckere Jakobsmuscheln mit Käse und Knoblauchbutter.

HARROGATE: The Sportsman's Arms ££
Modern britisch K K12
Wath-in-Nidderdale, Pateley Bridge, North Yorkshire, HG3 5PP
☎ (01423) 711 306
In dem reizenden umgebauten Bauernhaus mit Scheune schmecken frischer Fisch der Saison, Meeresfrüchte aus Whitby, Lamm, Ente und Perlhuhn.

HARROGATE: The Yorke Arms ££
Modern britisch K K12
Ramsgill-in-Nidderdale, Pateley Bridge, North Yorkshire, HG3 5RL
☎ (01423) 755 243
Sterneküche in einem Jagdschlösschen aus dem 17. Jahrhundert. Fleisch, Fisch, Wild.

ILKLEY: Box Tree £££
Französisch K K12
35–37 Church St, West Yorkshire, LS29 9DR
☎ (01943) 608 484 Mo
Das Sternerestaurant serviert moderne französische Gerichte. Die Jakobsmuscheln mit Trüffelöl sind ein Gedicht.

LEEDS: Sous le Nez en Ville ££
Französisch K K12
The Basement, Quebec House, Quebec St, West Yorkshire, LS1 2HA
☎ (0113) 244 0108 So
Exzellentes traditionelles französisches Restaurant. Fantastisches Filet mit Schalottenfüllung.

RIPLEY: The Boar's Head ££
Modern britisch K K12
Harrogate, North Yorkshire, HG3 3AY
☎ (01423) 771 888
Der einstige Kutschergasthof serviert Fisch, Fleisch und Wild.

ROBIN HOOD'S BAY: Wayfarer Bistro ££
Bistro K M11
Station Rd, bei Whitby, North Yorkshire, YO22 4RL
☎ (01947) 880 240 Mo
Genießen Sie exzellentes Seafood, Steaks vom Holzkohlegrill oder vegetarische Gerichte.

SCARBOROUGH: AZ Restaurant £
Türkisch K M11
89 Columbus Ravine, YO12 7QU
☎ (01723) 366 180
Etwas außerhalb der Stadtmitte liegt dieses freundliche Lokal. Köstlich sind die Gerichte mit Auberginen und Lammfleisch.

SHEFFIELD: Zeugma £
Türkisch K K13
146 London Rd, South Yorkshire, S2 4LT
☎ (0114) 258 2223
Hier brutzeln *cop shish* (mariniertes Lamm) und *kaburga* (Spareribs) auf dem Holzkohlegrill.

Vis-à-Vis-Tipp

SHEFFIELD: Greenhead House £££
Traditionell britisch K13
84 Burncross Rd, Chapeltown, South Yorkshire, S35 1SF
☎ (0114) 246 9004
So–Di
Ein schönes Haus aus dem 17. Jahrhundert, gemütlicher Gastraum und Garten mit Mauer – das Restaurant serviert köstliche Gerichte, z. B. köstlichen Seebarsch, Wachteln oder Rindfleischgerichte.

Innovative Kreationen im Miller Howe, Windermere

K = **Karte** *Extrakarte zum Herausnehmen*

STOKESLEY: Chapter's ££
Modern britisch K L11
27 High St, Middlesbrough, North Yorkshire, TS9 5AD
📞 (01642) 711 888
● So abends
Wählen Sie zwischen Gourmetküche im Restaurant oder einfacherer Kost in der Bar-Brasserie.

SUTTON-ON-THE-FOREST: The Rose and Crown Inn ££
Traditionell britisch K L12
Main St, North Yorkshire, YO61 1DP
📞 (01347) 811 333
Der Gasthof serviert Rindfleisch und Fisch aus der Region.

WHITBY: The Magpie Café £
Traditionell britisch K N10
14 Pier Rd, North Yorkshire, YO21 3PU
📞 (01947) 602 058
Café in einem alten Kaufmannshaus, acht Sorten *fish and chips*.

YORK: Walmgate Ale House £
Bistro K L12
25 Walmgate, North Yorkshire, YO1 9TX
📞 (01904) 629 222
Legeres Bistro in einer umgebauten Sattlerei, leichte Küche, Bierspezialitäten.

YORK: The Blue Bicycle Restaurant ££
Seafood K L12
34 Fossgate, North Yorkshire, YO1 9TA
📞 (01904) 673 990
In einem ehemaligen Bordell lockt heute exzellentes Seafood.

YORKSHIRE DALES: Angel Inn ££
Gastro-Pub K K11
Hetton, Skipton, North Yorkshire, BD23 6LT
📞 (01756) 730 263
Das Angel Inn bezaubert mit Deckenbalken und Kaminfeuer.

Malerische Fassade des Fischrestaurants The Blue Bicycle, York

Northumbria

DURHAM: Finbarr's ££
Bistro K M9
Aykley Heads House, Aykley Heads, County Durham, DH1 5TS
📞 (0191) 307 7033
Genießen Sie in der beliebten Brasserie in einem hübschen Bauernhaus (18. Jh.) im Sommer Leckeres im Freien.

GATESHEAD: Six Restaurant ££
Modern britisch K M9
Baltic Centre for Contemporary Art, Gateshead Quays, South Shore Rd, Tyne and Wear, NE8 3BA
📞 (0191) 440 4948
Die umgebaute Mühle lockt mit herrlicher Aussicht, gutem Service und elegantem Gastraum.

GREAT WHITTINGTON: Queens Head Inn ££
Chinesisch K L8
Corbridge, Newcastle upon Tyne, Tyne and Wear, NE19 2HP
📞 (01434) 672 267 ● Mo
Der Gasthof (17. Jh.) bietet nahe dem Hadrian's Wall Spezialitäten aus Fernost.

HEXHAM: Valley Connection 301 £
Bangladesch K L9
Market Pl, Northumberland, NE46 3NX
📞 (01434) 601 234 ● Mo
Fragen Sie in diesem Juwel nach Mr. Daraz' *bhuna gosht* (gebratenes Lamm) und *bongo-po*-Curry (mit Riesengarnelen).

HEXHAM: General Havelock Inn ££
Traditionell britisch K L9
9 Ratcliffe Rd, Haydon Bridge, Northumberland, NE47 6ER
📞 (01434) 684 376 ● Mo
Der ehemalige Gasthof am Fluss bietet traditionelle Küche der Saison. Spezialität des Chefkochs ist *cullen skink*, sämige Suppe mit geräuchertem Schellfisch.

Vis-à-Vis-Tipp

MATFEN: Matfen Hall Country House Hotel ££
Traditionell britisch K L8
Northumberland, NE20 0RH
📞 (0116) 188 6500
Das wunderschöne Herrenhaus (19. Jh.) wartet mit einem AA-Rosette-Restaurant in der Bibliothek auf. Zwangloser speist man im Bistro im Gewächshaus, Pub-Küche schmeckt in der Keeper Lodge – rundum ein unvergessliches kulinarisches Erlebnis.

NEWCASTLE UPON TYNE: The Cherry Tree £
Modern britisch K M9
9 Osborne Rd, Jesmond, NE2 2AE
📞 (0191) 239 9924
Die Karte bietet u. a. Lamm aus dem Ingram Valley und gegrillten Heilbutt, preisgünstige Menüs gibt es mittags und am frühen Abend.

NEWCASTLE UPON TYNE: Paradiso £
Italienisch K M9
1 Market Ln, Tyne and Wear, NE1 6QQ
📞 (0191) 221 1240 ● So
Elegantes Lokal, in dem die Speisen afrikanische und asiatische Einflüsse aufweisen.

NEWTON AYCLIFFE: The County ££
Modern britisch K M9
13 The Green, Darlington, Durham, DL5 6LX
📞 (01325) 312 273
Genießen Sie moderne britische Küche, eine große Auswahl an Weinen aus Übersee und verschiedene Real-Ale-Sorten.

NEWTON AYCLIFFE: Redworth Hall Hotel ££
Feine Küche K M9
Redworth, County Durham, DL5 6NL
📞 (01388) 770 600
Der elegante Speisesaal der Redworth Hall (1693) bietet ein exzellentes kulinarisches Erlebnis.

ROMALDKIRK: The Rose and Crown Inn ££
Traditionell britisch K L10
Barnard Castle, County Durham, DL12 9EB
📞 (01833) 650 213
Zu dem Gasthof (18. Jh.) gehören ein klassisches Restaurant und eine legere, rustikale Brasserie.

Restaurantkategorien *siehe S. 577* Preiskategorien *siehe S. 582*

Blick zum Mount Snowdon am Castle Cottage, Harlech

YARM: Chadwicks ££
Europäisch K M10
High Lane, Maltby, Middlesbrough, TS8 0BG
((01642) 590 300 ● Mo
Das gut besuchte Restaurant serviert zur Mittagszeit Pizzen und Pasta, gibt sich in den Abendstunden jedoch formeller. Sehr engagierter Service, angenehme Atmosphäre.

Nordwales

ABERDYFI: Penhelig Arms ££
Traditionell britisch K G15
27–29 Terrace Rd, Gwynedd, LL35 0LT
((01654) 767 215
Kleines, freundliches Restaurant mit Blick auf den Dyfi. Fisch und Fleisch aus der Region sowie einige indische Gerichte.

BEAUMARIS: Ye Olde Bull's Head Inn ££
Traditionell britisch K G13
Castle St, Isle of Anglesey, LL58 8AP
((01248) 810 329
Zu dem Restaurant in einem Gasthof aus dem 15. Jahrhundert gehören auch Gästezimmer, eine Brasserie und eine beliebte Bar.

BEDDGELERT: Hebog ££
Walisisch K G14
LL55 4UY
((01766) 890 400
Gepflegtes, rustikal eingerichtetes Café-Bistro, in dem schmackhafte Gerichte auf den Tisch kommen, z. B. saftiges Schweinefilet mit Apfelschaum.

DOLGELLAU: Mawddach ££
Walisisch K G15
Maesygarnedd, Llanelltyd, Gwynedd, LL40 2TA
((01341) 421 752
● So abends, Mo, Di
Die fantastische Aussicht passt zur exquisiten Küche aus regionalen Zutaten.

DOLGELLAU: Penmaenuchaf Hall £££
Modern britisch K G15
Penmaenpool, Gwynedd, LL40 1YB
((01341) 422 129
Die eleganten Gerichte des preisgekrönten Restaurants werden in feinem Ambiente mit weißen Tischdecken, Silberbesteck und Kristallgläsern zelebriert.

HARLECH: Castle Cottage ££
Walisisch K G14
Y Llech, Gwynedd, LL46 2YL
((01766) 780 479
Preisgekröntes Restaurant mit Gästezimmern. Die traditionelle walisische Küche bietet Hummer, Seebarsch und Wild aus den Brecon Beacons.

LLANBEDROG: Glyn-Y-Weddw Arms £
Traditionell britisch K G14
Abersoch Rd, Pwllheli, LL53 7TH
((01758) 740 212
Das schlichte Dorf-Pub serviert gute Küche aus lokalen Produkten und Ale vom Fass, bietet einen Biergarten und samstags ein Büfett.

Vis-à-Vis-Tipp

LLANDRILLO: Tyddyn Llan £££
Walisisch K H13
Llandrillo, bei Corwen, Denbighshire, LL21 0ST
((01490) 440 264
Eines der wenigen Sternerestaurants in Wales. In einem georgianischen Haus präsentiert die preisgekrönte Küche von Koch Bryan Webb Wild, Lamm und Rindfleisch. Es gibt sechs- und neungängige Degustationsmenüs.

LLANDUDNO: Forte's Restaurant £
Café K G13
69 Mostyn St, Conwy, LL30 2NN
((01492) 877 910
Das ideale Mittagslokal ist auch eine Eisdiele – hier lockt eine köstliche Auswahl an Sundaes aus hausgemachter Eiscreme.

LLANDUDNO: The Seahorse ££
Seafood K G13
7 Church Walks, Conwy, LL30 2HD
((01492) 875 315
Das denkmalgeschützte viktorianische Restaurant serviert köstliches Seafood aus der Region.

LLANGEFNI: Noëlle's at Tre-Ysgawen Hall ££
Traditionell britisch K G13
Capel Coch, Isle of Anglesey, LL77 7UR
((01248) 750 750
Exzellente Karte und Weinauswahl, der Nachmittagstee wird im Salon des Hotels serviert.

LLANGOLLEN: The Corn Mill £
Traditionell britisch K H14
Dee Lane, Denbighshire, LL20 8NN
((01978) 869 555
Familienfreundliches Restaurant in einem historischen Haus. Für Kinder gibt es Schellfisch und Pommes frites, für Erwachsene Meerforelle und Schweinebauch.

PORTMEIRION: The Hotel Portmeirion ££
Walisisch K G14
Gwynedd, LL48 6ET
((01766) 772 440
Der schöne Speisesaal des Hotels wurde von Terence Conran gestaltet und blickt auf einen atemberaubenden Meeresarm.

PWLLHELI: Plas Bodegroes £££
Modern britisch K G14
Nefyn Rd, Gwynedd, LL53 5FH
((01758) 612 363 ● Mo
In diesem Gourmettempel kommen einfallsreiche Gerichte aus der Küche. Fleisch, Fisch und Wild stammen aus der Region.

RUTHIN: Manorhaus ££
Walisisch K H14
10 Well St, Denbighshire, LL15 1AH
((01824) 704 830 ● So, Mo
Das elegante Restaurant in einem georgianischen Steinhaus bietet eine saisonale Karte.

Süd- und Mittelwales

ABERAERON: The Hive Bar and Grill £
Amerikanisch K G16
Cadwgn Pl, Dyfed, SA46 0BU
((01545) 570 445
Genießen Sie den wunderbaren

K = **Karte** *Extrakarte zum Herausnehmen*

Hafenblick zu saftigen Burgern und Steaks. Probieren Sie das hausgemachte Honigeis.

BRECON: Felin Fach Griffin ££
Walisisch K H16
Felin Fach, Powys, LD3 OUB
((01874) 620 111
Hervorragende Küche. Frische saisonale Produkte werden zu köstlichen Gerichten verarbeitet.

BRIDGEND: Eliot Restaurant ££
Modern britisch K H17
Coed-y-Mwstwr Hotel, Coychurch, CF35 6AF
((01656) 860 621
Die *table d'hôte* umfasst Entenbrust mit Spinat und Cherry-Port-Sauce oder Kaninchenschenkel mit Knoblauch und Spinat-Pancetta. Tolle Aussicht.

BUILTH WELLS: The Drawing Room £££
Walisisch K H16
Cwmbach, Powys, LD2 3RT
((01982) 552 493
Restaurant mit Fünf-Sterne-Zimmern in einem georgianischen Landhaus. Lamm- und Rindfleisch aus der Region.

CARDIFF: Café Città £
Italienisch K H17
4 Church St, CF10 1BG
((029) 2022 4040 ● So
Wunderbares Lokal in Familienhand. Hier gibt es die beste Pizza und Calzone.

CARDIFF: Ffresh £
Walisisch K H17
Wales Millennium Centre, Bute Pl, Cardiff Bay, CF10 5AL
((029) 2063 6465
Stilvolles Restaurant mit Bar. Probieren Sie den gefüllten Kabeljau mit Kichererbsensalat.

Vis-à-Vis-Tipp

CARDIFF: Le Monde ££
Seafood K H17
61 St Mary St, CF10 1FE
((029) 2038 7376
Das Le Monde ist dunkel wie eine Kellerbar, leuchtet jedoch mit bestem Fisch und Service. Seine Spezialität ist Seebarsch in Steinsalz. Die Brasserie besticht zudem mit Atmosphäre und ihrer Innenstadtlage.

CRICKHOWELL: Nantyffin Cider Mill ££
Walisisch K H16
Brecon Rd, Powys, NP8 1SG
((01873) 810 775 ● Mo, Di
Hübsches Lokal in einer umgebauten Mühle. Kosten Sie den geschmorten Schweinebauch.

Der Speisesaal des Andrew Fairlie at Gleneagles, Auchterarder *(siehe S. 601)*

HAVERFORDWEST: The Shed Fish and Chip Bistro
Seafood K F16
Porthgain, Pembrokeshire, SA62 5BN
((01348) 831 518
Fisch und Meeresfrüchte, die aus einheimischen Gewässern stammen, sind die Spezialitäten des Hauses. Die leckeren Gerichte gibt es auch zum Mitnehmen.

HAVERFORDWEST: Wolfscastle Country Hotel ££
Walisisch K F16
Wolfscastle, Pembrokeshire, SA62 5LZ
((01437) 741 225
Das Restaurant am Fluss lockt mit Panoramablick, Lachs, Seeteufel, Heilbutt, walisischem Rindfleisch, Lamm und Ente.

HAY-ON-WYE: Tomatitos £
Spanisch K H16
38 Lion St, HR3 5AA
((01497) 820 772
Quirliges Restaurant mit Bar. Hier erfreut man sich an einer Vielzahl von frisch zubereiteten Tapas.

LLANWRTYD WELLS: Lasswade Country House Hotel & Restaurant ££
Walisisch K H16
Station Rd, Powys, LD5 4RW
((01591) 610 515
Restaurant in einem edwardianischen Landhaus, bekannt für seine Küche aus Bio-Produkten.

Vis-à-Vis-Tipp

LLYSWEN: Llangoed Hall Hotel £££
Traditionell britisch K H16
Brecon, Powys LD3 0YP
((01874) 754 525
Sir Bernard Ashley lässt in dem alten Herrenhaus das edwardianische Landhaus-Wochenende in all seiner Eleganz auferstehen. Der Nachmittagstee ist köstlich, übertroffen nur vom Mittag- und Abendessen.

PEMBROKE: George Wheeler Restaurant ££
Walisisch K F17
Old Kings Arms Hotel, Main St, Pembrokeshire, SA71 4JS
((01646) 683 611
Das preisgekrönte Restaurant präsentiert Wales' beste Produkte, z. B. Herzmuscheln mit *laverbread* (Seetang) und Speck.

SWANSEA: Hanson at The Chelsea Restaurant ££
Seafood K G17
17 St Mary St, SA1 3LH
((01792) 464 068 ● So
Das preisgekrönte Fischrestaurant serviert köstlichen Seebarsch, geräucherten Lachs und Lamm aus der Region.

SWANSEA: Munch ££
Walisisch K G17
650 Mumbles Rd, Mumbles, SA3 4EA
((01792) 362 244 ● So–Di
Dieses großartige walisische Restaurant ist für seine zeitgenössischen walisischen Gerichte bekannt, beispielsweise Lamm und Rosmarin-Pastete.

SWANSEA: Verdi's ££
Café K G17
Knab Rock, SA3 4EN
((01792) 369 213 ● Nov–Feb
Das italienische Café mit der Fensterfront serviert die beste Pizza jenseits von Neapel sowie Pasta, Focaccia und leckeres Tiramisu zum Dessert.

Schottland: Tiefland

ABERLADY: Ducks Inn ££
Schottisch K K6
Main St, Longniddry, EH32 0RE
((0875) 870 682
Der legendäre Edinburgher Gastronom Malcolm Duck steht hinter diesem Lokal samt modernem Restaurant mit feiner Küche und einem zwanglosen Bistro.

Restaurantkategorien siehe S. 577 **Preiskategorien** *siehe S. 582*

Vis-à-Vis-Tipp

AUCHTERARDER: Andrew Fairlie at Gleneagles £££
Schottisch K J6
Perthshire, PH3 1NF
☎ (01764) 694 267 ● So
Das Gleneagles Hotel ist der Sitz von Schottlands einzigem Zwei-Sterne-Restaurant. Chefkoch Andrew Fairlie zaubert mit Produkten der Region und internationalen Rezepten. Köstlich: geräucherter Hummer und gebratenes Anjou-Täubchen.

BALQUHIDDER: Monachyle Mhor £££
Schottisch K H6
Lochearnhead, Stirling, FK19 8PQ
☎ (01877) 384 622
Chefkoch Tom Lewis baut Gemüse und Kräuter an, züchtet selbst Vieh und verarbeitet alles zu einer überragenden fünfgängigen table d'hôte.

CUPAR: The Peat Inn ££
Schottisch K K6
Fife, bei St Andrews, KY15 5LH
☎ (01334) 840 206 ● So, Mo
Das ländliche Sternerestaurant von Chefkoch Geoffrey Smeddle verwandelt Lachs, Krebse, Rindfleisch und andere regionale Produkte in köstliche Gerichte. Das vielgängige Verkostungsmenü ist ganz einfach fantastisch.

DUNDEE: Jute Café Bar £
Café K K6
152 Nethergate, DD1 4DY
☎ (01382) 909 246
Das Café im Dundee Contemporary Arts Centre serviert leichte Mittagessen und ein dreigängiges Abendessen. Hier bekommt man solide Hauptgerichte wie Steak und als Dessert verführerische Schokoladentorte.

Tische im Freien der beliebten Pizzeria La Favorita, Edinburgh

EDINBURGH: David Bann £
Vegetarisch K K7
56–58 St Mary's St, EH1 1SX
☎ (0131) 556 5888
Das elegante gehobene Restaurant serviert delikate vegetarische Gerichte wie Risotto mit Lauch, Estragon und Kürbis. Köstlich sind auch die Törtchen mit Ardrahan-Räucherkäse und langsam getrockneten Tomaten.

EDINBURGH: La Favorita £
Italienisch K K7
321 Leith Walk, EH6 8SA
☎ (0131) 554 2430
Das gut besuchte La Favorita ist ein starker Anwärter auf den Titel der besten Pizzeria der Stadt. Hier kann man zwischen unzähligen Pizzabelägen wählen, danach schmeckt leckere Eiscreme.

EDINBURGH: Orocco Pier £
International K K7
17 High St, South Queensferry, EH30 9PP
☎ 0870 118 1664
Schlemmen Sie üppige Pub-Küche in der Antico Café Bar oder Seafood in der Samphire Bar and Grill mit umwerfendem Blick auf den Forth und seine Brücken.

EDINBURGH: Contini Ristorante ££
Italienisch K K7
103 George St, EH2 3ES
☎ (0131) 225 1550
Edinburghs prächtigstes italienisches Restaurant erfreut mit authentischen Pastagerichten. Gut zum Mittagessen, Abendessen oder für einen schnellen Snack.

EDINBURGH: Galvin Brasserie de Luxe ££
Brasserie K K7
Princes St, EH1 2AB
☎ (0131) 222 8988
Die noble Brasserie im Hotel Caledonian ist ein Mekka für Liebhaber der französischen Küche. Mit Meeresfrüchtebar, exzellenter Weinkarte, günstigen Menüs.

EDINBURGH: Jeremy Wares ££
Schottisch K K7
Macdonald Houston House Hotel, Uphall, West Lothian, EH52 6JS
☎ 0844 879 9043
Jeremy Wares' Inbegriff moderner schottischer Küche serviert im romantischen Houston House Perthshire-Wild, Borders-Lamm und schottisches Rind.

EDINBURGH: Kyloe Restaurant & Grill ££
International K K7
1–3 Rutland St, EH1 2AE
☎ (0131) 229 3402
Dieser Tempel für Fleischfreunde im Rutland Hotel serviert verschiedenste Steaks und bietet einen herrlichen Blick.

EDINBURGH: Ondine ££
Seafood K K7
2 George IV Bridge, EH1 1AD
☎ (0131) 226 1888
Chefkoch Roy Brett bietet inspirierte Küche, z. B. himmlische Meeresfrüchteplatte auf Eis im französischen Stil oder lauwarm mit Knoblauchbutter.

EDINBURGH: Spoon ££
Café K K7
6a Nicolson St, EH8 9DH
☎ (0131) 623 1752 ● So
Das moderne Café serviert das beste vegetarische Frühstück der Stadt – aber auch Variationen für Fleischesser. Gutes Mittagessen.

EDINBURGH: Stac Polly ££
Schottisch K K7
29–33 Dublin St, EH3 6NL
☎ (0131) 556 2231
Stac Polly serviert zuverlässige, moderne schottische Küche, z. B. exzellentes Steak mit *black pudding* und Fischgerichte.

EDINBURGH: Restaurant Martin Wishart £££
Französisch K K7
54 The Shore, Leith, EH6 6RA
☎ (0131) 553 3557 ● So, Mo
Chefkoch Martin Wishart bietet ein unvergessliches Erlebnis für Liebhaber der französischen Küche: Klassiker mit geschickter Verwendung schottischer Zutaten. Exzellenter Service.

EYEMOUTH: Mackays of Eyemouth £
Traditionell britisch K L7
20–24 High St, Berwickshire, TD14 5EU
☎ (01890) 751 142
Genießen Sie Fisch oder Hummer und Pommes frites, und schauen Sie dabei den Booten zu, die auf das Meer hinausfahren.

GLASGOW: Café Gandolfi £
Café K J7
64 Albion St, G1 1NY
☎ (0141) 552 6813
Eine Institution und ein Teil des Gandolfi-Mini-Imperiums. Hier isst man morgens herzhaft, mittags leicht, abends gehaltvoll.

GLASGOW: The Chippy Doon the Lane £
Traditionell britisch K J7
84 Buchanan St, McCormick Lane, G1 3AJ
☎ (0141) 225 6650
Das legere Restaurant serviert exzellenten Seeteufel, Seehecht, Seezunge, Kabeljau, Schellfisch.

K = Karte *Extrakarte zum Herausnehmen*

Der geschmackvolle Speiseraum des Boath House, Auldearn

GLASGOW: Bistro du Vin ££
Schottisch K J7
One Devonshire Gardens, G12 0UX
0844 736 4256
Das Nobelrestaurant im prächtigen Hotel du Vin bietet eine Auswahl von Schottlands bestem Fleisch und Fisch.

GLASGOW: City Merchant ££
Seafood K J7
97–99 Candleriggs, G1 1NP
(0141) 553 1577
Hier speist man in elegantem Art-déco-Ambiente. Zur Spezialität des Hauses gehört Seafood, auch die Steaks sind vorzüglich.

HADDINGTON: The Waterside Bistro £
Schottisch K K7
1–5 Waterside, East Lothian, EH41 4AT
(01620) 825 674
Am Ufer des Tyne serviert das Bistro in Familienbesitz regionale Produkte in gemütlicher Umgebung. Gute Option für Familien.

INVERARNAN: The Drovers Inn £
Schottisch K H6
Arrochar, G83 7DX
(01301) 704 234
In dem rund 300 Jahre alten Pub sind Rindfleischpasteten und *haggis* Trumpf.

LAUDER: Black Bull Hotel £
Traditionell britisch K K7
Market Pl, Berwickshire, TD2 6SR
(01578) 722 208
Das traditionelle Pub serviert die Speisen in einem georgianischen Gastraum oder einer gemütlichen Bar, u. a. *fish and chips* und Burger. Gute Kinderkarte.

PEEBLES: Coltman's Delicatessen & Kitchen £
Café K K7
71–73 High St, EH45 8AN
(01721) 720 405

Der Feinkostladen mit Restaurant und Blick auf den Tweed serviert internationale Gerichte. Gutes dreigängiges Menü.

STANLEY: Ballathie House ££
Schottisch K M9
Kinclaven, Perth, PH1 4QN
(01250) 883 268
In diesem eleganten Restaurant werden schottische Spitzenprodukte wie Pittenweem-Kaisergranate und Perthshire-Wild zu modernen Gerichten verarbeitet.

Schottland: Highlands und Inseln

ABERDEEN: The Silver Darling ££
Seafood K L4
Pocra Quay, North Pier, Aberdeenshire, AB11 5DQ
(01224) 576 229 ● So
Hier schmeckt frisches Seafood, das Chefkoch Didier Dejean perfekt und traditionell französisch angehaucht zubereitet. Dazu locken zahlreiche französische Weine sowie ein großartiger Meerblick.

ABOYNE: At the Sign of the Black Faced Sheep £
Café K K4
Ballater Rd, Aberdeenshire, AB34 5HN
(01339) 887 311
Das Café mit Feinkostladen beeindruckt mit seiner Riesenauswahl an feinen Sandwiches und *scones* mit sonnengetrockneten Tomaten. Zum Ambiente trägt eine Geschirrsammlung bei.

ACHILTIBUIE: Summer Isles Hotel ££
Seafood K G2
Ullapool, Ross-shire, IV26 2YG
(01854) 622 282

Das preisgekrönte Restaurant im Summer Isles Hotel überzeugt mit außergewöhnlichem Seafood von Chefkoch Alan White und elegantem Ambiente.

APPLECROSS: Applecross Inn £
Seafood K G3
Wester Ross, IV54 8LR
(01520) 744 262
Exzellentes Seafood aus der Umgebung, z. B. riesige Applecross-Garnelen und dicke Hummer, serviert dieses Restaurant in großzügigen Portionen.

ARDEONAIG: Ardeonaig Hotel & Restaurant ££
Schottisch K J5
South Loch Tay Side, Killin, FK21 8SU
(01567) 820 400 ● Mo, Di
In dem angenehmen Gastraum mit Blick auf den Loch Tay lässt Chefkoch Ross Miller innovative Gerichte servieren, z. B. über Heu geräucherten Lachs.

AULDEARN: Boath House £££
Schottisch K J3
Nairn, IV12 5TE
(01667) 454 896
Eine Hauptattraktion des luxuriösen Boath House ist die preisgekrönte Küche von Chefkoch Charlie Lockley. Delikates sechsgängiges Verkostungsmenü.

BADACHRO: Badachro Inn £
Pub K G3
Gairloch, Ross-shire, IV21 2AA
(01445) 741 255
Das freundliche Pub serviert mittags Imbisse und abends Gerichte. Hier schmecken Ofenkartoffeln, Panini und Sandwiches, frisches Seafood sowie Rind und Lamm aus Schottland.

COLL: Gannet Restaurant ££
Seafood K F5
Arinagour, PA78 6SZ
(01879) 230 334
Direkt am Ufer verwöhnt das Restaurant im Coll Hotel mit fangfrischem Seafood. Köstlicher Hummer mit hausgemachten Spaghetti.

FINDHORN: The Bakehouse £
Café K J3
91–92 Forres, IV36 3YG
(01309) 691 826
Bekannt für seine vegetarischen Bio-Gerichte, doch serviert man auch leckere Burger mit Wildfleisch. Exzellente Backwaren.

FORT WILLIAM: Lime Tree ££
Schottisch K H5
The Old Manse, Achintore Rd, Inverness-shire, PH33 6RQ
(01397) 701 806

Das Hotelrestaurant wird wegen seiner exzellenten Küche geschätzt. Spezialitäten sind u. a. Glenfinnan-Wildbret, Makrelen und geräucherter Schellfisch.

FORT WILLIAM: Inverlochy Castle £££
Schottisch K H5
Torlundy, Inverness-shire, PH33 6SN
📞 (01397) 702 177
In den drei Gasträumen des Inverlochy Castle speist man in einem einmaligen Ambiente. Köstliches Cranachan-Soufflé.

GLENCOE: Clachaig Inn £
Schottisch K H5
Argyll, PH49 4HX
📞 (01855) 811 252
Der stimmungsvolle alte Gasthof im Zentrum von Glencoe serviert herzhafte Pub-Küche, gutes Bier und feine Malt Whiskys.

INVERIE: The Old Forge £
Schottisch K G4
Knoydart, Mallaig, Inverness-shire, PH41 4PL
📞 (01687) 462 267
⬤ Mi, Nov–Feb
Großbritanniens abgelegenstes Pub serviert exzellenten Fisch und Meeresfrüchte aus der Umgebung der Halbinsel Knoydart.

INVERNESS: Rocpool Restaurant ££
Brasserie K J3
1 Ness Walk, Inverness-shire, IV3 5NE
📞 (01463) 717 274
Hier serviert man z. B. Salat aus Parmaschinken mit in Balsamico gebratenen Feigen und Parmesan-Crème-brûlée.

ISLE OF SKYE: The Three Chimneys £££
Schottisch K F3
Colbost, Dunvegan, IV55 8ZT
📞 (01470) 511 258

In ihrem schön umgebauten Bauernhaus inspiriert Chefköchin Shirley Spear mit hinreißender, innovativer Küche in spektakulärer Lage. Nur mit Reservierung.

KILBERRY: The Kilberry Inn ££
Modern britisch K G6
Tarbert, Argyll and Bute, PA29 6YD
📞 (01880) 770 223 ⬤ Mo
Das preisgekrönte Lokal serviert wunderbare Gerichte, z. B. Trogmuscheln mit Spaghetti und Weißwein-Sahne-Sauce.

Vis-à-Vis-Tipp

KINLOCHLEVEN: Lochleven Seafood Café ££
Seafood K H5
Onich, Fort William, Inverness-shire PH33 6SA
📞 (01855) 821 048
Der Himmel für Seafood-Fans: Das Lochleven Seafood Café serviert Jakobsmuscheln, Austern, eine unschlagbare Meeresfrüchteplatte und dazu spritzige Weißweine. Im Sommer reicht der grandiose Blick im Freien zum Loch Leven und Pap of Glencoe. Öffnungszeiten vorab erfragen.

KYLESKU: Kylesku Hotel £
Schottisch K H2
Lairg, Sutherland, IV27 4HW
📞 (01971) 502 231
Die geräumige Bar in einem alten Postgasthof serviert hochklassige Gerichte. Hier schlemmt man Hummer, Kaisergranate, Krebse, Fisch und schottisches Fleisch.

MULL: Highland Cottage ££
Schottisch K F5
24 Breadalbane St, Tobermory, Argyll, PA75 6PD
📞 (01688) 302 030
Das gemütliche Lokal verwöhnt mit Köstlichkeiten aus hochwertigen Produkten der Region.

OBAN: Waterfront Fishouse Restaurant ££
Seafood K G6
1 Railway Pier, PA34 4LW
📞 (01631) 563 110
Kaisergranate, Jakobsmuscheln und Hummer aus der Umgebung serviert dieses Restaurant an der Uferfront. Spektakulärer Blick auf die schöne Bucht von Oban.

PLOCKTON: Plockton Inn & Seafood Restaurant ££
Seafood K G4
Innes St, Ross-shire, IV52 8TW
📞 (01599) 544 222
Im malerischen Plockton serviert der preisgekrönte, traditionelle Gasthof mit Restaurant Seafood, Rind, Lamm und Wild aus der Region und vegetarische Gerichte.

PORT APPIN: The Airds Hotel & Restaurant £££
Französisch K G5
Argyll and Bute, PA38 4DF
📞 (01631) 730 236
Feine, moderne französische Küche aus regionalen Produkten – handgetauchte Jakobsmuscheln, langsam gegartes Hühnchen, Mallaig-Heilbutt.

SCRABSTER: The Captain's Galley £££
Seafood K J1
The Harbour, Caithness, KW14 7UJ
📞 (01847) 894 999 ⬤ So, Mo
In einem alten Eishaus mit schönen Ziegelwänden serviert man hier ein Dutzend verschiedene Fischarten – alle frisch gefangen.

SHETLAND ISLANDS: Frankie's Fish and Chips £
Traditionell britisch
Brae, Shetland, ZE2 9QJ
📞 (01806) 522 700
Preisgekröntes *Fish-and-chips*-Restaurant auf Shetlands Festland. Hier serviert man nachhaltig gefischten frischen Fisch, Jakobs- und Miesmuscheln.

TROON: MacCallum's of Troon Oyster Bar ££
Seafood K H7
Harbourside, Ayrshire, KA10 6DH
📞 (01292) 319 339 ⬤ Mo
Die Spezialitäten des bekannten Seafood-Restaurants sind Austern, Seezunge mit Kapern, Garnelen-Tempura und *cullen skink* (dicke Fischsuppe).

TYNDRUM: The Real Food Café £
Café K H6
Perthshire, FK20 8RY
📞 (01838) 400 235
Wohl die besten *fish and chips* in Schottland. Genießen Sie Fischgerichte und exzellente Kuchen.

Schöner Nordseeblick inklusive bei Frankie's Fish and Chips, Shetland

K = *Karte* Extrakarte zum Herausnehmen

Britische Pubs

Eine Reise durch Großbritannien bliebe ohne die Erkundung der typischen Pubs *(public houses)* unvollständig. Pubs stehen in der jahrhundertelangen Tradition der Herbergen, Ale-Kneipen und Kutschergasthöfe und sind auch heute noch wichtige soziale Treffpunkte. Manche beeindrucken durch ihre Geschichte oder Ausstattung, vor allem aber fasziniert ihre lebendige soziale Bedeutung (z. B. als Ort für Volkstanz- oder Quiz-Veranstaltungen). Viele der hier vorgestellten Pubs sind in besonders reizvollen Häusern untergebracht. Meist servieren sie Bier, Wein und Spirituosen.

Ein *free house* ist brauereifrei und führt mehrere regionale Biersorten (oft auch Real Ales). Die meisten Pubs sind *tied* (brauereigebunden) und vom Ausschank her begrenzt. Viele Pubs bieten Live-Musik, manche haben Biergärten mit Picknicktischen. Mittags – zunehmend auch abends – servieren sie häufig typische Pub-Gerichte. Zu den traditionellen Spielen zählen Cribbage, Shove ha'penny, Darts, Domino und Kegeln.

London

Bloomsbury: *Lamb*
94 Lamb's Conduit St, WC1.
(020) 7405 0713.
Stadtplan 3 C5
Viktorianisch mit *snob screens* aus geschliffenem Glas und Theaterfotos. Kleiner Hinterhof.

City: *Black Friar*
174 Queen Victoria St, EC4.
(020) 7236 5474.
Stadtplan 12 F2
Exzentrische Innen- und Außengestaltung. Jugendstildekor. Aufmerksamer Service.

City: *Ye Olde Cheshire Cheese*
145 Fleet St, EC4. (020) 7353 6170. **Stadtplan** 12 E1
Gasthof (17. Jh.), in dem noch die Geister von Dickens, Pope und Johnson spuken. Offenes Kaminfeuer im Winter.

Covent Garden: *Lamb and Flag*
33 Rose St, WC2.
(020) 7497 9504.
Stadtplan 11 B2
Traditionelles georgianisches Pub, das stets gut von Biertrinkern aufgesucht wird. Charles Dickens war hier einst Stammgast.

Hammersmith: *Dove*
19 Upper Mall, W6.
(020) 8748 9474.
Eines der reizvollsten Pubs an der Themse im Westen Londons. Von der Terrasse aus kann man die Ruderboote beobachten.

Hampstead: *Spaniards Inn*
Spaniards Rd, NW3.
(020) 8731 8406.
Eine Hampstead-Institution aus dem 16. Jahrhundert, einst Teil des Zolltors.

Kensington: *Windsor Castle*
114 Campden Hill Rd, W8.
(020) 7243 8797.
Stadtplan 7 C4
Gepflegter, georgianischer Gasthof mit Eicheneinrichtung und Kamin. Der ummauerte Garten zieht im Sommer wohlbetuchte Gäste an. Herzhafte Kost.

Southwark: *Anchor*
34 Park St, SE1. (020) 7407 1577. **Stadtplan** 13 B3
Historisches Pub mit Terrasse, traditionell eingerichtet. Schöner Blick auf die Themse.

Southwark: *George Inn*
77 Borough High St, SE1.
(020) 7407 2056.
Stadtplan 13 B4
Kutschergasthaus mit Arkadenhof, heute im Besitz des National Trust. Es gibt Räume auf zwei Stockwerken und Tische im Freien. Zuweilen treten hier Moriskentänzer auf (siehe S. 124).

Downs und Kanalküste

Alciston: *Rose Cottage Inn*
Alciston, nahe Polegate.
(01323) 870 377.
Liebenswertes Pub in strohgedecktem Cottage mit Holzbalken und Kaminen. Die regionalen Ales und die Küche tragen zur Atmosphäre bei.

Brighton: *Market Inn*
Market St, BN1 1HH.
(01273) 329 483.
Das Haus war einst das Heim des Kaminkehrers des Prince of Wales, heute ist das Pub eine Institution in Brighton, die sich im Sommer bis in die Lanes ausdehnt.

Charlton: *The Fox Goes Free*
Charlton, nahe Chichester.
(01243) 811 461.
In dem hübschen Gasthof (16. Jh.) kommen lokale Ales und der Cider vom Fass. Die Auswahl an Gerichten ist gut. Mittwochs gibt es Live-Musik.

Ditchling: *The Bull Hotel*
2 High St, BN6 8TA.
(01273) 843 147.
Das Pub liegt in einem altehrwürdigen Gebäude aus dem 14. Jahrhundert. Die Hauptbar ist groß und angenehm traditionell mit viel Holz. Kaminfeuer.

Faversham: *White Horse Inn*
The Street, Boughton.
(01227) 751 343.
Geoffrey Chaucer erwähnte das Pub schon in den *Canterbury-Erzählungen*. Das Gebäude liegt inmitten von Hopfenfeldern und Obstgärten. 13 Zimmer werden vermietet.

Isle of Wight:
The Wight Mouse Inn
Church Place, Chale.
(01983) 730 431.
Das reizende Pub zieht viele Einheimische an, vor allem die Liebhaber von Real Ale. Samstags gibt es Live-Musik.

Lewes: *Six Bells Inn*
Chiddingly, nahe Lewes.
(01825) 872 227.
Einst war dies ein Stopp für Postkutschen, nun werden hier durstige Wanderer und Einheimische empfangen. Angeblich spuken im Haus eine graue Katze sowie Sara French, die 1852 gehängt wurde, nachdem sie ihren Gatten vergiftet hatte. Dienstags wird Folk und Blues gespielt.

Romsey: *The Star Inn*
East Tytherley, nahe Romsey.
(01794) 340 225.
Die populäre Trinkhalle liegt am Rand des New Forest mit Blick über den idyllischen Cricketplatz des Dorfs. Das Star Inn bietet auch einige Gästezimmer an.

BRITISCHE PUBS | 605

Rye: *The Mermaid*
Mermaid St. ☏ (01797) 223 065.
Eines der ältesten Pubs aus dem Jahr 1136. Aus alten Schiffsteilen erbaut, erinnert The Mermaid an Englands Seefahrtsgeschichte. Am offenen Feuer genießt man in aller Ruhe seinen Drink.

Walliswood: *The Scarlett Arms*
Walliswood Green Rd.
☏ (01306) 627 243.
Der Gasthof lockt mit einem alten Tresen, Holzbalken, einem grandiosen offenen Kamin und sehr aufmerksamem Personal. Im Sommer gelegentlich Live-Musik.

East Anglia

Bardwell: *The Six Bells at Bardwell*
Bardwell, Bury St Edmunds.
☏ (01359) 250 820.
Das Haus (Anfang 16. Jh.) am Dorfanger bietet exzellentes Essen und sehr ruhige Übernachtungsmöglichkeiten an.

Cambridge: *The Mill*
14 Mill Lane. ☏ (01223) 311 829.
Das komfortable, klassische Pub am Fluss verfügt über alte Schallplatten und diverse Brettspiele. Im Sommer kann man auch draußen sitzen.

Great Yarmouth: *The Nelson Head*
Horsey. ☏ (01493) 393 378.
Traditionelles, unprätentiöses Country-Pub, in Strandnähe und im Winter unweit der Seehundkolonie von Horsey. Gute Auswahl an Ales, Ciders und hausgemachten Gerichten. Beliebt bei Wanderern.

Itteringham: *The Walpole Arms*
The Common.
☏ (01263) 587 258.
Der Gasthof mit Holzbalkendecke und Backsteinwänden schenkt seit etwa 1700 lokale Ales aus. Renommiertes Restaurant.

Norfolk: *Red Lion*
Wells Rd, Stiffkey.
☏ (01328) 830 552.
Die ältesten Teile der einfachen Barräume haben Holzbalken, alte Bodenfliesen oder Holzdielen und Kamine. Hinter dem Haus gibt es eine Terrasse, auf der man bei gutem Wetter die Pub-Gerichte genießen kann. Es gibt Real Ale und Seafood sowie zehn Zimmer.

Norwich: *The Fat Cat*
49 W End St.
☏ (01603) 624 364.
Für seine große Auswahl an Real Ales zu Recht bekanntes Pub. Die gut bestückte Bar und das lebhafte einheimische Publikum tragen zur Attraktion bei.

Ringstead: *The Gin Trap Inn*
6 High St. ☏ (01485) 525 264.
Nahe der Küste von Norfolk und dem Naturschutzgebiet der Ringstead Downs zapft das dörfliche Pub (17. Jh.) Real Ales, die man am Holzfeuer genießen kann. Beliebtes Restaurant. Übernachtungsmöglichkeiten.

Saffron Walden: *Queen's Head Inn*
High St, Littlebury.
☏ (01799) 520 365.
Attraktiver Kutschergasthof mit familiärer Atmosphäre. Gute Auswahl an lokalen Ales und auch an Weinen. Übernachtungsmöglichkeiten.

Southwold: *The Crown Hotel*
High St. ☏ (01502) 722 275.
Das Pub bleibt der Star des Hotels, obwohl sich auch das schicke Restaurant bei den Einheimischen durchgesetzt hat. Exzellente Weinauswahl an der Bar.

Stowmarket: *The Buxhall Crown*
Mill Rd, Buxhall.
☏ (01449) 736 521.
Regionale Real Ales sind der Stolz dieses ländlichen Pubs, das auch für seine Hausmannkost auf der Basis regionaler Produkte bekannt ist. Gute Weinauswahl, auch glasweise ausgeschenkt.

Themse-Tal

Aylesbury: *The King's Head*
King's Head Passage, Market Sq, Buckinghamshire.
☏ (01296) 718 812.
Die kleine Oase im Zentrum des Marktfleckens ist luftig und bietet preisgekrönte Speisen und Ales. Im Innenhof kann man Sommernachmittage verbringen.

Bedford: *The Park*
98 Kimbolton Rd, Bedfordshire.
☏ (01234) 273 929.
Das freundliche Pub, das im 19. Jahrhundert errichtet wurde, besitzt noch alte Teile wie Eichenholzbalken, Backsteinwände und Kamine. Gutes Angebot an Pub-Gerichten.

Chipping Norton:
The Falkland Arms
Great Tew, Chipping Norton, Oxfordshire. ☏ (01608) 683 653.
Preisgekrönte Ales und grandiose Atmosphäre. Man kann hier das Bier erst mal testen, bevor man es in diesem traditionellen Juwel bestellt und bezahlt.

Faringdon: *The Trout Inn*
Tadpole Bridge, Buckland Marsh, nahe Faringdon.
☏ (01367) 870 382.
Dieses Pub (17. Jh.) brummt. Im Garten am Fluss kann man die schmackhaften Gerichte der Region genießen.

Great Hormead: *The Three Tuns*
High Street, Hertfordshire.
☏ (01763) 289 405.
Das reetgedeckte Pub mit behaglichem offenen Feuer im Winter und Innenhof im Sommer bietet herzhafte Speisen zu vernünftigen Preisen.

Leighton Buzzard: *The Five Bells*
Station Road, Stanbridge, Bedfordshire.
☏ (01525) 210 224.
Das traditionelle Pub liegt inmitten einer ländlichen Idylle. Hier genießt man regionale Pub-Klassiker, die im Sommer auch im Freien serviert werden. Neben saisonal gebrauten Ales gibt es auch einige sehr gute Weine.

Oxford: *The Bear Inn*
6 Alfred St. ☏ (01865) 728 164.
Das älteste Pub der Stadt von 1242 ist für seine Sammlung von Fetzen von Club-Krawatten bekannt, insgesamt 4500 Stück. Serviert werden Real Ale und gute Hausmannskost.

Oxford: *The White Horse*
52 Broad St. ☏ (01865) 204 801.
In dem heimeligen Pub hängen Fotos von alten Sportstars an den Wänden. Große Bierauswahl.

Watton-at-Stone: *The Bull*
113 High St, Herts.
☏ (01920) 831 032.
In dem Gasthof (15. Jh.) kann man um das Feuer sitzen – oder im malerischen Garten.

Windsor: *The Two Brewers*
34 Park St.
☏ (01735) 855 426.
Bereits seit 1792 ist dieses kleine und schrullige Pub, das außerhalb vom Windsor Great Park liegt, eine Institution. Es gibt Bier, Wein und Speisen. Der Sonntagsbraten ist sehr beliebt.

Wessex

Abbotsbury: *Ilchester Arms*
Market St, Dorset.
☏ (01305) 873 841.
Der denkmalgeschützte Gasthof (18. Jh.) ist ein prominentes Wahrzeichen in dem abgelegenen Dorf. Für die Speisen werden lokale Produkte verarbeitet.

Bath: *The Bell*
103 Walcot St, Bath, Avon.
(01225) 460 426.
Schönes, kleines Pub mit Billardtischen, Live-Musik und Öko-Bieren. Genießen Sie wohlschmeckende Sandwiches oder andere Imbisse.

Bridport: *Shave Cross Inn*
Shave Cross, Marshwood Vale, Dorset. (01308) 868 358.
Preisgekrönter Gasthof mit feinen Ales sowie englischem, karibischem und internationalem Essen. Fünf moderne Zimmer.

Bristol: *Llandoger Trow*
King St. (01179) 261 650.
Das Fachwerkhaus stammt von 1664. Es heißt, dieses Pub diente R. L. Stevenson als Vorbild für das »Admiral Benbow Inn« in seinem Werk *Die Schatzinsel*. Lebhafte Atmosphäre, Real Ales. Restaurant im Obergeschoss.

Pensford: *Carpenter's Arms*
Stanton Wick, nahe Pensford, Somerset.
(01761) 490 202.
Das einladende Pub überblickt das hübsche Chew Valley und liegt zwischen Minenarbeiterhütten. Exzellente Speisekarte und umfassende Weinkarte.

Salisbury: *Haunch of Venison*
1 Minster St, Salisbury, Wiltshire.
(01722) 411 313.
In dem 650 Jahre alten Pub ist die mumifizierte Hand eines Kartenspielers (18. Jh.) ausgestellt, zusammen mit einigen angenehmeren Antiquitäten. Das Restaurant serviert leckere Gerichte. Vorsicht vor dem Geist des Hauses!

Salisbury: *The New Inn*
41/47 New St, Wiltshire.
(01722) 326 662.
Niedrige Balkendecken und gedimmte Beleuchtung – so kann man die Turmspitze der gegenüberliegenden Kathedrale sehen. Umfassende Speisekarte mit vegetarischen Gerichten.

Devon und Cornwall

Dawlish: *The Mount Pleasant*
Mount Pleasant Rd, Dawlish Warren, Devon.
(01626) 863 151.
Vom Speisebereich aus hat man eine hübsche Aussicht auf Exmouth. Viele kehrten hier ein – und kamen jahrelang wieder. Das warme Ambiente und das gute Preis-Leistungs-Verhältnis sind einfach attraktiv.

Exeter: *The Bridge Inn*
Bridge Hill, Topsham, Devon.
(01392) 873 862.
Das rosafarbene Pub am Fluss, das seit 1899 in Familienbesitz ist, ist kaum zu verfehlen. Im Winter sind die Räume mit Kaminen heimelig. Im Sommer sitzt man im Garten. Das Pub hat keine Bar. Getränke und Snacks verkauft man über eine Durchreiche im Korridor.

Falmouth: *Pandora Inn*
Restronguet Creek, Mylor Bridge, nahe Falmouth, Cornwall.
(01326) 372 678.
Das mittelalterliche Pub mit strohgedecktem Dach liegt am Wasser. Innen gibt es heimelige Ecken, Holzdecke, getäfelte Wände und maritime Memorabilien.

Helston: *Blue Anchor*
50 Coinage Hall, Cornwall.
(01326) 562 821.
Eines der ältesten Gasthäuser in der Region. Das hier ausgeschenkte Bier ist selbst gebraut.

Knowstone: *Masons Arms Inn*
South Molton, Devon. (01398) 341 231.
Das denkmalgeschützte Cottage ist voller Charakter. Es ist mit alten landwirtschaftlichen Geräten und einem Brotbackofen dekoriert. Delikates Restaurantessen und freundliche Betreiber.

Lynton: *Fox and Goose*
Parracombe, Barnstable.
(01598) 763 239.
Freundliches Pub und B & B mit gutem Essen. Offene Kamine, Holzdecken, Geweihe und Hörner geben dem Ort Exmoor-Flair. Im Ausschank: Real Ale und Cider.

Newton Abbot: *Two Mile Oak*
Totnes Rd, Devon.
(01803) 812 411.
Alter Kutschergasthof mit Holzbalkendecke und einem kleinen Alkoven. Holztische und -stühle; im Winter wärmt der Kamin.

Penzance: *The Pirate Inn*
Alverton Rd, Alverton, Cornwall.
(01736) 366 094.
Freundlicher Rastplatz für Bier und Sandwiches. Im Sommer kann man im Freien sitzen. Dienstags gibt es Folk-Musik.

Porthleven: *Harbour Inn*
Commercial Rd, Cornwall.
(01326) 573 876.
Hier sitzt man am Hafen von Porthleven und kann bei einem Pint den Sonnenuntergang bewundern. Das rund 200 Jahre alte Pub strahlt althergebrachten Charme aus.

Saltash: *Rod and Line*
Church Rd, Tideford, Cornwall.
(01752) 851 323.
Nahe der A38 findet man dieses freundliche Pub. Es ist vor allem bei Einheimischen beliebt, die auch das Kaminfeuer schätzen. Jede Menge Seafood.

Tavistock: *The Cornish Arms*
15 West St, Devon.
(01822) 612 145.
Im letzten Kutschergasthof vor Cornwall gibt es St-Austell-Bier, Wein und gutes Essen.

Zentralengland

Alderminster: *The Bell*
Warwickshire.
(01789) 450 414.
Einstiger Kutschergasthof (18. Jh.), sechs Kilometer von Stratford-upon-Avon entfernt, mit erstklassigem Restaurant. Vom Garten und Wintergarten aus hat man eine tolle Aussicht über das Stour Valley.

Armscote: *The Fuzzy Duck*
Imington Rd.
(01608) 682 293.
Atmosphärisches Bar-Restaurant (und B & B) – ideal für ein leichtes Abendessen oder einen Drink. Im Sommer sitzt man auf der weitläufigen Wiese. Im Winter flackert Kaminfeuer.

Ashleworth: *Queen's Arms*
The Village, Gloucestershire.
(01452) 700 395.
Der Gasthof (16. Jh.) mit augenscheinlicher viktorianischer Auffrischung besitzt massive Holzbalkendecken und antikes Mobiliar. Die fantastische Küche bietet traditionelle Pub-Gerichte und auch Internationales.

Bickley Moss: *Cholmondeley Arms*
Malpas, Cheshire.
(01829) 720 300.
Die Speisekarte des familienfreundlichen Pubs enthält einige sehr gute traditionelle Gerichte der Region. Kinder lieben die Desserts: Pudding mit Sirup, Kirschen-Pavlova, Bakewell-Tarte (mit Erdbeermarmelade), Eis und Sorbets. Übernachtungen möglich.

Bretforton: *Fleece Inn*
Nahe Evesham.
(01386) 831 173.
Ein Pub für Real Ale. Das hübsche Fachwerkhaus im wunderbaren Vale of Evesham gehört dem National Trust. Übernachtungsmöglichkeiten sind vorhanden. Parkplätze gibt es auf dem nahen Dorfplatz.

BRITISCHE PUBS | 607

Chester: *Pheasant Inn*
High Burwardsley, Tattenhall.
📞 (01829) 770 434.
Beliebtes Pub mit herrlicher Aussicht auf die Cheshire Plain. Vor allem sonntags ist es stets gut besucht.

Farnborough: *Inn at Farnborough*
Nahe Banbury.
📞 (01295) 690 615.
Denkmalgeschützter Gasthof aus dem 18. Jahrhundert. Hier wird leckere, regionale Küche serviert. Übernachtungsmöglichkeit auf B&B-Basis. Großer Garten und Wintergarten.

Shrewsbury: *Armoury*
Welsh Bridge, Victoria Quay.
📞 (01743) 340 525.
Von dem einstigen Lagerhaus (18. Jh.), das als Biergarten sehr beliebt ist, blickt man auf den Fluss. Man sollte frühzeitig hingehen, um noch einen Sitzplatz zum Essen zu finden.

Welford-on-Avon: *The Bell Inn*
Nahe Stratford-upon-Avon, Warwickshire. 📞 (01789) 750 353.
Das hübsche, ländliche Pub aus dem 17. Jahrhundert schenkt Real Ale aus und serviert Pub-Gerichte. Es liegt nicht weit von Stratford-upon-Avon in südwestlicher Richtung entfernt. Es gibt hier auch Tische im Garten.

East Midlands

Alderwasley: *The Bear Inn*
Belper, Derbyshire.
📞 (01629) 822 585.
Das freundliche Pub ist bei Einheimischen und Besuchern beliebt und bietet eine gute Auswahl an Real Ales und leckeres Essen. Zehn Zimmer.

Bakewell: *Packhorse Inn*
Main St, Little Longstone.
📞 (01629) 640 471.
Der Gasthof ist seit seiner Eröffnung 1787 ein willkommener Halt für Reisende. Das Pub liegt am Monsal Trail, einer bei Wanderern, Läufern und Radfahrern beliebten Route. Geboten werden Real Ales und Gerichte der Region.

Hathersage: *Plough Inn*
Leadmill Bridge, Hope Valley, Derbyshire.
📞 (01433) 650 319.
Der Gasthof (16. Jh.) liegt idyllisch am Ufer des Flusses Derwent inmitten eines 3,5 Hektar großen Parks. Ein perfekter Abstecher im Sommer mit fabelhaftem Essen, grandioser Aussicht und sechs Zimmern (mit Bad).

Lyddington: *Old White Hart*
51 Main St, Rutland.
📞 (01572) 821 703.
Charmantes dörfliches Pub mit einer preisgekrönten Speisekarte. Das Old White Hart (17. Jh.) besitzt eine Balkendecke, Ziegelwände und offene Kamine.

Mumby: *Red Lion*
Hogsthorpe Rd, Lincolnshire.
📞 (01507) 490 391.
Das Pub wurde lange von der Batemans Brewery geführt, ist aber heute wieder in Privathand. Es ist eine ausgezeichnete Wahl, den Geschmack von Lincolnshire zu probieren. Die Speisekarte bietet traditionelle Gerichte.

Nottingham: *Cock and Hoop*
25 High Pavement, Nottingham.
📞 (0115) 948 4414.
Das traditionelle Victorian Ale House bietet den Gästen köstliches Real Ale und exzellente Weine. Das Restaurant serviert britische Hausmannskost.

Stamford:
The George of Stamford
71 St Martins, Lincolnshire.
📞 (01780) 750 750.
Das Lokal ist eine der berühmtesten alten Kutschergasthöfe Englands. Bar, Restaurant und Zimmer sind geschichtsträchtig. Das Essen wird im Innenhof und in der York Bar serviert.

Tideswell: *Anchor Inn*
4 Lanes End, Derbyshire.
📞 (01298) 871371.
Dieses freundliche Gasthaus ist der perfekte Rastplatz nach einer anstrengenden Wanderung. Bei knisterndem Kaminfeuer lässt man sich das Ale schmecken.

Lancashire und Lake District

Ambleside: *The Britannia Inn*
Elterwater, Cumbria.
📞 (01539) 437 210.
Der traditionelle Gasthof war einst ein einsames Bauernhaus. Er steht idyllisch auf dem Dorfanger und ist der ideale Ort, um nach einer Wanderung einzukehren. Neun Zimmer mit Bad.

Clitheroe: *The Shireburn Arms*
Hurst Green, Lancashire.
📞 (01254) 826 678.
Pub (17. Jh.) mit Flair in einem malerischen Dorf. Hier verkehrte der Autor J. R. R. Tolkien. Das Shireburn Arms verdankt seinen Namen der Familie, die das Stonyhurst College und die nahen Armenhäuser errichten ließ.

Downham: *Assheton Arms*
Downham, Lancashire.
📞 (01200) 441 227.
Früher hieß das Pub »The George and Dragon«, wurde aber umbenannt, als der ansässige Gutsherr Ralph Assheton zum Lord Clitheroe ernannt wurde. Der Gasthof liegt gegenüber der alten Kirche in einem hübschen Dorf und war als Location schon in Filmen und TV-Serien zu bewundern. Spezialitäten sind Seafood und Steaks.

Hawkshead: *Queen's Head Hotel*
Main St, Cumbria.
📞 (01539) 436 271.
Das Haus liegt in einem der hübschesten Dörfer des Lake District. Das Angebot reicht von Sandwiches bis zu Menüs. William Wordsworth ging im Dorf zur Schule.

Hawkshead: *Tower Bank Arms*
Nahe Sawrey, Hawkshead, Cumbria. 📞 (01539) 436 334.
Der Gasthof (17. Jh.) liegt in der Nähe von Hill Top, wo einst die Kinderbuchautorin Beatrix Potter lebte. Er taucht in einer ihrer Geschichten auf (*Emma Ententopf*). Drei Zimmer.

Liverpool: *Ship and Mitre*
133 Dale St, Merseyside.
📞 (0151) 236 0859.
Das traditionelle Pub in der Nähe des Stadtzentrums bietet eine große Auswahl an Real Ales und täglich warme Speisen. Jeden Donnerstag Quiz.

Lonsdale: *Snooty Fox Tavern*
Main St, Kirkby Lonsdale, Cumbria. 📞 (01524) 271 308.
Der denkmalgeschützte Kutschergasthof im Stadtzentrum von Lonsdale liegt im Lune Valley. Seine verschachtelten Räume und der gepflasterte Innenhof besitzen ihren eigenen Charme.

Manchester: *Lass o' Gowrie*
36 Charles St.
📞 (0161) 273 6932.
Das Pub ist für seine Ales vom Fass bekannt und bei Studenten beliebt. Die Karte listet eine gute Auswahl an frischen Gerichten. Unterhaltung bieten Live-Musik und Comedy Nights.

Yorkshire und Humber-Region

Askrigg: *Kings Arms*
Market Place, N Yorks.
📞 (01969) 650 113.
Fans von James Herriots *Der Doktor und das liebe Vieh* werden das Pub als »The Drover's Arms« erkennen. Essen und Real Ales.

Driffield: *Wellington Inn*
19 The Green, Lund, Driffield, E Yorks. ((01377) 217 294.
Gleich nördlich der Münsterstadt Beverley liegt das attraktive Pub auf einem Dorfanger. Gutes Essen und freundlicher Service.

Flamborough: *The Seabirds*
Tower St, Flamborough, E Yorks.
((01262) 850 242.
Nahe beim Vogelschutzgebiet der steilen Kalksteinklippen von Flamborough Head befindet sich das bei Einheimischen und Wanderern beliebte Pub. Der Schwerpunkt der Karte liegt auf Seafood.

Lancaster: *The Game Cock Inn*
The Green Austwick, via Lancaster, N Yorks. ((01524) 251 226.
Der Kutschergasthof aus dem 17. Jahrhundert, Mittelpunkt eines winzigen Dorfs, liegt in der Nähe der »Three Peaks« von Yorkshire. Das Essen des französischen Kochs wurde preisgekrönt; die Speisekarte bietet einfache Snacks bis hin zu kompletten Menüs.

Leyburn: *The Blue Lion*
E Witton, Leyburn, N Yorks.
((01969) 624 273.
Der Kutschergasthof (18. Jh.) liegt in einem charmanten Wensleydale-Dorf und besitzt noch viele schöne originale Details. Kamine wärmen den Gast im Winter. Traditionelles Essen mit einem gewissen individuellen Touch.

Pickering: *New Inn*
Cropton, Pickering, N Yorks.
((01751) 417 330.
Das Pub mit eigener Brauerei kann abends sehr voll werden. In dem Gewirr an Räumen gibt es auch einige Essbereiche. Touren durch die Brauerei werden regelmäßig veranstaltet.

Skipton: *The Red Lion Hotel*
An der Brücke, Burnsall, N Yorks.
((01756) 720 204.
Bevor die Brücke über den Wharfe bei Burnsall gebaut wurde, diente das Pub des 16. Jahrhunderts als Fährstation. Heute ist es für sein gutes Essen bekannt. Geschätzt wird das Angebot an Real Ales und Wein. Hunde erlaubt.

Northumbria

Barnard Castle: *The Morritt Arms*
Greta Bridge, Barnard Castle, Co Durham. ((01833) 627 232.
Das einstige Bauernhaus (17. Jh.) wurde in späterer Zeit zum Kutschergasthof umgestaltet. Es liegt zwischen Carlisle und London. Charles Dickens wohnte hier, als er an *Nicholas Nickleby* schrieb. Ein Wandgemälde des Künstlers John Gilroy zeigt Dingley Dell aus den *Pickwick Papers*.

Consett: *Lord Crewe Arms*
Blanchland, nahe Consett, Co Durham. ((01434) 675 469.
Das 1160 als Haus eines Abts erbaute Hotel blickt auf einen ummauerten Platz. Man speist im edleren Restaurant oder isst an der Bar. Hunde willkommen. Unterkunft möglich.

Craster: *Jolly Fisherman*
Haven Hill, bei Alnwick, Northumb.
((01665) 576 461.
Unprätentiöses Pub mit Meerblick. Spezialitäten sind hausgemachte Krebssuppe und Seafood.

Haltwhistle: *Black Bull*
Market Sq, Northumberland.
((01434) 320 463.
Das gemütliche Pub mit offenem Kamin liegt am Südrand des Kielder Forest. Serviert werden herzhafte Pub-Kost und gute Real Ales. Freundlicher Service.

Hedley on the Hill:
The Feathers Inn
Stocksfield, Northumb.
((01661) 843 607.
Das einladende Pub in Familienhand ist wegen seines Essens beliebt. Es serviert traditionelle britische Kost sowie eine Auswahl an vegetarischen Gerichten und mindestens vier Sorten Ale.

Hexham: *Dipton Mill Inn*
Dipton Mill Rd, Northumb.
((01434) 606 577.
Die einstige Mühle (18. Jh.), nun ein Pub in Familienhand, liegt in der Nähe von Dipton Burn in einem bewaldeten Tal. Am Tresen erhält man eine Reihe regionaler Biere. Hausmannskost.

Kielder Water: *The Pheasant Inn*
Stannersburn, Falstone, Northumb. ((01434) 240 382.
Das Bauernhaus (17. Jh.) ist schon seit über 250 Jahren ein Pub. Es ist bei Besuchern des Kielder Water und des Waldgebiets beliebt. In der Bar kann man unter der Woche essen. Der Speisesaal ist sonntags geöffnet.

Newton: *Cook and Barker Inn*
Morpeth, Northumb.
((01665) 575 234.
Die frühere Schmiede erhielt ihren Namen vom ersten Besitzer, einem Captain Cook, der eine Miss Barker geheiratet hatte. Im Restaurant mit originalem Kamin und einem Brunnen kann man à la carte essen. Pub-Gerichte gibt es in der Bar. Übernachtungsmöglichkeiten.

Seahouses: *The Olde Ship Hotel*
Northumb.
((01665) 720 200.
Das Pub liegt oberhalb eines Hafens mit Blick über die Farne Islands. Maritime Memorabilien zieren die Bar. Hübscher Biergarten. Unterkunft möglich.

Nordwales

Caernarfon: *Black Boy Inn*
Northgate St.
((01286) 673 604.
Seit Jahrhunderten schon heißt dieses Pub Besucher willkommen. Hier wird das beste Bier der Stadt ausgeschenkt.

Capel Curig: *Bryn Tyrch Inn*
Conwy. ((01690) 720 223.
Der Gasthof im Snowdonia National Park ist bei Wanderern und Kletterern sehr beliebt. Traditionelle walisische Küche. Grandioser Blick auf den Snowdon.

Glanwydden: *Queen's Head*
Llandudno.
((01492) 546 570.
Das dörfliche Pub hat eine exzellente Speisekarte – die Tische sind daher schnell besetzt. Große Auswahl an Real Ales.

Holywell: *The Black Lion*
Babell, Holywell, Flintshire.
((01352) 720 239.
Die Ursprünge des Black Lion liegen im 13. Jahrhundert. Heute ist das Pub an der A55 vor allem bei Anhängern eines guten Ale beliebt. Auch die regionalen Speisen können sich sehen lassen.

Maentwrog: *Grapes Hotel*
Blaenau Ffestiniog, Gwynedd.
((01766) 590 365.
Der altehrwürdige Kutschergasthof bietet gute Ales und Hausmannskost in schönem Ambiente: Kiefernbänke, Steinmauern und ein Feuer im Winter.

Mold: *Glasfryn*
Raikes Lane, Sychdyn, Mold.
((01352) 750 500.
Hübsches, bei Theaterbesuchern beliebtes Pub (das Theatre Clywd liegt nebenan). Das Lokal bietet eine abwechslungsreiche Speisekarte.

Nant Gwynant: *Pen-y-Gwryd*
Gwynedd. ((01286) 870 211.
Hotel mit immer vollem Pub am Fuß des Snowdon. 1953 gastierte hier das Team für die Besteigung

des Everest zum Training. Das bei Wanderern beliebte Pub serviert exzellentes Essen.

Overton Bridge: *Cross Foxes Inn*
Erbistock, Wrexham, Clwyd.
(01978) 780 380.
Hier bekommt man gutes Essen in grandioser Szenerie: Das Cross Foxes Inn, ein Kutschergasthof (18. Jh.) mit schönem Speisesaal, liegt am Ufer des Flusses Dee. Gute Auswahl an Real Ales.

Süd- und Mittelwales

Aberaeron: *Harbourmaster*
Pen Cei, Ceredigion.
(01545) 570 755.
Das Harbourmaster ist ein Hotel mit Pub, das über den Hafen der Stadt blickt. Im Restaurant wird Seafood serviert, etwa Krebse und Hummer aus der Cardigan Bay, Makrelen aus Aberaeron und weitere frische Köstlichkeiten.

Aberystwyth: *Halfway Inn*
Devils Bridge Rd, Pisgah.
(01970) 880 631.
Der Gasthof auf halbem Weg zwischen Aberystwyth und Devil's Bridge (daher der Name) genießt wegen des guten Essens und des fantastischen Real Ale seit Langem einen entsprechenden Ruf.

Brecon: *Griffin at Felin Fach*
Felin Fach, Brecon.
(01874) 602 111.
Ledersofas mit weichen Kissen, knisterndes Kaminfeuer im Winter und ein Garten für den Sommer schaffen ein besonderes Ambiente. Essen und Ales sind aus heimischer Produktion. Sieben Zimmer.

Cardiff: *City Arms*
12 Quay St. (02920) 641 913.
Das altmodische Pub liegt gegenüber dem Principality Stadium und ist bei Rugby-Spielen hoffnungslos überfüllt. Das Bier stammt aus der nahen Brains-Brauerei.

East Aberthaw: *Blue Anchor*
Barry, S Glamorgan.
(01446) 750 329.
Das strohgedeckte Pub in Barry liegt 16 Kilometer von Cardiff entfernt und hat eine Bar und ein elegantes Restaurant. Wanderwege verlaufen in der Nähe.

Hay-on-Wye: *The Pandy Inn*
Dorstone, Herefordshire.
(01981) 550 273.
Malerisches Pub mit Zimmern, knapp jenseits der Grenze in Herefordshire. Es beherbergte einst Oliver Cromwell während des Bürgerkriegs. Im Restaurant wird schmackhaftes Essen serviert. Hunde willkommen.

Pembroke Ferry: *Ferry Inn*
Pembroke Dock.
(01646) 682 947.
Der Gasthof (17. Jh.) serviert Seafood mit Blick auf den Hafen. Das sommerliche Abendessen kann man auf der Terrasse genießen. Beachten Sie die Tagesgerichte mit fangfrischem Fisch.

Penallt: *Boat Inn*
Lone Lane. (01600) 712 615.
Der Biergarten des Pubs liegt am Ufer des Wye und eignet sich prächtig, um an einem Sommertag ein Bier zu genießen. Auch Pub-Gerichte sind erhältlich.

Swansea: *King Arthur Hotel*
Reynoldston, Gower Lone Lane.
(01792) 390 775.
Die Grünfläche rund um dieses alte Pub wird von Schafen bevölkert. Vor allem an warmen Tagen kann man hier das Bier und die Speisen wunderbar genießen.

Tintern: *The Rose & Crown Inn*
Monmouth Rd, Monmouthshire.
(01291) 689 254.
Am Ufer des Wye, in einem Landschaftsschutzgebiet, dreht dieses Pub die Uhr zurück ins Jahr 1835. Beliebt bei Wanderern.

Usk: *Nag's Head*
Twyn Sq. (01291) 672 820.
Das Pub mit viel authentischer Atmosphäre bietet eine riesige Auswahl an Gerichten an – in großen Portionen und zu vernünftigen Preisen. Viele Real Ales.

Schottland: Tiefland

Dunblane: *Sheriffmuir Inn*
Nahe Bridge of Allan und Dunblane. (01786) 823 285.
Mitten im Nirgendwo liegt dieses Pub, ein früherer Kutschergasthof, mit renommiertem Restaurant.

Edinburgh: *Bennets Bar*
8 Leven St. (131) 229 5143.
Das früher eher unattraktive Pub wurde aufgehübscht und ist heute sehr beliebt. Preiswertes Essen.

Edinburgh: *Café Royal Circle Bar*
West Register St.
(0131) 556 1884.
Das viktorianische Pub besitzt Kachelporträts berühmter Schotten und Kandelaber. Lehnen Sie sich für einen Drink in einen der Sessel zurück, bevor Sie sich zur Bar und zum Restaurant begeben.

Elie: *Ship Inn*
The Harbour, Fife.
(01333) 330 246.
Pub am Kai mit Schifffahrtsdekor und attraktiver Aussicht. Im Sommer Barbecues.

Glasgow: *Horseshoe*
17–19 Drury St.
(0141) 248 6368.
Viktorianisches Pub mit langem Tresen. Preisgünstige Pub-Gerichte. Abends Karaoke.

Isle of Whithorn: *Steam Packet*
Isle of Whithorn, Dumfries & Galloway. (01988) 500 334.
Pub am malerischen Hafen. Hübsche Essbereiche und gute Auswahl an Real Ales. Vom Hafen fahren Ausflugsboote.

Schottland: Highlands und Inseln

Applecross: *Applecross Inn*
Shore St, Wester Ross, Highlands.
(01520) 744 262.
Jenseits des höchsten britischen Bergpasses überblickt das Pub die Isle of Skye. Seafood und bisweilen abends Live-Musik.

Dundee: *Fishermans Tavern*
10–16 Fort St, Broughty Ferry, Tayside.
(01382) 775 941
Preisgekrönte Real Ales und riesige Auswahl an Malts. Aussicht aufs Meer und auf die Tay Rail Bridge. Zimmervermietung.

Isle of Skye:
Preban Bar at Eilean Iarmain
An der A851, Isle Ornsay, Isle of Skye. (01471) 833 3332.
Nettes Hotel mit Bar in traumhafter Lage. Viele Malts und gute Pub-Gerichte.

Loch Lomond: *Oak Tree Inn*
Balmaha. (01360) 870 357.
Traditioneller Gasthof mit einer gut bestückten Bar, einem Restaurant und B&B-Angebot. Im Winter sitzt man am Kamin und isst herzhafte Pub-Gerichte.

Portsoy: *The Shore Inn*
The Old Harbour, Banffshire.
(01261) 842 831.
Der Gasthof (18. Jh.) mit Seefahrertradition liegt am Hafen. Ale vom Fass und offene Kamine.

Ullapool: *Ferry Boat Inn*
Shore St, Highlands.
(01854) 612 366.
Gute Whiskys, Pub-Gerichte, Kaminfeuer und Blick auf den Hafen. Durch die Panoramafenster sieht man auch auf die Bucht.

Shopping

Nirgends in Großbritannien ist Shopping aufregender als im Londoner West End *(siehe S. 152–155)*. Doch etliche Stadt- und Ortszentren im Rest des Landes bieten nahezu ebenso volle Warenkörbe, dafür aber weniger Stress und niedrigere Preise. Läden mit Kunsthandwerk und landwirtschaftlichen Erzeugnissen, Straßenmärkte und Factory Outlets steigern den Spaß bei der Schnäppchenjagd. Die berühmte britische Country-Mode kommt in Tweed, Schur- und Baumwolle daher, in Schottenkaros, Liberty- und Laura-Ashley-Drucken. Weitere typische britische Souvenirs sind Antiquitäten, Kunsthandwerk, Porzellan, Glas(kunst), blütenduftende Seifen und Parfüms.

Kleider auf einem Markt in Norwich *(siehe S. 204f)*

Öffnungszeiten

Im Allgemeinen öffnen die Läden wochentags um 9 oder 10 Uhr und schließen um 17 oder 18 Uhr. In den Innenstädten haben viele Läden auch sonntags geöffnet. Manche haben donnerstags bis 20 Uhr offen – im Londoner West End sogar bis 22 Uhr. Dorfläden schließen oft über Mittag oder einmal in der Woche nachmittags. Markttage variieren von Ort zu Ort.

Bezahlung

Große Läden akzeptieren meistens Kreditkarten wie Visa und MasterCard, manche auch jene von American Express, Diners Club und anderen Instituten. Einige Kaufhäuser, Märkte und viele kleine Läden akzeptieren keine Kreditkarten. Auch Debitkarten (girocard, V PAY) in Verbindung mit einer PIN können in Läden und Kaufhäusern für die Bezahlung verwendet werden. Bei Kleinbeträgen ist Barzahlung üblich.

Verbraucherschutz

Weist eine erworbene Ware Mängel auf, haben Sie das Recht auf Umtausch – wenn Sie die Ware mit Quittung in unverändertem Zustand, möglichst original verpackt, zurückgeben. Ausnahmen bilden ausdrücklich als zweite Wahl, fehlerhaft oder beschädig ausgewiesene Sonderangebote. Prüfen Sie diese vor dem Kauf. Gutschriften anstelle von Bargelderstattung müssen Sie nicht akzeptieren.

Schlussverkauf

Zu den traditionsreichen Schlussverkäufen im Januar sowie im Juni und Juli reduzieren fast alle Geschäfte Ladenhüter, Saison- und Mängelware. Aber auch zu anderen Zeiten locken Sonderangebote und Ausverkäufe. Manche Geschäfte läuten schon kurz vor Weihnachten den Winterschlussverkauf ein. Department Stores und Modeläden bieten beinahe immer gute Schnäppchen. Und wenn bei Harrods *(siehe S. 101)* der Ausverkauf beginnt, gibt es gewöhnlich lange Menschenschlangen, bis sich die Pforten des Kaufhauses öffnen.

Sommerlicher Bücherstand in Brighton *(siehe S. 178f)*

Mehrwertsteuer

Fast alle Waren und Dienstleistungen sind mit einer Mehrwertsteuer in einer Höhe von 20 Prozent *(value added tax, VAT)* belegt, die normalerweise im ausgewiesenen Preis enthalten ist. Ein reduzierter Mehrwertsteuersatz von aktuell fünf Prozent wird auf bestimmte Produkte für Kinder sowie für manche medizinische Erzeugnisse und die Energieversorgung von Privathaushalten angewendet. Lebensmittel, Bücher, Zeitungen und Zeitschriften sowie Kinderbekleidung und Ausstattung für Behinderte werden nicht besteuert. Für Nicht-EU-Bürger ist eine Erstattung der Mehrwertsteuer unter Umständen möglich.

Shopping-Center außerhalb der Stadt

Weitläufige Einkaufskomplexe, vorwiegend in Industrie- und Gewerbegebieten außerhalb des Zentrums angesiedelt, gehören zum Bild vieler Städte auch in Großbritannien. Sie sind mit dem Auto – meist auch mit öffentlichen Verkehrsmitteln, häufig mit dem Bus – gut erreichbar und bieten ausreichende, billige Parkplätze. Filialen bekannter Ketten, Cafés, Restaurants, Kinos, Kinderkrippen etc. sollen das Shopping zum Erlebnis ohne Ablenkungen machen.

Department Stores

Einige große Kaufhäuser, beispielsweise Harrods, gibt es nur in London, andere sind auch in anderen Städten präsent. John Lewis bietet sein riesiges, preis- und qualitätsbewusstes Sortiment an Stoffen,

Läden und Boutiquen in Stonegate, York (siehe S. 408)

Bekleidung und Haushaltswaren an rund 30 Orten an. Mit seinen Niederlassungen in den meisten Städten ist Marks & Spencer jedem britischen Verbraucher ein Begriff, der für preiswerte Kleidung und Fertigkost steht. Debenhams und British Home Store (Bhs) sind bekannt für günstige Bekleidung und Möbel. Habitat bietet moderne Einrichtung. Größe und Sortiment der Filialen variieren von Ort zu Ort.

Modeboutiquen

Auch in Sachen Mode gilt: In Großstädten wie Manchester, Birmingham und Bristol findet man ein großes Angebot an Läden und Boutiquen. Keine dieser Städte kann es hinsichtlich Qualität, Vielfalt und Menge mit London aufnehmen, wo es von Haute Couture bis zu unkonventioneller Konfektionsware praktisch alles gibt. Doch gestaltet sich der Kleiderkauf anderswo häufig weniger anstrengend.

In zahlreichen Ferienorten wie Oxford, Bath oder York bieten kleine Boutiquen und Läden gute Kollektionen mit persönlichem Service an. In beinahe jeder Stadt gibt es eine Filiale von Laura Ashley, Topshop, Next oder H&M mit erschwinglicher Mode.

Supermärkte und Lebensmittelläden

Auswahl, Qualität und Preise liegen beim Kampf der Supermärkten großer Ketten um Marktanteile meist unter jenen kleiner Läden. Sainsbury, Tesco, Asda, Morrisons und Waitrose gehören zu den großen Ketten in Großbritannien. Allerdings sind es die kleinen Bäckereien, Obst- und Gemüseläden, die ein vielfältigeres und auch frischeres Angebot an regionalen Spezialitäten zusammen mit persönlicher Beratung bieten.

Souvenir-, Geschenk- und Museumsläden

Mitbringsel für die Lieben und Freunde oder auch für sich selbst zu Hause kaufen kann Spaß machen. Große Läden übernehmen meist den Versand hochwertiger Waren. Wer »koffergerecht« einkauft, findet in Großbritannien eine große Auswahl, beispielsweise an geschmackvollem, solidem Kunsthandwerk, das landesweit, vor allem in Ferienorten, angeboten wird. Ausgefallenere Souvenirs sind zuweilen in Museumsläden zu finden oder in Läden, die zu Besitztümern von National Trust *(siehe S. 33)* und English Heritage *(siehe S. 622)* gehören.

Secondhand- und Antiquitätenläden

In Großbritannien gibt es, nicht zuletzt dank seiner langen und bewegten Geschichte, zahlreiche, zum Teil einzigartige Antiquitäten. Bei einem Besuch auf einem herrschaftlichen Landsitz kann man sehen, dass Antiquitäten quasi eine nationale Leidenschaft sind. Kaum einem Ort fehlt es an ein oder zwei Antiquitäten- oder Trödelläden. Besuchen Sie eine Auktion. Fremdenverkehrsbüros *(siehe S. 621)* können Ihnen Ort und Zeit nennen. Auch auf Flohmärkten entdeckt man mehr oder minder Antikes bzw. seltene Fundstücke.

Märkte

In den meisten größeren Ortschaften bietet ein zentraler, in der Regel überdachter Markt an fast allen Wochentagen frische Produkte, aber auch Töpfe, Pfannen und andere Haushaltswaren feil. Dieser Reiseführer verweist durchgängig auf Markttage. Vielerorts findet am Hauptplatz ein Wochenmarkt statt, auf dem frische Bio-Produkte und verschiedene regionale Delikatessen angeboten werden.

Verkaufsstände auf dem Covent Garden Market, London

Unterhaltung

London ist das Vergnügungsmekka schlechthin *(siehe S. 156–159)* mit vielen Shows, Filmen und Konzerten aller Art in zahlreichen Clubs, Konzertsälen und anderen Locations, doch können die Theater, Opernhäuser und Konzerthallen anderer Landesteile mithalten. Ein besonders vielfältiges und großes Angebot haben Edinburgh, Manchester, Birmingham, Leeds und Bristol. Im ganzen Land, etwa in Bath und Aldeburgh, finden im Sommer Kunstfestivals statt *(siehe S. 67)*. Die Preise für Eintrittskarten variieren, sind allerdings außerhalb der Hauptstadt und im Vorverkauf oft billiger.

Information

Magazine wie *Time Out*, *Metro* oder der *Evening Standard* (alle kostenlos in Cafés, Pubs und Zeitschriftenläden erhältlich) informieren über Veranstaltungen aller Art in London. In den anspruchsvollen, überregionalen Tageszeitungen *(siehe S. 631)* finden Sie umfassende, am Wochenende besonders ausführliche Verzeichnisse und Besprechungen kultureller Ereignisse im ganzen Land. Regionale Blätter, Büchereien und Fremdenverkehrsämter *(siehe S. 621)* geben Auskunft über örtliche Veranstaltungen. Zeitschriften wie *NME* berichten über das jeweils aktuelle Popmusik-Geschehen.

Theater

Die britische Theatertradition reicht bis in die Zeit vor Shakespeare *(siehe S. 328f)* zurück. Britische Theaterschauspieler genießen Weltruhm. Im ganzen Land zeigen Laien wie Profis bei Inszenierungen auf Theaterbühnen, in Pubs, Clubs und Dorfhallen fast durchweg hohes Niveau.

In London kann man Theater wohl von seiner glanzvollsten und abwechslungsreichsten Seite erleben. Allein im West End gibt es über 50 Bühnen *(siehe S. 156)*, von Theatern im plüschig-roten edwardianischen Stil bis zum modernen National Theatre an der South Bank. In Stratford-upon-Avon spielt die weltbekannte RSC (Royal Shakespeare Company) ganzjährig Shakespeare-Stücke. Zudem ist hier auch avantgardistisches und experimentelles Theater zu sehen. Bristol kann stolz auf das Theatre Royal *(siehe S. 260)* als ältestes britisches Theater verweisen. Einige der besten Aufführungen außerhalb Londons bieten das West Yorkshire Playhouse in Leeds, das Royal Exchange in Manchester *(siehe S. 377)* und das Traverse Theatre in Edinburgh. Freilichtaufführungen reichen von Straßenperformances in Städten über Studententheater bis zu Veranstaltungen des Minack Theatre *(siehe S. 280)*, des Amphitheaters an Cornwalls Klippen. In York findet alle vier Jahre der York Cycle statt, mittelalterliche Mysterienspiele im Freien. Das Edinburgh Festival *(siehe S. 513)* bewahrt britische Theatertradition vielleicht am lebendigsten.

Für Matineen unter der Woche gibt es oft noch Karten an der Kasse. Für gefragte West-End-Vorstellungen muss man Wochen oder Monate im Voraus buchen. Agenturen, Reiseveranstalter und die meisten Hotels organisieren, oft gegen Gebühr, Karten. Hüten Sie sich vor Schwarzmarktkarten *(siehe S. 71)* – sie könnten gefälscht sein. Britische Theater haben keine Altersbeschränkung für Kinder, sie vertrauen vielmehr auf das Einschätzungsvermögen der Eltern.

Straßenkünstler

Musik

Es gibt ein breites Repertoire an Musik. Zu traditionsreichen Kirchenchor-Konzerten laden viele Kirchen und Kathedralen ein. London, Manchester, Birmingham, Liverpool, Bristol und Bournemouth haben sehr berühmte Orchester.

In Pubs und Clubs finden unregelmäßig Rock-, Jazz-, Folk-, Country- und Western-Konzerte statt. Große Städte verfügen über renommierte Opernbühnen. Der lebendigen Musiktradition von Wales können Sie in vielen Pubs nachspüren. Schottland ist vor allem für Dudelsäcke *(siehe S. 484)*, Nordengland für seine Blaskapellen bekannt.

Das Buxton Opera House in Mittelengland

Kinos

In jedem größeren Ort laufen die neuesten Spielfilme. Über Programme informieren Lokalzeitungen und Fremdenverkehrsämter.

Filmpaläste mit mehreren Kinosälen findet man in jeder größeren Ortschaft. Bei großen Kinoketten überwiegt Mainstream, vor allem Hollywood-Produktionen. In den kleineren Programmkinos laufen britische und europäische Filme, Letztere meist im Original mit Untertiteln. Für manche Filme gelten Altersbegrenzungen: Für Kinder freigegeben sind Filme mit U *(universal)* und PG *(parental guidance,* »in elterlicher Begleitung«). Eintrittspreise differieren stark. Manche Kinos gewähren außerhalb der Hauptbesuchszeiten, beispielsweise montags oder nachmittags, Ermäßigungen. Für die neuesten Filme sollte man reservieren.

Das Multiplex-Kino Vue West End am Leicester Square, London

Clubs

Beinahe jede Stadt – das gilt ganz besonders für London *(siehe S. 158)* – hat ihre eigene Clubszene. Clubs können Live-Musik bieten, Disco, DJ-Abende oder Tanzvorführungen. Manche Läden lassen nur Mitglieder ein oder haben Kleidervorschriften.

Die meisten Clubs bewacht ein Türsteher, der sogenannte *bouncer.* Gute, angesagte Clubs findet man auch in Brighton und Bristol.

Tanz

Tanzveranstaltungen reichen von Ballett bis zu Acid-House-Partys. Daneben gibt es den traditionellen englischen Moriskentanz oder den schottischen Volkstanz »Highland fling«, die man in Pubs und Dörfern sieht.

Tanzsäle sind rarer, doch Gesellschaftstänze tanzt man gern bei Nachmittags- wie Abendgesellschaften. Maibälle *(May balls)* veranstalten viele Universitäten (Einlass nur mit Einladung). Auch die *ceilidhs,* keltische Tänze mit Musik, werden gepflegt, ebenso der Square Dance.

Birmingham, Heimat des Birmingham Royal Ballet, ist der nach London beste Ort für Tanzvorstellungen – auch avantgardistische.

Schwule und Lesben

Größere Orte haben meist Lesben- und Schwulentreffs, vorrangig Bars und Clubs. Man kann sie über Publikationen wie *Pink Paper* oder *Gay Times* ausfindig machen, die an einer Reihe von Kiosken erhältlich sind sowie in Bars und Clubs ausliegen. Hochburg ist London mit dem von Cafés und Bars überquellenden Soho *(siehe S. 84)* als Nabel, gefolgt von Manchester und Brighton. Gay Pride ist Europas größtes Open-Air-Festival der Homosexuellen.

Spaß für Kinder

Spaß, Spannung und Abenteuer – London ist ein wahres Eldorado für Kinder, allerdings sind die Preise fürs Vergnügen nicht immer billig. Die Hauptstadt bietet eine Fülle konventioneller und ausgefallener Abwechslungen für Kinder jeden Alters. Das Wochenmagazin *Time Out* informiert über spezielle Veranstaltungen für Kinder.

Außerhalb Londons reichen die Attraktionen für die Jüngeren vom Naturpfad oder Zoo bis zum Schwimmbad oder der Kirmes. Die lokalen Fremdenverkehrsbüros geben gern Auskunft über kindgerechte Unternehmungen.

Piratenschiff, Chessington World of Adventures, Surrey

Vergnügungsparks

Vergnügungsparks sprechen Kinder jeden Alters an, der von **Alton Towers** z. B. mit Fahrten und Automuseum. Die riesige, aus einem Zoo entwickelte **Chessington World of Adventures** südlich von London umfasst zehn Bereiche, darunter Forbidden Kingdom und Pirates Cove. In Windsor, westlich von London, liegt **Legoland**, das besonders bei kleinen Kindern sehr beliebt ist. Der **Thorpe Park** in Surrey lockt mit mehreren Achterbahnen, die freilich nichts für Menschen mit schwachen Nerven sowie für kleinere Kinder sind.

Auf einen Blick
Vergnügungsparks

Alton Towers
Alton, Staffordshire.
📞 0871 222 3330.
🌐 altontowers.com

Chessington World of Adventures
Leatherhead Rd,
Chessington, Surrey.
📞 0871 663 4477.
🌐 chessington.com

Legoland
Winkfield Rd, Windsor,
Berkshire.
📞 0871 222 2001.
🌐 legoland.co.uk

Thorpe Park
Staines Rd, Chertsey,
Surrey.
📞 0871 663 1673.
🌐 thorpepark.com

Themenferien und Aktivurlaub

Großbritannien bietet eine breite Palette an Themenferien und Kursen an, in denen man etwa eine neue Sportart oder spezielle Fertigkeit erlernen bzw. einer geliebten Aktivität nachgehen kann – oder einfach nur Spaß hat und Leute trifft. Wenn Sie es gern weniger »verschult« haben: Es gibt Wanderungen in den Nationalparks, Pony-Trekking in Wales, Surfen in Cornwall oder Skifahren in Schottland. Zudem finden zahllose Sportevents statt, darunter Fußballspiele der Premier League, Cricket-Wettkämpfe und historische Pferderennen. Über alle genannten Angebote und vieles mehr informieren vor Ort die örtlichen Büros der staatlichen oder regionalen Fremdenverkehrsämter. Auch im Internet finden Sie viele Anregungen.

Kreatives Schreiben, Arvon Foundation, Totleigh Barton, Devon

Themenferien

Urlauber können in Großbritannien ihren Interessen in Kursen nachgehen. Ein Vorteil solcher Themenferien ist, dass man als Single einen Kurs bucht und trotzdem Gesellschaft hat – meist von Leuten, die entzückt sind, Gleichgesinnte zu treffen. Für jedes Hobby findet man bestimmt ein entsprechendes (Pauschal-) Angebot.

Zentren wie das **Wye Valley Art Centre** in Gloucestershire und das **West Dean College**, West Sussex, bieten Kunst- und Handwerkskurse mit Unterkunft an. Die Palette reicht dabei von Zeichnen und Malen bis zu exotischeren Kursen wie Mosaikkunst oder Glasgravur. Urlauber, die am Schreiben interessiert sind, können sich bei der 1968 gegründeten **Arvon Foundation** melden, die Schreibkurs-Wochen (Fiktion, Gedichte, Songschreiben und TV-Drehbücher) anbietet, und zwar in drei ländlichen Rückzugsgebieten in Devon, Shropshire und West Yorkshire. Bei der **Ashburton Cookery School** in Devon und der **Cookery at the Grange** in Somerset gibt es Kochkurse. Vegetarier sollten sich bei **Vegetarian Society Cookery School** in Cheshire informieren, die innovative Kochkurse aller Schwierigkeitsgrade, die von erfahrenen Küchenchefs begleitet werden, anbietet – für Anfänger bis hin zu begabten Amateuren.

Firmen wie **Hidden Britain Tours**, **Inscape Tours** und **Back-Roads Touring Company** haben Themenferien mit vielen Schwerpunkten im Programm. Geschichtsliebhaber können sich für eine Tour auf den Spuren von König Artus entscheiden oder das England Shakespeares erkunden. Auch Rock-'n'-Roll-Fans, Motorsport-Liebhaber oder Gartenenthusiasten werden bedient.

Die Kosten der Angebote beinhalten Führungen von Experten, Transport, freien Eintritt zu Attraktionen und Unterkunft (vom Bauernhaus bis zur mittelalterlichen Burg).

Wandern

Wandern ist in Großbritannien seit Langem ein Volkssport. Es gibt ein ganzes Netzwerk von Fernwanderwegen und kürzeren Routen quer durch das Land *(siehe S. 40f)*. Auf Wanderungen, ob allein oder in der Gruppe, kann man die grandiose Vielfalt der britischen Landschaft erleben. Ein Vorteil ist dabei, dass die meisten Routen abseits der Massenattraktionen liegen und oftmals durch malerische Dörfer führen, die man sonst nie sehen würde.

Ramblers ist der wichtigste britische Wanderverein. Seine Internet-Seite informiert über Routen und Wandergebiete. Er verlegt auch Bücher, darunter *Short Walks* mit den beliebtesten Wandergebieten und ausgezeichneten Karten.

Es gibt zahlreiche Vereine und Unternehmen, die Touren mit oder ohne Führung anbieten. Die Kosten solcher Paketangebote sollten Unterkunft und Transport sowie detaillier-

Wanderer am Holyhead Mountain nahe South Stack Anglesey, Wales

te Routenpläne bzw. Führungen abdecken.

Ramblers' Walking Holidays bietet geführte Gruppenwanderungen durch einige der schönsten englischen Landschaften an. **Sherpa Expeditions** ist vor allem auf Individualtouren spezialisiert. Man kann sich beispielsweise 15 Tage lang auf den Weg von Küste zu Küste machen oder entspannter auf dem South Downs Way marschieren. Einzelne Firmen beraten Sie in Bezug auf die erforderliche Fitness und nötige Kleidung, Schuhe etc.

Falls Sie gern allein losziehen, sollten Sie – vor allem in abgelegenen Gebieten – eine Vertrauensperson über Ihre Route informieren.

Mountainbiken in Yorkshire

Radfahren

Die abgelegenen Landstraßen, Treidelpfade und ausgewiesenen Radwege sind ideal, um das britische Hinterland zu erkunden. Wenn Sie entsprechend fit sind, können Sie sich schwierige Touren durch Berggebiete vornehmen, etwa den großartigen West Highland Way in Schottland *(siehe S. 498)*. Eine leichtere Tour führt über die Landstraßen von Devon, wo man bei einem Stopp unbedingt den berühmten *cream tea* probieren sollte.

Country Lanes Cycle Centre bietet ein halbes Dutzend an Radtouren im Lake District und in Nordwestengland an. Die Kosten umfassen einen erfahrenen Führer, ein hochwertiges Rad mit Ausrüstung, Unterkunft, Mahlzeiten und freien Eintritt zu Attraktionen entlang der Route. **Compass Holidays** und **Wheely Wonderful Cycling** konzentrieren sich auf Individualtouren mit Routen im ganzen Land. Auch sie stellen Fahrräder, Unterkunft, detaillierte Karten (mit Pubs, Cafés und Sehenswürdigkeiten entlang der Strecke) sowie Gepäcktransport zur Verfügung – ideal für Familien oder Freundesgruppen.

Wenn Sie Ihren Radurlaub lieber allein organisieren, nehmen Sie Kontakt mit **Cycling UK** auf (dem wichtigsten britischen Radclub) und mit **Sustrans**, der Organisation des National Cycle Network. Beide bieten jede Menge Informationen, etwa wie Sie Ihr Rad am besten nach England transportieren, wie Sie es in Zügen mitnehmen können und was Sie bei den Verkehrsregeln beachten sollten.

Cycling in the UK, der offizielle Führer des National Cycle Network, enthält Routendetails und Karten für die besten Touren sowie Tipps für Leihräder und Abstecher entlang der Strecke.

Reiten und Pony-Trekking

Reiterhöfe und Reitzentren gibt es in vielen Landesteilen, doch bestimmte Gegenden sind für Reiter besonders geeignet. Beste Möglichkeiten bieten sich im New Forest *(siehe S. 172)*, den South Downs *(siehe S. 185)*, im Yorkshire Dales National Park *(siehe S. 388–390)* und in den Brecon Beacons im Grenzland zwischen Wales und England *(siehe S. 472f)*.

Pony-Trekking-Ferien werden immer beliebter. Sie enthalten ein Grundtraining, Mahlzeiten und Unterkunft. Angebote dieser Art sind ideal für Reitanfänger und für Kinder, denn die Ponys sind ausgesprochen gut trainiert und fallen höchstens in kurzen Galopp.

Die **British Horse Society** informiert ausführlich über entsprechende Orte und Reitschulen. Die Informationsbüros der Nationalparks verfügen eben-

Ausritt auf einem ländlichen Treidelpfad *(siehe S. 40f)*

falls über zahlreiche Adressen, die Reitferien im Nationalpark anbieten.

Golf

Über ein Viertel der rund 2000 britischen Golfclubs befindet sich in Schottland – kein Wunder, denn dieser altehrwürdige Sport wurde dort erfunden. Der erste Golfclub wurde 1744 in Edinburgh gegründet.

Heute sind die bekanntesten Clubs Carnoustie und St Andrews in Schottland, Royal St George's in England und Celtic Manor in Wales. Hier dürfen ausschließlich Golfer ab einem bestimmten Handicap spielen. Die meisten anderen Clubs sind allerdings nicht so exklusiv und stehen auch Besuchern offen.

Die Gebühren variieren beträchtlich, ebenso die Ausstattung. Einige Clubs verlangen ein gültiges Handicap-Zertifikat, bevor sie Fremde auf den Platz lassen – gegebenenfalls genügt aber auch eine Bescheinigung Ihres Heimatclubs.

Spezialanbieter wie **Golf Vacations UK** und **Great Golf Holidays** können den Weg zum ersten Loch durch Golfferien-Pauschalangebote ebnen. Sie organisieren Anreise und Unterkunft, reservieren den Nachmittagstee und bezahlen die Golfplatz-Gebühren. Sie verhelfen Ihnen auch zur vorübergehenden Mitgliedschaft, falls dies ein Club verlangt.

Individualisten sollten sich am besten vorab beim **Golf Club of Great Britain** bzw. auf dessen ausführlicher Website informieren.

Surfen

Die besten Areale für Surfer liegen zweifellos in Westengland und in Südwales. In vielen Ferienorten an den Küsten gibt es Lehrer, und man kann das Equipment ausleihen.

Die Website von **Surfing England** hilft bei der Suche nach Surfclubs und -schulen mit Profis und bietet eine Reihe von Kursen sowie eine Übersicht der Veranstaltungen im ganzen Land. Weitere gute Angebote gibt es bei **Surf South West** in Devon und bei der **Welsh Surfing Federation Surf School** in Südwales.

Segeln in der Cardigan Bay

Segeln und Bootfahren

Briten sind begeisterte Bootsfahrer und Segler. Das Netz von Flüssen, Seen und Kanälen bietet wunderbare Möglichkeiten. Die Isle of Wight und die Südküste sind Orte für Vergnügungsfahrten. Einige Gegenden im Hinterland, etwa der Lake District *(siehe S. 358– 373)*, sind ausgesprochen beliebt. Fahrten auf den Kanälen *(siehe S. 641)* und den Gewässern der Norfolk Broads *(siehe S. 202)* sind gleichfalls herrlich. Nützliche Informationen erteilt die **Broads Authority**.

Segelkurse gibt es in Hülle und Fülle. Die **Royal Yachting Association** stellt Listen von zertifizierten Kursen und Ausbildungszentren in Großbritannien zur Verfügung. Renommiert ist die **Weymouth & Portland National Sailing Academy** in Dorset, die Kurse für jedes Alter und jeden Schwierigkeitsgrad anbietet. Die **Falmouth School of Sailing** in Cornwall ist eine private Segel- und Motorboot-Schule, deren Kurse auf den sicheren Wassern der Fal-Mündung stattfinden. Es gibt »Schnupperkurse«, Einzelunterricht für Erwachsene und Kinder sowie Gruppenunterricht.

Skifahren

Die Möglichkeiten für Skifahrer sind begrenzt, vor allem weil das Wetter unzuverlässig ist. Doch Ski-Fans gehen nach Schottland, wo sie einige gute Pisten vorfinden. **Ski Scotland**, die offizielle Website des Scottish Tourist Board, informiert über Pauschalangebote, Unterkünfte, aktuelle Wettervorhersagen und Details zu den Hauptskigebieten, einschließlich der Cairngorms und der Nevis-Kette. **Snowsport Scotland**, der schottische Skiverband, informiert über andere Wintersportarten wie Nordic Skiing und Snowboarden.

Angeln

Das Angeln, inklusive Hochsee-Angeln, gehört mit zu den beliebtesten Freizeitbeschäftigungen in Großbritannien. Die Vorschriften sind allerdings streng und kompliziert. Man sollte sich vorab über Angellizenzen, Schonzeiten etc. bei den Fremdenverkehrsämtern, bei Läden für Anglerbedarf oder bei **Angling Trust** in Leominster erkundigen.

Fischreiche Gebiete (Forelle und Lachs) liegen in Westengland, im Nordosten, in Wales und Schottland. Verschiedene Websites haben Links zu Spezialanbietern, die Angelferien pauschal organisieren.

Entspannendes Angeln an der englischen Südküste

Sportevents

Fußball ist eine Leidenschaft vieler Briten. Die **Football Association** ist der führende Fußballverband. Zu den besten Clubs zählen **Manchester United** *(siehe S. 379)*, **Arsenal**, **Chelsea**, Manchester City und Liverpool. Die Saison der Premier League dauert von August bis Mai. Tickets sind teuer und schwierig zu bekommen, doch ist es einen Versuch wert, sich um zurückgegebene oder unverkaufte Karten bei den Clubs direkt zu bemühen.

Das Tennisereignis des Jahres ist Wimbledon, das vom **All England Lawn Tennis Club (AELTC)** in London ausgerichtet wird. Das Event findet in der letzten Juniwoche und der ersten Juliwoche statt. Es löst in England ein Tennisfieber aus, vor allem wenn britische Spieler mit dabei sind. Die meisten Tickets für den Centre Court werden durch Losverfahren verteilt. Informieren Sie sich auf der Website des AELTC, wie man an Eintrittskarten kommt. Etwa 6000 Karten stehen jeweils am Tag des Spiels noch zur Verfügung (nur Barzahlung) – mit Ausnahme der letzten vier Tage.

Für Rugby ist die **Rugby Football Union** zuständig. Spiele gibt es in Edinburgh, London und Cardiff.

Cricket, das englische Nationalspiel, wird von April bis September gespielt. Tickets für Spiele sind relativ billig. Internationale Turniere werden auf historischem Boden ausgetragen, etwa beim **Surrey County Cricket Club** im Oval in London und beim **Yorkshire County Cricket Club** in Headingley in Leeds.

Beim Pferdesport sind sowohl Hindernisrennen als auch Flachrennen beliebt – und es wird ausgiebig gewettet. Das Grand National ist das bekannteste Hindernisrennen, es findet Anfang April auf dem **Aintree Racecourse** statt. Den Höhepunkt des Rennkalenders bildet Ende Juni **Royal Ascot** in Berkshire – für seine Hüte genauso bekannt wie für seine Pferde.

Auf einen Blick

Themenferien

Arvon Foundation
42a Buckingham Palace Rd, London SW1.
☎ (020) 7324 2554.
🌐 arvonfoundation.org

Ashburton Cookery School
Old Exeter Rd, Ashburton, Devon TQ13.
☎ (01364) 652 784.
🌐 ashburtoncookeryschool.co.uk

Back-Roads Touring Company
107 Power Rd, London W4. ☎ (020) 8987 0990. 🌐 backroadstouring.co.uk

Cookery at the Grange
The Grange, Whatley, Frome, Somerset BA11.
☎ (01373) 836 579.
🌐 cookeryatthegrange.co.uk

Hidden Britain Tours
28 Chequers Rd, Basingstoke, Hampshire RG21 7PU. ☎ (01256) 814 222. 🌐 hiddenbritaintours.co.uk

Inscape Tours
12a Castlebar Hill, London W5.
☎ (020) 8566 7539.
🌐 inscapetours.co.uk

Vegetarian Society Cookery School
Parkdale, Dunham Road, Altrincham, Cheshire WA14.
☎ (0161) 925 2000.
🌐 vegsoccookeryschool.org

West Dean College
West Dean, Chichester, W Sussex PO18.
☎ (01243) 811 301.
🌐 westdean.org.uk

Wye Valley Art Centre
Llandogo, Monmouthshire NP25.
☎ (01594) 530 214.
🌐 wyearts.co.uk

Wandern

Ramblers
2nd Floor, Cameford Hse, 87–90 Albert Embankment, London SE1.
☎ (020) 7339 8500.
🌐 ramblers.org.uk

Ramblers' Walking Holidays
Lemsford Mill, Lemsford Village AL8. ☎ (01707) 818 470. 🌐 ramblersholidays.co.uk

Sherpa Expeditions
1b Osiers Rd, Wandsworth, London SW18.
☎ 0800 008 7741.
🌐 sherpaexpeditions.com

Radfahren

Compass Holidays
Cheltenham Spa Railway Station, Queens Road, Cheltenham, Gloucestershire GL51.
☎ (01242) 250 642.
🌐 compass-holidays.com

Country Lanes Cycle Centre
Railway Station Precinct, Windermere, Cumbria, LA23. ☎ (015394) 44 544. 🌐 countrylaneslakedistrict.co.uk

Cycling UK
Parklands, Railton Rd, Guildford GU2.
☎ (01483) 238 301.
🌐 cyclinguk.org

Sustrans
National Cycle Network Centre, 2 Cathedral Sq, College Green, Bristol BS1. ☎ (01179) 268 893. 🌐 sustrans.org.uk

Wheely Wonderful Cycling
Petchfield Farm, Elton, Ludlow, Shropshire SY8.
☎ (01568) 770 755.
🌐 wheelywonderfulcycling.co.uk

Reiten und Pony-Trekking

British Horse Society
☎ (02476) 840 500.
🌐 bhs.org.uk

Golf

Golf Club of Great Britain
338 Hook Rd, Chessington, Surrey KT9.
☎ (020) 8391 4666.
🌐 golfclubgb.co.uk

Golf Vacations UK
☎ (01228) 598 098.
🌐 golfvacationsuk.com

Great Golf Holidays
☎ (01892) 544 872.
🌐 greatgolfholidays.com

Surfen

Surf South West
PO Box 39, Croyde, Devon EX33.
☎ (01271) 890 400.
🌐 surfsouthwest.com

Surfing England
The Yard, Caen St, Braunton, Devon, EX33.
☎ 07429 208283.
🌐 surfingengland.org

Welsh Surfing Federation Surf School
The Barn, The Croft, Llangennith, Swansea SA3.
☎ (01792) 386 426.
🌐 surfschool.wsf.wales

Segeln und Bootfahren

Broads Authority
Yare House, 62–64 Thorpe Rd, Norwich NR1.
☎ (01603) 610 734.
🌐 broads-authority.gov.uk

Falmouth School of Sailing
Grove Place, Falmouth, Cornwall TR11.
☎ (01326) 211 311.
🌐 falmouth-school-of-sailing.co.uk

Royal Yachting Association
RYA House, Ensign Way, Southampton, Hampshire SO31.
☎ (023) 8060 4100.
🌐 rya.org.uk

Weymouth & Portland National Sailing Academy
Osprey Quay, Portland, Dorset DT5.
☎ (01305) 866 000.
🌐 wpnsa.org.uk

Skifahren

Ski Scotland
🌐 ski-scotland.com

Snowsport Scotland
South Gyle, Edinburgh EH12. ☎ (0131) 625 4405. 🌐 snowsportscotland.org

Angeln

Angling Trust
🌐 anglingtrust.net

Fisheries.co.uk
🌐 fisheries.co.uk

Fishing Info
🌐 fishinginfo.co.uk

Sportevents

Aintree Racecourse
Ormskirk Rd, Aintree, Liverpool L9. ☎ (0151) 523 2600. 🌐 aintree.thejockeyclub.co.uk

All England Lawn Tennis Club (AELTC)
Church Rd, Wimbledon, SW19.
☎ (020) 8944 1066.
🌐 wimbledon.com

Arsenal FC
Emirates Stadium, Hornsey Rd, London, N7.
☎ (020) 7619 5000.
🌐 arsenal.com

Chelsea FC
Stamford Bridge, Fulham Rd, London SW6.
☎ 0871 984 1955.
🌐 chelseafc.com

Football Association
Wembley Stadium, London HA9. ☎ 0800 169 1863. 🌐 thefa.com

Manchester United
Old Trafford, Manchester M16. ☎ (0161) 868 8000. 🌐 manutd.com

Royal Ascot
Ascot Racecourse, Ascot, Berkshire SL5.
☎ 0844 346 3000.
🌐 ascot.co.uk

Rugby Football Union
Rugby Rd, Twickenham, Middlesex TW1.
☎ (020) 8892 8877.
🌐 englandrugby.com

Surrey County Cricket Club
The Kia Oval, Kennington, London SE11.
☎ 0844 375 1845.
🌐 kiaoval.com

Yorkshire County Cricket Club
Headingley Carnegie Cricket Gr, Leeds LS6.
☎ 0871 971 1222.
🌐 yorkshireccc.com

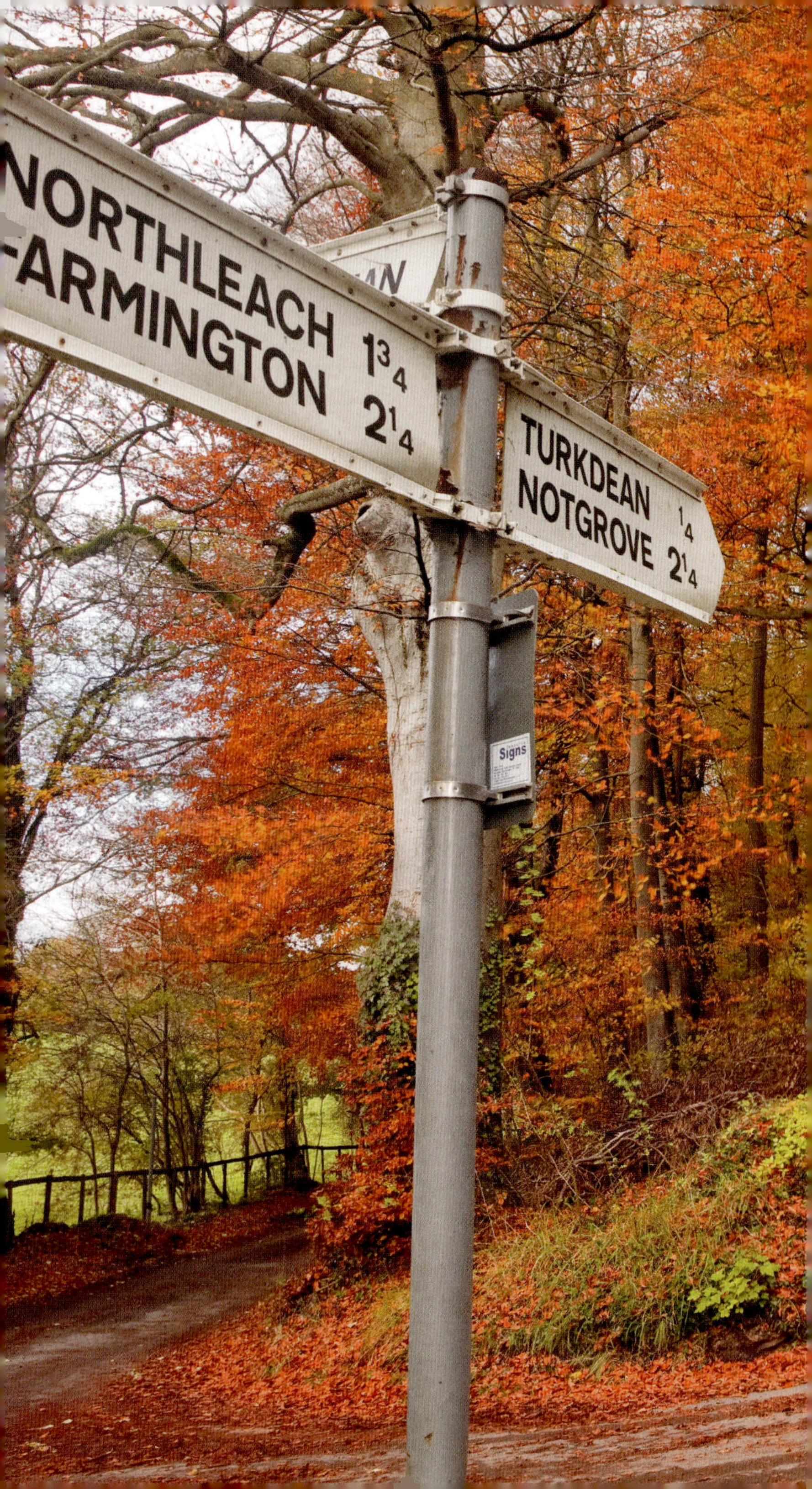
NORTHLEACH 1¾
FARMINGTON 2¼
TURKDEAN ¼
NOTGROVE 2¼
Signs

GRUND-
INFORMATIONEN

Praktische Hinweise   **620 – 631**
Reiseinformationen   **632 – 643**

Praktische Hinweise

Millionen Reisende suchen alljährlich in Großbritannien, was seinen Einwohnern häufig selbstverständlich ist: Historie und Tradition, abwechslungsreiche Landschaft und schillernde Feste. In den letzten Jahrzehnten hat Großbritannien sein touristisches Angebot beträchtlich erweitert und stetig verbessert. Um den Aufenthalt voll zu genießen, sollte man etwas Grundwissen über Leben und Alltag besitzen: über Reisezeiten, Transportmittel, Pannen- und Notfallhilfe, Informationsstellen und Währung. Die Preise schwanken im regionalen Vergleich zuweilen sehr stark. London steht an der Spitze des Preisgefüges, dicht gefolgt von fast dem gesamten Süden des Landes, Großbritanniens wohlhabendster Region. In anderen Landesteilen sind die Kosten für Transport, Unterkunft, Verpflegung, Unterhaltung und Konsumartikel meist deutlich günstiger. Auch eine Rolle spielt der aktuelle Wechselkurs.

Am Wochenende voll: Strand von Weymouth Beach, Dorset

Beste Reisezeit

Großbritanniens gemäßigtes Meeresklima beugt Temperaturextremen vor *(siehe S. 72f)*. Schöne Tage gibt es viele – doch keinerlei verlässliche Regen- oder Sonnenscheinprognosen. Die Witterungsverhältnisse ändern sich ständig, oft innerhalb kürzester Zeit. Der geringste Niederschlag fällt in der Regel im Südosten. Doch wohin Sie auch reisen: Nehmen Sie einen Schirm sowie warme und leichte Kleidung mit. Wetterumschwünge, oft genug die Ursache für das Ausrücken der Bergwacht *(mountain rescue)*, können Wanderer überraschen. Studieren Sie daher vor dem Aufbruch in abgelegene Berg- und Moorregionen den Wetterbericht, den Fernsehen, Rundfunk, Zeitungen und Telefonauskunft *(siehe S. 630)* vermelden.

Schild der Bergwacht

Klein- und Großstädte sind ganzjährige Reiseziele, doch ihre Sehenswürdigkeiten haben oftmals nur von Ostern bis Oktober geöffnet. Zwischen Weihnachten und Neujahr können Hotels sehr voll sein. An Feiertagen *(siehe S. 69)* sowie im Juli und August, der Urlaubszeit britischer Familien, herrscht Hochbetrieb. Die Jahreszeiten Frühling und Herbst bieten weniger Andrang und (ohne Gewähr) ebenfalls Schönwettertage. Bei den Informationen, die in diesem Reiseführer jeder Sehenswürdigkeit vorangestellt sind, finden Sie auch die Öffnungszeiten.

Einreise und Zoll

Für die Einreise in das Nicht-Schengenland Großbritannien benötigen Bürger aus EU-Staaten und der Schweiz einen bis zum Ende der Reise gültigen Personalausweis (oder Reisepass). Ein Visum oder spezielle Impfungen sind nicht erforderlich. Beachten Sie, dass seit 2012 Kindereinträge im Reisepass eines Elternteils nicht mehr gültig sind, seither benötigt auch jedes Kind zur Einreise nach Großbritannien ein eigenes Ausweisdokument mit Lichtbild.

Wegen einiger Terroranschläge in den vergangenen Jahren haben sich die Mitnahmebedingungen für Handgepäck verändert, die Einschränkungen beziehen sich vor allem auf Flüssigkeiten. Die Behörden im Vereinigten Königreich haben 2010 für das gesamte Land (Großbritannien und Nordirland) die zweithöchste Terrorwarnstufe *(severe)* ausgerufen, d. h., es besteht die hohe Wahrscheinlichkeit eines terroristischen Anschlags.

Großbritannien gehört nicht zum Schengen-Raum. Bürger der EU und der Schweiz müssen daher die Zollkontrollen passieren. Allerdings ist die Ein- und Ausfuhr von Waren für den Privatkonsum erlaubt. Mit Blick auf Drogen- oder Waffenschmuggel werden ab und zu Stichproben durchgeführt. Über aktuelle Einreisebedingungen informiert das Auswärtige Amt (www.auswaertiges-amt.de).

EU-Bürger, die in Großbritannien Waren einkaufen, haben keinen Anspruch auf eine Rückerstattung der Mehrwertsteuer (VAT).

Im Jahr 2000 wurde das »Pet Travel Scheme« (PETS) für die Mitnahme von Haustieren eingeführt. Hunde (auch Führ- und Hörhunde) und Katzen können nur dann nach Großbritannien mitgenommen werden, wenn sie mit Mikrochip versehen und gegen Tollwut geimpft sind, eine Blutuntersuchung hinter sich haben und einen EU-Heimtierausweis besitzen. Ansonsten wird eine sechsmonatige Quarantänefrist verhängt. Genauere Infos bietet die britische Botschaft (www.gov.uk/government/world/germany).

◀ Herbststimmung in den Cotswolds, Gloucestershire *(siehe S. 308f)*

Information

Lokale Informationsstellen in Großbritannien geben in vielen Städten und an öffentlichen Orten, darunter in Flughäfen sowie großen Bahn- und Busbahnhöfen, Auskunft und Rat. Sie erkennen sie am Logo, das auf große, häufig besuchte zentrale Büros ebenso verweist wie auf kleinere Kioske oder auf Informationstafeln an Parkplätzen.

Die Informationsstellen können bei fast allen Fragen weiterhelfen, regionale wie nationale Stellen geben Listen mit Attraktionen und Unterkünften heraus. Ein Großteil dieser Broschüren ist kostenfrei, nur für detaillierte Karten wird eine Gebühr erhoben. Für die Routenplanung bieten sich die großformatigen Autokarten von RAC und AA (siehe S. 637) an. Für die Erkundung ländlicher Gegenden sind die Karten von Ordnance Survey (www.ordnancesurvey.co.uk) ideal.

Vor dem Urlaub können Sie bei **VisitBritain** (siehe S. 625) kostenlose Broschüren und Planungshilfen zu vielen Themen wie Unterkunft, Fährgesellschaften oder Sprachurlaub bestellen – online, telefonisch oder schriftlich.

In der Nebensaison erhält man meist mühelos kurzfristig Unterkunft und (Fahr-)Karten. Anders in der Hauptsaison: Für gefeierte West-End-Theateraufführungen, Luxushotels, empfohlene Restaurants, spezielle Flüge oder Ausflüge sollten Sie schon von zu Hause aus reservieren. Kontaktieren Sie VisitBritain oder einen anderen Reiseveranstalter.

Öffnungszeiten

Viele Läden öffnen – obwohl gesetzlich erlaubt – sonntags nicht (außer in Großstädten). Von montags bis freitags sind sie zwischen 9 oder 10 Uhr und 17 oder 17.30 Uhr offen. Doch es gibt viele Ausnahmen: Oft ist über Mittag oder einmal halbtags (meist mittwochs) geschlossen oder einmal pro Woche abends länger auf (normalerweise donnerstags). In Großstädten, vor allem in London, haben Läden generell länger geöffnet, oft bis 19 Uhr, und das sieben Tage die Woche. Museen in London haben einen Tag in der Woche länger geöffnet. Die Museen außerhalb der Hauptstadt haben oftmals kürzere Öffnungszeiten und sind an einem Tag in der Woche geschlossen. Manche Museen schließen vormittags oder an einem Wochentag (häufig montags).

Häufigstes Hinweisschild für Informationsstellen

An Feiertagen (Bank Holidays) bleiben Banken, Büros, die meisten Läden, Sehenswürdigkeiten und viele Restaurants geschlossen. An diesen Tagen können auch öffentliche Verkehrsmittel einen eingeschränkten Fahrplan haben.

Eintrittspreise

Eintrittspreise für Museen und Sehenswürdigkeiten variieren stark und können von unter zehn Pfund bis zu 25 Pfund für viel besuchte Stätten reichen. Viele große Nationalmuseen bieten aber kostenlosen Eintritt. Die Attraktionen werden zunehmend interessanter: Museen verbinden Information mit Unterhaltung und wirken lebendiger denn je.

Viele Sehenswürdigkeiten sind in Privatbesitz. Manche werden auf kommerzieller, andere auf Spendenbasis, einige als Hobby geführt. Bei den öffentlich zugänglichen Landsitzen in Adelsbesitz soll der Eintritt den hohen Unterhalt mitfinanzieren. Viele herrliche Gebäude versuchen mit angeschlossenem Safaripark oder Gartenanlagen mehr Besucher anzulocken.

Zu Großbritanniens kostbarsten architektonischen Juwelen zählen Tausende kleiner Pfarrkirchen. Man kann sie gratis besichtigen, einige sind mittlerweile aber zum Schutz vor Vandalismus verschlossen. Große Kathedralen erwarten zunehmend Spenden von Besuchern, die die Kirche besichtigen.

Gruppen, Senioren, Kinder und Studenten genießen meist Ermäßigungen. Reiseveranstalter, VisitBritain-Büros, das Büro des Britain Visitor Centre in London sowie einige lokale Informationsbüros verkaufen den English Heritage Overseas Visitor Pass (siehe S. 622), der Zutritt zu mehr als 100 Sehenswürdigkeiten erlaubt, darunter beispielsweise Stonehenge (siehe S. 266f) und Hadrian's Wall (siehe S. 426f).

Öffentliche Toiletten

Die immer noch zahlreichen beaufsichtigten öffentlichen Toiletten weichen zunehmend den *superloos*, modernen Münzkabinen. In vielen Bahnhöfen gibt es Toiletten, für deren Nutzung eine geringe Gebühr erhoben wird. Kinder sollten diese schwer zu öffnenden Zellen nur in Begleitung benutzen.

Eine von zahlreichen gratis zu besichtigenden Pfarrkirchen (Cotswolds)

ENGLISH HERITAGE

Logo von
English Heritage

English Heritage und National Trust

Dem Erhalt zahlreicher historischer Bauten, Parks, Gärten sowie weiter Landstriche im Hinterland und an der Küste widmen sich Organisationen wie **English Heritage** [EH], **National Trust** [NT] und **National Trust for Scotland** [NTS]. Dieses Buch weist im Reiseteil auf EH-, NT- bzw. NTS-Besitz hin. Die Eintrittspreise können sehr hoch sein, weshalb es sich lohnen kann, einen English Heritage Overseas Visitor Pass zu kaufen, der für neun oder 16 Tage unbegrenzten Zugang zu mehr als 100 der wichtigsten Orte der englischen Geschichte ermöglicht, oder den National Trust Touring Pass für sieben oder 14 Tage, mit dem man über 300 vom National Trust verwaltete historische Häuser und Gärten besuchen kann. Die Pässe kann man online bestellen.

Beachten Sie jedoch, dass viele der Sehenswürdigkeiten im Winter ganz oder teilweise geschlossen sein können.

Zahlreiche Besitztümer des National Trust stehen unter Denkmalschutz.

Behinderte Reisende

Das Angebot an behindertengerechten Einrichtungen verbessert sich in Großbritannien stetig. Neuere und vor nicht allzu langer Zeit renovierte Bauten und öffentliche Plätze bieten Lifte und Rollstuhlrampen (dieser Führer weist in den Infoblöcken darauf hin), behindertengerechte Toiletten, Haltegeländer und Kopfhörer für Hörgeschädigte. Auch viele Busse sind mittlerweile behindertengerecht ausgestattet. Bei vorheriger Benachrichtigung leistet das Personal von British Rail, von Fähren und Bussen behinderten Passagieren Beistand. Fragen Sie die Reiseveranstalter nach der *Disabled Persons Railcard*, die zu ermäßigten Bahnfahrten berechtigt. Auch viele Banken, Theater und Museen stellen Hilfen für Seh- und Hörgeschädigte bereit.

Disabled Persons Railcard

Spezielle Reiseveranstalter wie **Tourism for All** stellen ihre Programme ganz auf körperbehinderte Urlauber ab.

Einige Mietwagenfirmen wie Avis, Budget oder Hertz *(siehe S. 637)* vermieten Autos mit Handsteuerung. Bei anderen kann man Autos mieten, die rollstuhlgerecht sind. Die Benutzer von Behindertenparkplätzen müssen im Wageninneren einen Berechtigungsausweis haben.

Weitere Informationen über Einrichtungen für behinderte Reisende in Großbritannien erhalten Sie bei **Disability Rights UK** oder Open Britain (www.openbritain.net).

Mit Kindern reisen

In Großbritannien gibt es viele Aktivitäten und Attraktionen für die ganze Familie. Auf der Website von VisitBritain (siehe S. 625) findet man viele entsprechende Angebote und nützliche Tipps.

Ostern, Juli und August sowie die Schulferien bieten die meisten Abwechslungen für Kinder. Auch Weihnachten finden vielerorts Kinderveranstaltungen, oft Pantomimen, statt.

Im Winter gibt es auch viele Eisbahnen. Es lohnt sich, die Internet-Seiten von Museen zu besuchen, da zu den Hauptferienzeiten oft spezielle Events für Kinder angeboten werden. Nützliche Informationen darüber, was man mit Kindern alles unternehmen kann, findet man beispielswesie auf den Websites dayoutwiththekids.co.uk und letsgowiththekids.co.uk.

Kinder- und Familienrabatte verbilligen an vielen Orten das Reisen und Vergnügungen wie Theater. Wählen Sie eine kinderfreundliche Unterkunft oder Ferienwohnung mit strapazierfähiger Einrichtung und ausreichend Platz zum Toben. Viele Hotels stellen Babysitter oder ein Babyfon bereit, manche stark verbilligte oder sogar Gratisunterkünfte für Kleinkinder *(siehe S. 556–573)*.

Auch Restaurants werden immer kinderfreundlicher. Viele bieten Kinderstühle und spezielle Kindermenüs *(siehe S. 574–603)*. Italienische Lokale sind im Allgemeinen sehr ungezwungen und begrüßen ihre kleinen Gäste herzlich. Doch selbst die britischen Pubs – einstmals für Kinder und Ju-

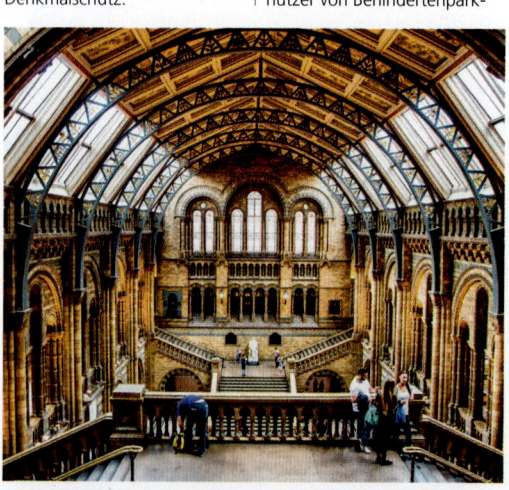

Das Natural History Museum hält für jede Altersstufe Interessantes bereit

Beliebt bei Familien – Praa Sands Beach bei Penzance *(siehe S. 282f)*, Cornwall

gendliche absolut tabu – lockern heutzutage mit Biergärten und Familienzimmern ihre strengen Vorschriften. Für Personen unter 18 Jahren sind der Aufenthalt in der Nähe der Bar sowie der Kauf und Konsum von Alkohol verboten. Jugendliche über 16 Jahre dürfen beispielsweise zum Essen Wein, Bier oder Apfelwein trinken, solange ein Erwachsener die Getränke kauft.

In größeren Läden, Kaufhäusern und Shopping-Malls gibt es oft Wickelräume, ebenso in großen Museen und Galerien. Für Familien, die nicht mit allen Kinderutensilien (Essen, Windeln usw.) anreisen wollen, bieten einige Firmen einen großartigen Service an. Sie liefern alles, was man für die Reise braucht, direkt an die Urlaubsadresse, z. B. John Lewis (johnlewis.com) und Mothercare (mothercare.com).

Studenten

Mit dem Internationalen Studentenausweis (International Student Identity Card, ISIC) erhält man häufig Ermäßigungen bei Fahrkarten für öffentliche Verkehrsmittel sowie bei Karten von Sporteinrichtungen bis Museen und anderen Attraktionen. Wer keinen Ausweis besitzt, kann ihn über die Universitätsstellen, **STA Travel** oder **ISIC** bekommen.

Der Internationale Jugendherbergsausweis **(Hostelling International)** ermöglicht die Unterkunft in Jugendherbergen, die es in Großbritannien zu Hunderten gibt. Als preiswerte Bleibe in Stadtzentren eignen sich auch (vor allem in den Trimesterferien) Studentenwohnheime, zum Beispiel der **University of London**. In abgelegeneren Regionen kann man in Zeltlagern (schlafsaal-ähnlichen Unterkünften) recht spartanisch, allerdings auch äußerst preiswert übernachten. Auf der Website von YHA (www.yha.org.uk) findet man eine Auflistung aller Zeltlager in Großbritannien.

Über Arbeitsmöglichkeiten für junge Menschen in Großbritannien informiert **BUNAC**.

International Student Identity Card

Trinkgeld, Etikette und Rauchen

In Großbritannien ist es üblich, Taxifahrern und Restaurantpersonal Trinkgeld zu geben. Die Summe bewegt sich zwischen zehn und 15 Prozent. Viele Lokale addieren automatisch einen Bedienungsaufschlag, überprüfen Sie die Rechnung, bevor Sie Trinkgeld geben. Wenn Sie in einer Bar oder einem Pub ein Getränk kaufen, wird kein Trinkgeld gegeben.

Das Rauchen ist in Großbritannien an öffentlichen Orten, in Lokalen, Verkehrsmitteln, Theatern und Kinos verboten. Weitere Informationen erhalten Sie bei ASH (Action on Smoking and Health). Zigaretten darf man erst ab 18 Jahren kaufen. Altersbeschränkungen gelten auch in Pubs und Bars. Auch hier muss man mindestens 18 sein, in einigen Bars sogar 21. Nehmen Sie deshalb einen Ausweis mit.

Hever Castle *(siehe S. 193)* ist in Privatbesitz und eintrittspflichtig

Große Vielfalt an Tomaten an einem Obst- und Gemüsestand auf dem Londoner Borough Market *(siehe S. 124)*

Zeit

Großbritanniens Uhren ticken nach der Greenwich Mean Time (GMT), die eine Stunde hinter der Mitteleuropäischen Zeit (MEZ) liegt.

Zur Sommerzeit werden die Uhren – in der Regel am selben Tag wie in Deutschland, Österreich und der Schweiz – eine Stunde vorgestellt. Unter der Telefonnummer 123 erreichen Sie ganzjährig rund um die Uhr

Uhr des Royal Observatory, Greenwich *(siehe S. 129)*

die telefonische Zeitansage. Beachten Sie, dass dieser Servive gebührenpflichtig ist.

Elektrizität

Die Netzspannung beträgt in Großbritannien 230 Volt/ 50 Hz. Üblicherweise werden Stecker mit drei kantigen Stiften verwendet. Für mitgebrachte Elektrogeräte, darunter beispielsweise Laptops, Haartrockner und Auflagegeräte für Mobiltelefone, benötigen Sie also einen Adapter, den Sie entweder schon zu Hause oder in britischen Elektrofachgeschäften kaufen können. In den größeren Hotels – vor allem in den Feriengegenden – gibt es mittlerweile auch Steckdosen, die der Euronorm entsprechen.

Umrechnungstabelle

Obgleich Großbritannien (ebenso Schottland) offiziell auf das metrische Maßsystem umgestellt hat, sind die alten englischen Maße noch gebräuchlich. Auch Entfernungen werden größtenteils in Meilen angegeben.

Britisch zu metrisch
1 Inch = 2,5 Zentimeter
1 Fuß = 30 Zentimeter
1 Meile = 1,6 Kilometer
1 Unze = 28 Gramm
1 Pfund = 454 Gramm
1 Pint = 0,6 Liter
1 Gallone = 4,6 Liter

Metrisch zu britisch
1 Millimeter = 0,04 Inch
1 Zentimeter = 0,4 Inch
1 Meter = 3 Fuß 3 Inches
1 Kilometer = 0,6 Meile
1 Gramm = 0,04 Unzen
1 Kilogramm = 2,2 Pfund

Umweltbewusst reisen

Wie in zahlreichen anderen europäischen Ländern werden auch in Großbritannien Umweltaspekte immer wichtiger, ebenso ist in der britischen Bevölkerung das Umweltbewusstsein rapide gestiegen. So gibt es Bemühungen, Emissionen und Abfall zu reduzieren. Während ein Großteil des Mülls noch zu Deponien gebracht wird, gibt es in jeder Stadt Recyclingprogramme, und der Haushaltsabfall wird schrittweise weniger.

Auch viele Organisationen, Hotels und Urlaubseinrichtungen betonen den ökologischen Aspekt von Urlaubsreisen mittlerweile deutlich stärker und engagieren sich im Umweltschutz, indem sie beispielsweise den Energieverbrauch einschränken. Einige Unterkünfte bieten sogar einen Preisnachlass, wenn Sie mit öffentlichen Verkehrsmitteln oder zu Fuß anreisen.

Green Tourism ist ein Programm für grünen Tourismus, das 2000 Unterkünfte in England, Schottland und Wales, von kleinen Bed and Breakfasts bis zu Fünf-Sterne-Hotels, sowie etwa 500 Sehenswürdig-

Farbenfroher Bauernmarkt mit frischen agrarischen Produkten

keiten überprüft hat. Die Teilnehmer müssen einen großen Fragenkatalog mit 145 Punkten über Energieverbrauch, Abfallmanagement und vieles mehr beantworten. Ein qualifizierter Prüfer besucht jeden Antragsteller und zeichnet ihn anhand der erreichten Standards aus.

Es gibt in Großbritannien mehr als 20 regionale Zertifizierungsprogramme wie **Green Leaf Tourist Scheme** (New Forest) und Green Island (Isle of Wight). Auf deren Websites finden Sie viele Informationen.

Eine weitere Möglichkeit, sich in Großbritannien eine »grüne« Unterkunft zu suchen, ist Zelten. Campingplätze sind beinahe überall im Land zu finden, günstige Stellplätze gibt es schon ab 20 £ pro Nacht. Denken Sie jedoch daran, dass die Plätze oftmals ziemlich weit von den Innenstädten entfernt liegen und es möglicherweise keine Anbindung an das öffentliche Verkehrsnetz gibt.

Bio-Produkte kann man in den meisten Supermärkten kaufen. In vielen Städten und Gemeinden gibt es einmal in der Woche einen Markt, auch werden Bauernmärkte immer beliebter. Eine Auflistung von Bauernmärkten gibt es unter www.farma.org.uk. Wenn Sie sich in ländlicher Umgebung aufhalten, achten Sie auf Bauernläden, die frische Produkte von ansässigen Betrieben anbieten. Gelegentlich finden auch »Slow Food«-Messen statt, die ein paar Tage andauern. Dort bieten kleinere Verkäufer an Ständen Besuchern eine Auswahl ihrer Waren aus sanfter Landwirtschaft an.

Auf einen Blick

Einreise und Zoll

UK Border Agency
W ukba.homeoffice.gov.uk/customs-travel

Home Office
Border & Immigration Agency, Lunar House, 40 Wellesley Rd, Croydon, Surrey.
C 0870 606 7766.
W ind.homeoffice.gov.uk

Zollinformationen
W hmrc.gov.uk

Haustierausweis
W gov.uk/take-pet-abroad

Botschaften

Deutschland
23 Belgrave Sq, London SW1X 8PZ.
C (020) 7824 1300.
W london.diplo.de

Österreich
18 Belgrave Mews West, London SW1X 8HU.
C (020) 7344 3250.
W aussenministerium.at/london

Schweiz
16–18 Montagu Place, London W1H 2BQ.
C (020) 7616 6000.
W eda.admin.ch/london

Britische Botschaften
Wilhelmstraße 70/71, D-10117 Berlin.
C (030) 20 45 70.
W ukingermany.fco.gov.uk

Jauresgasse 10, A-1030 Wien.
C (01) 71 61 30.
W britishembassy.at

Thunstrasse 50, CH-3005 Bern.
C (031) 359 77 00.
W ukinswitzerland.fco.gov.uk

Fremdenverkehrsamt

VisitBritain
Alexanderplatz 1, D-10178 Berlin.
C (030) 315 71 90.
W visitbritain.com
(zuständig für Deutschland, Österreich und die Schweiz)

Regionale Information

Cumbria
C (01539) 822 222.
W golakes.co.uk

East Midlands
W eastmidlandstourism.com

London
C 0870 156 6366.
W visitlondon.com

Nordwestengland
W visitnorthwest.com

Northumbria
W visitnortheastengland.com

Ostengland
C 0333 320 4202.
W visiteastofengland.com

Schottland
C 0845 859 1006.
W visitscotland.com

Südostengland
W visitsoutheastengland.com

Südwestengland
C (0117) 230 1262.
W swtourism.org.uk

Wales
C 0870 830 0306.
W visitwales.com

Yorkshire und Humber-Region
W yorkshire.com

Denkmalschutz

English Heritage
C 0370 333 1181.
W english-heritage.org.uk

National Trust
C 0344 800 1895.
W nationaltrust.org.uk

National Trust for Scotland
C (0131) 458 0200.
W nts.org.uk

Behinderte Reisende

Disability Rights UK
C (020) 7250 8181.
W disabilityrightsuk.org

Tourism for All
C 0845 124 9971 (UK).
C +44 1539 726 111 (aus dem Ausland).
W tourismforall.org.uk

Studenten

BUNAC
Priory House, 6 Wrights Lane, London, W8 6TA.
C (020) 7870 9570.
W bunac.org

Hostelling International
C (01707) 324 170.
W hihostels.com

ISIC
W isic.de
W isic.org

National Union of Students
C 0845 521 0262.
W nus.org.uk

STA Travel
Priory House, 6 Wrights Lane, Kensington, London, W8 6TA.
C 0333 321 0099.
W statravel.co.uk

University of London
Malet St, London, WC1.
C (020) 7862 8880.
W housing.lon.ac.uk

Umweltbewusst reisen

Green Leaf Tourist Scheme
W thenewforest.co.uk/accommodation/green-leaf-accommodation.aspx

Green Tourism
W green-tourism.com

Sicherheit und Gesundheit

Wie auch andere dicht besiedelte Industriestaaten ist Großbritannien von sozialen Problemen nicht frei. Doch es ist höchst unwahrscheinlich, dass Sie hier ein Opfer von Gewalt werden. Falls Sie in Schwierigkeiten geraten, zögern Sie bitte nicht, die Polizei um Hilfe zu bitten. Der National Health Service bietet medizinische Betreuung – sofern Ihr Heimatland (wie die EU-Staaten) ein Abkommen mit Großbritannien abgeschlossen hat.

Polizeiauto

Krankenwagen

Feuerwehrauto

Polizei

Einen traditionellen *bobby* mit hohem Helm sieht man nur noch selten auf den Straßen. Öfter ist die Polizei in Streifenwagen präsent. Dennoch trifft man, vor allem in ländlichen Gebieten und belebten Stadtzentren, noch immer auf den Polizisten vom alten Schlag. Britische Polizisten tragen keine Schusswaffen und fühlen sich für Wohl und Sicherheit der Bürger und Gäste verantwortlich. Wenn Sie sich verirrt haben, tun Sie gut daran, einen Polizisten zu fragen. Auch Verkehrspolizisten weisen Ihnen den Weg.

Sind Sie Opfer eines Raubüberfalls geworden, rufen Sie die Polizei unter 999 oder 112 an. In allen britischen Großstädten gibt es Community Support Police Officer, die auf den Straßen patrouillieren und mit der Polizei zusammenarbeiten. Sie helfen bei allen Problemen gern weiter.

Verlorenes oder gestohlenes Eigentum

Verlust durch Diebstahl sollten Sie unverzüglich bei der Polizei melden. Wer seiner Versicherung einen Diebstahl melden will, benötigt ein schriftliches Protokoll der örtlichen Polizei.

Alle großen Bahn- und Busbahnhöfe besitzen Fundbüros, selten jedoch die Städte. Lassen Sie Wertsachen auf keinen Fall im Hotelzimmer liegen: Hotels haften in der Regel nur für Wertgegenstände, die im Safe deponiert wurden. Auch das Auto ist kein sicherer Ort. Auf der Website des **Transport for London Lost Property Office** können Sie sich nach verlorenen Gegenständen in den Londoner Bussen, U-Bahnen, Taxis oder Zügen erkundigen.

Kriminalität

Großbritannien ist kein gefährliches Reiseland, Verbrechen werden Ihnen kaum den Urlaub verderben. Ein wenig Vorsicht sollte allerdings sein. Aufgrund terroristischer Anschläge in der Vergangenheit herrscht bei Großveranstaltungen und an manchen öffentlichen Orten erhöhte Alarmbereitschaft. Folgen Sie den Anweisungen, falls man Ihre Tasche durchsuchen oder ein Gebäude evakuieren muss.

Vorsichtsmaßnahmen

Versichern Sie Ihr Gepäck ausreichend. Achten Sie stets gut auf Ihre Habe, und lassen Sie an öffentlichen Plätzen nichts unbewacht zurück. Sichern Sie, vor allem in Menschenmengen, Ihre Wertgegenstände. Legen Sie in öffentlichen Verkehrsmitteln, Kinos und an ähnlichen Orten Taschen auf den Schoß statt auf den Boden. Tragen Sie nicht zu viel Bargeld und Schmuck bei sich. Taschendiebe lieben überfüllte Orte wie Märkte und öffentliche Verkehrsmittel in Stoßzeiten. Spaziergänger sollten nachts verlassene, schlecht beleuchtete Gebäude und Orte meiden.

Alleinreisende Frauen

Frauen, die ohne Begleitung reisen sowie Bars oder Restaurants besuchen, sind in Großbritannien kein seltener Anblick und keineswegs über-

Polizistin Verkehrspolizist Polizist

mäßig gefährdet. Dennoch ist an einsamen Orten, vor allem bei Dunkelheit, Vorsicht angeraten. Öffentliche Verkehrsmittel, in denen nur ein Passagier oder eine Gruppe junger Männer fährt, sollten Sie meiden. Nachts sind lizenzierte Taxis *(siehe S. 642f)*, vor allem auf unbekanntem Terrain, Fußmärschen vorzuziehen.

Das Mitführen von Waffen ist verboten. Darunter fallen Messer, Totschläger, Schusswaffen und Tränengas. Erlaubt sind nur Alarmsysteme zum persönlichen Schutz.

Notfälle
Rund um die Uhr erreichen Sie unter der Notrufnummer 999 oder 112 Polizei, Feuerwehr und Ambulanz. Diese Anrufe sind von privaten wie öffentlichen Telefonen aus gebührenfrei, sollten aber nur im Notfall getätigt werden. In Küstenregionen können Sie unter dieser Nummer auch die Küstenwache, die **Royal National Lifeboat Institution**, erreichen.

Apotheken
Eine breite Palette von Medikamenten erhalten Sie rezeptfrei bei Drogisten *(chemists)*. **Boots** (www.boots.com), die bekannteste und größte Drogeriekette in Großbritannien, hat in den meisten Städten Filialen. Für viele Arzneien sind in der Apotheke *(pharmacy)* jedoch Rezepte vorzulegen.

Wer auf ein Medikament angewiesen ist, sollte einen Vorrat (Vorsicht wegen der Bestimmungen zur Mitnahme von Flüssigkeitsmengen im Flugzeug) mitbringen oder vom Arzt die Inhaltsstoffe (nicht den Markennamen) des Mittels notieren lassen. Bei Anspruch auf NHS-Versorgung ist eine Rezeptgebühr, andernfalls der volle Preis zu zahlen. Verlangen Sie zur Kostenerstattung durch Ihre Versicherung Quittungen.

Apothekenschild

Einige Apotheken haben bis Mitternacht geöffnet. Notfalls wenden Sie sich an das örtliche Krankenhaus. Ärzte haben in der Regel vormittags und frühabends Sprechstunde. Den **NHS 111 Service** erreichen Sie rund um die Uhr.

Medizinische Versorgung
Die kostenlosen medizinischen Leistungen des staatlichen Gesundheitswesens – National Health Service (**NHS**) – stehen im Notfall allen Ausländern zur Verfügung. Bürger der EU und der Schweiz müssen dazu im Notfall nur ihren Pass oder Personalausweis vorweisen. Es empfiehlt sich, die Europäische Versicherungskarte (EHIC – identisch mit der Versichertenkarte einer gesetzlichen Krankenversicherung) bzw. eine Ersatzbescheinigung der Krankenkasse dabeizuhaben. Da manche Therapien sowie die Rückführung ins Heimatland ausgeschlossen sind und da nur Leistungen nach britischen Regelungen abgedeckt sind, ist eine Reisekrankenversicherung ratsam. Die Kosten einer Privatbehandlung sind sehr hoch.

Die Kosten für Zahnarztbehandlungen hängen vom Anrecht auf NHS-Versorgung sowie davon ab, ob Sie einen NHS-Zahnarzt aufsuchen. Einige Krankenhäuser in Großbritannien nehmen zahnärztliche Notbehandlungen vor. Privatzahnärzte finden Sie auf der Website der **British Dental Association (BDA)**.

Auf einen Blick

Notrufnummern

Polizei, Feuerwehr und Krankenwagen
999 oder 112.

Emergency Dental Care
(020) 7188 7188
(Guy's Hospital, London).

Royal National Lifeboat Institution (RNLI)
rnli.org

Verlorenes oder gestohlenes Eigentum

Transport for London Lost Property Office
200 Baker St, NW1.
0343 222 1234.
(Mo–Fr 6.30–16.30 Uhr).
tfl.gov.uk

Medizinische Versorgung

Boots
boots.com

British Dental Association (BDA)
bda.org

Krankenhäuser
Suchen Sie im Telefonbuch (thephonebook.bt.com), oder fragen Sie bei der Polizei nach.

NHS
nhs.uk

NHS 111 Service
111 (24-Stunden-Dienst: Informationen und medizinische Beratung).

Filiale der Drogeriekette Boots in Leeds

Banken und Währung

Normalerweise erhalten Sie in großen Banken die besten Wechselkurse. Private Wechselstuben gibt es an beinahe jedem größeren Flughafen, Bahnhof und in Ferienregionen. Mit Kredit- und Debitkarten können Sie jederzeit an einem der zahlreichen Bankautomaten Bargeld (Pfund Sterling) abheben und damit auch in Restaurants und Läden bezahlen.

Filiale der Lloyds Banking Group

Wechselstuben

Wechselstuben locken oft mit guter Lage und Service außerhalb der Banköffnungszeiten. Ein Vergleich lohnt sich immer, da die Wechselkurse erheblich schwanken und mitunter sehr hohe Gebühren anfallen können. Wechselstuben verlangen in aller Regel höhere Gebühren als Banken.

Angesehene Unternehmen wie **International Currency Exchange**, **Travelex**, **Western Union** und **Chequepoint** sowie Post Office (www.postoffice.co.uk) bieten in der Regel gute Konditionen und unterhalten landesweit zahlreiche Zweigstellen. Marks & Spencer (www.marksandspencer.com) kann in mehr als 110 seiner Läden eine Wechselstube aufweisen.

Banken und Geldautomaten

Nicht nur in den Städten, sondern auch in sehr vielen kleineren Orten Großbritanniens finden Sie zumindest Filialen einer der fünf großen Girobanken Barclays, Lloyds Banking Group, HSBC, NatWest und Royal Bank of Scotland.

Banken haben unterschiedlich lange, mindestens aber montags bis freitags von 10 bis 15.30 Uhr geöffnet. Insbesondere in Städten öffnen viele länger, einige auch am Samstagvormittag. An gesetzlichen Feiertagen *(siehe S. 69)* sind alle Banken geschlossen.

Bei vielen Banken können Sie von Geldautomaten mit Ihrer Bankkarte (girocard) oder Kreditkarte bei Eingabe der Geheimnummer (PIN) Bargeld in Pfund Sterling abheben. An den meisten modernen Geräten lässt sich sogar die Benutzersprache wählen. Geldautomaten (ATM = Automatic Teller Machines) stehen rund um die Uhr zur Verfügung. Geldautomaten findet man auch in einigen Supermärkten, Postämtern, Tankstellen, Bahnhöfen und an Stationen der Londoner U-Bahn.

Kartenverlust

Allgemeine Notrufnummer
0049 116 116.

American Express
0044 1273 696 933.

Diners Club
0845 862 2935.

MasterCard
0800 964 767.

Visa
0800 891 725.

girocard
0049 69 740 987.

Kredit- und Debitkarten

Kreditkarten werden im ganzen Land weithin akzeptiert. Vor allem zum Begleichen von Hotel- und Restaurantrechnungen sind sie bequem, bei Mietwagenfirmen oft unabdingbar. Allerdings: Kleinere Läden und Märkte, aber auch Gasthäuser, Pubs und Cafés akzeptieren häufig nur Barzahlung. Am verbreitetsten unter den Kreditkarten ist **Visa**, gefolgt von **MasterCard**, **American Express** und **Diners Club**.

Mit Kreditkarten können Sie an Geldautomaten auch Geld abheben. Dafür stellt Ihnen das Kreditkartenunternehmen jedoch jedes Mal eine Gebühr in Rechnung. Neben den Kreditkarten kommen auch Debitkarten häufig zum Einsatz. Bekannteste Debitkarte ist die **girocard** (früher EC-Karte). Sie gibt es in zwei Ausführungen mit dem Maestro-Logo oder mit dem V PAY-Logo. Beide Ausführungen funktionieren gleichermaßen.

Britische Banken

In fast allen Städten finden Sie Filialen dieser großen Bankhäuser. Bei den meisten können Sie Geld wechseln, müssen sich aber meist dafür ausweisen.

Logo der HSBC

Logo der Royal Bank of Scotland

Logo der Barclays Bank

Logo der National Westminster

Auf einen Blick

Chequepoint
(020) 7244 1252.
chequepoint.com

International Currency Exchange
(020) 7630 1107.

Travelex
0845 8727 627.
travelex.co.uk

Western Union
0808 234 9168.
westernunion.co.uk

BANKEN UND WÄHRUNG | **629**

Währung

Die britische Währung ist das Pfund Sterling (£ oder GBP), unterteilt in 100 Pence (p). Devisenkontrollen werden nicht durchgeführt. Sie können also Bargeld in beliebiger Höhe ein- und ausführen. Schottland, die Isle of Man und die Kanalinseln geben eigene Banknoten aus. Diese entsprechen dem Wert des englischen Pfunds und gelten in ganz Großbritannien als gesetzliches Zahlungsmittel, werden aber in England und Wales nicht immer akzeptiert. Tauschen Sie sie am besten vor der Ausreise aus der entsprechenden Region in englische Pfund um. Es empfiehlt sich, einen kleineren Geldbetrag schon vor der Reise zu wechseln, da die Warteschlangen vor den Wechselstuben am Flughafen oder Fährhafen lang sein können. Lassen Sie sich beim Geldwechseln auch kleinere Scheine geben.

Schottische 1-£-Note

Banknoten

Britische Banknoten gibt es im Wert von 5, 10, 20 und 50 £. Halten Sie kleinere Scheine bereit, da große Scheine oft nicht gewechselt werden können.

50-£-Note (James Watt und Matthew Boulton)

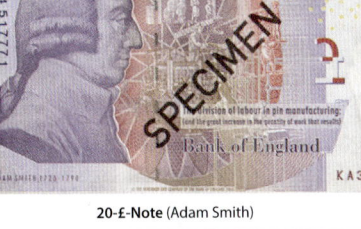

20-£-Note (Adam Smith)

10-£-Note (Charles Darwin)

5-£-Note (Winston Churchill)

Münzen

Im Umlauf sind Münzen zu 2 £ und 1 £ sowie 50 p, 20 p, 10 p, 5 p, 2 p und 1 p (hier in Originalgröße abgebildet).

2 Pounds (2 £)

1 Pound (1 £)

50 Pence (50 p)

20 Pence (20 p)

10 Pence (10 p)

5 Pence (5 p)

2 Pence (2 p)

1 Penny (1 p)

Kommunikation

Großbritannien hat exzellente Kommunikationssysteme. Das Festnetz ist effizient und günstig, die Gebühren richten sich danach, wann, wo und wie lange man telefoniert. Die günstigste Zeit ist unter der Woche zwischen 19 und 7 Uhr und am Wochenende. Roaming-Gebühren für Handys fallen seit Juni 2017 nicht mehr an. Sollte man ein hohes Daten-Roaming haben, kann man auch WLAN nutzen, das Cafés und Restaurants anbieten. Post kann man sich in britische Postfilialen postlagernd schicken lassen.

Öffentliche Telefone
Auch wenn die Zahl der Telefonzellen seit Jahren zurückgeht, findet man sie noch an Flughäfen und Bahnhöfen. Das Minimum für ein Gespräch sind 60 Pence. Bezahlen kann man mit Münzen, Kredit- oder Debitkarten sowie Telefonkarten. Die Mindestgebühr für Anrufe per Kreditkarte liegt bei 1,20 Pfund.

Mobiltelefone
Das Mobilfunknetz in Großbritannien ist umfassend, auf jeder Hauptstraße findet man mindestens einen Mobilfunkladen. Die großen Anbieter in Großbritannien sind **Vodafone**, **Carphone Warehouse**, **O2**, **EE** und **Three**. Das britische Netzwerk nutzt den GSM-Standard. Alle üblichen Handys funktionieren problemlos.

Seit Juni 2017 sind sämtliche Roaming-Gebühren in der EU, im EWR, aber nicht in der Schweiz entfallen. Als Mobilfunkkunde zahlt man auch im Urlaub nur so viel wie in seinem Heimatland. Gegen Missbrauch gilt eine neue Fair-Use-Grenze. Prüfen Sie trotzdem Ihren Mobilfunk-Vertrag oder das von Ihnen genutzte Angebot, ob im Ausland weitere Gebühren anfallen. Möglicherweise bietet sich auch der Kauf einer kurzfristigen Auslandsoption an.

Wer viel telefonieren will, kann sich ein britisches »Pay-as-you-go«-Handy zulegen (rund 10 £).

Override-Provider
Wenn man nur wenige internationale Anrufe tätigen will, spart man mit Override-Providern ebenfalls Geld. Einer der günstigsten Anbieter in Großbritannien ist 18185. Man legt online ein Konto an und wählt dann bei einem Anruf aus Großbritannien vor der internationalen Nummer die 18185.

Internet
Smartphones und Tablets haben den Internet-Zugang für Reisende revolutioniert. Das Verschicken von E-Mails und SMS gehört mittlerweile zum Standard. Die meisten Social-Media-Apps bieten kostenlose Nachrichten und Telefonate in die ganze Welt. Kostenloses WLAN gibt es an vielen Plätzen wie Hotels, Läden, Restaurants, Coffeeshops, Bahn- und Flughäfen. Hat man kein eigenes Gerät dabei, kann man sich auch an einen Bibliotheksrechner setzen, muss dafür vorher aber einen Zeitrahmen buchen.

Internet-Cafés rechnen die Gebühren meist pro Minute ab, Ausdrucke kosten extra. VoIP (Voice over Internet Protocol) ist ein Weg, via Computer zu telefonieren. In den meisten Internet-Cafés gibt es mindestens einen PC, der entsprechend ausgestattet ist. Um VoIP nutzen zu können, brauchen Sie ein Konto bei Skype, Kopfhörer und ein Mikrofon, das in der Regel das Café zur Verfügung stellt. Skype-Mitglieder können untereinander kostenfrei in Kontakt treten.

Post
Briefmarken erhalten Sie überall dort, wo Sie den Hinweis »Stamps sold here« sehen, etwa auch in Supermärkten

Nützliche Nummern

BT-Auskunft (auch internat.)
118 500 (gebührenpflichtig).

Internationale Auskunft
155 (gebührenfrei).

Vermittlung
100.

Auslandsgespräche
00, dann Landesvorwahl: Deutschland (49), Österreich (43), Schweiz (41).
Nach Großbritannien: 0044.

Yellow Pages
118 247 (Branchenauskunft).
yell.com

Deutschland Direkt
0800 890049 (dann Nummer; gebührenfreies R-Gespräch).

An den Londoner U-Bahn-Stationen gibt es kostenloses WLAN

KOMMUNIKATION | 631

und bei Tankstellen. Viele Hotelrezeptionen besitzen Briefkästen. Versehen Sie Sendungen an Empfänger in Großbritannien stets mit der Postleitzahl, die Sie von der Hotline oder der Website der **Royal Mail** erfahren. Inlandsbriefe können Sie *Second Class* oder *First Class* aufgeben. Sendungen auf das europäische Festland benötigen mehrere Tage. Ein Standardbrief oder eine Postkarte nach Deutschland, Österreich oder in die Schweiz kostet 1,05 Pfund bei Zustellung binnen fünf Tagen. Eine raschere Zustellung ist dementsprechend teurer. Für Expresssendungen gibt es den Luftpost-Service Airsure der Royal Mail.

Größere städtische Postämter bieten einen Postlagerungsservice an. Man schreibt zur Adresse noch den Vermerk »poste restante«, dann folgt die Anschrift des Postamts. Der Empfänger muss sich bei Abholung ausweisen. Sendungen werden einen Monat lang aufbewahrt. Londons Hauptpostamt befindet sich in der William IV Street, WC2.

Neben den Hauptpostämtern, die alle Postdienstleistungen anbieten, bestehen – vor allem in abgelegenen Gegenden und Kleinstädten – zahlreiche Poststellen in Läden und Informationszentren. Postämter haben in der Regel montags bis freitags von 9 bis 17.30 Uhr (am Samstag bis 12.30 Uhr) geöffnet.

Briefkästen

Briefkästen – in allen Formen und Größen, allerdings immer rot – gibt es flächendeckend in Dörfern und Städten. Es gibt frei stehende *pillar boxes* ebenso wie Hängekästen. Manche Briefkästen besitzen zwei Einwurfschlitze, einen für *First-Class-*, einen für *Second-Class-*Sendungen. Die Leerungszeiten sind auf den Kästen vermerkt: in der Regel wochentags mehrmals, an Samstagen seltener, an Sonntagen fast nie.

Briefkasten

Sendungen ins Ausland

Für rasche Zustellung ins Ausland lohnt sich Luftpost. Luftpost-Sendungen innerhalb Europas brauchen drei bis vier Tage. Die Royal Mail bietet mit **Airsure** einen Express-Service an. Der Kurierdienst **Parcelforce Worldwide** bietet Kurierdienste an; die Preise sind vergleichbar mit denen privater Firmen wie **Crossflight**, **DHL**, **Expressair** oder **United Parcel Service (UPS)**.

Zeitungen und Zeitschriften

Überregionale britische Zeitungen gliedern sich in zwei Kategorien: seriöse (etwa *The Times*, *The Daily Telegraph* oder *The Guardian*) und Boulevardblätter (etwa *The Sun* oder *The Daily Mirror*).

Die (teureren) Sonntagsausgaben enthalten Beilagen zu so unterschiedlichen Themen wie Kunst, Auto, Gastronomie, Veranstaltungen, Reisen und Literatur.

Zu fast jedem Thema finden Sie im Handel eine Zeitschrift. *The Economist*, *New Statesman & Society* und *The Spectator* liefern Analysen aktueller Geschehnisse, während das satirische *Private Eye* Personen des öffentlichen Lebens aufs Korn nimmt. In großen Städten entdecken Sie, meist an den Hauptbahnhöfen und besonders vielfältig in London, auch ausländische Presseprodukte. Die weitverbreitete *International Herald Tribune* ist am Tag des Erscheinens erhältlich, deutschsprachige Zeitungen und Magazine bekommt man meist erst am Folgetag.

Britische Tageszeitungen

Auf einen Blick

Mobiltelefone

Carphone Warehouse
- carphonewarehouse.com

EE
- ee.co.uk

O2
- o2.co.uk

Three
- three.co.uk

Vodafone
- vodafone.co.uk

Override-Provider

18185
- 18185.co.uk

Postdienste

Airsure (Royal Mail)
- royalmail.com

Crossflight
- crossflight.com

DHL
- dhl.co.uk

Expressair
- expressair.co.uk

Parcelforce Worldwide
- parcelforce.com

Royal Mail
- royalmail.com

UPS
- ups.com

Fernsehen und Radio

Die staatliche BBC (British Broadcasting Corporation) betreibt acht nationale Sender und mehrere regionale. Ihre privaten Konkurrenten sind ITV (Soap Operas, Spielshows) und Channel 5 (Reality-Shows). Channel 4 hebt sich mit Dokumentarfilmen sowie ernst zu nehmenden Talkshows vom Massengeschmack ab.

Die BBC-Rundfunksender reichen von Radio 1 (Popmusik) bis Radio 4 mit einer Mischung von Nachrichten und Hörspiel. Hinzu kommen lokale Privatsender.

Tageszeitungen und Programmzeitschriften wie die wöchentlich erscheinende *Radio Times* informieren über das TV- und Radioprogramm.

Reiseinformationen

Als Drehscheibe des internationalen Flug- und Schiffsverkehrs hat Großbritannien ausgezeichnete Auslandsanbindungen. Flugpassagiere können zwischen zahlreichen Gesellschaften wählen. Die meisten fliegen einen der fünf Flughäfen Londons an. Während die Anreise per Bus viel Zeit raubt, hat der Eurotunnel (Kanaltunnel) Bahnfahrten wesentlich verkürzt (die Strecke London–Paris auf 2,5 Stunden).

Das Reisen im Land wirft kaum Probleme auf. Das Straßennetz ist gut ausgebaut. Mietwagen sind oft das bequemste Fortbewegungsmittel. Hervorragende Verbindungen zwischen größeren Städten sowie gute Anschlüsse an kleinere Städte bietet die Bahn. Je weiter man allerdings in den Norden reist, desto mehr ist man auf Busse angewiesen. Sie sind preiswert und fahren fast alle Ziele an.

Eurostar-Züge an der Station St Pancras in London

In Großbritannien unterwegs

Die Wahl des besten Fortbewegungsmittels hängt im Wesentlichen davon ab, wann und wohin Sie reisen wollen – wobei die schnellste und bequemste Möglichkeit (z. B. das Flugzeug für Inlandsreisen oder der Mietwagen) meist auch die teuerste ist. Das Internet bietet viele Websites mit Routenplanern unter Berücksichtigung von Verkehrsmitteln und Verkehrsaufkommen.

Flüge innerhalb Großbritanniens lohnen sich – mit Ausnahme der weiten Distanzen wie London–Edinburgh – selten. Durch die Fahrt zum und vom Flughafen spart man bei kurzen Entfernungen kaum Zeit. Größere Städte erreicht man am besten mit dem Zug. Da Bahnfahrten vor allem zu Hauptreisezeiten recht teuer sein können, sollten Vielfahrer den Kauf eines Bahnpasses erwägen. Sie können Bahnpässe – es sind mehrere Varianten im Angebot (siehe S. 638) – schon bei einem Reisebüro im Heimatland erwerben.

Fernbusse (siehe S. 640) verkehren zwischen vielen Zielen und sind billiger als die Bahn, allerdings länger unterwegs und womöglich unbequemer. An jedem größeren Bahn- und Busbahnhof finden Sie Taxis für die Fahrt zum Hotel.

Will man das Land auf eigene Faust erkunden, erlaubt ein Mietwagen mehr Freiheit als öffentliche Verkehrsmittel. Autos kann man an allen wichtigen Flughäfen und Bahnhöfen sowie bei Verleihern in den Stadtzentren mieten – zu den besten Konditionen vorab von zu Hause aus. Kleine Firmen sind oft billiger als Marktführer, aber auch unzuverlässiger und unflexibler.

Überschaubare Gelände wie Nationalparks lassen sich angenehm mit Fahrrad, Boot oder zu Pferd durchstreifen. Manchmal reizen Alternativen wie die Ruderboot-Flussfähre zwischen Southwold und Walberswick an der Blyth-Mündung (siehe S. 206). Zum Festland und den Inseln setzen vom Kontinent aus zahlreiche Autofähren über.

Umweltbewusst reisen

Das Autofahren in britischen Städten ist aufgrund der eingeschränkten Parkmöglichkeiten in den Innenstädten nicht empfehlenswert. In London sind zudem von allen Autofahrern Abgasentgelte, die sogenannte Congestion Charge, zu entrichten. Nutzen Sie stattdessen doch das ausgedehnte öffentliche Verkehrsnetz.

Natürlich kann man auch weite Strecken mit dem Auto bewältigen, obwohl auch das gut geplant sein sollte. In den meisten Gebieten gibt es gute, regelmäßig verkehrende Zug- und Busverbindungen. In ländlichen Gegenden kann es sich jedoch als schwierig erweisen, ohne eigenes Gefährt unterwegs zu sein, da Busse hier nur gelegentlich fahren, vor allem sonntags. Hier bietet es sich an, ein Auto zu mieten.

Zu Stoßzeiten können Züge überfüllt und die Tickets teuer sein. Buchen Sie deshalb im Voraus. Mit dem GroupSave-Ticket können bis zu vier Reisende günstiger Zug fahren. Weitere Ermäßigungen gibt es mit einer Travel Card.

Der National Trust (siehe S. 625) bietet etwa ermäßigte Eintrittspreise, wenn man mit einem öffentlichen Verkehrsmittel die Sehenswürdigkeiten besucht.

Außerdem gibt es in ganz Großbritannien mehr als 20 000 Kilometer Radwege. Bucht man vorab, kann man Räder in Zügen mitnehmen.

Mehr Informationen zu umweltbewusstem Reisen gibt es bei **Sustrans**.

Anreise mit Schiff, Bahn und Bus

Falls Sie nicht fliegen, sondern mit Auto, Bus oder Bahn anreisen: Sie müssen den Ärmelkanal oder die Nordsee mit Fähren über- oder via Eurotunnel unterqueren. Linienfähren laufen verschiedene Häfen des europäischen Festlands an und besitzen gute Anschlüsse an Busverbindungen zu den meisten großen Städten Europas. Der Eurotunnel ermöglicht direkte Bahnverbindungen zwischen dem Kontinent und Großbritannien. Er hat eine heftige Preiskonkurrenz zwischen Fährgesellschaften und der Tunnelbetreiberfirma ausgelöst.

Mit der Fähre

Ungefähr 20 verschiedene Auto- und Personenfährdienste pendeln regelmäßig auf dem Ärmelkanal und der Nordsee zwischen britischen und west- bzw. nordeuropäischen Häfen. Von **DFDS Seaways** bediente Routen sind Amsterdam–Newcastle, Dunkerque–Dover, Calais–Dover und Esbjerg–Harwich.

Dem Eurotunnel haben Fähren voraus, dass sie Verbindungen zwischen vielen Städten und Regionen schaffen. Aufenthaltsdauer, Jahres- und Tageszeit wirken sich auf die unterschiedlichen Fährtarife aus, dabei ist die kürzeste nicht die billigste Verbindung.

Fahrzeiten

Die Fahrzeiten variieren von einer guten Stunde auf den kürzesten Routen bis zu 24 Stunden, etwa auf Fähren aus Skandinavien oder Spanien. Bei Nachtfahrten können Zuschläge für Schlafgelegenheiten anfallen. **DFDS** und **P&O Ferries** bieten eine rasche Verbindung zwischen Dover und Calais an. Das ist die gegenwärtig schnellste Route für die Überquerung des Ärmelkanals. Die Schiffe benötigen dafür etwa 1,5 Stunden. Weitere Fährlinien wie **Brittany Ferries** und **Condor Ferries** haben die gleiche Strecke im Angebot. Auch von Portsmouth, Plymouth und Poole verkehren Schiffe nach Calais.

Hafenbürokratie

Bürger der Europäischen Union und der Schweiz werden in den britischen Seehäfen verhältnismäßig schnell abgefertigt, ohne langwierige Einreise- und Zollkontrollen *(siehe S. 620)*.

Eurotunnel

Die unter dem Ärmelkanal verlaufende Verbindung zwischen Großbritannien und dem Kontinent schloss ein Loch im europäischen Verkehrsnetz. Komfortable Hightech-Züge vermitteln ein Reiseerlebnis, das zuvor Flugzeugen vorbehalten war. Ein von **Eurotunnel** betriebener Güterzug bringt Bus- und Autoreisende in lediglich 35 Minuten von Calais nach Folkestone.

Eurotunnel-Logo

Für Reisende ohne Fahrzeug bietet der von Frankreich, Belgien und Großbritannien betriebene **Eurostar** täglich rund 40 direkte Verbindungen von Brüssel, Lille, Paris und Calais nach Ashford, Ebbsfleet und St Pancras in London an. Die zwei 50 Kilometer langen Personenverkehrstunnel und der Versorgungstunnel verlaufen zwischen 25 und 45 Meter tief unter dem Meeresboden.

Mit dem Bus

Busreisen sind zwar die preiswerteste, aber nicht unbedingt die bequemste Anreisemöglichkeit. Sie bieten sich an, wenn man viel Zeit mitbringt und unterwegs haltmachen will. Im Ticket ist meist der Preis für Fähre oder Eurotunnel inbegriffen. Interessant können auch pauschale Rundreise- oder Kombi-Angebote von Reiseveranstaltern sein.

Vor spektakulärer Kulisse: einlaufende Fähre bei Dover

Auf einen Blick
Umweltbewusst reisen

Sustrans
w sustrans.org.uk

Fähren, Bahn und Fernbusse

BritRail
w britrail.com

Brittany Ferries
0330 159 7000.
w brittany-ferries.co.uk

Condor Ferries
0345 609 1024.
w condorferries.co.uk

DFDS
0871 574 7235.
w dfdsseaways.co.uk

European Rail Travel
08448 484 078.
w raileurope.com

Eurostar
03432 186 186.
w eurostar.com

Eurotunnel / Le Shuttle
08443 35 35 35.
w eurotunnel.com

P&O Ferries
01304 44 88 88.
0800 130 0030 (Dover).
w poferries.com

Anreise mit dem Flugzeug

Von Großbritanniens etwa 130 amtlich zugelassenen Flughäfen ist nur eine Handvoll auf Langstreckenflugzeuge eingestellt. Der europaweit größte Flughafen ist Heathrow bei London – eine der bedeutendsten Drehscheiben der Welt. Fast alle renommierten Fluggesellschaften fliegen Heathrow aus nahezu allen Großstädten der Welt direkt an. Zu den weiteren großen Flughäfen zählen Gatwick (London), Stansted (London), Manchester, Glasgow, Newcastle, Birmingham und Edinburgh. Auch kleinere Flughäfen wie London City, Bristol, Norwich und Cardiff bieten tägliche innereuropäische Verbindungen.

Eine Boeing 747 der British Airways am Flughafen Heathrow

Britische Flughäfen

Heathrow Airport Holdings (früher: BAA) betreibt die größten Flughäfen des Landes, der Rest wird kommunal oder privat verwaltet. Die meisten Flughäfen bieten den üblichen Komfort, darunter 24-Stunden-Bankschalter, Läden, Cafés, Hotels und Restaurants. Auf allen Flughäfen herrschen strenge Sicherheitsvorschriften. Besucher sollten Gepäck nie unbeaufsichtigt abstellen.

Für Reisende nach London sind Heathrow und Gatwick am angenehmsten. Billigere Flüge gehen oft nach Stansted.

Wer nach Nordengland will, hat eine Auswahl an Flügen nach Birmingham, Newcastle und Manchester. Schottland-Besucher können Glasgow oder Edinburgh anfliegen.

Heathrow hat fünf Terminals, an einigen anderen Flughäfen gibt es zwei. Erkundigen Sie sich rechtzeitig nach Ihrem Terminal – vor allem, wenn Ihr Zeitplan eng ist. Sollte Ihr Flug wegen schlechten Wetters zu einem anderen Flughafen verlegt werden, dann kümmert sich die Fluggesellschaft um den Transport zum planmäßigen Reiseziel.

British Airways fliegt nahezu alle wichtigen Städte der Welt an. Zu den internationalen britischen Fluggesellschaften gehören außerdem **Virgin Atlantic** mit Flügen in die USA und den Fernen Osten sowie die auf Westeuropa spezialisierte **Flybe**.

In Deutschland, Österreich und der Schweiz besteht ebenso wie in anderen Ländern Europas ein äußerst vielfältiges Angebot an Linienflügen, u. a. mit **Lufthansa**, **Austrian** und **Swiss**, sowie auch an Charterflügen nach Großbritannien. Vor allem das Angebot an Flügen nach London ist äußerst vielfältig, hier lohnt es sich, die Preise genau zu vergleichen.

Die beim Abflug in Großbritannien erhobene Flughafensteuer ist im Preis des Tickets bereits enthalten.

Transport vom Flughafen

Die Flughäfen liegen weit von den Stadtzentren entfernt, besitzen aber gute Anbindungen. Taxis sind das bequemste, doch teuerste Transportmittel – zu Stoßzeiten sind sie außerdem noch langsam. Auch Busse können im Stau stehen, doch sind sie viel billiger.

Heathrow und Newcastle haben U-Bahn-Anschlüsse *(siehe S. 643)*, eine effiziente Möglichkeit, in die Stadt zu kommen. Besucher, die in Heathrow landen, können

Flughafen	Information	Entfernung zum Stadtzentrum	Taxi ins Zentrum	Öffentliche Verkehrsmittel
Heathrow	0844 335 1801	23 km	40–45 £	Bahn: 15 Min. U-Bahn: 45 Min.
Gatwick	0844 892 0322	45 km	75 £	Bahn: 30 Min. Bus: 70 Min.
Stansted	0844 335 1803	60 km	80 £	Bahn: 45 Min. Bus: 75 Min.
Manchester	0871 271 0711	16 km	15–16 £	Bahn: 15 Min. Bus: 30 Min.
Birmingham	0871 222 0072	13 km	12–15 £	Bus: 30 Min.
Newcastle	0871 882 1121	8 km	22 £	U-Bahn: 20 Min. Bus: 20 Min.
Glasgow	0844 481 5555	13 km	17–20 £	Bus: 20 Min.
Edinburgh	0844 481 8989	13 km	17–18 £	Bus: 25 Min.

Terminal 5 am Heathrow Airport

auch den Heathrow Express (www.heathrowexpress.com, 0345 600 1515) nehmen, der zur Paddington Station fährt. Die Schnellzüge verkehren von 5 Uhr bis Mitternacht alle 15 Minuten und brauchen von den Terminals 1, 2 und 3 15 Minuten und von Terminal 5 21 Minuten. Von Terminal 4 aus muss man umsteigen (23 Min. Fahrtdauer). Seit Mai 2018 verkehrt ein Direktzug zwischen Paddington und Terminal 4. Landet man in Gatwick, kann man den Gatwick Express (www.gatwickexpress.com oder 0345 850 1530) nach London Victoria nehmen. Die Züge fahren alle 15 Minuten (Dauer 30 Min.).

In Manchester, Stansted und Gatwick gibt es regelmäßige und preisgünstige Schnellzugverbindungen ins Zentrum.

National Express Coaches (siehe S. 640) unterhält Direktverbindungen zwischen den größeren Flughäfen und zahlreichen britischen Städten. Zwischen den Flughäfen Gatwick und Heathrow pendeln regelmäßig Busse.

Logos der Expresszüge nach London

Flugtarife

Fluggesellschaften werben zunehmend mit Sondertarifen, doch es kann schwierig sein, den gewünschten Flug zum Sparpreis aufzustöbern. Die Flugpreise sind im Allgemeinen von der Jahreszeit abhängig. Am teuersten sind die Preise in der Regel zwischen Juni und September, am billigsten zwischen November und April – mit Ausnahme von Weihnachten. Man sollte am besten rechtzeitig buchen.

Am einfachsten und häufig auch am günstigsten bucht man einen Flug übers Internet. Zahlreiche Flugpreisportale ermöglichen eine detaillierte vergleichende Suche nach dem billigsten Angebot. Auch der direkte Vergleich zwischen den Angeboten einer Fluglinie und einem der vielen Preisportale lohnt sich immer. Fluglinien wie **EasyJet** und **Ryanair** bieten sehr günstige Flüge, wenn man im Voraus bucht. Buchen Sie Billigtickets nur bei seriösen Firmen, und zahlen Sie erst, wenn Sie Ihr Ticket gesehen haben. Fragen Sie die Fluggesellschaft nach der Buchungsbestätigung.

Pauschalreisen können sich auch für Individualreisende eignen. Airlines und Reiseveranstalter stellen auch individuelle Routen zusammen, manchmal inklusive Mietwagen oder Bahnfahrten. Diese Kombi-Angebote kommen in der Regel billiger als Arrangements vor Ort. Studenten, Senioren, Vielflieger, Kinder und Babys erhalten häufig Ermäßigungen.

Inlandsflüge

Angesichts der geringen Ausmaße von Großbritannien lohnen sich Inlandsflüge nur bei größeren Entfernungen. Ein Flug von London nach Schottland oder zu einer der vorgelagerten Inseln kann viel Zeit sparen – nicht aber Geld. Aber: Bei rechtzeitiger Buchung zahlen Sie vielleicht nur ein Drittel des regulären Flugpreises. Vor allem Geschäftsreisende nutzen die Verbindungen von British Airways zwischen London und Städten wie Glasgow, Edinburgh und Manchester. Die Flugzeuge starten zu den täglichen Spitzenzeiten stündlich, ansonsten meist alle zwei Stunden. Auch bei Inlandsflügen sind die Sicherheitskontrollen streng: Lassen Sie Ihr Gepäck niemals unbeaufsichtigt.

Auf einen Blick

Fluglinien

Austrian
- (05) 1766 1000 (Österreich).
- 03701 24 26 25 (UK).
- austrian.com

British Airways
- (0421) 5575 757 (D).
- 0344 493 0787 (UK).
- britishairways.com

EasyJet
- easyjet.com

Flybe
- 0371 700 2000.
- flybe.com

Heathrow Airport Limited
- 0844 335 1801.
- heathrow.com

Lufthansa
- (069) 86 799 799 (D).
- 0371 945 9747 (Heathrow).
- lufthansa.com

Ryanair
- 0871 246 0000.
- ryanair.com

Swiss
- (0848) 700 700 (Schweiz).
- 0345 601 0956 (UK).
- swiss.com

Virgin Atlantic
- 0344 209 7777.
- virgin-atlantic.com

Mit dem Auto unterwegs

Sobald Sie sich an den Linksverkehr (mit entsprechenden Regeln bei Kreuzungen und Kreisverkehr) und an die Meilenangaben gewöhnt haben, werden Sie das Autofahren im ländlichen Großbritannien als sehr angenehm empfinden. In Städten dagegen und zu Ausflugszeiten, an Ferienwochenenden insbesondere im Umfeld von London und der Südküste, kann dichter Verkehr an den Nerven zehren. Das Autobahnnetz ist ausgedehnt und (bis auf wenige Tunnel und Brücken) gebührenfrei.

Die vierspurige A30 verläuft durch Cornwall

Dokumente
Autofahrer benötigen einen gültigen nationalen oder internationalen Führerschein und müssen Kfz-Schein oder Mietvertrag sowie Versicherungsdokumente bei sich führen.

Straßen
Zur städtischen Rushhour (in der Regel wochentags 8–9.30, 17–19 Uhr) kann der Verkehr zum Erliegen kommen. Bei Fernfahrten helfen gute Straßenkarten (z.B. die übersichtlichen AA- oder RAC-Straßenatlanten), in abgelegenen Gebieten die Karten des Landesvermessungsamts, des Ordnance Survey. Alle Karten kennzeichnen Nebenstraßen mit einem B, Hauptverkehrsstraßen (oft doppelspurig mit Mittelstreifen) mit einem A. Nebenstraßen sind, da weniger befahren, oft angenehmer. Autobahnen (motorways) sind mit einem M, gefolgt von einer Kennzahl, markiert.

Verkehrsschilder
Verkehrsschilder entsprechen fast alle europäischem Standard. Wegweiser sind farblich kategorisiert: Blau verweist auf Autobahnen, Grün auf Hauptstraßen und Weiß auf Nebenstraßen. Die Beschilderung ist nicht immer ausreichend und kann vor allem in Vororten verwirren. Braune Schilder kündigen Sehenswürdigkeiten an. Empfehlungs- und Warnschilder zeigen leicht verständliche Symbole auf rot-weißen Dreiecken. Bahnübergänge sind oft mit automatischen Warnschranken gesichert: Rotes Licht kündigt einen Zug an und gebietet Halt. Das in den meisten Buchhandlungen erhältliche UK Highway Code Manual erklärt den neuesten Stand britischer Verkehrsregeln (auch unter www.gov.uk/guidance/the-highway-code).

Verkehrsregeln
Höchstgeschwindigkeit ist in bebauten Gebieten etwa 48 km/h (30 mph), auf Landstraßen ca. 96 km/h (60 mph), auf Autobahnen und vierspurigen Schnellstraßen ca. 112 km/h (70 mph). Beachten Sie die Tempolimits auf anderen Straßen. Das Anlegen von Sicherheitsgurten ist Pflicht. Trunkenheit am Steuer wird hart bestraft, auch wenn die Alkoholgrenze mit einem Wert von 0,8 Promille im Vergleich mit vielen anderen Ländern Europas relativ hoch liegt. In Schottland dagegen ist die Grenze auf 0,5 Promille abgesenkt worden.

Es ist verboten, während des Fahrens mit einem Mobiltelefon zu telefonieren, es sei denn im Fahrzeug ist eine Freisprechanlage vorhanden.

Parken
Die Parkplatzsuche ist der Schrecken britischer Autofahrer. Tagsüber (gewöhnlich Mo–Sa 8–18.30 Uhr) ist man vielerorts auf Parkuhren angewiesen. Halten Sie Münzen bereit. Einige Städte bieten »Park-and-ride«-Möglichkeiten, bei denen Busse Sie ins Zentrum bringen. In anderen Städten benötigt man Parkscheiben, die in Fremdenverkehrsämtern und Zeitungs-

Entfernungstabelle

10 = Entfernung in Meilen
10 = Entfernung in Kilometern

London											
492 / 792	Aberdeen										
111 / 179	411 / 658	Birmingham									
114 / 182	490 / 784	88 / 101	Bristol								
150 / 241	493 / 789	102 / 164	44 / 70	Cardiff							
74 / 119	563 / 901	185 / 298	189 / 302	228 / 367	Dover						
372 / 599	121 / 194	290 / 467	369 / 590	373 / 600	442 / 711	Edinburgh					
170 / 272	565 / 904	164 / 262	75 / 120	120 / 192	244 / 342	444 / 710	Exeter				
198 / 317	792 / 492	90 / 144	161 / 258	165 / 264	270 / 432	214 / 342	237 / 380	Liverpool			
184 / 296	333 / 533	81 / 130	162 / 258	173 / 278	257 / 414	213 / 343	238 / 381	34 / 54	Manchester		
274 / 441	228 / 365	204 / 328	288 / 461	301 / 484	343 / 552	107 / 172	364 / 582	155 / 248	131 / 211	Newcastle	
56 / 90	473 / 757	63 / 101	70 / 112	104 / 166	129 / 206	353 / 565	141 / 226	153 / 245	144 / 230	254 / 406	Oxford
194 / 310	307 / 491	129 / 206	217 / 347	231 / 369	264 / 422	186 / 297	292 / 467	97 / 155	65 / 104	82 / 131	174 / 278	York

läden erhältlich sind. Viele Parkplätze sind gebührenpflichtig. An roten und gelben Doppelstreifen ist Parken grundsätzlich verboten, an einfachen gelben Streifen meist abends und am Wochenende erlaubt. Verkehrspolizisten stellen nicht nur Strafzettel aus, sondern lassen Radsperren anbringen oder auch abschleppen. Suchen Sie stets ausgewiesene Parkplätze. Schilder mit dem Buchstaben P weisen darauf hin.

Tanken
An großen Supermärkten ist Benzin oft am billigsten. Achten Sie auf Filialen von Asda, Tesco oder Sainsbury mit Tankstelle. An Autobahnen tankt man meist teurer. Sie können Diesel, bleifreies Benzin (»Unleaded«, 95 Oktan) oder Super (»Super Unleaded«, 98 Oktan) tanken. An den Tankstellen herrscht Selbstbedienung. Die Anweisungen an den Zapfsäulen sind leicht verständlich.

Pannenhilfe
Die beiden großen britischen Automobilclubs **AA** und **RAC** bieten rund um die Uhr flächendeckend Pannen- und Unfallhilfe an. AA ist der Partnerclub des deutschen ADAC. **ADAC**-Mitglieder erhalten rund um die Uhr Hilfe beim ADAC-Auslandsnotruf unter +49 89 22 22 22, **ÖAMTC**-Mitglieder wählen die Nummer +43 1 25 120 00.

An Autobahnen können Sie von den orangefarbenen Notrufsäulen aus AA und RAC *(siehe Kasten rechts)* erreichen. Der ebenfalls renommierte Rettungsdienst **Green Flag** erweist sich zuweilen als schneller und billiger, da er Techniker von örtlichen Werkstätten einsetzt.

Mietwagenpreise schließen meist Pannen- und Unfallhilfe von AA, RAC oder Green Flag ein. Fragen Sie den Verleih nach der zuständigen Notrufnummer. Rufen Sie bei Unfällen mit Personen- oder Sachschaden an Fremdfahrzeugen möglichst rasch die Polizei *(siehe S. 627)*.

Bei der **Environmental Transport Association** erhält man Informationen, wie man die Auswirkungen von Kohlendioxidemissionen begrenzen kann, und eine Liste mit Pannendiensten.

Autovermietung
Mietwagen sind in Großbritannien ein kostspieliges Vergnügen. Details zu Mietwagenfirmen an britischen Flughäfen finden Sie auf der Website von VisitBritain *(siehe S. 625)*. Zu den international vertretenen Unternehmen gehören **Avis**, **Hertz**, **Europcar**, **easyCar** und **Budget**. Achten Sie darauf, dass Auto und Insassen adäquat versichert sind. Am günstigsten mieten Sie ein Auto von zu Hause aus – im Kombi-Angebot mit Flugticket oder Pauschalreise.

Bei der Anmietung sind Führerschein und Ausweis vorzulegen sowie meist eine Kreditkarte (andernfalls ist Bargeld zu hinterlegen). Die meisten Firmen vermieten nicht an Führerschein-Neulinge und haben Altersgrenzen (in der Regel 21 oder 23 bis 70 Jahre). Bei den rechts gelenkten Wagen ist das Schalten mit links gewöhnungsbedürftig, doch in der Regel sind immer auch Wagen mit Automatik verfügbar. Wer länger als drei Wochen per Auto unterwegs ist, kommt mit Leasing bisweilen billiger weg. Vergessen Sie aber die Versicherungsgebühren nicht.

Per Anhalter unterwegs
Es ist nicht ratsam, in Großbritannien per Anhalter zu fahren, vor allem als alleinreisende Frau. Wenn Sie keine andere Wahl haben, stellen Sie sich an eine belebte Kreuzung. In ländlichen Gegenden wird müden Wanderern gern eine Mitfahrgelegenheit angeboten. An Autobahnen und deren Auffahrten ist sowohl das Anhalten des Fahrzeugs als auch das »Trampen« verboten.

Seriöse Mitfahrgelegenheiten findet man z. B. auf den Websites www.gumtree.com und www.blablacar.co.uk.

Auf einen Blick

Pannenhilfe

AA
☎ 0800 88 77 66.
🌐 theaa.com

Environmental Transport Association
☎ 0333 0000 999.
🌐 eta.co.uk

Green Flag
☎ 0800 051 0636.
🌐 greenflag.com

RAC
☎ 01922 437 000.
🌐 rac.co.uk

Mietwagen

Avis
☎ 0808 284 0014.
🌐 avis.co.uk

Budget
☎ 0808 284 4444.
🌐 budget.co.uk

easyCar
☎ 0800 640 7000.
🌐 easycar.com

Europcar
☎ 0871 384 9900.
🌐 europcar.co.uk

Hertz
☎ 0207 026 00 77.
🌐 hertz.co.uk

Information

AA Disability Helpline
☎ 0800 262 050.
🌐 theaa.com

AA Road Watch Traffic News
☎ 0906 888 4322.

Department for Transport
☎ 0300 330 3000.
🌐 dft.gov.uk

Weather
🌐 metoffice.gov.uk

Kleine Tankstelle in Goathland, North Yorkshire

Mit dem Zug unterwegs

Das flächendeckende, regional gegliederte Schienennetz der privaten Eisenbahngesellschaften bedient mehr als 2500 Bahnhöfe im ganzen Land. Teilstrecken sind gelegentlich wegen Reparaturen gesperrt, oft am Wochenende (erkundigen Sie sich vorab). Wer Großbritannien in Ost-West-Richtung bereisen will, muss häufig umsteigen. Die meisten Strecken gehen sternförmig von London und seinen sieben großen Bahnhöfen aus. Vom Bahnhof St Pancras International in London sowie von den Bahnhöfen Ebbsfleet und Ashford in Kent hat man mit dem Eurostar *(siehe S. 633)* Anschluss an das europäische Festland.

Halle im Bahnhof Liverpool Street, London

Fahrscheine

Fahrscheine erhalten Sie in großen Reisebüros und allen Bahnhöfen. Die erste Klasse kostet etwa ein Drittel mehr als die zweite. Die Rückfahrkarte ist billiger als zwei Einzelfahrscheine.

Planen Sie für den Kartenkauf Zeit ein. Erkundigen Sie sich nach Sonderangeboten oder Ermäßigungen. Wer zum Schalter geht, eine Fahrkarte kauft und im Prinzip gleich losfahren will, zahlt am meisten. Buchen Sie besser im Voraus, vergleichen Sie Preise, und bedenken Sie, dass Sie mit Online-Buchungen günstiger fahren. Die Website von National Rail bietet einen nützlichen *cheapest fare finder*. Von hier werden Sie dann zum richtigen Unternehmen weitergeleitet, wo Sie buchen können. Hilfreich ist auch thetrainline.com, eine Website, auf der oft verbilligte Fahrkarten angeboten werden. Online reservierte Tickets können am Bahnhof abgeholt werden. Auch raileasy.co.uk bietet preisgünstige Tickets an. Gleiches gilt für das System von **Virgin Trains**. Hier zahlt man keine Buchungsgebühren.

Am Wochenende können in ländlichen Gebieten Kartenschalter geschlossen sein, Zugschaffner verkaufen dann die Tickets. Fahren ohne gültiges Ticket wird mit Bußgeld bestraft. Viele Bahnhöfe haben Fahrscheinautomaten.

Bahnpässe

Wer viele Zugfahrten plant, sollte einen Bahnpass erwerben, den man im Ausland bei vielen Vertretungen, etwa von **Rail Europe**, erhält. Der All-Line-Rail-Rover-Ausweis ermöglicht Erwachsenen unbegrenzte Fahrtmöglichkeiten in ganz England, Schottland und Wales. Man kann ihn für sieben bzw. 14 Tage kaufen.

Kinder unter 16 Jahren fahren zum halben Preis, für Familien ist auch eine Family & Friends Railcard oder Network Railcard erhältlich. Damit sparen Erwachsene ein Drittel, Kinder von fünf bis 15 Jahren 60 Prozent. Ermäßigungen gibt es auch für Jugendliche von 16 bis 25 Jahren oder Studenten an einer britischen Lehranstalt mit der Young Person's Rail Card. Reisenden über 60 Jahren bietet die Senior Rail Card die Möglichkeit, zu einem Drittel des normalen Fahrpreises zu fahren. Zudem gibt es mehrere Bahnpässe für Londons Schienennetz sowie einen Pass für den Bereich London, Oxford, Canterbury und Brighton. Fünf- bis 15-jährige Kinder reisen zum halben Preis, noch jüngere gratis, Behinderte vergünstigt. Familientickets sind erhältlich. Für den Kauf eines Bahnpasses benötigen Sie ein Passfoto. Beim Fahrkartenkauf ist der Bahnpass vorzulegen.

Allgemeine Hinweise

Die schnellsten und komfortabelsten Züge verkehren auf den Hauptstrecken *(mainline routes)*. Rechtzeitige Platzreservierung ist, vor allem für Hauptverkehrszeiten wie Freitagabend, ratsam. Die Züge besitzen Speisewagen und Klimaanlage. Die Strecke zwischen London und Edinburgh z. B. legen sie in gut vier Stunden zurück.

Gepäckträger finden Sie an den Bahnhöfen selten, dafür meist Kofferkulis. Auf Hilfe angewiesene Behinderte sollten

Schnellzug an einem Bahnsteig

Generalüberholte Dampfeisenbahn, North Yorkshire

sich mindestens 24 Stunden vorher bei den **National Rail Enquiries** melden, um Hilfestellung zu erbitten.

Ein gelber Streifen über dem Zugfenster signalisiert ein Erste-Klasse-Abteil, das einen höheren Fahrpreis kostet.

Achten Sie darauf, den richtigen Waggon zu besteigen. Manche werden unterwegs ab- und anderen Zügen angehängt. Steigen Sie zügig ein und aus: Die Züge halten in der Regel nur eine Minute.

Einige Bahnhöfe liegen außerhalb der Stadtzentren, sind jedoch meist mit dem Bus zu erreichen und gut ausgeschildert. An Sonntagen und Feiertagen verlängern sich die Fahrzeiten oft beträchtlich.

Panoramastrecken

Mit Aufkommen des Autoverkehrs um die Mitte des 20. Jahrhunderts wurden etliche ländliche Bahnstrecken stillgelegt. Eisenbahnliebhabern ist es zu verdanken, dass landschaftlich reizvolle Abschnitte wieder befahren werden und auch viele Dampflokomotiven heute wieder betriebsfähig sind.

Fremdenverkehrsämter, Fahrkartenschalter in Bahnhöfen und Reisebüros informieren über diese oft privat betriebenen Strecken. Auf den – meist nur kurzen – Fahrten durchquert man einige der attraktivsten Teile des Landes.

Zu den landschaftlich schönen Bahnlinien gehören: Ffestiniog Railway *(siehe S. 456f)* in Nordwales, North Yorkshire Moors Railway *(siehe S. 398)*, Strathspey Steam Railway *(siehe S. 548)* in den schottischen Cairngorms und La'al Ratty Railway in Cumbria.

Netz der britischen Eisenbahnen

Legende
— Hauptstrecke
— Nebenstrecke
● Knotenpunkt
○ Bahnhof

Auf einen Blick

Information

East Midlands Trains
☎ 03457 125 678 (Buchung).
🌐 eastmidlandstrains.co.uk

Fundbüro
☎ 0343 222 1234 (London Transport) oder jeweilige Bahngesellschaft.

Great Western Railway
☎ 03457 000 125.
🌐 gwr.com

National Rail Enquiries
☎ 03457 48 49 50.
🌐 nationalrail.co.uk

Rail Europe
☎ 08448 485 848.
🌐 raileurope.com

Thameslink
☎ 03450 264 700.
🌐 thameslinkrailway.com

Virgin Trains
☎ 0344 556 5650 (Buchung).
🌐 virgintrains.co.uk

Information außerhalb UK

Pässe, Spezialangebote, Packages
🌐 bahn.de
🌐 bahnurlaub.de
🌐 eurostar.com
🌐 schottland-reisen.net

Mit dem Bus unterwegs

Fern- beziehungsweise Expressbusse, aber auch Sightseeing-Busse werden in Großbritannien *coaches* genannt. Busse, die fahrplanmäßig in und zwischen Dörfern, Klein- und Großstädten auf festen Routen mit immer denselben Haltestellen pendeln, heißen dagegen *buses*. Fernbusse folgen oft Bahnrouten, sind meist billiger, doch auf jeden Fall langsamer und auf sehr befahrenen Straßen unzuverlässiger als Züge. Moderne Fern- und Reisebusse bieten einen gewissen Sitzkomfort, zuweilen gibt es sogar Erfrischungen, Toiletten und die Möglichkeit, Spielfilme anzusehen. Manche Städteverbindungen sind vor allem am Wochenende so beliebt, dass es ratsam ist, sich rechtzeitig eine Fahrkarte mit Sitzplatzgarantie zu besorgen.

Fernbusnetz

Die zahlreichen regionalen Busunternehmen stehen im Schatten der Gesellschaft **National Express**, die landesweit über 1200 Destinationen bedient. Auf beliebten Routen sollte man – vor allem am Freitagabend – unbedingt im Voraus buchen. Das Unternehmen bietet etliche Ermäßigungen an, etwa sogenannte Funfares (5 £, nur Online-Buchung; Buchungsgebühr 1 £) zu über 50 Zielen. **Megabus** fährt ebenfalls Ziele in ganz Großbritannien an. Auch hier sollte man früh buchen.

Busse von **Oxford Tube** und **X90 Oxford** verkehren regelmäßig zwischen Oxford und London, sind sehr beliebt und in der Regel auch für Rollstühle ausgerüstet. Das Fern- und Reisebus-Unternehmen **Scottish Citylink** unterhält einen regelmäßigen Service zwischen London, Nordengland und Schottland. Einige Fernbusse starten an den Airports Heathrow, Gatwick und Stansted. Planen Sie für den Ticketkauf genügend Zeit ein, es können sich Schlangen bilden.

Studenten und Personen unter 25 Jahren erhalten Ermäßigungen. Auch wer über 50 Jahre alt ist, bekommt mit der Discount Coach Card bis zu 30 Prozent Rabatt.

Busreisen

Die in Großbritannien angebotenen Busreisen decken alle Ziele, Interessens- und Altersgruppen ab, dauern einige Stunden oder auch zwei Wochen und länger. Die komfortablen Busse befahren mit oder ohne Reisebegleiter die Küste, das Landesinnere und landschaftlich schöne Strecken. Manche ziehen ihr Programm minutiös durch, andere lassen Sie auf eigene Faust umhergehen. Man kann arrangierte Reisen buchen oder für Gruppen Touren zusammenstellen lassen. Besuchen Sie die Websites von **Enjoy England** und **VisitBritain**, um sich inspirieren zu lassen.

In jeder größeren Stadt finden Sie Busunternehmen. Infos enthalten die *Yellow Pages* (siehe S. 630). Fremdenverkehrsbüros und die **Coach Tourism Association** erteilen auch Auskunft. Über Spezialveranstalter können Sie Busreisen auch online buchen.

Badeorte und Feriengebiete sind, vor allem zur Hochsaison, beliebte Tagesausflugsziele. In ländlichen Regionen, etwa im Lake District, werden auch Kleinbusse eingesetzt. Sie können diese im Voraus buchen oder erst kurz vor der Abfahrt erscheinen. Örtliche Fremdenverkehrs- und Reisebüros nennen Preis, Abfahrtszeit und -ort, manche verkaufen auch Fahrkarten.

Regionaler Busverkehr

Zahlreiche private wie kommunale Gesellschaften betreiben regionale Busse. Auf unrentablen, abgelegenen Strecken verkehren Busse deutlich seltener – manchmal nur ein Mal pro Woche – und zu höheren Tarifen. Entlegene Dörfer besitzen oftmals gar keinen Busanschluss. Auf Rollstuhlfahrer sind nur wenige Busse auf dem Land eingestellt.

Als Faustregel gilt: Je weiter Sie von einer Stadt entfernt sind, desto seltener die Verbindungen und desto höher die Tarife. Allerdings stellen Busse, Zeit vorausgesetzt, vergnügliche und oft gesellige Fortbewegungsmittel dar. Das Buspersonal besteht meist nur aus dem Fahrer. Halten Sie unbedingt ausreichend Kleingeld bereit: Große Beträge wechselt er ausgesprochen ungern.

Auf manchen Strecken bestehen an Sonn- und Feiertagen keine oder nur wenige Verbindungen. Erfragen Sie im Fremdenverkehrsbüro oder am Busbahnhof Fahrstrecken, -pläne und -preise, bevor Sie einen Bus besteigen und eventuell an einem Ziel landen, von dem aus es aber keine Rückfahrmöglichkeit gibt.

Ein Reisebus des Unternehmens National Express

Auf dem Wasser unterwegs

Wasserwege durchziehen das Landesinnere Großbritanniens auf Tausenden von Kilometern. Hunderte von Inseln liegen vor den Küsten. Eine Fahrt auf den Kanälen Mittelenglands kann ebenso ein Erlebnis sein wie eine Reise mit einer kleinen Fähre zu fernen schottischen Inseln. Für Kanalfahrten kann man Hausboote unterschiedlichster Größe und Komfortklassen mieten. Zwischen den Inseln verkehren zahllose Fähren, die in der Regel technisch auf dem neuesten Stand sind. Infos über die Kanäle, Flüsse und Seen und gibt es auf der Website von Canal & River Trust. Hier kann man auch Boote buchen.

Schleppkahn auf dem Welsh Backs, Bristol, Avon

Kanäle

Der Beginn der Industrialisierung im 18. Jahrhundert weckte den Bedarf an billigen, effizienten Transportwegen für schwere Frachten. Zu diesem Zweck baute man ein weitverzweigtes Kanalsystem, das die meisten Industriegebiete in Nordengland mit den großes Seehäfen verband.

Schienen- und Straßenverkehr liefen den Kanälen später den Rang ab. Doch vor allem im alten Industriegebiet Mittelenglands sind immer noch etwa 3200 Kilometer schiffbar. Heute locken die Kanäle Besucher an, die in nostalgischen, behäbigen Kähnen in Muße Natur und Aussicht genießen.

Attraktiv sind auch die Gasthöfe am Ufer, in denen einst Schiffer ihren Durst löschten und die Pferde versorgt wurden, die auf Treidelpfaden die Kähne zogen. Bootsferien sind entspannend. Über Kanalbootverleih informieren zahlreiche Spezialveranstalter, z. B. **Canal Holidays**, **Drifters** und **Canal & River Trust**. Die Website von **Canal Junction** hat Karten und Tourenvorschläge. **Hotel Boating** bietet geführte Touren.

Fähren

Eine Fährfahrt in Großbritannien kann eine zehnminütige Flussüberquerung sein oder eine siebenstündige Seereise. **Caledonian MacBrayne** betreibt viele Fähren in Schottland. Sie verbinden etwa Kyle of Lochalsh mit der Isle of Skye oder Oban mit Lochboisdale (in fünf Stunden) auf den Western Isles. Es gibt neben Einzelfahrscheinen auch Pässe für unbegrenzte Nutzung in einem bestimmten Zeitraum, Pässe für Insel-Hopping oder Tickets für Fähre-Bus-Kombinationen. Nicht alle Inselfähren transportieren Autos.

Flussfähren in Großbritannien bieten äußerst reizvolle, ausgefallene Transportalternativen. Pendler benutzen heute noch immer eifrig die Fähre über den Mersey zwischen Liverpool und Birkenhead. Flussfahrten in London, etwa zwischen Westminster und Tower Bridge, zeigen die Stadt aus einem ungewöhnlichen Blickwinkel und befreien von der Hektik der U-Bahnen, Busse und Autos. Informationen gibt es bei den Fremdenverkehrsbüros.

Autofähre auf der Strecke Oban – Lochboisdale

Auf einen Blick

Enjoy England
- visitengland.com

VisitBritain
- visitbritain.com

Busreisen

Coach Tourism Association
- 0870 850 2839 oder (020) 8398 8786.
- coachtourism association.co.uk

Megabus
- (0141) 352 4444.
- megabus.com

National Express
- 08717 81 81 81.
- nationalexpress.com

Oxford Tube
- (01865) 772250.
- oxfordtube.com

X90 Oxford
- (01865) 785400.
- X90.oxfordbus.co.uk

Scottish Citylink
- 0871 266 3333.
- citylink.co.uk

Victoria Coach Station
- 0343 222 1234.
- tfl.gov.uk/modes/coaches

Fähren und Schiffe

Caledonian MacBrayne
- 0800 066 5000.
- calmac.co.uk

Canal & River Trust
- 03030 40 40 40.
- canalrivertrust.org.uk

Canal Holidays
- canalholidays.com

Canal Junction
- canaljunction.com

Drifters
- 0344 984 0322.
- drifters.co.uk

Hotel Boating
- hotelboating.co.uk

In Städten unterwegs

Öffentliche Verkehrsmittel können Spaß bereiten: Nicht nur Kinder lieben Londons Doppeldeckerbusse. Der Transport ist effizient und preiswert angesichts der Kosten für die raren Parkplätze. Größere Städte besitzen meist gute Busnetze, London, Newcastle und Glasgow auch U-Bahnen, Edinburgh, Manchester und Nottingham Trams. Taxis finden Sie an allen Bahnhöfen, an Ständen im Zentrum und in Hotelnähe. Viele Städte erkundet man am besten zu Fuß. Welches Transportmittel Sie auch wählen: Meiden Sie die Rushhour (8 bis 9.30 Uhr, 16.30 bis 18.30 Uhr).

Doppeldeckerbusse in London

Busse

Die Privatisierung des Transportwesens hat ein komplexes Dienstleistungssystem hervorgebracht. Auf den Hauptstrecken verkehren oft mehrere Linien. Meist löst man Fahrkarten beim Fahrer. Halten Sie Kleingeld bereit, da die Fahrer nicht immer Scheine wechseln können. Kreditkarten werden nicht akzeptiert. Die Tarife richten sich nach Entfernungen. Tageskarten lohnen sich, wenn man eine Stadt mit dem Bus erkunden will. In vielen größeren Städten gelten – meist bei Zeitschriftenhändlern erhältliche – Tages- oder Wochenkarten für alle öffentlichen Verkehrsmittel. Erfragen Sie im Fremdenverkehrsamt die Fahrpläne und -preise.

Nachtbusse verkehren nur in großen Städten von etwa 23 Uhr bis zum frühen Morgen. Tageskarten gelten hier bis 4.30 Uhr. In London fahren fast alle (mit N markierten) Nachtbusse über den Trafalgar Square. Seien Sie auf der Hut, wenn Sie nachts allein mit nur wenigen Personen besetzte Busse besteigen.

Seit einigen Jahren werden Busse zunehmend moderner. Zwar fahren in London noch die altbewährten, zweistöckigen roten Busse, doch daneben gibt es komfortable Fahrzeuge mit Automatiktüren in allen Formen, Farben und Größen sowie viele einstöckige moderne Kleinbusse.

In vielen Städten erlauben Busspuren das Vorankommen auch im Stau der Rushhour. Dennoch sind Verzögerungen möglich. Betrachten Sie Fahrpläne also nicht unbedingt als verbindlich, sondern als Bekundung des guten Willens. An Bedarfshaltestellen *(request stops)* hält der Fahrer nur nach Aufforderung: Wollen Sie zusteigen, heben Sie beim Nahen des Busses entschlossen den Arm. Wollen Sie aussteigen, drücken Sie den Signalknopf.

Fahrziele stehen an der Frontseite der Busse. Bei fremden Routen können Sie sich von Fahrer oder Schaffner auf die gewünschte Haltestelle aufmerksam machen lassen. Heben Sie Ihr Ticket bis Fahrtende auf. Kontrolleure ziehen von Fahrgästen ohne gültigen Fahrschein Bußgeld ein.

Autofahren

Stadtverwaltungen sind bemüht, Privatautos aus den Innenstädten fernzuhalten. In London wurde 2003 die *Congestion Charge* eingeführt: Wer montags bis freitags zwischen 7 und 18 Uhr mit dem Auto in der Innenstadt fährt oder dort parkt, muss pro Tag eine Gebühr von 11,50 Pfund entrichten. Zuwiderhandlungen werden mit hohen Geldbußen belegt. Weitere Informationen bietet die Website von **Transport for London**.

Andere Städte erwägen ähnliche Maßnahmen. Das Parken in Stadtzentren wird auch aufgrund von Umweltgesichtspunkten streng kontrolliert *(siehe S. 636f).*

Taxis

In größeren Städten finden Sie an Bahnhöfen und an Ständen ausreichend Taxis. Funktaxis ruft man telefonisch, die Nummern finden Sie in den *Yellow Pages (siehe S. 630)*, in Pubs, Restaurants und Hotels. Die Tarife der lizenzierten Taxis sind festgesetzt. Fragen Sie nach dem Preis, ehe Sie Taxis ohne Taxameter besteigen. Auch Besucherinformationsstellen nennen Ihnen die jeweiligen Ortstarife.

Amtlich zugelassene Taxis müssen das Schild »For Hire« anbringen. Es ist beleuchtet, wenn der Wagen frei ist. Vorsicht bei nichtlizenzierten Kleintaxis *(mini-cabs)*: Manche sind technisch defekt oder nicht versichert. In London fahren Sie am besten in den schwarzen Taxis, ebenso ein Wahrzeichen wie die roten Doppeldeckerbusse. Alle Fahrer lizenzierter Taxis dürfen nur korrekt gewartete Autos fahren und kennen die Stadt wie ihre Westentasche. Doch auch Londons Taxis haben inzwischen viele Farben. Moderne Taxis transportieren Rollstühle.

Ein klassisches schwarzes Londoner Taxi

Ein Taxi, das Sie in London anhalten, ist verpflichtet, Sie zu jedem Ziel innerhalb von einem Radius von zehn Kilometern zu befördern, das im Londoner Polizeibezirk liegt. Darunter fallen der größte Teil von London und Heathrow.

In lizenzierten Taxis läuft ab Auftragsannahme das Taxameter. Berechnungseinheiten sind Zeit (in Minuten) oder Entfernung (pro 311 m). Pro Gepäckstück oder Mitfahrer und bei Nachtfahrten werden Zuschläge erhoben. Fahrer erwarten meist Trinkgeld (zehn bis 15 Prozent des Fahrpreises). Geben Sie bei Beschwerden die Lizenznummer an.

Eine alternative Personenbeförderung bietet der Online-Vermittlungsdienst **Uber** an.

Busrundfahrten

Die meisten für Urlauber interessanten Städte bieten Rundfahrten mit Sightseeing-Bussen an. Bei günstigem Wetter machen solche Stadtbesichtigungen vor allem im Doppeldeckerbus mit offenem Dach viel Spaß. Viele Unternehmen arrangieren auch private Busfahrten. Fragen Sie im Fremdenverkehrsamt nach.

Trams

In Blackpool waren Straßenbahnen lange eher nostalgische Überbleibsel, heute sind sie moderne und vor allem energiesparende Verkehrsmittel. Manchester besitzt mit der Metrolink eines der besten Tramnetze.

U-Bahnen

Das Netz der Londoner U-Bahn (Underground oder tube), eines der größten der Welt, umfasst über 270 Stationen. In den Hauptverkehrszeiten können die U-Bahnwagen überfüllt sein. Londons Underground verkehrt jeden Tag (außer am 25. Dezember) von etwa 5.30 Uhr bis kurz nach Mitternacht – fünf Linien sind sogar rund um die Uhr unterwegs (Fr, Sa). An Sonn- und Feiertagen und auf manchen Randstrecken ist weniger Betrieb. Die elf Linien sind farblich markiert. Gesamtpläne (Journey Planners) hängen an jeder Station, detaillierte Zonenpläne in allen Wagen aus.

Für Fahrten zwischen den Hauptdestinationen in London muss man meistens nur ein- oder zweimal umsteigen. Das Rauchen ist im gesamten Bahnbereich verboten.

Fahrkarten kann man an den Stationen kaufen, viele Reisende nutzen jedoch eine Oyster card. Diese elektronische Karte kann auch auf Bus und U-Bahn erweitert werden. Die Oyster card ist bei Weitem die günstigste Art, die öffentlichen Verkehrsmittel Londons zu nutzen. Informationen gibt es auf der Website von **Transport for London**. Oyster cards können auch im Ausland gekauft werden. Ähnliche Fahrkartensysteme gibt es auch in anderen britischen Großstädten, etwa Oxford.

Bescheidener wirken die (außerhalb Londons einzigen) U-Bahn-Netze von Glasgow und Newcastle, wobei Glasgow auch die Vororte bedient. Beide sind sauber und effizient. Die U-Bahnen sind zu denselben Zeiten wie die Londoner tube im Einsatz.

Schild einer Londoner Underground-Station

Oyster card

Radfahrer an einer roten Ampel in London

Radfahren

Radfahren ist bei den Briten beliebt, selbst in kleinen Orten können Sie meist ein Fahrrad mieten. Helmschutz empfiehlt sich immer. Radfahrer dürfen Autobahnen und ihre Auffahrten nicht benutzen, nicht auf Gehsteigen, Fußwegen und in Fußgängerzonen fahren. In vielen Städten sind Radwege und Ampeln für Radfahrer eingerichtet. Gegen Entgelt darf man Räder in vielen Zügen transportieren – erkundigen Sie sich auf der Website von National Rail (siehe S. 639).

Zu Fuß

Wenn man mit dem Linksverkehr erst einmal vertraut ist, lassen sich britische Städte sicher und angenehm zu Fuß erkunden. Zeichen auf der Fahrbahn sagen Ihnen, aus welcher Richtung Sie Verkehr erwarten müssen. Es gibt zwei Arten von Fußgängerüberwegen: solche mit Zebrastreifen und Übergänge mit Fußgängerampeln (mit Knopfdruck). Immer mehr Städte entscheiden sich für Fußgängerzonen im Stadtzentrum.

Auf einen Blick

Transport for London
📞 0343 222 1234
(sprachgesteuerter Dienst).
🌐 tfl.gov.uk

Uber
🌐 get.uber.com/go

Straßenbahn auf der berühmten Seepromenade von Blackpool

Textregister

Fett gedruckte Seitenzahlen beziehen sich auf die Haupteinträge.

18 Stafford Terrace 126

A

A La Ronde 293
AA 637
AA Disability Helpline 637
AA (Straßenzustandsbericht) 637
Abbotsbury 36, **272**
  Pubs 605
Abbotsford House **516**
Abendessen (Dinner) 575, 577
Aberaeron **467**
Aberconwy und Colwyn siehe Nordwales
Aberdeen **542–544**
  Zentrumskarte 543
Aberdeenshire siehe Schottland: Highlands und Inseln
Aberdyfi **459**
Abersoch 547
Aberystwyth **466f**
  Pubs 609
Abteien, Prioreien und Klöster
  Abbey Dore 320
  Anglesey Abbey **212**
  Bath Abbey 264
  Beaulieu Abbey 172
  Bolton Priory 390
  Buckfast Abbey 295, 299
  Buckland Abbey 295, **298**
  Bury St Edmunds Abbey 210
  Byland Abbey **396**
  Cartmel Priory 373
  Castle Acre Priory 199
  Christchurch Priory 275
  Dryburgh Abbey 507
  Easby Abbey 355
  Fountains Abbey 351, **394f**
  Furness Abbey **372**, 373
  Glastonbury Abbey 257
  Hartland Abbey 290
  Hexham Abbey **426**, 427
  Inchmahome Priory 499
  Jedburgh Abbey 507
  Kelso Abbey 507
  Kirkham Priory 355
  Kirkstall Abbey 355
  Lanercost Priory 362
  Lindisfarne Priory 422f
  Llanthony Priory 465, 473
  Melrose Abbey 507, **516**
  Mount Grace Priory 354, **398**
  Nordengland 354f
  Rievaulx Abbey **397**
  Rosedale Abbey 399
  St Mary's Abbey (York) 354f, 410
  St Nicholas Priory (Exeter) 293
  Strata Florida Abbey 471
  Tintern Abbey **479**
  Torre Abbey 294
  Westminster Abbey (London) 77, 92, **96f**
  Whalley Abbey 375
  Whitby Abbey 400
  Woburn Abbey **234**
Achray, Loch 485
Act of Union (1535) 54
Act of Union (1707) 57, 484, 515

ADAC 637
Adam, James 32
Adam, John 513
Adam, Robert 29, 59, 210
  Audley End 212
  Bowood House 259
  Culzean Castle 482, 526f
  Georgian House (Edinburgh) 508
  Harewood House 414
  Kedleston Hall 32f
  Kenwood House (London) 128
  Porträt von 526
  Pulteney Bridge (Bath) 263
  Saltram House 296
  Syon House (London) 130
Adam, William 506f, 518, 552
Adelphi Theatre (London) 157
Afternoon Tea 575, 577
  Devonshire Cream Teas 291
Agincourt, Schlacht von (1415) 53
Agricola, Julius 48, 376f, 486
Aidan, hl. 50, 422f
Airsure (Royal Mail) 631
Aislabie, John 394
Aislabie, William 394f
Aitchison, Craigie *Crucifixion VII* 521
Aktivurlaub **614–617**
Alban, hl. 49, 236f
Albans, St 236f
Albany, Robert, Duke of 502
Albert Memorial (London) 104f
  Detailkarte 101
Albert, Prinzgemahl
  Albert Memorial (London) 101, 104f
  Albert Memorial (Manchester) 377
  Balmoral 544
  Osborne House 166, 172
  Victoria and Albert Museum (London) 102
  Weltausstellung 61, **99f**
  Windsor Castle 240
Alciston, Pubs 604
Aldeburgh **206f**
  Festivals 67, **207**
Alderminster, Pubs 606
Alderwasley, Pubs 607
Aldrich, Henry 230
Aldwych Theatre (London) 157
Alfred the Great, König 51, 225, 251, 272
Alfriston 185
Alice im Wunderland 449
Alkohol, in Restaurants 576
All England Lawn Tennis Club (London) 159, 616f
All Souls College (Oxford) 53
Alleinreisende Frauen 626f
Allendale
  North Pennines Tour 431
Alma-Tadema, Sir Lawrence
  Etruskische Vasenmaler 378
Alnwick Castle 350, **424**
Altarnun 289
Althorp House 347
Alton Towers 613
Alwinton 425
Ambleside 369, **370f**
  Pubs 607
American Express 628

Amigoni, Jacopo 216
Anbetung der Könige (Rubens) 219
Anderson, Andrew 542
Angeln 616f
Angelsachsen 43, **50f**
Anglesey 445f, 448
Anglesey Abbey **212**
Angling Trust 616f
Angus 529
Anhalter 637
Anjou, Marguerite d' 216
Anne, Königin 45, 58
  Bath 264
  Blenheim Palace 221, 232
  Hampton Court 177
  Kensington Palace 105
Anne Hathaway's Cottage 331
  Parks in den Midlands (Tour) 325
Anning, Mary 274
Anthony, St 411
Antiques for Everyone (Antiquitätenmesse) 66
Antiquitätenläden 154f, 611
Apollo Theatre (London) 157
Apotheken 627
Applecross
  Pubs 609
Appledore **291**
Aquarien
  The Deep (Kingston upon Hull) 406f
  National Marine Aquarium (Plymouth) 296
  Sea Life Centre (Brighton) 179
  siehe auch Zoos
Arbor Low
  Peak District Tour 342
Architektur 28
  Bauten aus Cotswold-Stein **308f**
  Burgen von Wales, Die **442f**
  Herrschaftliche Landsitze **32f**
  Ländliche Architektur **36f**
  Tudor-Häuser **306f**
  Von der Burg zum Schloss **490f**
Argyll, Dukes of 500, 552
Argyll und Bute siehe Highlands and Islands
Aristokratie und Wappen **34f**
Arkwright, Sir Richard 59, 340, 343, 376
Armscote, Pubs 606
Arnolfini-Hochzeit (van Eyck) 86
Arthur, Prinz 317
  Grab 322
Arts-and-Crafts-Bewegung 33, 332
Artus, König 51, **289**
  Dozmary Pool 288f
  Glastonbury 257
  Maen Huail (Ruthin) 449
  Round Table 174
  Snowdon 437
  Stirling Castle 500
  Tintagel 277, **289**
Arundel Castle **176**
Ärzte 627
ASH (Action on Smoking and Health) 623
Ashleworth, Pubs 606
Ashmolean Museum (Oxford) 226, 228
Ashness Bridge 367
Ashton, Lord 374

TEXTREGISTER | 645

Aske, Robert 355
Askrigg, Pubs 607
Asquith, Henry 62
Astor, Nancy 166
Astor, William Waldorf 193
Athelhampton House 249, 273
Athelstan of Wessex, König 405
Atholl, Dukes of 547
Atholl Gathering and Highland Games (Blair Atholl) 66
Atkinson, Thomas 406
Auchindrain Museum **552**
Auchterarder
Audley End **212f**
Auflösung der Klöster 54, 355
Augustinus, hl. 50, 190
Austen, Jane
  Bath 262, 264
  Grab 174
  Jane Austen's House (Chawton) 166, 176
Austrian 634f
Autofahren **636f**
  Entfernungstabelle 22, 636
  Mietwagen **637**
  In Städten 642
  siehe auch Touren (per Auto)
Avebury **267**
Aviemore 548
Avis 637
Avon siehe Wessex
Avon, Fluss 25, 259, 268, 328, 330, 332
Awe, Loch **551**
Ayckbourn, Alan 28, 401
Aylesbury, Pubs 605
Ayrshire siehe Schottland: Tiefland
Aysgarth Falls 389

B

B & B 557
Babbacombe Model Village 294
Babbage, Charles 295
Bacon, Francis, Maler 84, 95, 205
Bacon, Sir Francis 236
Bala **454**
Balhousie Castle 502
Ballater
  Royal Deeside Tour 544
Ballett 158
Balliol, Bernard 430
Balmoral 483
  Royal Deeside Tour 544
Bamburgh 421, **424**
Banbury 224
Banchory, Royal Deeside Tour 545
Bank Holidays 69
Banken 628
Bankes, Familie 275
Bankes, Sir John 274
Banknoten 629
Banks, Iain 506
Bankside Power Station **125**
Bannockburn, Schlacht von (1314) 53, 486, 500
Banqueting House (London) **94**
  Detailkarte 93
Barbican Concert Hall (London) 158
Bardon Mill
  North Pennines Tour 431
Bardsey Island 457

Barlow, Bischof von St Davids 468
Barnard Castle **428**
Barnstaple **291**
Barra 533
Barrie, J.M. 105
Barrow-in-Furness 372
Barry, Sir Charles
  City Art Galleries (Manchester) 378
  Houses of Parliament (London) 94
  Town Hall (Halifax) 416
Bassenthwaite 364f
Batemans (Burwash) 167
Bath 245, 252, **262–265**
  Bath International Festival 66
  Detailkarte 262f
  Pubs 606
Bath, Marquesses of 272
Bathurst, 1. Earl of 333
Battersea Park (London) 79
Battle Abbey 185
Bauernaufstand (1381) 53
Beachy Head 184
Beaker People 46f
Beale, Gilbert 238
Beale Park, Entlang der Themse (Tour) 238
Beamish Open Air Museum 420, **428f**
Beatles, The 64, 380, **381**
Beatles Festival 67
Beauchamp, Familie 326f, 476
Beaulieu **172**
Beaumaris 448
  Burg 436, **442f**, 448
Beaumont, Guillaume 373
Becket, Thomas 52f, 190f
Becky Falls 298
Bed and Breakfast 557
Beddgelert 454, **456**
Bede, Hochwürden 419, 423, 432
Bedford, Dukes of 234
Bedford
  Pubs 605
Bedford Square (London) 109
Bedfordshire siehe Themse-Tal
Bedingfeld, Sir Edmund 199
»Beefeaters« 122
Behinderte Reisende 622, 625
Beiden Schwestern, Die (Renoir) 260
Belfast, HMS **121**
Bell, Alexander 485
Bell, Vanessa 167
Bellany, John 515
Bellini, Giovanni 228
Bempton Cliffs **404f**
Benbecula 533
Bennett, Arnold 315
Benzin 637
Bere Regis 273
Berkshire siehe Themse-Tal
Bermondsey Market (London) 153
Berrington Hall (Leominster) 317
Berwick Street Market (London) 153
Berwick-upon-Tweed **422**
Bess of Hardwick 340
Betws-y-Coed **454**
Bevan, Aneurin 441
Beverley **405**
Bibel 56
Bibury 308, 312

Bickley Moss, Pubs 606
Bideford **290**
Bier **608f**
Big Ben 80, 94
Biggar **517**
Birkenhead 383
Birmingham **322f**
  Flughafen 634f
  Veranstaltungen 66
Bistros 575
Black Isle **539**
Black Mountains 472f
Blackmore, RD 255
Blackpool **375**
  Illuminationen 68
Bladud, König 264
Blaenau Ffestiniog **455**
Blaenavon **478**
Blahnik, Manolo 154f
Blair Atholl, Festivals und Feste 66
Blair Castle 491, **547**
Blake, Peter 95
Blake, William 95, 416
Blakeney Marshes
  North Norfolk Tour 201
Blanchland
  North Pennines Tour 431
Bleiglas, York Minster **413**
Blencathra 365f
Blenheim Palace 162, 221, **232f**
Blickling Hall **202**
Blondin 389
Bloomsbury (London) **106–111**
  Pubs 604
  Stadtteilkarte 107
Bloomsbury Group 107, 109, 167, 184
Boadicea (Boudicca) 48, 195, **199**
  Albans, hl. 236
  Colchester 209
Boateng, Ozwald 154f
Bodiam Castle **186**
Bodleian Library (Oxford) **231**
Bodley, Thomas 231
Bodmin **288f**
Boleyn, Anne
  Anne Boleyn's Seat (Fountains Abbey) 395
  Blickling Hall 202
  Hever Castle 193
  Hinrichtung 122
Bolton Castle 389
Bolton Priory 390
Bonnie Prince Charlie 486, 509, 514, 516, 517, 519, 529, 533, 534, **535**, 540, 541, 547, 550
Booth, Richard 465
Bootsbau (Constable) 208
Bootsfahrten 616
  Broads 202
  Entlang der Themse (Tour) 239
  Kanäle Mittelenglands **304f**
  Küstengewässer und Binnenwasserwege **641**
  Oxford and Cambridge Boat Race 70
  Punten auf dem Cam 216
  Tate to Tate (Bootsverbindung) 95, 125
Borough Market (London) 29, **124**, 153
Borromini, Francesco 118

Borrowdale **367**
Boscastle 289
Bossanyi, Erwin 191
Bosworth, Schlacht von (1485) 53
Botallack Mine, Penwith Tour 280
Bothwell, Earl of 515
Botschaften 625
Botschafter, Die (Holbein) 87
Boucher, François 109
Bourgeois, Louise 125
Bournemouth **275**
Bovey Tracey 298
Bow Fell 356, 369
Bowder Stone 367
Bowes, John 430
Bowness-on-Windermere 371
Bowood House 259
Box Hill 176
Boxing Day 69
Boyne, Schlacht von (1690) 57
Bradford **415**
 Indische Gemeinde **415**
Bradford-on-Avon **259**
Bradley, Thomas 416f
Braemar Castle 490
Braemar Gathering 68
Braemar, Royal Highland Gathering 68, 484
Brahan Seer 539
Braich-y-Pwll 457
Branagh, Kenneth 331
Brangwyn, Sir Frank 470
Brasserien 575
Braunton Burrows 291
Braunton »Great Field« 291
Brawne, Fanny 127
Brecon 473
 Festivals 67
Brecon Beacons 437, **472f**
Bretforton, Pubs 606
»Brexit« 65
Brick Lane Market (London) 153
Bridgewater, 3. Duke of 304
Bridport
 Pubs 606
Briefkästen 631
Brighton 170, **178–183**
 Detailkarte 178f
 Festivals 66, 68f
 i360 178
 Pier 178
 Pubs 604
 Royal Pavilion 163, 179, **182f**
Bristol **260f**
 Zentrumskarte 261
British Airways 634f
British Boot Company 154f
British Broadcasting Corporation (BBC) 29, 631
British Dental Association (BDA) 627
British Grand Prix 71
British Horse Society 615, 617
British Library (London) **109**
British Museum (London) 77, **110f**
British Open Golf Championship 71
British Waterways 641
BritRail 633
Brittany Ferries 633
Britten, Benjamin 207
Brixham 294
Brixton Academy (London) 158
Brixton Market (London) 153
Broadlands (Southampton) 166
Broads **202**
 Windmühlen 203

Broads Authority 616f
Broadway
 Parks in den Midlands (Tour) 324
Brodrick, Cuthbert 414
Brompton Oratory (London) **101**
 Detailkarte 101
Brontë, Anne 401, 416
Brontë, Charlotte 343, 416
Brontë, Emily 416
Brown, »Capability« 30
 Alnwick Castle 424
 Audley End 212
 Berrington Hall (Leominster) 317
 Blenheim Palace 233
 Bowood House 259
 Burghley House 346
 Chatsworth House and Gardens 338
 Harewood House 414
 Longleat House 270
 Petworth House 176
 Stowe 234
Brown, Ford Madox 53, 377
 Letzter Blick auf England 323
Brown, Gordon 65
Brownsea Island 275
Bruce, Sir George 505
Bruce, Robert the
 siehe Robert the Bruce
Bruce, Williams Speirs 485
Brunel, Isambard Kingdom 260
Brunel's SS *Great Britain* 260
Buchläden 574f
Buckfast Abbey 295, 299
Buckfastleigh **295**
Buckingham, Dukes of 234
Buckingham Palace (London) 76, **90f**
Buckinghamshire siehe Themse-Tal
Buckinghamshire, 2. Earl of 202
Buckland Abbey 295, **296**, 298
Buckland-in-the-Moor 279, 299
Buckler's Hard 172
Bude **290**
Budget 637
BUNAC 623, 625
Bunyan, John 235
Burberry (London) 154f
Burenkrieg 61
Burford **224**
Burgen und Schlösser 53
 Von der Burg zum Schloss **490f**
 Walisische Burgen **442f**
Burgen und Schlösser (einzeln) 53
 Aberystwyth 467
 Alnwick 350, **424**
 Arundel **176**
 Balhousie 502
 Balmoral 544
 Bamburgh 421, 424
 Barnard Castle 430
 Beaumaris 436, **442f**, 448
 Blair 491, **547**
 Bodiam **186**
 Bolton 389
 Braemar 490
 Bramber 184
 Caernarfon 443, 445, 448
 Caerphilly 442
 Camber 189
 Cardiff 437, 463, **476f**
 Carisbrooke 172
 Carlisle 362
 Carreg Cennen 472
 Castell Coch 443

 Castell Dinas Brân 454
 Castell-y-Bere 443
 Cawdor **541**
 Claypotts 490
 Cockermouth 366
 Colchester 209
 Conwy 437, 443, 447, 450
 Corfe **274**, 554f
 Crathes 545
 Culzean 482, **526f**
 Dartmouth 294
 Dolbadarn 455
 Doune **502**
 Dover 186f
 Drum 491, 545
 Drumlanrig 490, 491, **518f**
 Duart **550**, 551
 Duffus 490
 Dunrobin 491, 538f
 Dunstaffnage 550f
 Dunvegan 534
 Durham 432f
 Edinburgh 497, **510f**
 Eilean Donan 529, 538
 Exeter 292
 Floors 507
 Framlingham **207**
 Glamis 495, **502f**
 Goodrich 321
 Harlech 442, 458
 Helmsley 397
 Hever **193**
 Inveraray **552**
 Kilchurn 551
 Kisimul 533
 Lancaster **374**, 375
 Leeds 171, **192**
 Lewes 184
 Lincoln 344
 Lindisfarne 422
 Ludlow **316**, 317
 Middleham 389
 Monmouth 478f
 Muncaster 368
 Neidpath 490
 Newcastle upon Tyne 428f
 Norwich 204
 Nottingham 340
 Orford 207
 Pendennis 285
 Penrith 362
 Portchester 173
 Powis **464**
 Restormel 288
 Ripley 393
 Rochester 192
 Scarborough 401
 Sherborne 272
 Shrewsbury 316
 Sizergh 372
 Skipton 390
 St Andrews 503
 Stirling **500f**
 Taunton 256
 Threave **519**
 Tintagel **289**
 Totnes 295
 Urquhart 540
 Warkworth **424**
 Warwick 303, 325, **326f**
 Winchester 174
 Windsor 162, 239, **240f**
 Wolvesey 174
 siehe auch Herrschaftliche Landsitze; Paläste

Bürger von Calais, Die (Rodin) 92
Burges, William
    Cardiff Castle 437, **476f**
    Castell Coch 443
    St Mary's Church (Fountains Abbey) 395
Burgh Island **295**
Burghley, William Cecil, 1. Lord 346
Burghley House 291, 324, **346f**
Burlington, 3. Earl of 130
Burlington Arcade (London)
    Detailkarte 88
Burne-Jones, Sir Edward 323, 403
Burns, Robert 485, 509
    Burns Cottage **519**
    Burns Night 69
Burnsall 390
Burrell Collection (Glasgow) **523**
Burton Agnes **404**
Burton Constable **406**
Bury St Edmunds **210**
    Pubs 605
Busreisen 632, **633**, **640**, 641
Busse
    In Städten 642
    Lokale Busse 640
    Regionale Busse 640
    Stadtbesichtigung 643
Bute, 3. Marquess of 443, 476, 504
Bute, Familie 474
Butler, Lady Eleanor 454
Buttermere 366, **367**
Buttertubs 389
Buxton **338**
    Peak District Tour 342
Byron, Lord 35

C

Caban Coch 466
Cabot, John 54, 260
Cadbury, George 353
Caedmon's Cross 400
Caerleon **478**
Caernarfon 436, **448**
    Castle 443, 445
    Pubs 608
Caernarfonshire *siehe* Nordwales
Caerphilly 442
Café de Paris (London) 159
Cafés 575
Cairngorms 483, 529, **548f**
Caldey Island 470
Caledonian MacBrayne 641
Callander 499
Cam, Fluss 25, 196, 214, 216
Camber Castle 189
Camber Sands 189
Cambridge 25, **214–219**
    Detailkarte 214f
    Folk Festival 67
    King's College **218f**
    Pubs 605
    University 163, 214, **216–219**
Cambridge Theatre (London) 157
Cambridgeshire *siehe* East Anglia
Camden (London) **128**
Camden Lock Market (London) 153
Camden Passage (London) 153
Cameron, Richard 518
Campbell, Colen 32, 270
Campbell, D. *Die Schlacht von Culloden* 540
Campbell, Donald 372
Campbell, Lady Grace 552
Campbell, Robert 547

Campbell (Clan) 488, 552
Campden, Sir Baptist Hicks, 1. Viscount 331
Camping 559, 625
Canada Tower (London) 65
Canaletto, Antonio 109, 175, 177, 327
    Eingang zum Arsenal 234
Canterbury **190f**
    Ermordung von Thomas Becket 52f
    Festival 68
    Kathedrale 163, 171, **190f**
Canute, König 51
    Buckfast Abbey 298
    Bury St Edmunds 210
    Holy Trinity Church 175
Canynge, William d. Ä. 260
Canynge, William d. J. 260
Capel Curig, Pubs 608
Cardiff 461, 463, **474–477**
    Pubs 609
    Zentrumskarte 475
Cardiff Castle 437, 463, **476f**
Cardiganshire *siehe* Süd- und Mittelwales
Carfax Tower (Oxford) 228
Cargo (Nachtclub, London) 159
Carlisle **362**
Carlisle, Charles, 3. Earl of 400
Carloway Broch 533
Carlyle, Thomas 126
Carmarthenshire *siehe* Süd- und Mittelwales
Carnegie, Andrew 485, 504f
Carnforth 374f
Caro, Anthony 417
Caroline, Königin 105
Carpenter, Samuel 400
Carphone Warehouse 630
Carr, John 32, 410, 414
Carrawburgh Fort 427
Carreg Cennen Castle 472
Carrick Roads 284
Carroll, Lewis 229, 405, **449**
Cartier International Polo 71
Cartmel **373**
Carvoran Fort 426
Cäsar, Julius 48
Cassillis, Earl of 526
Castell Coch 443
Castell-y-Bere 443
Castle Drogo 299
Castle Howard 32, 351, **402f**
Castlereagh, Lord 466
Castlerigg, Steinkreis von 47, 363, 365
Cavell, Edith, Grab 204
Cawdor Castle **541**
Cawfields 426
Cecil, Robert 35, 245
Cedd, hl. 213
Cenotaph (London)
    Detailkarte 93
Central Hall (London)
    Detailkarte 92
Cenwulf 51
Cerne Abbas 273
Cézanne, Paul 125
Chagall, Marc 175
Chamberlain, Neville 93, 404
Chambers, William 84
Championships, The (Wimbledon) 67, 70
Chanctonbury Ring 184
Changing of the Guard (Wachwechsel) 91

Chapman, John 199
Charlecote Park 306
Charles, Prince of Wales 65, 448
Charles I, König 45, 89
    Banqueting House (London) 94
    Bodiam Castle 186
    Carisbrooke Castle 172
    Hinrichtung 56f, 122
    Oxford 228
    Powis Castle 464
    Schottland 487
    Statue 502
    Worcester 322
Charles II, König 45
    Audley End 212
    Kronjuwelen 122
    Monument (London) 121
    Moseley Old Hall 307
    Neidpath Castle 490
    Newmarket 211
    Old Ship Hotel (Brighton) 178
    Palace of Holyroodhouse 514
    Restauration der Monarchie 56f
    Royal Citadel (Plymouth) 296
    Worcester 322
Charles, Thomas 454
Charleston (Lewes) 167
Charlie, Bonnie Prince 486, 509, 514, 516, 517, 519, 529, 533, 534, **535**, 540, 541, 547, 550
    Blair Castle 547
    Glenfinnan Monument 551
    Isle of Skye 534
    Memorabilien 516, 519, 540
    Palace of Holyroodhouse 514
    Porträt 486
    Prince's Cairn 550
    Schlacht von Culloden 58, 487, 541
    Traquair House 517
    Western Isles 533
Charlotte, Königin 109
Charlton, Pubs 604
Chartisten 441
Chartwell (Westerham) 167, 193
Chatham 192
Chatsworth House and Gardens 303, 335, **338f**
Chatto, Beth 209
Chaucer, Geoffrey 28, **191**
    Canterbury-Erzählungen 53
    Denkmal 97
Chawton, Jane Austen's House 166
Cheddar Gorge **258**
Chedworth, römische Villa von 333
Cheere, John 271
Chelsea **126**
Chelsea Flower Show 66
Chelsea Physic Garden (London) 126
Cheltenham **332f**
Cheltenham and Gloucester Trophy 71
Cheltenham Imperial Gardens
    Parks in den Midlands (Tour) 324
Chequepoint 628
Cherwell, Fluss 228
Cheshire *siehe* Zentralengland
Chesil Beach 246, 272
Chessington World of Adventures 613
Chester **314f**
    Pubs 607
Chesters Bridge 427
Chesters Fort 427
Cheviot Hills 420, **425**
Chew Green Camp 425

Cheyne Walk (London) 126
Chichester **175**
Chiddingstone 170
Chinatown (London)27, **84**
Chinese New Year 69
Chippendale, Thomas 59, 414, 541
Chipping Campden **331**
Chisenhale Dance Space (London) 158
Chiswick (London) **130**
Chiswick House (London) 130
Choo, Jimmy 154f
Christchurch Priory 275
Christentum, keltisches **423**
Christus des heiligen Johannes vom Kreuz, Der (Dalí) 525
Church of England 54
Churchill, Sir Winston 64
  Blenheim Palace 232
  Chartwell (Westerham) 167, 193
  Churchill War Rooms (London) 92f
  Zweiter Weltkrieg 63
Churchill War Rooms (London) **93**
  Detailkarte 92
Church's Shoes (London) 154f
Chysauster 282f
Cider 256
Cimabue 86
Cinque Ports **186**
Cirencester **333**
Cissbury Ring 184
City von London **112–125**
  Bürgerkrieg 43, 56, 221
  Detailkarte 114f
  Pubs 604
  Stadtteilkarte 113
City Hall (London) **121**
Claerwen Reservoir 466
Clans, schottische **488f**
Claudius, Kaiser 48, 187, 209
Clava Cairns 541
Claydon House (Winslow) 166
Claypotts Castle 490
Cley, Windmühle von
  North Norfolk Tour 201
Clifford, Lady Anne 390
Clifford, Henry, Lord 390
Clifford, Robert de 390
Clifton 260
Clitheroe 375
  Pubs 607
»Clive of India«, Clive Museum (Powis Castle) 464
Cliveden House (Maidenhead) 166
Cliveden Reach
  Entlang der Themse (Tour) 239
Clovelly **290**
Clubs 613
Clunie Foot Bridge
  Killiecrankie Walk 546
Clyde, Fluss 518, 520
Clydeside 487
Coalbrookdale 318
Coast to Coast Walk 41, 367
Cobbett, William 164
Cockermouth 365, **366**
Cockington 294
Coggeshall **209**
Colchester **209**
Colchester, William 412
Coleridge, Samuel Taylor 293, 370
Colet, John 54
College of Arms (London) 34
  Detailkarte 114
Colman's Mustard **205**

Columban, hl. 529, 540
  Iona 50, 551
Columbia Road Market (London) 153
Colwyn 445
Combe Martin 254, 292
Commonwealth 56
Concorde 65
Condor Ferries 633
Coniston Water 368, **372**
Conservative Party 65
Constable, John 196, 359, 523
  Bootsbau 208
  Christchurch Mansion (Ipswich) 207
  Constable Walk 208
  Der Heuwagen 87
  Salisbury 245
Constable, Familie 406
Conwy 439
  Conwy Castle 437, 443, 447
  Detailkarte 450f
  Conwy Castle (Sandby) 451
Cook, Captain James 229, 296
  Captain Cook Memorial Museum (Whitby) 400
Cookham, Entlang der Themse (Tour) 239
Cookworthy, William 285
Cooper, Samuel *James II* 540
Coquet, Fluss 424f
Corbridge **427**
Corelli, Marie 328
Corfe Castle **274**, 556
Cornwall **276–299**
  Klima 72
  Pubs 606
  Regionalkarte 278f
Cornwall, Richard, Earl of 289
Coronation Bridge
  Killiecrankie Walk 546
Corpach
  Tour zu den Inselfähren 551
Corsham **259**
Cosin, John, Bischof von Durham 433
Cotehele **297**
Cotman, John Sell 205
Cotswolds 302
  Bauten aus Cotswold-Stein **308f**
County Durham *siehe* Northumbria
Courbet, Gustave 414
Courtauld Gallery (London) 84
Covent Garden (London)
  Detailkarte 82f
  Pubs 604
Covent Garden Piazza und Central Market (London) **83**
Coventry **323**
Coward, Noël 62, 295, 458
Coxwold **396f**
Cragside 33
Craig Goch 466
Cranmer, Thomas, Martyrs' Memorial (Oxford) 226, 229
Cranston, Catherine 522
Crarae Gardens **552**
Craster, Pubs 608
Crathes Castle and Gardens
  Royal Deeside Tour 545
Cregennen-Seen 459
Crich Tramway Village
  Peak District Tour 343
Cricket 71, 616f
Crickhowell

Crinkle Crags 367, **368f**
Criterion Theatre (London) 157
Cromarty 539
Crome, John
  Rückseite der New Mills 205
Cromford, Peak District Tour 343
Cromwell, Oliver 45
  Bürgerkrieg 195
  Commonwealth 56
  Ely Cathedral 198
  Helm 327
  Huntingdon 212
  Neidpath Castle 490
  Ripley Castle 393
Cromwell, Thomas 355
Crossflight 631
Crucifixion VII (Aitchison) 521
Crufts Dog Show 66
Cruikshank, G.
  Peterloo Massacre 377
Crummock Water 361, 366
Cuckmere, Fluss 185
Cuillins 534
Culbone, Kirche von 255
Culloden, Schlacht von (1746) 58, 487f, **541**
Culross **505**
Culzean Castle 482, **526f**
Cumberland, Duke of 541, 543
Cumbria *siehe* Lancashire
Curthose, Robert 428f
Curzon, Lord 186
Curzon, Familie 33
Cuthbert, hl. 364, 419
  Farne Islands 422
  Grab 432
  Lindisfarne 422f
Cuthburga 275

D

Dale, David 518
Dalemain **362f**
Dales Way 40
Dalí, Salvador *Christus des heiligen Johannes vom Kreuz, Der* 525
Dan-yr-Ogof Caves 472
Danby, Earl of 228
Danby, Francis 261
Dance, George d. Ä. 115
Darby, Abraham I 318
Darby, Abraham III 319
Darling, Grace 422, 424
Darnley, Lord 514f, 521
Dartington Hall 295
Dartmeet 298
Dartmoor National Park 244, **298f**
Dartmouth **294**
Darwin, Charles 167, 296
David, Gerard 508
David, hl. 438, 440
David I, König von Schottland 511, 514, 516
Davids, St **468f**
Davies, Gwendolyn und Margaret 475
Davy, Sir Humphrey 282, 352
Dawlish, Pubs 606
De Morgan, William 225
De Quincey, Thomas 370
De Wint, Peter 373
Dean's Yard (London)
  Detailkarte 92
Debenhams (London) 154f
Dedham Church, Constable Walk 208

TEXTREGISTER | **649**

Dee, Fluss 314, 445, 454, 519
  Royal Deeside Tour **544f**
Deepdale 388
Defoe, Daniel 258
  The Highland Rogue 498
  Robinson Crusoe 260, 504
Degas, Edgar 380
Denbighshire *siehe* Nordwales
Denkmalschutz 625
Dennis Severs' House (London) 129
Department for Transport 389
Department Stores 610f
  London **152**, 153
Depression 62f
Derain, André 404
Derbyshire *siehe* East Midlands
Derwent Gorge 340
Derwentwater 360, 364f
Design Museum (London) 126
Destailleur, Gabriel-Hippolyte 234
Deutschland Direkt 630
Devil's Bridge 467
  Wild Wales Tour 471
Devil's Dyke 185
Devon **276–299**
  Devonshire Cream Teas 291
  Klima 72
  Pubs 606
  Regionalkarte 278f
Devonshire, Dukes of 339, 373, 390
DFDS Seaways 633
DHL 631
Diana, Princess of Wales
  Althorp House 347
  Heirat 65
  Kensington Gardens 105
  Kensington Palace 105
Dibdin, Charles 459
Dickens, Charles 107, **192**, 547
  Beaumaris 448
  Bleak House (Broadstairs) 167
  Charles Dickens Museum (London) 109
  Charles Dickens Museum (Portsmouth) 173
  George Inn (London) 124
  Great Yarmouth 203
Diners Club 628
Dinner 575, 577
Disability Rights UK 622, 625
Disraeli, Benjamin 60f
Docklands (London) **128f**
Dolgellau **458f**
Domesday Book 36, 52, 333
Dominion Theatre (London) 157
Dorchester **273**
Dornoch **538f**
Dorset *siehe* Wessex
Douglas, Sir James »Black Douglas« 516, 519
Douglas (Clan) 489, 508, 518f
Doulton 315
Doune Castle **502**
Dovedale, Peak District Tour 342
Dover **187**
Dover, Robert 331
Downe House (Downe) 167
Downham, Pubs 607
Downing Street (London) 92, **93**
Downs und Kanalküste **168–193**
  Downs **185**
  Klima 73
  Pubs 604f
  Regionalkarte 170f

Doyle, Sir Arthur Conan 298
  Sherlock Holmes Museum (London) **108**
Dozmary Pool 288f
Drake, Sir Francis 55, 296, **297**
Driffield, Pubs 608
Druiden 266, 439
Drum Castle 477
  Royal Deeside Tour 545
Drumlanrig Castle 490f, **518f**
Dryburgh Abbey
  Tour durch das Grenzland 507
Du Maurier, Daphne **288**
Duart Castle **550**, 551
Duchêne, Achille 232
Duchess Theatre (London) 157
Duddon Valley 367, **369**
Duffus Castle 490
Duke of York's Theatre (London) 157
Duke's Pass 499
Dumfries und Galloway *siehe* Schottland: Tiefland
Dunblane
  Pubs 609
Duncan, König von Schottland 541
Dundee **503**
  Pubs 609
Dunfermline **504f**
Dungeness 186f
Dunkeld **545**
Dunkery Beacon 255
Dunrobin Castle 491, 538f
Dunster 255
Dunvegan Castle 534
Dunwich **207**
Dunwich Heath 206
Dupré, G. *Bonnie Prince Charlie* 486
Durdle Door 247, 274
Durham **432f**
  Kathedrale 351, 419
Durham, County *siehe* Northumbria
Dysart, Elizabeth Countess of 130

E

Eadfrith, Bischof 423
Eardisland 317
Easby Abbey 355
Easington 352
East Aberthaw, Pubs 609
East Anglia **194–219**
  Klima 73
  Pubs 605
  Regionalkarte 196f
East End (London) **128f**
East India Company 55
East Lambrook Manor 249
East Midlands **334–347**
  Klima 73
  Pubs 607
  Regionalkarte 336f
East Neuk **504**
East Street Market (London) 153
Eastbourne **184f**
easyCar 637
EasyJet 635
EC-Karte/girocard 628
Edale, Peak District Tour 342
Eden Camp **404**
Eden Project **286f**
Edinburgh 483, **508–515**
  Book Festival 513
  Castle 497, **510f**
  Festival 67, 495, **513**
  Festival Fringe 67
  Flughafen 634

  Pubs 609
  Royal Mile **512–515**
  Zentrumskarte 509
Edinburgh, Duke of 35
Edmund, hl. 210
Education Acts 61, 63
Edward, der Schwarze Prinz 191
Edward I, König 44, 53
  Beaumaris Castle 436, 442f, 448
  Burgen von Wales 442f
  Caernarfon Castle 448
  Conwy Castle 437, 447, 450
  Eleanor-Kreuze 229
  Eroberung von Wales 440
  Harlech Castle 458
  Leeds Castle 192
  Stone of Destiny 486
  Tower of London 122
  Winchelsea 189
Edward II, König 44
  Byland Abbey 396
  Caernarfon Castle 443
  Grab 333
  Prince of Wales 440, 448
Edward III, König 44
  Hosenbandorden 34
  Windsor Castle 240
  Wollhandel 211
Edward IV, König 44, 122
Edward V, König 44
Edward VI, König 43, 45
  Leeds Castle 192
  Sherborne School 272
  Tod 55
Edward VII, König 45
  Liverpool Cathedral 383
  Sandringham 201
  Warwick Castle 327
Edward VIII, König *siehe* Windsor, Duke of
Edward the Confessor, König 51
  Kronjuwelen 122
  Westminster Abbey (London) 97
  Wimborne Minster 275
Edwin, King of Northumbria 412, 510
EE 630
Eilean Donan 529, 538
Eingang zum Arsenal (Canaletto) 234
Einreise und Zoll 620, 625
Einwohnerzahl 18
Eisenbahn 632, **638f**
  Bala Lake Railway 454
  Eurostar 633
  Ffestiniog Railway 455, **456f**
  Heathrow Express 635
  Keighley and Worth Valley Railway 416
  National Railway Museum (York) 410f
  North Yorkshire Moors Railway **398**
  Ravenglass and Eskdale Railway 367
  Romney, Hythe and Dymchurch Light Railway 187
  Snowdon Mountain Railway 455
  Strathspey Steam Railway 548
Eislauf 71
Eisteddfod **454**
El Greco,
  Der hl. Jakob 230
  Der reuige Petrus 430
Elan Valley **466**
  Wild Wales Tour 471

Eleanor, Königin 237
Elektrizität 624
Elgar, Sir Edward 317, 321
  Elgar's Birthplace 322
Elgin **542**
Elgin, Lord 110
Elie
  Pubs 609
Eliot, George 126
  Grab 128
Eliot, T. S. 109, 126
  Denkmal 97
Elizabeth, Königinmutter 503
Elizabeth I, Königin 43, 45, 297
  Christchurch Mansion (Ipswich) 207
  Epping Forest 213
  Hatfield House 221, 235
  Kinderlosigkeit 397
  Knole 192
  Mary, Königin von Schottland (Queen of Scots) 487
  Spanische Armada 54f
  Wappen 34
Elizabeth II, Königin 27, 45
  Buckingham Palace 90f
  Edinburgh Cathedral 513
  Ehrenliste 35
  Krönung 64, 96
  Madame Tussauds 108
  Palace of Holyroodhouse 514
  Windsor Castle 240
Elizabeth of York 174
Elterwater 368f
Ely **198f**
  Kathedrale 163, 198f
Ely, Reginald 218
Emin, Tracey 95
The End (London) 159
English Heritage 622, 625
Enjoy England 640, 641
Entfernungstabelle 636
Environment Transport Association 637
Epping Forest **213**
Epstein, Sir Jacob 475
  Genesis 378
  Hl. Michael besiegt den Teufel 323
  Tate Britain 95
Equine Tourism 615, 617
Erasmus 54, 217
Erntedankfeste 68
Erpingham, Sir Thomas 204
Eskdale 367, **368**
Essen und Trinken 29, **580f**
  Britische Küche 580f
  Britische Pubs 578f, **604–609**
  Devonshire Cream Teas 291
  Garden of England 164f, 580
  Schottland **492f**
  Shopping 611
  Somerset Cider 256
  Traditionelles Pub **578f**
  Vegetarische Gerichte 576
  siehe auch Restaurants
Essex siehe East Anglia
Ethelwulf, König 184
Etikette 623
  in Restaurants 575
Eton College 239
Etruskische Vasenmaler (Alma-Tadema) 378
Etty, William 411
Europäische Union 64
Europcar 637

European Rail Travel 633
Eurostar 633
Eurotunnel (Kanaltunnel) 64f, 633
Evelyn, John 321
Exeter **292f**
  Pubs 606
Exmewe, Thomas 449
Exmoor National Park 244, 253, **254f**
Expressair 631
Eyam, Peak District Tour 343

F

Factory Act (1833) 60
Faed, Thomas *The Last of the Clan* 539
Fähren **633**, 641
Fahrradfahren 61, 615, 617, 643
Fairfax, Anne 410
Fairhaven, Lord 212
Faldo, Nick 71
Falkirk Wheel **505**
Falkland, Lord 224
Falkland Palace **504**
Falklandkrieg (1982) 64f
Falmouth **284f**
  Pubs 606
Farhi, Nicole 154f
Farmer's Bridge 304
Fast Food 576
»Fat Betty« White Cross
  North York Moors 399
Faversham
  Pubs 604
Fawkes, Guy 184
Feiertage 69
Feuerwehr (Notruf) 627
Fens 198, **200**
  Windmühlen 203
Fernsehen 29, 631
Ffestiniog Railway **456f**
Fforest Fawr 472
Fife 505
Fife, Mrs Ronald 397
Filme siehe Kino
Fingal's Cave 551
Finlaggan 553
Fishbourne Palace 48f, 175
Fitzalan, Familie 176
FitzHamon, Mabel 476
FitzHamon, Robert 474, 476
Fitzherbert, Mrs 182, 183
Fitzwilliam, 7. Viscount 218
Five Sisters of Kintail **538**
Flag Fen Bronze Age Centre 198
Flambard, Ranulph, Bischof von Durham 433
Flamborough
  Pubs 608
Flamborough Head **404f**
Flaxman, John 211
Fleming, Alexander 485
Flintshire siehe Nordwales
Flitcroft, Henry 234, 270
Floors Castle
  Tour durch das Grenzland 507
Flora und Fauna (allgem.) **38f**
  Wanderwege **40f**

Flora und Fauna
  Braunton Burrows 291
  Brownsea Island 274f
  Buckfast Butterfly Farm and Otter Sanctuary 295
  Einheimische Wildtiere **38f**
  Elan Valley 466
  Flora und Fauna der Küste (Westengland) 246f
  Highland Wildlife Park 548
  National Seal Sanctury (Gweek) 284
  Pflanzenwelt der Cairngorms 549
  Scottish Sealife Sanctuary (Oban) 550
  Sea Life and Marine Sanctuary (Scarborough) 401
  Swannery (Abbotsbury) 272
  siehe auch Aquarien; Vögel; Zoos
Flowers (London) 154f
Flugreisen 632, **634f**
Flybe 634f
Foley, J. H. 403
Football Association 616f
Forbes, Stanhope 282
Forster, E. M. 167
Fort Amherst 192
Fort George **541**
Forth Bridges **506**
Fortnum & Mason (London) 152f
  Detailkarte 88
Fortrose 539
Fortune Theatre (London) 157
Forum (London) 158
Foster, Norman 29, 120, 205
Fountains Abbey 54, 351, **394f**
Fowey **288**
Foyles (London) 154f
Fragonard, Jean Honoré 109
Framlingham Castle **207**
Frampton, George 105
Fraser (Clan) 489
Frauen, alleinreisende 626f
Freilichttheater (London) 157
French Connection (London) 154f
Freud, Anna 127
Freud, Lucian 28, 95
  Interior at Paddington 382
Freud, Sigmund
  Freud Museum (London) 127
Friedhöfe, London 78
Frink, Elisabeth 339, 383
Frith, William Powell 95
Frobisher, Martin 55
Frühling in Großbritannien 66
Frühstück 574, 577, 580
Furness 353
Furness Abbey **372**, 373
Furness Peninsula **372f**
Furry Dance Festival (Helston) 66
Fußball 70, 616f

G

Gainsborough, Thomas 202
  Anglesey Abbey 212
  Bath 262
  Christchurch Mansion (Ipswich) 207
  Gainsborough's House (Sudbury) 167, 210
  Inverary Castle 552
  Mr and Mrs Andrews 167
  Petworth House 176
  Sarah Siddons 58
  Scottish National Gallery

(Edinburgh) 508
Tate Britain (London) 95
Walker Art Gallery (Liverpool) 382
Garden of England **164f**
Garreg Ddu 466
Garrick, David 330
Garrick Theatre (London) 157
Gärten siehe Parks und Gärten
Gästehäuser 557
Gasthöfe mit Zimmern 557
Gatwick Airport 634
Geddes, Jenny 513
Geld 628f
Geldautomaten 628
General Register Office 35
Generalstreik (1926) 63
Genesis (Epstein) 378
Geoffrey of Monmouth 289
Geologie des Lake District **356f**
George I, König 45, 58, 188
George II, König 45, 487
George III, König 45, 105
 Cheltenham 332
 Royal Mews (London) 91
 Statue 239
 Weymouth 272f
George IV, König (Prinzregent) 45, 59
 Besuch in Edinburgh 489, 516
 Brighton 178f, 182
 Buckingham Palace 90
 Coronation Bridge (Killiecrankie) 546
 Mrs Fitzherbert 183
 Regent's Park (London) 107, 108
 Royal Pavilion (Brighton) 163
 Windsor Castle 240f
George V, König 45, 240
George VI, König 45
George Inn (London) **124**
Georgianische Zeit **58f**
Geschenkeläden 154f, 611
Geschichte **42 – 65**
 Schottland **486f**
 Wales **440f**
Geschwindigkeitsbegrenzungen 636
Gesundheit 627
Getränke siehe Essen und Trinken
Gezeitenkraftwerk (Pentland Firth) 529
Giacometti, Alberto 205
Gibberd, Sir Frederick 383
Gibbons, Grinling
 Blenheim Palace 233
 Hampton Court 177
 Petworth House 176
 St Mary Abchurch (London) 115
 St Paul's Cathedral (London) 119
Gibbs, James
 King's College (Cambridge) 218
 Radcliffe Camera (Oxford) 231
 Senate House (Cambridge) 216
 Stowe 234
Gibson, John
 The Sleeping Shepherd Boy 382
 Tinted Venus 350
Gielgud Theatre (London) 157
Gieves & Hawkes (London) 154f
Gilbert and George 95
Gilbert Collection (London) 102
Gill, Eric 390
Gillow, Familie 374
girocard/EC-Karte 628
Girtin, Thomas 355, 377
 Rievaulx Abbey 397

Gladstone, William Ewart 61
Glamis Castle 495, **502f**
Glanwydden
 Pubs 608
Glasgow **520 – 525**
 Flughafen 634
 International Jazz Festival 67
 Pubs 609
 Zentrumskarte 520
Glasgow Science Centre 522
Glastonbury **257**
 Festival 67
Gleaston Water Mill 372f
Gledstanes, Thomas 512
Glencoe 69, 547
Glencoe, Massaker von (1692) 57, **547**
Glendurgan 248, 285
Glenfinnan Monument
 Tour zu den Inselfähren 551
Glenridding 363
Globe Theatre (London) 54
Glorious Revolution (1688) 57, 541
Gloucester **333**
Gloucester, Humphrey, Duke of 231
Gloucestershire
 siehe Zentralengland
Glyndebourne Festival Opera 66
Glyndŵr, Owain
 Conwy Castle 437
 Harlech Castle 442, 458
 Machynlleth 466
 Rebellion 440f
Goathland
 North York Moors 399
Godiva, Lady 323
Golf 71, 503, **615**, 617
Goodrich Castle 321
Gordale Scar, Malham Walk 391
Gordon (Clan) 489
Gormley, Antony 417
Gower, Bischof von St Davids 468
Gower, George 55
Gower, John, Grab 124
Gower Peninsula **470**
Graham, J. Gillespie 383
Grahame, Kenneth 238
Grand Christmas Parade (London) 69
Grand Union Canal 304
Grandisson, Bischof 278
Grange-in-Borrowdale 367
Grant, Duncan 167
 Vanessa Bell at Charleston 167
Grasmere 359, 368, **370**
Grasmoor 366
Grays Antiques Market (London) 153f
Great Britain, SS 260
Great Autumn Flower Show (Harrogate) 68
Great Chesters Fort 426
Great Gable 366, 368
Great Hormead, Pubs 605
Great Malvern und The Malverns **321**
Great Orme's Head 449
Great Tew **224**
Great Yarmouth **203**
 Pubs 605
Green, Benjamin 429
Green Flag 637
Green Island Tourism Scheme 625
Green Leaf Tourist Scheme 625

Green Park (London) 79
Green Tourism 625
Greenwich (London) **129**
Greenwich Market (London) 153
Greenwich Park (London) 79
Greg, Samuel 314
Grenzland (England/Schottland)
 Tour durch das Grenzland **507**
 siehe auch Schottland: Tiefland
Gresham, Sir Thomas 115
Grevel, William 331
Greville, Sir Fulke 326f
Grey, 2. Earl 429
Greyfriars Bobby 509
Griffith, Sir Henry 404
Grimes Graves **198f**
Grimsby **407**
Grimshaw, Atkinson 414
Grimspound 298
Grisedale Pike 365f
Groot, Jan de 532
Großer Brand von London (1666) 57, 121
Großraum London, Karte 21
Guards Polo Club (London) 159
Guildford **176**
Guy Fawkes Night 68

H

Hadrian, Kaiser 48, 426, 486
Hadrian's Wall 48, 350, 362, 419, **426f**, 486
Hafenbürokratie 633
Halifax 352, **416f**
Hall, John 328
Haltwhistle
 North Pennines Tour 431
 Pubs 608
Ham House (London) 130
Hamada, Shoji 411
Hambledon Mill
 Entlang der Themse (Tour) 238
Hamilton, James *The Massacre of Glencoe* 547
Hamilton, Richard 95
Hamiltons Gallery (London) 154f
Hammersmith, Pubs 604
Hampsfield Fell 374
Hampshire siehe Downs und Kanalküste
Hampstead (London) **127**
 Pubs 604
Hampstead Heath (London) 79, **128**
Hampton Court **177**
 Flower Show 67
 Privy Garden 30
Hampton Court Castle and Gardens (Leominster) 317
Händel, Georg Friedrich 218
Hard Knott 367
Hardie, Keir 487
Hardknott Pass 367f
Hardraw Force 389
Hardwick Hall 306, 340
Hardy, Thomas **273**
Hare, David 28
Harewood, Earl und Countess of 414
Harewood House **414**
Harlech **458**
 Harlech Castle 442
Harold II, König
 Holy Trinity Church 175
 Normannische Eroberung 50f
 Schlacht von Hastings 185

Harold Pinter Theatre (London) 157
Harris, Isle of 533
Harrod, Henry Charles 101
Harrods (London) **101**, 152–154
Harrogate **392**
   Festivals 68
Hartland Abbey 290
Hartley, Jesse 381
Harvard, John 216, 331
Harvey Nichols (London) 152f
Hassall, John *Robert the Bruce im Kampf bei Bannockburn* 486
Hastings **185**
Hastings 8f (Turner)
Hastings, Schlacht bei (1066) 50f, **185**
Hatchards (London) 154f
Hatfield House 57, 221, **235**
Hathaway, Anne 325, 331
Hathersage
   Peak District Tour 343
   Pubs 607
Hawkins, John 55
Hawkshead 369, 371
   Pubs 607
Hawksmoor, Nicholas 32
   Blenheim Palace 232
   Castle Howard 402
Haworth **416**
Hay Bluff 473
Hay-on-Wye **465**
   Pubs 609
Haydon Bridge
   North Pennines Tour 431
Haytor Rocks 298
Heacham 195
Heathrow Airport 634
Heathrow Express (Zug) 635
Heaven (London) 159
Hebden Bridge 352, **416**
Hebriden 534f, 550
   Äußere Hebriden (Western Isles) 533
   Innere Hebriden 534f, 550
Heddon's Mouth 254
Hedley on the Hill, Pubs 608
Heimkehr aus der Mühle (Lowry) 375
Helmsley **397**
Helplines 627
   siehe auch Notfälle
Helston **284**
   Festivals 66
   Pubs 606
Helvellyn 357, 365f, 369
Hengistbury Head 275
Henley-on-Thames
   Entlang der Themse (Tour) 238
   Royal Regatta 67, 70
Henrietta Maria, Königin
   Porträt 411
   Queen's Chapel (London) 89
   Queen's House (London) 129
Henry I, König 44
Henry II, König 44
   Dover Castle 187
   Ermordung von Thomas Becket 52f
   Orford Castle 207
   Rosa Mundi 237
   Wappen 34
   Windsor Castle 240
Henry III, König 44
   Clifford's Tower (York) 411
   Gloucester 333
   Lewes 184
   Westminster Abbey (London) 97
Henry IV, König 44, 440

Henry V, König 44
   Monmouth Castle 479
   Portchester Castle 173
   Schlacht von Agincourt 53
   Wappen 34
Henry VI, König 44
   All Souls College (Oxford) 230
   Eton College 239
   King's College (Cambridge) 218
   St Albans 236
Henry VII, König 44, 441
   King's College (Cambridge) 219
   Richmond 130
   Wappen 34
   Westminster Abbey (London) 96f
Henry VIII, König 43, 44, 122, 486
   Abfall von Rom 54
   Auflösung der Klöster 332, 355
   Camber Castle 189
   Cambridge 215
   Epping Forest 213
   Hampton Court 177
   Hever Castle 193
   Hyde Park (London) 105
   Knole 192
   Leeds Castle 192
   Mary Rose 54, 173
   Pendennis Castle 285
   »Rough Wooing« 516
   St James's Palace 88
   St Michael's Mount 282
   Trinity College (Cambridge) 217
Henry of Eastry 191
Henry, George *Japanese Lady with a Fan* 524
Henry Poole & Co 154f
Henry Wood Promenade Concerts 67
Heptonstall 416
Hepworth, Barbara 28
   Barbara Hepworth Museum and Sculpture Garden (St Ives) 281
   Madonna mit Kind 281
   Tate Britain 95
   Yorkshire Sculpture Park 417
Her Majesty's Theatre (London) 157
Herbert, Familie 464, 476
Herbert, hl. 364
Herbst in Großbritannien 68
Hereford **320**
Herefordshire *siehe* Zentralengland
Hereward the Wake 52, 198
Heriot, James 389
Herkules (Poussin) 271
Heron, Patrick 244, 281
Herrschaftliche Landsitze und Herrenhäuser (allgem.) **32f**
   Eintrittspreise 621, 622
Herrschaftliche Landsitze und Herrenhäuser (einzeln)
   A La Ronde 293
   Abbotsford House **506**
   Althorp House 347
   Anglesey Abbey **212**
   Arlington Court 291
   Audley End **212f**
   Beaulieu **172**
   Berrington Hall (Leominster) 317
   Blickling Hall **202**
   Bowood House 259
   Buckland Abbey **296**
   Burghley House 303, 336, **346f**
   Burton Agnes **404**
   Burton Constable **406**
   Castle Drogo 299

   Castle Howard 32, 351, **400f**
   Charlecote Park 306
   Charleston 184
   Chartwell 193
   Chatsworth House 303, 335, **338f**
   Chiswick House (London) 130
   Corsham Court 259
   Cotehele **297**
   Dalemain **362f**
   Fairfax House (York) 410
   Georgian House (Edinburgh) 508
   Gladstone's Land (Edinburgh) 512
   Glynde Place 184
   Goodwood House 175
   Great Dixter 186
   Ham House (London) 130
   Hardwick Hall 306, 340
   Harewood House **414**
   Hatfield House 57, **235**
   Hay Castle (Hay-on-Wye) 465
   Holker Hall 373
   Holkham Hall 201
   Hughenden Manor **237**
   Hutton-in-the-Forest 362
   Ickworth House 210f
   Ightham Mote 192f
   Kedleston Hall 342
   Kelmscott Manor 224f
   Kenwood House (London) 128
   Kingston Lacy 275
   Knebworth House **235**
   Knole **192f**
   Lacock Abbey 259
   Lanhydrock **288**, 289
   Layer Marney Tower 209
   Leighton Hall **374**
   Levens Hall **373**
   Little Moreton Hall 306f, 315
   Longleat House **270**
   Losely House 176
   Marble Hill House (London) 130
   Minster Lovell Hall 224
   Montacute House 272
   Moseley Old Hall 307
   Muncaster Castle 368
   Nunnington Hall **397**
   Osborne House 172
   Packwood House 307
   Penshurst Place 193
   Petworth House 26, **176**
   Plas Newydd 454
   Plas-yn-Rhiw 457
   Prideaux Place 289
   Quex House 187
   Royal Pavilion (Brighton) 179, **182f**
   Saltram House 296
   Sandringham **201**
   Shandy Hall (Coxwold) 396f
   Somerleyton Hall 203
   Speke Hall 383
   Spencer House (London) 88
   Stokesay Castle 317
   Stourhead 271
   Syon House (London) 130
   Temple Newsam House (Leeds) 414
   Traquair House 491, **517**
   Tudor-Häuser **306f**
   Uppark House 185
   Waddesdon Manor **234**
   Warwick Castle 325, **326f**
   Wightwick Manor 307
   Wilton House 269

Woburn Abbey **234**
siehe auch Burgen und Schlösser; Paläste
Hertford, Marquesses of 109
Hertfordshire siehe Themse-Tal
Hertz 637
Hervey, Arthur, Bischof von Bath und Wells 257
Herzog und de Meuron 125
Hesterkombe Garden 256
Heuwagen, Der (Constable) 87
Hever Castle **193**
Hexham **426f**
　North Pennines Tour 431
　Pubs 608
Hidcote Manor Garden
　Parks in den Midlands (Tour) 325
High Street 369
Highgate (London) **128**
Highgate Cemetery (London) 128
Highland Clearances 487, **539**
Highlands und Inseln 484, **528–553**
　Klima 73
　Pubs 609
　Regionalkarte 530f
Hill, Octavia 33
Hippodrome (London) 159
Hirst, Damien 95
Hitchcock, Alfred 288
Hl. Michael besiegt den Teufel (Epstein) 323
Hoare, Henry 270f
Hobart, Sir Henry 202
Hobbema, Meindert 218
Hobbs (London) 154f
Hobby Drive 290
Hochlandsäuberungen
　siehe Highland Clearances
Hockney, David 28, 382
　The First Marriage (A Marriage of Styles I) 95
　The Other Side 415
Hodgkin, Howard 95
Hogarth, William 59, 116f
　Porträt von Richard James 218
Hogmanay 69
Höhlen
　Cheddar Gorge 258
　Dan-yr-Ogof Caves 472
　Fingal's Cave 551
　Kents Cavern 294
　Llechwedd Slate Caverns 455
　Mother Shipton's Cave 392f
　St Fillan's Cave (East Neuk) 504
　Stump Cross Caverns 390
　Wookey Hole 257
Holbein, Hans 519
　Die Botschafter 87
Holburne of Menstrie, William 264
Holderness **407**
Holker Hall 373
Holkham Hall, North Norfolk Tour 201
Holland, Henry 32, 182, 183, 224
Holland House (London) 126
Holland Park (London) 78, **126f**
Holmes, Kelly 70
Holmes, Sherlock **108**
Holy Island (Lindisfarne) **422**
Holyroodhouse, Palace of 514
Holywell Music Room (Oxford) 229
Honister Pass 356
Honiton 293
Hoover, William 63

Hopetoun, 1. Earl of 506
Hopetoun House **506**
Hopfen 164f
Hopfenhäuser (Hopfendarren) 164f
Hopkins, Anthony 28
Hopkins, Sir Michael 378
Horne, Janet 538
Hornsea 407
Horse Guards (London)
　Detailkarte 93
Hostelling International 623, 625
Hotels **556–573**
　Behinderte Reisende 559
　Devon und Cornwall 566f
　Downs und Kanalküste 562f
　East Anglia 563f
　East Midlands 568f
　Hotelrestaurants 575
　Kinder 622
　Lancashire und Lake District 569f
　London 560–562
　Northumbria 570f
　Preise 558
　Schottland: Highlands und Inseln 572f
　Schottland: Tiefland 572
　Themse-Tal 564
　Wales 571f
　Wessex 564–566
　Yorkshire und Humber-Region 570
　Zentralengland 567f
Hotels (nach Orten)
　Abbotsbury 564
　Aberdeen 572
　Abergavenny 571
　Aberystwyth 571
　Achiltibuie 572
　Aldeburgh 563
　Ambleside 569
　Ampleforth 570
　Ardeonaig 573
　Arduaine 573
　Arisaig 573
　Armathwaite 569
　Arundel 562
　Avebury 564
　Aviemore 573
　Babbacombe Beach 566
　Bakewell 568
　Banbury 564
　Barnstaple 566
　Barra 573
　Bath 565
　Beaumaris 571
　Beddgelert 571
　Bigbury-on-Sea 566
　Birmingham 567
　Blackpool 569
　Bodmin Moor 566
　Borrowdale 569
　Boscastle 566
　Bournemouth 565
　Bourton-on-the-Water 567
　Bowness-on-Windermere 569
　Bradford 570
　Bridport 565
　Brighton 562
　Bristol 565
　Bruton 565
　Buttermere 569
　Buxton 568
　Cambridge 563
　Camelford 566
　Canterbury 563
　Cardiff 571

　Chagford 566
　Cheltenham 567f
　Chester 568
　Chichester 563
　Chillington 566
　Clovelly 566
　Cockermouth 569
　Coll 573
　Coniston 569
　Corsham 565
　Coventry 568
　Crickhowell 571f
　Crookham 570
　Darlington 571
　Dartmoor 566
　Dundee 572
　Dunkeld 573
　Edinburgh 572
　Eriska 573
　Fort Augustus 573
　Fort William 573
　Fowey 566
　Glasgow 572
　Grange-over-Sands 569
　Grasmere 569
　Great Milton 564
　Guisborough 570
　Halifax 570
　Harlech 571
　Harrogate 570
　Hastings 563
　Helmsley 570
　Hereford 568
　Hever 563
　Hexham 571
　Hinton St George 565
　Honiton 567
　Inverness 573
　Ireby 569
　Ironbridge 568
　Kendal 569
　Keswick 569
　Lacock 565
　Lancaster 569
　Leeds 570
　Lewes 563
　Lifton 567
　Lincoln 568
　Little Downham 563
　Liverpool 569
　Llanaber 571
　Llandudno 571
　Llangollen 571
　Llanthony 572
　Longleat 565
　Lowestoft 563
　Lyme Regis 565
　Malmesbury 565
　Malvern 568
　Manchester 569
　Marlow 564
　Matlock 568
　Mawgan Porth 567
　Morecambe 569
　Moreton-in-Marsh 678
　Morpeth 571
　Mousehole 567
　Mull 573
　Mullion 567
　Newcastle upon Tyne 571
　Newquay 567
　Norwich 563
　Nottingham 568
　Orkney Islands 573
　Oxford 564

Hotels *(nach Orten – Fortsetzung)*
Painswick 568
Peebles 572
Penmaenpool 571
Penzance 567
Perth 572
Pickering 570
Pitlochry 573
Plockton 573
Poole 565
Portmeirion 571
Portsmouth 563
Rochester 563
Rock 567
Ross-on-Wye 568
Ruthin 571
Salcombe 567
Salisbury 566
Saunton 567
Scarborough 570
Seaview 563
Shetland-Inseln 573
Shrewsbury 568
Southampton 563
Southwold 564
Speyside 573
St Albans 564
St Andrews 572
St David's 572
St Ives 567
St Mawes 567
Stamford 569
Stirling 572
Stoke Poges 564
Stratford-upon-Avon 568
Studland 566
Tavistock 567
Tenby 572
Tintern 572
Tisbury 566
Uffington 564
Ullswater 570
Wantage 564
Wasdale Head 570
Wells 566
Whitby 570
Whitstable 563
Winchelsea 563
Winchester 563
Windermere 570
Windsor 564
Worcester 568
Yarm 570
York 570
Zennor 567
Hound Tor 299
House of Lords 28
Houses of Parliament (London) 81, **94**
Detailkarte 93
Opening of Parliament 68
Versuch der Sprengung (1605) 56
Housesteads Fort 427
Housesteads Settlement 426
Housman, A. E. 316f
Howard, Catherine 122
Howard, Sir Ebenezer 62
Howard, Admiral Edward 403
Howard, Familie 212, 402f
Howard, Lord 55
Howell, Margaret 154f
Hoy, Chris 35
Hudson, George 353
Hudson, Thomas 283
Hugenotten 129

Hughes, Thomas 225
Huickes, Dr Robert 397
Hull *siehe* Kingston upon Hull
Humber, Fluss 407
Humber-Region **384 – 417**
Klima 73
Pubs 606f
Regionalkarte 386f
Hume, David 485
Humphrey Head Point 374
Hundertjähriger Krieg 53
Hunstanton Cliffs, North Norfolk Tour 200
Hunt, Charles *Life Below Stairs* 33
Hunt, Leigh 126
Hunt, William Holman 378
Hunter, Dr William 523
Huntingdon **212**
Hurlingham Club (London) 159
Hutchinson, Mary 370, 396
Hutton-in-the-Forest 362
Hutton-le-Hole **398**
North York Moors 399
Hyde Park (London) 76, 79, **105f**
Stadtteilkarte 99

I

ICA (London) 158
Iceni **199**
Icknield Way 41
Ickworth House 210f
Ida der Feuerträger 424
Ideal Home Exhibition 66
Ightham Mote 192f
Im Theater (Renoir) 87
Inchmahome Priory 499
Indische Gemeinschaft, Bradford **415**
Industrie 26f
Industrielle Revolution 58, 484, 495
Birmingham 322
Ironbridge Gorge 302, 318f
Nordengland **352f**
Quarry Bank (Styal) 311, 312f, **314**
Ingilby, Sir William Amcotts 393
Inlandsflüge 635
Interior at Paddington (Freud) 382
International Currency Exchange 628
International Eisteddfod 67
International Sheepdog Trials 68
Internet 630
Internet-Cafés 630
Inverary Castle **552**
Inverness **540**
Iona, Isle of 551
Ipswich **207**
Ireland, Robert 316
Ironbridge Gorge 302, **318f**
Karte 319
ISIC 623, 625
Isis, Fluss 228
Islay **553**
Isle of Purbeck **274**
Isle of Skye **534f**
Karte 534f
Pubs 609
Isle of Wight **172**
Pubs 604
Isle of Wight Coastal Path 41
Isles of Scilly 283
Islington (London) **128**
Itteringham, Pubs 605

J

Jakobiten 56, **541**
Culloden 541
Glencoe, Massaker von 57, 547
Glenfinnan Monument 551
Stirling Castle 500
James I, König (James VI, König von Schottland) 45, 55f
Audley End 212
Banqueting House (London) 94
Edinburgh Castle 511
Epping Forest 213
Hyde Park (London) 105
Krönung 500
Newmarket 211
Statue 502
Union von England und Schottland 487
Warwick Castle 327
James I, König von Schottland 505
James II, König 45, 56f, 192, 256
Jakobiten 541
Threave Castle 519
James II, König von Schottland 503, 510
James IV, König von Schottland 486, 504, 510
James V, König von Schottland
Falkland Palace 504
Holyroodhouse 514
Parliament House (Edinburgh) 512
Portree 535
Schottische Krone 510
James of St George, Meister 443
James, Henry 126, 188
James, Richard 154f
Jameson, Mary 542
Japanese Lady with a Fan (Henry) 523
Jazz
Festivals 67
London 158f
Jazz Café (London) 159
Jedburgh Abbey
Tour durch das Grenzland 507
Jeffreys, Judge 256
Jekyll, Gertrude 31, 256, 422
Jenkins, Valentine 501
Jermyn Street (London)
Detailkarte 89
Jigsaw (London) 154f
John, König 44
Beaulieu Abbey 172
Grab 322
Liverpool 380
Magna Carta 52, 221, 237, 239
John, Augustus 404
John, Elton 35
John, Tom 471
John of Beverley, späterer Bischof von York 405
John of Gaunt (Burgruine) 392
John o'Groats **532**
John Lewis (London) 152f
Johnson, Dr Samuel 448
Jones, Sir Horace 120
Jones, Inigo 29
Banqueting House (London) 93f
Covent Garden Piazza und Central Market (London) 83
Queen's Chapel (London) 89
Queen's House (London) 129
St Paul's Church (London) 82
Wilton House 269

Jones, Mary 454
Joseph von Arimathäa, hl. 257
Jubilee and Apple Market (London) 153
Juden
  Lincoln 344
Jura **552f**

K

Kalksteinfiguren **225**
  Cerne Abbas 273
  Long Man of Wilmington 185
  Sutton Bank 396
Kanäle 59, 616, 641
  Falkirk Wheel **505**
  Leeds-Liverpool-Kanal 352
  Llangollen Canal 454
  Mittelengland **304f**
  Monmouthshire and Brecon Canal 473
Kanalküste **168–193**
  Klima 73
  Pubs 604
  Regionalkarte 170f
Kanaltunnel *siehe* Eurotunnel
Karfreitag 69
Karten
  Aberdeen 543
  Bath 262f
  Bauen mit Cotswold-Stein 309
  Brighton 178f
  Bristol 261
  Britische Regionen 20–23
  Cairngorms 548f
  Cambridge 214f
  Cardiff 475
  Cheviot Hills 425
  Constable Walk 208
  Conwy 450f
  Dartmoor National Park 298f
  Devon und Cornwall 278f
  Downs und Kanalküste 170f
  East Anglia 196f
  East Midlands 336f
  Edinburgh 509
  Entlang der Themse (Tour) 238f
  Europa 19
  Exmoor National Park 254f
  Ffestiniog Railway 456f
  Glasgow 520
  Großbritannien 18f
  Großraum London 21
  Hadrian's Wall 426f
  Häuser berühmter Persönlichkeiten 166f
  Highlands und Inseln (Schottland) 530f
  Ironbridge Gorge 319
  Isle of Skye 534f
  Killiecrankie Walk 546
  Klima 72f
  Lancashire und Lake District 360f
  Lincoln 344f
  Liverpool 380
  London 76f
  London: City 114f
  London: City und Southwark 113
  London: Covent Garden 82f
  London: Londoner Parks **78f**
  London: Piccadilly und St James's 88f
  London: Regent's Park und Bloomsbury 107
  London: South Kensington 100f
  London: South Kensington und Hyde Park 99
  London: West End und Westminster 81
  London: Whitehall und Westminster 92f
  Malham Walk 391
  Manchester 376
  Mittelengland 302f
  Mittelenglands Kanalnetz 305
  Netz der britischen Eisenbahn 639
  Nordengland 350f
  Nordwales 446f
  North Norfolk Tour 200f
  North Pennines Tour 431
  North York Moors 399
  Northern Fells and Lakes 364f
  Northumbria 420f
  Parks in den Midlands (Tour) 324f
  Parks in Westengland 248f
  Peak District Tour 342f
  Penwith Tour 280
  Prähistorisches Britannien 46f
  Royal Deeside Tour 544f
  Rye 188f
  Schottland 482f
  Shetland und Orkney Islands 23
  Straßenkarten 636
  Stratford-upon-Avon 328f
  Süd- und Mittelwales 462f
  Südostengland 162f
  Themse-Tal 222f
  Tiefland (Schottland) 496f
  Tissington Trail 341
  Tour durch das Grenzland **507**
  Tour zu den Inselfähren 550f
  Trossachs 498f
  Wales 436f
  Wanderwege 40
  Wessex 252f
  Westengland 244f
  Wild Wales Tour 471
  York 408f
  Yorkshire Dales National Park 388
  Yorkshire und Humber-Region 386f
  Zentralengland 312f
Käse 580, **581**
Katharina die Große 202
Katharina von Aragón 54
  Grab 198
Kathedralen (einzeln)
  Aberdeen 542, 544
  Beverley Minster 405
  Bristol 261
  Bury St Edmunds 210
  Canterbury 163, 171, **190f**
  Chester 314f
  Chichester 175
  Coventry 323
  Dunkeld 545
  Durham 351, 419, 432f
  Edinburgh 513
  Elgin 542
  Ely 163, 198f
  Exeter 292f
  Fortrose 539
  Glasgow 520f
  Gloucester 333
  Guildford 176
  Hereford 320
  Lincoln 303, 336, 345
  Liverpool Anglican 383
  Llandaff 475
  Manchester 377
  Metropolitan Cathedral of Christ the King (Liverpool) 383
  Newcastle upon Tyne 429
  Norwich 204
  Peterborough 198
  Ripon 393
  Rochester 192
  Salisbury 245, 268f
  Southwark (London) **124**
  St Albans 237
  St Andrews 503
  St Davids 436, **468f**
  St Magnus 532
  St Paul's (London) 77, 113f, **118f**
  Truro 285
  Wells 244, 256f
  Winchester 162, 174f
  Worcester 322
  York Minster 408, **412f**, **413**
Katrine, Loch 496, 498
Kaufhäuser *siehe* Department Stores
Keats, John 218, 365
Keats House (London) 127
Kedleston Hall 32f, 340
Kelmscott **224f**
Kelso Abbey
  Tour durch das Grenzland 507
Kelten 47
  Christentum **423**
  Kalksteinfiguren 225
  Wales 440
Kendal **372f**
Kennedy, Joseph Jr 206
Kenneth McAlpin, König von Schottland 51, 486
Kensal Green, Friedhof (London) 78
Kensington (London), Pubs 604
Kensington Gardens (London) 78f, **105**
Kensington Palace (London) **105**
Kent
  Garden of England **164f**, 580
  siehe auch Downs und Kanalküste
Kent, William 32, 105
Kentmere 369
Kents Cavern 294
Kenwood House (London) 128
Keramik
  Jackfield Tile Museum 318
  Staffordshire **315**
Keswick **363**, 365
Kew (London) **130**
Kew Gardens (London) 78, 130
Keynes, J.M. 167
Kielder Water & Forest Park 420, **424**
  Pubs 608
Kiftsgate Court Garden
  Parks in den Midlands (Tour) 325
Kilchurn Castle 551
Killerton 293
Killiecrankie
  Killiecrankie Walk **546**
Kilpeck Church 320
Kimmeridge 274
Kinder
  Bethnal Green Museum of Childhood (London) 129
  Unterhaltung 613, 622f
King, Oliver, Bischof von Bath 264
King's College (Cambridge) **218f**
King's Lynn **200f**
King's Road (London) 126
Kingsley, Charles 290, 391
Kingston Lacy 275
Kingston upon Hull **406f**
Kino 29, 157, 613
  London Film Festival 68

Kinski, Nastassja 273
Kintyre **553**
Kipling, Rudyard 167, 290
Kipling Tors 290
Kirchen (allgem.)
  Architektur 36f
  siehe auch Kathedralen
Kirchen in London
  Brompton Oratory **101**
  Queen's Chapel 89
  St Bartholomew-the-Great **116f**
  St James Garlickhythe 114
  St Margaret's 92
  St Mary Abchurch 115
  St Mary-le-Bow 114
  St Nicholas Cole 114
  St Paul's, Covent Garden 82
  St Stephen Walbrook 115, **116**
  Westminster Abbey (London) 77, 92, **96f**
Kirk, Dr John 410
Kirkham Priory 355
Kirkstall Abbey 355
Kirkstone Galleries **370**, 371
Kisimul Castle 533
Kitaj, R. B. 95
Kleidung
  Shopping **152**, 154f, 611
Klettern 40
Klima **72f**, 620
Klöster 354
  Auflösung der 54, 355
Knaresborough **392f**
Knebworth House **235**
Kneller, Sir Godfrey 232
Knighton 463, **465**
Knightshayes Court 249, 293
Knole **192f**
Knott Rigg 366
Knowstone, Pubs 606
Knox, John 502
  John Knox's House (Edinburgh) 483, 515
  Presbyterian Church 486
  Schottische Reformation 513
  Statue 486, 521
Kohleminen
  Industrielle Revolution in Nordengland 352f
  Mining Museum (Blaenafon) 478
  National Coal Mining Museum **417**
  Wales 441, 461
Kommunikation **630f**
Könige und Königinnen **44f**
  Krönungen 96
  Wappen 34
Konservative Partei 65
Konstantin der Große, Kaiser 49, 412, 446
Krankenhäuser 627
Krankenwagen (Notruf) 627
Kreditkarten 610, 628
  Verlust 628
Kricket *siehe* Cricket
Kriminalität 626
Krimkrieg 60
Kronjuwelen **122**, 123
Krönungen 96
Kynance Cove 284
Kyrle, John 321

L

La Linea Latin Music Festival 66
Labour Party 65
Lacock **259**

Laguerre, Louis 233
Lainé, Elie 234
Lake District 350, **358–383**
  Geologie **356f**
  Hauptgipfel 364–369
  Klima 72
  Pubs 607
  Regionalkarte 360f
Lamb and Flag (London) 82
  Pubs 604
Lambert, Daniel 347
Lancashire und Lake District **358–383**
  Klima 72
  Pubs 607
  Regionalkarte 360f
Lancaster **374f**
  Pubs 608
Ländliche Architektur **36f**
Land's End 246, 278
  Penwith Tour 280
Landseer, Sir Edwin 547
Lanfranc, Erzbischof 190
Langdale **369**
Langdale Pikes 357, 367f
Langley, Bischof von Durham 432
Lanhydrock 248, **288**, 289
Lanyon Quoit, Penwith Tour 280
Large Two Forms (Moore) 417
Last of the Clan, The (Faed) 539
Lastingham
  North York Moors 399
Laszlo, Henri de 503
Latimer, Hugh, Martyrs' Memorial (Oxford) 226, 229
Laurel, Stan 373
Lavenham **210**
Lawrence, Sir Thomas 261
Leach, Bernard 281, 411
Leach Pottery (St Ives) 281
Lean, David 375
Ledbury **321**
Leeds 414
Leeds Castle Classical Concert 67, 169, **192**
Leeds-Liverpool-Kanal 352
Legoland 613
Leicester, Earl of 325
Leicestershire *siehe* East Midlands
Leighton, Lord 127
Leighton Hall **374**
Leighton House (London) 127
Leith Hill 176
Lely, Sir Peter 547
Leominster **317**
Leonardo da Vinci 91, 519
  Hl. Anna selbdritt 87
Lesben 613
Letzter Blick auf England (Brown) 323
Levens Hall 373
Lever, William Hesketh 353, 383
Lewes **184**
  Pubs 604
Lewis, Isle of 485, 533
Lewis, Wyndham 95
Leyburn, Pubs 608
Liberty (London) 152f, 154
Libeskind, Daniel 102, 379
Life Below Stairs (Hunt) 33
Lightoler, Thomas 406
Limestone Corner Milecastle 427
Lincoln 303, **344f**
  Detailkarte 344f
  Kathedrale 337

Lincolnshire *siehe* East Midlands
Lindisfarne **422**, 423
Lindisfarne-Evangeliar 423
Linley Sambourne House (London) *siehe* 18 Stafford Terrace
Linlithgow
Linlithgow, Marquess of 506
Linlithgow Palace **505**
Linn of Tummel, Killiecrankie Walk 546
Lippi, Fra Filippo *Die Verkündigung* 86
Literatur 28
Little Langdale 368
Little Malvern 321
Little Moreton Hall 306f, 315
Little Town 366
Live Aid 65
Liverpool 359, 361, **380–383**
  Eisenbahn Liverpool–Manchester 352, 376, 378
  Pubs 607
  Walker Art Gallery 350, **382f**
  Zentrumskarte 380
Liverpool Football Club 382
Livingstone, David 485, **518**, 521
Lizard Peninsula 244, **284**
Llanberis 437, **455**
Llandaff Cathedral 475
Llandovery, Wild Wales Tour 471
Llandrindod Wells **465**
Llandudno **449**
Llangattock, Lady 479
Llangollen 445, **454**
Llangollen Canal 454
Llanidloes, Wild Wales Tour 471
Llanthony Priory 465, 473
Llanwrtyd Wells 465
Llithfaen 457
Lloyd, Christopher 186
Lloyd George, David 441
  Statue 475
Lloyd's Building (London) **120**
Llŷn Peninsula 447, **457**
Llyn y Fan Fach 472
Llywelyn the Great 440
  Beddgelert 456
  Castell-y-Bere 443
  Statue 450
Llywelyn the Last 440, 448
Lobb, John 154f
Loch Ness
  Loch Ness Centre and Exhibition 540
  Nessie 540
Lochmaddy 533
Lombard Street (London)
  Detailkarte 115
Lomond, Loch 482, 498
  Pubs 609
London **74–159**
  Abstecher **126–130**
  City und Southwark **112–125**
  Detailkarte: City und Southwark 114f
  Detailkarte: Covent Garden 82f
  Detailkarte: Piccadilly und St James's 88f
  Detailkarte: South Kensington und Hyde Park 100f
  Detailkarte: Whitehall und Westminster 92f
  Hotels 560–562
  Klima 73
  London im Überblick 76f

Parks und Gärten **78f**
Pubs 604
Regent's Park und Bloomsbury **106–111**
Restaurants 582–586
Shopping **152–155**
South Kensington und Hyde Park **98–105**
Stadtplan 131–151
Unterhaltung **156–159**, 612
Unterwegs in 642f
Veranstaltungen 66–69
West End und Westminster **80–97**
London Coliseum 158
London Dungeon **85**
London Eye **84f**
London Film Festival 68
London Jazz Festival 68
London Lead Company 430
London Marathon 70
London to Brighton Veteran Car Run 68
London Transport Museum
  Detailkarte 83, **84**
London Underground (U-Bahn) 28, 60, 643
Londonderry, Marquess of 466
Long, Richard 95
Long Man of Wilmington 185
Long Meg and her Daughters 362
Long Mynd 316
Longleat House **270**
Lonsdale, Pubs 607
Looe 288
Lord Mayor's Procession and Show (London) 68
Lord Nelson, Pub (Burnham Market), North Norfolk Tour 200
Lord's Cricket Ground (London) 159
Lorton Fell 365
Lorton Vale 364
Losinga, Bischof 204
Lost Gardens of Heligan 285
Lostwithiel 288
Lothians 495
Lower Slaughter 308
Lowestoft **203**
Lowry, L. S. 379
  Heimkehr aus der Mühle 375
Lucas, Sarah 95
Lucy, Sir Thomas 306
Ludlow 313, **316f**
Lufthansa 634f
Lulworth Cove 274
Lunch 574, 577, 580
Lundy 290
Lune Aqueduct 374
Luss 498
Lutyens, Sir Edwin 383
  Castle Drogo 33, 299
  Cenotaph (London) 93
  Great Dixter 186
  Hestercombe Garden 256
  Lindisfarne Castle 422
  Queen Mary's Puppenhaus 241
Lyceum Theatre (London) 157
Lyddington, Pubs 607
Lydford Gorge 298
Lyme Regis **274**
Lynmouth 255, **292**
Lynton **292**
  Pubs 606
Lyric Theatre (London) 157
Lytton, Lord 235

M

Macbean, Donald 546
Macbeth 541
McCartney, Paul 553
  siehe auch Beatles
McCartney, Stella 154f
Macdonald, Alex 542
MacDonald, Flora 533, 535
  Grab 534
MacDonald (Clan) 488, 547
Machynlleth **466**
Mackay (Clan) 488
Mackenzie, Osgood 538
Mackenzie (Clan) 488
Mackintosh, Charles Rennie **522**, 523
Maclean (Clan) 550
MacLeod (Clan) 488, 534
McNally, Leonard 388
McQueen, Alexander 154f
McTaggart, William 523
Madame Tussauds (London) **108**
Madonna mit Kind (Hepworth) 281
Madonnenrelief (Michelangelo) 88
Maentwrog, Pubs 608
Maes Howe 532
Magna **417**
Magna Carta 52, 221, 237, 239
Magnus, hl., Grab 532
Magnus Barfud 553
Magritte, René 515
Maiden Castle 47, 273
Maidenhead
Major, John 65
Malcolm III, König von Schottland 504, 511
Maldon **213**
Malham Walk **391**
Mall, The (London) **89**
Mallaig
  Tour zu den Inselfähren 550
Mallyan Spout
  North York Moors 399
Malverns **321**
Manchester **376–379**
  Flughafen 634f
  Pubs 607
  Town Hall 376, **377**
  Zentrumskarte 376
Manchester Ship Canal 375f, 379
Mann mit Rüstung, Rembrandt 524
Mansfield, Isaac 232
Mansion House (London)
  Detailkarte 115
Mantegna, Andrea 177
Mappa Mundi 320
Mar, 1. Earl of 500
Marble Hill House (London) 130
March, Earl of 175
Marcher Lords 440f
Marchesa Maria Grimaldi (Rubens) 275
Marconi, Guglielmo 62
Margaret, Königin von Schottland 506, 511
Margaret Tudor 486
Margate **187**
Märkte 611
  Borough Market (London) **124**
  London 153
Marlborough 267
Marlborough, John Churchill, 1. Duke of 221, 232f
Marney, Sir Henry 209

Martello Towers 186
Martin, John 431
Martini, Simone *Der zwölfjährige Jesus im Tempel* 383
Marx, Karl 107
  Grab 128
Mary, Königin
  Puppenhaus 241
Mary, Königin von Schottland 54f, 486f, **515**
  Abbotsford House 516
  Bolton Castle 389
  Edinburgh Castle 511
  Golf 503
  Inchmahome Priory 499
  Linlithgow Palace 505
  Oxburgh Hall 199
  Palace of Holyroodhouse 514
  Provand's Lordship (Glasgow) 521
  »Rough Wooing« 516
  Scone Palace 502
  Stirling 500
  Traquair House 517
Mary I, Königin 43, 45, 116
  Framlingham Castle 207
  Grab 210
  Katholizismus 54f
  Protestantische Märtyrer 184, 229
Mary II, Königin 45, 56, 177
Mary Arden's Farm 331
Mary Rose 54, 173
Massacre of Glencoe, The (Hamilton) 547
Maße (mit Umrechnungstabelle) 624
MasterCard 628
Matlock **340**
Maumbury Rings 273
Maundy Thursday 66
Mawddach Estuary 459
May, Isle of 504
May Day (Maifeiertag) 69
Mayflower 56, 172f, 296
Medizinische Versorgung 627
Medway, Fluss 192
Megabus 640, 641
Mehrwertsteuer 610
Melrose Abbey **516**
  Tour durch das Grenzland 507
Merionethshire *siehe* Nordwales
Merlemond, Oliver de 320
Merry Maidens, Penwith Tour 280
Mersey, Fluss 380
Methodisten **283**, 441
Methuen, Lady 259
Michelangelo 241
  Madonnenrelief 88
Middleham Castle 389
Middleham-Schmuck 410
Middleton-in-Teesdale **430**
Midhurst 69
Midnight Mass (Mitternachtsmesse an Weihnachten) 69
Mietautos 637
Mildert, William van, Bischof von Durham 432
Millais, Sir John Everett 95, 123, 382
  Ophelia 60f
Miller, Hugh 539
  Hugh Miller Museum 539
Milton, John 235, 316
Minack Theatre, Penwith Tour 280
Minehead 255
Minen *siehe* Kohleminen

Ministry of Sound (London) 159
Minsmere Reserve 206
Minton 315
Mirren, Helen 28
Miserikordien 345
Mr and Mrs Andrews
 (Gainsborough) 167
Mittagessen (Lunch) 574f, 577, 580
Mittelalter **52f**
Mittelengland **300–347**
 Bauten aus Cotswold-Stein 308f
 East Midlands **334–347**
 Mittelenglands Kanäle **304f**
 Regionalkarte 302f
 Tudor-Häuser 306
 Überblick 302f
 Zentralengland **310–333**
Mittelwales *siehe* Süd- und
 Mittelwales
Mobiltelefone 630
Modigliani, Amadeo 205
Mold, Pubs 608
Monarchie *siehe* Könige und
 Königinnen
Monet, Claude 218
Monmouth **478f**
Monmouth, Duke of 256
Monmouthshire *siehe* Süd- und
 Mittelwales
Monmouthshire and Brecon Canal
 473
Mons Meg **510**, 519
Montacute House 249, 251, 272
Montagu, Lord 172
Montfort, Simon de 184, 327
Montgomery, Viscount 35
Montrose, Duke of 499
Monument (London) **121**
Moore, Albert *Seashells* 382
Moore, Henry 28
 Henry Moore Institute (Leeds) 414
 Large Two Forms 417
 Recumbent Figure 95
 Sainsbury Centre for Visual Arts
  (Norwich) 205
 Scottish Gallery of Modern Art
  (Edinburgh) 515
 St Stephen Walbrook (London)
  115f
 Walker Art Gallery (Liverpool)
  382
Morar
 Tour zu den Inselfähren 550
Moray 529
Moray, Bischof von 542
More, Sir Thomas 54, 126
Morecambe Bay **374**
Moreton, Familie 307
Morgan, Dr William 441
Morris, Jane 224
Morris, Roger 552
Morris, William 332
 Castle Howard 403
 Jesus College (Cambridge) 216
 Kelmscott Manor 224f
 Peterhouse (Cambridge) 217
Morwellham Quay **297**
Moseley Old Hall 307
Mother Shipton's Cave 392f
Mott, Hay und Anderson 429
Mount Edgcumbe Park 248, 296
Mount Grace Priory 354, **398**
Mountbatten, Earl 35, 166
Mousa Broch 532
Mousehole 282

Moustafa, Ahmed 521
Muir of Dinnet Nature Reserve, Royal
 Deeside Tour 544
Mull, Isle of 531, **550**
Mumbles, The (Swansea) 470
Mumby, Pubs 607
Muncaster Castle 368
Mungo, hl. 505, 520f
Münzen 629
Murray, Patrick 514
Museen und Sammlungen (allgem.)
 Eintrittspreise 621
 Läden 154f, 611
 Öffnungszeiten 621
Museen und Sammlungen (einzeln)
 18 Stafford Terrace (London) 126f
 Abbot Hall Art Gallery & Museum
  of Lakeland Life (Kendal) 372
 Aldeburgh Museum 207
 Alexander Keiller Museum
  (Avebury) 267
 American Museum (Bath) 265
 Anne of Cleves House (Lewes)
  184
 Arlington Court and National Trust
  Carriage Museum 291
 Armley Mills Museum (Leeds) 414
 Art Gallery (Aberdeen) 542
 Ashmolean Museum (Oxford) 226,
  228
 At-Bristol 260
 Auchindrain Museum **552**
 BALTIC (Newcastle upon Tyne) 428,
  429
 Barbara Hepworth Museum and
  Sculpture Garden (St Ives) 281
 Battle of Bannockburn Visitor
  Centre (Stirling) 500
 Beamish Open Air Museum 420,
  428
 Beatles Story (Liverpool) 381
 Beatrix Potter Gallery (Hawkshead)
  371
 Blackhouse (Arnol, Lewis) 533
 Blaenavon Ironworks 478
 Blists Hill Museum (Ironbridge
  Gorge) 319
 Bodmin Town Museum **288**, 289
 Bowes Museum (Barnard Castle)
  430
 Bradford Industrial Museum 415
 Brantwood (Coniston) 372
 Brighton Museum and Art Gallery
  178
 Bristol Industrial Museum 261
 Bristol Museum and Art Gallery
  260
 British Golf Museum (St Andrews)
  503
 British Museum (London) 77, **110f**
 Brontë Parsonage Museum
  (Haworth) 416
 Buckler's Hard 172
 Burns Cottage **519**
 Burrell Collection (Glasgow) 483
 Butcher Row House (Ledbury) 321
 Cadbury World (Bournville) 323
 Captain Cook Memorial Museum
  (Whitby) 400
 Carnegie Birthplace Museum
  (Dunfermline) 505
 Cartwright Hall Art Gallery
  (Bradford) 414
 Castle Museum (Colchester) 209
 Castle Museum (Norwich) 204f

 Centre for Alternative Technology
  466
 Ceredigion Museum (Aberystwyth)
  467
 Charles Dickens Museum (London)
  109
 Charles Dickens Museum
  (Portsmouth) 173
 Christchurch Mansion (Ipswich)
  207
 Churchill War Rooms (London) **93**
 Cider Museum (Hereford) 320
 City Museum (Lancaster) **374**, 375
 City Museum and Art Gallery
  (Birmingham) 323
 Clive Museum (Powis Castle) 464
 Coalbrookdale Museum of Iron
  (Ironbridge Gorge) 318
 Coalport China Museum
  (Ironbridge Gorge) 319
 Commandery (Worcester) 322
 Corbridge Roman Town – Hadrian's
  Wall 427
 Corinium Museum (Cirencester)
  333
 Courtauld Gallery (London) 84
 Coventry Transport Museum 323
 Craft in the Bay (Cardiff) 474
 Crich Tramway Village 343
 Cromarty Courthouse 539
 Cromwell Museum (Huntingdon)
  212
 D-Day Museum 173
 Dales Countryside Museum 389
 Dartmouth Museum 294
 Dennis Severs' House (London)
  129
 Design Museum (London) 126
 DIG – An Archaeological Adventure
  (York) 411
 Discover Stamford 347
 Discovery (Dundee) 503
 Dock Museum (Barrow-in-Furness)
  372, 373
 Dorset County Museum
  (Dorchester) 273
 Dove Cottage und Wordsworth
  Museum (Grasmere) 370
 Dylan Thomas Centre (Swansea)
  470
 Eden Camp **404**
 Elgar's Birthplace (Worcester) 322
 Elgin Museum 542
 Elizabethan House Museum (Great
  Yarmouth) 203
 Eureka! (Halifax) 417
 Falmouth Art Gallery 285
 Fitzwilliam Museum (Cambridge)
  218
 Flambards Experience 284
 Fox Talbot Museum (Lacock) 259
 Freud Museum (London) 127
 Gainsborough's House (Sudbury)
  210
 Gasworks Museum (Biggar) 517
 Gilbert Collection (London) 102
 Gladstone Pottery Museum
  (Stoke-on-Trent) 315
 Glasgow School of Art 523
 Glasgow Science Centre 522
 Glynn Vivian Art Gallery (Swansea)
  470
 God's House Tower Museum of
  Archaeology 173
 Goonhilly Earth Station 284

Grace Darling Museum
(Bamburgh) 424
Grassington Folk Museum 390
Grimsby Fishing Heritage Centre
(Grimsby) 417
Groam House Museum
(Rosemarkie) 539
Hands on History (Hull) 406
Helston Museum (Helston) 284
Herbert Gallery and Museum
(Coventry) 323
Hereford Museum and Art Gallery
(Hereford) 320
Heritage Centre (Ledbury) 321
Hexham Old Gaol (Hexham) 427
Historic Dockyard (Chatham) 192
HMS *Unicorn* (Dundee) 503
Holburne Museum of Art (Bath)
264
Hollytrees Museum (Colchester)
209
House of the Tailor of Gloucester
333
Hugh Miller Museum (Cromarty)
539
Hunterian Art Gallery (Glasgow)
523
Imperial War Museum North
(Salford) 375, **379**
International Slavery Museum
(Liverpool) 381
Inverness Museum and Art Gallery
540
Jackfield Tile Museum (Ironbridge
Gorge) 318
Jorvik Viking Centre (York) 409,
410
Judge's Lodgings (Lancaster) **374**,
375
Keats House (London) 127
Kelvingrove Art Gallery and
Museum (Glasgow) 483, **524f**
Kendal Museum 372
Keswick Museum & Art Gallery 363
King's Own Scottish Borderers
Regimental Museum
(Berwick-upon-Tweed) 422
Lady Lever Art Gallery (Port
Sunlight) 383
Lake Village Museum (Glastonbury)
257
Laurel and Hardy Museum
(Ulverston) 373
Leeds Art Gallery 414
Leeds City Museum 414
Leighton House (London) 127
Little Hall (Lavenham) 210
Llandudno Museum 449
Llechwedd Slate Caverns 455
Loch Ness Centre and Exhibition
540
London Dungeon (London) **85**
London Transport Museum
(London) 83, **84**
Lowestoft Museum 203
The Lowry (Salford) 375, **379**
Ludlow Museum **316**, 317
Lyme Regis Museum 274
M-Shed 260
McManus Galleries (Dundee) 503
Madame Tussauds (London) **108**
Maeldune Centre (Maldon) 213
Magna **417**
Manchester Art Gallery 378
Manchester Museum 378

Manchester United Museum 379
Maritime Museum (Aberdeen) 544
Maritime Museum (Hull) 406
Maritime Museum (Lancaster)
374, 375
Market Hall (Warwick) 325
Merseyside Maritime Museum
(Liverpool) 381
Mining Museum (Blaenafon) 478
Mompesson House (Salisbury) 269
Moray Motor Museum (Elgin) 542
Morwellham Quay **297**
Moyse's Hall (Bury St Edmunds)
210, 211
Museum and Art Gallery (Buxton)
338
Museum and Art Gallery
(Cheltenham) 332
Museum and Art Gallery
(Penzance) 282
Museum of Barnstaple and North
Devon 291
Museum of Biggar and Upper
Clydesdale (Biggar) 517
Museum of Canterbury 190
Museum of Childhood (Edinburgh)
514, 515
Museum of the Gorge (Ironbridge
Gorge) 318
Museum of the History of Science
(Oxford) 226, 228
Museum of Islay Life 553
Museum of the Jewellery Quarter
(Birmingham) 323
Museum of Lakeland Life (Kendal)
372
Museum of Liverpool 381
Museum of London (London) **117**
Museum of London Docklands 129
Museum of Norwich 205
Museum of Nottingham Life 340
Museum of Oxford 229
Museum of Royal Worcester 322
Museum of Science and Industry in
Manchester 378
Museum of Scotland (Edinburgh)
509
Museum of Somerset (Taunton)
256
Museum of Victorian Whitby 400
Museum of Welsh Life St Fagans
(Cardiff) 475
National Coal Mining Museum **417**
National Football Museum
(Manchester) 377
National Gallery (London) 76, 77,
86f
National Heritage Centre for
Horseracing and Sporting Art
(Newmarket) 211
National Maritime Museum
Cornwall 284f
National Maritime Museum
(London) 129
National Media Museum (Bradford)
415
National Motor Museum 172
National Museum Cardiff 475
National Museum of Scotland 509
National Portrait Gallery (London)
85
National Railway Museum (York)
410f
National Roman Legion Museum
(Caerleon) 478

National Trust Assembly Rooms
und Fashion Museum (Bath) 264
National War Museum (Edinburgh)
509
National Waterways Museum
(Gloucester) 305, 333
Natural History Museum (London)
100, **104**, 154, 377
Nelson Museum (Monmouth) 479
New Lanark **518**
New Millennium Experience
(New Lanark) 518
No. 1 Royal Crescent (Bath) 264
North Devon Maritime Museum
(Appledore) 291
Northampton Museum and Art
Gallery 347
Owain Glyndŵr Centre
(Machynlleth) 466
Oxford Castle Unlocked 229
Oxford University Museum of
Natural History 229
Padstow Museum 289
Peak District Mining Museum
(Matlock) 340
Pencil Museum (Keswick) 363
Penlee House Gallery and Museum
(Penzance) **282**, 283
People's Palace (Glasgow) 521
Perth Museum & Art Gallery 502
Pier Arts Centre (Orkney) 532
Pitt Rivers Museum (Oxford) 229
Plymouth Dome 296
Plymouth Mayflower Exhibition 96
Poldark Mine 284
Pollok House (Glasgow) **523**
Poole Museum (Poole) **274**, 275
Portsmouth Historic Dockyard 173
Potteries Museum and Art Gallery
(Hanley) 315
Priest's House Museum (Wimborne
Minster) 275
Prison and Police Museum (Ripon)
393
Provand's Lordship (Glasgow) 521
Queen Elizabeth's Hunting Lodge
(Epping Forest) 213
Queen's Gallery (London) 90, **91**
Radnorshire Museum (Llandrindod
Wells) 465
Regimental Museum (Monmouth)
478f
Regimental Museum of the
Highlanders (Fort George) 541
Regimental Museum of Royal
Northumberland Fusiliers (Alnwick
Castle) 424
Riverside Museum (Glasgow) 522f
Roald Dahl Museum 234
Roman Baths (Bath) 264
Roman Museum (Ribchester) 375
Rotunda (Scarborough) 401
Royal Academy of Arts (London) **85**
Royal Albert Memorial Museum
and Art Gallery (Exeter) 293
Royal Armouries Museum (Leeds)
414
Royal Cornwall Museum (Truro)
285
Royal Naval Museum 173
Royal Pump Room Museum
(Harrogate) 392
Russell-Cotes Art Gallery and
Museum (Bournemouth) 275
Rydal Mount 370

Ryedale Folk Museum (Hutton-le-Hole) 398
Sainsbury Centre for Visual Arts (Norwich) 205
Salford Museum and Art Gallery 375
Salisbury Museum 269
Scarborough Art Gallery 401
Science Museum (London) 100, **104**, 154
Scottish Fisheries Museum (East Neuk) 504
Scottish Kiltmaker Visitor Centre (Inverness) 540
Scottish National Gallery (Edinburgh) 508
Scottish National Gallery of Modern Art One and Two (Edinburgh) 515
Scottish National Portrait Gallery (Edinburgh) 508f
Sea City Museum (Southampton) 173
Sherlock Holmes Museum (London) **108**
Shetland Museum 532
Shibden Hall Museum (Halifax) 417
Shrewsbury Museum and Art Gallery 316
Sir John Soane's Museum (London) **116f**
Somerset Rural Life Museum (Glastonbury) 257
Southwold Museum 206
St John's House Museum (Warwick) 325
St Mungo Museum of Religious Life and Art (Glasgow) 521
Strangers' Hall (Norwich) 205
Streetlife Museum of Transport (Hull) **406**, 407
Sutton Hoo (Ipswich) 207
Swaledale Museum 399
Swansea Museum 470
Tain Through Time 538f
Tate Britain (London) 77, **95**
Tate Liverpool 381
Tate Modern (London) **125**
Tate St Ives 281
Techniquest (Cardiff) 474
Tenement House (Glasgow) 522
Thackray Medical Museum (Leeds) 414
The Collection – Usher Gallery (Lincoln) 345
Theakston Bewery (Masham) 389
Thinktank – the Birmingham Museum of Science and Discovery 323
Tom Brown's School Museum (Uffington) 225
Torquay Museum 294
Torridon Countryside Centre 538
Totnes Elizabethan Museum 295
True's Yard Fisherfolk Museum (King's Lynn) 200f
Tullie House Museum (Carlisle) 362
UK Border Agency National Museum (Liverpool) 381
Urbis (Manchester) 377
V & A Museum of Childhood (London) 129
V&A Museum of Design (Dundee) 502

Verulamium Museum (St Albans) 236
Victoria and Albert Museum (London) 76, 101, **102f**, 154
Walker Art Gallery (Liverpool) 350, **382f**
Wallace Collection (London) **108f**
Wells & Mendip Museum 256
West Gate Museum (Canterbury) 190
Westgate Museum (Winchester) **174**, 175
Wheal Martyn China Clay Museum 285
Whitby Museum und Pannett Art Gallery 400
Whithorn Story, The 519
Whitworth Art Gallery (Manchester) 378
William Wilberforce House (Hull) **406**, 407
Wordsworth House (Cockermouth) 366
World of Beatrix Potter 371
World Museum Liverpool 383
York Art Gallery 411
York Castle Museum 409, 410
Yorkshire Museum (York) 408, 410
Yorkshire Sculpture Park **417**
Musik 612
Aldeburgh Music Festival 67f, **207**
Die Dame am Spinett (Vermeer) 90
King's College Choir 219
Klassische Musik, Oper und Tanz 158f
Rock, Pop, Jazz und Clubs 158f
Royal College of Music (London) 100
Mylne, Robert 552

N

Nant Gwynant, Pubs 608f
Napoléon I, Kaiser 454
Napoléon III, Kaiser 241
Nash, John 28, 59
  Buckingham Palace 90
  Regent Street (London) 85
  Regent's Park (London) 107, 108
  Royal Mews (London) 91
  Royal Opera Arcade (London) 89
  Royal Pavilion (Brighton) 163, 182, 183
Nash, Paul 84, 95
Nash, Richard »Beau« **265**
Nasmyth, Alexander 509
National Coal Mining Museum **417**
National Express 640f
National Gallery (London) 76f, **86f**
National Maritime Museum (London) 129
National Museum of Scotland 515
National Portrait Gallery (London) **85**
National Rail 639
National Theatre (London) 157
National Trust 32, **33**, 359, 622, 625
National Trust for Scotland 622, 625
National Union of Students 625
Nationalparks
  Brecon Beacons 437, **472f**
  Dartmoor 244, **298f**
  Exmoor 244, 253, **254f**
  Lake District 364f
  North York Moors 399

Northumberland 425
Peak District 342f
Pembrokeshire Coast 462
Snowdonia 446, 454, **455f**
Yorkshire Dales 350, **388–390**
Natural History Museum (London) **104**, 154, 377
Detailkarte 100
Neal Street und Neal's Yard (London) Detailkarte 82
Neal's Yard Remedies (London) 154f
Needles, The 172
Neidpath Castle 490
Nelson, Admiral Lord Horatio 58
  HMS *Victory* 173
  Lord Nelson Pub (Burnham Market) 200
  Nelson Museum (Monmouth) 479
  Nelson's Column (London) 72
  Schlacht von Trafalgar 59
  Wappen 35
Neptune's Staircase
  Tour zu den Inselfähren 551
Ness, Loch **540**
Nettlefold, Archibald 295
Neue Städte 62f
Neujahr 69
Neville, Familie 326, 476
New Change (London)
  Detailkarte 114
New Forest **172**
New Lanark **518**
New London Theatre (London) 157
Newby Hall **393**
Newcastle upon Tyne 421, **428f**
  Flughafen 634f
  Slums 60
Newcomen, Thomas 104
Newlands Valley **366**
Newlyn 282
  Penwith Tour 280
Newlyn School 282
Newman, Kardinal John Henry 101
Newmarket **211**
Newton, Pubs 608
Newton, Sir Isaac 56
Newton Abbot, Pubs 606
NHS 111 Service 627
Nicholson, Ben 95
  St Ives, Cornwall 281
Nicolson, Harold 193
Nidd, Fluss 392
Niederschläge 72f
Nightingale, Florence 60, 166
Ninian, hl. 519, 521
Noël Coward Theatre (London) 157
Nordengland **348–433**
  Abteien **354f**
  Geologie des Lake District 356f
  Industrielle Revolution **352f**
  Karte 22f, 350f
  Lancashire und Lake District **358–383**
  Northumbria **418–433**
  Regionale Spezialitäten 581
  Überblick 350f
  Yorkshire und Humber-Region **384–417**
Nordirland 28
Nordwales **444–459**
  Klima 72
  Pubs 608f
  Regionalkarte 446f

TEXTREGISTER | 661

Norfolk *siehe* East Anglia
Norfolk, Dukes of 176
Norfolk, Earl of 207
Norfolk Coast Path 41
Norfolk Lavender, North Norfolk Tour 200
Normannen
  Burgen 52
  Einfall nach Britannien 43, 50, 440
  Schottland 486
North Downs **185**
North Downs Way 41
North Norfolk Tour **200f**
North Pennines Tour **431**
North Uist 533
North York Moors 385f, **399**
North Yorkshire Moors Railway **398**
Northampton **347**
Northamptonshire *siehe* East Midlands
Northumberland *siehe* Northumbria
Northumberland, Dukes of 130, 424
Northumberland, Earls of 130
Northumbria **418–433**
  Klima 73
  Pubs 608
  Regionalkarte 420f
Northumbria, Earl of 408
Norwich **204f**
  Pubs 605
Norwich School (Malerschule) 205
Notfälle 627
Notrufnummern 627
Notting Hill (London) **127**
  Carnival 67
Nottingham **340**, 580
  Goose Fair 68
  Pubs 607
Nottinghamshire *siehe* East Midlands
Novello Theatre (London) 157
Nunnington Hall **397**

O

O₂ Arena, The (London) 129, 159
Oare 255
Oasis (London) 154f
Oban **550**
Obst 164f
Offa, King of Mercia 50, 237, 440, 465
Offa's Dyke 440, 465
Offa's Dyke Footpath 40
Öffentliche Toiletten 621
Office (London) 154f
Öffnungszeiten 621
  Läden 610
Okehampton 298
Olaf, hl., König von Norwegen 408
Old Man of Coniston 367f
Old Operating Theatre (London) **121**
Old Royal Naval College (London) 129
Old Sarum 267f
Old Spitalfields Market (London) 153
Old Vic, The (Theater, London) 156f
Oliver, Isaac 235
Olivier, Laurence 28, 288
Omega Workshops 167

Open Air Theatre (London) 108
Open-Air-Aufführungen (London) 157
Oper 158
Ophelia (Millais) 60f
Orford Castle 207
Orkney Islands 531, **532**
  Karten 23
Orton, Joe 128
Orwell, George 128, 552
Osborne House 166, 172
Osmund, hl., Grab 268
Ostern 69
Other Side, The (Hockney) 415
Ottery St Mary 293
Our Dynamic Earth (Edinburgh) 515
Ouse, Fluss (East Anglia) 198, 200, 212
Ouse, Fluss (York) 387
Outdoor-Aktivitäten **614–617**
Oval Cricket Ground (London) 159
Overbecks 248
Override-Provider 630
Overton Bridge, Pubs 609
Owen, Richard 316
Owen, Robert 518
Owen, Wilfred, Denkmal 316
Oxburgh Hall and Garden 199
Oxford **226–231**
  Detailkarte 226f
  Pubs 605
  University 162, **230f**
Oxford and Cambridge Boat Race 66, 70
Oxford Tube 640, 641
Oxfordshire *siehe* Themse-Tal

P

P&O Ferries 633
Packwood House 307
Padstow **289**
Paignton 277
Paignton Zoo 294
Paine, Tom 199
Painswick 309
Paisley 519
Palace Theatre (London) 157
Paläste
  Blenheim Palace 162, **232f**
  Buckingham Palace 76, **90f**
  Culross Palace 505
  Dunfermline Palace 504f
  Falkland Palace **504**
  Hampton Court **177**
  Holyroodhouse 574
  Kensington Palace **105**
  Linlithgow Palace **505**
  Schottische Schlösser 490f
  Scone Palace 502
  St James's Palace (London) 88
  Stirling Castle 501
Pall Mall (London)
  Detailkarte 89
Palladio, Andrea 82, 89, 130
Palmerston, Lord 217
Pangbourne
  Entlang der Themse (Tour) 238
Pannenhilfe 637
Pannett, Robert 400
Panoramastrecken 639
Parbury, Kathleen 423
Parcelforce Worldwide 631
Paris, Matthew 44
Parken 636f

Parker Bowles, Camilla 65
Parks und Gärten **30f**
  Abbotsbury Sub-Tropical Gardens 272
  Anglesey Abbey 212
  Anne Hathaway's Cottage 325, 331
  Athelhampton House 273
  Audley End 212
  Battersea Park (London) 79
  Beth Chatto Garden (Colchester) 209
  Blenheim Palace 232f
  Botanical Gardens (Edgbaston) 323
  Burghley House 346
  Cambridge University Botanic Garden 217
  Chatsworth House 338f
  Chelsea Physic Garden (London) 126
  Cheltenham Imperial Gardens 324
  Cirencester Park 333
  Compton Acres (Bournemouth) 275
  Cotehele 297
  Crarae Gardens **552**
  Crathes Castle and Gardens 545
  Dartington Hall 295
  Eden Project **286f**
  Gardens of the Rose **237**
  Glendurgan 285
  Green Park (London) 79
  Greenwich Park (London) 79
  Hampstead Heath (London) 79, **128**
  Hampton Court 177
  Hampton Court Castle and Gardens (Leominster) 317
  Harewood House 414
  Harlow Car Gardens 392
  Hestercombe Garden 256
  Hidcote Manor Garden 325
  Holland Park (London) 78, **126f**
  Hyde Park (London) 76, 79, **105**
  Inverewe Garden 538
  Kensington Gardens (London) 78f, **105**
  Kew Gardens (London) 78, 130
  Kiftsgate Court Garden 325
  Knightshayes Court 293
  Levens Hall 373
  Londoner Parks **78f**
  Lost Gardens of Heligan 285
  Mary Arden's Farm 331
  Morrab Gardens (Penzance) 282
  Mount Edgcumbe Park 296
  National Botanical Garden of Wales 470
  Newby Hall 391
  Oxburgh Hall and Garden 199
  Parks in den Midlands (Tour) **324f**
  Powis Castle 464
  Regent's Park (London) 79, **108**
  RHS Harlow Carr Gardens 392
  Richmond Park (London) 78, 130
  Rosemoor Garden 290
  Royal Botanic Gardens *siehe* Kew Gardens
  Sissinghurst Castle Garden 193
  Snowshill Manor 324
  Somerleyton Hall 203
  St James's Park (London) 79
  Stanway House 324
  Stourhead 245, **258f**
  Stowe **234**

Sudeley Castle 324
Trebah 285
Trelissick 285
Trengwainton 280
Trewithen 285
University of Oxford Botanic Garden 228
Waddesdon Manor 234
Warwick Castle 325
Westengland **248f**
Williamson Park (Lancaster) 374f
Windsor Great Park 239
Wisley 176
Witley Court and Gardens (Great Witley) 317
Parlament *siehe* Houses of Parliament
Parliament Hill (London) 128
Parnham 249
Parr, Catherine 324
Parracombe 254
Parthenon-Reliefs (British Museum, London) 110
Pass 620
Pavey Ark 369
Paxton, Sir Joseph 61, 338, 416
Peacock Theatre (London) 158
Peak District 337, 342f
Pearson, J. L. 285
Peddars Way 41
Peers 35
Pellegrini, Giovanni Antonio 402
Pembridge 317
Pembroke, 8. Earl of 269
Pembroke Ferry, Pubs 609
Pembrokeshire *siehe* Süd- und Mittelwales
Pembrokeshire Coast National Park 462
Pembrokeshire Coastal Path 40
Pen y Fan 473
Pen-y-Garreg 466
Penallt, Pubs 609
Penn, William 235
Penninen
  Langhäuser 37
  North Pennines Tour **431**
  Pennine Way 40, 425
Penrith 362
Pensford, Pubs 606
Penshurst Place 193
Pentland Hills **517**
Pentre Ifan 46
Penwith Tour 280
Penzance **282f**
  Pubs 606
Pepys, Samuel 83, 212, 217
Percy, Lady Idoine 405
Persönliche Sicherheit **626f**
Perth **502**
Perth und Kinross *siehe* Highlands und Inseln
Pest 52f, 57, 211
Peter of Langtoft 289
Peter Jones (London) 152f
Peterborough **198**
Peterloo-Massaker (1819) **377**
Petroc, hl. 288
Petticoat Lane Market (London) 153
Petworth House 26, **176**
Pevsner, Sir Nikolaus 393
Pferde und Pferderennen
  Beverley Races, Yorkshire 205
  Horse of the Year Show 68
  Reiten und Ponny-Trekking 615, 617

Royal Mews (London) 91
Wettrennen 70, 211, 616f
Pflanzenwelt der Cairngorms 549
Philip II., König von Spanien 55
Phoenix Theatre (London) 157
Photographers' Gallery (London) 154f
Picasso, Pablo 125, 205, 228, 378, 515
Piccadilly (London)
  Detailkarte 88f
Piccadilly Circus (London) **85**
  Detailkarte 89
Piccadilly Theatre (London) 157
Pickering, Pubs 608
Picknick 577
Pike o'Stickle 369
Pikten 486
Pilgerväter 56f, 296
Pitlochry **545**
Place, The (London) 158
Plaid Cymru 441
Plath, Sylvia 416
Plymouth **296**
Pole, Owain de la 464
Politik 27f
Polizei 626
  (Notruf) 627
Polo 71
Polperro 288
Polruan 288
Ponsonby, Sarah 454
Pontcysyllte Aquedukt 454
Poole **274f**
Pope, Alexander 321, 333
Porlock 255
Port Isaac 277
Port Sunlight 353, 383
Porth Neigwl 457
Porth Oer 457
Portmeirion 436, **458f**
Portobello Road (London) **127**
Portobello Road Market (London) 153
Porträt von Richard James (Hogarth) 218
Portree 535
Portsmouth **173**
Portsoy, Pubs 609
Post 630f
Postbridge 298
Postmoderne 29
Potter, Beatrix **371**
  Beatrix Potter Gallery (Hawkshead) 371
  Hill Top (nahe Sawrey) 371
  House of the Tailor of Gloucester 333
  Little Town (Newlands Valley) 366
  Peter-Hase-Geschichten 545
  World of Beatrix Potter (Windermere) 371
Poundbury Camp 273
Poussin, Nicolas 245, 382, 508
  Herkules 71
Powis, 3. Baron 464
Powis Castle **464**
Powys *siehe* Süd- und Mittelwales
Prähistorisches Britannien **46f**
  Arbor Low 342
  Avebury Stone Circle **267**
  Carloway Broch 533
  Castlerigg-Steinkreis 363, 365
  Cerne Abbas 273
  Clava Cairns 541

Flag Fen Bronze Age Centre 198
Grimes Graves **198f**
Grimspound 298
Kalksteinfiguren 225
Kents Cavern 294
Lanyon Quoit 280
Long Meg and her Daughters 362
Maes Howe 532
Maiden Castle 273
Maumbury Rings 273
Merry Maidens 280
Mousa Broch 532
Old Sarum 267
Parc Le Breos 470
Poundbury Camp 273
Ring of Brodgar 532
Rollright Stones 224
Salisbury Plain 266f
Silbury Hill 266
Skara Brae 532
Standing Stones of Callanish 533
Standing Stones of Stenness 532
Stonehenge 47, 245, **266f**
Uffington Castle 225
Wayland's Smithy 225
West Kennet Long Barrow 266f
Wiltshire **266f**
Präraffaeliten 95, 378
Praxiteles 176
Preisnachlässe
  Busse 640
  Flüge 635
  Studenten 623, 625
  Züge 638
Presbyterian Church of Scotland 484
Presbyterianer 487, 513, 518f
Priestley, Joseph 259
Prince Edward Theatre (London) 157
Prince of Wales Theatre (London) 157
Prince's Cairn
  Tour zu den Inselfähren 550
»Prinzen im Tower« 122f
Prioreien *siehe* Abteien, Prioreien und Klöster
Pritchard, Dafydd 456
Proctor, Sir Stephen 394
Pubs **604 – 609**
  Kinder 622f
  Traditionelles Pub **578f**
  Zimmer in 557
Pugin, A. W. N. 96, 383
Punk 65
Puritaner **235**

Q

Quarry Bank, Styal 311, 312f, **314**
Quattro Stagioni (Cy Twombly) 125
Queen Elizabeth Forest Park 499
Queen Elizabeth Park (London) 129
Queen Square (London) 109
Queen's Chapel (London) **89**
  Detailkarte 89
Queen's Club Real Tennis (London) 159
Queen's Gallery (London) 90, **91**
Queen's House (London) 129
Queen's Theatre (London) 157
Quincey, Thomas de 84
Quiraing 535

R

RAC 637
Rackham, Arthur 238, 449
Radcliffe, Dr John 231

Radcot Bridge 225
Radio 631
Raeburn, Henry 542, 552
  Reverend Robert Walker Skating on Duddingston Loch 508
Raffael 228, 508
Rahere 117
Rail Europe 638, 639
Raleigh, Sir Walter 55, 272, 296
Ramblers' Association 614, 617
Ramsay, Allan 508, 552
Ransome, Arthur 372
Rashleigh, Familie 288
Rattle, Sir Simon 323
Rauchen 575, 623
Ravenglass and Eskdale Railway 367
Reculver 187
Recumbent Figure (Moore) 95
Redfern Art Gallery 154f
Reform Acts 60
Regent Street Christmas Lights 68
Regent's Park (London) 79, **106–111**
  Freilichttheater 108, 157
  Stadtteilkarte 107
Regent's Park (London) 79, **108**
Regionale Spezialitäten 580f
Reilly, Michael 84
Reisedokumente 620
Reiseinformationen **632–643**
  Auto **636f**
  Bus 634f, 640, **641**, 642
  Devon und Cornwall 279
  Downs und Kanalküste 170
  East Anglia 197
  East Midlands 336
  Eisenbahn **638f**
  Fähren **633**, 641
  Fernbusse **633**, **640**
  Flugzeug **634f**
  Highlands und Inseln 530
  Küstengewässer und Binnenwasserwege **641**
  Lancashire und Lake District 360
  Nordwales 447
  Northumbria 421
  In Städten **642f**
  Süd- und Mittelwales 462
  Themse-Tal 222
  Tiefland (Schottland) 497
  Wessex 253
  Yorkshire und Humber-Region 387
  Zentralengland 312
Reisezeit, beste 620
Religion
  Keltisches Christentum **423**
  Methodisten **283**, 441
Rembrandt
  Ashmolean Museum (Oxford) 228
  Drumlanrig Castle 519
  Hampton Court 177
  Kenwood House (London) 128
  Mann mit Rüstung 524
  Queen's Gallery (London) 91
  Scottish National Gallery (Edinburgh) 508
  Walker Art Gallery (Liverpool) 382
  Wallace Collection (London) 109
Remembrance Day 68
Renoir, Pierre-Auguste 218, 404
  Die beiden Schwestern 260
  Im Theater 87

Restaurants **574–609**
  Behinderte Reisende 577
  Bezahlung 576
  Devon und Cornwall 591–593
  Downs und Kanalküste 586f
  East Anglia 587f
  East Midlands 594f
  Kinder 577, 622f
  Lancashire und Lake District 595–597
  London 588–591
  Northumbria 598f
  Reservierung 576
  Restaurants mit Zimmer 575
  Schottland: Highlands und Inseln 602f
  Schottland: Tiefland 600–602
  Themse-Tal 588f
  Wales 599f
  Wessex 589–591
  Yorkshire und Humber-Region 597f
  Zentralengland 593f
  siehe auch Essen und Trinken
Restaurants (nach Orten)
  Aberaeron 599f
  Aberdeen 602
  Aberdyfi 599
  Aberlady 600
  Abingdon 588
  Aboyne 602
  Achiltibuie 602
  Aldeburgh 587
  Alfriston 586
  Ambleside 595
  Applecross 602
  Ardeonaig 602
  Arundel 586
  Asenby 596
  Ashbourne 594
  Auchterarder 601
  Auldearn 602
  Avebury 589
  Badachro 602
  Bakewell 594
  Balquhidder 601
  Banbury 588
  Barnstaple 591
  Baslow 595
  Bath 589
  Beaconsfield 588
  Beaumaris 599
  Beddgelert 599
  Biddenden 586
  Bigbury 592
  Birdforth 597
  Birmingham 594
  Bodiam 586
  Bolton Abbey 597
  Bootle 595
  Boroughbridge 597
  Bournemouth 590
  Bourton-on-the-Hill 594
  Bourton-on-the-Water 594
  Bowness-on-Windermere 596
  Bradford-on-Avon 590
  Bradford 597
  Braithwaite 596
  Brecon 600
  Bridgend 600
  Bridport 590
  Brighton 586
  Bristol 590
  Broughton-in-Furness 596
  Bruton 590
  Buckfastleigh 592

Bude 592
Builth Wells 600
Bury St Edmunds 587
Buxton 595
Cambridge 587
Canterbury 586
Cardiff 600
Cartmel 596
Chagford 592
Chelmsford 588
Cheltenham 593f
Chester 594
Chichester 586
Chinnor 588
Chippenham 590
Chipping Campden 594
Chipping Norton 588
Cirencester 594
Cockermouth 596
Colchester 588
Coll 602
Cookham 589
Coventry 594
Crickhowell 600
Cromer 588
Croyde 592
Cuckfield 586
Cupar 601
Dartmouth 592
Derby 595
Dolgellau 599
Dundee 601
Durham 598
East Witton 597
Eastbourne 586f
Easton Grey 590
Edinburgh 601
Ely 588
Emsworth 587
Exeter 592
Exmouth 592
Eyemouth 601
Falmouth 592
Ferrensby 597
Findhorn 602
Fort William 602f
Fowey 592
Gateshead 598
Glasgow 601f
Glastonbury 590
Glencoe 603
Glossop 595
Grange-over-Sands 596
Grasmere 596
Great Missenden 588
Great Whittington 598
Haddington 602
Harlech 599
Harrogate 597
Hastings 587
Haverfordwest 600
Hay-on-Wye 600
Helston 592
Hemel Hempstead 589
Henley-on-Thames 589
Hexham 598
Holt 588
Horsham 587
Huntingdon 588
Ilfracombe 592
Ilkeston 595
Ilkley 597
Inverarnan 602
Inverie 603
Inverness 603

Ipswich 588
Ironbridge 594
Isle of Purbeck 590
Isle of Skye 603
Isle of Wight 587
Kendal 596
Keswick 596
Kilberry 603
King's Lynn 588
Kingsbridge 592
Kinlochleven 603
Kylesku 603
Lacock 591
Lauder 602
Leeds 597
Leicester 595
Lincoln 595
Liverpool 596
Llanbedrog 599
Llandrillo 599
Llandudno 599
Llangefni 599
Llangollen 599
Llanwrtyd Wells 600
Llyswen 600
Longleat 591
Lowestoft 588
Lyme Regis 591
Lymington 587
Maldon 588
Malmesbury 591
Malvern 594
Manchester 596
Mansfield 595
Marlow 589
Matfen 598
Matlock 595
Mawgan Porth 592
Morecambe Bay 596
Moreton-in-Marsh 594
Mousehole 593
Mull 603
Newbury 589
Newcastle upon Tyne 598
Newmarket 588
Newquay 593
Newton Aycliffe 598
Northampton 595
Norwich 588
Nottingham 595
Oban 603
Okehampton 593
Oxford 589
Padstow 593
Peebles 602
Pembroke 600
Penzance 593
Peterborough 588
Petersfield 587
Plockton 603
Plymouth 593
Poole 591
Porlock 591
Port Appin 603
Port Isaac 593
Portmeirion 599
Portsmouth 587
Pwllheli 599
Reading 589
Ripley 597
Robins Hood's Bay 597
Rochester 587
Romaldkirk 598
Ross-on-Wye 594
Rowde 591

Ruthin 599
Salcombe 593
Salisbury 591
Scarborough 597
Scrabster 603
Shaldon 593
Sheffield 597
Shepton Mallet 591
Sherborne 591
Shetland Islands 603
Shrewsbury 594
South Milton 593
Southwold 588
St Albans 589
St Ives 593
Stamford 595
Stanley 602
Stokesley 598
Stow-on-the-Wold 594
Stratford-upon-Avon 594
Studland 591
Sutton-on-the-Forest 598
Swaffham 588
Swanley 587
Swansea 600
Tavistock 593
Torquay 593
Troon 603
Tyndrum 603
Watford 589
Weymouth 591
Whitby 598
Whitstable 587
Winchelsea 587
Winchester 587
Windermere 596f
Windsor 589
Woburn 589
Woodstock 589
Worcester 594
Wrington 591
Yarm 599
York 598
Yorkshire Dales 598
Zennor 593
Restormel Castle 288
Reverend Robert Walker Skating on Duddingston Loch (Raeburn) 508
Reynolds, Sir Joshua
  Art Gallery (Aberdeen) 542
  Castle Howard 403
  Cawdor Castle 541
  Ickworth House 211
  Saltram House 296
  Scottish National Gallery (Edinburgh) 508
  Woburn Abbey 234
Rhinog-Moore 459
Rhodes, Zandra 154f
Ribble Valley **375**
Richard I, König 44
  Statue 92
  Wappen 34
Richard II, König 44
Richard III, König 44, 53
  Middleham Castle 389
  Tower of London 123
Richard of Haldingham 320
Richardson, John 365
Richborough Roman Fort 187
Richmond (London) **130**
Richmond (Yorkshire) 388
Richmond, Alan Rufus, 1. Earl of 388

Ridgeway (Wanderweg) 41
Ridley, John 431
Ridley, Nicholas 431
  Martyrs' Memorial (Oxford) 226, 229
Rievaulx Abbey **397**
Ring of Brodgar 532
Ringstead, Pubs 605
Ripley (North Yorks) **393**
Ripon **393**
Ritz, César 85, 88
Ritz, The (Hotel, London) **85**, 560
  Detailkarte 88
Rizzio, David 514
Roald Dahl Museum 234
Rob Roy **499**, 516
  Falkland Palace 504
  Trossachs 498
Robert II, König von Schottland 542
Robert the Bruce 508
  Drum Castle 545
  Einbalsamiertes Herz 516, 519
  Grab 504
  Melrose Abbey 507
  Pass of Brander 551
  Rathlin 553
  Schlacht von Bannockburn 486, 500, 504
  Statue 500
Robert the Bruce im Kampf bei Bannockburn (Hassall) 486
Robin Hood **340**, 401
Robin Hood's Bay **401**
Robinson, Thomas 402
Rochester **192**
Rockmusik, London 158f
Rodin, Auguste *Die Bürger von Calais* 92
Roger's Antiques Gallery (London) 154f
Rogers, Katherine 331
Rogers, Richard 29, 120
Rollright Stones 224
Rolls, Charles Stewart 479
Rollstuhlgerecht *siehe* Behinderte Reisende
Romaldkirk
Römerzeit 25, **48f**
  Bath 263f
  Birdoswald Roman Fort 362
  Caerleon **478**
  Chester 314
  Chysauster 282f
  Colchester 209
  Corbridge Roman Site and Museum 427
  Dorchester 273
  Fishbourne Roman Palace 175
  Hadrian's Wall 350, **426f**
  Hardknott Fort 368
  Kunst und Natur 333
  Manchester 376
  Richborough Roman Fort 187
  Schottland 486
  Segontium 448
  Shrewsbury 316
  Verulamium 236
Römisch-katholische Kirche 54
Romney, George 128, 233, 541
Romney, Hythe and Dymchurch Light Railway 187
Romney Marsh **186f**
Romsey, Pubs 604
Ronnie Scott's (London) 159
Rosedale 384, 385, 386

TEXTREGISTER | 665

North York Moors 399
Rosemoor Garden 290
Rosenkriege 53, 441
Ross-on-Wye **320f**
Rossetti, Dante Gabriel 95, 224, 340, 378
Rosslyn Chapel 517
Rosthwaite 367
Rothiemurchus Estate 548
Rothschild, Baron Ferdinand de 234
Rotten Row (London) 105
Rotunde (Manchester) 61
Roubiliac, Louis François 217
Rowlands, Richard 448
Rowntree, Joseph 353
Royal Academy of Arts (London) **85**
   Detailkarte 88
   Summer Exhibitions 67
Royal Albert Hall (London) 104f, 158
   Detailkarte 100
Royal Ascot 70, 616
Royal College of Music (London)
   Detailkarte 100
Royal Deeside 483
Royal Deeside, Tour **544f**
Royal Exchange (London)
   Detailkarte 115
Royal Exchange (Manchester) **377**
Royal Highland Show 67
Royal Hospital (London) 126
Royal Mews (London) **91**
Royal National Eisteddfod 67
Royal National Lifeboat Institution 627
Royal Observatory Greenwich (London) 129
Royal Opera Arcade (London)
   Detailkarte 89
Royal Opera House (London) **84**, 158
   Detailkarte 83
Royal Pavilion (Brighton) 163, **182f**
Royal Shakespeare Company (RSC) 156, 328, 330, **331**
Royal Tunbridge Wells *siehe* Tunbridge Wells
Royal Welsh Show 67
Royal Yachting Association 616f
Rubens, Peter Paul 382, 508
   Anbetung der Könige 219
   Banqueting House (London) 94
   Marchesa Maria Grimaldi 275
   Samson und Delilah 86
Ruby Blue (London) 159
Rückseite der New Mills (Crome) 205
Rugby 70, 616
Rugby Football Union 616f
Runnymede 239
Rupert, Prince 316
Ruskin, John 372
Russell Square (London) 109
Ruthin **449**
Ryanair 635
Rydal 370
Rydal Water 369
Rye
   Detailkarte 188f
   Pubs 605
Rye, Fluss 397
Rysbrack, Michael 232

S

Sachsen 438, 440
Sackville, Thomas 192
Sackville-West, Vita 167, 192f
Sadler's Wells (London) 158
Saffron Walden, Pubs 605
Säkularisation *siehe* Auflösung der Klöster
Sales 610
Salford Quays **375**
Salisbury 233, **268f**
   Kathedrale 268f
   Pubs 606
Salisbury, Marquess of 35
Salisbury Cathedral (Constable) 245
Salt, Sir Titus 353, 415
Saltaire 353, 415
Saltash, Pubs 606
Saltram House 296
Salts Mill (Bradford) 415
Salvin, Anthony 327, 448
Sambourne, Linley 126
Sammlungen *siehe* Museen und Sammlungen
Samson und Delilah (Peter Paul Rubens) 86
Sandby, Paul *Conwy Castle* 451
Sandringham **201**
Sanquhar 518
Savin, Thomas 467
Scafell Pike 356, 367f
Scarborough **401**
Schachfiguren, mittelalterliche 509
Schlossverwalter 504
Schmuggel in Cornwall **284**
Schnellfähren 633
Schottisches Parlament 65
Schottland 25f, **480–553**
   Burgen **490f**
   Clans und Tartans **488f**
   Fähren 641
   Geschichte **486f**
   Highlands und Inseln **528–553**
   Karten 22f, 482f
   Klima 73
   Porträt von **484f**
   Pubs 609
   Schottische Küche **492f**
   Tiefland **494–527**
   Überblick 482f
Schuhläden, London **154**, 155
Schwarzer Prinz 191
Schwimmen **401**
Schwule und Lesben 613
Science Museum (London) **104**, 154
   Detailkarte 100
Scilly Isles *siehe* Isles of Scilly 283
Scone Palace 502
Scott, Sir George Gilbert
   Bath Abbey 264
   Martyrs' Memorial (Oxford) 229
   St Davids' Cathedral 469
   Worcester Cathedral 322
Scott, Sir Giles Gilbert 125, 383
Scott, John 429
Scott, Captain Robert 503
Scott, Sir Walter 485, **516**
   Abbotsford House **516**
   Fair Maid's House (Perth) 502
   Grab 507
   Highlands und Inseln 529
   Mons Meg 510
   Scott's View 507
   Shakespeare's Birthplace (Stratford-upon-Avon) 330
   St John's in the Vale 365
   Trossachs 498
   Wayland's Smithy 225
Scottish Citylink 640, 641
Scottish National Gallery of Modern Art One and Two 509
Scottish National Party 487
Scott's View
   Tour durch das Grenzland 507
Scrope, Richard, Bischof von York 413
Seabury, Samuel 544
Seaforth, Countess of 539
Seahouses 422
   Pubs 608
Seashells (Moore) 382
Seathwaite 369
Secondhand-Läden 611
Segeln 616f
Segontium 448
Seithenyn, Prince 459
Selbstverpflegung **558**, 559
Selfridges (London) 152f
Selkirk, Alexander 260, 504
Selworthy 255
Serpentine (London) 105
Seven Dials (London)
   Detailkarte 82
Seven Sisters Country Park 185
Severn, Fluss 332
   Ironbridge Gorge 318
Severn, Robert 316
Severus, Septimius 49
Sewingshields Milecastle 427
Shaftesbury **272**
Shaftesbury Theatre (London) 157
Shakespeare, William 28, 54f, 102
   Charlecote Park 306
   Denkmäler 97, 124
   Henry IV 124, 424
   Macbeth 503, 541
   Shakespeare's Birthplace 330
   Shakespeare's Globe (London) **124**
   Southwark Cathedral (London) 124
   Stratford-upon-Avon 303, 328f
Shard, The **121**
Sharington, Sir William 259
Shaw, George Bernard 107, **237**, 321
Shaw, Norman 33, 459
Sheldon, Gilbert, Erzbischof von Canterbury 229
Shelley, Percy Bysshe **226**
   Statue 466
Shepard, Ernest 238
Shepton Mallet
Sheraton, Thomas 541
Sherborne **272**
Sherlock, Cornelius 382
Sherlock Holmes Museum (London) **108**
Sherwood Forest 340
Shetland Islands 531, **532**
   Karte 23
   Shetland Seabird Isles **532**
   Up Helly Aa, Festival 484, 532
   siehe auch Highlands und Inseln
Shipping at the Mouth of the Thames (Turner) 95
Shopping **610f**
   London **152–155**
   Öffnungszeiten 152, 610, 621
Shrewsbury **316**
   Pubs 607
Shrewsbury, Countess of 338, 340
Shropshire *siehe* Zentralengland

Shuttle, Le 633
Sickert, Walter Richard 382
Siddons, Sarah 58
Sidmouth 293
   Festivals 67
Sidmouth Folk Week 67
Signac, Paul 414
Silbury Hill 266
Simonsbath 255
Simpson, James 484f
Simpson, Wallis 63
Sinclair, William 517
Sinclair (Clan) 489
Sir John Soane's Museum (London) **116f**
Sisley, Alfred 414
Sissinghurst Castle Garden 193
Six Nations Rugby Union 70
Sizergh Castle 372
Skara Brae 47, 532
Skeabost 534
Skene, Sir George 543
Sketch for Annabel Lee (Whistler) 523
Skiddaw 357, 365, 368
Skifahren 549, 616f
Skinners' Hall (London)
   Detailkarte 115
Skipton
   Pubs 608
   Skipton Castle 390
Skirlaw, Walter, Bischof von York 413
Sky Garden (London) **120**
Skye *siehe* Isle of Skye
Skype 630
Slate **455**
Sleeping Shepherd Boy, The (Gibson) 382
Sloane, Sir Hans 110, 126
Sloane Square (London) 126
Smirke, Robert 110
Smith, Adam 484
Smith, Paul 154f
Smythson, Robert 394
Snooker 70
Snowdon 437, **455**
Snowdonia National Park 446, 454, **455f**
Snowshill Manor 302
   Parks in den Midlands (Tour) 324
Soane, Sir John 116
Society of Genealogists 35
Soho (London) **84**
Soldier's Leap, Killiecrankie Walk 546
Somerleyton Hall 203
Somerset *siehe* Wessex
Somerset House (London) **84f**
Sommer in Großbritannien 67
Sonnenstunden 72f
Sonning Bridge, Entlang der Themse (Tour) 238
South Downs **185**
South Downs Way 41
South Kensington (London) **98–105**
   Detailkarte 100f
   Stadtteilkarte 99
»South Sea Bubble« (1720) 58
South Uist 533
Southbank Centre (London) 158
Southampton **172f**
Southwark (London) 112–125
   Kathedrale **125**

Pubs 604
Stadtteilkarte 113
Southwest Coastal Path 40, 254, 277
Southwold **206**
   Pubs 605
Souvenirläden 154f, 611
Sowerby Bridge 417
Spanische Armada (1588) 43, 54f, 296f
Speakers' Corner (London) 105
Speke Hall 383
Spence, Sir Basil 323
Spencer, 1. Earl 88
Spencer, Sir Stanley 218, 239, 340
Spencer House (London)
   Detailkarte 88
Spezialitäten 492, 580
Spode 315
Sport 29, **614–617**
   London 159
   Sportveranstaltungen **70f**
   Traditionelle Sportarten und Events in Cumbria **362**
Sprachen
   Gälisch 484
   Walisisch 438, 441
Spurn Head **405**
St Abb's Head **506**
St Albans **236f**
St Andrews **503**
St Aubyn, Sir John 282
St Austell **285**
St Bartholomew-the-Great (London) **116f**
St Davids 436, 461
   Kathedrale **468f**
St Fillan's Cave (East Neuk) 504
St George's Day 66
St Ives 244, **281**
   Festivals 68
   Künstler in St Ives im 20. Jahrhundert **281**
St Ives, Cornwall (Nicholson) 281
St James Garlickhythe (London)
   Detailkarte 114
St James's (London)
   Detailkarte 88f
St James's Palace (London)
   Detailkarte 88
St James's Park (London) 79
St James's Piccadilly (London)
   Detailkarte 88
St James's Square (London)
   Detailkarte 89
St John the Baptist (Burford) 224
St John's, Smith Square (London) 158
St John's in the Vale 365
St Leger, Sir Anthony 192
St Margaret's Church (London)
   Detailkarte 92
St Martin's Theatre (London) 157
   Detailkarte 82
St Mary Abchurch (London)
   Detailkarte 115
St Mary-le-Bow (London)
   Detailkarte 114
St Mary the Virgin Church (Oxford) 229
St Mary's Abbey (York) 354f
St Mawes
St Michael de Rupe 298
St Michael's Mount **282f**
St Nicholas Cole Abbey (London)
   Detailkarte 114

St Pancras International (London) **109**
St Patrick's Day 66
St Paul's Cathedral (London) 77, 113, **118f**
   Detailkarte 114
St Paul's Covent Garden (London)
   Detailkarte 82
St Stephen Walbrook (London) **116**
   Detailkarte 115
St Thomas's Hospital (London) 121
STA Travel 623, 625
Staffordshire *siehe* Zentralengland
Staffordshire, Tonwaren aus **315**
Staite Murray, William 411
Stamford **347**
   Pubs 607
Standen 33
Standing Stones of Callanish 533
Standing Stones of Stenness 532
Stanhope, North Pennines Tour 431
Stanpit Marsh 275
Stansted Airport 634
Stanway House
   Parks in den Midlands (Tour) 324
Stapledon, Walter de 293
Steinkreise *siehe* Prähistorisches Britannien
Stephen, König 44
Stephenson, George 398, 412
Sterne, Laurence 396f
Stevenson, Robert Louis 485
Steyning **184**
Stirling **500**
   Stirling Castle **500f**
Stirling Castle zur Zeit der Stuarts (Vorsterman) 500
Stirling, James 381
Stoke-by-Nayland 211
Stoke-on-Trent **315**
Stokesay Castle 317
Stone, Nicholas 228
Stonehenge 47, 245, 253, **266f**
Stonethwaite 367
Stoppard, Tom 28
Stornoway 533
Storr, The 535
Story, Waldo 233
Stour, Fluss 208
Stourhead 245, 249, **270f**
   Festival 67
Stowe **234**
Stowmarket, Pubs 605
Strachan, Douglas 189, 544
Straßen 636
Strata Florida, Wild Wales (Tour) 471
Stratfield Saye 166
Stratford-upon-Avon 303, **328–331**
   Detailkarte 328f
Strathpeffer **539**
Street, G. E. 261
Striding Edge 359, 371
Strom 624
Stuart, Dynastie **56f**, 509, 541
Stuart (Clan) 489
Stuart, John 476
Stubbs, George 175
Studenten 623, 625
Studland Bay 274
Stump Cross Caverns 390
Styal 314
Sudeley Castle
   Parks in den Midlands (Tour) 324

Süd- und Mittelwales **460–479**
　Klima 72
　Pubs 609
　Regionalkarte 462f
Südostengland **160–241**
　Downs und Kanalküste **168–193**
　East Anglia **194–219**
　Garden of England **164f**, 580
　Häuser berühmter Persönlichkeiten **166f**
　Regionale Spezialitäten 580
　Themse-Tal **220–241**
　Überblick 162f
Südwales siehe Süd- und Mittelwales
Suffolk siehe East Anglia
Suffolk, Thomas Howard, 1. Earl of 212
Suffragetten 62
Summerson, John 270
Supermärkte 611
Surfen 616f
Surrey siehe Downs
Surrey, Thomas Holland, Duke of 398
Surtees, Bessie 429
Sussex siehe Kanalküste
Sustrans 615, 617, 632, 633
Sutherland, Earls of 538
Sutherland, Graham 84, 175, 323
Sutton Bank **396**
Swaffham **199**
Swaledale 388f
Swanage 274
Swansea 461, **470**
　Pubs 609
Sweeney, Oliver 154f
Sygun Copper Mine 456
Syon House (London) 130

T

Talbot, John Ivory 259
Talbot, William Henry Fox 259
Tan-y-Bwlch 457
Tanygrisiau 457
Tanz 613
　London 158
Tarbert 553
Tarn Hows 368, 372
Tarr Steps 255
Tartans **488f**
Tate Britain (London) 77, **95**
Tate Liverpool 381
Tate Modern (London) **125**
Tate St Ives 281
Tate to Tate (Bootsverbindung) 95, 125
Tatham, C. H. 351
Taunton **256**
Tavistock, Pubs 606
Taxis 632, 642f
Ted Baker (London) 154f
Telefon 630
　Mobiltelefone 630
　Öffentliche Telefone 630
　Telefonauskunft 630
Telford, Thomas **451**
　Caledonian Canal 540
　Neptune's Staircase 551
　Pontcysyllte Aquaduct 454
　Waterloo Bridge (Betws-y-Coed) 454
Tempel des Mithras (London)
　Detailkarte 115
Temperaturen 72f
Temple (London) **116**
Templerorden 116

Tenbury Wells 317
Tenby **470**
Tennis 70, 616f
Tennyson, Alfred, Lord 289, 345
Tettersells, Nicholas 178
Tewkesbury **332**
Textilien 353
　Rartans **488f**
　Schottland **519**
　Wollhandel 211, 354
Thames siehe Themse
Thatcher, Margaret 28, 65
Theater 28, 612
　London **156f**
　Shakespeare's Globe (London) **124**
Theatre Royal, Drury Lane Theatre (London) 157
Theatre Royal, Haymarket (London) 157
Themenferien 614, 617
Themenparks 613
Themse, Fluss
　Entlang der Themse (Tour) 238f
　Radcot Bridge 225
　Tate to Tate (Bootsverbindung) 95, 125
　Thames Path 41
Themse-Tal **220–241**
　Klima 72
　Pubs 605
　Regionalkarte 222f
Theresa, Mutter 35
Thermae Bath Spa 265
Thetford 199
Thirlmere 365, 368
Thoky, Abt von Gloucester 333
Thomas, Dylan 84, 439
　Dylan Thomas Centre (Swansea) 470
　Statue 470
Thornhill, Sir James 233
Thorpe Park 613
Threave Castle **519**
Three 630
Thynne, John 270
Tickets
　Eintrittspreise 621
　Sportevents 71
Tideswell, Pubs 607
Tiefland (Schottland) **494–527**
　Klima 73
　Pubs 609
　Regionalkarte 496f
Tijou, Jean 119
Tintagel **289**
Tintern
　Pubs 609
Tintern Abbey **479**
Tinytotsaway 623
Tissington
　Festivals 66
　Tissington Trail 302, 337, 341
Tizian 109, 176, 211, 508
Tobermory 531
Toiletten, öffentliche 621
Tolpuddle Martyrs 60
Tonwaren 315
Topshop (London) 152, 154f
Torbay **294**
Torquay 279
Torridge Valley 290
Totnes **295**

Toulouse-Lautrec, Henri de 542
Touren (per Auto)
　Durch das Grenzland **507**
　Entlang der Themse **238f**
　North Norfolk **200f**
　North Pennines **431**
　North York Moors **399**
　Parks in den Midlands **324f**
　Peak District **342f**
　Penwith 280
　Royal Deeside **544f**
　Wild Wales **471**
　Zu den Inselfähren **550f**
Tourism for All 559, 622, 625
Touristeninformation 620f, 625
Toward, Agnes 522
Tower Bridge (London) **120**
Tower of London 77, **122f**
Townend (Troutbeck) 370f
Tradescant, John 228, 235
Trafalgar, Schlacht von (1805) 59
Trampen 637
Trams 643
Transport for London 642, 643
　Lost Property Office 626, 627
Traquair House 491, **517**
Travelex 628
Trebah 285
Trelissick 248, 285
Trengwainton 248
　Penwith Tour 280
Trewithen 248, 285
Trinkgeld 576, 623
Trooping the Colour 67
Trossachs 480, 485, **498f**
Troutbeck Bridge 369
Truro **285**
Tudno, Missionar 449
Tudor, Dynastie **54f**, 476
Tudor-Häuser **306f**
Tummel, Fluss 545f
Tunbridge Wells **193**
Turmbauten, Schottland **490f**
Turner, J. M. W. 8f, 128, 228, 323
　Chelsea 126
　Hastings 8f
　Kelvingrove Art Gallery (Glasgow) 523
　National Gallery (London) 87
　Petworth House 176
　Richmond 388
　Shipping at the Mouth of the Thames 95
　Tate Britain (London) 95
　Turner Bequest 95
　Walker Art Gallery (Liverpool) 382
　Whitworth Art Gallery (Manchester) 378

Turpin, Dick 409
Tussauds, Madame **108**
Twm Siôn Cati's Cave, Wild Wales (Tour) 471
Twombly, Cy
　Quattro Stagioni 125
Tyler, Wat 116

U

U-Bahn siehe
　London Underground
Uber 643
Uffington Castle 225
Uffington White Horse 47, 225
UK Border Agency 381, 621

Ullapool
　Pubs 609
Ullingswick
Ullswater **363**
Ulverston 372f
Umweltbewusst reisen 624f, 632, 633
Undercliffe Cemetery (Bradford) 415
University of London 623, 625
Unterhaltung **612f**
　London **156–159**
Upper Coquetdale 420
UPS 607, 631
Upton-on-Severn 332
Urquhart Castle 540
Usk
　Pubs 609
Uswayford Farm 425

V

V&A Museum of Childhood (London) 129
Vale, H. H. 382
Vale of the White Horse **225**
Valley of Rocks 254
Van der Plas, Pieter 235
Van der Vaart, Jan 339
Van Dyck, Sir Anthony
　Kenwood House (London) 128
　Merchant Adventurers' Hall (York) 411
　Petworth House 176
　Scottish National Gallery (Edinburgh) 508
　Wallace Collection (London) 109
　Wilton House 269
Van Eyck, Jan *Arnolfini-Hochzeit* 86
Vanbrugh, Sir John 32, **402**
　Blenheim Palace 232
　Castle Howard 402
　Stowe 234
Vanessa Bell at Charleston (Grant) 167
VAT (Mehrwertsteuer) 576, 610
Vaudeville Theatre (London) 157
Vegetarische Gerichte 576
Velázquez, Diego de Silva y 508
　Venus vor dem Spiegel 87
Venus vor dem Spiegel (Velázquez) 87
Veranstaltungen,
　Informationsquellen zu 612
Verkehrsregeln 636
Verkehrsschilder 636
Verkündigung, Die (Lippi) 86
Verlorenes oder gestohlenes Eigentum 626, 627
Vermeer, Jan 128
　Die Dame am Spinett 90
Verrio, Antonio 349
Versicherungen 626f
Victoria, Königin 45, 60f
　Balmoral 483, 544
　Blair Castle 547
　Buckingham Palace 90
　Highlands und Inseln 529
　Kensington Palace 105
　Kronjuwelen 122
　Osborne House 166, 172
　Pitlochry 545
　Royal Pavilion (Brighton) 182f
Victoria and Albert Museum (London) 76, 101, **102f**, 154
Victoria Coach Station 641
Victory, HMS 173

Viktorianische Ära **60f**
Vindolanda 426
Vintage Magazines (London) 154f
Virgin Atlantic 634f
Virgin Trains 639
Visa (Kreditkarte) 628
VisitBritain 621, 622, 625, 640, 641
Visit England 559, 641
Visit Scotland 559
Visit Wales 559
Vivian, John Henry 470
Vodafone 630
Vögel
　Bempton **404f**
　Harewood Bird Garden 414
　Loch Garten Osprey Centre 549
　Minsmere Reserve 206
　Morecambe Bay 374
　Shetland Seabird Isles **532**
　St Abb's Head **506**
　siehe auch Flora und Fauna
VoIP 630
Von der Burg zum Schloss 490
Vorsichtsmaßnahmen 626
Vorsterman, Johannes *Stirling Castle zur Zeit der Stuarts* 500
Vortex Jazz Club (London) 159
Vuillard, Édouard 515

W

Waddesdon Manor **234**
Waddington Custot Galleries (London) 154f
Wade's Causeway
　North York Moors 399
Währung **628f**
Wainwright, A. W. 367
Walberswick 206
Wales 25f, **434–479**
　Burgen **442f**
　Geschichte **440f**
　Klima 72
　Nordwales **444–459**
　Porträt von **438f**
　Pubs 608f
　Regionale Spezialitäten 581
　Süd- und Mittelwales **460–479**
　Überblick **436f**
Walisisches Parlament 65
Walker, Sir Andrew Barclay 382
Walker, William 175
Walker Art Gallery (Liverpool) 352, **382f**
Wallace, Sir Richard 109
Wallace, William 486, 501
Wallace Collection (London) **108f**
Walliswood, Pubs 605
Walpole, Sir Robert 58, 92
Walsingham, Alan de 198
Walton, Izaac 174, 342
Wanamaker, Sam 124
Wanderkarten 40
Wanderwege 614f, 617
　Constable Walk 208
　In Städten 643
　Killiecrankie Walk **546**
　Lake District 367
　Malham Walk **391**
　Tissington Trail 341
　Überblick Wanderwege **40f**
Wappen *siehe* Aristokratie und Wappen
Warkworth Castle 424
Warner Bros. Studio Tour – The Making of Harry Potter **237**

Warwick 302, **327**
Warwick, Earls of 327, 328f
Warwick, Richard Neville, Earl of 326f, 389
Warwick Castle 303, 325, **326f**
　Parks in den Midlands (Tour) 325
Warwickshire *siehe* Zentralengland
Wasdale Head 368
Wasserfälle
　Aysgarth Waterfalls 389
　Becky Falls 298
　Hardraw Force 389
　Scale Force 367
　Swallow Falls 454
Wassersport 616f
Wasserwege – auf Küstengewässern und Binnenwasserwegen unterwegs **641**
Wastell, John 218
Wastwater 356, 367, **368**
Waterhouse, Alfred 377f
Watersmeet 255, 292
Waterstones (London) 154f
Watt, James 58, 484, 495
Watteau, Antoine 109
Watton-at-Stone, Pubs 605
Waugh, Evelyn 128, 402
Wayland's Smithy 225
Wear, Fluss 419, 432
Webb, Aston 89, 91, 103
Webb, Philip 33, 225
Wechselstuben 628
Wedgwood, Josiah 315
Weihnachten 69
Weihnachtskonzerte 69
Welford-on-Avon 607
Well Dressings Festivals (Tissington) 66
Wellington, Duke of 59, 166, 454
Wells 244, **256f**
Wells & Mendip Museum 256
Wells-next-the-Sea
　North Norfolk Tour 201
Weltausstellung (1851) 60f, 99f
Weltkrieg, Erster 62
Weltkrieg, Zweiter 62f
　Churchill War Rooms (London) **93**
　Eden Camp **503**
Welwyn Garden City 62f
Wenlock Edge 316
Wensleydale 389
Wesley, John 205, 230, 283
Wessex **250–275**
　Pubs 605f
　Regionalkarte 252f
West End (London) **80–97**
　Stadtteilkarte 81
West Highland Way 40, 498
West Kennet Long Barrow 268f
Westengland **242–299**
　Devon and Cornwall **276–299**
　Flora und Fauna der Küste 246f
　Klima 72
　Parks **248f**
　Regionale Spezialitäten 580f
　Überblick 244f
　Wessex **250–275**
Wester Ross **538**
Western Isles (Äußere Hebriden) 529, **533**
Western Union 628
Westminster (London) **80–97**
　Detailkarte 92f
　Stadtteilkarte 81

Westminster Abbey (London) 77, **96f**
  Detailkarte 92
Westminster Pier (London)
  Detailkarte 93
Westward Ho! 290
Westwood, Vivienne 64, 154f
Wetter **72f**, 620
Wettervorhersagen 637
Weymouth **272f**
Wharfedale 390
Wharram Percy **404**
Wheeler, Sir Mortimer 478
Whinlatter Pass 364
Whisky **493**
Whistler, James McNeill *Sketch for Annabel Lee* 523
Whistles (London) 154f
Whitby 29, 385, **400**
Whitchurch Mill
  Entlang der Themse (Tour) 238
White Cube Gallery (London) 154f
Whitehall (London)
  Detailkarte 92f
Whithorn, Isle of **519**
  Pubs 609
Whitworth, Sir Joseph 378
Widecombe-in-the-Moor 26
Wightwick Manor 307
Wigmore Hall (London) 158
Wikinger 43, 50
Wilberforce, William **406**
Wilbourne, Colin 432
Wild Wales, Tour **471**
Wilde, Oscar 184
Wilfrid, hl. 426
William II, König 44, 172, 359
William III, König 45, 56f
  Glencoe, Massaker von 547
  Hampton Court Palace 30, 177
  Hyde Park (London) 105
  Jakobiten 541
  Schottland 487
William IV, König 45, 105
William of Wykeham 230
William the Conqueror, König 44
  Battle Abbey 185
  Domesday Book 333
  Exeter Castle 292
  Gloucester 333
  Krönung 96
  Lewes 184
  New Forest 172
  Normannische Eroberung 50f
  Schlacht von Hastings 185
  Selby Abbey 354
  Tower of London 122
  Wales 440
  Winchester 174
  Windsor Castle 240
  York 411
William the Lion, König von Schottland 486
Williams, Dominic 429
Williams, Kit 332
Williams-Ellis, Sir Clough 436, 458

Williamson, Henry 290
Willison, George *Robert Adam* 526
Willow Tea Room, Glasgow 526
Willy Lott's Cottage, Constable Walk 208
Wilson – Cheltenham Art Gallery & Museum, The 332
Wilton 269
Wilton House 269
Wiltshire *siehe* Wessex
Wimbledon Lawn Tennis Tournament 67, 70
Wimborne Minster **275**
Winchcombe 309
Winchelsea 189
Winchester **174f**
  Kathedrale 27, 162
Windermere 369, **371**
Windmühlen 203
Windsor **239–241**
  Pubs 605
  Windsor Castle 162, 239, **240f**
Windsor, Duke of (Edward VIII) 45, 63, 295
Winter in Großbritannien 69
Wisley 176
Withernsea 407
Witley Court and Gardens (Great Witley) 317
Woburn Abbey **234**
Wohnmobile 559
Wolf of Badenoch 542
Wollhandel **211**, 354
Wolsey, Kardinal 177, 207, 231
Wood, John d. Ä. 245, 260, 262, 265
Wood, John d. J. 245, 262, 264f
Woodville, Elizabeth 216
Wookey Hole 257
Woolf, Virginia 167
Worcester **322**
Worcestershire *siehe* Zentralengland
Wordsworth, Dorothy 394
Wordsworth, William 370, 454
  Dove Cottage (Grasmere) 370
  Duddon Valley 369
  Lake District 363
  Rydal Mount 370
  St John's College (Cambridge) 217
  Sutton Bank 396
  Tintern Abbey 479
Wordsworth House (Cockermouth) 366
World of Wedgwood (Barlaston) 315
Wren, Sir Christopher 29, **119**, 274, 393
  Christ Church College (Oxford) 230
  Emmanuel College (Cambridge) 216
  Guildhall (Windsor) 239
  Hampton Court 177
  Londoner Kirchen 113f
  Monument (London) 121
  Old Royal Naval College (London) 129

  Pembroke College (Cambridge) 216
  Royal Hospital (London) 126
  Sheldonian Theatre (Oxford) 226, 229
  St James Garlickhythe (London) 114
  St James's Piccadilly (London) 88
  St Mary Abchurch (London) 115
  St Nicholas Cole (London) 114
  St Paul's Cathedral (London) 77, 114, 118f
  St Stephen Walbrook (London) 115, **116**
Wrexham 445
Wyatt, James 406
Wyatville, Sir Jeffry 241
Wycliffe, John 53
Wye, Fluss 313, 320, 478f
Wye Valley Walk 321
Wyndham's Theatre (London) 157
Wynne, Robert 450

Y

Y Senedd (Cardiff) 441, 474
Yellow Pages 630
York 353, **408–413**
  Detailkarte 408f
  York Minster 408, **412f**, **413**
York, Duke of 264
Yorkshire **384–417**
  Klima 73
  Pubs 607f
  Regionalkarte 386f
Yorkshire Dales 350, **388–390**
Yorkshire Sculpture Park **417**
Young, James 485
Young British Artists (YBAs) 95

Z

Zahnärzte 627
Zeitschriften 154f, 631
Zeitungen 29, 631
Zennor, Penwith Tour 280
Zentralengland **310–333**
  Klima 72
  Pubs 606f
  Regionalkarte 312f
Zoffany, Johann 542, 547
Zoll 620, 625
Zoos
  Bristol Zoo Gardens 260
  Paignton Zoo 294
  ZSL London Zoo 108
  ZSL Whipsnade Zoo **235**
  siehe auch Aquarien; Flora und Fauna
ZSL London Zoo 108
ZSL Whipsnade Zoo **235**
Zugauskunft 639
Züge *siehe* Eisenbahn
Der zwölfjährige Jesus im Tempel (Martini) 383

Danksagung und Bildnachweis

Dorling Kindersley bedankt sich im Folgenden bei allen, die bei der Herstellung dieses Buchs mitgewirkt haben.

Hauptautor
Michael Leapman, Journalist seit dem 20. Lebensjahr, wurde 1938 in London geboren. Er schreibt für britische Zeitungen und Zeitschriften, u. a. *The Independent, Independent on Sunday, The Economist* und *Country Life*. Leapman hat elf Bücher verfasst, so den *Companion Guide to New York* (1983, überarbeitete Auflage 1995) und den *Eyewitness Travel Guide to London*. 1989 erschien sein *Book of London*.

Weitere Autoren
Amanda Clark, Paul Cleves, Laura Dixon, Damian Harper, James Henderson, Lucy Juckes, John Lax, Marcus Ramshaw, Nick Rider, Victoria Trott.

Ergänzende Illustrationen
Christian Hook, Gilly Newman, Paul Weston.

Grafik und Redaktion
Managing Editor Georgina Matthews
Senior Art Editor Sally Ann Hibbard
Deputy Editorial Director Douglas Amrine
Deputy Art Director Gaye Allen
Produktion David Proffit
Bildrecherche Ellen Root, Rhiannon Furbear, Susie Peachey
DTP Design Ingrid Vienings
Karten-Koordination Michael Ellis, David Pugh
Faktenrecherche Pippa Leahy
Revisions Team Ashwin Adimari, Emma Anacootee, Eliza Armstrong, Sam Atkinson, Chris Bagshaw, Lydia Baillie, Josie Barnard, Moerida Belton, Kate Berens, Sonal Bhatt, Hilary Bird, Louise Boulton, Julie Bowles, Nick Bruno, Roger Bullen, Robert Butt, Chloe Carleton, Divya Chowfin, Deborah Clapson, Louise Cleghorn, Elspeth Collier, Gary Cross, Cooling Brown Partnership, Lucy Cowie, Richard Czapnik, Deshphal Singh Dabas, Caroline Elliker, Guy Dimond, Nicola Erdpresser, Mariana Evmolpidou, Danny Farnham, Joy Fitzsimmons, Fay Franklin, Ed Freeman, Janice Fuscoe, Melissa Graham, Richard Hammond, John Harrison, Mohammed Hassan, Charlie Hawkings, Andy Hayes, Kaberi Hazarika, Martin Hendry, Andrew Heritage, Kate Hughes, Shobhna Iyer, Annette Jacobs, Gail Jones, Cincy Jose, Rupanki Kaushik, Sumita Khatwani, Steve Knowlden, Rahul Kumar, Nic Kynaston, Esther Labi, Kathryn Lane, Pippa Leahy, Darren Longley, Carly Madden, Alison McGill, Caroline Mead, James Mills Hicks, Rebecca Milner, Kate Molan, Elaine Monaghan, Natalie Morrison, George Nimmo, Matthew Norman, Mary Ormandy, Catherine Palmi, Garima Pandey, Helen Peters, Marianne Petrou, Chez Picthall, Clare Pierotti, Andrea Powell, Mani Ramaswamy, Mark Rawley, Jake Reimann, Marisa Renzullo, Carolyn Ryden, David Roberts, Sands Publishing Solutions, Mary Scott, Ankita Sharma, Azeem Siddiqui, Claire Smith, Meredith Smith, Alison Stace, Hollie Teague, Priyanka Thakur, Gillian Thomas, Hugh Thompson, Simon Tuite, Conrad Van Dyk, Karen Villabona, Mary Villabona, Christian Williams, Alice Wright.

Ergänzende Fotografien
Max Alexander, Peter Anderson, Apex Photo Agency: Stephen Bere, Deni Bown, June Buck, Simon Burt, Lucy Claxton, Michael Dent, Philip Dowell, Tim Draper, Mike Dunning, Chris Dyer, Andrew Einsiedel, Gaizka Elordi, Philip Enticknap, Jane Ewart, DK Studio/Steve Gorton, Frank Greenaway, Alison Harris, Stephen Hayward, John Heseltine, Nigel Hicks, Sean Hunter, Ed Ironside, Dave King, Neil Mersh, Laurie Noble, Robert O'Dea, Ian O'Leary, Stephen Oliver, Vincent Oliver, Roger Phillips, Rough Guides (Tim Draper, Lydia Evans, Diana Jarvis, Suzanne Porter, Paul Whitfield), Kim Sayer, Karl Shone, Helena Smith, Chris Stevens, Jim Stevenson, Clive Streeter, Harry Taylor, Conrad Van Dyk, David Ward, Matthew Ward, Alan Williams, Stephen Wooster, Nick Wright, Colin Yeates.

Fotografische und grafische Bearbeitung
Christopher Woodward (Building of Bath Museum), Franz Karl Freiherr von Linden, Gendall Designs, NRSC Air Photo Group, The Oxford Mail and Times, Mark und Jane Rees.

Fotografier-Erlaubnis
Dorling Kindersley bedankt sich bei folgenden Institutionen für die freundlich gewährte Erlaubnis zum Fotografieren:
Banqueting House; Cabinet War Rooms; Paul Highnam (English Heritage); Dekan der Exeter Cathedral; Gatwick Airport Ltd; Heathrow Airport Ltd; Thomas Woods (Historic Scotland); Leiter des King's College, Cambridge; London Transport Museum; Madame Tussauds; National Museums and Galleries of Wales (Museum of Welsh Life); Diana Lanham und Gayle Mault (National Trust); Peter Reekie und Isla Roberts (National Trust for Scotland); Provost Skene's House; Saint Bartholmew the Great; Saint James's Church; London St Paul's Cathedral; Meister und Aufseher der Worshipful Company of Skinners; Probst und Kapitel der Southwark Cathdral; HM Tower of London; Dekan und Kapitel von Westminster; Dekan und Kapitel von Worcester Cathedral; weitere Kirchen, Museen, Hotels, Restaurants, Läden, Galerien und Sehenswürdigkeiten.

Bildnachweis
l = links; m = Mitte; o = oben; r = rechts; u = unten; (d) = Detail.

Kunstwerke wurden mit freundlicher Genehmigung folgender Copyright-Inhaber reproduziert: © ADAGP, Paris und DACS, London 2011: 175o; © Alan Bowness, Hepworth Estate 281ul; *Fish* Constantin Brâncuși © ADAGP, Paris und DACS, London 2011; © The Estate of Patrick Heron/DACS, London 2011: 244mu; © David Hockney: *The First Marriage (A Marriage of Styles I)* 1962, Öl auf Leinwand, 95or; *The Other Side* 1990–1993, 415o; © Estate of Stanley Spencer/DACS, London 2011: 239o; © Cy Twombly 125mu; © Angela Verren-Taunt/DACS, London 2011: 281ur. Werke von Henry Moore, *Large Two Forms*, 1966, 417u, *Recumbent Figure* 1938, 95m, mit freundlicher Genehmigung der Henry Moore Foundation.

Dorling Kindersley dankt zudem folgenden Personen, Institutionen und Bildarchiven für die freundliche Genehmigung zur Reproduktion ihrer Fotografien:
123RF.com: Roman Babakin 85ur, flik47 103mro, ladyligeia 522ol, Michael Lane 39or. 1805 Club: 35om. 1853 Gallery, Bradford: 415o. **Abbot Hall Art Gallery and Museum, Kendal:** 374ur(d). **Aberdeen Art Galleries:** 542ur. **Aberdeen and Grampian Tourist Board:** 483mr. **Action Plus:** 484mo; David Davies 71mro; Peter Tarry 70mlo, 71ul. **Airport Express Alliance:** 687m. **Mohamed Al Fayed:** 101or. **Alamy Stock Photo:** ACORD 10 341ul; Action Plus Sports images 71om; Peter Adams Photography 14u, 418; AM Corporation 249mru; Jenny Bailey 552ur; BANANA PANCAKE 220, 434–435; chris brignell 299ol; Kevin Britland 248ml; Gina Calvi 377ol; Paul Carstairs 78ul; CBW 334; Bertrand Collet 492mlo; Greg Balfour Evans 24; BlueSkyStock/Chris Rose 470ul; Ian M. Butterfield (Sussex) 188ur;, Emma Durnford 238ml; eye35.pix 411or; f8 images 598ul; gkphotography 581ol; GRANT ROONEY PREMIUM 179ul; Nick Higham 379ur; Holmes Garden Photos 433mro; Brian Jannsen 324ul; John Peter Photography 499mr; Tim Jones 282mr; B. O'Kane 635ol; andy lane 100ml; Lenscap 178ml; LOOK Die Bildagentur 180–181; Nick Maslen 575or; keith morris 439ol; PAINTING 524mlo; Jeremy Pardoe 616um; The Photolibrary Wales 455ur, 581m; PRISMA ARCHIVO 103ur; redsnapper 448ml; Seb Rogers 615ml; Sheree Sedgbeer 299ur; Neil Setchfield 580ml; Slawek Staszczuk 179mro; Mark Thomas 178mlo; Nick Turner 461um; Urbanmyth 509ol, 525ur. **American Museum, Bath:** 265mo. **Ancient Art and Architecture Collection:** 46mu, 48mlo, 48mu, 49mro, 49mlu, 50ur, 52mlu, 55mro, 239ur, 443mo. **The Archive & Business Records Centre, University of Glasgow:** 487or. **T & R Annan and Sons:** 522ul. **Ashmolean Museum, Oxford:** 51om. **Association of Train Operating Companies:** 622mr. **Barnaby's Picture Library:** 64mo. **Beamish Open Air Museum:** 428ul, 429m, 429mru, 429um. **BFI London IMAX Cinema Waterloo:** Richard Holttum 157m. **Blenheim Palace:** 232or, 233ol, 233ul. **Boath House:** 602ol. **Bocca di Lupo:** 582ul. **Bodysgallen Hall:** 571or. **Bridge Hotel:** 569ol. **Bridgeman Art Library, London and New York:** 232ol, 191om; Agnew and Sons, London 327ol; Bibliothèque Nationale, Paris *Neville Book of Hours* 326o(d); Birmingham City Museums and Gallery 323ol; Bonham's, London, *Porträt von Lord Nelson mit Santa Cruz im Hintergrund*, Lemeul Francis Abbot 58mu(d); Bradford Art Galleries and Museums 53mlu; British Library, London, *Bilder und Waffen von englischen Königen und Rittern* 80(d), 43o(d), *Die englischen Könige bis Henry* 34ul(d), Stowe-Manuskript 44mo(d), *Calendar Anglo-Saxon Miscellany* 50–51o(d), 50–51m(d), 50–51u(d), *Dekrete der angelsächsischen und normannischen Könige*

51mu, 53ul(d), *Porträt von Chaucer*, Thomas Occleve 53ur(d), *Porträt von Shakespeare*, Droeshurt 55ul(d), *Chronik von Peter of Langtoft* 289ul(d), *Leben und Wunder des hl. Cuthbert*, 423ml(d), 423mr(d), *Lindisfarne-Evangelien* 423ul(d), *Commendatio Lamentabilis intransitu Edward IV* 440um(d), *Histoire du Roy d'Angleterre Richard II* 541ul; Christie's, London 449om; Claydon House, Bucks, *Florence Nightingale*, Sir William Blake Richmond 166or; Department of Environment, London 52or; City of Edinburgh Museums and Galleries, *Chief des schottischen Clan*, Eugene Devaria 488ul(d); Fitzwilliam Museum, University of Cambridge, *George IV als Prinzregent*, Richard Cosway 183om, 216ul, Giraudon/Musee de la Tapisserie, mit Erlaubnis der Stadt Bayeux 51ur,185um; Guildhall Library, Corporation of London, *Der große Brand*, Marcus Willemsznik 57ul(d), *Satire zur »South Sea Bubble«* 58um(d), *Triumph vom Dampf und Elektrizität*, The Illustrated London News 61om(d), *Weltausstellung, das Querschiff von Dickensons Kristallpalast* 60–61; Harrogate Museum and Art Gallery, North Yorkshire 392ol; Holburne Museum and Crafts Study Centre, Bath 57ol; Imperial War Museum, Londoner Feldmarschall Montgomery, J. Worsley 35mu(d); Kedleston Hall, Derbyshire 32ur; Lambeth Palace Library, London, *Chronik des hl. Alban* 53om; Lever Brothers Ltd, Cheshire 353mro; Lincolnshire County Council, Usher Gallery, Lincoln, *Porträt von Mrs Fitzherbert nach Richard Cosway* 183om; London Library, *Lastkahn aus Ackermann's World in Miniature*, F. Scoberl 59om; Manchester Art Gallery, UK, *Etruskische Vasenmaler* 1871, Sir Lawrence Alma-Tadema 378ulm; Manchester City Art Galleries 377um; David Messum Gallery, London 451ur; National Army Museum, London, *Schlacht von Bunker Hill*, R. Simkin 58mo; National Gallery, London, *Schauspielerin Sarah Siddons*, Thomas Gainsborough 167mro; National Museet, Copenhagen 50mo; Phillips, the International Fine Art Auctioneers, *James I, John the Elder Decritz* 56ul(d); Private Collections: 34mo(d), 52–53, 59mo, 59ul, 60mlu, Vanity Fair 61ur, 167ol, *Armada: Karte der spanischen und britischen Flotte*, Robert Adam 297ol, 426u; Royal Geographical Society, London 167mr(d); Smith Art Gallery and Museum, Stirling 501ul; Tate Gallery, London 60mru; Thyssen-Bornemisza Collection, Lugo Casa, *König Henry VIII*, Hans Holbein de Jüngere 54um(d); Victoria and Albert Museum, London 60u, 101mo, 208ol, 355mru, 397ul, *Miniatur von Mary, Queen of Scots*, Anhänger von Francois Clouet 515ur, 541or(d); Walker Art Gallery, Liverpool 382mlo; Westminster Abbey, London, *Grabbildnis von Henry VII*, Pietro Torrigiano 34ur(d), 44um(d); The Trustees of the Weston Park Foundation, *Porträt von Richard III*, Italian School 53mo(d); Christopher Wood Gallery, London, *High Life Below Stairs*, Charles Hunt 33m(d). **British Airways:** Adrian Meredith 634mlo. **British Library Board:** *Cotton Faustina BVII* folio 85 53mru, 113ml. **The British Museum:** 46m, 47mru, 77ol, 110–111 alle außer 111or und 111ul. **The Brontë Society:** 416 alle. **Burgerworks/KFD Photography** (Katie Foulkes): 595ur. **The Burrell Collection**, Glasgow: 523ol. **Cadogen Management:** 88ul; **CADW** – Welsh Historic Monuments (Crown Copyright), 478ol. **CairnGorm Mountain:** 549m. **Camera Press:** Cecil Beaton 96um. **Cardiff City Council:** 476or, 477ol, 477mr. **Fkb Carlson:** 579ul. **Castle Cottage:** 599ol. **Castle Howard Estate Ltd:** 402mo, 403ur. **Chatsworth Settlement:** 339ur. **Chocolate Boutique Hotel:** 565ur. **Clos Maggiore:** 576o. **Colin de Chaire:** 201m. **Clerk of Records, House of Lords:** 487ul. **Collections:** Liz Stares 35or, Yuri Lewinski 377ol. **Burton Constable:** 406ol. **Corbis:** Atlantide Phototravel 98; Richard Bowden/Loop Images 348–349; Matt Cheetham/Loop Images 554–555; Neale Clark/Robert Harding World Imagery 460; Kathy Collins 310; Ashley Cooper 150l; Alan Copson/info@awl-images.com/JAI 384, 480–481; Alan Copson/JAI 74–75; Alan Copson/Robert Harding World Imagery 2–3; Julian Elliott/Robert Harding World Imagery 618–619; Eurasia Press/Steven Vidler 441ur; Krista Ewert/Design Pics/Design Pics 194; John Harper 61mr; Nigel Hicks/Purestock/Superstock 300–301; Craig Joiner/LOOP IMAGES/Loop Images 242–243; John Heseltine 115ur; Angelo Hornak 121um; Eric Nathan/Loop Images 160–161; Ocean 80, 494; Sebastian Wasek/Loop Images 250. **Doug Corrance:** 489u. **John Crook:** 175u. **The Curlew:** 586ol. **The Dining Room at the Oak Bank Hotel:** 596or. **Dorling Kindersley:** Max Alexander/London Transport Museum 83m. **Dreamstime.com:** 489ur; Acceleratorhams 170ul, 288ol, 293ur; Laurence Agron 64ur; Alanjeffery 189um; Alexaranda 71um; Alexirina27000 264ml; Steve Allen 39ml, 104ol, 439u; Allouphoto 4mr; Altezza 92ml; Andyfox0c0uk 10mlo; Anizza 12um; Anthony Baggett 154or; Arenaphotouk 253ur; Art-gimages 71mlo; Anthony Baggett 79mor; Darren Baker 184ur; Alan Barr 274ul; Bcnewell 16ul; Felix Bensman 77mro, 102mlu; Philip Bird 191m; Richard Bowden 39um; John Braid 490mr; Dan Breckwoldt 93ul; Anthony Brown 473ul; Jurate Buiviene 521ml; Burnstuff2003 407u; Lenise Calleja 624o; Richie Chan 109ur; Claudiodivizia 82ul, 260or, 260ml; Clickos 187u, 286ur; Fernando Comet 29ol; James Copeland 627ul; Jan Csernoch 114ul; Danielal 78ml; Davidmartyn 39ur, 311u; Kristof Degreef 78ur; Chris Dorney 214ml; Drumist 532or; Kevin Eaves 5ml; Exflow 104ur; Featureflash 35ur; Alexey Fedorenko 27or, 179mru, 610um; Michael Foley 83ol; Filip Fuxa 187om; Georgesixth 381mr, 521u; Milan Gonda 185mr; Helen E. Grose 38um; Halpand 292ur; Hdanne 246ul; Heathpt1 184om; Patricia Hofmeester 196ul; Helen Hotson 188or, 201ur, 203or, 252ul, 271ol, 298ml; Darren Howe 290ul; Wei Huang 82ml; Irishka777 78or, 79mru; Irstone 611ur; Françoise De Valera James 65ur; Attila Jandi 532m, 532or; Valerijs Jegorovs 192o, 245ul; Richard Jemmett 170or; Johnhill118 387or; Emma Jones 524or; Jorisvo 189ol; Aliaksandr Kazlou 611ol; Hans Klamm 16or; Georgios Kollidas 35m; Elena Kramarenko 433ol; Leisyan 31m; Edyta Linek 31mru; Nicky Linzey 246mlo; Lymey 283m, 293ml; Madrabothair 153or; Maigi 85ml; Petr Malohlava 425mro; Marco Manieri 70ul; Sarah Marchant 165mu; Martinmates 79or; Martin Meehan 271m; Mikelane45 39ol, 39ol (1), 39om; Stephen Minkler 39mu; Chris Moncrieff 201or; Mrloz 30–31om; Murdock2013 108ul; Adina Nani 111ur; Virgil Naslenas 70um; Derrick Neill 335u; Nicku 192ul; Nigel Nudds 270mo; Nui7711 76ur; Ohmaymay 190m; Patrickwang 11m, 251u; John Pavel 38mu (1); Photographyfirm 165mu (1); Enrico Della Pietra 259m; Pjhpix 68ol; Prestong 375um; Ariadna De Raadt 25u; Rkaphotography 67ur; Paul Rookes 165mu (2); Patrick Rowney 271ul; Sgar80 509m; Sharpshot 636or; Victoria Simmonds 261mr; Michael Smith 38um (1); Nikolay Stoimenov 39mlu; Dmytro Strelbytskyy 540ul; Swisshippo 97mr; TasFoto 188ul; Graham Taylor 39om (1); Simon Taylor 630ur; Rudolf Tepfenhart 521om; Thawats 549om; Ugo Toldi 623or; Toldiu74 622ul; Tt 39mu (1); Ints Vikmanis 93m; Leon Viti 31mro; Keith Wheatley 171ur; Whiskybottle 38mlu, 38mu, 38ur, 39ul, 299mr; Paul Wishart 83um; Ian Woolcock 272ol, 275ur, 281o, 298um, 623o; Tom Wurl 286mlu; Bahadir Yeniceri 298or. **Eden Project:** 287ol. **Edgar House:** 568ol. **English Heritage:** 130u, 211mu, 213mu, 267um, 354ur, 355um, 423or, 423m; Avebury Museum 46mlo; Devizes Museum 46ur, Zeichnung von Frank Gardiner 47ml; Salisbury Museum 46or, 46um; Skyscan Balloon Photography 47ol, 266mru; 398ol; 427mlo. **English Life Publications Ltd, Derby:** 346or, 347ol, 347um. **Et Archive:** 45om, 45mr, 56mlu, 57ml, 162mru, 166mlu; Bodleian Library, Oxford 52mu; British Library, London 52mlo; Devizes Museum 46ml, 47um; Imperial War Museum, London 62mlu(d), 63ur; Labour Party Archives 64um; London Museum 47mlo; Magdalene College 54mlo; National Maritime Museum, London 43u; Stoke Museum Staffordshire Polytechnic 45um. **Mary Evans Picture Library:** 44ur, 45ol, 45ml, 45mlu, 45ur, 48ul, 48ur, 50mlu, 51mo, 55ol, 55mru, 55ur, 57mru, 58ul, 59ur, 62mo, 63mu, 63mr, 108om, 124ur, 167ur, 191mr, 199ur, 210mru, 226ul, 232ur, 236m, 235mu, 235um, 235ur, 238ul, 283or, 340um, 353o, 353mlo, 424ol, 451ol, 486ur, 503ul, 516ul, 518mlu, 519or, 535ur, 578or. **Fahims:** 587ur. **Andrew Fairlie at Gleneagles:** 600ol. **Falkirk Wheel:** 505ul. **La Favorita:** 601ul. **Paul Felix:** 239mo. **Fifteen Cornwall:** 576um. **Fishbourne Roman Villa:** 49om. **Fleuchary House:** 564or. **Louis Flood:** 488um. **Foreign and British Bible Society:** Cambridge University Library 441ml. **Fotolia:** Zechal 276. **Frankie's Fish & Chips:** 603ur. **Getty Images:** 45mro, 65mr, 625om; Gonzalo Azumendi 106; Bettmann 232ur; Mike Caldwell 452–453; Alan Copson 221um; DEA PICTURE LIBRARY 87mu, 87ur; Fine Art 86or, 87om; Cate Gillon 362um; Bill Heinsohn 328; Heritage Images 86ml; Hulton Archive 403um; joe daniel price 444; Peter Macdiarmid 157ol; Photo 12 86um, 87mr; Print Collector 8–9, 102ml; Terry Roberts Photography 536–537; Science & Society Picture Library 65um, 401ul; Stringer/Central Press 63om; Stringer/Hulton Archive 35ml; Stringer/IAN KINGTON 70m; Stringer/Ernest H. Mills 237ur; Stringer/Harry Shepherd 164or; Stringer/Haywood Magee 64ul; Stringer/Michael Ochs Archives 381ur; Stringer/Topical Press Agency 166mlo; Matthew Stockman 70mru; Travel Ink 677om; Universal History Archive 86mlu, 354ul; Ivan Vdovin 191ul; WireImage/Samir Hussein 65or. **Gilpin Lodge:** 557ur; Art Gallery & Museum, Kelvingrove 523or, 539ur, 547u(d); Saint Mungo Museum of Religious Life and Art 525ol. **Glasgow Museums, Art Gallery & Museums:** 524mlu, 525ml, 525mr; Art Gallery & Museum, Kelvingrove 523or, 539ur. **John Glover:** 66mr, 164mlu, 209ur.

The Halkin by COMO: 561ol. **Robert Harding Picture Library:** 186o, 552o, 626mr; Jan Baldwin 291ul; Michael Botham

40mru; C. Bowman 613or; Nelly Boyd 378ol; Lesley Burridge 308or; Martyn F. Chillman 309um; 204ur, 329ma; Eurasia 70or; Nigel Francis 223ur; Robert Francis 70–71u; Paul Freestone 230u; Sylvain Gradadom 303om; Brian Harrison 533ur; Van der Hars 542mro; Michael Jenner 49ur, 533mlo; Christopher Nicholson 257ol; B. O'Connor 41mo; Jenny Pate 165um; Rainbird Collection 51mru; Roy Rainsford 41ur, 172ol, 302mlu, 342mr, 372o, 390ol, 479u; Michael Short 309ur; James Strachen 388ul; Julia K. Thorne 490ul; Adina Tovy 65ol, 490ur; Andy Williams 238ur, 350ml, 436or; Adam Woolfitt 28om, 48or, 49mu, 291mro, 309ul, 443ul, 548or. Harewood House: 414m. Paul Harris: 66ml, 305ul(d), 342ul, 371u, 615or. Harrogate International Centre: 393ul. HMSO: 77u, 122ul, 122or. Cathedral Church of the Blessed Virgin Mary and St Ethelbert, Hereford: 320um. Hertfordshire County Council: Bob Norris 62–63, 63mlu. John Heseltine: 111or, 254mlo, 254or, 473ol. Historic Royal Palaces: 4mru, 30ml, 123ol, 177 alle. Historic Scotland: 501mro, 510or, 510ml. Holdsworth House: 570om. Peter Hollings: 352mlu. Barry J. Holmes/Glastonbury: 67or. Angelo Hornak Library: 412um, 412ur. Howard's House Hotel: 566ur; Hulton-Deutsch Collection: 30mo, 57mo, 58ml, 60m, 61mru, 62om, 62ul, 166mlo, 173ol, 304or, 352mlo, 353mru, 441or, 499ur. Hunterian Art Gallery: 523ul. Hutchison Library: Bernard Gerad 485ol. Hutton in the Forest: Lady Inglewood 362or.
Images Colour Library: 47mr, 225ur, 238or, 254mlu, 255ur, 340or, 342mlo, 343or, 357mr, 638ml; Horizon/Robert Estall 442mu; Lanscape Only 41mr, 369o, 443ur. Imperial War Museum North: 379o. Ironbridge Museum: 319ml. ISIC: 623mr. iStockphoto.com: duncan1890 50mu. IJarrold Publishers: 217om, 308umh.
Michael Jenner: 344ul, 532um. Jorvik Viking Centre, York: 409om. Judges Country House: 558ul.
Frank Lane Picture Agency: 404ur(d); W. Broadhurst 258ul; Michael Callan 246mlu. Leach Pottery: Matthew Tyas 281m. Lincolnshire County Council, Usher Gallery: Lincoln, von William Ilbery 345ul. Llangolen International Musical Eisteddfod 454mro. London Ambulance Service: 626mro. London Bridge Hotel: 562or. London Transport Museum: 84ol. Longleat House: 270ol. The Lowry Collection, Salford: Coming From the Mill, 1930, L.S. Lowry 375or.
Mad Turk: 594ul. Magna: 417ur. Maldom Millennium Trust: 213or. Mansell Collection, London: 35mlu, 56mlo, 59mru, 265or, 353mlu, 406ur. Alison McGill: 169u. Nick Meers: 26o. Metropolitan Police Service: 679o. Middlethorpe Hall: 558or. Mildreds: 575um. Archie Miles: 244mo. Simon Miles: 356or. Minack Theatre: Murray King 280ul. Mirror Syndication International: 91um. Morston Hall: 588ul. Murano: 583or. Museum of Childhood, Edinburgh: 514um. Museum of London: 48mru, 117or.
National Express Ltd: 640ul. National Fishing Heritage Centre, Grimsby: 407m. National Gallery of Scotland: The Reverend Walker Skating on Duddingston Loch, Sir Henry Raeburn 508m(d). National Library of Wales: 440or, 443mr(r), 471mru. National Museums and Galleries on Merseyside: Liverpool Museum 383om; Walker Art Gallery 350um, 382or, 382ur, 383ml. National Museums Liverpool: Mills Media 361ur. National Museum of Wales: 440mlo. National Portrait Gallery, London: First Earl of Essex, Hans Peter Holbein 355or(d). National Tramway Museum, Crich: 344mr. National Trust Images: John Bethell 283ur. National Trust Photographic Library: 395ol, 395ur, 397ol, 624ul; Bess of Hardwick (Elizabeth, Countess of Shrewsbury), Anon 380mr(d); Mathew Antrobus 306ur, 394ml, 395ul; Oliver Benn 33ur, 297ul, 394ur; John Bethell 307or; Nick Carter 259ur; Prudence Cumming 271ur; Martin Dohrn 54mru; Andreas von Einsiedel 33ul, 306mlu, 307mro; Roy Fox 275or; Jerry Harpur 248or, 248um; Derek Harris 248mlu; Nadia MacKenzie 32mlo; Nick Meers 270ur, 676ul; Rob Motheson 296or; Ian Shaw 464o; Richard Surman 307ul, 366mlu; Rupert Truman 307ur; Andy Tryner 306ul; Charlie Waite 396o; Jeremy Whitaker 307um, 464u; Mike Williams 306mlo, 396m; George Wright 248mru, 296mlo. National Trust for Scotland: 482ur, 504um, 512ul, 526or, 527ol, 527ur; Lindsey Robertson 527ul. National Waterways Museum, Gloucester: 305um, 305ur. NHPA: Martin Garwood 399mlo; Daniel Heuclin 286ml. Network Photographers: Laurie Sparham 484ul. Norfolk Museums Service: Norwich Castle Museum 205ur.
Old Quay House: 567or, 592um. Orient Express Hotels: Paul Wilkinson 564ur. L'Ortolan: 589ol. OXO Tower Restaurant/Harvey Nichols: 585ur.
'PA' News Photo Library: John Stillwell 65mr. Palace Theatre Archive: 156ml. Parva Farmhouse Guesthouse: 572ur. Planet Earth Pictures: David Phillips 31mro. Plockton House: 73or. Portmeirion Ltd: 458or, 458ml. The Post Office: 511ul. Press Association: Martin Keene 66ul. Public Record Office: 52ul.

Restaurant Gordon Ramsay: 584om. Rob Reichenfeld: 304ur. RBS Group: 628ul, 628mu. Rex Features Ltd: 35mo, 240ml; Barry Beattie 263m; Peter Brooke 682ut; Nils Jorgensen 34mu; Eileen Kleinman 665ur; Hazel Murray 65ol; Tess, Renn-Burrill Productions 273m; Tim Rooke 68mr. Riverford Field Kitchen: 577om. Riverstation Restaurant: 591ur. Royal Academy Of Arts, London: 88mlo; Royal Collection © 1995 Her Majesty Queen Elizabeth II: Die Familie von Henry VIII, Anon 42(d), 89mr, 90or, 90mlu, 91ul, 240ur, 241ol(d), 241or, George IV in Hochlandkleidung, Sir David Wilkie 489om; David Cripps 91mr. Royal Crecent Hotel, Bath: 556mro. Royal Pavilion & Museums, Brighton & Hove: 178m, 182or, 182m, 183ml, 183mr. Royal Shakespeare Theatre Company: 329ol; Donald Cooper 331ml(d).
St Alban's Museums: Verulamium Museum 236ul. Sartaj Balti House: Clare Carnegie 415ur. The Savoy: 556ul, 560ul. The Scarlet Hotel: 593ol. Scottish National Portrait Gallery: Leihgabe aus der Sammlung des Earl of Roseberry, Die Hinrichtung von Charles I, unbekannter Künstler 56–57. Shakespeare Birthplace Trust: Amy Murrell 302ul. Skyscan Balloon Photography: 266ml. Southbank Press Office: 158ol. Still Moving Pictures: Wade Cooper 487ur; Derek Laird 486mlo; Robert Lees 69o; STB 548ur, 549ml, Paisley Museum 519ur, Paul Tomkins 533or; S. J. Whitehorn 499ol. Superstock: Adam Burton/Robert Harding Picture Library 358; Malcome Park/Loop Images 168; Prisma 411ul; Lizzie Shepherd/Robert Harding Picture Library 112. Swan House/Fotoseeker: Grant Scott 563ur.
David Tarn: 393ol. Tony Stone Images: 578–579; Richard Elliott 68u; Rob Talbot 357mlo. Tate British: 77ul, 95 alle. Tate Modern: 125or, 125mlu, 125ur. Tate St Ives: 281ur. Rob Talbot: 357mru. Transport for London: 643mru. Troika Photos Limited: Michael Walter 632mlo.
Urban Beach Hotel: 557ol. Urban Reef Café: 590ol. Urbis: 376m. Victoria and Albert Museum, London: 102mlu, 103om, 103mru. The View from the Shard: 121or.
Charlie Waite: 553o. Wales Tourist Board: 437mr, 438ul, 442–443, 472ur, 473mro, 473ur; Roger Vitos 472or, 472mru. The Wallace Collection, London: 108ur. David Ward: 529u, 547o. Frederick Warne & Co: 371om(d). Warwick Castle: 327mro. The Wedgwood Museum, Barlaston, Staffordshire: 315um. West Midlands Police: 626ul, 626ur, 626or. Dean and Chapter of Westminster: 96mlo, 97om, 97ul; Tony Middleton 96mlu. Jeremy Whitaker: 232mlo. Whitworth Art Gallery, University of Manchester: mit freundlicher Genehmigung von Granada Television Arts Foundation 378m. Christopher Wilson: 408ul. Wilton House Trust: 269uol. Woburn Abbey: mit freundlicher Genehmigung der Marquess of Tavistock and Trustees of the Bedford Estate: 54–55, 234ol.
York Castle Museum: 409mru. York Art Gallery: 411ml. Dean & Chapter York Minster: Peter Gibson 413mlo, 413mo, 413mr; Jim Korshaw 412or. York Minster (Chapter of York): 413ml/m/um. Yorkshire Sculpture Park: Jerry Hardman Jones 417o.

Vordere Umschlaginnenseiten
Alamy Images: Peter Adams Photography Ltd ror; BANANA PANCAKE rur; CBW rmro; Corbis: Neale Clark/Robert Harding World Imagery lmu; Kathy Collins rml; Alan Copson/info@awl-images.com /JAl rmo; Krista Ewert/Design Pics/Design Pics rmru; Ocean rmu; Sebastian Wasek/Loop Images lum; Fotolia: Zechal lul; Getty Images: Bill Heinsohn lmlo; joe daniel price lmlu; Superstock: Adam Burton/Robert Harding Picture Library rom; Malcom Park/Loop Images rum

Hintere Umschlaginnenseiten
Corbis: Atlantide Phototravel lul; Ocean lur; Getty Images: Gonzalo Azumendi lol; Superstock: Lizzie Shepherd/Robert Harding Picture Library rul.

Extrakarte
John Heseltine ol, ur

Umschlag
Vorderseite: Getty Images/Stockbyte
Buchrücken: Getty Images/Stockbyte
Rückseite: Dorling Kindersley

Alle anderen Bilder © Dorling Kindersley

Weitere Informationen finden Sie unter
www.dkimages.com

VIS-À-VIS-REISEFÜHRER

Ägypten • Alaska • Amsterdam • Apulien • Argentinien • Australien • Bali & Lombok • Baltikum • Barcelona & Katalonien • Beijing & Shanghai • Belgien & Luxemburg • Berlin • Bodensee • Bologna & Emilia-Romagna • Brasilien • Bretagne • Brüssel • Budapest • Chicago • Chile • China • Costa Rica • Dänemark • Danzig • Delhi, Agra & Jaipur • Deutschland • Dresden • Dublin • Florenz & Toskana • Florida • Frankreich • Gardasee • Gran Canaria • Griechenland • Großbritannien • Hamburg • Hawaii • Indien • Irland • Istanbul • Italien • Italienische Riviera • Japan • Jerusalem • Kalifornien • Kambodscha & Laos • Kanada • Karibik • Kenia • Korsika • Krakau • Kreta • Kroatien • Kuba • Las Vegas • Lissabon • Loire-Tal • London • Madrid • Mailand • Malaysia & Singapur • Mallorca • Marokko • Mexiko • Moskau • München & Südbayern • Myanmar • Neapel • Neuengland • Neuseeland • New Orleans • New York • Niederlande • Nordspanien • Norwegen • Österreich • Paris • Peru • Polen • Portugal • Prag • Provence & Côte d'Azur • Rom • San Francisco • St. Petersburg • Sardinien • Schottland • Schweden • Schweiz • Sevilla & Andalusien • Sizilien • Slowenien • Spanien • Sri Lanka • Stockholm • Straßburg & Elsass • Südafrika • Südengland • Südtirol • Südwestfrankreich • Teneriffa • Thailand • Thailand – Strände & Inseln • Tokyo • Tschechien & Slowakei • Türkei • Umbrien • USA • USA Nordwesten & Vancouver • USA Südwesten & Las Vegas • Venedig & Veneto • Vietnam & Angkor • Washington, DC • Wien • Zypern

www.dorlingkindersley.de

Zentrum von London

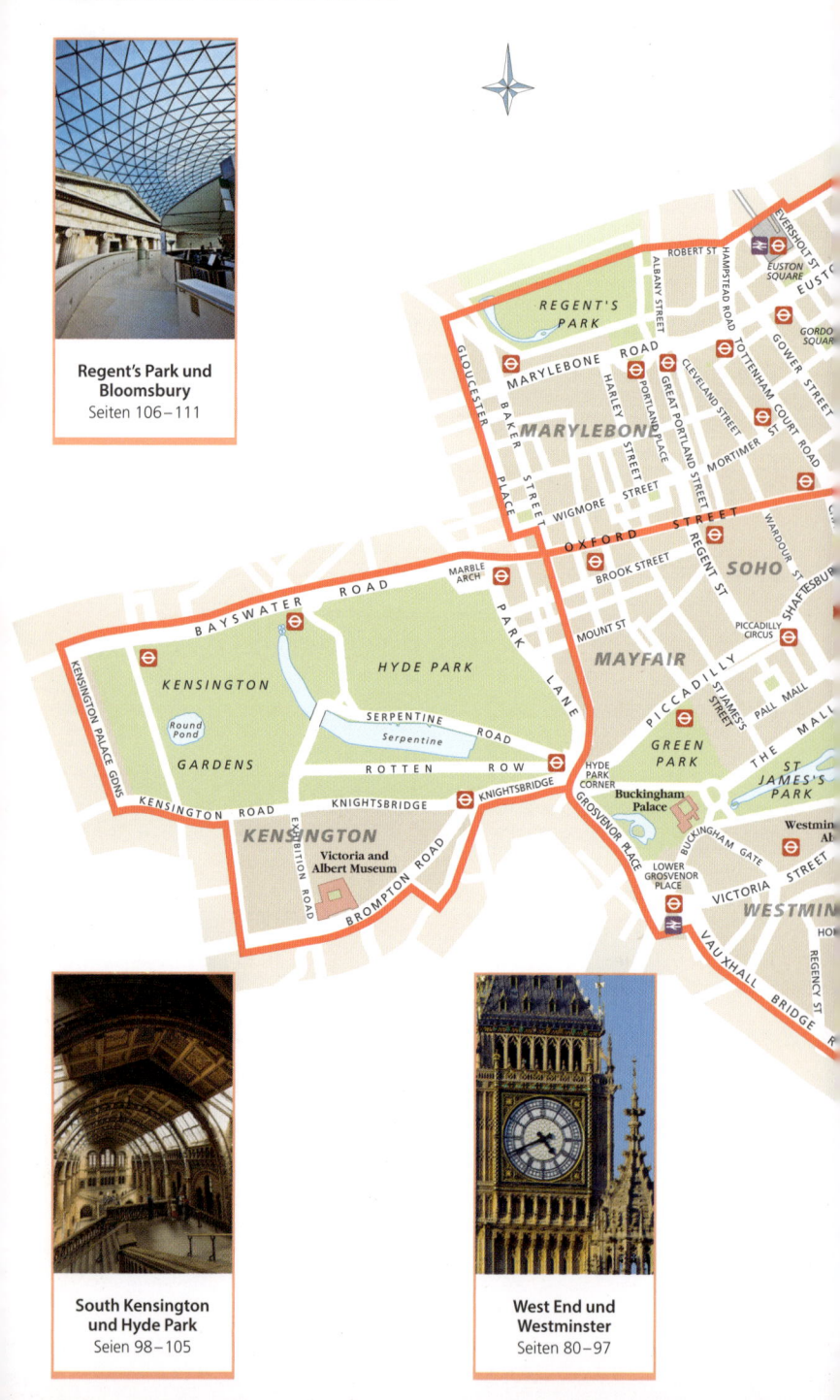

Regent's Park und Bloomsbury
Seiten 106–111

South Kensington und Hyde Park
Seiten 98–105

West End und Westminster
Seiten 80–97

DK

Vis-à-Vis

So schmeckt GROSS-BRITANNIEN

**PASTY · FISH 'N' CHIPS · RAREBIT
CRUMPET · TRIFLE · PICCALILLI**

Genießen im Urlaub – Rezepte für zu Hause

VIS-À-VIS

So schmeckt

GROSS-BRITANNIEN

www.dorlingkindersley.de

GROSSBRITANNIEN KULINARISCH

Die britische Küche steht völlig zu Unrecht in Verruf, wenngleich sie es in der Tat in der Vergangenheit Feinschmeckern nicht gerade leicht gemacht hat. Doch davon kann heute keine Rede mehr sein: Großbritannien ist auch kulinarisch ein Erlebnis!

Seit einiger Zeit kommen Urlauber nicht selten irritiert aus der britischen Hauptstadt zurück: Waren sie vor ihrer Reise noch vor der berüchtigt schlechten Küche Londons gewarnt worden, so mussten sie sich vor Ort eines Besseren belehren lassen. Tatsächlich findet man in London ein kulinarisches Angebot auf höchstem Niveau. Die Küchen Großbritanniens sind so vielfältig wie die multinationale Bevölkerung der Insel.

In Schottland mit seinem notorisch unbeständigen Wetter schätzt man wärmende Gerichte wie *Cock-a-leekie*, eine einfache, aber nahrhafte Fleischsuppe mit sättigenden Pflaumen.

Gerichte wie *Welsh Stilton-Rarebit* haben der britischen Küche den Ruf eingebracht, deftig und fettreich zu sein. Zugegeben: Ein kleines »Häppchen« ist der überbackene Toast nicht.

Ganz anders präsentiert sich *Piccalilli*, eine geschmackvolle Gemüsebombe mit deutlich indischen Anklängen.

Britische Klassiker wie *Cornish Pasty* erfahren heute raffinierte Neuinterpretationen mit erlesenen Zutaten. Das Nationalheiligtum *Fish and Chips* tasten aber auch die ambitioniertesten unter den britischen Köchen nicht an. Hier zählt ohnehin nur die Frische und Qualität der Zutaten. Sakrosankt ist freilich auch der *Sunday Roast*. Anders verhält es sich bei internationalen Speisen wie dem indischen *Jalfrezi*, denen jeder Koch seine ganz eigene Signatur verleiht. Das Dessert *Trifle* ist gerade wegen seiner Wandelbarkeit seit Langem beliebt. Ganz vornehm klassisch kommen dagegen der *Banoffee Pie* und der *Victoria Sponge Cake* daher, Letzterer ein typischer Sandwich-Rührkuchen.

Kurkuma – ein wesentlicher Bestandteil von Currypulver

Inhalt	Seite
Cock-a-leekie	3
Welsh Stilton-Rarebit	4
Piccalilli	5
Cornish Pasty	6
Fish and Chips	7
Sunday Roast	8
Jalfrezi	10
Crumpets	11
Trifle	12
Banoffee Pie	14
Victoria Sponge Cake	15

Impressum

Beilage zum Reiseführer Vis-à-Vis Großbritannien

© 2018 Dorling Kindersley Verlag GmbH, München

Programmleitung: Dr. Jörg Theilacker, DK Verlag
Projektleitung: Antonia Wiesmeier, DK Verlag
Gestaltung: Ute Berretz, München
Redaktion: Matthias Liesendahl, Berlin
Schlussredaktion: Philip Anton, Köln

Alle Rechte vorbehalten, Reproduktion, Speicherung in Datenverwertungsanlagen, Wiedergabe auf elektronischen, fotomechanischen oder ähnlichen Wegen, Funk und Vortrag – auch auszugsweise – nur mit schriftlicher Genehmigung des Copyright-Inhabers.

Text & Bilder © Dorling Kindersley

ISBN: 978-3-7342-0176-9

VORSPEISEN | **3**

Für 6–8 Personen

Zubereitungszeit 10 Min.
Garzeit 1:10 Std.

Zutaten

500 g Rinderbrust

1,5 l Geflügelfond oder Wasser

1 küchenfertiges Hähnchen, etwa 1,2 kg

1 kg Lauch, in 3 cm lange Stücke geschnitten

250 g weiche Dörrpflaumen, ohne Stein

Cock-a-leekie
Fleischbrühe mit Lauch und Dörrpflaumen

Nachdem die Dörrpflaumen für einige Zeit aus der schottischen Nationalsuppe verschwunden waren, erleben sie nun wieder ein Revival. Zu Recht – durch ihren erdigen, leicht süßen Geschmack gewinnt die Suppe an geschmacklicher Komplexität.

① Die Rinderbrust und den Fond oder das Wasser in einem großen Topf zum Kochen bringen. Offen 30 Min. köcheln lassen. Das Hähnchen dazugeben und alles weitere 30 Min. köcheln. Den Schaum abschöpfen. Falls nötig, etwas Flüssigkeit nachgießen.

② Lauch und Pflaumen hinzufügen und 10 Min. mitgaren. Die Suppe abschmecken.

③ Fleisch und Hähnchen herausheben, in Stücke schneiden. Auf Teller verteilen. Die Brühe mit Lauch und Pflaumen darüberschöpfen.

Lauch ist aufgrund seines intensiven Aromas nicht nur ein exzellentes Suppengemüse, sondern lässt sich fein geschnitten auch roh im Salat genießen

Welsh Stilton-Rarebit
Toast mit Blauschimmelkäsecreme

Das leckere Käsebrot ist eine herbstliche Variante des *welsh rarebit*, was in etwa »leichter Happen« bedeutet.

Für 4 Personen

Zubereitungszeit 10 Min.
Garzeit 20 Min.

Zutaten

Für das Rarebit

4–8 Scheiben Walnussbrot
1 Schalotte, fein gehackt
75 ml trockener Apfelwein
25 g Butter
25 g Mehl
150 ml Milch
100 g Stilton, zerkrümelt
50 g Cheddar, gerieben
1 TL scharfer Senf
2 Eigelb

Für den Beilagensalat

2 Birnen, entkernt
1 Bund Brunnenkresse
50 g Walnusskerne, gehackt
1 EL Balsamico-Essig
2 EL bestes Olivenöl
schwarzer Pfeffer

① Je nach Größe 1 oder 2 Scheiben Brot pro Person leicht toasten.

② Schalotte und Apfelwein in einen kleinen Topf geben und bei schwacher Hitze köcheln lassen, bis der Apfelwein fast verdampft ist. Schalotte aus dem Topf nehmen und beiseitestellen.

③ Den Topf säubern, dann die Butter hineingeben und bei mittlerer Hitze zerlassen. Das Mehl hineinrühren und 1 Min. unter Rühren anschwitzen. Den Topf vom Herd nehmen, nach und nach Milch zugießen. Die Sauce wieder auf die Kochstelle setzen und unter ständigem Rühren 2–3 Min. köcheln, bis sie dick wird. Den Käse hinzufügen und rühren, bis er geschmolzen ist. Die Sauce von der Kochstelle nehmen. Senf, Eigelb und abgekühlte Schalotte untermischen. Käsesauce dick auf Brote streichen.

④ Den Backofengrill auf höchster Stufe vorheizen und die Brote 2 Min. überbacken, bis die Sauce goldbraun ist.

⑤ Birnen in Scheiben schneiden und mit Brunnenkresse und Walnusskernen auf vier Tellern anrichten. Etwas Essig, Öl und Pfeffer darübergeben. Die Brote danebensetzen und sofort servieren.

Birnen werden in vielen europäischen Ländern zusammen mit Käse genossen – eine geschmacklich ideale Kombination

VORSPEISEN | 5

Für 2,5 kg

Zubereitungszeit 15 Min. + Wartezeit

Garzeit 20 Min.

Zutaten

1 großer Blumenkohl, in Röschen zerteilt

2 große Zwiebeln, geschält, geviertelt und in dünne Ringe geschnitten

1 kg gemischtes Gemüse (z. B. Zucchini, grüne Bohnen und Möhren) in mundgerechte Stücke geschnitten

60 g Salz

2 EL Mehl

250 g Einmachzucker

20 g gemahlene Kurkuma

60 g englisches Senfpulver

1 l Einlegeessig

Piccalilli
Süßsauer eingemachtes Gemüse

Das sind sozusagen Mixed Pickles mit indischem Touch. Hinein gehören Blumenkohl, Zucchini, Bohnen und Möhren; die gelbe Farbe stammt von Kurkuma und Senfpulver.

① Das Gemüse in eine große Schüssel geben. Das Salz in 1–1,25 l Wasser auflösen. Die Lake zum Gemüse gießen. Einen Teller auf das Gemüse legen, damit es von Lake bedeckt ist, und das Gemüse 24 Std. in der Lake lassen.

② Das Gemüse abgießen und kalt abspülen. Anschließend für 2 Min. in sprudelnd kochendes Wasser geben; abgießen und kalt abschrecken.

③ Das Mehl in einer kleinen Schüssel mit Zucker, Kurkuma und Senfpulver mischen. So viel Essig hinzufügen, dass eine Paste entsteht. Den restlichen Essig mit der Paste in einen großen Topf (nicht aus Aluminium) geben. Aufkochen lassen, dabei rühren, damit keine Klümpchen entstehen. Die Sauce bei schwacher Hitze etwa 15 Min. köcheln lassen.

④ Das Gemüse in die Sauce geben und durch Rühren damit überziehen. Die Mischung luftblasenfrei in heiß ausgespülte sterilisierte Schraubdeckelgläser füllen. Die Gläser verschließen und beschriften. Mindestens 1 Monat kühl und dunkel lagern. Angebrochene Gläser im Kühlschrank aufbewahren.

Der ursprünglich aus Kleinasien stammende Blumenkohl ist reich an Vitamin C und Mineralstoffen

HAUPTGERICHTE

Für 4 Stücke

Zubereitungszeit 40 Min.
+ Wartezeit

Garzeit 50–55 Min.

Zutaten

Für den Teig

300 g Mehl, plus mehr zum Arbeiten

½ TL Salz

100 g kaltes Schweineschmalz

50 g kalte Butter, in Würfel geschnitten

1 Ei, verquirlt, zum Bestreichen

Für die Füllung

1 EL Öl

1 EL Butter

1 große Zwiebel, fein gewürfelt

2–3 Knoblauchzehen

500 g Spinat

200 g Feta

2 Eier

½ Zitrone

Salz und frisch gemahlener schwarzer Pfeffer

120 g festkochende Kartoffeln, in 5 mm große Würfel geschnitten

Pikanter Feta eignet sich bestens für dieses Rezept, wenngleich die klassische Cornish Pasty mit Fleisch und Kartoffeln gefüllt wird

Cornish Pasty
Gefüllte Teigtaschen

Die knusprigen »Cornish Pasties« aus Cornwall (Südwestengland) sind in ganz England beliebt.

① Mehl und Salz mit Schmalz und Butter feinbröselig verarbeiten. Salz und so viel Wasser unter Rühren hinzufügen, dass ein glatter Teig entsteht. Teig auf einer bemehlten Fläche kurz kneten. In Frischhaltefolie wickeln und 1 Std. kühlen.

② Backofen auf 190 °C vorheizen. Öl und Butter in einer Pfanne zerlassen und Zwiebeln 1–2 Min. bei mittlerer Temperatur anbraten, Knoblauch hinzufügen und anschwitzen. Spinat hineingeben und dünsten, bis er zusammenfällt. Aus der Pfanne nehmen und abkühlen lassen. Spinat ausdrücken und hacken.

③ Feta zerkrümeln und mit den Eiern sowie Zitronenschale und -saft zum Spinat geben. Mit Salz und Pfeffer abschmecken, danach Kartoffeln hinzufügen. Alles gut vermischen und kurz ruhen lassen.

④ Den Teig auf bemehlter Arbeitsfläche 5 mm dick ausrollen. Mit einer Untertasse 4 Kreise ausschneiden. Ein Viertel der Füllung mittig auf jeden Kreis häufen; rundherum 2 cm Rand mit Ei bestreichen. Teighälften über die Füllung ziehen und wellenartig zusammendrücken. Die Pasties mit Ei bestreichen.

⑤ Teigtaschen auf ein Backblech setzen und in 40–45 Min. goldbraun backen. Die Pasties vor dem Verzehr etwa 15 Min. abkühlen lassen.

Fish and Chips
Schellfisch im Bierteig

Für 4 Personen

Zubereitungszeit 20 Min.
Garzeit 10 Min.

Zutaten

Für die Sauce Tartare

125 ml Mayonnaise

1 hart gekochtes Ei, grob gehackt

1 TL abgetropfte Kapern

2 Essiggurken, grob gehackt

1 kleine Schalotte, fein gehackt

2–3 Stängel Petersilie, Blätter gehackt

2–3 Stängel Kerbel oder Estragon, Blätter gehackt

Für den Bierteig

125 g Mehl

1 TL Backpulver

½ TL Salz

250–300 ml Bier (z. B. *pale ale*)

Salz und frisch gemahlener Pfeffer

Für den Fisch

Öl zum Frittieren

4 EL Mehl

Salz und frisch gemahlener Pfeffer

4 Schellfischfilets (je 175–225 g; alternativ weißfleischige Fische wie Kabeljau, Seelachs, aber auch Räucherfisch)

Ob man den Fisch mit oder ohne Haut frittiert, bleibt jedem selbst überlassen. Puristen nehmen lieber Fisch ohne Haut.

① Die Mayonnaise mit Ei, Kapern, Gürkchen, Schalotten und Kräutern verrühren und abschmecken. Bis zum Servieren zugedeckt kalt stellen.

② Für den Bierteig Mehl, Backpulver und Salz in eine Schüssel sieben. Mit 250 ml Bier zu einem glatten Teig rühren. Sollte der Teig zu dick sein, noch mehr Bier dazugeben – der fertige Teig soll die Konsistenz von Sahne haben. Mit Salz und Pfeffer würzen.

③ Das Öl zum Frittieren in einem großen Topf oder in der Fritteuse erhitzen. Das Mehl mit Salz und Pfeffer mischen; die Fischfilets auf beiden Seiten mit dem gewürzten Mehl bestäuben. Anschließend die Filets durch den Teig ziehen, um sie vollständig damit zu umhüllen. Überschüssigen Teig abschütteln. Die Filets erst vorsichtig durch das heiße Öl ziehen, damit der Teig ansetzt, dann ins Öl legen.

④ Die Filets 7–10 Min. frittieren, bis sie knusprig und goldbraun sind. Die Filets auf Küchenpapier entfetten und mit Salz bestreuen. Nach Belieben mit einem Schuss Weißweinessig abschmecken.

Dazu passen Pommes frites und ein Glas *pale ale*.

Bier ist zweifellos das Getränk der Wahl zu Fish and Chips, aber auch ein Glas Weißwein passt bestens zu dem Gericht

Sunday Roast
Hochrippe mit Yorkshire Pudding

Der traditionelle englische Sonntagsbraten wird aus einem Stück Hochrippe am Knochen zubereitet und mit lockeren Eierküchlein serviert. Diese Yorkshire Puddings werden nach dem Ausbacken im Ofen oft noch mit etwas Bratensaft aromatisiert.

① Das Mehl in eine Teigschüssel sieben. Eine Vertiefung in die Mitte drücken, die verquirlten Eier, etwas Salz und Pfeffer hineingeben.

② Langsam die Milch angießen und mit dem Schneebesen unterrühren, sodass ein glatter Teig entsteht. 90 ml Wasser hinzufügen. Den Teig zugedeckt bei Zimmertemperatur mindestens 15 Min. quellen lassen.

③ Den Backofen auf 230 °C vorheizen. Das Fleisch mit Salz und Pfeffer würzen, mit den Rippen nach oben in einen Bräter setzen und 15 Min. anbraten. Die Temperatur auf 180 °C reduzieren und den Braten weitere 50 Min. im Ofen lassen, wenn er innen blutig bleiben soll, nach 65 Min. ist er rosa. Zwischendurch häufig mit Bratensaft begießen.

④ Für die Garprobe einen Metallspieß in die Mitte des Bratens stechen und nach 30 Sek. mit einer raschen Bewegung herausziehen. Bei blutig gebratenem Fleisch fühlt er sich schwach lauwarm an (entspricht 52 °C auf dem Fleischthermometer), bei rosa gebratenem warm (60 °C auf dem Fleischthermometer).

⑤ Das Fleisch herausnehmen und locker mit Alufolie bedeckt warm halten, während Yorkshire Pudding und Sauce zubereitet werden. Den Bräter etwas kippen,

Für 6–8 Personen

Zubereitungszeit 25–30 Min. + Wartezeit

Garzeit 1:25–1:45 Std.

Zutaten

Für den Yorkshire Pudding

180 g Mehl

2 Eier, verquirlt

Salz und Pfeffer

300 ml Milch

eventuell Pflanzenöl

Für Braten und Sauce

2 kg Rindfleisch von der Hochrippe am Knochen (2 Rippen)

1–2 EL Mehl

500 ml Rinderbrühe

---

das Fett mit einem großen Löffel abschöpfen und beiseitestellen.

⑥ Die Ofentemperatur auf 230 °C erhöhen. Je 1 TL Bratenfett in zwölf gefettete kleine Auflaufförmchen oder in die Vertiefungen eines Muffinblechs geben. Falls das Fett nicht ausreicht, mit Pflanzenöl weitermachen. Die Förmchen etwa 5 Min. kräftig im heißen Ofen vorheizen. Herausnehmen und jeweils zur Hälfte mit Teig füllen. Bei der Berührung mit dem heißen Fett zischt der Teig. 15–20 Min. backen, bis der Teig aufgegangen und goldbraun ist. Dabei den Backofen nicht öffnen, sonst fallen die Eierküchlein zusammen.

⑦ In der Zwischenzeit für die Bratensauce 1–2 EL Mehl zu dem Bratensatz im Bräter geben und unter Rühren 2–3 Min. dunkel anrösten. Mit der Rinderbrühe ablöschen und zum Kochen bringen. Unter Rühren 2 Min. köcheln lassen. Die Sauce durch ein Sieb gießen und abschmecken.

⑧ Den Braten vorsichtig aufschneiden und mit Yorkshire Pudding und eventuell einer Gemüsebeilage auf vorgewärmten Tellern anrichten. Die Bratensauce separat servieren.

Mehl ist ein herausragender Lieferant von Kohlenhydraten; es enthält außerdem einige Vitamine und Mineralstoffe

Jalfrezi
Hähnchen-Jalfrezi

Nach einer langen Vorherrschaft wurde das Chicken Tikka Masala von Jalfrezi als beliebtestes indisches Curry der Briten abgelöst.

① Öl in einem großen Topf bei mittlerer Temperatur erhitzen, Kreuzkümmel, Senfsamen, Kurkuma und Currypaste hineingeben und 1–2 Min. unter ständigem Rühren anbraten.

② Ingwer, Knoblauch und Zwiebel hinzufügen und unter häufigem Rühren anschwitzen, bis die Zwiebel weich wird. Paprika- und Chilischoten dazugeben und 5 Min. braten.

③ Temperatur auf mittlere bis hohe Stufe schalten, Fleischstücke in den Topf geben und braten, bis sie Farbe annehmen. Tomaten und Koriander hinzugeben und bei reduzierter Temperatur 10 Min. köcheln lassen, bis das Fleisch gar ist, dabei häufig umrühren. Heiß servieren.

Dazu passen Basmatireis und Papadams.

Vorbereitung
Sie können das Curry bis zu 2 Tage im Voraus zubereiten, kühl aufbewahren und zum Servieren aufwärmen.

Für 4 Personen
Zubereitungszeit 20 Min.
Garzeit 25 Min.

Zutaten
2 EL Sonnenblumenöl
2 TL gemahlener Kreuzkümmel
2 TL gelbe Senfsamen
1 TL gemahlene Kurkuma
2 EL Masala-Currypaste
2,5 cm frischer Ingwer, fein gehackt
3 Knoblauchzehen, durchgepresst
1 Zwiebel, in Scheiben geschnitten
1 rote und ½ grüne Paprikaschote, Samen und Scheidewände entfernt, Fruchtfleisch in Streifen geschnitten
2 grüne Chilischoten, Samen entfernt, fein gehackt
650 g Hähnchenfleisch, entbeint und ohne Haut, in Stücke geschnitten
1 Dose Tomatenstücke (225 g)
3 EL gehacktes Koriandergrün

Ingwer hat eine antibakterielle und antivirale Wirkung

GEBÄCK | 11

Für 8 Stücke

Zubereitungszeit 10 Min.
+ Wartezeit

Backzeit 20–25 Min.

4 Backringe (je 10 cm Ø) und 1 große Pfanne mit schwerem Boden

Zutaten

125 g Mehl (Vollkorn)

125 g Weizenmehl Type 550

½ TL Trockenhefe

175 ml lauwarme Milch

½ TL Salz

½ TL Backpulver

Öl zum Fetten

Crumpets
Hefebrötchen

Die Hefebrötchen aus der Pfanne können Sie toasten und zum Frühstück oder Nachmittagskaffee genießen – mit süßem oder herzhaftem Belag.

① Die Mehle mit der Hefe mischen. Die Milch und 175 ml lauwarmes Wasser unterrühren. Den Teig 2 Std. gehen lassen, bis Blasen aufgestiegen sind und wieder zusammenfallen. Salz und Backpulver auf 2 EL lauwarmes Wasser streuen und unter den Teig schlagen. Den Teig 5 Min. ruhen lassen.

② Die Backringe und die Pfanne dünn fetten. Die Ringe in die Pfanne stellen.

③ Die Pfanne bei mittlerer Hitze heiß werden lassen. In jeden Ring 1–2 cm hoch Teig gießen. Die Crumpets 8–10 Min. backen, bis der Teig komplett gestockt ist oder sich auf den Oberflächen Löcher zeigen. Steigen keine Blasen auf, ist der Teig zu trocken. In diesem Fall etwas Wasser unter den restlichen Teig rühren.

④ Die Ringe von den Crumpets heben. Die Crumpets wenden und weitere 2–3 Min. backen, bis sie gerade eben Farbe angenommen haben, dann aus der Pfanne nehmen. Mit dem restlichen Teig ebenso verfahren. Die Crumpets warm servieren. Sollen sie später verzehrt werden, am besten vorher toasten.

Profitipp

Typisch für Crumpets sind die Löcher, die sich auf der Oberfläche bilden. Hefe und Backpulver im Teig verursachen beim Backen Bläschen, die zerplatzen – so entstehen die Löcher. Mit ihnen können die runden Brötchen Butter und/oder Konfitüre perfekt aufnehmen.

Milch verleiht den Crumpets mit seinem Fettgehalt ein wunderbares Aroma und sorgt zudem für die schöne Braunfärbung

Trifle
Geschichtete Süßspeise

Ein wandelbares Rezept, das auch mit anderen Früchten zubereitet werden kann, etwa Erdbeeren, Brombeeren und sogar Pfirsichen aus der Dose.

① Für die Vanillesauce die Milch in einen Topf gießen. Die Vanilleschote längs aufschlitzen. Das Mark herausschaben und mit dem Zucker zu der Milch geben. Die Milch bei schwacher Hitze fast zum Kochen bringen. In der Zwischenzeit das Eigelb in einer hitzebeständigen Schüssel verschlagen.

② Die heiße Milch sorgfältig unter das Eigelb schlagen. Den Topf abwaschen, zur Hälfte mit heißem Wasser füllen und bei schwacher Hitze auf den Herd stellen. Die Schüssel daraufsetzen und die Sauce mit einem Holzlöffel rühren, bis sie den Löffelrücken überzieht. Die Sauce von der Kochstelle nehmen und mit 1 TL Zucker bestreuen, damit sich keine Haut bildet. Zum Abkühlen beiseitestellen.

③ In der Zwischenzeit den Biskuit mit der Konfitüre bestreichen und jeweils 2 Stücke zusammensetzen. Die Stücke in 2,5 cm große Quadrate schneiden und diese auf dem Boden der Servierschüssel verteilen.

DESSERTS | 13

Für 4–6 Personen

Zubereitungszeit 25 Min.
+ Wartezeit

Garzeit 10 Min.

1,5 l fassende Servierschüssel

Zutaten

Für die Vanillesauce

600 ml Milch

1 Vanilleschote

2 EL feiner Zucker

4 Eigelb

Für das Trifle

250 g Biskuit, in Scheiben geschnitten

110 g Himbeerkonfitüre

100 g Heidelbeeren

75 g Himbeeren, plus mehr zur Dekoration

4 Amaretti, zerkrümelt

100 ml Amontillado-Sherry

300 g Sahne

2 EL Mandelblättchen

weiße, geriebene Schokolade zum Verzieren

Variante

Schokoladen-Bananen-Trifle
Anstelle von Himbeerkonfitüre Schokoladenaufstrich auf das Biskuit streichen. Himbeeren weglassen und die Heidelbeeren durch 1 oder 2 in Scheiben geschnittene Bananen ersetzen. Bei der Zubereitung der Sauce 200 g in Stücke gebrochene gute Schokolade dazugeben, nachdem die heiße Milch unter das Eigelb geschlagen wurde. Die Schokolade schmilzt, während die Sauce über dem Wasserbad gerührt wird.

④ Die Heidelbeeren in die Zwischenräume stecken. Die zerkrümelten Amaretti gleichmäßig darauf verteilen, dann mit Sherry beträufeln.

⑤ Die abgekühlte Vanillesauce über Biskuit und Früchte gießen. Die Schüssel bis zum Servieren in den Kühlschrank stellen.

⑥ Vor dem Servieren die Himbeeren und die leicht steif geschlagene Sahne auf der Vanillesauce verteilen und mit Mandelblättchen und Schokolade bestreuen.

Weiße Schokolade besteht aus Kakaobutter, das Kakaopulver wurde der ursprünglichen Kakaomasse entzogen

Banoffee Pie
Bananen-Karamell-Kuchen

Für 6–8 Stücke

Zubereitungszeit 20 Min. + Wartezeit

Backzeit 1 Std.

1 Tarteform (22 cm Ø)

Zutaten

250 g Vollkorn-Butterkekse

100 g Butter, zerlassen und abgekühlt

Für den Karamell

50 g Butter

50 g heller Muscovado-Zucker

400 g gesüßte Kondensmilch

Für den Belag

2 große reife Bananen

250 g Sahne, geschlagen

etwas geriebene Bitterschokolade zum Dekorieren

Die Kombination von Banane, Schokolade und Karamell ist von jeher in England ein Hit. Wenn Sie diesen Pie probiert haben, verstehen Sie, warum.

① Die Form mit Alufolie auskleiden, dabei darauf achten, dass die Folie an beiden Enden etwa 2 cm über die Form heraussteht. Die Kekse in einen Gefrierbeutel geben und mit einer Teigrolle fein zerbröseln. Anschließend die Brösel mit der flüssigen Butter mischen und die Masse gleichmäßig in die Form drücken. Zugedeckt für 1 Std. kalt stellen.

② Für den Karamell die Butter mit dem Zucker in einem kleinen, schweren Topf bei mittlerer Hitze schmelzen. Die Kondensmilch dazugießen und die Masse zum Kochen bringen. Bei schwacher Hitze unter ständigem Rühren 2–3 Min. köcheln lassen, bis sie eindickt und leicht bernsteinfarben wird. Die Karamellmasse auf dem Krümelboden verteilen und fest werden lassen.

③ Sobald die Karamellschicht fest ist, den Pie an der Alufolie aus der Form heben und auf eine Tortenplatte setzen. Alufolie unter dem Kuchen herausziehen. Die Bananen schräg in etwa 5 mm dicke Scheiben schneiden und auf der Karamellschicht arrangieren.

④ Die Sahne steif schlagen und mit einem Palettmesser gleichmäßig auf den Bananenscheiben verstreichen. Den Pie mit geraspelter Bitterschokolade dekorieren.

Profitipp

Boden und Karamellschicht werden im Kühlschrank schön fest. Aber nehmen Sie den Pie 30 Minuten, bevor Sie ihn mit Bananenscheiben und Sahne fertigstellen, heraus. Dann lässt er sich besser schneiden.

Verglichen mit anderen Obstsorten enthalten Bananen wenig Vitamine, dafür aber viele Mineralstoffe – vor allem Kalium und Magnesium

Victoria Sponge Cake
Sandwich-Rührkuchen

Für 6–8 Stücke

Zubereitungszeit 5 Min.
Backzeit 20–25 Min.
2 Springformen (je 18 cm Ø)

Zutaten

Für den Teig

200 g weiche Butter
175 g Zucker
3 Eier
1 Päckchen Vanillezucker
175 g Mehl
1½ TL Backpulver
Schale von ½ Bio-Orange

Für die Füllung

100 g weiche Butter
200 g Puderzucker
1 Päckchen Vanillezucker
100 g Himbeerkonfitüre

Der luftig-lockere Victoria Sponge Cake gehört zu den beliebtesten Rührkuchenklassikern in England.

① Backofen auf 180 °C vorheizen. Beide Formen fetten und mit Backpapier auskleiden.

② Die Butter mit dem Zucker in 2 Min. hell und cremig schlagen. Die Eier nacheinander hinzufügen; jedes Ei nach der Zugabe unterrühren. Vanillezucker zur Butter-Eier-Creme geben und gründlich unterrühren. Die Masse in 2 Min. schaumig rühren, bis sich Bläschen bilden.

③ Nun Mehl mit Backpulver und abgeriebener Orangenschale mischen und auf die schaumige Masse sieben. Mehlmischung mit einem Löffel unterheben – die Masse soll schön locker bleiben.

④ Den Teig auf die Formen verteilen und mit einem Palettmesser glatt streichen. 20–25 Min. backen, bis die Kuchen goldgelb sind und auf Fingerdruck zurückfedern. Stäbchen in den Kuchen stecken. Klebt beim Herausziehen nichts daran, ist er gar.

⑤ Kuchen 5 Min. in der Form ruhen lassen. Auf einen Rost stürzen, Papier abziehen.

⑥ Für die Füllung die Butter mit Puder- und Vanillezucker cremig rühren. Die Hälfte der Creme mit einem Palettmesser auf die Oberseite des unteren Kuchens streichen. Die Konfitüre mit einem Messer auf die Unterseite des oberen Kuchens streichen und beide Kuchen aufeinandersetzen. Nun die restliche Buttercreme auf der Oberfläche des Kuchens verstreichen.

Orangen sind erstklassige Vitamin-C-Lieferanten: 100 g enthalten einen Großteil des Tagesbedarfs eines Erwachsenen

VIS-À-VIS-REISEFÜHRER

Ägypten · Alaska · Amsterdam · Apulien · Argentinien
Australien · Bali & Lombok · Baltikum · Barcelona &
Katalonien · Beijing & Shanghai · Belgien & Luxemburg
Berlin · Bodensee · Bologna & Emilia-Romagna
Brasilien · Bretagne · Brüssel · Budapest · Chicago
Chile · China · Costa Rica · Dänemark · Danzig
Delhi, Agra & Jaipur · Deutschland · Dresden
Dublin · Florenz & Toskana · Florida
Frankreich · Gardasee · Gran Canaria
Griechenland · Großbritannien · Hamburg
Hawaii · Indien · Irland · Istanbul · Italien · Italienische
Riviera · Japan · Jerusalem · Kalifornien · Kambodscha & Laos
Kanada · Karibik · Kenia · Korsika · Krakau · Kreta · Kroatien
Kuba · Las Vegas · Lissabon · Loire-Tal · London · Madrid · Mailand
Malaysia & Singapur · Mallorca · Marokko · Mexiko · Moskau
München & Südbayern · Myanmar · Neapel · Neuengland · Neuseeland
New Orleans · New York · Niederlande · Nordspanien · Norwegen
Österreich · Paris · Peru · Polen · Portugal · Prag · Provence & Côte d'Azur
Rom · San Francisco · St. Petersburg · Sardinien · Schottland
Schweden · Schweiz · Sevilla & Andalusien · Sizilien · Slowenien
Spanien · Sri Lanka · Stockholm · Straßburg & Elsass · Südafrika
Südengland · Südtirol · Südwestfrankreich · Teneriffa
Thailand · Thailand – Strände & Inseln · Tokyo
Tschechien & Slowakei · Türkei · Umbrien
USA · USA Nordwesten & Vancouver · USA Südwesten &
Las Vegas · Venedig & Veneto · Vietnam & Angkor
Washington, DC · Wien · Zypern

www.dorlingkindersley.de

Vis-à-Vis

Mehr von DK:

It's Dinnertime

Kochen muss nicht kompliziert sein – und deshalb ist »Jamies 5-Zutaten-Küche« garantiert bald Ihr neuer bester Freund in der Küche. Mehr als 130 inspirierende Rezepte.

Jamie Oliver
Jamies 5-Zutaten-Küche
Quick & Easy

320 Seiten, über 800 Farbfotografien
€ 26,95 (D) / € 27,80 (A)
978-3-8310-3421-5

Mit diesem Kochbuch entführt der Bestsellerautor seine Fans, zusammen mit seiner Kollegin Helen Goh, in die Welt süßer Genüsse.

Yotam Ottolenghi, Helen Goh
Sweet
Süße Köstlichkeiten

368 Seiten, ca. 188 Farbfotografien
€ 26,95 (D) / € 27,80 (A)
978-3-8310-3301-0

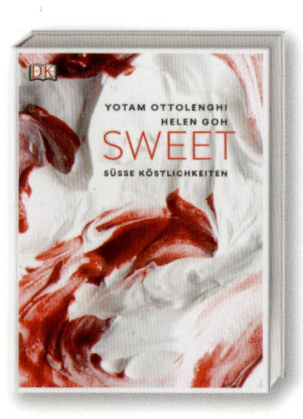

So schmeckt **GROSSBRITANNIEN**

ISBN 978-3-7342-0176-9

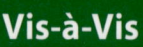

FSC MIX Paper from responsible sources FSC C018179